气象部门会计核算指南

(2014)

中国气象局计划财务司

气象出版社
China Meteorological Press

内容简介

该书围绕国家财政预算和政府采购、国库集中收付及公务卡等方面改革的新政策、新规定，将会计基础工作规范、会计电算化、财务会计制度规定以及气象部门日常会计核算业务、报表编制等方面内容有机地融合为一体，详细介绍了气象部门公共气象服务、气象预报预测、综合气象观测以及基本建设、科研、培训、科技服务等活动的会计处理，对规范会计核算、加强财务管理等具有很强的指导性，是一本适合各级预算单位特别是基层单位财务会计人员的实务工具用书。

图书在版编目(CIP)数据

气象部门会计核算指南. 2014/中国气象局计划财务司编. —北京：气象出版社，2014.6

ISBN 978-7-5029-5947-0

Ⅰ.①气… Ⅱ.①中… Ⅲ.①气象局-财务会计-指南 Ⅳ.①F810.6-62

中国版本图书馆 CIP 数据核字(2014)第 113181 号

出版发行：气象出版社

地　　址：北京市海淀区中关村南大街 46 号　　**邮政编码**：100081

总 编 室：010-68407112　　**发 行 部**：010-68409198

网　　址：http://www.cmp.cma.gov.cn　　**E-mail**：qxcbs@cma.gov.cn

责任编辑：张　斌　吕青璞　　**终　　审**：汪勤模

封面设计：博雅思企划　　**责任技编**：吴庭芳

印　　刷：北京奥鑫印刷厂

开　　本：787mm×1092mm　1/16　　**印　　张**：52.25

字　　数：1330 千字

版　　次：2014 年 6 月第 1 版　　**印　　次**：2014 年 6 月第 1 次印刷

定　　价：180.00 元

前 言

财政部2012年12月下发了新的《事业单位会计准则》和《事业单位会计制度》，并于2013年1月1日起在全国施行。为做好气象部门新旧会计准则、制度的衔接工作，实现平稳过渡，全面提升会计核算水平和会计信息质量，保证各级财务管理人员和会计人员能够深入了解准则、制度的相关修订背景、意义和实施要求，中国气象局在2013年组织部门内财务专家编写了培训讲义，开展气象部门业务培训，并在此基础上对2009年版的《气象部门会计核算指南》(以下简称《指南》)进行了修订。

修订后的《指南》具有内容全面、实用性强、举例翔实等显著特点，突出了如何准确运用相关制度和准则的规定进行相应的会计核算，是财务人员快速掌握和运用制度的实务性操作指南，为气象部门财务人员深入学习和灵活运用财务、会计政策、法规提供了教科书。

参加本书编写的人员有：温淑梅(第一章)、周欣(第二章)、郑瑞华(第三章)、张莉(第四章)、郭浩明(第五章)、朱士高(第六、七章)、赵洁(第八、九章)、柯传智和刘凤梅(第十、十一、十二章)、崔小岩(第十三、十五、十六章)、郭雪飞(第十四、十七章)、刘京平(第十八、二十三、二十五章)、王华(十九、二十二章)、李晓菊(第二十、二十一、二十四章)。曹卫平组织编写组全体人员对全书进行了最后审定。

由于时间仓促，书中对一些经济业务的解释和处理可能不够全面，个别地方难免有疏漏之处，请读者及时提出批评意见。

中国气象局计划财务司

2014年5月19日

目　录

第二部分　基本建设财务会计

第三部分　气象部门小企业会计

第一部分

事业单位会计

第一章　事业单位会计基本原理和工作规程

第一节　事业单位会计基本理论

一、事业单位会计的定义

（一）会计的定义

会计是以货币为主要计量单位，采用专门的方法和程序，反映与监督一个单位经济活动的一种经济管理工作。目前，我国会计按其核算和监督的对象及行业分为预算会计和企业会计两大体系。

（二）预算会计的定义

预算会计是以预算（政府预算和单位预算）管理为中心，以预算收支核算为重点，核算反映和监督中央政府和地方政府预算，以及行政事业单位收支预算执行情况的会计。预算会计分为政府会计、事业单位会计、非营利组织会计，此外，国库会计、基本建设会计、税收征解会计也构成预算会计体系的组成部分。

（三）事业单位会计的定义

事业单位会计是以货币为主要计量单位，采用专门的技术方法，对事业单位的经济活动进行核算和监督并提供会计信息的一种管理活动。是以预算管理为中心的宏观管理信息系统和管理手段，以事业单位实际发生的各项经济业务为对象，记录、反映和监督中央和地方预算以及事业单位收支预算执行的会计，是预算会计的重要组成部分。

二、事业单位会计的职能

事业单位会计具有会计核算和会计监督两种基本职能：(1)会计核算功能是指会计是以货币为主要计量单位，通过确认、计量、记录、报告等环节，从数量上反映事业单位已经发生或完成的经济活动，为经济管理提供信息的功能。(2)会计监督功能是指会计按照一定的目的和要求，利用核算提供会计信息，对事业单位的经济活动进行控制，以达到预期目标的功能，包括事前、事中、事后的监督。

事业单位会计的职能是随着经济的发展和财政职能的转变而转变的。在计划经济和供给型财政条件下，事业单位会计的职能主要是算账、报账，因而可用核算、反映和监督予以概括。随着社会主义市场经济体制的建立和完善，财政职能发生了重大的转变，事业单位会计的职能也随之相应拓宽和发展,它的事前预测、事中控制、事后监督以及参与决策的职能逐步得到加强。因此,在社会主义市场经济条件下,事业单位会计具有核算、反映、监督、预测、调控和参与决策的职能。

三、事业单位会计要素

事业单位会计的核算对象就是事业单位所发生的能以货币表现的一切经济活动。会计要素是对会计对象进行的基本分类,是会计对象的具体化,包括资产、负债、净资产、收入、支出或费用5个部分。会计要素是设计事业单位会计报表结构和内容的依据,资产、负债、净资产是与资产负债表相关的会计要素,收入、支出或费用是与收入支出表、财政补助收入支出表相关的会计要素。

四、事业单位会计核算的目标

事业单位会计核算的目标是向政府及其有关部门、举办(上级)单位、债权人、事业单位自身和其他利益相关者提供与事业单位财务状况、事业成果、预算执行等有关的会计信息,反映事业单位受托责任的履行情况,有助于会计信息使用者进行社会管理、做出经济决策。

五、事业单位会计核算的特点

事业单位会计是各类事业单位对其预算资金以及经营收支过程和结果进行全面、系统、连续的核算和监督的专业会计。其特点:

(1)会计核算的资金类型多。事业单位资金来源渠道多元化,既有财政预算拨款,又有上级主管单位补助、科研经费、其他单位或个人捐赠,还有开展业务活动、经营活动取得的收入。

(2)会计核算的内容复杂。事业单位可以执行政府授权的职责,开展必要的有偿服务,还可以开办经济实体,进行对外投资。所以经济业务事项内容较多,会计核算比较复杂。

(3)会计核算的原则多重性。事业单位一般应以收付实现制为会计核算基础,但部分经济业务或者可以采用权责发生制。这就是说,在事业单位的会计核算既可以采取收付实现制原则,也可以采取权责发生制原则。

(4)有经营收入的事业单位,可以进行支出成本核算。

六、事业单位会计核算的内容

(1)款项和有价证券的收付。款项是作为支付手段的货币资金,包括现金、银行存款、银行汇票等,是会计核算的重要内容。

(2)财物的收发、增减和使用。财物是财产和物资的简称,具有实物形态的经济资源,包括存货、固定资产等,是会计的具体内容。

(3)债权、债务的发生和结算。债权是收取款项的权力,包括各种应收和预付款项等,债务是指需要以资产或劳务偿付的义务,包括各种借款、应付和预收款项。债权、债务的发生和结算是单位一项非常重要的会计核算内容。

(4)资本、基金的增减。资本是投资者为开展经营活动而投入的资金。正确地反映资本的保值增值、资本的增减变动情况是会计核算的重要内容。

(5)收入、支出、费用、成本的计算。收入是事业单位为了开展业务及其他活动依法取得的非偿还性资金以及在销售商品、提供劳务等日常活动中形成的资金的总流入；支出是事业单位开展业务活动以及经营活动发生的资金支出和损失；费用是销售商品、提供劳务所发生的经济利益的流出；成本是生产产品、提供劳务发生的各种耗费，是按一定的产品或劳务对象所归集的费用。在会计上对单位的收入、支出、费用进行核算并正确地进行成本计算。

(6)财务成果的计算和处理。是在一定时期内通过从事生产经营活动而在财务上取得的结果，具体表现为盈利或亏损。包括利润的计算、所得税的计算、利润分配或亏损弥补等。

(7)其他需要办理会计手续、进行会计核算的事项。

七、事业单位会计核算方法

(一)什么是会计核算方法

会计核算方法，是指对会计对象进行连续、系统、完整的记录、计算、反映和监督所应用的方法，它主要包括设置账户、复式记账、填制和审核凭证、登记账簿、成本计算、财产清查、编制财务会计报告等，本节重点介绍复式记账法和借贷记账法。

(二)复式记账法

复式记账法的理论基础是会计恒等式。事业单位会计的会计恒等式是"资产＋支出＝负债＋净资产＋收入"。这一会计恒等式揭示了事业单位会计五大类会计要素之间客观上存在的数量关系，即，在一个会计要素发生增减变化时，另一个或者另几个会计要素必然随之发生数量相等的增减变化，其平衡关系永远不会打破。

(三)借贷记账法

按《事业单位会计准则》的规定，事业单位会计应当采用借贷记账法记账。借贷记账法是以"借"、"贷"两字为记账符号，对每一笔经济业务在两个或者两个以上的账户、以相等的金额、借贷相反的方向在两个或者两个以上相互联系的账户中进行连续、系统、全面地登记和反映的一种复式记账方法。借贷记账法的具体要求是：

(1)以"借"、"贷"为记账符号记录各项经济业务

一般来说，"借"表示资产类账户、支出类账户的增加和负债类、净资产类、收入类账户的减少或结转；而"贷"则表示负债类、净资产类、收入类账户的增加和资产类、支出类账户的减少或结转。在一般情况下，每一笔经济业务都要用文字指明其应登记的账户，应记入账户的借方、贷方，以及记入的金额，这就是会计分录。在借贷记账法下，常以借贷账户对应、借贷金额相等的分录来表达每一经济业务的处理方式。

(2)"有借必有贷，借贷必相等"的记账规则

每项经济业务，如果在一个账户中记借方，必须同时在另一个或几个账户中记贷方；在一个账户中记贷方，必须同时在另一个或几个账户中记借方，记入的借方的总额与记入的贷方的总额必须相等。

(3)按"借方＝贷方"的等式计算平衡

计算平衡是指按照记账规则的要求，在每个会计期末对会计核算资料先分别进行汇总后，再依据各会计要素间平衡相等的理论来检查账户记录是否正确、完整的一种方法。经济业务发生后，按照借贷记账法的记账规则来记账，借贷双方的发生额必须相等。由于发生额相等，也必然会形成一定会计期间全部经济业务记录结构的借方总额与贷方总额必然相等的关系。

这样也就会有会计期初借方余额与贷方余额相等，期末借方余额与贷方余额也必然相等的结果。因此，我们可以用如下两个公式来检查经济业务的记录是否正确：

全部业务借方发生额合计＝全部业务贷方发生额合计

全部账户借方余额合计＝全部账户贷方余额合计

上述公式可以检查出会计分录借贷金额不相等，登记账簿金额出错，登记账簿时借贷方向记错，以及借方、贷方发生额或者余额计算错误的情形。

八、会计核算的信息质量要求

会计核算的信息质量要求是指进行会计核算必须遵循的基本原则和要求，它是指导会计工作的规范和衡量会计工作成败的标准，对会计核算具有重要的指导意义。具体包括：

(1)可靠性要求：是会计信息的生命，是对会计核算的基本质量要求。

(2)全面性要求：是对会计核算完整性的质量要求。

(3)及时性要求：会计核算必须讲求时效，以便会计信息的及时使用。

(4)可比性要求：会计信息的可比性有利于提高会计信息的有用性。

(5)相关性要求：会计信息的价值在于其与决策相关，有助于经济决策。

(6)可理解性要求：由于财务报告的使用者并非会计专业人才，所以要求单位报告的会计信息应当简明、易懂，数字记录和文字说明能够一目了然地反映经济业务事项的来龙去脉，便于财务报告使用者理解和使用。

第二节　会计机构和会计人员

一、会计机构的设置

各单位应当根据会计业务的需要设置会计机构；不具备单独设置会计机构条件的，应当在有关机构中配备专职会计人员。会计机构应当配备会计机构负责人；在有关机构中配备专职会计人员，应当在专职会计人员中指定会计主管人员。会计机构负责人、会计主管人员的任免，应当符合《中华人民共和国会计法》和有关法律的规定。

会计机构负责人、会计主管人员应当具备下列基本条件：

(1)坚持原则，廉洁奉公；

(2)具有会计专业技术资格；

(3)主管一个单位或者单位内一个重要方面的财务会计工作时间不少于2年；

(4)熟悉国家财经法律、法规、规章和方针、政策，掌握本行业业务管理的有关知识；

(5)有较强的组织能力；

(6)身体状况能够适应本职工作的要求。

没有设置会计机构和配备会计人员的单位，应当根据《代理记账管理暂行办法》委托会计师事务所或者持有代理记账许可证书的其他代理记账机构进行代理记账。

二、会计人员

(1)各单位应当根据会计业务需要配备持有会计从业资格证书的会计人员。未取得会计从业资格证书的人员,不得从事会计工作。会计人员应当具备必要的专业知识和专业技能,熟悉国家有关法律、法规、规章和国家统一会计制度,遵守职业道德

(2)因提供虚假财务会计报告,做假账,隐匿或者故意销毁会计凭证、会计账簿、财务会计报告,贪污,挪用公款,职务侵占等与会计职务有关的违法行为被依法追究刑事责任的人员,不得取得或者重新取得会计从业资格证书。

(3)除前款规定的人员外,因违法违纪行为被吊销会计从业资格证书的人员,自被吊销会计从业资格证书之日起五年内,不得重新取得会计从业资格证书。

(4)各单位应当根据会计业务需要设置会计工作岗位。会计工作岗位,可以一人一岗、一人多岗或者一岗多人。但出纳人员不得兼管稽核、会计档案保管和收入、费用、债权债务账目的登记工作。会计人员的工作岗位应当有计划地进行轮换。

(5)会计人员应当按照国家有关规定参加会计业务的培训。各单位应当合理安排会计人员的培训,保证会计人员每年有一定时间用于学习和参加培训。

(6)各单位领导人应当支持会计机构、会计人员依法行使职权;对忠于职守,坚持原则,做出显著成绩的会计机构、会计人员,应当给予精神的和物质的奖励。

三、会计人员回避制度

(1)单位领导人的直系亲属不得担任本单位的会计机构负责人、会计主管人员。会计机构负责人、会计主管人员的直系亲属不得在本单位会计机构中担任出纳工作。

(2)需要回避的直系亲属为:夫妻关系、直系血亲关系、三代以内旁系血亲以及配偶亲属关系。

第三节　会计科目、凭证、账簿

一、事业单位会计科目

会计科目是按照经济业务的内容和经济管理的要求,对资产、负债、净资产、收入、支出或费用五大会计要素所进行的分类,它是设置账户进行账务处理的依据。通过设置会计科目,可以把各项会计要素的增减变动情况分门别类进行登记,清楚地为单位内部管理和外部有关部门提供一系列具体的分类核算指标。每个会计科目都有规定的名称、编号,反映特定的经济内容,做到不重不漏。会计科目彼此之间既有严格的界限,又有内在的联系,不能相互混淆。

(一)按会计要素分类

会计科目
- 资产类
- 负债类
- 净资产类
- 收入类
- 支出或费用类

(二)按会计核算层次分类

会计科目分为总账科目和明细科目,分别据以开设总分类账户和明细分类账户。

(1)总账科目,又称一级会计科目。按新会计制度的规定设置了五大类共四十八个一级会计科目。

(2)明细科目,是总账科目的进一步分类,对总账科目起补充和分析作用。

(三)会计科目的编号

(1)在会计科目表中,每个会计科目都有确定的号码,作为顺序号,其作用在于了解使用会计科目的总数,也是会计科目的代号,便于登记账册和查阅账目,为实现会计数据处理手段现代化提供了条件。

(2)每个一级会计科目都采用四位数码编号,编号的第一位数字代表会计要素的类别,“1”代表资产类,“2”代表负债类,“3”代表净资产类,“4”代表收入类,“5”代表支出或费用类。编号的后三位数字表示会计科目名称,“1001”代表资产类的“库存现金”科目;“2001”代表示负债类的“短期借款”科目;“3001”代表净资产类的“事业基金”科目;“4001”代表收入类的“财政补助收入”科目;“5001”代表支出类的“事业支出”科目。

(3)财政部统一规定的会计科目编号,各单位不得打乱重编。

(四)会计科目的设置原则

会计科目是对各项经济业务的具体内容,按其特征和经济管理要求,进行归集、分类的类别名称。会计科目的设置必须符合《会计准则》的要求,合理地设置会计科目是正确组织会计核算的前提。其设置原则如下:

(1)必须结合会计对象的特点。要依照《会计准则》,充分体现财政预算资金和单位资金的运动规律和特点,确定设置会计科目。

(2)必须满足管理的要求。要结合本单位的具体情况,充分考虑经济管理所需要的会计信息,使会计科目的设置能及时提供经济管理要求的信息。

(3)应与本单位的业务规模相适应。业务多的单位会计科目可设置全一点、细一点,业务少的单位会计科目可设置少一点、粗一点。

(4)应注意统一性和灵活性。统一性是指按会计制度的要求对会计科目的名称不得随意变动和增减;灵活性是指按本单位的具体情况设置明细科目。充分体现各会计主体的主体地位,收入按来源,支出按用途统一核算,综合平衡。

(5)会计科目的名称要简明易懂,有利于向领导和有关方面及时提供会计信息。会计科目与会计账户既有联系,又有区别。会计科目是单位进行会计核算、设置会计账户的根据,它是账户的名称。而账户是会计科目的具体内容,是核算的一种手段,通过分类核算,借以反映和监督单位的经济活动,它是根据会计科目设置的,以会计科目为其名称,其核算内容取决于会计科目。二者的共同之处在于它们都是分门别类地反映某项资产或权益的经济内容。

二、事业单位会计凭证

(一)会计凭证填制基本要求

会计凭证简称凭证,是记录经济业务、明确经济责任的书面证明,是登记账簿的依据。填制会计凭证,字迹必须清晰、工整,并符合下列要求:

（1）阿拉伯数字应当一个一个地写，不得连笔写。阿拉伯金额数字前面应当书写货币币种符号或者货币名称简写和币种符号。币种符号与阿拉伯金额数字之间不得留有空白。凡阿拉伯数字前写有币种符号的，数字后面不再写货币单位。

（2）所有以元为单位（其他货币种类为货币基本单位，下同）的阿拉伯数字，除表示单价等情况外，一律填写到角分；无角分的，角位和分位可写“00”，或者符号“—”；有角无分的，分位应当写“0”，不得用符号“—”代替。

（3）汉字大写数字金额如零、壹、贰、叁、肆、伍、陆、柒、捌、玖、拾、佰、仟、万、亿等，一律用正楷或者行书体书写，不得用0、一、二、三、四、五、六、七、八、九、十等简化字代替，不得任意自造简化字。大写金额数字到元或者角为止的，在“元”或者“角”字之后应当写“整”字或者“正”字；大写金额数字有分的，分字后面不写“整”或者“正”字。

（4）大写金额数字前未印有货币名称的，应当加填货币名称，货币名称与金额数字之间不得留有空白。

（5）阿拉伯金额数字中间有“0”时，汉字大写金额要写“零”字；阿拉伯数字金额中间连续有几个“0”时，汉字大写金额中可以只写一个“零”字；阿拉伯金额数字元位是“0”，或者数字中间连续有几个“0”、元位也是“0”但角位不是“0”时，汉字大写金额可以只写一个“零”字，也可以不写“零”字。

（二）会计凭证的种类

会计凭证按编制的程序和用途不同，分为原始凭证和记账凭证两种。

1. 原始凭证

会计机构、会计人员必须按照国家统一的会计制度的规定对原始凭证进行审核，对不真实、不合法的原始凭证有权不予接受，并向单位负责人报告；对记载不准确、不完整的原始凭证予以退回，并要求按照国家统一的会计制度的规定更正、补充。

（1）原始凭证的内容必须具备：凭证的名称；填制凭证的日期；填制凭证单位名称或者填制人姓名；经办人员的签名或者盖章；接受凭证单位名称；经济业务内容；数量、单价和金额。

（2）从外单位取得的原始凭证，必须盖有填制单位的公章；从个人取得的原始凭证，必须有填制人员的签名或者盖章。自制原始凭证必须有经办单位领导人或者其指定的人员签名或者盖章。对外开出的原始凭证，必须加盖本单位公章。

（3）凡填有大写和小写金额的原始凭证，大写与小写金额必须相符。购买实物的原始凭证，必须有验收证明。支付款项的原始凭证。必须有收款单位和收款人的收款证明。

（4）一式几联的原始凭证，应当注明各联的用途，只能以一联作为报销凭证。一式几联的发票和收据，必须用双面复写纸（发票和收据本身具备复写纸功能的除外）套写，并连续编号。作废时应当加盖“作废”戳记，连同存根一起保存，不得撕毁。

（5）发生销货退回的，除填制退货发票外，还必须有退货验收证明；退款时，必须取得对方的收款收据或者汇款银行的凭证，不得以退货发票代替收据。

（6）职工公出借款凭据，必须附在记账凭证之后。收回借款时，应当另开收据或者退还借据副本，不得退还原借款收据。

（7）经上级有关部门批准的经济业务，应当将批准文件作为原始凭证附件。如果批准文件需要单独归档的，应当在凭证上注明批准机关名称、日期和文件字号。

（8）原始凭证不得涂改、挖补。发现原始凭证有错误的，应当由开出单位重开或者更正，更正处应当加盖开出单位的公章，原始凭证金额有错误的，应当由出具单位重开，不得在原始凭证上更正。

(9)原始凭证不得外借，其他单位如因特殊原因需要使用原始凭证时，经本单位会计机构负责人批准，可以复制。向外单位提供的原始凭证复制件，应当在专设的登记簿上登记，并由提供人员和收取人员共同签名或者盖章。

(10)从外单位取得的原始凭证如有遗失，应当取得原开出单位盖有公章的证明，并注明原来凭证的号码、金额和内容等，由经办单位会计机构负责人和单位领导人批准后，才能代作原始凭证。如果确实无法取得证明的，如火车、轮船、飞机票等凭证，由当事人写出详细情况，证明人签字，由经办单位会计机构负责人和单位领导人批准后，代作原始凭证。

(11)对于数量过多的原始凭证，可以单独装订保管，在封面上注明记账凭证日期、编号、种类，同时在记账凭证上注明“附件另订”和原始凭证名称及编号。各种经济合同、存出保证金收据以及涉外文件等重要原始凭证，应当另编目录，单独登记保管，并在有关的记账凭证和原始凭证上相互注明日期和编号。

2.记账凭证

会计机构、会计人员要根据审核无误的原始凭证填制记账凭证。记账凭证可以分为收款凭证、付款凭证和转账凭证，也可以使用通用记账凭证。对记账凭证的基本要求是：

(1)记账凭证的内容必须具备：填制凭证的日期；凭证编号；经济业务摘要；会计科目；金额；所附原始凭证张数；填制凭证人员、稽核人员、记账人员、会计机构负责人、会计主管人员签名或者盖章。收款和付款记账凭证还应当由出纳人员签名或者盖章。

以自制的原始凭证或者原始凭证汇总表代替记账凭证的，也必须具备记账凭证应有的项目。

(2)填制记账凭证时，应当对记账凭证进行连续编号。一笔经济业务需要填制两张以上记账凭证的，可以采用分数编号法编号。

(3)记账凭证可以根据每一张原始凭证填制，或者根据若干张同类原始凭证汇总填制，也可以根据原始凭证汇总表填制。但不得将不同内容和类别的原始凭证汇总填制在一张记账凭证上。

(4)除结账和更正错误的记账凭证可以不附原始凭证外，其他记账凭证必须附有原始凭证。如果一张原始凭证涉及几张记账凭证，可以把原始凭证附在一张主要的记账凭证后面，并在其他记账凭证上注明附有该原始凭证的记账凭证的编号或者附原始凭证复印件。一张复始凭证所列支出需要几个单位共同负担的，应当将其他单位负担的部分，开给对方原始凭证分割单，进行结算。原始凭证分割单必须具备原始凭证的基本内容：凭证名称、填制凭证日期、填制凭证单位名称或者填制人姓名、经办人的签名或者盖章、接受凭证单位名称、经济业务内容、数量、单价、金额和费用分摊情况等。

(5)如果在填制记账凭证时发生错误，应当重新填制。

已经登记入账的记账凭证，在当年内发现填写错误时，可以用红字填写一张与原内容相同的记账凭证，在摘要栏注明“注销某月某日某号凭证”字样，同时再用蓝字重新填制一张正确的记账凭证，注明“订正某月某日某号凭证”字样。如果会计科目没有错误，只是金额错误，也可以将正确数字与错误数字之间的差额，另编一张调整的记账凭证，调增金额用蓝字，调减金额用红字。发现以前年度记账凭证有错误的，应当用蓝字填制一张更正的记账凭证。

(6)记账凭证填制完经济业务事项后,如有空行,应当自金额栏最后一笔金额数字下的空行处至合计数上的空行处划线注销。

实行会计电算化的单位,对于机制记账凭证,要认真审核,做到会计科目使用正确,数字准确无误。打印出的机制记账凭证要加盖制单人员、审核人员、记账人员及会计机构负责人、会计主管人员印章或者签字。

三、事业单位会计账簿

会计账簿是指相互联系的,由具有一定格式的账页所组成的,以经过审核的会计凭证为依据,以序时或分类记录经济业务的簿籍。事业单位的会计账簿是全面、连续、系统地记录和反映事业单位会计要素变动和经营过程及其结果的重要工具,是重要的经济档案。因此,各单位应按照国家统一的会计制度的规定和会计业务的需要设置会计账簿。

(一)会计账簿的分类

- 会计账簿
  - 按用途分
    - 序时账—又叫日记账。如现金日记账
    - 分类账—明细分类账、总分类账
    - 备查账—如“租入固定资产登记簿”
  - 按外形特征分
    - 订本账
    - 活页账
    - 卡片账
  - 按账页格式分
    - 两栏式
    - 三栏式
    - 多栏式
    - 数量金额式

活页账和卡片账在使用结束后,不再继续登记,必须装订成册,妥善保管。

(二)会计账簿的启用

为了保证会计账簿记录的合法性和资料的完整性,明确记账责任,会计账簿应当由专人负责登记。

(1)启用会计账簿,应当在账簿封面上写明单位名称和账簿名称。在账簿扉页上应当填写“经管人员一览表”,内容包括:启用日期、账簿页数、记账人员和会计机构负责人、会计主管人员姓名,并加盖名章和单位公章;记账人员或者会计机构负责人,会计主管人员调动工作时,应当注明交接日期、交接人员和监交人员姓名,并由交接双方签名或者盖章。这样做,既是明确有关人员责任的需要,也是提高有关人员的责任感和维护会计记录严肃性的需要。

(2)启用订本式账簿,应当从第一页到最后一页顺序编写页数,不得跳页、缺号。使用活页式账页,应当按账户顺序编号,并须定期装订成册。装订后再按实际使用的账页顺序编定页码,另加目录,记明每个账户的名称和页次。

(三)会计账簿的记账规则

会计人员应当根据审核无误的会计凭证登记会计账簿。这是会计内部稽核制度中的又一个重要环节,也是确保会计信息质量的重要措施。

(1)准确完整。登记会计账簿时,应当将会计凭证日期、编号、业务内容摘要、金额和其他有关资料逐项记入账内,做到数字准确、摘要清楚、登记及时、字迹工整。每一项会计事项,一方面要记入有关账户的总账,另一方面要记入该总账所属的明细账。

(2)注明记账符号。登记完毕后,要在记账凭证上签名或者盖章,并注明已经登账的符号"√",表示已经记账,以免发生重记或漏记。

(3)书写留空。账簿中书写的文字和数字上面要留有适当的空格,不要写满格,一般应占格高的二分之一,这样,一旦发生登记错误时,能比较容易地进行更正,同时也方便查账工作。

(4)正常记账使用蓝黑墨水。登记账簿要用蓝黑墨水或者碳素墨水书写,不得使用圆珠笔(银行的复写账簿除外)或者铅笔书写。在会计上,数字的颜色是重要的元素之一,它同数字和文字一起传达出会计信息。如果书写墨水的颜色用错了,会导致概念上的混乱。

(5)特殊记账使用红墨水。在登记账簿时,出现下列情况,可以用红色墨水记账。①按照红字冲账的记账凭证,冲销错误记录;②在不设借贷等栏的多栏式账页中,登记减少数;③在三栏式账户的余额栏前,如未印明余额方向,在余额栏内登记负数余额;④根据国家统一会计制度的规定可以用红字登记的其他会计记录。如:根据财政部会计司编辑的《会计制度补充规定及问题解答》(第一辑)在解答"应交税金——应交增值税"明细账户设置方法中规定:在"进项税额"专栏中用红字登记退回所购货物应冲销的进项税额;在"已交税金"专栏中用红字登记退回多交的增值税额;在"销项税额"专栏中用红字登记退回销售货物应冲销的销项税额。

(6)按顺序连续登记。各种账簿按照页次顺序连续登记,不得跳行、隔页。如果发生跳行、隔页,应当将空行、空页划线注销,或者在空行、空页的摘要栏内注明"此行空白"或"此页空白"字样,并由记账人员签名或盖章。这对堵塞在账簿登记中可能出现的漏洞是十分必要的防范措施。

(7)结出余额。凡需要结出余额的账户,结出余额后,应当在"借或贷"栏内写明"借"或"贷"等字样。没有余额的账户,应当在"借或贷"栏内写"平"字,并在余额栏内用"0"表示。现金日记账、银行存款日记账必须逐日结出余额。对没有余额的账户,在余额栏内标注的"0"应在"元"位。

(8)过次承前。每一张账页登记完毕结转下页时,应当结出本页合计数及余额,写在本页最后一行和下页第一行有关栏内,在摘要栏内注明"过次页"和"承前页"字样。"过次页"和"承前页"的方法有两种:第一种是在本页最后一行内结出发生额合计数及余额,然后过次页,并在次页第一行承前页;第二种是在次页的第一行承前页写出发生额合计数及余额,不在上页最后一行结出发生额合计数及余额后过次页。

①对需要结计本月发生额的账户,结计"过次页"的本页合计数应当为本月初起至本页止的发生额合计数。这样做,便于根据"过次页"的合计数,随时了解本月初到本页止的发生额,也便于月末结账时,加计"本月合计"数。

②对需要结计本年累计发生额的账户,结计"过次页"的本页合计数应当为自年初起至本页末止的累计数。这样做,便于根据"过次页"的合计数,随时了解本年初到本页末止的累计发生额,在年终结账时,加计"本年累计"数。

③对既不需要结计本月发生额也不需要结计本年累计发生额的账户,可以只将每页末的余额结转次页。如某些材料明细账户就没有必要将每页的发生额结转次页。

(9)定期打印和备份。实行会计电算化的单位,总账和明细账应当定期打印,记账凭证、电子账簿及科目余额表等应当定期备份。发生收款和付款业务的,在输入收款、付款凭证的当天必须打印出现金日记账，并与库存现金核对无误，打印出的银行存款日记账应及时与银行对账单核对无误。因为在计算机或其他磁性介质储存的状态下，各种资料、数据的直观性不强，对会计信息处理的过程不明，不便于进行对某些会计操作和内部、外部审计，对会计信息的安全和完整也不利。

(10)账簿记录发生错误，不准涂改、挖补、刮擦或用药水消除字迹，不准重新抄写，应按正确方法更正。

(四)会计账簿的设置和登记

1.账簿的设置

(1)总分类账的设置。总分类账是根据会计科目开设的账簿，用来登记一个单位的全部经济业务，提供资产、负债、净资产、收入、费用等总括核算的资料。各单位可根据所采用的记账方法和账务处理程序的需要设置总分类账。总分类账必须采用订本式账簿，一般按照会计科目的编码顺序，并为各个账户预留账页，常用的格式为三栏式。

(2)明细分类账的设置。明细分类账户通常根据总账所属的明细科目设置。用来分类、连续地登记某一经济业务以提供明细核算资料的账簿。明细分类账户是形成有用的会计信息的基本程序和基础环节，借助明细分类账户，可以对经济业务信息或数据作进一步加工整理，是编制会计报表的依据之一。明细分类账一般采用活页式账簿，也有采用卡片式账簿(固定资产明细账)，根据管理的要求和各明细分类账所反映的经济内容的不同而是采用不同格式，常用的格式为三栏式、多栏式等。

在气象事业单位采用手工记账的单位中，对于某些业务发生较少的总账科目，对该总账科目可以采用在总账中登记细一点代替明细账，不设该总账科目所属明细账。

(3)日记账的设置。日记账是一种特殊的明细账。大多数单位只设现金日记账和银行存款日记账，以便加强对货币资金的日常监督和管理。现金日记账和银行存款日记账，用以逐日核算和监督库存现金与银行存款的收入、支出和结存情况。日记账必须采用订本式账簿，并为每一张账页顺序编号，格式可采用三栏式，也可采用多栏式。

2.账簿的登记

(1)总分类账的登记。总分类账是连续地记录全部经济业务的账簿。它能全面总括地反映经济业务活动情况，为编制会计报表提供所需的资料。总分类账登记，可根据各种记账凭证逐笔进行登记，也可以将各种记账凭证先行汇总，编制汇总记账凭证或“科目汇总表”后再据以登记。

(2)明细分类账户的登记。各种明细分类账户要依据原始凭证、原始凭证汇总表和记账凭证每天进行登记，也可以定期登记。固定资产、债权、债务等明细账应逐日逐笔登记；收入、费用明细账可以逐笔登记，也可以定期汇总登记；库存现金、银行存款账户已经设置了日记账，不必再设明细账。

(3)日记账的登记。日记账应当根据办理完毕的收、付款凭证，随时按顺序逐笔登记，最少每天登记一次。

现金日记账通常是由出纳人员根据审核后的现金收款凭证和付款凭证，按经济业务发生的时间顺序逐日逐笔进行登记。根据“上日余额＋本日收入－本日支出＝本日结余”的公式，逐日结出每天的库存现金余额，与库存现金实存数核对，检出每日现金收付是否有误，保证账实相符。

银行存款日记账,应按各种存款账户分别设置。银行存款日记账通常是由出纳人员根据审核后的有关银行存款的收、付款凭证,按经济业务发生顺序逐日逐笔进行登记。每日终了,应分别计算银行存款收入、支出的合计数和本日余款,以便检查、监督各项收入款项。月终了,单位账面金额与银行对账单余额之间如有差额,应逐笔查明原因,并编制“银行存款余额调节表”,保证账账相符。

第四节　事业单位会计电算化管理

随着会计电算化工作的普及推进,气象部门已基本实现了会计核算电算化,会计电算化已成为气象部门财务核算、数据汇总、分析、生成财务报表的主要手段,加强会计电算化管理,是一项基础而长期的工作,也是会计核算工作的保障。根据气象部门电算化工作的实际情况,提出事业单位会计电算化管理要求:

开展会计电算化的单位应根据工作需要,建立健全包括会计电算化岗位责任制、会计电算化操作管理制度、计算机硬软件和数据管理制度、电算化会计档案管理制度的会计电算化内部管理制度,保证会计电算化工作的顺利开展。

一、建立会计电算化岗位责任制

要明确每各个工作岗位的职责范围,切实做到“事事有人管,人人有专责,办事有要求,工作有检查。”实行会计电算化的工作岗位可分为基本会计岗位和电算化会计岗位。基本会计岗位可包括:会计主管、出纳、会计核算、稽核、会计档案管理等工作岗位。电算化会计岗位包括电算主管、软件操作、审核记账、电算维护、电算审查和数据分析的工作岗位。

(一)岗位划分及职责

电算化会计岗位和工作职责一般可划分如下:

(1)电算主管:负责协调计算机及会计软件系统的运行工作,要求具备会计和计算机知识,以及相关的会计电算化组织管理的经验。电算化主管可由会计主管兼任,采用计算机网络会计软件的单位,应设立此岗位。

(2)软件操作:负责输入记账凭证和原始凭证等会计数据,输出记账凭证、会计账簿、报表,和进行部分会计数据处理工作,要求具备会计软件操作知识,达到会计电算化初级知识培训的水平;各单位应鼓励基本会计岗位的会计人员兼任软件操作岗位的工作。

(3)审核记账:负责对输入计算机的会计数据(记账凭证和原始凭证等)进行审核,操作会计软件登记机内账簿,对打印输出的账簿、报表进行确认;此岗要求具备会计和计算机知识,达到会计电算化初级知识培训的水平,可由主管会计兼任。

(4)电算维护:负责保证计算机硬件、软件的正常运行,管理机内会计数据;此岗位要求具备计算机和会计知识,经过会计电算化中级知识培训,建议由专职人员担任。

(5)电算审查:负责监督计算机及会计软件系统的运行,防止利用计算机进行舞弊;要求具备会计和计算机知识,达到会计电算化中级知识培训的水平,此岗可由会计稽核人员兼任。

(6)数据分析:负责对计算机内的会计数据进行分析,要求具备计算机和会计知识,达到会计电算化中级知识培训的水平;采用计算机网络会计软件的单位,可设立此岗位,由主管会计兼任。

（二）岗位设置

实施会计电算化过程中，各单位可根据内部牵制制度的要求和本单位的工作需要，参照上条对电算化会计岗位的划分进行调整和设立必要的工作岗位。基本会计岗位和电算化会计岗位，可在保证会计数据安全的前提下交叉设置，各岗位人员要保持相对稳定。由本单位人员进行会计软件开发的，还可设立软件开发岗位。各单位设立电算化会计岗位，应根据实际需要对上条给出的岗位进行适当合并。

二、建立会计电算化操作管理制度

（1）明确规定上机操作人员对会计软件的操作工作内容和权限，对操作密码要严格管理，指定专人定期更换密码，杜绝未经授权人员操作会计软件；

（2）防止已输入计算机的原始凭证和记账凭证等会计数据未经审核而登记机内账簿；

（3）操作人员离开机房前，应执行相应命令退出会计软件；

（4）根据本单位实际情况，由专人保存必要的上机操作记录，记录操作人、操作时间、操作内容、故障情况等内容。

三、建立计算机硬件、软件和数据管理制度

（1）保证机房设备安全和计算机正常运行是进行会计电算化的前提条件，要经常对有关设备进行保养，保持机房和设备的整洁，防止意外事故的发生；

（2）确保会计数据和会计软件的安全保密，防止对数据和软件的非法修改和删除；对磁性介质存放的数据要保存异地分置的双备份；

（3）对正在使用的会计核算软件进行修改、对通用会计软件进行升级和计算机硬件设备进行更换等工作，要有一定的审批手续；在软件修改、升级和硬件更换过程中，要保证实际会计数据的连续和安全，并由有关人员进行监督；

（4）健全计算机硬件和软件出现故障时进行排除的管理措施，保证会计数据的完整性；

（5）健全必要的防治计算机病毒的措施。采取相关技术保证财务专网与外网分离。

四、建立电算化会计档案管理制度

（1）电算化会计档案，包括存储在计算机硬盘中的会计数据，以及其他磁性介质或光盘存储的会计数据和计算机打印出来的书面等形式的会计数据；会计数据是指记账凭证、会计账簿、会计报表（包括报表格式和计算公式）等数据；

（2）电算化会计档案管理是重要的会计基础工作，要严格按照财政部有关规定的要求对会计档案进行管理，由专人负责；

（3）对电算化会计档案管理要做好防磁、防火、防潮和防尘工作；

（4）采用磁性介质保存会计档案，要定期进行检查，定期进行复制，防止由于磁性介质损坏，而使会计档案丢失；

（5）通用会计软件、定点开发会计软件、通用与定点开发相结合会计软件的全套文档资料以及会计软件程序，视同会计档案保管。

第五节 事业单位会计工作规程

我们知道,事业单位会计的基本职能,是通过有效的核算和监督,为管理者、债权人以及政府部门加强管理,评价财务状况,做出投资决策,进行宏观调控提供会计信息服务。所以,执行会计工作规程、规范会计行为,依法防范、制止打击提供虚假会计信息等违法行为,是保护国家和社会公众利益,维护社会主义市场经济秩序的客观要求。

制定规范的、行之有效的会计工作规程,对于维护国家经济秩序、规范社会经济生活、优化资源配置、提高经济效益有着不可或缺的作用。

一、建立内部管理制度

各事业单位应依法建立一套严格的会计核算程序,保证会计资料合法、真实、完整和准确。这就要求各单位应当建立、健全本单位内部会计监督制度,单位内部会计监督制度作为内部控制制度的重要组成部分,对保证单位经济业务活动的有效进行,保证资产的安全和完整,防止、发现、纠正错误与舞弊,保证会计资料的真实、完整等方面具有重要的作用。

一个健全的单位内部会计监督制度,可以保证记账人员与经济业务事项和会计事项的审批人员、验办人员、财物保管人员的职责权限明确清晰,并相互分离和相互制约;可以保证单位重大投资、资产处置、资金调度和其他经济业务事项的决策和执行相互监督,相互制约;可以从根源上杜绝单位搞假凭证、假报表、虚增成本、隐瞒利润、截留国家财政收入乃至转移国有资产、化公为私的问题。

各单位应当根据《中华人民共和国会计法》和国家统一会计制度的规定,结合单位类型和内容管理的需要,建立健全相应的内部会计管理制度。

(1)各单位制定内部会计管理制度应当遵循下列原则:

①应当执行法律、法规和国家统一的财务会计制度。

②应当体现本单位的生产经营、业务管理的特点和要求。

③应当全面规范本单位的各项会计工作,建立健全会计基础,保证会计工作的有序进行。

④应当科学、合理,便于操作和执行。

⑤应当定期检查执行情况。

⑥应当根据管理需要和执行中的问题不断完善。

(2)各单位应当建立内部会计管理体系。主要内容包括:单位领导人、总会计师对会计工作的领导职责;会计部门及其会计机构负责人、会计主管人员的职责、权限;会计部门与其他职能部门的关系;会计核算的组织形式等。

(3)各单位应当建立会计人员岗位责任制度。主要内容包括:会计人员的工作岗位设置;各会计工作岗位的职责和标准;各会计工作岗位的人员和具体分工;会计工作岗位轮换办法;对各会计工作岗位的考核办法。

(4)各单位应当建立账务处理程序制度。主要内容包括:会计科目及其明细科目的设置和使用;会计凭证的格式、审核要求和传递程序;会计核算方法;会计账簿的设置;编制会计报表的种类和要求;单位会计指标体系。

(5)各单位应当建立内部牵制制度。主要内容包括:内部牵制制度的原则;组织分工;出纳岗位的职责和限制条件;有关岗位的职责和权限。

(6)各单位应当建立稽核制度。主要内容包括:稽核工作的组织形式和具体分工;稽核工作的职责、权限;审核会计凭证和复核会计账簿、会计报表的方法。

(7)各单位应当建立原始记录管理制度。主要内容包括:原始记录的内容和填制方法;原始记录的格式;原始记录的审核;原始记录填制人的责任;原始记录签署;传递、汇集要求。

(8)各单位应当建立定额管理制度。主要内容包括:定额管理的范围;制定和修订定额的依据、程序和方法;定额的执行;定额考核和奖惩办法等。

(9)各单位应当建立计量验收制度。主要内容包括:计量检测手段和方法;计量验收管理的要求;计量验收人员的责任和奖惩办法。

(10)各单位应当建立财产清查制度。主要内容包括:财产清查的范围;财产清查的组织;财产清查的期限和方法;对财产清查中发现问题的处理办法;对财产管理人员的奖惩办法。

(11)各单位应当建立财务收支审批制度。主要内容包括:财务收支审批人员和审批权限;财务收支审批程序;财务收支审批人员的责任。

(12)各单位应当建立财务会计分析制度。主要内容包括:财务会计分析的主要内容;财务会计分析的基本要求和组织程序;财务会计分析的具体方法;财务会计分析报告的编写要求等。

二、会计核算与监督

(1)事业单位的会计机构、会计人员对本单位的经济活动进行会计监督,监督的依据是:

①财经法律、法规、规章;

②会计法律、法规和国家统一会计制度;

③各省、自治区、直辖市财政厅(局)和国务院业务主管部门根据《中华人民共和国会计法》(后文简称《会计法》)和国家统一会计制度制定的具体实施办法或者补充规定;

④各单位根据《中华人民共和国会计法》和国家统一会计制度制定的单位内部会计管理制度;

⑤各单位内部的预算、可行性研究报告、实施方案、年度工作任务等。

(2)事业单位会计机构、会计人员应当对原始凭证进行审核和监督。对不真实、不合法的原始凭证,不予受理。对弄虚作假、严重违法的原始凭证,在不予受理的同时,应当予以扣留,并及时向单位领导人报告,请求查明原因,追究当事人的责任。对记载不准确、不完整的原始凭证,予以退回,要求经办人员更正、补充。

(3)事业单位会计机构、会计人员对伪造、变造、故意毁灭会计账簿或者账外设账行为,应当制止和纠正;制止和纠正无效的,应当向上级主管单位报告,请求做出处理。

(4)事业单位会计机构、会计人员应当对实物、款项进行监督,督促建立并严格执行财产清查制度。发现账簿记录与实物、款项不符时,应当按照国家有关规定进行处理。超出会计机构、会计人员职权范围的,应当立即向本单位领导报告,请求查明原因,做出处理。

(5)事业单位会计机构、会计人员对指使、强令编造、篡改财务报告行为,应当制止和纠正;制止和纠正无效的,应当向上级主管单位报告,请求处理。

(6)事业单位会计机构、会计人员应当对财务收支进行监督,监督内容如下:

①对审批手续不全的财务收支,应当退回,要求补充、更正。

②对违反规定不纳入单位统一会计核算的财务收支,应当制止和纠正。

③对违反国家统一的财政、财务、会计制度规定的财务收支,不予办理。

④对认为是违反国家统一的财政、财务、会计制度规定的财务收支,应当制止和纠正;制止和纠正无效的,应当向单位领导人提出书面意见请求处理。单位领导人应当在接到书面意见起十日内做出书面决定,并对决定承担责任。

⑤对违反国家统一的财政、财务、会计制度规定的财务收支,不予制止和纠正,又不向单位领导人提出书面意见的,也应当承担责任。

(7)事业单位会计机构、会计人员对违反单位内部会计管理制度的经济活动,应当制止和纠正;制止和纠正无效的,向单位领导人报告,请求处理。

(8)事业单位会计机构、会计人员应当对单位制定的预算、可行性研究报告、实施方案、年度工作任务的执行情况进行监督。

(9)事业单位必须依照法律和国家有关规定接受财政、审计、税务等机关的监督,如实提供会计凭证、会计账簿、会计报表和其他会计资料以及有关情况,并按有关规定办理借阅手续,不得拒绝、隐匿、谎报。

三、财务会计报告

财务会计报告包括会计报表、会计报表附注和财务情况说明书。

财务会计报告应当根据登记完整、核对无误的会计账簿记录和其他有关资料编制,做到数字真实,计算准确、内容完整、说明清楚、报送及时。

财务会计报告应由单位领导人、总会计师、会计机构负责人、会计主管人员签名并盖章。单位负责人对财务报告的合法性、真实性负法律责任。

气象事业单位的会计报表包括月报、季报、年度决算以及其他临时报表。

四、财产清查

(1)财产清查是指通过对货币资金、实物资产和往来款项的盘点或核对,确定其实存数,查明账存数与实存数是否相符的一种专门方法。

(2)财产清查的种类

①货币资金:包括库存现金、银行存款、其他货币资金等,库存现金出纳人员应于每日业务终了清点核对,银行存款出纳人员每月至少应同银行核对一次。

②财产物资:包括固定资产、存货等,固定资产每年至少要实物盘点一次,并与固定资产明细账核对。

③债权债务:包括各种应收款项、应付款项和各种借款等,每年至少应同对方核对一次。

五、会计档案

会计档案是指会计凭证、会计账簿和财务报告等会计核算专业材料,它是记录和反映单位经济业务的重要史料和证据。是国家档案的重要组成部分,也是本单位的重要档案之一。应当按照财政部下发的《会计档案管理办法》的规定,建立目录、妥善保管。

（一）会计档案的装订和保管

1.会计档案的整理立卷

会计年度终了后，对会计资料进行整理立卷。会计档案的整理一般采用“三统一”的办法，即：分类标准统一、档案形成统一、管理要求统一，并分门别类按各卷顺序编号。

（1）分类标准统一。一般将财务会计资料分成一类账簿，二类凭证，三类报表，四类文字资料及其他。

（2）档案形成统一。案册封面、档案卡夹、存放柜和存放序列统一。

（3）管理要求统一。建立财务会计资料档案簿、会计资料档案目录；会计凭证装订成册，报表和文字资料分类立卷，其他零星资料按年度排序汇编装订成册。

2.会计档案的装订

会计档案的装订主要包括会计凭证、会计账簿、会计报表及其他文字资料的装订。

会计凭证的装订。一般每月装订一次，装订好的凭证按年分月妥善保管归档。

（1）会计凭证装订前的准备工作：

①分类整理，按顺序排列，检查日数、编号是否齐全；

②按凭证汇总日期归集（如按上、中、下旬汇总归集）确定装订成册的本数；

③摘除凭证内的金属物（如订书钉、大头针、回形针），对大的张页或附件要折叠成同记账凭证大小，且要避开装订线，以便翻阅保持数字完整；

④整理检查凭证顺序号，如有颠倒要重新排列，发现缺号要查明原因。再检查附件有否漏缺，领料单、入库单、工资、奖金发放单是否随附齐全；

⑤记账凭证上有关人员（如财务主管、复核、记账、制单等）的印章是否齐全。

（2）会计凭证装订时的要求：

①用“三针引线法”装订，装订凭证应使用棉线，在左上角部位打上三个针眼。实行三眼一线打结，结扣应是活的，并放在凭证封皮的里面，装订时尽可能缩小所占部位，使记账凭证及其附件保持尽可能大的显露面，以便于事后查阅；

②凭证外面要加封面，封面纸用尚好的牛皮纸印制，封面规格略大于所附记账凭证；

③装订凭证厚度一般 1.5 厘米，方可保证装订牢固，美观大方。

（3）会计凭证装订后的注意事项：

①每本封面上填写好凭证种类、起止号码、凭证张数、会计主管人员和装订人员签章；

②在封面上编好卷号，按编号顺序入柜，并要在显露处标明凭证种类编号，以便于调阅。

（4）会计账簿的装订。各种会计账簿年度结账后，除跨年使用的账簿外，其他账簿应按时整理立卷。基本要求是：

①账簿装订前，首先按账簿启用表的使用页数核对各个账户是否相符，账页数是否齐全，序号排列是否连续；然后按会计账簿封面、账簿启用表、账户目录、按页数顺序排列的账页、会计账簿封底的顺序装订。

②活页账簿装订要求。

第一，保留已使用过的账页，将账页数填写齐全，去除空白页和撤掉账夹，用质好的牛皮纸做封面、封底，装订成册。

第二，在本账的封面上填写好账目的种类，编好卷号，会计主管人员和装订人（经办人）签章。

③账簿装订后的其他要求。

第一,会计账簿应牢固、平整,不得有折角、缺角,错页、掉页、加空白纸的现象。

第二,会计账簿的封口要严密,封口处要加盖有关印章。

第三,封面应齐全、平整,并注明所属年度及账簿名称、编号,编号为一年一编,编号顺序为总账、现金日记账、银行存(借)款日记账、分户明细账。

第四,会计账簿按保管期限分别编制卷号,如现金日记账全年按顺序编制卷号;总账、各类明细账、辅助账全年按顺序编制卷号。

(5)会计报表的装订。会计报表编制完成及时报送后,留存的报表按月装订成册谨防丢失。凭证较少的单位可视凭证数量按季度或年度装订成册。第一,会计报表装订前要按编报目录核对是否齐全,整理报表页数,上边和左边对齐压平,防止折角,如有损坏部位,修补后,完整无缺地装订;第二,会计报表装订顺序为:会计报表封面、会计报表编制说明、按会计报表的编号顺序排列的各种会计报表、会计报表的封底;第三,按保管期限编制卷号。

3.会计档案的保管

《会计档案管理办法》规定:"当年会计档案,在会计年度终了后,可暂由本单位财务会计部门保管一年,期满之后原则上应由财务会计部门编制清册移交本单位的档案部门保管。"根据上述规定,会计档案的保管要求主要有:

(1)会计档案的移交手续。财务会计部门在将会计档案移交本单位档案部门时,应按下列程序进行:

①开列清册,填写交接清单;

②在账簿使用日期栏填写移交日期;

③交接人员按移交清册和交接清单项目核查无误后签章。

(2)会计档案的保管要求。

①会计档案室应选择在干燥防水的地方,并远离易燃品堆放地,周围应备有适应的防火器材;

②采用透明塑料膜作防尘罩、防尘布,遮盖所有档案架和堵塞鼠洞;

③会计档案室内应经常用消毒药剂喷洒,经常保持清洁卫生,以防虫蛀;

④会计档案室保持通风透光,并有适当的空间、通道和查阅地方,以利查阅,并防止潮湿;

⑤设置归档登记簿、档案目录登记簿、档案借阅登记簿,严防毁坏损失、散失和泄密;

⑥会计电算化档案保管要注意防盗、防磁等安全措施。

(3)会计档案的借阅。

①会计档案为本单位提供利用,原则上不得借出,有特殊需要须经上级主管单位或单位领导、会计主管人员批准。

②外部借阅会计档案时,应持有单位正式介绍信,经会计主管人员或单位领导 人批准后,方可办理借阅手续;单位内部人员借阅会计档案时,应经会计主管人员或单位领导人批准后,办理借阅手续。借阅人应认真填写档案借阅登记簿,将借阅人姓名、单位、日期、数量、内容、归期等情况登记清楚。

③借阅会计档案人员不得在案卷上乱画、标记,拆散原卷册,也不得涂改抽换、携带外出或复制原件(如有特殊情况,须经领导批准后方能携带外出或复制原件)。

④借出的会计档案,会计档案管理人员要按期如数收回,并办理注销借阅手续。

(4)会计档案的保管期限。各种会计档案的保管期限,按其特点可分为永久性和定期性两类。凡是在立档单位会计核算中形成的,记述和反映会计核算的,对工作总结、查考和研究经济活动具有长远利用价值的会计档案,应永久保存。定期保管期限分别为3年、5年、10年、15年、20年和25年6种。会计档案的保管期限,从会计年度终了后的第一天算起,如:2004年度终了日为12月31日,保管期限按2005年元月1日开始计算。

为了全面反映会计档案情况,立档部门应设置"会计档案备查表",以便及时记载会计档案的保存数、借阅数和归档数,做到心中有数、不出差错。

(二)会计档案的销毁

(1)会计档案保管期满,需要销毁时,由本单位档案部门提出销毁意见,会同财务会计部门共同鉴定、严格审查,编造会计档案销毁清册。

(2)机关、团体、事业单位和非国有企业会计档案要销毁时,报本单位领导批准后销毁;国有企业经企业领导审查,报请上级主管单位批准后销毁。

(3)会计档案保管期满,但其中未了结的债权债务的原始凭证,应单独抽出,另行立卷,由档案部门保管到结清债权债务时为止;建设单位在建设期间的会计档案,不得销毁。

(4)销毁档案前,应按会计档案销毁清册所列的项目逐一清查核对;各单位销毁会计档案时应由档案部门和财会部门共同派员监销,各级主管部门销毁会计档案时,应由同级财政部门、审计部门派员参加监销;会计档案销毁后经办人在"销毁清册"上签章,注明"已销毁"字样和销毁日期,以示负责,同时将监销情况写出书面报告一式两份,一份报本单位领导,一份归入档案备查。

六、会计工作交接

会计人员工作调动或者因故离职,必须将本人所经管的会计工作全部移交给接替人员。没有办清交接手续的,不得调动或者离职。接替人员应当认真接管移交工作,并继续办理移交的未了事项。

会计工作交接的程序:

(1)会计人员办理移交手续前,必须及时做好以下工作:

①已经受理的经济业务尚未填制会计凭证的,应当填制完毕。

②尚未登记的账目,应当登记完毕,并在最后一笔余额后加盖经办人员印章。

③整理应该移交的各项资料,对未了事项写出书面材料。

④编制移交清册,列明应当移交的会计凭证、会计账簿、会计报表、印章、现金、有价证券、支票簿、发票、文件、其他会计资料和物品等内容;实行会计电算化的单位,从事该项工作的移交人员还应当在移交清册中列明会计软件及相关密码、会计软件数据磁盘(磁带等)及有关资料、实物等内容。

(2)会计人员办理交接手续,必须有监交人负责监交。一般会计人员交接,由单位会计机构负责人或会计主管人员负责监交;会计机构负责人、会计主管人员交接,由单位领导人负责监交,必要时可由上级主管部门派人会同监交。

(3)移交人员在办理移交时,要按移交清册逐项移交;接替人员要逐项核对点收,具体内容如下:

①现金、有价证券要根据会计账簿有关记录进行点交。库存现金、有价证券必须与会计账

簿记录保持一致。不一致时,移交人员必须限期查清。

②会计凭证、会计账簿、会计报表和其他会计资料必须完整无缺。如有短缺,必须查清原因,并在移交清册中注明,由移交人员负责。

③银行存款账户余额要与银行对账单核对,如不一致,应当编制银行存款余额调节表调节相符,各种财产物资和债权债务的明细账户余额要与总账有关账户余额核对相符;必要时,要抽查个别账户的余额,与实物核对相符,或者与往来单位、个人核对清楚。

④移交人员经管的票据、印章和其他实物等,必须交接清楚;移交人员从事会计电算化工作的,要对有关电子数据在实际操作状态下进行交接。

(4)会计机构负责人、会计主管人员移交时,还必须将全部财务会计工作、重大财务收支和会计人员的情况等,向接替人员详细介绍。对需要移交的遗留问题,应当写出书面材料。

(5)交接完毕后,交接双方和监交人员要在移交清册上签名或者盖章。并应在移交清册上注明:单位名称,交接日期,交接双方和监交人员的职务、姓名,移交清册页数以及需要说明的问题和意见等。移交清册一般应当填制一式三份,交接双方各执一份,存档一份。

(6)接替人员应当继续使用移交的会计账簿,不得自行另立新账,以保持会计记录的连续性。

会计人员临时离职或者因病不能工作且需要接替或者代理的,会计机构负责人、会计主管人员或者单位领导人必须指定有关人员接替或者代理,并办理交接手续。临时离职或者因病不能工作的会计人员恢复工作的,应当与接替或者代理人员办理交接手续。移交人员因病或者其他特殊原因不能亲自办理移交的,经单位领导人批准,可由移交人员委托他人代办移交,但委托人应当对所移交的会计凭证、会计账簿、会计报表和其他有关资料的合法性、真实性承担法律责任。

单位撤销时,必须留有必要的会计人员,会同有关人员办理清理工作,编制决算。未移交前,不得离职。接收单位和移交日期由主管部门确定。单位合并、分立的,其会计工作交接手续比照上述有关规定办理。

移交人员对所移交的会计凭证、会计账簿、会计报表和其他有关资料的合法性、真实性承担法律责任。

七、会计人员职业道德

会计人员职业道德是会计人员从事会计工作应当遵循的道德标准。主要有以下内容:

(1)爱岗敬业。要求会计人员应当热爱本职工作,努力钻研业务,使自己的知识和技能适应所从事工作的要求。爱岗敬业是做好一切工作的出发点。

(2)熟悉法规。会计工作不只是单纯的记账、算账、报账工作,会计工作时时、事事、处处涉及守法守规方面的问题。会计人员应当熟悉财经法律、法规和国家统一会计制度,做到自己在处理各项经济业务时知法守法、知章循章,依法把守关口,同时还要进行法规的宣传,提高法制观念。

(3)依法办事。一方面,会计人员应当按照会计法律、法规和国家统一会计制度规定的程序和要求进行会计工作,保证所提供的会计信息合法、真实、准确、及时、完整。另一方面,要求会计人员必须树立自己职业的形象和人格的尊严,敢于抵制歪风邪气,同一切违法乱纪的行为斗争。

(4)客观公正。会计信息的正确与否,不仅关系到微观决策,而且关系到宏观决策。做好会计工作,不仅要有过硬的技术本领,也同样要求会计人员办理会计事务应当实事求是,客观求公正。否则,就会把知识和技能用错了地方,甚至参与弄虚作假,徇私舞弊。

(5)搞好服务。会计工作是经济管理工作的一部分,把这部分工作做好对所在单位的经营管理至关重要。会计工作的这一特点,决定了会计人员应当熟悉本单位的生产经营和业务管理情况,运用掌握的会计信息和会计方法,为改善单位内部管理,提高经济效益服务。

(6)保守秘密。会计工作性质决定了会计人员有机会了解本单位的财务状况和生产经营情况,有可能了解或者掌握重要商业秘密。这些秘密一旦泄露给竞争对手,会给本单位的经济利益造成重大的损害,这对被泄露的单位既不公正又很不利。同时泄露本单位的商业秘密也是一种很不道德的违法行为。要求会计人员应当保守本单位的商业秘密,除法律规定和单位领导人同意外,不能私自向外界提供或者泄露单位的会计信息。

总之,会计人员要带头贯彻执行《会计法》,规范会计行为,坚持原则,忠实履行会计监督职能,提高财务管理水平。

第六节　违法行为及处罚处分

气象事业单位的各级领导、工作人员、会计人员,必须严格遵循《会计法》、《财政违法行为处罚处分条例》和国家的有关法律法规。现将违反《会计法》、《财政违法行为处罚处分条例》的有关行为列举如下:

一、违反《会计法》规定的行为有:

(1)不依法设置会计账簿的;

(2)私设会计账簿的;

(3)未按照规定填制、取得原始凭证或者填制、取得的原始凭证不符合规定的;

(4)以未经审核的会计凭证为依据登记会计账簿或者登记会计账簿不符合规定的;

(5)随意变更会计处理方法的;

(6)向不同的会计资料使用者提供的财务会计报告编制依据不一致的;

(7)未按照规定使用会计记录文字或者记账本位币的;

(8)未按照规定保管会计资料,致使会计资料毁损、灭失的;

(9)未按照规定建立并实施单位内部会计监督制度,或者拒绝依法实施监督,或者不如实提供有关会计资料及有关情况的;

(10)任用会计人员不符合本法规定的;

(11)伪造、变造会计凭证、会计账簿,编制虚假财务会计报告;

(12)隐匿或者故意销毁依法应当保存的会计凭证、会计账簿、财务会计报告;

(13)授意、指使、强令会计机构、会计人员及其他人员伪造、变造会计凭证、会计账簿,编制虚假财务会计报告或者隐匿、故意销毁依法应当保存的会计凭证、会计账簿、财务会计报告;

(14)单位负责人对依法履行职责、抵制违反本法规定行为的会计人员以降级、撤职、调离工作岗位、解聘或者开除等方式实行打击报复。

二、违反《财政违法行为处罚处分条例》的行为有：

(1)以虚报、冒领等手段骗取财政资金；

(2)截留、挪用财政资金；

(3)滞留应当下拨的财政资金；

(4)违反规定扩大开支范围，提高开支标准；

(5)其他违反规定使用、骗取财政资金的行为。

(6)虚增、虚减财政收入或者财政支出；

(7)违反规定编制、批复预算或者决算；

(8)违反规定调整预算；

(9)违反规定调整预算级次或者预算收支种类；

(10)违反规定动用预算预备费或者挪用预算周转金；

(11)违反国家关于转移支付管理规定的行为；

(12)其他违反国家有关预算管理规定的行为；

(13)国家机关及其工作人员违反国有资产管理的规定，擅自占有、使用、处置国有资产的；

(14)截留、挪用国家建设资金；

(15)以虚报、冒领、关联交易等手段骗取国家建设资金；

(16)违反规定超概算投资；

(17)虚列投资完成额；

(18)其他违反国家投资建设项目有关规定的行为；

(19)单位和个人违反财务管理的规定，私存私放财政资金或者其他公款的。

三、对违法行为的处罚处分

针对违法人为单位、单位领导、会计人员和其他工作人员，《会计法》和《财政违法行为处罚处分条例》规定了各种处罚处分。这其中包括：罚款、通报批评、处分、吊销《会计人员从业资格证书》，构成犯罪的要依法追究刑事责任。对于其中相关的错误行为还应当调整有关会计账目、没收违法所得等。对于其中的具体处罚处分条款，请参阅上述两个规定中的相关内容。

第七节　假发票的查处和治理

严肃查处利用虚假发票进行财务报销、偷骗税款、牟取非法利益等各种发票违法行为，特别是重点查处利用虚假发票进行财务报销，设立“小金库”的行为。

一、查处和治理依据

假发票的查处和治理，主要依据的是：2011 年 2 月 1 日起施行的《中华人民共和国发票管理办法》(国务院令第 587 号)、《中华人民共和国发票管理办法实施细则》(国家税务总局令第 25 号)，以及自 2013 年 4 月 1 日起施行的《网络发票管理办法》(国家税务总局令第 30 号)。

二、假发票的表现形式

假发票的表现形式一般分为三类，即假发票、虚假发票、套用发票。

(1)假发票。即指私印、伪造发票，此类发票主要来自黑市交易，各种行业，如商业零售、餐饮、娱乐等纳税发票都有，是电脑排版印制，外行人几乎分辨不出真伪。

(2)虚假发票。即指虚开发票，内容上作假的现象比较普遍，手法也各式各样，主要的有以下几种：

①大头小尾。购物方报销联与经销商记账联所填写的金额不一致。形成购买者以高于买价报销，从中渔利；经销商以低于售价纳税，偷逃税款。此类发票由于收存单位不一，查处难度较大。但由于当事人作假技术和心理素质等因素，常在字迹或第二联背面等方面露出疑点，检查时只要稍加留意即可发现。

②变通发票。此类发票作假有两种表现形式：一是将购买的个人消费品开为办公用品，使其名正言顺地作为公款报销凭证；二是将吃喝玩乐、公款请客送礼的费用，开为业务招待费、会议费等进行报销。

③回扣少付多报发票。此类发票一般是出票方为招揽生意，主动提出或应售票方要求，在应开票款额的基础上加大发票金额，开票内容大多模糊不清，不列明细，发票开的金额大于实付金额。

④精心涂抹。此类发票总价处用发票复写字迹模糊不清，或将个人用品改为办公用品报销，或在金额上做手脚，也有的在首位数前加码等。用此法作假的发票，和原字迹相比，小写多不协调，大写常难成形，所以作假者惯将假票和真票合并编组下账，且有意识将涂改过的大写数字和邻票用胶粘连作掩饰。

⑤无中生有。报销发票的内容与本单位经济活动毫无关系。

(3)套用发票。即指套用发票自填自报，这是一种隐蔽性很强的作假手段，作假者通常利用某些单位发票管理上的漏洞，以长期进货做承诺，向熟人、关系户索要盖章的空白发票，自填自报。再一种是由于税务机关在一些商业零售企业中推行定额纳税制度，这些企业开出的发票只起到为购货者提供报销凭证的作用，所以发票上的购物金额开多少不影响企业的纳税额；没有购物的顾客，只要交点手续费，数目可大可小的发票就能搞到，有的商家甚至把空白发票撕给顾客，任其填写。

三、假发票的查证方法

(一)金额分析法

即判断事项与票据数量、金额的合理性。如某单位开两天交流会，租用桑塔纳轿车 1 辆。而发票摘要为“租用汽车 1 辆，金额 6 000 元”。会计人员认为发票所列 6 000 元的租车费用明显与市场价格不符。经查证：实际租金为 2 500 元。

(二)时间对照法

即判断多张票据出票日期与票号合理性。如某单位 2010 年 3 月账面列支 2010 年 3 月 12 日宾馆“会务费 15 000 元”，票号为 16 号，而该单位同年 2 月账面中另报销同一宾馆 2010 年 2 月 15 日“餐饮费 5 660 元”，票号为同一本发票的 23 号。两张发票日期颠倒、票号倒反，显失合理性。经进一步核实，“会务费 15 000 元”为虚列。

(三)票据使用法

即判断事项与发票使用的合理性。如某单位支出建筑工程结算款 376 万元,按规定施工企业办理结算应使用建筑业结算统一发票,而该单位结算该笔业务却使用“商业零售发票”,造成施工企业未按照建筑业收入缴纳营业税及附加 12 万余元。

(四)使用时效法

即判断出票日期与发票使用时效的合理性。如某单位 2010 年报销的票据中出现××市房屋租赁统一发票多张,这种发票已经在 2008 年 3 月 31 日经税务机关公告终止使用,统一领用××市服务业统一发票,而仍有部分单位没有按规定上缴销毁。

(五)笔记鉴别法

即甄别发票字迹的一致性。看发票的日期、品名、数量、大小写金额的字、笔体、笔画粗细、复写纸压痕是否一致,有无药剂褪色、橡皮擦、小刀刮的痕迹。

(六)连号重查法

即甄别连号报销票据的真实性。某单位在 2010 年 10、11 月分别报销两笔出差发票,其中 10 月报销某饭店 10 月 5 日饮食服务业发票“餐费 6 500 元”(票号 042);11 月报销同一饭店、同一本发票、同一个日期(10 月 5 日)“餐费 9 650 元”(票号 043),经深究后核实该两笔业务为送礼而开具的假发票。

(七)付款判断法

即重点检查大额支出现金发票的真实性。某单位为超标发放职工年终福利,将其在下属单位开具的“维修费 20 000 元”发票从经费中列支,套取现金用于发放福利,为了不在下属单位账面上留下隐患,付款时不使用转账,而直接用现金支票支付。对于超出现金使用范围支付现金的业务,往往存在舞弊空间。

(八)经办人关系法

即核对持票人身份与票据物品的关系一致性。如某些财会用品发票非财务人员经手、大额办公用品非办公室人员经手、大额修车费非司机经手等。这种票据大多存在违规支出。

除上述几种识别方法外,还可以采取前后联系、盘点实物、走访调查等方法。

查证票据的真实性,不能单一地使用一种方法,要将各种方法串联起来进行查验。任何弄虚作假都不可能天衣无缝,必然会留下蛛丝马迹。

从制度上说,发票是消费者的购物凭证,而对国家来说,它是纳税人经济活动的重要商业凭证,也是财政、税收、审计等部门进行财务税收检查的重要依据,除了需要公安、税务等部门加大打击力度之外,更重要的是群众要树立防假、反假、识假这种意识,让假发票无藏身之地。

利用虚假发票进行财务报销、偷骗税款、牟取非法利益等各种发票违法行为,特别是利用虚假发票进行财务报销,设立“小金库”,相关的处理和处分措施是很重的,所以要加大宣传力度,财务会计人员要提高发票真伪的识别能力,降低财务风险,提升风险防控能力。

第二章　资　产

第一节　资产概述

一、资产的定义

依据《事业单位财务规则》、《事业单位会计准则》，事业单位资产是指事业单位占有或者使用的能以货币计量的经济资源，包括各种财产、债权和其他权利。事业单位的资产包括流动资产、固定资产、在建工程、无形资产和对外投资等。

二、资产的分类

事业单位的资产按照流动性，分为流动资产和非流动资产。

(1)流动资产是指预计在1年内(含1年)变现或者耗用的资产。

(2)非流动资产是指流动资产以外的资产。

(一)流动资产

事业单位的流动资产包括货币资金、短期投资、应收及预付款项、存货等。

(1)货币资金包括库存现金、银行存款、零余额账户用款额度等。

(2)短期投资是指事业单位依法取得的，持有时间不超过1年(含1年)的投资。

(3)应收及预付款项是指事业单位在开展业务活动中形成的各项债权，包括财政应返还额度、应收票据、应收账款、其他应收款等应收款项和预付账款。

(4)存货是指事业单位在开展业务活动及其他活动中为耗用而储存的资产，包括材料、燃料、包装物和低值易耗品等。

(二)非流动资产

事业单位的非流动资产包括长期投资、在建工程、固定资产、无形资产等。

(1)长期投资是指事业单位依法取得的，持有时间超过1年(不含1年)的各种股权和债权性质的投资。

(2)在建工程是指事业单位已经发生必要支出，但尚未完工交付使用的各种建筑(包括新建、改建、扩建、修缮等)和设备安装工程。

(3)固定资产是指事业单位持有的使用期限超过1年(不含1年)，单位价值在1 000元以上(其中：专用设备单位价值在1 500元以上)，并在使用过程中基本保持原有物质形态的资产，包括房屋及构筑物、专用设备、通用设备；文物和陈列品；图书、档案；家具、用具、装具及动植物。单位价值虽未达到规定标准,但是耐用时间超过1年(不含1年)的大批同类物资,应当作为固定资产核算。

(4)无形资产是指事业单位持有的没有实物形态的可辨认非货币性资产,包括专利权、商标权、著作权、土地使用权、非专利技术等。

三、关于资产的规定

根据《事业单位财务规则》、《事业单位会计准则》相关规定如下:

(1)事业单位的资产应当按照取得时的实际成本进行计量。除国家另有规定外,事业单位不得自行调整其账面价值。

应收及预付款项应当按照实际发生额计量。

以支付对价方式取得的资产,应当按照取得资产时支付的现金或者现金等价物的金额,或者按照取得资产时所付出的非货币性资产的评估价值等金额计量。

取得资产时没有支付对价的,其计量金额应当按照有关凭据注明的金额加上相关税费、运输费等确定;没有相关凭据的,其计量金额比照同类或类似资产的市场价格加上相关税费、运输费等确定;没有相关凭据,同类或类似资产的市场价格也无法可靠取得的,所取得的资产应当按照名义金额入账。

(2)事业单位转让无形资产,应当按照有关规定进行资产评估,取得的收入按照国家有关规定处理。事业单位取得无形资产发生的支出,应当计入事业支出。

(3)事业单位应当严格控制对外投资。在保证单位正常运转和事业发展的前提下,按照国家有关规定可以对外投资的,应当履行相关审批程序。事业单位不得使用财政拨款及其结余进行对外投资,不得从事股票、期货、基金、企业债券等投资,国家另有规定的除外。

事业单位以非货币性资产对外投资的,应当按照国家有关规定进行资产评估,合理确定资产价值。

第二节　货币资金的核算

一、货币资金概述

货币资金是指单位所拥有的库存现金、银行存款、零余额账户用款额度等。货币资金是流动性最强的资产。实务中 ,事业单位在货币资金管理方面容易出现问题 ,如库存现金超限额;记账不及时,部分单位对已经发生的多项经济业务不及时记账,个别单位甚至对已发生的多笔经济业务一个月才记一次现金日记账;超过结算起点(1 000元)以上的大额现金支出;白条抵库现象,如长期借款不记账,只用一张借款便条抵顶库存现金;货币资金支出的批准权限不明确或存在越权审批行为等问题。

通过上述问题,反映事业单位货币资金管理制度不健全,单位负责人的重视程度不够,一些财会人员对保证货币资金的安全性缺乏足够的认识。因此,事业单位要加强货币资金的内部控制和管理,保证货币资金的安全,对货币资金内部控制中的薄弱环节,应当及时采取措施,加以纠正和完善。

根据《行政事业单位内部控制规范》，事业单位应在如下方面加强货币资金控制：

(1)事业单位应建立健全货币资金管理岗位责任制，合理设置岗位，不得由一人办理货币资金的全过程，确保不相容岗位相互分离。出纳不得兼管稽核、会计档案保管和收入、支出、债权、债务账目的登记工作。严禁一人保管收付款项所需的全部印章。财务专用章应由专人保管，个人名章应由本人或其授权人员保管。负责保管印章的人员要配置单独的保管设备，并做到人走柜锁。

(2)事业单位应加强货币资金的核查控制。指定不办理货币资金业务的会计人员定期和不定期抽查盘点库存现金，核对银行存款余额，抽查银行对账单、银行日记账及银行存款余额调节表，核对是否账实相符、账账相符。对调节不符、可能存在重大问题的未达账项应及时查明原因，并按照相关规定处理。

二、库存现金的核算

(一)库存现金管理的基本要求

库存现金是指事业单位的库存现金，包括库存的人民币和外币现金。现金是可以立即投入流通的交换媒介，可以随时用其购买所需的物资，支付有关费用，偿还各种债务。在所有资产中，库存现金是流动性最强的一种资产。

1.库存现金的使用范围

根据财政部《关于实施中央预算单位公务卡强制结算目录的通知》(财库〔2011〕160号)文件规定：

(1)所有实行公务卡制度改革的中央预算单位，都应严格执行中央预算单位公务卡强制结算目录。

(2)凡目录规定的公务支出项目，应按规定使用公务卡结算，原则上不再使用现金结算。原使用转账方式结算的，可继续使用转账方式。

(3)下列情况可暂不使用公务卡结算：

①在县级以下(不包括县级)地区发生的公务支出；

②在县级及县级以上地区不具备刷卡条件的场所发生的单笔消费在200元以下的公务支出；

③按规定支付给个人的支出；

④签证费、快递费、过桥过路费、出租车费用等目前只能使用现金结算的支出。

除按要求使用公务卡结算外，按国务院颁发的《现金管理暂行条例》执行。《现金管理暂行条例》规定，开户单位在下列范围内可使用现金：

(1)职工工资、奖金津贴。

(2)个人劳动报酬。

(3)根据国家规定颁发给个人的科学技术、文化艺术、体育等各种奖金。

(4)各种劳保、福利费以及国家规定对个人的其他支出。

(5)向个人收购农副产品和其他物资的价款。

(6)出差人员必须随身携带的差旅费。

(7)结算起点(1 000元)以下的零星支出。

(8)中国人民银行确定需要支付现金的其他支出。

事业单位与其他单位的经济往来,除规定的范围可使用公务卡和现金外,应通过开户行进行转账结算。

2.库存现金的限额管理

事业单位为了办理日常零星开支,需要经常保持一定数量的库存备用金 ,但为了防止现金积压,控制货币发行,国家银行规定要进行限额管理。各单位的库存现金必须经开户银行核定,除核定的库存限额以外,其余必须存入开户银行,不得自行保留。库存现金限额由单位提出计划,经开户银行审查同意,一般不超过 3 天零星支付所需现金。需要调整库存现金限额时,应再向开户银行申请报批。

3.不准坐支现金的规定

以本单位收入的现金直接支付自己的支出,叫做坐支。按有关规定,事业单位每天收入的现金,必须当天送存银行,不能直接支用,不许任意支用,因特殊情况需要坐支现金的,应事先报开户银行审查批准,由开户银行核定坐支范围和限额,坐支单位应定期向银行报送坐支金额和使用情况。

4.工资、津补贴要使用银行卡的规定

单位发放的职工工资、津补贴、临时工工资不得以现金形式直接支付个人,有条件的地区和单位,都要通过银行卡发放。

(二)库存现金业务的会计处理

事业单位发生的每一笔现金收入和现金支出业务,都必须根据审核无误的原始凭证编制记账凭证,然后据以记账。为此,应设置"库存现金"科目,借方反映库存现金的增加数,贷方反映库存现金的减少数,借方余额反映库存现金数:

根据气象部门实际,库存现金下设"非零余额现金"、"零余额现金"、"基建现金"明细科目。非零余额现金用于核算基本户的现金收支业务,零余额现金用于核算财政资金账户的现金收支业务,基建现金用于核算基建账并入事业账的现金收支业务。

(1)从银行等金融机构提取现金,按照实际提取的金额,借记"库存现金"科目,贷记"银行存款"等科目;将现金存入银行等金融机构,按照实际存入的金额,借记"银行存款"等科目,贷记"库存现金"科目。

(2)因内部职工出差等原因借出的现金,按照实际借出的现金金额,借记"其他应收款"科目,贷记"库存现金"科目;出差人员报销差旅费时,按照应报销的金额,借记有关科目,按照实际借出的现金金额,贷记"其他应收款"科目,按其差额,借记或贷记"库存现金"科目。

(3)因开展业务等其他事项收到现金,按照实际收到的金额,借记"库存现金"科目,贷记有关科目;因购买服务或商品等其他事项支出现金,按照实际支出的金额,借记有关科目,贷记"库存现金"科目。

事业单位应设置"现金日记账",出纳人员根据收付款凭证逐笔顺序登记。每日业务终了,应计算出库存现金收入合计数、库存现金支出合计数和结余数,核对账面结余与实际库存相符后,编制"库存现金日报表",连同原始凭证送交会计人员复核整理后,填制记账凭证。

事业单位有外币现金的,应当分别按照人民币、各种外币设置"现金日记账"进行明细核算。有关外币现金业务的账务处理参见"银行存款"科目的相关规定。

每日账款核对中发现现金溢余或短缺的,应当及时进行处理。如发现现金溢余,属于应支付给有关人员或单位的部分,借记"库存现金"科目,贷记"其他应付款"科目;属于无法查明原因的部分，借记“库存现金”科目，贷记“其他收入”科目。如发现现金短缺，属于应由责任人赔偿的部分，借记“其他应收款”科目，贷记“库存现金”科目；属于无法查明原因的部分，报经批准后，借记“其他支出”科目，贷记“库存现金”科目。

【例 2-1】某县气象局签发现金支票，从银行（零余额账户）提取基本支出现金 3 000 元备用，做会计分录：

借：库存现金—零余额现金　3 000

　贷：零余额账户用款额度—基本支出用款额度　3 000

【例 2-2】该单位某职工因公出差（偏远地区，不具备刷公务卡条件），预借零余额基本支出差旅费 1 000 元，以现金支付，做会计分录：

借：其他应收款—差旅费—某职工　1 000

　贷：库存现金—零余额现金　1 000

【例 2-3】该单位上月出差的某职工报销差旅费，原借款 1 000 元，实际开支 850 元，退回现金 150 元。

借：库存现金—零余额现金　150

　事业支出—基本支出—商品和服务支出—差旅费　850

　贷：其他应收款—差旅费—某职工　1 000

有效和严格的现金内部控制要求把每天收到的现金全部、及时地存入银行，现金收入业务较多、单独设有收款部门的事业单位，收款部门的收款员应当将每天所收现金连同收款凭据等一并交财务部门核收记账；或者将每天所收现金直接送存开户银行后，将收款凭据及向银行送存现金的凭证等一并交财务部门核收记账。

有效和严格的现金内部控制要求对每笔现金的支出必须经严格的审批手续后用支票支付。为了使频繁发生的日常小额零星支出摆脱常规的逐级审批及逐项签发支票的繁琐手续，按照重要性原则，可对那些供零星开支或小额差旅费等费用的现金，建立定额备用金加以控制。采用定额备用金办法的事业单位，一般都事先由会计部门根据实际情况向经常有现金支出的单位或个人提供一笔固定金额的现金，以供日后发生在规定范围内使用的小额零星支出。

备用金在使用过程中，负责备用金的经管人员必须将其所支付事项的凭证收据、发票及各种用途的报销凭证妥加保管，以便在备用金不敷周转时，凭有关凭证向会计部门报销，补足备用金，达到规定的数额。这样，各项日常零星开支，会计部门只需在审核报销凭证后，一次签发补足备用金固定金额的支票。

事业单位备用金的会计处理，一般可通过“其他应收款”账户进行。

【例 2-4】某省气象局机关会计部门为业务处建立 6 000 元的备用金（假设该账户为零余额账户），建立时的会计分录为：

借：其他应收款—备用金—业务处　6 000

　贷：库存现金—零余额现金　6 000

【例 2-5】业务处的备用金经管人员支付差旅费 3 000 元，文具用品费 150 元，将所保存的各种支出单据到会计部门报销（假设全部支出为零余额账户基本支出），报销和补足现金的会计分录为：

借：事业支出—基本支出—商品和服务支出—差旅费　3 000

　事业支出—基本支出—商品和服务支出—办公费　150

贷:库存现金—零余额现金 3 150

【例 2-6】会计部门通知业务处取消该笔备用金，业务处以 1 000 元差旅费单据向会计部门报销,并缴回剩余的 5 000 元,会计分录为:

借:库存现金—零余额现金 5 000

事业支出—基本支出—商品和服务支出—差旅费 1 000

贷:其他应收款—备用金—业务处 6 000

涉及预算单位零余额账户和公务卡相关业务的账务处理:

【例 2-7】公务卡持卡人(以下简称持卡人)报销时,财务人员根据发票等财务报销凭证,以及公务卡 POS 消费凭条(持卡人存根联)等单据金额共 3 100 元,全部为购置办公用品,假定从零余额账户项目支出中列支,进行如下会计处理:

借:事业支出—项目支出—商品和服务支出—办公费 3 100

贷:其他应付款—待清算公务卡报销额度 3 100

【例 2-8】财务部门通过零余额账户办理向公务卡的资金还款手续时，应依据《还款汇总表》等凭据进行如下会计处理:

借:其他应付款—待清算公务卡报销额度 3 100

贷:零余额账户用款额度—项目支出用款额度 3 100

【例 2-9】持卡人已报销、单位尚未还款时,发生向供应商退回所购办公用品情况的,所在单位财务部门依据相关凭证应删除《还款汇总表》相关记录,并进行如下账务处理:

借:其他应付款—待清算公务卡报销额度 3 100

贷:事业支出—项目支出—商品和服务支出—办公费 3 100

【例 2-10】持卡人已报销、单位已还款时,发生向供应商退回所购办公用品情况的,供应商将资金退回持卡人公务卡后,持卡人应将与原报销金额等额现金退回所在财务部门,由财务部门将现金退回单位零余额账户,并做如下会计处理:

a. 发生退货事宜,根据有关凭证:

借:其他应收款—其他内部往来—××个人 3 100

贷:事业支出—项目支出—商品和服务支出—办公费 3 100

"事业支出"贷方业务也可在借方以负数反映。

b. 收回现金时:

借:库存现金—零余额现金 3 100

贷:其他应收款—其他内部往来—××个人 3 100

c. 向银行交存现金,恢复额度时:

借:零余额账户用款额度—项目支出用款额度 3 100

贷:库存现金—零余额现金 3 100

三、银行存款的核算

(一)银行存款账户的开立和管理

事业单位的货币资金,除不超过库存现金限额的少量现金外,其余必须存入开户银行。货币资金的收付,除国家规定可以用公务卡和现金办理结算外,其余都必须通过银行办理转账结算。各单位应按规定在银行开立存款户,并加强对银行存款户的管理,遵守国家规定的结算纪律，做好银行存款的核算工作。所谓银行存款就是指事业单位存入国有银行或国有控股银行的货币资金，银行存款包括人民币存款和外币存款。

依据《事业单位会计制度》，独立编报预、决算的事业单位，都必须在银行开立存款户。在银行开户时，应按银行规定填写“开户申请表”，经有关部门审查同意后，连同盖有单位公章及名章的印鉴卡片，送开户银行办理开户手续。

事业单位应加强对本单位银行账户的管理，由会计部门统一在银行开户，一个事业单位只能开设一个基本存款账户，避免多头开户。

各开户单位通过银行存款户办理资金收付时，必须切实遵守银行规定的以下管理原则。

(1)认真贯彻执行国家的政策、法令，严格遵守银行的各项结算制度和现金管理制度，接受银行监督。

(2)银行存款户只供本单位使用，不准出租、出借或转让给其他单位或个人使用。

(3)各种收支款凭证，必须如实填明款项来源或用途，不得巧立名目，弄虚作假，套取现金，套购物资，严禁利用账户搞非法活动。

(4)银行存款户必须有足额的资金保证支付，加强支票管理，不准签发空头支票和其他远期支付凭证。

此外，还应重视和银行的对账工作，认真及时地与银行对账单进行核对，保证账账相符，账款相符。如有不符，要及时与银行核对清楚。

(二)银行存款的会计处理

为了正确核算银行存款，应设置“银行存款”账户。其借方反映事业单位存款的增加数，贷方反映事业单位存款的减少数，期末借方余额，反映事业单位期末存款的实有余额。事业单位将款项存入银行时，借记“银行存款”科目，贷记“库存现金”、“财政补助收入”、“上级补助收入”、“事业收入”等科目；提取或支出存款时，借记“库存现金”、“事业支出”等科目，贷记“银行存款”科目。

根据气象部门实际，银行存款下设“基本账户存款”、“住房基金专户存款”、“基建存款”、“单位卡存款”明细科目。基本账户存款用于核算基本户的银行收支业务，住房基金专户存款用于核算住房基金账户的银行收支业务，基建存款用于核算基建账并入事业账的银行收支业务，单位卡存款用于核算公务卡支出中应从单位基本账户支出的业务和转账业务。

【例 2-11】某县气象局收到某单位拨来的课题经费 30 000 元，存入基本账户。

借：银行存款—基本账户存款　　30 000

　贷：其他收入—横向课题费　　30 000

【例 2-12】开出现金支票，从银行基本存款账户提取现金 7 000 元。

借：库存现金—非零余额现金　　7 000

　贷：银行存款—基本账户存款　　7 000

【例 2-13】根据银行转来的委托收款凭证的付款通知书，支付上月电费 1 500 元，假定由基本户的基本支出列支。

借：事业支出—基本支出—商品和服务支出—电费　　1 500

　贷：银行存款—基本账户存款　　1 500

【例 2-14】基本存款账户收到县百货公司汇入避雷检测款 2 000 元。

借：银行存款—基本账户存款　　2 000

贷:经营收入—防雷技术服务费 2 000

【例 2-15】该单位因业务需要从基本存款账户支付避雷检测材料款 800 元。

借:经营支出—商品和服务支出—专用材料费 800

贷:银行存款—基本账户存款 800

【例 2-16】该单位签订农业技术咨询合同一份，收入为 6 000 元。

借:银行存款—基本账户存款 6 000

贷:经营收入—农业气象与卫星遥感服务 6 000

有关单位卡存款的核算,涉及基本账户、单位卡和公务卡相关业务的账务处理:

【例 2-17】从基本账户向单位卡划转资金 50 000 元,作报销还款备用,应进行如下会计处理:

借:银行存款—单位卡存款 50 000

贷:银行存款—基本账户存款 50 000

【例 2-18】某职工购买办公用品支出 950 元,用基本户资金报销,财务从单位卡向公务卡划转报销款项时,应进行如下会计处理:

借:事业支出—基本支出—商品和服务支出—办公费 950

贷:银行存款—单位卡存款 950

【例 2-19】持卡人已报销,发生向供应商退货情况的:供应商将资金退回持卡人公务卡后,持卡人应将与原报销金额等额现金退回所在财务部门,由财务部门将现金退回单位基本账户,并做如下会计处理:

a. 发生退货时,根据有关凭证:

借:其他应收款—其他内部往来—××个人 950

贷:事业支出—基本支出—商品和服务支出—办公费 950

b. 收回现金时:

借:库存现金—非零余额现金 950

贷:其他应收款—其他内部往来—××个人 950

“事业支出”贷方业务也可在借方以负数反映。

c. 向银行交存现金时:

借:银行存款—基本账户存款 950

贷:库存现金—非零余额现金 950

d. 每季度收到发卡行提供的单位卡利息凭据时,如利息为 286 元:

借:银行存款—单位卡存款 286

贷:其他收入—利息收入 286

事业单位发生外币业务的,应当按照业务发生当日(或当期期初,下同)的即期汇率,将外币金额折算为人民币记账,并登记外币金额和汇率。

期末,各种外币账户的外币余额应当按照期末的即期汇率折算为人民币,作为外币账户期末人民币余额。调整后的各种外币账户人民币余额与原账面人民币余额的差额,作为汇兑损益计入相关支出。

(1)以外币购买物资、劳务等,按照购入当日的即期汇率将支付的外币或应支付的外币折算为人民币金额,借记有关科目,贷记“银行存款”、“应付账款”等科目的外币账户。

(2)以外币收取相关款项等,按照收取款项或收入确认当日的即期汇率将收取的外币或应收取的外币折算为人民币金额,借记“银行存款”、“应收账款”等科目的外币账户,贷记有关科目。

(3)期末,根据各外币账户按期末汇率调整后的人民币余额与原账面人民币余额的差额,作为汇兑损益,借记或贷记“银行存款”、“应收账款”、“应付账款”等科目,贷记或借记“事业支出”、“经营支出”等科目。

【例 2-20】某省气象局 4 月 15 日经办人在基本支出中报销出国款 500 美元,假定该单位设有外币账户。账务处理如下:

a.4 月 15 日,根据 4 月 15 日汇率 1∶6.207

借:事业支出—基本支出—商品和服务支出—因公出国(境)费用 3 103.5

贷:银行存款—外币账户 3 103.5

b.4 月 30 日,根据 4 月 30 日汇率 1∶6.825 调整差额,作为汇兑损益:

借:事业支出—基本支出—商品和服务支出—因公出国(境)费用 309.0

贷:银行存款—外币账户 309.0

(三)银行存款的对账与银行存款余额调节表

为了详细、序时地反映银行存款的收支和结存情况,加强对银行存款的管理,便于同银行进行账目核对,事业单位应按开户银行的名称,以及存款的种类,分别设置“银行存款日记账”,出纳人员根据收付款凭证逐笔顺序登记,每日终了应结出余额。银行存款日记账应定期与银行对账单核对,至少每月核对一次。月终时,单位账面余额与银行对账单余额之间如有差额,必须逐笔查明原因并进行处理,按月编制“银行存款余额调节表”。

单位账面余额与银行对账单余额产生差额的原因有两个:一是双方记账可能有错误。二是存在未达账项。未达账项是指因凭证在传递过程中,造成单位与银行之间入账时间不一致,一方已经入账而另一方尚未入账的账项。产生未达账项的原因有以下几种情况:

(1)银行已收款入账,而单位尚未收款入账。(2)银行已付款入账,而单位尚未付款入账。(3)单位已付款入账,而银行尚未付款入账。(4)单位已收款入账,而银行尚未收款入账。

对未达账项进行调节的方法是将本单位的“银行存款”的余额和“银行对账单”的余额各自加上对方已收而本单位未收的未达账项,减去对方已付而本单位未付的未达项以后,检查两方余额是否相等。在实际工作中,对未达账项的调整是通过编制银行存款余额调节表进行的。现举例说明如下:

【例 2-21】某单位 1 月底银行对账业务情况如下:银行送来对账单的余额为 37 600 元,单位月底“银行存款”账面余额为 39 200 元,经逐笔核对,发现有如下未达账项:

a.单位委托银行收款 1 200 元,银行已办理收款入账,单位尚未收到收款单据。

b.银行代单位支付电费 800 元,单位尚未收到结算凭证和电费收据,因而尚未入账。

c.单位收到信汇支票一张计 6 000 元,单位已入账,而银行尚未入账。

d.单位已签发转账支票一张计 4 000 元,付款入账,但持票单位尚未到银行办理转账手续。

根据以上资料,编制银行存款余额调节表,见下表。

银行存款余额调节表

××××年1月31日　　单位:元

项目	金额	项目	金额
1.单位银行存款月末余额	39 200	1.银行对账单月末余额	37 600
2.加.单位未收银行已收	1 200	2.加.银行未收单位已收	6 000
3.减.单位未付银行已付	800	3.减.银行未付单位已付	4 000
调节后余额	39 600	调节后余额	39 600

以上经调节后的双方余额相等,说明双方账簿的记录是正确的。如果余额仍不相等,应主动与开户银行联系,查明原因。

四、财政授权用款额度的核算

(一)国库集中收付的意义

所谓国库集中收付制度,是我国财政制度"三大改革"(政府采购制度、国库单一账户制度、部门预算制度)中的一种,就是将所有的政策性财政资金全部集中到国库单一账户,并规定所有的财政支出必须由国库直接支付。在这种制度下,财政资金的使用,由各部门根据细化的预算自主决定,由财政部门核对后准予支出,财政资金将由国库单一账户直接拨付给商品或劳务供应商,而不必经过支出单位进行转账结算。为便于各部门小额零散支出的需要,财政部门可为预算单位设立当日清算的流动账户。在实际支付之前,所有的资金都集中在国库,财政部门可以统一调度。

实行国库集中收付制度后,支出单位的财政资金都集中存放在国库,有利于财政部门对资金加强统一调度和管理,使库款调度更加灵活。同时,也将从根本上改变财政资金管理分散、各支出部门和支出单位多头开户、重复开户的混乱局面。

财政部门内部实行预算的编制、执行、监督相对分开,从机制上防止营私舞弊。财政部门、支出单位、结算银行都持有可以相互核对的资金支付账册,预算执行规范透明,有利于加强对财政资金支出全过程的监督和管理,杜绝不合理支出,提高财政资金的使用效益。同时,还能有效地防止利用财政资金牟取私利等腐败现象的发生。

实行国库集中收付制度后 ,一方面,财政部门要严格按预算办理财政资金的支付,有利于强化预算约束;另一方面,支出部门按其部门预算与供应商或劳务提供者签订支付合同,不需要像以往那样要等财政部门把资金划拨到账户上以后才能支付。

由于未支出的财政资金集中存放在国库,财政可根据库款情况决定国债发行品种和数量,可以减少短期国债的发行量和利息支出,减轻财政负担。

(二)财政授权支付概述

财政授权支付是预算单位按照财政部门的授权,自行向代理银行签发支付指令,代理银行根据支付指令,在财政部门批准的预算单位的用款额度内,通过国库单一账户体系将资金支付到收款人账户。

(三)财政授权支付程序

财政授权支付程序适用于预算单位的零星支出和未纳入工资统发的工资支出,具体程序如下：

(1)由财政国库管理机构将财政授权支付资金拨付到支付执行机构在代理银行开设的授权支付总户；财政支付执行机构收到拨款后，向代理银行开具《财政授权支付通知单》。

(2)代理银行收到《财政授权支付通知单》后，在 1 个工作日内按照《财政授权支付通知单》所确定的各基层预算单位资金使用额度，向各基层预算单位分发《财政授权支付到账通知书》。

(3)代理银行根据《财政授权支付通知单》受理预算单位支付指令，并严格控制预算单位的支付金额，按期与财政授权支付总户进行资金清算。

(4)预算单位支用授权额度时，开具授权支付令，送国库支付执行机构，由国库支付执行机构签章后送代理银行，代理银行根据审核后的《财政授权支付凭证》办理资金支付，《财政授权支付通知单》中确定的月度授权额度可以滚存使用。

(5)代理银行按日、旬、月向国库支付执行机构报送《财政支出日（旬、月）报表》。

(6)一级预算单位汇总所属各级预算单位上月分款项科目、分项目的《财政授权支付支出报账单》，于每月 10 日前送财政部门国库支付执行机构。

(四)财政授权支付会计处理

对于财政授权支付，预算单位根据代理银行转来的《财政授权支付额度到账通知书》和《财政授权支付通知单》核对无误后记账，并在资产类增设"零余额账户用款额度"会计总账科目进行核算，该科目用于核算实行国库集中支付的事业单位根据财政部门批复的用款计划收到和支用的零余额账户用款额度。收到代理银行盖章的《财政授权支付额度到账通知书》时，根据通知书所列数额，借记"零余额用款额度"科目，贷记"财政补助收入"科目；按规定支用额度时，借记有关科目，贷记"零余额用款额度"科目；从零余额账户提取现金时，借记"库存现金"科目，贷记"零余额用款额度"科目。

根据气象部门实际，零余额用款额度下设"基本支出用款额度"、"项目支出用款额度"、"基建支出用款额度"明细科目。基本支出用款额度用于核算人员经费、公用经费等基本收支业务，项目支出用款额度用于核算专项经费的收支业务，基建支出用款额度用于核算基建账并入事业账的授权收支业务。

【例 2-22】某地区气象局收到 2 月份用款额度通知单，项目支出用款额度 400 000 元，账务处理如下：

借：零余额账户用款额度—项目支出用款额度　　400 000

　贷：财政补助收入—财政授权支付　　400 000

【例 2-23】3 月购材料花费 4 500 元，从项目额度内列支，其会计分录如下：

借：存货—材料　　4 500

　贷：零余额账户用款额度—项目支出用款额度　　4 500

【例 2-24】从零余额账户项目用款额度中提取现金 3 000 元，其会计分录如下：

借：库存现金—零余额现金　　3 000

　贷：零余额账户用款额度—项目支出用款额度　　3 000

因购货退回等发生国库授权支付额度退回的，属于以前年度支付的款项，按照退回金额，借记"零余额账户用款额度"科目，贷记"财政补助结转"、"财政补助结余"、"存货"等有关科目；属于本年度支付的款项，按照退回金额，借记"零余额账户用款额度"科目，贷记"事业支出"、

“存货”等有关科目。

【例 2-25】某地区气象局收到上年退回的项目购办公用品支出 20 000 元，其会计分录如下：

借:零余额账户用款额度—项目支出用款额度 20 000

贷:财政补助结转—当年财政补助结转—项目支出结转 20 000

【例 2-26】某地区气象局 4 月收到 2 月购买的材料款退款 50 000 元，假设该材料由项目列支，其会计分录如下：

借:零余额账户用款额度—项目支出用款额度 50 000

贷:存货—材料 50 000

年度终了，依据代理银行提供的对账单作注销额度的相关账务处理，借记“财政应返还额度—财政授权支付”科目，贷记“零余额用款额度”科目。事业单位本年度财政授权支付预算指标数大于零余额账户用款额度下达数的，根据未下达的用款额度，借记“财政应返还额度—财政授权支付”科目，贷记“财政补助收入”科目。

下年初，事业单位依据代理银行提供的额度恢复到账通知书作恢复额度的相关账务处理，借记“零余额用款额度”科目，贷记“财政应返还额度—财政授权支付”科目。事业单位收到财政部门批复的上年末未下达零余额账户用款额度的，借记“零余额用款额度”科目，贷记“财政应返还额度—财政授权支付”科目。

【例 2-27】某地区气象局 2012 年底收到代理银行提供的对账单显示项目经费结余 20 000 元，还有未下达的项目用款额度 30 000，2013 年度代理银行提供恢复到账通知书显示 20 000 元，同时收到财政部门批复的未下达额度 30 000 元。其会计分录如下：

a. 2012 年底记录：

借:财政应返还额度—财政授权支付 20 000

贷:零余额用款额度—项目支出用款额度 20 000

借:财政应返还额度—财政授权支付 30 000

贷:财政补助收入—纳入国库集中支付的财政补助收入—财政授权支付—项目支出财政拨款 30 000

b. 2013 年初记录：

借:零余额用款额度—项目支出用款额度 20 000

贷:财政应返还额度—财政授权支付 20 000

借:零余额用款额度—项目支出用款额度 30 000

贷:财政应返还额度—财政授权支付 30 000

第三节 投资的核算

一、投资的定义及分类

事业单位对外投资是指事业单位利用货币资金、实物资产和无形资产向其他单位的投资。分短期投资和长期投资，短期投资是指持有时间不超过 1 年(含 1 年)的投资，主要是国债投资。长期投资是指事业单位依法取得的，持有时间超过1年（不含1年）的股权和债权性质的投资。

二、对外投资的管理要求

根据《中央级事业单位国有资产使用管理暂行办法》规定：

（1）中央级事业单位利用国有资产对外投资，单项或批量价值（账面原值，下同）在800万元人民币以上（含800万元）的，经主管部门审核后报财政部审批；单项或批量价值在800万元以下的，由主管部门按照有关规定进行审批，并于批复之日起15个工作日内将审批文件（一式三份）报财政部备案。

（2）中央级事业单位应在科学论证、公开决策的基础上提出对外投资申请，附相关材料，报主管部门审核或者审批。主管部门应对中央级事业单位申报材料的完整性、决策过程的合规性、拟投资项目资金来源的合理性等进行审查，并报财政部审批或者备案。

（3）中央级事业单位对外投资效益情况是主管部门审核新增对外投资事项的参考依据。主管部门要严格控制资产负债率过高的中央级事业单位的对外投资行为。

（4）中央级事业单位申请利用国有资产对外投资，应提供如下材料，并对材料的真实性、有效性、准确性负责：

①中央级事业单位对外投资事项的书面申请；

②拟对外投资资产的价值凭证及权属证明，如购货发票或收据、工程决算副本、国有土地使用权证、房屋所有权证、股权证等凭据的复印件（加盖单位公章）；

③中央级事业单位进行对外投资的可行性分析报告；

④中央级事业单位拟同意利用国有资产对外投资的会议决议或会议纪要复印件；

⑤中央级事业单位法人证书复印件、拟合作方法人证书复印件或企业营业执照复印件、个人身份证复印件等；

⑥拟创办经济实体的章程和工商行政管理部门下发的企业名称预先核准通知书；

⑦中央级事业单位与拟合作方签订的合作意向书、协议草案或合同草案；

⑧中央级事业单位上年度财务报表；

⑨经中介机构审计的拟合作方上年财务报表；

⑩其他材料。

（5）中央级事业单位转让（减持）对外投资形成的股权，按照《中央级事业单位国有资产处置管理暂行办法》的有关规定办理。

（6）中央级事业单位经批准利用国有资产进行对外投资的，应聘请具有相应资质的中介机构，对拟投资资产进行资产评估。资产评估事项按规定履行备案或核准手续。

（7）中央级事业单位不得从事以下对外投资事项：

①买卖期货、股票，国家另有规定的除外；

②购买各种企业债券、各类投资基金和其他任何形式的金融衍生品或进行任何形式的金融风险投资，国家另有规定的除外；

③利用国外贷款的事业单位，在国外债务尚未清偿前利用该贷款形成的资产对外投资；

④其他违反法律、行政法规规定的。

（8）中央级事业单位应在保证单位正常运转和事业发展的前提下，严格控制货币性资金对外投资。不得利用财政拨款和财政拨款结余对外投资。

(9)中央级事业单位应加强无形资产对外投资的管理,防止国有资产流失。

(10)中央级事业单位利用国有资产进行境外投资的,应遵循国家境外投资项目核准和外汇管理等相关规定,履行报批手续。

(11)中央级事业单位应加强对外投资形成的股权的管理,依法履行出资人的职能。

(12)中央级事业单位利用国有资产对外投资取得的收益,应按照预算管理及事业单位财务和会计制度的有关规定纳入单位预算,统一核算,统一管理。

(13)中央级事业单位应建立和完善国有资产内控机制和保值增值机制,确保国有资产的安全完整,实现国有资产的保值增值。

三、短期投资的核算

(1)短期投资在取得时,应当按照其实际成本(包括购买价款以及税金、手续费等相关税费)作为投资成本,借记"短期投资"科目,贷记"银行存款"等科目。

(2)短期投资持有期间收到利息时,按实际收到的金额,借记"银行存款"科目,贷记"其他收入—投资收益"科目。

(3)出售短期投资或到期收回短期国债本息,按照实际收到的金额,借记"银行存款"科目,按照出售或收回短期国债的成本,贷记"短期投资"科目,按其差额,贷记或借记"其他收入——投资收益"科目。

【例 2-28】某地市气象局 2013 年购入三个月期的国债 50 000 元,三个月后收利息 1 000 元,假定为基本账户。

a. 购入时:

借:短期投资—债券投资	50 000	
贷:银行存款—基本账户存款		50 000

b. 三个月后:

借:银行存款—基本账户存款	51 000	
贷:短期投资—债券投资		50 000
其他收入—投资收益		1 000

四、长期投资的核算

长期投资应当按照长期投资的种类和被投资单位等进行明细核算。长期投资下设"长期债券投资"、"长期股权投资"、"其他投资"明细。

(一)长期股权投资

(1)长期股权投资在取得时,应当按照其实际成本作为投资成本。

①以货币资金取得的长期股权投资,按照实际支付的全部价款(包括购买价款以及税金、手续费等相关税费)作为投资成本,借记"长期投资"科目,贷记"银行存款"等科目;同时,按照投资成本金额,借记"事业基金"科目,贷记"非流动资产基金—长期投资"科目。

②以固定资产取得的长期股权投资,按照评估价值加上相关税费作为投资成本,借记"长期投资"科目,贷记"非流动资产基金—长期投资"科目,按发生的相关税费,借记"其他支出"科目,贷记"银行存款"、"应缴税费"等科目;同时,按照投出固定资产对应的非流动资产基金,借

记“非流动资产基金—固定资产”科目，按照投出固定资产已计提折旧，借记“累计折旧”科目，按投出固定资产的账面余额，贷记“固定资产”科目。

③以已入账无形资产取得的长期股权投资，按照评估价值加上相关税费作为投资成本，借记“长期投资”科目，贷记“非流动资产基金—长期投资”科目，按发生的相关税费，借记“其他支出”科目，贷记“银行存款”、“应缴税费”等科目；同时，按照投出无形资产对应的非流动资产基金，借记“非流动资产基金—无形资产”科目，按照投出无形资产已计提摊销，借记“累计摊销”科目，按照投出无形资产的账面余额，贷记“无形资产”科目。

以未入账无形资产取得的长期股权投资，按照评估价值加上相关税费作为投资成本，借记“长期投资”科目，贷记“非流动资产基金—长期投资”科目，按发生的相关税费，借记“其他支出”科目，贷记“银行存款”、“应缴税费”等科目。

【例 2-29】某省气象局以货币资金 50 000 元购入长期投资，假定银行为基本账户存款：

a. 借：长期投资—企业投资	50 000	
贷：银行存款—基本账户存款		50 000
b. 借：事业基金—其他减少	50 000	
贷：非流动资产基金—长期投资		50 000

【例 2-30】某省气象局以固定资产 50 000 元对外投资下属公司，经评估该资产评估价 60 000元，支付评估手续费 1 000 元，发生相关税费 200 元，假定该单位使用基本银行账户，未计提固定资产折旧：

a. 投资时：		
借：长期投资—企业投资	61 200	
贷：非流动资产基金—长期投资		61 200
b. 支付手续费、发生的相关税费：		
借：其他支出—其他	1 200	
贷：银行存款—基本账户存款		1 000
应缴税费—其他税费		200
借：应缴税费—其他税费	200	
贷：银行存款—基本账户存款		200
c. 投出的固定资产：		
借：非流动资产基金—固定资产	50 000	
贷：固定资产—××资产		50 000

【例 2-31】某省气象局以无形资产 30 000 元对外投资下属公司，经评估该资产评估价 35 000元，支付评估手续费 2 000 元，发生相关税费 1 000 元，假定该资产已摊销 10 000 元，为应用软件。

a. 投资时：		
借：长期投资—企业投资	38 000	
贷：非流动资产基金—长期投资		38 000
b. 支付手续费、发生的相关税费：		
借：其他支出—其他	3 000	
贷：银行存款—基本账户存款		2 000

应缴税费—其他税费 1 000

借:应缴税费—其他税费 1 000

贷:银行存款—基本账户存款 1 000

c. 投出的无形资产:

借:非流动资产基金—无形资产 20 000

累计摊销 10 000

贷:无形资产—软件 30 000

(2)长期股权投资持有期间,收到利润等投资收益时,按照实际收到的金额,借记"银行存款"等科目,贷记"其他收入—投资收益"科目。

【例 2-32】某省气象台收到投资下属企业的分红款 500 万元,假定基本银行账户收到该笔分红。会计处理如下:

借:银行存款—基本账户存款 5 000 000

贷:其他收入—投资收益 5 000 000

(3)转让长期股权投资,转入待处置资产时,按照待转让长期股权投资的账面余额,借记"待处置资产损益—处置资产价值"科目,贷记"长期投资"科目。

实际转让时,按照所转让长期股权投资对应的非流动资产基金,借记"非流动资产基金—长期投资"科目,贷记"待处置资产损益—处置资产价值"科目。

转让长期股权投资过程中取得价款、发生相关税费,以及转让价款扣除相关税费后的净收入的账务处理,参见"待处置资产损益"科目。

【例 2-33】某省气象台将投资的 50 000 元投资款,无偿转让气候中心,经省气象局批复后,会计处理如下:

a. 借:待处置资产损益—处置资产价值 50 000

贷:长期投资—企业投资 50 000

b. 借:非流动资产基金—长期投资 50 000

贷:待处置资产损益—处置资产价值 50 000

(4)因被投资单位破产清算等原因,有确凿证据表明长期股权投资发生损失,按规定报经批准后予以核销。将待核销长期股权投资转入待处置资产时,按照待核销的长期股权投资账面余额,借记"待处置资产损益"科目,贷记"长期投资"科目。报经批准予以核销时,借记"非流动资产基金—长期投资"科目,贷记"待处理资产损益"科目。

【例 2-34】某省气象台投资某企业 100 000 元,该企业破产清算,有确凿证据表明投资无法收回,报省气象局批准后予以核销,会计处理如下:

a. 有证据表明发生损失时:

借:待处置资产损益—处置资产价值 100 000

贷:长期投资—企业投资 100 000

b. 经批准予以核销:

借:非流动资产基金—长期投资 100 000

贷:待处置资产损益—处置资产价值 100 000

(二)长期债券投资

(1)长期债券投资在取得时,应当按照其实际成本作为投资成本。

以货币资金购入的长期债券投资，按照实际支付的全部价款（包括购买价款以及税金、手续费等相关税费）作为投资成本，借记“长期投资”科目，贷记“银行存款”等科目；同时，按照投资成本金额，借记“事业基金”科目，贷记“非流动资产基金—长期投资”科目。

（2）长期债券投资持有期间收到利息时，按照实际收到的金额，借记“银行存款”等科目，贷记“其他收入—投资收益”科目。

（3）对外转让或到期收回长期债券投资本息，按照实际收到的金额，借记“银行存款”等科目，按照收回长期投资的成本，贷记“长期投资”科目，按照其差额，贷记或借记“其他收入—投资收益”科目；同时，按照收回长期投资对应的非流动资产基金，借记“非流动资产基金—长期投资”科目，贷记“事业基金”科目。

【例 2-35】某省气象台购买五年期国债 100 000 元，五年共收取利息 40 000 元，到期一次性收取。假定为基本账户存款，会计处理如下：

购入时：

a. 借：长期投资—债券投资	100 000	
贷：银行存款—基本账户存款		100 000
b. 借：事业基金—其他减少	100 000	
贷：非流动资产基金—长期投资		100 000

到期时：

a. 借：银行存款—基本账户存款	140 000	
贷：长期投资—债券投资		100 000
其他收入—投资收益		40 000
b. 借：非流动资产基金—长期投资	100 000	
贷：事业基金—其他增加		100 000

第三节　应收款项的核算

一、应收款项的组成

应收款项泛指事业单位在业务活动中因产品、商品已经交付，劳务已经提供或预先支付供货单位货款，从而取得的向其他单位或个人索取货款、劳务补偿及所购货物的要求权。这种要求权有的来自事业单位的经常业务活动，有的在经常业务活动之外产生。前者有应收账款、应收票据、预付账款等，后者则有各种其他应收款，如备用金、应收的罚款、应收的赔款、应向职工收取的各种垫付款。

应收账款指事业单位因提供劳务、开展有偿服务及销售产品等业务应向购货单位、接受劳务单位或有关个人收取的款项。不应包括应收的非销货账款。也就是说，应收账款仅指事业单位因除销商品、产品或提供劳务而形成的应向购货客户或接受劳务的客户收取的款项和代垫的运杂费。

应收票据是指事业单位因从事经济活动及销售产品而收到的商业汇票。商业汇票是指由出票人签发的指定付款人在一定日期支付一定金额给收款人或持票人的票据。商业汇票按其承兑人不同，可分为商业承兑汇票和银行承兑汇票；按票面是否载明利率，分为带息票据和不带息票据。在我国现行银行结算办法中采用的商业汇票是不带息票据。实务中，有的是在销售产品、商品或提供劳务时收到，有的在抵付应收账款时收到，是事业单位采用商业汇票结算方式下产生的一种债权。

预付账款是指事业单位按照购货、劳务费合同的规定预付给供货方的货款，如预付的材料、商品采购款。

预付账款同应收票据、应收账款有一定区别。应收票据、应收账款是事业单位先给对方提供劳务服务、销售货物，取得向对方收取款项的权利；而预付账款正好相反，事业单位为了要购买货物或接受对方提供的服务，以购进材料、接受服务等形式为条件，先预付一笔款项。应收票据、应收账款最终是收回货币资金，而预付账款预付的是货币资金，收回的是材料、固定资产等。

其他应收款是指事业单位除应收账款、应收票据和预付账款以外的其他应收、暂付款项，包括借出款、备用金、应向职工收取的各种垫付款项。

财政应返还额度是指实行国库集中支付的事业单位应收财政返还的资金，分为财政直接支付和财政授权支付。

二、财政应返还额度的核算

根据财政国库管理制度改革精神，气象部门作为财政资金国库集中支付的事业单位，年终前，各级财务独立核算单位应与代理银行核对财政授权支付的额度数、支出数、结余数。零余额账户余额在年终注销，经批准后，在下一年度可以申请使用。

财政应返还额度下设“财政直接支付”、“财政授权支付”两个明细科目，进行明细核算。

财政应返还额度的主要账务处理如下：

(一)财政直接支付

年度终了，事业单位根据本年度财政直接支付预算指标数与当年财政直接支付实际支出数的差额，借记“财政应返还额度”科目(财政直接支付)，贷记“财政补助收入”科目。

下年度恢复财政直接支付额度后，事业单位以财政直接支付方式发生实际支出时，借记有关科目，贷记“财政应返还额度”科目(财政直接支付)。

【例 2-36】某地区气象局 2012 年底直接支付预算指标数与当年财政直接支付实际支出数差额 100 000 元，2013 年初支付直接支付项目合同款 50 000 元。其会计处理如下：

a. 2012 年底：

借：财政应返还额度—财政直接支付	100 000	
贷：财政补助收入—纳入国库集中支付的补助收入		100 000

b. 2013 年初支付时：

借：事业支出—项目支出—商品和服务支出—委托业务费	50 000	
贷：财政应返还额度—财政直接支付		50 000

(二)财政授权支付

年度终了，事业单位依据代理银行提供的对账单作注销额度的相关账务处理，借记“财政应返还额度”科目(财政授权支付)，贷记“零余额账户用款额度”科目。事业单位本年度财政授权支付预算指标数大于零余额账户用款额度下达数的，根据未下达的用款额度，借记“财政应返还额度”科目(财政授权支付)，贷记“财政补助收入”科目。

下年初，事业单位依据代理银行提供的额度恢复到账通知书作恢复额度的相关账务处理，借记“零余额账户用款额度”科目，贷记“财政应返还额度”科目(财政授权支付)。事业单位收到财政部门批复的上年末未下达零余额账户用款额度时，借记“零余额账户用款额度”科目，贷记“财政应返还额度”科目(财政授权支付)。

【例 2-37】某地区气象局 2012 年底收到代理银行提供的对账单显示项目经费结余 20 000 元，还有未下达的项目用款额 30 000 元，2013 年度代理银行提供恢复到账通知书显示 20 000 元，同时收到财政部门批复的未下达额度 30 000 元。其会计处理如下：

2012 年底记录：

a. 借：财政应返还额度—财政授权支付　20 000

　贷：零余额用款额度—项目支出用款额度　20 000

b. 借：财政应返还额度—财政授权支付　30 000

　贷：财政补助收入—纳入国库集中支付的补助收入　30 000

2013 年初记录：

a. 借：零余额用款额度—项目支出用款额度　20 000

　贷：财政应返还额度—财政授权支付　20 000

b. 借：零余额用款额度—项目支出用款额度　30 000

　贷：财政应返还额度—财政授权支付　30 000

三、应收账款的核算

(一)应收账款的计价

一般而言，事业单位除赊销商品、产品或提供劳务等，应按买卖双方在交易成交时的实际金额入账，也就是说，在商品、产品已经交付，劳务已经提供，合同已经履行，销售手续已经完备时，确认应收账款的入账金额。但如果应收账款有现金折扣，要考虑折扣因素。所谓现金折扣是指为了鼓励客户在一定时期内早付款而给予的一种优惠，如 2/10，1/20，n/30，是指在 10 天内付款，给予 2%的现金折扣，在 10～20 天内付款，给予 1%的现金折扣，在 20～30 天内按全价付款，30 天是最后付款期。在有现金折扣的情况下，事业单位应收账款的实际数额会随客户付款的时间而异。例如，一笔 10 000 元赊销款项，规定的折扣条件为 2/10，1/20，n/30。客户如在 10 天之内付款，应收账款的实收数额为 9 800 元，如在第 10～20 天之间付款，应收账款的实收数额为 9 900 元，如在第 20～30 天之间付款，应收账款的实收数额为 10 000 元。由此可见，客户付款时间对事业单位应收账款的实收金额有重要影响。在存在现金折扣的情况下，应收账款入账金额的确定有两种方法。

(1)总价法。总价法是将未减现金折扣前的金额作为实际售价，作为应收账款的入账金额，这种方法把现金折扣理解为客户提早付款而获得的经济利益。销售方给予客户的现金折扣，从融资的角度来看，属于一种理财费用，应列为营业支出或管理费用。总价法可以较好地反映销售的总过程，但在客户大量享受现金折扣的情况下，会高估应收账款和销售收入。

(2)净价法。净价法是把扣减现金折扣后的金额作为实际售价，记作应收账款的入账金额。这种方法是把客户取得的现金折扣视为正常现象，认为一般客户都会提前付款，而将由于客户超过折扣期限所多收的金额,视为提供信贷获得的收入,可冲减事业单位的管理费用或事业支出。净价法可避免总价法的不足,但操作起来比较麻烦。我国目前会计实务中,一般采用总价法。

(二)"应收账款"的会计处理

应收账款核算事业单位因开展经营活动销售产品、提供有偿服务等而应收取的款项。设置"应收账款"科目应当按照购货、接受劳务单位(或个人)进行明细核算。本科目期末借方余额,反映事业单位尚未收回的应收账款。

应收账款的主要账务处理如下:

(1)发生应收账款时,按照应收未收金额,借记"应收账款"科目,按照确认的收入金额,贷记"经营收入"等科目,按照应缴增值税金额,贷记"应缴税费——应缴增值税"科目。

(2)收回应收账款时,按照实际收到的金额,借记"银行存款"等科目,贷记"应收账款"科目。

(3)逾期三年或以上、有确凿证据表明确实无法收回的应收账款,按规定报经批准后予以核销。核销的应收账款应在备查簿中保留登记(具体账务处理见第八节资产处置)。

①转入待处置资产时,按照待核销的应收账款金额,借记"待处置资产损益"科目,贷记"应收账款"科目。

②报经批准予以核销时,借记"其他支出"科目,贷记"待处置资产损益"科目。

③已核销应收账款在以后期间收回的,按照实际收回的金额,借记"银行存款"等科目,贷记"其他收入"科目。

【例 2-38】某气象台向外提供技术服务,有关应收账款的业务如下:

6 月 5 日,向运输公司提供服务获得收入 50 000 元。按合同规定,这笔款项应 6 月 25 日支付。

a.6 月 5 日的会计分录为:

借:应收账款—运输公司	50 000	
贷:经营收入—气象预报服务		50 000

b.6 月 25 日收到款项时的会计分录为:

借:银行存款—基本账户存款	50 000	
贷:应收账款—运输公司		50 000

四、应收票据的核算

(一)应收票据的概念及分类

应收票据是指事业单位因从事经济活动及销售产品而收到的商业汇票。商业汇票是指由出票人签发的,指定付款人在一定日期支付一定金额给收款人或持票人的票据。商业汇票按其承兑人不同,可分为商业承兑汇票和银行承兑汇票;按票面是否载明利率,分为带息票据和不带息票据。带息票据是指注明利率及付息日期的票据,短期票据可在票据到期时一次付息。不带息票据是指到期只按面额支付,无须支付利息的票据。在我国现行银行结算办法中采用的商业汇票是不带息票据。

(二)应收票据的会计处理

事业单位应设置“应收票据”科目，本科目核算事业单位因开展经营活动销售产品、提供有偿服务等而收到的商业汇票，包括银行承兑汇票和商业承兑汇票。本科目应当按照开出承兑商业汇票的单位等进行明细核算。本科目期末借方余额，反映事业单位持有的商业汇票票面金额。

应收票据的主要账务处理如下：

(1)因销售产品、提供服务等收到商业汇票，按照商业汇票的票面金额，借记“应收票据”科目，按照确认的收入金额，贷记“经营收入”等科目，按照应缴增值税金额，贷记“应缴税费—应缴增值税”科目。

(2)将持有的商业汇票背书转让以取得所需物资时，按照取得物资的成本，借记有关科目，按照商业汇票的票面金额，贷记“应收票据”科目，如有差额，借记或贷记“银行存款”等科目。

(3)商业汇票到期时，应当分别以下情况处理：

①收回应收票据，按照实际收到的商业汇票票面金额，借记“银行存款”科目，贷记“应收票据”科目。

②因付款人无力支付票款，收到银行退回的商业承兑汇票、委托收款凭证、未付票款通知书或拒付款证明等，按照商业汇票的票面金额，借记“应收账款”科目，贷记“应收票据”科目。

【例 2-39】某研究所销售商品，收到商业汇票一张，面值 50 000 元，该单位为营改增单位，增值税率 3%，会计处理如下：

借：应收票据	50 000	
贷：经营收入		48 544
应缴税费—应缴增值税		1 456

【例 2-40】某研究所 4 月销售商品，收到商业汇票一张，面值 50 000 元，5 月将该商业汇票背书转让购材料，会计处理如下：

借：存货	50 000	
贷：应收票据		50 000

【例 2-41】某研究所 4 月销售商品，收到商业汇票两张，面值分别为 50 000 元、20 000 元，两张商业汇票到期到银行承兑，50 000 元商业汇票按期承兑，20 000 元因付款人无力支付票款，收到银行退回的商业承兑汇票，会计处理如下：

a. 借：银行存款	50 000	
贷：应收票据		50 000
b. 借：应收账款	20 000	
贷：应收票据		20 000

(三)应收票据的贴现

不论是带息票据还是不带息票据，会计实务上一律按票据的面值入账。这是因为，商业票据的期限较短，利息金额相对来说数额不大，用折现法记账比较麻烦。当然，如果是 1 年以上的长期应付票据，则另当别论。不过，在收到应收票据时，带息票据和不带息票据的会计处理略有不同。对于带息应收票据，到期时应计算票据利息，其计算公式为：

$$应收票据利息=应收票据面金额\times利率\times时间$$

公式中,利率一般以年利率表示,期限则用月或日表示,为此,应把年利率调整为月利率或日利率。在实际业务中为了计算方便,通常把1年定义为360天。

【例2-42】一张面值为20 000元的应收票据,年利率为9%,80天到期,则到期应收票据的利息为:

应收票据利息=20 000×80×9%÷360=400(元)

【例2-43】一张面值为40 000元的应收票据,年利率为8%,3个月到期,则到期时的应收票据利息为:

应收票据利息=40 000×3×8%÷12=800(元)

持有应收票据的事业单位,持有的应收票据在到期前,如果出现资金短缺,可以向银行申请贴现,以便获得所需资金。"贴现"就是指票据持有人将未到期的票据在背书后送交银行,银行受理后从票据到期值中扣除按银行贴现率计算确定的利息,然后将余款付给持票人的过程。

应收票据的背书是指持票人在票据的背面签字,签字人即为背书人。背书人对票据的到期付款负连带责任。银行贴现所扣的利息称为银行贴现息,银行贴现时所用的利率称为贴现率。不带息票据的到期值为票据的面值,带息票据的到期值为票据到期时的本金加利息。

应收票据的贴现息和贴现净额,有关计算公式为:

贴现息=票据到期值×贴现率×贴现期

贴现净额=票据到期值-贴现息

持未到期的商业汇票向银行贴现,按照实际收到的金额(即扣除贴现息后的净额),借记"银行存款"科目,按照贴现息,借记"经营支出"等科目,按照商业汇票的票面金额,贷记本科目。

【例2-44】某事业单位有关应收票据贴现的业务如下:该单位销售产品一批,未收到款。现收到一张银行承兑汇票,票面金额为50 000元,期限为3个月,持票一个月时,到银行申请贴现,贴现利率为9%,其计算过程及会计分录为:(假定增值税税率3%)

a.收到票据时:

借:应收票据—银行承兑汇票 50 000

　贷:经营收入 48 544

　　应缴税费—应缴增值税(销项税额) 1 456

b.该事业单位办理贴现时计算如下:

贴现息=50 000×9%×2/12=750(元)

贴现实得额=50 000-750=49 250(元)

会计分录如下:

借:银行存款 49 250

　经营支出 750

　贷:应收票据 50 000

为了加强应收票据的核算,事业单位应当设置"应收票据备查簿",逐笔登记应收票据的种类、号数、出票日期、到期日、票面金额、交易合同号和付款人、承兑人、背书人姓名或单位名称、背书转让日、贴现日期、贴现率和贴现净额、收款日期、收回金额和退票情况等资料。应收票据到期结清票款或退票后,应当在备查簿内逐笔注销。

五、预付账款的核算

预付账款是指事业单位按照购货合同、劳务合同规定给供应单位的款项。事业单位应设置“预付账款”科目,“预付账款”科目核算事业单位按照购货、劳务合同规定预付给供应单位的款项。本科目应当按照供应单位(或个人)进行明细核算。本科目期末借方余额,反映事业单位实际预付但尚未结算的款项。

事业单位应当通过明细核算或辅助登记方式,登记预付账款的资金性质(区分财政补助资金、非财政专项资金和其他资金)。

预付账款的主要账务处理如下:

(1)发生预付账款时,按照实际预付的金额,借记“预付账款”科目,贷记“零余额账户用款额度”、“财政补助收入”、“银行存款”等科目。

(2)收到所购物资或劳务,按照购入物资或劳务的成本,借记有关科目,按照相应预付账款金额,贷记“预付账款”科目,按照补付的款项,贷记“零余额账户用款额度”、“财政补助收入”、“银行存款”等科目。

(3)收到所购固定资产、无形资产的,按照确定的资产成本,借记“固定资产”、“无形资产”科目,贷记“非流动资产基金—固定资产、无形资产”科目;同时,按资产购置支出,借记“事业支出”、“经营支出”等科目,按照相应预付账款金额,贷记“预付账款”科目,按照补付的款项,贷记“零余额账户用款额度”、“财政补助收入”、“银行存款”等科目。

(4)逾期三年或以上、有确凿证据表明因供货单位破产、撤销等原因已无望再收到所购物资,且确实无法收回的预付账款,按规定报经批准后予以核销。核销的预付账款应在备查簿中保留登记。(具体账务处理见资产处置部分)

①转入待处置资产时,按照待核销的预付账款金额,借记“待处置资产损益”科目,贷记“预付账款”科目。

②报经批准予以核销时,借记“其他支出”科目,贷记“待处置资产损益”科目。

③已核销预付账款在以后期间收回的,按照实际收回的金额,借记“银行存款”等科目,贷记“其他收入”科目。

【例 2-45】某省气象局装备中心有关预付款项业务如下:

2 月 1 日,某省气象局装备中心预付给乙企业购买材料的货款共 35 000 元。3 月 10 日,收到材料,发票金额为 34 000 元,对方退回 1 000 元多付的款项。

a. 2 月 1 日的会计分录为:

借:预付账款—乙企业	35 000	
贷:银行存款—基本账户存款		35 000

b. 3 月 10 日的会计分录为:

借:存货—材料	34 000	
银行存款—基本账户存款	1 000	
贷:预付账款—乙企业		35 000

六、其他应收款的核算

其他应收款是指事业单位除财政应返还额度、应收票据、应收账款、预付账款以外的其他各项应收及暂付款项,如职工预借的差旅费、拨付给内部有关部门的备用金、应向职工收取的各种垫付款项等。本科目期末借方余额,反映事业单位尚未收回的其他应收款。

为了核算上述项目,事业单位应设置“其他应收款”科目,按照其他应收款的类别以及债务单位(或个人)进行明细核算。

其他应收款的主要账务处理如下:

(1)发生其他各种应收及暂付款项时,借记“其他应收款”科目,贷记“银行存款”、“库存现金”等科目。

(2)收回或转销其他各种应收及暂付款项时,借记“库存现金”、“银行存款”等科目,贷记“其他应收款”科目。

(3)事业单位内部实行备用金制度的,有关部门使用备用金以后应当及时到财务部门报销并补足备用金。财务部门核定并发放备用金时,借记“其他应收款”科目,贷记“库存现金”等科目。根据报销数用现金补足备用金定额时,借记有关科目,贷记“库存现金”等科目,报销数和拨补数都不再通过本科目核算。

(4)逾期三年或以上,有确凿证据表明确实无法收回的其他应收款,按规定报经批准后予以核销。核销的其他应收款应在备查簿中保留登记。(具体账务处理见资产处置部分)

①转入待处置资产时,按照待核销的其他应收款金额,借记“待处置资产损益”科目,贷记“其他应收款”科目。

②报经批准予以核销时,借记“其他支出”科目,贷记“待处置资产损益”科目。

③已核销其他应收款在以后期间收回的,按照实际收回的金额,借记“银行存款”等科目,贷记“其他收入”科目。

【例 2-46】5 月 6 日,某研究所向华北公司购进材料一批,但因部分材料不合格,于 5 月 10 日向华北公司索赔,华北公司于 5 月 12 日同意赔款 1 000 元。这笔款项于 8 月 20 日收到。

5 月 12 日的会计分录为:

借:其他应收款—华北公司　　1 000

　贷:其他收入—其他　　1 000

8 月 20 日收到赔款时的分录为:

借:银行存款—基本账户存款　　1 000

　贷:其他应收款—华北公司　　1 000

第四节　固定资产及累计折旧的核算

一、固定资产

(一)分类与计价

事业单位固定资产是指使用年限在 1 年以上,单位价值在规定标准以上(事业单位财务规则规定在 1 000 元以上,专用设备在 1 500 元以上),并在使用过程中基本保持原来物质形态的资产,如房屋、构筑物等。单位价值虽然不足规定标准,但耐用时间在 1 年以上的大批同类物资,应当作为固定资产核算。

1.固定资产的分类

事业单位的固定资产种类繁多、规格不一，为了便于加强管理和正常核算，必须对固定资产进行科学、合理的分类。事业单位的固定资产一般分为六类：房屋及构筑物；专用设备；通用设备；文物和陈列品；图书、档案；家具、用具、装具及动植物。

(1)房屋和构筑物。指单位自有的各种办公用房屋、生活用房屋、围墙、水塔、仓库，以及与此相联系的不可分割的附属设备等。

(2)专用设备。包括各种仪器和机器设备、医疗器械、交通运输工具、文体事业单位的文体设备等。

(3)通用设备。包括事业单位办公与事务使用的通用性设备和家具，以及交通工具等。

(4)文物及陈列品。包括博物馆、展览馆、陈列馆和文化馆等的文物及陈列品。

(5)图书、档案。包括专业图书馆的图书和事业单位的技术图书、档案等。

(6)家具、用具、装具及动植物。指事业单位自有的家具、用具、装具、动植物等。

2.固定资产核算依据

事业单位应当根据固定资产定义，结合本单位的具体情况，制定适合于本单位的固定资产目录、具体分类方法，作为进行固定资产核算的依据。

事业单位应当设置“固定资产登记簿”和“固定资产卡片”，按照固定资产类别、项目和使用部门等进行明细核算。出租、出借的固定资产，应当设置备查簿进行登记。

有关说明：

(1)对于应用软件，如果其构成相关硬件不可缺少的组成部分，应当将该软件价值包括在所属硬件价值中，一并作为固定资产进行核算；如果其不构成相关硬件不可缺少的组成部分，应当将该软件作为无形资产核算。

(2)事业单位以经营租赁租入的固定资产，不作为固定资产核算，应当另设备查簿进行登记。

(3)购入需要安装的固定资产，应当先通过“在建工程”科目核算，安装完毕交付使用时再转入本科目核算。

3. 固定资产的计价

事业单位固定资产按下列规定价值记账。

(1)以支付对价方式取得的资产，应当按照取得资产时支付的现金或者现金等价物的金额，或者按照取得资产时所付出的非货币性资产的评估价值等金额计量。

(2)取得资产时没有支付对价的，其计量金额应当按照有关凭据注明的金额加上相关税费、运输费等确定；没有相关凭据的，其计量金额比照同类或类似资产的市场价格加上相关税费、运输费等确定；没有相关凭据、同类或类似资产的市场价格也无法可靠取得的，所取得的资产应当按照名义金额入账。

(二)固定资产的核算

(1)固定资产在取得时，应当按照其实际成本入账。

①购入的固定资产，其成本包括购买价款、相关税费以及固定资产交付使用前所发生的可归属于该项资产的运输费、装卸费、安装调试费和专业人员服务费等。

以一笔款项购入多项没有单独标价的固定资产，按照各项固定资产同类或类似资产市场价格的比例对总成本进行分配，分别确定各项固定资产的入账成本。

购入不需安装的固定资产，按照确定的固定资产成本，借记“固定资产”科目，贷记“非流动资产基金—固定资产”科目；同时，按照实际支付金额，借记“事业支出”、“经营支出”、“专用基金—修购基金”等科目，贷记“财政补助收入”、“零余额账户用款额度”、“银行存款”等科目。

【例 2-47】某市气象局购入办公电脑 17 000 元，假定由项目支出列支

a. 借：固定资产—通用设备	17 000	
贷：非流动资产基金—固定资产		17 000
b. 借：事业支出—项目支出—其他资本性支出—办公设备购置	17 000	
贷：零余额用款额度—项目支出用款额度		17 000

购入需要安装的固定资产，先通过“在建工程”科目核算。安装完工交付使用时，借记“固定资产”科目，贷记“非流动资产基金—固定资产”科目；同时，借记“非流动资产基金—在建工程”科目，贷记“在建工程”科目。

购入固定资产扣留质量保证金的，应当在取得固定资产时，按照确定的成本，借记“固定资产”科目(不需安装)或“在建工程”科目(需要安装)，贷记“非流动资产基金—固定资产、在建工程”科目。同时取得固定资产全款发票的，应当同时按照构成资产成本的全部支出金额，借记“事业支出”、“经营支出”、“专用基金—修购基金”等科目，按照实际支付金额，贷记“财政补助收入”、“零余额账户用款额度”、“银行存款”等科目，按照扣留的质量保证金，贷记“其他应付款”[扣留期在 1 年以内(含 1 年)]或“长期应付款”(扣留期超过 1 年)科目；取得的发票金额不包括质量保证金的，应当同时按照不包括质量保证金的支出金额，借记“事业支出”、“经营支出”、“专用基金—修购基金”等科目，贷记“财政补助收入”、“零余额账户用款额度”、“银行存款”等科目。质保期满支付质量保证金时，借记“其他应付款”、“长期应付款”科目，或借记“事业支出”、“经营支出”、“专用基金—修购基金”等科目，贷记“财政补助收入”、“零余额账户用款额度”、“银行存款”等科目。

【例 2-48】某市气象局购入气象仪器 2 台，支付 19 万元，扣 1 万元质量保证金，1 年后支付，发票按 20 万元开具，假定由项目支出列支。

a. 借：固定资产—专用设备	200 000	
贷：非流动资产基金—固定资产		200 000
b. 借：事业支出—项目支出—其他资本性支出—专业设备购置	200 000	
贷：零余额用款额度—项目支出用款额度		190 000
其他应付款—其他		10 000
c. 借：其他应付款—其他	10 000	
贷：零余额用款额度—项目支出用款额度		10 000

②自行建造的固定资产，其成本包括建造该项资产至交付使用前所发生的全部必要支出。

工程完工交付使用时，按自行建造过程中发生的实际支出，借记“固定资产”科目，贷记“非流动资产基金—固定资产”科目；同时，借记“非流动资产基金—在建工程”科目，贷记“在建工程”科目。已交付使用但尚未办理竣工决算手续的固定资产，按照估计价值入账，待确定实际成本后再进行调整。

③在原有固定资产基础上进行改建、扩建、修缮后的固定资产，其成本按照原固定资产账面价值(“固定资产”科目账面余额减去“累计折旧”科目账面余额后的净值)加上改建、扩建、修缮发生的支出，再扣除固定资产拆除部分的账面价值后的金额确定。

将固定资产转入改建、扩建、修缮时，按固定资产的账面价值，借记“在建工程”科目，贷记“非流动资产基金—在建工程”科目；同时，按固定资产对应的非流动资产基金，借记“非流动资产基金—固定资产”科目，按固定资产已计提折旧，借记“累计折旧”科目，按固定资产的账面余额，贷记“固定资产”科目。

工程完工交付使用时，借记“固定资产”科目，贷记“非流动资产基金—固定资产”科目；同时，借记“非流动资产基金—在建工程”科目，贷记“在建工程”科目。其中，账面价值，是指某会计科目的账面余额减去相关备抵科目（如“累计折旧”、“累计摊销”科目）账面余额后的净值。账面余额，是指某会计科目的账面实际余额。

【例 2-49】某县气象局 2013 年将办公楼（账面价值 500 万元，未计提折旧）进行修缮，转入在建工程。并于年底交付使用价值 600 万元。

分录一：（转入在建工程）

a. 借：在建工程—建筑工程　5 000 000

　　贷：非流动资产基金—在建工程　5 000 000

b. 借：非流动资产基金—固定资产　5 000 000

　　贷：固定资产—房屋和构筑物　5 000 000

分录二：（交付使用）

a. 借：固定资产—房屋和构筑物　6 000 000

　　贷：非流动资产基金—固定资产　6 000 000

b. 借：非流动资产基金—在建工程　6 000 000

　　贷：在建工程—建筑工程　6 000 000

④以融资租赁租入的固定资产，其成本按照租赁协议或者合同确定的租赁价款、相关税费，以及固定资产交付使用前所发生的可归属于该项资产的运输费、途中保险费、安装调试费等确定。

融资租入的固定资产，按照确定的成本，借记“固定资产”科目（不需安装）或“在建工程”科目（需安装），按照租赁协议或者合同确定的租赁价款，贷记“长期应付款”科目，按照其差额，贷记“非流动资产基金—固定资产、在建工程”科目。同时，按照实际支付的相关税费、运输费、途中保险费、安装调试费等，借记“事业支出”、“经营支出”等科目，贷记“财政补助收入”、“零余额账户用款额度”、“银行存款”等科目。

定期支付租金时，按照支付的租金金额，借记“事业支出”、“经营支出”等科目，贷记“财政补助收入”、“零余额账户用款额度”、“银行存款”等科目；同时，借记“长期应付款”科目，贷记“非流动资产基金—固定资产”科目。

跨年度分期付款购入固定资产的账务处理，参照融资租入固定资产。

【例 2-50】某研究所融资租入大型设备一台，租赁价 1 000 000 元。租赁期 10 年，账务处理如下：

a. 租入时：

借：固定资产—专业设备　1 000 000

　　贷：长期应付款　1 000 000

b. 定期支付租金：

借：经营支出—其他资本性支出　100 000

贷:银行存款—基本账户存款　　100 000

借:长期应付款　　100 000

贷:非流动资产基金—固定资产　　100 000

⑤接受捐赠、无偿调入的固定资产,其成本按照有关凭据注明的金额加上相关税费、运输费等确定;没有相关凭据的,其成本比照同类或类似固定资产的市场价格加上相关税费、运输费等确定;没有相关凭据、同类或类似固定资产的市场价格也无法可靠取得的,该固定资产按照名义金额入账。

接受捐赠、无偿调入的固定资产,按照确定的固定资产成本,借记"固定资产"科目(不需安装)或"在建工程"科目(需安装),贷记"非流动资产基金—固定资产、在建工程"科目;按照发生的相关税费、运输费等,借记"其他支出"科目,贷记"银行存款"等科目。

【例 2-51】某市气象局收到省气象局无偿调入计算机 1 台,价值 8 000 元。

借:固定资产—通用设备　　8 000

贷:非流动资产基金—固定资产　　8 000

(2)按月计提固定资产折旧时,按照实际计提金额,借记"非流动资产基金—固定资产"科目,贷记"累计折旧"科目。

【例 2-52】某市气象局购电脑一台,价值 6 000 元,按 5 年计提折旧,按月计提 100 元,账务处理如下:

按月计提折旧

借:非流动资产基金—固定资产　　100

贷:累计折旧　　100

(3)与固定资产有关的后续支出,应分别以下情况处理:

①为增加固定资产使用效能或延长其使用年限而发生的改建、扩建或修缮等后续支出,应当计入固定资产成本,通过"在建工程"科目核算,完工交付使用时转入"固定资产"科目。有关账务处理参见"在建工程"科目。

②为维护固定资产的正常使用而发生的日常修理等后续支出,应当计入当期支出但不计入固定资产成本,借记"事业支出"、"经营支出"等科目,贷记"财政补助收入"、"零余额账户用款额度"、"银行存款"等科目。

(4)报经批准出售、无偿调出、对外捐赠固定资产或以固定资产对外投资,应当分别以下情况处理:

①出售、无偿调出、对外捐赠固定资产,转入待处置资产时,按照待处置固定资产的账面价值,借记"待处置资产损益"科目,按照已计提折旧,借记"累计折旧"科目,按照固定资产的账面余额,贷记"固定资产"科目。

实际出售、调出、捐出时,按照处理固定资产对应的非流动资产基金,借记"非流动资产基金—固定资产"科目,贷记"待处置资产损益"科目。

出售固定资产过程中取得价款、发生相关税费,以及出售价款扣除相关税费后的净收入的账务处理,参见资产处置部分。

②以固定资产对外投资,按照评估价值加上相关税费作为投资成本,借记"长期投资"科目,贷记"非流动资产基金—长期投资"科目,按发生的相关税费,借记"其他支出"科目,贷记"银行存款"、"应缴税费"等科目;同时,按照投出固定资产对应的非流动资产基金,借记"非流

动资产基金—固定资产”科目,按照投出固定资产已计提折旧,借记“累计折旧”科目,按照投出固定资产的账面余额,贷记“固定资产”科目。

(三)固定资产的清查

事业单位的固定资产应当定期进行清查盘点,每年至少盘点一次。对于发生的固定资产盘盈、盘亏或者报废、毁损,应当及时查明原因,按规定报经批准后进行账务处理。

(1)盘盈的固定资产,按照同类或类似固定资产的市场价格确定入账价值;同类或类似固定资产的市场价格无法可靠取得的,按照名义金额入账。

盘盈的固定资产,按照确定的入账价值,借记“固定资产”科目,贷记“非流动资产基金—固定资产”科目。

(2)盘亏或者毁损、报废的固定资产,转入待处置资产时,按照待处置固定资产的账面价值,借记“待处置资产损益”科目,按照已计提折旧,借记“累计折旧”科目,按照固定资产的账面余额,贷记“固定资产”科目。

报经批准予以处置时,按照处置固定资产对应的非流动资产基金,借记“非流动资产基金—固定资产”科目,贷记“待处置资产损益”科目。

处置毁损、报废固定资产过程中所取得的收入、发生的相关费用,以及处置收入扣除相关费用后的净收入的账务处理,参见“资产处置”部分。

为了保证固定资产核算的真实、可靠,事业单位应经常对固定资产进行盘点清查。一般来说,每年在编制会计决算报告之前 应对固定资产进行一次全面清查,平时可以根据需要进行轮流的局部清查。对清查过程中发现的盘盈、盘亏的固定资产,应及时查明原因,并编制固定资产盘盈、盘亏报告表,经会计部门审核汇总后,作为调整固定资产账簿的依据。盘盈固定资产时,按重置价值借记“固定资产”科目,贷记“非流动资产基金”科目;盘亏时,按固定资产原值做相反的会计分录。

二、累计折旧

(一)累计折旧的定义

折旧是指在固定资产使用寿命内,按照确定的方法对应折旧金额进行系统分摊。

(二)累计折旧的计提范围及要求

1.计提范围

事业单位应当对除下列各项资产以外的其他固定资产计提折旧:

(1)文物和陈列品;

(2)动植物;

(3)图书、档案;

(4)以名义金额计量的固定资产。

2.计提要求

(1)事业单位应当根据固定资产的性质和实际使用情况,合理确定其折旧年限。省级以上财政部门、主管部门对事业单位固定资产折旧年限做出规定的,从其规定。

(2)事业单位一般应当采用年限平均法或工作量法计提固定资产折旧。

(3)事业单位固定资产的应折旧金额为其成本,计提固定资产折旧不考虑预计净残值。

(4)事业单位一般应当按月计提固定资产折旧。当月增加的固定资产,当月不提折旧,从下月起计提折旧;当月减少的固定资产,当月照提折旧,从下月起不提折旧。

(5)固定资产提足折旧后,无论能否继续使用,均不再计提折旧;提前报废的固定资产,报废当月其残值做会计分录后,不再补提折旧。已提足折旧的固定资产,可以继续使用的,应当继续使用,规范管理。

(6)计提融资租入固定资产折旧时,应当采用与自有固定资产相一致的折旧政策。如果能够合理确定租赁期届满时取得租入固定资产所有权的,应当在租入固定资产尚可使用年限内计提折旧;无法合理确定租赁期届满时能够取得租入固定资产所有权的,应当在租赁期与租入固定资产尚可使用年限两者中较短的期间内计提折旧。

(7)固定资产因改建、扩建或修缮等原因而延长其使用年限的,应当按照重新确定的固定资产的成本以及重新确定的折旧年限,重新计算折旧额。

(三)累计折旧的核算

累计折旧应按照所对应固定资产的类别、项目等进行明细核算。按月计提固定资产折旧时,按照应计提折旧金额,借记"非流动资产基金——固定资产"科目,贷记"累计折旧"科目。固定资产处置时,按照所处置固定资产的账面价值,借记"待处置资产损益"科目,按照已计提折旧,借记"累计折旧"科目,按照固定资产的账面余额,贷记"固定资产"科目。

【例 2-53】某市气象局购电脑一台,价值 6 000 元,按 5 年计提折旧,按月计提 100 元,3 年后因损坏做报废处理。

a. 按月计提折旧:

借:非流动资产基金—固定资产	100	
贷:累计折旧		100

b. 3 年后报废:

借:待处置资产损益—处置资产价值	2 400	
累计折旧	3 600	
贷:固定资产—通用设备		6 000

c. 批准报废

借:非流动资产基金—固定资产	2 400	
贷:待处置资产损益—处置资产价值		2 400

第五节 在建工程的核算

在建工程是指正在建设尚未竣工投入使用的建设项目。指单位固定资产的新建、改建、扩建,或技术改造、设备更新和大修理工程等尚未完工的工程支出。

事业单位设置"在建工程"科目核算事业单位已经发生必要支出,但尚未完工交付使用的各种建筑(包括新建、改建、扩建、修缮等)和设备安装工程的实际成本。本科目应当按照工程性质和具体工程项目等进行明细核算。

根据气象部门实际,"在建工程"科目下设"基建工程"、"建筑工程"、"设备安装"明细科目,"基建工程"明细科目,核算由基建账套资金来源为中央发改委的基建项目并入在建工程的成本;“建筑工程”明细科目,核算行政事业类项目中涉及土建工程和小型综合改造项目、维修等土建项目,以及基建账套资金来源为非中央发改委的基建项目支出;“设备安装”明细科目,核算行政事业类项目中需安装设备的小型项目。

一、在建工程(基建工程)的核算

事业单位的基本建设投资应当按照国家有关规定单独建账、单独核算,同时按照《事业单位会计制度》(2012 年)的规定至少按月并入“在建工程”科目及其他相关科目反映。事业单位应当在“在建工程”科目下设置“基建工程”明细科目,核算由基建账套资金来源为中央发改委的基本建设项目并入的在建工程的成本。

根据气象部门特点,规定气象部门基建并账范围:各单位在基本建设账套核算的所有项目均应并入事业账,其中,资金来源为中央发改委、地方发改委资金和借款的基本建设项目支出需按月并入单位事业账,资金来源为中央财政、地方财政和自筹资金项目支出按年并入单位事业账。资金来源为中央财政、地方财政和自筹资金的基建项目,并入事业账通过“结转事业基建”、“结转自筹基建”科目核算,具体账务处理见“结转事业基建”、“结转自筹基建”。

中央发改委和地方发改委安排的基本建设项目支出,按规定在基建账核算,每月底根据基建账套资金来源为中央财政拨款和地方财政拨款的各科目本期发生额分析转入事业账,气象部门事业科目体系中相关科目均设置了基建并账明细科目。具体两个账套科目对应转换关系如下表:

基建账套和事业账套科目转换关系表

基建账套		事业账套		转换方式	备注
科目代码	科目名称	科目代码	科目名称		
占用类					
100101	★建筑安装工程投资	12201	同时记“在建工程—基建工程”科目,“非流动资产基金—在建工程”科目和“事业支出—项目支出—基本建设支出”相应明细科目(中央发改委资金),“事业支出—项目支出—其他资本性支出”相应明细科目(地方发改委资金)	基建账套科目名称前标注黑色★符号的,基建账套科目以每月借方发生额转换到事业账套;标红色▲符号的科目以每月借贷方发生额相抵后的余额转换到事业账套	相应科目要根据基建账上不同资金来源(中央财政拨款和地方财政拨款)转入不同事业支出科目
100102	★设备投资	30203			
100103	★待摊投资	5040210			
100104	★其他投资	5040206			
100105	★待核销基建支出				
100106	★转出投资				
100107	★拨出基建款				
100211	▲器材采购				
100212	▲采购保管费				
100213	▲库存设备				
100214	▲库存材料				
100218	▲材料成本差异				

续表

基建账套		事业账套		转换方式	备注
科目代码	科目名称	科目代码	科目名称		
100232	银行存款	10203	基建存款	基建账套科目以每月借、贷方发生额转换到事业账套	
100233	现金	10103	基建现金		
100234	零余额账户用款额度	10303	基建支出用款额度		
100235	财政应返还额度	12503	基建财政应返还额度		
100241	预付备料款	10802	基建预付账款	基建账套科目以每月借、贷方发生额相抵后的余额转换到事业账套	
100242	预付工程款				
100251	应收有偿调出器材及工程款	11007	基建其他应收款		
100252	其他应收款		基建应收票据		
100253	应收票据	10502			
	来源类				
20030103	本年基建基金拨款	40103	基建财政拨款	以基建账套科目贷方每月发生额转换到事业账套	基建账上收入每月并账只并中央和地方发改委安排的财政拨款以及借款
20030105	本年国债专款资金拨款				
20030102	本年预算拨款	41314	基建其他收入		
200304	基建投资借款	41314	基建其他收入		
200331	应付器材款	20302	基建应付账款	基建账套科目以每月借、贷方发生额相抵后的余额转换到事业账套	
200332	应付工程款				
200341	应付工资				
200342	应付福利费				
200351	应付有偿调入器材及工程款				
200353	应付票据	20202	基建应付票据		
200352	其他应付款	20711	基建其他应付款		
200361	应交税金				
200364	其他应交款				
200401	留成收入	41312	基建留成收入	同基建拨款科目转换方式	

【例 2-54】某市气象局 3 月基建账套资金来源为中央各科目发生额如下表所列。

科目名称	本期借方发生/元	本期贷方发生/元
建筑安装工程投资	29	
设备投资		
待摊投资		
财政应返还额度		3 932
零余额账户用款额度	4 132	49
预付工程款	20	
基建拨款		200
总　计	4 181	4 181

并入事业账套，会计分录如下：

a.借：在建工程—基建工程　29

　贷：非流动资产基金—在建工程　29

b.借：事业支出—项目支出—其他资本性支出　29

　　零余额账户用款额度—基建项目支出用款额度　4 132

　　预付账款—基建预付账款　20

　贷：财政补助收入—基建财政拨款　200

　　财政应返还额度—基建财政应返还额度　3 932

　　零余额账户用款额度—基建项目支出用款额度　49

基本建设项目借款有基建投资借款、上级拨入投资借款和其他借款。每月底根据基建账套资金来源为借款的各科目本期发生额分析转入事业账，具体并账方式同上。借款资金先拨至事业账的基本账户，再转拨至基建专用账户，如果在事业账上已做收入、支出，并账处理参见“结转自筹基建”科目。

按照相关规定，基本建设项目竣工财务决算批复后，交付使用资产与基建拨款对冲，在事业账上记入固定资产，因此，每月交付使用资产科目不需并入事业账。

对于期末已完工的项目，且基本建设项目竣工财务决算已批复，应将事业账套中的“在建工程”和“非流动资产基金—在建工程”科目进行结转，借记“非流动资产基金—在建工程”，贷记“在建工程”，同时借记“固定资产”，贷记“非流动资产基金—固定资产”。

【例2-55】某市气象局2月基建账套1个基建项目竣工，形成交付使用资产200万元，3月省气象局批复该项目竣工财务决算，基建账交付使用资产与基建拨款对冲，事业账并账处理如下(假定该单位已在年初开始基建账按月并入事业账)：

2月不处理，3月会计分录：

a.借：非流动资产基金—在建工程　2 000 000

　贷：在建工程—基建工程　2 000 000

b.借：固定资产　2 000 000

　贷：非流动资产基金—固定资产　2 000 000

二、在建工程(非基本建设项目)的核算

(一)建筑工程

(1)将固定资产转入改建、扩建或修缮等时,按照固定资产的账面价值,借记"在建工程"科目,贷记"非流动资产基金—在建工程"科目;同时,按照固定资产对应的非流动资产基金,借记"非流动资产基金—固定资产"科目,按照已计提折旧,借记"累计折旧"科目,按照固定资产的账面余额,贷记"固定资产"科目。

(2)根据工程价款结算账单与施工企业结算工程价款时,按照实际支付的工程价款,借记"在建工程"科目,贷记"非流动资产基金—在建工程"科目;同时,借记"事业支出"等科目,贷记"财政补助收入"、"零余额账户用款额度"、"银行存款"等科目。

(3)事业单位为建筑工程借入的专门借款的利息,属于建设期间发生的,计入在建工程成本,借记"在建工程"科目,贷记"非流动资产基金—在建工程"科目;同时,借记"其他支出"科目,贷记"银行存款"科目。

(4)工程完工交付使用时,按照建筑工程所发生的实际成本,借记"固定资产"科目,贷记"非流动资产基金—固定资产"科目;同时,借记"非流动资产基金—在建工程"科目,贷记"在建工程"科目。

【例 2-56】某县气象局 5 月将办公楼账面价值 500 万元(未计提折旧)进行修缮,转入在建工程。6 月支付工程款 100 万元,12 月交付使用。

分录一:(转入在建工程)

a. 借:在建工程—建筑工程	5 000 000	
贷:非流动资产基金—在建工程		5 000 000
b. 借:非流动资产基金—固定资产	5 000 000	
贷:固定资产		5 000 000

分录二:(支付工程款)

a. 借:在建工程—建筑工程	1 000 000	
贷:非流动资产基金—在建工程		1 000 000
b. 借:事业支出—项目支出—其他资本性支出	1 000 000	
贷:零余额用款额度		1 000 000

分录三:(交付使用)

a. 借:固定资产—房屋及构筑物	6 000 000	
贷:非流动资产基金—固定资产		6 000 000
b. 借:非流动资产基金—在建工程	6 000 000	
贷:在建工程—建筑工程		6 000 000

(二)设备安装

(1)购入需要安装的设备,按照确定的成本,借记"在建工程"科目,贷记"非流动资产基金—在建工程"科目;同时,按照实际支付金额,借记"事业支出"、"经营支出"等科目,贷记"财政补助收入"、"零余额账户用款额度"、"银行存款"等科目。

融资租入需要安装的设备,按照确定的成本,借记"在建工程"科目,按照租赁协议或者合

同确定的租赁价款，贷记“长期应付款”科目，按照其差额，贷记“非流动资产基金—在建工程”科目。同时，按照实际支付的相关税费、运输费、途中保险费等，借记“事业支出”、“经营支出”等科目，贷记“财政补助收入”、“零余额账户用款额度”、“银行存款”等科目。

(2)发生安装费用，借记“在建工程”科目，贷记“非流动资产基金—在建工程”科目；同时，借记“事业支出”、“经营支出”等科目，贷记“财政补助收入”、“零余额账户用款额度”、“银行存款”等科目。

(3)设备安装完工交付使用时，借记“固定资产”科目，贷记“非流动资产基金—固定资产”科目；同时，借记“非流动资产基金—在建工程”科目，贷记“在建工程”科目。

【例 2-57】某县气象局用事业财政经费购入需安装设备一台，价值 50 000 元，发生安装费用 1 000 元，安装完工后交付使用，账务处理如下：

分录一：(购入需安装设备)

a. 借：在建工程—设备安装	50 000	
贷：非流动资产基金—在建工程		50 000
b. 借：事业支出—项目支出—其他资本性支出	50 000	
贷：零余额账户用款额度		50 000

分录二：(发生安装费用)

a. 借：在建工程—设备安装	1 000	
贷：非流动资产基金—在建工程		1 000
b. 借：事业支出—项目支出—其他资本性支出	1 000	
贷：零余额账户用款额度		1 000

分录三：(设备安装完成交付使用)

a. 借：固定资产	51 000	
贷：非流动资产基金—固定资产		51 000
b. 借：非流动资产基金—在建工程	51 000	
贷：在建工程—设备安装		51 000

第六节　无形资产及累计摊销的核算

一、无形资产的核算

无形资产是指事业单位持有的没有实物形态的可辨认非货币性资产，包括专利权、商标权、著作权、土地使用权、非专利技术等。事业单位购入的不构成相关硬件不可缺少组成部分的应用软件，应当作为无形资产核算。

(一)无形资产的特点

无形资产是一种特殊的资产，一般具有以下特点：

(1)无形资产没有物质实体。不同于有形资产，无形资产没有特定的物质实体，通常表现为事业单位所拥有的一种特殊权利。

(2)无形资产能带来经济利益。无论是自创的还是购入的无形资产，都能使事业单位在未来一定时期内获得经济利益。

(3)无形资产可在较长时间内发挥服务潜力。无形资产一经取得或形成,就可为事业单位长期拥有,可在较长时期内发挥效益。

(二)无形资产的主要项目

无形资产的项目很多,现介绍其中最主要的几项。

(1)专利权。专利权是指经国家专利机关审定并授予发明者,在一定年限内对发明创造的使用和转让的权利。专利权一般包括发明专利权、实用新型专利权和外观设计专利权。专利权受法律保护,在某项专利权的有效期间内,该项专利权的非持有者如需在经营中使用与之相同的原理、结构和技术,应征求该项专利持有者的同意并支付专利使用费,否则,就构成了侵权。

(2)商标权。商标权是指专门在某类指定的商品或产品上使用特定名称或图案的权利。商标经商标管理机关核准后,成为注册商标,受法律保护。商标权以及类似的商号标记等,对取得消费者接受某种商品的信任具有重要意义。

(3)著作权。著作权又称版权,是指著作者或作品创作者以及出版商依法享有的在一定年限内发表、制作、出版和发行其作品的专有权利。著作权受法律保护,未经著作权所有者许可,他人不得占有和使用。

(4)土地使用权。土地使用权是指某事业单位经国家土地管理机关批准享有的,在一定期间内对国有土地开发、利用和经营的权利。在我国,土地归国有,任何单位或个人只能拥有土地使用权,没有土地所有权。

(5)非专利技术。非专利技术是指发明者未申请专利或不够申请专利条件的而未经公开的先进技术,包括先进的经验,技术设计资料,原料配方等。非专利技术不需要到有关管理机关注册登记,因而不受法律保护,只需技术持有者采取自我保护的方式维持其独占性。

(6)应用软件。事业单位购入的不构成相关硬件不可缺少组成部分的应用软件

(三)无形资产的核算

为了总括反映无形资产的取得、摊销和转让的情况,应设置"无形资产"科目。该科目属于资产类科目,本科目应当按照无形资产的类别、项目等进行明细核算。本科目期末借方余额,反映事业单位无形资产的原价。

(1)无形资产在取得时,应当按照其实际成本入账。

①外购的无形资产,其成本包括购买价款、相关税费,以及可归属于该项资产达到预定用途所发生的其他支出。

购入的无形资产,按照确定的无形资产成本,借记"无形资产"科目,贷记"非流动资产基金—无形资产"科目;同时,按照实际支付金额,借记"事业支出"等科目,贷记"财政补助收入"、"零余额账户用款额度"、"银行存款"等科目。

②委托软件公司开发软件视同外购无形资产。

支付软件开发费时,按照实际支付金额,借记"事业支出"等科目,贷记"财政补助收入"、"零余额账户用款额度"、"银行存款"等科目。软件开发完成交付使用时,按照软件开发费总额,借记"无形资产"科目,贷记"非流动资产基金—无形资产"科目。

③自行开发并按法律程序申请取得的无形资产,按照依法取得时发生的注册费、聘请律师

费等费用,借记“无形资产”科目,贷记“非流动资产基金——无形资产”科目;同时,借记“事业支出”等科目,贷记“财政补助收入”、“零余额账户用款额度”、“银行存款”等科目。

依法取得前所发生的研究开发支出,应于发生时直接计入当期支出,借记“事业支出”等科目,贷记“银行存款”等科目。

④接受捐赠、无偿调入的无形资产,其成本按照有关凭据注明的金额加上相关税费等确定;没有相关凭据的,其成本比照同类或类似无形资产的市场价格加上相关税费等确定;没有相关凭据、同类或类似无形资产的市场价格也无法可靠取得的,该资产按照名义金额入账。

接受捐赠、无偿调入的无形资产,按照确定的无形资产成本,借记“无形资产”科目,贷记“非流动资产基金—无形资产”科目;按照发生的相关税费等,借记“其他支出”科目,贷记“银行存款”等科目。

(2)按月计提无形资产摊销时,按照应计提摊销金额,借记“非流动资产基金—无形资产”科目,贷记“累计摊销”科目。

【例 2-58】某地区气象局购入应用软件支出 5 万元,按 10 年摊销,月摊销 417 元,假定由项目支出中列支,会计处理如下:

购入时

a. 借:事业支出—项目支出—其他资本性支出—无形资产购置　50 000

　　贷:零余额用款额度—项目支出用款额度　50 000

b. 借:无形资产—软件　50 000

　　贷:非流动资产基金—无形资产　50 000

摊销时

借:非流动资产基金—无形资产　417

　贷:累计摊销　417

(3)与无形资产有关的后续支出,应分别以下情况处理:

①为增加无形资产的使用效能而发生的后续支出,如对软件进行升级改造或扩展其功能等所发生的支出,应当计入无形资产的成本,借记“无形资产”科目,贷记“非流动资产基金—无形资产”科目;同时,借记“事业支出”等科目,贷记“财政补助收入”、“零余额账户用款额度”、“银行存款”等科目。

②为维护无形资产的正常使用而发生的后续支出,如对软件进行漏洞修补、技术维护等所发生的支出,应当计入当期支出但不计入无形资产成本,借记“事业支出”等科目,贷记“财政补助收入”、“零余额账户用款额度”、“银行存款”等科目。

(4)报经批准转让、无偿调出、对外捐赠无形资产或以无形资产对外投资,应当分别以下情况处理:

①转让、无偿调出、对外捐赠无形资产,转入待处置资产时,按照待处置无形资产的账面价值,借记“待处置资产损益”科目,按照已计提摊销,借记“累计摊销”科目,按照无形资产的账面余额,贷记“无形资产”科目。

实际转让、调出、捐出时,按照处置无形资产对应的非流动资产基金,借记“非流动资产基金—无形资产”科目,贷记“待处置资产损益”科目。

转让无形资产过程中取得价款、发生相关税费,以及出售价款扣除相关税费后的净收入的账务处理,参见资产处置部分。

②以已入账无形资产对外投资，按照评估价值加上相关税费作为投资成本，借记“长期投资”科目，贷记“非流动资产基金—长期投资”科目，按发生的相关税费，借记“其他支出”科目，贷记“银行存款”、“应缴税费”等科目；同时，按照投出无形资产对应的非流动资产基金，借记“非流动资产基金—无形资产”科目，按照投出无形资产已计提摊销，借记“累计摊销”科目，按照投出无形资产的账面余额，贷记“无形资产”科目。

【例 2-59】某研究所以无形资产对外投资，无形资产账面余额 50 000 元，评估价 60 000 元，支付评估费 2 000 元、相关税费 500 元，会计处理如下：

a. 借：长期投资—企业投资	62 500	
贷：非流动资产基金—长期投资		62 500
b. 借：其他支出—其他	2 500	
贷：银行存款—基本账户存款		2 000
应缴税费—其他税费		500
c. 借：非流动资产基金—无形资产	50 000	
贷：无形资产		50 000

(5)无形资产预期不能为事业单位带来服务潜力或经济利益的，应当按规定报经批准后，将该无形资产的账面价值予以核销。

转入待处置资产时，按照待核销无形资产的账面价值，借记“待处置资产损益”科目，按照已计提摊销，借记“累计摊销”科目，按照无形资产的账面余额，贷记“无形资产”科目。

报经批准予以核销时，按照核销无形资产对应的非流动资产基金，借记“非流动资产基金——无形资产”科目，贷记“待处置资产损益”科目。

【例 2-60】某地区气象局购入应用软件支出 5 万元，按 10 年摊销，月摊销 417 元，五年后无服务潜力，经批准予以报废，会计处理如下：

a. 报废时：		
借：待处置资产损益—处置资产价值	24 980	
累计摊销	25 020	
贷：无形资产		50 000
b. 批准处置时：		
借：非流动资产基金—无形资产	25 020	
贷：待处置资产损益—处置资产价值		25 020

二、累计摊销的核算

(一)摊销的定义及说明

摊销是指在无形资产使用寿命内，按照确定的方法对应摊销金额进行系统分摊。事业单位应当对无形资产进行摊销，以名义金额计量的无形资产除外。有关说明如下：

(1)事业单位应当按照如下原则确定无形资产的摊销年限：法律规定了有效年限的，按照法律规定的有效年限作为摊销年限；法律没有规定有效年限的，按照相关合同或单位申请书中的受益年限作为摊销年限；法律没有规定有效年限、相关合同或单位申请书也没有规定受益年限的，按照不少于 10 年的期限摊销。

(2)事业单位应当采用年限平均法对无形资产进行摊销。

(3)事业单位无形资产的应摊销金额为其成本。

(4)事业单位应当自无形资产取得当月起,按月计提无形资产摊销。

(5)因发生后续支出而增加无形资产成本的,应当按照重新确定的无形资产成本,重新计算摊销额。

(二)累计摊销的账务处理

事业单位无形资产计提的累计摊销,应当按照对应无形资产的类别、项目等进行明细核算。

(1)按月计提无形资产摊销时,按照应计提摊销金额,借记"非流动资产基金—无形资产"科目,贷记"累计摊销"科目。

(2)无形资产处理时,按照所处置无形资产的账面价值,借记"待处置资产损益"科目,按照已计提摊销,借记"累计摊销"科目,按照无形资产的账面余额,贷记"无形资产"科目。

第七节 存货的核算

一、定义

存货是指事业单位在开展业务活动及其他活动中为耗用而储存的各种材料、燃料、包装物、低值易耗品及达不到固定资产标准的用具、装具、动植物等的实际成本。

二、存货的核算

存货科目应当按照存货的种类、规格、保管地点等进行明细核算。事业单位随买随用的零星办公用品,可以在购进时直接列作支出,不通过存货科目核算。

事业单位应当通过明细核算或辅助登记方式,登记取得存货成本的资金来源(区分财政补助资金、非财政专项资金和其他资金)。

发生自行加工存货业务的事业单位,应当在存货科目下设置"生产成本"明细科目,归集核算自行加工存货所发生的实际成本(包括耗用的直接材料费用、发生的直接人工费用和分配的间接费用)。

三、存货的主要账务处理

(1)存货在取得时,应当按照其实际成本入账。

①购入的存货,其成本包括购买价款、相关税费、运输费、装卸费、保险费,以及使得存货达到目前场所和状态所发生的其他支出。事业单位按照税法规定属于增值税一般纳税人的,其购进非自用(如用于生产对外销售的产品)材料所支付的增值税款不计入材料成本。

购入的存货验收入库,按确定的成本,借记"存货"科目,贷记"银行存款"、"应付账款"、"财政补助收入"、"零余额账户用款额度"等科目。

属于增值税一般纳税人的事业单位购入非自用材料的,按确定的成本(不含增值税进项税额),借记"存货"科目,按增值税专用发票上注明的增值税额,借记"应缴税费——应缴增值税(进项税额)"科目,按实际支付或应付的金额,贷记"银行存款"、"应付账款"等科目。

【例 2-61】某省气象研究所购材料支出 50 000 元,同时支付运费 1 000 元,该研究所为增值

税一般纳税人,会计处理如下:

借:存货—材料 43 735

应缴税费—应缴增值税(进项税额) 7 265

贷:银行存款—基本账户存款 51 000

②自行加工的存货,其成本包括耗用的直接材料费用、发生的直接人工费用和按照一定方法分配的,与存货加工有关的间接费用。

自行加工的存货在加工过程中发生各种费用时,借记“存货”科目(生产成本),贷记“存货”科目(领用材料相关的明细科目)、“应付职工薪酬”、“银行存款”等科目。

加工完成的存货验收入库,按照所发生的实际成本,借记“存货”科目(相关明细科目),贷记“存货”科目(生产成本)。

【例 2-62】某研究所自行加工的存货,使用库存材料 20 000 元,支付职工工资 5 000 元,加工完成验收入库。会计处理如下:

a. 加工时:

借:存货—生产成本 25 000

贷:存货—材料 20 000

应付职工薪酬 5 000

b. 验收入库:

借:存货—产成品 25 000

贷:存货—生产成本 25 000

③接受捐赠、无偿调入的存货,其成本按照有关凭据注明的金额加上相关税费、运输费等确定;没有相关凭据的,其成本比照同类或类似存货的市场价格加上相关税费、运输费等确定;没有相关凭据、同类或类似存货的市场价格也无法可靠取得的,该存货按照名义金额(即人民币 1 元,下同)入账。相关财务制度仅要求进行实物管理的除外。

接受捐赠、无偿调入的存货验收入库,按照确定的成本,借记“存货”科目,按照发生的相关税费、运输费等,贷记“银行存款”等科目,按照其差额,贷记“其他收入”科目。

以名义金额入账的情况下,按照名义金额,借记“存货”科目,贷记“其他收入”科目;按照发生的相关税费、运输费等,借记“其他支出”科目,贷记“银行存款”等科目。

【例 2-63】某县气象局收到上级无偿调入的探测器材,价值 50 000 元,支付运费 2 000 元,假定由基本银行存款账户支付。会计处理如下:

借:存货—材料 52 000

贷:银行存款—基本账户存款 2 000

其他收入—其他 50 000

(2)存货在发出时,应当根据实际情况采用先进先出法、加权平均法或者个别计价法确定发出存货的实际成本。计价方法一经确定,不得随意变更。低值易耗品的成本于领用时一次摊销。

①开展业务活动等领用、发出存货,按领用、发出存货的实际成本,借记“事业支出”、“经营支出”等科目,贷记“存货”科目。

②对外捐赠、无偿调出存货,转入待处置资产时,按照存货的账面余额,借记“待处置资产损益”科目,贷记“存货”科目。

属于增值税一般纳税人的事业单位对外捐赠、无偿调出购进的非自用材料，转入待处置资产时，按照存货的账面余额与相关增值税进项税额转出金额的合计金额，借记“待处置资产损益”科目，按存货的账面余额，贷记本科目，按转出的增值税进项税额，贷记“应缴税费——应缴增值税（进项税额转出）”科目。

实际捐出、调出存货时，按照“待处置资产损益”科目的相应余额，借记“其他支出”科目，贷记“待处置资产损益”科目。

（3）事业单位的存货应当定期进行清查盘点，每年至少盘点一次。对于发生的存货盘盈、盘亏或者报废、毁损，应当及时查明原因，按规定报经批准后进行账务处理。

①盘盈的存货，按照同类或类似存货的实际成本或市场价格确定入账价值；同类或类似存货的实际成本、市场价格均无法可靠取得的，按照名义金额入账。

盘盈的存货，按照确定的入账价值，借记“存货”科目，贷记“其他收入”科目。

②盘亏或者毁损、报废的存货，转入待处置资产时，按照待处置存货的账面余额，借记“待处置资产损益”科目，贷记“存货”科目。

属于增值税一般纳税人的事业单位购进的非自用材料发生盘亏或者毁损、报废的，转入待处置资产时，按照存货的账面余额与相关增值税进项税额转出金额的合计金额，借记“待处置资产损益”科目，按存货的账面余额，贷记“存货”科目，按转出的增值税进项税额，贷记“应缴税费——应缴增值税（进项税额转出）”科目。

报经批准予以处置时，按照“待处置资产损益”科目的相应余额，借记“其他支出”科目，贷记“待处置资产损益”科目。

处置存货过程中所取得的收入、发生的费用，以及处置收入扣除相关处置费用后的净收入的账务处理，参见“待处置资产损益”科目。

【例 2-64】某县气象局清查盘点存货，盘盈材料一批，价值 5 000 元，盘亏器材一台，价值 1 000元，报经批准予以处置，会计处理如下：

a. 盘盈的存货：

借：存货—材料	5 000	
贷：其他收入—存货盘盈收入		5 000

b. 盘亏的存货：

借：待处置资产损益—处置资产价值	1 000	
贷：存货—材料		1 000

c. 报经批准予以处置时：

借：其他支出—资产处置损失	1 000	
贷：待处置资产损益—处置资产价值		1 000

第八节　资产处置

一、定义

资产处置是指事业单位对其占有、使用的国有资产，进行产权转让或注销产权的行为。根据《中央级事业单位国有资产处置管理暂行办法》，中央级事业单位国有资产处置的范围包括：闲置资产，报废、淘汰资产，产权或使用权转移的资产，盘亏、呆账及非正常损失的资产，以及依照国家有关规定需要处置的其他资产。

资产处置包括：资产的出售、出让、转让、对外捐赠、无偿调出、盘亏、报废、毁损，以及货币性资产损失核销等。按资产性质分为流动资产(应收账款、预付账款、其他应收款、存货)、固定资产、无形资产、长期投资等。

二、资产处置基本程序

(一)审批权限

根据《气象部门国有资产处置管理暂行办法》，审批权限如下：

各单位一次性处置单位价值或批量价值(账面原值，下同)在800万元(含)以上的国有资产，经中国气象局审核后报财政部审批。一次性处置单位价值或批量价值在800万元以下的国有资产，由中国气象局审批。其中以下情况由中国气象局授权各省(区、市)和计划单列市气象局、中国气象局直属事业单位审批：

(1)除土地使用权(含随土地使用权一并处置的地面建筑物)、重大自然灾害导致的资产报废报损处置外，各单位一次性处置单位价值或批量价值在200万元(不含)以下的国有资产；

(2)重大自然灾害导致的资产报废、报损，一次性处置单位价值或批量价值在800万元(不含)以下的；

(3)中国气象局重点工程建设项目中，一次性无偿调拨价值或批量价值在800万元(不含)以下的国有资产；

(4)气象部门内部各单位之间价值或批量价值在800万元(不含)以下的捐赠。

中国气象局授权各单位处置的资产，各单位应于批复之日起7个工作日内将审批文件(一式四份)报中国气象局备案，中国气象局于5个工作日内报财政部备案。

(二)处置程序

根据《气象部门国有资产处置管理暂行办法》，处置程序如下：

(1)单位申报。各单位处置国有资产，须填写《气象部门国有资产处置申请表》，并附相关材料，以正式文件向上级主管部门申报。

(2)上级主管部门审核。上级主管部门对单位的申报处置材料进行合规性、真实性等审核后，按照审批权限审批或上报。在审核过程中，上级主管部门认为如有必要，可对拟处置的资产有关情况进行实地核查。

(3)审批单位审批。审批单位按照审批权限对所属单位报送的国有资产处置事项进行审核批复。一次性处置单位价值或批量价值在800万元及以上的国有资产，经中国气象局审核后报财政部审批。

(4)评估备案与核准。单位价值在50万元(含)以上的资产处置，各单位根据审批单位的批复，委托具有资产评估资质的评估机构对拟处置的国有资产进行评估(气象专用设备应当经过中国气象局业务职能司审核或授权审核)，评估结果报上级主管部门备案。评估结果按照国家有关规定须经核准的，报财政部核准。

(三)账务处理

资产处置设置“待处置资产损益”科目进行核算，“待处置资产损益”科目按照待处置资产项目进行明细核算。对于在处置过程中取得相关收入、发生相关费用的处置项目，设置“处置资产价值”、“处置净收入”明细科目，进行明细核算。

事业单位处置资产一般应当先记入“待处置资产损益”科目，按规定报经批准后及时进行账务处理。年度终了结账前一般应处理完毕。

三、无偿调出

（一）定义

无偿调出是指在不改变国有资产性质的前提下，以无偿转让的方式变更国有资产占有、使用权的行为。

无偿调出的资产包括：

（1）长期闲置不用、低效运转、超标准配置的资产；

（2）因单位撤销、合并、分立而移交的资产；

（3）隶属关系改变，上划、下划的资产；

（4）其他需调拨（划转）的资产。

（二）处置程序

根据《气象部门国有资产处置管理暂行办法》，无偿调拨（划转）应当按以下程序办理：

（1）气象部门内部各单位之间的国有资产无偿调拨（划转），由划出单位提出申请，上级主管部门按规定的权限审批。

（2）中国气象局重点工程建设项目和统一布局建设项目中涉及资产无偿调拨的，其各主要建设单位（项目办公室）应将资产调拨单于实物资产调拨后10个工作日内下发至调入单位。资产调拨单应当一式二联（调出方、调入方各执一联），内容应当包括项目名称、资产名称、资产数量、资产型号、资产价格、调拨日期等内容，并加盖调入单位和调出单位公章（或财务章）。

（3）各单位将所属国有资产无偿调拨（划转）到气象部门外其他中央单位和地方单位的，划出单位应与接收方协调一致，并提出申请逐级报中国气象局审核后送财政部审批。

（4）地方单位将国有资产无偿调拨（划转）给各单位的，各单位应将接收资产的有关情况逐级上报中国气象局备案。中国气象局在15个工作日内报财政部备案。

各单位申请国有资产无偿调拨（划转），应提交以下材料：

（1）无偿调拨（划转）申请文件；

（2）《气象部门国有资产处置申请表》；

（3）资产价值凭证及产权证明，如购货发票或收据、工程决算副本、国有土地使用权证、房屋所有权证、股权证等凭据的复印件（加盖单位公章）；

（4）因单位撤销、合并、分立而移交资产的，需提供撤销、合并、分立的批文；

（5）拟无偿调拨（划转）国有资产的名称、数量、规格、单价等清单；

（6）将所属国有资产无偿调拨（划转）到气象部门外其他中央单位的，提供双方意向性协议，以及接收方主管部门同意无偿调拨（划转）的有关文件；

（7）将所属国有资产无偿调拨（划转）到地方单位的，提供省（区、市）和计划单列市气象局同意划出的相关文件，以及接收方省级财政厅（局）同意接收的相关文件；

（8）其他相关材料。

（三）账务处理

（1）转入待处置资产时，借记“待处置资产损益”科目（调出固定资产、无形资产的，还应借记“累计折旧”、“累计摊销”科目），贷记“存货”、“固定资产”、“无形资产”等科目。

（2）实际调出时，借记“其他支出”科目（调出存货）或“非流动资产基金—固定资产、无形资产”科目（调出固定资产、无形资产），贷记“待处置资产损益”科目。

【例 2-65】某市气象局 2013 年无偿调拨下属事业单位设备一台，价值 5 万元，账务处理如下：

a. 借：待处置资产损益—处置资产价值	50 000	
贷：固定资产		50 000
实际调出时：		
b. 借：非流动资产基金—固定资产	50 000	
贷：待处置资产损益—处置资产价值		50 000

四、对外捐赠

（一）定义

对外捐赠是指各单位依照《中华人民共和国公益事业捐赠法》，自愿无偿将其有权处分的合法财产捐赠给合法的受赠人的行为，包括实物资产捐赠、无形资产捐赠和货币性资产捐赠等。

（二）处置程序

根据《气象部门国有资产处置管理暂行办法》，各单位国有资产对外捐赠，应提交以下材料：

（1）对外捐赠申请文件；

（2）《气象部门国有资产处置申请表》；

（3）捐赠报告，包括：捐赠事由、途径、方式、责任人、资产构成及其数额、交接程序等；

（4）捐赠单位出具的，捐赠事项对本单位财务状况和业务活动影响的分析报告，使用货币资金对外捐赠的，应提供货币资金的来源说明等；

（5）捐赠单位决定捐赠事项的有关文件；

（6）能够证明捐赠资产价值的有效凭证，如购货发票或收据、工程决算副本、记账凭证、固定资产卡片及产权证明等凭据的复印件（加盖单位公章）；

（7）其他相关材料。

实际发生的对外捐赠，应当依据受赠方出具的同级财政部门统一印（监）制的捐赠收据或者捐赠资产交接清单确认；对无法索取同级财政部门统一印（监）制的捐赠收据的，应当依据受赠方所在地城镇街道、乡镇等基层政府组织出具的证明确认。

（三）账务处理

（1）转入待处置资产时，借记“待处置资产损益”科目（捐赠固定资产、无形资产的，还应借记“累计折旧”、“累计摊销”科目），贷记“存货”、“固定资产”、“无形资产”等科目。

（2）实际捐出时，借记“其他支出”科目（捐赠存货）或“非流动资产基金—固定资产、无形资产”科目（捐赠固定资产、无形资产），贷记“待处置资产损益”科目。

【例 2-66】某市气象局 2013 年捐赠下属企业存货一批，价值 5 万元，账务处理如下：

a. 借：待处置资产损益—处置资产价值 50 000

贷：存货 50 000

b. 借：其他支出—资产处置损失 50 000

贷：待处置资产损益—处置资产价值 50 000

五、出售、出让、转让

（一）定义

出售、出让、转让是指变更单位国有资产所有权或占有、使用权并取得相应收益的行为。

（二）处置程序

根据《气象部门国有资产处置管理暂行办法》，各单位国有资产出售、出让、转让，应当通过产权交易机构、证券交易系统、协议方式以及国家法律、行政法规规定的其他方式进行。单位国有资产出售、出让、转让应当严格控制产权交易机构和证券交易系统之外的直接协议方式。

各单位国有资产出售、出让、转让，以上级主管部门备案或核准的资产评估报告所确认的评估价值作为市场竞价的参考依据，意向交易价格低于评估结果 90%的，应当按规定权限报上级主管部门重新确认后交易。

各单位申请出售、出让、转让国有资产，应提交以下材料：

（1）出售、转让申请文件；

（2）《气象部门国有资产处置申请表》；

（3）资产价值凭证及产权证明，如购货发票或收据、工程决算副本、国有土地使用权证、房屋所有权证、股权证等凭据的复印件（加盖单位公章）；

（4）出售、转让方案，包括资产的基本情况，处置的原因、方式等；

（5）出售、转让合同草案，属于股权转让的，还应提交股权转让可行性报告；

（6）其他相关材料。

（三）账务处理

（1）转入待处置资产时，借记“待处置资产损益”科目（处置资产价值），转让固定资产、无形资产的，还应借记“累计折旧”、“累计摊销”科目，贷记“长期投资”、“固定资产”、“无形资产”等科目。

（2）实际转让时，借记“非流动资产基金—长期投资、固定资产、无形资产”科目，贷记“待处置资产损益”科目（处置资产价值）。

（3）转让过程中取得价款、发生相关税费，以及转让价款扣除相关税费后的净收入的账务处理，按照国家有关规定，比照毁损、报废进行处理。

【例 2-67】某市气象局转让对企业投资 50 000 元，账务处理如下：

a. 借：待处置资产损益—处置资产价值 50 000

贷：长期投资—企业投资 50 000

b. 借：非流动资产基金—长期投资 50 000

贷：待处置资产损益—处置资产价值 50 000

七、盘亏、报废、毁损

(一)定义

报废是指按有关规定或经有关部门、专家鉴定，对已不能继续使用的资产进行产权注销的资产处置行为。

毁损是指由于发生呆账损失、非正常损失等原因，按有关规定对资产损失进行产权注销的资产处置行为。

货币性资产核销是指各单位按现行财务与会计制度，对确认形成损失的货币性资产(现金、银行存款、应收账款、应收票据等)进行核销的行为。

(二)处置程序

根据《气象部门国有资产处置管理暂行办法》，各单位申请国有资产报废、报损，应提交以下材料：

(1)报废、报损申请文件；

(2)《气象部门国有资产处置申请表》；

(3)能够证明盘亏、毁损，以及非正常损失资产价值的有效凭证。如购货发票或收据、工程决算副本、记账凭证、固定资产卡片、盘点表及产权证明等凭据的复印件(加盖单位公章)；

(4)报废、报损价值清单；

(5)非正常损失责任事故的鉴定文件及对责任者的处理文件；

(6)因房屋拆除等原因需办理资产核销手续的，提交相关职能部门的房屋拆除批复文件、建设项目拆建立项文件、双方签订的房屋拆迁补偿协议；

(7)其他相关材料。

各单位国有资产对外投资、担保(抵押)发生损失而申请损失处置的，应提交以下材料：

(1)对外投资、担保(抵押)损失处置申请文件；

(2)《气象部门国有资产处置申请表》；

(3)被投资单位的清算审计报告及注销文件；

(4)债权或股权凭证，形成呆、坏账的情况说明和具有法定依据的证明材料；

(5)申请仲裁或提起诉讼的，提交相关法律文书；

(6)其他相关材料。

(三)账务处理

(1)转入待处置资产时，借记“待处置资产损益”科目(处置资产价值)，处置固定资产的，还应借记“累计折旧”科目，贷记“存货”、“固定资产”等科目。

(2)报经批准予以处置时，借记“其他支出”科目(处置存货)或“非流动资产基金—固定资产”科目(处置固定资产)，贷记“待处置资产损益”科目(处置资产价值)。

(3)处置毁损、报废存货、固定资产过程中收到残值变价收入、保险理赔和过失人赔偿等，借记“库存现金”、“银行存款”等科目，贷记“待处置资产损益”科目(处置净收入)。

(4)处置毁损、报废存货、固定资产过程中发生相关费用，借记“待处置资产损益”科目(处置净收入)，贷记“库存现金”、“银行存款”等科目。

(5)处置完毕，按照处置收入扣除相关处置费用后的净收入，借记“待处置资产损益”科目

（处置净收入），贷记“应缴国库款”等科目。

【例 2-68】某市气象局 2013 年固定资产清查，盘亏设备 1 台，价值 15 000 元，经查有保管人过失，收取过失人赔偿 2 000 元

a. 发生盘亏时：

借：待处置资产损益—处置资产价值 15 000

贷：固定资产 15 000

b. 经批准予以处置时：

借：非流动资产基金—固定资产 15 000

贷：待处置资产损益—处置资产价值 15 000

c. 收过失赔偿：

借：库存现金—零余额现金 2 000

贷：待处置资产损益—处置净收入 2 000

d. 处置完毕：

借：待处置资产损益—处置净收入 2 000

贷：应缴国库款 2 000

八、货币性资产核销

（一）定义

货币性资产核销是指各单位按现行财务与会计制度，对确认形成损失的货币性资产（银行存款、应收账款、应收票据等）进行核销的行为。

（二）处置程序

根据《气象部门国有资产处置管理暂行办法》，各单位申请货币性资产损失核销，应提交以下材料：

（1）货币性资产损失核销申请文件；

（2）《气象部门国有资产处置申请表》；

（3）债务人已被依法宣告破产、撤销、关闭，用债务人清算财产清偿后仍不能弥补损失的，提供宣告破产的民事裁定书以及财产清算报告、注销工商登记或吊销营业执照的证明、政府有关部门决定关闭的文件；

（4）债务人死亡或者依法被宣告失踪、死亡的，提供其财产或遗产不足清偿的法律文件；

（5）涉及诉讼的，提供判决裁定申报单位败诉的人民法院生效判决书或裁定书，或虽胜诉但因无法执行被裁定终止执行的法律文件。

（三）账务处理

按规定报经批准予以核销的应收及预付款项、长期股权投资、无形资产。

（1）转入待处置资产时，借记“待处置资产损益”科目，核销无形资产的，还应借记“累计摊销”科目，贷记“应收账款”、“预付账款”、“其他应收款”、“长期投资”、“无形资产”等科目。

（2）报经批准予以核销时，借记“其他支出”科目（应收及预付款项核销）或“非流动资产基金——长期投资、无形资产”科目（长期投资、无形资产核销），贷记“待处置资产损益”科目。

【例 2-69】某市气象局逾期三年以上的应收账款 30 000 元，经查无法收回，报经批准后予

以核销,账务处理如下:

a. 借:待处置资产损益—处置资产价值	30 000	
贷:应收账款		30 000
b. 借:其他支出—资产处置损失	30 000	
贷:待处置资产损益—处置资产价值		30 000

九、处置收入与支出

(一)定义

处置收入是指在出售、出让、转让、置换、报废、报损等处置国有资产过程中获得的收入,包括出售实物资产和无形资产的收入、置换差价收入、报废报损残值变价收入、保险理赔收入、转让土地使用权收益等。

(二)相关规定

根据《气象部门国有资产处置管理暂行办法》,各单位国有资产处置收入,在扣除相关税金、评估费、拍卖佣金等费用后,按照政府非税收入管理和财政国库收缴管理的规定上缴中央国库,实行"收支两条线"管理。

土地使用权转让收益,按照《财政部关于将中央单位土地收益纳入预算管理的通知》(财综〔2006〕63 号)规定,上缴中央国库,实行"收支两条线"管理。

出售实物资产和无形资产收入、置换差价收入、报废报损残值变价收入、保险理赔收入等上缴中央国库,实行"收支两条线"管理。

科技成果转化(转让)收入,按照《国务院办公厅转发科技部等部门关于促进科技成果转化若干规定的通知》(国办发〔1999〕29 号)的有关规定,在扣除奖励资金后上缴中央国库。

各单位利用国有资产对外投资形成的股权(权益)的出售、出让、转让收入,按以下规定办理:

(1)利用现金对外投资形成的股权(权益)的出售、出让、转让,属于单位收回对外投资,股权(权益)出售、出让、转让收入纳入单位预算,统一核算,统一管理;

(2)利用实物资产、无形资产对外投资形成的股权(权益)的出售、出让、转让收入,按以下情形分别处理:

①收入形式为现金的,扣除投资收益,以及税金、评估费等相关费用后,上缴中央国库,实行"收支两条线"管理;投资收益纳入单位预算,统一核算,统一管理。

②收入形式为资产和现金的,现金部分扣除投资收益,以及税金、评估费等相关费用后,上缴中央国库,实行"收支两条线"管理;

③利用现金、实物资产、无形资产混合对外投资形成的股权(权益)的出售、出让、转让收入,按照(1)、(2)的有关规定分别管理。

各单位应上缴的国有资产处置收入和应上缴的利用国有资产对外投资形成的股权(权益)的出售(出让、转让)收入,根据实际情况,按以下方式上缴:

(1)已开设中央财政汇缴专户的单位,按照财政部非税收入收缴制度有关规定,在取得处置收入后 2 个工作日内,全额缴入中央财政汇缴专户。

(2)未开设中央财政汇缴专户的单位,应按下列不同情况上缴国有资产处置收入:

①中国气象局。由财政部为中国气象局开设中央财政汇缴专户，中国气象局在取得处置收入后 2 个工作日内，全额缴入其中央财政汇缴专户。

②中国气象局在京直属事业单位。由财政部为中国气象局开设中央财政汇缴专户，中国气象局在京直属事业单位在取得处置收入后 2 个工作日内，全额直接缴入中国气象局的中央财政汇缴专户。

③省（区、市）和计划单列市气象局。由财政部为其开设中央财政汇缴专户，省（区、市）和计划单列市气象局及其所属地、县气象局在取得处置收入后 2 个工作日内，全额直接缴入省（区、市）和计划单列市气象局的中央财政汇缴专户。

各单位上缴的国有资产处置收入，纳入预算管理。单位因事业发展产生的资产配置需求，在编制部门预算时由中国气象局根据有关资产配置标准及中央财力情况统筹安排。

（三）账务处理

处置收入扣除相关处置费用后的净收入，借记“待处置资产损益”（处置净收入），贷记“应缴国库款”。

【例 2-70】某市气象局处置报废固定资产获处置收入 20 000 元，发生处置费用 2 000 元，按“收支两条线”管理上缴国库。账务处理如下：

借：待处置资产损益—处置净收入 18 000

贷：应缴国库款 18 000

第三章　负　债

第一节　负债概述

一、负债概念

负债是指事业单位所承担的能以货币计量，需要以资产或者劳务偿还的债务。事业单位的负债包括借入款项、应付款项、暂存款项、应缴款项等。

事业单位的负债按照流动性，分为流动负债和非流动负债。

(1)流动负债是指预计在1年内(含1年)偿还的负债。

事业单位的流动负债包括短期借款、应付及预收款项、应付职工薪酬、应缴款项等。

短期借款是指事业单位借入的期限在1年内(含1年)的各种借款。

应付及预收款项是指事业单位在开展业务活动中发生的各项债务，包括应付票据、应付账款、其他应付款等应付款项和预收账款。

应付职工薪酬是指事业单位应付未付的职工工资、津贴补贴等。

应缴款项是指事业单位应缴未缴的各种款项，包括应当上缴国库或者财政专户的款项、应缴税费，以及其他按照国家有关规定应当上缴的款项。

(2)非流动负债是指流动负债以外的负债。

事业单位的非流动负债包括长期借款、长期应付款等。

长期借款是指事业单位借入的期限超过1年(不含1年)的各种借款。

长期应付款是指事业单位发生的偿还期限超过1年(不含1年)的应付款项，主要指事业单位融资租入固定资产发生的应付租赁款。

二、负债的核算和管理应注意的问题

(1)事业单位的负债应当按照合同金额或实际发生额进行计量。

(2)事业单位应当对不同性质的负债分类管理，及时清理并按照规定办理结算，保证各项负债在规定期限内归还。

(3)事业单位应当建立健全财务风险控制机制，规范和加强借入款项管理，严格执行审批程序，不得违反规定举借债务和提供担保。

第二节　短期借款的核算

短期借款核算事业单位借入的期限在1年内(含1年)的各种借款，一般是指从金融机构借入款项。本科目应当按照贷款单位和贷款种类进行明细核算。本科目期末贷方余额，反映事业单位尚未偿还的短期借款本金。

事业单位短期借款的特点：一般不预计利息支出，实际支付利息时，将其计入其他支出。

短期借款的主要账务处理如下：

(1)借入各种短期借款时，按照实际借入的金额，借记"银行存款"科目，贷记本科目。

(2)银行承兑汇票到期，本单位无力支付票款的，按照银行承兑汇票的票面金额，借记"应付票据"科目，贷记本科目。

(3)支付短期借款利息时，借记"其他支出"科目，贷记"银行存款"科目。

(4)归还短期借款时，借记本科目，贷记"银行存款"科目。

【例3-1】某省气象局服务中心有关短期借款的业务如下：

a. 2013年4月10日向M银行借款20 000元，期限半年，年利率6%。

借：银行存款—基本账户存款	20 000	
贷：短期借款—事业短期借款—M银行		20 000

b. 2013年4月30日服务中心开出的一张金额30 000元的银行承兑汇票到期，本单位无力支付票款，按照银行承兑汇票的票面金额，转为短期借款。

借：应付票据—事业应付票据	30 000	
贷：短期借款—事业短期借款		30 000

c. 2013年10月10日服务中心归还M银行借款，并支付利息600元。

借：短期借款—事业短期借款—M银行	20 000	
其他支出—利息支出	600	
贷：银行存款—基本账户存款		20 600

第三节　应付票据的核算

本科目核算事业单位因购买材料、物资等而开出、承兑的商业汇票。应付票据是由出票人出票，由承兑人承兑，允诺在一定时期内支付一定款项的书面证明。应付票据按承兑人的不同可分为商业承兑汇票和银行承兑汇票，按是否带有利息分为带息票据和不带息票据。

事业单位应当设置"应付票据备查簿"，详细登记每一应付票据的种类、号数、出票日期、到期日、票面金额、交易合同号、收款人姓名或单位名称，以及付款日期和金额等资料。应付票据到期结清票款后，应当在备查簿内逐笔注销。本科目应当按照债权单位进行明细核算。本科目期末贷方余额，反映事业单位开出、承兑的尚未到期的商业汇票票面金额。

应付票据的主要账务处理如下：

(1)开出、承兑商业汇票时，借记"存货"等科目，贷记本科目。

以承兑商业汇票抵付应付账款时，借记“应付账款”科目，贷记本科目。

(2)支付银行承兑汇票的手续费时，借记“事业支出”、“经营支出”等科目，贷记“银行存款”等科目。

(3)商业汇票到期时，应当分以下情况处理：

①收到银行支付到期票据的付款通知时，借记本科目，贷记“银行存款”科目。

②银行承兑汇票到期，本单位无力支付票款的，按照汇票票面金额，借记本科目，贷记“短期借款”科目。

③商业承兑汇票到期，本单位无力支付票款的，按照汇票票面金额，借记本科目，贷记“应付账款”科目。

【例 3-2】某省气象局装备中心有关应付票据的业务如下：

6 月 15 日，向 W 公司购入一批原材料，价款 30 000 元，材料已验收入库。开出一张面值为 30000 元，期限为 3 个月的商业承兑汇票。

a. 假设该票据为不带息商业汇票，编制开出票据会计分录。

借：存货—材料	30 000	
贷：应付票据—事业应付票据—W 公司		30 000

b. 9 月 15 日，票据到期用银行存款偿还的会计分录。

借：应付票据—事业应付票据—W 公司	30 000	
贷：银行存款—基本账户存款		30 000

c. 假设该票据为带息商业汇票，票面利率为 10%，编制偿还时的会计分录。

借：应付票据—事业应付票据—W 公司	30 000	
事业支出—基本支出—商品和服务支出—手续费	750	
(30 000×10%×3/12)		
贷：银行存款—基本账户存款		30 750

d. 如果商业汇票到期时，该单位无力偿还，编制有关的会计分录。

借：应付票据—事业应付票据—W 公司	30 000	
贷：应付账款—事业应付账款—W 公司		30 000

第四节 应付账款的核算

应付账款是指事业单位因购买材料、物资和接受劳务供应等而应付给有关单位的款项。它是由于购进商品或劳务等经济业务发生时间与付款时间不一致而产生的。应付账款的入账时间应为所购买商品的所有权转移之日，即对所购的商品、材料等验收入库后，按发票金额登记入账。本科目应当按照债权单位(或个人)进行明细核算。本科目期末贷方余额，反映事业单位尚未支付的应付账款。

应付账款的主要账务处理如下：

(1)购入材料、物资等已验收入库但货款尚未支付的，按照应付未付金额，借记“存货”等科目，贷记本科目。

(2)单位接受其他单位提供的劳务而发生的应付账款，应根据供应单位提供的发票账单，借记有关成本费用科目,贷记"应付账款"科目。

(3)偿付应付账款时,按照实际支付的款项金额,借记本科目,贷记"银行存款"等科目。

(4)开出、承兑商业汇票抵付应付账款,借记本科目,贷记"应付票据"科目。

(5)无法偿付或债权人豁免偿还的应付账款,借记本科目,贷记"其他收入"科目。

【例 3-3】某省气象局装备中心有关应付账款业务如下:

a.向甲公司购进材料一批,价值 80 000 元,货物已验收入库,货款尚未支付。

借:存货—材料 80 000

贷:应付账款—事业应付账款—甲公司 80 000

b.用银行存款支付前欠甲公司的材料款 80 000 元。

借:应付账款—事业应付账款—甲公司 80 000

贷:银行存款—基本账户存款 80 000

第五节 预收账款的核算

本科目核算事业单位按合同规定预收的款项。本科目应当按照债权单位(或个人)进行明细核算。本科目期末贷方余额,反映事业单位按合同规定预收但尚未实际结算的款项。预收账款业务不多的单位,也可将预收账款直接记入"应收账款"科目的贷方,不设本科目。

预收账款的主要账务处理如下:

(1)从付款方预收款项时,按照实际预收的金额,借记"银行存款"等科目,贷记本科目。

(2)确认有关收入时,借记本科目,按照应确认的收入金额,贷记"经营收入"等科目,按照付款方补付或退回付款方的金额,借记或贷记"银行存款"等科目。

(3)无法偿付或债权人豁免偿还的预收账款,借记本科目,贷记"其他收入"科目。

(4)退回多付的款项,做相反的会计分录。本科目应按购买单位设明细账。

【例 3-4】某省气象局防雷中心发生如下预收账款业务,编制有关会计分录。

a.预收 H 公司防雷检测费 5 000 元,存入银行。

借:银行存款—基本账户存款 5 000

贷:预收账款—其他预收账款—H 公司 5 000

b.检测服务完成,和 H 公司结算实际价款为 5 500 元,H 公司已通过银行补付不足的货款。

借:预收账款—其他预收账款—H 公司 5 000

银行存款—基本账户存款 500

贷:经营收入—防雷技术服务费 5 500

第六节 暂存款和预提费用的核算

暂存款是核算行政单位在业务活动中与其他单位或者个人发生的预收、代管等待结算的款项。暂存款及其明细科目,仅限中国气象局离退休办公室使用。

预提费用是核算科学事业单位预提但尚未实际支出的各项费用，如预提的租金、保险费、借款利息、修理费用等，按照预提费用的种类设置明细。预提费用科目仅限科学事业单位使用。

第七节 应付职工薪酬的核算

本科目核算事业单位按有关规定应付给职工及为职工支付的各种薪酬。包括基本工资、绩效工资、国家统一规定的津贴补贴、社会保险费、住房公积金等。

本科目应当根据国家有关规定按照“工资(离退休费)”、“地方(部门)津贴补贴”、“其他个人收入”以及“社会保险费”、“住房公积金”等进行明细核算。本科目期末贷方余额，反映事业单位应付未付的职工薪酬。

应付职工薪酬的主要账务处理如下：

(1)计算当期应付职工薪酬，借记“事业支出”、“经营支出”等科目，贷记本科目。

(2)向职工支付工资、津贴补贴等薪酬，借记本科目，贷记“财政补助收入”、“零余额账户用款额度”、“银行存款”等科目。

(3)按税法规定代扣、代缴个人所得税，借记本科目，贷记“应缴税费—应缴个人所得税”科目。

(4)按照国家有关规定缴纳职工社会保险费和住房公积金，借记本科目，贷记“财政补助收入”、“零余额账户用款额度”、“银行存款”等科目。

(5)从应付职工薪酬中支付其他款项，借记本科目，贷记“财政补助收入”、“零余额账户用款额度”、“银行存款”等科目。

【例 3-5】某县气象局有关应付职工薪酬的业务如下：

a. 按月计算在职人员应付职工薪酬 80 000 元：

借：事业支出—基本支出—工资福利支出—事业单位工资	80 000	
贷：应付职工薪酬—应付工资—在职人员—事业人员		80 000

b. 计算当月应扣职工的社保缴费 4 000 元、住房公积金 9 000 元：

借：应付职工薪酬—应付工资—在职人员—事业人员	13 000	
贷：其他应付款—代扣保险费		4 000
—代扣住房公积金		9 000

c. 计算缴纳个税 500 元：

借：应付职工薪酬—应付工资—在职人员—事业人员	500	
贷：应缴税费—应缴个人所得税		500

d. 开出支票向职工支付薪酬：

借：应付职工薪酬—应付工资—在职人员—事业人员	66 500	
贷：零余额账户用款额度		66 500

e. 计算当月应由单位负担的职工社保缴费 24 000 元和住房公积金 9 000 元：

借：事业支出—基本支出—工资福利支出—社会保障缴费—具体明细	24 000	
事业支出—基本支出—对个人和家庭补助—住房公积金	9 000	
贷：应付职工薪酬—社会保险费		24 000

—住房公积金　9 000

f. 开出支票分别上缴职工社会保险费和住房公积金：

借：应付职工薪酬—应付社会保险费　24 000

应付职工薪酬—应付住房公积金　9 000

其他应付款—代扣保险费　4 000

其他应付款—代扣住房公积金　9 000

贷：零余额账户用款额度—基本支出用款额度　46 000

【例 3-6】某气象局职工报销差旅费 5 000 元，其中差旅伙食补助 500 元、交通补助 300 元，住宿费和机票公务卡结算，会计账务处理如下：

a. 计算差旅费 5 000 元：

借：事业支出—基本支出—商品和服务支出—差旅费　5 000

贷：其他应付款—待清算公务卡报销额度　4 200

应付职工薪酬—出差人员伙食补助费　500

应付职工薪酬—出差人员公杂费　300

b. 现金支付差旅费补助 800 元：

借：应付职工薪酬—出差人员伙食补助费　500

应付职工薪酬—出差人员公杂费　300

贷：库存现金—零余额现金　800

第八节　应缴款项的核算

应交款项包括应缴国库款、应缴财政专户款和应缴税费。

一、应缴国库款的核算

本科目核算事业单位按规定应缴入国库的款项(应缴税费除外)。

本科目应当按照应缴国库的各款项类别进行明细核算。本科目期末贷方余额，反映事业单位应缴入国库但尚未缴纳的款项。

气象部门的资产处置收入和行政执法罚没收入应在本科目核算。

应缴国库款的主要账务处理如下：

(1)按规定计算确定或实际取得应缴国库的款项时，借记有关科目，贷记本科目。

(2)事业单位处置资产取得的应上缴国库的处置净收入的账务处理，通过“待处置资产损益”科目核算。

(3)上缴款项时，借记本科目，贷记“银行存款”等科目。

【例 3-7】某气象局报废一批固定资产，已处置完毕，报废收入扣除相关处置费用后净收入 2 500元，应上缴国库。有关会计处理如下：

a. 计算上缴时：

借：待处置资产损益—处置净收入　2 500

贷：应缴国库款　2 500

b. 上缴时：

借:应缴国库款　　2 500

　贷:银行存款—基本账户存款　　2 500

【例 3-8】某市气象局收到行政执法罚款收入 5 000 元,财务部门已开具罚没票据。

a. 收到罚款时：

借:银行存款—基本账户存款　　5 000

　贷:应缴国库款　　5 000

b. 上缴国库时：

借:应缴国库款　　5 000

　贷:银行存款—基本账户存款　　5 000

二、应缴财政专户款的核算

应缴财政专户款是指事业单位按规定代收的应上缴财政专户的预算外资金,一般指大专院校的教育性收费。

本科目核算事业单位按规定应缴入财政专户的款项。本科目应当按照应缴财政专户的各款项类别进行明细核算。

应缴财政专户款的主要账务处理如下：

(1)取得应缴财政专户的款项时,借记有关科目,贷记本科目。

(2)上缴款项时,借记本科目,贷记“银行存款”等科目。

本科目期末贷方余额,反映事业单位应缴入财政专户但尚未缴纳的款项。

第九节　应缴税费的核算

本科目核算事业单位按照税法等规定计算应缴纳的各种税费,包括营业税、增值税、城市维护建设税、教育费附加、车船税、房产税、城镇土地使用税、企业所得税等。事业单位代扣代缴的个人所得税,也通过本科目核算。事业单位应缴纳的印花税不需要预提应缴税费,直接通过支出等有关科目核算,不在本科目核算。

本科目应当按照应缴纳的税费种类进行明细核算。属于增值税一般纳税人的事业单位,其应缴增值税明细账中应设置“进项税额”、“已交税金”、“销项税额”、“进项税额转出”等专栏。

应缴税费的主要账务处理如下：

(1)发生营业税、城市维护建设税、教育费附加纳税义务的,按税法规定计算的应缴税费金额,借记“待处置资产损益—处置净收入”科目(出售不动产应缴的税费)或有关支出科目,贷记本科目。实际缴纳时,借记本科目,贷记“银行存款”科目。

(2)发生房产税、城镇土地使用税、车船税纳税义务的,按税法规定计算的应缴税金数额,借记有关科目,贷记本科目。实际缴纳时,借记本科目,贷记“银行存款”科目。

(3)代扣代缴个人所得税的,按税法规定计算应代扣代缴的个人所得税金额,借记“应付职工薪酬”科目,贷记本科目。实际缴纳时,借记本科目,贷记“银行存款”科目。

(4)发生企业所得税纳税义务的,按税法规定计算的应缴税金数额,借记“非财政补助结余分配”科目，贷记本科目。实际缴纳时，借记本科目，贷记“银行存款”科目。

(5)属于增值税一般纳税人的事业单位购入非自用材料的，按确定的成本(不含增值税进项税额)，借记“存货”科目，按增值税专用发票上注明的增值税额，借记本科目(应缴增值税—进项税额)，按实际支付或应付的金额，贷记“银行存款”、“应付账款”等科目。

属于增值税一般纳税人的事业单位所购进的非自用材料发生盘亏、毁损、报废、对外捐赠、无偿调出等税法规定不得从增值税销项税额中抵扣进项税额的，将所购进的非自用材料转入待处置资产时，按照材料的账面余额与相关增值税进项税额转出金额的合计金额，借记“待处置资产损益”科目，按材料的账面余额，贷记“存货”科目，按转出的增值税进项税额，贷记本科目(应缴增值税—进项税额转出)。

属于增值税一般纳税人的事业单位销售应税产品或提供应税服务，按包含增值税的价款总额，借记“银行存款”、“应收账款”、“应收票据”等科目，按扣除增值税销项税额后的价款金额，贷记“经营收入”等科目，按增值税专用发票上注明的增值税金额，贷记本科目(应缴增值税—销项税额)。

属于增值税一般纳税人的事业单位实际缴纳增值税时，借记本科目(应缴增值税—已交税金)，贷记“银行存款”科目。

属于增值税小规模纳税人的事业单位销售应税产品或提供应税服务，按实际收到或应收的价款，借记“银行存款”、“应收账款”、“应收票据”等科目，按实际收到或应收价款扣除增值税额后的金额，贷记“经营收入”等科目，按应缴增值税金额，贷记本科目(应缴增值税)。实际缴纳增值税时，借记本科目(应缴增值税)，贷记“银行存款”科目。

(6)发生其他纳税义务的，按照应缴纳的税费金额，借记有关科目，贷记本科目。实际缴纳时，借记本科目，贷记“银行存款”等科目。

本科目期末借方余额，反映事业单位多缴纳的税费金额；本科目期末贷方余额，反映事业单位应缴未缴的税费金额。

【例 3-9】某气象局服务中心有关应缴税费的业务如下：

a. 本月开出发票收取某公司科技服务费 50 000 元，计算出本月应交营业税 2 500 元，城建税 175 元，教育费附加 75 元。

借：经营支出—商品和服务支出—其他商品和劳务支出—流转税费	2 750	
贷：应缴税费—营业税		2 500
应缴税费—城建税		175
应缴税费—教育费附加		75

b. 上缴本月税费 2 750 元：

借：应缴税费—营业税	2 500	
应缴税费—城建税	175	
应缴税费—教育费附加	75	
贷：银行存款—基本账户存款		2 750

c. 年底计算应缴所得税 5 000 元：

借：非财政补助结余分配—应缴所得税	5 000	
贷：应缴税费—所得税		5 000

【例 3-10】某事业单位已被税务局核定为一般纳税人，有关应缴增值税的业务如下：

a. 1月5日购入非自用材料50 000元，增值税发票注明进项税额8 500元。用银行存款支付材料费和增值税进项税共计58 500元。

借:存货—材料　50 000

　应缴税费—应缴增值税—进项税额　8 500

　贷:银行存款—基本账户存款　58 500

b. 2月10日销售该批材料，开出增值税发票，商品价款60 000元，增值税销项税10 200元，货款未到。

借:应收账款—××单位　70 200

　贷:经营收入—其他　60 000

　　应缴税费—应缴增值税—销项税额　10 200

c. 2月底计算本月应缴增值税1 700元(假设只有该笔业务)，用银行存款缴纳。

计算：

借:应缴税费—应缴增值税—已交税额　8 500

　贷:应缴税费—应缴增值税—进项税额　8 500

借:应缴税费—应缴增值税—销项税额　10 200

　贷:应缴税费—应缴增值税—已交税额　10 200

缴纳：

借:应缴税费—应缴增值税—已交税额　1 700

　贷:银行存款—基本账户存款　1 700

【例3-11】该单位从2013年3月起营业税改征增值税，有关应缴税费的业务如下：

3月份应缴税费见下表：

××地区地方税务局 营业、城建税、附加等 纳税申报表

纳税人识别号:×××××××××××××

纳税人名称	××单位				税款所属期间	2013年3月1日至3月31日	
纳税人地址			电话		邮政编码		
登记注册类型	事　业		核定申报方式	申　报	税款缴纳方式	转　　账	
纳税人开户银行	××银行				账　号		
税　　种	品目名称	课税数量	计税金额	税率或单位税额	应纳税额	已纳税额	应补(退)税额
增值税	服务业		2 826 805	3%	84 804.15		
城建税	增值税		84 804.15	7%	5 936.29		
教育附加	增值税		84 804.15	3%	2 544.12		
地方附加	增值税		84 804.15	2%	1 696.08		

续表

税 种	品目名称	课税数量	计税金额	税率或单位税额	应纳税额	已纳税额	应补(退)税额
水利建设费			2 826 805	0.1%	2 826.81		
合 计					97 807.45		
如纳税人填报,由纳税人填写以下各栏			如委托代理人填写,由代理人填写以下各栏				
会计主管	纳税人		代理人名称				代理人（签章）
（签章）	（公章）		地 址				
			经 办 人		电话		

主管税务机关接收人(签章)　　　　接收日期　　　　审核人(签章)

a. 计提应缴税费：

借:经营支出—商品和服务支出—其他商品和劳务支出—流转税费　97 807.45

　贷:应缴税费—增值税　84 804.15

　　应缴税费—城建税　5 936.29

　　应缴税费—教育费附加　2 544.12

　　应缴税费—地方教育费附加　1 696.08

　　应缴税费—其他税费(水利建设基金)　2 826.81

b. 实际上缴：

借:应缴税费—增值税　84 804.15

　应缴税费—城建税　5 936.29

　应缴税费—教育费附加　2 544.12

　应缴税费—地方教育费附加　1 696.08

　应缴税费—其他税费(水利建设基金)　2 826.81

　贷:银行存款—基本账户存款　97 807.45

【例 3-12】例 3-10 中假设 2 月 10 日该批材料没有销售,而是接到上级主管单位通知将该批材料无偿调拨其他单位。账务处理如下：

进项税额转出：

借:应缴税费—应缴增值税—进项税额　8 500

　贷:应缴税费—应缴增值税—进项税额　8 500

转入待处置资产损益：

借:待处置资产损益　58 500

　贷:存货—材料　50 000

　　应缴税费—应缴增值税—进项税额　8 500

实际调拨时：

借:其他支出　58 500

　贷:待处置资产损益　58 500

第十节　其他应付款的核算

本科目核算事业单位除应缴税费、应缴国库款、应缴财政专户款、应付职工薪酬、应付票据、应付账款、预收账款之外的其他各项偿还期限在1年内(含1年)的应付及暂收款项,如存入保证金等。本科目应当按照其他应付款的类别以及债权单位(或个人)进行明细核算,如"待清算公务卡报销额度"、"代扣个人工会会费"、"基建其他应付款 "等明细科目。本科目期末贷方余额,反映事业单位尚未支付的其他应付款。

其他应付款的主要账务处理如下:

(1)发生其他各项应付及暂收款项时,借记"银行存款"等科目,贷记本科目。

(2)支付其他应付款项时,借记本科目,贷记"银行存款"等科目。

(3)无法偿付或债权人豁免偿还的其他应付款项,借记本科目,贷记"其他收入"科目。

【例3-13】某气象局职工2013年4月5日用公务卡刷卡购买办公用品500元,从基本支出(2200504)中支出,该同志持POS小票和发票到财务部门报销,财务人员录入公务卡系统后,进行还款。

a. 报销时:

借:事业支出—基本支出—商品和服务支出—办公费	500	
贷:其他应付款—待清算公务卡报销额度		500

b. 还款时:

借:其他应付款—待清算公务卡报销额度	500	
贷:零余额账户用款额度—基本支出用款额度		500

第十一节　非流动负债的核算

事业单位的非流动负债包括长期借款、长期应付款等。

一、长期借款的核算

本科目核算事业单位借入的期限超过1年(不含1年)的各种借款。本科目应当按照贷款单位和贷款种类进行明细核算。对于基建项目借款,还应按具体项目进行明细核算。本科目期末贷方余额,反映事业单位尚未偿还的长期借款本金。

长期借款的主要账务处理如下:

(1)借入各项长期借款时,按照实际借入的金额,借记"银行存款"科目,贷记本科目。

(2)为购建固定资产支付的专门借款利息,分以下情况处理:

a. 属于工程项目建设期间支付的,计入工程成本,按照支付的利息,借记"在建工程"科目,贷记"非流动资产基金——在建工程"科目;同时,借记"其他支出"科目,贷记"银行存款"科目。

b. 属于工程项目完工交付使用后支付的,计入当期支出但不计入工程成本,按照支付的利息,借记"其他支出"科目,贷记"银行存款"科目。

(3)其他长期借款利息，按照支付的利息金额，借记“其他支出”科目，贷记“银行存款”科目。

(4)归还长期借款时，借记本科目，贷记“银行存款”科目。

【例 3-14】某气象局建设预警业务楼，从银行贷款 400 万元建设资金，三年期。每月发生贷款利息 30 000 元。账务处理如下：

a. 借入时：

借：银行存款—基建存款　4 000 000

　贷：长期借款—基建长期借款　4 000 000

b. 工程建设期间每月支付利息：

借：在建工程—建筑工程　30 000

　贷：非流动资产基金——在建工程　30 000

借：其他支出—利息支出　30 000

　贷：银行存款—基建存款　30 000

二、长期应付款的核算

本科目核算事业单位发生的偿还期限超过 1 年(不含 1 年)的应付款项，如以融资租赁租入固定资产的租赁费、跨年度分期付款购入固定资产的价款等。本科目应当按照长期应付款的类别以及债权单位(或个人)进行明细核算。本科目期末贷方余额，反映事业单位尚未支付的长期应付款。

长期应付款的主要账务处理如下：

(1)发生长期应付款时，借记“固定资产”、“在建工程”等科目，贷记本科目、“非流动资产基金”等科目。

(2)支付长期应付款时，借记“事业支出”、“经营支出”等科目，贷记“银行存款”等科目；同时，借记本科目，贷记“非流动资产基金”科目。

(3)无法偿付或债权人豁免偿还的长期应付款，借记本科目，贷记“其他收入”科目。

【例 3-15】某气象局融资租入设备一台，价值 20 万元，分两年付清设备款。账务处理如下：

a. 租入时：

借：固定资产—专用设备—设备 A　200 000

　贷：长期应付款—融资租赁固定资产费用　200 000

b. 年底支付设备款 10 万元：

借：事业支出—基本支出—其他资本性支出　100 000

　贷：银行存款—基本账户存款　100 000

借：长期应付款—融资租赁固定资产费用　100 000

　贷：非流动资产基金—固定资产—设备 A　100 000

第四章　收　入

收入是事业单位履行职能、完成事业发展目标和计划的财力保障，收入管理是事业单位财务管理的重要组成部分，对收入进行准确理解、确认、计量、核算是有效实施管理的重要手段。

第一节　收入的概述

一、收入的概念

收入是最基本的会计元素之一，2012 年《事业单位会计准则》(财政部第 2012 年 72 号令)对事业单位收入做如下定义：事业单位收入是指事业单位为开展业务活动，依法取得的非偿还性资金。事业单位的收入具有以下四层含义：

(1)事业单位收入是为开展业务活动、完成工作以及开展辅助活动而取得的收入。事业单位的主要任务是围绕党和政府确定的事业发展方针，组织和开展各项业务活动，一般具有公益性或非营利特点，因此开展活动所发生的消耗应由财政部门、主管部门或上级部门予以补偿，除此之外，单位围绕主业开展的有偿服务活动及其他生产经营活动，必然要发生一定的费用消耗，也需要通过获得一定的收入来补偿。

(2)收入必须是依法取得的。事业单位取得的各项收入，必须符合国家有关法律、法规和规章制度的规定，各种收费项目、收费标准必须按规定程序报经国家有关部门批准。如事业单位必须按照《预算法》和财政预算管理规定获得财政补助收入；行政事业性收费项目和标准必须按照规定程序经过有关单位批准后才能向服务对象收取；取得的资金应按规定上缴国库、财政专户还是留归本单位使用，须经过政府相关部门批准；其他收入也同样要严格执行国家有关法律、法规和规章制度等。

(3)收入是通过多种形式、多种渠道取得的。在社会主义市场经济条件下，事业单位的收入来源形式和渠道呈现出多元化，既有中央和财政安排的财政补助性资金，也有事业单位自行组织的事业收入、经营收入等。

(4)收入是非偿还性资金。事业单位取得的各项资金被用于按规定开展各项业务活动消耗的，不需要偿还，如果取得的需要偿还的资金，应作为“负债”处理，不能作为单位的收入。

二、事业单位收入的分类及内容

为了有针对性地加强收入管理，便于账务处理，满足各层次对信息的需要，应对事业单位取得的收入进行科学分类。

《事业单位会计准则》(财政部2012年第72号令)第三十三条规定:事业单位的收入包括财政补助收入、事业收入、上级补助收入、附属单位上缴收入、经营收入和其他收入等。

(1)财政补助收入是指“事业单位从同级财政部门取得的各类财政拨款”。财政补助收入包含以下两方面含义。

①“从同级财政部门取得”是指事业单位直接或者按照部门预算隶属关系从同一预算级次的财政部门取得,对于一级预算单位,一般是从同级财政部门取得,对于二级及二级以下的预算单位,一般是按照部门隶属关系通过一级预算单位取得。

②“各类财政拨款”是指预算单位从同级财政部门取得的所有财政拨款,强调的是全面、完整反映从同级财政部门获得的各类财政补助。既包括财政补助收入,也包括基本建设投资、社会保障、住房改革经费等。

(2)事业收入是指事业单位开展专业业务活动及其辅助活动取得的收入。专业业务活动指事业单位根据本单位专业特点所从事或开展的业务活动。辅助活动是指与专业业务活动相关、直接为专业活动服务的活动,如单位的行政管理活动、后勤服务活动。

(3)上级补助收入是指事业单位从主管部门和上级单位取得的非财政补助收入。事业单位的主管部门和上级单位用自身组织的收入和集中下级单位的收入拨给事业单位的非财政性资金。

(4)附属单位上缴收入是指事业单位附属独立核算单位按照有关规定上缴的收入。独立核算单位是指具有独立法人资格、独立的财务会计组织体系、独立完整地进行会计核算的单位,包括附属的事业单位和附属的企业等。

(5)经营收入是指事业单位在专业业务活动及其辅助活动之外开展非独立核算经营活动取得的收入。确认经营收入应同时具备两个条件:

一是经营活动取得的收入,而不是专业业务活动及其辅助活动取得的收入;二是非独立核算的经营活动产生的收入。如单位食堂对外服务,如果未独立核算,属于经营收入。

(6)其他收入指上述规定范围以外的各项收入。包括投资收益、利息收入、捐赠收入等。从2011年起中央部门非本级财政拨款收入统一纳入“其他收入”核算。

三、事业单位收入的特点

(1)非偿还性。事业单位的主要任务是完成党和政府确定的事业发展方针,其开展业务活动发生的各项费用、消耗均为财政部门给予的补偿,一般不需偿还。如财政补助收入,在使用时只需按照国家有关规定使用,完成政府赋予的任务,不需通过支出获利来补偿政府的投入。

(2)通过多渠道取得。事业单位的收入不仅包括财政性补助收入,而且也包括非财政补助收入的其他各项收入。如为完成各级政府下达的任务取得财政性资金,为某单位提供专业服务而取得的专项资金,为完成某科研项目取得的科研经费等等。

(3)一般有指定用途。事业单位的收入和支出大都是相互对应的,一定项目的收入要用于相应的支出,实行专款专用,以保证完成各专项业务的资金需要。如防汛经费、抗旱经费、人工增雨经费、自动气象站业务维持费、课题费等,这部分具有规定的专门用途,完成特定任务的资金,未经有关部门批准,不得互相挤占、挪用或混用。

四、事业单位收入的管理

(1)保证收入的合法性与合理性。事业单位在组织收入时要依法办事,各种收费项目和收费标准,必须按规定程序报经国家有关部门批准,对于各种收入要取之得当,用之合理,严禁乱收、滥用。

(2)各项收入全部纳入单位预算,实行统一核算,统一管理。事业单位的所有收支全部编入部门预算、纳入单位预算管理,实行统一管理、统一核算、统筹安排;并按照国家有关规定报主管部门和财政部门核定。

(3)科学分类管理。事业单位应结合事业特点、发展目标和计划,以及单位收支、资产状况等因素,合理确认收入类型,根据各类型特点实施分类管理,对于财政补助收入严格按照国家规定的程序申报、使用,对于按规定上缴的收入不能直接列收,对于经营服务类收入要取之有道,用之合理,严格执行物价部门批准的收费项目和标准,依法履行纳税义务。

(4)坚持把社会效益放在首位,不能以营利为目的。事业单位围绕单位职能定位和事业发展目标计划组织的收入,必须有利于事业发展,有利于丰富人民群众的物质文化生活,有利于社会主义精神文明建设。同时,应按社会主义市场经济的一般规律办事,要讲求经济效益,但不能单纯追求经济效益而忽视社会效益。

(5)充分利用现有条件、现有设备积极组织收入,提高经费自给率和自我发展能力。随着国民经济和社会的发展,各项事业需要较快的发展,以满足人们不断增长的物质和文化生活的需要。因此,要使事业得到快速发展,除了财政部门给予支持外,还要按照市场经济的客观要求,充分利用现有的人才、技术、设备等条件,拓宽服务领域,依法开展各种气象科技服务,组织收入,不断扩大财源,增强自我发展能力。

(6)加强应缴资金的管理。对按照规定上缴国库或者财政专户的资金,应当按照国库集中收缴的有关规定及时足额上缴,不得隐瞒、滞留、截留、挪用和坐支。也不能直接作为本单位事业收入使用。

五、收入的确认和计量

《事业单位会计准则》(财政部 2012 年第 72 号令)第三十四条规定:"事业单位的收入一般应当在收到款项时予以确认,并按照实际收到的金额进行计量,采用权责发生制确认的收入,应当在提供服务或者发出存货,同时收讫价款或者取得索取价款的凭据时予以确认,并按照实际收到的金额或者有关凭据注明的金额进行计量。"

事业单位的收入通常采取收付实现制确认,当发生提供服务或者发出存货时可以采用权责发生制确认。但是单位不论采用哪种计价方式,应按照会计核算"一致性""可比性"原则,收入计价基础一经确定,不得随意变更。

六、正确划分各类收入的界限

(1)事业收入与经营收入的界限。事业收入确认要件为:开展专业业务活动及辅助活动所取得的,而经营收入确认要件为:专业业务活动及其辅助活动以外的,开展非独立核算经营活动取得。如单位收取的天气预报信息使用费应计入"事业收入",单位职工食堂(未独立核算)承办婚宴取得的收入则属于"经营收入"。

(2)经营收入与附属单位上缴收入的界限。经营收入是事业单位非独立核算单位开展经营活动或某些经营性项目获得的经济收入。附属单位上缴收入是附属独立核算事业单位或企业按规定上缴的收入。

(3)附属单位上缴收入与其他收入的界限。附属单位上缴收入是附属独立核算单位按规定上缴的收入,侧重于行政隶属关系,事业单位从附属企业获得属于投资收益性质的收入,应当作为投资收益计入其他收入。如×单位规定下属单位将收到的航危报收入的20%上交,对×单位来说该款项是“附属单位上缴收入”;×单位投资气象广告公司,约定将利润50%上交,对×单位来说该款项是“其他收入—投资收益”。

特别注意:附属单位返还事业单位在其事业支出中垫支的工资、水电费、房租、住房公积金和福利费等各种费用,应当冲减相应支出,不能作为附属单位缴款处理。

(4)财政补助收入与上级补助收入的界限。财政补助收入是从财政部门取得的财政性资金,上级补助收入是从主管部门和上级单位取得的非财政补助收入,两种资金性质不同。

(5)非税收入。非税收入是指除税收以外,由各级政府、国家机关、事业单位、代行政府职能的社会团体及其他组织依法利用政府权力、政府信誉、国家资源、国有资产或提供特定公共服务、准公共服务取得的财政性资金。

非税收入不是狭义上的不缴税的收入,而是国家从税收渠道外取得的收入。政府非税收入管理范围主要包括:行政事业性收费、政府性基金、彩票公益金、国有资源有偿使用收入、国有资产有偿使用收入、国有资本经营收益、罚没收入、以政府名义接受的捐赠收入、主管部门集中收入、政府财政资金产生的利息收入等。国家的行政、事业单位所取得的上述收入,虽然照章纳税,但资金性质仍属非税收入。

非税收入是政府财政收入的重要组成部分,是政府参与国民收入分配和再分配的一种形式。因此,在取得非税收入时,实质上是为国家代收款项,不应确认为本单位收入。《事业单位会计准则》(财政部2012年第72号令)第十五条规定:按照国家有关规定应当上缴国库或者财政专户的资金,不计入事业收入;从财政专户核拨给事业单位的资金和经核准不上缴国库或者财政专户的资金,计入事业收入。对非税收入管理的基本原则是纳入预算管理,实行“收支两条线”。

第二节 财政补助收入的核算

一、基本概念

为了核算事业单位从同级财政部门取得的各类财政拨款,应设置“财政补助收入”账户。该账户属于收入类账户。贷方登记实际收到的财政补助收入;借方登记财政补助收入的缴回数;平时该账户的贷方余额反映财政补助收入累计数。

二、财政补助收入科目明细核算要求

财政补助收入应当设置“基本支出”和“项目支出”两个明细科目;两个明细科目下按照《政府收支分类科目》中“支出功能分类”的相关科目进行明细核算;同时在“基本支出”明细科目下按照“人员经费”和“日常公用经费”进行明细核算,在“项目支出”明细科目下按照具体项目进行明细核算。

三、财政补助收入的核算

(一)实行国库集中支付单位的会计核算

1.财政直接支付方式下财政补助收入取得时的会计核算

采取财政直接支付的支出一般是大额的、重要的、经常性的支出,比如工资支出、工程采购支出、物品和服务采购支出等。在财政直接支付方式下,事业单位根据部门预算和用款计划,在需要财政部门支付资金时,向财政部门提出直接支付申请。财政部门审核无误后,通过财政零余额账户直接将款项支付给收款人,不支付给事业单位。

(1)收到财政直接支付拨款时会计核算。预算单位根据财政国库支付执行机构委托代理银行转来的《财政直接支付入账通知书》及原始凭证,按照通知书中的直接支付入账金额,借记有关科目,贷记本科目。

【例 4-1】2013 年 3 月 10 日某气象局收代理银行转来的《财政直接支付入账通知书》,购入一批办公用计算机,花费 200 000 元,从"基本支出"的气象事务气象事业机构经费中列支。应编制会计分录:

借:事业支出—基本支出—气象事务气象事业机构—其他资本性支出—办公设备购置　200 000

　贷:财政补助收入

　　—纳入国库集中支付—财政直接支付—气象事务气象事业机构　200 000

同时:

借:固定资产——般设备—微型(袖珍)电子计算机　200 000

　贷:非流动资产基金—固定资产　200 000

【例 4-2】2013 年 2 月 1 日某气象局收到财政部门委托代理银行转来财政直接支付通知书及其相关原始凭证,财政部门支付了在职人员工资 50 000 元,退休人员费用 20 000 元,应编制会计分录:

借:事业支出—基本支出—工资福利支出—基本工资—事业单位工资　50 000

　　　　—基本支出—对个人和家庭补助　20 000

　贷:应付职工薪酬—应付工资—在职人员　50 000

　　　　　—应付工资—退休人员　20 000

同时:

借:应付职工薪酬—应付工资—在职人员　50 000

　　　　—应付工资—退休人员　20 000

　贷:财政补助收入—纳入国库集中支付—财政直接支付

　　—基本支出—人员经费　50 000

　　　　—退休人员　20 000

(2)发生国库直接支付款项退回的会计核算

①属于以前年度支付的款项,按照退回金额,借记"财政应返还额度"科目,贷记"财政补助结转"、"财政补助结余"、"存货"等有关科目。

【例 4-3】某气象局 2012 年 12 月 20 日收到为环境评价项目定制价值 100 000 元的专用材料一批,材料款采用国库直接支付方式付清全款,12 月 22 日发现价值 5 000 元的材料质量存在问题,向供货商发出退货申请。供货商同意退货。2013 年 1 月 5 日货款退回国库,应编制会计分录：

借：财政应返还额度　5 000

　贷：存货—材料—××　5 000

②属于本年度支付的款项，按照退回金额，借记“财政补助收入”，按照取得时的明细科目，贷记“事业支出”、“存货”等有关科目。

【例 4-4】某气象局 2013 年 1 月 20 日收到为环境评价项目定制价值 100 000 元的专用材料一批，材料款采用国库直接支付方式付款，2013 年 1 月 25 日发现价值 5 000 元材料由于质量问题需要退货，1 月 26 日退回材料，应编制会计分录：

借：财政补助收入—纳入国库集中支付的财政补助收入—财政直接支付—项目支出财政拨款—环境评价　5 000

　贷：存货—材料—××　5 000

(3)期末年度预算指标数有剩余的会计核算

期末年度预算指标数有剩余时，根据本年度财政直接支付预算指标数与当年财政直接支付实际支出数的差额，借记“财政应返还额度—财政直接支付”科目，贷记“财政补助收入—财政直接支付”，次年使用财政应返还额度时，借记“事业支出”等科目，贷记“财政应返还额度—财政直接支付”科目。

【例 4-5】2012 年 12 月 20 日某气象局定制软件由于未达到交付标准，决定本年度不再支付费用 10 000 元，12 月 25 日年终结账时应编制会计分录：

借：财政应返还额度—纳入国库集中支付—财政直接支付—项目支出额度—××软件购置　10 000

　贷：财政补助收入—纳入国库集中支付—财政直接支付—项目支出—××软件购置　10 000

2013 年 4 月 10 日软件达到交付标准并通过专家论证，同意支付余款，应编制会计分录：

借：事业支出—项目支出—其他资本性支出—信息网络购建—软件购置及开发应用　10 000

　贷：财政应返还额度—纳入国库集中支付—财政直接支付—项目支出—××软件购置　10 000

同时：

借：无形资产—××软件　10 000

　贷：非流动资产基金—无形资产　10 000

2. 财政授权支付方式下财政补助收入取得时的核算

财政授权支付适用于未纳入财政直接支付的财政性资金和零星支出。在财政授权方式支付下，事业单位根据部门预算和用款计划，按规定时间和程序向财政部门申请财政授权支付用款额度。财政部门经审核无误后，将财政授权支付用款额度下达到事业单位零余额账户代理银行。

(1)收到财政拨款的会计核算。事业单位根据代理银行转来的《财政授权支付额度到账通知书》，按照通知书中的授权支付额度，借记“零余额账户用款额度”科目，贷记“财政补助收入—财政授权支付”。

【例 4-6】2013 年 1 月 30 日某市气象局收到代理银行送达的 2013 年 2 月财政授权支付到账通知书。2 月份的财政补助收入共计 50 000 元，其中：气象事业机构 40 000 元(其中项目支

出 10 000 元),气象探测 10 000 元(其中项目支出 5 000 元)。应编制会计分录:

借:零余额账户用款额度

—基本支出用款额度—气象事业机构 30 000

—气象探测 5 000

—项目支出用款额度—气象事业机构(×项目) 10 000

—气象探测(×项目) 5 000

贷:财政补助收入—纳入国库集中支付的财政补助收入-财政授权支付

—基本支出—气象事业机构 30 000

—气象探测 5 000

—项目支出—气象事业机构(×项目) 10 000

—气象探测(×项目) 5 000

(2)发生国库直接支付款项退回的会计核算

①属于以前年度支付的款项,按照退回金额,借记"零余额账户用款额度"科目,贷记"财政补助结转"、"财政补助结余"、"存货"等有关科目。

②属于本年度支付的款项,按照退回金额,借记"零余额账户用款额度"科目,贷记"事业支出"、"存货"等有关科目

(3)期末注销零余额账户用款额度的会计核算

年终,单位依据代理银行提供的对账单,注销未使用的零余额额度,借记"财政应返还额度",贷记"零余额账户用款额度"。

【例 4-7】2012 年 12 月 31 日某气象局累计未支用项目支出额度 4 000 元被注销,其中气象事业机构 3 000 元,气象探测 1 000 元。应编制会计分录:

借:财政应返还额度—财政授权支付—项目支出额度

—气象事业机构(××项目) 3 000

—气象探测(××项目) 1 000

贷:零余额账户用款额度—项目支出用款额度

—气象事业机构(××项目) 3 000

—气象探测(××项目) 1 000

(4)期末已下达预算指标但未下达零余额额度的会计核算。

如果本年度财政授权支付预算指标数大于零余额账户用款额度下达数,应按照未下达的零余额额度,借记"财政应返还额度—财政授权支付",贷记"财政补助收入—财政授权支付"。

【例 4-8】某气象局本年度财政授权支付项目预算指标数 300 000 元,零余额账户实际收到的用款额度 280 000 元,年末未下达项目支出补助的用款额度 20 000 元,12 月 31 日应编制会计分录:

借:财政应返还额度—纳入国库集中支付的财政补助收入—财政授权支付—项目支出额度

20 000

贷:财政补助收入—纳入国库集中支付的财政补助收入—项目支出 20 000

下一年度收到财政部门批复的上年末未下达的零余额账户用款额度时:

借:零余额账户用款额度—项目支出用款额度 20 000

贷:财政应返还额度—财政授权支付—项目支出额度 20 000

（二）未实行国库集中支付单位的会计核算

事业单位根据代理银行转来的银行进账通知单，按照通知上记载的金额，借记“银行存款”科目，贷记“财政补助收入－未纳入国库集中支付的财政补助收入”。

【例 4-9】某气象局单位尚未实行国库集中收付制度。2013 年 3 月 7 日，该单位收到开户银行转来财政部门拨入 3 月日常事业活动经费 25 000 元的到账通知。应编制会计分录：

借：银行存款　25 000

　贷：财政补助收入—未纳入国库集中支付的财政补助收入—基本支出财政拨款—日常公用经费　25 000

（三）其他方式的会计核算

实际收到财政补助收入时，按照实际收到的金额，借记“银行存款”等科目，贷记本科目。

四、财政补助收入的期末会计核算

期末将本期发生额转入财政补助结转，借记本科目，贷记“财政补助结转”科目。期末结账后，本科目应无余额。

财政补助收入年终结转

<table>
<tr><th>内　容</th><th>借</th><th>贷</th></tr>
<tr><td>结转财政直接支付累计发生额</td><td>财政补助收入—纳入国库集中支付的财政补助收入—财政直接支付</td><td rowspan="3">财政补助结转—当年财政补助结转</td></tr>
<tr><td>结转财政授权支付累计发生额</td><td>财政补助收入－纳入国库集中支付的财政补助收入－财政授权支付</td></tr>
<tr><td>结转未纳入国库集中支付的财政补助收入</td><td>财政补助收入－未纳入国库集中支付的财政补助收入</td></tr>
</table>

【例 4-10】某气象局 2012 年 12 月 30 日财政补助收入账面情况如下：

<table>
<tr><th>年末借方余额</th><th colspan="3">年末贷方余额</th></tr>
<tr><td rowspan="3"></td><td rowspan="3">财政补助收入—纳入国库集中支付的财政补助收入—财政直接支付</td><td rowspan="2">基本支出补助</td><td>人员经费 20 万元</td></tr>
<tr><td>公用经费 30 万元</td></tr>
<tr><td colspan="2">项目支出补助 50 万元</td></tr>
<tr><td rowspan="3"></td><td rowspan="3">财政补助收入—纳入国库集中支付的财政补助收入—财政授权支付</td><td rowspan="2">基本支出补助</td><td>人员经费 10 万元</td></tr>
<tr><td>公用经费 10 万元</td></tr>
<tr><td colspan="2">项目支出补助 30 万元</td></tr>
<tr><td rowspan="2"></td><td rowspan="2">财政补助收入—未纳入国库集中支付的财政补助收入</td><td colspan="2">基本支出补助 0 万元</td></tr>
<tr><td colspan="2">项目支出补助 5 万元</td></tr>
<tr><td>合计 0</td><td colspan="3">合计 155 万元</td></tr>
</table>

该气象局应进行如下账务处理：

借：财政补助收入—纳入国库集中支付的财政补助收入—财政直接支付—基本支出补

助—人员经费 200 000
—公用经费 300 000
—项目支出补助 500 000
—纳入国库集中支付的财政补助收入—财政授权支付
—基本支出补助—人员经费 100 000
—公用经费 100 000
—项目支出补助 300 000
—未纳入国库集中支付的财政补助收入
—项目支出补助 50 000

贷:财政补助结转
—当年财政补助结转—基本支出结转 700 000
—当年财政补助结转—项目支出结转 850 000

第三节 事业收入的核算

一、基本概念

为核算事业单位开展专业业务活动及其辅助活动取得的收入。应设置“事业收入”科目,该账户属于收入类账户。贷方登记实际收到的事业收入;借方登记收入退回数;平时该账户的贷方余额反应事业收入累计数。

二、事业收入科目明细核算要求

事业收入按照事业收入类别、项目、《政府收支分类科目》中“支出功能分类”相关科目等进行明细核算。事业收入中如有专项资金收入,还应按具体项目进行明细核算。

三、事业收入科目的核算

(一)采用财政专户返还方式管理的事业收入

收到应上缴财政专户的事业收入时,按照收到的款项金额,借记“银行存款”、“库存现金”等科目,贷记“应缴财政专户款”科目。向财政专户上缴款项时,按照实际上缴的款项金额,借记“应缴财政专户款”科目,贷记“银行存款”等科目。收到从财政专户返还的事业收入时,按照实际收到的返还金额,借记“银行存款”等科目,贷记本科目。

目前,气象部门只有学校的学费、住宿费采用财政专户返还方式管理。其他事业收入项目按照主管部门和财政部门核定的方式管理。

【例 4-11】某气象学校 2013 年 3 月 1 日收到学生 2012 年第一学期的学费 50 000 元、住宿费 20 000 元。应编制会计分录:

借:银行存款—基本账户存款 70 000
贷:应缴财政专户款 70 000

2013 年 3 月 2 日某气象学校将学费、住宿费缴入财政专户。

借:应缴财政专户款　70 000

　贷:银行存款—基本账户存款　70 000

2013 年 5 月 10 日某气象学校收到从中央财政专户核拨返还的学费、住宿费 63 000 元。

借:银行存款—基本账户存款　63 000

　贷:事业收入一财政专户返还收入　63 000

(二)其他事业收入

收到事业收入时,按照收到的款项金额,借记“银行存款”、“库存现金”等科目,贷记本科目。涉及增值税业务的单位取得收入时,应按实际收到款项借记“银行存款”、“库存现金”,按不含税销售额贷记本科目,按应缴增值税金额贷记“应缴税费”。

【例 4-12】某气象局 2012 年 5 月收到防雷检测费 100 000 元,应编制会计分录:

借:银行存款—基本账户存款　100 000

　贷:事业收入—其他　100 000

如某气象局属于营业税改增值税单位且为小规模纳税人,则应编制会计分录:

借:银行存款—基本账户存款　100 000

　贷:事业收入—其他　(100 000÷(1+3%)=97 087)　97 087

　　应缴税费—应缴增值税　(100 000−97 087=2 913)　2 913

如某气象局属于营业税改增值税单位且为一般纳税人,则应编制会计分录:

借:银行存款—基本账户存款　100 000 元

　贷:事业收入—其他　(100 000÷(1+17%)=85 470)　85 470

　　应缴税费—应缴增值税—销项税额　(100 000−85 470=14 530)　14530

四、事业收入科目的期末会计核算

期末将本科目本期发生额中的专项资金收入结转入非财政补助结转,借记本科目下各专项资金收入明细科目,贷记“非财政补助结转”科目;将本科目本期发生额中的非专项资金收入结转入事业结余,借记本科目下各非专项资金收入明细科目,贷记“事业结余”科目。期末结账后,本科目应无余额。

事业收入年终结转

内容	借	贷
结转专项资金收入累计发生额	事业收入—专项资金收入	非财政补助结转—拨入专款结转
结转非专项资金收入累计发生额	事业收入—非专项资金收入	事业结余

第四节　上级补助收入的核算

一、基本概念

为核算事业单位从主管部门和上级单位取得的非财政补助收入。应设置“上级补助收入”科目,该账户属于收入类账户。贷方登记实际收到的上级补助收入;借方登记收入退回数;平时该账户的贷方余额反映上级补助收入累计数。年终结账时,将该账户的贷方余额根据资金性质转入“非财政补助结转”或“事业结余”账户。

二、上级补助收入科目明细核算要求

上级补助收入应当按照发放补助单位、补助项目、《政府收支分类科目》中“支出功能分类”相关科目等进行明细核算。上级补助收入中如有专项资金收入,还应按具体专项资金收入明细项目进行明细核算

三、上级补助收入科目的核算

收到上级补助收入时,按照实际收到的金额,借记“银行存款”等科目,贷记本科目。发生退回时,按退回金额借记本科目,贷记“银行存款”等科目。

【例 4-13】某气象局于 2012 年 3 月 23 日收到上级补助收入 40 000 元,其中:专项资金收入 25 000 元,非专项资金收入 15 000 元,应编制会计分录:

借:银行存款—基本账户存款	40 000	
贷:上级补助收入—专项资金收入		25 000
—非专项资金收入		15 000

【例 4-14】5 月 10 日某县气象局缴回市气象局多拨的非财政补助资金 10 000 元。应编制会计分录:

借:上级补助收入—非专项资金收入	10 000	
贷:银行存款—基本账户存款		10 000

四、上级补助收入科目的期末会计核算

期末将本科目本期发生额中的专项资金收入结转入非财政补助结转,借记本科目下各专项资金收入明细科目,贷记“非财政补助结转”科目;将本科目本期发生额中的非专项资金收入结转入事业结余,借记本科目下各非专项资金收入明细科目,贷记“事业结余”科目。期末结账后,本科目应无余额。

上级补助收入年终结转

内容	借	贷
结转专项资金收入累计发生额	上级补助收入—专项资金收入	非财政补助结转—拨入专款结转
结转非专项资金收入累计发生额	上级补助收入—非专项资金收入	事业结余

第五节　附属单位上缴收入的核算

一、基本概念

为核算事业单位附属独立核算单位按照有关规定上缴的收入,应设置“附属单位上缴收入”科目,该账户属于收入类账户。贷方登记实际收到的附属单位上缴收入;借方登记收入退

回数;平时该账户的贷方余额反应附属单位上缴收入累计数。

二、附属单位上缴收入科目明细核算要求

附属单位上缴收入应当按照附属单位、缴款项目、《政府收支分类科目》中“支出功能分类”相关科目等进行明细核算。附属单位上缴收入中如有专项资金,还应按具体项目进行明细核算。

三、附属单位上缴收入的日常会计核算

(1)收到附属单位缴来款项时,按照实际收到金额,借记“银行存款”等科目,贷记本科目。

【例 4-15】市气象局 2012 年 5 月 10 日收到下属×事业单位上交技术研发费 30 000 元,下属×企业上缴款管理费 20 000 元,应编制会计分录:

借:银行存款—基本账户存款　　50 000

　贷:附属单位上缴收入

　　　—附属事业单位上缴收入—专项资金收入—×单位　　30 000

　　　—附属企业上缴收入—非专项资金收入—×公司　　20 000

(2)附属单位上缴收入期末会计核算,期末将本科目本期发生额中的专项资金收入结转入非财政补助结转,借记本科目下各专项资金收入明细科目,贷记“非财政补助结转”科目;将本科目本期发生额中的非专项资金收入结转入事业结余,借记本科目下各非专项资金收入明细科目,贷记“事业结余”科目。期末结账后,本科目应无余额。

附属单位上缴收入年终结转

内容	借	贷
结转专项资金收入累计发生额	附属单位上缴收入—专项资金收入	非财政补助结转—拨入专款结转
结转非专项资金收入累计发生额	附属单位上缴收入—非专项资金收入	事业结余

第六节 经营收入的核算

一、基本概念

为核算事业单位在专业业务活动及其辅助活动之外开展非独立核算经营活动取得的收入,应设置“经营收入”科目,该账户属于收入类账户。贷方登记实际收到的经营收入;借方登记收入退回数;平时该账户的贷方余额反映经营收入累计数。

二、经营收入科目明细核算要求

经营收入应当按照经营活动类别、项目、《政府收支分类科目》中“支出功能分类”相关科目等进行明细核算。

三、经营收入科目的核算

(一)经营收入取得的会计核算

1.采用“收付实现制”为计价基础

应按实际收到款项借记“银行存款”、“库存现金”,贷记本科目。如涉及增值税,应按实际收到款项借记“银行存款”、“库存现金” 等科目,按不含税销售额贷记本科目,按应缴增值税金额贷记“应缴税费”。

【例 4-16】某气象局 2012 年 11 月 10 日与星辉加油站签订防雷服务合同,服务费共计 100 000元,项目于 2012 年 12 月 20 日结束,2013 年 2 月 10 日收到款项。2013 年 2 月 10 日应编制会计分录:

借:银行存款—基本账户存款　　100 000
　贷:经营收入—防雷技术服务费　　100 000

如某气象局属于营业税改增值税单位且为小规模纳税人,应编制会计分录:

借:银行存款—基本账户存款　　100 000
　贷:经营收入—防雷技术服务费　　97 087
　　应缴税费—应缴增值税　　2 913

2.采用“权责发生制”为计价基础

按照确定应收的金额,借记“银行存款”、“应收账款”、“应收票据”等科目,贷记本科目。如涉及增值税,应按实际收到款项借记“银行存款”、“应收账款”、“应收票据”等科目,按不含税销售额贷记本科目,按应缴增值税金额贷记“应缴税费”科目。

(1)取得的收入为营业税应税项目

按照实际收到或确定应收的金额,借记“银行存款”、“应收账款”、“应收票据”等科目,贷记本科目。

【例 4-17】某气象局 2012 年 11 月 10 日收到农业局交来的 2012 年 11 月至 2013 年 10 月的农业气象资料服务费用 120 000 元,已存银行。2012 年 11 月 10 日应编制会计分录:

借:银行存款—基本账户存款　　120 000
　贷:经营收入—气象资料服务　　10 000(12 万÷12 个月=1 万元/月)
　　预收账款—农业局　　110 000(12 万元-1 万元=11 万元)

2012 年 12 月—2013 年 10 月每月应编制会计分录:

借:预收账款—农业局　　10 000
　贷:经营收入—气象资料服务　　10 000

(2)取得的收入为增值税应税项目

①小规模纳税人按实际出售价款,借记“银行存款”、“应收账款”、“应收票据”等科目,按出售价款扣除增值税额后的金额,贷记本科目,按应缴增值税金额,贷记“应缴税费—应缴增值税”科目。

《中华人民共和国增值税暂行条例》第十一条规定:“小规模纳税人销售货物或者应税劳务,实行按照销售额和征收率计算应纳税额的简易办法,并不得抵扣进项税额。”小规模纳税人应缴增值税一般不再按进、销项进行明细核算。

【例 4-18】×单位为小规模纳税人(适用增值税率为 3%),2012 年 5 月 10 日对外销售避雷器 100 件,每件售价 2 000 元(含税),购货单位以支票付款,该事业单位已将提货单的发票联交给购货单位，2012 年 5 月应编制会计分录：

借：银行存款—基本账户存款 200 000

贷：经营收入—其他 194 175

应缴税费—应缴增值税 5 825

同时按照避雷器的生产成本 1 200 元/台：

借：经营支出—其他 120 000

贷：存货—产成品—避雷器 120 000

②一般纳税人按包含增值税的价款总额，借记“银行存款”、“应收账款”、“应收票据”等科目，按扣除增值税销项税额后的价款金额，贷记本科目，按增值税专用发票上注明的增值税金额，贷记“应缴税费—应缴增值税—销项税额”科目。

【例 4-19】×单位为一般纳税人（适用增值税率为 17%），2012 年 5 月 10 日对外销售避雷器 100 件，每件售价 2 000 元，购货单位已付款，该事业单位已将提货单的发票联交给购货单位，2012 年 5 月应编制会计分录：

借：银行存款—基本账户存款 200 000

贷：经营收入—其他 170 940

应缴税费—应缴增值税—销项税额 29 060

同时按照避雷器的生产成本 1 200 元/台：

借：经营支出—其他 120 000

贷：存货—产成品—避雷器 120 000

（二）经营收入退回的会计核算

对已经确认的经营收入发生退回，不论属于本年度还是以前年度，应当在发生时冲减当期经营收入。

【例 4-20】2013 年 4 月 10 日×单位 2012 年销售的避雷器由于质量问题退货 10 000 元，4 月10 日某气象局依据产品入库单等资料，应编制会计分录：

借：经营收入 9 709

应交税金—增值税 291

贷：银行存款—基本账户存款 10 000

四、经营收入科目期末会计核算

期末将本科目本期发生额转入经营结余，借记本科目，贷记“经营结余”科目。期末结账后，本科目应无余额。

经营收入年终结转

内容	借	贷
结转经营收入累计发生额	经营收入—（包含各明细）	经营结余

第七节　其他收入的核算

一、基本概念

为核算事业单位在除财政补助收入、事业收入、上级补助收入、附属单位上缴收入、经营收入以外取得的各项收入，应设置“其他收入”科目，该账户属于收入类账户。贷方登记实际收到的其他收入；借方登记收入退回数；平时该账户的贷方余额反映其他收入累计数。

其他收入包括非本级财政拨款收入、投资收益、银行存款利息收入、固定资产出租收入、捐赠收入、横向课题费、现金盘盈收入、存货盘盈收入、收回已核销应收及预付款项、无法偿付的应付及预收款项等 。

二、其他收入科目明细核算要求

其他收入应当按照其他收入的类别、《政府收支分类科目》中“支出功能分类”相关科目等进行明细核算。对于事业单位对外投资实现的投资净损益，应单设“投资收益”明细科目进行核算；其他收入中如有专项资金收入（如限定用途的捐赠收入），还应按具体项目进行明细核算。

三、其他收入取得的核算

其他收入按实际收到款项借记“银行存款”、“零余额账户用款额度”、“库存现金”、“存货”等科目，贷记本科目。

(1)收到非同级财政部门拨款，按照实际收到金额，借记“银行存款”、“零余额账户用款额度”等科目，贷记本科目。

【例 4-21】某气象局 2013 年 5 月 10 日收到财政厅拨来抗旱补助经费 500 000 元，应编制会计分录：

借：银行存款（或零余额账户用款额度）　　500 000

　贷：其他收入—地方财政补助收入—抗旱专项补助—专项资金收入　　500 000

【例 4-22】某气象局为二级预算单位，2013 年 5 月 10 日收到省财政厅拨来人影专项经费 1 000 000元，其中省级 300 000 元，市县级 700 000 元，应编制会计分录：

借：银行存款（或零余额账户用款额度）　　1 000 000

　贷：其他收入—地方财政补助收入—人影专项补助—专项资金收入　　300 000

　　其他应付款—内部单位往来　　700 000

2013 年 5 月 20 日将款项拨付市局应编制会计分录：

借：其他应付款—内部单位往来　　700 000

　贷：银行存款（或零余额账户用款额度）　　700 000

各三级预算单位应按照实际收到金额编制会计分录：

借：银行存款—基本账户存款　　（实际收到金额）

　贷：其他收入—地方财政补助收入—人影专项补助—专项资金收入　　（实际收到金额）

(2)投资收益

①对外投资在持有期间收到利息、利润等时,按实际收到的金额,借记“银行存款”等科目,贷记本科目(投资收益)。

【例4-23】某气象局2011年5月10日使用自有固定资产200 000元投资开办气象咨询公司,2013年1月10日收到咨询公司分得2012年利润10 000元,2013年1月10日应编制会计分录:

借:银行存款—基本账户存款 10 000

贷:其他收入—投资收益—企业投资—非专项资金收入 10 000

②出售或到期收回国债投资本息,按照实际收到的金额,借记“银行存款”等科目,按照出售或收回国债投资的成本,贷记“短期投资”、“长期投资”科目,按其差额,贷记本科目。

【例4-24】某气象局2010年5月10日使用自有非财政资金购买国债50 000元,2013年5月9日到期,收到本息59 000元,2013年5月9日应编制会计分录:

借:银行存款—基本账户存款 59 000

贷:长期投资—债券投资 50 000

其他收入—投资收益—国债—非专项资金收入 9 000

同时按照投资成本金额:

借:非流动资产基金—长期投资 50 000

贷:事业基金—收回长期投资转入 50 000

3.银行存款利息收入、租金收入。收到银行存款利息、资产承租人支付的租金,按照实际收到的金额,借记“银行存款”等科目,贷记本科目。

【例4-25】某气象局2010年4月1日收到银行基本账户第一季度存款利息2 000元,应编制会计分录:

借:银行存款—基本账户存款 2 000

贷:其他收入—利息收入—非专项资金收入 2 000

【例4-26】某气象局2013年5月10日收到服务器使用费50 000元,应编制会计分录:

借:银行存款—基本账户存款 50 000

贷:其他收入—固定资产出租收入—非专项资金收入 50 000

(4)捐赠收入。本科目用于核算接受捐赠现金、存货等流动性资产,接受捐赠固定资产、无形资产等非流动资产,不通过本科目核算。

①接受捐赠现金资产,按照实际收到的金额,借记“银行存款”等科目,贷记本科目。

【例4-27】某气象局2013年5月20日收到×院校捐赠现金10 000元,用于支持×科研项目研发工作,应编制会计分录:

借:库存现金—非零余额现金 10 000

贷:其他收入—捐赠收入—其他捐赠收入—专项资金收入 10 000

②接受捐赠为存货,按照确定的成本,借记“存货”科目,按照发生的相关税费、运输费等,贷记“银行存款”等科目,按照其差额,贷记本科目。

【例4-28】某气象局2013年5月20日收到××院校捐赠的专用材料一批,价值20 000元,材料已交付并验收入库。发生运费1 500元,应编制会计分录:

借:存货—材料 21 500

贷:其他收入—捐赠收入—其他捐赠收入—专项资金收入 20 000

银行存款—基本账户存款 1 500

(5)现金盘盈收入。现金账款核对中如发现现金溢余,属于无法查明原因的部分,借记“库存现金”科目,贷记本科目。

【例 4-29】某气象局 2013 年 4 月 30 日清点现金时发现长款 1 000 元,原因不明,4 月 30 日应编制会计分录:

借:库存现金—非零余额现金 1 000

贷:其他收入—现金盘盈收入 1 000

5 月 10 日查清长款原因为××单位交来气象资料费未记账,5 月 10 日应编制会计分录:

借:其他收入—现金盘盈收入 1 000

贷:经营收入—气象资料服务 1 000

(6)收到横向课题费,按照实际收到金额,借记“银行存款”科目,贷记本科目。

【例 4-30】某气象局 2013 年 5 月收到×公司气候环境评价科研课题项目资金 300 000 元,应编制会计分录:

借:银行存款—基本账户存款 300 000

贷:其他收入—横向课题费 300 000

(7)盘盈的存货收入,按照确定的入账价值,借记“存货”科目,贷记本科目。

(8)收回已核销应收及预付款项时,按照实际收回的金额,借记“银行存款”等科目,贷记本科目。

【例 4-31】某气象局 2013 年 4 月 30 日收回 2000 年核销的应收气象资料费 30 000 元,4 月 30 日应编制会计分录:

借:银行存款—基本账户存款 30 000

贷:其他收入—收回已核销应收及预付款项 30 000

同时在备查账簿中将该项应收款项核销。

(9)核销无法偿付或债权人豁免偿还的应付账款、预收账款、其他应付款及长期应付款时,借记“应付账款”、“预收账款”、“其他应付款”、“长期应付款”等科目,贷记本科目。

【例 4-32】某气象局 2007 年 4 月 30 日从××公司购入设备一批,总价 100 000 元,因设备未达到使用要求,剩余 50 000 元未支付,2012 年年底清理往来账务时发现,该公司已注销工商登记,应编制会计分录:

借:应付账款—××公司 50 000

贷:其他收入—无法偿付的应付及预收款项 50 000

同时在备查账簿中登记该应付账款。

四、其他收入科目期末会计核算

期末将本科目本期发生额中的专项资金收入结转入非财政补助结转,借记本科目下各专项资金收入明细科目,贷记“非财政补助结转”科目;将本科目本期发生额中的非专项资金收入结转入事业结余,借记本科目下各非专项资金收入明细科目,贷记“事业结余”科目。期末结账后,本科目应无余额。

其他收入年终结转

<table>
<tr><th>内容</th><th>借</th><th colspan="2">贷</th></tr>
<tr><td rowspan="2">结转专项资金收入
累计发生额</td><td rowspan="2">其他收入—
专项资金收入</td><td rowspan="2">非财政补助结转—
拨入专款结转</td><td>地方财政补助结转</td></tr>
<tr><td>拨入专款结转</td></tr>
<tr><td>结转非专项资金收入
累计发生额</td><td>其他收入—
非专项资金收入</td><td colspan="2">事业结余</td></tr>
</table>

第五章　支　出

事业单位的支出是指事业单位开展业务及其他活动发生的资金耗费和损失，包括事业支出、上缴上级支出、对附属单位补助支出、经营支出和其他支出等。

第一节　支出的概述

支出是事业单位经济活动和财务管理的重要内容，是事业单位会计的主要核算对象，也是财政部门和上级单位考核单位支出预算执行情况的依据。因此，对事业单位的支出要加强管理，严格执行国家有关财务规章制度规定的支出范围和支出标准，认真组织核算，提高资金的使用效益。

一、支出的确认条件

事业单位的支出必须同时满足以下两个条件：

(1)确认支出的同时，也要确认资产的减少或负债的增加。

减少资产通常表现为库存现金、银行存款、零余额账户用款额度等资产项目的减少；增加负债通常表现为其他应付款、应付职工薪酬、应缴税费等负债项目的增加。如果支出减少的不是一种实实在在的资产，或增加的不是一种实际意义的负债，而仅是一种意向，那么它就不能作为一项支出予以确认。

(2)能够可靠地加以计量。

支出可加以计量，是指支出依赖减少的资产金额或增加的负债金额来计量，实际上就是如何对减少的资产或增加的负债进行计价的问题。

事业单位的支出一般应当在实际支付时予以确认，并按照实际支付金额进行计量；采用权责发生制确认的支出，应当在其发生时予以确认，并按照实际发生额进行计量(采用权责发生制核算的，由财政部在会计制度中规定)。

二、支出的分类

事业单位的支出范围广、类型多，对支出进行科学合理的分类，是事业单位支出管理的基础。事业单位支出的分类方法有多种，可以按支出的经济性质分，也可以按支出的类型分。气象部门的支出分类主要是结合事业单位的特点，根据支出的性质和特点，划分为事业支出、上缴上级支出、对附属单位补助支出、经营支出和其他支出。

(一)事业支出

事业支出是指事业单位开展专业业务活动及其辅助活动发生的基本支出和项目支出。

(1)事业支出是事业单位的主体支出。只要是事业单位开展专业业务活动及其辅助活动发生的支出,都属于事业支出管理的范畴。

(2)事业支出分为基本支出和项目支出两个部分。基本支出是指事业单位为了保障其正常运转、完成日常工作任务而发生的人员支出和公用支出;项目支出是指事业单位为了完成特定工作任务和事业发展目标,在基本支出之外所发生的支出。

(3)事业支出包括了通过财政补助收入、事业收入、上级补助收入、附属单位上缴收入、其他收入安排的用于事业发展的支出。因此,事业支出与事业收入不存在配比关系,事业收入只是安排事业支出的来源之一。

(二)上缴上级支出

上缴上级支出是指事业单位按照财政部门和主管部门的规定上缴上级单位的支出。

(三)对附属单位补助支出

对附属单位补助支出是指事业单位用财政补助收入之外的收入对附属独立核算的单位补助发生的支出。

(四)经营支出

经营支出是指事业单位在专业活动及其辅助活动之外开展非独立核算活动发生的支出。

(1)经营支出反映的是事业单位非独立核算的经营活动发生的全部支出,对于独立核算的经营活动,应当按照企业财务制度单独进行核算。

(2)经营支出与经营收入要配比。

(五)其他支出

其他支出是指事业单位在上述规定范围以外的各项支出,包括利息支出、捐赠支出等。

三、新旧制度支出分类的比较

表 5-1　新旧制度支出分类对比

旧制度会计科目编号及名称	新制度会计科目编号及名称	说　明
504 事业支出	5001 事业支出	概念及内容进行了修改
516 上缴上级支出	5101 上缴上级支出	强调财政部门的作用
517 对附属单位补助	5201 对附属单位补助支出	除了科目名称改变外,其他不变
505 经营支出	5301 经营支出	基本不变
512 销售税金		取消,并入事业支出或经营支出
501 拨出经费		取消,通过其他应付款核算
502 拨出专款		取消,通过其他应付款核算
503 专款支出		取消,并入事业支出
520 结转自筹基建		取消,并入事业支出或经营支出
	5401 其他支出	新增

(1)事业支出的概念及内容根据政府预算管理的要求进行了修改，即事业支出分为基本支出和项目支出，并分别规定了其支出范围；另外，还根据政府收支分类改革以及全面反映事业单位所有财务活动的要求，把基本建设支出、社会保障支出、住房改革支出等纳入事业支出范畴。

(2)为了增强事业单位本身的发展能力，对于非财政补助收入大于支出较多的事业单位，可以实行收入上缴办法，具体办法由财政部门会同主管部门制定。因此，上缴上级支出不能由上级单位或主管部门随意确定，强调财政部门的作用。

(3)取消了销售税金，开展专业业务活动和辅助活动或经营活动发生的税费也属于支出的一部分，因而并入事业支出或经营支出。

(4)根据政府收支分类改革以及国库集中收付制度改革的要求，取消了拨出经费、拨出专款、专款支出和结转自筹基建。对于转拨下属未实行国库集中支付制度改革的单位的财政预算经费，通过其他应付款科目核算；把原来属于专款支出的核算内容纳入了事业支出的核算范畴，对于结转自筹基建的支出，则纳入事业支出或经营支出核算。

(5)其他支出是新增设的一类支出，主要是考虑事业单位的实际支出内容以及核算的实际情况，例如利息支出、捐赠支出等，原来没有明确列支渠道，实际核算中的处理多种多样。增设其他支出后，可以全面反映事业单位的所有支出，满足事业单位支出管理的实际需要。

四、支出的总体列报口径

(1)对于发放给个人的工资、津贴、补贴、抚恤金、劳务费、奖励金、加班费、各项补助费等，必须根据实际发放的人数和金额，并通过履行审批手续后的凭证列报支出。

(2)职工福利费和工会经费，按照规定的标准和实有人数每月计算提取数，或以实际支出数直接列报支出。

(3)修购基金按照规定的方法和比例每月计算提取数，直接列报支出。

(4)购入固定资产，经验收合格后列报支出，涉及政府采购品目的，还应提供相应的政府采购合同。

(5)购入大批量的办公用品、材料、达不到固定资产标准的低值易耗品、气象仪器备(配)件等，原则上要通过“存货”科目进行核算，在领用时列报支出。但对于少量的、很快消耗掉的物品可直接列报支出。涉及政府采购品目的，还应提供相应的政府采购合同。

(6)上缴上级支出和对附属单位补助支出，凭主管部门、上级单位等文件和资金支付凭证列报支出。

(7)支付银行借款利息，凭银行借款合同(协议)和资金支付凭证列报支出。

(8)对外捐赠现金资产和存货，凭相关的文件、证明、收据等和资金支付凭证列报支出。

(9)现金盘亏损失、资产处置损失，凭经批准的文件、材料等列报支出。

(10)其他各项费用，均以实际报销数列报支出。

五、支出管理的要求

(一)对各项支出进行合理分类

各类支出的性质和作用是不同的，因而管理的要求也不尽相同。

(1)事业单位应当根据依法取得的财政补助收入、事业收入、上级补助收入、附属单位上缴收入和其他收入等按规定合理安排事业支出，财政补助收入不得用于经营支出。

(2)事业单位要注意保持合理的支出结构,优先保障基本支出的需要,根据轻重缓急和财力可能妥善安排项目支出,同时,要按照国家关于"三公"经费方面的有关规定,严格控制"三公"经费支出,把资金尽可能多的用于事业发展。

(3)经营支出必须与经营收入配比,要正确归集经营支出费用,不能把经营支出列入事业支出,在事业支出中统一开支而又难以划清的费用,要按规定的比例分摊,等等,并与同期取得的经营收入对应计算,从而反映出事业单位开展非独立核算经营活动所取得的经营收益的真实情况。

(4)对附属单位补助支出是事业单位用财政补助收入之外的收入对附属单位补助发生的支出,它并不是本单位的正常支出,而是具有调剂性质的支出,这里所说的附属单位是指事业单位所属独立核算的单位。

(5)上缴上级支出必须由财政部门会同主管部门确定,实行收入上缴是有条件的,即是少数事业单位非财政补助收入较多,而且超过其正常支出也比较多,才可以按照财政部门和主管部门的规定实行收入上缴办法。一般情况下,事业单位收入数量有限,且不够稳定,其收入主要用于本单位事业发展,通常是不实行收入上缴办法的。上缴上级支出也不是本单位的正常支出,而是具有调剂性质的支出。

(6)其他支出必须按规定的开支范围从严控制,列支的项目和内容必须详实,严格审核,不得随意列支。

(二)严格执行国家财务规章制度

事业单位不得擅自超越国家规定的开支范围和开支标准列支相关经费,对于国家有关财务规章制度没有统一规定的,事业单位可以结合实际、根据国家的法律和政策制定,报主管部门和财政部门备案后才能执行;对于违反法律制度和国家政策的,主管部门和财政部门应当责令其改正。

(三)严格专项资金管理

事业单位从财政部门和主管部门取得的有指定项目和用途的专项资金,应当专款专用、单独核算,并按照规定向财政部门或者主管部门报送专项资金使用情况;项目完成后,应当报送专项资金支出决算和使用效果的书面报告,接受财政部门或者主管部门的检查、验收。

(四)加强支出预算管理

(1)事业单位的所有支出必须全部纳入单位预算,也就是说,各项支出必须有预算,没有预算的支出就不允许列支。

(2)事业单位必须建立健全支出管理制度,杜绝支出管理的随意性。制定的支出管理制度,应当依据国家有关规定,符合本单位的实际情况。

(五)严格执行国库集中支付制度和政府采购制度等有关规定

实行国库集中支付制度和政府采购制度是财政支出改革的重要内容。通过财政直接支付和财政授权支付两种方式,可以大幅度减少支付环节,有效解决预算单位银行账户管理混乱的问题;通过政府采购,可以消除分散采购中的腐败现象,节约财政资金,有利于政府宏观调控。

(六)加强支出的绩效管理

支出绩效管理是当前财政改革的一项重要内容,事业单位是公共服务的主要载体,其资金支出的效益关系到其提供公共服务的质量,关系到能否满足人民群众对公共服务的需要。事业单位的各项支出要有明确的目标，支出形成的结果要对照目标进行绩效评价，以促进事业单位增强效益观念，以合理的支出提供更多更好的公共服务。

(七)加强各类票据管理

各类票据是事业单位会计核算、账务处理等财务管理工作中的重要依据，也是各项支出列支的依据，因此需要确保票据来源合法，列示的所有内容真实，坚决杜绝使用虚假票据。

第二节　事业支出的核算

事业支出是事业单位支出的主要内容，也是事业单位会计核算反映和监督的主要对象，它是考核事业成果和资金使用效益的依据。

一、事业支出的分类

事业单位根据财政补助收入、上级补助收入、事业收入、附属单位上缴收入和其他收入等统筹安排事业支出，可见，除经营收入外的所有收入都可用于事业支出。

(一)事业支出的分类

1.按支出性质划分

事业支出是指事业单位开展专业业务活动及其辅助活动所发生的基本支出和项目支出。因此，事业支出按支出性质可以划分为基本支出和项目支出。

2.按支出的资金来源划分

事业支出包括了通过财政补助收入、事业收入、上级补助收入、附属单位上缴收入、其他收入安排的用于事业发展的支出。因此，事业支出按其资金来源可以划分为财政补助支出、非财政专项资金支出和其他资金支出。

3.按支出内容和方向划分

事业支出包括了用于人员方面的支出、日常维持机构运转的公用方面的支出、购置办公设备等方面的支出。因此，事业支出按支出内容和方向可以划分为人员支出、商品和服务支出、其他资本性支出等。

(二)政府收支分类

为了准确核算和完整反映事业支出，首先要了解政府收支分类的内容，它是核算事业支出的前提条件。

财政部为完整、准确地反映政府收支活动，进一步规范预算管理、强化预算监督，从2007年1月1日起全面实施政府收支分类改革，并据此制定了《政府收支分类科目》。政府收入分类是划分财政收入的依据，主要由财政部门使用，因此，我们不必去详细了解和掌握。政府支出分类是根据政府职能活动和开支的具体用途去划分的，政府支出分类科目包括政府支出功能分类科目和支出经济分类科目两部分。

《政府收支分类科目》由财政部每年公布，略有调整，但基本变化不大。财政部公布的《2013年政府收支分类科目》如下：

(1)按支出功能分类：设类、款、项三级。类级科目包括一般公共服务、外交、国防、公共安全、教育、科学技术、文化体育与传媒、社会保障和就业、社会保险基金支出、医疗卫生、节能环保、城乡社区事务、农林水事务、交通运输、资源勘探电力信息等事务、商业服务业等事务、金融监管等事务支出、地震灾后恢复重建支出、国土资源气象等事务、住房保障支出、粮油物资储备事务、预备费、国债还本付息支出、其他支出 24 类。

(2)按支出经济分类:设类、款两级,类级科目包括:工资福利支出、商品和服务支出、对个人和家庭的补助、对企事业单位的补贴、转移性支出、赠予、债务利息支出、债务还本支出、基本建设支出、其他资本性支出、贷款转贷及产权参股、其他支出 12 类。

(三)气象部门常使用的科目

为了适应国家预算管理与改革的需要,便于单位分析各项事业支出的范围和特点,加强对事业支出的管理与核算,中国气象局就政府收支分类改革后事业单位会计核算内容进行了重新调整(每年也会根据财政部的规定和气象部门的实际情况作适当调整)。气象部门常使用的科目如下:

1. 支出功能科目

表 5-2　支出功能科目简表

科目编码			科目名称	科目说明
类	款	项		
201			一般公共服务	
	10		人力资源事务	
		04	政府特殊津贴	反映与政府特殊津贴相关的支出
202			外交	
	04		国际组织	
		01	国际组织会费	反映我国政府(包括国务院主管部门)批准参加国际组织,按国际组织规定缴纳的会费
		02	国际组织捐赠	反映以我国政府(包括国务院主管部门)名义,向国际组织的认捐、救灾、馈赠等支出
205			教育	
	03		职业教育	
		02	中专教育	反映各部门举办的各类中等专业学校的支出
206			科学技术	
	02		基础研究	
		04	重点实验室及相关设施	反映国家(重点)实验室、部门开放实验室及野外台站的支出
	03		应用研究	
		01	机构运行	反映应用研究机构的基本支出
		02	社会公益研究	反映从事卫生、劳动保护、计划生育、环境科学、农业等社会公益专项科研方面的支出

续表

科目编码			科目名称	科目说明
类	款	项		
		99	其他应用研究支出	反映除上述项目以外其他用于应用研究方面的支出
	04		技术研究与开发	
		02	应用技术研究与开发	反映从事技术开发研究和近期可望取得实用价值的专项技术开发研究的支出
	05		科技条件与服务	
		03	科技条件专项	反映国家用于完善科技条件的支出,包括科技文献信息、网络环境支撑等科技条件专项支出等
	09		科技重大专项	
		01	科技重大专项	反映用于科技重大专项的经费支出
	99		其他科学技术支出	
		99	其他科学技术支出	反映其他科学技术支出中除以上各项外用于科技方面的支出
207			文化体育与传媒	
	99		其他文化体育与传媒支出	
		99	其他文化体育与传媒支出	反映除上述项目以外其他文化体育与传媒方面的支出
208			社会保障和就业	
	05		行政事业单位离退休	
		01	归口管理的行政单位离退休	反映实行归口管理的行政单位(包括实行公务员管理的事业单位)开支的离退休经费
		02	事业单位离退休	反映实行归口管理的事业单位开支的离退休经费
		03	离退休人员管理机构	反映实行归口管理的各类离退休人员管理机构的支出
	08		抚恤	
		01	死亡抚恤	反映按规定用于烈士和牺牲、病故人员家属的一次性和定期抚恤金以及丧葬补助费
211			节能环保	
	12		可再生能源	
		01	可再生能源	反映用于可再生能源方面的支出
218			地震灾后恢复重建支出	
	03		公益服务设施恢复重建	

续表

科目编码			科目名称	科目说明
类	款	项		
		99	其他公益服务事业单位及设施	反映其他公益服务事业单位及其设施（不包括农林水事业单位及其设施，农林水事业单位及设施在21804“农业林业恢复生产和重建”中反映）的恢复重建支出。其他公益服务事业单位及设施，参照支出功能分类“一般公共服务”、“公共安全”、“城乡社区事务”、“交通运输”、“资源勘探电力信息等事务”、“商业服务业等事务”、“金融监管等事务支出”等科目的规定执行
220			国土资源气象等事务	
	05		气象事务	反映用于气象事务方面的支出
		01	行政运行	反映行政单位（包括实行公务员管理的事业单位）的基本支出
		02	一般行政管理事务	反映行政单位（包括实行公务员管理的事业单位）未单独设置项级科目的其他项目支出
		03	机关服务	反映为行政单位（包括实行公务员管理的事业单位）提供后勤服务的各类后勤服务中心、医务室等附属事业单位的支出。其他事业单位的支出，凡单独设置了项级科目的，在单独设置的项级科目中反映。未单设项级科目的，在“其他”项级科目中反映
		04	气象事业机构	反映气象事业单位（不包括实行公务员管理的事业单位）的基本支出
		05	气象技术研究应用与培训	反映气象新技术开发研究、业务转化和推广，气候及气候变化研究，气象行业职工培训等方面的支出
		06	气象探测	反映利用各种探测手段对大气的运动、变化及空间天气状况进行观测、探测等方面的支出
		07	气象信息传输及管理	反映利用卫星、国际国内电路、公共数据网、计算机网络、电台、电报、电话等传递气象信息，处理、存储气象信息及其管理系统，气象信息共享等方面的支出
		08	气象预报预测	反映加工制作天气预报警报、气候和气候变化预测评估、农业与生态气象、大气成分预测评价、雷电以及空间天气预警、城市环境气象、海洋气象、交通气象、地质灾害、火险等级预报等气象情报方面的支出
		09	气象服务	反映为社会公众和政府等部门提供气象预报预测服务产品、以及为国家安全、防汛抗旱、防雷、人工影响局部天气、农村建设、农牧业生产等提供气象服务方面的支出

续表

科目编码			科目名称	科目说明
类	款	项		
		10	气象装备保障维护	反映气象技术装备保障系统的建设、改造、更新和维护等方面的支出
		11	气象台站建设与运行保障	反映气象台站供电、供水、供暖和观测场、道路、房屋、护坡等基础设施的建设、改造、更新、维修,以及台站运行保障等方面的支出
		12	气象卫星	反映经国务院批准的气象卫星专项支出
		13	气象法规与标准	反映用于气象法规与标准制定以及气象执法监督检查等方面的支出
		14	气象资金审计稽查	反映气象部门用于资金检查、内部审计、项目评审等方面的支出
		99	其他气象事务支出	反映除上述项目以外其他用于气象事务方面的支出
221			住房保障支出	
	02		住房改革支出	
		01	住房公积金	反映行政事业单位按人事部和财政部规定的基本工资和津贴补贴,以及按规定比例为职工缴纳的住房公积金
		02	提租补贴	反映按房改政策规定的标准,行政事业单位向职工(含离退休人员)发放的租金补贴
		03	购房补贴	反映按房改政策规定,行政事业单位向符合条件职工(含离退休人员)、军队(含武警)向转役复员离退休人员发放的用于购买住房的补贴

(2)支出经济科目

【特别说明】中国气象局对以下“项”级明细科目,会根据财政部的要求和气象部门实际核算的需要做出适当调整,并不是固定不变的。

表 5-3 支出经济分类科目简表

科目编码			科目名称	科目说明
类	款	项		
301			工资福利支出	核算单位开支的编内在职职工和编外基本气象业务岗位长期聘用人员的各类劳动报酬,以及为上述人员缴纳的各项社会保险费等
	01		基本工资	核算单位按规定发放的基本工资,包括公务员的职务工资、级别工资;机关工人的岗位工资、技术等级工资;事业单位工作人员的岗位工资、薪级工资等

续表

科目编码			科目名称	科目说明
类	款	项		
	02		津贴补贴	核算单位按国家规定发放的机关事业单位艰苦边远地区津贴、机关工作人员地区附加津贴、机关工作人员岗位津贴、事业单位工作人员特殊岗位津贴补贴等
		01	工作性津贴	核算单位在清理规范津贴补贴工作后按规定发放给职工的工作性津贴
		02	生活性补贴	核算单位在清理规范津贴补贴工作后按规定发放给职工的生活性津贴
		03	艰苦边远地区津贴	核算单位按国家规定发放给职工的艰苦气象台站津贴、边远地区津贴、山区工龄津贴等
		04	地区附加津贴	核算单位按国家规定发放给机关工作人员的地区附加津贴
		05	岗位津贴	核算单位发放给机关事业纪检、审计、档案、保密、信访、计生等特殊岗位工作人员的津贴补贴，政府特殊津贴等
		06	地方(部门)津补贴	核算单位按地方政府或主管部门的规定发放的津贴补贴
		99	其他津补贴	核算单位按规定发放的除上述外的其他津贴补贴
	03		奖金	核算单位按规定发放给机关工作人员的年终一次性奖金
	04		社会保障缴费	核算单位为职工缴纳的基本养老、基本医疗、失业、工伤、生育等社会保险费，以及残疾人就业保障金等
		01	基本养老保险费	核算单位为职工缴纳的基本养老保险费
		02	基本医疗保险费	核算单位为职工缴纳的基本医疗保险费
		03	失业保险费	核算单位为职工缴纳的失业保险费
		04	工伤保险费	核算单位为职工缴纳的工伤保险费
		05	生育保险费	核算单位为职工缴纳的生育保险费
		99	其他保险费	核算单位为职工缴纳的除上述社会保险费外的其他社会保险费，以及残疾人就业保障金等
	06		伙食补助费	核算单位发放给职工的伙食补助费，如误餐补助、夜餐补助等
	07		绩效工资	核算单位按规定发放给事业单位工作人员的绩效工资

续表

科目编码			科目名称	科目说明
类	款	项		
	99		其他工资福利支出	核算单位上述项目未包括的人员支出。如各种加班工资、病假两个月以上期间的人员工资、编制外长期聘用人员,公务员及参照和依照公务员制度管理的单位工作人员转入企业工作并按规定参加企业职工基本养老保险后给予的一次性补贴等
		01	加班工资	核算单位按规定发放给事业人员的法定休假日、节假日加班工资
		02	值班费	核算单位按规定发放给工作人员的汛期、应急等值班费用
		03	编外长期聘用人员工资	核算单位按规定发放给编外基本气象业务岗位长期聘用人员的工资、津补贴
		99	其他	核算单位发放的上述项目未包括的其他工资福利支出,如病假两个月以上期间的人员工资、参公人员转入企业工作并按规定参加企业职工基本养老保险后给予的一次性补贴等
302			商品和服务支出	核算单位购买商品和服务的支出(不包括用于购置固定资产的支出)
	01		办公费	核算单位购买按财务会计制度规定不符合固定资产确认标准的日常办公用品、书报杂志等的支出
	02		印刷费	核算单位的印刷费、版面费支出
	03		咨询费	核算单位用于专家咨询、论证、评审等方面的支出
	04		手续费	核算单位支付的各类手续费支出
	05		水费	核算单位支付的水费、污水处理费等支出
	06		电费	核算单位的电费支出
	07		邮电费	核算单位开支的信函、包裹、货物等物品的邮寄费及电话费、电报费、传真费、网络通讯费等
	08		取暖费	核算单位开支的取暖用燃料费、热力费、达不到固定资产确认标准的炉具购置费、锅炉临时工的工资、节煤奖,以及由单位支付的在职职工和离退休人员宿舍取暖费等
	09		物业管理费	核算单位开支的办公用房、职工及离退休人员宿舍等的物业管理费,包括综合治理、绿化、卫生等方面的支出

续表

科目编码			科目名称	科目说明
类	款	项		
	11		差旅费	核算单位工作人员出差的住宿费、旅费、伙食补助费、杂费，干部及大中专学生调遣费，调干家属旅费补助等
	12		因公出国(境)费用	核算单位工作人员公务出国(境)的住宿费、旅费、伙食补助费、杂费、培训费等支出
	13		维修(护)费	核算单位日常开支的固定资产(不包括车船等交通工具)修理和维护费用，网络信息系统运行与维护费用，以及按规定提取的修购基金
	14		租赁费	核算单位租赁办公用房、宿舍、专用通讯网以及其他设备等方面的费用
	15		会议费	核算单位会议中按规定开支的房租费、伙食补助费以及文件资料的印刷费、会议场地租用费等
	16		培训费	核算单位开支的各类培训支出，包括伙食补助费、培训场地租用费、培训教材购置费、教师讲课费等。按标准提取的“职工教育经费”也在本科目中核算
	17		公务接待费	核算单位按规定开支的各类公务接待(含外宾接待)费用
	18		专用材料费	核算单位购买日常专用材料的支出。具体包括医务室的药品及医疗耗材，气象探测、观测耗材，实验室用品，专用防护服装等
		01	天气雷达业务材料购置费	核算单位开支的天气雷达的专用消耗性材料支出，如磁控管等
		02	高空探测业务材料购置费	核算单位开支的高空气象探测业务(含小球测风)的专用消耗性材料支出，如探空雷达零配件、探空仪、回答器、氢气、气球等
		03	地面业务材料购置费	核算单位开支的地面观测气象业务的专用消耗性材料支出，如温度计、湿度计等
		99	其他材料购置费	核算单位除上述业务以外的专用消耗性材料支出，如天气图、医务室的药品及医疗耗材、实验室用品、专用防护服装等
	25		专用燃料费	核算单位用作业务工作设备的车、船、设施等的油料支出
	26		劳务费	核算单位支付给单位和个人的劳务费用，如临时聘用人员、钟点工工资，稿费、翻译费、评审费等

续表

科目编码			科目名称	科目说明
类	款	项		
	27		委托业务费	核算单位因委托外单位办理业务而支付的委托业务费
	28		工会经费	核算单位按规定提取的工会经费
	29		福利费	核算单位按规定提取的福利费
	31		公务用车运行维护费	核算单位公务用车租用费、燃料费、维修费、过桥过路费、保险费、安全奖励费用等的支出
		01	公务用车燃料费	核算单位开支的公务用车燃料费
		02	公务用车过路过桥费	核算单位开支的公务用车过桥过路费
		03	公务用车保险费	核算单位开支的公务用车保险费
		04	公务用车租用费	核算单位开支的公务用车的租用费
		05	公务用车维修维护费	核算单位开支的公务用车维修维护费
		06	公务用车安全奖励费	核算单位开支的公务用车安全奖励费
		99	其他	核算单位开支的公务用车除上述费用外的其他费用
	39		其他交通费用	核算单位开支的除公务用车运行维护费以外的其他交通费用。如飞机、船舶等的燃料费、维修费、过桥过路费、保险费、出租车费用等支出
		01	其他交通工具燃料费	核算单位开支的除公务用车运行维护费以外的其他交通工具的燃料费
		02	其他交通工具过路过桥费	核算单位开支的除公务用车运行维护费以外的其他交通工具的过桥过路费
		03	其他交通工具保险费	核算单位开支的除公务用车运行维护费以外的其他交通工具的保险费
		04	其他交通工具租用费	核算单位开支的除公务用车运行维护费以外的其他交通工具的租用费
		05	其他交通工具维修维护费	核算单位开支的除公务用车运行维护费以外的其他交通工具的维修维护费
		06	其他交通工具安全奖励费	核算单位开支的除公务用车运行维护费以外的其他交通工具的安全奖励费
		07	出租车费用	核算单位开支的出租车费用
		99	其他	核算单位开支的除公务用车运行维护费和上述其他交通费用以外的其他交通费用

续表

科目编码			科目名称	科目说明
类	款	项		
	40		税金及附加费用	核算单位开展专业业务活动及其辅助活动应负担的税金及附加费用。包括营业税、消费税、城市维护建设税、资源税和教育费附加等
		01	营业税	核算单位开展专业业务活动及其辅助活动应负担的营业税
		02	城市维护建设税	核算单位开展专业业务活动及其辅助活动应负担的城市维护建设税
		03	增值税	核算单位开展专业业务活动及其辅助活动应负担的增值税
		04	房产税	核算单位开展专业业务活动及其辅助活动应负担的房产税
		05	土地增值税	核算单位开展专业业务活动及其辅助活动应负担的土地增值税
		06	土地使用税	核算单位开展专业业务活动及其辅助活动应负担的土地使用税
		07	车船使用税	核算单位开展专业业务活动及其辅助活动应负担的车船使用税
		08	教育费附加	核算单位开展专业业务活动及其辅助活动应负担的教育费附加
		09	地方教育附加	核算单位开展专业业务活动及其辅助活动按地方政府规定应负担的教育附加
		99	其他税费	核算单位开展专业业务活动及其辅助活动应负担的，除上述税金及附加费用外的其他税费
	99		其他商品和服务支出	核算单位开支的除上述公用支出外的其他日常公用支出。如行政赔偿费和诉讼费、国内组织的会员费、来访费、广告宣传、离休人员特需费、离退休人员公用经费等支出
		01	离休人员特需费	核算单位开支的离休人员特需费
		02	离休人员公用支出	核算单位开支的离休人员公用经费支出
		03	退休人员公用支出	核算单位开支的退休人员公用经费支出
		04	会员费	核算单位开支的国内组织的会员费

续表

科目编码			科目名称	科目说明
类	款	项		
		05	工青党团妇活动费	核算单位开支的工、青、党、团、妇等组织的活动费支出
		06	扶贫援助支出	核算单位开支的汶川地震捐赠及对口支援支出、东部地区向西部地区用于改善职工生活条件等援助支出、援藏援疆支出、按地方规定的扶贫援助支出,以及其他扶贫援助方面的支出
		07	药品支出	核算中国气象局医院购置药品的支出
		99	其他	核算单位开支的除上述公用支出外的其他日常公用支出。如行政赔偿费和诉讼费、来访费、广告宣传费等支出
303			对个人和家庭的补助	核算单位开支的用于对个人和家庭的补助支出
	01		离休费	核算单位按规定发放给离休人员的费用支出
		01	离休人员工资	核算单位按国家规定发放给离休人员的离休费
		02	生活性津贴	核算单位按国家规定发放给离休人员的生活性津贴
		03	地方(部门)津贴补贴	核算单位按地方政府或主管部门规定发放给离休人员的各种津贴补贴
		04	护理费	核算单位按规定发放给离休人员的护理费
		99	其他	核算单位按规定发放给离休人员除上述以外的其他补助
	02		退休费	核算单位按规定发放给退休人员的费用支出
		01	退休人员工资	核算单位按国家规定发放给退休人员的退休费
		02	生活性津贴	核算单位按国家规定发放给退休人员的生活性津贴
		03	地方(部门)津贴补贴	核算单位按地方政府或主管部门规定发放给退休人员的各种津贴补贴
		99	其他	核算单位按规定发放给退休人员除上述以外的其他补助
	03		退职(役)费	核算单位发放给退职人员的生活补贴,一次性支付给职工的退职补助和支付给军官、文职干部、士官、义务兵的退役费,以及按月支付给自主择业的军队转业干部的退役金
	04		抚恤金	核算单位按规定开支的烈士遗属、牺牲病故人员遗属的一次性和定期抚恤金,伤残人员的抚恤金,离退休人员等其他人员的各项抚恤金
	05		生活补助	核算单位按规定开支的优抚对象定期定量生活补助费,职工和遗属生活补助,因公负伤等住院治疗、住疗养院期间的伙食补助费,长期赡养人员的补助费等

续表

科目编码			科目名称	科目说明
类	款	项		
	06		救济费	核算按规定开支的贫困人员等的生活救济费。实物形式的救济也在本科目反映
	07		医疗费	核算单位在职职工、离退休人员的医疗费，学生医疗费，优抚对象医疗补助，以及按国家规定资助农民参加新型农村合作医疗和城镇居民参加城镇居民基本医疗保险的支出
	08		助学金	核算各类学校学生助学金、奖学金、学生贷款、出国留学（实习）人员生活费，以及按照协议由我方负担或享受我方奖学金的来华留学生、进修生生活费等
	09		奖励金	核算单位开支的各类奖励费用
		01	业务奖	核算单位开支的各类业务性奖励支出
		02	计划生育目标责任奖	核算单位按规定开支的计划生育目标责任奖励
		03	独生子女父母奖励	核算单位按规定开支的独生子女父母奖励
		99	其他	核算单位开支的除上述奖励支出外的其他奖励性支出
	11		住房公积金	核算单位按人事部和财政部规定的基本工资和津贴补贴以及规定比例为职工缴纳的住房公积金
	12		提租补贴	核算单位按房改政策规定的标准向职工（含离退休人员）发放的租金补贴
	13		购房补贴	核算单位按房改政策规定向符合条件的职工（含离退休人员）发放的用于购买住房的补贴
	99		其他对个人和家庭的补助支出	核算单位开支的除上述支出外的其他对个人和家庭的补助支出，如婴幼儿补贴、职工探亲旅费、退职人员及随行家属路费等
306			赠予	核算单位开支的对国内、外政府、组织等提供的援助、捐赠以及交纳国际组织会费等方面的支出
	01		对国内的赠予	核算单位开支的对国内组织、政府等提供的捐赠支出
	02		对国外的赠予	核算单位开支的对国际组织、国外政府等提供的双边援助，交纳的会费以及有关捐赠方面的支出

续表

科目编码			科目名称	科目说明
类	款	项		
309			基本建设支出	核算单位由各级发展与改革部门集中安排的一般预算财政拨款(不包括政府性基金、预算外资金以及各类拼盘自筹资金等)在购置固定资产、战略性和应急性储备、土地和无形资产,以及购建基础设施、大型修缮时所发生的支出
	01		房屋建筑物购建	核算单位基建账用于购买、自行建造办公用房、仓库、职工生活用房、教学科研用房、学生宿舍、食堂等建筑物(含附属设施,如电梯、通讯线路、水气管道等)的支出
	02		办公设备购置	核算单位基建账用于购置,并按财务会计制度规定纳入固定资产核算范围的办公家具和办公设备的支出
	03		专业设备购置	核算单位基建账用于购置具有专门用途,并按财务会计制度规定纳入固定资产核算范围的各类专用设备的支出。如通信设备、发电设备、监控设备、卫星转发器、气象设备、进出口监管设备等
	05		基础设施建设	核算单位按财务会计制度规定允许资本化用于道路、桥梁、水坝、挡土墙、护坡、围墙等公共基础设施建设方面的支出
	06		大型修缮	核算单位按财务会计制度规定允许资本化的各类设备、建筑物、公共基础设施等大型修缮的支出
	07		信息网络及软件购置更新	核算单位用于信息网络方面的支出。如计算机硬件、软件购置、开发、应用支出等,如果购置的计算机硬件、软件等不符合财务会计制度规定的固定资产确认标准的,不在本科目反映
	08		物资储备	核算单位为应付自然灾害或意料不到的突发事件而提前购置的具有特殊重要性的战略性和应急性物质储备支出
	13		公务用车购置	核算单位公务用车车辆的购置支出(含车辆购置税)
	19		其他交通工具购置	核算单位除公务用车外的其他各类交通工具(如船舶、飞机等)的购置支出(含车辆购置税)
	99		其他基本建设支出	核算单位用于著作权、商标权、专利权等无形资产购置支出,以及其他上述科目中未包括的基本建设支出
310			其他资本性支出	核算单位由非各级发展与改革部门集中安排的用于购置固定资产、战略性和应急性储备、土地和无形资产,以及购建基础设施、大型修缮等所发生的支出

续表

科目编码			科 目 名 称	科 目 说 明
类	款	项		
	01		房屋建筑物购建	核算单位用于购买、自行建造办公用房、仓库、职工生活用房、教学科研用房、学生宿舍、食堂等建筑物(含附属设施,如电梯、通讯线路、水气管道等)的支出
	02		办公设备购置	核算单位用于购置,并按财务会计制度规定纳入固定资产核算范围的办公家具和办公设备的支出
	03		专用设备购置	核算单位用于购置的具有专门用途,并按财务会计制度规定纳入固定资产核算范围的各类专用设备的支出,如通信设备、发电设备、卫星转发器、气象设备等
		01	地面观测设备	核算单位用于购置,并按财务会计制度规定纳入固定资产核算范围的各类地面观测设备的支出
		02	高空探测设备	核算单位用于购置,并按财务会计制度规定纳入固定资产核算范围的各类高空探测设备的支出
		03	专用计算机	核算单位用于购置,并按财务会计制度规定纳入固定资产核算范围的专用计算机(巨/大/中/小型机)的支出
		04	天气雷达	核算单位用于购置,并按财务会计制度规定纳入固定资产核算范围的各类天气雷达的支出
		05	气象卫星及接收设备	核算单位用于购置,并按财务会计制度规定纳入固定资产核算范围的气象卫星及接收设备的支出
		99	其他专用设备	核算单位用于购置,并按财务会计制度规定纳入固定资产核算范围的除上述设备外的其他专用设备的支出
	05		基础设施建设	核算单位按财务会计制度规定允许资本化的,用于道路、桥梁、水坝、挡土墙、护坡、围墙等公共基础设施建设方面的支出
	06		大型修缮	核算单位按财务会计制度规定允许资本化的各类设备、建筑物、公共基础设施等大型修缮的支出
	07		信息网络及软件购置更新	核算单位用于信息网络方面的支出。如计算机硬件、软件购置、开发、应用支出等。如果购置的计算机硬件等不符合财务会计制度规定的固定资产确认标准的,不在本科目反映
		01	计算机	核算单位用于构建信息网络而购置的计算机的支出
		02	软件购置及开发应用	核算单位用于软件购置、开发、应用等方面的支出

续表

科目编码			科目名称	科目说明
类	款	项		
		03	网络交换机	核算单位用于构建信息网络而购置的网络交换机等的支出
		99	其他	核算单位用于构建信息网络除上述支出外的其他方面的支出
	13		公务用车购置	核算单位用于公务用车车辆的购置支出(含车辆购置税)
		01	小轿车	核算单位用于公务用车的小轿车的购置支出(含车辆购置税)
		02	越野车	核算单位用于公务用车的越野车的购置支出(含车辆购置税)
		03	小型载客汽车	核算单位用于公务用车的小型载客汽车(9座及9座以下)的购置支出(含车辆购置税)
		04	大中型载客汽车	核算单位用于公务用车的大中型载客汽车(9座以上)的购置支出(含车辆购置税)
		05	货车	核算单位用于公务用车的货车的购置支出(含车辆购置税)
		06	摩托车	核算单位用于公务用车的摩托车的购置支出(含车辆购置税)
		99	其他车辆	核算单位用于公务用车的除上述车辆以外的其他车辆的购置支出(含车辆购置税)
	19		其他交通工具购置	核算单位用于除公务用车外的其他交通工具的购置支出(含车辆购置税)
		01	小轿车	核算单位用于除公务用车外的小轿车的购置支出(含车辆购置税)
		02	越野车	核算单位用于除公务用车外的越野车的购置支出(含车辆购置税)
		03	小型载客汽车	核算单位用于除公务用车外的小型载客汽车(9座及9座以下)的购置支出(含车辆购置税)
		04	大中型载客汽车	核算单位用于除公务用车外的大中型载客汽车(9座以上)的购置支出(含车辆购置税)
		05	货车	核算单位用于除公务用车外的货车的购置支出(含车辆购置税)

续表

科目编码			科目名称	科目说明
类	款	项		
		06	摩托车	核算单位用于除公务用车外的摩托车的购置支出(含车辆购置税)
		99	其他车辆	核算单位用于除公务用车和上述车辆外的其他车辆的购置支出(含车辆购置税)
	99		其他资本性支出	核算单位开支的著作权、商标权、专利权等无形资产购置支出,以及其他上述科目中未包括的资本性支出。如娱乐、文化和艺术原作的使用权、购买国内外影片播映权、购置图书等
		01	图书	核算单位开支的,并按财务会计制度纳入固定资产核算范围的图书的购置支出
		02	无形资产购置	核算单位开支的著作权、商标权、专利权等无形资产购置支出
		99	其他	核算单位开支除图书、无形资产购置外的其他资本性支出,如娱乐、文化和艺术原作的使用权、购买国内外影片播映权等

二、正确划清几个支出界限

(1)划清事业支出与经营支出的界限

有经营活动的事业单位应划清事业支出与经营支出的界限,合理归集;不能分清的,应按一定标准进行分配,不得相互挤占。

(2)划清基本建设支出与事业支出的界限

基本建设项目支出和事业支出不得相互挤占,应按照基本建设财务管理规定和事业单位财务规则、会计准则、会计制度分别管理,单独核算。

(3)划清基本支出和项目支出的界限

基本支出和项目支出、基本支出中的人员支出和公用支出之间不能混用,项目支出中一般不能用于人员支出,尤其注意从基本支出中安排的行政事业类项目支出,要专款专用,不能挤占或挪用。

(4)划清单位支出与个人支出的界限

应由个人负担的支出,不得由单位负担。

(5)划清事业支出与对附属单位补助支出和上缴上级支出的界限

对附属单位补助支出和上缴上级支出,属于本系统内部调剂性质的支出,这部分支出最终将体现在本系统内部其他单位,不得计入本单位的事业支出,以免虚增事业支出。

三、事业支出的管理

对事业支出的管理,应本着以下原则进行:

(1)严格执行国家财政财务制度和财经纪律

事业单位必须严格执行国家规定的各项财政财务制度,建立、健全各项支出管理制度,严格支出审批手续,不得违反财政财务制度的规定办理事业支出。

(2)严格按批复的预算、费用支出范围标准和定额安排支出

上级部门核定的预算和规定的开支范围和标准,是掌握支出的依据,也是控制支出的手段。各单位必须认真按批复的人员、公用、业务及项目经费安排支出,严格执行国家规定的支出范围、标准,不得安排无预算、超预算的支出,以及扩大开支范围,提高开支额度。

(3)严格执行政府采购规定

按照国家有关规定,要执行招投标和纳入政府采购的项目,必须编制政府采购预算和计划,并按照招投标和政府采购管理的有关规定执行。

(4)按规定的标准和比例提取基金

职工福利费、工会经费必须按国家法律和地方政府规章制度规定的范围、标准按月计算提取后列入事业支出,或以实际支出数列报支出。修购基金按中国气象局规定的不超过事业收入的10%按月提取,列入事业支出。

(5)勤俭节约,提高资金使用效益

事业单位提倡勤俭办事业,反对铺张浪费,应节约使用每一笔事业经费。少花钱、多办事、办好事,提高资金使用效益。

(6)合理安排支出结构

事业单位应当结合本年度工作计划,合理安排预算资金的各项支出。

四、事业支出的列支口径

事业单位的事业支出数,是财政部门、主管部门和上级单位考核各单位预算执行情况的依据。只有按统一的列报口径,才能准确地核算实际支出数。因此,支出的列报口径,是单位会计办理支出报销的重要准则之一。各级气象部门要根据支出性质,严格按规定的列支口径列支。

(一)基本支出

基本支出是事业单位为保障其机构正常运转,完成日常工作任务所发生的支出,包括人员支出、日常公用支出。

(1)发放给个人的工资、津贴、补贴和抚恤金等,财务部门应根据人事部门核定的人数及享受标准,按实有人数发放金额并在取得审批签章的凭证后列支。

(2)购买办公用品、业务用消耗材料等一般应指定专人采购、专人保管,报销时要有发票、详细清单及入库验收领用单,按购入数直接列报支出。若进行一次性大批量采购,原则上应通过“存货”科目核算,在出库领用时列报事业支出。

(3)社会保险缴费、福利费、工会经费等,按规定的标准和实有人数每月计算提取或直接列支。

(4)修购基金按规定的比例计提,直接列报支出。

(5)购入的固定资产，经单位固定资产实物管理人员验收并输入“气象部门固定资产管理信息系统”后，财务人员依据购置固定资产发票和从“气象部门固定资产管理信息系统”中打印出来的“固定资产增加单”列报支出，同时计入“固定资产”和“非流动资产基金—固定资产”科目。

(6)严格执行财政部关于“三公”经费的批复预算列支“三公”经费支出，不得超支。

(7)涉及政府采购的品目，应严格执行政府采购规定，列报支出时应严格审核相关合同、协议等资料，对未履行政府采购程序的支出不予列报。

(8)其他各项费用，均以实际报销数列支。

(二)项目支出

项目支出是事业单位为完成其特定的工作任务和事业发展目标发生的支出。气象部门项目支出包括基本建设、有关事业发展专项计划、专项业务费、大型修缮、大型购置、大型会议等项目支出，其中专项业务费支出占总项目支出的比重较大，主要为经常性专项业务费和非经常性专项业务费，是为保障气象业务正常运转，用中央财政资金安排的专项用于气象业务系统、设施、设备、网络等的运行、保障和技术升级的资金，以及为完成特定气象业务任务的资金。各级气象部门要严格执行中国气象局印发的《气象部门项目支出预算管理办法》、《气象部门业务经费管理办法(试行)》，加强支出预算管理，规范支出行为，管好、用好各类项目经费，使各类资金发挥较大的经济效益。

气象部门专项业务经费的开支内容及开支标准：

(1)专用设备购置(试制)费：指项目实施过程中购置或试制专用仪器设备，对现有仪器设备进行升级改造所发生的费用。不得用于购置办公用设备。

(2)信息网络购建费：指项目实施过程中用于信息网络方面的支出，如计算机硬件、软件购置、开发、应用支出等。

(3)印刷费：指项目实施过程中用于印制与项目有关材料方面的费用。

(4)专家咨询费：指项目实施过程中支付给临时聘请的咨询专家的费用。专家咨询费不得支付给参与项目及项目管理的工作人员。报销时应提供具体发放人员的签领单，签领单上应注明专家的职务(职称)、身份证号码和具体数额，涉及个人所得税的还应由单位财务部门代扣代缴。以会议形式举行的咨询，报销时还应提供会议通知和实际到会人员签到表。

专家咨询费的发放按照以下标准执行：

表 5-4 专家咨询费发放标准

咨询专家	咨询方式	标准	
具有或相当于高级专业技术职称的人员	会议咨询	第1、2天300元/人/半天，不足半天按半天计算	第3天及以后150元/人/半天，不足半天按半天计算
	通讯咨询	80元/人/项目	
其他人员	会议咨询	第1、2天200元/人/半天，不足半天按半天计算	第3天及以后100元/人/半天，不足半天按半天计算
	通讯咨询	60元/人/项目	

(5)水费:指项目实施过程中相关大型仪器设备、专用仪器装置等运行发生的可以单独计量的水费支出。

(6)电费:指项目实施过程中相关大型仪器设备、专用仪器装置等运行发生的可以单独计量的电费支出。

(7)邮电费:指项目实施过程中开支的信函、包裹、货物等物品的邮寄费及固定电话费、电报费、传真费、网络通讯费等。不得开支移动电话费。

(8)交通费:指项目实施过程中开支的各类交通工具的租用费、燃料费、维修费、过桥过路费、保险费等。

(9)差旅费:指项目实施过程中开展业务调研、业务实验(试验)、业务考察、学术交流等所发生的外埠差旅费、市内交通费用等。差旅费的开支标准按照国家或地方有关规定执行。

(10)国际合作与交流费:指项目实施过程中开展国际合作与交流而发生的项目研究人员出国及外国专家来华工作的费用。国际合作与交流费由项目牵头单位统一管理,应当严格执行国家外事经费管理的有关规定,有关出国任务应经外事管理部门审批。

(11)维修(护)费:指项目实施过程中相关仪器设备、装置等(不包含车船等交通工具)修理和维护费用,网络信息系统运行与维护费用。

(12)租赁费:指项目实施过程中租赁办公室、宿舍、库房、专用通讯网以及其他设备等方面的费用。

(13)会议费:指项目实施过程中为组织开展咨询、协调项目以及学术研讨等活动而发生的会议费用。

根据《中央和国家机关会议费管理办法》(财行〔2013〕286 号)的规定,自 2014 年 1 月 1 日起执行新的会议费管理办法。

会议费开支实行综合定额控制,各项费用之间可以调剂使用。综合定额标准是会议费开支的上限,各单位应在综合定额控制内据实报销。会议费开支范围包括会议住宿费、伙食费、会议室租金、交通费、文件印刷费、医药费等。交通费是指用于会议代表接送站,以及会议统一组织的代表考察、调研等发生的交通支出。

会议费由会议召开单位承担,不得向参会人员收取,不得以任何方式向下属机构、企事业单位、地方转嫁或摊派。会议代表参加会议发生的城市间交通费,按照差旅费管理办法的规定回单位报销。

各单位会议应当到定点饭店召开,按照协议价格结算费用。未纳入定点范围,价格低于会议综合定额标准的单位内部会议室、礼堂、宾馆、招待所、培训中心,可优先作为本单位或本系统会议场所。二、三、四类会议应当在四星级以下(含四星)定点饭店召开。参会人员在 50 人以内且无外地代表的会议,原则上在单位内部会议室召开,不安排住宿。参会人员以在京单位为主的会议不得到京外召开。各单位不得到党中央、国务院明令禁止的风景名胜区召开会议。

会议费标准如下：

表 5-5　会议费标准

<table>
<tr><th colspan="2" rowspan="2">会议类别</th><th colspan="4">综合定额标准
(元/人.天)</th><th rowspan="2">会议天数</th><th rowspan="2">会议报到和离开天数</th><th rowspan="2">参会人数</th><th rowspan="2">工作人员人数</th></tr>
<tr><th>住宿费</th><th>伙食费</th><th>其他费用</th><th>合计</th></tr>
<tr><td>一类会议</td><td>以党中央和国务院名义召开的，要求省、自治区、直辖市、计划单列市或中央部门负责同志参加的会议</td><td>400</td><td>150</td><td>110</td><td>660</td><td></td><td></td><td></td><td></td></tr>
<tr><td>二类会议</td><td>党中央和国务院各部委、各直属机构召开的，要求本系统、各直属机构或省、自治区、直辖市、计划单列市有关厅(局)负责同志参加的会议</td><td>300</td><td>150</td><td>100</td><td>550</td><td rowspan="3">一般不得超过2天，传达、布置类会议会期不得超过1天</td><td rowspan="2">合计不得超过2天</td><td>不得超过300人</td><td>控制在代表人数的15%以内</td></tr>
<tr><td>三类会议</td><td>党中央和国务院各部委、各直属机构，最高人民法院，最高人民检察院，各人民团体及其所属内设机构召开的，要求省、自治区、直辖市、计划单列市有关厅(局)或本系统机构有关人员参加的会议</td><td rowspan="2">240</td><td rowspan="2">130</td><td rowspan="2">80</td><td rowspan="2">450</td><td>一般不得超过150人</td><td>控制在代表人数的10%以内</td></tr>
<tr><td>四类会议</td><td>除上述一、二、三类会议以外的其他业务性会议，包括小型研讨会、座谈会、评审会等</td><td>合计不得超过1天</td><td>一般不得超过50人</td><td></td></tr>
</table>

报销时应当提供会议审批文件、会议通知及实际参会人员签到表、定点饭店等会议服务单位提供的费用原始明细单据、电子结算单等凭证。

(14)培训费：指项目实施过程中开展的各种培训活动发生的支出。培训费的开支一般包括包括住宿费、伙食费、培训场地费、讲课费、培训资料费、交通费、其他费用等。培训费实行综合定额标准，分项核定、总额控制。综合定额标准为每人每天 450 元(住宿费 180 元、伙食费 110 元、场地费和讲课费 100 元、资料费交通费和其他费用 60 元)，综合定额标准是培训费开支的上限，各项费用之间可以调剂使用。15 天以内的培训按照综合定额标准控制；超过 15 天的培训，超过天数按照综合定额标准的 80%控制；超过 30 天的培训，超过天数按照综合定额标准的 70%控制。上述天数含报到撤离时间，报到和撤离时间分别不得超过 1 天。

报销时应提供培训通知、实际参加培训人员签到表、费用支出原始明细单据等凭证。

(15)专用材料费：指项目实施过程中发生的购买专用材料的支出。实行部门统一装备采购全省性气象仪器、配件等，装备中心(大气探测技术中心)、人工影响天气中心等单位购进时，要先通过“存货”账户进行核算，待发放或领用出库后转列事业支出。

(16)专用燃料费：指项目实施过程中发生的专用车、船等的燃料消耗费用。

(17)劳务费：指在项目实施过程中支付给项目组成员中没有工资性收入的相关人员和项

目组临时聘用人员等的劳务性费用。不得用于开支本单位有工资性收入人员的津贴补贴。劳务费按照国家有关规定严格控制、规范管理。

(18)委托业务费:是指在项目实施过程中委托外单位(非中国气象局所属财政补助单位)办理与项目相关业务而支付的费用,委托业务费只能采取报账方式,不得转拨。气象部门内财政补助单位之间不得列支委托业务费,中国气象局通过预算的方式将预算直接下达有关单位。

(19)其他商品和服务支出:是指在项目实施过程中除上述科目外发生的各种支出,其他商品和服务支出必须有明细预算和详细说明。其他经费中的评审评估费按以下标准执行:

表 5-6 评审评估费标准

方式	标 准	备 注
评估	2 500～3 500 元/个项目	对于单个项目金额在 100 万元以上或存在其他特殊情况的评估评审业务,可在按标准计算的评估评审费基础上适当增加。
评审	评审组织工作费用:800～1 200 元/个项目	
	评审专家咨询费用:执行专家咨询费开支标准	
	评审会议费用:执行会议费开支标准	

五、事业支出的报销原则

事业单位会计办理事业支出,既要保证事业发展的需要,又要坚持勤俭节约的原则,严格遵守各项财政财务制度,提高预算资金使用效果。为此,要按照以下原则办理事业支出:

1.按照核批的预算办理

各单位不能办理无预算、超预算以及违反财经纪律的支出。必须按照批准的预算和计划所规定的用途和开支范围严格控制支出。对金额较大的支出,财务部门在核销支出时还要审核相关预算批复材料。属于超预算支出的,按有关规定应向预算管理部门说明原因,经调整预算后,财务部门才能报销相关支出。

2.按规定定额和开支范围、标准办理

各单位应认真执行上级规定的各项定员、定额和开支范围、标准,不能擅自办理增加人员、增加工资、提高支出标准和扩大开支范围等支出。例如,报销会议费时,要有计划,有预算,有会议通知文件,有实际到会人员签到表,有审批手续齐全的发票,有会议费支出明细单等,不能超标准,超规模(包括参会人员和工作人员人数标准),要在定点饭店或内部宾馆、招待所召开,在京单位超过 2 万元以上的会议要实行政府采购,有政府采购会议结算单等。

3.按合法的原始凭证办理

各项支出必须取得合法的原始凭证,经过认真审核后才能列报。对报销凭证应符合原始凭证规定的基本要求,并有单位的经手人、验收人和领导人签章等,手续不完备的原始凭证,不能报销。例如,在报销劳务费、咨询费时,必须提供劳务费、咨询费发放人员名单、身份证号及领取人签字并经单位领导审批的清单;在报销材料、固定资产采购费用时,必须提供审批手续齐全的发票、按审批权限审批的采购合同、材料入库单、单位资产管理部门的验收单,等等。属于变更政府采购公开招标方式采购的,需提供采购方式变更的批件。

4.按规定资金渠道办理

为了执行财务制度,加强资金管理,要严格按划清的资金渠道,分别列支,严格按照支出管理的要求办理。如从零余额账户支出的培训费,举办单位在收回培训费剩余资金时;应办理有关手续，将资金退回零余额账户，而不得退回基本账户。

5.按规定的支出口径办理

单位办理的实际支出，不能以拨作支、以领代报；不能按预算数或规定编制的计划数列报，只有这样，才能正确地反映和监督单位预算的执行情况。例如，在报销项目委托支出时，必须提供预算批复文件和审批手续齐全的发票、按审批权限审批的合同，等等。属于变更政府采购公开招标方式采购的，需提供采购方式变更的批件。

六、事业支出的核算要求

《事业单位会计制度》要求：事业支出应当按照“基本支出”和“项目支出”，“财政补助支出”、“非财政专项资金支出”和“其他资金支出”等层级进行明细核算，并按照《政府收支分类科目》中“支出功能分类”相关科目进行明细核算；“基本支出”和“项目支出”明细科目下应当按照《政府收支分类科目》中“支出经济分类”的“款”级科目进行明细核算；同时在“项目支出”明细科目下按照具体项目进行明细核算。

为了严格执行《事业单位会计制度》，中国气象局根据《政府收支分类科目》中的“支出经济分类”科目规定了明细核算，并同时兼顾了会计电算化的要求。即在“事业支出”一级科目下设置“基本支出”和“项目支出”二级明细科目，在二级明细科目下按“支出经济类、款级科目”分别设置三级、四级明细科目，在四级明细科目下，结合气象部门事业支出的实际情况，设置五级明细科目（备注：在使用电算化软件的情况下，中国气象局对明细科目进行了统一规定，即在现有明细科目中不得自行增加平级明细科目，但可以在现有明细科目下自行增设下一级明细科目）；同时，按支出功能分类、资金来源、项目名称、部门名称、往来款项、支付方式等设置辅助核算。例如，在中央财政预算安排的行政运行经费中列支省局机关人事处工作人员的工作性津贴，核算时需要列支的明细科目为：“事业支出—基本支出－工资福利支出－津贴补贴－工作性津贴”（辅助核算内容：支出功能科目是气象事务行政运行，资金来源是中央财政拨款—当年预算，项目核算是基本支出，部门核算是人事处）。

这样详细的划分和具体的要求，一方面，有助于我们对事业支出的项目及内容进行详细核算，如实反映气象部门财政资金的支出结构，有助于本单位进行事业支出的结构分析，提高单位会计信息质量；另一方面，有助于财政部门和主管部门加强对事业单位收支的科学化精细化管理，充分提高资金的使用效益，提升事业单位的财务管理水平，促进事业的发展。

七、事业支出账户的设置及辅助核算

（一）事业支出账户的设置

为了反映和核算事业支出业务，事业单位会计应设置“事业支出”总账账户，根据《事业单位会计制度》的规定，按“基本支出”、“项目支出”设置二级明细账户，按《政府收支分类科目》中“支出经济分类”的“类”级科目设置三级明细账户，按《政府收支分类科目》中“支出经济分类”的“款”级科目设置四级明细账户，五级及以下级明细账户的设置按中国气象局的规定进行。同时根据核算和管理的需要设置明细账及辅助账，在上述“六、事业支出的核算要求”中已大致进行了说明。（备注：由于各级气象部门已全部实行会计电算化，以下核算均基于使用事业版的“用友政务”账务软件的情况）

(二)事业支出的辅助核算

1. 支出功能分类辅助核算

按支出功能分类设置辅助核算,是《事业单位会计制度》的规定,目的是要加强对财政预算资金执行情况的监督,以适应财政部门和主管部门加强科学化、精细化管理的需要。前面已介绍了《政府收支分类科目》中的"支出功能分类"科目,编码规则是 3－2－2,分别对应"类"、"款"、"项",它是由财政部统一规定并每年公布的。

省级单位可根据地方财政下达经费的支出功能分类增加相应的预算科目,但不得改动中国气象局已下达的预算科目。

2. 资金来源辅助核算

气象部门的资金来源于多渠道,既有中央财政拨款,又有地方财政拨款,还有气象科技服务收入,有些单位还有银行借款和部门外其他单位拨入的横向课题经费。对于基层单位来说,有些单位还有上级单位下拨的具有调剂性质的收入。这些资金来源不同,管理的要求不尽相同。因此,按资金来源设置辅助核算,就可以了解和掌握用于事业支出中各种资金的管理需要。

按资金来源设置辅助核算,编码规则是 3－3－3－3,下级单位不得增加平级科目,详细设置如下表:

表 5-7 资金来源辅助核算编码

编码	科目名称	科目说明
001	中央财政拨款	
001001	当年预算	
001002	上年结余	
002	地方财政拨款	
002001	当年预算	
002001001	地方财政拨款(省级)	此三级来源分类不严格要求,各省可根据情况选择加或不加
002001002	地方财政拨款(市级)	
002001003	地方财政拨款(县级)	
002002	上年结余	
002002001	地方财政拨款(省级)	此三级来源分类不严格要求,各省可根据情况选择加或不加
002002002	地方财政拨款(市级)	
002002003	地方财政拨款(县级)	
003	上级补助收入	
004	附属单位上缴收入	
005	科研课题收入	
005001	横向课题收入	签订合同取得的需要缴税的课题收入
005002	纵向课题收入	预算内下达的属于协作单位取得的收入,不需要缴税
006	自有资金	
007	借款	
008	非税收入	
009	其他资金	其他资金主要指上述资金来源未包含的资金如:地震捐款、对口支援资金等

3.项目辅助核算

中国气象局对事业支出及其他一些科目统一规定需要进行"项目"辅助核算,各单位年初在对账务进行初始化工作时,应按照中国气象局统一规定的"项目编码"及"编码规则"进行辅助核算明细账的设置。对于雷达项目分类,各省应以每部雷达为1个核算项目,分解下达的计划应在每部雷达下再设子目,资金来源为中央投资的,跨年度项目编码要一致,不能同一项目不同年度有不同编码。项目支出的编码规则是2—2—2—2—2—2—2—2,具体如下:

(1)项目建设起始年份:第1—2位,采用项目建设初始投资公历年末两位数字。

(2)项目资金来源:第3—4位,10—基本支出,20—中央财政拨款安排的项目,30—地方财政拨款安排的项目,40—横向课题项目,50—自筹资金项目,90—其他(拼盘项目,只要有中央资金就算中央财政安排项目,没有中央资金且无特别要求,哪个来源投资比例高算哪类项目)。

(3)项目属性:第5—6位,10—基本支出安排项目,20—行政事业类项目,30—基本建设类项目,40—科研项目,50—对口支援项目,60—省级统筹安排项目,70—扶贫开发项目,90—其他。

(4)项目类别:第7—8位。

行政事业类项目下设:01—类别1(目前行政事业类项目分为国务院已研究确定项目、经常性专项业务费、跨年度项目和其他项目4类,分类不具有明确划分依据。暂不对行政事业类项目进行分类,为以后发展考虑留出分类段位,所有行政事业类项目先归为类别1),02—类别2,03—类别3,04—类别4。

基本建设类项目下设:00—基建并账项目(仅限基建并账时使用),01—业务项目,02—园区配套基础设施项目,03—台站受灾恢复重建项目,04—省气象局基础设施建设项目,05—重点工程项目。

科研项目下设:01—科技支撑计划项目,02—国家高技术研究发展计划(863计划)专项,03—公益性行业科研专项,04—国家重点基础研究发展计划(973计划)专项,99—其他。

对口支援项目下设:01—东西部对口支援项目,02—援疆项目,03—援藏项目,99—其他。

省级统筹安排项目下设:01—省级直属单位项目,02—地区级项目,03—县级项目,99—其他。

(5)项目明细分类:第9—10位及以后的位数。

如:安徽省气象局安庆雷达项目编码应为10—20—30—05—01—04—01,项目初始投资年份是2010年(10),项目资金来源为中央财政(20),项目属性为基本建设类项目(30),项目类别为重点工程项目下的雷达项目(05),安庆雷达项目(01,假设安徽省把安庆雷达自编为01),第11—12位的"04"代表雷达建设,最后的两位01代表雷达主机购置(假设安庆雷达项目在省里进行了更明细的分解,到地区或县级单位,则可以以分解预算继续向下编码)。

又如:某省气候中心2013年3月收到农业厅拨入的农业病虫灾害研究课题经费(横向课题)3万元,则借记"银行存款",贷记"其他收入",对其他收入进行辅助核算,资金来源辅助核算编码为005(科研课题收入),项目辅助核算编码为13—40—40—99—01,项目初始年份是2013年(13),项目资金来源为横向课题项目(40),项目属性为科研项目(40),项目类别为其他项目(99),项目明细为农业病虫灾害研究(01,假设是第1个项目)。支出时列"事业支出—项目支出",同样进行上述辅助核算。

表 5-8 项目辅助核算编码

年份	资金来源	项目属性	项目类别	项目明细分类		项目名称	备 注
××						年份(项目初始投资下达年份末两位数字)	年份仅作为项目属性
	10					基本支出	
	20					中央财政拨款安排的项目	此类项目指中央拨款和拼盘项目
		10				基本支出安排的项目	
		20				行政事业类项目	
			01			类别 1(暂定目前所有行政事业类项目全归在此类)	
				01		气象探空业务运行维持费	
				02		多普勒雷达运行维持费	
				03		自动气象站业务运行维持费	
				04		气象地面观测经费	
				05		卫星地面接收处理系统运行费	
				06		气象信息传输经费	
				07		高性能计算机维持费	
				08		气象预报预测经费	
				09		气象职业教育及培训经费	
				10		气象装备保障系统监控运行费	
				11		气象公共服务平台运转经费	
				12		人工影响天气补助资金	
				13		乡村气象服务专项经费	
				14		气象专用及办公设备购置费	
				15		气象探测物资储备经费	
				16		气象台站基础设施维修费	
				17		法制建设及行业标准规范经费	
				18		气象系统宣传经费	
				19		气象国际合作交流费用	
				20		气象关键技术集成与应用经费	
				21		气象台站综合保障经费	

续表

年份	资金来源	项目属性	项目类别	项目明细分类		项目名称	备注
				22		重大活动气象服务经费	
				23		气候变化业务经费	
				24		气候变化工作经费	
				25		气象科普经费	
				26		我国天气系统上游地区业务能力提升经费	
				27		城市气象防灾减灾专项经费	
				28		气象局出国费	
				29		气象局招待费	
				30		气象局其他外事费	
				31		气象台站交通工具购置经费	
				32		资金检查及项目评审经费	
				33		财务数据信息系统经费	
				34		气象业务档案整理经费	
				35		气象灾害应急管理经费	
				36		气象卫星专项资金	
				37		基本科研业务费	
				38		重点实验室	
				39		研究生培养经费	
				40		修购专项	
				41		公益性行业科研专项	
				42		管理费	
				43		重大科技专项	
				44		改革启动专项	
				45		可再生能源	
				46		世界气象组织会费	
				47		世界气象组织台风委员会捐款	
				48		世界气象组织捐赠	
				49		教学环境综合改造	
				50		救灾经费	

续表

年份	资金来源	项目属性	项目类别	项目明细分类		项目名称	备注
				51		气象服务媒介及资料制发	
				52		“三农”服务专项资金	
				53		气象行业重大政策研究	
				54		气候变化评估与决策咨询经费	
				55		气象灾害预警信息发布	
				56		人才建设经费	
				57		综合信息管理系统运行维护费	
				58		人工影响天气工作管理经费	
				59		气象大型探测装备大修经费	
				97		以前年度未含在上述分类中的项目	
				98		其他	
				99		机动经费	
			02			类别 2	
			03			类别 3	
			04			类别 4	
		30				基本建设类项目	此类项目下的 01—04 类项目分类，表中所列是按 2012 年发改委打捆项目分的，2013 年及以后年度打捆项目确定后如有变化再作增减
			00			基建并账项目	此项目仅限于基建并账使用
			01			业务项目	
				01		灾害天气短时临近预报预警业务系统升级项目	
				02		决策气象服务系统升级项目	
				03		电解制氢设备维修更新及 L 波段雷达大修项目	
				04		特色农业气象保障服务系统建设项目	

续表

年份	资金来源	项目属性	项目类别	项目明细分类		项目名称	备注
				05		气象科研院所能力建设项目	
				06		天气预报会商系统改造项目	
				07		神威高性能计算机能力扩充项目	
				08		办公综合管理信息系统开发建设项目	
				09		气象远程教育及资源共享建设项目	
				10		“十二五”重大工程及规划编制前期工作费项目	含2012年度气象重大工程前期工作费
				11		省级公共气象服务业务系统建设	
				12		华中区域电力气象全网服务基础能力建设	
				13		灾害性天气预报业务系统的改进与升级	
				14		极端天气气候事件监测预测业务平台建设	
				15		气象业务网络安全防护系统建设(一期)	
				16		南海海洋气象观测系统建设	
				17		L波段测风雷达大修周转雷达购置	
				18		中国气象局综合业务管理系统工程	
				19		中国气象局及部分省级应急平台建设	
				20		省级科研所计算能力和信息处理平台建设	
				21		专业人员实习实训环境建设	
				22		气象科普与宣传能力建设	
				23		西部省区特色气象监测服务建设	
				98		以前年度未含在上述分类中的项目	
				99		其他	
			02			园区配套基础设施项目	
				01		中国气象局值班宿舍楼建设项目	
				02		局大院基础设施建设项目	
				03		直属各单位水暖电路房等应急性建设项目	

续表

年份	资金来源	项目属性	项目类别	项目明细分类		项目名称	备注
				04		中国气象局培训中心3号楼改建项目	
				98		以前年度未含在上述分类中的项目	
				99		其他	
			03			台站受灾恢复重建项目	
				01		×××××××××	此级各省可加同级项目
				02		×××××××××	
				98		以前年度未含在上述分类中的项目	
				99		其他	
			04			省气象局基础设施建设项目	
				01		省局机关及直属单位基础设施项目	
				02		地区级气象局基础设施项目	
				03		县级气象局基础设施项目	
				04		新疆生产建设兵团气象配套设施建设	
				05		黑龙江农垦总局气象基础设施建设	
				98		以前年度未含在上述分类中的项目	
				99		其他	
			05			重点工程项目	
				01		雷达项目	各省应以单部雷达加下级明细
					01	远程通讯设备	此三项为中国气象局直属单位使用
					02	应用软件	
					03	其他费用(含雷达站选址费、雷达运输保险测试验收费、技术人员培训费和工程管理费)	
					04	雷达建设	各单位具体雷达项目可在此项目下增加下级明细
					05	雷达技术升级改造	

续表

年份	资金来源	项目属性	项目类别	项目明细分类		项目名称	备注
					06	雷达维修维护测试平台	
					07	雷达配套基础设施	
				02		卫星项目	
					01	风云一号卫星02批	
					02	风云二号卫星02批	
					03	风云二号卫星03批地面应用系统	
					04	风云三号气象卫星地面应用系统一期	
					05	风云三号气象卫星地面应用系统二期	
					98	以前年度未含在上述分类中的项目	
				03		气象监测与灾害预警项目	此类项目下级项目设置由各省按照下达各单位投资计划中的子项设置，同一子项分解到不同单位编码要相同，如2011年下达湖南的预警项目“宽带网地市级路由设备购置”项目，编码应为08（假设初始投资为08年）－20－30－05－03－01（01为单位自编码）。山洪地质灾害项目，要按年度、按计划下达批次对应批复的可行性研究报告设定下级项目
				04		国家突发公共事件预警信息发布系统项目	
				05		山洪地质灾害防治气象保障项目	
				06		气候变化应对决策支撑系统工程	
				07		东北区域人工影响天气能力建设	
				08		新一代天气雷达信息共享平台项目	
				09		全国千亿斤粮食气象保障工程项目	

续表

年份	资金来源	项目属性	项目类别	项目明细分类		项目名称	备注
				98		以前年度未含在上述分类中的项目	
				99		其他项目	
	30					地方财政拨款安排的项目	此类项目指全部资金为地方财政拨款项目
		10				基本支出安排的项目	
		20				行政事业类项目	
		30				基本建设类项目	
	40					横向课题项目	
		40				科研项目	
			01			科技支撑计划项目	
			02			国家高技术研究发展计划(863计划)专项	
			03			公益性行业科研专项	
			04			国家重点基础研究发展计划(973计划)专项	
			98			以前年度未含在上述分类中的项目	
			99			其他项目	
	50					自筹资金项目	此类项目指全部资金为自筹拨款项目
		30				基本建设类项目	
		40				科研项目	
		50				对口支援项目	
			01			东西部对口支援项目	
			02			援疆项目	
			03			援藏项目	
			99			其他项目	
		60				省级统筹安排项目	
			01			省级直属单位项目	

续表

年份	资金来源	项目属性	项目类别	项目明细分类		项目名称	备注
			02			地区级项目	
			03			县级项目	
			99			其他项目	
		70				扶贫开发项目	
		90				其他项目	
	90					其他资金项目	
		20				行政事业类项目	
		30				基本建设类项目	
		40				科研项目	
		90				其他项目	

对于科技支撑和行业专项支出以及人工影响天气专项支出单独设立辅助项目明细账进行核算。

科技支撑和行业专项支出：编码规则是3—3—3，各单位可根据实际支出情况，按《公益性行业科研专项经费管理试行办法》（财教〔2006〕219号）、《国家科技支撑计划专项经费管理办法》（财教〔2006〕160号）、《国家重点基础研究发展计划专项经费管理办法》（财教〔2006〕159号）、《国家高技术研究发展计划（863计划）专项经费管理办法》（财教〔2006〕163号）文件规定的科目开支范围和开支内容设立下级科目。

表5-9　科技支撑和行业专项支出辅助核算编码

编码	预算科目名称
001	设备费
001001	购置设备费
001002	试制设备费
001003	设备改造与租赁费
002	材料费
003	测试化验加工费
004	燃料动力费
005	差旅费
006	会议费
007	国际合作与交流费
008	出版/文献/信息传播/知识产权事务费
009	劳务费

续表

编码	预算科目名称
010	专家咨询费
011	其他
012	管理费
013	绩效

人工影响天气专项支出：编码规则是3—3—3，该辅助核算专门用于地方政府人影专项经费的辅助核算，各单位可根据需求选择此功能，如果选择，则一级不可改动，下级可参考使用。

表5-10 人工影响天气专项支出辅助核算编码

科目编码			预算科目名称
一级	二级	三级	
001			租机费
	001		停机费
	002		飞行小时费
002			保障费
	001		空域保障费
	002		机场保障费
	003		机场公安保障费
	004		油料设备使用费
	005		机场武警守机费
	006		机场公安办证费用
	007		机场调度电话费
	008		空管机场工作人员误餐费
	009		机场气象台起降保障费
	010		飞机起降费
003			业务运行维持费
	001		办公耗材费
	002		交通费
	003		差旅费
	004		取暖费
	005		作业指挥费
	006		业务运行费

续表

科目编码			预算科目名称
一级	二级	三级	
	007		设备维护及维修
	008		培训费
	009		公告费
	010		会议费
	011		火箭运费
	012		仓储费
	013		催化剂费
		001	焰弹
		002	焰条
004			机组及作业人员食宿及其他费用
	001		机组人员住宿费
	002		工作人员住宿费
	003		飞行人员伙食补助费
	004		作业人员伙食补助费
	005		飞行小时补助费
	006		飞行营养补助费
	007		作业人员空中保险费
	008		接待费
	009		民兵工资
	010		取暖、灶具、被服等购置费
005			地面作业经费
	001		炮弹
	002		火箭弹
	003		碘化银
	004		燃烧炉用丙酮
	005		碘化铵
	006		仓储费
	007		运费
006			设备年检维修及其他费用
	001		技术人员补助费

续表

科目编码			预算科目名称
一级	二级	三级	
	002		年检维修人员野外补助费
	003		野外装备费
	004		年检维修车租赁
	005		效果分析及论证费
	006		咨询、技术分析与协作费
007			高炮维修年检费
	001		配件费
	002		维修高炮军械师工资
	003		高炮年检费
	004		年检、维修人员野外补助费
	005		年检人员住宿费
	006		野外工作服
	007		年检维修车租赁
008			防雹空域申请协调费
009			通讯费
010			慰问费
011			工作达标奖励及通信维修费
012			冰雹灾害调查
013			其他经费
	001		效果分析及论证费
	002		咨询、技术分析与协作费
	003		其他

4.部门辅助核算

中国气象局对按部门进行辅助核算没有严格强制要求,各单位可根据实际需要,对相关收支类科目自行建立部门辅助核算,编码规则是2—2—2—2,对第1—2位已规定为:01—下级单位,02—职能部门。各单位可以增加下级科目,但不能增加平级科目。

5.往来辅助核算

中国气象局对资产、负债类的往来科目设置了按往来款项进行辅助核算,编码规则是2—3—3—3,各单位可根据实际需要使用,可以增加下级科目,但不能增加平级科目。

表 5-11　往来辅助核算编码

科目编码		科目名称
一级	二级	
01		部门内部往来
	001	单位
	002	在职人员
	003	离退休人员
	999	其他
02		部门外部往来
	001	单位
	002	个人
	999	其他

6. 支付方式辅助核算

中国气象局对按资金支付方式进行辅助核算没有严格强制要求，各单位可根据实际需要，对涉及需要政府采购的相关支出明细科目自行建立支付方式辅助核算，编码规则是3－3－3－3。各单位可以增加下级科目，但不能增加平级科目。

表 5-12　资金支付方式辅助核算编码

科目编码				科目名称
一级	二级	三级	四级	
001				未纳入国库集中支付的财政补助收入
	001			政府采购
		001		政府集中采购
		002		部门集中采购
		003		分散采购
	002			非政府采购
002				纳入国库集中支付的财政补助收入
	001			直接支付
		001		政府采购
			001	政府集中采购
			002	部门集中采购
			003	分散采购
		002		非政府采购
	002			授权支付

续表

科目编码				科目名称
一级	二级	三级	四级	
		001		政府采购
			001	政府集中采购
			002	部门集中采购
			003	分散采购
		002		非政府采购
003				其他资金
	001			政府采购
		001		政府集中采购
		002		部门集中采购
		003		分散采购
	002			非政府采购

八、事业支出的会计处理

(一)事业支出会计处理的重点和难点

事业支出是事业单位的主要支出内容,反映了事业单位的刚性支出,其实际意义和重要性是不言而喻的。因此,对事业支出的核算,重点在于准确把握各项支出的内容(即支出明细科目反映的核算内容)及列报口径,正确使用科目去归集各项支出;难点在于会计处理过程中进行的一系列辅助核算,应做到准确、完整、真实。另外,就是在年终对事业支出进行结转时,对事业支出下的财政补助支出、非财政专项资金支出和其他资金支出,要认真区分,因为对这三类资金的管理是不同的,结转时分别进入财政补助结转、非财政补助结转和事业结余。

(二)事业支出的主要账务处理

(1)为从事专业业务活动及其辅助活动人员计提的薪酬等,借记“事业支出”科目,贷记“应付职工薪酬”等科目。

(2)开展专业业务活动及其辅助活动领用的存货,按领用存货的实际成本,借记“事业支出”科目,贷记“存货”科目。

(3)开展专业业务活动及其辅助活动中发生的其他各项支出,借记“事业支出”科目,贷记“库存现金”、“银行存款”、“零余额账户用款额度”、“财政补助收入”等科目。

(4)期末,将“事业支出”科目(财政补助支出)本期发生额结转入“财政补助结转”科目,借记“财政补助结转—基本支出结转、项目支出结转”科目,贷记“事业支出”科目(基本支出—财政补助支出、项目支出—财政补助支出);将“事业支出”科目(非财政专项资金支出)本期发生额结转入“非财政补助结转”科目,借记“非财政补助结转”科目,贷记“事业支出”科目(项目支出—非财政专项资金支出);将“事业支出”科目(其他资金支出)本期发生额结转入“事业结余”科目,借记“事业结余”科目,贷记“事业支出”科目(基本支出—其他资金支出、项目支出—其他资金支出)。

(5)期末结账后,“事业支出”科目应无余额。

(三)事业支出会计处理举例

【例 5-1】某单位办公室职工李某用现金 540 元购买办公室用清洁用品(假设供应商不具备刷公务卡的条件),经单位领导审批后从中央财政当年安排的气象事业机构经费的基本支出中列支。应编制会计分录:

借:事业支出一基本支出一商品和服务支出一办公费　540

(辅助核算:功能科目选为 2200504 气象事业机构,资金来源选为 001001 当年中央财政预算拨款,项目选为 1310 基本支出,部门核算根据单位的设置可选可不选)

贷:库存现金一零余额现金一事业现金　540

(辅助核算:功能科目选为 2200504 气象事业机构,资金来源选为 001001 当年中央财政预算拨款)

【特别说明】在本节“七(二)事业支出的辅助核算”中对辅助核算进行了详细描述和讲解,在以下的会计分录中全部省略辅助核算的列示。

【例 5-2】某单位开出转账支票,支付×月份水费 2 700 元,从中央财政当年安排的气象事业机构的基本支出经费中列支。应编制会计分录:

借:事业支出一基本支出一商品和服务支出一水费　2 700

贷:零余额账户用款额度一基本支出用款额度　2 700

【例 5-3】某单位开出转账支票,支付×月份多普勒雷达电费 4 500 元,从中央财政当年安排的多普勒雷达运行维持项目经费中列支。应编制会计分录:

借:事业支出一项目支出一商品和服务支出一电费　4 500

贷:零余额账户用款额度一项目支出用款额度

一事业项目支出用款额度　4 500

【例 5-4】某单位开出转账支票 25 000 元,购置 4 台办公用台式计算机,从中央财政当年安排的气象事业机构的基本支出经费中列支。应编制会计分录:

借:事业支出一基本支出一其他资本性支出一办公设备购置　25 000

贷:零余额账户用款额度一基本支出用款额度　25 000

同时:

借:固定资产一通用设备一计算机设备一台式计算机　25 000

贷:非流动资产基金一固定资产　25 000

【例 5-5】某单位委托银行代发在职职工×月工资,工资发放情况表为:基本工资 45 600 元,地方各项津贴和补贴 26 000 元,独生子女父母奖励金 500 元;代扣个人住房公积金 4 296 元,代扣个人养老保险费 1 432 元,代扣个人所得税 800 元。基本工资从中央财政当年安排的气象事业机构基本支出经费中列支,地方各项津贴和补贴从地方财政当年安排的气象事业机构基本支出经费中列支(假设地方财政安排的全部气象事业补助经费均拨入本单位基本银行账户,下同),独生子女父母奖励金从单位自有资金中列支。财务人员根据实际发放金额开具两张转账支票,其中:零余额账户转账支票一张 46 100 元;基本银行账户转账支票一张 19 472 元。应编制会计分录:

借:事业支出一基本支出一工资福利支出一基本工资一事业单位工资　45 600

事业支出－基本支出－工资福利支出－津贴补贴

－地方(部门)津补贴 26 000

事业支出－基本支出－对个人和家庭的补助－奖励金

－独生子女

父母奖励 500

贷:应付职工薪酬－工资(离退休费)－编内在职人员－事业人员 45 600

应付职工薪酬－地方(部门)津贴补贴－编内在职人员－事业人员 26 000

应付职工薪酬－其他个人收入－在职人员－个人奖励金 500

同时:

借:应付职工薪酬－工资(离退休费)－编内在职人员－事业人员 45 600

应付职工薪酬－地方(部门)津贴补贴－编内在职人员－事业人员 26 000

应付职工薪酬－其他个人收入－在职人员－个人奖励金 500

贷:其他应付款－代扣保险费 1 432

其他应付款－代扣住房公积金 4 296

应缴税费－个人所得税 800

银行存款－基本账户存款 19 472

零余额账户用款额度－基本支出用款额度 46 100

【例 5-6】某单位向当地社保部门缴纳职工×月份基本养老保险费 17 200 元,财务开具两张转账支票,其中:基本账户转账支票一张,系代扣的个人养老保险费 1 432 元;零余额账户转账支票一张,系单位从中央财政当年安排的气象事业机构基本支出经费中支付的养老保险费 15 768 元。应编制会计分录:

借:事业支出－基本支出－工资福利支出－社会保障缴费

－基本养老保险费 15 768

贷:应付职工薪酬－社会保险费 15 768

同时:

借:应付职工薪酬－社会保险费 15 768

其他应付款－代扣保险费 1 432

贷:银行存款－基本账户存款 1 432

零余额账户用款额度－基本支出用款额度 15 768

【例 5-7】缴纳职工×月份住房公积金,以银行存款 8 592 元缴纳当地住房公积金管理中心,开具两张转账支票,其中:基本账户转账支票一张,系由单位代扣的个人负担住房公积金 4 296元;零余额账户转账支票一张,系单位负担的住房公积金 4 296 元。应编制会计分录:

借:事业支出－基本支出－对个人和家庭的补助－住房公积金 4 296

贷:应付职工薪酬－住房公积金 4 296

同时:

借:应付职工薪酬－住房公积金 4 296

其他应付款－代扣住房公积金 4 296

贷:银行存款－基本账户存款 4 296

零余额账户用款额度－基本支出用款额度 4 296

【例 5-8】某单位按职工工资总额的一定比例，计算提取职工福利费 2 200 元。应编制会计分录：

借:事业支出一基本支出一商品和服务支出一福利费 2 200

贷:专用基金一职工福利基金一提取福利费 2 200

这里需要注意的是："事业支出"科目下的"福利费"明细科目，反映的是按规定每月提取的福利费，而不是实际开支的职工福利费支出。

对于职工福利费的计提和支出，统一规定处理方法如下：

(1)地方有文件规定提取的，则按规定的比例先计提转入专用基金后再使用；

(2)地方规定在一定的比例范围内据实列支的，则按实际支出数提取转入专用基金后列支(即应反映计提过程)。会计分录为：

借:事业支出—基本支出—商品和服务支出一福利费

贷:专用基金—职工福利基金—提取福利费

同时：

借:专用基金—职工福利基金—提取福利费

贷:银行存款—基本账户存款

【例 5-9】按职工工资总额的一定比例计提×月工会经费 2 000 元，其中:从中央财政当年安排的气象事业机构基本支出经费中列报 800 元，从自有资金中列报 1 200 元。计算提取后连同在工资中代扣的个人缴交会费 500 元共 2 500 元，直接转入本单位设立的独立核算的工会基本存款账户。应编制会计分录：

借:事业支出一基本支出一商品和服务支出一工会经费 2 000

其他应付款一代扣工会会费 500

贷:零余额账户用款额度一基本支出用款额度 800

银行存款一基本账户存款 1 700

同样，这里需要注意的是："事业支出"科目下的"工会经费"明细科目，反映的是按规定每月提取的工会经费，而不是实际开支的工会活动支出。

如果单位的工会组织没有开立银行账户进行独立核算，则可以直接列支或先计提后列支。

①直接列支:按用于工会活动的实际支出数直接列支。

【例 5-10】转账划拨应上缴上级工会组织的会费 5 000 元，其中在职工个人缴交的工会会费中列支 2 500 元(已知职工个人缴交的工会会费已在工资发放时代扣)，单位负担 2 500 元。应编制会计分录：

借:其他应付款一代扣工会会费 2 500

事业支出一基本支出一商品和服务支出一其他商品和服务支出

一会员费 2 500

贷:银行存款一基本账户存款 5 000

用转账支票购买工会活动用体育用品 2 000 元，其中在职工个人缴交的工会会费中列支 1 000 元(已知职工个人缴交的工会会费已在工资发放时代扣)，单位负担 1 000 元。应编制会计分录：

借:事业支出一基本支出一商品和服务支出一其他商品和服务支出

一工青党团妇活动费 1 000

其他应付款－代扣工会会费 1 000

贷:银行存款－基本账户存款 2 000

②先计提后列支:单位先按规定每月计提工会经费,连同职工个人缴交的会费合并入专门的明细账户,再按用于工会活动的实际支出数列支。

【例 5-11】将在工资中代扣的职工个人需缴交的工会会费 3 000 元转入明细账户时,编制的会计分录为:

借:其他应付款－代扣工会会费 3 000

贷:专用基金－其他专用基金－其他－工会经费 3 000

按职工工资总额的一定比例计提×月工会经费 10 000 元,其中:从中央财政当年安排的气象事业机构基本支出经费中列报 4 000 元,从自有资金中列报 6 000 元。编制的会计分录为:

借:事业支出－基本支出－商品和服务支出－工会经费(分资金来源核算) 10 000

贷:专用基金－其他专用基金－其他－工会经费 10 000

用转账的方式购买工会活动用体育用品 7 000 元,其中:从中央财政当年安排的气象事业机构基本支出经费中列报 4 000 元,从自有资金中列报 3 000 元。编制的会计分录为:

借:专用基金－其他专用基金－其他－工会经费 7 000

贷:零余额账户用款额度－基本支出用款额度 4 000

银行存款－基本账户存款 3 000

【例 5-12】某单位职工李某出差回来报销差旅费 2 800 元,其中用公务卡支付火车票款 1 000元、住宿费 1 000 元,剩下的伙食补助费 500 元和公杂费 300 元以现金支付。已知该差旅费全部使用中央财政当年安排的气象事业机构基本支出经费。应编制会计分录:

借:事业支出－基本支出－商品和服务支出－差旅费 2 800

贷:其他应付款－待清算公务卡报销额度 2 000

应付职工薪酬－其他个人收入－在职人员－出差人员伙食补助费 500

应付职工薪酬－其他个人收入－在职人员－出差人员公杂费 300

同时:

借:应付职工薪酬－其他个人收入－在职人员－出差人员伙食补助费 500

应付职工薪酬－其他个人收入－在职人员－出差人员公杂费 300

贷:库存现金－零余额现金－事业现金 800

月末通过公务卡管理系统还款时,会计分录为:

借:其他应付款－待清算公务卡报销额度 2 000

贷:零余额账户用款额度－基本支出用款额度 2 000

【例 5-13】某单位会计张某月末计算出事业收入应负担的营业税 50 元,次月初用公务卡直接支付,经批准后在自有资金中报销。应编制会计分录:

a. 月末计算后:

借:事业支出－基本支出－商品和服务支出－税金及附加费用－营业税 50

贷:应缴税费－营业税 50

b. 次月缴交报销时:

借:应缴税费－营业税 50

贷:其他应付款一待清算公务卡报销额度　50

同时:

借:其他应付款一待清算公务卡报销额度　50

贷:银行存款一单位卡存款　50

(备注:在本例中,各单位也可不通过“其他应付款一待清算公务卡报销额度”科目过渡核算,通过该科目过渡核算的目的主要是为了方便统计公务卡消费使用情况)

【例5-14】某单位谢某从仓库中领用了一批办公用品,总价值3 000元。应编制会计分录:

借:事业支出一基本支出一商品和服务支出一办公费　3 000

贷:存货一其他一办公用品　3 000

【例5-15】某单位月初以自有资金支付了邮电费18 000元,其中,由于某种原因多支付了16 200元,实际应支付1 800元,对方在月底前及时将多支付的16 200元退回单位的基本账户。应编制会计分录:

借:银行存款—基本账户存款　16 200

贷:事业支出—基本支出—商品和服务支出—邮电费　16 200

【例5-16】某单位开展某项目的专家论证会,按批复预算支付会议费3 567元、外单位3位论证专家的劳务费各1 000元,并为他们代扣代缴个人所得税150元。经批准这些费用全部在中央财政当年安排的气象服务项目支出经费中列支。会议费以转账方式支付,劳务费以现金支付。应编制会计分录:

借:事业支出—项目支出—商品和服务支出—会议费　3 567

事业支出—项目支出—商品和服务支出—劳务费　3 150

贷:应缴税费一个人所得税　150

库存现金—零余额现金—事业现金　3 000

零余额账户用款额度—项目支出用款额度—事业项目支出用款额度　3 567

【例5-17】某单位开出一张转账支票,支付复印机和打印机的日常维护费用3 000元,经批准在中央财政当年安排的气象事业机构基本支出经费中列支。应编制会计分录:

借:事业支出—基本支出—商品和服务支出—维修(护)费　3 000

贷:零余额账户用款额度一基本支出用款额度　3 000

【例5-18】某单位经批准购置用于公务的小轿车1辆,开出转账支票分别支付了小轿车的车价款150 000元,车辆购置税2 500元,牌照入户费2 000元,城市路桥年票款980元,车辆保险费3 000元,全部在中央财政当年安排的气象事业机构项目支出经费中列支。小轿车已经资产管理人员验收并交付使用。应编制会计分录:

借:事业支出—项目支出一其他资本性支出—公务用车购置—小轿车　154 500

事业支出—项目支出一商品和服务支出—公务用车运行维护费

—公务用车过路过桥费　980

事业支出一项目支出一商品和服务支出—公务用车运行维护费

—公务用车保险费　3 000

贷:零余额账户用款额度一项目支出用款额度

一事业项目支出用款额度　158 480

同时:

借:固定资产—通用设备—交通工具—汽车—小轿车　　154 500

　贷:非流动资产基金－固定资产　　154 500

【例 5-19】某单位××××年 12 月 31 日“事业支出”各明细科目按资金来源进行辅助核算后的借方累计余额如下表(其他辅助核算忽略,假设地方财政安排的气象事业经费在“其他收入－地方财政补助收入”科目核算),要求按会计制度的规定进行年终结转。

表 5-13　××××年 12 月 31 日事业支出期末借方累计余额表　　单位:元

事业支出明细科目名称				借方累计余额	其中:资金来源辅助核算			
二级	三级	四级	五级		当年中央财政拨款	当年地方财政拨款	科研课题收入	自有资金
基本支出	工资福利支出	基本工资		3 250	3 250			
		津贴补贴	地方(部门)津补贴	5 620		5 620		
	商品和服务支出	社会保障缴费	基本养老保险费	2 560				2 560
		办公费		1 000	1 000			
		水费		3 450	2 500	950		
		电费		10 100	3 600	6 500		
		邮电费		500	250	250		
		公务用车运行维护费	公务用车燃料费	4 300	2 000	2 300		
			公务用车过路过桥费	1 625	1 200	425		
			公务用车保险费	4 850	3 200	1 650		
		差旅费		3 800	1 500	2 300		
		维修(护)费		4 810	2 300	2 510		
		会议费		6 150	2 500	3 650		
		工会经费		612	362			250
		福利费		1 200	550			650
		税金及附加费用		1 200				1 200
		其他商品和服务支出	会员费	1 200				1 200
			工青党团妇活动费	3 256				3 256
	对个人和家庭的补助	奖励金	独生子女父母奖励	500				500
		住房公积金		8 875	3 265			5 610
		购房补贴		2 310	2 310			
	其他资本性支出	公务用车购置	小轿车	158 000				158 000

续表

事业支出明细科目名称				借方累计余额	其中:资金来源辅助核算			
二级	三级	四级	五级		当年中央财政拨款	当年地方财政拨款	科研课题收入	自有资金
项目支出	商品和服务支出	办公费		3 010	200	2 560	250	
		印刷费		650			650	
		邮电费		3 942	300	3 642		
		差旅费		11 390	500	5 690	5 200	
		维修(护)费		18 805	600	15 605	2 600	
项目支出		会议费		14 110	2 560	2 650	8 900	
		培训费		2 100			2 100	
		劳务费		3 150	3 150			
	其他资本性支出	专用设备购置	地面观测设备	8 000			8 000	
		信息网络及软件购置更新	计算机	6 000			6 000	
合　计				300 325	37 097	56 302	33 700	173 226

a.对当年中央财政预算安排的事业支出 37 097 元进行结转

根据财政部对中央预算资金的管理要求,基本支出中的人员经费、日常公用经费和项目支出这三者是不能互相挤占和挪用的。因此,在年终结转时应严格区分,分别进行。应编制会计分录:

借:财政补助结转—基本支出结转—人员经费　8 825

　财政补助结转—基本支出结转—日常公用经费　20 962

　财政补助结转—项目支出结转—事业项目支出结转　7 310

　贷:事业支出—基本支出—工资福利支出—基本工资　3 250

　　事业支出—基本支出—商品和服务支出—办公费　1 000

　　事业支出—基本支出—商品和服务支出—水费　2 500

　　事业支出—基本支出—商品和服务支出—电费　3 600

　　事业支出—基本支出—商品和服务支出—邮电费　250

　　事业支出—基本支出—商品和服务支出—公务用车运行维护费—公务用车燃料费　2 000

　　事业支出—基本支出—商品和服务支出—公务用车运行维护费—公务用车过路过桥费　1 200

　　事业支出—基本支出—商品和服务支出—公务用车运行维护费—公务用车保险费　3 200

　　事业支出—基本支出—商品和服务支出—差旅费　1 500

事业支出—基本支出—商品和服务支出—维修(护)费 2 300
事业支出—基本支出—商品和服务支出—会议费 2 500
事业支出—基本支出—商品和服务支出—工会经费 362
事业支出—基本支出—商品和服务支出—福利费 550
事业支出—基本支出—对个人和家庭的补助—住房公积金 3 265
事业支出—基本支出—对个人和家庭的补助—购房补贴 2 310
事业支出—项目支出—商品和服务支出—办公费 200
事业支出—项目支出—商品和服务支出—邮电费 300
事业支出—项目支出—商品和服务支出—差旅费 500
事业支出—项目支出—商品和服务支出—维修(护)费 600
事业支出—项目支出—商品和服务支出—会议费 2 560
事业支出—项目支出—商品和服务支出—劳务费 3 150

b.对当年地方财政预算安排的事业支出 56 302 元进行结转

在年终结转时,应根据地方财政部门对预算资金的管理要求进行,一般地,基本支出中的人员经费、日常公用经费和项目支出这三者也是不能互相挤占和挪用的。因此,也要严格区分。应编制会计分录:

借:非财政补助结转—地方财政补助结转—基本支出结转—人员经费 5 620
非财政补助结转—地方财政补助结转—基本支出结转—日常公用经费 20 535
非财政补助结转—地方财政补助结转—项目支出结转
—事业项目支出结转 30 147
贷:事业支出—基本支出—工资福利支出—津贴补贴
—地方(部门)津补贴 5 620
事业支出—基本支出—商品和服务支出—水费 950
事业支出—基本支出—商品和服务支出—电费 6 500
事业支出—基本支出—商品和服务支出—邮电费 250
事业支出—基本支出—商品和服务支出—公务用车运行维护费—公务用车燃料费
2 300
事业支出—基本支出—商品和服务支出—公务用车运行维护费—公务用车过路过桥费 425
事业支出—基本支出—商品和服务支出—公务用车运行维护费—公务用车保险费
1 650
事业支出—基本支出—商品和服务支出—差旅费 2 300
事业支出—基本支出—商品和服务支出—维修(护)费 2 510
事业支出—基本支出—商品和服务支出—会议费 3 650
事业支出—项目支出—商品和服务支出—办公费 2 560
事业支出—项目支出—商品和服务支出—邮电费 3 642
事业支出—项目支出—商品和服务支出—差旅费 5 690
事业支出—项目支出—商品和服务支出—维修(护)费 15 605
事业支出—项目支出—商品和服务支出—会议费 2 650

c. 对当年的科研课题支出 33 700 元进行结转

应编制会计分录：

借：非财政补助结转—课题等专项资金结转　33 700

　贷：事业支出—项目支出—商品和服务支出—办公费　250

　　事业支出—项目支出—商品和服务支出—印刷费　650

　　事业支出—项目支出—商品和服务支出—差旅费　5 200

　　事业支出—项目支出—商品和服务支出—维修(护)费　2 600

　　事业支出—项目支出—商品和服务支出—会议费　8 900

　　事业支出—项目支出—商品和服务支出—培训费　2 100

　　事业支出—项目支出—其他资本性支出—专用设备购置

　　　—地面观测设备　8 000

　　事业支出—项目支出—其他资本性支出—信息网络及软件购置更新

　　　—计算机　6 000

d. 对当年的自有资金安排的事业支出 173 226 元进行结转

应编制会计分录：

借：事业结余　173 226

　贷：事业支出—基本支出—工资福利支出—社会保障缴费—基本养老保险费

　　　2 560

　　事业支出—基本支出—商品和服务支出—工会经费　250

　　事业支出—基本支出—商品和服务支出—福利费　650

　　事业支出—基本支出—商品和服务支出—税金及附加费用　1 200

　　事业支出—基本支出—商品和服务支出—其他商品和服务支出

　　　—会员费　1 200

　　事业支出—基本支出—商品和服务支出—其他商品和服务支出

　　　—工青党团妇活动费　3 256

　　事业支出—基本支出—对个人和家庭的补助—奖励金—独生子女

父母奖励　500

　　事业支出—基本支出—对个人和家庭的补助—住房公积金　5 610

　　事业支出—基本支出—其他资本性支出—公务用车购置—小轿车　158 000

(四)特殊事项的会计处理

单位项目(含科研课题)的各项支出的会计核算参照上述“事业支出会计账务处理”进行，列入“事业支出—项目支出”，按支出功能分类、资金来源、项目名称等设置辅助核算，在此不一一列举。对于项目支出，要以上级部门批复下达预算文件，经批准的实施方案或任务书等材料作为支出的依据。

2012 年 12 月财政部印发的《事业单位会计制度》取消了“拨出经费”、“拨出专款”两个科目，但由于气象部门还有部分基层单位尚未实行国库集中支付，中央或地方财政下达的财政预算经费需要上级主管部门转拨，部分科研课题经费也需要转拨。因此，中国气象局对这些特殊事项的会计处理做出了统一规定，分别说明如下：

1. 转拨中央(地方)财政预算经费

目前气象部门的个别基层预算单位,由于各种原因尚未实行国库集中制度改革,没有开设零余额账户,其中央或地方财政预算经费仍由其上级单位转拨,原制度使用“拨出经费”科目,在新制度下将通过“其他应付款—内部单位往来”科目进行处理。上级单位收到时借记“零余额账户用款额度”,贷记“其他应付款—内部单位往来”,转拨时借记“其他应付款—内部单位往来”,贷记“零余额账户用款额度”。下级单位收到时借记“银行存款”,贷记“财政补助收入”或“其他收入”。随着国库集中制度改革的深入,逐步推进至所有预算单位,这个特殊会计处理事项将逐步取消。

上级单位转拨所属预算单位的中央(地方)财政预算经费要以批复下达的部门预算为依据,不得随意扣减或增加。

如果上级单位收到资金后,暂时不能确定分配给哪个下属单位,则应先全部记入“其他收入”或“财政补助收入”,待明确后,凭相关文件资料等予以冲减。

【例 5-20】某上级单位转拨所属预算单位×月份的中央财政预算经费 40 000 元,其中气象事业机构基本支出经费 30 000 元,气象探测项目支出经费 5 000 元,住房公积金 5 000 元。应编制会计分录:

借:其他应付款—内部单位往来—××单位　　40 000
　贷:零余额账户用款额度—基本支出用款额度(气象事业机构)　　30 000
　　零余额账户用款额度—基本支出用款额度(住房公积金)　　5 000
　　零余额账户用款额度—项目支出用款额度
　　　—事业项目支出用款额度(气象探测)　　5 000

【例 5-21】某上级单位转拨所属预算单位×月份的地方财政预算经费 100 000 元,其中气象事业机构基本支出经费 70 000 元,气象探测项目支出经费 30 000 元。应编制会计分录:

借:其他应付款—内部单位往来—××单位　　100 000
　贷:零余额账户用款额度—基本支出用款额度(气象事业机构)　　70 000
　　零余额账户用款额度—项目支出用款额度
　　　—事业项目支出用款额度(气象探测)　　30 000
　或:银行存款—基本账户存款　　100 000

2.转拨科研课题经费

如果转拨的单位是科研课题的协作完成单位,对本省气象部门内的单位,在新制度下将通过“其他应付款—内部单位往来”科目进行处理,会计处理与上述“转拨中央(地方)财政预算经费”类似;对省外气象部门和气象部门外的单位,则应与协作单位签订相关合同(协议),在新制度下将通过“事业支出—项目支出—商品和服务支出—委托业务费”科目进行处理。如果是纯粹通过本单位转拨科研课题经费的,则应通过“其他应付款—内部单位往来”科目进行处理。

【例 5-22】某省气象局将省农业厅拨来的科研课题经费 30 000 元转拨给省气候中心(项目承担单位)。应编制会计分录:

借:其他应付款—内部单位往来—省气候中心　　30 000
　贷:银行存款—基本账户存款　　30 000

【例 5-23】某省气候中心将省农业厅拨来的科研课题经费 60 000 元转拨××大学,该大学是此课题的协作完成单位,省气候中心与××大学签订了委托协议。应编制会计分录:

借:事业支出—项目支出—商品和服务支出—委托业务费　　60 000

贷:银行存款—基本账户存款　60 000

【例 5-24】某省气象局作为申报科研课题的牵头单位,联合省农业厅向省科技厅申报科研课题经费 100 000 元,省气象局负责部分为 60 000 元,省农业厅负责部分为 40 000 元。收到省科技厅拨来的课题经费 100 000 元后,将 40 000 元转拨给省农业厅。

收到时,应编制会计分录:

借:银行存款—基本账户存款　100 000

贷:其他收入—科研课题收入　60 000

其他应付款—省农业厅　40 000

转拨时,应编制会计分录:

借:其他应付款—省农业厅　40 000

贷:银行存款—基本账户存款　40 000

假设上述【例 5-24】中,某省气象局仅是科研课题的申报单位,而实际承担课题研究的单位是气象台和气候中心。那么,省气象局收到款项时,就应通过"其他应付款—内部单位往来"科目核算,气象台和气候中心收到时分别以"其他收入—科研课题收入"进行核算。

第三节　上缴上级支出的核算

上缴上级支出是指事业单位按照财政部门和主管部门的规定上缴上级单位的支出。根据《事业单位会计制度》规定,上缴上级单位支出的资金来源,主要是除财政补助收入以外的各项收入,即财政补助收入不能用于上缴上级支出。

上缴上级支出必须由财政部门会同主管部门确定,实行收入上缴是有条件的,即少数事业单位非财政补助收入较多,且超过其正常支出也比较多,才可以按照财政部门和主管部门的规定实行收入上缴办法。上缴上级支出并不是本单位的正常支出,而是具有调剂性质的支出。

为了反映和核算事业单位按照财政部门和主管部门的规定上缴上级单位的支出业务,事业单位会计应设置"上缴上级支出"账户,应当按照收缴款项单位、缴款项目、《政府收支分类科目》中"支出功能分类"相关科目等进行明细核算。当上缴上级款项时,借记"上缴上级支出"科目,贷记"银行存款"等科目;退回上缴款项时,作相反分录;年终将上缴上级支出累计借方余额结转时,借记"事业结余"科目,贷记"上缴上级支出"科目。年终结账后无余额。

【例 5-25】某事业单位按规定应将其事业收入的 20%上缴上级主管单位。该事业单位本期共取得事业收入 100 000 元。

应上缴上级单位数=100 000×20%=20 000(元)

应编制会计分录:

借:上缴上级支出—××单位　20 000

贷:银行存款—基本账户存款　20 000

【例 5-26】某事业单位收到上级单位退回的多上缴的 10 000 元。

应编制会计分录:

借:银行存款—基本账户存款　10 000

贷:上缴上级支出—××单位　10 000

【例 5-27】年终结转账务时，某事业单位将“上缴上级支出”累计借方余额 240 000 元进行会计处理。

借：事业结余　240 000

　贷：上缴上级支出—××单位　240 000

第四节　对附属单位补助支出的核算

对附属单位补助支出是指事业单位用财政补助收入之外的收入对附属单位补助发生的支出。它也不是本单位的正常支出，而是具有调剂性质的支出，需要注意的是，这里所说的附属单位是指事业单位下属独立核算的单位，包括事业单位和企业单位。上级单位对附属单位补助支出不能使用财政补助收入，若是财政补助收入，则应通过调整预算批复下达，不属于对附属单位补助支出范畴。

为了反映和核算对附属单位补助发生的支出业务，事业单位应设置“对附属单位补助支出”总账科目，按照接受补助单位、补助项目、《政府收支分类科目》中“支出功能分类”相关科目等进行明细核算。当事业单位对附属单位补助时，借记“对附属单位补助支出”科目，贷记“银行存款”等科目；收回补助时，作相反的会计分录；年终将该账户累计借方余额结转时，借记“事业结余”科目，贷记“对附属单位补助支出”科目。年终结账后无余额。

【例 5-28】某事业单位用自有资金对附属事业单位一次性补助 55 000 元。应编制会计分录：

借：对附属单位补助支出—对下属事业单位补助支出—××单位　55 000

　贷：银行存款—基本账户存款　55 000

【例 5-29】某事业单位收到附属事业单位退回的一次性补助 30 000 元。应编制会计分录：

借：银行存款—基本账户存款　30 000

　贷：对附属单位补助支出—对下属事业单位补助支出—××单位　30 000

【例 5-30】年终结转账务时，某单位将“对附属单位补助支出”借方余额 25 000 元进行会计处理。应编制会计分录：

借：事业结余　25 000

　贷：对附属单位补助支出—对下属事业单位补助支出—××单位　25 000

第五节　经营支出的核算

经营支出是指事业单位在专业业务活动及其辅助活动之外开展非独立核算经营活动发生的支出，是为了扩大服务，利用技术、资源等优势开展非独立核算经营服务活动所发生的资金和物资的消耗。事业单位开展经营活动的目的主要是弥补事业经费的不足。

对于气象部门来说，经营支出是气象科技服务支出的主要内容。气象科技服务是指利用气象业务服务产品、科研成果和资产等国有资源，在确保公益性气象服务的前提下，根据经济社会发展和市场需求，依照国家有关政策和法规开展的以气象信息服务为主的各类气象服务。

一、经营支出的内容

经营支出的内容具体包括但不限于:直接用于开展经营活动的材料消耗,支付给从事经营服务活动人员的工资及劳务支出,支付给其他气象事业单位和上级管理部门的信息资源费,营业税、增值税等各项税费,开展经营服务活动所发生的办公费、水费、电费、邮电费、差旅费、维修(护)费、车辆运行维护费、会议费、接待费、租赁费、广告宣传推广费等各项费用。

二、经营支出的管理

经营支出与事业支出一样是气象部门支出的主体,经营支出是事业单位支出的重要组成部分,支出水平高低,直接影响经营效益。因此,加强对经营支出中各项费用的管理和核算,节约支出,是提高经济效益的重要途径。如果事业单位开展经营活动实行独立核算业务的,则不在本节所述的“经营支出”核算范围内。

对加强经营支出的管理要重点做到:

(一)加强经营支出预算的管理

各单位要本着勤俭节约原则,制定合理的详细的支出费用预算,由财务部门按照批准的预算进行监督。坚持做到支出按预算,经营活动所发生的全部支出都应纳入经营支出核算反映,严格按支出定额和支出标准支出,克服经营支出宽于事业支出的错误观点。

(二)坚持经营支出与经营收入相配比的原则

财政补助收入不得用于经营支出,做到既不把事业支出、其他支出等转入经营支出,不把经营支出列入事业支出,也不把经营支出分摊到别的支出内。经营支出必须与经营收入配比,要正确归集经营支出费用,在事业支出中统一开支而又难以划清的费用,要按规定的比例分摊,等等,并与同期取得的经营收入对应计算,从而反映出事业单位开展非独立核算经营活动所取得的经营收益的真实情况。

(三)提取修购基金要按规定执行

事业单位提取修购基金,应严格执行中国气象局的规定,一般按不超过经营收入的10%按月提取,列入经营支出。经营收入较少的事业单位可以不提取修购基金,实行固定资产折旧的事业单位不提取修购基金。

(四)采取多种经营项目管理方式

对经营的收支要做到目标明确,责任到人或科室,确定成本定额及奖励激励机制,以利挖掘潜力,节约开支。

(五)经营支出要合法合理

经营支出要合法合理,依法纳税,严禁把经营收入私存、私放、违纪使用。做到支出手续完备,票证合法,事由合理合规。单位必须建立健全各项财务规章制度,规范重大财务事项审批手续和支出管理程序。各类支出和费用,必须按经费审批权限,严格执行大额资金使用报批制度,大额资金支出必须经领导班子集体讨论决定。

三、经营支出的核算

(一)经营支出账户设置

为了反映和核算经营支出业务,单位会计应设置"经营支出"总账科目,应当按照经营活动类别、项目、《政府收支分类科目》中"支出功能分类"相关科目等进行明细核算。"经营支出"科目的明细账比照"事业支出"科目中按支出经济分类的明细科目设置。

(二)经营支出的主要账务处理

(1)为在专业业务活动及其辅助活动之外开展非独立核算经营活动人员计提的薪酬等,借记"经营支出"科目,贷记"应付职工薪酬"等科目。

(2)在专业业务活动及其辅助活动之外开展非独立核算经营活动领用、发出的存货,按领用、发出存货的实际成本,借记"经营支出"科目,贷记"存货"科目。

(3)在专业业务活动及其辅助活动之外开展非独立核算经营活动中发生的其他各项支出,借记"经营支出"科目,贷记"库存现金"、"银行存款"、"应缴税费"等科目。

(4)期末,将"经营支出"科目本期发生额转入经营结余,借记"经营结余"科目,贷记"经营支出"科目。期末结账后,"经营支出"科目应无余额。

(三)经营支出会计处理的重点和难点

前面已经讲过,经营支出必须与经营收入配比,要正确归集经营支出费用,在事业支出中统一开支而又难以划清的费用,要按规定的比例分摊,等等,并与同期取得的经营收入对应计算,从而反映出事业单位开展非独立核算经营活动所取得的经营收益的真实情况。这就要求单位财务人员必须全面了解本单位开展经营活动的情况,会计处理的重点在于把握各项支出的内容、报销原则、列报口径和分摊标准等,正确使用科目去归集各项支出;对于经营结余要单独反映,不能与财政补助结转结余、事业结余等混淆。难点在于如何划分经营支出与事业支出、其他支出等支出界限,按照一定的方法和标准去正确归集支出费用,做到合法合理。

(四)经营支出会计处理举例

由于经营支出的核算与事业支出的核算基本相同,在此不再详细举例。重点对应缴税费、支付聘用人员的工资、年终结转等事项进行举例。

【例 5-31】某单位开展经营活动,委托银行代发长期聘用职工的工资 25 000 元,其中基本工资 18 000 元,津贴补贴 7 000 元,并在工资中代扣个人应缴的社会保险费 2 000 元、住房公积金 2 100 元。应编制会计分录:

借:经营支出—工资福利支出—基本工资	18 000	
经营支出—工资福利支出—津贴补贴—地方(部门)津补贴	7 000	
贷:应付职工薪酬—工资(离退休费)—长期聘用人员		25 000

同时:

借:应付职工薪酬—工资(离退休费)—长期聘用人员	25 000	
贷:其他应付款—代扣保险费		2 000
其他应付款—代扣住房公积金		2 100
银行存款—基本账户存款		20 900

【例 5-32】某单位×月 5 日购入用于经营活动的需要安装的专用设备 1 台,价值为 150 000

元，设备款以转账的方式在基本账户已支付；供货商 15 日派人上门进行安装，单位按合同约定于 17 日支付了设备安装费用 10 000 元；20 日经双方验收后交付使用，单位资产管理人员已办妥资产验收交付等手续。

a. 5 日，应编制会计分录：

借：在建工程—设备安装—××设备　　150 000

　贷：非流动资产基金—在建工程—××设备　　150 000

同时：

借：经营支出—其他资本性支出—专用设备购置—其他专用设备　　150 000

　贷：银行存款—基本账户存款　　150 000

b. 17 日，应编制会计分录：

借：在建工程—设备安装—××设备　　10 000

　贷：非流动资产基金—在建工程—××设备　　10 000

同时：

借：经营支出—其他资本性支出—专用设备购置—其他专用设备　　10 000

　贷：银行存款—基本账户存款　　10 000

c. 20 日，应编制会计分录：

借：非流动资产基金—在建工程—××设备　　160 000

　贷：在建工程—设备安装—××设备　　160 000

同时：

借：固定资产—专用设备—其他专用设备—××设备　　160 000

　贷：非流动资产基金—固定资产　　160 000

【例 5-33】某单位开展气象科技服务活动，假设尚未实行营业税改征增值税，本月收到气象预报服务收入 80 000 元。月末按规定计提应缴税费，其中：营业税按 5%缴纳，城市维护建设税按营业税税额的 7%缴纳，教育费附加按营业税税额的 3%缴纳。应缴税费计算如下：

应缴营业税额＝80 000×5%＝4 000(元)

应缴城市维护建设税额＝4 000×7%＝280(元)

应缴教育费附加＝4 000×3%＝120(元)

应缴税费共计＝4 000＋280＋120＝4 400(元)

a. 计提营业税等 4 400 时，应编制会计分录：

借：经营支出—商品和服务支出—税金及附加费用—营业税　　4 000

　　经营支出—商品和服务支出—税金及附加费用—城市维护建设税　　280

　　经营支出—商品和服务支出—税金及附加费用—教育费附加　　120

　贷：应缴税费—营业税　　4 000

　　　应缴税费—城市维护建设税　　280

　　　应缴税费—教育费附加　　120

b. 次月缴税后：

借：应缴税费—营业税　　4 000

　　应缴税费—城市维护建设税　　280

　　应缴税费—教育费附加　　120

贷:银行存款—基本账户存款 4 400

【例 5-34】月末按经营收入的 10%提取修购基金,提取额为 25 400 元。应编制会计分录:

借:经营支出—商品和服务支出—维修(护)费 25 400

贷:专用基金—修购基金—提取修购基金 25 400

【例 5-35】某事业单位××××年 12 月 31 日"经营支出"账户累计借方余额为 838 910 元(明细账户略),按规定进行年终结转。应编制会计分录:

借:经营结余 838 910

贷:经营支出—(各明细科目) 838 910

第六节 其他支出的核算

其他支出是指事业单位除事业支出、上缴上级支出、对附属单位补助支出、经营支出以外的各项支出,包括利息支出、捐赠支出等。其他支出是财政部 2012 年对《事业单位财务规则》、《事业单位会计准则》和《事业单位会计制度》修订后新增加的一类支出。

一、其他支出的内容及核算范围

其他支出主要包括利息支出、捐赠支出、现金盘亏损失、资产处置损失、接受捐赠(无偿调入)非流动资产发生的税费支出等。

1. 利息支出

主要是指向银行和其他金融机构借贷款项而支付的利息支出。

2. 捐赠支出

主要是指对外捐赠现金资产和存货而产生的支出事项。

对外捐赠固定资产、无形资产等非流动资产,不通过"其他支出"科目核算,通过"待处置资产损益"科目核算后,直接减少非流动资产。

3. 现金盘亏损失

主要是指无法查明原因,排除个人责任后的现金短缺。

4. 资产处置损失

主要是指处置存货或核销应收及预付款项造成的损失。

处置固定资产、无形资产等非流动资产,不通过"其他支出"科目核算,应通过"待处置资产损益"科目核算,直接减少非流动资产。

5. 接受捐赠(调入)非流动资产发生的税费支出

主要是指接受捐赠、无偿调入存货时按照名义金额计价的前提下发生的相关税费、运输费等支出;以及接受捐赠、无偿调入固定资产和无形资产而发生的税费、运输费等支出(同时计入资产价值)。以固定资产、无形资产取得长期股权投资时发生的相关税费支出,也属于其他支出的核算范围(同时作为投资成本入账)。

接受捐赠、无偿调入存货时,若能取得注明存货金额的有关凭据,或以同类、类似存货的市场价格确定成本时,所发生的相关税费、运输费等支出则应计入存货成本(差额记入"其他收入")。

二、其他支出的管理

其他支出必须按规定的开支范围从严控制，列支的项目和内容必须详实，严格审核，不得随意列支，不属于核算范围的支出不列入，在实际工作中一些看似合情、合理不合规的费用，也不能放在“其他支出”科目中核算。

三、其他支出的核算要求

为了反映和核算其他支出业务，单位会计应设置“其他支出”总账账户，应当按照其他支出的类别、《政府收支分类科目》中“支出功能分类”相关科目等进行明细核算。期末结账后，本科目应无余额。

“其他支出”中属于专项资金支出的，要按项目名称进行辅助核算。期末，将“其他支出”本期发生额中的专项资金支出结转入“非财政补助结转”，将“其他支出”本期发生额中的非专项资金支出结转入“事业结余”。

四、其他支出的会计处理

（一）重点和难点

由于其他支出有特定的开支范围和核算内容，因此应重点把握其他支出所包括的内容，正确归集。例如，对外捐赠或处置固定资产、无形资产等非流动资产，则不通过“其他支出”科目核算，而应通过“待处置资产损益”科目核算。难点在于其他支出要按项目名称进行辅助核算，因为有些其他支出是专门为某个项目或专项资金而列支的，另外，期末结转的方法也是不同的，即应将“其他支出”本期发生额中的专项资金支出结转入“非财政补助结转”，将“其他支出”本期发生额中的非专项资金支出结转入“事业结余”。

（二）核算举例

【例 5-36】某单位向银行借款，月末按合同规定支付借款利息 6 520 元。应编制会计分录：

借：其他支出—利息支出　　6 520

　贷：银行存款—基本账户存款　　6 520

【例 5-37】某事业单位响应政府号召，向××基金会捐赠 10 000 元，银行已划出。应编制会计分录：

借：其他支出—捐赠支出—××基金会　　10 000

　贷：银行存款—基本账户存款　　10 000

【例 5-38】某事业单位向某小学捐赠一批存货，总价值 5 000 元，存货已发出，取得某小学的收据。应编制会计分录：

借：其他支出—捐赠支出—某小学　　5 000

　贷：待处置资产损益—处置资产价值—××（存货）　　5 000

（备注：该事业单位决定向某小学捐赠一批存货时，应编制会计分录：借记“待处置资产损益—处置资产价值”，贷记“存货”。）

【例 5-39】某事业单位出纳李某月末盘点库存现金时，发现自有资金部分的现金短少 20 元，经会计、出纳等人共同核查仍无法查明原因，报单位领导批准后予以核销。应编制会计分录：

借:其他支出—现金盘亏支出 20

贷:库存现金—非零余额现金—事业现金 20

(备注:该例也可以根据实际情况分时段进行处理。发现现金短缺尚未查明原因时,编制会计分录:借记“其他应收款”,贷记“库存现金—非零余额现金—事业现金”;待查明原因排除个人责任,并报单位领导批准后核销时,编制会计分录:借记“其他支出—现金盘亏支出”,贷记“其他应收款”。)

【例 5-40】某事业单位年终对往来账项进行清理,其中账户上记载的“其他应收款—其他—××单位”3102 元,账龄为八年。单位去函询调,发现××单位已变更了经营地址,无法联系,按国有资产管理规定,报经上级单位批准后予以核销。应编制会计分录：

借:其他支出—资产处置损失 3 102

贷:其他应收款—其他—××单位 3 102

(备注:若此类应收款项处置后又收回了款项的,则作“其他收入”处理。)

【例 5-41】某单位无偿调入本单位办公用便携式计算机 3 台,调拨单注明单价为 8 500 元,共计 25 500 元,没有计提折旧。经资产管理人员登记验收后交付使用,发生的运输费 560 元和保险费 240 元,经批准后已转账支付给物流公司。应编制会计分录：

借:固定资产—通用设备—计算机设备—便携式计算机 26 300

贷:非流动资产基金—固定资产 26 300

同时：

借:其他支出—接受捐赠(调入)非流动资产发生的税费支出 800

贷:银行存款—基本账户存款 800

(备注:接受捐赠、无偿调入固定资产和无形资产而发生的税费、运输费等支出,记入其他支出,同时计入资产价值。)

【例 5-42】某单位捐赠本单位一只大花瓶,没有任何凭证记载价值,经调研咨询也无法确认其市场价值,单位只能按照名义金额入账,在此过程中用现金支付了专家鉴定等费用 1 000 元,花瓶已经资产管理人员登记验收。应编制会计分录：

借:固定资产—文物和陈列品—花瓶 1

贷:非流动资产基金—固定资产 1

同时：

借:其他支出—接受捐赠(调入)非流动资产发生的税费支出 1 000

贷:库存现金—非零余额现金—事业现金 1 000

【例 5-43】某单位捐赠本单位一批存货,相关凭证记载价值为 10 000 元,在此过程中用银行存款支付了运输费和保险费共计 300 元,存货已经有关人员验收入库。应编制会计分录：

借:存货—×× 10 300

贷:银行存款—基本账户存款 300

其他收入—捐赠收入—其他捐赠收入 10 000

(备注:接受捐赠、无偿调入存货时,若能取得注明存货金额的有关凭据,或以同类、类似存货的市场价格确定成本时,所发生的相关税费、运输费等支出则应计入存货成本,差额记入“其他收入”。)

【例 5-44】某单位用一幢闲置的房屋对某企业进行投资，账面记载价值为 1 200 000 元，原没有计提折旧。经社会中介机构评估后确认资产价值为 1 500 000 元，发生评估费、手续费等共计 20 000 元，经批准后已转账支付。应编制会计分录：

借：长期投资—长期股权投资—某企业　1 520 000

　贷：非流动资产基金—长期投资　1 520 000

借：其他支出—其他　20 000

　贷：银行存款—基本账户存款　20 000

同时：

借：非流动资产基金—固定资产　1 200 000

　贷：固定资产—房屋及构筑物—××　1 200 000

（备注：以固定资产、无形资产取得长期股权投资时发生的相关税费支出，也属于其他支出的核算范围，同时作为投资成本入账）。

【例 5-45】某单位用自有货币资金 1 200 000 元对某企业进行投资，发生评估费、手续费等共计 20 000 元，经批准后已转账支付。应编制会计分录：

借：长期投资—长期股权投资—某企业　1 220 000

　贷：银行存款—基本账户存款　1 220 000

同时：

借：事业基金—其他减少—××　1 220 000

　贷：非流动资产基金—长期投资　1 220 000

（备注：注意本例与【例 5-44】的区别）

【例 5-46】某单位对外捐赠办公用便携式计算机 3 台，调拨单注明单价为 8 500 元，共计 25 500元，没有计提折旧。经资产管理人员登记后已发出，发生的运输费 560 元和保险费 240 元，经批准后已转账支付给物流公司。应编制会计分录：

借：待处置资产损益—处置净收入—处置固定资产　25 500

　贷：固定资产—通用设备—计算机设备—便携式计算机　25 500

借：非流动资产基金—固定资产　25 500

　贷：待处置资产损益—处置净收入—处置固定资产　25 500

同时：

借：待处置资产损益—处置净收入—处置固定资产　800

　贷：银行存款—基本账户存款　800

到了年底报经批准后转列“其他支出”时：

借：其他支出—资产处置损失　800

　贷：待处置资产损益—处置净收入—处置固定资产　800

（备注：对外捐赠或处置固定资产、无形资产等非流动资产，不通过“其他支出”科目核算，通过“待处置资产损益”科目核算后，直接减少非流动资产。到了年终，“待处置资产损益—处置净收入”科目若为借方余额，则反映的是处置各种资产发生的净损失，报经批准后转列“其他支出”科目；若为贷方余额，则反映的是处置各种资产发生的净收益，报经批准后转列“应缴国库款”科目，将净收益上缴国库。）

【例 5-47】某单位××××年 12 月 31 日“其他支出”累计借方余额为 89 632 元，其中按项

目辅助核算的××项目其他支出 45 620 元,单位会计年末进行结转。应编制会计分录:

借:非财政补助结转—课题等专项资金结转—××项目　45 620
　事业结余　44 012
　贷:其他支出—××支出—××项目　45 620
　　其他支出—××支出　44 012

第七节　公务卡和单位卡结算的会计核算

气象部门按照财政部的统一部署,从 2008 年开始分期分批推进公务卡制度改革。公务卡制度的推行,进一步深化了气象部门财政国库集中支付改革,规范了财政资金管理和公务支出,强化了财政动态监督力度,提高了预算单位财务透明度,减少了预算单位现金支付结算。2012 年 7 月开始实行公务卡强制结算目录,严格规定预算单位必须使用公务卡结算。为此,中国气象局印发了《关于气象部门实施中央预算单位公务卡强制结算目录有关事宜的通知》(气办发〔2011〕63 号),修订了《气象部门公务卡管理实施办法》(气发〔2012〕59 号)。

一、公务卡和单位卡的定义

公务卡,是指预算单位工作人员持有的,主要用于日常公务支出和财务报销业务的银联标准信用卡(银行贷记卡)。

单位卡是指预算单位持有的,专门用于公务卡支出中应从单位基本账户列支款项的财务报销和转账业务的银行卡。

二、公务卡和单位卡的管理

(1)公务卡和单位卡的发卡银行应与预算单位零余额账户的开户行一致,公务卡仅限办理人民币消费业务,预算单位只能办理一张单位卡主卡,不得办理附属卡。

(2)单位卡的资金一律从预算单位基本账户转账存入,不得交存现金或将其他存款账户资金存入。单位卡仅限用于公务卡支出中应从单位基本账户列支的款项的报销转账业务,不得直接进行购物消费或其他转账业务。单位卡向公务卡划转资金应通过双向转账财务 POS 系统进行。单位卡单日转出金额上限为 20 万元,转到单张公务卡的上限为 5 万元。

(3)持卡人使用公务卡进行公务消费时,在信用额度范围内,原则上不设定单笔消费的上限。

三、公务卡的结算要求

(一)公务卡强制结算目录

气象部门实施公务卡制度改革的预算单位,涉及《气象部门公务卡强制结算目录》的支出,必须严格使用公务卡结算。

表 5-14 气象部门公务卡强制结算目录

序号	公务卡强制结算项目	备注
1	办公费	指单位购买按财务会计制度规定不符合固定资产确认标准的日常办公用品、书报杂志等支出。
2	印刷费	指单位的印刷费、版面费支出。
3	咨询费	指实际付款对象是非个人的专家咨询、评审方面的支出。
4	手续费	指单位支付的手续费支出。
5	水电费	指单位支付的水电费、污水处理费等支出。
6	邮电费	指单位开支的电话费、电报费、传真费、网络通讯费等支出。
7	物业管理费	指单位开支的办公用房、职工及离退休人员宿舍的物业管理费，包括综合治理、绿化、卫生等方面的支出。
8	差旅费	指单位工作人员因出差支付的住宿费、购买机票等支出。
9	维修(护)费	指单位日常开支的固定资产(不包括车船等交通工具)修理和维护费用，网络信息系统运行与维护费用。
10	租赁费	指租赁办公用房、宿舍、专用通讯网以及其他设备方面的费用。
11	会议费	指会议中规定开支的房租费、伙食补助费以及文件资料的印刷费、会议场地租用等。
12	培训费	指各类培训支出。包括培训场地租用费、培训教材购置费等。
13	公务接待费	指单位按规定开支的各类公务接待(含外宾接待)费用。
14	专用材料费	指单位购买日常专用材料的支出。具体包括气象专用材料费，实验室用品，专用工具和仪器，材料等方面的支出。气象专用材料费包括：天气雷达业务材料购置费(天气雷达的专用消耗性材料支出，如磁控管等)、高空探测业务材料购置费(高空气象探测业务的专用消耗性材料支出，如探空雷达零配件、探空仪、回答器、氢气、气球等，含小球测风)、地面业务材料购置费(地面观测气象业务的专用消耗性材料支出，如温度计、湿度计等)、其他材料购置费(除上述气象专用材料以外的专用消耗性材料支出，如天气图等)。
15	公务用车运行维护费	指公务用车的燃料费、维修维护费、保险费、租用费等支出。
16	其他交通费用	指单位除公务用车运行维护费以外的其他交通费用。如：飞机、船舶等的燃料费、维修维护费、保险费、租用费等。

(二)上述目录中规定的公务项目支出，下列情况可不使用公务卡结算：

(1)在县级以下(不包括县级)地区发生的公务支出；

(2)在县级及县级以上地区不具备刷卡条件的场所发生的单笔消费在200元以下的公务支出；

(3)按规定支付给个人的支出；

(4)签证费、快递费、过桥过路费、出租车费用等目前必须使用现金结算的支出。

(三)公务卡报销要求

(1)凡目录中涉及的公务支出项目，除上述(二)规定的情况外，原则上不再使用现金结算；原使用转账方式结算的，可继续使用转账方式；除此之外的支出，必须按规定使用公务卡进行结算。

(2)确因特殊情况不能使用公务卡而使用现金结算的,报销人应提供收款方不能使用公务卡结算的证明材料(加盖收款方印章)或在发票背面注明不能使用公务卡结算的原因(加盖收款方印章),经单位财务部门签字批准后方可报销。

无法取得上述证明材料的,报销人应在发票背面注明不能使用公务卡结算的原因,并经单位负责人签字批准后方可报销。

(3)实行公务卡制度后,预算单位原有报销审批程序不变。报销人凭发票、公务卡消费凭条(持卡人存根联)等单据按本单位报销程序审批。持卡人因网上消费无法取得 POS 消费凭条或消费凭条丢失时,对于已出账单的支出,可依据持卡人提供的对账单交易明细进行报账;对于未出账单的支出,可依据持卡人提供载有公务卡卡号(或持卡人姓名)、消费日期和消费金额等要素的纸质交易明细进行报账。

四、公务卡和单位卡结算的会计核算

为适应公务卡和单位卡结算会计核算的需要,预算单位在"银行存款"总账科目下增设"单位卡存款"二级明细科目,在"其他应付款"总账科目下增设"待清算公务卡报销额度"二级明细科目,用于使用公务卡结算后的会计核算业务。

【例 5-48】某单位根据基本账户 10 个工作日的平均现金使用量,经单位领导审批后从基本账户向单位卡账户划转 50 000 元。会计人员根据转账凭证,应编制会计分录:

借:银行存款—单位卡存款 50 000

贷:银行存款—基本账户存款 50 000

【例 5-49】某单位职工王某出差回来报销差旅费 5 300 元,其中用公务卡支付飞机票款 3 000元、住宿费 1 500 元,剩下的伙食补助费 500 元和公杂费 300 元以现金支付。经批准在中央财政当年安排的气象事业机构基本支出经费中列支。应编制会计分录:

借:事业支出—基本支出—商品和服务支出—差旅费 5 300

贷:其他应付款—待清算公务卡报销额度 4 500

应付职工薪酬—其他个人收入—在职人员—出差人员伙食补助费 500

应付职工薪酬—其他个人收入—在职人员—出差人员公杂费 300

同时:

借:应付职工薪酬—其他个人收入—在职人员—出差人员伙食补助费 500

应付职工薪酬—其他个人收入—在职人员—出差人员公杂费 300

贷:库存现金—零余额现金—事业现金 800

【例 5-50】单位会计在当月 24 日登陆公务卡管理系统,核实汇总后对[例 5-49]的公务卡支出予以还款。应编制会计分录为:

借:其他应付款—待清算公务卡报销额度 4 500

贷:零余额账户用款额度—基本支出用款额度 4 500

【例 5-51】某职工持发票、POS 消费凭条、用品清单等单据报销水桶、洗手液、清洁剂等用品 1 350 元,经批准后在自有资金中列支。应编制会计分录:

借:经营支出—商品和服务支出—办公费 1 350

贷:其他应付款—待清算公务卡报销额度 1 350

同时：

借：其他应付款—待清算公务卡报销额度 1 350

贷：银行存款—单位卡存款 1 350

（备注：在本例中，各单位也可不通过“其他应付款—待清算公务卡报销额度”科目过渡核算，通过“其他应付款—待清算公务卡报销额度”科目过渡核算的目的主要是为了方便统计公务卡消费使用情况。）

【例 5-52】某单位职工肖某因在外地出差时间较长，不能在规定的免息还款日前回单位办理报销手续，他委托本科室的王某为其办理相关借款手续，向单位财务部门提供了肖某用公务卡交易的每笔日期和金额，共计 6 000 元，经单位领导批准，同意在中央财政当年安排的某项目预算经费中列支。财务部门已审核无误，并于免息还款日前办理了公务卡还款。

a. 办理借款时，应编制会计分录：

借：其他应收款—差旅费—肖某 6 000

贷：其他应付款—待清算公务卡报销额度 6 000

b. 去银行办理款项支付时，应编制会计分录：

借：其他应付款—待清算公务卡报销额度 6 000

贷：零余额账户用款额度—项目支出用款额度

—事业项目支出用款额度 6 000

c. 肖某出差回来后办理报销时，财务部门根据相关凭证，应编制会计分录：

借：事业支出—项目支出—商品和服务支出—差旅费 6 000

贷：其他应收款—差旅费—肖某 6 000

第八节 特殊单位的会计核算科目

中国气象局离退休办公室，中国气象局“一院八所”，中专学校，中国气象局医院等，在设计会计科目体系时，考虑了这些单位核算的特殊性，增加了一些科目，如：中国气象局离退休办公室使用“暂存款、暂付款”科目，中国气象局“一院八所”使用“事业收入”下的一些明细科目、“成本费用”科目、“专用基金—其他专用基金—科技成果转化基金”科目，等等。

表 5-15 气象部门特殊单位会计核算科目

科目编码	科目名称	类别	核算内容	备 注
1299	#暂付款	资产类	核算行政单位在业务活动中与其他单位、所属单位或本单位职工发生的临时性待结算款项	仅限中国气象局离退休办公室使用
2303	预收账款	负债类		
230301	*合同预收款	负债类	核算科学事业单位按合同约定预收的且尚不能确认收入的款项，包括政府专项合同款及其他委托合同款	仅限中国气象局“一院八所”使用

续表

科目编码	科目名称	类别	核算内容	备 注
2398	＃暂存款	负债类	核算行政单位在业务活动中与其他单位或者个人发生的预收、代管等待结算的款项	仅限中国气象局离退休办公室使用
2399	＊预提费用	负债类	核算科学事业单位预提但尚未实际支出的各项费用,如预提的租金、保险费、借款利息、修理费用等,按照预提费用的种类设置明细	仅限中国气象局“一院八所”使用
3201	专用基金	净资产		
320103	其他专用基金	净资产		
32010303	＊科技成果转化基金	净资产	核算科学事业单位从事业收入中提取,在事业支出的相关科目中列支,以及在经营收支结余中提取转入,用于科技成果转化的资金。事业收入和经营收支结余较少的单位可以不提取科技成果转化基金	仅限中国气象局“一院八所”使用
4101	事业收入	收入类		
410102	＊科研收入	收入类	核算事业单位承担科研课题(项目)和接受委托研制样品、样机取得的收入	仅限中国气象局“一院八所”使用
410103	＊技术收入	收入类	核算事业单位对外提供技术转让、技术咨询、技术服务、技术培训和技术承包取得的收入	
410104	＊试制产品收入	收入类	核算事业单位从事中间试验产品的试制取得的收入	
410105	＊学术活动收入	收入类	核算事业单位开展学术交流、学术期刊出版等活动取得的收入	
410106	＊科普活动收入	收入类	核算事业单位开展科学知识宣传、讲座和科技展览等活动取得的收入	
410107	☆服务收入	收入类	核算事业单位(指中专学校)开展后勤服务等活动取得的收入	仅限中专学校使用
410108	☆教学活动收入	收入类	核算事业单位(指中专学校)开展教学等活动取得的收入	
4501	其他收入	收入类		

续表

科目编码	科目名称	类别	核算内容	备注
450114	△医疗收入	收入类	核算中国气象局医院开展医疗服务取得的收入	仅限中国气象局医院使用
450115	△药品收入	收入类	核算中国气象局医院销售药品取得的收入	
5001	事业支出	支出类		
500101	基本支出	支出类		
50010102	商品和服务支出	支出类		
5001010226	其他商品和服务支出	支出类		
500101022607	△药品支出	支出类	核算中国气象局医院购置药品的支出	仅限中国气象局医院使用
50010104	★赠予	支出类	核算事业单位开支的对国内、外政府、组织等提供的援助、捐赠以及交纳国际组织会费等方面的支出	仅限中国气象局本级使用
5001010401	★对国内的赠予	支出类	核算事业单位开支的对国内组织、政府等提供的捐赠支出	
5001010402	★对国外的赠予	支出类	核算事业单位开支的对国际组织、国外政府等提供的双边援助，交纳的会费以及有关捐赠方面的支出	
500102	项目支出	支出类		
50010204	★赠予	支出类	核算事业单位开支的对国内、外政府、组织等提供的援助、捐赠以及交纳国际组织会费等方面的支出	仅限中国气象局本级使用
5001020401	★对国内的赠予	支出类	核算事业单位开支的对国内组织、政府等提供的捐赠支出	
5001020402	★对国外的赠予	支出类	核算事业单位开支的对国际组织、国外政府等提供的双边援助，交纳的会费以及有关捐赠方面的支出	
5499	*成本费用	支出类	核算实行内部成本费用核算的科学事业单位以及中专学校进行科研、科普、技术培训、教学等活动发生的各项费用	仅限中国气象局“一院八所”和中专学校使用

续表

科目编码	科目名称	类别	核算内容	备注
549901	*科研成本	支出类	核算实行内部成本费用核算的科学事业单位进行科学研究活动发生的各项科研费用	仅限中国气象局“一院八所”使用
549902	*技术成本	支出类	核算实行内部成本核算的科学事业单位开展技术转让、技术咨询、技术服务、技术培训等业务发生的各项技术费用	仅限中国气象局“一院八所”使用
549903	*试制产品成本	支出类	核算实行内部成本费用核算的科学事业单位进行中间产品试制等发生的各项费用	
549904	*学术活动成本	支出类	核算实行内部成本费用核算的科学事业单位进行学术活动发生的各项费用	
549905	*科普活动成本	支出类	核算实行内部成本费用核算的科学事业单位进行科学普及活动发生的各项费用	
549906	☆服务成本	支出类	核算中专学校开展后勤服务等活动所发生的各项费用	仅限中专学校使用
549907	☆教学活动成本	支出类	核算中专学校开展教学活动及其辅助活动所发生的各项费用	
549908	*研究室(车间)成本	支出类	核算实行内部成本费用核算的科学事业单位发生的科研、生产经营等活动相关的各项间接费用	仅限中国气象局“一院八所”使用
549909	*管理费用	支出类	核算实行内部成本费用核算的科学事业单位的管理部门,为组织和管理科研、生产经营等活动发生的各项管理费用	
549910	*财务费用	支出类	核算实行内部成本费用核算的科学事业单位为筹集进行科研、生产经营等活动所需资金发生的各项费用	
549999	*其他成本费用	支出类	核算实行内部成本费用核算的科学事业单位上述未提到的其他成本费用	

第六章　结转结余及分配

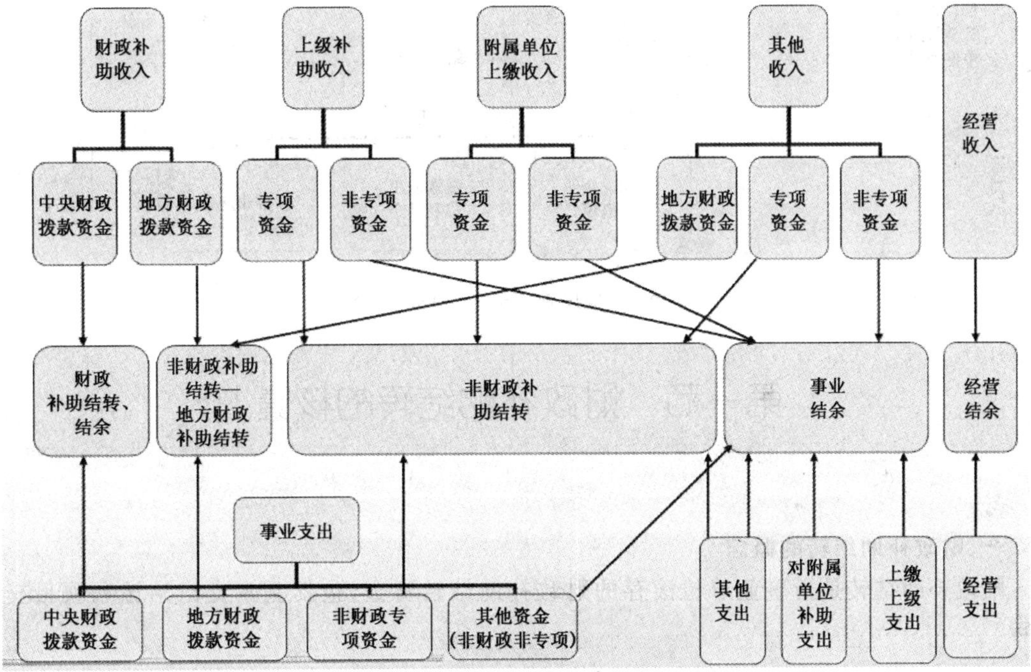

图 6-1　单位各项收支结余结转图

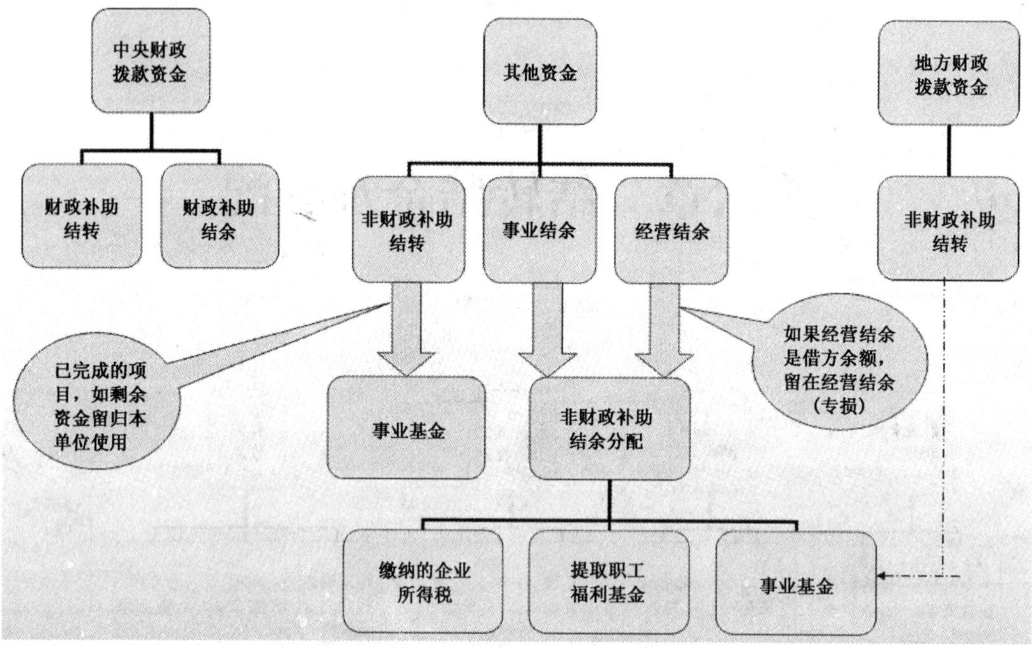

图 6-2 单位各项结余结转分配图

第一节 财政补助结转的核算

一、财政补助结转的概念

财政补助结转是指事业单位滚存的财政补助结转资金，包括基本支出结转和项目支出结转。

二、财政补助结转的明细科目设置

本科目应当按照《政府收支分类科目》中“支出功能分类科目”的相关科目进行明细核算。

本科目应当设置“基本支出结转”、“项目支出结转”两个明细科目，并在“基本支出结转”明细科目下按照“人员经费”、“日常公用经费”进行明细核算，在“项目支出结转”明细科目下按照具体项目进行辅助明细核算。

本科目期末贷方余额，反映事业单位财政补助结转资金数额 。

三、财政补助结转的财务处理

年末财务人员在对相关会计科目进行核算、结账的基础上，做如下账务处理：

(1)将“财政补助收入”科目(“资金来源”辅助核算为“中央财政拨款”)的本期发生额转入“财政补助结转”科目。借记“财政补助收入”科目，贷记“财政补助结转”科目。

(2)将 “事业支出”科目(“资金来源”辅助核算为“中央财政拨款”) 的本期发生额转入“财政补助结转”科目。借记“财政补助结转”科目，贷记“事业支出”。

(3)完成上述处理后,应当对财政补助各明细项目执行情况进行分析,按照有关规定将符合财政补助结余性质的项目余额转入“财政补助结余”科目。借记或贷记“财政补助结转”(项目支出结转——××项目),贷记或借记“财政补助结余”科目。

(4)按规定上缴财政补助结余资金或注销财政补助结转额度的,按照实际上缴资金数额或注销的资金额度数额,借记“财政补助结转”,贷记“财政应返还额度”、“零余额账户用款额度”、“银行存款”等科目。取得主管部门归集调入财政补助结转资金或额度的,做相反会计分录。

事业单位发生需要调整以前年度财政补助结转的事项,通过本科目核算。

四、财政补助结转的核算举例

【例 6-1】某市气象局年末有关科目余额为:

财政补助收入—基本支出—人员经费 20 万元;

财政补助收入—基本支出—日常公用经费 30 万元;

财政补助收入—项目支出(自动气象站业务运行维持费)5 万元;

财政补助收入—项目支出(机动经费)1 万元;

以上全部为中央财政拨款。

事业支出—基本支出—工资福利支出(各明细科目)20 万元;

事业支出—基本支出—商品和服务支出(各明细科目)25 万元;

事业支出—项目支出(自动气象站业务运行维持费)5 万元;

事业支出—项目支出(机动经费)0.8 万元(自动气象站业务运行维持费);

以上支出的资金来源全部为中央财政拨款。

其年终结转的会计分录处理如下:

a. 财政补助收入科目结转。

借:财政补助收入—基本支出—人员经费	200 000	
财政补助收入—基本支出—日常公用经费	300 000	
财政补助收入—项目支出(自动气象站业务运行维持费)	50 000	
财政补助收入—项目支出(机动经费)	10 000	
贷:财政补助结转—基本支出结转—人员经费		200 000
财政补助结转—基本支出结转—日常公用经费		300 000
财政补助结转—项目支出结转(自动气象站业务运行维持费)		50 000
财政补助结转—项目支出结转(机动经费)		10 000

b. 事业支出科目结转。

借:财政补助结转—基本支出结转—人员经费	200 000	
财政补助结转—基本支出结转—日常公用经费	250 000	
财政补助结转—项目支出结转(自动气象站业务运行维持费)	50 000	
财政补助结转—项目支出结转(机动经费)	8 000	
贷:事业支出—基本支出—工资福利支出(各明细科目)		200 000
贷:事业支出—基本支出—商品和服务支出(各明细科目)		250 000
贷:事业支出—项目支出(自动气象站业务运行维持费)		50 000
贷:事业支出—项目支出(机动经费)		8 000

c.例题中“财政补助结转”贷方余额为52 000元,其中日常公用经费50 000元、机动经费2 000元。按照有关规定机动经费2 000元符合财政补助结余性质,将其项目余额2 000元转入“财政补助结余”科目。

借:财政补助结转—项目支出结转(机动经费) 2 000

贷:财政补助结余—项目支出结转(机动经费) 2 000

第二节 财政补助结余的核算

一、财政补助结余的概念

财政补助结余是指事业单位滚存的财政补助项目支出结余资金。

二、财政补助结余的明细科目设置

本科目应当按照《政府收支分类科目》中“支出功能分类科目”的相关科目进行明细核算。本科目期末贷方余额,反映事业单位财政补助结余资金数额。

三、财政补助结余的要求

对于支出预算工作目标已完成,或由于受政策变化、计划调整等因素影响工作终止,年末剩余的财政拨款资金结转至“财政拨款结余”。

对某一预算年度安排的项目支出连续两年未使用或者连续三年仍未使用完形成的剩余资金,视同结余资金管理(财政资金净结余);对财政部门核定的部门年度机动经费,当年未使用的资金,按项目结余资金管理。

四、财政补助结余的财务处理

年末,对财政补助结转的各明细项目执行情况进行分析,按照有关规定将符合财政补助结余性质的项目余额转入财政补助结余,借记或贷记“财政补助结转——项目支出结转(××项目)”科目,贷记或借记“财政补助结余”。

按规定上缴财政补助结余资金或注销财政补助结余额度的,按照实际上缴资金数额或注销的资金额度数额,借记“财政补助结余”,贷记“财政应返还额度”、“零余额账户用款额度”、“银行存款”等科目。取得主管部门归集调入财政补助结余资金或额度的,做相反会计分录。

事业单位发生需要调整以前年度财政补助结余的事项,通过本科目核算。

五、财政补助结余的核算举例

财政补助结余的核算具体见上节“财政补助结转”的核算举例。

第三节 非财政补助结转的核算

一、非财政补助结转的概念

非财政补助结转是指事业单位除财政补助收支以外的各专项资金收入与其相关支出相抵后剩余滚存的、须按规定用途使用的结转资金。

本科目期末贷方余额，反映事业单位非财政补助专项结转资金数额。

二、非财政补助结转的财务处理

年末财务人员在对相关会计科目进行核算、结账的基础上，做如下账务处理：

(1)将“事业收入”、“上级补助收入”、“附属单位上缴收入”、“其他收入”科目中专项资金收入(即“项目核算”辅助为非“基本支出”)的本期发生额转入“非财政补助结转”科目。借记“事业收入”、“上级补助收入”、“附属单位上缴收入”、“其他收入”科目，贷记“非财政补助结转”科目。

(2)将“事业支出”、“其他支出”科目中的非财政专项资金支出(即“资金来源”辅助核算为非“中央财政拨款”、“项目核算”辅助核算为非“基本支出”)的本期发生额转入“非财政补助结转”科目。借记“非财政补助结转”科目，贷记“事业支出”(“资金来源”辅助核算为非“中央财政拨款”、“项目核算”辅助核算为非“基本支出”)、“其他支出”(“项目核算”辅助核算为非“基本支出”)。

(3)完成上述结转后，应当对非财政补助专项结转资金各项目情况进行分析，将已完成项目的项目剩余资金区分以下情况处理：缴回原专项资金拨入单位的，借记“非财政补助结转”(××项目)，贷记“银行存款”等科目；留归本单位使用的，借记“非财政补助结转”(××项目)，贷记“事业基金”科目。

事业单位发生需要调整以前年度非财政补助结转的事项，通过本科目核算。

科研课题的结转结余通过该科目核算。

三、地方财政拨款结转的财务处理

地方财政拨款的收支结转通过“非财政补助结转”科目核算。“非财政补助结转”下设“基本支出结转”和“项目支出结转”两个二级明细科目，其中“基本支出结转”还应该分“人员经费”和“日常公用经费”进行明细核算。

年末财务人员在对地方财政拨款会计科目进行核算、结账的基础上，做如下财务处理：

(1)将“其他收入—地方财政补助收入”科目(或财政补助收入—资金来源为“地方财政拨款”)本期发生额全额转入“非财政补助结转”科目。借记“其他收入—地方财政补助收入”(或财政补助收入—资金来源为“地方财政拨款”)科目，贷记“非财政补助结转”科目。

(2)将“事业支出”科目中地方财政拨款支出(即“资金来源”辅助核算为“地方财政拨款”)的本期发生额转入“非财政补助结转”科目。借记“非财政补助结转”科目，贷记“事业支出”(“资金来源”辅助核算为“地方财政拨款”)。

四、非财政补助结转的核算举例

【例 6-2】某市气象局年末除中央和地方财政拨款以外的收入和支出科目余额为：

上级补助收入 10 万元，全部用于“危房改造”专项。

附属单位缴款 50 万元，其中用于“危房改造”专项 10 万元，其他 40 万元为弥补事业经费。

其他收入—科研课题收入 5 万元，全部为“气象灾害区划研究”课题经费。

其他收入—利息收入 1 万元。

事业支出(资金来源为“上级补助收入”)10 万元，全部为项目支出(危房改造)。

事业支出(资金来源为“附属单位上缴收入”)43 万元，其中：项目支出(危房改造)8 万元、基本支出—工资福利支出(各明细科目)35 万元。

事业支出(资金来源为“自有资金”)0.5 万元，全部为基本支出—商品和服务支出(各明细科目)。

事业支出(资金来源为“科研课题收入”)35 000 元，全部为“气象灾害区划研究”课题经费。

对附属单位补助 5 万元。

危房改造已经完成，科研课题还未结束。

分析：该单位除中央和地方财政拨款以外的收入和支出科目中，各专项资金收入与其相关支出情况如下：

(1)“危房改造”项目。收入：上级补助收入 10 万元、附属单位缴款 10 万元，共 20 万元。支出：事业支出 18 万元(上级补助收入 10 万元、附属单位上缴收入 8 万元)。项目结余 2 万元，转入事业基金。

(2)课题经费“气象灾害区划研究”项目。收入：其他收入—科研课题收入 5 万元。支出：事业支出 3.5 万元。课题项目结转 1.5 万元。

涉及非财政补助结转年终结转的会计分录处理如下：

(1)“危房改造”项目的收支结转：

a. 收入结转：

借：上级补助收入(危房改造)　100 000

　　附属单位缴款(危房改造)　100 000

　贷：非财政补助结转—课题等专项资金结转(危房改造)　200 000

b. 支出结转：

借：非财政补助结转—课题等专项资金结转(危房改造)　180 000

　贷：事业支出—项目支出(危房改造)(上级补助收入)　100 000

　　　事业支出—项目支出(危房改造)(附属单位上缴收入)　80 000

c. ”危房改造”项目已经完成，项目结余资金转入事业基金。

借：非财政补助结转—课题等专项资金结转(危房改造)　20 000

　贷：事业基金—非财政补助结转结余转入—非财政补助专项结转转入　20 000

(2)“气象灾害区划研究”课题经费的收支结转：

a. 收入结转：

借：其他收入—科研课题收入(气象灾害区划研究)　50 000

贷:非财政补助结转—课题等专项资金结转—项目支出结转(气象灾害区划研究)

50 000

b. 支出结转:

借:非财政补助结转—课题等专项资金结转—项目支出结转(气象灾害区划研究)

35 000

贷:事业支出—项目支出(气象灾害区划研究)(科研课题收入) 35 000

【例 6-3】某市气象局年末地方财政拨款的收入和支出科目余额为:地方财政补助收入共160万元,其中人员经费50万元、日常公用经费30万元、“气象现代化业务维持”项目支出50万元,“雷达维修”项目支出30万元;地方财政支出总额154万元,其中基本支出—工资福利支出50万元、基本支出—商品和服务支出25万元、项目支出(气象现代化业务维持)49万元、项目支出(雷达维修)30万元。

a. 收入结转:

借:其他收入—地方财政补助收入(基本支出) 800 000

其他收入—地方财政补助收入(气象现代化业务维持) 500 000

其他收入—地方财政补助收入(雷达维修) 300 000

贷:非财政补助结转—地方财政补助结转—基本支出结转—人员经费 500 000

非财政补助结转—地方财政补助结转—基本支出结转—日常公用支出 300 000

非财政补助结转—地方财政补助结转—项目支出结转(气象现代化业务维持)

500 000

非财政补助结转—地方财政补助结转—项目支出结转(雷达维修) 300 000

b. 支出结转:

借:非财政补助结转—地方财政补助结转—基本支出结转—人员经费 500 000

非财政补助结转—地方财政补助结转—基本支出结转—日常公用支出结转

250 000

非财政补助结转—地方财政补助结转—项目支出结转(气象现代化业务维持)

490 000

非财政补助结转—地方财政补助结转—项目支出结转(雷达维修) 300 000

贷:事业支出—基本支出—人员支出 500 000

事业支出—基本支出—日常公用支出 250 000

事业支出—项目支出(气象现代化业务维持) 490 000

事业支出—项目支出(雷达维修) 300 000

通过以上两步结转后,该市气象局年末的地方财政拨款共结转6万元,其中基本支出(日常公用支出)结转5万元、项目支出(气象现代化业务维持)结转1万元,全部留在“非财政补助结转—地方财政补助”各明细科目,结转下年继续使用。

第四节　事业结余的核算

一、事业结余的概念

事业结余是指事业单位一定期间除财政补助收支、非财政专项资金收支和经营收支以外各项收支相抵后的余额。本科目期末如为贷方余额，反映事业单位自年初至报告期末累计实现的事业结余；如为借方余额，反映事业单位自年初至报告期末累计发生的事业亏损。年末结账后，本科目应无余额。

二、事业结余的财务处理

年末财务人员在对相关会计科目进行核算、结账的基础上，做如下账务处理：

(1)将“事业收入”、“上级补助收入”、“附属单位上缴收入”、“其他收入”本期发生额中的非专项资金收入(即“项目核算”辅助为“基本支出”)结转入本科目，借记“事业收入”、“上级补助收入”、“附属单位上缴收入”、“其他收入”科目下“项目核算”辅助为“基本支出”的明细科目，贷记“事业结余”。

(2)将“事业支出”、“其他支出”本期发生额中的非财政、非专项资金支出(即“资金来源”辅助核算为非“中央财政拨款”和“地方财政拨款“，“项目核算”辅助为“基本支出”)，以及“对附属单位补助支出”、“上缴上级支出”科目的本期发生额结转入本科目，借记“事业结余”，贷记“事业支出”(“资金来源”辅助核算为非“中央财政拨款”和“地方财政拨款”，“项目核算”辅助为“基本支出”)、“其他支出”(“项目核算”辅助为“基本支出”)、“对附属单位补助支出”、“上缴上级支出”科目。

(3)完成上述结转后，将本科目余额结转入“非财政补助结余分配”科目，借记或贷记“事业结余”，贷记或借记“非财政补助结余分配”科目。

三、事业结余的核算举例

【例 6-4】如“非财政补助结转”核算举例【例 6-2】。

分析：在该例中，涉及事业结余的收支情况如下：

收入 41 万元。附属单位上缴收入 40 万元、其他收入—利息收入 1 万元。

支出 40.5 万元。事业支出—基本支出—工资福利支出(各明细科目)35 万元(资金来源为“附属单位上缴收入”)；事业支出—基本支出—商品和服务支出(各明细科目)0.5 万元(资金来源为“自有资金”)；对附属单位补助 5 万元。

a. 收入结转：

借：附属单位上缴收入(基本支出)	400 000	
其他收入—利息收入	10 000	
贷：事业结余		410 000

b. 支出结转：

借：事业结余	405 000	

贷:事业支出—基本支出—工资福利支出(各明细科目)　350 000

事业支出—基本支出—商品和服务支出(各明细科目)　5 000

对附属单位补助支出　50 000

c.将"事业结余"余额结转入"非财政补助结余分配"科目:

借:事业结余　5 000

贷:非财政补助结余分配—事业结余转入　5 000

第五节　经营结余的核算

一、经营结余的概念

经营结余是核算事业单位一定期间各项经营收支相抵后余额弥补以前年度经营亏损后的余额。本科目期末如为贷方余额,反映事业单位自年初至报告期末累计实现的经营结余弥补以前年度经营亏损后的经营结余;如为借方余额,反映事业单位截至报告期末累计发生的经营亏损。

年末结账后,本科目一般无余额;如为借方结余,反映事业单位累计发生的经营亏损。

二、经营结余的财务处理

年末财务人员在对相关会计科目进行核算、结账的基础上,做如下账务处理:

(1)将"经营收入"本期发生额结转入本科目,借记"经营收入"科目,贷记"经营结余";将经营支出本期发生额结转入本科目,借记"经营结余",贷记"经营支出"科目。

(2)完成上述结转后,如本科目为贷方余额,将本科目余额结转入"非财政补助结余分配"科目,借记"经营结余",贷记"非财政补助结余分配"科目;如本科目为借方余额,为经营亏损,不予结转。

三、经营结余的核算举例

【例 6-5】某气象局年末有关科目余额为:经营收入 50 万元,经营支出 48 万元。年终会计做转账处理如下:

a.结转有关收入。将"经营收入"科目贷方余额,全数转入"经营结余"科目,结转后"经营收入"科目应无余额。

借:经营收入　500 000

贷:经营结余　500 000

b.结转经营支出。将"经营支出"科目的借方余额,全数转入"经营结余"科目,结转后"经营支出"科目应无余额。

借:经营结余　480 000

贷:经营支出—公用支出　480 000

c.结转经营结余。将"经营结余"科目的贷方发生额与借方发生额相减后的余额,全数转入"非财政补助结余分配"科目,结转后的"经营结余"科目应无余额。

“经营结余”贷方余额＝500 000－480 000＝20 000(元)

借:经营结余 20 000

　贷:非财政补助结余分配—经营收益转入 20 000

第六节　非财政补助结余分配的核算

一、非财政补助结余分配的概念

非财政补助结余分配是指事业单位本年度非财政补助结余分配的情况和结果。年末结账后,本科目应无余额。

二、非财政补助结余分配的明细科目设置

“非财政补助结余分配”科目应按分配的具体项目设置“应交所得税”、“提取职工福利基金”、“转入事业基金”、“事业基金补亏”、“事业结余转入”、“经营收益转入”等明细科目。

三、非财政补助结余分配的财务处理

(1)年末,将“事业结余”科目余额结转入本科目,借记或贷记“事业结余”科目,贷记或借记“非财政补助结余分配—事业结余转入”。

(2)将“经营结余”科目贷方余额结转入本科目,借记“经营结余”科目,贷记“非财政补助结余分配—经营收益转入”。

(3)有企业所得税缴纳义务的事业单位计算出应缴纳的企业所得税,借记“非财政补助结余分配—应交所得税”,贷记“应缴税费—应缴企业所得税”科目。

(4)按照有关规定提取职工福利基金的,按提取的金额,借记“非财政补助结余分配—提取职工福利基金”,贷记“专用基金—职工福利基金”科目。

(5)按规定完成上述处理后,将本科目余额结转入事业基金,如贷方余额的,借记“非财政补助结余分配—转入事业基金”,贷记“事业基金”科目;如借方余额的,借记“事业基金”科目,贷记“非财政补助结余分配—事业基金补亏”。

(6)将“非财政补助结余分配”明细科目下的“应交所得税”、“提取职工福利基金”、“转入事业基金”、“事业基金补亏”、“事业结余转入”、“经营收益转入”明细科目的余额全数冲转,使各明细科目的余额为零。

四、非财政补助结余分配的核算举例

【例6-6】某气象局在年终结账之前“事业结余”科目贷方余额为5万元,“经营结余”科目的贷方余额为5万元,根据有关规定,应缴纳所得税2.5万元,提取专用基金3万元,其余转入事业基金。

a.将事业结余转入“非财政补助结余分配”科目。

借:事业结余 50 000

　贷:非财政补助结余分配—事业结余转入 50 000

b. 将经营结余转入“非财政补助结余分配”科目。

借:经营结余　50 000

　贷:非财政补助结余分配—经营收益转入　50 000

c. 按规定计提企业所得税。

借:非财政补助结余分配—应交所得税　25 000

　贷:应缴税费—应缴企业所得税　25 000

d. 按规定提取职工福利基金＝(50 000＋50 000－25 000)×40%＝30 000(元)

借:非财政补助结余分配—提取职工福利基金　30 000

　贷:专用基金—职工福利基金— 提取福利费　30 000

e. 将分配后的余额结转事业基金。

借:非财政补助结余分配—转入事业基金　45 000

　贷:事业基金—非财政补助结转结余转入—非财政补助结余分配转入　45 000

f. 非财政补助结余分配明细科目冲转。

借:非财政补助结余分配—事业结余转入　50 000

　非财政补助结余分配—经营收益转入　50 000

　贷:非财政补助结余分配—应交所得税　25 000

　　非财政补助结余分配—提取职工福利基金　30 000

　　非财政补助结余分配—转入事业基金　45 000

第七章　基金的核算

第一节　事业基金的核算

事业基金是指事业单位拥有的非限定用途的净资产，其来源主要为非财政补助结余扣除结余分配后滚存的金额。

一、事业基金增减的途径

事业基金的增加主要有以下几个方面：

(1)“非财政补助结余分配”科目余额转入。

(2)留归本单位使用的非财政补助专项(项目已完成)剩余资金转入。

(3)收回以前年度非财政补助的支出。

(4)对外转让或到期收回长期债券投资本息。

事业基金的减少主要有以下几个方面：

(1)弥补年度亏损。弥补年度亏损是事业基金减少的主要途径。

(2)用货币资金对外投资。

(3)支付以前年度非财政补助的支出。

二、事业基金的明细科目设置及会计处理

事业基金设置五个二级明细科目：

(1)非财政补助结转结余转入：反映事业单位非财政补助结余分配转入和非财政补助专项结转转入。年度终了，单位应将该科目余额转入“滚存结余”明细科目，结转后，本明细科目无余额。

(2)其他增加：对外转让或到期收回长期债券投资本息，转入本明细科目核算。年度终了，单位应将当年转入本明细科目的余额转入“滚存结余”明细科目，结转后，本明细科目无余额。

(3)其他减少：核算用货币资金对外投资等情况。年度终了，单位应将本明细科目的余额转入“滚存结余”明细科目，结转后，本明细科目无余额。

(4)调整以前年度非财政补助结余：核算收回或支付以前年度非财政补助的支出等须直接调减单位净资产。年度终了，单位应将本明细科目的余额转入“滚存结余”明细科目，结转后，本明细科目无余额。

(5)滚存结余：核算事业单位拥有的非限定用途的净资产。

三、事业基金的核算举例

【例 7-1】某市气象局 2 年前购买的政府债券已到期并兑付。原购买债券金额 20 000 元，到期利息 1 000 元。会计处理如下：

a. 收到债券的本金及利息时

借:银行存款	21 000	
贷:长期投资—债券投资		20 000
其他收入—投资收益		1 000

b. 同时：

借:非流动资产基金—长期投资	20 000	
贷:事业基金—其他增加		20 000

【例 7-2】市气象局某个横向课题，收入 50 000 元，该项目年终前已经完成，发生的全部支出为 49,500 元，按上级规定结余资金留归本单位使用。

a. 年底收支结转：

借:其他收入—科研课题收入	50 000	
贷:事业支出—项目支出		49 500
非财政补助结转		500

b. 同时：

借:非财政补助结转	500	
贷:事业基金—非财政补助结转结余转入—非财政补助专项结转转入		500

【例 7-3】某市气象局当年用自有资金(银行存款)100 000 元，投资用于新办 A 公司。

借:长期投资—长期股权投资(A 公司)	100 000	
贷:银行存款—基本账户存款		100 000

同时，调整事业基金

借:事业基金—其他减少	100 000	
贷:非流动资产基金——长期投资		100 000

【例 7-4】某市气象局年末经过结转后，“非财政补助结余分配”科目贷方余额 100 000 元，按照有关规定，提取职工福利基金 40 000 元，转入事业基金 60 000 元。

借:非财政补助结余分配—转入事业基金	60 000	
非财政补助结余分配—提取职工福利基金	40 000	
贷:事业基金—非财政补助结转结余转入—非财政补助结余分配转入		60 000
专用基金—职工福利基金—非财政补助结余分配转入		40 000

【例 7-5】事业基金——般基金的年末处理。

年初“事业基金—滚存结余”余额 800 000 元，假设上述【例 7-1】至【例 7-4】的例子都成立，年末“事业基金”的明细科目余额如下表，要求进行账务处理：

科目编码	科目名称	方向	年末余额
3001	事业基金	贷	780 500
300101	非财政补助结余分配转入	贷	60 500
300102	其他增加	贷	20 000
300103	其他减少	借	100 000
300105	滚存结余	贷	800 000

借:事业基金— 其他增加　　20 000
　事业基金—滚存结余　　19 500
　事业基金—非财政补助结余分配转入　　60 500
　贷:事业基金—其他减少　　100 000

结转后事业基金各明细科目余额如下表:

科目编码	科目名称	方向	年末余额
3001	事业基金	贷	780 500
300101	非财政补助结余分配转入		
300102	其他增加		
300103	其他减少		
300105	滚存结余	贷	780 500

第二节　非流动资产基金的核算

非流动资产基金是指事业单位长期投资、固定资产、在建工程、无形资产等非流动资产占用的金额。

一、非流动资产基金的账户设置

“非流动资产基金”科目应当设置“长期投资”、“固定资产”、“在建工程”、“无形资产”等明细科目,进行明细核算。

本科目期末贷方余额,反映事业单位非流动资产占用的金额。

在通常情况下“非流动资产基金—固定资产”和“固定资产”科目的数额是相等的。由于融资租入固定资产的特殊情况,与融资租入“固定资产”对应的“非流动资产基金—固定资产”数额仅为已支付的融资租赁费部分,所以有融资租入固定资产业务的事业单位,其“非流动资产基金—固定资产”与“固定资产”的数额不一定相等。

“非流动资产基金—长期投资”和“长期投资”科目的数额是相等的。“非流动资产基金—无形资产”和“无形资产”科目的数字是相等的。“非流动资产基金—在建工程”和“在建工程”科目的数字是相等的。

二、非流动资产基金的主要账务处理

(1)非流动资产基金应当在取得长期投资、固定资产、在建工程、无形资产等非流动资产或发生相关支出时予以确认。借记“长期投资”、“固定资产”、“在建工程”、“无形资产”等科目，贷记本科目有关明细科目。

(2)计提固定资产折旧、无形资产摊销时，应当冲减非流动资产基金，借记本科目有关明细科目，贷记“累计折旧”、“累计摊销”科目。

(3)处置长期投资、固定资产、无形资产，以及以固定资产、无形资产对外投资时，应当冲销资产对应的非流动资产基金。

三、非流动资产基金的核算举例

【例 7-6】某市气象局当年用自有资金(银行存款)购买政府债券金额 20 000 元。

a. 购买时：

借：长期投资—长期债券投资　　20 000

　贷：银行存款—基本账户存款　　20 000

b. 同时：

借：事业基金—其他减少　　20 000

　贷：非流动资产基金—长期投资　　20 000

【例 7-7】某市气象局当年用自有资金(银行存款)100 000 元，固定资产 50 000 元(评估价为 60 000 元)投资用于新办 A 公司。

a. 增加投资：

借：长期投资—长期股权投资(A 公司)　　160 000

　贷：银行存款—基本账户存款　　100 000

　　非流动资产基金—长期投资　　60 000

b. 调整事业基金：

借：事业基金—其他减少　　100 000

　贷：非流动资产基金—长期投资　　100 000

c. 冲减固定资产：

借：非流动资产基金—固定资产　　50 000

　贷：固定资产　　50 000

第三节 专用基金的核算

专用基金是指事业单位按规定提取、设置的有专门用途的资金。主要包括修购基金、职工福利基金和住房基金等。

一、专用基金的特点

(1)专用基金的取得，均有专门的规定。如修购基金是根据一定的比例提取，在相关支出

中列支后转入的;职工福利基金则是根据结余或工资总额的一定比例提取转入的。

(2)各项专用基金,都规定有专门的用途和使用范围,除财务制度规定可以允许合并使用以外,专用基金一般不得互相占用、挪用。

(3)专用基金的使用,均属一次性消耗,没有循环周转,不可能通过专用基金支出直接取得补偿 。

(4)专用基金的管理原则,先提后用、专设科目、专款专用。特别注意按工资总额的一定比例计提的职工福利费,也必须先提后用,如果是纳入国库集中支付的资金,可以采用即用即提的方式。

(5)专用基金的管理方法,按比例提取,支出按规定,收支有计划。

二、专用基金的账户设置

专用基金提取或分配转入时,借记“事业支出”、“经营支出”、“非财政补助结余分配 ”等科目,贷记“专用基金”科目。使用时,借记“专用基金”科目,贷记“银行存款”、“现金”等科目。年终,期末余额在贷方。

三、专用基金的明细科目设置及会计核算

专用基金按基金的种类设置二级明细科目,应设以下明细科目:

1.职工福利基金。

本明细科目用于核算各单位按规定比例(财教〔2012〕32 号规定:不高于 40%)从非财政补助结余中提取的职工福利基金以及按工资总额的一定比例或数额提取的职工福利费的收入、支出、结存情况。本二级明细科目设立如下三级明细科目:

(1)非财政补助结余分配转入

(2)提取福利费

(3)集体福利设施支出

(4)集体福利待遇支出

(5)其他支出

(6)滚存结余

【例 7-8】某市气象局从当年非财政补助结余中按规定比例提取职工福利基金 30 000 元。

借:非财政补助结余分配—提取职工福利基金 30 000

　贷:专用基金—职工福利基金—非财政补助结余分配转入 30 000

【例 7-9】某市气象局每月末按工资总额的 2.5%提取职工福利费 1 500 元。

借:事业支出—基本支出—商品和福利支出—福利费 1 500

　贷:专用基金—职工福利基金—提取福利费 1 500

【例 7-10】某市气象局用于单位职工食堂水管改造支出 6 000 元,银行转账支付。

借:专用基金—职工福利基金—集体福利设施支出 6 000

　贷:银行存款—基本账户存款 6 000

【例 7-11】某市气象局用于单位职工福利方面的支出 5 000 元,银行转账支付。

借:专用基金—职工福利基金—集体福利待遇支出 5 000

　贷:银行存款—基本账户存款 5 000

【例 7-12】年末，要将“专用基金—职工福利基金”明细科目下的“非财政补助结余分配转入”、“提取福利费、“集体福利设施支出”、“集体福利待遇支出”和“其他支出” 明细科目的余额全数结转到“滚存结余” 明细科目中，使除“滚存结余”外的其他各明细科目的余额为零。

按照上述原则，上述举例中的某市气象局的专用基金—职工福利基金的年末会计处理如下：

借：专用基金—职工福利基金—非财政补助结余分配转入　30 000
　专用基金—职工福利基金—提取福利基金　1 500
　贷：专用基金—职工福利基金—集体福利设施支出　6 000
　　专用基金—职工福利基金—集体福利待遇支出　5 000
　　专用基金—职工福利基金—滚存结余　20 500

2. 修购基金。

本科目是指事业单位按照相关规定提取以及其他按规定转入形成，专门用于固定资产的维修购置开支的资金。《气象事业单位财务管理暂行办法》(中气计发〔1998〕207 号)规定，在事业收入和经营收入之和的 10%以内提取。

本二级明细科目可以根据需要设立如下三级明细科目：

(1)提取修购基金

(2)上级拨入

(3)其他增加

(4)购建固定资产支出

(5)修缮支出

(6)清理费用

(7)其他减少

(8)滚存结余

【例 7-13】某单位 4 月份经营收入 20 000 元。修购基金的提取比例为经营收入的 10%。

修购基金提取数额＝(事业收入＋经营收入)×提取比例×100%
　　　　　　　　＝(0＋20 000)×10%＝2 000(元)

借：经营支出—商品和服务支出—其他—提取修购基金　2 000
　贷：专用基金—修购基金—提取修购基金　2 000

【例 7-14】收到上级拨入修购基金 3 000 元。

借：银行存款　3 000
　贷：专用基金—修购基金—上级拨入　3 000

【例 7-15】上级批准该单位购置专用设备一台。设备价值为 49 000 元，其资金来源为：财政拨款 35 000 元，上级用非财政资金补助 10 000 元，购买设备的其他资金缺口由单位从修购基金中补齐(该单位为国库集中支付试点单位)。会计处理为：

a. 购买设备支出 49 000 元。

借：事业支出　45 000
　专用基金—修购基金—购建固定资产支出　4 000
　贷：零余额账户用款额度　35 000
　　银行存款　14 000

b.同时：

借:固定资产—专用设备 49 000

贷:非流动资产基金—固定资产 49 000

【例 7-16】修购基金的年末处理。年末，要将“专用基金—修购基金”明细科目下的“提取修购基金”、“上级拨入”、“其他增加”、“购建固定资产支出”、“修缮支出”、“清理费用”、“其他减少”三级明细科目的余额全数结转到“滚存结余”三级明细科目中，使前述各明细科目的余额为零。

按上述原则，【例 7-13】至【例 7-15】中的该单位的专用基金—修购基金的年末会计处理如下：

借:专用基金—修购基金—提取修购基金 2 000

专用基金—修购基金—上级拨入 3 000

贷:专用基金—修购基金—购建固定资产支出 4 000

专用基金—修购基金—滚存结余 1 000

3.其他专用基金—住房基金。

本明细科目用于核算按国家政策法规和财务制度规定由单位筹集用于单位住房制度改革和住房建设的资金的收入、支出、结存情况。财政部门拨付的住房改革支出经费不在专用基金核算。

“专用基金—其他专用基金—住房基金”明细科目应设以下四级明细科目：

(1)住房基金收入:本明细科目用于核算单位取得的各项住房基金收入。发生的各项住房基金收入记入本明细科目的贷方。年末冲账后，本明细科目及以下各级明细科目均无余额。本明细科目应设以下五级明细科目：

①自管住房出租收入:本明细科目用于核算单位出租本单位自管公有住房收取的租金收入。

②留归单位使用的售房收入:本明细科目用于核算单位从出售其自管公房取得的收入中，扣除按规定比例提取共用部位共用设施设备维修基金后的净收入。

③共用部位共用设施设备维修基金:本明细科目用于核算单位按规定比例从售房收入提取的以及购房者按购房款的规定比例缴交的维修基金。

④上级主管部门拨入的资金:本明细科目用于核算单位的上级主管部门拨入的专项用于住房方面的资金。

⑤利息收入:本明细科目用于核算单位住房基金专款存入银行按规定利率计息取得的利息收入。

⑥其他收入:本明细科目用于核算单位从上述资金以外筹集的各项住房资金。本明细科目应按不同种类的收入进行明细核算。

(2)住房基金支出:本明细科目用于核算单位的各项住房基金支出。发生的各项住房基金支出记入本明细科目的借方。年末冲账后，本明细科目及以下各级明细科目均无余额。本明细科目应设以下五级明细科目：

①自管住房维修管理和改造支出:本明细科目用于核算单位对尚未出售的自管住房进行维修、管理和改造的支出。

②缴交职工住房公积金支出:本明细科目用于核算单位用非财政拨款为职工缴交的住房

公积金。

③发放购房补贴支出：本明细科目用于核算单位按住房分配货币化有关规定用非财政拨款发放给职工的住房补贴。

④发放提租补贴支出：本明细科目用于核算单位用非财政拨款为职工发放的提租补贴支出。

⑤共用部位共用设施设备维修支出：本明细科目用于核算单位用共用部位共用设施设备维修基金安排的已售公房共用部位共用设施设备的维修支出。

⑥公有住房维修支出：本明细科目用于核算单位将住房基金用于公有住房维修的支出。

⑦住房建设支出：本明细科目用于核算单位按照有关规定，用自有土地或对拥有产权的危旧住宅小区进行改建需列支的自建住房支出。

⑧购房支出：本明细科目用于核算单位购买职工住房方面的支出。

⑨其他支出：本明细科目用于核算单位上述支出之外用于住房方面的各项支出。本明细科目应比照事业支出"目"级科目设立不同的支出项目进行明细核算。

(3)住房基金结余：本明细科目用于核算单位住房基金收入和支出相抵后的余额。本明细科目应设以下五级明细科目：

①共用部位共用设施设备维修基金结余：本明细科目用于核算单位的共用部位共用设施设备维修基金的实际结余。年末时，根据"专用基金—其他专用基金—住房基金—住房基金收入—共用部位共用设施设备维修基金"的余额和"专用基金—其他专用基金—住房基金—住房基金支出—共用部位共用设施设备维修支出"的余额和这两者的差额，做会计账务处理如下：

借：专用基金—其他专用基金—住房基金—住房基金收入—共用部位共用设施设备维修基金

　贷：专用基金—其他专用基金—住房基金—住房基金支出—共用部位共用设施设备维修支出

　贷(或借)：专用基金—其他专用基金—住房基金—住房基金结余—共用部位共用设施设备维修基金结余

②其他住房基金结余：本明细科目用于核算单位的除上述共用部位共用设施设备维修基金结余以外的其他住房基金结余。年末时，根据"专用基金—其他专用基金—住房基金—住房基金收入"中扣除上述共用部位共用设施设备维修基金以外的住房基金收入后的各明细科目余额和"专用基金—其他专用基金—住房基金—住房基金支出"中扣除上述共用部位共用设施设备维修支出以外的住房基金支出后的各明细科目的余额和这两者的差额，做会计账务处理如下：

借：专用基金—其他专用基金—住房基金—住房基金收入(除共用部位共用设施设备维修基金以外的其他五级明细科目)

　贷：专用基金—其他专用基金—住房基金—住房基金支出(除共用部位共用设施设备维修支出以外的其他五级明细科目)

　贷(或借)：专用基金—其他专用基金—住房基金—住房基金结余—其他住房基金结余

事业单位应增设"住房基金"备查簿，所有住房基金的来源以及运用均应在"住房基金"备查簿中登记。事业单位取得的财政预算和财政专户管理资金拨付的住房公积金、住房补贴和住房建设资金，自管住房出租收入，留归事业单位使用的住房收入，按规定提取的职工住房公积金和其他建房资金，从单位售房收入中提取的住宅共用部位共用设施设备维修基金，原划转的住房折旧、维修和大修理资金，上级主管部门拨付的住房资金，住房方面的其他资金以及利息收入等均应在“住房基金”备查簿的贷方登记；事业单位缴纳职工住房公积金，发放职工住房提租补贴或住房补贴，划转已售住房共用部位共用设施设备维修费，支付自管住房维修、管理和改造费用，住房建设以及住房方面的其他支出等，均应在“住房基金”备查簿的借方登记，“住房基金”备查簿的期末贷方余额，反映事业单位可用于住房方面的资金。

事业单位出售职工住房，按取得的售房收入，借记“银行存款”科目，贷记“专用基金—其他专用基金—住房基金”科目；同时，按出售的固定资产的原价，借记“非流动资产基金—固定资产”科目，贷记“固定资产”科目。事业单位应将已出售职工住房的原价、出售收入等情况在备查簿中进行登记。

单位出售职工住房取得的售房收入必须专户存储，专项使用，资金所有权和管理权不变。

【例 7-17】收到其他单位人员交来的自管住房的出租收入 7 000 元。

借：现金 7 000

贷：专用基金—其他专用基金—住房基金—住房基金收入—自管住房出租收入 7 000

【例 7-18】本单位出售公有住房给本单位职工，售价 1 000 000 元，其中提取共用部位共用设施设备维修基金 20 000 元。

借：银行存款 1 000 000

贷：专用基金—其他专用基金—住房基金—住房基金收入—留归单位使用的售房收入 980 000

专用基金—其他专用基金—住房基金—住房基金收入—共用部位共用设施设备维修基金 20 000

【例 7-19】住房资金银行存款户取得利息收入 1 000 元。

借：银行存款 1 000

贷：专用基金—其他专用基金—住房基金—住房基金收入—利息收入 1 000

【例 7-20】从提取的共用部位共用设施设备维修基金中安排 5 000 元用于维修职工住房。

借：专用基金—其他专用基金—住房基金—住房基金支出—共用部位共用设施设备维修支出 5 000

贷：银行存款 5 000

【例 7-21】安排 1 000 元用于维修单位尚未出售的职工住房。

借：专用基金—其他专用基金—住房基金—住房基金支出—自管住房维修管理和改造支出 1 000

贷：银行存款 1 000

【例 7-22】该单位当年发生建房支出 300 000 元。

借：专用基金—其他专用基金—住房基金—住房基金支出—住房建设支出 300 000

贷：银行存款 300 000

【例 7-23】该单位从住房基金户中为职工缴交住房公积金 1 500 元。

借：专用基金—其他专用基金—住房基金—住房基金支出—缴交职工住房公积金支出 1 500

贷：银行存款 1 500

【例 7-24】住房基金的年末处理。

a. 共用部位共用设施设备维修基金的年末处理。将“专用基金—其他专用基金—住房基金—住房基金收入—共用部位共用设施设备维修基金”的余额和“专用基金—其他专用基金—住房基金—住房基金支出—共用部位共用设施设备维修支出”的余额全数结转到“专用基金—其他专用基金—住房基金—住房基金结余—共用部位共用设施设备维修基金结余”，使前述各明细科目的余额为零。

b. 其他住房基金结余的年末处理。将上述除共用部位共用设施设备维修基金收入和支出以外的住房基金收入、支出的明细科目的数额全数结转到“专用基金—其他专用基金—住房基金—住房基金结余—其他住房基金结余”明细科目中，使前述各明细科目的余额为零。

按上述原则，上述举例中的该单位的“专用基金—其他专用基金—住房基金”的年末会计处理如下：

a. 共用部位共用设施设备维修基金的年末结转

借：专用基金—其他专用基金—住房基金—住房基金收入—共用部位共用设施设备维修基金　20 000

　贷：专用基金—其他专用基金—住房基金—住房基金支出—共用部位共用设施设备维修支出　5 000

　　专用基金—其他专用基金—住房基金—住房基金结余—共用部位共用设施设备维修基金　15 000

b. 其他住房基金结余的年末结转

借：专用基金—其他专用基金—住房基金—住房基金收入—自管住房出租收入　7 000

　专用基金—其他专用基金—住房基金—住房基金收入—留归单位使用的售房收入　980 000

　专用基金—其他专用基金—住房基金—住房基金收入—利息收入　1 000

贷：专用基金—其他专用基金—住房基金—住房基金支出—自管住房维修管理和改造支出　1 000

　专用基金—其他专用基金—住房基金—住房基金支出—住房建设支出　300 000

　专用基金—其他专用基金—住房基金—住房基金支出—缴交职工住房公积金支出　1 500

　专用基金—其他专用基金—住房基金—住房基金结余—其他住房基金结余　685 500

事业单位应将所有住房基金的来源以及运用在“住房基金”备查簿中登记。也就是说除了上述在“专用基金—其他专用基金—住房基金”明细科目中记录的事项外，财政部门拨付的事业单位的住房公积金、住房补贴和提租补贴的来源和运用，也应在“住房基金”备查簿中予以反映。

4. 其他专用基金—其他基金。

是指单位按照国家有关规定提取或者设置的资金。如科学事业单位的科技成果转化基金等。以前年度计提还留在账上的医疗基金、科教基金、科技发展基金等，由于财政部已经明确取消或没有规定可以提取，这些基金暂时留在“其他专用基金—其他基金”科目，只支不提，用完为止。

第八章　年终清理结算和转账

为了及时办理年度结账，为编制部门决算做好基础工作，单位在年度终了前，应对各项收支账目、往来款项、货币资金和财产物资进行全面的年终清理结算。

一、年终清理和结算

核对年度预算收支数字和各项缴拨款项。年终前，对各项预算缴拨款都应按规定逐笔进行清理结算，保证有隶属关系上下级之间的年度预算数、领拨经费数和上缴、下拨数一致。

本年的各项收入都应及时入账。本年的应缴财政专户的财政专户管理资金收入，应在年终前全部上缴。

本年的各项支出，应按规定的支出用途如实列报。年度单位支出数字，一律以单位截至12月31日的本年实际支出数为准。

事业单位的往来款项，年终前应尽量清理完毕。按照有关规定应当转作各项收入或各项支出的往来款项要及时转入各有关账户。

二、年终对账

单位年终应及时同开户银行对账，银行存款账面余额应同银行对账单的余额核对相符。现金账面余额应同库存现金核对相符。有价证券账面数字，一般应同实存的有价证券核对相符。

年终前，应对各项财产物资进行清理盘点。发生盘盈、盘亏的，应及时查明原因，按规定做出处理，调整账务，做到账实相符、账账相符。

三、年度结账

事业单位在年终清理结算的基础上进行年终结账。年终结账包括年终转账、结清旧账和记入新账。

（一）年终转账

账目核对无误后，首先计算出各账户借方或贷方的12月份合计数和全年累计数，结出年终的余额。然后，编制结账前的“资产负债表”，试算平衡后，填制12月31日的记账凭证，办理各个账户收支余额的年终结账冲转。

（二）结清旧账

将转账后无余额的账户结出全年总累计数，然后在下面划双红线，表示本账户全部结清。对年终有余额的账户，在“全年累计数”下行的“摘要”栏内注明“结转下年”字样，再在下面划双红线，表示年终余额转入新账，旧账结束。

（三）记入新账

本年度各账户有余额的，要将账户的年终余额数直接记入新年度相应的各有关账户，并在“摘要”栏注明“上年结转”字样，以区别新年度发生数。

使用电子计算机替代手工记账的，按照《会计电算化管理办法》及《会计电算化工作规范》的要求进行处理。

第九章　财务会计报告

第一节　季度报表的编制

气象部门季度财务报表(以下简称季报)由三张表构成:资产负债表、支出明细表、补充资料表。

一、资产负债表(表一)

(1)本表是反映气象部门行政事业单位会计期末财务状况的会计报表。本表日期填列季末最后一天的日期。本表年初数各栏根据会计账簿中各相关会计总账科目和明细科目的年初余额填列。期末数各栏根据会计账簿中各相关会计总账科目和明细科目的期末余额填列。

(2)本表的数字关系:

①资产合计、支出合计、负债合计、净资产合计、收入合计分别等于表中各自所属科目数字之和。

②资产部类总计=负债部类总计

③资产部类总计=资产合计+支出合计

④负债部类总计=负债合计+净资产合计+收入合计

二、支出明细表(表二)

(1)本表是反映各单位各项经费从年初到季度末支出情况的报表。本表各栏金额指标取自会计账簿中“事业支出”和“经营支出”等会计科目累计发生额或期末余额。

(2)本表各栏的数字关系:

①“总计”=“工资福利支出小计”+“商品和服务支出小计”+“对个人和家庭补助支出小计”+“赠予支出小计”+“债务利息支出”+“其他资本性支出”+“基本建设支出”+“其他支出”+“结转自筹基建支出”+“结转财政基建支出”

②“工资福利支出小计”=本表3—10行合计数

③“商品和服务支出小计”=本表12—37行合计数

④“对个人和家庭补助支出小计”=本表39—52行合计数

⑤“赠予支出小计”=本表54—55行合计数

⑥“其他资本性支出”=本表57—70行合计数

⑦“基本建设支出”=本表72—81行合计数

⑧“其他支出”=本表84—85行合计数

(3)表间关系：

①本表“累计支出数——合计”栏的“总计”行＝“资产负债表”30行期末数与“资产负债表”33行期末数合计

②本表“累计支出数—其中—事业支出”栏的“总计”行＝“资产负债表”30行期末数

③本表“累计支出数—其中—经营支出”栏的“总计”行＝“资产负债表”33行期末数

三、补充资料表(表三)

本表是反映各单位从年初到季度末“三公经费”支出情况以及单位期末职工人数、离休、退休、长聘人数情况的报表。本表中职工人数、离休、退休、长聘人数各指标一律按期末实有数填报。

“三公经费”支出数填报财政拨款季度末“三公经费”累计支出数。

四、抵消类

上级事业单位汇总下级事业单位的报表后，汇总表中须抵消的数字请各单位自行做出抵消表，并根据抵消表抵减汇总报表中的相关数字形成上报给上级单位的报表。抵消表要妥善保存。

资产负债表

编制单位：中国气象局　　　　金额单位：万元

科目编号	资产部类	行次	年初数	期末数	科目编号	负债部类	行次	年初数	期末数
	一、资产类	1				二、负债类	45		
1001	库存现金	2			2001	短期借款	46		
1002	银行存款	3			2101	应缴税费	47		
1011	零余额账户用款额度	4			2102	应缴国库款	48		
1012	其他货币资金	5			2103	应缴财政专户款	49		
1101	短期投资	6			2201	应付职工薪酬	50		
1102	短期投资跌价准备	7			2301	应付票据	51		
1201	财政应返还额度	8			2302	应付账款	52		
1211	应收票据	9			2303	预收账款	53		
1212	应收账款	10			2305	其他应付款	54		
1213	预付账款	11			2398	暂存款	55		
1215	其他应收款	12			2399	预提费用	56		
1216	坏账准备	13			2401	长期借款	57		
1299	暂付款	14			2402	长期应付款	58		
1301	存货	15			2501	预计负债	59		
1302	存货跌价准备	16			2502	受托代理负债	60		
1401	长期投资	17				负债合计	61		
1402	长期投资减值准备	18							

续表

科目编号	资产部类	行次	年初数	期末数	科目编号	负债部类	行次	年初数	期末数
1501	固定资产	19				三、净资产类	62		
1502	累计折旧	20			3001	事业基金	63		
1511	在建工程	21			3101	非流动资产基金	64		
1601	无形资产	22			310103	其中:在建工程	65		
1602	累计摊销	23			3201	专用基金	66		
1701	待处理资产损益	24			3301	财政补助结转	67		
1801	待摊费用	25			3302	财政补助结余	68		
1802	文物文化资产	26			3401	非财政补助结转	69		
1803	固定资产清理	27			340101	其中:地方财政补助结转	70		
1804	受托代理资产	28			340102	课题等专项资金结转	71		
	资产合计	29			3402	事业结余	72		
					3403	经营结余	73		
					3404	非财政补助结余分配	74		
					3501	非限定性净资产	75		
					3502	限定性净资产	76		
						净资产合计	77		
						四、收入类	78		
					4001	财政补助收入	79		
					4101	事业收入	80		
					4201	上级补助收入	81		
					4301	附属单位上缴收入	82		
	五、支出类	30			4401	经营收入	83		
5001	事业支出	31			4501	其他收入	84		
500101	其中:基本支出	32			450101	其中:地方财政补助收入	85		
500102	项目支出	33			450102	科研课题收入	86		
5101	上缴上级支出	34			4601	捐赠收入	87		
5201	对附属单位补助支出	35			4602	会费收入	88		
5301	经营支出	36			4603	提供服务收入	89		
5401	其他支出	37			4604	政府补助收入	90		
5499	成本费用	38			4605	商品销售收入	91		
5501	业务活动成本	39			4606	投资收益	92		
5502	管理费用	40			4699	其他收入	93		
5503	筹资费用	41			4701	科研收入	94		
5504	其他费用	42			4702	非科研收入	95		
	支出合计	43				收入合计	96		
	资产部类总计	44				负债部类总计	97		

支出明细表

编制单位：　　　　　　　　　　　　　　　　　　　　　　金额单位:万元

行次	预算科目名称	累计支出数			行次	预算科目名称	累计支出数		
		合计	其中				合计	其中	
			事业支出	经营支出				事业支出	经营支出
1	总计				29	专用燃料费			
2	一、工资福利支出小计				30	劳务费			
3	基本工资				31	委托业务费			
4	津贴补贴				32	工会经费			
5	奖金				33	福利费			
6	社会保障缴费				34	公务用车运行维护费			
7	伙食费				35	其他交通费用			
8	伙食补助费				36	税金及附加费用			
9	绩效工资				37	其他商品和服务支出			
10	其他工资福利支出				38	三、对个人和家庭补助支出小计			
11	二、商品和服务支出小计				39	离休费			
12	办公费				40	退休费			
13	印刷费				41	退职(役)费			
14	咨询费				42	抚恤金			
15	手续费				43	生活补助			
16	水费				44	救济费			
17	电费				45	医疗费			
18	邮电费				46	助学金			
19	取暖费				47	奖励金			
20	物业管理费				48	生产补贴			
21	差旅费				49	住房公积金			
22	因公出国(境)费用				50	提租补贴			
23	维修(护)费				51	购房补贴			
24	租赁费				52	其他对个人和家庭补助支出			
25	会议费				53	四、赠与支出小计			
26	培训费				54	对国内的赠与			
27	公务接待费				55	对国外的赠与			
28	专用材料费				56	五、其他资本性支出			

续表

行次	预算科目名称	累计支出数			行次	预算科目名称	累计支出数		
		合计	其中				合计	其中	
			事业支出	经营支出				事业支出	经营支出
57	房屋建筑物购建				73	办公设备购置			
58	办公设备购置				74	专用设备购置			
59	专用设备购置				75	基础设施建设			
60	基础设施建设				76	大型修缮			
61	大型修缮				77	信息网络及软件购置更新			
62	信息网络购建				78	物资储备			
63	物资储备				79	公务用车购置			
64	土地补偿				80	其他交通工具购置			
65	安置补助				81	其他基本建设支出			
66	地上附着物和青苗补偿				82	七、债务利息支出			
67	拆迁补偿				83	八、其他支出			
68	公务用车购置				84	未划分的项目支出			
69	其他交通工具购置				85	其他			
70	其他资本性支出				86	九、结转自筹基建支出			
71	六、基本建设支出				87	十、结转财政基建支出			
72	房屋建筑物购建								

补充资料表

编制单位： 金额单位：万元

行次	项目	财政拨款期末支出数	行次	项目	合计数	一般预算财政拨款开支人数	一般预算财政补助开支人数	经费自理开支人数
1	“三公经费”支出		7	1.在职职工人数总计				
2	因公出国(境)支出		8	其中:“行政运行 2200501”职工人数				
3	公务用车购置及运行维护费支出		9	“机关服务 2200503”职工人数				
4	其中:公务用车购置		10	“气象事业机构 2200504”职工人数				
5	公务用车运行维护费		11	“气象事务支出 2200599”职工人数				
6	公务接待费支出		12	“中专教育支出 2050302”职工人数				

续表

行次	项目	财政拨款期末支出数	行次	项目	合计数	一般预算财政拨款开支人数	一般预算财政补助开支人数	经费自理开支人数
			13	“机构运行 2060301”职工人数				
			14	“离退休人员管理机构 2080503”职工人数				
			15	2.离休人数总计				
			16	3.退休人数总计				
			17	4.长聘人员人数总计				
			18	5.临时聘用人员人数				

第二节　部门决算的编制

部门决算是指气象部门各行政事业单位在每个会计年度终了，根据财政部及中国气象局的部门决算编审要求，在日常会计核算基础上编制的、综合反映本单位财务收支状况和各项资金管理状况的总结性文件。

部门决算能够反映事业单位财务收支、经费来源与运用、资产与负债、机构、人员与工资等方面的基本数据，也能够反映事业单位财务状况和预算执行结果，为财政部门审查批复决算和编制后续年度财政预算提供基本依据，并满足国家财务会计监管、各项资金管理以及宏观经济决策等信息需要。

部门决算编制工作必须认真贯彻“真实、准确、完整、及时”的原则。一是决算编报的范围必须与部门预算一致，指标口径必须符合决算填报要求；二是各单位的汇总决算要以所属单位上报并经审核的数字为准，不得随意调整科目、估列代编；三是要保证决算报表收支真实、内容完整，做到账表相符、表表相符，不得瞒报、漏报，形成表外资产，更不得虚列支出、随意结转，造成决算不实；四是要按规定的时间，及时完成决算汇编和报送任务。

部门决算的表式及编制应以财政部及上级主管部门当年布置的要求为准，下面以 2013 年部门决算报表表式为例介绍部门决算的编制方法。

一、部门决算报表的体系结构

部门决算报表体系结构由决算总表、主表、附表及补充资料表组成。

气象部门各单位需填列的报表有：

(1)决算总表：收入支出决算总表

(2)主表：收入支出决算表、收入决算表、支出决算表、支出决算明细表(自动生成)、基本支出决算明细表、项目支出决算明细表、项目收入支出决算表(自动生成)、行政事业类项目收入支出决算表、基本建设类项目收入支出决算表、公共预算财政拨款收入支出决算表、公共预算财政拨款支出决算明细表(自动生成)、公共预算财政拨款基本支出决算明细表、公共预算财政拨款项目支出决算明细表、政府性基金预算财政拨款收入支出决算表、政府性基金预算财政拨款支出决算明细表、政府性基金预算财政拨款基本支出决算明细表、政府性基金预算财政拨款项目支出决算明细表、财政专户管理资金收入支出决算表、资产负债简表。

(3)附表:事业单位基金增加变动情况表、资产情况表、国有资产收益情况表、基本数字表、机构人员情况表、学生学员统计表、非税收入征缴情况表(自动生成)、非税收入征缴情况明细表。

(4)补充资料表:中央单位国际组织会费、国际组织捐赠和维和摊款支出明细表、中央单位外交支出基本数字表、科学研究情况补充资料表、行政经费支出统计表、"三公经费"公共预算财政拨款支出情况表、其他收入决算明细表、经营收入决算明细表、经营支出决算明细表、地方财政拨款收支情况表、会计人员情况表、支出"其他"明细表、拨出经费明细表。

二、编报范围

(1)单位范围:本套决算编报范围包括列入年度部门预算编报范围的行政事业单位,具体包括:各省、自治区、直辖市气象局,计划单列市气象局及其所属事业单位,中国气象局直属单位。

(2)资金范围:本套决算编报内容包括预算单位的全部收支情况,编报口径与单位预算衔接一致。

三、填报口径

(1)本套决算收支报表均不包括偿还性资金。

(2)本套决算财决 01 至 06-2 表中,中央单位和地方单位均包括政府性基金预算财政拨款收支,全口径反映单位资金收支情况。以上各表中财政拨款指标均包括公共预算财政拨款和政府性基金预算财政拨款。政府性基金编报口径应符合《财政部关于制发政府性基金预算管理办法的通知》(财预字〔1996〕435 号)、《财政部 中国人民银行关于将部分政府性基金纳入预算管理的通知》(财预〔2002〕359 号)、《财政部关于印发〈政府性基金管理暂行办法〉的通知》(财综〔2010〕80 号)等有关文件规定。

(3)本套决算中"基本建设类资金"指单位按照《国有建设单位会计制度》核算的资金。单位结转自筹基建资金以及行政事业账转拨基本建设账的财政拨款,按基本建设项目实际收支数反映,不反映单位内部转账过程。其中:财决 05 至 05-2 表、财决 08 至 08-2 表中"基本建设支出"和财决 06-2 表中"基本建设支出拨款"指由本级发展与改革部门集中安排的用于购置固定资产、战略性和应急性储备、土地和无形资产,以及购建基础设施、大型修缮所发生的公共预算财政拨款收支,不包括政府性基金、财政专户管理资金以及各类拼盘自筹资金等。

(4)本套决算中央部门财政拨款结转和结余资金填报口径应符合《财政部关于印发〈中央部门财政拨款结转和结余资金管理办法〉的通知》(财预〔2010〕7 号)的规定。

(5)本套决算中"财政专户管理资金"是指按照《财政部 中国人民银行关于将按预算外资金管理的全国性及中央部门和单位行政事业性收费纳入预算管理的通知》(财预〔2009〕79 号)和《财政部关于将按预算外资金管理的收入纳入预算管理的通知》(财预〔2010〕88 号)及其他有关文件规定,在财政专户实行"收支两条线"管理并核拨给单位的教育收费等资金。

(6)执行《科学事业单位会计制度》、《中小学校会计制度》、《高等学校会计制度》、《医院会计制度》、《基层医疗卫生机构会计制度》、《测绘事业单位会计制度》、《地质勘查单位会计制度》、《企业会计制度》或《民间非营利组织会计制度》的事业单位，以及执行《国有建设单位会计制度》的单位，参照"会计科目与部门决算报表对应关系表"设定的口径填报本套决算。

四、录入级次

(1)纳入本套决算编报范围、独立编报预算的单位，都应作为独立核算机构逐户编制和录入本套决算。

(2)气象部门所属单位需分户录入到基层预算单位，即四级预算单位。

(3)预算单位应按照财务管理关系或单位预算级次，逐级汇总建立决算数据的树形结构。树形结构应规范、清晰。

五、填报要求

(1)各单位应对单位本级、所属单位决算报表进行审核、汇总，有关财政拨款数应与财政部实际拨款数核对一致，并对收入支出重复汇总数进行剔除。其中，"上级补助收入"科目应与"对附属单位补助支出"科目进行对冲，"附属单位缴款"科目应与"上缴上级支出"科目进行对冲。

(2)一级预算单位拨给其他不属于本套报表编报范围单位的财政拨款，可由拨款单位根据用款单位经费使用情况代编决算，填报有关经费表。代编报表的具体填报方法如下：

①报表封面信息中"单位基本性质"按用款单位实际情况填列；"单位执行会计制度"选择"其他"填列；"报表类型"选择"经费差额表"填列；其他项目标识全部按单位实际情况填列。

②表中内容按支出功能分类科目划分，需要按项目填列的要逐项填列。

(3)预算单位收到非本级财政部门的经费拨款，如单位已纳入所在地区部门预算编报范围，则应使用"经费差额表"向拨出款项的财政部门编报有关经费报表，包括财决 01 表至财决 11 表等。按单位整体情况反映的报表，如"资产负债简表"(财决 12 表)、"基本数字表"(财决附 04 表)和"机构人员情况表"(财决附 05 表)等，原则上仅按预算管理关系报送，但实际由非本级财政部门负担人员经费的，财决附 04 表中人员情况应按经费比例或实际负担人数拆分报送。如单位未纳入所在地区部门预算编报范围，则不需编报本套决算。

(4)一级预算单位和各级财政部门汇总本套决算时应进行单位户数核对，检查新报因素和上年代码填报是否正确。

(5)各级预算单位汇总本套决算时应进行枚举字典检查，检查部门标识代码等封面信息以及填列的各类政府收支分类科目是否符合规范。

(6)本套决算审核公式分为基本平衡公式、逻辑性公式和核实性公式三种类型。

①基本平衡公式：用于审核表内平衡关系。软件中报错公式表现为红色，报错单元格表现为红色。应保持公式审核全部正确，不出现报错信息。

②逻辑性公式：用于审核表内、表间相关数据逻辑关系。软件中提示公式表现为紫色，提示单元格表现为红色。原则上不应出现提示信息。如有公式提示，单位经核实并出具相关文件依据等，可保留提示信息，并在填报说明中列示有关依据。

③核实性公式：用于审核表内、表间有关数据的合理性。软件中提示公式表现为绿色，提示单元格表现为黄色。如有公式提示，单位应根据会计账簿和有关台账进行核实，有错调整，

无错保留，并在填报说明中进行说明。

审核中如出现多条公式提示或同一条公式提示涉及多个单位，应从明细报表或基层单位开始核查。多条公式或多个单位提示同一类内容提示，经逐条核实提示公式后，可在填报说明中分类归总说明。

(7)部门决算审核模板用于查询和审核决算数据填报的规范性和合理性，相关数据全部为自动提取生成。使用审核模板进行分析时，如发现数据可能填报有误的情况，应先核实情况，并按照“有错更正，无错保留并说明原因”的原则处理。

如发现预算单位决算数据问题，应通知预算单位进行决算调整，不得随意更改单位数据。

(8)按政府收支分类科目填列的报表，应填列到最底级的科目。

(9)本套报表的填报和分户录入金额单位为“元”(保留两位小数)，汇总打印报表以“万元”为单位(保留两位小数)。

(10)部门决算填报说明应按照规定格式逐项编写。

六、封面填报方法

(1)单位名称：填列单位的全称，并加盖单位行政公章。各二级预算单位填报本级报表时，应在单位名称后加“(本级)”。

(2)组织机构代码：根据各级技术监督部门核发的机关、团体、事业单位代码证书规定的9位码填列。

(3)财政预算代码：指单位在财政预算部门的编码。中国气象局所属二级预算单位财政预算代码为6位，前3位为141，后3位为中国气象局规定给各单位的预算代码；三、四级预算单位财政预算代码为9位。财政预算代码应与部门预算代码一致。

各级预算单位汇总上报部门决算电子数据时，应通过“单位排序整理”功能对单位按财政预算代码进行排序(“高级”菜单中，排序方式设置选择“树形结构次序优先”)。

(4)单位预算级次：填列部门和单位按照预算管理权限和经费领拨关系所确定的预算级次。

向同级财政部门编报预算并审核批复下一级预算单位预算，或向同级财政部门领报经费并对下一级预算单位核拨经费的单位(含没有下级预算单位)，为一级预算单位，代码填“1”。向上一级预算单位编报预算并审核批复下一级预算单位预算，或向上一级预算单位领报经费并对下一级预算单位核拨经费的单位(含没有下级预算单位)，按预算级次在“2”至“7”间选择填列。一级预算单位有下一级预算单位的，其本级代码填“2”；没有下一级预算单位的，代码填“1”，以此类推。

(5)单位基本性质：依据政府编制管理部门确定的单位及经费性质，在“行政单位”、“参照公务员法管理事业单位”、“财政补助事业单位”、“经费自理事业单位”和“其他单位”五种类型中选择填列。财政部门或主管单位叠加汇总所属单位决算时不填列本项。

其他单位：由列入2013年度部门预算编制范围的企业集团、执行《民间非营利组织会计制度》的非事业编制单位、一级预算单位代编“经费差额表”或“调整表”，以及财政部门编制“调整表”或“乡镇汇总录入表”时选择填列。

(6)单位执行会计制度：按单位实际执行的会计制度选择填列(执行《科学事业单位会计制度》等行业事业单位会计制度的单位选择对应会计制度填列)。主管单位叠加汇总所属单位决算时不填列本项。

其他：由预算单位在编制“调整表”或“乡镇汇总录入表”时选择填列。

(7)预算管理级次：各单位全部选填“10 中央”。

(8)国民经济行业分类：3 位代码，根据国家标准《国民经济行业分类》(GB/T 4754—2011)门类、大类代码编制，参公事业单位按实际所属行业分类填列国民经济行业分类代码，信息网络中心、数据管理中心或计算机中心等单位填列“I65 软件和信息技术服务业”；科学研究所等科研单位填列“M73 研究和实验发展”；教育培训中心等教育单位填列“P82 教育”；记者站等单位填列“R85 新闻和出版业”。

(9)隶属关系：由“隶属关系”和“部门标识代码”组成，以 9 位代码表示。具体填报方法如下：

中央单位前六个空格均填零，后三个空格根据国家标准《中央党政机关、人民团体及其他机构代码》(GB/T 4657—2009)编制。

(10)补充资料表标识：按单位实际填报的补充资料表的代码选择填列。

(11)报表类型：按单位实际填报的报表类型选择填列。

“0”表示单户表，由独立核算单位录入本单位数据时使用。

“1”表示经费差额表，由一级预算单位代资金使用单位编制报表或单位向非本级财政部门编制报表时使用。要求以正数填报财决 01 至 11 表，有经费结余的可填报财决 12 表；一般不填报财决附 04 表和财决附 05 表等按单位整体情况反映的报表。

“2”表示调整表，由汇总单位剔除重复汇总数据时使用。汇总单位只能用调整表剔除因叠加汇总而导致的上下级单位收入、支出虚增部分，不得用于调整基层单位上报的收入、支出和结余数据。要求以负数填报相关报表，一般不填报财决附 04 表和财决附 05 表等按单位整体情况反映的报表。

调整表和经费差额表的内容应分别填报，不能将两类表的内容混编在同一套报表中。

“3”表示行政单位汇总录入表，由县级以下(含县级)主管部门汇总录入行政单位数据时使用。

“4”表示事业单位汇总录入表，由县级以下(含县级)主管部门汇总录入事业单位数据时使用。

“5”表示经费自理事业单位汇总录入表，由县级以下(含县级)主管部门汇总录入经费自理事业单位数据时使用。

“6”表示乡镇汇总录入表，由乡镇汇总录入决算数据时使用。

“7”表示叠加汇总表，单位报表汇总时由系统自动生成。

“8”表示其他单位汇总录入表，由县级以下(含县级)主管部门汇总录入其他单位数据时使用。

(12)新报因素：根据单位实际报送部门决算情况选择填列。

“0”表示连续上报，由连续编报决算报表且报表类型未改变的单位使用。如单位只是组织机构代码发生改变，仍选择连续上报。

“1”表示新增单位，由新设立的预算单位使用，包括因机构改革进行合并、分立的单位。

“2”表示上年应报未报，由上一年度应编未编决算报表的单位使用。

“3”表示报表类型改变，由编报决算报表类型发生改变的单位使用，包括单位由汇总录入表改单户表编报等情况。

“5”表示纳入部门预算范围,由当年新纳入部门预算范围的单位使用。

“6”表示隶属关系改变,由当年因机构改革等原因改变隶属关系的单位使用。

“9”表示其他,决算编报单位出现上述以外的情况时使用。

(13)上年代码:连续上报单位应填报上年代码,填报规则为“上年组织机构代码+上年报表类型代码”。

七、收入支出决算总表(财决01表)

本表反映单位本年度的预、决算收支和年末结转结余情况,包括行政事业类资金和基本建设类资金。

本表年初预算数由单位依据同级财政部门批复的年初预算数填列;决算数据可自动生成,相关数据从本套决算的其他报表中提取。

八、收入支出决算表(财决02表)

本表反映单位本年度收入、支出、结转和结余及结余分配等情况。根据单位行政事业账和基本建设账的收入支出总账、明细账的发生数,按支出功能分类科目分“类”、“款”、“项”分析填列。具体填列要求如下:

(1)支出功能分类科目编码、名称:按照《2013年政府收支分类科目》“类”、“款”、“项”的编码和名称填列(包括有关科目修订文件,下同)。单位取得的除财政拨款和财政专户管理资金以外的各项收支,应按照单位开展专业业务活动的性质,比照《2013年政府收支分类科目》中相关支出功能分类科目选择科目编码和名称。

单位用财政拨款资金和其他资金安排的住房改革支出,应统一在“22102”(住房改革支出)科目下的“2210201”(住房公积金)、“2210202”(提租补贴)和“2210203”(购房补贴)科目反映。

(2)上年结转和结余:填列单位上年结转本年使用的基本支出结转和结余、项目支出结转和结余和经营结余。本栏数据不包括事业单位净资产项下的事业基金和专用基金。

①基本支出结转和结余:填列单位基本支出收支相抵后结转本年使用的累计余额,包括事业单位未转入事业基金的基本支出结余。

②项目支出结转和结余:填列单位从财政部门或上级单位等取得,需要结转本年继续使用的项目支出收支累计余额。

③基本建设资金结转和结余:填列单位按照《国有建设单位会计制度》核算的基本建设类资金中非偿还性资金结转本年使用的累计余额。中央单位参照《财政部关于印发〈中央部门财政拨款结转和结余资金管理办法〉的通知》(财预〔2010〕7号)相关规定填报;地方单位按照各省财政部门有关规定填报,并予以说明。

④经营结余:填列事业单位上年度未进行分配并结转本年使用的经营收支结余,以及按制度规定结转的经营亏损(以负数填报)。企业化管理事业单位的未分配利润在此填列。

(3)本年收入:填列单位本年度取得的全部收入,包括行政事业类资金收入和基本建设类资金收入。

(4)本年支出:填列单位本年度全部支出,包括行政事业类资金支出和基本建设类资金支出。

(5)结余分配:填列单位当年结余的分配情况。根据《关于事业单位提取专用基金比例问题的通知》(财教〔2012〕32号)规定,事业单位职工福利基金的提取比例,在单位年度非财政拨款结余的40%以内确定,国家另有规定的从其规定。超过规定比例的单位,应在填报说明中详细说明并附文件依据。

其他:反映单位除交纳所得税、提取职工福利基金、转入事业基金以外的结余分配情况。如本栏有数,则应在填报说明中说明具体内容及相关政策依据。

(6)用事业基金弥补收支差额:填列单位用事业基金弥补当年收支差额的数额。

(7)年末结转和结余:填列单位结转下年的基本支出结转和结余、项目支出结转和结余以及经营结余。除事业单位经营亏损和事业单位行业会计制度明确可列负结余的情况外,一般不应有负数。本栏数据不包括事业单位净资产项下的事业基金和专用基金。

九、收入决算表(财决03表)

本表反映单位本年度取得的全部收入情况。根据单位行政事业账和基本建设账的收入总账、明细账的发生数,按支出功能分类科目分“类”、“款”、“项”分析填列。单位由行政事业账转入基本建设账的基本建设类资金(包括结转自筹基建和转拨的财政拨款),根据行政事业账实际资金来源分别填入财政拨款、财政专户管理资金、事业收入、其他收入等栏目。具体填列要求如下:

(1)财政拨款收入:填列单位本年度从本级财政部门取得的财政拨款,包括公共预算财政拨款和政府性基金预算财政拨款。实行国库集中支付改革并执行财政部财库〔2004〕190号关于年终结余资金账务处理规定的单位,本年度财政拨款等于单位实际收到的本年预算财政拨款和结存在国库的本年预算指标之和。

一级预算单位收到的应拨给下级单位使用的款项,年终决算时尚未拨出的,在编报时列为本单位财政拨款。

(2)上级补助收入:填列事业单位从主管部门和上级单位取得的非财政补助收入。

(3)事业收入:填列事业单位开展专业业务活动及其辅助活动取得的收入,其中:财政专户管理资金填列事业单位收到的财政专户实际核拨的教育收费等资金。

(4)经营收入:填列事业单位在专业业务活动及其辅助活动之外开展非独立核算经营活动取得的收入。

(5)附属单位上缴收入:填列事业单位附属独立核算单位按照有关规定上缴的收入。

(6)其他收入:填列单位取得的除上述收入以外的各项收入,包括未纳入财政预算或财政专户管理的投资收益、银行存款利息收入、租金收入、捐赠收入,现金盘盈收入、存货盘盈收入、收回已核销应收及预付款项、无法偿付的应付及预收款项等。各单位“本级横向财政拨款”和“非本级财政拨款”,以及行政单位收到的财政专户管理资金填列在本项内。

本级横向财政拨款:填列从本级财政部门以外的“同级单位”取得的财政拨款。事业单位开展专业业务活动及辅助活动并以合同形式从本级财政部门以外的“同级单位”取得的财政拨款,不在本项反映,应填列在“事业收入”栏。

十、支出决算表(财决04表)

本表反映单位本年度全部支出情况。根据单位行政事业账和基本建设账的支出总账、明细账的发生数，按支出功能分类科目分“类”、“款”、“项”分析填列。单位由行政事业账转入基本建设账的基本建设类资金(包括结转自筹基建和转拨的财政拨款)，按照基本建设账支出数在“项目支出”栏下反映。具体填列要求如下：

(1)基本支出：填列单位为保障机构正常运转、完成日常工作任务而发生的各项支出。该类支出明细还应在“基本支出决算明细表”(财决 05-1 表)中按支出经济分类科目进行反映。

(2)项目支出：填列单位为完成特定的行政工作任务或事业发展目标，在基本支出之外发生的各项支出。该类支出明细还应在“项目支出决算明细表”(财决 05-2 表)中按支出经济分类科目进行反映。

(3)上缴上级支出：填列事业单位按照财政部门和主管部门的规定上缴上级单位的支出。

(4)经营支出：填列事业单位在专业活动及辅助活动之外开展非独立核算经营活动发生的支出。

(5)对附属单位补助支出：填列事业单位用财政补助收入之外的收入对附属单位补助发生的支出。

(6)主管部门在汇总决算时，应使用调整表对“上缴上级支出”、“对附属单位补助支出”与收入表中“附属单位上缴收入”、“上级补助收入”进行冲抵。

十一、支出决算明细表(财决 05 表)

本表反映单位本年度基本支出、项目支出的明细情况，不包括应在“经营支出”、“上缴上级支出”、“对附属单位补助支出”中核算的各项支出。

本表为自动生成表，各项数据从“基本支出决算明细表”(财决 05-1 表)、“项目支出决算明细表”(财决 05-2 表)自动提取。

十二、基本支出决算明细表(财决 05-1 表)

本表反映单位本年度基本支出的明细情况。根据单位行政事业账基本支出明细账的发生数，按支出功能分类科目分“类”、“款”、“项”填列。具体填列要求如下：

(1)本表中工资福利支出、商品和服务支出、对个人和家庭的补助、其他资本性支出、对企事业单位的补贴、债务利息支出、赠予等支出，按照支出经济分类科目规定的核算内容填列。

因公出国(境)费用：填列单位工作人员公务出国(境)的住宿费、旅费、伙食补助费、杂费、培训费等支出。

公务接待费：填列单位按规定开支的各类公务接待(含外宾接待)费用。

公务用车运行维护费：填列单位公务用车租用费、燃料费、维修费、过桥过路费、保险费、安全奖励费等支出。

其他交通费用：填列单位除公务用车运行维护费以外的其他交通费用。如飞机、船舶等的燃料费、维修费、过桥过路费、保险费、出租车费用等。

公务用车购置：填列单位公务用车车辆购置支出(含车辆购置税)。

其他交通工具购置：填列单位除公务用车外的其他各类交通工具(如船舶、飞机)购置支出(含车辆购置税)。

(2)本表支出不包括应在“上缴上级支出”、“经营支出”、“对附属单位补助支出”中核算的各项支出。

十三、项目支出决算明细表(财决 05-2 表)

本表反映单位本年度项目支出的明细情况，根据单位行政事业账项目支出明细账和基本建设账的发生数，按支出功能分类科目分“类”、“款”、“项”填列。具体填列要求如下：

(1)本表中工资福利支出、商品和服务支出、对个人和家庭的补助、基本建设支出、其他资本性支出、对企事业单位的补贴、债务利息支出、赠予、贷款转贷及产权参股和其他支出，按照支出经济分类科目规定的核算内容填列。

基本建设支出：填列由本级发展与改革部门集中安排的用于购置固定资产、战略性和应急性储备、土地和无形资产，以及购建基础设施、大型修缮所发生的公共预算财政拨款支出，不包括政府性基金、财政专户管理资金以及各类拼盘自筹资金等。

其他资本性支出：填列由各级非发展与改革部门集中安排的用于购置固定资产、战备性和应急性储备、土地和无形资产，以及购建基础设施、大型修缮和财政支出企业更新改造所发生的支出。

(2)本表支出不包括应在“上缴上级支出”、“经营支出”、“对附属单位补助支出”中核算的各项支出。

(3)按《国有建设单位会计制度》核算的基本建设类项目，应根据实际支出内容，比照支出经济分类科目中“基本建设支出”、“其他资本性支出”款级科目分析填列。

十四、项目收入支出决算表(财决 06 表)

本表反映单位本年度项目资金收入、支出、结转和结余情况。

本表可自动生成，各项数据从“行政事业类项目收入支出决算表”(财决 06-1 表)、“基本建设类项目收入支出决算表”(财决 06-2 表)中提取。

十五、行政事业类项目收入支出决算表(财决 06-1 表)

本表反映单位本年度行政事业类项目收支余情况。根据单位行政事业账项目资金收支明细账的发生数，按支出功能分类科目分“类”、“款”、“项”并分项目逐一填列。单位由行政事业账转入基本建设账的财政拨款，不在本表反映。具体填列要求如下：

(1)资金来源：填列单位行政事业类项目支出的资金来源情况。其中：

①上年结转和结余：填列单位以前年度安排行政事业类项目的资金结转到本年度使用部分。

②财政拨款结转和结余：填列单位以前年度安排行政事业类项目的财政拨款资金结转到本年度使用部分。

③财政拨款：填列单位本年度安排行政事业类项目的财政拨款。

④财政专户管理资金：填列单位本年度使用财政专户核拨的教育收费等资金安排的行政事业类项目支出。

⑤其他资金：填列单位本年度安排行政事业类项目支出的其他资金。

(2)支出数：填列单位本年度行政事业类项目的支出数。

对于存在多种资金来源的项目，单位如无法区分财政拨款、财政专户管理资金和其他资金支出数，应按项目资金的构成比例计算填列。

(3)结余分配:填列事业单位按照有关财务管理规定进行结余分配的项目支出结余资金。对财政拨款项目支出结余,中央单位按照《财政部关于印发〈中央部门财政拨款结转和结余资金管理办法〉的通知》(财预〔2010〕7号)的规定不能进行分配;地方单位按照各省财政部门有关规定填报,并予以说明。对单位自筹项目结余资金,按有关财务管理规定填报。

(4)年末结转和结余:填列单位截至年底尚未列支出的行政事业类项目资金。

①财政拨款结转和结余:填列单位行政事业类项目截至年底尚未列支出的财政拨款资金。

②财政拨款结转、结余:中央单位按照《财政部关于印发〈中央部门财政拨款结转和结余资金管理办法〉的通知》(财预〔2010〕7号)规定填报;地方单位按照各省财政部门有关规定填报,并予以说明。

十六、基本建设类项目收入支出决算表(财决06-2表)

本表反映单位本年度用非偿还性资金安排的基本建设类项目收支余情况,根据单位基本建设账收支明细账的发生数,按支出功能分类科目分"类"、"款"、"项"并分项目逐一填列。具体填列要求如下:

(1)表内指标根据《国有建设单位会计制度》会计科目的核算内容对应分析填列,具体指标填列方法参见"会计科目与部门决算报表对应关系表(国有建设单位)"。执行《医院会计制度》、《基层医疗卫生机构会计制度》、《地质勘查单位会计制度》、《民间非营利组织会计制度》、《企业会计制度》的单位,在"在建工程"科目核算的用财政拨款安排的基本建设类项目,需在本表填列。

(2)资金来源:填列单位基本建设类项目的非偿还性资金来源情况。

①上年结转和结余:填列单位以前年度安排基本建设类项目的资金结转到本年度使用部分,根据以前年度基本建设类项目资金来源与资金占用情况分析填列。

②财政拨款结转和结余:填列单位以前年度安排基本建设类项目的财政拨款资金结转到本年度使用部分,根据以前年度基本建设类项目财政拨款来源与占用情况分析填列。

③财政拨款:填列单位本年度安排基本建设类项目的财政拨款。由行政事业账转入基本建设账的财政拨款在此填列。

④基本建设支出拨款:填列本年度由本级发展与改革部门安排的基本建设类项目财政拨款。

⑤财政专户管理资金:填列单位本年度使用财政专户核拨的教育收费等资金安排的基本建设类项目支出。行政事业账转入基本建设账的此类资金在此填列。

⑥其他资金:填列单位本年度安排基本建设类项目的其他资金。根据基本建设类项目除财政拨款和财政专户管理资金以外的非偿还性资金来源情况填列。

(3)支出数:填列单位本年度基本建设类项目的支出数,根据基本建设类项目本年的资金占用情况分析填列。

对于存在多种资金来源的项目,单位如无法区分财政拨款、财政专户管理资金和其他资金支出数,应按项目资金的构成比例计算填列。

(4)用事业基金弥补收支差额:填列单位动用事业基金安排基本建设类项目的资金。

(5)结余分配:填列按照《基本建设财务管理规定》进行结余分配的基本建设项目结余资金,包括单位年末留成收入。对财政拨款项目支出结余,中央单位按照《财政部关于印发〈中央部门财政拨款结转和结余资金管理办法〉的通知》(财预〔2010〕7号)的规定不能进行分配;地方单位按照各省财政部门有关规定填报,并予以说明。对单位自筹项目结余资金,按有关财务管理规定填报。

(6)年末结转和结余:填列单位截至年底尚未列支出的基本建设类项目资金。

①财政拨款结转和结余:填列单位基本建设类项目截至年底尚未列支出的财政拨款资金。

②财政拨款结转、结余:中央单位按照《财政部关于印发〈中央部门财政拨款结转和结余资金管理办法〉的通知》(财预〔2010〕7号)规定填报;地方单位按照各省财政部门有关规定填报,并予以说明。

十七、公共预算财政拨款收入支出决算表(财决07表)

本表反映单位本年度从本级财政部门取得公共预算财政拨款的收入、支出、结转和结余等情况。单位根据行政事业账和基本建设账的发生数按支出功能分类科目分"类"、"款"、"项"分析填列。单位由行政事业账转入基本建设账的财政拨款,不重复反映。具体填列要求如下:

(1)上年结转和结余:填列单位上年度公共预算财政拨款结余结转本年使用的情况,其中:基本支出结转和结余以及项目支出结转和结余单独列示。

基本建设资金结转和结余:填列单位按照《国有建设单位会计制度》核算的公共预算财政拨款结转数。中央单位按照《财政部关于印发〈中央部门财政拨款结转和结余资金管理办法〉的通知》(财预〔2010〕7号)规定填报;地方单位按照各省财政部门有关规定填报,并予以说明。

(2)本年收入:填列单位本年度从本级财政部门取得的公共预算财政拨款。实行国库集中支付改革并执行财政部财库〔2004〕190号关于年终结余资金账务处理规定的单位,本年度财政拨款等于单位实际收到的本年预算财政拨款和结存在国库的本年预算指标之和。

基本建设资金收入:填列执行《国有建设单位会计制度》的单位本年度基本建设账实际收到用于基本建设类项目的公共预算财政拨款。

(3)本年支出:填列单位本年度公共预算财政拨款支出情况。

表中9至13栏数据可自动提取生成。

①基本支出:填列单位为保障其机构正常运转、完成日常工作任务而发生的用公共预算财政拨款安排的各项支出。

②人员经费:填列单位基本支出中用公共预算财政拨款安排的"工资福利支出"和"对个人和家庭的补助"。

③日常公用经费:填列单位用公共预算财政拨款安排的除人员经费以外的基本支出。

④项目支出:填列单位为完成特定的工作任务或事业发展目标,在基本支出之外发生的用公共预算财政拨款安排的各项支出。

⑤基本建设资金支出:填列执行《国有建设单位会计制度》的单位基本建设类项目中使用公共预算财政拨款的支出数。本栏仅反映基本建设账支出数。

(4)年末结转和结余:填列单位年末结转下年使用的公共预算财政拨款结转和结余数。

(5)中央单位填报本表应符合《财政部关于印发〈中央部门财政拨款结转和结余资金管理办法〉的通知》(财预〔2010〕7号)有关规定。

十八、公共预算财政拨款支出决算明细表(财决08表)

本表反映单位从本级财政部门取得的公共预算财政拨款本年度列支的基本支出和项目支出的明细情况。

本表为自动生成表,各项数据从“公共预算财政拨款基本支出决算明细表”(财决08-1表)、“公共预算财政拨款项目支出决算明细表”(财决08-2表)自动提取。

十九、公共预算财政拨款基本支出决算明细表(财决08-1表)

本表反映单位从本级财政部门取得的公共预算财政拨款本年度列支的基本支出明细情况。根据单位行政事业账基本支出明细账中公共预算财政拨款支出的发生数,按支出功能分类科目分“类”、“款”、“项”填列。具体填列要求如下:

本表中工资福利支出、商品和服务支出、对个人和家庭的补助、其他资本性支出、对企事业单位的补贴、债务利息支出、赠予等支出,按照支出经济分类科目规定的核算内容填列。

二十、公共预算财政拨款项目支出决算明细表(财决08-2表)

本表反映单位从本级财政部门取得的公共预算财政拨款本年度列支的项目支出明细情况,根据单位行政事业账项目支出明细账和基本建设账中公共预算财政拨款支出的发生数,按支出功能分类科目分“类”、“款”、“项”填列。具体填列要求如下:

(1)本表中工资福利支出、商品和服务支出、对个人和家庭的补助、基本建设支出、其他资本性支出、对企事业单位的补贴、债务利息支出、赠予、贷款转贷及产权参股和其他支出,按照支出经济分类科目规定的核算内容填列。

基本建设支出:填列由本级发展与改革部门用公共预算财政拨款集中安排的用于购置固定资产、战略性和应急性储备、土地和无形资产,以及购建基础设施、大型修缮所发生的支出。

其他资本性支出:填列由本级非发展与改革部门用公共预算财政拨款集中安排的用于购置固定资产、战备性和应急性储备、土地和无形资产,以及购建基础设施、大型修缮和财政支出企业更新改造所发生的支出。

(2)按《国有建设单位会计制度》核算的基本建设类项目,应根据实际支出内容,比照支出经济分类科目中“基本建设支出”、“其他资本性支出”款级科目分析填列。

二十一、政府性基金预算财政拨款收入支出决算表(财决09表)

本表反映单位本年度从本级财政部门取得纳入预算管理的政府性基金预算财政拨款的收入、支出、结转和结余等情况。单位根据行政事业账和基本建设账的发生数按支出功能分类科目分“类”、“款”、“项”分析填列,具体填列要求如下:

(1)上年结转和结余:填列单位上年度政府性基金预算财政拨款结余结转本年使用的情况,其中:基本支出结转和结余以及项目支出结转和结余单独列示。

基本建设资金结转和结余:填列单位按照《国有建设单位会计制度》核算的政府性基金预算财政拨款结转数。

(2)本年收入:填列单位本年度从本级财政部门取得的政府性基金预算财政拨款。实行国库集中支付改革并执行财政部财库〔2004〕190号关于年终结余资金账务处理规定的单位,本年度财政拨款等于单位实际收到的本年预算财政拨款和结存在国库的本年预算指标之和。

基本建设资金收入：填列执行《国有建设单位会计制度》的单位本年度基本建设账实际收到用于基本建设类项目的政府性基金预算财政拨款。

(3)本年支出：填列单位本年度政府性基金预算财政拨款支出情况。

①基本支出：填列单位为保障其机构正常运转、完成日常工作任务而发生的用政府性基金预算财政拨款安排的各项支出。

②人员经费：填列单位基本支出中用政府性基金预算财政拨款安排的"工资福利支出"和"对个人和家庭的补助"。

③日常公用经费：填列单位用政府性基金预算财政拨款安排的除人员经费以外的基本支出。

④项目支出：填列单位为完成特定的工作任务或事业发展目标，在基本支出之外发生的用政府性基金预算财政拨款安排的各项支出。

⑤基本建设资金支出：填列执行《国有建设单位会计制度》的单位基本建设类项目中使用政府性基金预算财政拨款的支出数。本栏仅反映基本建设账支出数。

(4)年末结转和结余：填列单位年末结转下年使用的政府性基金预算财政拨款结转和结余数。

二十二、政府性基金预算财政拨款支出决算明细表(财决 10 表)

本表反映单位从本级财政部门取得的政府性基金预算财政拨款本年度列支的基本支出和项目支出的明细情况。

本表为自动生成表，各项数据从"政府性基金预算财政拨款基本支出决算明细表"(财决 10-1 表)、"政府性基金预算财政拨款项目支出决算明细表"(财决 10-2 表)自动提取。

二十三、政府性基金预算财政拨款基本支出决算明细表(财决 10-1 表)

本表反映单位从本级财政部门取得的政府性基金预算财政拨款本年度列支的基本支出明细情况。根据单位行政事业账基本支出明细账中政府性基金预算财政拨款支出的发生数，按支出功能分类科目分"类"、"款"、"项"填列。具体填列要求如下：

本表中工资福利支出、商品和服务支出、对个人和家庭的补助、其他资本性支出、对企事业单位的补贴、债务利息支出、赠予等支出，按照支出经济分类科目规定的核算内容填列。

二十四、政府性基金预算财政拨款项目支出决算明细表(财决 10-2 表)

本表反映单位从本级财政部门取得的政府性基金预算财政拨款本年度列支的项目支出明细情况，根据单位行政事业账项目支出明细账和基本建设账中政府性预算财政拨款支出数，按支出功能分类科目分"类"、"款"、"项"填列。具体填列要求如下：

本表中工资福利支出、商品和服务支出、对个人和家庭的补助、其他资本性支出、对企事业单位的补贴、债务利息支出、赠予、贷款转贷及产权参股和其他支出，按照支出经济分类科目规定的核算内容填列。

二十五、财政专户管理资金收入支出决算表(财决 11 表)

本表反映单位本年度从本级财政部门取得的财政专户管理的教育收费等资金的收入、支出、结转和结余等情况。单位根据行政事业账和基本建设账的发生数按支出功能分类科目分“类”、“款”、“项”分析填列，具体填列要求如下：

(1)上年结转和结余：填列单位上年度财政专户管理资金结余结转本年使用的情况，其中：基本建设资金结转和结余填列单位按照《国有建设单位会计制度》核算的财政专户管理资金结转数。

(2)本年收入：填列单位本年度从本级财政部门取得的财政专户管理的教育收费等资金。

基本建设资金收入：填列执行《国有建设单位会计制度》的单位本年度基本建设账实际收到用于基本建设类项目的财政专户管理资金。

(3)本年支出：填列单位本年度财政专户管理资金安排的支出情况。

①基本支出：填列单位为保障其机构正常运转、完成日常工作任务而发生的用财政专户管理资金安排的各项支出。

②人员经费：填列单位基本支出中用财政专户管理资金安排的“工资福利支出”和“对个人和家庭的补助”。

③日常公用经费：填列单位用财政专户管理资金安排的除人员经费以外的基本支出。

④项目支出：填列单位为完成特定的工作任务或事业发展目标，在基本支出之外发生的用财政专户管理资金安排的各项支出。

⑤基本建设资金支出：填列执行《国有建设单位会计制度》的单位基本建设类项目中使用财政专户管理资金的支出数。本栏仅反映基本建设账支出数。

⑥地方单位如有财政专户管理资金用于补助附属单位支出或上缴上级支出的，合并填报在本年支出“合计”栏中。

(4)用事业基金弥补收支差额：填列动用以前年度转入事业基金的财政专户管理资金结余弥补收支差额的情况。

(5)结余分配：填列单位当年财政专户管理资金结余的分配情况。

(6)年末结转和结余：填列单位年末结转下年使用的财政专户管理资金结转和结余数。

二十六、资产负债简表(财决12表)

本表反映单位年初、年末的资产负债等情况。按单位执行会计制度的种类分别对应选择填列，其中：“行政单位”反映执行《行政单位会计制度》的单位各项资产、负债及净资产情况，以及按照《国有建设单位会计制度》核算的基本建设类资金占用和资金来源情况；“事业单位”反映执行《事业单位会计制度》及执行《科学事业单位会计制度》等行业事业单位会计制度的单位各项资产、负债及净资产情况(包括事业单位按照制度要求，将单独核算的基本建设投资并入会计“大账”的相关数据)；“企业化管理事业单位”反映执行《企业会计制度》的单位各项资产、负债及所有者权益情况；“民间非营利组织”反映执行《民间非营利组织会计制度》的单位各项资产、负债及净资产情况。具体填列要求如下：

(1)本表指标填报口径请参见《会计科目与部门决算报表对应关系表》。

(2)行政单位

①外币存款：填列行政单位外币存款按规定折合人民币数。

②财政应返还额度：填列实行国库集中支付改革并执行财政部财库〔2004〕190号文件关于年终结余资金账务处理规定的单位本年尚未支用结存在国库的累计预算指标数(下同)。

③基本建设资金占用合计：填列按照《国有建设单位会计制度》核算的基本建设类资金占用情况，根据单位“资金平衡表”（会建01表）的“资金占用”有关栏目填列。如单位无基本建设项目或基本建设项目竣工并已交付使用转入行政账资产，则此栏为零；如单位基本建设项目为在建工程，则按“资金平衡表”的“资金占用合计”填列；如单位基本建设项目部分竣工并已交付使用，部分为在建工程，则按“资金平衡表”的“资金占用合计”金额扣减已交付使用资产价值后余额填列。

④应付工资（离退休费）：填列单位应发未发的工资或离退休费。单位应根据财政部财库〔2006〕48号文件有关规定，按照行政账中“应付工资（离退休费）”贷方余额填列。

⑤应付地方（部门）津贴补贴：填列单位应发未发的由各地区各部门各单位出台的津贴补贴。单位应根据财政部财库〔2006〕48号文件有关规定，按照行政账中“应付地方（部门）津贴补贴”贷方余额填列。

⑥应付其他个人收入：填列单位应发未发的除“应付工资（离退休费）”和“应付地方（部门）津贴补贴”核算内容以外的其他收入。单位应根据财政部财库〔2006〕48号文件有关规定，按照行政账中“应付其他个人收入”贷方余额填列。

⑦基本建设资金来源合计：填列按照《国有建设单位会计制度》核算的基本建设类资金来源情况，根据单位“资金平衡表”（会建01表）的“资金来源”有关栏目填列。如单位无基本建设项目或基本建设项目竣工并已交付使用转入行政账资产，则此栏为零；如单位基本建设项目为在建工程，则按“资金平衡表”的“资金来源合计”填列；如单位基本建设项目部分竣工并已交付使用，部分为在建工程，则按“资金平衡表”的“资金来源合计”金额扣减已交付使用资产价值后余额填列；如有基建借款，则借款金额需按比例扣减已竣工并已交付使用资产应承担的基建借款份额后填列。

(3)事业单位

填列执行《事业单位会计制度》的单位各项资产、负债及净资产（包括单位按照制度要求，将单独核算的基本建设投资并入会计“大账”的相关数据）。

①短期投资：填列事业单位依法取得的，持有时间不超过1年（含1年）的投资，主要是国债投资。

②存货：填列事业单位为开展业务活动及其他活动耗用而储存的各种材料、燃料、包装物、低值易耗品及达不到固定资产标准的用具、装具、动植物等的实际成本。

③其他流动资产：填列事业单位除上述各项之外的其他流动资产，如将在1年内（含1年）到期的长期债券投资。

④累计折旧：填列事业单位按有关财务会计制度规定对固定资产计提折旧的累计折旧数。填列本项的单位需在填报说明中对固定资产计提折旧的制度依据等相关事项进行说明。

⑤累计摊销：填列事业单位按有关财务会计制度规定对无形资产计提摊销的累计摊销数。填列本项的单位需在填报说明中对无形资产计提摊销的制度依据等相关事项进行说明。

⑥待处理资产损益：填列事业单位年末待处置资产的价值及处置损益。

⑦其他流动负债：填列事业单位除上述各项之外的其他流动负债，如承担的将于1年内（含1年）偿还的长期负债。

⑧非流动资产基金：填列事业单位长期投资、固定资产、在建工程、无形资产等非流动资产占用的金额。

⑨财政补助结转:填列事业单位滚存的财政补助结转资金,包括基本支出结转和项目支出结转。

⑩财政补助结余:事业单位滚存的财政补助项目支出结余资金。

(4)资产总计:填列“行政单位”、“事业单位”和“企业化管理事业单位”、“民间非营利组织”的资产合计。不包括行政单位“基本建设资金占用合计”。

(5)负债总计:填列“行政单位”、“事业单位”和“企业化管理事业单位”、“民间非营利组织”的负债合计。不包括行政单位“基本建设资金来源合计”。

(6)净资产总计:填列“行政单位”、“事业单位”、“民间非营利组织”的“净资产合计”以及“企业化管理事业单位—少数股东权益、所有者权益合计”的四项之和。

(7)国有资产总量:填列单位净资产总计减去少数股东权益。

二十七、事业单位基金增减变动情况表(财决附01表)

本表反映事业单位本年度事业基金、非流动资产基金和专用基金的增减变动情况,由事业单位填报。具体填报要求如下:

(1)事业单位应当加强事业基金的管理,遵循收支平衡的原则,统筹安排、合理使用,支出不得超出基金规模。

(2)各项专用基金应遵循“先提后用、收支平衡、专款专用”的原则,按照规定的用途和使用范围安排开支,支出不得超出基金规模,结余不应为负数。

(3)本年增加:填列事业单位本年度各项基金增加情况。“收入支出决算表”(财决02表)中“结余分配－转入事业基金”、“结余分配－提取职工福利基金”应在本栏下“结余分配转入”中反映。

本年减少:填列事业单位本年度各项基金减少情况。“收入支出决算表”(财决02表)中“用事业基金弥补收支差额”数应在本栏明细项目中反映。

二十八、资产情况表(财决附02表)

本表反映单位各类资产价值、数量的增减变动、结存情况。本表各项资产价值按资产原值填列,单位根据有关明细账和实物台账分析填列,行政单位不包括基本建设账的资产。具体填列要求如下:

(1)资产总额:填列单位占有或者使用的,能以货币计量的经济资源。包括流动资产、固定资产、无形资产、债权和其他权利等,按价值进行反映。年初数、年末数根据本表内数据自动生成。

(2)流动资产:填列单位可以在1年内变现或者耗用的资产,包括现金、银行存款、财政应返还额度、暂付款、应收款项、库存材料、存货等,按价值进行反映。年初数、年末数可从财决12表中自动提取生成。

(3)固定资产:填列单位价值在规定标准以上,使用期限在1年以上,并且在使用过程中基本保持原有物质形态的资产,按原价进行反映。固定资产项下指标比照国家标准《固定资产分类与代码》(GB/T 14885－2010)分类填报。

①房屋:填列单位已进行计量、记录并确认为固定资产的办公用房(1020401)等(《固定资产分类与代码》(GB/T 14885－2010)分类代码,下同,财决附04表同此),按数量及价值进行

反映。

业务用房：填列单位用于开展特定业务活动的公务用房，包括行政单位业务用房(1020402)、公共安全用房(1020500)、事业单位用房(1020600)、社会团体用房(1020700)等行政事业单位业务类用房。

其他：填列单位除办公用房、业务用房外的其他房屋(1020000)及构筑物(1030000)。

②汽车(2030000)：填列单位已进行计量、记录并确认为固定资产的轿车(2030401)、越野车(2030402)、小型载客汽车[包括16座(含)以下的商务车(2030403)、其他乘用车(2030499)和小型客车(2030501)]、大中型载客汽车(2030502)等，按数量及价值进行反映。

其他车型：填列单位除轿车、越野车、小型载客汽车、大中型载客汽车以外的车辆[不含摩托车(20308)、电动自行车(20309)、轮椅车(20310)、非机动车辆(20311)等]。

③单价在20万元以上的设备：填列单位已进行计量、记录并确认为固定资产的除汽车、房屋以外的单价在20万元(含20万元)以上的设备数量，包括单位通用设备(2)、专用设备(3)、家具、用具(6010000)等。

(4)累计折旧及减值准备：填列单位按有关财务会计制度规定对固定资产计提累计折旧以及减值准备数。年初数、年末数可从财决12表中自动提取生成。

(5)长期投资：填列单位依法取得的，持有时间超过1年(不含1年)的股权和债券性质的投资，按价值进行反映。年初数、年末数可从财决12表中自动提取生成。

(6)无形资产：填列单位持有的、没有实物形态的可辨认非货币性资产，包括专利权、商标权、著作权、土地使用权、非专利技术等，按数量及价值进行反映；无形资产有数量的根据实际情况填列，没有具体价值的暂不填列。

(7)累计摊销：填列单位按有关财务会计制度规定对无形资产计提摊销的累计摊销数。

(8)其他资产：填列单位除上述资产以外的其他资产，按价值进行反映。包括事业单位的待处置资产损益、其他资产，企业化管理事业单位的工程物资、固定资产清理、待处理固定资产净损失、递延税款借项，及其他，民间非营利组织的文物文化资产、固定资产清理、受托代理资产，及其他。

(9)补充资料

①本年坏账损失金额：填列单位本年度经批准核销的坏账损失金额总数。坏账损失是指单位因暂付款项、应收款项(应收账款、其他应收款、预付款等)无法收回而造成的损失。

②年末单位供暖面积：填列单位年末实际负担供暖费用的房屋建筑物面积，包括单位租用的办公用房、业务用房和已进行住房制度改革并办理固定资产产权过户手续，但仍负担供暖费用的房屋建筑物面积。

③年末单位出租出借房屋面积：填列单位自行或委托其他单位实施的，有偿或无偿出租出借的房屋面积。

④年末已确权土地面积：填列单位实际占用的土地面积中已由国土部门进行土地所有权、使用权确权登记并颁发土地使用证的土地面积。

⑤年末单位汽车工作用途情况。

副部(省)级及以上领导用车：填列单位年末用于单位副部(省)级及以上领导公务活动活动的机动车数量。

一般公务用车：填列单位年末用于办理公务、机要通信等公务活动的机动车数量。

一般执法执勤用车：填列单位年末用于办案、监察、稽查、税务征管等执法执勤公务的专用机动车数量。

特种专业技术用车：填列单位年末加装特殊专业设备，用于通讯指挥、技术侦查、抢险救灾、检验检疫、环境监测、救护、工程技术等的机动车数量。

其他用车：填列单位年末除上述四种用车之外的机动车数量。

二十九、国有资产收益情况表(财决附03表)

本表反映单位国有资产有偿使用收入、国有资产处置收入的征缴情况以及单位国有资产收益的收支情况。根据单位执行会计制度、国有资产收益的实际征缴情况及有关明细账分析填列。具体填列要求如下：

(1)国有资产：指单位占有、使用的，依法确认为国家所有，能以货币计量的固定资产、流动资产、无形资产、对外投资等各种经济资源。其中：房屋是指房屋(1020000)及构筑物(1030000)；土地(1010000)；设备是指通用设备(2)和专用设备(3)；其他是指除上述资产以外的文物和陈列品(4)、图书、档案(5)、家具、用具、装具及动植物(6)。

(2)资产有偿使用收入：填列单位利用所占有、使用的国有资产进行出租、出借、举办经济实体、对外投资等取得的收入。执行企业财务会计制度、实行企业化管理的事业单位的资产有偿使用收入在本表中的补充资料部分填列。

①资产出租出借收入：填列单位利用国有资产进行出租出借所取得的收入。

②行政单位资产有偿使用收入后勤服务单位上缴资产收入：填列行政单位所属的后勤服务单位利用国有资产对外开展经营服务或开办经济实体所取得收入中按规定上缴给机关的收入。

未脱钩经济实体上缴资产收入：填列行政单位利用其占有、使用的国有资产对外投资举办的经济实体，在未与行政单位脱钩之前，所取得并上缴给机关的收入。

③事业单位资产有偿使用收入附属独立核算经济实体上缴收入：填列附属各类独立核算经济实体按规定上缴事业单位的国有资产经营收入。

投资收益：填列事业单位利用其占有、使用的现金、固定资产等国有资产对外投资所取得的收益。

(3)资产处置收入：填列单位对国有资产产权进行转移及核销所取得的收入，包括固定资产、流动资产、无形资产、对外投资等各类国有资产的出售、转让、置换差价、报损、报废残值变价等收入。执行企业财务会计制度、实行企业化管理的事业单位的资产处置收入在本表中的补充资料部分填列。

其他资产处置收入：填列行政事业单位除上述收入以外的其他国有资产处置收入。

(4)资产收益征缴情况：填列行政事业单位利用国有资产所取得收入的实际征缴情况，根据单位资产收益备查账及相关资料进行填列。

已缴国库：填列按规定已纳入财政预算管理，并已缴入国库的资产收益数。

已缴财政专户：填列已缴入财政专户的资产收益数。

应缴未缴：填列按规定应纳入财政预算管理或财政专户管理，但实际未上缴的资产收益数。

单位留用：填列经财政部门批准留归单位使用的国有资产收益。地方财政部门未出台具体收入管理办法之前，行政事业单位国有资产收益暂填入此栏。有具体办法的，按办法规定处理。

(5)单位资产收益收入：填列行政事业单位实际支配的国有资产收益收入，包括财政部门核拨给单位，或单位留用的国有资产有偿使用收入及国有资产处置收入，不包括已上缴财政部门但未予核拨的资产收益收入，根据有关收入明细账分析填列。

(6)单位资产收益支出：填列行政事业单位实际支配的使用国有资产收益收入安排的支出，根据有关支出明细账分析填列。

(7)补充资料：由执行企业财务会计制度、实行企业化管理的事业单位填列国有资产有偿使用收入及国有资产处置收入的上缴情况。

三十、基本数字表(财决附04表)

本表反映单位年末机构、人员情况，按支出功能分类科目分“类”、“款”、“项”进行填列，所有指标均不包括编制外长期聘用人员、遗属和临时工。具体填列要求如下：

(1)单位人员同时使用两个以上支出功能分类科目开支人员经费的，机构和人员数不得重复填列。机构数应填列在主要支出功能分类科目下，人员按实际开支基本工资的支出功能分类科目填列，其他科目不再重复反映。合计行为单位年末实际机构和人员数。

(2)年末机构数：填列单位年末独立核算的机构数。

(3)编制人数：填列经政府编制管理部门核定的人员编制数，包括工勤编制人数。

经费自理编制：填列经政府编制管理部门核定的经费自理事业编制人数，包括经费自理编制人数和企业化管理编制人数。

(4)年末实有人数

在职人员：填列在政府编制管理部门核定的编制内、由单位人事部门管理的实有在职人员，行政工勤编制人员和事业工勤编制人员在此反映。

(5)公共预算财政拨款开支人数：填列单位用公共预算财政拨款开支基本工资或离退休费的行政人员及参照公务员法管理的事业人员。

(6)公共预算财政补助开支人数：填列单位用公共预算财政补助开支基本工资或离退休费的事业人员(不含参照公务员法管理的事业人员)。

1)公共预算财政拨款、补助开支人数具体包括：

①单位用公共预算财政拨款、补助开支基本工资或离退休费的人员。

②基本工资或离退休费全部或部分由纳入公共财政预算管理的行政事业性收费开支的人员。

2)以下人员不列入公共预算财政拨款开支人数和公共预算财政补助开支人数统计范围：

①原未列入公共预算财政拨款(补助)开支人员范围，由于经费管理和拨付方式转变，用纳入预算管理的政府性基金开支的人员。

②编制部门批准为财政补助事业编制，但实际未由公共预算财政拨款开支或补助开支基本工资的在职人员。

③行政机构和事业单位中用公共预算财政拨款开支或补助开支基本工资的、编制外长期聘用人员、遗属及临时工作人员。

④民政优抚对象、村干部、下岗职工、城镇居民最低生活保障对象等财政进行适当补助的

人员。

(7)经费自理人数:填列单位用政府性基金、财政专户管理资金以及其他非公共预算财政拨款(补助)开支基本工资或离退休费的人员。

(8)年末学生人数:填列经国家批准按统一计划招收的各类全日制在校研究生、本专科学生、留学生、中等教育学生、初等教育学生以及干部进修和培训等人数,不包括学前教育(即幼儿园)学生数。其中,干部进修和培训指三个月以上的中长期培训,培训人数按年度累计人次计算。

(9)已转制为企业的科研机构的离退休人员,在社会保险经办机构领取基本养老金但财政仍有经费补助的,人数统一在“2069903”(转制科研机构)科目中反映。

三十一、机构人员情况表(财决附05表)

本表反映单位年末机构设置和人员编制及实有情况。具体填列要求如下:

(一)人员情况

1.在职人员

(1)政府机关人员:填列各级政府机关行政人员,不含公安机关、司法行政机关和国家安全机关行政人员。

(2)群众团体人员:填列行使行政职能的全国性群众团体机关行政人员。

(3)民主党派人员:填列民主党派机关行政人员,中华全国工商业联合会机关行政人员在此填列。

(4)政法机关人员:填列公安机关、检察院、法院、司法行政机关和国家安全机关行政人员。

(5)参照公务员法管理人员:填列单位经政府编制管理部门批准参照《中华人民共和国公务员法》管理的人员。

(6)财政补助人员:填列经政府编制管理部门核定的财政补助编制人员。

(7)经费自理人员:填列经政府编制管理部门核定的经费自理编制人员,包括经费自理编制人员和企业化管理编制人员。

(8)工勤人员:填列由政府编制部门核定的工勤编制人员。

2.遗属人员

填列按规定由单位开支抚恤金的烈士遗属和牺牲病故人员遗属。

3.编制数

填列经政府编制管理部门核定的人员编制数。

4.年末实有人数

填列在政府编制管理部门核定的编制内、由单位人事部门管理的实有在职人数以及离退休人数。

(1)公共预算财政拨款(补助)开支人数:填列单位用公共预算财政拨款(补助)开支基本工资或离退休费的人员数。

(2)经费自理人数:填列单位用政府性基金、财政专户管理资金以及其他非公共预算财政拨款(补助)开支基本工资或离退休费的人员数。

(3)财政部门实际供给经费方式与政府编制管理部门核定的经费供给方式不一致的,单位应按财政部门实际供给经费情况对应填列年末实有编制内在职人数及离退休人数。

（二）机构情况

（1）独立编制机构数：填列经政府编制管理部门批准的行政事业机构数。

（2）独立核算机构数：填列经政府编制管理部门批准并实行财务独立核算的行政事业机构数。

纳入部门预算管理、独立编报预算的单位，应按独立核算机构编报本套决算；实行会计集中核算方式的单位，由于其作为预算执行和会计核算的主体地位不变，应作为独立核算机构编报本套决算。

（3）政府机关：填列各级政府机关机构数，不含公安机关、司法行政机关和国家安全机关。

（4）群众团体：填列行使行政职能的全国性群众团体机构数。

（5）民主党派：填列民主党派机关机构数，中华全国工商业联合会机关在此填列。

（6）政法机关：填列公安机关、检察院、法院、司法行政机关和国家安全机关机构数。

（7）经费自理：填列经政府编制管理部门核定的经费自理事业编制机构，包括经费自理编制机构和企业化管理编制机构。

三十二、学生学员统计表（财决附06表）

本表反映教育机构中经国家批准按统一计划招收的各类全日制在校研究生、本专科学生、留学生、中等教育学生以及初等教育学生等人数，不包括干部进修和培训人数。具体填列要求如下：

（1）高等教育学生：填列按国家规定的设置标准和审批程序批准成立，实施高等教育的教育机构学生数。

①研究生：填列按国家招生计划统一招收的在校研究生数。

②国家任务生：填列国家计划中培养费用由国家财政支付，经过全国招生统一考试招收的学生数。

③委托培养生：填列高等教育学校（机构）接受省、自治区、直辖市和国务院其他有关部门、企事业单位的委托培养任务，经学校上级主管部门批准并报教育部、国家发改委同意纳入国家委托培养招生计划，经过全国招生统一考试招收的学生数。培养费用由委托单位支付。

④自筹经费生：填列国家计划中培养费用由学生承担，经过全国招生统一考试招收的学生数。

⑤普通本专科学生：填列按国家招生计划通过全国普通高等学校统一招生考试所招收的本、专科层次（含职业）学生数。

⑥成人本专科学生：填列按国家招生计划通过全国成人高等学校统一招生考试所招收的本、专科层次（含职业）学生数。

⑦网络本专科学生：填列经教育部批准的现代远程教育试点学校设立的网络教育学院，基于互联网上实施高等学历教育所招收的普通和成人本科、专科学生数。

⑧其他学生：填列不在上述反映的高等学校学生数。

⑨来华留学生：填列按国家下达的招生计划统一招收的外国和港澳台地区来华学生数。

（2）出国留学生：填列教育部门按国家下达的计划派出，由出国留学教育经费开支的公费研究生、进修生、本专科生数。不包括地方校际交流的留学生和自费留学生数。

（3）中等教育学生：填列经县或县以上教育行政部门批准设立，招收适龄人口实施中等教学活动的教育机构学生数。

①高中阶段教育学生:包括普通高中学生、成人高中学生和中等职业教育学生数。

②普通高中学生:填列经县或县以上教育行政部门批准设立,招收初中毕业生进行高级中等基础教育的学生数。

③中等职业教育学生:包括普通中专学生、成人中专学生、职业高中学生和技工学校学生数。

④普通中专学生:填列经县或县以上教育行政部门批准设立,招收初中毕业文化程度接受中等职业教育的学生数。

⑤初中阶段教育学生:包括普通初中学生、职业初中学生和成人初中学生数。

⑥普通初中学生:填列经县或县以上教育行政部门批准设立,招收小学毕业的适龄人口进行初级中等基础教育的学生数。

(4)初等教育(小学)学生:填列经县或县以上教育行政部门批准设立,招收学龄儿童实施初等教育的教育机构学生数。包括普通初等教育(普通小学)学生和成人初等教育(成人小学)学生。

(5)其他学生:包括工读学校学生数和特殊教育学生数等,不包括学前教育(即幼儿园)学生数。

三十三、非税收入征缴情况表(财决附07表)

本表反映单位各类非税收入的征缴汇总情况。

本表可自动生成,各项数据从"非税收入征缴情况明细表"(财决附07-1表)中提取。

三十四、非税收入征缴情况明细表(财决附07—1表)

本表反映单位非税收入的征缴明细情况。单位应按照收入分类科目中"非税收入"类下的"款"、"项"、"目"级科目逐一填列。具体填列要求如下:

(1)已缴国库、已缴财政专户:填列单位实际缴入国库和财政专户的非税收入。对实行分成体制的非税收入,单位应根据分成比例和缴款凭证的缴款额分别填入"缴入本级国库(财政专户)"和"缴入非本级国库(财政专户)"。如果实行分成体制的非税收入使用两个或者两个以上目级科目(如新增建设用地土地有偿使用费收入,中央与地方分别使用"103013301"与"103013302"目级科目),单位应根据各级分成比例拆分填列。

未缴财政专户:填列单位应缴未缴财政专户的非税收入。单位未缴留用的非税收入需在本栏反映,并说明批准留用的部门及相关文件依据。

(2)政府性基金收入:填列各级政府及其所属部门根据法律、行政法规以及中共中央、国务院有关文件规定,向公民、法人和其他组织无偿征收的具有专项用途的财政资金(包括基金、资金、附加和专项收费)。

(3)专项收入:填列单位根据特定需要由国务院批准或国务院授权有关部门批准设置,具有特定来源,并规定有专门用途,纳入预算管理的财政资金。

(4)行政事业性收费收入:填列国务院财政部门会同价格主管部门共同发布的规章或者规定所收取的各项收费收入以及省、自治区、直辖市人民政府财政部门会同价格主管部门共同发布的规定所收取的各项收费收入。

(5)罚没收入:填列执法机关依法收缴的罚款(罚金)、没收款、赃款,没收物质、赃物的变价款收入。

(6)国有资本经营收入:填列单位经营、使用国有财产等取得的收入,包括经营性国有资产出租收入、企业上缴的利润(股息、红利)、国有资产转让或出售收入等。

(7)国有资源(资产)有偿使用收入:填列单位有偿转让国有资源(资产)使用费而取得的收入,包括非经营性国有资产出租收入、海域使用金收入、场地和矿区使用费收入、特种矿产品出售收入等。

(8)其他收入:填列单位除上述收入外的捐赠收入、主管部门集中收入、乡镇自筹收入等。

三十五、行政政法经费决算补充资料表

(1)编报范围

本表由有"外交"科目支出的单位编报。

(2)编报要求

①全面真实地反映各项经费支出决算情况,对决算内容不得随意删减、漏报。

②表内指标应以年末或年度有关数据如实填报,具体指标的填报口径按有关财务制度规定执行,补充指标表与主表间的相同指标数据应保持一致。

(3)中央单位国际组织会费、国际组织捐赠和维和摊款支出明细表(财决行补 03 表)

本表反映中央单位国际组织会费、国际组织捐赠和维和摊款支出明细的情况。具体填列要求如下:

①国际组织会费反映向各国际组织缴纳会费的情况。

②国际组织捐赠支出反映向各国际组织缴纳捐款的情况。

③国际组织会费、国际组织捐赠支出、维和摊款均按项单列,不得合并,决算支出数按缴款时比价折算。

④折人民币(6 栏)指购买外币实际支付的人民币数,包括汇款手续费和邮费;人民币支付(7 栏)指经批准用人民币缴纳的会费、捐款。

(4)中央单位外交支出基本数字表(财决行补 04 表)

本表反映中央单位驻外机构的人员、机构等基本情况及中央单位出国费、招待费等外交支出情况。具体填列要求如下:

①驻外使领馆数(2 行):外交部填驻外使领馆数,其他部委驻联合国及其他国际组织使团也填在本项目内。

②出国代表团组数、出国人数(35、36 行):指由本单位派出,经费在本单位列支或按对等原则由对方接待的团组、人数。

三十六、教科文经费决算补充资料表

科学研究情况补充资料表(财决教补 01 表)

(一)填报范围

本表中"预付合同款"、"合同预收款"、"事业收入"、"科研成本费用"由执行《科学事业单位会计制度》的单位按照会计制度规定的口径填列,"其他补充资料"由所有开展科学研究的单位和地震事业单位填报。

(二)填报要求

(1)全面真实地反映各项经费支出决算情况,对决算内容不得随意删减、漏报。

(2)表内指标应以2013年末或2013年度有关数据如实填报,具体指标的填报口径按有关财务制度规定执行,补充指标表与主表间的相同指标数据应保持一致。

(3)各栏有△符号的填累计数。

(4)指标解释

①从事自然科学研究人员、从事社会科学研究人员:指实习研究员以上的科技人员。

②获国家级科研成果奖:指"科学支出"开支的科研单位获得的国家科技进步奖、自然科学奖、发明奖等科技奖励。

③专利、新产品:指当年通过认定的专利和新产品。

④纵向课题数:指当年承担的纵向课题数,不包括横向课题数及自选的课题数。

⑤成果数:指当年通过鉴定的成果数。

⑥应用成果数:指当年完成并通过鉴定的成果中(包括以前年度的成果在本年度通过鉴定),已开发利用的成果数。

⑦骨干群测点:填列国家主要的、群众性的地震宏观异常观测点。

三十七、国库补充资料表

(一)行政经费支出情况统计表(财决库补01表)

本表反映本年度行政单位、参照公务员法管理事业单位履行一般行政管理职能、维持机关日常运转所必须的,用公共预算财政拨款开支的费用。本表按支出功能分类科目分"类"、"款"、"项"并分项目逐一填列。项目名称应准确、规范填列;基本支出名称统一填列为"基本支出"。

(1)单位范围。纳入行政经费支出统计范围的单位包括:一是行政单位,指行政机关、人大机关、政协机关、审判机关、检察机关、共产党机关;二是参照公务员法管理的事业单位。

(2)支出口径。行政经费支出内容包括:

①基本支出。包括人员经费和公用经费两个部分。人员经费具体包括工资、津贴及奖金、医疗费、住房补贴等(不包括离退休支出,包括离退休人员管理机构的在职人员支出);公用经费具体包括办公及印刷费、水电费、邮电费、取暖费、交通费、差旅费、会议费、福利费、物业管理费、日常维修费、专用材料费、一般购置费等。

②一般行政管理项目支出。包括出国费、招待费、会议费、办公用房维修租赁、购置费(包括设备、计算机、车辆等)、干部培训费、执法部门办案费、信息网络运行维护费等用于一般行政管理事务方面的项目支出。驻外机构和离退休人员管理机构的上述支出也纳入行政经费。

维和摊款、国际组织会费、捐赠、对外援助支出等用于国际事务的项目支出,用于国家重大活动的支出、储备粮油利息费用支出、科技支出、支持企业发展的支出、补助给个人的支出等事业发展项目支出,不属于维持机关日常运转所必须开支的费用,不计入行政经费。其余项目支出是否计入行政经费,由部门和单位根据行政经费的概念自主确定。

(二)"三公经费"公共预算财政拨款支出情况表(财决库补02表)

本表反映单位本年度用公共预算财政拨款安排的因公出国(境)费、公务用车购置及运行维护费和公务接待费支出情况。本表按支出功能分类科目分"类"、"款"、"项"逐一填列。

表中数据除“当年预算财政拨款支出”、“三公经费”相关实物量指标需由单位根据支出明细账分析填列外，其他各栏均可自动提取生成。

(1)当年预算财政拨款支出：填列单位使用当年公共预算财政拨款(包括年初预算和追加预算，下同)安排的因公出国(境)费、公务用车购置及运行维护费和公务接待费支出情况。

(2)补充资料

①因公出国(境)团组情况：填列单位本年度使用公共预算财政拨款(含上年结转结余和当年预算，下同)安排的因公出国(境)团组数及人次，其中：因公出国(境)团组包括本单位组织出国(境)团组数及参加其他单位出国(境)团组数；因公出国(境)人次指参加本单位及其他单位组织的因公出国(境)团组的累计人次。

②公务用车购置及保有情况。

购置公务用车：填列单位本年度使用公共预算财政拨款购置的公务用车数量。

公务用车保有量：填列单位年末使用公共预算财政拨款开支运行维护费用的公务用车保有数量。

③公务接待有关情况：反映单位本年使用公共预算财政拨款预算安排的公务接待有关情况，包括外事接待和其他公务接待。

三十八、气象部门补充资料表

(一)其他收入决算明细表(气决补 01 表)

本表反映《收入决算表》(财决 03 表)“其他收入”项的明细构成情况。本表各类项合计数应等于财决 03 表 9 栏“其他收入”相应类款项数据。

(二)经营收入决算明细表(气决补 02 表)

本表反映《收入决算表》(财决 03 表)“经营收入”项的明细构成情况。本表各类项合计数应等于财决 03 表 6 栏“经营收入”相应类款项数据。

(三)经营支出决算明细表(气决补 03 表)

本反映经营支出明细情况。本表各类项合计数应等于《支出决算表》(财决 04 表)5 栏“经营支出”相应类款项数据。

(四)地方财政拨款收支情况表(气决补 04 表)

本表反映地方财政拨款收支情况。各类款项本年收入数应等于《收入决算表》(财决 03 表)11 栏“非本级财政拨款”相应类款项的数据。

(五)横向课题收支情况表(气决补 05 表)

本表反映横向课题收支情况。各类款项本年收入数应等于《其他收入决算明细表》(气决补 01 表)中横向课题相应类款项的数据。

(六)会计人员统计表(气决补 06 表)

本表反映各单位会计人员情况，各基层单位应根据本单位财务人员设置情况填报。

(七)支出“其他”明细表(气决补 07 表)

本表反映支出明细表中各项支出“其他”项目中所填报的金额和用款内容，各科目金额应等于《基本支出决算明细表》(财决 05-1 表)和《项目支出决算明细表》(财决 05-2 表)各栏。

2013年度部门决算报表

单位公章

单位名称：________________

单位负责人：________________（签章）

财务负责人：________________（签章）

填表人：________________（签章）

电话号码：________________

单位地址：________________

邮政编码：________________

报送日期：　　年　　月　　日

组织机构代码（各级技术监督局核发）：□□□□□□□□□	隶属关系（国家标准：隶属关系-部门标识代码）：□□□□□□-□□□
财政预算代码：□□□□□□□□□	补充资料表标识：1. 有　2. 无 住房资金表□　行政政法经费表□　教科文经费表□　社保经费表□　国库补充表　□
单位预算级次：□	
单位所在地区（国家标准：行政区划代码）：□□□□□□	报表类型：0. 单户表　1. 经费差额表　2. 调整表　3. 行政单位汇总录入表　4. 事业单位汇总录入表
单位基本性质：10. 行政单位　21. 参照公务员法管理事业单位　22. 财政补助事业单位　23. 经费自理事业单位　90. 其他单位　□	5. 经费自理事业单位汇总录入表　6. 乡镇汇总录入表　7. 叠加汇总表　8. 其他单位汇总录入表　□
单位执行会计制度：10. 行政单位会计制度 20. 事业单位会计制度 21. 科学事业单位会计制度 22. 中小学校会计制度 23. 高等学校会计制度 24. 医院会计制度 25. 基层医疗卫生机构会计制度 26. 测绘事业单位会计制度 27. 地质勘查单位会计制度 30. 民间非营利组织会计制度 40. 企业会计制度 50. 其他　□□	新报因素：0. 连续上报　1. 新增单位　2. 上年应报未报　3. 报表类型改变 5. 纳入部门预算范围　6. 隶属关系改变　9. 其他　□
	上年代码：□□□□□□□□□□□
预算管理级次：10. 中央级　20. 省级　30. 地（市）级　40. 县级　50. 乡镇级　□□	
国民经济行业分类：□□□	备用码：□□□□□□□□□□□

收入支出决算总表

财决01表

编制单位：　　　　金额单位：元

收入				支出							
项　　目	行次	年初预算数	决算数	项目（按功能分类）	行次	年初预算数	决算数	项目（按支出性质和经济分类）	行次	年初预算数	决算数
栏　　次		1	2	栏　　次		3	4	栏　　次		5	6
一、财政拨款收入	1			一、一般公共服务	37			一、基本支出	60		
其中：政府性基金	2			二、外交	38			其中：财政拨款	61		
二、上级补助收入	3			三、国防	39			其中：政府性基金	62		
三、事业收入	4			四、公共安全	40			二、项目支出	63		
其中:财政专户管理资金	5			五、教育	41			其中：财政拨款	64		
四、经营收入	6			六、科学技术	42			其中：政府性基金	65		
五、附属单位上缴收入	7			七、文化体育与传媒	43			三、上缴上级支出	66		
六、其他收入	8			八、社会保障和就业	44			四、经营支出	67		
其中：本级横向财政拨款	9	—		九、医疗卫生	45			五、对附属单位补助支出	68		
非本级财政拨款	10	—		十、节能环保	46				69		
	11			十一、城乡社区事务	47			支出经济分类	70	—	—
	12			十二、农林水事务	48			基本支出和项目支出合计	71	—	
	13			十三、交通运输	49			工资福利支出	72	—	
	14			十四、资源勘探电力信息等事务	50			商品和服务支出	73	—	
	15			十五、商业服务业等事务	51			对个人和家庭的补助	74	—	
	16			十六、金融监管等事务支出	52			对企事业单位的补贴	75	—	
	17			十七、地震灾后恢复重建支出	53			赠与	76	—	
	18			十八、援助其他地区支出	54			债务利息支出	77	—	
	19			十九、国土资源气象等事务	55			基本建设支出	78	—	
	20			二十、住房保障支出	56			其他资本性支出	79	—	
	21			二十一、粮油物资储备事务	57			贷款转贷及产权参股	80	—	
	22			二十二、国债还本付息支出	58			其他支出	81	—	
	23			二十三、其他支出	59				82		
本年收入合计	24			本年支出合计					83		
用事业基金弥补收支差额	25			结余分配					84	—	
上年结转和结余	26			交纳所得税					85	—	
基本支出结转和结余	27	—		提取职工福利基金					86	—	
其中：财政拨款结转和结余	28	—		转入事业基金					87	—	
项目支出结转和结余	29	—		其他					88	—	
其中：财政拨款结转和结余	30	—		年末结转和结余					89		
经营结余	31	—		基本支出结转和结余					90	—	
	32			其中：财政拨款结转和结余					91	—	
	33			项目支出结转和结余					92	—	
	34			其中：财政拨款结转和结余					93	—	
	35			经营结余					94	—	
合计	36			合计					95		

注：本套决算报表中刷绿色单元格为自动取数生成，不需人工录入数据。

收入支出决算表

财决02表

编制单位： 金额单位：元

项目				上年结转和结余					本年收入	本年支出	收支结余				用事业基金弥补收支差额	结余分配					年末结转和结余				
支出功能分类科目编码			科目名称	合计	基本支出结转和结余	项目支出结转和结余		经营结余			合计	基本支出结转和结余	项目支出结转和结余	经营结余		合计	交纳所得税	提取职工福利基金	转入事业基金	其他	合计	基本支出结转和结余	项目支出结转和结余		经营结余
						小计	其中：基本建设资金结转和结余																小计	其中：基本建设资金结转和结余	
类	款	项	栏次	1	2	3	4	5	6	7	8	9	10	11	12	13	14	15	16	17	18	19	20	21	22
			合计																						

收入决算表

财决03表

编制单位： 金额单位：元

项目				本年收入合计	财政拨款收入	上级补助收入	事业收入		经营收入	附属单位上缴收入	其他收入		
支出功能分类科目编码			科目名称				小计	其中：财政专户管理资金			小计	其中：	
												本级横向财政拨款	非本级财政拨款
类	款	项	栏次	1	2	3	4	5	6	7	8	9	10
			合计										

支出决算表

财决04表

编制单位：　　　　金额单位：元

项目				本年支出合计	基本支出	项目支出	上缴上级支出	经营支出	对附属单位补助支出
支出功能分类科目编码			科目名称						
类	款	项	栏次	1	2	3	4	5	6
			合计						

支出决算明细表

财决05表

编制单位：　　　　金额单位：元

项目				合计	工资福利支出									商品和服务支出																											
支出功能分类科目编码			科目名称		小计	基本工资	津贴补贴	奖金	社会保障缴费	伙食费	伙食补助费	绩效工资	其他工资福利支出	小计	办公费	印刷费	咨询费	手续费	水费	电费	邮电费	取暖费	物业管理费	差旅费	因公出国（境）费用	维修（护）费	租赁费	会议费	培训费	公务接待费	专用材料费	被装购置费	专用燃料费	劳务费	委托业务费	工会经费	福利费	公务用车运行维护费	其他交通费用	税金及附加费用	其他商品和服务支出
类	款	项	栏次	1	2	3	4	5	6	7	8	9	10	11	12	13	14	15	16	17	18	19	20	21	22	23	24	25	26	27	28	29	30	31	32	33	34	35	36	37	38
			合计							—																															
										—																															
										—																															
										—																															
										—																															
										—																															
										—																															

注：本表为自动生成表。

支出决算明细表（续1）

财决05表

编制单位：　　　　　　　　　　　　　　　　　　　　　　　　　　金额单位：元

项目				对个人和家庭的补助															基本建设支出											其他资本性支出						
支出功能分类科目编码			科目名称	小计	离休费	退休费	退职（役）费	抚恤金	生活补助	救济费	医疗费	助学金	奖励金	生产补贴	住房公积金	提租补贴	购房补贴	其他对个人和家庭的补助支出	小计	房屋建筑物购建	办公设备购置	专用设备购置	基础设施建设	大型修缮	信息网络及软件购置更新	物资储备	公务用车购置	其他交通工具购置	其他基本建设支出	小计	房屋建筑物购建	办公设备购置	专用设备购置	基础设施建设	大型修缮	信息网络及软件购置更新
类	款	项	栏次	39	40	41	42	43	44	45	46	47	48	49	50	51	52	53	54	55	56	57	58	59	60	61	62	63	64	65	66	67	68	69	70	71
			合计																																	

支出决算明细表（续2）

财决05表

编制单位：　　　　　　　　　　　　　　　　　　　　　　　　金额单位：元

项目				其他资本性支出								对企事业单位的补贴					债务利息支出							赠与			贷款转贷及产权参股				其他支出
支出功能分类科目编码			科目名称	物资储备	土地补偿	安置补助	地上附着物和青苗补偿	拆迁补偿	公务用车购置	其他交通工具购置	其他资本性支出	小计	企业政策性补贴	事业单位补贴	财政贴息	其他对企事业单位的补贴支出	小计	国内债务付息	向国家银行借款付息	其他国内借款付息	向外国政府借款付息	向国际组织借款付息	其他国外借款付息	小计	对国内的赠与	对国外的赠与	小计	国内贷款	产权参股	其他贷款转贷及产权参股支出	
类	款	项	栏次	72	73	74	75	76	77	78	79	80	81	82	83	84	85	86	87	88	89	90	91	92	93	94	95	96	97	98	99
			合计																												

基本支出决算明细表

财决05-1表

编制单位：　　　　　　　　　　　　　　　　　　　　　　　　金额单位：元

项目					工资福利支出									商品和服务支出																											
支出功能分类科目编码			科目名称	合计	小计	基本工资	津贴补贴	奖金	社会保障缴费	伙食费	伙食补助费	绩效工资	其他工资福利支出	小计	办公费	印刷费	咨询费	手续费	水费	电费	邮电费	取暖费	物业管理费	差旅费	因公出国（境）费用	维修（护）费	租赁费	会议费	培训费	公务接待费	专用材料费	被装购置费	专用燃料费	劳务费	委托业务费	工会经费	福利费	公务用车运行维护费	其他交通费用	税金及附加费用	其他商品和服务支出
类	款	项	栏次	1	2	3	4	5	6	7	8	9	10	11	12	13	14	15	16	17	18	19	20	21	22	23	24	25	26	27	28	29	30	31	32	33	34	35	36	37	38
			合计							—																															
										—																															
										—																															
										—																															
										—																															
										—																															
										—																															

基本支出决算明细表（续1）

财决05-1表

编制单位：　　　　　　　　　　　　　　　　　　　　　　金额单位：元

项目				对个人和家庭的补助															基本建设支出											其他资本性支出						
支出功能分类科目编码			科目名称	小计	离休费	退休费	退职（役）费	抚恤金	生活补助	救济费	医疗费	助学金	奖励金	生产补贴	住房公积金	提租补贴	购房补贴	其他对个人和家庭的补助支出	小计	房屋建筑物购建	办公设备购置	专用设备购置	基础设施建设	大型修缮	信息网络及软件购置更新	物资储备	公务用车购置	其他交通工具购置	其他基本建设支出	小计	房屋建筑物购建	办公设备购置	专用设备购置	基础设施建设	大型修缮	信息网络及软件购置更新
类	款	项	栏次	39	40	41	42	43	44	45	46	47	48	49	50	51	52	53	54	55	56	57	58	59	60	61	62	63	64	65	66	67	68	69	70	71
			合计																—	—	—	—	—	—	—	—	—	—	—							
																			—	—	—	—	—	—	—	—	—	—	—							
																			—	—	—	—	—	—	—	—	—	—	—							
																			—	—	—	—	—	—	—	—	—	—	—							
																			—	—	—	—	—	—	—	—	—	—	—							
																			—	—	—	—	—	—	—	—	—	—	—							
																			—	—	—	—	—	—	—	—	—	—	—							

基本支出决算明细表（续2）

财决05-1表

编制单位：　　　　金额单位：元

项目				其他资本性支出								对企事业单位的补贴					债务利息支出							赠与			贷款转贷及产权参股				其他支出
支出功能分类科目编码			科目名称	物资储备	土地补偿	安置补助	地上附着物和青苗补偿	拆迁补偿	公务用车购置	其他交通工具购置	其他资本性支出	小计	企业政策性补贴	事业单位补贴	财政贴息	其他对企事业单位的补贴支出	小计	国内债务付息	向国家银行借款付息	其他国内借款付息	向外国政府借款付息	向国际组织借款付息	其他国外借款付息	小计	对国内的赠与	对国外的赠与	小计	国内贷款	产权参股	其他贷款转贷及产权参股支出	
类	款	项	栏次	72	73	74	75	76	77	78	79	80	81	82	83	84	85	86	87	88	89	90	91	92	93	94	95	96	97	98	99
			合计																								—	—	—	—	—
																											—	—	—	—	—
																											—	—	—	—	—
																											—	—	—	—	—
																											—	—	—	—	—
																											—	—	—	—	—
																											—	—	—	—	—

项目支出决算明细表

财决05-2表

编制单位： 金额单位：元

项目				合计	工资福利支出									商品和服务支出																											
支出功能分类科目编码			科目名称		小计	基本工资	津贴补贴	奖金	社会保障缴费	伙食费	伙食补助费	绩效工资	其他工资福利支出	小计	办公费	印刷费	咨询费	手续费	水费	电费	邮电费	取暖费	物业管理费	差旅费	因公出国（境）费用	维修（护）费	租赁费	会议费	培训费	公务接待费	专用材料费	被装购置费	专用燃料费	劳务费	委托业务费	工会经费	福利费	公务用车运行维护费	其他交通费用	税金及附加费用	其他商品和服务支出
类	款	项	栏次	1	2	3	4	5	6	7	8	9	10	11	12	13	14	15	16	17	18	19	20	21	22	23	24	25	26	27	28	29	30	31	32	33	34	35	36	37	38
			合计							—																															
										—																															
										—																															
										—																															
										—																															
										—																															
										—																															

项目支出决算明细表（续1）

财决05-2表

编制单位：　　　　金额单位：元

项目				对个人和家庭的补助															基本建设支出											其他资本性支出						
支出功能分类科目编码			科目名称	小计	离休费	退休费	退职（役）费	抚恤金	生活补助	救济费	医疗费	助学金	奖励金	生产补贴	住房公积金	提租补贴	购房补贴	其他对个人和家庭的补助支出	小计	房屋建筑物购建	办公设备购置	专用设备购置	基础设施建设	大型修缮	信息网络及软件购置更新	物资储备	公务用车购置	其他交通工具购置	其他基本建设支出	小计	房屋建筑物购建	办公设备购置	专用设备购置	基础设施建设	大型修缮	信息网络及软件购置更新
类	款	项	栏次	39	40	41	42	43	44	45	46	47	48	49	50	51	52	53	54	55	56	57	58	59	60	61	62	63	64	65	66	67	68	69	70	71
			合计																																	

项目支出决算明细表（续2）

财决05-2表

编制单位： 金额单位：元

项目				其他资本性支出								对企事业单位的补贴					债务利息支出							赠与			贷款转贷及产权参股				其他支出
支出功能分类科目编码			科目名称	物资储备	土地补偿	安置补助	地上附着物和青苗补偿	拆迁补偿	公务用车购置	其他交通工具购置	其他资本性支出	小计	企业政策性补贴	事业单位补贴	财政贴息	其他对企事业单位的补贴支出	小计	国内债务付息	向国家银行借款付息	其他国内借款付息	向外国政府借款付息	向国际组织借款付息	其他国外借款付息	小计	对国内的赠与	对国外的赠与	小计	国内贷款	产权参股	其他贷款转贷及产权参股支出	
类	款	项	栏次	72	73	74	75	76	77	78	79	80	81	82	83	84	85	86	87	88	89	90	91	92	93	94	95	96	97	98	99
			合计																												

项目收入支出决算表

财决06表

编制单位： 金额单位：元

项目				资金来源						支出数				用事业基金弥补收支差额	结余分配	年末结转和结余			
支出功能分类科目编码			科目名称	合计	上年结转和结余		财政拨款	财政专户管理资金	其他资金	合计	财政拨款	财政专户管理资金	其他资金			合计	其中：财政拨款结转和结余		
					小计	其中：财政拨款结转和结余											小计	财政拨款结转	财政拨款结余
类	款	项	栏次	1	2	3	4	5	6	7	8	9	10	11	12	13	14	15	16
			合计																

注：本表为自动生成表。

行政事业类项目收入支出决算表

财决06-1表

编制单位：　　　　　　　　　　　　　　　　　　　　　　　　　　　　　　　　　　金额单位：元

项目				资金来源						支出数				用事业基金弥补收支差额	结余分配	年末结转和结余			
支出功能分类科目编码			科目名称（项目）	合计	上年结转和结余		财政拨款	财政专户管理资金	其他资金	合计	财政拨款	财政专户管理资金	其他资金			合计	其中：财政拨款结转和结余		
					小计	其中：财政拨款结转和结余											小计	财政拨款结转	财政拨款结余
类	款	项	栏次	1	2	3	4	5	6	7	8	9	10	11	12	13	14	15	16
			合计																

基本建设类项目收入支出决算表

财决06-2表

编制单位：　　　　　　　　　　　　　　　　　　　　　　　　　　　　　　　　　　金额单位：元

项目				资金来源							支出数				用事业基金弥补收支差额	结余分配	年末结转和结余			
支出功能分类科目编码			科目名称（项目）	合计	上年结转和结余		财政拨款		财政专户管理资金	其他资金	合计	财政拨款	财政专户管理资金	其他资金			合计	其中：财政拨款结转和结余		
					小计	其中：财政拨款结转和结余	小计	其中：基本建设支出拨款										小计	财政拨款结转	财政拨款结余
类	款	项	栏次	1	2	3	4	5	6	7	8	9	10	11	12	13	14	15	16	17
			合计																	

公共预算财政拨款收入支出决算表

财决07表

编制单位： 金额单位：元

项目				上年结转和结余				本年收入				本年支出						年末结转和结余			
支出功能分类科目编码			科目名称	合计	基本支出结转和结余	项目支出结转和结余		合计	基本支出	项目支出		合计	基本支出			项目支出		合计	基本支出结转和结余	项目支出结转和结余	
						小计	其中：基本建设资金结转和结余			小计	其中：基本建设资金收入		小计	人员经费	日常公用经费	小计	其中：基本建设资金支出			小计	其中：基本建设资金结转和结余
类	款	项	栏次	1	2	3	4	5	6	7	8	9	10	11	12	13	14	15	16	17	18
			合计																		

公共预算财政拨款支出决算明细表

财决08表

编制单位：　　　　金额单位：元

项目				合计	工资福利支出									商品和服务支出																											
支出功能分类科目编码			科目名称		小计	基本工资	津贴补贴	奖金	社会保障缴费	伙食费	伙食补助费	绩效工资	其他工资福利支出	小计	办公费	印刷费	咨询费	手续费	水费	电费	邮电费	取暖费	物业管理费	差旅费	因公出国（境）费用	维修（护）费	租赁费	会议费	培训费	公务接待费	专用材料费	被装购置费	专用燃料费	劳务费	委托业务费	工会经费	福利费	公务用车运行维护费	其他交通费用	税金及附加费用	其他商品和服务支出
类	款	项	栏次	1	2	3	4	5	6	7	8	9	10	11	12	13	14	15	16	17	18	19	20	21	22	23	24	25	26	27	28	29	30	31	32	33	34	35	36	37	38
			合计							—																															
										—																															
										—																															
										—																															
										—																															
										—																															
										—																															

注：本表为自动生成表。

公共预算财政拨款支出决算明细表（续1）

财决08表

编制单位：　　　　　　　　　　　　　　　　　　　　　金额单位：元

项目				对个人和家庭的补助															基本建设支出											其他资本性支出						
支出功能分类科目编码			科目名称	小计	离休费	退休费	退职（役）费	抚恤金	生活补助	救济费	医疗费	助学金	奖励金	生产补贴	住房公积金	提租补贴	购房补贴	其他对个人和家庭的补助支出	小计	房屋建筑物购建	办公设备购置	专用设备购置	基础设施建设	大型修缮	信息网络及软件购置更新	物资储备	公务用车购置	其他交通工具购置	其他基本建设支出	小计	房屋建筑物购建	办公设备购置	专用设备购置	基础设施建设	大型修缮	信息网络及软件购置更新
类	款	项	栏次	39	40	41	42	43	44	45	46	47	48	49	50	51	52	53	54	55	56	57	58	59	60	61	62	63	64	65	66	67	68	69	70	71
			合计																																	

公共预算财政拨款支出决算明细表（续2）

财决08表

编制单位：　　金额单位：元

项目				其他资本性支出								对企事业单位的补贴					债务利息支出							赠与			贷款转贷及产权参股				其他支出
支出功能分类科目编码			科目名称	物资储备	土地补偿	安置补助	地上附着物和青苗补偿	拆迁补偿	公务用车购置	其他交通工具购置	其他资本性支出	小计	企业政策性补贴	事业单位补贴	财政贴息	其他对企事业单位的补贴支出	小计	国内债务付息	向国家银行借款付息	其他国内借款付息	向外国政府借款付息	向国际组织借款付息	其他国外借款付息	小计	对国内的赠与	对国外的赠与	小计	国内贷款	产权参股	其他贷款转贷及产权参股支出	
类	款	项	栏次	72	73	74	75	76	77	78	79	80	81	82	83	84	85	86	87	88	89	90	91	92	93	94	95	96	97	98	99
			合计																												

公共预算财政拨款基本支出决算明细表

财决08-1表

编制单位：　　　　金额单位：元

项目				合计	工资福利支出									商品和服务支出																											
支出功能分类科目编码			科目名称		小计	基本工资	津贴补贴	奖金	社会保障缴费	伙食费	伙食补助费	绩效工资	其他工资福利支出	小计	办公费	印刷费	咨询费	手续费	水费	电费	邮电费	取暖费	物业管理费	差旅费	因公出国（境）费用	维修（护）费	租赁费	会议费	培训费	公务接待费	专用材料费	被装购置费	专用燃料费	劳务费	委托业务费	工会经费	福利费	公务用车运行维护费	其他交通费用	税金及附加费用	其他商品和服务支出
类	款	项	栏次	1	2	3	4	5	6	7	8	9	10	11	12	13	14	15	16	17	18	19	20	21	22	23	24	25	26	27	28	29	30	31	32	33	34	35	36	37	38
			合计							—																															
										—																															
										—																															
										—																															
										—																															
										—																															
										—																															

公共预算财政拨款基本支出决算明细表（续1）

财决08-1表

编制单位：　　　　金额单位：元

项目				对个人和家庭的补助															基本建设支出											其他资本性支出						
支出功能分类科目编码			科目名称	小计	离休费	退休费	退职（役）费	抚恤金	生活补助	救济费	医疗费	助学金	奖励金	生产补贴	住房公积金	提租补贴	购房补贴	其他对个人和家庭的补助支出	小计	房屋建筑物购建	办公设备购置	专用设备购置	基础设施建设	大型修缮	信息网络及软件购置更新	物资储备	公务用车购置	其他交通工具购置	其他基本建设支出	小计	房屋建筑物购建	办公设备购置	专用设备购置	基础设施建设	大型修缮	信息网络及软件购置更新
类	款	项	栏次	39	40	41	42	43	44	45	46	47	48	49	50	51	52	53	54	55	56	57	58	59	60	61	62	63	64	65	66	67	68	69	70	71
			合计																	—	—	—	—	—	—	—	—	—	—							
																				—	—	—	—	—	—	—	—	—	—							
																				—	—	—	—	—	—	—	—	—	—							
																				—	—	—	—	—	—	—	—	—	—							
																				—	—	—	—	—	—	—	—	—	—							
																				—	—	—	—	—	—	—	—	—	—							
																				—	—	—	—	—	—	—	—	—	—							

公共预算财政拨款基本支出决算明细表（续2）

财决08-1表

编制单位： 金额单位：元

项目				其他资本性支出								对企事业单位的补贴					债务利息支出							赠与			贷款转贷及产权参股					
支出功能分类科目编码			科目名称	物资储备	土地补偿	安置补助	地上附着物和青苗补偿	拆迁补偿	公务用车购置	其他交通工具购置	其他资本性支出	小计	企业政策性补贴	事业单位补贴	财政贴息	其他对企事业单位的补贴支出	小计	国内债务付息	向国家银行借款付息	其他国内借款付息	向外国政府借款付息	向国际组织借款付息	其他国外借款付息	小计	对国内的赠与	对国外的赠与	小计	国内贷款	产权参股	其他贷款转贷及产权参股支出	其他支出
类	款	项	栏次	72	73	74	75	76	77	78	79	80	81	82	83	84	85	86	87	88	89	90	91	92	93	94	95	96	97	98	99
			合计																								—	—	—	—	—
																											—	—	—	—	—
																											—	—	—	—	—
																											—	—	—	—	—
																											—	—	—	—	—
																											—	—	—	—	—
																											—	—	—	—	—

公共预算财政拨款项目支出决算明细表

财决08-2表

编制单位：　　　　　　　　　　　　　　　　　　　　　　　　金额单位：元

项目				合计	工资福利支出									商品和服务支出																											
支出功能分类科目编码			科目名称		小计	基本工资	津贴补贴	奖金	社会保障缴费	伙食费	伙食补助费	绩效工资	其他工资福利支出	小计	办公费	印刷费	咨询费	手续费	水费	电费	邮电费	取暖费	物业管理费	差旅费	因公出国（境）费用	维修（护）费	租赁费	会议费	培训费	公务接待费	专用材料费	被装购置费	专用燃料费	劳务费	委托业务费	工会经费	福利费	公务用车运行维护费	其他交通费用	税金及附加费用	其他商品和服务支出
类	款	项	栏次	1	2	3	4	5	6	7	8	9	10	11	12	13	14	15	16	17	18	19	20	21	22	23	24	25	26	27	28	29	30	31	32	33	34	35	36	37	38
			合计							—																															
										—																															
										—																															
										—																															
										—																															
										—																															
										—																															

公共预算财政拨款项目支出决算明细表（续1）

财决08-2表

编制单位：　　　　　　　　金额单位：元

项目				对个人和家庭的补助															基本建设支出											其他资本性支出						
支出功能分类科目编码			科目名称	小计	离休费	退休费	退职（役）费	抚恤金	生活补助	救济费	医疗费	助学金	奖励金	生产补贴	住房公积金	提租补贴	购房补贴	其他对个人和家庭的补助支出	小计	房屋建筑物购建	办公设备购置	专用设备购置	基础设施建设	大型修缮	信息网络及软件购置更新	物资储备	公务用车购置	其他交通工具购置	其他基本建设支出	小计	房屋建筑物购建	办公设备购置	专用设备购置	基础设施建设	大型修缮	信息网络及软件购置更新
类	款	项	栏次	39	40	41	42	43	44	45	46	47	48	49	50	51	52	53	54	55	56	57	58	59	60	61	62	63	64	65	66	67	68	69	70	71
			合计																																	

公共预算财政拨款项目支出决算明细表（续2）

财决08-2表

编制单位：　　　　金额单位：元

项目				其他资本性支出								对企事业单位的补贴					债务利息支出							赠与			贷款转贷及产权参股				其他支出
支出功能分类科目编码			科目名称	物资储备	土地补偿	安置补助	地上附着物和青苗补偿	拆迁补偿	公务用车购置	其他交通工具购置	其他资本性支出	小计	企业政策性补贴	事业单位补贴	财政贴息	其他对企事业单位的补贴支出	小计	国内债务付息	向国家银行借款付息	其他国内借款付息	向外国政府借款付息	向国际组织借款付息	其他国外借款付息	小计	对国内的赠与	对国外的赠与	小计	国内贷款	产权参股	其他贷款转贷及产权参股支出	
类	款	项	栏次	72	73	74	75	76	77	78	79	80	81	82	83	84	85	86	87	88	89	90	91	92	93	94	95	96	97	98	99
			合计																												

政府性基金预算财政拨款收入支出决算表

财决09表

编制单位： 金额单位：元

项目				上年结转和结余				本年收入				本年支出						年末结转和结余			
支出功能分类科目编码			科目名称（项目）	合计	基本支出结转和结余	项目支出结转和结余		合计	基本支出	项目支出		合计	基本支出			项目支出		合计	基本支出结转和结余	项目支出结转和结余	
						小计	其中：基本建设资金结转和结余			小计	其中：基本建设资金收入		小计	人员经费	日常公用经费	小计	其中：基本建设资金支出			小计	其中：基本建设资金结转和结余
类	款	项	栏次	1	2	3	4	5	6	7	8	9	10	11	12	13	14	15	16	17	18
			合计																		

政府性基金预算财政拨款支出决算明细表

财决10表

编制单位：　　　　　　金额单位：元

项目				合计	工资福利支出									商品和服务支出																											
支出功能分类科目编码			科目名称		小计	基本工资	津贴补贴	奖金	社会保障缴费	伙食费	伙食补助费	绩效工资	其他工资福利支出	小计	办公费	印刷费	咨询费	手续费	水费	电费	邮电费	取暖费	物业管理费	差旅费	因公出国（境）费用	维修（护）费	租赁费	会议费	培训费	公务接待费	专用材料费	被装购置费	专用燃料费	劳务费	委托业务费	工会经费	福利费	公务用车运行维护费	其他交通费用	税金及附加费用	其他商品和服务支出
类	款	项	栏次	1	2	3	4	5	6	7	8	9	10	11	12	13	14	15	16	17	18	19	20	21	22	23	24	25	26	27	28	29	30	31	32	33	34	35	36	37	38
			合计							—																															
										—																															
										—																															
										—																															
										—																															
										—																															
										—																															

注：本表为自动生成表。

政府性基金预算财政拨款支出决算明细表（续1）

财决10表

编制单位：　　　　　金额单位：元

项目				对个人和家庭的补助															基本建设支出											其他资本性支出						
支出功能分类科目编码			科目名称	小计	离休费	退休费	退职（役）费	抚恤金	生活补助	救济费	医疗费	助学金	奖励金	生产补贴	住房公积金	提租补贴	购房补贴	其他对个人和家庭的补助支出	小计	房屋建筑物购建	办公设备购置	专用设备购置	基础设施建设	大型修缮	信息网络及软件购置更新	物资储备	公务用车购置	其他交通工具购置	其他基本建设支出	小计	房屋建筑物购建	办公设备购置	专用设备购置	基础设施建设	大型修缮	信息网络及软件购置更新
类	款	项	栏次	39	40	41	42	43	44	45	46	47	48	49	50	51	52	53	54	55	56	57	58	59	60	61	62	63	64	65	66	67	68	69	70	71
			合计																—	—	—	—	—	—	—	—	—	—	—							
																			—	—	—	—	—	—	—	—	—	—	—							
																			—	—	—	—	—	—	—	—	—	—	—							
																			—	—	—	—	—	—	—	—	—	—	—							
																			—	—	—	—	—	—	—	—	—	—	—							
																			—	—	—	—	—	—	—	—	—	—	—							
																			—	—	—	—	—	—	—	—	—	—	—							

政府性基金预算财政拨款支出决算明细表（续2）

财决10表

编制单位：　　　　　　　　　　　　　　　　　　　　　　　　　　　　　　　　　　　　金额单位：元

项目				其他资本性支出								对企事业单位的补贴					债务利息支出							赠与			贷款转贷及产权参股				其他支出
支出功能分类科目编码			科目名称	物资储备	土地补偿	安置补助	地上附着物和青苗补偿	拆迁补偿	公务用车购置	其他交通工具购置	其他资本性支出	小计	企业政策性补贴	事业单位补贴	财政贴息	其他对企事业单位的补贴支出	小计	国内债务付息	向国家银行借款付息	其他国内借款付息	向外国政府借款付息	向国际组织借款付息	其他国外借款付息	小计	对国内的赠与	对国外的赠与	小计	国内贷款	产权参股	其他贷款转贷及产权参股支出	
类	款	项	栏次	72	73	74	75	76	77	78	79	80	81	82	83	84	85	86	87	88	89	90	91	92	93	94	95	96	97	98	99
			合计																												

政府性基金预算财政拨款基本支出决算明细表

财决10-1表

编制单位： 金额单位：元

项目				合计	工资福利支出									商品和服务支出																											
支出功能分类科目编码			科目名称		小计	基本工资	津贴补贴	奖金	社会保障缴费	伙食费	伙食补助费	绩效工资	其他工资福利支出	小计	办公费	印刷费	咨询费	手续费	水费	电费	邮电费	取暖费	物业管理费	差旅费	因公出国（境）费用	维修（护）费	租赁费	会议费	培训费	公务接待费	专用材料费	被装购置费	专用燃料费	劳务费	委托业务费	工会经费	福利费	公务用车运行维护费	其他交通费用	税金及附加费用	其他商品和服务支出
类	款	项	栏次	1	2	3	4	5	6	7	8	9	10	11	12	13	14	15	16	17	18	19	20	21	22	23	24	25	26	27	28	29	30	31	32	33	34	35	36	37	38
			合计							—																															
										—																															
										—																															
										—																															
										—																															
										—																															
										—																															

政府性基金预算财政拨款基本支出决算明细表（续1）

财决10-1表

编制单位：

金额单位：元

项目				对个人和家庭的补助															基本建设支出											其他资本性支出						
支出功能分类科目编码			科目名称	小计	离休费	退休费	退职（役）费	抚恤金	生活补助	救济费	医疗费	助学金	奖励金	生产补贴	住房公积金	提租补贴	购房补贴	其他对个人和家庭的补助支出	小计	房屋建筑物购建	办公设备购置	专用设备购置	基础设施建设	大型修缮	信息网络及软件购置更新	物资储备	公务用车购置	其他交通工具购置	其他基本建设支出	小计	房屋建筑物购建	办公设备购置	专用设备购置	基础设施建设	大型修缮	信息网络及软件购置更新
类	款	项	栏次	39	40	41	42	43	44	45	46	47	48	49	50	51	52	53	54	55	56	57	58	59	60	61	62	63	64	65	66	67	68	69	70	71
			合计																—	—	—	—	—	—	—	—	—	—	—							
																			—	—	—	—	—	—	—	—	—	—	—							
																			—	—	—	—	—	—	—	—	—	—	—							
																			—	—	—	—	—	—	—	—	—	—	—							
																			—	—	—	—	—	—	—	—	—	—	—							
																			—	—	—	—	—	—	—	—	—	—	—							
																			—	—	—	—	—	—	—	—	—	—	—							

政府性基金预算财政拨款基本支出决算明细表（续2）

财决10-1表

编制单位：　　　　金额单位：元

项目				其他资本性支出								对企事业单位的补贴					债务利息支出							赠与			贷款转贷及产权参股				
支出功能分类科目编码			科目名称	物资储备	土地补偿	安置补助	地上附着物和青苗补偿	拆迁补偿	公务用车购置	其他交通工具购置	其他资本性支出	小计	企业政策性补贴	事业单位补贴	财政贴息	其他对企事业单位的补贴支出	小计	国内债务付息	向国家银行借款付息	其他国内借款付息	向外国政府借款付息	向国际组织借款付息	其他国外借款付息	小计	对国内的赠与	对国外的赠与	小计	国内贷款	产权参股	其他贷款转贷及产权参股支出	其他支出
类	款	项	栏次	72	73	74	75	76	77	78	79	80	81	82	83	84	85	86	87	88	89	90	91	92	93	94	95	96	97	98	99
			合计																								—	—	—	—	—
																											—	—	—	—	—
																											—	—	—	—	—
																											—	—	—	—	—
																											—	—	—	—	—
																											—	—	—	—	—
																											—	—	—	—	—

政府性基金预算财政拨款项目支出决算明细表

财决10-2表

编制单位： 金额单位：元

项目				合计	工资福利支出									商品和服务支出																											
支出功能分类科目编码			科目名称		小计	基本工资	津贴补贴	奖金	社会保障缴费	伙食费	伙食补助费	绩效工资	其他工资福利支出	小计	办公费	印刷费	咨询费	手续费	水费	电费	邮电费	取暖费	物业管理费	差旅费	因公出国（境）费用	维修（护）费	租赁费	会议费	培训费	公务接待费	专用材料费	被装购置费	专用燃料费	劳务费	委托业务费	工会经费	福利费	公务用车运行维护费	其他交通费用	税金及附加费用	其他商品和服务支出
类	款	项	栏次	1	2	3	4	5	6	7	8	9	10	11	12	13	14	15	16	17	18	19	20	21	22	23	24	25	26	27	28	29	30	31	32	33	34	35	36	37	38
			合计							—																															
										—																															
										—																															
										—																															
										—																															
										—																															
										—																															

政府性基金预算财政拨款项目支出决算明细表（续1）

财决10-2表

编制单位：

金额单位：元

项目				对个人和家庭的补助															基本建设支出											其他资本性支出						
支出功能分类科目编码			科目名称	小计	离休费	退休费	退职（役）费	抚恤金	生活补助	救济费	医疗费	助学金	奖励金	生产补贴	住房公积金	提租补贴	购房补贴	其他对个人和家庭的补助支出	小计	房屋建筑物购建	办公设备购置	专用设备购置	基础设施建设	大型修缮	信息网络及软件购置更新	物资储备	公务用车购置	其他交通工具购置	其他基本建设支出	小计	房屋建筑物购建	办公设备购置	专用设备购置	基础设施建设	大型修缮	信息网络及软件购置更新
类	款	项	栏次	39	40	41	42	43	44	45	46	47	48	49	50	51	52	53	54	55	56	57	58	59	60	61	62	63	64	65	66	67	68	69	70	71
			合计																—	—	—	—	—	—	—	—	—	—	—							
																			—	—	—	—	—	—	—	—	—	—	—							
																			—	—	—	—	—	—	—	—	—	—	—							
																			—	—	—	—	—	—	—	—	—	—	—							
																			—	—	—	—	—	—	—	—	—	—	—							
																			—	—	—	—	—	—	—	—	—	—	—							
																			—	—	—	—	—	—	—	—	—	—	—							

政府性基金预算财政拨款项目支出决算明细表（续2）

财决10-2表

编制单位：　　　　金额单位：元

项目				其他资本性支出								对企事业单位的补贴					债务利息支出							赠与			贷款转贷及产权参股				其他支出
支出功能分类科目编码			科目名称	物资储备	土地补偿	安置补助	地上附着物和青苗补偿	拆迁补偿	公务用车购置	其他交通工具购置	其他资本性支出	小计	企业政策性补贴	事业单位补贴	财政贴息	其他对企事业单位的补贴支出	小计	国内债务付息	向国家银行借款付息	其他国内借款付息	向外国政府借款付息	向国际组织借款付息	其他国外借款付息	小计	对国内的赠与	对国外的赠与	小计	国内贷款	产权参股	其他贷款转贷及产权参股支出	
类	款	项	栏次	72	73	74	75	76	77	78	79	80	81	82	83	84	85	86	87	88	89	90	91	92	93	94	95	96	97	98	99
			合计																												

财政专户管理资金收入支出决算表

财决11表

编制单位：　　　　　　　　　　　　　　　　　　　　金额单位：元

项目				上年结转和结余				本年收入				本年支出						用事业基金弥补收支差额	结余分配	年末结转和结余			
支出功能分类科目编码			科目名称	合计	基本支出结转和结余	项目支出结转和结余		合计	基本支出	项目支出		合计	基本支出			项目支出				合计	基本支出结转和结余	项目支出结转和结余	
						小计	其中：基本建设资金结转和结余			小计	其中：基本建设资金收入		小计	人员经费	日常公用经费	小计	其中：基本建设资金支出					小计	其中：基本建设资金结转和结余
类	款	项	栏次	1	2	3	4	5	6	7	8	9	10	11	12	13	14	15	16	17	18	19	20
			合计																				

资产负债简表

财决12表

编制单位：

金额单位：元

行政单位	行次	年初数	年末数	事业单位	行次	年初数	年末数	企业化管理事业单位	行次	年初数	年末数	民间非营利组织	行次	年初数	年末数
栏　次		1	2	栏　次		3	4	栏　次		5	6	栏　次		7	8
一、资产合计	1			一、资产合计	51			一、资产合计	101			一、资产合计	151		
现金	2			流动资产	52			流动资产	102			流动资产	152		
银行存款	3			库存现金	53			货币资金	103			货币资金	153		
其中：外币存款	4			银行存款	54			短期投资	104			短期投资	154		
财政应返还额度	5			短期投资	55			应收票据	105			应收款项	155		
有价证券	6			财政应返还额度	56			应收账款	106			预付账款	156		
其中：国债	7			应收票据	57			应收补贴款	107			存货	157		
暂付款	8			应收账款	58			存货	108			其他流动资产	158		
库存材料	9			预付账款	59			其他流动资产	109			长期投资	159		
固定资产	10			其他应收款	60			长期投资	110			固定资产原价	160		
	11			存货	61			固定资产原价	111			减：累计折旧	161		
	12			其他流动资产	62			减：累计折旧	112			固定资产净值	162		
	13			长期投资	63			固定资产净值	113			在建工程	163		
	14			固定资产原价	64			减：固定资产减值准备	114			文物文化资产	164		
	15			减：累计折旧	65			固定资产净额	115			无形资产	165		
	16			固定资产净值	66			工程物资	116			固定资产清理	166		
	17			在建工程	67			在建工程	117			受托代理资产	167		
	18			无形资产原价	68			固定资产清理	118			其他	168		
	19			减：累计摊销	69			待处理固定资产净损失	119				169		
二、基本建设资金占用合计	20			无形资产净值	70			无形资产	120				170		
其中:财政应返还额度	21			待处置资产损溢	71			递延税款借项	121				171		
资产部类合计	22			其他	72			其他	122				172		
	23				73				123				173		
三、负债合计	24			二、负债合计	74			二、负债合计	124			二、负债合计	174		
应缴预算款	25			流动负债	75			流动负债	125			流动负债	175		
应缴财政专户款	26			短期借款	76			短期借款	126			短期借款	176		
暂存款	27			应缴税费	77			应付票据	127			应付款项	177		
应付工资（离退休费）	28			应缴国库款	78			应付账款	128			应付工资	178		
应付地方（部门）津贴补贴	29			应缴财政专户款	79			应付工资	129			应交税金	179		
应付其他个人收入	30			应付职工薪酬	80			应付福利费	130			其他流动负债	180		
	31			应付票据	81			应交税金	131			长期负债	181		
	32			应付账款	82			其他流动负债	132			长期借款	182		
	33			预收账款	83			长期负债	133			长期应付款	183		
	34			其他应付款	84			递延税款贷项	134			其他长期负债	184		
	35			其他流动负债	85			其他	135			受托代理负债	185		
	36			长期借款	86				136				186		
	37			长期应付款	87				137				187		
四、净资产合计	38				88			三、少数股东权益	138			三、净资产合计	188		
固定基金	39			三、净资产合计	89				139			非限定性净资产	189		
结余	40			事业基金	90			四、所有者权益合计	140			限定性净资产	190		
基本支出结余	41			非流动资产基金	91			实收资本（股本）	141				191		
项目支出结余	42			专用基金	92			其中：国家资本	142				192		
	43			财政补助结转	93			资本公积	143				193		
	44			财政补助结余	94			盈余公积	144				194		
	45			非财政补助结转	95			未分配利润	145				195		
	46			非财政补助结余	96				146			资产总计	196		
	47			其他净资产	97				147			负债总计	197		
五、基本建设资金来源合计	48				98				148			净资产总计	198		
	49				99				149				199		
负债部类合计	50				100				150			国有资产总量	200		

事业单位基金增减变动情况表

财决附01表

编制单位：　　　　金额单位：元

项目	行次	上年结余	本年增加			本年减少			年末结余
			合计	结余分配转入	其他	合计	弥补收支差额	其他	
栏次		1	2	3	4	5	6	7	8
一、事业基金	1								
二、非流动资产基金	2			—			—		
其中：长期投资	3			—			—		
固定资产	4			—			—		
在建工程	5			—			—		
无形资产	6			—			—		
其他	7			—			—		
三、专用基金	8						—		
其中：修购基金	9						—		
职工福利基金	10						—		
其他	11						—		

资产情况表

编制单位：　　　　　　　　　　　　　　　　　　　　　　　　财决附02表
金额单位：元

项目	行次	数量				价值				补充资料		
		年初数	本年增加	本年减少	年末数	年初数	本年增加	本年减少	年末数			
栏　次		1	2	3	4	5	6	7	8	栏　次	行次	9
资产总额	1	—	—	—	—		—	—		一、本年坏账损失金额	25	
一、流动资产	2	—	—	—	—		—	—		二、危房面积（平方米）	26	—
二、固定资产	3	—	—	—	—					（一）上年年末数	27	
（一）房屋（平方米）	4									（二）本年增加数	28	
1. 办公用房	5									（三）本年减少数	29	
2. 业务用房	6									其中：本年修复数	30	
3. 其他	7									（四）年末数	31	
（二）汽车（台、辆）	8									三、年末单位供暖面积（平方米）	32	
1. 轿车	9									四、年末单位出租出借房屋面积（平方米）	33	
2. 越野车	10									五、年末单位已确权土地面积（平方米）	34	
3. 小型载客汽车	11									六、年末单位汽车工作用途情况（台、辆）	35	
4. 大中型载客汽车	12									1. 副部（省）级及以上领导用车	36	
5. 其他车型	13									2. 一般公务用车	37	
（三）单价在20万元以上的设备（台、套…）	14									3. 一般执法执勤用车	38	
1. 单价20万元（含）—50万元	15									4. 特种专业技术用车	39	
2. 单价50万元（含）—200万元	16									5. 其他用车	40	
3. 单价200万元（含）以上	17										41	
（四）其他固定资产	18	—	—	—	—						42	
减：累计折旧及减值准备	19	—	—	—	—						43	
三、长期投资	20	—	—	—	—						44	
四、在建工程	21	—	—	—	—						45	
五、无形资产	22										46	
减：累计摊销	23	—	—	—	—						47	
六、其他资产	24	—	—	—	—						48	

国有资产收益情况表

财决附03表

编制单位： 金额单位：元

项目	行次	资产收益征缴情况						项目	行次	金额
		合计	资产收益上缴情况			应缴未缴	单位留用			
			小计	已缴国库	已缴财政专户					
栏次		1	2	3	4	5	6	栏次		7
一、资产有偿使用收入合计	1							三、单位资产收益收入合计	40	
（一）行政单位小计	2							（一）行政单位小计	41	
1. 资产出租出借收入	3							1. 有偿使用收入	42	
（1）房屋	4							2. 处置收入	43	
（2）车辆	5							（二）事业单位小计	44	
（3）设备	6							1. 有偿使用收入	45	
（4）其他	7							其中：财政专户核拨数	46	
2. 后勤服务单位上缴资产收入	8							2. 处置收入	47	
3. 未脱钩经济实体上缴资产收入	9							四、单位资产收益支出合计	48	
（二）事业单位小计	10								49	
1. 资产出租出借收入	11								50	
（1）房屋	12								51	
（2）车辆	13								52	
（3）设备	14								53	
（4）其他	15								54	
2. 附属独立核算经济实体上缴收入	16								55	
3. 投资收益	17								56	
其中：无形资产对外投资收益	18							补充资料	57	
4. 其他收入	19							一、企业资产有偿使用收入合计	58	
二、资产处置收入合计	20							1. 资产出租出借收入	59	
（一）行政单位小计	21							2. 其他	60	
1. 固定资产处置收入	22							二、企业资产处置收入合计	61	
（1）房屋	23							1. 固定资产处置收入	62	
（2）车辆	24							2. 流动资产处置收入	63	
（3）设备	25							3. 无形资产处置收入	64	
（4）其他	26							4. 对外投资处置收入	65	
2. 流动资产处置收入	27							5. 其他资产处置收入	66	
3. 其他资产处置收入	28								67	
（二）事业单位小计	29								68	
1. 固定资产处置收入	30								69	
（1）房屋	31								70	
（2）车辆	32								71	
（3）设备	33								72	
（4）其他	34								73	
2. 流动资产处置收入	35								74	
3. 无形资产处置收入	36								75	
4. 长期投资处置收入	37								76	
其中：利用现金对外投资形成股权的处置收入	38								77	
5. 其他资产处置收入	39								78	

基本数字表

财决附04表

编制单位：　　　　　　　　　　　　　　　　　　　　　　　　　　　　　　　　单位：人

项目				年末机构数（个）	编制人数					年末实有人数				其中：												年末学生人数
支出功能分类科目编码			科目名称		合计	行政编制	事业编制		工勤编制	合计	在职人员	离休人员	退休人员	公共预算财政拨款开支人数				公共预算财政补助开支人数				经费自理人数				
							小计	其中：经费自理编制						小计	在职人员	离休人员	退休人员	小计	在职人员	离休人员	退休人员	小计	在职人员	离休人员	退休人员	
类	款	项	栏次	1	2	3	4	5	6	7	8	9	10	11	12	13	14	15	16	17	18	19	20	21	22	23
			合计																							

机构人员情况表

财决附05表

编制单位：　　　　　　　　　　　　　　　　　　　　　　　　　　　　　　　单位：人、个

项目	行次	编制人数	年末实有人数						项目	行次	独立编制机构数	独立核算机构数
			合计	公共预算财政拨款（补助）开支人数	经费自理人数							
					小计	政府性基金开支人数	其他					
栏　次		1	2	3	4	5	6	栏　次		7	8
人员情况	1	—	—	—	—	—	—	机构情况	22	—	—
一、在职人员（人）	2							一、单位机构数（个）	23		
（一）行政	3							（一）行政	24		
1. 共产党机关人员	4							1. 共产党机关	25		
2. 政府机关人员	5							2. 政府机关	26		
3. 人大机关人员	6							3. 人大机关	27		
4. 政协机关人员	7							4. 政协机关	28		
5. 群众团体人员	8							5. 群众团体	29		
6. 民主党派人员	9							6. 民主党派	30		
7. 政法机关人员	10							7. 政法机关	31		
（二）事业	11							（二）事业	32		
1. 参照公务员法管理人员	12							1. 参照公务员法管理	33		
2. 财政补助人员	13							2. 财政补助	34		
3. 经费自理人员	14							3. 经费自理	35		
（三）工勤	15							（三）其他	36	—	
1. 行政	16								37		
2. 事业	17								38		
二、离退休人员（人）	18	—							39		
（一）离休人员	19	—							40		
（二）退休人员	20	—							41		
三、遗属人员（人）	21	—							42		

学生学员统计表

财决附06表

编制单位：　　　　单位：人

单位名称	合计	高等教育学生													出国留学生	中等教育学生							初等教育（小学）学生	其他学生
		小计	研究生						普通本专科学生	成人本专科学生	网络本专科学生	其他学生	来华留学生			小计	高中阶段教育学生				初中阶段教育学生			
			博士生			硕士生											小计	其中：						
			国家任务生	委托培养生	自筹经费生	国家任务生	委托培养生	自筹经费生					小计	其中：自费生				普通高中学生	中等职业教育学生		小计	其中：普通初中学生		
																			小计	其中：普通中专学生				
栏次	1	2	3	4	5	6	7	8	9	10	11	12	13	14	15	16	17	18	19	20	21	22	23	24
合计																								

非税收入征缴情况表

财决附07表

编制单位：　　　　金额单位：元

项目	行次	合计	纳入预算管理			纳入财政专户管理		
			小计	已缴国库	应缴未缴国库	小计	已缴财政专户	未缴财政专户
栏次		1	2	3	4	5	6	7
合计	1							
一、政府性基金收入	2							
二、专项收入	3							
三、行政事业性收费收入	4							
四、罚没收入	5							
五、国有资本经营收入	6							
六、国有资源（资产）有偿使用收入	7							
七、其他收入	8							

注：本表为自动生成表。

非税收入征缴情况明细表

财决附07-1表

编制单位： 金额单位：元

项目															
收入分类科目编码				科目名称	合计	纳入预算管理					纳入财政专户管理				
						小计	已缴国库			应缴未缴国库	小计	已缴财政专户			未缴财政专户
							小计	缴入本级国库	缴入非本级国库			小计	缴入本级财政专户	缴入非本级财政专户	
类	款	项	目	栏次	1	2	3	4	5	6	7	8	9	10	11
				合计											
				一、政府性基金收入小计											
				二、专项收入小计											
				三、行政事业性收费收入小计											
				四、罚没收入小计											
				五、国有资本经营收入小计											
				六、国有资源（资产）有偿使用收入小计											
				七、其他收入小计											

2013年度部门决算补充资料表

中央单位国际组织会费、国际组织捐赠和维和摊款支出明细表

财决行补03表

编制单位：　　　　金额单位：元

名称	国务院批准的当年捐款数		决算支出数					备注
			合计（人民币）	外币支付			人民币支付	
	美元	人民币		原币（ ）	折美元	折人民币		
栏次	1	2	3	4	5	6	7	8
合计								
一、国际组织会费小计								
二、国际组织捐赠支出小计								
三、维和摊款小计								

中央单位外交支出基本数字表

财决行补04表

编制单位：　　　　金额单位：元

项　目	行次	年末数	项　目	行次	本年数
栏　次		1	栏　次		2
一、驻外机构	1	—	4．公有车辆定编数（辆）	29	
1．驻外使领馆数（个）	2		实有公有车辆数（辆）	30	
工作人员定编数（人）	3		公有车辆超编数（辆）	31	
其中：外交系列定编数（人）	4		本年调回车辆数（辆）	32	
工作人员实有数（人）	5		5．馆员个人购买车辆数（辆）	33	
其中：外交系列实有数（人）	6		二、因公临时出国	34	—
工作人员超编数（人）	7		1．出国代表团组数（个）	35	
其中：外交系列超编数（人）	8		2．出国人数（人）	36	
配偶人数（人）	9		其中：对方提供食宿等费用的人数（人）	37	
其中：随任配偶人数（人）	10		3．旅费	38	
2．经费独立处数（个）	11		其中：专项经费支出	39	
工作人员定编数（人）	12		4．伙食费	40	
其中：外交系列定编数（人）	13		其中：专项经费支出	41	
工作人员实有数（人）	14		5．住宿费	42	
其中：外交系列实有数（人）	15		其中：专项经费支出	43	
工作人员超编数（人）	16		6．公杂费	44	
其中：外交系列超编数（人）	17		其中：专项经费支出	45	
配偶人数（人）	18		7．其他费用	46	
其中：随任配偶人数（人）	19		其中：专项经费支出	47	
3．非经费独立处数（个）	20		三、外宾接待	48	—
工作人员定编数（人）	21		1．招待代表团组数（个）	49	
其中：外交系列定编数（人）	22		2．招待人数（人）	50	
工作人员实有数（人）	23		其中：我方提供食宿费用的人数（人）	51	
其中：外交系列实有数（人）	24		3．旅费	52	
工作人员超编数（人）	25		4．伙食费	53	
其中：外交系列超编数（人）	26		5．住宿费	54	
配偶人数（人）	27		6．宴请费	55	
其中：随任配偶人数（人）	28		7．其他费用	56	

科学研究情况补充资料表

财决教补01表

编制单位： 金额单位：元

项　　目	行次	年初数	本年发生数	期末数	项　　目	行次	单位	年末数	全年平均数
栏　　次		1	2	3	栏　　次			4	5
一、预付合同款	1		—		五、其他补充资料	19		—	—
二、合同预收款	2		—		1. 从事自然科学研究人员	20	人		
三、事业收入	3	—		—	2. 从事社会科学研究人员	21	人		
其中：科研收入	4	—		—	3. 获国家级科研成果奖（指本部门本单位）	22	个	—	△
技术收入	5	—		—	4. 专利	23	个	—	△
试制产品收入	6	—		—	5. 新产品	24	个	—	△
学术活动收入	7	—		—	6. 纵向课题数	25	个	—	△
科普活动收入	8	—		—	成果数	26	个	—	△
四、科研成本费用	9	—		—	应用成果数	27	个	—	△
其中：科研成本	10	—		—	7. 博士后在站人数	28	人		
技术成本	11	—		—	8. 仪器设备数	29		—	—
试制成本	12	—		—	单价二十万元以上大型设备数	30	台		—
学术成本	13	—		—	其中：单价二百万元以上大型设备数	31	台		—
科普成本	14	—		—	9. 机动车船燃修费	32		—	△
研究室（车间）费用	15	—		—	其中：管理用车船燃修费	33		—	△
	16				研究用车船燃修费	34		—	△
	17				10. 地震事务	35	—	—	—
	18				骨干群测点	36	个		

注：表中项目一至四由执行《科学事业单位会计制度》的单位填报，项目五第1至9项由所有开展科学研究的单位填报，第10项由地震事业单位填报。

行政经费支出情况统计表

财决库补01表

编制单位：　　　　　　　　　　　　　　　　　　　　　　　　　金额单位：元

项目				本年支出合计	行政单位			参照公务员法管理事业单位		
支出功能分类科目编码			科目名称（项目）		小计	基本支出	一般行政管理项目支出	小计	基本支出	一般行政管理项目支出
类	款	项	栏次	1	2	3	4	5	6	7
			合计							

“三公经费”公共预算财政拨款支出情况表

财决库补02表

编制单位：　　　　金额单位：元

项目				“三公经费”支出		因公出国（境）支出		公务用车购置及运行维护费支出						公务接待费支出	
支出功能分类科目编码			科目名称	合计	其中：当年预算财政拨款支出	小计	其中：当年预算财政拨款支出	合计	其中：当年预算财政拨款支出	公务用车购置		公务用车运行维护费		小计	其中：当年预算财政拨款支出
										小计	其中：当年预算财政拨款支出	小计	其中：当年预算财政拨款支出		
类	款	项	栏次	1	2	3	4	5	6	7	8	9	10	11	12
			合计												

补充资料：

1. 因公出国（境）团组情况：2013年度本单位组织出国（境）团组______个，参加其他单位组织的出国（境）团组______个；本单位全年因公出国（境）累计______人次。

2. 公务用车购置及保有情况：2013年度本单位购置公务用车______辆，年末公务用车保有量______辆。

3. 公务接待有关情况在填报说明进行说明。

其他收入决算明细表

气决补01表

编制单位：　　　　　　　　　　　　　　　　　　金额单位：元

项目				其他收入合计	投资收益	利息收入	捐赠收入	固定资产出租收入	从其他部门取得的财政拨款	地方财政拨款	其他单位对本单位拨入专项款(不含课题拨款)	课题经费	其他
科目编码			科目名称										
类	款	项	栏次	1	2	3	4	5	6	7	8	9	10
			合计										
220	05	01	行政运行										
220	05	02	一般行政管理事务										
220	05	03	机关服务										
220	05	04	气象事业机构										
220	05	05	气象技术研究应用与培训										
220	05	06	气象探测										
220	05	07	气象信息传输及管理										
220	05	08	气象预报预测										
220	05	09	气象服务										
220	05	10	气象装备保障维护										
220	05	11	气象台站建设与运行保障										
220	05	12	气象卫星										
220	05	13	气象法规与标准										
220	05	14	气象资金审计稽查										
220	05	99	其他气象事务支出										
202	04	01	国际组织会费										
202	04	02	国际组织捐赠										
202	05	03	在华国际会议										
205	03	02	中专教育										
205	03	04	职业高中教育										
206	02	04	重点实验室及相关设施										
206	03	01	机构运行										
206	03	02	社会公益研究										
206	03	03	高技术研究										
206	03	99	其他应用研究支出										
206	04	02	应用技术研究与开发										
206	05	03	科技条件专项										
206	09	01	科技重大专项										
206	99	99	其他科学技术支出										
208	05	01	归口管理的行政单位离退休										
208	05	02	事业单位离退休										
208	05	03	离退休人员管理机构										
208	08	01	死亡抚恤										
211	12		可再生能源										
213	01	06	技术推广与培训										
218	03	99	其他公益性服务事业单位及设施										
221	02	01	住房公积金										
221	02	02	提租补贴										
221	02	03	购房补贴										
229	06	01	地震灾后恢复重建捐赠支出										
230	07	01	地震灾后恢复重建补助支出										

经营收入决算明细表

气决补02表

编制单位：

金额单位：元

项目				经营收入合计		气象预报服务	专项气象服务	气象资料服务	气候分析评价	气象仪器检定、修理	农业气象与卫星遥感服务	防雷技术服务费	气象信息服务	庆典气球服务	气象通讯设施和网络技术服务	大气环境预测评价	气候可行性论证	雷击灾害风险评估	后勤服务收入	其他
科目编码			科目名称		其中：用于事业支出的部分															
类	款	项	栏次	1	2	3	4	5	6	7	8	9	10	11	12	13	14	15	16	17
			合计																	
220	05	01	行政运行																	
220	05	02	一般行政管理事务																	
220	05	03	机关服务																	
220	05	04	气象事业机构																	
220	05	05	气象技术研究应用与培训																	
220	05	06	气象探测																	
220	05	07	气象信息传输及管理																	
220	05	08	气象预报预测																	
220	05	09	气象服务																	
220	05	10	气象装备保障维护																	
220	05	11	气象台站建设与运行保障																	
220	05	12	气象卫星																	
220	05	13	气象法规与标准																	
220	05	14	气象资金审计稽查																	
220	05	99	其他气象事务支出																	
202	04	01	国际组织会费																	
202	04	02	国际组织捐赠																	
202	05	03	在华国际会议																	
205	03	02	中专教育																	
205	03	04	职业高中教育																	
206	02	04	重点实验室及相关设施																	
206	03	01	机构运行																	
206	03	02	社会公益研究																	
206	03	03	高技术研究																	
206	03	99	其他应用研究支出																	
206	04	02	应用技术研究与开发																	
206	05	03	科技条件专项																	
206	09	01	科技重大专项																	
206	99	99	其他科学技术支出																	
208	05	01	归口管理的行政单位离退休																	
208	05	02	事业单位离退休																	
208	05	03	离退休人员管理机构																	
208	08	01	死亡抚恤																	
211	12		可再生能源																	
213	01	06	技术推广与培训																	
218	03	##	其他公益性服务事业单位及设施																	
221	02	01	住房公积金																	
221	02	02	提租补贴																	
221	02	03	购房补贴																	
229	06	01	地震灾后恢复重建捐赠支出																	
230	07	01	地震灾后恢复重建补助支出																	

经营支出决算明细表

气决补03表

编制单位：　　　　　　　　　　　　　　　　　　　　　　金额单位：元

项　目				总计		工资福利支出	商品和服务支出	对个人和家庭的补助	基本建设支出	其他资本性支出	对企事业单位的补贴	赠与	贷款转贷及产权参股	其他支出	备注
科目编码			科目名称		其中：用于事业支出部分										
类	款	项	栏次	1	2	3	4	5	6	7	8	9	10	11	
			合计												
220	05	01	行政运行												
220	05	02	一般行政管理事务												
220	05	03	机关服务												
220	05	04	气象事业机构												
220	05	05	气象技术研究应用与培训												
220	05	06	气象探测												
220	05	07	气象信息传输及管理												
220	05	08	气象预报预测												
220	05	09	气象服务												
220	05	10	气象装备保障维护												
220	05	11	气象台站建设与运行保障												
220	05	12	气象卫星												
220	05	13	气象法规与标准												
220	05	14	气象资金审计稽查												
220	05	99	其他气象事务支出												
202	04	01	国际组织会费												
202	04	02	国际组织捐赠												
202	05	03	在华国际会议												
205	03	02	中专教育												
205	03	04	职业高中教育												
206	02	04	重点实验室及相关设施												
206	03	01	机构运行												
206	03	02	社会公益研究												
206	03	03	高技术研究												
206	03	99	其他应用研究支出												
206	04	02	应用技术研究与开发												
206	05	03	科技条件专项												
206	09	01	科技重大专项												
206	99	99	其他科学技术支出												
208	05	01	归口管理的行政单位离退休												
208	05	02	事业单位离退休												
208	05	03	离退休人员管理机构												
208	08	01	死亡抚恤												
211	12		可再生能源												
213	01	06	技术推广与培训												
218	03	99	其他公益性服务事业单位及设施												
221	02	01	住房公积金												
221	02	02	提租补贴												
221	02	03	购房补贴												
229	06	01	地震灾后恢复重建捐赠支出												
230	07	01	地震灾后恢复重建补助支出												

地方财政拨款收支情况表

气决补04表

编制单位：　　　　　　　　　　　　　　　　　　　　　　　　　　　　　　金额单位：元

项目				上年结余	地方财政拨款收入	地方财政拨款支出														年末结余	备注
科目编码			科目名称			合计	基本支出										项目支出				
							小计	工资福利支出	商品和服务支出	对个人和家庭的补助	基本建设支出	其他资本性支出	对企事业单位的补贴	赠与	贷款转贷及产权参股	其他支出	小计	行政事业类项目支出	基本建设支出		
类	款	项	栏次	1	2	3	4	5	6	7	8	9	10	11	12	13	14	15	16	17	
			合计																		
220	05	01	行政运行																		
220	05	02	一般行政管理事务																		
220	05	03	机关服务																		
220	05	04	气象事业机构																		
220	05	05	气象技术研究应用与培训																		
220	05	06	气象探测																		
220	05	07	气象信息传输及管理																		
220	05	08	气象预报预测																		
220	05	09	气象服务																		
220	05	10	气象装备保障维护																		
220	05	11	气象台站建设与运行保障																		
220	05	12	气象卫星																		
220	05	13	气象法规与标准																		
220	05	14	气象资金审计稽查																		
220	05	99	其他气象事务支出																		
202	04	01	国际组织会费																		
202	04	02	国际组织捐赠																		
202	05	03	在华国际会议																		
205	03	02	中专教育																		
205	03	04	职业高中教育																		
206	02	04	重点实验室及相关设施																		
206	03	01	机构运行																		
206	03	02	社会公益研究																		
206	03	03	高技术研究																		
206	03	99	其他应用研究支出																		
206	04	02	应用技术研究与开发																		
206	05	03	科技条件专项																		
206	09	01	科技重大专项																		
206	99	99	其他科学技术支出																		
208	05	01	归口管理的行政单位离退休																		
208	05	02	事业单位离退休																		
208	05	03	离退休人员管理机构																		
208	08	01	死亡抚恤																		
211	12		可再生能源																		
213	01	06	技术推广与培训																		
218	03	99	其他公益性服务事业单位及设施																		
221	02	01	住房公积金																		
221	02	02	提租补贴																		
221	02	03	购房补贴																		
229	06	01	地震灾后恢复重建捐赠支出																		
230	07	01	地震灾后恢复重建补助支出																		

横向课题收支情况表

气决补05表
编制单位：　　　　　金额单位：元

类	款	项	科目名称	上年结余	横向课题收入	横向课题支出 合计	其中：会议费	出国费	公务用车购置及运行费	招待费	年末结余	备注
			栏次	1	2	3	4	5	6	7	8	
			合计									
220	05	01	行政运行									
220	05	02	一般行政管理事务									
220	05	03	机关服务									
220	05	04	气象事业机构									
220	05	05	气象技术研究应用与培训									
220	05	06	气象探测									
220	05	07	气象信息传输及管理									
220	05	08	气象预报预测									
220	05	09	气象服务									
220	05	10	气象装备保障维护									
220	05	11	气象台站建设与运行保障									
220	05	12	气象卫星									
220	05	13	气象法规与标准									
220	05	14	气象资金审计稽查									
220	05	99	其他气象事务支出									
202	04	01	国际组织会费									
202	04	02	国际组织捐赠									
202	05	03	在华国际会议									
205	03	02	中专教育									
205	03	04	职业高中教育									
206	02	04	重点实验室及相关设施									
206	03	01	机构运行									
206	03	02	社会公益研究									
206	03	03	高技术研究									
206	03	99	其他应用研究支出									
206	04	02	应用技术研究与开发									
206	05	03	科技条件专项									
206	09	01	科技重大专项									
206	99	99	其他科学技术支出									
208	05	01	归口管理的行政单位离退休									
208	05	02	事业单位离退休									
208	05	03	离退休人员管理机构									
208	08	01	死亡抚恤									
211	12		可再生能源									
213	01	06	技术推广与培训									
218	03	99	其他公益性服务事业单位及设施									
221	02	01	住房公积金									
221	02	02	提租补贴									
221	02	03	购房补贴									
229	06	01	地震灾后恢复重建捐赠支出									
230	07	01	地震灾后恢复重建补助支出									

会计人员情况表

编制单位：

气决补06表

项目	行次	总计	省局及直属单位财务人员数					地区级财务人员数					县局财务人员数		
			合计		本科及以下	硕士研究生	博士研究生	合计		本科及以下	硕士研究生	博士研究生	合计	本科及以下	硕士研究生及以上
				其中:核算中心人数					其中:核算中心人数						
栏次		1	2	3	4	5	6	7	8	9	10	11	12	13	14
一、会计人员（人）	1														
（一）专职会计人员	2														
1、财务管理岗位	3														
其中：具有正高级会计师资格的人数	4														
具有高级会计师资格的人数	5														
具有中级（会计师）资格的人数	6														
其中：在岗人数（单位：人）	7														
具有初级（助理会计师、会计员）资格的人数	8														
其中：在岗人数（单位：人）	9														
2、会计岗位	10														
其中：具有正高级会计师资格的人数	11														
具有高级会计师资格的人数	12														
具有中级（会计师）资格的人数	13														
其中：在岗人数（单位：人）	14														
具有初级（助理会计师、会计员）资格的人数	15														
其中：在岗人数（单位：人）	16														
（二）兼职会计人员	17														
其中：具有正高级会计师资格的人数	18														
具有高级会计师资格的人数	19														
具有中级（会计师）资格的人数	20														
其中：在岗人数（单位：人）	21														
具有初级（助理会计师、会计员）资格的人数	22														
其中：在岗人数（单位：人）	23														

支出“其他”明细表

气决补07表

编制单位：　　　　单位：元

项目				基本支出明细表												项目支出明细表											
科目编码			科目名称	工资福利支出		商品服务支出		对个人和家庭的补助支出		赠与支出		基本建设支出		其他资本性支出		工资福利支出		商品服务支出		对个人和家庭的补助支出		赠与支出		基本建设支出		其他资本性支出	
				金额	内容	金额	内容	金额	内容	金额	内容	金额	内容	金额	内容	金额	内容	金额	内容	金额	内容	金额	内容	金额	内容	金额	内容
类	款	项	栏次	1	2	3	4	5	6	7	8	9	10	11	12	13	14	15	16	17	18	19	20	21	22	23	24
			合计																								
220	05	01	行政运行																								
220	05	02	一般行政管理事务																								
220	05	03	机关服务																								
220	05	04	气象事业机构																								
220	05	05	气象技术研究应用与培训																								
220	05	06	气象探测																								
220	05	07	气象信息传输及管理																								
220	05	08	气象预报预测																								
220	05	09	气象服务																								
220	05	10	气象装备保障维护																								
220	05	11	气象台站建设与运行保障																								
220	05	12	气象卫星																								
220	05	13	气象法规与标准																								
220	05	14	气象资金审计稽查																								
220	05	99	其他气象事务支出																								
202	04	01	国际组织会费																								
202	04	02	国际组织捐赠																								
202	05	03	在华国际会议																								
205	03	02	中专教育																								
205	03	04	职业高中教育																								
206	02	04	重点实验室及相关设施																								
206	03	01	机构运行																								
206	03	02	社会公益研究																								
206	03	03	高技术研究																								
206	03	99	其他应用研究支出																								
206	04	02	应用技术研究与开发																								
206	05	03	科技条件专项																								
206	09	01	科技重大专项																								
206	99	99	其他科学技术支出																								
208	05	01	归口管理的行政单位离退休																								
208	05	02	事业单位离退休																								
208	05	03	离退休人员管理机构																								
208	08	01	死亡抚恤																								
211	12		可再生能源																								
213	01	06	技术推广与培训																								
218	03	99	其他公益性服务事业单位及设施																								
221	02	01	住房公积金																								
221	02	02	提租补贴																								
221	02	03	购房补贴																								
229	06	01	地震灾后恢复重建捐赠支出																								
230	07	01	地震灾后恢复重建补助支出																								

(八)拨出经费明细表(气决补08表)

本表反映《支出决算明细表》中,气象部门各单位转拨附属单位或者非本级预算单位的经费支出,应具体说明支出经济分类科目、去向、金额及用款内容,所列科目如未包括单位使用科目,于“其他科目”栏填写并于用款内容栏填写所使用科目及内容。

(九)2万元以上会议费情况统计表(气决补09表)

本表反映各基层单位2万元以上会议费情况。应具体说明会议名称、主要内容、时间、地点、代表人数、工作人员数、经费渠道、会议金额、是否有会议计划等。

拨出经费明细表

气决补08表

编制单位: 单位:元

科目		拨付单位	金额	用款内容
经济分类科目名称	明细科目			
工资福利支出	小计			
	津贴补贴			
	其他科目			
商品和服务支出	小计			
	咨询费			
	委托业务费			
	其他商品和服务支出			
	其他科目			
基本建设支出	小计			
	其他基本建设支出			
	其他科目			
其他资本性支出	小计			
	其他资本性支出			
	其他科目			

2万元以上会议费情况统计表

气决补09表

编制单位 单位:万元

会议名称	主要内容	时间	地点	代表人数	工作人员数	经费渠道	会议金额	是否有会议计划

存量资金统计表

编制单位：

项目名称	年末结转和结余					中央财政年末结转和结余												地方财政年末结转和结余				
	合计			年末结转	年末结余	合计			基本支出结转	项目支出结转							项目支出结余	合计			基本支出结转	基本支出结余
		其中：暂付款	其中：2011年度以前形成的结转结余				其中：暂付款	其中：2011年度以前形成的结转结余		合计	行政事业类项目			基本建设类项目					其中：暂付款	其中：2011年度以前形成的结转结余		
											小计	维持类项目	建设类项目	小计	小型基建项目	重点工程项目						
合计																						
基本支出																						
行政事业类项目																						
业务项目																						
灾害天气短时临近预报预警业务系统升级项目																						
决策气象服务系统知级项目																						
电解制氢设备维修更新及L波段雷达大修项目																						
特色农业气象保障服务系统建设项目																						
气象科研院所能力建设项目																						
天气预报会商系统改造项目																						
神威高性能计算机能力扩充项目																						
办公综合管理信息系统开发建设项目																						
气象远程教育及资源共享建设项目																						
“十二五”重大工程及规划编制前期工作费项目																						
省级公共气象服务业务系统建设																						
华中区域电力气象全网服务基础能力建设																						
灾害性天气预报业务系统的改进与升级																						
极端天气气候事件监测预测业务平台建设																						
气象业务网络安全防护系统建设（一期）																						
南海海洋气象观测系统建设																						
L波段测风雷达大修周转雷达购置																						
中国气象局综合业务管理系统工程																						
中国气象局及部分省级应急平台建设																						
省级科研所计算能力和信息处理平台建设																						
专业人员实习实训环境建设																						
气象科普与宣传能力建设																						
西部省区特色气象监测服务建设																						
其他																						
园区配套基础设施项目																						
台站受灾恢复重建项目																						
省气象局基础设施建设项目																						
重点工程项目																						
雷达项目																						
卫星项目																						
气象监测与灾害预警项目																						
国家突发公共事件预警信息发布系统项目																						
山洪地质灾害防治气象保障项目																						
气候变化应对决策支撑系统工程																						
东北区域人工影响天气能力建设																						
新一代天气雷达信息共享平台项目																						
全国千亿斤粮食气象保障工程项目																						
其他项目																						
横向课题项目																						
科研项目																						
科技支撑计划项目																						
国家高技术研究发展计划（863计划）专项																						
公益性行业科研专项																						
国家重点基础研究发展计划（973计划）专项																						
其他项目																						

气决补10表

单位：元

地方财政年末结转和结余					横向课题项目								其他资金					形成结转结余原因构成							
项目支出结转				项目支出结余	合计			科技支撑计划项目	国家高技术研究发展计划（863计划）专项	公益性行业科研专项	国家重点基础研究发展计划（973计划	其他项目	合计			年末结转	年末结余	部门预算未落实到具体项目和实施单位	压缩三公经费和会议费	取消庆典研讨会论坛等活动	停建楼堂馆所财政未调减预算	项目前期准备不充分	项目已建设完毕，尚未办理决算，有尾款未付	其他	结余资金是否已安排具体用途（填写金额）
小计	维持类项目	业务类项目	建设类项目			其中：暂付款	其中：2011年度以前形成的结转结余							其中：暂付款	其中：2011年度以前形成的结转结余										

第三节　会计报表分析说明

事业单位会计报表分析说明应包含以下几个方面的内容。

一、会计报表编制事项说明

(1)报表编制基础、依据、原则、方法说明审核

(2)特殊事项的详细情况说明

二、会计报表分析,包括:

(1)预算执行情况分析,应该按基本支出、项目支出情况分“款”“项”进行分析;

(2)与上期报表相关数字的对比分析;

(3)资产、负债构成及资产使用情况;

(4)收入、支出情况及经费自给水平;

(5)结余及其分配和基金提取、使用情况;

(6)固定资产增减情;。

(7)各类人员增减变动情况及其原因;

(8)机构增减变动情况及其原因;

(9)其他重大变动情况;

(10)其他需要分析的情况(如,表中数据的异常变动等)。

三、财务分析评价指标

(1)经费自给率={(事业收入+经营收入+附属单位上缴收入+其他收入)/(事业支出+经营支出)}×100%

(2)人员支出比率=(人员支出/事业支出)×100%

(3)公用支出比率=(公用支出/事业支出)×100%

(4)对个人和家庭补助支出比率=(对个人和家庭补助支出/事业支出)×100%

(5)资产负债率=(负债合计/资产合计)×100%

在分析上述各种比率时,要写出数据计算的过程,以便于核对。所列的计算数据要与报表中的数据相符。

人员支出比率、公用支出比率、对个人和家庭补助支出比率指基本支出,不应该包含项目支出的内容,因此上述比率的分子、分母中均应扣除项目支出的数额。

另外各单位可以列示分析结合本单位具体情况的其他财务分析指标。

四、会计报表说明

第四节 财务会计报告的审核与汇总

一、会计报表的审核

气象部门行政事业单位的会计报表应当根据登记完整、核对无误的会计账簿记录和其他有关资料编制并经认真审核后报出。会计报表的审核包括技术性审核和政策性审核两个方面。

(一)技术性审核

技术性审核主要是审核会计报表的数字是否正确、口径是否一致、表内有关项目是否完整、有无漏报和错报的情况、会计报表的种类是否齐全、报送是否及时等。在审核会计报表的数字时,应注意审核以下几个方面的数字关系:

(1)上下期的有关数字是否一致。如资产负债表的年初数与上年年末相关数是否一致。

(2)上下级单位之间的有关数字是否一致。如上级单位的附属单位缴款(下属事业单位缴款)与下级单位的上缴上级支出的数额是否一致;上级单位的对附属单位补助与下级单位的上级补助收入数额是否一致;等等。

(3)本单位会计报表之间的数据是否一致。

(4)会计报表表内相关数据是否一致。如资产负债表中资产部类总计与负债部类总计数额是否一致;资产负债表中负债合计、净资产合计、收入合计之和是否与负债部类总计数额一致;等等。

(5)会计报表说明中提到的有关数据与会计报表中有关数据有相等关系或相衔接关系的数据必须相等或相衔接。

(6)会计处理方法是否变更等。

(二)政策性审核

政策性审核主要是审核会计报表中所反映的各项资金收支以及结余分配是否符合政策、制度、法律、法规,有无违反财经纪律的情况。应审核的内容主要包括:

(1)各项收入、支出是否符合政策、计划,是否符合经批准的预算;

(2)应上缴国库的收入、应上缴财政专户的收入是否及时、足额上缴;

(3)有无违反国家规定开支范围、开支标准的现象存在;

(4)是否正确计算并及时足额向国家税务机关交纳各种税金等。

二、气象部门行政事业单位会计报表的汇总

(一)会计报表的汇总

气象部门行政事业单位会计报表的汇总,是指气象部门行政事业单位的上级单位或主管单位将所属气象部门行政事业单位会计报表经审核后进行合并式汇总,从而全面真实地反映本系统资产构成和分布状况以及各类收入支出情况,避免重复计算收入、支出、资产、负债等情况出现。

合并式汇总的会计报表的种类、内容与格式与一般气象部门行政事业单位的会计报表相同。

(二)合并式汇总会计报表的编制要领

(1)审核本单位(上级单位)报表和所属下级事业单位报表的各种数字关系。

(2)进行会计报表的简单汇总。

(3)将上下级报表中需抵销的事项在简单汇总报表中的相应栏目中予以抵销,形成合并式汇总会计报表。

为避免重复列收、列支,上级单位在上级单位汇总本表时要注意冲销上下级之间往来的相关数字。

汇总报表时上下级单位报表中需要抵销的的相关科目(项目)表
(以"气象支出"的单位为例)

需抵销的科目及报表		需抵销的对应科目及报表		适用报表	说明
需抵销的科目	报表来源	需抵销的对应科目	报表来源		
附属单位缴款一下属事业单位缴款(500)	上级单位	上缴上级支出(500)	下级单位	季报、决算	
上级补助收入(600)	下级单位	对附属单位补助一对下属事业单位补助(600)	上级单位	季报、决算	

注:上述表中括号内的数字为举例所用的金额。

上下级单位之间如果存在销售产品或者服务的关系,则在汇总报表时上下级单位之间销售产品或者服务的"经营收入"、"经营支出"对应科目中的对应金额也予以抵销;如果上下级单位之间存在由于销售产品或者服务产生的往来款,如应收账款、应付账款、预收账款、预付账款,在汇总报表时也应予以对应冲销。

(三)抵销的具体方法

(1)上级单位在报表的简单汇总完成后,通过本单位的会计记录中找出与下级单位发生关系的记录。这些记录涉及的会计科目有:"附属单位上缴收入—附属事业单位上缴收入"、"对附属单位补助一对下属事业单位补助"等。

(2)下属单位上报的报表中按上表中对应上级单位的科目(项目),检查上下级之间的对应科目(项目)的金额是否一致。如果存在不一致的情况,要查明原因并予以纠正。

(3)编制抵销分录

①借:附属单位上缴收入—附属事业单位上缴收入　500
　　贷:上缴上级支出　500

②借:上级补助收入　600
　　贷:对附属单位补助一对下属事业单位补助　600

注:上述抵销分录,可以在汇总报表工作底稿中完成。

(4)将原来经过简单汇总后的报表通过上述抵销分录相加减,得出的数据再进行检查,经检查无误后的数据就是准备上报的合并式汇总表。

现行的财政部下发的部门报表软件中的调整表就是要将上述抵销分录中的相关科目以及

金额填入该报表软件中相关报表的相关项目中。而单位将下级单位的报表数据以及调整表的数据经过汇总后得到的报表,就是应该上报的报表(即合并式汇总表)。

(5)经过抵销后的合并式汇总表的对应科目(项目)中,还有可能出现余额的科目(项目)有:

附属单位缴款:汇总表中本科目如果存在余额,则应该是企业上缴的款项。

上缴上级支出:汇总表中本科目如果存在余额,则应该是本单位上缴给上级单位的款项。

上级补助收入:汇总表中本科目如果存在余额,则应该是上级单位核拨给本单位的补助数。

对附属单位补助:汇总表中本科目如果存在余额,则应该是本单位用非财政资金对企业的补助。

编制汇总会计报表时应注意:应将本年度内新划进单位的会计报表全部汇编在内;对于部门内划转的单位而言,本年度划出单位的会计报表,不予汇编,其应由划进单位汇编其报表。

第二部分

基本建设财务会计

第十章　基本建设财务管理

第一节　气象部门基本建设财务管理工作程序

一、基本建设项目程序管理

对基本建设项目的管理，首先要了解现行的基本建设程序，基本建设程序贯穿着基本建设项目管理的整个过程，因此，基本建设程序的具体内容要有一个初步的了解，基本建设项目程序示意图如下图所示。

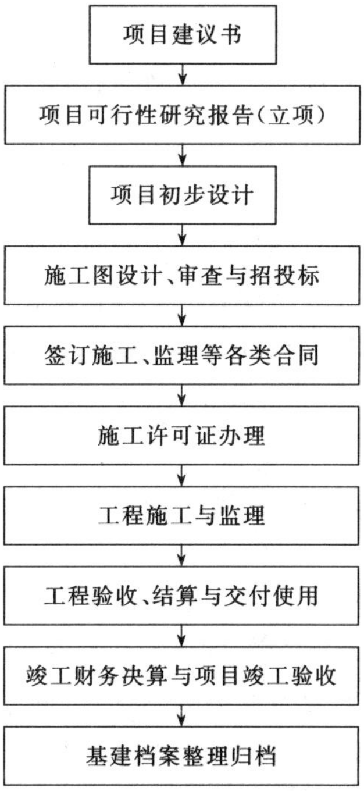

1 000万元及以上基本建设项目程序示意图

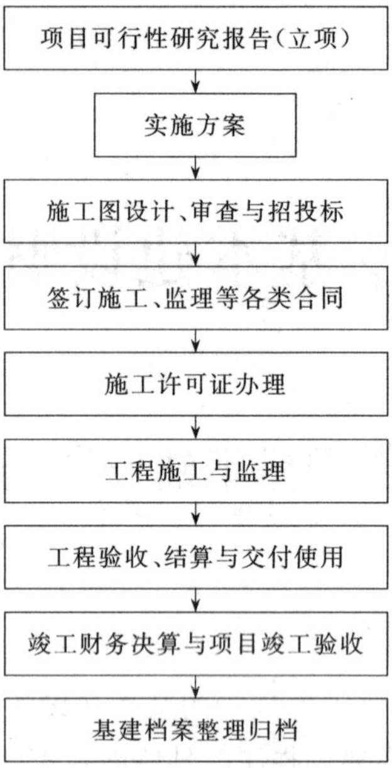

1000万元以下基本建设项目程序示意图

根据现行规定:总投资在1 000万元(含)以上的建设项目,应要求编制项目建议书(土建工程附规划总平面图)一式三份报中国气象局。总投资在1 000万元以下的建设项目,可以直接编报可行性研究报告。

(一)项目建议书

应根据本部门、地区、单位的事业发展规划、五年计划的要求提出。

项目建议书格式内容主要包括:提出项目的必要性及依据;建设内容包括:地点、建设规模的初步设想及建设条件等;投资估算及资金来源,建成后的人才需求和维持费的测算;项目建设的进度安排;经济效益、社会效益和生态效益。

(二)项目可行性研究报告

可行性研究报告根据建设项目的性质、规模、投资及复杂程度,其内容可以有所侧重或适当删减。

项目可行性研究报告以文字说明为主,附必要的图表(规划图,建筑工程的平面、立体、剖面方案图)、工程投资估算及各类明细表等。

项目可行性研究报告格式包括:建设的目的和依据;建设内容规模和所需协作条件(包括人才需求);项目关键问题和对应措施;投资估算及建设进度;要求达到的经济效益社会效益;项目的技术方案(技术的可行性分析及选优论证材料);建设项目的工程可行性和经济可行性。

项目可行性研究报告主要内容:建设的理由和目的;建设所在地的水电路及配套设施现状,现有业务服务系统的业务能力、水平、系统功能现状;所需建设项目主体工程及附属配套设施的总建设规模和相应的总投资估算及资金来源、筹措分析;建成后形成的业务能力、经济效益和社会效益及维持运转所需的经费来源;主要设备的配置计划;建设地点占用土地及周边环境情况;市政规划(供电、供热、煤气、给排水、交通)、人防、抗震、环保、消防、防雷等方面的要求;业务建设项目人才需求与人员培训;项目建设周期等。

业务系统建设项目总投资在100万元以上和建安工程总投资在1 000万元及以上的工程须具有相应资质的工程咨询单位编制可行性研究报告，并附专家论证意见。

另外，按规定属于招标范围的建设项目，应报具体的招标范围、招标组织形式、招标方式及其他有关情况，作为附件与可行性研究报告一同报送。其次，根据规定：工程施工单项合同估价200万元以上；设备材料单项合同估价100万元以上；勘察设计监理等服务单项合同估价50万元以上，以及项目总投资在3 000万元以上的，要依法实行公开招标。

可行性研究报告报上级主管部门，经评审、审批后由主管部门列入项目库的正式库，待安排列入年度预算（基本建设投资计划）。

（三）项目初步设计（实施方案）

项目可行性研究报告报主管部门，经评审、审批后，总投资1 000万元及以上项目可委托设计部门依据批复的项目可行性研究报告具体内容及要求，编制项目初步设计；总投资1 000万元以下的项目编制实施方案。初步设计（实施方案）主要内容包括项目土建工程的总平面图、设计概算、组织机构、进度计划等。

项目初步设计（实施方案）的具体内容包括：

（1）建筑：设计的依据、原则；建筑概况：建筑面积、功能；建筑楼层、采光通风、防水、外墙装饰。

（2）建筑结构：构造、装修（厅、走廊、卫生间清洁间、消防自控室、网络主机房、会议、办公室、楼梯间、电梯、机房、各层设备间等的内墙面、地面、踢脚、顶棚等各种装修要求）。

（3）给、排水：生活用水供给；污水、雨水的排水；室内消火栓给水；自动喷水灭火等。

（4）电气：供电系统的供电电源电压负荷；高、低压线路进出；继电保护、计量；配电照明设计；低压用电设备负荷计算等。

（5）采暖、通风与空调：采暖热源、空调、排风装置等。

（6）弱电：火灾自动报警与消防联控；有线电视；保安监控；综合布线等。

（7）以上各类平面图和各类设备材料清单。

（8）人防、抗震、防雷、环保、消防等方面的要求；对于技术复杂、有特殊要求的项目还应进行技术设计，提供项目技术设计。

（9）总概算。

（10）项目土建工程的效果图、总平面图及以上各类平面图；单项土建工程总平面、立体、剖面图及各层建筑结构图等。

（11）管理机构组建、项目进度计划等。

项目初步设计（实施方案）编制完成后，按现行规定，报上级主管部门，经审批后开展施工图设计。

（四）施工图设计、审查与招投标

建设单位委托具相应资质单位进行设计，并委托具相应资质单位进行设计图纸审查，具相应条件后进行招标备案审查。根据现行规定，建设单位必须通过招标（其中公开招标投资额度标准由地方招投标主管部门规定）方式选择施工单位，进行工程发包，并指定专门人员负责建设项目的管理。

（五）签订施工、监理等各类合同

建设单位与施工单位签订施工合同，与监理单位签订监理合同，然后按规定向当地建设工程质量安全监管部门报监，对建设项目整个建设过程进行施工工程质量、安全、进度、投资等进行监督和管理。建设工程项目的勘察设计、土建工程的施工合同、设备材料的采购、施工监理、招标代理、造价咨询等，都应按规定依法签订各类合同，各类合同都要有明确招投标的标的、质量要求、付款方式、进度、期限，履约担保和违约责任条款等，合同文本格式要按国家规定的规范文本设置。付款方式详见“关于转发财政部建设部《关于印发〈建设工程价款结算暂行办法〉的通知》的函”（气计函〔2004〕96 号）。

（六）施工许可证办理

到地方建设主管部门办理施工许可手续，主要准备内容包括：项目前期工作概况及批准的有关文件、批件；征地、规划手续进展情况和批准文件复印件；资金落实情况和银行资金到账证明；拆迁和现场准备情况；计划开工时间及年度资金需求量等；项目土建工程的总平面图、施工图设计、招投标、施工合同、监理合同等。

（七）工程施工与监理

项目实施过程中，项目建设单位要设置专人负责现场施工管理，由监理机构对工程项目土建隐蔽工程，如钢筋的配置，钢筋混凝土的配比，工程结构、施工质量等方面，要按施工图设计的要求，进行日常现场施工管理。

在施工过程中，对原工程设计，局部需变更时，甲、乙方协商一致后，应签订设计变更洽商记录单，委托设计部门进行设计变更。

（八）工程验收、结算与交付使用

建设工程施工完成后，项目建设单位应邀请勘察设计、施工、监理和当地建设质量安全监督管理政府主管部门到现场进行验收，主要对批准的初步设计、施工图设计中的建设内容进行验收，若发现问题及时补救，会签工程质量验收证明。在工程建设过程中，施工单位提交的工程进度款及其他工程款项的结算支付，要通过工程量计量、审核以及有关合同、协议审核后支付；单项工程完工后，要对施工单位提交的单项工程结算进行审核；单项工程预、决算审查，要聘请造价咨询机构对施工工程预算、工程结（决）算进行审核，最后确定其工程实际造价。

建设工程验收合格后方可交付使用。

（九）竣工财务决算与项目竣工验收

工程结算经过审查后，项目建设单位应编报基本建设项目竣工财务决算，并进行竣工财务决算审计（总投资 200 万元以上的需委托中介机构审计）。

项目通过各项单项验收以后，要按中国气象局竣工验收规范对整个建设项目进行总体验收（包括管理工作），并编写项目竣工验收报告，各有关部门通过后，在项目验收报告上签字盖章。

（十）基建档案整理归档

建设单位项目管理部门基建档案归档的资料，主要包括：该项目工程的前期在各部门办理的各种批准手续、开工报告等文件资料；该工程的项目建议书、项目可行性研究报告、初步设计、施工图设计等资料；各单项工程的施工图预、决算及审查资料等；该工程签订的各类合同、洽商、变更资料等；各年度的基本建设投资计划等；其他与工程的项目有关的，需归档的资料整理归档。财务管理部门要将该建设项目的财务资料按现行规定进行整理归档。

基建项目建设档案及有关财务档案，按现行规定永久保存。

二、基本建设财务管理工作程序

气象部门基本建设财务管理工作是由中国气象局、各省（市、区）气象局，以及市（地、州、盟）、县（旗）级气象局四级管理完成的。中国气象局作为全国气象部门基建财务管理的主管部门，负责各省（市、区）气象局及局直属建设单位的基建财务管理工作；各省（市、区）气象局作为省级基建管理部门，负责省（市、区）局直属建设单位及各市（地、州、盟）、县（旗）气象局基建财务管理工作。全国气象部门的基本建设财务管理工作程序如下图所示。

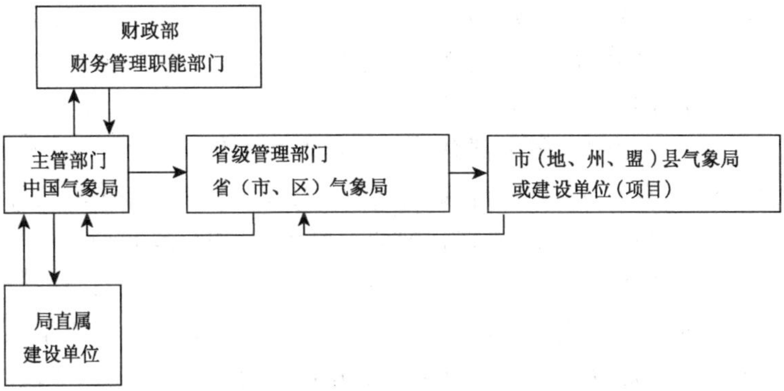

气象部门基本建设财务管理工作程序图

第二节　基本建设财务管理

一、基本建设财务管理

基本建设财务是指建设单位在基建过程中的资金运动及其所体现的经济关系，即基建项目在建设过程中，建设单位通过资金的筹措、使用和分配等活动反映的经济关系。而这种经济关系都表现为一定的货币资金关系。

基本建设财务管理，概括起来讲，它是对基本建设项目从前期准备、项目执行、财务日常监控直至项目竣工验收、交付的整个全过程的财务活动的管理与监督。它是一套基本建设项目各个环节的完整管理体系。基本建设项目管理的各个环节都是相辅相成，互相制约的，缺一不可。基本建设财务管理是基本建设项目管理的一个重要组成部分。

基本建设财务管理工作，从宏观管理角度上看，是执行国家预算支出—基建支出的重要手段，基本建设规模安排得是否得当，基本建设投资管理是否强化，不仅直接关系到投资效益的好坏，而且直接影响国民经济的发展；从微观角度上看，其重点是保证建设资金能够顺利、有效地形成资产，全面地反映和监控基本建设项目的建设成本，保证项目建设进度，因此，顺利实现货币资金形态向实物资本形态的转化，有效地实现投资效益，一刻也离不开建设单位有效的财务管理和控制。加强基本建设财务管理日常工作的监控,可以进一步合理安排、正确使用基建资金,以保证基本建设投资计划(预算)的完成。所以必须加强基本建设财务管理,监控基本建设支出,降低建设成本,这对提高投资效益和社会效益,促进气象事业的发展,具有十分重要的意义。

二、基本建设财务管理的基本任务

基本建设财务管理的基本任务是:贯彻执行国家有关法律、法规、方针政策,做好基本建设资金的预算、监督、控制和考核工作,依法、合理、及时筹集、使用建设资金,严格控制建设成本,提高投资效益。基本建设财务管理的职能部门是各级财政部门,负责对基本建设的财务活动实施财政财务管理和监督。

三、年度基本建设投资计划(预算)的确定

国家为了宏观调控基本建设规模,使之与国家财力相适应,对基本建设项目的安排进行统筹规划,根据部门上报的年度部门预算,下达一个基本建设支出(预算)指标以控制基本建设规模。所有的建设项目,都必须纳入国家预算。列入年度基本建设投资计划(预算)的建设项目,必须具备经过批准的项目建议书或可行性研究报告、初步设计和总概(预)算。建设项目的总概(预)算也是各级行政主管部门下达投资计划的重要依据。建设项目总概(预)算大致包括以下几项内容:项目的前期准备支出,概算或施工图预算以及相关的配套设施费支出等。凡是不符合基本建设程序,前期准备工作没有做好,设计资料不完备,建设条件不落实,施工准备没做好,资金不落实或没有按规定存入一定数量资金的建设项目,都不得列入年度基本建设投资计划(预算)。

年度基本建设投资计划(预算)的安排,要服从部门中长期计划的安排。以各级计划部门下达的文件为准,任何单位或个人不得擅自确定年度基本建设投资计划(预算)或扩大投资规模。建设项目的实施计划,要根据经过批准的项目总概(预)算和工期,充分考虑建设过程中的连续性,合理安排,留有余地,不留缺口。同时,也要对配套项目的投资计划一并安排,相互衔接,综合平衡。

四、建设单位对基建资金的拨付应遵循的原则

按基本建设投资计划、按基本建设程序、按基本建设支出预算和按基本建设工程进度合理使用,也就是通常所说的“四按”原则。具体原则是:

(1)严格遵守国家有关现金管理的规定,一切费用支付,除规定可以用现金支付的以外,其余一切业务都要通过银行结算。

(2)建设项目在尚未批准开工以前,可以支付前期工作费用;项目建议书已经批准,初步设计和概算尚未批准的,可以支付必要的前期费用;已列入年度基本建设投资计划(预算)的施工预备项目和规划设计项目,可以支付年度计划中规定内容所需费用。

(3)建设单位可根据施工合同规定,拨付施工单位一定数额的备料款,但不得超过当年建筑安装工作量所需资金的25%,建设单位支付的备料款,应根据施工单位资金周转情况,陆续抵充工程款,凡是不具备施工条件的建设单位,不得拨付施工单位备料款。

(4)建筑安装工程款,建设单位要按照完成多少工程付多少款,并预留质保金的原则拨付。

合同签订后，预付工程款不得超过合同总价的30%。每月由施工单位提出已完工程月报表连同工程价款结算单，经委托的监理机构审核报建设单位审批后，办理已完工程价款的结算；工程验收后，应及时办理工程结算。拨付施工单位的工程款和备料款，要与工程进度相适应，并应保留5%～10%的工程质量保证金，待工程质保期结束，或合同规定期限到达后结清。

(5)对购置设备(包括按政府采购的设备)及材料款，要按照合同规定坚持钱货两清的原则。制造期在六个月以上的大型专用设备(以单台计)，可预付25%设备款，按实际制造进度分次付款，并抵扣预付款，在安装交付使用试运行后，保留10%的质量保证金，待质保期限达到后结清。其他专用设备，在投入业务运行后或合同规定期限到达后，即可付清货款。

第十一章　基本建设会计核算

第一节　常用的会计科目

一、常用的会计科目及其核算内容

会计科目是对会计核算对象的具体内容进行科学分类所规定的名称。设置会计科目，是组织会计核算的依据，是进行会计管理的手段，也是加强经济核算的工具。正确地运用国家制定的基本建设会计制度，即《国有建设单位会计制度》，以及《国有建设单位会计制度补充规定》中统一规定的会计科目，对建设单位进行正确的会计核算，改善财务管理，提高投资效益有着重要的意义。结合气象部门基本建设会计核算的实际，将常用的基本建设会计科目（分资金占用类和资金来源类）及其核算内容列示如下：

二、资金占用类科目

100101　建筑安装工程投资：本科目核算建设单位发生的，构成基本建设实际支出的建筑工程和安装工程简称建安工程的实际成本；建设单位为项目配套而建造专用设施所发生的投资支出，专用设施包括专用铁路线、专用公路、专用通讯设施、送变电站、地下管道、专用码头等。本科目不包括被安装设备本身的价值及按照合同规定付给施工企业的预付备料款和预付工程款。

本科目下设“建筑工程投资”和“安装工程投资”两个明细科目。并按单项工程和单位工程进行明细核算。

10010101　建筑工程投资

10010102　安装工程投资

确定建筑安装工程投资支出应注意的几个问题：

（1）建设单位预付给施工企业的工程款和备料款的，在未收到施工单位提交的工程价款结算单办理工程价款结算手续前，只能作为往来款项处理，不能计入建筑安装工程投资支出。

（2）由于管理不善，设计方案变更等原因而造成的报废工程损失，经批准后，应当从建筑安装工程支出转到待摊投资支出；投资较大的报废工程，最后要报财政部审批。

100102　设备投资：本科目核算建设单位发生的，构成基本建设实际支出的各种设备的实际成本，包括交付安装的需要安装设备、不需要安装设备和为生产准备的不够固定资产标准的工具、器具的实际成本。本科目下设“在安装设备”、“不需要安装设备”和“工具及器具”三个明细科目，并按单项工程和设备、工具、器具的类别、品名、规格等进行明细核算。

10010201　在安装设备

10010202　不需要安装设备

10010203　工具及器具

确定设备投资支出应注意的几个问题：

(1)不需要安装的设备和工具，购入时，无论是验收入库，还是直接交付使用单位，都直接计入设备投资支出。

(2)需要安装设备购入后，无论是验收入库，还是直接交付安装，必须具备三个条件，才能计入设备投资支出；一是设备的基础和支架已经完成；二是安装所需的图纸已经具备；三是设备已运到安装现场并验收完毕，吊装就位并继续安装。三个条件必须同时具备，缺一不可。

(3)对列入房屋、建筑物等工程预算的附属设备，如暖气、通风、卫生、照明、煤气等设备，出库安装时，不能计入设备投资支出。

(4)需要安装设备的基础、支柱等所发生的建筑安装费用不能计入设备投资支出。

100103　待摊投资：本科目核算建设单位按项目概算内容发生的，按照规定应当分摊计入交付使用资产价值的各项费用支出。

10010301　建设单位管理费：是指建设单位从项目筹建之日起至办理竣工财务决算之日止发生的管理性质的开支。包括：不在原单位发工资的工作人员工资、基本养老保险费、基本医疗保险费、失业保险费，办公费、差旅交通费、劳动保护费、工具用具使用费、固定资产使用费、零星购置费、招募生产工人费、技术图书资料费、印花税、业务招待费、施工现场津贴、竣工验收费和其他管理性质开支。

1001030101　人员工资：是指不在原单位发工资的工作人员工资。

1001030102　基本养老保险费：是指不在原单位发工资的工作人员的基本养老保险费。

1001030103　基本医疗保险费：是指不在原单位发工资的工作人员的基本医疗保险费。

1001030104　失业保险费：是指不在原单位发工资的工作人员的失业保险费。

1001030105　办公费

1001030106　差旅交通费

1001030107　劳动保护费

1001030108　工具用具使用费

1001030109　固定资产使用费

1001030110　零星购置费

1001030111　招募生产工人费

1001030112　技术图书资料费

1001030113　印花税

1001030114　业务招待费

1001030115　施工现场津贴：其标准比照当地财政部门制定的差旅费标准执行。

1001030116　竣工验收费

1001030117　其他管理费

代建管理费：是指建设单位委托其他单位全过程对建设项目进行建设、管理，直至建设项目完工交付。代建管理费金额一般是通过建设单位和代建单位签订建设项目代建合同来确定的。

10010302　土地征用及迁移补偿费：本科目核算通过划拨方式取得无限期的土地使用权而支付的土地补偿费、附着物和青苗补偿费、安置补偿费以及土地征收管理费等，以及行政事业单位的建设项目通过出让方式取得土地使用权而支付的出让金。

10010303　土地复垦及补偿费：本科目核算建设单位在基本建设过程中发生的土地复垦费用和土地损失补偿费用。

10010304　勘察设计费：本科目核算自行或委托勘察设计单位进行工程水文地质勘查、设计所发生的各项费用。

10010305　可行性研究费：本科目核算在建设前期所发生的，按规定应计入交付使用资产成本的可行性研究费用。为进行可行性研究而购置的固定资产，应在“其他投资”科目中核算，不在本科目核算。

10010306　临时设施费：本科目核算按照规定拨付给施工企业的临时设施包干费，以及建设单位自行施工所发生的临时设施实际支出。包括：临时设施的搭设、维修、拆除费或摊销费，以及施工期间专用公路养护费、维修费。

10010307　设备检验费：本科目核算按照规定付给商品检验部门的进口成套设备检验费。建设单位对进口成套设备自行组织检验所发生的费用，应列入“采购保管费”，不在本科目中核算。

10010308　负荷联合试车费：本科目核算单项工程在交工验收以前进行负荷联合试车亏损。单机试用或系统联动无负荷试用所发生的费用，应在“建筑安装工程投资”科目核算，不在本科目核算。

10010309　合同公证及工程质量监理费：本科目核算建设单位按规定支付的合同公证费和工程质量监理费。

10010310　(贷款)项目评估费

10010311　社会中介机构审计(查)费：本科目核算中介机构进行项目审计所发生的费用。

10010312　招投标费：本科目核算建设单位进行项目招投标所发生的费用。

10010313　经济合同仲裁费

10010314　诉讼费

10010315　律师代理费

10010316　土地使用税：本科目核算建设单位在建设期间按规定交纳的土地使用税。

10010317　耕地占用税：本科目核算建设单位按规定交纳的耕地占用税。

10010318　车船使用税：本科目核算建设单位按规定交纳的车船使用税。

10010319　借款利息：本科目核算建设单位借入的基建投资借款所发生的，按规定计入交付使用资产价值的借款利息。其贷方核算建设单位的存款利息收入。

10010321　汇兑损益：核算建设单位使用国外借款所发生的，按规定应计入交付使用资产成本的各种汇兑损益。

10010322　报废工程损失：核算由于自然灾害、管理不善、设计方案变更等原因造成工程报废所发生的，扣除残值后的净损失。

10010323　坏账损失：核算建设单位按规定程序报经批准确实无法收回的预付及应收款项。

10010324　固定资产损失：核算清理固定资产的净损失，以及经批准转账的固定资产的盘亏减去盘盈后的净损失。

10010325　器材处理亏损：核算处理积压器材所发生的亏损。

10010326　设备盘亏及毁损：核算建设单位发生的设备盘亏减去盘盈后的净损失和设备毁损。

10010327　研究试验费：本科目核算为本建设项目提供或验证设计数据、资料进行必要的研究试验，以及按照设计规定在施工过程中必须进行的试验所发生的费用。

10010328　其他待摊投资：本科目核算外国设计及技术资料费、停缓建维护费、商业网点费，以及供电贴费等。

100104　其他投资：本科目核算建设单位发生的构成基本建设实际支出的房屋购置和基本畜禽、林木等购置、饲养、培育支出以及取得各种无形资产和递延资产发生的支出。

10010401　房屋购置：本科目核算建设单位购置的在建设期间使用的办公用房屋和为生产使用部门购置的各种现成房屋。

10010402　办公生活用家具、器具购置

10010403　可行性研究固定资产购置

10010404　无形资产：本科目核算建设单位取得的各种无形资产，包括经营性建设项目通过出让方式购置的土地使用权以及建设单位购买的专利权和专有技术等。

10010405　递延资产：本科目核算建设单位建设期间发生的不计入工程成本而应单独结转生产使用单位的各项递延费用，包括生产职工培训费、样品样机购置费等。

100105　待核销基建支出：非经营性项目如江河清障、航道清淤、飞播造林、补助群众造林、退耕还林（草）、封山（沙）育林（草）、水土保持、城市绿化、取消可行性研究费、项目报废及其他经财政部门认可的不能形成资产部分的投资，作待核销基建支出处理。

100106　转出投资：非经营性项目为项目配套的专用设施投资，包括专用道路、专用通讯设施、送变电站、地下管道等，产权不归属本单位的，作转出投资处理，冲销相应的资金。

100111　交付使用资产：本科目核算建设单位已经完成购置、建造过程，并已交付或结转生产、使用单位的各项资产，包括固定资产、为生产准备的不够固定资产标准的工具、器具、家具等流动资产、无形资产或递延资产。本科目按资产类别和名称进行明细核算。

10011101　固定资产

10011102　流动资产

10011103　无形资产

10011104　递延资产

100211　器材采购：本科目核算建设单位购入各种设备和材料的采购成本。本科目设置“设备采购”和“材料采购”两个明细科目，并按设备和材料的类别名称、型号设置采购明细账进行核算。

10021101　设备采购

10021102　材料采购

100212　采购保管费：本科目核算建设单位为采购、验收、保管和收发设备材料所发生的各种费用。

100213　库存设备：本科目核算建设单位库存的需要安装设备的实际成本。本科目按照设备的存放地点和设备的类别、名称、型号、规格等设置有数量、有金额的明细账进行核算。

100214 库存材料:本科目核算建设单位为进行基本建设所储备的各种材料的计划成本或实际成本。本科目按照材料的存放地点和设备的类别、名称、规格等设置有数量、有金额的明细账进行核算。

100218 材料成本差异:核算建设单位各种库存材料的实际成本和计划成本的差异。

100232 银行存款:本科目核算建设单位按照规定存在银行的自筹资金及未其他拨款等。

100233 现金

100234 零余额账户用款额度:本科目核算采取财政授权支付办法的建设单位基建拨款存放在建设银行的用款额度。相当于"银行存款"科目使用。

100235 财政应返还额度:本科目核算采取财政国库支付办法的建设单位年底零余额账户用款额度注销后,转财政应返还的额度。

100241 预付备料款:本科目核算建设单位按照合同规定向承包工程的施工企业预付的备料款,以及拨给施工企业抵作预付备料款的各种材料。本科目应按照收取备料款的施工企业进行明细核算。

100242 预付工程款:本科目核算建设单位按照合同规定向承包工程的施工企业预付的工程进度款。

100251 应收有偿调出器材及工程款:本科目核算建设单位按规定或经批准有偿调出器材及有偿转出未完工程的应收款项。

100252 其他应收款:本科目核算建设单位除预付备料款、预付工程款、预付大型设备款以外的各种应收及暂付款项。包括应收取的各种赔款、罚金和存出保证金,以及其他各种应收、暂付款项。本科目应按单位和个人进行明细核算。

100253 应收票据:本科目核算建设单位因销售处理不需用设备和积压材料物资而收到的商业汇票。

三、资金来源类科目

200301 基建拨款:本科目核算建设单位各类基本建设拨款。包括中央和地方财政的预算拨款、地方主管部门和单位自筹资金拨款、器材转账拨款等。其他单位、团体或个人无偿捐赠用于基本建设的资金和物资也在本科目核算。

20030101 以前年度拨款:本科目核算以前年度拨入而尚未冲转的各项基本建设拨款,本科目应按各种不同拨款来源进行明细核算。

2003010101 中央财政拨款

2003010102 地方财政拨款

2003010103 自筹资金拨款

20030102 本年预算拨款:本科目核算本年内地方预算拨入的基本建设拨款。

20030103 本年基建基金拨款:本科目核算本年内由中央预算拨入的基本建设基金拨款。

2003010301 财政直接支付

2003010302 财政授权支付

20030104 本年自筹资金拨款:本科目核算建设单位自行筹集从财政部门、主管部门和行政事业单位拨给建设单位的基本建设资金。

20030105 本年国债专项资金拨款:本科目核算本年内由中央预算拨入的国债资金。

2003010501　财政直接支付

2003010502　财政授权支付

20030107　本年其他拨款：本科目核算本年内除以上各项拨款外的其他各种基本建设拨款，如其他单位、团体或个人无偿捐赠用于基本建设的资金或物资等。

2003010701　事业费拨款（事业费安排的土建类项目）

2003010710　其他拨款

20030108　本年交回结余资金：分应交中央财政、应交地方财政、应交主管部门（日常核算可在“其他应付款”核算），本科目核算本年内按投资隶属关系上缴财政或主管部门、企业单位的基本建设结余资金。

200304　基建投资借款：本科目核算建设单位为完成基建计划按规定借入的各种基本建设投资借款，包括向银行或其他金融机构借入的各类投资借款。

200311　待冲基建支出：本科目核算本年度内自然灾害等原因引起的各种工程项目的报废，经财政部批准，核销拨款。

200331　应付器材款：本科目核算建设单位因购入器材所发生的应付供应单位款项。因接受劳务供应所发生的应付供应单位款项，以及按照规定预付给供应单位的大型设备款，也在本科目中核算。本科目应按供应单位户名、合同号和经办的采购人员设置明细账。

200332　应付工程款：本科目核算建设单位按照基本建设工程价款结算办法和工程合同的有关规定，与工程承包单位办理工程价款结算，应付给承包单位的工程款。

200341　应付工资：本科目核算建设单位应付给职工的工资总额。包括在工资总额内的各种工资、奖金津贴等，不论是否当月支付，都应通过本科目核算。发给职工个人但不包括在工资总额之内的各种款项，如医药费、福利补助、退休金等，不通过本科目核算。

200342　应付福利费：本科目核算建设单位按规定提取的福利费。

200351　应付有偿调入器材及工程款：本科目核算建设单位收到有偿调入的设备、材料及有偿转入的未完工程的应付款项。

200352　其他应付款：本科目核算建设单位应付、暂收其他单位和个人的款项，包括应付的各种赔款、罚款、职工未按期领取的工资、应付、暂收其他单位的款项等。

200353　应付票据：本科目核算建设单位因购买材料物资和结算已完出包工程价款等而开出、承兑的商业汇票。

200361　应交税金：本科目核算建设单位按规定应交纳的各种税金。本科目按税金的种类进行明细核算。

200364　其他应交款：本科目核算建设单位除应交税金以外的其他各种应上交的款项。

200401　留成收入：本科目核算建设单位按规定从结余资金中提取的留归建设单位使用的各种留成收入。

200511　拨出基建款：本科目用于核算基本建设资金的转拨。

四、待摊投资的费用分摊

待摊投资：本科目核算建设单位自筹建以来按项目概算内容发生的费用部分，按照规定应当分摊计入交付使用资产价值的各项费用支出。

（1）确定待摊投资支出应注意的问题：

经营性项目通过出让方式取得土地使用权支付的土地出让金,不作为土地征用及迁移外偿费的内容,发生的这项费用直接计入其他投资支出中无形资产项下。

建设单位发生固定资产和设备的盘亏、盘盈要先作待处理,报经财政部门批准后再计入待摊投资支出。

建设项目的土地平整、原有障碍物的拆除和建筑物地的布置所发生的费用,不能列入待摊投资中土地征用及迁移补偿费项目。

建设单位基建借款未按规定的用途使用,挤占挪用部分的罚息支出及不按期归还借款而支付的滞纳金,不能列作待摊投资支出。

待摊投资所发生的费用,是建设单位在基本建设过程中发生的与基本建设有关的费用,一般不能由某一项交付使用资产成本负担,而是由各交付使用资产成本共同负担。因此,不能直接计入某一交付使用资产成本,而要通过一定的分摊方法,分摊计入各交付使用资产成本中去。

(2)待摊投资费用的分摊:

待摊投资的分摊对象:不需要安装设备、工器具、家具等固定资产和流动资产的成本以及单独移交生产、使用单位的无形资产、递延资产的成本,一般不分摊"待摊投资"费用。需要分摊"待摊投资"费用的对象具体包括:房屋、建筑物等固定资产;生产设备和动力设备固定资产。在实际工作中,可采取下列两种方法:

①按概算数比例分摊:

$$\text{分摊率}=\frac{\begin{array}{c}\text{概算中各待摊投资项目合计}\\\text{(扣除可直接分摊的费用)}\end{array}}{\begin{array}{c}\text{概算中建安工程投资、需要安装设备}\\\text{投资和其他投资中应负担的待摊投资部分}\end{array}}\times 100\%$$

某项交付使用资产应负担的待摊投资=该项交付使用资产的建筑安装工程投资、需要安装设备投资和其他投资中应分摊的待摊投资部分×分摊率

②按实际数额的比例分摊:

$$\text{分摊率}=\frac{\begin{array}{c}\text{上年结转的和本年发生的待摊投资合计}\\\text{(不包括直接分摊部分)}\end{array}}{\begin{array}{c}\text{上年结转的和本年发生的建安工程投资需要安装}\\\text{设备投资和其他投资中应负担待摊投资部分}\end{array}}\times 100\%$$

某项交付使用资产应负担的待摊投资=该项交付使用资产的建筑安装工程投资、需要安装设备投资和其他投资中应分摊的待摊投资部分×分摊率

第二节 会计账簿设置及原理、原则

一、会计账簿设置

会计账簿是根据会计科目设置的。它是会计核算过程中以会计凭证为依据,运用账户全面、系统、连续地记录基建资金和其他资金的经济业务活动和结果的簿籍。账簿是使会计核算

资料系统化和科学化的重要手段，账簿记录是编制会计报表的主要依据，又是进行会计分析和会计检查的基础。

根据气象部门基本建设财务管理及其会计核算的要求，在基建会计账簿设置上，要符合国家统一制定的《国有建设单位会计制度》以及《国有建设单位会计制度的补充规定》的要求，即要满足建设单位财务管理的需要，又要最大限度地减少账簿数量、简化簿记结构，使账簿真正发挥提供会计资料、正确核算基建项目建设成本，加强财产和资金管理，以及保护国家资金、资产安全的作用。在一般情况下，建设单位可设置订本式明细账一本（代总账），零余额用款额度、银行存款（自筹资金）和现金日记账合设一本，用以记录和反映基建项目的经济业务活动的全过程。

二、借贷记账法的基本内容

借贷记账法是复式记账法的一种，按照财政部现行的《国有建设单位会计制度》规定，基建会计采用借贷记账法，包括以下几项内容：

（一）借贷记账法的记账符号

借贷记账法是以“借”或“贷”作为记账符号，“借”表示资金占用类账户的增加和资金来源类账户的减少；“贷”则表示资金占用类账户的减少以及资金来源类账户的增加。

（二）账户结构

借贷记账法的账户基本结构为：“借方”和“贷方”两栏。对资金占用类账户，借方登记期初余额、本期发生额和期末余额；贷方登记减少额。对资金来源类账户，贷方登记期初余额，本期发生额和期末余额，借方登记减少额。由于借贷两个符号即可表示增加，又可表示减少，因此可以设置即是资金来源类又是资金占用类双重性质的账户，由于记账符号的影响，会计账户不固定分类，而是根据账户余额的方向确定账户的性质。

（三）记账规则

借贷记账法的记账规则：有借必有贷，借贷必相等。即每一项经济业务发生后，要在两个或两个以上相互关系的账户中进行登记。在记入一个账户借方的同时，必须记入另一个或几个账户的贷方；在记入一个账户贷方的同时，也必须记入另一个或几个账户的借方，而且借方和贷方的数额相等。

（四）平衡原理

借贷记账法的试算平衡原理是依据资金来源类总额等于资金占用类总额以及“有借必有贷，借贷必相等”的记账规则为理论依据，一般采用三段试算平衡方式：

（1）每笔会计分录借贷发生额试算平衡。

（2）所有账户本期借贷发生额试算平衡。

（3）所有账户期末借贷余额试算平衡。

三、会计原则——收付实现制和权责发生制

在会计核算中对收益和费用入账方法有两种不同的处理原则，即收付实现制和权责发生制，通常称为结账基础或会计基础。

收付实现制是以收益和费用是否在本会计期间收到或付出货币资金作为标准，来确定收

益和费用的一种方法。收付实现制在会计核算上强调货币资金的实收实支,所以也称为现金基础。

权责发生制是以收益和费用是否应该计入本会计期间的损益作为标准,来确定收益和费用的一种方法。因此,凡是在本期实现的收益,不论其货币资金是否已在本期收到,都应作为本期收益处理。凡是应由本期收益补偿的费用,不论其是否在本期支付了货币资金,都作为本期费用处理。反之,凡是不应该归属于本会计期间的收益和费用,即使在本期内收到或支付了货币资金,都不作为本期的收益和费用处理。权责发生制在收益和费用的配合上,强调收益要与为了获得收益而发生的费用相配比,所以也称应计基础。基本建设会计核算遵循权责发生制原则,例如:基本建设会计核算中的交付使用资产的价值构成,无论建设单位是否对基建项目全额支付了货币资金,只要形成了基建项目的工程量,而且已具备了交付使用资产的条件(土建工程已完工并经有关部门验收、设备购置已安装调试并试运行投入业务使用)即建设单位实现了投资完成额,同时也可以办理固定资产及流动资产的移交。基建资金运动到此终止,基建会计核算也告之结束。

四、会计工作的交接

建设单位必须配备专职或以会计业务为主的财会人员及时办理基建项目日常的会计业务,办理会计工作交接。

(1)基建会计人员工作调动或者因故离职,必须将本人所经管的会计工作全部移交给接替人员。没有办清交接手续的,不得调动或者离职。

(2)接替人员应当认真接管移交工作,并继续办理移交的未了事项。

(3)会计人员办理移交手续前,必须及时做好以下工作:

①已经受理的经济业务尚未填制会计凭证的,应当填制完毕。

②尚未登记的账目,应当登记完毕,在最后一笔余额后加盖经办人员印章,并在每本账簿使用登记表中填全交接人员有关手续,由会计主管人员盖章。

③整理应该移交的各项资料,对未了事项写出书面材料。

④编制移交清册,列明应当移交的会计凭证、会计账簿、会计报表、印章、现金、有价证券、支票领用簿、发票、文件、其他会计资料和物品等内容;实行会计电算化的单位,从事该项工作的移交人员还应当在移交清册中列明会计软件及密码、会计软件数据磁盘(磁带等)及有关资料、实物等内容。

⑤会计人员办理交接手续,必须有监交人员负责监交。一般会计人员交接,由单位会计机构负责人、会计主管人员负责监交;会计机构负责人、会计主管人员交接,由单位领导人负责监交,必要时可由上级主管部门派人会同监交。

⑥会计机构负责人、会计主管人员移交时还必须将全部财务会计工作、重大财务收支和会计人员的情况等,向接替人员详细介绍,移交的遗留问题,应当写出书面材料。

⑦移交人员在办理移交时,要按移交清册逐项移交;接替人员要逐项核对点收。

⑧现金、有价证券要根据会计账簿有关记录进行点交,并必须与会计账簿记录保持一致。不一致时,移交人员必须限期查清。

⑨会计凭证、会计账簿、会计报表和其他会计资料必须完整无缺。如有短缺,必须查清原因,并在移交清册中注明,由移交人员负责。

⑩银行存款账户余额要与银行对账单核对，如不一致，应当编制银行存款余额调节表将会计账簿记录余额与银行对账单余额调整一致。各种财产物资和债权债务的明细账户余额要与总账有关账户余额核对相符；必要时，要抽查个别账户的余额与实物核对相符或者与往来单位、个人核对清楚。

⑪移交人员经管的票据、印章和其他实物等，也必须交接清楚；移交人员从事会计电算化工作的，要对有关电子数据在实际操作状态下进行交接。

(4)移交人员对所移交的会计凭证、会计账簿、会计报表和其他有关资料的合法性、真实性承担法律责任。

(5)上述交接工作完毕后，交接双方和监交人员要在移交清册上签名或者盖章。并应当移交清册上注明：单位名称、交接日期、交接双方和监交人员的职务、姓名、移交清册页数以及需要说明的问题和意见等。

移交清册一般应当填制一式三份，交接双方各执一份，存档一份。

(6)接替人员应当继续使用移交的会计账簿，不得自行另立新账，以保持会计记录的连续性。

(7)会计人员临时离职或者因病不能工作且需要接替或者代理时，会计机构负责人、会计主管人员或者单位领导人必须指定有关人员接替或者代理，并办理交接手续。

临时离职或者因病不能工作的会计人员恢复工作，应当与接替或者代理人员办理交接手续。

移交人员因病或者因其他特殊原因不能亲自办理移交的，经单位领导人批准，可由移交人员委托他人代办移交，但委托人应当对所移交的会计凭证、会计账簿、会计报表和其他有关资料的合法性、真实性承担法律责任。

(8)单位撤销、合并时，必须留有必要的会计人员，会同有关人员办理清理工作，编制决算。未移交前，不得离职。

第十二章　基建会计常用会计事项举例

第一节　省、地区级管理部门基本建设会计核算

一、预算内基本建设投资的核算

财政部对气象部门、省气象局直属及地、县气象局项目建设单位“预算内基本建设投资”实行国库集中支付方式后，预算内基本建设投资“零余额账户用款额度”由财政部直接下达到项目建设单位，所以省级管理部门不用具体的会计核算，只需作投资计划及零余额账户用款额度备查簿。但地区级管理部门对县级气象局项目建设单位未实行国库集中支付方式的，应进行“基本建设投资”转拨款的会计核算。

(1)地区气象局对下属县级气象局建设单位未实行国库集中支付方式的，当地区气象局收到主管部门转财政部国库司下达的零余额账户用款指标额度后，作以下会计分录：

借：零余额账户用款额度

　贷：基建拨款—本年基建基金拨款

(2)下拨县级气象局建设单位(未实行国库集中支付方式)基建基金拨款时，根据下拨的拨款回单，作以下会计分录：

借：拨出基建款—××县级气象局

　贷：零余额账户用款额度

(3)年终根据县级气象局年度财务决算表有关科目(如交付使用资产、转出投资、待核销基建支出)冲销基建基金拨款(红字冲销)。

借：拨出基建款—××县级气象局(红字)

　贷：基建拨款—本年基建基金拨款(红字)

二、基本建设自筹资金的核算

省、地区级气象局对下属项目建设单位有自筹资金项目拨款的，也应以上述方法进行自筹项目资金转拨款的核算。

(1)当地区气象局收到主管部门自筹项目资金拨款后，作以下会计分录：

借：银行存款

　贷：基建拨款—本年自筹资金拨款

(2)下拨县级气象局建设单位基建自筹项目资金拨款时，根据下拨的拨款回单，作以下会计分录：

借：拨出基建款—××县级气象局
　　贷：银行存款

(3)年终根据年度财务决算汇总表有关科目（如交付使用资产、转出投资、待核销基建支出）冲销基建自筹资金拨款（红字冲销）。

借：拨出基建款—××县级气象局（红字）
　　贷：基建拨款—本年自筹资金拨款（红字）

第二节　项目建设单位会计核算（财政直接支付）

一、基本建设资金来源的核算

建设单位收到财政部财政直接支付方式下达的银行转来的零余额账户用款指标额度，不直接入账。

二、基建项目土建及费用支出的核算

在发生基建支出及费用支出时：

借：建筑安装工程投资；设备投资；其他投资；待摊投资；转出投资等科目及其明细科目
　　贷：基建拨款—本年基建基金拨款

三、本年终、第二年初零余额账户用款额度结余的注销、启用的核算

本年终零余额账户用款额度结余的注销通知书（到年终，上级采用财政直接支付方式累计下达的银行转来的零余额账户用款指标额度与本年度累计支出的差额）时：

借：财政应还返额度
　　贷：零余额账户用款额度

第二年初零余额账户用款额度申请的通知书（到年初，上级采用财政直接支付方式累计下达的银行转来的零余额账户用款指标额度恢复）时：

借：零余额账户用款额度
　　贷：财政应还返额度

第三节　项目建设单位会计核算（财政授权支付）

一、基本建设资金来源的核算

【例 12-1】建设单位收到上级采用财政授权支付方式下达的银行转来的零余额账户用款指标额度 1 800 000 元，其中：中央预算内基建基金拨款 1 350 000 元；国债专项补助投资 450 000元。准备征地、新建业务楼和供电、供水、采暖、护坡、绿化等附属设施及购车。

借：零余额账户用款额度　　1 800 000
　　贷：基建拨款—本年基建基金拨款　　1 350 000

贷:基建拨款—本年国债专项资金拨款 450 000

【例 12-2】建设单位以职工集资或单位预算外资金(事业收入)安排的新建职工住宅项目1 300 000元(其中:现金 900 000 元)存入专户银行户。

借:银行存款(专户) 900 000

借:银行存款(专户) 400 000

贷:基建拨款—本年自筹资金拨款 1 300 000

二、基建费用支出的核算

【例 12-3】建设单位以转账支票方式支付城建局设计室图纸设计费 8 000 元,支付勘探大队勘探设计费 5 000 元。

借:待摊投资—勘探设计费 13 000

贷:零余额账户用款额度 13 000

【例 12-4】建设单位业务楼征用土地 4 亩,通过划拨方式取得无限期的土地使用权而支付给村委会的土地补偿费、地面附着物和青苗补偿费以及农业人口安置补助费、迁移费200 000元。

借:待摊投资—土地征用及迁移补偿费 200 000

贷:零余额账户用款额度 200 000

【例 12-5】建设单位在原观测场处建业务楼、职工住宅一栋,向土地管理部门交纳土地使用费 40 000 元。

借:待摊投资—土地使用费 40 000

贷:零余额账户用款额度 40 000

【例 12-6】施工单位搭建临时办公用房支出 30 000 元。

借:待摊投资—临时设施费 30 000

贷:零余额账户用款额度 30 000

【例 12-7】建设单位以转账支票支付工程质量检查站 10 000 元工程质量监督费;同时支付公证处施工合同公证 50 000 元。

借:待摊投资—合同公证及质量检测费 60 000

贷:零余额账户用款额度 60 000

【例 12-8】建设单位按规定支付给中介机构代理招标费 20 000 元。

借:待摊投资—招投标费 20 000

贷:零余额账户用款额度 20 000

【例 12-9】建设单位按规定支付环保局排污费 2 000 元;支付自来水公司水源费 2 000 元;支付煤气公司建源费 4 000 元;支付热电厂热源集资 10 000 元;建设单位支付电业局电贴费5 000元;支付市环卫局残土排放费 3 000 元;支付市政管理处破道费 2 000 元以及占道费2 000元;支付市邮电基础设施配套费 5 000 元;支付市消防大队消防设施配套费 2 000 元。

借:待摊投资—其他待摊投资 —××费(明细) 37 000

贷:零余额账户用款额度 37 000

【例 12-10】建设单位以转账支票支付规划档案部门竣工图纸档案押金 20 000 元;消防保证金5 000元。

借:其他应收款—保证金

—市规划局档案押金 20 000

—消防保证金 5 000

贷:零余额账户用款额度 25 000

【例 12-11】建设单位经批准成立基建办公室,主管部门核定建设单位管理费 100 000 元。年度中,支付施工现场津贴 25 000 元;旅差费 25 000 元;办公设备购置支出 30 000 元;业务招待费 10 000 元;竣工验收费支出 10 000 元。

借:待摊投资—建设单位管理费 70 000

借:其他投资—办公设备购置 30 000

贷:零余额账户用款额度(或现金) 100 000

注:基建办公室购置办公设备应直接列入其他投资。

【例 12-12】工程竣工验收后,竣工图纸向规划档案部门归档,规划档案部门收取竣工图纸整理费用 10 000 元,退回档案押金 10 000 元;公安消防部门消防验收合格后退回消防保证金 5 000 元。

借:待摊投资—其他待摊投资 —图纸整理费 10 000

零余额账户用款额度 10 000

贷:其他应收款—保证金—市规划局档案押金 20 000

借:零余额账户用款额度 5 000

贷:其他应收款—保证金—消防保证金 5 000

三、工程结算的核算

【例 12-13】建设单位接入热力公司地下供暖管道投资 50 000 元,产权不归本单位所有。

a. 支付工程费用时:

借:建筑安装工程投资—安装工程投资—供暖管道 50 000

贷:零余额账户用款额度 50 000

b. 完工时:

借:转出投资—热力公司 50 000

贷:建筑安装工程投资—安装工程投资—供暖管道 50 000

【例 12-14】建设单位综合改善项目支出 200 000 元,其中:用于护坡改造支出 250 000 元,用于庭院绿化支出 100 000 元。

借:建筑安装工程投资—建筑工程投资—护坡改造 250 000

建筑安装工程投资—建筑工程投资—庭院绿化 100 000

贷:零余额账户用款额度 350 000

【例 12-15】建设单位支付专用变压器及配套设施一套,价值 30 000 元,后运抵现场准备按安装。

a. 购入、验收入库时:

借:库存设备 30 000

贷:零余额账户用款额度 30 000

b. 领用准备安装时(符合安装三个条件):

借:设备投资—在安装设备—变压器设备　　30 000

　贷:库存设备　　30 000

注:不管是需要安装设备和不需要安装设备,都要通过设备投资科目核算,以反映建设单位所有设备投资额;需要安装设备必须运抵施工现场,才能形成基建支出(工作量)。

【例 12-16】施工单位开具的"工程价款结算单"变电站发生的土建工程量 25 000 元。

借:建筑安装工程投资—建筑工程投资—变电站　　25 000

　贷:零余额账户用款额度　　25 000

【例 12-17】建设单位打井项目,因某种原因,造成该项目整体报废,经主管部门批准后,净损失 20 000 元。

a. 发生支出时:

借:建筑安装工程投资—建筑工程投资—打井　　20 000

　贷:零余额账户用款额度　　20 000

b. 经主管部门批准后,以净损失列入待摊投资:

借:待摊投资　　20 000

　贷:建筑安装工程投资—建筑工程投资—打井　　20 000

注:投资项目报废金额较大的,需经财政部批准后,列入"待核销基建支出",核销基建拨款。

【例 12-18】建设单位建宿舍楼总投资 900 000 元,按施工合同或协议的有关条款约定,预付施工单位备料款 200 000 元,工程款 100 000 元。

借:预付备料款—××施工单位　　200 000

　预付工程款—××施工单位　　100 000

　贷:银行存款　　300 000

【例 12-19】接上例宿舍楼,施工单位根据施工合同或协议的有关条款约定及宿舍楼工程进度,出具"工程价款结算单"500 000 元,扣回已预付备料款和预付工程款,差额部分支付工程价。

借:建筑安装工程投资—建筑工程投资—宿舍楼　　500 000

　贷:预付备料款—××施工单位　　200 000

　　预付工程款—××施工单位　　100 000

　　银行存款　　200 000

【例 12-20】接上例宿舍楼,施工单位宿舍楼土建工程全部完工,并出具该项目的"土建工程结算"900 000 元,经委托事务所审核确认该土建成本。付工程尾款,并按合同约定预留质量保证金(5%)。

借:建筑安装工程投资—建筑工程投资—宿舍楼　　400 000

　贷:其他应付款—××施工单位质保金　　45 000

　　银行存款　　355 000

【例 12-21】接上例,宿舍楼工程全部完工,并通过总体验收,出验收报告。

借:交付使用资产—宿舍楼　　900 000

　贷:建筑安装工程投资—建筑工程投资—宿舍楼　　900 000

【例 12-22】建设单位购置小轿车一台,支付购车费及附加费 210 000 元,验收后交付使用。

借:设备投资—小轿车 210 000
　贷:零余额账户用款额度 210 000
借:交付使用资产—小轿车 210 000
　贷:设备投资—小轿车 210 000

注:不论是需要安装设备和不需要安装设备,都要通过设备投资科目核算,以反映建设单位所有设备投资额。

【例 12-23】建设单位建业务楼总投资 760 000 元,按施工合同或协议的有关条款约定,预付施工单位备料款 150 000 元;工程款 100 000 元。

借:预付备料款—××施工单位 150 000
　预付工程款—××施工单位 100 000
　贷:零余额账户用款额度 250 000

【例 12-24】接上例业务楼,施工单位根据施工合同或协议的有关条款约定及业务楼工程进度,出具“工程价款结算单”440 000 元,扣回已预付备料款和预付工程款,差额部分支付工程价。

借:建筑安装工程投资—建筑工程投资—业务楼 440 000
　贷:预付备料款—××施工单位 150 000
　　预付工程款—××施工单位 100 000
　　零余额账户用款额度 190 000

【例 12-25】接上例业务楼,施工单位土建完工,出具该项目的“土建工程结算”590 000 元,经委托事务所审核确认该土建造价为 560 000 元(总概算 760 000 元)。与施工单位结清工程款。并按合同约定预留质量保证金 28 000 元(560 000 元×5%)。

借:建筑安装工程投资—建筑工程投资—业务楼 120 000
　贷:其他应付款—××施工单位质保金 28 000
　　零余额账户用款额度 92 000

【例 12-26】接上例,业务楼工程全部完工,并通过总体验收,出验收报告。

借:交付使用资产—业务楼 560 000
　贷:建筑安装工程投资—建筑工程投资—业务楼 560 000

【例 12-27】变电站 5.5 万元,护坡 25 万元,绿化 10 万元均交付使用。

借:交付使用资产—变电站 55 000
　交付使用资产—护坡 250 000
　交付使用资产—绿化 100 000
　贷:建筑安装工程投资—建筑工程投资—变电站 25 000
　　建筑安装工程投资—建筑工程投资—护坡改造 250 000
　　建筑安装工程投资—建筑工程投资—庭院绿化 100 000
　　设备投资—在安装设备—变压器设备 30 000

四、待摊费用的分摊

【例 12-28】年终根据待摊费用的发生额(50.0 万元),对各交付使用资产(宿舍楼、业务楼、变电站、护坡、绿化)进行分摊费用(注:不需要安装设备、转出投资不分摊该费用)。

a. 计算待摊投资发生额(50.0 万元)分摊率：

$$\frac{50.0\text{万元}}{90\text{万元}+56\text{万元}+5.5\text{万元}+25\text{万元}+10\text{万元}=186.5\text{万元}}\times 100\% = 26.81\%$$

b. 宿舍楼:90 万元、业务楼 56 万元、变电站 5.5 万元、护坡 25 万元、绿化 10 万元,计算分摊额：

宿舍楼:90×26.81% = 24.2(万元)

业务楼:56 ×26.81% = 15(万元)

变电站:5.5×26.81% = 1.4(万元)

护坡:25×26.81% = 6.7(万元)

绿化:10×26.81% = 2.7(万元)

c. 根据上述 2 的计算,作会计分录(已交付作分摊)：

借:交付使用资产—宿舍楼	242 000	
交付使用资产—业务楼	150 000	
交付使用资产—变电站	14 000	
交付使用资产—护坡	67 000	
交付使用资产—绿化	27 000	
贷：待摊投资		500 000

【例 12-29】建设单位办公设备购置 3 万元(办公设备),将“其他投资”科目转入“交付使用资产”科目。

借:交付使用资产—办公设备	30 000	
贷：其他投资		30 000

五、年终项目结余资金的核算

【例 12-30】上述该业务楼总概算为 760 000 元,实际基建支出 710 000 元(土建 560 000 元;分摊费用 150 000 元),项目结余资金 50 000 元。按现行规定 70%上缴财政,30%作为建设单位留成收入。

借:基建拨款—本年交回结余资金	50 000	
贷：留成收入		15 000
其他应交款		35 000

同时：

借:银行存款	15 000	
贷：零余额账户用款额度		15 000

【例 12-31】年终，宿舍楼建设成本 1 142 000 元,项目自筹资金拨款 1 300 000 元(见分录二),需退基建自筹资金 158 000 元,作会计分录：

借:基建拨款—本年交回结余资金	158 000	
贷:银行存款		158 000

【例 12-32】宿舍楼分摊费用 24.2 万元系财政资金支付,财政零余额资金要归还。用银行存款余额归还财政资金。

借:零余额账户用款额度	242 000	

贷:银行存款 242 000

【例 12-33】年终零余额账户用款额度结余清理和注销核算:

年终银行转来"零余额账户用款额度"年底结余 265 000 元,其中含业务楼 28 000 元质保金,本年注销,第二年质保期到期后申请返回支付;另供电、供水、采暖、护坡、绿化等配套基础设施项目完成后净结余 237 000 元,第二年经财政批准后上交财政,作会计分录:

借:基建拨款—本年交回结余资金	237 000	
贷:其他应交款		237 000
借:财政应还返额度	237 000	
贷:零余额账户用款额度		237 000

六、基建拨款的冲销

【例 12-34】建立新账时,将上年度的基建拨款(明细有本年预算拨款、本年基建基金拨款、本年自筹资金拨款等)账户余额全部转入"基建拨款—以前年度拨款"。

借:基建拨款—本年基建基金拨款	1 350 000	
基建拨款—本年国债专项补助	450 000	
基建拨款—本年自筹资金拨款	1 300 000	
贷:基建拨款—以前年度拨款		3 100 000

【例 12-35】同时,将"基建拨款—本年交回结余资金"明细科目的上年借方余额转入"以前年度拨款"明细科目的借方

借:基建拨款—以前年度拨款	445 000	
贷:基建拨款—本年交回结余资金		445 000

【例 12-36】在作上述转账后,根据上年度报告期末有关账户的余额(如交付使用资产、转出投资)冲转基建拨款—以前年度拨款

借:基建拨款—以前年度拨款	2 655 000	
贷:转出投资 —供暖管道		50 000
交付使用资产—变电站		69 000
—业务楼		710 000
—宿舍楼		1 142 000
—轿车		210 000
—办公设备		30 000
—护坡		317 000
—绿化		127 000

【例 12-37】其他应交款经财政同意后上交中央财政。

借:其他应交款	272 000	
贷:财政应还返额度		272 000

七、质保金申请支付

【例 12-38】第二年底业务楼质保期限到后申请 2.8 万元零余额额度支付施工队。

借:零余额账户用款额度	28 000	

贷:财政应还返额度 28 000

借:其他应付款—××施工单位质保金 28 000

贷:零余额账户用款额度 28 000

八、登记丁字账户过程

丁字账户(2 年累计数据):见表 12-1。

九、进行试算平衡

试算平衡表(2 年累计数据):见表 12-2。

十、编制年度固定资产投资决算报表

年度固定资产投资决算报表(依据第二年数据编报),详见第十三章。

十一、编制基本建设项目竣工财务决算

基本建设项目竣工财务决算,详见第十四章。

表12-1 丁字账户

零余额帐户用款额度

借:			贷:
1	1,800,000	13,000	3
12	10,000	200,000	4
12	5,000	40,000	5
32	242,000	30,000	6
38	28,000	60,000	7
		20,000	8
		37,000	9
		25,000	10
		100,000	11
		50,000	13
		350,000	14
		30,000	15
		25,000	16
		20,000	17
		210,000	22
		250,000	23
		190,000	24
		92,000	25
		15,000	30
		300,000	33
		28,000	38
	2,085,000	2,085,000	
	0		

财政应返还额度

借:			贷:
33	300,000	272,000	37
		28,000	38
	300,000	300,000	
	0		

基建基金拨款

借:			贷:
		1,350,000	1
34	1,350,000		
	1,350,000	1,350,000	
		0	

待摊投资

借:			贷:
3	13,000	500,000	28
4	200,000		
5	40,000		
6	30,000		
7	60,000		
8	20,000		
9	37,000		
11	70,000		
12	10,000		
17	20,000		
	500,000	500,000	
	0		

库存设备

借:			贷:
15	30,000	30,000	15
	0		

交回结余资金

借:			贷:
30	50,000	445,000	35
31	158,000		
33	237,000		
	445,000	445,000	
		0	

国债专项资金拨款

借:			贷:
		450,000	1
34	450,000		
	450,000	450,000	
		0	

设备投资

借:			贷:
15	30,000	210,000	22
22	210,000	30,000	27
	240,000	240,000	
		0	

建安工程投资

借:			贷:
13	50,000	50,000	13
14	250,000	20,000	17
14	100,000	900,000	21
16	25,000	560,000	26
17	20,000	25,000	27
19	500,000	250,000	27
20	400,000	100,000	27
24	440,000		
25	120,000		
	1,905,000	1,905,000	
	0		

其他应交款

借:			贷:
37	272,000	35,000	30
		237,000	33
	272,000	272,000	
		0	

以前年度拨款

借:			贷:
35	445,000	3,100,000	34
36	2,655,000		
	3,100,000	3,100,000	
		0	

自筹资金拨款

借:			贷:
		1,300,000	2
34	1,300,000		
	1,300,000	1,300,000	
		0.00	

交付使用资产

借:			贷:
21	900,000	710,000	36
22	210,000	1,142,000	36
26	560,000	210,000	36
27	250,000	30,000	36
27	100,000	69,000	36
27	55,000	317,000	36
28	242,000	127,000	36
28	150,000		
28	14,000		
28	67,000		
28	27,000		
29	30,000		
	2,605,000	2,605,000	
	0		

转出投资

借:			贷:
13	50,000	50,000	36
	0		

其他投资

借:			贷:
11	30,000	30,000	29
	0		

其他应付款

借:			贷:
		45,000	20
38	28,000	28,000	25
	28,000	73,000	
		45,000	

预付备料款

借:			贷:
18	200,000	200,000	19
23	150,000	150,000	24
	300,000	300,000	
		0	

银行存款

借:			贷:
2	400,000	300,000	18
2	900,000	200,000	19
30	15,000	355,000	20
		158,000	31
		242,000	32
	1,315,000	1,255,000	
	60,000		

预付工程款

借:			贷:
18	100,000	100,000	19
23	100,000	100,000	24
	200,000	200,000	
	0		

其他应收款

借:			贷:
10	20,000	20,000	12
10	5,000	5,000	12
	25,000	25,000	
	0		

留成收入

借:			贷:
		15,000	30
		15,000	

表12-2 试算平衡表

金额：元

资金占用科目	借	贷	借	贷
预算内基建拨款	1,350,000.00	1,350,000.00		
国债专项资金拨款	450,000.00	450,000.00		
自筹资金拨款	1,300,000.00	1,300,000.00		
其他应付款	28,000.00	73,000.00		45,000.00
交付使用资产	2,605,000.00	2,605,000.00		
建安工程投资	1,905,000.00	1,905,000.00		
设备投资	240,000.00	240,000.00		
待摊投资	500,000.00	500,000.00		
转出投资	50,000.00	50,000.00		
其他投资	30,000.00	30,000.00		
库存设备	30,000.00	30,000.00		
银行存款	1,315,000.00	1,255,000.00	60,000.00	
财政应返还额度	300,000.00	300,000.00		
预付备料款	300,000.00	300,000.00		
预付工程款	200,000.00	200,000.00		
其他应收款	25,000.00	25,000.00		
零余额帐户用款额度	2,085,000.00	2,085,000.00		
留成收入		15,000.00		15,000.00
合计	12,713,000.00	12,713,000.00	60,000.00	60,000.00
差额	0.00	0.00	0.00	0.00

第十三章　年度固定资产投资决算报表

年度固定资产投资决算报表定期系统反映基本建设项目资金来源、运用及基本建设各项支出情况；基本建设项目概（预）算、基本建设投资计划、财务执行情况及工程项目的进度情况；考核、分析基本建设资金构成是否合理以及基本建设资金的投资效果。

第一节　填报范围及报表种类

一、填报范围

所有行政事业单位（含比照事业单位管理的社会团体）、国有及国有控股企业（含工业、商业、外贸、金融等）和使用财政性资金进行固定资产投资的非国有单位，均要编报年度固定资产投资决算报表。具体项目编报范围包括：

（1）在建项目（包括已安排投资未开工或未购置项目）；

（2）资产已交付使用但未办理竣工财务决算项目；

（3）当年购置固定资产项目；

（4）当年办理竣工财务决算项目；

（5）停缓建项目。

二、报表种类

根据财政部制定的现行《建设单位会计制度》及制度的《补充规定》，建设单位固定资产投资决算报表包括：

（1）资金平衡表（财建 01 表）

（2）投资项目表（财建 02 表）

（3）资产基本情况表（财建 03 表）

（4）项目统计分析表（财建 04 表）

年度固定资产投资决算报表

单位公章

单位名称：____________________

单位负责人：____________________

财务负责人：____________________

填表人：____________________

电话号码：

单位地址：____________________

报送日期： 2008年 月 日

单位统一带码(各级技术监督局核发)	单位性质： 1.行政 2.事业 3.企业
隶属关系	所在地区:(国家标准:行政区划代码)
报表类型	备用码

资金平衡表

财建01表
单位：元

资 金 占 用	行次	年初数	年末数	资 金 来 源	行次	年末数
一、基本建设支出合计	1		2,655,000.00	一、基本建设拨款合计	37	2,655,000.00
（一）交付使用资产	2		2,605,000.00	（一）以前年度拨款	38	3,100,000.00
1、固定资产	3			1、中央财政性资金拨款	39	1,800,000.00
2、流动资产	4			2、地方财政性资金拨款	40	
3、无形资产	5			3、其他拨款	41	1,300,000.00
4、递延资产	6			（二）本年拨款	42	
（二）待核销基建支出	7			1、中央财政性资金拨款	43	
（三）转出投资	8		50,000.00	其中：中央基建拨款	44	
（四）在建工程	9			中央财政专项资金	45	
1、建筑安装工程投资	10			中央政府性基金	46	
2、设备投资	11			国有资本经营预算	47	
3、待摊投资	12			其他	48	
4、其他投资	13			2、地方财政性资金拨款	49	
二、应收生产单位投资借款	14			其中：省级拨款	50	
三、器材	15			地市级拨款	51	
其中：待处理器材损失	16			县及县以下拨款	52	
四、货币资金合计	17		60,000.00	3、其他拨款	53	
其中：银行存款	18		60,000.00	（三）预收下年度财政性资金拨款	54	
财政应返还额度	19			其中：中央财政性资金	55	
现金	20			地方财政性资金	56	
有价证券	21			（四）本年交回结余资金（均以“—”号表示）	57	-445,000.00
五、预付款合计	22			1、交中央财政	58	-287,000.00
1、预付备料款	23			2、交地方财政	59	
2、预付工程款	24			3、交主管部门及其他	60	-158,000.00
3、预付设备款	25			二、项目资本	61	
六、应收款合计	26			其中：中央财政性资金拨入	62	
1、应收有偿调出器材及工程款	27			地方财政性资金拨入	63	
2、应收票据	28			三、项目资本公积	64	
3、其他应收款	29			其中：中央财政性资金形成	65	
七、固定资产合计	30			地方财政性资金形成	66	
固定资产原价	31			四、基建借款	67	
减：累计折旧	32			其中：企业债券资金	68	
固定资产净值	33			五、待冲基建支出	69	
固定资产清理	34			六、应付款合计	70	45,000.00
待处理固定资产损失	35			（一）应付器材款	71	
				（二）应付工程款	72	
				（三）应付有偿调入器材及工程款	73	
				（四）应付票据	74	
				（五）应付工资及福利费	75	
				（六）其他应付款	76	45,000.00
				七、未交款合计	77	
				（一）未交税金	78	
				（二）未交基建收入	79	
				（三）其他未交款	80	
				八、留成收入	81	15,000.00
资金占用合计	36		2,715,000.00	资金来源合计	82	2,715,000.00

投资项目表

项目编号	项目名称	单位性质	基建程序进度	项目规模	项目性质	项目类型	建设管理模式	项目行业性质	项目所属支出大类	开工年份	竣工年份	项目已批概算数	投资资金来源						
													总计	财政性资金					
														合计	中央财政性资金				
															小计	中央基建投资	中央财政专项资金	中央政府性基金	国有资本经营预算
1	2	3	4	5	6	7	8	9	10	11	12	13	14	15	16	17	18	19	20
	合计											2,705,000.00	2,655,000.00	1,513,000.00	1,513,000.00	1,513,000.00			
00001	业务楼	1	3	2	1	2	5	M7410	0800	2014	2014	760,000.00	710,000.00	710,000.00	710,000.00	710,000.00			
00002	宿舍楼	1	3	2	1	2	5	M7410	0800	2014	2014	1,142,000.00	1,142,000.00						
00003	轿车	1	3	2	1	2	5	M7410	0800	2014	2014	210,000.00	210,000.00	210,000.00	210,000.00	210,000.00			
00004	办公设备	1	3	2	1	2	5	M7410	0800	2014	2014	30,000.00	30,000.00	30,000.00	30,000.00	30,000.00			
00005	供暖管道	1	3	2	1	2	5	M7410	0800	2014	2014	50,000.00	50,000.00	50,000.00	50,000.00	50,000.00			
00006	变电站	1	3	2	1	2	5	M7410	0800	2014	2014	69,000.00	69,000.00	69,000.00	69,000.00	69,000.00			
00007	护坡	1	3	2	1	2	5	M7410	0800	2014	2014	317,000.00	317,000.00	317,000.00	317,000.00	317,000.00			
00008	绿化	1	3	2	1	2	5	M7410	0800	2014	2014	127,000.00	127,000.00	127,000.00	127,000.00	127,000.00			

投资资金来源																	
财政性资金						其他资金											
	地方财政性资金						银行贷款		利用外资				自筹资金			其他	
其他	小计	省级财政性资金	其中：地方债	地市级财政性资金	县及县以下财政性资金	合计	小计	其中：地方政府融资平台贷款	小计	其中：国际金融组织贷款	外国政府贷款	外商直接投资	小计	其中：企业债	股票融资	小计	其中：社会捐赠
21	22	23	24	25	26	27	28	29	30	31	32	33	34	35	36	37	38
													1,142,000.00				
													1,142,000.00				

投资资金支出														备注	
总计	交付使用资产					在建工程	待核销基建支出	转出投资	其中：当年投资支出	竣工项目结余资金	竣工项目超概金额	在建及停缓建项目结转资金	是否使用财政性资金	合并同类项项目个数（个）	其他
	小计	其中：固定资产	流动资产	无形资产	递延资产										
39	40	41	42	43	44	45	46	47	48	49	50	51	52	53	54
2,655,000.00	2,605,000.00	2,605,000.00						50000							
710,000.00	710,000.00	710,000.00													
1,142,000.00	1,142,000.00	1,142,000.00													
210,000.00	210,000.00	210,000.00													
30,000.00	30,000.00	30,000.00													
50,000.00								50000							
69,000.00	69,000.00	69,000.00													
317,000.00	317,000.00	317,000.00													
127,000.00	127,000.00	127,000.00													

单位性质：1、行政事业单位（含比照事业单位管理的社会团体） 2、国有及国有控股企业 3、非国有单位
基建程序进度：1、在建 2、资产已交付使用但未办理竣工决算 3、已办理竣工决算 4、停缓建
项目规模：1、大中型 2、小型 项目性质：1、新建 2、改扩建 3、其他 项目类型：1、经营性项目 2、非经营性项目
建设管理模式：1、公私合作关系 2、代建制 3、项目法人模式 4、工程建设领导小组或指挥部模式 5、基建处（室）模式等 6、其他（需在备注注明具体模式）
项目行业性质：1、农、林、牧、渔业 2、采矿业 3、制造业 4、电力、燃气及水的生产和供水业 5、建筑业 6、批发和零售业
7、交通运输、仓储和邮政业 8、住宿和餐饮业 9、信息传输、软件和信息技术服务业 10、金融业 11、房地产业
12、租赁和商务服务业 13、科学研究和技术服务业 14、水利、环境和公共设施管理业 15、居民服务、修理和其他服务业
16、教育 17、卫生和社会工作 18、文化、体育和娱乐业 19、公共管理、社会保障和社会组织 20、国际组织
项目所属支出大类：1、三农 2、保障性安居工程 3、铁路公路机场等重大基础设施 4、教育卫生科学文化等社会事业 5、自主创新和结构调整
6、节能减排和生态建设 7、灾后恢复重建 8、其他
本表主要公式：若13到48栏中任意一栏不为零，则建设项目名称≥4个字符（2个汉字）；3-12栏不为空；14栏=（15+27）栏；15栏=（16+22）栏；
16栏=（17+18+19+20+21）栏；22栏=（23+25+26）栏；27栏=（28+30+34+37）栏；28栏≥29栏；
30栏≥（31+32+33）栏；34栏≥（35+36）栏；37栏≥38栏；39栏=（40+45+46+47）栏；39栏≥48栏。

资产基本情况表

财建03表

编制单位：中国气象局　　　　年　月　日　　　　金额单位：元

行政事业单位资产基本情况	行次	金额	国有及国有控股企业资产基本情况	行次	金额
一、固定资产	1		一、固定资产	13	——
（一）房屋、建筑物	2		（一）固定资产原价	14	
其中：交付使用10年以上(不含10年)	3		其中：房屋、建筑物	15	
（二）机器设备（单价200万元及以上的大型设备）	4		机器设备	16	
其中：交付使用5年以上(不含5年)	5		交通运输工具	17	
（三）交通运输工具	6		（二）固定资产净值	18	
其中：交付使用5年以上(不含5年)	7		（三）固定资产净额	19	
（四）其他	8		其中：房屋、建筑物	20	
其中：土地	9		机器设备	21	
二、无形资产	10		交通运输工具	22	
其中：土地	11		二、无形资产	23	
三、当年新增固定资产及无形资产	12		其中：土地	24	
			三、当年新增固定资产及无形资产	25	

本表主要公式：1行≥（2+4+6+8）行；2行≥3行；4行≥5行；6行≥7行；8行≥9行；10行≥11行；（1+10）行≥12行；
14行≥（15+16+17）行；14行≥18行≥19行；19行≥（20+21+22）行；23≥24行；（14+23）行≥25行。

项目统计分析表

本表自动生成数据，数据截至　年　月　日　　　　　　　　　　财建04表

序号	行业	项目数(个)：总计	项目数(个)：在建数	项目数(个)：资产已交付使用但未办理竣工决算数	项目数(个)：当年已办理竣工决算数	项目数(个)：停缓建数	投资数：已批概算总投资	投资数：累计完成投资	投资数：其中：当年完成投资	资金来源：总计	中央财政性资金	其中：中央基建投资	中央财政专项资金	中央政府性基金	国有资本经营预算	其他	地方财政性资金	其中：省级财政资金	其中：地方债	地市级财政资金	县及县以下财政资金	其他资金	其中：银行贷款	其中：地方政府融资平台贷款	利用外资	其中：国际金融组织贷款	外国政府贷款	外商直接投资	自筹资金	其中：企业债	股票融资	其他	其中：社会捐赠
总计																																	
一	行业	——	——	——	——	——	——	——	——	——	——	——	——	——	——	——	——	——	——	——	——	——	——	——	——	——	——	——	——	——	——	——	——
（一）	农、林、牧、渔业																																
（二）	采矿业																																
（三）	制造业																																
（四）	电力、燃气及水的生产和供水业																																
（五）	建筑业																																
（六）	批发和零售业																																
（七）	交通运输、仓储和邮政业																																
（八）	住宿和餐饮业																																
（九）	信息传输、软件和信息技术服务业																																
（十）	金融业																																
（十一）	房地产业																																
（十二）	租赁和商务服务业																																
（十三）	科学研究和技术服务业																																
（十四）	水利、环境和公共设施管理业																																
（十五）	居民服务、修理和其他服务业																																
（十六）	教育																																
（十七）	卫生和社会工作																																
（十八）	文化、体育和娱乐业																																
（十九）	公共管理、社会保障和社会组织																																
（二十）	国际组织																																
二	政府投资结构	——	——	——	——	——	——	——	——	——	——	——	——	——	——	——	——	——	——	——	——	——	——	——	——	——	——	——	——	——	——	——	——
（一）	三农																																
（二）	保障性安居工程																																
（三）	铁路公路机场																																
（四）	教科文卫等社会事业																																
（五）	自主创新和结构调整																																
（六）	节能减排和生态建设																																
（七）	灾后恢复重建																																
（八）	其他																																
三	建设管理模式	——	——	——	——	——	——	——	——	——	——	——	——	——	——	——	——	——	——	——	——	——	——	——	——	——	——	——	——	——	——	——	——
（一）	公私合作关系																																
（二）	代建制																																
（三）	项目法人模式																																
（四）	工程建设领导小组或指挥部模式																																
（五）	基建处（室）模式等																																
（六）	其他																																
四	其他分类	——	——	——	——	——	——	——	——	——	——	——	——	——	——	——	——	——	——	——	——	——	——	——	——	——	——	——	——	——	——	——	——
（一）	行政事业单位项目																																
	国有及国有控股企业项目																																
	非国有单位项目																																
（二）	使用财政性资金项目																																
	未使用财政性资金项目																																
（三）	在建项目																																
	资产已交付使用但未办理竣工决算项目																																
	当年已办理竣工决算项目																																
	停缓建项目																																
（四）	当年新开工项目																																
	以前年度开工项目																																
（五）	大中型																																
	小型																																
（六）	新建																																
	改扩建																																
	其他																																
（七）	经营性项目																																
	非经营性项目																																
（八）	中央项目																																
	地方项目																																
（九）	生产性投资																																
	消费性投资																																
（十）	基础设施投资																																

注：（九）生产性投资，对应行业分类中（一）至（五）类；消费性投资，对应行业分类中（六）至（十九）类。
（十）基础设施投资，对应行业分类中（四）类、（六）类（不含仓储业）、（七）类（不含计算机服务业和软件业）、（十四）类。

第二节　报表编制方法

一、报表封面主要内容及编制方法

本套报表的封面分为上下两部分,上半部分主要反映国有基本建设单位会计决算报表负责人、编报人员情况;下半部分主要反映国有基本建设单位代码、性质、级次等信息。

(1)单位名称:指单位(企业)全称。

(2)单位负责人:指单位(企业)总负责人。

(3)财务负责人:指单位(企业)主管财务会计工作负责人。

(4)填表人:指具体负责编制本报表的人员。

(5)电话号码:指单位(企业)财务机构所在地电话号码。

(6)单位地址:指单位(企业)实际办公地址。

(7)报送日期:指报表报出的实际日期。

(8)单位统一代码:各单位(企业)应按各级技术监督部门颁布核发的 9 位代码填列;单位(企业)如未能领取统一代码,则根据《自编企业、单位临时代码规则》(国资统发[1995]116 号)编制填列。

(9)隶属关系:本码由"行政隶属关系代码"和"部门标识代码"两部分组成,作为中央项目和地方项目划分的依据。非国有单位按属地原则选择隶属关系。具体填报方法如下:

①中央单位:前六个空格为零,后三个空格根据国家标准《中央党政机关、人民团体及其他机构名称代码》(GB4657－2009)填报。

②地方单位:前六个空格根据国家标准《中华人民共和国行政区划代码》(GB/T2260－2007)编制。具体编制方法:省级单位以行政区划代码的前两位数字后加 4 个零表示;地市级单位以行政区划代码前 4 位数字后加 2 个零表示;县级(及市辖区)单位以行政区划代码本身 6 位数表示。后三个空格按照单位财务或产权归口管理的部门、机构,比照国家标准《中央党政机关、人民团体及其他机构名称代码》填报。

(10)单位性质:分为行政事业单位(含比照事业单位管理的社会团体)、国有及国有控股企业(含工业、商业、外贸、金融等)和非国有单位。

(11)所在地区:指单位(企业)实际所在地,根据国家标准《中华人民共和国行政区划代码》(GB/T2260－2007)及调整情况按实际填列。

二、资金平衡表(财建 01 表)主要内容和编报方法及表内表间数据关系

资金平衡表(财建 01 表)是反映建设单位(项目)截止报告期时的全部资金来源和资金占用情况的静态报表。通过资金平衡表可以使上级主管部门了解基建项目投资的使用、投资计划的完成情况,掌握各项资金增减变化及其相互对应关系,检查资金结构是否合理;考核和分析投资的使用效果。本表有关项目"年初数"应根据上年度审核的决算"年末数"数字填列。

(一)"资金占用"指标

(1)基本建设支出合计:反映单位(企业)年末基本建设支出、更新改造支出、固定资产购置

支出、房地产开发支出和其他固定资产支出。基本建设支出合计＝交付使用资产＋待核销基建支出＋转出投资＋在建工程。

(2)交付使用资产:反映单位(企业)期末已经完成建造、购置过程,并经验收合格交付使用单位的各项资产的实际成本总额。交付使用资产＝固定资产＋流动资产＋无形资产＋递延资产。

(3)固定资产:反映单位(企业)期末已经完成建造、购置过程,并经验收合格交付使用单位的各项固定资产的实际成本。包括基建账簿“交付使用资产”科目所属“固定资产”明细科目的期末余额;其他账簿“固定资产”科目涉及本年度固定资产投资项目的部分等。

(4)流动资产:反映单位(企业)期末已经完成购置并经验收合格交付使用单位的不够固定资产标准的工具、器具、家具等流动资产的实际成本。包括基建账簿“交付使用资产”科目所属“流动资产”明细科目的期末余额等。

(5)无形资产:反映单位(企业)期末已经完成购置过程并经验收合格单独交付使用单位的土地使用权、专利权、专有技术等无形资产的实际成本。包括基建账簿“交付使用资产”科目所属“无形资产”明细科目的期末余额;其他账簿“无形资产”科目涉及本年度固定资产投资项目的部分等。

(6)递延资产:反映不计入固定资产、流动资产价值的各项递延资产费用(不分摊待摊投资),是单位(企业)在投资期间发生的并已单独结转使用单位的各种递延资产的实际成本,如生产职工培训费、样品样机购置费、农业开荒费用等。包括基建账簿“交付使用资产”科目所属“递延资产”明细科目的期末余额;其他账簿“长期待摊费用”科目涉及本年度固定资产投资项目的部分等。

(7)待核销基建支出:反映非经营性建设项目发生的江河清障、航道清淤、飞播造林、补助群众造林、退耕还林(草)、封山(沙)育林(草)、水土保持、城市绿化、取消项目可行性研究费、项目报废及其他经财政部门认可的不能形成资产部分的投资支出。包括基建账簿“待核销基建支出”科目的期末余额等。经营性建设项目不填列此科目。

(8)转出投资:反映为项目配套的专用设施投资。产权不归属本单位的,根据基建账簿“转出投资”科目的期末余额填列。产权归属本单位的,计入交付使用资产价值,不在此科目反映。

(9)在建工程:反映单位(企业)期末各种在建工程成本的余额。在建工程＝建筑安装工程投资＋设备投资＋待摊投资＋其他投资。

(10)建筑安装工程投资:反映期末尚处于建设中的建筑安装工程投资支出,即没有竣工交付使用的工程投资。包括基建账簿“建筑安装工程投资”科目的期末余额;其他账簿“建筑工程”、“安装工程”科目的期末余额等。

(11)设备投资:反映单位(企业)期末尚处于安装过程中的设备以及尚未交付使用不需要安装的设备和为生产准备的不够固定资产标准的工具、器具的实际成本。包括基建账簿“设备投资”科目的期末余额、其他账簿“在安装工程”、“工程物资”、“设备投资”科目的期末余额等。

(12)待摊投资:反映建设单位发生的期末尚未分配计入交付使用资产成本的费用性投资支出。包括基建账簿“待摊投资”科目的期末余额;其他账簿“待摊支出/费用”科目涉及本年度固定资产投资项目的部分等。

(13)其他投资:反映建设单位期末尚未交付使用的房屋、办公及生活用家具、器具等购置投资支出;役畜、基本畜禽、林木的购置、培养、培育等投资支出;为生产企业用基建投资购置的尚未交付的专利权、土地使用权等无形资产以及递延资产等支出。包括基建账簿“其他投资”科目的期末余额等。

(14)应收生产单位投资借款:反映实行基本建设投资借款的建设单位应向生产单位收取的基建投资借款。包括基建账簿“应收生产单位投资借款”科目的期末余额等。

(15)器材:反映建设单位期末在库、在途和在加工中的设备和材料的实际成本,但不包括在库的不需要安装设备及工具、器具的实际成本(该部分成本应在“设备投资”科目反映)。包括基建账簿“器材采购”、“采购保管费”、“库存材料”、“库存设备”、“材料成本差异”、“委托加工器材”、“待处理财产损失—待处理设备损失”和“待处理财产损失—待处理材料损失”等科目的期末余额等。

(16)待处理器材损失:包括基建账簿“待处理财产损失—待处理设备损失”和“待处理财产损失—待处理材料损失”科目的期末余额等。

(17)货币资金合计:反映单位(企业)期末涉及本年度固定资产投资项目的货币资金余额。货币资金包括银行存款、财政应返还额度、现金、有价证券等。

(18)银行存款:反映单位(企业)按规定存在银行自筹资金户、待转自筹资金户、清理资金户、基建资金户和采购用款户等款项,包括基建账簿“银行存款”科目的期末余额;其他账簿“银行存款”科目涉及本年度固定资产投资项目的部分等。

(19)财政应返还额度:实行国库集中支付单位年终注销财政直接支付额度或注销授权支付零余额账户额度时,财政部门已下达预算指标未拨付资金的数额。根据年终“财政直接支付”、“财政授权支付”的财政应返还额度合计数填列。

(20)现金:反映单位(企业)期末的库存现金。包括基建账簿“现金”科目的期末余额;其他账簿“库存现金”科目涉及本年度固定资产投资项目的部分等。

(21)有价证券:反映单位(企业)购入的国库券、企业债券等有价证券。包括基建账簿“有价证券”科目的期末余额;其他账簿“交易性金融资产”科目涉及本年度固定资产投资项目的部分等。

(22)预付款合计:预付款合计=预付备料款+预付工程款+预付设备款。

(23)预付备料款:反映按规定预付给施工企业的备料款。包括基建账簿“预付备料款”科目的期末余额;其他账簿“预付材料款”科目涉及本年度固定资产投资项目的部分等。

(24)预付工程款:反映按规定预付给施工企业的工程款。包括基建账簿“预付工程款”科目的期末余额;其他账簿“预付工程价款”科目涉及本年度固定资产投资项目的部分等。

(25)预付设备款:反映按规定预付给供应单位的设备款。包括基建账簿“应付器材款”科目所属有关明细科目的借方余额;其他账簿“预付设备款”科目涉及本年度固定资产投资项目的部分等。

(26)应收款合计:应收款合计=应收有偿调出器材及工程款+应收票据+其他应收款。

(27)应收有偿调出器材及工程款:反映有偿调出设备、材料及有偿转出未完工程的应收价款。包括基建账簿“应收有偿调出器材及工程款”科目的期末借方余额等。

(28)应收票据:反映单位(企业)收到的未到期也未向银行贴现的应收票据。包括基建账簿“应收票据”科目的期末余额;其他账簿“应收票据”科目涉及本年度固定资产投资项目的部分等。

(29)其他应收款:反映除预付款项和应收款项以外的其他各项预付及应收款项。包括基建账簿“其他应收款”科目的期末余额；其他账簿“其他应收款”科目涉及本年度固定资产投资项目的部分等。

(30)固定资产合计：固定资产合计＝固定资产净值＋固定资产清理＋待处理固定资产损失。30－35 科目仅反映基建账簿中相关科目，其他账簿不在此科目反映。

(31)固定资产原价：反映建设单位自用的固定资产原价和由主管部门(生产企业)无偿调拨的固定资产原价。包括基建账簿“固定资产原价”科目的期末余额等。

(32)累计折旧：反映第 31 项固定资产期末累计折旧额。包括基建账簿“累计折旧”科目的期末余额等。

(33)固定资产净值：根据“固定资产原价”科目减“累计折旧”科目的余额填列。

(34)固定资产清理：反映建设单位毁损、报废等原因转入清理但尚未清理完毕的固定资产净值以及在清理过程中发生的清理费用和变价收入等各项金额的差额。包括基建账簿“固定资产清理”科目的期末余额等。如为贷方余额应以“－”号反映。

(35)待处理固定资产损失：反映建设单位在清查财产中发现的尚待批准处理的固定资产盘亏扣除盘盈后的净损失。包括基建账簿“待处理财产损失”科目所属“待处理固定资产损失”明细科目的期末余额等。

(36)资金占用合计：资金占用合计＝基本建设支出合计＋应收生产单位投资借款＋器材＋货币资金合计＋预付款合计＋应收款合计＋固定资产合计＝82 行资金来源合计。

(二)“资金来源”指标

(37)基本建设拨款合计：反映用于单位(企业)固定资产投资项目的拨款。包括中央和地方财政拨款、主管部门和企业自筹资金拨款、进口设备转账拨款、器材转账拨款等。其他单位、团体或个人无偿捐赠用于固定资产投资的资金和物资也在此科目反映。投入固定资产的资金如果形成项目资本和资本公积，则不在此科目反映。基本建设拨款合计＝以前年度拨款＋本年拨款＋预收下年度财政性资金拨款＋本年交回结余资金(负值)。

(38)以前年度拨款：反映以前年度拨入的到本年末尚未冲转的财政性资金以及其他拨款。以前年度拨款＝(以前年度)中央财政性资金拨款＋地方财政性资金拨款＋其他拨款。

(39)中央财政性资金拨款：反映以前年度由中央财政预算拨入的基本建设资金、财政专项资金、政府性基金、国有资本经营预算等。包括由中央财政性资金偿还的国际金融组织贷款、外国政府贷款等国家主权外债资金。

(40)地方财政性资金拨款：反映以前年度由地方财政预算拨入的基本建设资金、财政专项资金、政府性基金、国有资本经营预算等，包括由地方财政性资金偿还的国际金融组织贷款、外国政府贷款等国家主权外债资金。

(41)其他拨款：反映以前年度由主管部门或企业自筹资金拨款、进口设备转账拨款、器材转账拨款以及其他单位、团体或个人无偿捐赠用于固定资产投资的资金和物资。此项中不反映有财政拨入的部门预算资金，部门预算资金应在第 39 项“其他”、40 项相应指标中反映。

(42)本年拨款：反映本年内拨入的财政性资金以及其他拨款。本年拨款＝(本年)中央财政性资金拨款＋地方财政性资金拨款＋其他拨款。

(43)中央财政性资金拨款：略。

(44)中央基建拨款：反映本年内由中央财政预算拨入的基本建设资金，目前主要是指国家发改委、国防科工局掌握和分配的中央基建投资，即由国家发改委、国防科工局下达投资计划，财政部下达投资预算的资金。包括基建账簿“基建拨款”科目所属“本年基建拨款”明细科目的期末余额;其他账簿“补助收入”等科目相关部分等。

(45)中央财政专项资金:反映本年内由中央财政拨入的专项资金,包括中央地震灾后恢复重建基金、车购税专项、保障性住房专项(含廉租住房专项、农村危房改造专项)、全国中小学校舍安全工程专项、三河三湖与松花江流域水污染防治专项、城镇污水处理设施配套管网专项、环境监测能力专项、节能技术改造专项、农村环境保护专项、重金属污染防治专项、小型病险水库除险加固专项、重点地区中小河流治理专项、小型农田水利设施建设和水土保持专项、农业综合开发资金、现代农业生产发展资金、重大科技专项、医改设备购置专项等。包括基建账簿“基建拨款”科目所属“本年财政专项拨款”明细科目的期末余额;其他账簿“补助收入”等科目相关部分等。

(46)中央政府性基金:反映本年内由中央财政拨入的中央政府性基金,如三峡工程建设基金、中央农网还贷资金、铁路建设基金、民航基础设施建设基金、民航机场管理建设费、港口建设费、旅游发展基金、文化事业建设费、国家电影事业发展专项资金、新增建设用地土地有偿使用费、育林基金、森林植被恢复费、中央水利建设基金、南水北调工程基金、大中型水库移民后期扶持基金、大中型水库库区基金、三峡水库库区基金、中央特别国债经营基金、彩票公益金、国家重大水利工程建设基金、船舶港务费、贸促会收费、长江口航道维护、核电站乏燃料处理处置基金、铁路资产变现收入等。包括基建账簿“基建拨款”科目所属相关明细科目的期末余额;其他账簿“补助收入”等科目相关部分等。

(47)国有资本经营预算:反映由中央财政拨入的国有资本经营预算。国家以所有者身份通过依法取得国有资本收益,并对所得收益进行分配而发生的各项收支预算。

(48)—(49)略。

(50)省级拨款:反映由省级财政预算拨入的基本建设资金、财政专项资金、政府性基金、国有资本经营预算等,包括由省及省以下各级财政性资金偿还的地方政府债券,以及由省级财政性资金偿还的国际金融组织贷款、外国政府贷款等国家主权外债资金。

(51)—(53)略。

(54)预收下年度财政性资金拨款:反映单位(企业)本年收到的下年度财政性资金拨款。

(55)—(56)略。

(57)本年交回结余资金:反映单位(企业)本年交回财政或主管部门及其他单位的固定资产投资结余资金。根据基建账中“基建拨款”科目所属“本年交回结余资金”明细科目的期末余额以“—”号填列。

(58)—(60)略。

(61)项目资本:反映经营性项目收到投资者投入的项目资本。包括基建账簿“项目资本”科目的期末余额;其他账簿“实收资本”科目涉及本年度固定资产投资项目的部分等。

(62)中央财政性资金拨入:反映中央财政通过基本建设资金、财政专项资金、政府性基金、国有资本经营预算等资金渠道拨入,并作为项目资本的部分。

(63)地方财政性资金拨入:反映地方财政通过基本建设资金、财政专项资金、政府性基金、国有资本经营预算等资金渠道拨入,并作为项目资本的部分。

(64)项目资本公积:反映经营性项目取得的项目资本公积,包括投资者实际交付的出资额超过其注册资本的差额等。包括基建账簿“项目资本公积”科目的期末余额;其他账簿“资本公积”科目涉及本年度固定资产投资项目的部分等。

(65)中央财政性资金形成：反映中央财政性资金形成项目资本公积部分。

(66)地方财政性资金形成：反映地方财政性资金形成项目资本公积部分。

(67)基建借款：反映单位(企业)借入并偿还用于固定资产投资的借款。单位(企业)基建借款来源包括由国家预算安排的投资借款、向银行或其他金融机构借入的投资借款、向国外政府、国际金融组织等借入的国外借款以及其他投资借款。但应根据偿还主体不同，区分填列科目。由单位(企业)偿还的，如：各级政府统一借入并转贷给单位(企业)的资金，在此科目反映；未由单位(企业)偿还的，如：各级政府统借统还并无偿拨付给单位(企业)的资金，不在此科目反映，应在财政性资金对应科目反映。

(68)企业债券资金：反映单位(企业)用于固定资产投资的企业债券资金以及应付债券利息。

(69)待冲基建支出：反映实行投资借款的单位(企业)本年度完成的所有待冲销的交付生产单位使用资产价值。包括基建账簿“待冲基建支出”科目的期末余额等。

(70)应付款合计：应付款合计＝应付器材款＋应付工程款＋应付有偿调入器材及工程款＋应付票据＋应付工资及福利费＋其他应付款。

(71)应付器材款：反映购入器材而应付给供应单位的款项。仅反映基建账簿“应付器材款”科目所属有关明细科目的贷方期末余额，其他账簿不在此科目反映。

(72)应付工程款：反映已经办理工程价款结算手续但尚未付给施工企业的工程价款。包括基建账簿“应付工程款”的期末余额；其他账簿“应付账款”科目涉及本年度固定资产投资项目的部分等。

(73)应付有偿调入器材及工程款：反映有偿调入设备、材料及有偿转入未完工工程的应付价款。仅反映基建账簿“应付有偿调入器材及工程款”的期末余额，其他账簿不在此科目反映。

(74)应付票据：反映单位(企业)为抵付货款和工程价款等而开出、承兑的尚未到期付款的应付票据。包括基建账簿“应付票据”科目的期末余额；其他账簿“应付票据”科目涉及本年度固定资产投资项目的部分等。

(75)应付工资及福利费：包括基建账簿“应付工资”和“应付福利费”的期末余额；其他账簿“应付职工薪酬”科目涉及本年度固定资产投资项目的部分等。

(76)其他应付款：反映除上述应付款项以外的其他应付、暂收款项，包括基建账簿“其他应付款”的期末余额；其他账簿“其他应收款”科目涉及本年度固定资产投资项目的部分等。

(77)未交款合计：未交款合计＝未交税金＋未交基建收入＋其他未交款。

(78)未交税金：反映单位(企业)应交未交的各种税金。包括基建账簿应交税金”的期末余额；其他账簿“未交税金”科目涉及本年度固定资产投资项目的部分等。

(79)未交基建收入：反映单位(企业)应交未交的基建收入。包括基建账簿“应交基建收入”的期末余额等。

(80)其他未交款：反映单位(企业)应交未交的除税金、基建收入以外的其他款项，包括基建账簿“其他应交款”科目的期末余额等。

(81)留成收入：反映单位(企业)按规定从实现的基建收入中提取的留归自身使用的各种收入。仅反映基建账簿“留成收入”科目的期末余额，其他账簿不在此科目反映。

(82)资金来源合计：资金来源合计＝基本建设拨款合计＋项目资本＋项目资本公积＋基

建借款+待冲基建支出+应付款合计+未交款合计+留成收入=36行资金占用合计。

(三)表内平衡关系

1行=(2+7+8+9)行;2行=(3+4+5+6)行;9行=(10+11+12+13)行;15行≥16行;17行≥(18+19+20+21)行;22行=(23+24+25)行;26行=(27+28+29)行;30行=(33+34+35)行;33行=(31-32)行;36行=(1+14+15+17+22+26+30)行;37行=(38+42+54+57)行;38行=(39+40+41)行;42行=(43+49+53)行;43行=(44+45+46+47+48)行;49行=(50+51+52)行;54行=(55+56)行;57行=(58+59+60)行;61行≥(62+63)行;64行≥(65+66)行;67行≥68行;70行=(71+72+73+74+75+76)行;77行=(78+79+80)行; 82行=(37+61+64+67+69+70+77+81)行;36行=82行。

(四)表间平衡关系

01表2行≤02表40栏合计数

01表3行≤02表41栏合计数

01表4行≤02表42栏合计数

01表5行≤02表43栏合计数

01表6行≤02表44栏合计数

01表9行≤02表45栏合计数

01表7行≤02表46栏合计数

01表8行≤02表47栏合计数

02表49栏合计数+51栏合计数=01表(15+17+22+26-70-77-81)行

02表48栏合计数=01表2行-(7+8+9)行年初数

三、基建投资表(财建02表)主要内容和编报方法及表内表间数据关系

(一)指标说明

本表反映固定资产投资项目自筹建起至本年年末止资金来源和资金支出累计情况,是资金平衡表(财建01表)的项目明细表。编制本表的目的:①检查项目概算执行情况;②考核分析投资效果;③为编制竣工决算提供资料;④了解项目基本属性及行业分布。

主要指标填列方法如下:将属于报表统计范围的所有项目按项目名称逐项填列,逐级上报的数据软件中均应包括所有项目分项内容,逐级上报的纸版报表中可只显示合计数。

(1)项目编号:本码由五位数字组成,由软件根据项目排序从00001号开始自动生成。

(2)项目名称:项目全称,不能少于4个字符(2个汉字)。

(3)单位性质:按照"行政事业单位"(含比照事业单位管理的社会团体)、"国有及国有控股企业"、"非国有单位"划分,以数字"1"、"2"或"3"代表。

(4)基建程序进度:按照"在建"、"资产已交付使用但未办理竣工决算"、"已办理竣工决算"、"停缓建"划分,以数字"1"、"2"、"3"或"4"代表。其中:

在建项目:指已立项并安排投资但尚未完工的项目,包括已安排投资未开工项目。

资产已交付使用但未办理竣工财务决算项目:分两种情况,一是资产已交付使用,竣工财务决算未编制;二是资产已交付使用,竣工财务决算已编制,但尚未批复。包括本年度购置固定资产资产项目。

已办理竣工财务决算项目：填报本年度批复竣工财务决算的项目。

停缓建项目：根据国民经济宏观调控及其他原因，经有关部门批准不再建设或短期内整个项目停止建设。

(5)项目规模：按照大中型、小型划分，以数字"1"或"2"代表。根据《财政部关于印发〈基本建设财务管理规定〉》(财建〔2002〕394 号)第四十三条规定，经营性项目投资额在 5 000 万元(含 5 000 万元)以上、非经营性项目投资额在 3 000 万元(含 3 000 万元)以上的为大中型项目；其他项目为小型项目。

(6)项目性质：按照新建、改扩建和其他划分，以数字"1"、"2"或"3"代表。其中：

新建：指从无到有建设，或者在原有基础上，经建设，新增固定资产价值超过原有固定资产原值三倍以上。

改扩建：在原有基础上进行改造性或扩大性建设，且建设后，新增固定资产价值未超过原有固定资产原值三倍。

(7)项目类型：按照经营性项目、非经营性项目划分，以数字"1"或"2"代表。其中：

非经营性项目：为社会公众提供产品或服务的非营利性投资项目，包括党政机关、人大机关、政协机关、审判机关、检察机关、人民团体的办公业务用房及培训教育用房；科教文卫体、民政、劳动社保及广播电视等社会事业项目；看守所、拘留所、戒毒所、收教所、监狱、劳教所、消防设施、法院审判用房、检察院技术侦察用房等政法设施；环境保护、水利设施项目及其他。

(8)建设管理模式：按照公私合作关系、代建制、项目法人模式、工程建设领导小组或指挥部模式、基建处(室)模式和其他划分。以数字"1"、"2"、"3"、"4"、"5"、"6"代表。其中：

公私合作关系：指政府与民营机构(或私营企业、国营企业、特定专业领域的企业财团)签订长期合作协议，授权民营机构代替政府建设、运营或管理基础设施及其他公共服务设施，并向公众提供公共服务。具体模式包括设计－建造(DB)、设计－建造－融资－经营(DBFO)、建造－拥有－运营(BOO)、建造－拥有－运营－移交(BOOT)、购买－建造－营运(BBO)、建造－租赁－营运－移交(BLOT)、经营许可证、运营与维护合同等。

代建制：指政府通过招标的方式，选择专业化的项目管理单位(即代建单位)，负责项目的投资管理和建设组织实施工作，项目建成后交付使用单位的制度。

项目法人模式：为某一建设项目专门设立独立机构或企业法人本身负责工程建设的项目策划、资金筹措、建设施工、经营管理、债务偿还和资产保值增值等全过程。机构的法定代表人一般由政府行政首长担任，工程项目管理班子由项目建成后的使用或经营单位组建，工程完工后，转为经营管理班子。

工程建设领导小组或指挥部模式：由政府成立临时的专门机构，负责某一工程建设与监督管理全过程，机构负责人由政府部门主管领导担任，其他管理人员从有关政府部门或单位临时抽调，项目建成后即撤销。

基建处(室)模式：经常有工程建设项目的政府和机关事业单位，设有基建处(室)，专门负责本部门、本单位的工程项目建设管理。

其他：除上述模式之外的其他模式须在备注栏内注明，单位(企业)购置固定资产须在备注栏内填写"单位购置"。

(9)项目行业性质：按照项目所属行业类别划分，以具体数字代表：1—农林牧渔业；2—采矿业；3—制造业；4—电力、热力、燃气及水生产和供应业；5—建筑业；6—批发和零售业；7—交通运输、仓储和邮政业;8—住宿和餐饮业;9—信息传输、软件和信息技术服务业;10—金融业;11—房地产业;12—租赁和商务服务业;13—科学研究和技术服务业;14—水利、环境和公共设施管理业;15—居民服务、修理和其他服务业;16—教育;17—卫生和社会工作;18—文化、体育和娱乐业;19—公共管理、社会保障和社会组织;20—国际组织。具体行业包含细类参见《国民经济行业分类与代码》(GB/T 4754—2011)。如为购置固定资产应在“6—批发和零售业”中按照固定资产所属具体行业类别选择。

(10)项目所属支出大类:按照项目用途划分,以具体数字代表:1—三农;2—保障性安居工程;3—铁路公路机场等重大基础设施;4—教育卫生科学文化等社会事业;5—自主创新和结构调整;6—节能减排和生态建设;7—灾后恢复重建;8—其他。具体支出包含细类参见填报软件系统。

(11)开工年份:已开工项目反映实际开始施工的年份;已安排投资未开工、未购置项目以及停缓建项目反映立项批复的开工年份、计划购置年份;本年度已购置固定资产项目反映实际购置年份。年份以四位数字填列,如“2012”。

(12)竣工年份:资产已交付使用项目,反映实际竣工验收年份;本年度已购置固定资产项目反映实际购置年份;其他项目反映预计竣工、计划购置年份。年份以四位数字填列,如“2012”。

(13)项目已批概算数:经批准的项目概算总投资,概算如有调整,需经批准,否则不能填报调整后的概算数,但可在备注栏内注明。

(14)投资资金来源:反映项目资金已筹措情况。总计数=财政性资金合计+其他资金合计。资金不论是否形成项目资本和资本公积,均按资金来源渠道填列。

(15)财政性资金:合计数=中央财政性资金小计+地方财政性资金小计。包括财政性资金拨入作为项目资本和资本公积部分。

(16)中央财政性资金:小计数=中央基建投资+中央财政专项资金+中央政府性基金+国有资本经营预算+其他。

(17)—(21)略。

(22)地方财政性资金:小计数=省级财政性资金+地市级财政性资金+县及县以下财政性资金。

(23)省级财政性资金:略。

(24)地方政府债券:2009年开始,由财政部代理发行以地方政府冠名的债券。本科目反映由各级政府统借统还的地方政府债券。

(25)—(26)略。

(27)其他资金:合计数=银行贷款+利用外资+自筹资金+其他。此项反映非财政性资金投入部分,包括非财政性资金投入作为项目资本和资本公积部分。

(28)银行贷款:反映单位(企业)向各商业银行、政策性银行等借入的各项贷款。

(29)地方政府融资平台贷款:反映单位(企业)通过地方政府融资平台(包括企业法人、事业法人、机关法人三类融资平台)向银行借入的各项贷款。

(30)利用外资:反映单位(企业)收到的国外资金。包括国际金融组织贷款、外国政府贷款、出口信贷、外国银行商业贷款、对外发行债券和股票等对外借款、外商直接投资及其他投资等。折算汇率为本年年末汇率。

向国外政府、国际金融组织等借入的国外借款，根据偿还主体不同，区分填列科目。由单位（企业）偿还的，包括各级政府统借统还并转贷建设单位资金，填列本科目；未由单位（企业）偿还的，由各级政府统借统还并将借款无偿拨付给单位（企业）资金，不填列本科目，应填列财政性资金对应科目。

(31)国际金融组织贷款：反映由一些国家的政府共同投资组建并共同管理的国际金融机构提供的贷款。国际金融机构包括国际货币基金组织、国际复兴开发银行、国际开发协会、国际金融公司、亚洲开发银行、国际农业发展基金和其他国际性、地区性金融组织。

(32)外国政府贷款：反映外国政府向本国政府提供的、具有一定赠与性质的优惠贷款。

(33)外商直接投资：反映外国投资商以外汇现金、设备（或实物）、技术、专利或其他方式投入用于基本建设的资金。

(34)自筹资金：反映单位（企业）通过发行企业债券、股票等方式筹集的资金，以及单位（企业）自有资金。

(35)企业债：反映企业通过发行债券筹集的资金。

(36)股票融资：反映企业通过发行股票（包括配股）筹集的资金。

(37)其他资金：反映单位（企业）收到的除以上各种资金之外的资金。包括集资、社会捐赠资金等。

(38)社会捐赠：反映单位（企业）收到的自然人、法人或其他组织自愿无偿捐赠的财产。

(39)投资资金支出：反映项目自筹建起到本年年末止累计发生的投资支出。总计数＝交付使用资产小计＋在建工程＋待核销基建支出＋转出投资。

(40)交付使用资产：小计数＝固定资产＋流动资产＋无形资产＋递延资产。

(41)－(47)略。

(48)当年投资支出：反映本年年初到本年年末止累计发生的投资支出。

(49)竣工项目结余资金：反映资产已交付使用但未办理竣工决算项目或已办理竣工决算项目已筹措资金在项目竣工后仍未全部支出留有结余部分，由系统根据“基建程序进度”筛选竣工项目，并按公式“结余资金＝投资资金来源总计－投资资金支出总计”自动计算生成。

(50)竣工项目超概金额：反映资产已交付使用但未办理竣工决算项目或已办理竣工决算项目投资资金支出超过已批概算数部分，由系统根据“基建程序进度”筛选竣工项目，并按公式“超概金额＝投资资金支出总计－项目已批概算数”自动计算生成。

(51)在建及停缓建项目结转资金：反映在建项目及停缓建项目已筹措资金尚未全部支出需结转至以后年度支出的部分。由系统根据“基建程序进度”筛选在建及停缓建项目，并按公式“结转资金＝投资资金来源总计－投资资金支出总计”自动计算生成。

(52)是否使用财政性资金：系统根据“投资资金来源”项下“财政性资金”填列情况自动识别生成。

（二）表内平衡关系：

若13到48栏中任意一栏不为零，则建设项目名称≥4个字符（2个汉字）；3－12栏不为空；14栏＝(15＋27)栏；15栏＝(16＋22)栏；16栏＝(17＋18＋19＋20＋21)栏；22栏＝(23＋25＋26)栏；27栏＝(28＋30＋34＋37)栏；28栏≥29栏；30栏≥(31＋32＋33)栏；34栏≥(35＋36)栏；37栏≥38栏；39栏＝(40＋45＋46＋47)栏；39栏≥48栏；40栏＝(41＋42＋43＋44)栏；

(三)表间平衡关系

01 表 2 行≤02 表 40 栏合计数

01 表 3 行≤02 表 41 栏合计数

01 表 4 行≤02 表 42 栏合计数

01 表 5 行≤02 表 43 栏合计数

01 表 6 行≤02 表 44 栏合计数

01 表 9 行≤02 表 45 栏合计数

01 表 7 行≤02 表 46 栏合计数

01 表 8 行≤02 表 47 栏合计数

02 表 49 栏合计数＋51 栏合计数＝01 表(15＋17＋22＋26－70－77－81)行

02 表 48 栏合计数＝01 表 2 行－(7＋8＋9)行年初数

四、资产基本情况表(财建 03 表)主要内容和编报方法及表内表间数据关系

本表反映本年年末行政事业单位(含比照事业单位管理的社会团体)、国有及国有控股企业固定资产和无形资产基本情况,包括基建账、财务账、企业会计账中的固定资产。编制本表的目的:①了解国有单位(企业)资产存量情况;②掌握国有单位(企业)新增资产情况。

(一)指标说明

本表按单位填报,不按项目填报。单位指作为资产使用方的行政事业单位(含比照事业单位管理的社会团体)、国有及国有控股企业。

单位填报数据应与报送财政部其他司局的有关数据一致。具体资产范围参照《固定资产分类及代码》(GB/T 14885－2010)填列。

本表分为“行政事业单位(含比照事业单位管理的社会团体)资产基本情况”和“国有及国有控股企业资产基本情况”两类,填报单位根据单位性质选择一类填列。

(1)固定资产:反映行政事业单位固定资产原值。

(2)－(8)略。

(9)土地:反映行政事业单位将“土地”计入“固定资产”部分。

(10)无形资产:略。

(11)土地:反映行政事业单位将“土地”计入“无形资产”部分。

(12)当年新增固定资产及无形资产:反映行政事业单位自本年年初到本年年末止投入使用或减少的固定资产及无形资产原值,如为当年减少应以“－”号反映。

(13)－(18)略。

(19)固定资产净额:固定资产净额＝固定资产净值－固定资产减值准备。

(20)－(24)略。

(25)当年新增固定资产及无形资产:反映国有及国有控股企业自本年年初到本年年末止已经完成建造、购置过程,并经验收合格交付使用或减少的固定资产及无形资产原值,如为当年减少应以“－”号反映。

(二)表内平衡关系:

1 行≥(2＋4＋6＋8)行;2 行≥3 行;4 行≥5 行;6 行≥7 行;8 行≥9 行;10 行≥11 行;(1

＋10)行≥12 行；14 行≥(15＋16＋17)行；14 行≥18 行≥19 行；19 行≥(20＋21＋22)行；23 ≥24 行；(14＋23)行≥25 行。

五、项目统计分析表(财建 04 表)

此表由系统根据 02 表自动分类汇总生成。其中：

生产性投资：具体包括"行业"分类中的(一)至(五)类，即农林牧渔业，采矿业，制造业，电力、热力、燃气及水生产和供应业，建筑业。

消费性投资：具体包括"行业"分类中的(六)至(十九)类，即批发和零售业，交通运输、仓储和邮政业，住宿和餐饮业，信息传输、软件和信息技术服务业，金融业，房地产业，租赁和商务服务业，科学研究和技术服务业，水利、环境和公共设施管理业，居民服务、修理和其他服务业，教育，卫生和社会工作，文化、体育和娱乐业，公共管理、社会保障和社会组织。

基础设施投资：具体包括"行业"分类中的电力、热力、燃气及水生产和供应业，交通运输和邮政业，信息传输业，水利、环境和公共设施管理业。

第十四章　基本建设项目竣工财务决算

第一节　基本建设项目竣工财务决算的作用

一、建设单位基本建设项目竣工财务决算与年度固定资产投资决算两者联系

建设单位基本建设项目竣工财务决算与年度固定资产投资决算两者即有联系，又有区别。基本建设项目竣工财务决算是在年度固定资产投资基础上编制而成的。它综合全面地反映了一个基建项目自开始建设至全部建成后的全部成果及财务状况；而年度固定资产投资只反映一个建设单位所有建设项目截至本年报告期的建设成果和财务状况。

基本建设项目竣工财务决算除了用货币指标反映基建项目的状况外，还要反映实物数量、建设工期等技术经济指标；反映工程项目中必须解决的一些问题。而年度决算主要以货币指标反映项目的财务状况，所以基本建设项目竣工决算是年度固定资产投资决算的综合和补充。

二、基本建设项目竣工财务决算的作用

(1)基本建设项目竣工财务决算全面反映基建项目成果，投资构成、工期、工程造价以及投资计划预(概)算的执行情况，是正确核定新增固定资产价值的依据。

(2)基本建设项目竣工财务决算又是建设单位向使用单位办理接管进行资产移交的重要依据。

(3)基本建设项目竣工财务决算又是上级主管部门用以考核投资效果，对基建项目进行竣工财务决算批复的依据。

项目建设单位财务人员应每年掌握本单位基本建设项目进度，建设项目一旦竣工验收后，应及时组织项目有关人员，按规定编制项目竣工财务决算。

第二节　竣工财务决算编制先决条件

一、项目竣工

按照《基本建设财务管理规定》，建设单位应在项目竣工 3 个月内完成竣工财务决算的编制工作。项目竣工的标志：按照批复的可行性研究和初步设计，所有相关建设内容全部完成，除因需要预留的工程尾款，工程款项全部结算完毕。

二、通过业务验收

土建项目要有建设单位、施工单位、勘察、设计、监理、政府质量安全监督等相关部门参加并签字确认的工程验收意见；业务项目要经过业务主管部门组织的专项业务验收，有专家验收意见。如在验收过程中发现问题没有一次通过验收，需要说明整改情况并提交最终验收结果。

三、完成可研或初设调整

原则上基本建设项目必须严格按照批复的可研或初设执行，但是如果存在以下情况：(1)项目建设内容不变，但因汇率变动，设备、材料价格变动等造成原投资概算变动的；(2)增加或减少建设内容，设备选型、布点方案变化等造成原投资概算变动的。导致项目建设过程中执行与可研、初步设计的建设内容及批复概算有较大变动，需要对可研、初步设计及概算进行调整。

调整的原则及权限：在不改变(增加或减少)批复项目子系统建设框架及子系统建设内容的前提下，各子系统的执行调整在核准投资概算的5%以内(项目管理费不能超过概算批复数额)，可以不上报审批。但各建设单位需将项目调整情况(包括调整原因、调整内容、金额及资金调整方案)上报备案；项目建设内容变动必须按项目可行性研究或初步设计原审批渠道进行申报批复。

第三节　竣工财务决算编制前建设单位需要做的清理工作

(一)基本建设项目档案资料的归集整理

基本建设项目档案很重要，既是对工程项目全过程的记录，也是项目竣工财务决算的编制依据，项目在建设过程中必须有专人管理项目档案，防止项目建设资料遗失或缺失。项目竣工后要按项目对档案资料进行归档，项目资料与建设项目成果要保持相同的留存时限。

(二)财产物资的盘点

各材料、设备、工具、器具、房屋建筑物等，要逐项盘点核实，填列清单，妥善保管，或按照国家规定进行处理，不准任意侵占、挪用。

(三)清偿债权债务

截止竣工决算日，建设单位应对项目的债权债务进行清理，原则上除按规定保留的工程尾款、质保金外，不应再有其他债权债务。建设单位必须对账上的往来款项进行清理，适时结算，不允许无原因拖欠工程款，或超概算列支工程费用。

(四)账务处理清晰

基本建设项目应按《国有建设单位会计制度》建立会计账簿、设置会计科目，会计核算符合《基本建设财务管理有关规定》的要求，保证账账、账证、账表、账实相符。财务账、实物账及实物要完全相符，这涉及建设过程中资产的管理，因为基本建设项目形成的资产价值具有不确定性，不完全是购建成本，兼之建设期限较长，给资产管理带来一定难度，需要各建设单位加强项目建设过程中的资产管理，制定切实可行、比较完善的管理办法，防止国有资产流失，特别是用建设单位管理费购置的小型设备必须及时登记备查账。

(五)单项工程报废手续完备

建设单位发生单项工程报废,必须经有关部门鉴定,报废单项工程的净损失经财政部门批准后,作增加建设成本处理,计入待摊投资。

(六)转出投资手续完备

非经营项目为项目配套的专用设施投资,包括专用道路、专用通讯设施、送变电站、地下管道等,产权不归属本单位的做转出投资处理,冲销相应的资金。经营项目为项目配套的专用设施投资,包括专用道路、专用通讯设施、送变电站、地下管道、专用码头等,建设单位必须与有关部门明确界定投资来源和产权关系,本单位负责投资但产权不归属本单位的,作无形资产处理。

(七)清理结余资金

应变价处理的库存设备、材料以及应处理的自用固定资产要公开变价处理,清理出来的结余资金按下列情况进行财务处理:

经营性项目的结余资金:相应转入生产经营企业的有关资产。

非经营性项目的结余资金:首先用于归还贷款,如有结余,30%作为建设单位留成收入,主要用于项目配套设施建设、职工奖励和工程质量奖,70%按投资来源比例归还投资方。

第四节 竣工财务决算编制依据

(1)国家有关法律、法规及制度。具体为:《国有建设单位会计制度》、《基本建设财务管理规定》(财建〔2002〕394 号)、《关于进一步加强基本建设项目竣工财务决算工作的通知》(财建办〔2008〕91 号);

(2)经批准的项目建议书、可行性研究报告、初步设计、概算及调整文件。这些文件同时也是项目建设和审计的依据。竣工财务决算的编制必须按照批复的可研和初步设计的建设内容及概算进行。

(3)历年下达的投资计划、项目支出预算及项目实施方案。

(4)会计核算及财务管理资料,具体包括:会计账簿、凭证、报表、对账单、财务管理制度、项目管理办法等。

(5)招投标文件、项目合同(协议)、工程结算等有关资料。

(6)其他有关资料等。

第五节 竣工财务决算编制要求

一、时限要求

项目建设单位应在项目竣工后 3 个月内完成竣工财务决算的编制工作,并报上级部门审核。

二、审批权限

其中：总投资 1 000 万元以下的项目由建设单位报省气象局审核，总投资 1000 万元以上的项目由省气象局审核后报中国气象局审核。上级部门收到竣工财务决算报告后，对于按规定由省气象局或中国气象局审批的项目应及时批复，对于按规定报财政审批的项目（总投资 3 000 万元以上的项目），一般中国气象局应在收到决算报告后 60 个工作日内完成审核工作，并将经审核后的决算报告报财政部审批。

三、组织管理要求

项目建设单位应加强对基本建设项目竣工财务决算的组织领导，组织专门人员，及时编制竣工财务决算。设计、施工、监理等单位（主要指土建项目）要积极配合建设单位做好竣工财务决算编制工作。对于不涉及土建的小型基建项目和业务项目，项目管理部门及项目执行部门（单位）要积极配合财务管理部门做好竣工财务决算编制工作，（如提供必要的项目建设执行资料，进行设备、设施的核对，对执行差异进行解释等）。在竣工财务决算未经批复前（重点工程项目在项目竣工财务决算编制完成通过项目验收前），原机构不得撤销，项目管理负责人及财务主管人员不得调离。对于重点工程项目尽量在项目建设周期内不调整会计核算人员。

四、编报内容要求

1.基本建设竣工财务决算报表表式

主要报表（建竣决 01 表—08 表）

封面：包含项目名称、项目建设单位、项目建设性质、主管部门、项目建设单位负责人、项目建设单位财务负责人、决算报表编制时间，每一项均要认真填写，并盖章。

建竣决 01 表：基本建设项目概况表。

建竣决 02 表：基本建设项目竣工财务决算表。

建竣决 03 表：基本建设项目交付使用资产总表。

建竣决 04 表：基本建设项目交付使用资产明细表。

建竣决 05 表：待摊投资明细表。

建竣决 06 表：转出投资明细表。

建竣决 07 表：待摊投资分配明细表。

建竣决 08 表：基本建设工程决算审核汇总表。

建竣决 07、08 表只需总投资 1 000 万元以上项目填写。

2.竣工财务决算说明书

所有上报中国气象局的项目竣工财务决算均要编写竣工财务决算说明书（以下简称说明书，注意说明书不等同于编表说明），主要包括以下内容：

（1）基本建设项目概况：要说明项目立项审批的文件依据，项目建设的总体情况；

（2）会计账务处理、财产物资清理及债权债务的清偿情况；

（3）基本建设支出预算、投资计划和资金到位情况；

（4）待摊投资分摊原则及分摊情况；

（5）转出投资情况；

(6)基建结余资金形成等情况；

(7)前期工作经费使用及摊销情况；

(8)概算、项目预算执行情况及分析，主要分析决算与概算的差异及原因；

(9)尾工及预留费用情况；

(10)历次审计、核查、稽查及整改情况；

(11)主要技术经济指标的分析、计算情况；

(12)基本建设项目管理经验、问题和建议；

(13)预备费动用情况；

(14)招投标情况、工程政府采购情况、合同(协议)履行情况；

(15)征地拆迁补偿情况、移民安置情况；

(16)需要说明的其他事项；

(17)编表说明，主要是对报表各项指标填写的说明。

3.随报表应附的相关材料

(1)项目立项、可研及初步设计批复文件(复印件)；

(2)项目历年投资计划及中央财政预算文件(复印件)；

(3)业务验收报告(土建项目需附项目质检报告)；

(4)档案归档验收表；

(5)项目竣工财务决算审核报告(报送中国气象局的竣工财务决算需附中介机构出具的完整的审计审核报告)；

(6)其他与项目决算相关的资料，如转出投资证明等。

附表1

建设单位：　　　　　　　　建设项目名称：

主管部门：　　　　　　　　建设性质：

基本建设项目竣工财务决算报表

建设单位负责人：　　　　　　建设单位财务负责人：

编报日期：　　　　年　　月　　日

基本建设项目概况表

建竣决01表

建设项目（单项工程）名称				建设地址	北京市海淀区中关村南大街46号	基建支出	项目	概算（元）	实际（元）	备注
主要设计单位				主要施工企业			建筑安装工程		1835000.00	
占地面积	设计	实际	总投资（万元）	设计	实际		设备、工具、器具		240000.00	
							待摊投资		500000.00	
							其中：建设单位管理费		70000.00	
新增生产能力	能力（效益）名称			设计	实际		其他投资		30000.00	
							待核销基建支出			
建设起止时间	设计	从 年 月 日开工 至 年 月 日竣工					非经营项目转出投资		50000.00	
	实际	从 年 月 日开工 至 年 月 日竣工					合计		2655000.00	
设计概算批准文号										

完成主要工程量	建设规模		设备（台、套、吨）	
	设计	实际	设计	实际

收尾工程	工程项目、内容	已完成投资额	尚需投资额	完成时间
	小计			

基本建设项目竣工财务决算表

建竣决02表　　　　单位：元

资金来源	金　额	资金占用	金　额
一、基建拨款	2655000.00	一、基本建设支出	2655000.00
1、预算拨款		1、交付使用财产	2605000.00
2、基建基金拨款	1513000.00	2、在建工程	
其中：国债专项资金拨款		3、待核销基建支出	
3、专项基建基金拨款		4、非经营项目转出投资	50000.00
4、进口设备转账拨款		二、应收生产单位投资借款	
5、器材转账拨款		三、拨付所属投资借款	
6、煤代油专用基金拨款		四、器材	
7、自筹资金拨款	1142000.00	其中：待处理器材损失	
8、其他拨款		五、货币资金	60000.00
二、项目资本		六、预付及应收款	
1、国家资本		七、有价证券	
2、法人资本		八、国定资产	
3、个人资本		国定资产原价	
4、外商资本		减：累计	
三、项目资本公积金		国定资产净值	
四、基建借款		国定资产清理	
其中：国债转贷		待处理国定资产损失	
五、上级拨入投资借款			
六、企业债券			
七、待冲基建支出			
八、应付款	45000.00		
九、未交款			
1、未交税金			
2、其他未交款			
十、上级拨入资金			
十一、留成收入	15000.00		
合　计	2715000.00	合　计	2715000.00

补充资料：基建投资借款期末余额：

应收生产单位投资借款期末数

基建结余资金

基本建设项目交付使用资产总表

建竣决03表　　　　单位：元

序号	单项工程项目名称	总计	固定资产				流动资产	无形资产	递延资产
			合　计	建安工程	设备	其他			
	业务楼	710,000.00	710,000.00	560,000.00		150,000.00			
	宿舍楼	1,142,000.00	1,142,000.00	900,000.00		242,000.00			
	轿车	210,000.00	210,000.00		210,000.00				
	办公设备	30,000.00	30,000.00		30,000.00				
	变电站	69,000.00	69,000.00	25,000.00	30,000.00	14,000.00			
	护坡	317,000.00	317,000.00	250,000.00		67,000.00			
	绿化	127,000.00	127,000.00	100,000.00		27,000.00			
		2,605,000.00	2,605,000.00	1,835,000.00	270,000.00	500,000.00			

交付单位：　　负责人：　　　　接收单位：　　负责人：

盖　章　　年　月　日　　　　盖　章　　年　月　日

基本建设项目交付使用资产明细表

建竣决 04 表

单项工程名称	建筑工程			设备　工具　器具　家具						流动资产		无形资产		递延资产	
	结构	面积（㎡）	价值（元）	名称	规格型号	单位	数量	价值（元）	设备安装费（元）	名称	价值（元）	名称	价值（元）	名称	价值（元）
业务楼			710,000.00												
宿舍楼			1,142,000.00												
轿车								210,000.00							
办公设备								30,000.00							
变电站			31,363.63					37,636.37							
护坡			317,000.00												
绿化			127,000.00												
			2,327,363.63				-	277,636.37	-		-		-		

交付单位：

盖　章　　　　年　　　月　　　日

接收单位：

盖章　　　　年　　　月　　　日

待摊投资明细表

建竣决 05 表　　　　单位：元

项　　目	金　额	项　　目	金　额
1、建设单位管理费	70,000.00	21、土地使用税	40,000.00
2、代建管理费		22、耕地占用税	
3、土地征用及迁移补偿费	200,000.00	23、车船使用税	
4、土地复垦及补偿费		24、汇兑损益	
5、勘察设计费	13,000.00	25、报废工程损失	
6、研究实验费		26、坏账损失	
7、可行性研究费		27、借款利息	
8、临时设施费	30,000.00	28、减：财政贴息资金	
9、工程保险费		29、减：存款利息收入	
10、设备检验费		30、固定资产损失	
11、负荷联合试车费		31、器材处理亏损	
12、合同公证费	60,000.00	32、设备盘亏及毁损	
13、工程质量监理监督费		33、调整器材调拨价格折价	
14、（贷款）项目评估费		34、企业债卷发行费用	
15、国外借款手续费及承诺费		35、航道维护费	
16、社会中介机构审计（查）费		36、航标设施费	
17、招投标费	20,000.00	37、航测费	
18、经济合同仲裁费		38、其他待摊投资	67,000.00
19、诉讼费		…	
20、律师代理费		合计	500,000.00

转出投资明细表

建竣工决06表　　　　单位：元

序号	单项工程名称	建筑工程			设备 工具 器具 家具						流动资产		无形资产		递延资产	
		结构	面积(m^2)	价值(元)	名称	规格型号	单位	数量	价值(元)	设备安装费(元)	名称	价值(元)	名称	价值(元)	名称	价值(元)
1	供暖管道			50,000.00												
2																
3																
4																
5																
6																
7																
8																
9																
10																
	合计			50,000.00												

交付单位：　　　　负责人：　　　　接收单位：　　　　负责人：

盖章：　　　　年　月　日　　　　盖章：　　　　年　月　日

待摊投资分配明细表

建竣决07表　　　　单位：元

序号	单项工程名称	建筑工程					设备 工具 器具 家具								流动资产		无形资产		递延资产	
		结构	面积(m^2)	价值(元)	待摊投资	价值(元)	名称	规格型号	单位	数量	价值(元)	设备安装费(元)	待摊投资	价值(元)	名称	价值(元)	名称	价值(元)	名称	价值(元)
1	业务楼			560,000.00	150,000.00	710,000.00														
2	宿舍楼			900,000.00	242,000.00	1,142,000.00														
3	轿车					-					210,000.00			210,000.00						
4	办公设备					-					30,000.00			30,000.00						
5	变电站			25,000.00	6,363.63	31,363.63					30,000.00		7,636.37	37,636.37						
6	护坡			250,000.00	67,000.00	317,000.00														
7	绿化			100,000.00	27,000.00	127,000.00														
8						-														
9						-														
10						-														
11						-														
12						-														
13						-														
14						-														
15						-														
	合计			1,835,000.00	492,363.63	2,327,363.63					270,000.00	-	7,636.37	277,636.37						

交付单位：　　　　负责人：　　　　　　　　　　　　接收单位：　　　　负责人：

盖章：　　　　　　　　　　年　月　日　　　　　　盖章：　　　　　　　　　　年　月　日

基本建设工程决算审核情况汇总表

建竣决08表：　　　　　　　　　　　　　　　　　　　　　　单位：元

序号	工程项目及费用名称	批准概算		送审投资		审定投资		备注
		数量	金额	数量	金额	数量	金额	
	按批准概算（或可研）明细口径或单位工程、分部工程填列（以下为示例）							
	总　计							
一	XX工程XX系统							
1	建筑安装工程投资							
2	设备、工器具							
3	工程建设其他费（待摊投资）							
	…							
二	XX工程XX系统							
1	建筑安装工程投资							
2	设备、工器具							
3	工程建设其他费（待摊投资）							
	…							
三	XX工程XX系统							
1	建筑安装工程投资							
2	设备、工器具							
3	工程建设其他费（待摊投资）							
	…							
…	…							

第六节　竣工财务决算编制注意事项

（一）竣工财务决算的编制口径

基本建设项目竣工后，为体现项目的完整性，要对项目所有来源资金编制项目竣工财务决算，不能只编制中央投资部分的决算。

（二）竣工财务决算审计

按照《中国气象局关于印发〈气象部门基本建设项目竣工财务决算管理办法的通知〉》（气发〔2013〕70号）的要求，各相关建设单位编制的竣工财务决算报表需附决算审计报告，详见本部分第七节决算审计。

（三）待摊投资的摊销

待摊投资所发生的费用，是建设单位在基本建设过程中发生的与基本建设有关的费用，一般不能由某一项交付使用资产成本负担，而是由各项交付使用资产成本共同负担。因此，不能直接计入某一交付使用资产成本,而要通过一定的分摊方法,分摊计入各交付使用资产成本中去。

1.待摊投资费用的分摊原则

不需要安装设备、工器具、家具等固定资产和流动资产的成本以及单独移交生产、使用单位的无形资产、递延资产的成本,一般不分摊"待摊投资"费用。建设项目需要分摊"待摊投资"费用的对象具体包括:需要安装的仪器、设备和基础设施形成的固定资产。

2.待摊投资费用的分摊方法

(1)可直接分摊的费用:

按照费用发生时,相应的合同,分配原则直接分摊到具体分项中。

(2)不能直接分摊的费用:

有两种分摊方法,一种是按概算数比例分摊,一种是按实际数额的比例分摊,建议选择按实际数额的比例分摊的方法。

(四)建设单位管理费不能超过控制额度

建设单位管理费实行总额控制,分年度据实列支。建设单位管理费的总额控制数以项目审批部门批准的项目投资概算为基数,并按投资总概算的不同规模分档计算。具体计算方法见下表:

(1)建设单位管理费定义:是指建设单位从项目筹建之日起至办理竣工财务决算之日止发生的管理性质的开支。

(2)建设单位管理费开支范围:不在原单位发工资的工作人员工资、基本养老保险费、基本医疗保险费、失业保险费,办公费、差旅交通费、劳动保护费、工具用具使用费、固定资产使用费、零星购置费、招募生产工人费、技术图书资料费、印花税、业务招待费、施工现场津贴、竣工验收费和其他管理性质开支。

(3)业务招待费支出不得超过建设单位管理费总额的10%。

(4)施工现场津贴标准比照当地财务部门制定的差旅费标准执行。

建设单位管理费控制额度 单位:万元

工程总概算	费率(%)	算例	
		工程总概算	建设单位管理费
≤1 000	1.5	1 000	1 000×1.5%=15
1 001~5 000	1.2	5 000	15+(5 000-1 000)×1.2%=63
5 001~10 000	1	10 000	63+(10 000-5 000)×1%=113
10 001~50 000	0.8	50 000	113+(50 000-10 000)×0.8%=433
50 001~100 000	0.5	100 000	433+(100 000-50 000)×0.5%=683
100 001~200 000	0.2	200 000	683+(200 000-100 000)×0.2%=883
200 000以上	0.1	280 000	883+(280 000-200 000)×0.1%=963

(五)前期工作费用的摊销

(1)前期工作费定义:是指大中型项目开工建设前进行项目规划、项目建议书、可行性研究报告、初步设计等工作环节的材料编制、招标、评估、审查、报送及相关工作所发生的费用。

(2)前期工作费的使用范围:勘察费、设计费、研究试验费、可行性研究费、前期工作的标底编制及招标管理费、概算审查费、咨询评审费、技术图书资料费、差旅交通费、业务招待费等管理费用,经同级财政部门批准的与前工作相关的其他费用。

(3)前期工作费预算经核定下达后必须严格执行,除特殊情况外一律不得调整,对确需调整的项目,应严格按照预算调整的相关规定执行不得截留、挪用和转移前期工作费用。

(4)前期费实行总额控制,分年度据实列支。

(5)对批准建设的项目,其前期费应列入批准的项目概算内,按照相关规定计入建设成本。前期工作费实质是待摊费用的一部分,项目竣工财务决算时按待摊费用进行摊销。

(6)对没有被批准或批准后又被取消的建设项目,其发生的前期费由使用单位向主管部门提出申请,由项目主管部门报同级财政部门批准后作核销处理;已安排的前期费如有结余,其结余资金应按规定及时上缴国库,列政府收支分类“其他收入”科目,严禁挪作他用。

(六)项目建设档案归档

(1)建设单位应建立健全基本建设项目档案资料管理制度,及时收集、整理、归档从项目筹划到工程竣工验收各环节的文件资料,并在建设项目竣工验收后,移交档案管理部门。

(2)项目的档案资料工作要与项目建设进程同步。项目申请立项时,既应开始进行文件材料的积累、整理、审查工作;项目竣工验收时,完成文件材料的归档和验收工作。

(3)基本建设项目文件材料归档范围和保管期限,一般可根据《基本建设项目档案资料管理暂行规定》(国档发〔1998〕4 号)执行。特殊专业的建设项目可参照制定补充规定。

(4)基本建设项目财务档案包括会计凭证、会计账簿、会计报表、竣工财务决算及其他资料,如项目建议书、项目可行性研究报告、初步设计、总概算及批复文件,经批准的施工图预(决)算、合同、工程结算书等有关资料。财务档案的保管期限按照《会计档案管理办法》(财会字〔1998〕32 号)规定执行。

第七节　决算审计

一、基本要求

气象部门基本建设项目审计按照《气象部门基本建设审计办法》(气发〔2002〕315 号)中相关规定执行,其中大中型建设项目、重点工程项目的审计,需按照《中国气象局关于印发〈中国气象局重点工程建设项目管理办法〉的通知》(气发〔2009〕314 号)规定执行。

气象部门小型基本建设项目竣工财务决算的审批实行“先审核、后审批”的办法,即由建设单位委托有资质的中介机构或内审机构对竣工财务决算进行审核,审批单位再按规定进行审批。其中建设单位项目总投资超过 1 000 万元(含 1 000 万元)的项目竣工财务决算须连同审核报告逐级上报中国气象局审批。

气象部门大中型项目、国家确定的重点小型项目竣工财务决算的审批实行“先审核、后审批”的办法。即由财政部先委托投资评审机构或经财政部认可的有资质的中介机构对中国气象局上报的项目竣工财务决算进行审核,再按规定批复。各建设单位承担的中国气象局大中型项目,无论下达到本单位的投资是否超过1000万元,均要按规定编制竣工财务决算,并委托中介机构审计后上报,各省局不能单独批复项目竣工财务决算。

二、内审或中介机构审查项目竣工财务决算的主要内容

(1)竣工决算编制依据。审查决算编制工作有无专门组织,各项清理工作是否全面、彻底,编制依据是否符合国家有关规定,资料是否齐全,手续是否完备,对遗留问题处理是否合规。

(2)项目建设及概算执行情况。审查项目建设是否按批准的初步设计进行,各单位工程建设是否严格按批准的概算内容执行,有无概算外项目和提高建设标准、扩大建设规模的问题,有无重大质量事故和经济损失。

(3)工程结算是否经有资质的中介机构(工程造价咨询公司、造价管理部门等)审定,设计变更、增减内容是否符合要求。

(4)资金支付是否符合规定。各项合同条款是否符合国家有关规定,各项费用支出是否符合财经法规,有关将应由事业费负担的和用挤入建设成本,扩大开支范围及违法违纪情况,各项税收是否及时上缴国家。

(5)工程采购是否符合国家有关规定,是否严格执行《政府采购法》和《招标投标法》,是否存在规避招投标拆分项目、围标串标行为,是否按规定的采购方式进行采购。

(6)交付使用财产和在建工程。审查交付使用财产是否真实、完整,是否符合交付条件,移交手续是否齐全、合规;成本核算是否正确,有无挤占成本,提高造价,转移投资的问题;核实在建工程投资完成额,查明未能全部建成,及时交付使用的原因。

(7)转出投资、待核销投资及应核销其他支出。审查其列支依据是否充分,手续是否完备,内容是否真实,核算是否合规,有无虚列投资的问题。

(8)尾工工程。根据修正总概算和工程形象进度,核实尾工工程的未完工程量,留足投资。防止将新增项目列作尾工项目、增加新的工程内容和自行消化投资包干结余

(9)结余资金。核实结余资金,重点是库存物资,防止隐瞒、转移、挪用或压低库存物资单价,虚列往来欠款,隐匿结余资金的现象。查明器材积压,债权债务未能及时清理的原因,揭示建设管理中存在的问题。

(10)竣工时间是否符合国家有关规定。

三、审计报告的主要内容

(1)工程概况。主要阐述项目主要建设内容,建设规模,各分系统建设情况,以及项目立项申报、批复过程,项目建设起止时间。

(2)审核依据。主要包括项目立项批复文件(项目建议书、可行性研究报告、初步设计及概算、概算调整等);相关财务规章制度(《基本建设财务管理规定》、《会计法》、《审计条例》、《会计师事务所从事基本建设工程预算、结算、决算审计暂行办法》等);施工材料(工程预算、竣工结算书、施工图纸施工日志等、验收文件);设备及工程采购文件(招标投标、政府采购纪录、合同、协议);与项目相关的报表、账簿、凭证。

(3)审核说明。主要阐述采取何种方式开展审计,抽查取样标准,在审计过程中审计范围是否受到限制等。

(4)审核结果。含资金来源到位情况、概算与执行情况对比、资金支付情况、政府采购情

况、工程结算审核情况、待摊费用分摊、存款利息冲抵成本情况、交付使用资产情况、转出投资情况、工程损失(损毁)情况、尾款情况、结余资金情况等。

(5)审核结论。对项目的总体评价,是否按规定完成了可研报告批复的建设内容,存在的问题,有关事项说明。

在审计报告中提出的存在的问题有两种,一种是必须整改,调整账务、报表,如挤占挪用项目经费,需归将资金归还原渠道;一种是在以后工作中加强财务管理。

(6)审计建议。

(7)审计审核报告需附报表:

①项目竣工决(结)算审核汇总表

②待摊投资明细表

③转出投资明细表(参考,总投资3000万元的以上必须做)

④待摊投资分配明细表(参考,总投资3000万元的以上必须做)

四、单位审核要求

即使项目竣工财务决算经过中介或内审机构审计,但是省级单位和中国气象局还应对各级上报的竣工财务决算进行审核,审核的重点内容是:项目是否按规定程序和权限进行立项、可研和初步设计报批工作;项目建设超标准、超规模、超概算投资等问题审核;项目竣工财务决算金额的正确性审核;项目竣工财务决算资料的完整性审核;项目建设过程中存在主要问题。

五、审计发现问题的解决

审计报告中提及的问题,建设单位必须整改,该调账的调账,该补手续的补手续,涉及需要调整报表的要重新调整报表,并要在报表说明中写明整改结果。

第八节　基本建设项目竣工财务决算的报批及固定资产的移交

一、基本建设项目竣工财务决算的报批

建设单位基本建设项目竣工财务决算,必须正式行文上报上级主管部门报批,并将竣工财务决算报表、竣工财务决算说明、审计报告(电子扫描件)作为附件。现行的报批规定如下:

(1)中央级小型基本建设项目竣工财务决算报上级主管部门审批。小型基本建设项目竣工财务决算总投资超过1 000万元以上的,要上报中国气象局审批。

(2)总投资3 000万元以上的中央级大、中型基本建设项目竣工财务决算,最后由中国气象局报财政部审批。

(3)地方级基本建设项目竣工财务决算由地方同级财政部门审批。

(4)3 000万元以上的中央级大、中型基本建设项目,有拼盘资金的,应附中央资金和地方拼盘资金的项目汇总竣工财务决算,一并上报。

注:建设单位根据已上报、批复的项目竣工财务决算,其中的“交付使用资产明细表”作为固定资产移交给使用单位的手续,同时增加事业单位会计账簿的固定资产和非流动资产基金,

即本单位的资产和净资产的价值。

二、建成固定资产及流动资产的移交

依据批复的建设单位基本建设项目竣工财务决算，建设单位应对已经完成购置、建造完工并交付或结转使用单位的资产包括固定资产以及不够固定资产标准的工具、器具、家具等流动资产，按实际价值，办理交付使用资产移交的手续(按现行会计制度规定：行政事业单位固定资产会计核算起点为：专用设备，单价在 1 500 元以上(含 1 500 元)；一般设备，单价在 1 000 元以上(含 1 000 元)，且使用期限在一年以上。单价低于固定资产核算起点，但耐用时间在一年以上的大批同类财产，也应进行固定资产的会计核算。(财政部制定的企业财务制度中对固定资产做如下规定：使用年限超过一年的房屋、建筑物、机器、机械、运输工具以及其他与生产经营有关的设备、器具、工具等。不属于生产经营的主要设备或物品，单价在 2 000 元以上，并且使用期限超过两年的，也应当作为固定资产)。项目完工或购建后，建设单位必须依据批复的建设单位基本建设项目竣工财务决算的“交付使用资产总表”、“交付使用资产明细表”，经交接双方签证后，其中一份由使用单位作为资产入账依据，另一份作为建设单位办理交付使用资产会计账务处理的记账依据。

第十五章　会计档案管理

一、会计档案的内容

（一）常规会计档案归档内容

（1）会计凭证类：原始凭证，记账凭证，汇总凭证，其他会计凭证；

（2）会计账簿类：总账，明细账，日记账，辅助账簿，其他会计账簿；

（3）财务报告类：主要财务指标快报，月、季、年度财务报告（包括会计报表、附表、附注及文字说明），其他财务报告；

（4）其他类：银行存款余额调节表，银行对账单，其他应当保存的会计核算专业资料，会计档案移交清册，会计档案保管清册，会计档案销毁清册。

（二）电子会计档案归档内容

（1）存储在计算机硬盘、光盘、外接硬盘以及其他磁性介质中的电子备份数据；

（2）由计算机打印输出的书面会计资料，如：会计凭证，会计账簿、各类报表等；

（3）财务平台开发、实施过程中形成的资料，如：财务平台设计开发资料、硬件的使用说明书、操作指南、各项管理制度、维护检测情况记录等。

二、会计档案的整理

（一）常规会计档案整理

各单位每年形成的会计档案，应当由会计机构按照归档要求，负责整理立卷，装订成册，编制会计档案保管清册。

1. 会计凭证

（1）按月立卷：每月末将装订成册的凭证，统一登记案卷目录，每月立卷一份。

（2）会计凭证装订前的准备工作：编号齐全，顺序正确，附件完整，印章齐全。

（3）装订封面的所有内容要填写齐全，包括：单位名称、年度、月份、起止日期、号码、装订人签章等。

2. 会计账簿

各种会计账簿办理完年度结账后，除跨年使用的账簿外，其他均需整理妥善保管。

（1）账簿装订前，核对各个账户是否相符，账页数是否齐全，序号排列是否连续。

（2）会计账簿的装订顺序：

会计账簿装订封面→账簿启用表→账户目录→按本账簿页数顺序装订账页→会计账簿装订封底。

（3）装订后的会计账簿应牢固、平整，不得有折角、掉页现象。

(4)账簿装订的封口处,应加盖装订人印章。

(5)装订后,会计账簿的脊背应平整,并注明所属年度及账簿名称和编号。

(6)会计账簿的编号为一年一编,编号顺序为总账、现金日记账、银行存(借)款日记账、分户明细账、辅助账。

3. 会计报表

会计报表编制完成并按时报送后,留存报表均应按月装订成册,年度终了统一归档保管。

(1)会计报表装订前要按编报目录核对是否齐全,整理报表页数,上边和左边对齐压平,防止折角,如有损坏部位修补后,完整无缺地装订

(2)会计报表装订顺序为:会计报表封面、会计报表编制说明、各种会计报表按会计报表的编号顺序排列、会计报表的封底

(3)按保管期限编制卷号。

(二)电子会计档案整理

一级平台管理员严格落实电子会计档案双备份制度。对备份的外接硬盘、制成的数据光盘分放不同的地点保管,最好分放在两个不同建筑物内。

电子会计档案的存放场所必须保持清洁,干燥,防热,防火,防磁,防盗。一级平台管理员应定期检查、定期转储电子会计档案。年度存放期满后,应编造清册移交省局档案部门保管,防止由于磁性介质损坏等原因而使会计档案丢失。

平台操作人员根据各自的分工负责书面形式会计档案的管理工作,定期打印、整理和装订记账凭证、账簿以及报表等会计资料。

(1)会计凭证使用规格为 264 mm×116 mm 的自定义纸张打印输出,按月整理、装订成册,填写封面、封底,盖章封签。

(2)各类账簿(如:总分类账、明细账等)使用 A4 标准纸(规格:210 mm×297 mm)定期打印输出。一般情况下,按照会计年度分类整理,加封面和封底后装订成册,认真填写封面、扉页、账册目录清单后,盖章封签。

(3)各类报表使用 A3 标准纸(规格:297 mm×420 mm)或 A4 标准纸(规格:210 mm×297 mm)定期打印输出,会计年度终了或工作结束后,分月、季、年整理归类,加封面和封底后装订成册,盖章封签。

由计算机打印输出的会计档案发生缺损时,要补充打印。存档时,会计档案封面须由单位负责人或财务负责人、操作人员等进行签章。

三、会计档案的保管

当年形成的会计档案,在会计年度终了后,可暂由会计机构保管一年,期满之后,应当由会计机构编制移交清册,移交本单位档案机构统一保管;未设立档案机构的,应当在会计机构内部指定专人保管。出纳人员不得兼管会计档案。

移交本单位档案机构保管的会计档案,原则上应当保持原卷册的封装。个别需要拆封重新整理的,档案机构应当会同会计机构和经办人员共同拆封整理,以分清责任。

会计档案的保管期限分别为:永久、定期两类。会计凭证为 15 年;会计账簿(包括总账、明细账)15 年、现金出纳账、银行存款账为 25 年;会计报表除年度财务决算期限为永久卷外,月、季报表保管期限为 5 年。会计档案移交清册保管期限为 15 年;会计档案保管清册保管期限为

25 年；会计档案销毁清册保管期限为 25 年。

四、会计档案的查阅

各单位保存的会计档案不得借出。如有特殊需要，经本单位负责人批准，可以提供查阅或者复制，并办理登记手续。查阅或者复制会计档案的人员，严禁在会计档案上涂画、拆封和抽换。

各单位应当建立健全会计档案查阅、复制登记制度。

(1)查阅人查询会计档案必须填具档案查阅记录表，非会计人员查阅会计档案需经财务部负责人签字同意后方可查阅。

(2)会计档案管理员根据财务部负责人的审批意见，将查阅单位名称、人员、查阅初始时间、查阅目的和查阅或复印会计档案名称、卷号，填写在会计档案查阅登记清册相应栏内。

(3)向查阅人提供会计档案，由查阅人在会计档案查阅登记清册借阅栏内签名并备注"查阅或复印"字样。

(4)查阅人查阅或复印完毕后交回会计档案时，会计档案管理员在会计档案查阅登记清册记录查阅或复印的内容，并检查会计档案上是否涂写、拆封或替换资料。并由查阅人和档案保管人员在会计档案查阅登记清册中签名。

(5)查阅人通常应在会计档案室内查阅，非会计人员如需将会计档案带出档案室必须经财务部负责人同意。

(6)会计档案查阅应限制于当日。查阅人应在当日内归还所查阅的会计档案，档案管理员应登记收回日期。

(7)向公司外单位提供原始凭证复印件时，必须有对方单位出具的盖有公章的证明或单位介绍信，经过本公司部门负责人及财务部负责人批准，且派专人陪同复印。

档案查阅记录表

部门	查阅人	查阅内容	查阅目的	查阅时间	归还时间	批准人

五、会计档案的销毁

保管期满的会计档案，可以按照以下程序销毁：

(1)由本单位档案机构会同会计机构提出销毁意见，编制会计档案销毁清册，列明销毁会计档案的名称、卷号、册数、起止年度和档案编号、应保管期限、已保管期限、销毁时间等内容。

(2)单位负责人在会计档案销毁清册上签署意见。

(3)销毁会计档案时，应当由档案机构和会计机构共同派员监销。

(4)监销人在销毁会计档案前，应当按照会计档案销毁清册所列内容清点核对所要销毁的会计档案；销毁后，应当在会计档案销毁清册上签名盖章，并将监销情况报告本单位负责人。

不能销毁的档案:保管期满但未结清的债权债务原始凭证和涉及其他未了事项的原始凭证,不得销毁,应当单独抽出立卷,保管到未了事项完结时为止。单独抽出立卷的会计档案,应当在会计档案销毁清册和会计档案保管清册中列明。正在项目建设期间的建设单位,其保管期满的会计档案不得销毁。

六、会计档案的移交

单位之间交接会计档案的,交接双方应当办理会计档案交接手续。

移交会计档案的单位,应当编制会计档案移交清册,列明应当移交的会计档案名称、卷号、册数、起止年度和档案编号、应保管期限、已保管期限等内容。

交接会计档案时,交接双方应当按照会计档案移交清册所列内容逐项交接,并由交接双方的单位负责人负责监交。交接完毕后,交接双方经办人和监交人应当在会计档案移交清册上签名或者盖章。

七、会计档案的特殊事项

(一)单位终止

单位因撤销、解散、破产或者其他原因而终止的,在终止和办理注销登记手续之前形成的会计档案,应当由终止单位的业务主管部门或财产所有者代管或移交有关档案馆代管。法律、行政法规另有规定的,从其规定。

(二)单位分立或移交业务

单位分立后原单位存续的,其会计档案应当由分立后的存续方统一保管,其他方可查阅、复制与其业务相关的会计档案;单位分立后原单位解散的,其会计档案应当经各方协商后由其中一方代管或移交档案馆代管,各方可查阅、复制与其业务相关的会计档案。单位分立中未结清的会计事项所涉及的原始凭证,应当单独抽出由业务相关方保存,并按规定办理交接手续。

单位因业务移交其他单位办理所涉及的会计档案,应当由原单位保管,承接业务单位可查阅、复制与其业务相关的会计档案,对其中未结清的会计事项所涉及的原始凭证,应当单独抽出由业务承接单位保存,并按规定办理交接手续。

(三)单位合并

单位合并后原各单位解散或一方存续其他方解散的,原各单位的会计档案应当由合并后的单位统一保管;单位合并后原各单位仍存续的,其会计档案仍应由原各单位保管。

第十六章　财务监督

《中华人民共和国会计法》(以下简称《会计法》)是规范和加强会计工作,保障会计人员依法行使职权,充分发挥会计工作在维护社会主义市场经济秩序,加强经济管理的一部重要大法。会计人员也必须按《会计法》办理会计事务,进行会计核算,实行会计监督。

一、会计监督的一般原则

(一)对原始凭证的审核

会计人员在办理日常会计事务中,对原始凭证(外部、内部原始凭证)进行认真审核和监督。对不真实、不合法的原始凭证,不予受理;对弄虚作假、严重违法的原始凭证,在不予受理的同时,应当予以扣留,并及时向单位领导人报告,请求查明原因,追究当事人的责任;对记载不明确、不完整以及审批手续不全的原始凭证应予以退回,并要求经办人员更正、补充。

(二)对不合规事项的处理

单位负责人应当保证会计机构、会计人员依法履行职责,不得授意、指使、强令会计机构、会计人员违法办理会计事项。

会计机构、会计人员对违反本法和国家统一的会计制度规定的会计事项,有权拒绝办理或者按照职权予以纠正。

会计机构、会计人员发现会计账簿记录与实物、款项及有关资料不相符的,按照国家统一的会计制度的规定有权自行处理的,应当及时处理;无权处理的,应当立即向单位负责人报告,请求查明原因,做出处理。

任何单位和个人对违反本法和国家统一的会计制度规定的行为,有权检举。收到检举的部门有权处理的,应当依法按照职责分工及时处理;无权处理的,应当及时移送有权处理的部门处理。收到检举的部门、负责处理的部门应当为检举人保密,不得将检举人姓名和检举材料转给被检举单位和被检举人个人。

二、内部会计监督

(一)建立内部会计控制

内部会计控制的内容主要包括:货币资金、实物资产、对外投资、工程项目、采购与付款、筹资、销售与收款、成本费用、担保等经济业务的会计控制。

(1)单位应当对货币资金收支和保管业务建立严格的授权批准制度,办理货币资金业务的不相容岗位应当分离,相关机构和人员应当相互制约,确保货币资金的安全。

(2)单位应当建立实物资产管理的岗位责任制度,对实物资产的验收入库、领用、发出、盘点、保管及处置等关键环节进行控制,防止各种实物资产被盗、毁损和流失。

(3)单位应当建立规范的对外投资决策机制和程序，通过实行重大投资决策集体审议联签等责任制度，加强投资项目立项、评估、决策、实施、投资处置等环节的会计控制，严格控制投资风险。

(4)单位应当建立规范的工程项目决策程序，明确相关机构和人员的职责权限，建立工程项目投资决策的责任制度，加强工程项目的预算、招投标、质量管理等环节的会计控制，防范决策失误及工程发包、承包、施工、验收等过程中的舞弊行为。

(5)单位应当合理设置采购与付款业务的机构和岗位，建立和完善采购与付款的会计控制程序，加强请购、审批、合同订立、采购、验收、付款等环节的会计控制，堵塞采购环节的漏洞，减少采购风险。

(6)单位应当加强对筹资活动的会计控制，合理确定筹资规模和筹资结构、选择筹资方式，降低资金成本，防范和控制财务风险，确保筹措资金的合理、有效使用。

(7)单位应当在制定商品或劳务等的定价原则、信用标准和条件、收款方式等销售政策时，充分发挥会计机构和人员的作用，加强合同订立、商品发出和账款回收的会计控制，避免或减少坏账损失。

(8)单位应当建立成本费用控制系统，做好成本费用管理的各项基础工作，制定成本费用标准，分解成本费用指标，控制成本费用差异，考核成本费用指标的完成情况，落实奖罚措施，降低成本费用，提高经济效益。

(9)单位应当加强对担保业务的会计控制，严格控制担保行为，建立担保决策程序和责任制度，明确担保原则、担保标准和条件、担保责任等相关内容，加强对担保合同订立的管理，及时了解和掌握被担保人的经营和财务状况，防范潜在风险，避免或减少可能发生的损失。

(二)内部会计控制方法

内部会计控制的方法主要包括：不相容职务相互分离控制、授权批准控制、会计系统控制、预算控制、财产保全控制、风险控制、内部报告控制、电子信息技术控制等。

(1)不相容职务相互分离控制要求单位按照不相容职务相分离的原则，合理设置会计及相关工作岗位，明确职责权限，形成相互制衡机制。

不相容职务主要包括：授权批准、业务经办、会计记录、财产保管、稽核检查等职务。

(2)授权批准控制要求单位明确规定涉及会计及相关工作的授权批准的范围、权限、程序、责任等内容，单位内部的各级管理层必须在授权范围内行使职权和承担责任，经办人员也必须在授权范围内办理业务。

(3)会计系统控制要求单位依据《会计法》和国家统一的会计制度，制定适合本单位的会计制度，明确会计凭证、会计账簿和财务会计报告的处理程序，建立和完善会计档案保管和会计工作交接办法，实行会计人员岗位责任制，充分发挥会计的监督职能。

(4)预算控制要求单位加强预算编制、执行、分析、考核等环节的管理，明确预算项目，建立预算标准，规范预算的编制、审定、下达和执行程序，及时分析和控制预算差异，采取改进措施，确保预算的执行。

(5)预算内资金实行责任人限额审批，限额以上资金实行集体审批。严格控制无预算的资金支出。

(6)财产保全控制要求单位限制未经授权的人员对财产的直接接触，采取定期盘点、财产记录、账实核对、财产保险等措施，确保各种财产的安全完整。

(7)风险控制要求单位树立风险意识，针对各个风险控制点，建立有效的风险管理系统，通过风险预警、风险识别、风险评估、风险分析、风险报告等措施，对财务风险和经营风险进行全面防范和控制。

(8)内部报告控制要求单位建立和完善内部报告制度，全面反映经济活动情况，及时提供业务活动中的重要信息，增强内部管理的时效性和针对性。

(9)电子信息技术控制要求运用电子信息技术手段建立内部会计控制系统，减少和消除人为操纵因素，确保内部会计控制的有效实施；同时要加强对财务会计电子信息系统开发与维护、数据输入与输出、文件储存与保管、网络安全等方面的控制。

三、国家监督

财政部门对各单位的下列情况实施监督：

(1)是否依法设置会计账簿；

(2)会计凭证、会计账簿、财务会计报告和其他会计资料是否真实、完整；

(3)会计核算是否符合本法和国家统一的会计制度的规定；

(4)从事会计工作的人员是否具备从业资格。

在对前款第(2)项所列事项实施监督，发现重大违法嫌疑时，国务院财政部门及其派出机构可以向与被监督单位有经济业务往来的单位和被监督单位开立账户的金融机构查询有关情况，有关单位和金融机构应当给予支持。

财政、审计、税务、人民银行、证券监管、保险监管等部门应当依照有关法律、行政法规规定的职责，对有关单位的会计资料实施监督检查。

四、社会监督

有关法律、行政法规规定，须经注册会计师进行审计的单位，应当向受委托的会计师事务所如实提供会计凭证、会计账簿、财务会计报告和其他会计资料以及有关情况。

任何单位或者个人不得以任何方式要求或者示意注册会计师及其所在的会计师事务所出具不实或者不当的审计报告。

财政部门有权对会计师事务所出具审计报告的程序和内容进行监督。

第十七章　建设单位重点工程项目(雷达建设)会计分录举例

(假定项目分两年完成)

一、资金来源的核算

【例 17-1】项目计划财政拨款 1 450 万元,其中雷达主机设备 600 万元采取直接支付方式,其余子项采取授权支付方式。

建设单位收到上级采用财政授权支付方式拨入的国债专项资金补助投资 850 万元。

借:零余额账户用款额度　　8 500 000

　贷:基建拨款—本年国债专项资金拨款—财政授权支付　　8 500 000

【例 17-2】建设单位拟用单位的事业基金 300 万元安排雷达塔楼建设,事业基金转入基建账套:

借:银行存款　　3 000 000

　贷:基建拨款—本年自筹资金拨款　　3 000 000

【例 17-3】建设单位收到地方政府以财政授权支付方式拨入的雷达项目建设地方匹配资金拨款 200 万元

借:零余额账户用款额度　　2 000 000

　贷:基建拨款—本年预算拨款　　2 000 000

二、项目支出的核算

【例 17-4】建设单位建设雷达塔楼发生如下费用(业务楼建设的具体核算详见上例):建设单位支付城建局设计室房屋图纸设计费 10 000 元 ,支付勘探大队勘探设计费 5 000 元。支付给司法部门的公证处合同公证费 30 000 元以及支付给工程质量检测部门工程监理公司或质检站工程质量费 70 000 元。支付给当地建委所属建筑工程代理中介机构招标费 200 000 元。建设单位按规定支付环保局排污费 100 00 元,支付自来水公司水源费 20 000 元,支付热电厂热源集资费 10 000 元,支付环卫局残土排放费 5 000 元,支付邮电基础设施配套费 5 000 元以及消防局消防设施配套费 5 000 元,供电站费 15 000 元,建设单位按规定将工程预决算送审会计师事务所等社会中介审计机构支付审计费 35 000 元。应支付雷达塔楼施工单位结算工程款4 400 000元,除按规定扣留 5%的质保金,余款已付。

借:待摊投资—社会中介机构审计费　　35 000

　待摊投资—勘探设计费　　15 000

　待摊投资—招投标费　　200 000

　待摊投资—其他待摊投资　　70 000

　待摊投资—合同公证及工程质量监理费　　100 000

建筑安装工程投资—建筑工程投资—雷达塔楼　4 400 000
贷:应付工程款　220 000
零余额账户用款额度　2 020 000
银行存款　2 580 000

【例 17-5】建设单位以直接支付方式支付相关生产厂家雷达主机 50%设备款 3 000 000 元,以电汇方式支付柴油发电机设备 280 000 元,UPS 不间断电源设备 140 000 元,设备均已到货尚未安装。

借:库存设备—雷达　3 000 000
库存设备—柴油发电机　280 000
库存设备—UPS 电源　140 000
贷:零余额账户用款额度　420 000
基建拨款—本年国债专项资金拨款—财政直接支付　3 000 000

【例 17-6】雷达生产厂家对雷达进行安装架设与调试,并对柴油发电机设备、UPS 电源设备与雷达进行系统联调,并且均通过了现场测试与验收,雷达进入试运行阶段。建设单位以直接支付方式支付雷达 40%设备款(余款一年后付清,厂家开具全额发票),以转账支票方式支付雷达吊装费 280 000 元,系统调试总承费 20 000 元。

借:建筑安装工程投资—安装工程投资—雷达设备安装　280 000
待摊投资—其他待摊投资　20 000
设备投资—雷达　3 000 000
贷:零余额账户用款额度　300 000
基建拨款—本年国债专项资金拨款—财政直接支付　2 400 000
应付器材款　600 000

同时:

借:设备投资—雷达　3 000 000
设备投资—柴油发电机　280 000
设备投资—UPS 电源　140 000
贷:库存设备—雷达　3 000 000
库存设备—柴油发电机　280 000
库存设备—UPS 电源　140 000

【例 17-7】建设单位支付自动气象站生产厂家自动站设备款 600 000 元,付相关供货商自动站配套计算机 64 000 元,打印机 2 000 元,UPS 电源 22 000 元,百叶箱及支架 23 000 元,风杆48 000元,上述设备均已运到建设单位所在省的装备中心,由装备中心统一运至最终用户所在地,发生运输费用 1 000 元,自动站设备尚未安装。

借:库存设备—自动站设备　760 000
贷:零余额账户用款额度　760 000

【例 17-8】自动站生产厂家负责自动站设备的安装,并完成自动站系统联调,建设单位付安装总承费 40 000 元。自动站通过现场测试验收,进入试运行阶段。

借:设备投资—自动站设备　760 000
建筑安装工程投资—安装工程投资—自动站安装　40 000

贷:库存设备—自动站设备 760 000

零余额账户用款额度 40 000

【例 17-9】建设单位对建设自动气象站的台站进行场室改造,分别支付观测值班室改造经费15 0000元,观测场修整改造(包括电缆沟改造和建设、仪器设备底座预制)100 000 元、观测场避雷达和值班室防静电设施改造 100 000 元、其他基础设施改造工程 50 000 元。

借:建筑安装工程投资—建筑工程投资

—观测值班室改造 150 000

—观测场改造 100 000

—观测场避雷和值班室防静电设施改造 100 000

—其他基础设施改造 50 000

贷:零余额账户用款额度 400 000

【例 17-10】第一年度终了,注销财政拨款额度。

借:财政应返还额度—直接支付额度 600 000

财政应返还额度—授权支付额度 6 580 000

贷:基建拨款—本年国债专项资金拨款—财政直接支付 600 000

零余额账户用款额度 6 580 000

【例 17-11】第二年初,将上年拨款转入以前年度拨款。

借:基建拨款—本年国债专项资金拨款—财政授权支付 8 500 000

基建拨款—本年国债专项资金拨款—财政直接支付 6 000 000

基建拨款—本年自筹资金拨款 3 000 000

基建拨款—本年预算拨款 2 000 000

贷:基建拨款—以前年度拨款 19 500 000

【例 17-12】第二年初,按规定逐月恢复授权支付额度(本例假定一次性全部恢复)。

借:零余额账户用款额度 6 580 000

贷:财政应返还额度—授权支付额度 6 580 000

【例 17-13】建设单位支付远程通信系统建设费 600 000 元,培训费 70 000 元,雷达测试验收费 80 000 元、雷达选址费 50 000 元、雷达技术软件开发费 400 000 元。

借:建筑安装工程投资—建筑工程投资—远程通信设施 600 000

设备投资—雷达设备 400 000

待摊投资—其他待摊投资 200 000

贷:零余额账户用款额度 1 200 000

【例 17-14】建设单位购置 L 波段二次测风雷达 1 050 000 元,购置数字探空仪及探空仪检测箱 200 000 元,探空站基础设施改造工程 600 000 元,设备均已安装完毕并投入使用。

借:建筑安装工程投资—建筑工程投资

—探空站基础设施改造 600 000

设备投资—L 波段雷达 1 050 000

设备投资—探空设备 200 000

贷:零余额账户用款额度 1 850 000

【例 17-15】建设单位购置 EOS 综合接收系统设备 1 650 000 元,地面站基础设施改造工程

550 000 元,设备均已安装完毕并投入使用。

借:建筑安装工程投资—建筑工程投资
　　　　—地面站基础设施改造　550 000
　设备投资—EOS 设备　1 650 000
　贷:零余额账户用款额度　2 200 000

【例 17-16】建设单位购置雷达工程车 330 000 元,其中国家拨款 300 000 元,其余为单位自筹解决,车已到货,并投入使用。

借:设备投资—工程车　330 000
　贷:零余额账户用款额度　300 000
　　银行存款　30 000

【例 17-17】建设单位为雷达建设避雷设施支付工程款 500 000 元,购置辅助通信设备 200 000元,敷设通信管道支付工程款 200 000 元,设备都已投入使用。

借:设备投资—通信辅助设备　200 000
　建筑安装工程投资—建筑工程投资
　　　　—雷达避雷设施　500 000
　　　　—远程通信设施　200 000
　贷:零余额账户用款额度　900 000

【例 17-18】雷达设备运行一年,建设单位以直接支付方式支付雷达设备 10%尾款 60 万元。

借:应付器材款　600 000
　贷:财政应返还额度—直接支付额度　600 000

【例 17-19】在主管部门核定基建管理费额度内支出管理费 150 000 元,其中:支付施工现场津贴 30 000 元,差旅费支出 40 000 元,办公费支出 20 000 元,银行手续费支出 5 000 元,业务招待费支出 15 000 元,竣工验收费支出 20 000 元,印花税支出 20 000 元。

借:待摊投资一建设单位管理费　150 000
　贷:银行存款　150 000

【例 17-20】上述设备及塔楼建设,全部竣工通过验收,并交付使用。

a. 雷达设备:

借:交付使用财产—雷达设备　6 680 000
　贷:设备投资—雷达　6 400 000
　　建筑安装工程投资—安装工程投资—雷达设备安装　280 000

b. 柴油机、UPS、工程车:

借:交付使用财产—柴油机　280 000
　交付使用财产—UPS 设备　140 000
　交付使用财产—工程车　330 000
　贷:设备投资—柴油发电机　280 000
　　设备投资—UPS 电源　140 000
　　设备投资—工程车　330 000

c. 自动站:

借:交付使用财产—自动站设备 800 000
　交付使用财产—自动站场室 400 000
　贷:设备投资—自动站设备 760 000
　　建筑安装工程投资—安装工程投资—自动站安装 40 000
　　建筑安装工程投资—建筑工程投资—观测值班室改造 150 000
　　—观测场改造 100 000
　　—观测场避雷和值班室防静电设施改造 100 000
　　—其他基础设施改造 50 000

d. 远程通信:

借:交付使用财产—远程通信设施 800 000
　交付使用财产—通信辅助设备 200 000
　贷:建筑安装工程投资—建筑工程投资—远程通信设施 800 000
　　设备投资—通信辅助设备 200 000

e. EOS 设备

借:交付使用财产—EOS 设备 1 650 000
　交付使用财产—地面站(EOS)基础设施 550 000
　贷:设备投资—EOS 设备 1 650 000
　　建筑安装工程投资—建筑工程投资—地面站基础设施改造 550 000

f. L 波段雷达

借:交付使用财产—L 波段雷达 1 050 000
　交付使用财产—探空设备 200 000
　交付使用财产—探空站基础设施 600 000
　贷:设备投资—L 波段雷达 1 050 000
　　设备投资—探空设备 200 000
　　建筑安装工程投资—建筑工程投资—探空站基础设施改造 600 000

g. 雷达塔楼

借:交付使用财产—避雷设施 500 000
　交付使用财产—雷达塔楼 4 820 000
　贷:建筑安装工程投资—建筑工程投资
　　—雷达塔楼 4 400 000
　　—雷达避雷设施 500 000
　　待摊投资—社会中介机构审计费 35 000
　　待摊投资—勘探设计费 15 000
　　待摊投资—招投标费 200 000
　　待摊投资—其他待摊投资 70 000
　　待摊投资—合同公证及工程质量监理费 100 000

三、待摊投资费用的分摊

【例 17-21】第二年终根据待摊投资发生额 79 万元,其中 42 万元为雷达塔楼所发生的费用，直接计入雷达塔楼投资成本，2 万元为雷达安装调试总承费用直接计入雷达、油机和 UPS 成本中；只有 35 万元需要分摊。

直接计入雷达、油机和 UPS 成本的费用计算方法：

对雷达设备 668 万元(含吊装费及软件费用)；柴油机 28 万元；UPS 设备 14 万元分摊 2 万元总承费：

分摊率：2÷(668＋28＋14)×100％＝0.28％

雷达设备＝668＋668×0.28％＝669.87(万元)

油机＝28＋28×0.28％＝28.08(万元)

UPS 设备＝14＋14×0.28％＝14.05(万元)

做会计分录：

借：交付使用财产—雷达设备	18 700
交付使用财产—油机	800
交付使用财产—UPS 设备	500
贷：待摊投资—其他待摊投资	20 000

对各交付使用资产(雷达设备 669.87 万元含吊装费及软件费用；柴油机 28.08 万元；UPS 设备 14.05 万元；自动站 120 万元；远程通信及辅助设备 100 万元，EOS 设备建设 220 万元，L 波段雷达建设 185 万元，避雷设施建设 50 万元，雷达塔楼 482 万元)进行分摊(注：不需要安装设备不分摊该费用)：

a. 计算待摊投资发生额(35 万元)分摊率：

35÷(669.87＋28.08＋14.05＋120＋100＋220＋185＋50＋482)×100％＝ 1.87％

b. 雷达设备 669.87 万元含吊装费及软件费用；柴油机 28.08 万元；UPS 设备 14.05 万元；自动站 120 万元；远程通信及辅助设备 100 万元，EOS 设备建设 220 万元，L 波段雷达建设 185 万元，避雷设施建设 50 万元，雷达塔楼 482 万元计算分摊额：

雷达设备＝669.87×1.87％ ＝12.5(万元)

柴油机＝28.08×1.87％ ＝0.5(万元)

UPS 设备＝14.05×1.87％ ＝0.3(万元)

自动站＝120×1.87％ ＝2.2(万元)

远程通信及辅助设备＝100×1.87％ ＝1.9(万元)

EOS 设备建设＝220×1.87％＝4.1(万元)

L 波段雷达建设＝185×1.87％＝3.5(万元)

避雷设施建设＝50×1.87％＝1(万元)

雷达塔楼＝482×1.87％＝9(万元)

c. 根据雷达设备 669.87 万元含吊装费及软件费用；柴油机 28.08 万元；UPS 设备 14.05 万元；自动站 120 万元；远程通信及辅助设备 100 万元，EOS 设备建设 220 万元，L 波段雷达建设 185 万元，避雷设施建设 50 万元，雷达塔楼 440 万元计算出各分摊额，作会计分录：(已交付作分摊)

借：交付使用财产—雷达设备	125 000
交付使用财产—柴油机	5 000
交付使用财产—UPS 设备	3 000

交付使用财产—自动站 22 000
交付使用财产—远程通信及辅助设备 19 000
交付使用财产—EOS 设备 41 000
交付使用财产—L 波段雷达 35 000
交付使用财产—避雷设施 1 000
交付使用财产—雷达塔楼 90 000
贷:待摊投资—建设单位管理费 150 000
待摊投资—其他待摊投资 200 000

四、第二年终项目结余资金的核算

【例 17-22】该雷达项目建设总概算为 19 500 000 元。实际支出 19 370 000 元,项目结余 130 000 元,按规定,项目结余 70%按投资来源比例归还投资方,30%作为建设单位留成收入。计算结余比例:

130 000÷19 500 000×100%=0.6667%

国债资金结余=1 450×0.6 667%=96 670(元)

自筹资金结余=300×0.6 667%=20 000(元)

地方政府拨款结余=200×0.6 667%=13 330(元)

分别按资金来源比例归还投资:

借:基建拨款—本年交回结余资金 91 000
贷:其他应交款 91 000
借:基建拨款— 本年交回结余资金 39 000
贷:留成收入 39 000

【例 17-23】雷达项目竣工财务决算按照审批权限由中国气象局批复,按规定上缴结余资金:

借:其他应交款 91 000
贷:零余额账户用款额度 77 000
银行存款 14 000

五、第二年终零余额账户用款额度结余数注销的核算

【例 17-24】第二年终根据银行转来的零余额账户用款额度结余数注销,作会计分录:

借:财政应返还额度 33 000
贷:零余额账户用款额度—授权支付额度 33 000

六、第三年初基建拨款的冲销

【例 17-25】第三年初,按规定逐月恢复授权支付额度(本例假定一次性全部恢复)。

借:零余额账户用款额度 33 000
贷:财政应返还额度—授权支付额度 33 000

【例 17-26】根据上年末汇总的年度财务决算汇总表有关科目(如交付使用资产、转出投资)冲销基建基金拨款。

借:基建拨款—以前年度拨款	19 370 000	
贷:交付使用财产—雷达设备		6 823 700
交付使用财产—柴油机		285 800
交付使用财产—UPS 设备		143 500
交付使用财产—自动站		1 222 000
交付使用财产—远程通信及辅助设备		1 019 000
交付使用财产—EOS 设备		2 241 000
交付使用财产—L 波段雷达		1 885 000
交付使用财产—避雷设施		510 000
交付使用财产—雷达塔楼		4 910 000
交付使用财产—工程车		330 000

【例 17-27】将“基建拨款—本年交回结余资金”明细科目的上年借方余额转入“以前年度拨款”明细科目的借方。

借:基建拨款—以前年度拨款	130 000	
贷:基建拨款—本年交回结余资金		130 000

七、质保金的支付

【例 17-28】雷达塔楼质保期满,没有质量问题,将扣留的质保金支付给施工单位。作会计分录:

借:应付工程款	220 000	
贷:银行存款		220 000

八、以上例题核算过程(见附表)

1. 丁字账户(3 年累计数据)
2. 雷达项目试算平衡表(同上)
3. 年度基建财务决算(依据第二年数据编报)
   (1)资金平衡表
   (2)基建投资项目表
4. 基本建设项目竣工财务决算

零余额账户用款额度

借	借方	贷方	贷
1	8,500,000.00	2,020,000.00	4
3	2,000,000.00	420,000.00	5
12	6,580,000.00	300,000.00	6
25	33,000.00	760,000.00	7
		40,000.00	8
		400,000.00	9
		6,580,000.00	10
		1,200,000.00	13
		1,850,000.00	14
		2,200,000.00	15
		300,000.00	16
		900,000.00	17
		77,000.00	23
		33,000.00	24
	17,113,000.00	17,080,000.00	
	33,000.00		

财政应返还额度

借	借方	贷方	贷
10	600,000.00	6,580,000.00	12
10	6,580,000.00	600,000.00	18
			25
		7,180,000.00	
	33,000.00		

应付工程款

借	借方	贷方	贷
28	220,000.00	220,000.00	4
	220,000.00	220,000.00	

留成收入

借	借方	贷方	贷
		39,000.00	22
		39,000.00	
		39,000.00	

其他应交款

借	借方	贷方	贷
23	91,000.00	91,000.00	22
	91,000.00	91,000.00	

基建拨款

借	借方	贷方	贷
11	8,500,000.00	8,500,000.00	1
11	6,000,000.00	3,000,000.00	2
11	3,000,000.00	2,000,000.00	3
11	2,000,000.00	3,000,000.00	5
22	39,000.00	2,400,000.00	6
22	91,000.00	600,000.00	10
26	19,370,000.00	19,500,000.00	11
27	130,000.00	130,000.00	27
	39,130,000.00	39,130,000.00	

设备投资

借	借方	贷方	贷
6	3,000,000.00	6,400,000.00	20.1
6	3,000,000.00	280,000.00	20.2
6	280,000.00	140,000.00	20.2
6	140,000.00	330,000.00	20.2
8	760,000.00	760,000.00	20.3
13	400,000.00	200,000.00	20.4
14	1,050,000.00	1,650,000.00	20.5
14	200,000.00	1,050,000.00	20.6
15	1,650,000.00	200,000.00	20.6
16	330,000.00		
17	200,000.00		
	11,010,000.00	11,010,000.00	

银行存款

借	借方	贷方	贷
2	3,000,000.00	2,580,000.00	4
		30,000.00	16
		150,000.00	19
		14,000.00	23
		220,000.00	28
	3,000,000.00	2,994,000.00	
	6,000.00		

交付使用财产

借	借方	贷方	贷
20.1	6,680,000.00	6,823,700.00	26
20.2	280,000.00	285,800.00	26
20.2	140,000.00	143,500.00	26
20.2	330,000.00	1,222,000.00	26
20.3	800,000.00	1,019,000.00	26
20.3	400,000.00	2,241,000.00	26
20.4	800,000.00	1,885,000.00	26
20.4	200,000.00	510,000.00	26
20.5	1,650,000.00	4,910,000.00	26
20.5	550,000.00	330,000.00	26
20.6	1,050,000.00		
20.6	200,000.00		
20.6	600,000.00		
20.7	500,000.00		
20.7	4,820,000.00		
21.1	18,700.00		
21.1	800.00		
21.1	500.00		
21.2	125,000.00		
21.2	5,000.00		
21.2	3,000.00		
21.2	22,000.00		
21.2	19,000.00		
21.2	41,000.00		
21.2	35,000.00		
21.2	10,000.00		
21.2	90,000.00		
	19,370,000.00	19,370,000.00	

待摊投资

借	借方	贷方	贷
4	35,000.00	35,000.00	20.7
4	15,000.00	15,000.00	20.7
4	200,000.00	200,000.00	20.7
4	70,000.00	70,000.00	20.7
4	100,000.00	100,000.00	20.7
6	20,000.00	20,000.00	21.1
13	200,000.00	150,000.00	21.2
19	150,000.00	200,000.00	21.2
	790,000.00	790,000.00	

库存设备

借	借方	贷方	贷
5	3,000,000.00	3,000,000.00	6
5	280,000.00	280,000.00	6
5	140,000.00	140,000.00	6
7	760,000.00	760,000.00	8
	4,180,000.00	4,180,000.00	

应付器材款

借	借方	贷方	贷
18	600,000.00	600,000.00	6
	600,000.00	600,000.00	

建安工程投资

借	借方	贷方	贷
4	4,400,000.00	280,000.00	20.1
6	280,000.00	40,000.00	20.3
8	40,000.00	150,000.00	20.3
9	150,000.00	100,000.00	20.3
9	100,000.00	100,000.00	20.3
9	100,000.00	50,000.00	20.3
9	50,000.00	800,000.00	20.4
13	600,000.00	550,000.00	20.5
14	600,000.00	600,000.00	20.6
15	550,000.00	4,400,000.00	20.7
17	500,000.00	500,000.00	20.7
17	200,000.00		
	7,570,000.00	7,570,000.00	

雷达项目试算平衡表

金额:元

资金占用科目	借	贷	借	贷
基建拨款	19 500 000.00	19 500 000.00		
交付使用资产	19 370 000.00	19 370 000.00		
建安工程投资	7 570 000.00	7 570 000.00		
设备投资	11 010 000.00	11 010 000.00		
待摊投资	790 000.00	790 000.00		
库存设备	4 180 000.00	4 180 000.00		
财政应返还额度	7 213 000.00	7 180 000.00	33 000.00	
应付设备款	600 000.00	600 000.00		
应付工程款	220 000.00	220 000.00		
银行存款	3 000 000.00	2 994 000.00	6 000.00	
零余额帐户用款额度	17 080 000.00	17 080 000.00		
留成收入		39 000.00		39 000.00
合计	90 533 000.00	90 533 000.00	39 000.00	39 000.00
差额	0.00	0.00		

资金平衡表

单位：元

资金占用	行次	年初数	年末数	资金来源	行次	年末数
一、基本建设支出合计	1		19,370,000.00	一、基本建设拨款合计	37	19,370,000.00
（一）交付使用资产	2		19,370,000.00	（一）以前年度拨款	38	19,500,000.00
1、固定资产	3		19,370,000.00	1、中央财政性资金拨款	39	17,500,000.00
2、流动资产	4			2、地方财政性资金拨款	40	2,000,000.00
3、无形资产	5			3、其他拨款	41	
4、递延资产	6			（二）本年拨款	42	
（二）待核销基建支出	7			1、中央财政性资金拨款	43	
（三）转出投资	8			其中：中央基建拨款	44	
（四）在建工程	9	12,740,000.00		中央财政专项资金	45	
1、建筑安装工程投资	10	5,120,000.00		中央政府性基金	46	
2、设备投资	11	7,180,000.00		国有资本经营预算	47	
3、待摊投资	12	440,000.00		其他	48	
4、其他投资	13			2、地方财政性资金拨款	49	
二、应收生产单位投资借款	14			其中：省级拨款	50	
三、器材	15			地市级拨款	51	
其中：待处理器材损失	16			县及县以下拨款	52	
四、货币资金合计	17		259,000.00	3、其他拨款	53	
其中：银行存款	18		226,000.00	（三）预收下年度财政性资金拨款	54	
财政应返还额度	19		33,000.00	其中：中央财政性资金	55	
现金	20			地方财政性资金	56	
有价证券	21			（四）本年交回结余资金（均以“—”号表示）	57	-130,000.00
五、预付款合计	22			1、交中央财政	58	
1、预付备料款	23			2、交地方财政	59	
2、预付工程款	24			3、交主管部门及其他	60	
3、预付设备款	25			二、项目资本	61	
六、应收款合计	26			其中：中央财政性资金拨入	62	
1、应收有偿调出器材及工程款	27			地方财政性资金拨入	63	
2、应收票据	28			三、项目资本公积	64	
3、其他应收款	29			其中：中央财政性资金形成	65	
七、固定资产合计	30			地方财政性资金形成	66	
固定资产原价	31			四、基建借款	67	
减：累计折旧	32			其中：企业债券资金	68	
固定资产净值	33			五、待冲基建支出	69	
固定资产清理	34			六、应付款合计	70	220,000.00
待处理固定资产损失	35			（一）应付器材款	71	220,000.00
				（二）应付工程款	72	
				（三）应付有偿调入器材及工程款	73	
				（四）应付票据	74	
				（五）应付工资及福利费	75	
				（六）其他应付款	76	
				七、未交款合计	77	
				（一）未交税金	78	
				（二）未交基建收入	79	
				（三）其他未交款	80	
				八、留成收入	81	39,000.00
资金占用合计	36		19,629,000.00	资金来源合计	82	19,629,000.00

投资项目表

项目编号	项目名称	单位性质	基建程序进度	项目规模	项目性质	项目类型	建设管理模式	项目行业性质	项目所属支出大类	开工年份	竣工年份	项目已批概算数	投资资金来源：总计	投资资金来源：合计	中央财政性资金：小计	中央财政性资金：中央基建投资	中央财政性资金：中央财政专项资金
1	2	3	4	5	6	7	8	9	10	11	12	13	14	15	16	17	18
	合计											19,370,000.00	19,370,000.00	19,370,000.00	17,370,000.00	17,370,000.00	0.00
00001	雷达塔楼	1	3	2	1	2	5	M7410	0141	2007	2008	4,910,000.00	4,910,000.00	4,910,000.00	2,910,000.00	2,910,000.00	
00002	雷达主机设备	1	3	2	1	2	5	M7410	0141	2007	2008	6,823,700.00	6,823,700.00	6,823,700.00	6,823,700.00	6,823,700.00	
00003	柴油机	1	3	2	1	2	5	M7410	0141	2007	2008	285,800.00	285,800.00	285,800.00	285,800.00	285,800.00	
00004	UPS设备	1	3	2	1	2	5	M7410	0141	2007	2008	143,500.00	143,500.00	143,500.00	143,500.00	143,500.00	
00005	工程车	1	3	2	1	2	5	M7410	0141	2007	2008	330,000.00	330,000.00	330,000.00	330,000.00	330,000.00	
00006	自动站	1	3	2	1	2	5	M7410	0141	2007	2008	1,222,000.00	1,222,000.00	1,222,000.00	1,222,000.00	1,222,000.00	
00007	远程通信及辅助设备	1	3	2	1	2	5	M7410	0141	2007	2008	1,019,000.00	1,019,000.00	1,019,000.00	1,019,000.00	1,019,000.00	
00008	EOS设备	1	3	2	1	2	5	M7410	0141	2007	2008	2,241,000.00	2,241,000.00	2,241,000.00	2,241,000.00	2,241,000.00	
00009	L波段雷达	1	3	2	1	2	5	M7410	0141	2007	2008	1,085,000.00	1,085,000.00	1,085,000.00	1,085,000.00	1,085,000.00	
00010	探空设备	1	3	2	1	2	5	M7410	0141	2007	2008	200,000.00	200,000.00	200,000.00	200,000.00	200,000.00	
00011	L波段雷达基础设施	1	3	2	1	2	5	M7410	0141	2007	2008	600,000.00	600,000.00	600,000.00	600,000.00	600,000.00	
00012	避雷设施	1	3	2	1	2	5	M7410	0141	2007	2008	510,000.00	510,000.00	510,000.00	510,000.00	510,000.00	

投资资金来源：财政性资金：中央财政性资金：中央政府性基金	中央财政性资金：国有资本经营预算	中央财政性资金：其他	地方财政性资金：小计	地方财政性资金：省级财政性资金	省级财政性资金其中：地方债	地方财政性资金：地市级财政性资金	地方财政性资金：县及县以下财政性资金	其他资金：合计	银行贷款：小计	银行贷款其中：地方政府融资平台贷款	利用外资：小计	利用外资其中：国际金融组织贷款	利用外资其中：外国政府贷款	利用外资其中：外商直接投资	自筹资金：小计	自筹资金其中：企业债	自筹资金其中：股票融资	其他：小计	其他其中：社会捐赠
19	20	21	22	23	24	25	26	27	28	29	30	31	32	33	34	35	36	37	38
0.00	0.00	0.00	2,000,000.00	2,000,000.00	0.00	0.00	0.00	0.00	0.00	0.00	0.00	0.00	0.00	0.00	0.00	0.00	0.00	0.00	0.00
			2,000,000.00	2,000,000.00															

投资资金支出									其中：当年投资支出	竣工项目结余资金	竣工项目超概金额	在建及停缓建项目结转资金	是否使用财政性资金	备注	
总计	交付使用资产					在建工程	待核销基建支出	转出投资						合并同类项项目个数（个）	其他
	小计	其中：固定资产	流动资产	无形资产	递延资产										
39	40	41	42	43	44	45	46	47	48	49	50	51	52	53	54
19,370,000.00	19,370,000.00	19,370,000.00	0.00	0.00	0.00	0.00	0.00	0.00	0.00	0.00	0.00	0.00			
4,910,000.00	4,910,000.00	4,910,000.00													
6,823,700.00	6,823,700.00	6,823,700.00													
285,800.00	285,800.00	285,800.00													
143,500.00	143,500.00	143,500.00													
330,000.00	330,000.00	330,000.00													
1,222,000.00	1,222,000.00	1,222,000.00													
1,019,000.00	1,019,000.00	1,019,000.00													
2,241,000.00	2,241,000.00	2,241,000.00													
1,085,000.00	1,085,000.00	1,085,000.00													
200,000.00	200,000.00	200,000.00													
600,000.00	600,000.00	600,000.00													
510,000.00	510,000.00	510,000.00													

单位性质：1—行政事业单位（含比照事业单位管理的社会团体） 2—国有及国有控股企业 3—非国有单位
基建程序进度：1—在建 2—资产已交付使用但未办理竣工决算 3—已办理竣工决算 4—停缓建
项目规模：1—大中型 2—小型 项目性质：1—新建 2—改扩建 3—其他 项目类型：1—经营性项目 2—非经营性项目
建设管理模式：1—公私合作关系 2—代建制 3—项目法人模式 4—工程建设领导小组或指挥部模式 5—基建处（室）模式等 6—其他（需在备注注明具体模式）
项目行业性质：1—农、林、牧、渔业 2—采矿业 3—制造业 4—电力、燃气及水的生产和供水业 5—建筑业 6—批发和零售业
7—交通运输、仓储和邮政业 8—住宿和餐饮业 9—信息传输、软件和信息技术服务业 10—金融业 11—房地产业
12—租赁和商务服务业 13—科学研究和技术服务业 14—水利、环境和公共设施管理业 15—居民服务、修理和其他服务业
16—教育 17—卫生和社会工作 18—文化、体育和娱乐业 19—公共管理、社会保障和社会组织 20—国际组织
项目所属支出大类：1—三农 2—保障性安居工程 3—铁路公路机场等重大基础设施 4—教育卫生科学文化等社会事业 5—自主创新和结构调整
6、节能减排和生态建设 7、灾后恢复重建 8、其他
本表主要公式：若13到48栏中任意一栏不为零，则建设项目名称≥4个字符（2个汉字）；3-12栏不为空；14栏=（15+27）栏；15栏=（16+22）栏；
16栏=（17+18+19+20+21）栏；22栏=（23+25+26）栏；27栏=（28+30+34+37）栏；28栏≥29栏；
30栏≥（31+32+33）栏；34栏≥（35+36）栏；37栏≥38栏；39栏=（40+45+46+47）栏；39栏≥48栏。

建设单位：　　　　建设项目：

主管部门：　　　　建设性质：

基本建设项目竣工财务决算报表

建设单位负责人：　　　　建设单位财务负责人：

编报日期：　　　　年　　月　　日

基本建设概况表

建竣决 01 表

<table>
<tr><td>建设项目
(单项工程)
名称</td><td colspan="3">雷达项目</td><td>建设地址</td><td></td><td rowspan="10">基
建
支
出</td><td>项目</td><td>概算(元)</td><td>实际(元)</td><td>备注</td></tr>
<tr><td>主要设计
单位</td><td colspan="3">某某设计院</td><td>主要施工
企业</td><td>某某建筑公司</td><td>建筑安装工程</td><td>770 万元</td><td>757 万元</td><td></td></tr>
<tr><td rowspan="3">占地
面积</td><td rowspan="2">设计</td><td rowspan="2">实际</td><td rowspan="2">总投资
(万元)</td><td rowspan="2">设计</td><td rowspan="2">实际</td><td>设备工器具</td><td>1101 万元</td><td>1101 万元</td><td></td></tr>
<tr><td>待摊投资</td><td>79 万元</td><td>79 万元</td><td></td></tr>
<tr><td rowspan="2">1800</td><td rowspan="2">1800</td><td rowspan="2">770</td><td rowspan="2">1800</td><td rowspan="2">1937</td><td>其中:建设单位管理费</td><td>15 万元</td><td>15 万元</td><td></td></tr>
<tr><td></td><td>其他投资</td><td></td><td></td><td></td></tr>
<tr><td rowspan="2">新增
生产能力</td><td colspan="3">能力(效益)名称</td><td>设计</td><td>实际</td><td>待核销基建支出</td><td></td><td></td><td></td></tr>
<tr><td colspan="3"></td><td>1700</td><td>1600</td><td>非经营性项目转出投资</td><td></td><td></td><td></td></tr>
<tr><td rowspan="2">建设起
止时间</td><td>设计</td><td colspan="4">从 2007 年 1 月 1 日开工至 2008 年 6 月 30 日竣工</td><td></td><td></td><td></td><td></td></tr>
<tr><td>实际</td><td colspan="4">从 2007 年 3 月 1 日开工至 2007 年 4 月 5 日竣工</td><td>合计</td><td>1950 万元</td><td>1937 万元</td><td></td></tr>
<tr><td>设计概算
批准文号</td><td colspan="10">气发〔2007〕98 号</td></tr>
<tr><td rowspan="3">完成
主要工作
量</td><td colspan="6">建设规模</td><td colspan="4">设备(台套吨)</td></tr>
<tr><td colspan="3">设计</td><td colspan="3">实际</td><td colspan="2">设计</td><td colspan="2">实际</td></tr>
<tr><td colspan="3"></td><td colspan="3"></td><td colspan="2"></td><td colspan="2"></td></tr>
<tr><td rowspan="8">收尾工程</td><td colspan="3">工程项目内容</td><td colspan="3">已完成投资</td><td colspan="3">尚需投资额</td><td>完成时间</td></tr>
<tr><td colspan="3"></td><td colspan="3"></td><td colspan="3"></td><td></td></tr>
<tr><td colspan="3"></td><td colspan="3"></td><td colspan="3"></td><td></td></tr>
<tr><td colspan="3"></td><td colspan="3"></td><td colspan="3"></td><td></td></tr>
<tr><td colspan="3"></td><td colspan="3"></td><td colspan="3"></td><td></td></tr>
<tr><td colspan="3"></td><td colspan="3"></td><td colspan="3"></td><td></td></tr>
<tr><td colspan="3"></td><td colspan="3"></td><td colspan="3"></td><td></td></tr>
<tr><td colspan="3">小计</td><td colspan="3"></td><td colspan="3"></td><td></td></tr>
</table>

基本建设项目竣工财务决算表

建竣 02 表　　　　单位:元

资金来源	金额	资金占用	金额
一、基建拨款	1937 万元	一、基本建设支出	1937 万元
1. 预算拨款	200 万元	1.交付使用资产	1937 万元
2. 基建基金拨款		其中：固定资产	1937 万元
其中:国债专项资金 拨款	1437 万元	流动资产	
3. 专项建设基金拨款		无形资产	
4. 进口设备转帐拨款		递延资产	
5. 器材专帐拨款		2. 在建工程	
6. 煤待油专用基金拨款		3. 待核销基建支出	
7. 自筹资金拨款	300 万元	4. 非经营项目转出投资	
8. 其他拨款		二、应收生产单位投资借款	
二、项目资本		三、拨付所属投资借款	
1. 国家资本		四、器材	
2. 法人资本		其中：待处理器材损失	
3. 个人资本		五、货币资金	
4. 外商资本		六、预付及应收款	
三、项目资本公积		七、有价证券	
四、基建借款		八、固定资产	
其中：国债转贷		固定资产	
五、上级拨入投资借款		减：累计折旧	
六、企业债券资金		固定资产净值	
七、待冲基建支出		固定资产清理	
八、应付款		待处理 固定资产损失	
九、未交款			
1. 未交税金			
2. 其他未交款			
十、上级拨入资金			
十一、留成收入			
合计	1937 万元	合计	1937 万元

补充资料 :基建结余资金 :

基本建设项目交付使用资产总表

建竣 03 表　　　　　　　　　　　　　　　　单位：元

序号	单项工程项目名称	总计	固定资产				流动资产	无形资产	递延资产
			合计	建安工程	设备	其他			
1	雷达塔楼	4 910 000	4 910 000	4 820 000		90 000			
2	雷达主机设备	6 823 700	6 823 700	280 000	6 400 000	143 700			
3	柴油机	285 800	285 800		280 000	5 800			
4	UPS 设备	143 500	143 500		140 000	3 500			
5	工程车	330 000	330 000		330 000				
6	自动站	1 222 000	1 222 000	440 000	760 000	22 000			
7	远程通信及辅助设备	1 019 000	1 019 000	800 000	200 000	19 000			
8	EOS 设备	2 241 000	2 241000	550 000	1 650 000	41 000			
9	L 波段雷达	1 885 000	1 885 000	600 000	1 250 000	35 000			
10	避雷设施	510 000	510 000	500 000		10 000			
		19 37 000	19 37 000	7 990 000	11 010 000	370 000			

交付单位：　　　　负责人　　　　　　　　接收单位：　　　　负责人
盖章　　　　　　　　　　　　　　　　　　盖章
年　　月　　日　　　　　　　　　　　　　年　　月　　日

基本建设项目交付使用资产明细表

建竣 02 表　　　　单位：万元

单项工程名称	建筑工程			设备　工具　器具　家具						流动资产		无形资产		递延资产	
	结构	面积平方米	价值（元）	名称	规格型号	单位	数量	价值（元）	设备安装费	名称	价值（元）	名称	价值（元）	名称	价值（元）
雷达塔楼	钢混	1800	4 910 000												
雷达主机设备　.				####	####	####	####	6 543 700	280 000						
柴油机				####	####	####	####	285 800							
UPS设备				####	####	####	####	143 500							
工程车				####	####	####	####	330 000							
自动站				####	####	####	####	1 182 000	40 000						
远程通信及辅助设备			800 000	####	####	####	####	219 000							
EOS设备			550 000	####	####	####	####	1 691 000							
L波段雷达				####	####	####	####	1 085 000							
L波段雷达基础设施			600 000												
探空设备				####	####	####	####	200 000							
避雷设施			510 000												
合计			7 370 000					11 680 000	320 000						

交付单位：　　　　　　　　　　　　　　接收单位：
盖章　　　　年　月　日　　　　　　　　盖章　　　　年　月　日

第三部分

气象部门
小企业会计

本书小企业是指：

气象部门在中华人民共和国境内依法设立的、符合《中小企业划型标准规定》所规定的小型企业标准的企业。

下列三类小企业除外：

(1)股票或债券在市场上公开交易的小企业。

(2)金融机构或其他具有金融性质的小企业。

(3)企业集团内的母公司和子公司。

前款所称企业集团、母公司和子公司的定义与《企业会计准则》的规定相同。

符合第一条规定的小企业，可以执行《小企业会计准则》，也可以执行《企业会计准则》。

(1)执行《小企业会计准则》的小企业，发生的交易或者事项本准则未作规范的，可以参照《企业会计准则》中的相关规定进行处理。

(2)执行《企业会计准则》的小企业，不得在执行《企业会计准则》的同时，选择执行本准则的相关规定。

(3)执行《小企业会计准则》的小企业公开发行股票或债券的，应当转为执行《企业会计准则》；因经营规模或企业性质变化导致不符合本准则第二条规定而成为大中型企业或金融企业的，应当从次年 1 月 1 日起转为执行《企业会计准则》。

(4)已执行《企业会计准则》的上市公司、大中型企业和小企业，不得转为执行本准则。

执行《小企业会计准则》的小企业转为执行《企业会计准则》时，应当按照《企业会计准则第 38 号——首次执行企业会计准则》等相关规定进行会计处理。

第十八章　资　产

第一节　资产概述

一、资产的定义

企业资产是指小企业过去的交易或者事项形成的、由小企业拥有或者控制的、预期会给小企业带来经济利益的资源。

二、资产的分类

小企业的资产按照流动性，可分为流动资产和非流动资产，如图 18-1 所示。

- 资产的分类
  - 流动资产
    - 货币资金
      - 库存现金
      - 银行存款
      - 其他货币资金
    - 短期投资
    - 应收及预付款项
      - 应收票据
      - 应收账款
      - 应收股利
      - 应收利息
      - 其他应收款
      - 预付账款
    - 存货
      - 原材料
      - 在产品
      - 半成品
      - 产成品
      - 商品
      - 周转材料
      - 委托加工物资
      - 消耗性生物资产
  - 非流动资产
    - 长期债券投资
    - 长期股权投资
    - 固定资产
    - 生产性生物资产
    - 无形资产
    - 长期待摊费用

图 18-1　资产的分类

小企业的流动资产,是指预计在1年内(含1年,下同)或超过1年的一个正常营业周期内变现、出售或耗用的资产。包括:货币资金、短期投资、应收及预付款项、存货等。

短期投资,是指小企业购入的能随时变现并且持有时间不准备超过1年(含1年,下同)的投资,如小企业以赚取差价为目的从二级市场购入的股票、债券、基金等。

小企业的非流动资产,是指流动资产以外的资产。包括:长期债券投资、长期股权投资、固定资产、生产性生物资产、无形资产、长期待摊费用等。

三、资产的计量

小企业的资产应当按照成本计量,不计提资产减值准备。

第二节 货币资金的核算

一、库存现金的核算

(一)基本概念及内容

本科目核算小企业的库存现金。

本科目期末借方余额,反映小企业持有的库存现金。

有外币现金的小企业,还应当分别按照人民币和外币进行明细核算。

《小企业会计准则》规定:小企业有内部周转使用备用金的,可以单独设置"1004 备用金"科目。

小企业应当设置"库存现金日记账",由出纳人员根据收付款凭证,按照业务发生顺序逐笔登记。每日终了,应当计算当日的现金收入合计额、现金支出合计额和结余额,将结余额与实际库存额核对,做到账款相符。

(二)主要账务处理

小企业增加库存现金,借记本科目,贷记"银行存款"等科目;减少库存现金,做相反的会计分录。

每日终了结算现金收支、财产清查等发现的有待查明原因的现金短缺或溢余,应通过"待处理财产损益"科目核算。

1. 现金收入账务处理

(1)日常业务的现金收入

企业对外销售货物、取得劳务、处置资产等取得现金收入时,应按照取得现金的金额,借记"库存现金"科目,贷记"主营业务收入"、"其他业务收入"、"固定资产清理"以及"应交税费—应交增值税(销项税额)"等科目。同时,结转相应的成本费用科目。

【例18-1】甲公司为增值税一般纳税人,主要从事电脑配件的生产与销售。2013年1月1日,对外出售电脑配件10套,价款合计为800元,该批配件成本为600元。甲公司于当日收到现金(价款和增值税款)共计936元,并将其及时入库。甲公司2013年1月1日账务处理为:

借:库存现金 936

贷:主营业务收入 800
应交税费—应交增值税(销项税额) 136
借:主营业务成本 600
贷:库存商品 600

(2)从银行提取现金

企业因向职工支付工资、各种工资性津贴,向个人支付劳务报酬等事项需要从银行提取一定的现金,提取现金时,借记“库存现金”科目,贷记“银行存款”科目。

【例 18-2】甲公司的出纳 2013 年 2 月 9 日提取现金 3 000 元备用。持支票办理完手续后,根据支票存根,编制记账凭证。甲公司 2013 年 2 月 9 日账务处理为:

借:库存现金 3 000
贷:银行存款 3 000

2.现金支出账务处理

(1)日常业务的现金支出

企业向供货方、提供劳务方进行支付时,如属于现金使用范围的,支付发生时,借记“库存商品”、“原材料”、“应交税费—应交增值税(进项税额)”等科目,贷记“库存现金”科目。

【例 18-3】乙公司于 2013 年 12 月 31 日从某农户个人手中购入农产品一批作为原材料,该批原材料价值 1 000,款项于当日用现金支付。假定不考虑相关税费等因素影响。乙公司 2013 年 12 月 31 日账务处理为:

借:原材料 1 000
贷:库存现金 1 000

【例 18-4】2013 年 12 月 10 日,甲公司职工李雷预借差旅费 2 000 元。甲公司当日的账务处理为:

借:其他应收款—李雷 2 000
贷:库存现金 2 000

(2)向银行送存现金

【例 18-5】甲公司于 2013 年 1 月 1 日送存现金 5 000 元。甲公司当日的账务处理为:

借:银行存款 5 000
贷:库存现金 5 000

3.现金溢余与短缺的账务处理

企业应当按规定进行现金清查,一般采用实地盘点法,对于清查的结果应当编制现金盘点报告单。

对于现金清查中发现的账实不符,即现金溢缺情况,首先应通过“待处理财产损益”科目进行核算。现金清查中发现短缺的现金,应按实际短缺的金额,借记“待处理财产损益”科目,贷记“库存现金”科目;在现金清查中发现溢余的现金,应按实际溢余的金额,借记“库存现金”科目,贷记“待处理财产损益”科目,待查明原因后按如下要求进行处理:

(1)现金短缺,属于应由责任人赔偿的部分,借记“其他应收款—应收现金短缺款”或“库存现金”等科目,贷记“待处理财产损益”科目;属于应由保险公司赔偿的部分,借记“其他应收款—应收保险赔款”科目,贷记“待处理财产损益”科目;属于无法查明的其他原因,根据管理权限,经批准后处理,借记“管理费用—现金短缺”科目,贷记“待处理财产损益”科目。

(2)现金溢余,属于应支付给有关人员或单位的,应借记“待处理财产损益”科目,贷记“其他应付款—应付现金溢余”科目;属于无法查明原因的现金溢余,经批准后,借记“待处理财产损益”科目,贷记“营业外收入—现金溢余”科目。

【例 18-6】甲公司 2013 年 1 月 31 日现金清查时发现现金短缺 1 000 元,2 月 5 日查明原因,其中 500 元属于出纳小李保管不善造成的丢失,另外 500 元短缺原因不详。公司处理决定由小李赔偿 500 元。小李于 2 月 10 日交纳赔款。

甲公司 2013 年 1 月 31 日的账务处理为:

借:待处理财产损益 1 000

  贷:库存现金 1 000

2013 年 2 月 5 日的账务处理为:

借:其他应收款—出纳小李 500

  管理费用 500

  贷:待处理财产损益 1 000

2013 年 2 月 10 日的账务处理为:

借:银行存款 500

  贷:其他应收款—出纳小李 500

二、银行存款的核算

(一)基本概念及内容

本科目核算小企业存入银行或其他金融机构的各种款项。

本科目期末借方余额,反映小企业存在银行或其他金融机构的各种款项。

有外币银行存款的小企业,还应当分别按照人民币和外币进行明细核算。

小企业应当按照开户银行和其他金融机构、存款种类等设置“银行存款日记账”,由出纳人员根据收付款凭证,按照业务的发生顺序逐笔登记。每日终了,应结出余额。

“银行存款日记账”应定期与“银行对账单”核对,至少每月核对一次。小企业银行存款账面余额与银行对账单余额之间如有差额,应编制“银行存款余额调节表”调节相符。

(二)主要账务处理

小企业增加银行存款,借记本科目,贷记“库存现金”、“应收账款”等科目;减少银行存款,做相反的会计分录。

1. 日常业务中取得银行存款收入

企业对外销售货物、取得劳务、处置资产等,直接通过银行转账取得收入时,应按照取得银行存款金额,借记“银行存款”科目,贷记“主营业务收入”、“其他业务收入”、“固定资产清理”以及“应交税费—应交增值税(销项税额)”等科目。同时,结转相应的销售成本。

【例 18-7】沿用【例 18-1】假设甲公司收到的是转账的银行存款 936 元,则甲公司 2013 年 1 月 1 日账务处理为:

借:银行存款 936

  贷:主营业务收入 800

    应交税费—应交增值税(销项税额) 136

借:主营业务成本　600

　贷:库存商品　600

2.日常业务中支出银行存款

企业向供货方、提供劳务方进行支付时,如不属于现金使用范围的,支付发生时,借记"库存商品"、"原材料"等资产科目,贷记"银行存款"科目。

【例18-8】甲公司于2013年3月13日从乙公司购入原材料一批,价款为10 000元。甲乙两公司皆为增值税一般纳税人,甲公司于当日收到材料,并通过银行存款转账支付了款项共计11 700元。

甲公司2013年3月13日的账务处理为:

借:原材料　10 000

　应交税费—应交增值税(进项税额)　1 700

　贷:银行存款　11 700

3.银行存款利息账务处理

企业的存款在银行存续期间会产生利息,企业确认的利息作为财务费用的冲减,借记"银行存款"科目,贷记"财务费用"科目。

【例18-9】甲公司当年第三季度银行存款产生利息总额为1 000元,并于2012年9月30日收到利息清单。

甲公司9月30日的账务处理为:

借:银行存款　1 000

　贷:财务费用　1 000

三、其他货币资金的核算

(一)基本概念及内容

本科目核算小企业的银行汇票存款、银行本票存款、信用卡存款、信用证保证金存款、外埠存款、备用金等其他货币资金。

本科目期末借方余额,反映小企业持有的其他货币资金。

本科目应按照银行汇票或本票、信用卡发放银行、信用证的收款单位,外埠存款的开户银行,分别"银行汇票"、"银行本票"、"信用卡"、"信用证保证金"、"外埠存款"等进行明细核算。

(二)主要账务处理

小企业增加其他货币资金,借记本科目,贷记"银行存款"科目;减少其他货币资金,做相反的会计分录。

第三节　短期投资的核算

(一)基本概念及内容

本科目核算小企业购入的能随时变现并且持有时间不准备超过1年(含1年,下同)的投资。

本科目期末借方余额,反映小企业持有的短期投资成本。

本科目应按照股票、债券、基金等短期投资种类进行明细核算。

(二)主要账务处理

(1)小企业购入各种股票、债券、基金等作为短期投资的,应当按照实际支付的购买价款和相关税费,借记本科目,贷记“银行存款”科目。

小企业购入股票,如果实际支付的购买价款中包含已宣告但尚未发放的现金股利,应当按照实际支付的购买价款和相关税费扣除已宣告但尚未发放的现金股利后的金额,借记本科目,按照应收的现金股利,借记“应收股利”科目,按照实际支付的购买价款和相关税费,贷记“银行存款”科目。

小企业购入债券,如果实际支付的购买价款中包含已到付息期但尚未领取的债券利息,应当按照实际支付的购买价款和相关税费扣除已到付息期但尚未领取的债券利息后的金额,借记本科目,按照应收的债券利息,借记“应收利息”科目,按照实际支付的购买价款和相关税费,贷记“银行存款”科目。

(2)在短期投资持有期间,被投资单位宣告分派的现金股利,借记“应收股利”科目,贷记“投资收益”科目。

在债务人应付利息日,按照分期付息、一次还本债券投资的票面利率计算的利息收入,借记“应收利息”科目,贷记“投资收益”科目。

(3)出售短期投资,应当按照实际收到的出售价款,借记“银行存款”或“库存现金”科目,按照该项短期投资的账面余额,贷记本科目,按照尚未收到的现金股利或债券利息,贷记“应收股利”或“应收利息”科目,按照其差额,贷记或借记“投资收益”科目。

第四节 应收及预付款项的核算

应收及预付款项,是指小企业在日常生产经营活动中发生的各项债权。包括:应收票据、应收账款、应收股利、应收利息、其他应收款等应收款项和预付账款。

应收及预付款项应当按照发生额入账。

小企业应收及预付款项符合下列条件之一的,减除可收回的金额后确认的无法收回的应收及预付款项,作为坏账损失:

(1)债务人依法宣告破产、关闭、解散、被撤销,或者被依法注销、吊销营业执照,其清算财产不足清偿的。

(2)债务人死亡,或者依法被宣告失踪、死亡,其财产或者遗产不足清偿的。

(3)债务人逾期3年以上未清偿,且有确凿证据证明已无力清偿债务的。

(4)与债务人达成债务重组协议或法院批准破产重整计划后,无法追偿的。

(5)因自然灾害、战争等不可抗力导致无法收回的。

(6)国务院财政、税务主管部门规定的其他条件。

应收及预付款项的坏账损失应当于实际发生时计入营业外支出,同时冲减应收及预付款项。

一、应收票据的核算

（一）基本概念及内容

应收票据核算小企业因销售商品或提供劳务（产成品或材料，下同）收到的商业汇票，包括商业承兑汇票和银行承兑汇票。

（二）主要账务处理

1.取得商业汇票和收回票据款

应收票据取得的原因不同，其会计处理亦有区别。因债务人抵偿前欠货款而取得的应收票据，借记“应收票据”，贷记“应收账款”；因小企业销售商品、提供劳务等而收到的商业汇票，借记“应收票据”，贷记“主营业务收入”、“应交税费—应交增值税（销项税额）”等科目。商业汇票到期收回票面金额，借记“银行存款”科目，贷记“应收票据”。因付款人无力支付票款，或到期不能收回应收票据，应按照商业汇票的票面金额，借记“应收账款”科目，贷记本科目.

【例 18-10】甲公司 2×12 年 3 月 1 日采用托收承付结算方式向乙公司销售商品一批，货款 300 000 元，增值税额 51 000 元，以银行存款代垫运杂费 6 000 元，已办理托收手续。假设甲公司采用小企业会计准则核算，甲公司应编制如下会计分录：

借：应收账款　357 000
　贷：主营业务收入　300 000
　　应交税费—应交增值税（销项税额）　51 000
　　银行存款　6 000

3 月 15 日，甲公司收到乙公司寄来的一张 3 个月到期的银行承兑汇票，面值 357 000 元，抵付产品货款。甲公司应编制如下会计分录：

借：应收票据　357 000
　贷：应收账款　357 000

6 月 15 日，甲公司上述票据到期，收回票面金额 357 000 元存入银行。甲公司应编制如下会计分录：

借：银行存款　357 000
　贷：应收票据　357 000

2.应收票据的转让

企业将持有的商业汇票背书转让以取得所需物资时，按应计入取得物资成本的金额，借记“原材料”或“在途物资”等、借记“应交税费—应交增值税（进项税额）”，贷记“应收票据”。

【例 18-11】承【例 18-10】，假定甲公司于 4 月 15 日将上述应收票据背书转让，以取得生产经营用材料，材料价款 300 000，适用的增值税税率为 17%，并收到银行存款 6 000 元。甲公司应编制如下会计分录：

借：原材料　300 000
　应交税费—应交增值税（进项税额）　51 000
　银行存款　6 000
贷：应收票据　357 000

(三)应收票据贴现

小企业按实际收到的金额,借记“银行存款”科目,按贴现息部分,借记“财务费用”科目,按应收票据的票面价值,贷记“应收票据”科目。

一、应收账款的核算

(一)基本概念及内容

应收账款核算小企业因销售商品、提供劳务等经营活动应收取的款项,主要包括小企业销售商品或提供劳务等应向有关债务人收取的价款及代购货单位垫付的包装费、运杂费等。

本科目应按照对方单位进行明细核算。

(二)主要账务处理

1.取得和收回应收账款

小企业因销售商品或提供劳务形成应收账款,应当按照应收金额,借记“应收账款”,按照应交增值税销项税额,贷记“应交税费—应交增值税(销项税额)”科目,按其差额,贷记“主营业务收入”或“其他业务收入”科目。

收回应收账款,借记“银行存款”或“库存现金”科目,贷记“应收账款”。

【例 18-12】甲公司采用托收承付结算方式向乙公司销售一批商品,开具的增值税专用发票上记载的价款为 200 000 元,增值税额 34 000 元,已办理托收手续。相关会计分录为:

借;应收账款—乙公司	234 000	
贷:主营业务收入		200 000
应交税费—应交增值税(销项税额)		34 000

甲公司实际收到款项时

借:银行存款	234 000	
贷:应收账款—乙公司		234 000

2.应收及预付款项坏账

应收及预付款项实际发生坏账时,应当作为损失计入当期营业外支出,同时冲销应收及预付款项。

【例 18-13】甲公司应收乙公司账款余额合计为 100 000 元,2×12 年 12 月 31 日甲公司获知乙公司已经依法宣告破产,破产财产尚不足以支付税款。假定甲公司以前未确认坏账损失。假设甲公司采用小企业会计准则核算,甲公司应编制如下会计分录:

借:营业外支出	100 000	
贷:应收账款—乙公司		100 000

(三)小企业会计准则与企业会计准则处理的异同

1.相同点

取得和收回应收账款的处理一致。

3.不同点

(1)坏账损失的确认条件。小企业会计准则下,按照税法规定的资产损失税前扣除政策的条件确认。企业会计准则下,有客观证据表明该应收款项发生减值的,应当将该应收款项的账面价值与预计未来现金流量现值的差额确认为减值。

(2)会计处理方法不同。小企业会计准则下,采用直接转销法核算,并且借方科目为营业外支出,贷方为"应收账款"等。企业会计准则下,只能采用备抵法核算,不过借方科目为"资产减值损失",贷方为备抵科目"坏账准备"。

三、预付账款的核算

(一)基本概念及内容

预付账款核算小企业按照合同规定预付的款项,包括根据合同规定预付的购货款、租金等。小企业进行在建工程预付的工程价款,也在"预付账款"核算。

(二)主要账务处理

小企业因购货而预付的款项,借记"预付账款",贷记"银行存款"等科目。收到所购物资,按照应计入购入物资成本的金额,借记"在途物资"或"原材料"、"库存商品"等科目,按照应交增值税进项税额,借记"应交税费—应交增值税(进项税额)"科目,按照应支付的金额,贷记"预付账款"。补付的款项,借记"预付账款",贷记"银行存款"等科目;退回多付的款项,做相反的会计分录。

小企业进行在建工程预付的工程价款,借记"预付账款",贷记"银行存款"等科目。按工程进度结算工程价款,借记"在建工程"科目,贷记"预付账款"、"银行存款"等科目。

预付账款坏账损失的处理和应收账款一致,在此不再赘述。

【例 18-14】甲公司向乙公司采购材料 5 000 吨,单价 10 元,所需支付的款项总额 50 000 元。20×9 年 9 月 12 日,甲公司按照合同规定向乙公司预付货款的 50%。9 月 30 日,收到乙公司发来的 5 000 吨材料,取得的增值税专用发票上记载的价款为 50 000 元,增值税额为 8 500元。甲公司以银行存款补付其余款项。假定不考虑其他税费。假设甲公司采用小企业会计准则核算,相关会计分录如下:

a. 预付 50%货款

借:预付账款—乙公司	25 000	
贷:银行存款		25 000

b. 收到材料

借:原材料—××材料	50 000	
应交税费—应交增值税(进项税额)	8 500	
贷:预付账款—乙公司		58 500
借:预付账款—乙公司	33 500	
贷:银行存款		33 500

四、应收股利的核算

(一)基本概念及内容

本科目核算小企业应收取的现金股利或利润。

本科目应按照被投资单位进行明细核算。

本科目期末借方余额,反映小企业尚未收到的现金股利或利润。

(二)主要账务处理

(1)小企业购入股票,如果实际支付的购买价款中包含已宣告但尚未发放的现金股利,应当按照实际支付的购买价款和相关税费扣除已宣告但尚未发放的现金股利后的金额,借记"短期投资"或"长期股权投资"科目,按照应收的现金股利,借记本科目,按照实际支付的购买价款和相关税费,贷记"银行存款"科目。

(2)在短期投资或长期股权投资持有期间,被投资单位宣告分派现金股利或利润,应当按照本企业应享有的金额,借记本科目,贷记"投资收益"科目。

(3)小企业实际收到现金股利或利润,借记"银行存款"等科目,贷记本科目。

五、应收利息的核算

(一)基本概念及内容

本科目核算小企业债券投资应收取的利息。

购入的一次还本付息债券投资持有期间的利息收入,在"长期债券投资"科目核算,不在本科目核算。

本科目应按照被投资单位进行明细核算。

本科目期末借方余额,反映小企业尚未收到的债券利息。

(二)主要账务处理

(1)小企业购入债券,如果实际支付的购买价款中包含已到付息期但尚未领取的债券利息,应当按照实际支付的购买价款和相关税费扣除应收的债券利息后的金额,借记"短期投资"或"长期债券投资"科目,按照应收的债券利息,借记本科目,按照实际支付的购买价款和相关税费,贷记"银行存款"科目。

(2)在长期债券投资持有期间,在债务人应付利息日,按照分期付息、一次还本债券投资的票面利率计算的利息收入,借记本科目,贷记"投资收益"科目;按照一次还本付息债券投资的票面利率计算的利息收入,借记"长期债券投资—应计利息"科目,贷记"投资收益"科目。

(3)实际收到债券利息,借记"银行存款"等科目,贷记本科目。

六、其他应收款的核算

(一)基本概念及内容

小企业"其他应收款"科目核算除应收票据、应收账款、应收股息以外的其他各种应收、暂付款项,包括不设置"备用金"科目的小企业拨出的备用金、应收的各种赔款、罚款,应向职工收取的各种垫付款项等。

小企业出口产品或商品按照税法规定应予退回的增值税款,也通过本科目核算。

本科目应按照对方单位(或个人)进行明细核算。

(二)主要账务处理

(1)小企业发生的其他各种应收款项,借记本科目,贷记"库存现金"、"银行存款"、"固定资产清理"等科目。出口产品或商品按照税法规定应予退回的增值税款,借记本科目,贷记"应交税费—应交增值税(出口退税)"科目。

(2)收回其他各种应收款项,借记“库存现金”、“银行存款”、“应付职工薪酬”等科目,贷记本科目。

(3)按照小企业会计准则规定确认其他应收款实际发生的坏账损失,应当按照可收回的金额,借记“银行存款”等科目,按照其账面余额,贷记本科目,按照其差额,借记“营业外支出”科目。

本科目期末借方余额,反映小企业尚未收回的其他应收款项。

【例 18-15】甲公司在采购过程中发生材料毁损,按保险合同规定,应由保险公司赔偿损失 30 000 元,赔款尚未收到,假设甲公司采用小企业会计准则核算,应编制如下会计分录:

借:其他应收款—保险公司　　30 000

　贷:材料采购　　30 000

【例 18-16】2013 年 12 月 10 日,甲公司职工李雷预借差旅费 2 000 元。甲公司当日的账务处理为:

借:其他应收款—李雷　　2 000

　贷:库存现金　　2 000

2013 年 12 月 30 日报销差旅费 1 500 元,归还剩余现金

借:库存现金　　500

　　管理费用　　1 500

　贷:其他应收款—李雷　　2 000

第五节　存货的核算

一、基本概念及内容

存货,是指小企业在日常生产经营过程中持有以备出售的产成品或商品、处在生产过程中的在产品、生产或提供劳务过程中耗用的材料和物料等,以及农业小企业为出售而持有的或在将来收获为农产品的消耗性生物资产。

小企业的存货包括:原材料、在产品、半成品、产成品、商品、周转材料、委托加工物资、消耗性生物资产等。

(1)原材料,是指小企业在生产过程中经加工改变其形态或性质并构成产品主要实体的各种原料及主要材料、辅助材料、外购半成品(外购件)、修理用备件(备品备件)、包装材料、燃料等。

(2)在产品,是指小企业正在制造尚未完工的产品。包括:正在各个生产工序加工的产品,以及已加工完毕但尚未检验或已检验但尚未办理入库手续的产品。

(3)半成品,是指小企业经过一定生产过程并已检验合格交付半成品仓库保管,但尚未制造完工成为产成品,仍需进一步加工的中间产品。

(4)产成品,是指小企业已经完成全部生产过程并已验收入库,符合标准规格和技术条件,可以按照合同规定的条件送交订货单位,或者可以作为商品对外销售的产品。

(5)商品,是指小企业(批发业、零售业)外购或委托加工完成并已验收入库用于销售的各

种商品。

(6)周转材料,是指小企业能够多次使用、逐渐转移其价值但仍保持原有形态且不确认为固定资产的材料。包括:包装物、低值易耗品、小企业(建筑业)的钢模板、木模板、脚手架等。

(7)委托加工物资,是指小企业委托外单位加工的各种材料、商品等物资。

(8)消耗性生物资产,是指小企业(农、林、牧、渔业)生长中的大田作物、蔬菜、用材林以及存栏待售的牲畜等。

二、盘存方法

企业确定存货的实物数量有两种方法:一种是实地盘存制;另一种是永续盘存制。

(一)实地盘存制

"实地盘存制"又称"定期盘存制",是指企业平时只在账簿中登记存货的增加数,不记减少数,期末根据清点所得的实存数,计算本期存货的减少数。使用这种方法平时的核算工作比较简便,但不能随时反映各种物资的收发结存情况,不能随时结转成本,并把物资的自然和人为短缺数隐含在发出数量之内;同时由于缺乏经常性资料,不便于对存货进行计划和控制,所以实地盘存制的实用性较差。通常仅适用于一些单位价值较低、自然损耗大、数量不稳定、进出频繁的特定货物。

(二)永续盘存制

"永续盘存制"又称"账面盘存制",是指企业设置各种数量金额的存货明细账,根据有关凭证,逐日逐笔登记材料、产品、商品等的收发领退的数量和金额,随时结出账面结存数量和金额。采用永续盘存制,可随时掌握各种存货的收发、结存情况,有利于存货管理。

为了核对存货账面记录,永续盘存制同时要求进行存货的实物盘点。会计年度终了,应进行一次全面的盘点清查,并编制盘点表,保证账实相符,如有不符应查明原因及时处理。

小企业会计实务中,存货的数量核算一般采用永续盘存制。但不论采用何种方法,前后各期应保持一致。

存货盘点应由仓库管理人员及独立的会计记账人员和科室存货保管人员共同进行。存货盘点清查一方面要核对实物的数量,看其是否与相关记录相符、是否账实相符;另一方面也要关注实物的质量,看其是否有明显的损坏。

三、计量方法及内容

存货应当按照成本进行初始计量。存货成本包括采购成本、加工成本和其他成本。企业存货的取得主要是通过外购和自制两个途径。

(1)企业外购的存货主要包括原材料和商品。存货的采购成本,包括购买价款、相关税费、运输费、装卸费、保险费以及在外购存货过程中发生的其他直接费用,但不包括按照税法规定可以抵扣的增值税额。相关税费,包括计入存货的进口关税、消费税、资源税、不能抵扣的增值税等。外购存货过程发生的其他直接费用,包括入库前发生的仓储费用、包装费、运输途中合理损耗、入库前的挑选整理费用等。

(2)企业通过进一步加工取得的存货,主要包括产成品、在产品、半成品、委托加工物资等,其成本由材料采购成本、加工成本构成。通过进一步加工取得的存货的成本中采购成本是由所使用或消耗的原材料采购成本转移而来的，因此，计量加工取得的存货成本，重点是要确定存货的加工成本。

存货加工成本由直接人工和制造费用构成，其实质是企业在进一步加工存货的过程中追加发生的生产成本。各项成本费用通常要按照一定的比例和标准分配到各个加工的存货当中。

直接人工是指在生产产品过程中，直接从事产品生产的工人的职工薪酬。

直接人工和间接人工的划分依据通常是生产工人是否与所生产的产品直接相关（即可否直接确定其服务的产品对象）。

经过1年期以上的制造才能达到预定可销售状态的存货发生的借款费用，也计入存货的成本。

借款费用是指小企业因借款而发生的利息及其他相关成本。包括：借款利息、辅助费用以及因外币借款而发生的汇兑差额等。

制造费用是指企业为生产产品和提供劳务而发生的各项间接费用。包括企业生产部门（如生产车间）管理人员的职工薪酬、折旧费、办公费、水电费、机物料消耗、劳动保护费、季节性和修理期间的停工损失等。

（3）投资者投入存货的成本，应当按照评估价值确定。

（4）提供劳务的成本包括：与劳务提供直接相关的人工费、材料费和应分摊的间接费用。

（5）自行栽培、营造、繁殖或养殖的消耗性生物资产的成本，应当按照下列规定确定：

①自行栽培的大田作物和蔬菜的成本包括：在收获前耗用的种子、肥料、农药等材料费、人工费和应分摊的间接费用。

②自行营造的林木类消耗性生物资产的成本包括：郁闭前发生的造林费、抚育费、营林设施费、良种试验费、调查设计费和应分摊的间接费用。

③自行繁殖的育肥畜的成本包括：出售前发生的饲料费、人工费和应分摊的间接费用。

④水产养殖的动物和植物的成本包括：在出售或入库前耗用的苗种、饲料、肥料等材料费、人工费和应分摊的间接费用。

⑤盘盈存货的成本，应当按照同类或类似存货的市场价格或评估价值确定。盘盈存货实现的收益应当计入营业外收入。

⑥存货发生毁损，处置收入、可收回的责任人赔偿和保险赔款，扣除其成本、相关税费后的净额，应当计入营业外支出或营业外收入。

盘亏存货发生的损失应当计入营业外支出。

四、发出存货成本的计量方法

小企业应当采用先进先出法、加权平均法或者个别计价法确定发出存货的实际成本。计价方法一经选用，不得随意变更。

（一）先进先出法

先进先出法是以先购入的存货应先发出（销售或耗用）这样一种存货实物流转假设为前提，对发出存货进行计价。采用这种方法，先购入的存货成本在后购入存货成本之前转出，据此确定发出存货和期末存货的成本。

(二)移动加权平均法

移动加权平均法,是指以每次进货的成本加上原有库存存货的成本,除以每次进货数量与原有库存存货的数量之和,据以计算加权平均单位成本,作为在下次进货前计算各次发出存货成本的依据。计算公式如下:

本次发出存货的成本=本次发出存货数量×本次发货前的存货单位成本

本月月末库存存货成本=月末库存存货的数量×本月月末存货单位成本

(三)月末一次加权平均法

月末一次加权平均法,是指以当月全部进货数量加上月初存货数量作为权数,去除当月全部进货成本加上月初存货成本,计算出存货的加权平均单位成本,以此为基础计算当月发出存货的成本和期末存货的成本的一种方法。

本月发出存货的成本=本月发出存货的数量×存货单位成本

本月月末库存存货成本=月末库存存货的数量×存货单位成本

(四)个别计价法

个别计价法,亦称个别认定法、具体辨认法、分批实际法,其特征是注重所发出存货具体项目的实物流转与成本流转之间的联系,逐一辨认各批发出存货和期末存货所属的购进批别或生产批别,分别按其购入或生产时所确定的单位成本计算各批发出存货和期末存货的成本。即把每一种存货的实际成本作为计算发出存货成本和期末存货成本的基础。对于不能替代使用的存货、为特定项目专门购入或制造的存货以及提供的劳务,通常采用个别计价法确定发出存货的成本。在实际工作中,越来越多的企业采用计算机信息系统进行会计处理,个别计价法可以广泛应用于发出存货的计价,并且该方法确定的存货成本最为准确。

对于性质和用途相似的存货,应当采用相同的成本计算方法确定发出存货的成本。

对于不能替代使用的存货、为特定项目专门购入或制造的存货以及提供的劳务,采用个别计价法确定发出存货的成本。

对于周转材料,采用一次转销法进行会计处理,在领用时按其成本计入生产成本或当期损益;金额较大的周转材料,也可以采用分次摊销法进行会计处理。出租或出借周转材料,不需要结转其成本,但应当进行备查登记。

对于已售存货,应当将其成本结转为营业成本。

五、材料采购

(一)基本概念及内容

本科目核算小企业采用计划成本进行材料日常核算、购入材料的采购成本。

采用实际成本进行材料日常核算的,购入材料的采购成本,在“在途物资”科目核算。委托外单位加工材料、商品的加工成本,在“委托加工物资”科目核算。

本科目应按照供应单位和材料品种进行明细核算。

本科目期末借方余额,反映小企业已经收到发票账单、但材料尚未到达或尚未验收入库的在途材料的采购成本。

(二)材料采购的主要账务处理

(1)小企业外购材料,应当按照发票账单所列购买价款、运输费、装卸费、保险费以及在外购材料过程发生的其他直接费用，借记本科目，按照税法规定可抵扣的增值税进项税额，借记“应交税费—应交增值税（进项税额）”科目，按照购买价款、相关税费、运输费、装卸费、保险费以及在外购材料过程发生的其他直接费用，贷记“库存现金”、“银行存款”、“其他货币资金”、“预付账款”、“应付账款”等科目。

材料已经收到、但尚未办理结算手续的，可暂不作会计分录；待办理结算手续后，再根据所付金额或发票账单的应付金额，借记本科目，贷记“银行存款”等科目。

应向供应单位、运输机构等收回的材料短缺或其他应冲减材料采购成本的赔偿款项，应根据有关的索赔凭证，借记“应付账款”或“其他应收款”科目，贷记本科目。因自然灾害等发生的损失和尚待查明原因的途中损耗，先记入“待处理财产损益”科目，查明原因后再作处理。

（2）月末，应将仓库转来的外购收料凭证，分别下列不同情况进行处理：

①对于收到发票账单的收料凭证（包括本月付款或开出、承兑商业汇票的上月收料凭证），应按照实际成本和计划成本分别汇总，并按照计划成本，借记“原材料”、“周转材料”等科目，贷记本科目；将实际成本大于计划成本的差异，借记“材料成本差异”科目，贷记本科目；实际成本小于计划成本的差异做相反的会计分录。

②对于尚未收到发票账单的收料凭证，应按照计划成本暂估入账，借记“原材料”、“周转材料”等科目，贷记“应付账款—暂估应付账款”科目，下月初用红字做同样的会计分录予以冲回，以便下月收到发票账单等结算凭证时，按照正常程序进行账务处理。

六、在途物资的核算

（一）基本概念及内容

本科目核算小企业采用实际成本进行材料、商品等物资的日常核算、尚未到达或尚未验收入库的各种物资的实际采购成本。

小企业（批发业、零售业）在购买商品过程中发生的费用（包括：运输费、装卸费、包装费、保险费、运输途中的合理损耗和入库前的挑选整理费等），在“销售费用”科目核算，不在本科目核算。

本科目应按照供应单位和物资品种进行明细核算。

本科目期末借方余额，反映小企业已经收到发票账单、但材料或商品尚未到达或尚未验收入库的在途材料、商品等物资的采购成本。

（二）主要账务处理

（1）小企业外购材料、商品等物资，应当按照发票账单所列购买价款、运输费、装卸费、保险费以及在外购材料过程发生的其他直接费用，借记本科目，按照税法规定可抵扣的增值税进项税额，借记“应交税费—应交增值税（进项税额）”科目，按照购买价款、相关税费、运输费、装卸费、保险费以及在外购物资过程发生的其他直接费用，贷记“库存现金”、“银行存款”、“其他货币资金”、“预付账款”、“应付账款”等科目。

材料已经收到、但尚未办理结算手续的，可暂不作会计分录；待办理结算手续后，再根据所付金额或发票账单的应付金额，借记本科目，贷记“银行存款”等科目。

应向供应单位、外部运输机构等收回的材料或商品短缺或其他应冲减材料或商品采购成本的赔偿款项，应根据有关的索赔凭证，借记“应付账款”或“其他应收款”科目，贷记本科目。

因自然灾害等发生的损失和尚待查明原因的途中损耗，先记入“待处理财产损益”科目，查明原因后再作处理。

(2)月末，应将仓库转来的外购材料或商品收料凭证，按照材料或商品并分别下列不同情况进行汇总：

①对于收到发票账单的收料凭证(包括本月付款或开出、承兑商业汇票的上月收料凭证)，应当按照汇总金额，借记“原材料”、“周转材料”、“库存商品”等科目，贷记本科目。

②对于尚未收到发票账单的收料凭证，应分别材料或商品，并按照估计金额暂估入账，借记“原材料”、“周转材料”、“库存商品”等科目，贷记“应付账款—暂估应付账款”科目，下月初用红字做同样的会计分录予以冲回，以便下月收到发票账单等结算凭证时，按照正常程序进行账务处理。

【例 18-17】甲企业为一般纳税人，2×10 年 3 月 22 日从乙企业购入原材料一批，取得的增值税专用发票上注明的原材料价款为 40 000 元，增值税额为 6 800 元。货款已经银行转账支付，但材料尚未运到。

甲企业应于收到发票等结算凭证时进行如下账务处理：

借：在途物资	40 000	
应交税费—应交增值税(进项税额)	6 800	
贷：银行存款		46 800

在上述材料到达入库时，进行如下账务处理：

借：原材料	40 000	
贷：在途物资		40 000

七、原材料的核算

(一)基本概念及内容

本科目核算小企业库存的各种材料。包括：原料及主要材料、辅助材料、外购半成品(外购件)、修理用备件(备品备件)、包装材料、燃料等的实际成本或计划成本。

购入的工程用材料，在“工程物资”科目核算，不在本科目核算。

本科目应按照材料的保管地点(仓库)、材料的类别、品种和规格等进行明细核算。

本科目期末借方余额，反映小企业库存材料的实际成本或计划成本。

(二)主要账务处理

(1)小企业购入并已验收入库的材料，按照实际成本，借记本科目，贷记“在途物资”、“应付账款”等科目。涉及按照税法规定可抵扣的增值税进项税额的，还应当借记“应交税费—应交增值税(进项税额)”科目。

购入的材料已经到达并已验收入库，但在月末尚未办理结算手续的，可按照暂估价值入账，借记本科目、“周转材料”等科目，贷记“应付账款—暂估应付账款”科目；下月初用红字做同样的会计分录予以冲回，以便下月收到发票账单等结算凭证时，按照正常程序进行账务处理。

(2)自制并已验收入库的材料，按照实际成本，借记本科目，贷记“生产成本”科目。

(3)取得投资者投入的原材料，应当按照评估价值，借记本科目，贷记“实收资本”、“资本公积”科目。涉及增值税进项税额的，还应进行相应的账务处理。

(4)生产经营领用材料,按照实际成本,借记“生产成本”、“制造费用”、“销售费用”、“管理费用”等科目,贷记本科目。

出售材料结转成本,按照实际成本,借记“其他业务成本”科目,贷记本科目。

发给外单位加工的材料,按照实际成本,借记“委托加工物资”科目,贷记本科目。外单位加工完成并已验收入库的材料,按照加工收回材料的实际成本,借记本科目,贷记“委托加工物资”科目。

(5)清查盘点,发现盘盈、盘亏、毁损的原材料,按照实际成本(或估计价值),借记或贷记本科目,贷记或借记“待处理财产损益—待处理流动资产损益”科目。

(6)采用计划成本进行材料日常核算的小企业,日常领用、发出原材料均按照计划成本记账。

月末,按照发出各种原材料的计划成本计算应负担的成本差异,借记“生产成本”、“制造费用”、“销售费用”、“管理费用”、“委托加工物资”、“其他业务成本”等科目,贷记“材料成本差异”科目;实际成本小于计划成本的差异做相反的会计分录。

【例 18-18】甲企业为一般纳税人,2×10 年 3 月 22 日从乙企业购入原材料一批,取得的增值税专用发票上注明的原材料价款为 40 000 元,增值税额为 6 800 元。发票等结算凭证已经收到,货款已通过银行转账支付,材料已运到并已验收入库(单料同到)。

甲企业 2×10 年 3 月 22 日的账务处理如下:

借:原材料	40 000	
应交税费—应交增值税(进项税额)	6 800	
贷:银行存款		46 800

【例 18-19】承【例 18-18】,如果购入的材料已经运到,并已验收入库,但发票等结算凭证尚未收到,货款尚未支付。3 月末,甲企业应按暂估价入账,假定其暂估价为 35 000 元。

甲企业应于 3 月末应进行如下账务处理:

借:原材料	35 000	
贷:应付账款—暂估应付账款		35 000

4 月初将上述会计分录原账冲回:

借:应付账款—暂估应付账款	35 000	
贷:原材料		35 000

在收到发票等结算凭证,并支付货款时:

借:原材料	40 000	
应交税费—应交增值税(进项税额)	6 800	
贷:银行存款		46 800

【例 18-20】甲企业为增值税一般纳税人,购入原材料一批,价款 1 000 元,于 2×10 年 5 月 1 日入库,并以银行存款支付价款和增值税税额。2×10 年 5 月 15 日,生产部门领用该批原材料用于生产 A 产品,在生产过程中发生职工薪酬 1 500 元,发生其他支出 100 元。6 月 30 日,产品生产完成,经验收合格,转入产成品仓库保管。

甲企业 2×10 年 5 月 1 日的账务处理为

借:原材料	1 000	
应交税费—应交增值税(进项税额)	170	

贷:银行存款 1 170

2×10 年 5 月 15 日的账务处理为

借:生产成本 1 000

贷:原材料 1 000

发生职工薪酬和其他支出时的账务处理为

借:生产成本 1 600

贷:应付职工薪酬 1 500

银行存款 100

2×10 年 6 月 30 日完工入库的账务处理为

借:库存商品 2 600

贷:生产成本 2 600

(三)小企业会计准则与企业会计准则处理的异同

1. 相同点

盘盈的各种材料、产成品、商品等,借记“原材料”、“库存商品”等科目,贷记“待处理财产损益”(待处理流动资产损益)。

小企业发生的存货毁损,应当按照处置收入、可收回的责任人赔偿和保险赔款,扣除其成本、相关税费后的净额,计入营业外收入或营业外支出。

盘亏存货造成的损失经批准后应当计入营业外支出。

2. 不同点

存货盘盈时,结转损益类科目不同。小企业会计准则下,通过“营业外收入”核算,企业会计准则下,通过“管理费用”核算。

八、材料成本差异的核算

(一)基本概念及内容

本科目核算小企业采用计划成本进行日常核算的材料计划成本与实际成本的差额。

小企业也可以在“原材料”、“周转材料”等科目设置“成本差异”明细科目。

本科目可以分别“原材料”、“周转材料”等,按照类别或品种进行明细核算。

本科目期末借方余额,反映小企业库存材料等的实际成本大于计划成本的差异;贷方余额反映小企业库存材料等的实际成本小于计划成本的差异。

发出材料应负担的成本差异应当按月分摊,不得在季末或年末一次计算。发出材料应负担的成本差异,除委托外部加工发出材料可按照月初成本差异率计算外,应使用本月的实际成本差异率;月初成本差异率与本月实际成本差异率相差不大的,也可按照月初成本差异率计算。计算方法一经确定,不得随意变更。

材料成本差异率的计算公式如下:

本月材料成本差异率=(月初结存材料的成本差异+本月验收入库材料的成本差异)÷(月初结存材料的计划成本+本月验收入库材料的计划成本)×100%

月初材料成本差异率=月初结存材料的成本差异÷月初结存材料的计划成本×100%

发出材料应负担的成本差异=发出材料的计划成本×材料成本差异率

（二）主要账务处理

（1）小企业验收入库材料发生的材料成本差异，实际成本大于计划成本的差异，借记本科目，贷记“材料采购”科目；实际成本小于计划成本的差异做相反的会计分录。

入库材料的计划成本应当尽可能接近实际成本。除特殊情况外，计划成本在年度内不得随意变更。

（2）结转发出材料应负担的材料成本差异，按照实际成本大于计划成本的差异，借记“生产成本”、“管理费用”、“销售费用”、“委托加工物资”、“其他业务成本”等科目，贷记本科目；实际成本小于计划成本的差异做相反的会计分录。

九、库存商品的核算

（一）基本概念及内容

本科目核算小企业库存的各种商品的实际成本或售价。包括：库存产成品、外购商品、存放在门市部准备出售的商品、发出展览的商品以及寄存在外的商品等。

接受来料加工制造的代制品和为外单位加工修理的代修品，在制造和修理完成验收入库后，视同小企业的产成品，也通过本科目核算。

可以降价出售的不合格品，也在本科目核算，但应与合格产品分开记账。

已经完成销售手续，但购买单位在月末未提取的库存产成品，应作为代管产品处理，单独设置代管产品备查簿，不再在本科目核算。

小企业（农、林、牧、渔业）可将本科目改为“1405 农产品”科目。

小企业（批发业、零售业）在购买商品过程中发生的费用（包括：运输费、装卸费、包装费、保险费、运输途中的合理损耗和入库前的挑选整理费等），在“销售费用”科目核算，不在本科目核算。

本科目应按照库存商品的种类、品种和规格等进行明细核算。

本科目期末借方余额，反映小企业库存商品的实际成本或售价。

（二）主要账务处理

（1）小企业生产的产成品的入库和出库，平时只记数量不记金额，月末计算入库产成品的实际成本。生产完成验收入库的产成品，按照其实际成本，借记本科目，贷记“生产成本”等科目。

对外销售产成品，借记“主营业务成本”科目，贷记本科目。

（2）购入商品到达验收入库后，按照商品的实际成本或售价，借记本科目，贷记“库存现金”、“银行存款”、“在途物资”等科目。涉及增值税进项税额的，还应进行相应的处理。按照售价与进价之间的差额，贷记“商品进销差价”科目。

购入的商品已经到达并已验收入库，但尚未办理结算手续的，可按照暂估价值入账，借记本科目，贷记“应付账款—暂估应付账款”科目；下月初用红字做同样的会计分录予以冲回，以便下月收到发票账单等结算凭证时，按照正常程序进行账务处理。

对外销售商品结转销售成本或售价，借记“主营业务成本”科目，贷记本科目。月末，分摊已销商品的进销差价，借记“商品进销差价”科目，贷记“主营业务成本”科目。

【例 18-21】乙有限责任公司对甲公司以一批商品投资，该商品的成本为 80 万元，公允价为

100万元，增值税率为17%，双方认可此商品的公允价值。如下：

甲公司的账务处理如下：

借：库存商品　100

　　应交税费—应交增值税(进项税额)　17

贷：实收资本—乙公司　117

十、商品进销差价的核算

(一)基本概念及内容

本科目核算小企业采用售价进行日常核算的商品售价与进价之间的差额。

本科目应按照库存商品的种类、品种和规格等进行明细核算。

本科目的期末贷方余额，反映小企业库存商品的商品进销差价。

(二)主要账务处理

(1)小企业购入、加工收回以及销售退回等增加的库存商品，按照商品售价，借记“库存商品”科目，按照商品进价，贷记“银行存款”、“委托加工物资”等科目，按照售价与进价之间的差额，贷记本科目。

(2)月末，分摊已销商品的进销差价，借记本科目，贷记“主营业务成本”科目。

销售商品应分摊的商品进销差价，按照以下公式计算：

商品进销差价率＝月末分摊前本科目贷方余额÷(“库存商品”科目月末借方余额＋本月“主营业务收入”科目贷方发生额)×100%

本月销售商品应分摊的商品进销差价＝本月“主营业务收入”科目贷方发生额×商品进销差价率

小企业的商品进销差价率各月之间比较均衡的，也可以采用上月商品进销差价率计算分摊本月的商品进销差价。年度终了，应对商品进销差价进行复核调整。

十一、委托加工物资的核算

(一)基本概念及内容

本科目核算小企业委托外单位加工的各种材料、商品等物资的实际成本。

本科目应按照加工合同、受托加工单位以及加工物资的品种等进行明细核算。

本科目期末借方余额，反映小企业委托外单位加工尚未完成物资的实际成本。

(二)主要账务处理

(1)小企业发给外单位加工的物资，按照实际成本，借记本科目，贷记“原材料”、“库存商品”等科目；按照计划成本或售价核算的，还应同时结转材料成本差异或商品进销差价。

(2)支付加工费、运杂费等，借记本科目，贷记“银行存款”等科目；需要交纳消费税的委托加工物资，由受托方代收代缴的消费税，借记本科目(收回后用于直接销售的)或“应交税费—应交消费税”科目(收回后用于继续加工的)，贷记“应付账款”、“银行存款”等科目。

(3)加工完成验收入库的物资和剩余的物资，按照加工收回物资的实际成本和剩余物资的实际成本，借记“原材料”、“库存商品”等科目，贷记本科目。

(4)采用计划成本或售价核算的，按照计划成本或售价，借记“原材料”或“库存商品”科目，按照实际成本，贷记本科目，按照实际成本与计划成本或售价之间的差额，借记或贷记“材料成本差异”或贷记“商品进销差价”科目。

采用计划成本或售价核算的，也可以采用上月材料成本差异率或商品进销差价率计算分摊本月应分摊的材料成本差异或商品进销差价。

十二、周转材料的核算

（一）基本概念及内容

本科目核算小企业库存的周转材料的实际成本或计划成本。包括：包装物、低值易耗品，以及小企业（建筑业）的钢模板、木模板、脚手架等。

各种包装材料，如纸、绳、铁丝、铁皮等，应在“原材料”科目内核算；用于储存和保管产品、材料而不对外出售的包装物，应按照价值大小和使用年限长短，分别在“固定资产”科目或本科目核算。

小企业的包装物、低值易耗品，也可以单独设置“1412 包装物”、“1413 低值易耗品”科目。

包装物数量不多的小企业，也可以不设置本科目，将包装物并入“原材料”科目核算。

本科目应按照周转材料的种类，分别按“在库”、“在用”和“摊销”进行明细核算。

本科目的期末余额，反映小企业在库、出租、出借周转材料的实际成本或计划成本以及在用周转材料的摊余价值。

（二）主要账务处理

（1）小企业购入、自制、委托外单位加工完成并验收入库的周转材料，以及对周转材料的清查盘点，比照“原材料”科目的相关规定进行账务处理。

（2）生产、施工领用周转材料，通常采用一次转销法，按照其成本，借记“生产成本”、“管理费用”、“工程施工”等科目，贷记本科目。

随同产品出售但不单独计价的包装物，按照其成本，借记“销售费用”科目，贷记本科目。

随同产品出售并单独计价的包装物，按照其成本，借记“其他业务成本”科目，贷记本科目。

金额较大的周转材料，也可以采用分次摊销法，领用时应按照其成本，借记本科目（在用），贷记本科目（在库）；按照使用次数摊销时，应按照其摊销额，借记“生产成本”、“管理费用”、“工程施工”等科目，贷记本科目（摊销）。

（3）周转材料采用计划成本进行日常核算的，领用等发出周转材料，还应结转应分摊的成本差异。

十三、消耗性生物资产的核算

（一）基本概念及内容

本科目核算小企业（农、林、牧、渔业）持有的消耗性生物资产的实际成本。

本科目应按照消耗性生物资产的种类、群别等进行明细核算。

本科目期末借方余额，反映小企业（农、林、牧、渔业）消耗性生物资产的实际成本。

（二）主要账务处理

（1）外购的消耗性生物资产，按照应计入消耗性生物资产成本的金额，借记本科目，贷记“银行存款”、“应付账款”等科目。

(2)自行栽培的大田作物和蔬菜,应按照收获前发生的必要支出,借记本科目,贷记“银行存款”等科目。

自行营造的林木类消耗性生物资产,应按照郁闭前发生的必要支出,借记本科目,贷记“银行存款”等科目。

自行繁殖的育肥畜、水产养殖的动植物,应按照出售前发生的必要支出,借记本科目,贷记“银行存款”等科目。

(3)产畜或役畜淘汰转为育肥畜的,应按照转群时的账面价值,借记本科目,按照已计提的累计折旧,借记“生产性生物资产累计折旧”科目,按照其账面余额,贷记“生产性生物资产”科目。

育肥畜转为产畜或役畜的,应按照其账面余额,借记“生产性生物资产”科目,贷记本科目。

(4)择伐、间伐或抚育更新性质采伐而补植林木类消耗性生物资产发生的后续支出,借记本科目,贷记“银行存款”等科目。

林木类消耗性生物资产达到郁闭后发生的管护费用等后续支出,借记“管理费用”科目,贷记“银行存款”等科目。

(5)农业生产过程中发生的应归属于消耗性生物资产的费用,按照应分配的金额,借记本科目,贷记“生产成本”科目。

(6)消耗性生物资产收获为农产品时,应按照其账面余额,借记“农产品”科目,贷记本科目。

(7)出售消耗性生物资产,应按照实际收到的金额,借记“银行存款”等科目,贷记“主营业务收入”等科目。按照其账面余额,借记“主营业务成本”等科目,贷记本科目。

第六节 长期投资的核算

长期投资,是指短期投资以外的投资,即企业不准备随时变现、持有时间在1年以上的投资。长期投资包括:长期债券投资和长期股权投资。

一、长期债券投资的核算

(一)基本概念及内容

本科目核算小企业准备长期(在1年以上,下同)持有的债券投资。

本科目应按照债券种类和被投资单位,分别按“面值”、“溢折价”、“应计利息”进行明细核算。

本科目期末借方余额,反映小企业持有的分期付息、一次还本债券投资的成本和到期一次还本付息债券投资的本息。

(二)主要账务处理

(1)小企业购入债券作为长期投资,应当按照债券票面价值,借记本科目(面值),按照实际支付的购买价款和相关税费,贷记“银行存款”科目,按照其差额,借记或贷记本科目(溢折价)。

如果实际支付的购买价款中包含已到付息期但尚未领取的债券利息,应当按照债券票面价值，借记本科目（面值），按照应收的债券利息，借记“应收利息”科目，按照实际支付的购买价款和相关税费，贷记“银行存款”科目，按照其差额，借记或贷记本科目（溢折价）。

（2）在长期债券投资持有期间，在债务人应付利息日，按照分期付息、一次还本的长期债券投资票面利率计算的利息收入，借记“应收利息”科目，贷记“投资收益”科目；按照一次还本付息的长期债券投资票面利率计算的利息收入，借记本科目（应计利息），贷记“投资收益”科目。

在债务人应付利息日，按照应分摊的债券溢折价金额，借记或贷记“投资收益”科目，贷记或借记本科目（溢折价）。

（3）长期债券投资到期，收回长期债券投资，应当按照收回的债券本金或本息，借记“银行存款”等科目，按照其账面余额，贷记本科目（成本、溢折价、应计利息），按照应收未收的利息收入，贷记“应收利息”科目。

处置长期债券投资，应当按照处置收入，借记“银行存款”等科目，按照其账面余额，贷记本科目（成本、溢折价），按照应收未收的利息收入，贷记“应收利息”科目，按照其差额，贷记或借记“投资收益”科目。

（4）按照小企业会计准则规定确认实际发生的长期债券投资损失，应当按照可收回的金额，借记“银行存款”等科目，按照其账面余额，贷记本科目（成本、溢折价），按照其差额，借记“营业外支出”科目。

二、长期股权投资

长期股权投资，是指小企业准备长期持有的权益性投资。

长期股权投资应当按照成本进行计量。长期股权投资应当采用成本法进行会计处理。

小企业长期股权投资符合下列条件之一的，减除可收回的金额后确认的无法收回的长期股权投资，作为长期股权投资损失，长期股权投资损失应当于实际发生时计入营业外支出，同时冲减长期股权投资账面余额：

（1）被投资单位依法宣告破产、关闭、解散、被撤销，或者被依法注销、吊销营业执照的。

（2）被投资单位财务状况严重恶化，累计发生巨额亏损，已连续停止经营3年以上，且无重新恢复经营改组计划的。

（3）对被投资单位不具有控制权，投资期限届满或者投资期限已超过10年，且被投资单位因连续3年经营亏损导致资不抵债的。

（4）被投资单位财务状况严重恶化，累计发生巨额亏损，已完成清算或清算期超过3年以上的。

（5）国务院财政、税务主管部门规定的其他条件。

（一）基本概念及内容

本科目核算小企业准备长期持有的权益性投资。

本科目应按照被投资单位进行明细核算。

本科目期末借方余额，反映小企业持有的长期股权投资的成本。

（二）主要账务处理

（1）小企业以支付现金取得的长期股权投资，如果实际支付的购买价款中包含已宣告但尚未发放的现金股利，应当按照实际支付的购买价款和相关税费扣除已宣告但尚未发放的现金股利后的金额,借记本科目,按照应收的现金股利,借记“应收股利”科目,按照实际支付的购买价款和相关税费,贷记“银行存款”科目。

【例题 18-22】甲公司 2010 年 5 月 15 日以银行存款购买乙股份有限公司的股票 100 000 股作为长期投资,每股买入价为 10 元,每股价格中包含有 0.2 元的已宣告分派的现金股利,另支付相关税费 7 000 元。假设甲公司采用《小企业会计准则》核算。

a. 计算初始投资成本

股票成交金额=100 000×10=1 000 000(元)

加:相关税费=7 000(元)

减:已宣告分派的现金股利=100 000×0.2=20 000(元)

初始投资成本为 987 000 元。

b. 编制购入股票的会计分录:

借:长期股权投资　　987 000

　应收股利　　20 000

　贷:银行存款　　1 007 000

通过非货币性资产交换取得的长期股权投资,应当按照非货币性资产的评估价值与相关税费之和,借记本科目,按照换出非货币性资产的账面价值,贷记“固定资产清理”、“无形资产”等科目,按照支付的相关税费,贷记“应交税费”等科目,按照其差额,贷记“营业外收入”或借记“营业外支出”等科目。

【例 18-23】甲公司以一批商品对乙有限责任公司投资,该商品的成本为 8 万元,公允价为 10 万元,增值税率为 17%,双方认可此商品的公允价值。如下:

甲公司的账务处理如下:

借:长期股权投资—乙公司　　117 000+100 000×17%)

　贷:主营业务收入　　100 000

　　应交税费—应交增值税(销项税额)　　17 000

借:主营业务成本　　80 000

　贷:库存商品　　80 000

(2)在长期股权投资持有期间,被投资单位宣告分派的现金股利或利润,应当按照应分得的金额,借记“应收股利”科目,贷记“投资收益”科目。

【例 18-24】承【例 18-22】如果甲公司于 2010 年 6 月 20 日收到被投资方宣告发放现金股利的通知,应分的现金股利 5 000 元。甲公司应编制如下会计分录:

借:应收股利　　5 000

　贷:投资收益　　5 000

(3)处置长期股权投资,应当按照处置价款,借记“银行存款”等科目,按照其成本,贷记本科目,按照应收未收的现金股利或利润,贷记“应收股利”科目,按照其差额,贷记或借记“投资收益”科目。

【例 18-25】甲公司将其作为长期投资持有的远海股份有限公司 15 000 股股票,以每股 10 元的价值卖出,支付相关税费 1 000 元,实际取得价款 149 000 元,款项已由银行收妥。处置时长期股权投资账面余额为 140 000 元。假设甲公司采用《小企业会计准则》核算,甲公司应编制如下会计分录:

a. 计算投资收益：

股票转让取得价款＝149 000(元)

减：投资账面余额＝140 000(元)

投资收益＝149 000－140 000＝9 000(元)

b. 编制出售股票时的会计分录：

借：银行存款	149 000	
贷：长期股权投资		140 000
投资收益		9 000

(4)根据小企业会计准则规定确认实际发生的长期股权投资损失，应当按照可收回的金额，借记“银行存款”等科目，按照其账面余额，贷记本科目，按照其差额，借记“营业外支出”科目。

【例 18-26】2010 年 12 月 31 日，甲公司获悉乙股份有限公司财务状况严重恶化，累计发生巨额亏损，已连续停止经营 3 年以上，且无重新恢复经营改组计划。甲公司预计持有的乙股份有限公司股票全部不能收回，2010 年 12 月 31 日，长期股权投资账面余额为 150 000 元。假设甲公司采用《小企业会计准则》核算，甲公司应编制如下会计分录：

借：营业外支出	150 000	
贷：长期股权投资		150 000

(三)《小企业会计准则》与《企业会计准则》的异同

1. 取得长期股权投资时

相同点：应收股利的核算一致。实际支付价款中包含的已宣告但尚未发放的现金股利均通过应收股利核算。

不同点：初始投资成本确定不同。《小企业会计准则》下，采用成本进行初始计量。《企业会计准则》下，初始计量需要区分属于同一控制下企业合并还是其他方式，如果属于同一控制下企业合并，按照享有的被投资单位所有者权益份额确认初始投资成本，其他情况下，按照支付对价的公允价值确认投资成本。另外，若后续计量采用权益法核算，如果初始投资成本小于享有被投资单位可辨认净资产公允价值份额，两者之间的差额计入取得投资当期的营业外收入，同时调整增加长期股权投资的账面价值。

2. 长期股权投资持有期间

相同点：长期股权投资持有期间被投资单位宣告发放现金股利或利润《小企业会计准则》与《企业会计准则》下成本法核算一致。

不同点：《小企业会计准则》与《企业会计准则》权益法的核算不同。《企业会计准则》权益法下，需要根据被投资单位实现净损益以及净损益外所有者权益的其他变动的份额，确认“长期股权投资—损益调整”及“长期股权投资—其他权益变动”，同时确认“投资收益”及“资本公积—其他资本公积”。实际取得现金股利或利润时，冲减“长期股权投资”，而不确认“投资收益”。

3. 处置长期股权投资时

相同点：处置时，贷方需要转出长期股权投资账面余额及尚未领取的现金股利或利润。

不同点：《企业会计准则》下，若长期股权投资计提减值准备，需要借方转出“长期股权投资减值准备”；权益法核算下，持有期间通过“资本公积”科目核算的其他权益变动转入“投资收益”科目。

4.长期股权投资损失

(1)确认条件不同。《小企业会计准则》下,损失金额与税法允许税前扣除的金额和条件一致;《企业会计准则》下,投资损失仅与按照会计准则确定的可收回金额有关,与税法规定不同。

(2)核算科目不同。《小企业会计准则》下,损失直接调整长期股权投资和营业外支出;《企业会计准则》下,投资损失调整长期股权投资减值准备及资产减值损失。

第七节 固定资产和生产性生物资产的核算

一、固定资产概述

(一)固定资产的定义

固定资产,是指小企业为生产商品、提供劳务、出租或经营管理而持有的,使用寿命超过一年的有形资产。

小企业的固定资产包括:房屋、建筑物、机器、机械、运输工具、设备、器具、工具等。

(二)固定资产的分类

根据不同的管理需要和核算要求以及不同的分类标准,可以对固定资产进行不同的分类,主要有以下几种分类方法:

1.按经济用途分类

按固定资产的经济用途分类,可分为生产经营用固定资产和非生产经营用固定资产。

(1)生产经营用固定资产,是指直接服务于小企业生产、经营过程的各种固定资产,如生产经营用的房屋、建筑物、机器、设备、器具、工具等。

(2)非生产经营用固定资产,是指不直接服务于生产、经营过程的各种固定资产,如职工宿舍、食堂、浴室、理发室等使用的房屋、设备和其他固定资产等。

2.按使用情况分类

按固定资产使用情况分类,可分为使用中的固定资产、未使用的固定资产和不需用的固定资产。

(1)使用中的固定资产,是指正在使用中的经营性和非经营性的固定资产。由于季节性经营或大修理等原因,暂时停止使用的固定资产仍属于小企业使用中的固定资产;小企业出租给其他单位使用的固定资产和内部替换使用的固定资产,也属于使用中的固定资产。

(2)未使用的固定资产,是指已完工或已购建的尚未交付使用的新增固定资产以及因进行改建、扩建等原因暂停使用的固定资产,如小企业购建的尚待安装的固定资产、经营任务变更停止使用的固定资产等。

(3)不需用的固定资产,是指小企业多余或不适用,需要调配处理的各种固定资产。

3.综合分类

按固定资产的经济用途和使用情况等综合分类,可把小企业的固定资产划分为五大类:

(1)生产经营用固定资产;

(2)非生产经营用固定资产;

(3)租出固定资产(指在经营租赁方式下出租给外单位使用的固定资产);

(4)不需用固定资产;

(5)未使用固定资产。

(三)固定资产计提折旧

固定资产的折旧费应当根据固定资产的受益对象计入相关资产成本或者当期损益。前款所称折旧,是指在固定资产使用寿命内,按照确定的方法对应计折旧额进行系统分摊。应计折旧额,是指应当计提折旧的固定资产的原价(成本)扣除其预计净残值后的金额。预计净残值,是指固定资产预计使用寿命已满,小企业从该项固定资产处置中获得的扣除预计处置费用后的净额。已提足折旧,是指已经提足该项固定资产的应计折旧额。

小企业应当按照年限平均法(即直线法,下同)计提折旧。小企业的固定资产由于技术进步等原因,确需加速折旧的,可以采用双倍余额递减法和年数总和法。

(四)固定资产后续计量

固定资产的后续计量包括固定资产折旧、固定资产后续支出等,小企业在进行固定资产后续计量时,应根据小企业会计准则及国家相关法律法规的规定处理。

1. 改建支出

固定资产的改建支出,是指改变房屋或者建筑物结构、延长使用年限等发生的支出。

固定资产在使用过程中进行改建的,除已提足折旧的固定资产和经营租入固定资产以外,其他固定资产的改建支出应当计入固定资产成本。

2. 日常修理支出

固定资产在使用过程中发生的日常修理费,应当在发生时根据固定资产的收益对象计入相关资产成本或者当期损益。

(五)固定资产的处置

固定资产满足下列条件之一的,应当予以终止确认:

(1)该固定资产处于处置状态;

(2)该固定资产预期通过使用或处置不能产生经济利益。

(六)固定资产清查

小企业应定期或者至少每年年末对固定资产进行清查盘点,以保证固定资产核算的真实性,充分挖掘小企业现有固定资产的潜力。在固定资产清查过程中,如果发现盘盈、盘亏的固定资产,应填制固定资产盘盈盘亏报告表。清查固定资产的损益,应及时查明原因,并按照规定程序报批处理。

二、生产性生物资产概述

(一)生产性生物资产定义及计量

生产性生物资产是指小企业(农、林、牧、渔业)为生产农产品、提供劳务或出租等目的而持有的生物资产。包括:经济林、薪炭林、产畜和役畜等。

生产性生物资产应当按照成本进行计量。

(1)外购的生产性生物资产的成本，应当按照购买价款和相关税费确定。

(2)自行营造或繁殖的生产性生物资产的成本，应当按照下列规定确定：

①自行营造的林木类生产性生物资产的成本包括：达到预定生产经营目的前发生的造林费、抚育费、营林设施费、良种试验费、调查设计费和应分摊的间接费用等必要支出。

②自行繁殖的产畜和役畜的成本包括：达到预定生产经营目的前发生的饲料费、人工费和应分摊的间接费用等必要支出。

前款所称达到预定生产经营目的，是指生产性生物资产进入正常生产期，可以多年连续稳定产出农产品、提供劳务或出租。

(二)生产性生物资产计提折旧

生产性生物资产应当按照年限平均法计提折旧。

小企业(农、林、牧、渔业)应当根据生产性生物资产的性质和使用情况，并考虑税法的规定，合理确定生产性生物资产的使用寿命和预计净残值。

生产性生物资产的折旧方法、使用寿命、预计净残值一经确定，不得随意变更。

小企业(农、林、牧、渔业)应当自生产性生物资产投入使用月份的下月起按月计提折旧；停止使用的生产性生物资产，应当自停止使用月份的下月起停止计提折旧。

三、固定资产的核算

(一)基本概念及内容

本科目核算小企业固定资产的原价(成本)。

小企业应当根据小企业会计准则规定的固定资产标准，结合本企业的具体情况，制定固定资产目录，作为核算依据。

小企业购置计算机硬件所附带的、未单独计价的软件，也通过本科目核算。

小企业临时租入的固定资产和以经营租赁租入的固定资产，应另设备查簿进行登记，不在本科目核算。

本科目应按照固定资产类别和项目进行明细核算。

本科目期末借方余额，反映小企业固定资产的原价(成本)。

小企业根据实际情况设置“固定资产登记簿”和“固定资产卡片”。

(二)主要账务处理

(1)小企业购入(含以分期付款方式购入)不需要安装的固定资产，应当按照实际支付的购买价款、相关税费(不包括按照税法规定可抵扣的增值税进项税额)、运输费、装卸费、保险费等，借记本科目，按照税法规定可抵扣的增值税进项税额，借记“应交税费—应交增值税(进项税额)”科目，贷记“银行存款”、“长期应付款”等科目。购入需要安装的固定资产，应在购入不需要安装的固定资产取得成本的基础上加上安装调试成本等，作为固定资产的入账价值，先记入“在建工程”科目，安装完成后再转入本科目。

【例 18-27】甲企业为一般纳税人，购入需要安装的设备一台，取得的增值税专用发票上注明的设备买价为10 000元，增值税税额为1 700元，另支付的运杂费为100元，包装费200元，款项以银行存款支付。安装过程中用银行存款支付安装费1 000元。

a. 支付设备价款、税金、运杂费、包装费：

在建工程入账金额＝10 000＋100＋200＝10 300(元)

编制会计分录：

借:在建工程　10 300

　应交税费—应交增值税(进项税额)　1 700

　贷:银行存款　12 000

b. 支付安装费：

借:在建工程　1 000

　贷:银行存款　1 000

c. 设备安装完毕交付使用：

固定资产入账价值为＝10 300＋1 000＝11 300(元)

借:固定资产　11 300

　贷:在建工程　11 300

小企业购置计算机硬件所附带的、未单独计价的软件也通过固定资产核算。

以一笔款项购入多项没有单独标价的固定资产，应当按照各项固定资产市场价格或类似资产的市场价格或评估价值比例对总成本进行分配，分别确定各项固定资产的成本。

【例 18-28】2×12 年 4 月 21 日，甲公司向乙公司一次购入 3 套不同型号且具有不同生产能力的设备 A、B 和 C。甲公司为该批设备共支付价款 5 000 000 元，增值税进项税额 850 000 元，保险费 17 000 元，装卸费 3 000 元，全部以银行转账支付；假定 A、B 和 C 设备分别满足固定资产确认条件，公允价值分别为 1 560 000 元、2 340 000 元和 1 300 000 元。假定不考虑其他相关税费。

甲公司的账务处理如下：

a. 确认计入固定资产成本的金额，包括购买价款、保险费、装卸费等，即：

5 000 000＋17 000＋3 000＝5 020 000(元)

b. 确定 A、B 和 C 的价值分配比例

A 设备应分配的固定资产价值比例为：

1 560 000/(1 560 000＋2 340 000＋1 300 000)×100％＝30％

B 设备应分配的固定资产价值比例为：

2 340 000/(1 560 000＋2 340 000＋1 300 000)×100％＝45％

C 设备应分配的固定资产比例为：

1 300 000/(1 560 000＋2 340 000＋1 300 000)×100％＝25％

c. 确定 A、B 和 C 设备各自的成本

A 设备的成本＝5 020 000×30％＝1 506 000(元)

B 设备的成本＝5 020 000×45％＝2 259 000(元)

C 设备的成本＝5 020 000×25％＝1 255 000(元)

d. 会计分录

借:固定资产—A　1 506 000

　　　　　—B　2 259 000

　　　　　—C　1 255 000

　应交税费—应交增值税(进项税额)　850 000

贷:银行存款 5 870 000

自行建造固定资产完成竣工决算,按照竣工决算前发生相关支出,借记本科目,贷记"在建工程"科目。

取得投资者投入的固定资产,应当按照评估价值和相关税费,借记本科目或"在建工程"科目,贷记"实收资本"、"资本公积"科目。

融资租入的固定资产,在租赁期开始日,按照租赁合同约定的付款总额和在签订租赁合同过程中发生的相关税费等,借记本科目或"在建工程"科目,贷记"长期应付款"等科目。

盘盈的固定资产,按照同类或类似固定资产的市场价格或评估价值扣除按照新旧程度估计的折旧后的余额,借记本科目,贷记"待处理财产损益—待处理非流动资产损益"科目。

【例 18-29】丁公司在财产清查过程中,发现一台未入账的设备,重置成本为 30 000 元。丁公司应作如下会计处理:

a. 盘盈固定资产时:

借:固定资产 30 000

贷:待处理财产损益—待处理固定资产损益 30 000

b. 报经批准时:

借:待处理财产损益—待处理固定资产损益 30 000

贷:营业外收入 30 000

(2)在固定资产使用过程中发生的修理费,应当按照固定资产的受益对象,借记"制造费用"、"管理费用"等科目,贷记"银行存款"等科目。

固定资产的大修理支出,借记"长期待摊费用"科目,贷记"银行存款"等科目。

小企业生产车间(部门)发生的固定资产修理费用等后续支出,记入"制造费用",行政管理部门等发生的固定资产修理费用等后续支出,记入"管理费用"。

已提足折旧的固定资产的改建支出、经营租入固定资产的改建支出、符合税法规定的固定资产大修理支出通过"长期待摊费用"科目核算,借记"长期待摊费用"科目,贷记"银行存款"等科目。

【例 18-30】2012 年 7 月 30 日,某企业对生产车间的一台生产用设备进行日常维修,修理过程中发生的应付人工费用为 7 500 元。

会计处理如下:

借:制造费用 7 500

贷:应付职工薪酬 7 500

(3)对固定资产进行改扩建时,应当按照该项固定资产账面价值,借记"在建工程"科目,按照其已计提的累计折旧,借记"累计折旧"科目,按照其原价,贷记本科目。

(4)因出售、报废、毁损、对外投资等原因处置固定资产,应当按照该项固定资产账面价值,借记"固定资产清理"科目,按照其已计提的累计折旧,借记"累计折旧"科目,按照其原价,贷记本科目。

盘亏的固定资产,按照该项固定资产的账面价值,借记"待处理财产损益—待处理非流动资产损益"科目,按照已计提的折旧,借记"累计折旧"科目,按照其原价,贷记本科目。

【例 18-31】乙公司进行财产清查时发现短缺一台笔记本电脑,原价为 10 000 元,已计提折旧7 000元。经查，属于经营损失。

乙公司应作如下会计处理：

a. 盘亏固定资产时：

借：待处理财产损益　3 000

　累计折旧　7 000

　贷：固定资产　10 000

b. 报经批准转销时：

借：营业外支出　3 000

　贷：待处理财产损益　3 000

小企业会计准则与企业会计准则的区别

固定资产	小企业会计准则	企业会计准则
自建固定资产	成本截止到竣工决算前 竣工决算前发生的借款费用，应当计入固定资产的成本	成本截止到达到预定可使用状态 符合资本化条件的资产发生在资本化期间内的有关借款费用应该资本化
投资者投入的固定资产	评估价值和相关税费	按照投资合同或协议约定的价值确定，但合同或协议约定价值不公允的除外
固定资产大修理支出	符合税法规定的通过"长期待摊费用"科目核算	符合资本化条件的，计入固定资产成本
固定资产盘盈	通过"待处理财产损益"科目过渡，盘盈净收益计入"营业外收入"	先通过"以前年度损益调整"科目核算
减值	不计提	计提

四、累计折旧的核算

（一）基本概念及内容

固定资产折旧是对固定资产由于磨损和损耗而转移到成本费用中去的那一部分价值的补偿。固定资产磨损和损耗包括固定资产的有形损耗和无形损耗。其中，有形损耗又分为实物损耗和自然损耗。

固定资产的实物损耗，是指固定资产在使用过程中其实物形态由于运转磨损等原因发生的损耗。

固定资产的自然损耗，是指固定资产受自然条件的影响发生的腐蚀性损失。

固定资产的无形损耗，是指固定资产在使用过程中由于技术进步等非实物磨损、非自然损耗等原因发生的价值损失。

本科目核算小企业固定资产的累计折旧。

本科目可以进行总分类核算,也可以进行明细核算。

小企业应当对所有固定资产计提折旧,但已提足折旧仍继续使用的固定资产和单独计价入账的土地不得计提折旧。

需要查明某项固定资产的已计提折旧,可以根据“固定资产卡片”上所记载的该项固定资产原价、折旧率和实际使用年数等资料进行计算。

本科目期末贷方余额,反映小企业固定资产的累计折旧额。

(1)折旧影响因素

影响折旧的因素主要有以下几个方面:

(1)固定资产原价,是指固定资产的成本。

(2)预计净残值,是指固定资产预计使用寿命已满,企业从该项固定资产处置中获得的扣除预计处置费用后的金额。

(3)固定资产的使用寿命,是指小企业使用固定资产的预计期间,或者该固定资产所能生产产品或提供劳务的数量。小企业确定固定资产使用寿命时,应当考虑下列因素:

①该项资产预计生产能力或实物产量;

②该项资产预计有形损耗,如设备使用中发生磨损、房屋建筑物受到自然侵蚀等;

③该项资产预计无形损耗,如因新技术的出现而使现有的资产技术水平相对陈旧、市场需求变化使产品过时等;

④法律或者类似规定对该项资产使用的限制。

总之,小企业应当根据固定资产的性质和使用情况,合理确定固定资产的使用寿命和预计净残值。固定资产的使用寿命、预计净残值一经确定,不得随意变更。

2.折旧计提方法

小企业应当按照年限平均法计提折旧。小企业的固定资产由于技术进步等原因,确需加速折旧的,可以采用双倍余额递减法和年数总和法。折旧方法一经选定,不得随意变更。

(1)年限平均法

年限平均法是将固定资产的应计折旧额均衡地分摊到固定资产预计使用寿命内的一种方法。这种方法假定固定资产的折旧金额是依据使用年限均匀损耗的,因此,使用年限内各期的折旧金额相等。这种方法主要适用于固定资产各期的负荷程度基本相同,各期应分摊的折旧费用基本相同的情况。其计算公式如下:

年折旧率=(1-预计净残值率)÷预计使用寿命(年)×100%

月折旧率=年折旧率÷12

月折旧额=固定资产原值×月折旧率

【例18-32】某企业外购一设备,原值为720 000元,预计可使用20年,该设备报废时的净残值率为4%。该设备的折旧率和折旧额的计算如下:

年折旧率=(1-4%)/20=4.8%

月折旧率=4.8%/12=0.4%

月折旧额=720 000×0.4%=2 880(元)

(2)双倍余额递减法

双倍余额递减法是指在不考虑固定资产净残值的情况下，根据每期期初固定资产账面净值（固定资产账面余额减累计折旧）和双倍的直线法折旧率计算固定资产折旧的一种方法。其计算公式如下：

年折旧率＝2÷预计使用寿命（年）×100％

月折旧率＝年折旧率÷12

月折旧额＝固定资产账面净额×月折旧率

由于每年年初固定资产净值没有扣除预计净残值，因此，在应用这种方法计算折旧额时必须注意不能使固定资产的账面折余价值降低到其预计净残值以下，即实行双倍余额递减法计提折旧的固定资产，应在其折旧年限到期前两年内，将固定资产净值扣除预计净残值后的余额平均摊销。

（3）年数总和法

年数总和法是以固定资产的原值减去预计净残值后的净额为基数，乘以一个逐年递减的分数计算每年的折旧额，这个分数的分子代表固定资产尚可使用的年数，分母代表预计使用年限的逐年合计数。这种方法的特点是：计算折旧的基数是固定不变的，折旧率依据固定资产尚可使用年限确定，各年折旧率呈递减趋势，据此计算的折旧额也呈递减趋势。其计算公式如下：

年折旧率＝（预计使用寿命－已使用年限）÷｛预计使用寿命×（预计使用寿命＋1）÷2｝×100％

或者：

年折旧率＝尚可使用年限÷｛预计使用寿命×（预计使用寿命＋1）÷2｝×100％

月折旧率＝年折旧率÷12

月折旧额＝（固定资产原价－预计净残值）×月折旧率

（二）主要账务处理

（1）小企业按月计提固定资产的折旧费，应当按照固定资产的受益对象，借记“制造费用”、“管理费用”等科目，贷记本科目。

（2）因出售、报废、毁损、对外投资等原因处置固定资产，应当按照该项固定资产账面价值，借记“固定资产清理”科目，按照其已计提的累计折旧，借记本科目，按照其原价，贷记“固定资产”科目。

五、在建工程的核算

（一）基本概念及内容

本科目核算小企业需要安装的固定资产、固定资产新建工程、改扩建等所发生的成本。

小企业购入不需要安装的固定资产，在“固定资产”科目核算，不在本科目核算。

小企业已提足折旧的固定资产的改建支出和经营租入固定资产的改建支出，在“长期待摊费用”科目核算，不在本科目核算。

本科目应按照在建工程项目进行明细核算。

本科目期末借方余额，反映小企业尚未完工或虽已完工，但尚未办理竣工决算的工程成本。

(二)主要账务处理

(1)小企业购入需要安装的固定资产,应当按照实际支付的购买价款、相关税费(不包括按照税法规定可抵扣的增值税进项税额)、运输费、装卸费、保险费、安装费等,借记本科目,按照税法规定可抵扣的增值税进项税额,借记"应交税费—应交增值税(进项税额)"科目,贷记"银行存款"等科目。

融资租入的固定资产,在租赁期开始日,按照租赁合同约定的付款总额和在签订租赁合同过程中发生的相关税费等,借记本科目或"固定资产"科目,贷记"长期应付款"科目。

固定资产安装完成,借记"固定资产"科目,贷记本科目。

(2)自营工程领用工程物资,借记本科目,贷记"工程物资"科目。

在建工程应负担的职工薪酬,借记本科目,贷记"应付职工薪酬"科目。

在建工程使用本企业的产品或商品,应当按照成本,借记本科目,贷记"库存商品"科目。同时,按照税法规定应交纳的增值税额,借记本科目,贷记"应交税费—应交增值税(销项税额)"科目。

在建工程在竣工决算前发生的借款利息,在应付利息日应当根据借款合同利率计算确定的利息费用,借记本科目,贷记"应付利息"科目。办理竣工决算后发生的利息费用,在应付利息日,借记"财务费用"科目,贷记"应付利息"等科目。

在建工程在试运转过程中发生的支出,借记本科目,贷记"银行存款"等科目;形成的产品或者副产品对外销售或转为库存商品的,借记"银行存款"、"库存商品"等科目,贷记本科目。

自营工程办理竣工决算,借记"固定资产"科目,贷记本科目。

(3)出包工程,按照工程进度和合同规定结算的工程价款,借记本科目,贷记"银行存款"、"预付账款"等科目。

工程完工收到承包单位提供的账单,借记"固定资产"科目,贷记本科目。

(4)对固定资产进行改扩建时,应当按照该项固定资产账面价值,借记本科目,按照其已计提的累计折旧,借记"累计折旧"科目,按照其原价,贷记"固定资产"科目。

在改扩建过程中发生的相关支出,借记本科目,贷记相关科目。

改扩建完成办理竣工决算,借记"固定资产"科目,贷记本科目。

【例 18-33】某企业拥有一条生产线,原价为 1 000 000 元,累计已计提折旧为 300 000 元,账面价值为 700 000 元;由于生产的产品市场前景好,现有生产线的生产能力已难以满足企业生产发展的需要,经研究该企业决定对现有生产线进行改扩建,以提高其生产能力。2012 年 7 月 1 日开始经过 4 个月的改扩建,完成了对这条生产线的改扩建工程,共发生支出 200 000 元,假定均为资本化支出全部以银行存款支付;该生产线改扩建工程达到预定可使用状态后,大大提高了生产能力,其使用年限也相应地延长了。不考虑其他相关税费。

会计处理如下:

a. 2012 年 7 月 1 日固定资产转入改扩建时:

借:在建工程	700 000	
累计折旧	300 000	
贷:固定资产		1 000 000

b. 改扩建生产线发生支出:

借:在建工程	200 000	

　　贷：银行存款　200 000

c.工程完工时：

借：固定资产　900 000

　　贷：在建工程　900 000

六、工程物资的核算

（一）基本概念及内容

本科目核算小企业为在建工程准备的各种物资的成本。包括：工程用材料、尚未安装的设备以及为生产准备的工器具等。

本科目应按照“专用材料”、“专用设备”、“工器具”等进行明细核算。

本科目期末借方余额，反映小企业为在建工程准备的各种物资的成本。

（二）主要账务处理

（1）小企业购入为工程准备的物资，应当按照实际支付的购买价款和相关税费，借记本科目，贷记“银行存款”等科目。

（2）工程领用工程物资，借记“在建工程”科目，贷记本科目。工程完工后将领出的剩余物资退库时做相反的会计分录。

工程完工后剩余的工程物资转作本企业存货的，借记“原材料”等科目，贷记本科目。

七、固定资产清理的核算

（一）基本概念及内容

本科目核算小企业因出售、报废、毁损、对外投资等原因处置固定资产所转出的固定资产账面价值以及在清理过程中发生的费用等。

本科目应按照被清理的固定资产项目进行明细核算。

本科目期末借方余额，反映小企业尚未清理完毕的固定资产清理净损失；本科目期末贷方余额，反映小企业尚未清理完毕的固定资产清理净收益。

（二）主要账务处理

（1）小企业因出售、报废、毁损、对外投资等原因处置固定资产，应当按照该项固定资产的账面价值，借记本科目，按照其已计提的累计折旧，借记“累计折旧”科目，按照其原价，贷记“固定资产”科目。

同时，按照税法规定不得从增值税销项税额中抵扣的进项税额，借记本科目，贷记“应交税费—应交增值税（进项税额转出）”科目。

（2）清理过程中应支付的相关税费及其他费用，借记本科目，贷记“银行存款”、“应交税费”等科目。取得出售固定资产的价款、残料价值和变价收入等处置收入，借记“银行存款”、“原材料”等科目，贷记本科目。应由保险公司或过失人赔偿的损失，借记“其他应收款”等科目，贷记本科目。

（3）固定资产清理完成后，如为借方余额，借记“营业外支出—非流动资产处置净损失”科目，贷记本科目。如为贷方余额，借记本科目，贷记“营业外收入—非流动资产处置净收益”科目。

【例 18-34】某企业出售一栋厂房，原价 1 000 000 元，累计已计提折旧 500 000 元，支付清理费用 l0 000 元，出售取得价款为 600 000 元，营业税率 5%，会计分录如下：

a. 固定资产转入清理：

借：固定资产清理	500 000	
累计折旧	500 000	
贷：固定资产		1 000 000

b. 支付清理费用：

借：固定资产清理	10 000	
贷：银行存款		10 000

c. 取得出售价款：

借：银行存款	600 000	
贷：固定资产清理		600 000

d. 应交纳的营业税（600 000×5%＝30 000）：

借：固定资产清理	30 000	
贷：应交税费—应交营业税		30 000

e. 结转固定资产清理后的净收益：

借：固定资产清理	570 000	
贷：营业外收入		570 000

【例 18-35】某企业有一项旧设备由于使用期满经批准报废，原价为 200 000 元，已计提折旧 180 000 元。报废时的残值变价收入为 10 000 元，企业需要缴纳增值税 1 700 元。报废清理过程中发生清理费用 2 000 元。

该企业的会计处理如下：

a. 将固定资产转入清理：

借：固定资产清理	20 000	
累计折旧	180 000	
贷：固定资产		200 000

b. 收回残料变价收入：

借：银行存款	11 700	
贷：固定资产清理		10 000
应交税费—应交增值税（销项税额）		1 700

c. 支付清理费用：

借：固定资产清理	2 000	
贷：银行存款		2 000

d. 结转报废固定资产发生的净损失：

借：营业外支出	12 000	
贷：固定资产清理		12 000

八、生产性生物资产的核算

(一)基本概念及内容

本科目核算小企业(农、林、牧、渔业)持有的生产性生物资产的原价(成本)。

本科目应按照“未成熟生产性生物资产”和“成熟生产性生物资产”,分别生物资产的种类、群别等进行明细核算。

本科目期末借方余额,反映小企业(农、林、牧、渔业)生产性生物资产的原价(成本)。

(二)主要账务处理

(1)小企业外购的生产性生物资产,按照购买价款和相关税费,借记本科目,贷记“银行存款”等科目。涉及按照税法规定可抵扣的增值税进项税额的,还应当借记“应交税费—应交增值税(进项税额)”科目。

(2)自行营造的林木类生产性生物资产,达到预定生产经营目的前发生的造林费、抚育费、营林设施费、良种试验费、调查设计费和应分摊的间接费用等必要支出,借记本科目(未成熟生产性生物资产),贷记“原材料”、“银行存款”、“应付利息”等科目。

(3)自行繁殖的产畜和役畜,达到预定生产经营目的前发生的饲料费、人工费和应分摊的间接费用等必要支出,借记本科目(未成熟生产性生物资产),贷记“原材料”、“银行存款”、“应付利息”等科目。

(4)未成熟生产性生物资产达到预定生产经营目的时,按照其账面余额,借记本科目(成熟生产性生物资产),贷记本科目(未成熟生产性生物资产)。

(5)育肥畜转为产畜或役畜,应当按照其账面余额,借记本科目,贷记“消耗性生物资产”科目。

产畜或役畜淘汰转为育肥畜,应按照转群时其账面价值,借记“消耗性生物资产”科目,按照已计提的累计折旧,借记“生产性生物资产累计折旧”科目,按照其原价,贷记本科目。

(6)择伐、间伐或抚育、更新等生产性采伐而补植林木类生产性生物资产发生的后续支出,借记本科目(未成熟生产性生物资产),贷记“银行存款”等科目。

生产性生物资产发生的管护、饲养费用等后续支出,借记“管理费用”科目,贷记“银行存款”等科目。

(7)因出售、报废、毁损、对外投资等原因处置生产性生物资产,应按照取得的出售生产性生物资产的价款、残料价值和变价收入等处置收入,借记“银行存款”等科目,按照已计提的累计折旧,借记“生产性生物资产累计折旧”科目,按照其原价,贷记本科目,按照其差额,借记“营业外支出—非流动资产处置净损失”科目或贷记“营业外收入—处置非流动资产处置净收益”科目。

九、生产性生物资产累计折旧的核算

(一)基本概念及内容

本科目核算小企业(农、林、牧、渔业)成熟生产性生物资产的累计折旧。

本科目应按照生产性生物资产的种类、群别等进行明细核算。

本科目期末贷方余额,反映小企业成熟生产性生物资产的累计折旧额。

(二)主要账务处理

小企业按月计提成熟生产性生物资产的折旧,借记“生产成本”、“管理费用”等科目,贷记本科目。

处置生产性生物资产还应同时结转生产性生物资产累计折旧。

第八节　无形资产的核算

一、无形资产的概述

(一)无形资产定义及分类

无形资产,是指小企业为生产产品、提供劳务、出租或经营管理而持有的、没有实物形态的可辨认非货币性资产。

小企业的无形资产包括:土地使用权、专利权、商标权、著作权、非专利技术等。

自行开发建造厂房等建筑物,相关的土地使用权与建筑物应当分别进行处理。外购土地及建筑物支付的价款应当在建筑物与土地使用权之间按照合理的方法进行分配;难以合理分配的,应当全部作为固定资产。

(二)无形资产计量及确认

1.无形资产的计算

无形资产应当按照成本进行计量。

(1)外购无形资产的成本包括:购买价款、相关税费和相关的其他支出(含相关的借款费用)。

(2)投资者投入的无形资产的成本,应当按照评估价值和相关税费确定。

(3)自行开发的无形资产的成本,由符合资本化条件后至达到预定用途前发生的支出(含相关的借款费用)构成。

2.无形资产的确认

小企业自行开发无形资产发生的支出,同时满足下列条件的,才能确认为无形资产:

(1)完成该无形资产以使其能够使用或出售在技术上具有可行性;

(2)具有完成该无形资产并使用或出售的意图;

(3)能够证明运用该无形资产生产的产品存在市场或无形资产自身存在市场,无形资产将在内部使用的,应当证明其有用性;

(4)有足够的技术、财务资源和其他资源支持,以完成该无形资产的开发,并有能力使用或出售该无形资产;

(5)归属于该无形资产开发阶段的支出能够可靠地计量。

(三)无形资产摊销

无形资产应当在其使用寿命内采用年限平均法进行摊销,根据其受益对象计入相关资产成本或者当期损益。

无形资产的摊销期自其可供使用时开始至停止使用或出售时止。有关法律规定或合同约定了使用年限的，可以按照规定或约定的使用年限分期摊销。

小企业不能可靠估计无形资产使用寿命的，摊销期不得低于10年。

（四）无形资产的处置

处置无形资产，处置收入扣除其账面价值、相关税费等后的净额，应当计入营业外收入或营业外支出。

无形资产的账面价值，是指无形资产的成本扣减累计摊销后的金额。

二、无形资产的核算

（一）基本概念及内容

本科目核算小企业持有的无形资产成本。

本科目应按照无形资产项目进行明细核算。

本科目期末借方余额，反映小企业无形资产的成本。

（二）主要账务处理

（1）小企业外购无形资产，应当按照实际支付的购买价款、相关税费和相关的其他支出（含相关的利息费用），借记本科目，贷记“银行存款”、“应付利息”等科目。

（2）自行开发建造厂房等建筑物，外购土地及建筑物支付的价款应当在建筑物与土地使用权之间按照合理的方法进行分配，其中属于土地使用权的部分，借记本科目，贷记“银行存款”等科目。

（3）收到投资者投入的无形资产，应当按照评估价值和相关税费，借记本科目，贷记“实收资本”、“资本公积”科目。

（4）开发项目达到预定用途形成无形资产的，按照应予资本化的支出，借记本科目，贷记“研发支出”科目。

（5）因出售、报废、对外投资等原因处置无形资产，应当按照取得的出售无形资产的价款等处置收入，借记“银行存款”等科目，按照其已计提的累计摊销，借记“累计摊销”科目，按照应支付的相关税费及其他费用，贷记“应交税费—应交营业税”、“银行存款”等科目，按照其成本，贷记本科目，按照其差额，贷记“营业外收入—非流动资产处置净收益”科目或借记“营业外支出—非流动资产处置净损失”科目。

三、累计摊销的核算

（一）基本概念及内容

本科目核算小企业对无形资产计提的累计摊销。

本科目应按照无形资产项目进行明细核算。

本科目期末借方余额，反映小企业无形资产的累计摊销额。

（二）主要账务处理

小企业按月采用年限平均法计提无形资产的摊销，应当按照无形资产的受益对象，借记“制造费用”、“管理费用”等科目，贷记本科目。

处置无形资产还应同时结转累计摊销。

第九节 长期待摊费用的核算

长期待摊费用,核算小企业已经发生但应由本期和以后各期负担的分摊期限在1年以上的各项费用。

小企业的长期待摊费用包括:已提足折旧的固定资产的改建支出、经营租入固定资产的改建支出、固定资产的大修理支出和其他长期待摊费用等。

(1)已提足折旧的固定资产的改建支出,按照固定资产预计尚可使用年限分期摊销。

改扩建项目指现有的单位在已有基础上,对原有设施、工艺条件进行扩充性建设或大规模改造,因而增加产品的生产能力或经济效益的项目以及原有企业进行设备更新或技术改造的项目,包括改建,扩建,停产复建等。

从定义可以看出,改扩建一般情况下是可以延长资产使用寿命的。

(2)经营租入固定资产的改建支出,按照合同约定的剩余租赁期限分期摊销

此种情形的改建支出,是指改变房屋或者建筑物结构、延长使用年限等发生的支出。

(3)固定资产的大修理支出,按照固定资产尚可使用年限分期摊销。

《中华人民共和国企业所得税法》(后文简称《企业所得税法》)第十三条第(三)项所称固定资产的大修理支出,是指同时符合下列条件的支出:

①修理支出达到取得固定资产时的计税基础50%以上;

②修理后固定资产的使用年限延长2年以上。

符合以上两项条件的大修理支出,在发生时,借记"长期待摊费用"科目,贷记"原材料"、"银行存款"等科目;该支出在固定资产尚可使用年限内进行摊销,借记相关资产的成本或者当期损益科目,贷记"长期待摊费用"科目。

(4)其他长期待摊费用,自支出发生月份的下月起分期摊销,摊销期不得低于3年。

(一)基本概念及内容

本科目核算小企业已提足折旧的固定资产的改建支出、经营租入固定资产的改建支出、固定资产的大修理支出和其他长期待摊费用等。

本科目期末借方余额,反映小企业尚未摊销完毕的长期待摊费用。

(二)主要账务处理

(1)小企业发生的长期待摊费用,借记本科目,贷记"银行存款"、"原材料"等科目。

(2)按月采用年限平均法摊销长期待摊费用,应当按照长期待摊费用的受益对象,借记"制造费用"、"管理费用"等科目,贷记本科目。

【例18-36】甲公司于2×11年12月31日经营租入生产线一条同时用于A、B两种产品的生产,租期为3年,从2×12年开始,每年末支付租金10万元。为了提高生产效率,在12月31日生产线运抵企业进行安装时即进行改造,该改造及生产线安装工程流程简单,所有工程于当日完成,但是因为采用了最新设备(领用前作为原材料核算,不考虑相关税费),成本为15万元。该改造工程显著改善了生产线获利能力,企业当日安装完毕,于次日投产运行。

甲公司2×11年12月31日租入该生产线时,不做会计分录,但是对该生产线进行备查

登记。

a. 对于发生的改造支出：

借：长期待摊费用　150 000

　贷：原材料　150 000

b. 2×12 年 12 月 31 日，支付租金：

借：制造费用　100 000

　贷：银行存款　100 000

c. 同日，对改造支出进行摊销：

借：制造费用　50 000

　贷：长期待摊费用　50 000

第十节　待处理财产损益的核算

一、基本概念及内容

本科目核算小企业在清查财产过程中查明的各种财产盘盈、盘亏和毁损的价值。

所采购物资在运输途中因自然灾害等发生的损失或尚待查明的损耗，也通过本科目核算。

本科目应按照待处理流动资产损益和待处理非流动资产损益进行明细核算。

小企业的财产损益，应当查明原因，在年末结账前处理完毕，处理后本科目应无余额。

二、主要账务处理

(1)盘盈的各种材料、产成品、商品、现金等，应当按照同类或类似存货的市场价格或评估价值，借记"原材料"、"库存商品"、"库存现金"等科目，贷记本科目(待处理流动资产损益)。盘亏、毁损、短缺的各种材料、产成品、商品、现金等，应当按照其账面余额，借记本科目(待处理流动资产损益)，贷记"材料采购"或"在途物资"、"原材料"、"库存商品"、"库存现金"等科目。涉及增值税进项税额的，还应进行相应的账务处理。

盘盈的固定资产，按照同类或类似固定资产的市场价格或评估价值扣除按照该项固定资产新旧程度估计的折旧后的余额，借记"固定资产"科目，贷记本科目(待处理非流动资产损益)。盘亏的固定资产，按照该项固定资产的账面价值，借记本科目(待处理非流动资产损益)，按照已计提的累计折旧，借记"累计折旧"科目，按照其原价，贷记"固定资产"科目。

(2)盘亏、毁损、报废的各项资产，按照管理权限经批准后处理时，按照残料价值，借记"原材料"等科目，按照可收回的保险赔偿或过失人赔偿，借记"其他应收款"科目，按照本科目余额，贷记本科目(待处理流动资产损益、待处理非流动资产损益)，按照其借方差额，借记"营业外支出"科目。

盘盈的各种材料、产成品、商品、固定资产、现金等，按照管理权限经批准后处理时，按照本科目余额，借记本科目(待处理流动资产损益、待处理非流动资产损益)，贷记"营业外收入"科目。

第十九章　负　债

第一节　负债概述

一、负债的定义

负债，是指小企业过去的交易或者事项形成的、预期会导致经济利益流出小企业的现时义务。

二、负债的分类

小企业的负债按照流动性，可分为流动负债和非流动负债。

- 负债
  - 流动负债
    - 短期借款
    - 应付及预收款项
    - 应付职工薪酬
    - 应交税费
    - 应付利息
  - 非流动负债
    - 长期借款
    - 长期应付款

流动负债，是指小企业预计在 1 年内或者超过 1 年的一个正常营业周期内清偿的债务，包括：短期借款、应付及预收款项、应付职工薪酬、应交税费、应付利息等。

小企业的非流动负债，是指流动负债以外的负债。包括：长期借款、长期应付款等。

三、负债的计量

小企业的负债应当按照其实际发生额入账。

第二节　流动负债的核算

一、短期借款的核算

（一）基本概念及内容

本科目核算小企业向银行或其他金融机构等借入的期限在 1 年内的各种借款。

本科目应按照借款种类、贷款人和币种进行明细核算。

（二）短期借款的主要账务处理

（1）小企业借入的各种短期借款，借记“银行存款”科目，贷记本科目；偿还借款，做相反的会计分录。

银行承兑汇票到期，小企业无力支付票款的，按照银行承兑汇票的票面金额，借记“应付票据”科目，贷记本科目。

持未到期的商业汇票向银行贴现，应当按照实际收到的金额（即减去贴现息后的净额），借记“银行存款”科目，按照贴现息，借记“财务费用”科目，按照商业汇票的票面金额，贷记“应收票据”科目（银行无追索权情况下）或本科目（银行有追索权情况下）。

（2）在应付利息日，应当按照短期借款合同利率计算确定的利息费用，借记“财务费用”科目，贷记“应付利息”等科目。

四、本科目期末贷方余额，反映小企业尚未偿还的短期借款本金。

【例 19-1】甲公司为筹集生产用资金，2×13 年 1 月 1 日向乙公司借入期限为 9 个月、年利率为 9%的借款 100 000 元，借款合同约定每季度末支付利息。假定金融企业同期同类贷款利率为 7.5%。则该公司的会计处理为：

a. 收到短期借款时：

借：银行存款	100 000	
贷：短期借款		100 000

b. 第一季度末，计提应付利息时：

借：财务费用	2 250	
贷：应付利息		2 250

c. 支付利息时：

借：应付利息	2 250	
贷：银行存款		2 250

d. 第二、三季度的会计处理同上：

10 月 1 日偿还短期借款本金：

借：短期借款	100 000	
贷：银行存款		100 000

二、应付票据的核算

（一）基本概念及内容

本科目核算小企业因购买材料、商品和接受劳务等日常生产经营活动开出、承兑的商业汇票（银行承兑汇票和商业承兑汇票）。

本科目应按照债权人进行明细核算。

小企业应当设置“应付票据备查簿”，详细登记商业汇票的种类、号数和出票日期、到期日、票面金额、交易合同号和收款人姓名或单位名称以及付款日期和金额等资料，商业汇票到期结清票款后，在备查簿中应予注销。

本科目期末贷方余额，反映小企业开出、承兑的尚未到期的商业汇票的票面金额。

(二)应付票据的主要账务处理

(1)小企业开出、承兑商业汇票或以承兑商业汇票抵付货款、应付账款等,借记"材料采购"或"在途物资"、"库存商品"等科目,贷记本科目。涉及增值税进项税额的,还应进行相应的账务处理。

(2)支付银行承兑汇票的手续费,借记"财务费用"科目,贷记"银行存款"科目。支付票款,借记本科目,贷记"银行存款"科目。

(3)银行承兑汇票到期,小企业无力支付票款的,按照银行承兑汇票的票面金额,借记本科目,贷记"短期借款"科目。

【例 19-2】甲企业于 3 月购入材料 50 000 元,增值税进项税额 7 265 元,支付商业汇票一张,会计处理如下:

借:材料采购	42 735	
应交税费—应交增值税(进项税额)	7 265	
贷:应付票据		50 000

三、应付账款的核算

(一)基本概念及内容

本科目核算小企业因购买材料、商品和接受劳务等日常生产经营活动应支付的款项。

本科目应按照对方单位(或个人)进行明细核算。

本科目期末贷方余额,反映小企业尚未支付的应付账款。

(二)应付账款的主要账务处理

(1)小企业购入材料、商品等未验收入库,货款尚未支付,应当根据有关凭证(发票账单、随货同行发票上记载的实际价款或暂估价值),借记"在途物资"科目,按照可抵扣的增值税进项税额,借记"应交税费—应交增值税(进项税额)"科目,按照应付的价款,贷记本科目。

接受供应单位提供劳务而发生的应付未付款项,应当根据供应单位的发票账单,借记"生产成本"、"管理费用"等科目,贷记本科目。

(2)偿付应付账款,借记本科目,贷记"银行存款"等科目。小企业确实无法偿付的应付账款,借记本科目,贷记"营业外收入"科目。

【例 19-3】甲企业于 3 月购入材料 50 000 元,增值税进项税额 7 265 元,材料尚未入库,货款尚未支付,会计处理如下:

借:在途物资	42 735	
应交税费—应交增值税(进项税额)	7 265	
贷:应付账款		50 000

四、预收账款的核算

(一)基本概念及内容

本科目核算小企业按照合同规定预收的款项。包括:预收的购货款、工程款等。

预收账款情况不多的,也可以不设置本科目,将预收的款项直接记入"应收账款"科目贷方。

本科目应按照对方单位(或个人)进行明细核算。

本科目期末贷方余额,反映小企业预收的款项;期末如为借方余额,反映小企业尚未转销的款项。

(二)预收账款的主要账务处理

(1)小企业向购货单位预收的款项,借记“银行存款”等科目,贷记本科目。

(2)销售收入实现时,按照实现的收入金额,借记本科目,贷记“主营业务收入”科目。涉及增值税销项税额的,还应进行相应的账务处理。

【例 19-4】甲企业于 2 月预收材料款 50 000 元,3 月材料出库,销售收入实现。会计处理如下:

a. 2 月

借:银行存款	50 000	
贷:预收账款		50 000

b. 3 月

借:预收账款	50 000	
贷:应交税费—应交增值税(销项税额)		7 265
主营业务收入		42 735

五、应付职工薪酬的核算

(一)基本概念及内容

本科目核算小企业根据有关规定应付给职工的各种薪酬。小企业(外商投资)按照规定从净利润中提取的职工奖励及福利基金,也通过本科目核算。

本科目应按照“职工工资”、“奖金、津贴和补贴”、“职工福利费”、“社会保险费”、“住房公积金”、“工会经费”、“职工教育经费”、“非货币性福利”、“辞退福利”等进行明细核算。

本科目期末贷方余额,反映小企业应付未付的职工薪酬。

(二)应付职工薪酬的主要账务处理

(1)月末,小企业应当将本月发生的职工薪酬区分以下情况进行分配:

①生产部门(提供劳务)人员的职工薪酬,借记“生产成本”、“制造费用”等科目,贷记本科目。

②应由在建工程、无形资产开发项目负担的职工薪酬,借记“在建工程”、“研发支出”等科目,贷记本科目。

③管理部门人员的职工薪酬和因解除与职工的劳动关系给予的补偿,借记“管理费用”科目,贷记本科目。

④销售人员的职工薪酬,借记“销售费用”科目,贷记本科目。

(2)小企业发放职工薪酬应当区分以下情况进行处理:

①向职工支付工资、奖金、津贴、福利费等,从应付职工薪酬中扣还的各种款项(代垫的家属药费、个人所得税等)等,借记本科目,贷记“库存现金”、“银行存款”、“其他应收款”、“应交税费—应交个人所得税”等科目。

②支付工会经费和职工教育经费用于工会活动和职工培训,借记本科目,贷记“银行存款”

等科目。

③按照国家有关规定缴纳的社会保险费和住房公积金,借记本科目,贷记“银行存款”科目。

④以其自产产品发放给职工的,按照其销售价格,借记本科目,贷记“主营业务收入”科目;同时,还应结转产成品的成本。涉及增值税销项税额的,还应进行相应的账务处理。

⑤支付的因解除与职工的劳动关系给予职工的补偿,借记本科目,贷记“库存现金”、“银行存款”等科目。

【例 19-5】甲企业计算 2 月工资,并发放。会计处理如下:

a. 借:生产成本	200 000	
管理费用	50 000	
销售费用	100 000	
贷:应付职工薪酬		350 000
b. 借:应付职工薪酬	350 000	
贷:银行存款		320 000
应交税费—应交个人所得税		30 000

六、应交税费的核算

(一)基本概念及内容

本科目核算小企业按照税法等规定计算应交纳的各种税费。包括:增值税、消费税、营业税、城市维护建设税、企业所得税、资源税、土地增值税、城镇土地使用税、房产税、车船税和教育费附加、地方教育费附加、矿产资源补偿费、排污费等。

小企业代扣代缴的个人所得税等,也通过本科目核算。

本科目应按照应交的税费项目进行明细核算。应交增值税还应当分别“进项税额”、“销项税额”、“出口退税”、“进项税额转出”、“已交税金”等设置专栏。

本科目期末贷方余额,反映小企业尚未交纳的税费;期末如为借方余额,反映小企业多交或尚未抵扣的税费。

小规模纳税人只需设置“应交增值税”明细科目,不需要在“应交增值税”明细科目中设置上述专栏。

(二)应交税费的主要账务处理

1. 应交增值税

(1)小企业采购物资等,按照应计入采购成本的金额,借记“材料采购”或“在途物资”、“原材料”、“库存商品”等科目,按照税法规定可抵扣的增值税进项税额,借记本科目(应交增值税—进项税额),按照应付或实际支付的金额,贷记“应付账款”、“银行存款”等科目。购入物资发生退货的,做相反的会计分录。

购进免税农业产品,按照购入农业产品的买价和税法规定的税率计算的增值税进项税额,借记本科目(应交增值税—进项税额),按照买价减去按照税法规定计算的增值税进项税额后的金额,借记“材料采购”或“在途物资”等科目,按照应付或实际支付的价款,贷记“应付账款”、“库存现金”、“银行存款”等科目。

(2)销售商品(提供劳务),按照收入金额和应收取的增值税销项税额,借记"应收账款"、"银行存款"等科目,按照税法规定应交纳的增值税销项税额,贷记本科目(应交增值税—销项税额),按照确认的营业收入金额,贷记"主营业务收入"、"其他业务收入"等科目。发生销售退回的,做相反的会计分录。

随同商品出售但单独计价的包装物,应当按照实际收到或应收的金额,借记"银行存款"、"应收账款"等科目,按照税法规定应交纳的增值税销项税额,贷记本科目(应交增值税—销项税额),按照确认的其他业务收入金额,贷记"其他业务收入"科目。

(3)有出口产品的小企业,其出口退税的账务处理如下:

①实行"免、抵、退"管理办法的小企业,按照税法规定计算的当期出口产品不予免征、抵扣和退税的增值税额,借记"主营业务成本"科目,贷记本科目(应交增值税—进项税额转出)。按照税法规定计算的当期应予抵扣的增值税额,借记本科目(应交增值税—出口抵减内销产品应纳税额),贷记本科目(应交增值税—出口退税)。

出口产品按照税法规定应予退回的增值税款,借记"其他应收款"科目,贷记本科目(应交增值税—出口退税)。

②未实行"免、抵、退"管理办法的小企业,出口产品实现销售收入时,应当按照应收的金额,借记"应收账款"等科目,按照税法规定应收的出口退税,借记"其他应收款"科目,按照税法规定不予退回的增值税额,借记"主营业务成本"科目,按照确认的销售商品收入,贷记"主营业务收入"科目,按照税法规定应交纳的增值税额,贷记本科目(应交增值税—销项税额)。

(4)购入材料等按照税法规定不得从增值税销项税额中抵扣的进项税额,其进项税额应计入材料等的成本,借记"材料采购"或"在途物资"等科目,贷记"银行存款"等科目,不通过本科目(应交增值税—进项税额)核算。

(5)将自产的产品等用作福利发放给职工,应视同产品销售计算应交增值税的,借记"应付职工酬薪"科目,贷记"主营业务收入"、本科目(应交增值税—销项税额)等科目。

(6)购进的物资、在产品、产成品因盘亏、毁损、报废、被盗,以及购进物资改变用途等原因按照税法规定不得从增值税销项税额中抵扣的进项税额,其进项税额应转入有关科目,借记"待处理财产损益"等科目,贷记本科目(应交增值税—进项税额转出)。

由于工程而使用本企业的产品或商品,应当按照成本,借记"在建工程"科目,贷记"库存商品"科目。同时,按照税法规定应交纳的增值税销项税额,借记"在建工程"科目,贷记本科目(应交增值税—销项税额)。

(7)交纳的增值税,借记本科目(应交增值税—已交税金),贷记"银行存款"科目。

【例 19-6】甲企业购进材料一批 100 000 元(含税),90 000 元用于销售,销售收入 150 000 万元,增值税率 17%,10 000 元材料丢失。会计处理如下:

a. 借:原材料	85 470	
应交税费—应交增值税(进项税额)	14 530	
贷:银行存款		100 000
b. 借:银行存款	150 000	
贷:主营业务收入		128 205
应交税费—应交增值税(销项税额)		21 795
c. 借:主营业务成本	76 923	

贷:原材料 76 923

d.借:待处理财产损益 10 000

贷:原材料 8 547

应交税费—应交增值税(进项税额转出) 1 453

2.应交消费税

(1)销售需要交纳消费税的物资应交的消费税,借记“营业税金及附加”等科目,贷记本科目(应交消费税)。

(2)以生产的产品用于在建工程、非生产机构等,按照税法规定应交纳的消费税,借记“在建工程”、“管理费用”等科目,贷记本科目(应交消费税)。

随同商品出售但单独计价的包装物,按照税法规定应交纳的消费税,借记“营业税金及附加”科目,贷记本科目(应交消费税)。出租、出借包装物逾期未收回没收的押金应交的消费税,借记“营业税金及附加”科目,贷记本科目(应交消费税)。

(3)需要交纳消费税的委托加工物资,由受托方代收代缴税款(除受托加工或翻新改制金银首饰按照税法规定由受托方交纳消费税外)。小企业(受托方)按照应交税款金额,借记“应收账款”、“银行存款”等科目,贷记本科目(应交消费税)。

委托加工物资收回后,直接用于销售的,小企业(委托方)应将代收代缴的消费税计入委托加工物资的成本,借记“库存商品”等科目,贷记“应付账款”、“银行存款”等科目;委托加工物资收回后用于连续生产,按照税法规定准予抵扣的,按照代收代缴的消费税,借记本科目(应交消费税),贷记“应付账款”、“银行存款”等科目。

(4)有金银首饰零售业务的以及采用以旧换新方式销售金银首饰的小企业,在营业收入实现时,按照应交的消费税,借记“营业税金及附加”科目,贷记本科目(应交消费税)。有金银首饰零售业务的小企业因受托代销金银首饰按照税法规定应交纳的消费税,借记“营业税金及附加”科目,贷记本科目(应交消费税);以其他方式代销金银首饰的,其交纳的消费税,借记“营业税金及附加”科目,贷记本科目(应交消费税)。

有金银首饰批发、零售业务的小企业将金银首饰用于馈赠、赞助、广告、职工福利、奖励等方面的,应于物资移送时,按照应交的消费税,借记“营业外支出”、“销售费用”、“应付职工薪酬”等科目,贷记本科目(应交消费税)。

随同金银首饰出售但单独计价的包装物,按照税法规定应交纳的消费税,借记“营业税金及附加”科目,贷记本科目(应交消费税)。

小企业因受托加工或翻新改制金银首饰按照税法规定应交纳的消费税,于向委托方交货时,借记“营业税金及附加”科目,贷记本科目(应交消费税)。

(5)需要交纳消费税的进口物资,其交纳的消费税应计入该项物资的成本,借记“材料采购”或“在途物资”、“库存商品”、“固定资产”等科目,贷记“银行存款”等科目。

(6)小企业(生产性)直接出口或通过外贸企业出口的物资,按照税法规定直接予以免征消费税的,可不计算应交消费税。

(7)交纳的消费税,借记本科目(应交消费税),贷记“银行存款”科目。

【例 19-7】甲企业 3 月应交消费税 2 000 元。会计处理如下:

a.借:营业税金及附加 2 000

贷:应交税费—应交消费税 2 000

b. 借：应交税费—应交消费税　2 000
　　贷：银行存款　2 000

3. 应交营业税

(1)小企业按照营业额和税法规定的税率，计算应交纳的营业税，借记“营业税金及附加”等科目，贷记本科目(应交营业税)。

(2)出售原作为固定资产管理的不动产应交纳的营业税，借记“固定资产清理”等科目，贷记本科目(应交营业税)。

(3)交纳的营业税，借记本科目(应交营业税)，贷记“银行存款”科目。

【例 19-8】甲企业 3 月出售固定资产，应交营业税 5 000 元。会计处理如下：

a. 借：固定资产清理　5 000
　　贷：应交税费—应交营业税　5 000

b. 借：应交税费—应交营业税　5 000
　　贷：银行存款　5 000

4. 应交城市维护建设税、教育费附加和地方教育费附加

(1)小企业按照税法规定应交的城市维护建设税、教育费附加、地方教育费附加，借记“营业税金及附加”科目，贷记本科目(应交城市维护建设税、应交教育费附加、应交地方教育费附加)。

(2)交纳的城市维护建设税、教育费附加、地方教育费附加，借记本科目(应交城市维护建设税、应交教育费附加、应交地方教育费附加)，贷记“银行存款”科目。

5. 应交企业所得税

(1)小企业按照税法规定应交的企业所得税，借记“所得税费用”科目，贷记本科目(应交企业所得税)。

(2)交纳的企业所得税，借记本科目(应交企业所得税)，贷记“银行存款”科目。

【例 19-9】甲企业 3 月应交企业所得税 3 000 元。会计处理如下：

a. 借：所得税费用　3 000
　　贷：应交税费—应交企业所得税　3 000

b. 借：应交税费—应交企业所得税　3 000
　　贷：银行存款　3 000

6. 应交资源税

(1)小企业销售商品按照税法规定应交纳的资源税，借记“营业税金及附加”科目，贷记本科目(应交资源税)。

(2)自产自用的物资应交纳的资源税，借记“生产成本”科目，贷记本科目(应交资源税)。

(3)收购未税矿产品，按照实际支付的价款，借记“材料采购”或“在途物资”等科目，贷记“银行存款”等科目，按照代扣代缴的资源税，借记“材料采购”或“在途物资”等科目，贷记本科目(应交资源税)。

(4)外购液体盐加工固体盐：在购入液体盐时，按照税法规定所允许抵扣的资源税，借记本科目(应交资源税)，按照购买价款减去允许抵扣的资源税后的金额，借记“材料采购”或“在途物资”、“原材料”等科目，按照应支付的购买价款，贷记“银行存款”、“应付账款”等科目；加工成固体盐后，在销售时，按照销售固体盐应交纳的资源税，借记“营业税金及附加”科目，贷记本科

目(应交资源税);

将销售固体盐应交资源税抵扣液体盐已交资源税后的差额上交时,借记本科目(应交资源税),贷记"银行存款"科目。

(5)交纳的资源税,借记本科目(应交资源税),贷记"银行存款"科目。

【例 19-10】甲企业 3 月应交资源税 3 000 元。会计处理如下:

a. 借:营业税金及附加	3 000	
贷:应交税费—应交资源税		3 000
b. 借:应交税费—应交资源税	3 000	
贷:银行存款		3 000

7. 应交土地增值税

(1)小企业转让土地使用权应交纳的土地增值税,土地使用权与地上建筑物及其附着物一并在"固定资产"科目核算的,借记"固定资产清理"科目,贷记本科目(应交土地增值税)。

土地使用权在"无形资产"科目核算的,按照实际收到的金额,借记"银行存款"科目,按照应交纳的土地增值税,贷记本科目(应交土地增值税),按照已计提的累计摊销,借记"累计摊销"科目,按照其成本,贷记"无形资产"科目,按照其差额,贷记"营业外收入—非流动资产处置净收益"科目或借记"营业外支出—非流动资产处置净损失"科目。

(2)小企业(房地产开发经营)销售房地产应交纳的土地增值税,借记"营业税金及附加"科目,贷记本科目(应交土地增值税)。

(3)交纳的土地增值税,借记本科目(应交土地增值税),贷记"银行存款"科目。

【例 19-11】甲企业转让在"无形资产"科目核算的土地使用权,该项无形资产账面价值 90 000元,累计摊销 20 000 元,出售价格 80 000 元,3 月应交土地增值税 5 000 元。会计处理如下:

a. 借:银行存款	80 000	
累计摊销	20 000	
贷:无形资产		90 000
应交税费—应交土地增值税		5 000
营业外收入		5 000
b. 借:应交税费—应交土地增值税	5 000	
贷:银行存款		5 000

8. 应交城镇土地使用税、房产税、车船税、矿产资源补偿费、排污费

(1)小企业按照规定应交纳的城镇土地使用税、房产税、车船税、矿产资源补偿费、排污费,借记"营业税金及附加"科目,贷记本科目(应交城镇土地使用税、应交房产税、应交车船税、应交矿产资源补偿费、应交排污费)。

(2)交纳的城镇土地使用税、房产税、车船税、矿产资源补偿费、排污费,借记本科目(应交城镇土地使用税、应交房产税、应交车船税、应交矿产资源补偿费、应交排污费),贷记"银行存款"科目。

【例 19-12】甲企业 3 月应交城镇土地使用税 5 000 元。会计处理如下:

a. 借:营业税金及附加	5 000	
贷:应交税费—应交城镇土地使用税		5 000

b.借:应交税费—应交城镇土地使用税 5 000

贷:银行存款 5 000

9.应交个人所得税

(1)小企业按照税法规定应代扣代缴的职工个人所得税,借记“应付职工薪酬”科目,贷记本科目(应交个人所得税)。

(2)交纳的个人所得税,借记本科目(应交个人所得税),贷记“银行存款”科目。

【例 19-13】甲企业 3 月应交个人所得税 1 000 元。会计处理如下:

a.借:应付职工薪酬 1 000

贷:应交税费—应交个人所得税 1 000

b.借:应交税费—应交个人所得税 1 000

贷:银行存款 1 000

10.先征后返的税金

小企业按照规定实行企业所得税、增值税、消费税、营业税等先征后返的,应当在实际收到返还的企业所得税、增值税(不含出口退税)、消费税、营业税等时,借记“银行存款”科目,贷记“营业外收入”科目。

七、应付利息的核算

(一)基本概念及内容

本科目核算小企业按照合同约定应支付的利息费用。

本科目应按照贷款人等进行明细核算。

本科目期末贷方余额,反映小企业应付未付的利息费用。

(二)应付利息的主要账务处理

(1)在应付利息日,小企业应当按照合同利率计算确定的利息费用,借记“财务费用”、“在建工程”等科目,贷记本科目。

(2)实际支付的利息,借记本科目,贷记“银行存款”等科目。

【例 19-14】甲企业 3 月应支付利息 1 000 元。会计处理如下:

a.借:财务费用 1 000

贷:应付利息 1 000

b.借:应付利息 1 000

贷:银行存款 1 000

八、应付利润的核算

(一)基本概念及内容

本科目核算小企业向投资者分配的利润。

本科目应按照投资者进行明细核算。

本科目期末贷方余额,反映小企业应付未付的利润。

(二)应付利润的主要账务处理

(1)小企业根据规定或协议确定的应分配给投资者的利润,借记“利润分配”科目,贷记本科目。

(2)向投资者实际支付利润,借记本科目,贷记“库存现金”、“银行存款”科目。

【例 19-15】甲企业 3 月应支付利润 30 000 元。会计处理如下：

a. 借:利润分配　　30 000

　　贷:应付利润　　30 000

b. 借:应付利润　　30 000

　　贷:银行存款　　30 000

九、其他应付款的核算

(一)基本概念及内容

本科目核算小企业除应付账款、预收账款、应付职工薪酬、应交税费、应付利息、应付利润等以外的其他各项应付、暂收的款项,如应付租入固定资产和包装物的租金、存入保证金等。

本科目应按照其他应付款的项目和对方单位(或个人)进行明细核算。

本科目期末贷方余额,反映小企业应付未付的其他应付款项。

(二)其他应付款的主要账务处理

(1)小企业发生的其他各种应付、暂收款项,借记“管理费用”等科目,贷记本科目。

(2)支付的其他各种应付、暂收款项,借记本科目,贷记“银行存款”等科目。

小企业无法支付的其他应付款,借记本科目,贷记“营业外收入”科目。

【例 19-16】甲企业 3 月收到乙企业投标保证金 2 000 元,5 月返还。会计处理如下：

a. 借:银行存款　　2 000

　　贷:其他应付款　　2 000

b. 借:其他应付款　　2 000

　　贷:银行存款　　2 000

十、递延收益的核算

(一)基本概念及内容

本科目核算小企业已经收到、应在以后期间计入损益的政府补助。

本科目应按照相关项目进行明细核算。

本科目期末贷方余额,反映小企业已经收到、但应在以后期间计入损益的政府补助。

(二)递延收益的主要账务处理

(1)小企业收到与资产相关的政府补助,借记“银行存款”等科目,贷记本科目。

在相关资产的使用寿命内平均分配递延收益,借记本科目,贷记“营业外收入”科目。

(2)收到的其他政府补助,用于补偿本企业以后期间的相关费用或亏损的,应当按照收到的金额,借记“银行存款”等科目,贷记本科目。在发生相关费用或亏损的未来期间,应当按照应补偿的金额,借记本科目,贷记“营业外收入”科目。

用于补偿本企业已发生的相关费用或亏损的,应当按照收到的金额,借记“银行存款”等科目,贷记“营业外收入”科目。

【例 19-17】甲企业收到政府补助 120 000 元,每月分配 1 000 元。会计处理如下：

a. 借:银行存款 120 000
　　贷:递延收益 120 000
b. 借:递延收益 1 000
　　贷:营业外收入 1 000

第三节 非流动负债的核算

一、长期借款的核算

(一)基本概念及内容

本科目核算小企业向银行或其他金融机构借入的期限在 1 年以上的各项借款本金。

本科目应按照借款种类、贷款人和币种进行明细核算。

本科目期末贷方余额,反映小企业尚未偿还的长期借款本金。

(二)长期借款的主要账务处理

(1)小企业借入长期借款,借记“银行存款”科目,贷记本科目。

(2)在应付利息日,应当按照借款本金和借款合同利率计提利息费用,借记“财务费用”、“在建工程”等科目,贷记“应付利息”科目。

(3)偿还长期借款本金,借记本科目,贷记“银行存款”科目。

【例 19-18】甲企业借入三年期借款 20 000 元,年支付利息 1 230 元,三年后归还。会计处理如下:

a. 借:银行存款 20 000
　　贷:长期借款 20 000
b. 借:财务费用 1 230
　　贷:应付利息 1 230
c. 借:长期借款 20 000
　　贷:银行存款 20 000

二、长期应付款的核算

(一)基本概念及内容

本科目核算小企业除长期借款以外的其他各种长期应付款项。包括:应付融资租入固定资产的租赁费、以分期付款方式购入固定资产发生的应付款项等。

本科目应按照长期应付款的种类和债权人进行明细核算。

本科目期末贷方余额,反映小企业应付未付的长期应付款项。

(二)长期应付款的主要账务处理

(1)小企业融资租入固定资产,在租赁期开始日,按照租赁合同约定的付款总额和在签订租赁合同过程中发生的相关税费等,借记“固定资产”或“在建工程”科目,贷记本科目等科目。

(2)以分期付款方式购入固定资产,应当按照实际支付的购买价款和相关税费(不包括按照税法规定可抵扣的增值税进项税额)，借记“固定资产”或“在建工程”科目，按照税法规定可抵扣的增值税进项税额，借记“应交税费—应交增值税(进项税额)”科目，贷记本科目。

【例 19-19】甲企业融资租入设备 100 000 元。会计处理如下：

借：固定资产　　100 000

　贷：长期应付款　　100 000

第二十章　所有者权益

第一节　所有者权益概述

一、所有者权益的定义

所有者权益，是指小企业资产扣除负债后由所有者享有的剩余权益。

小企业的所有者权益包括：实收资本（或股本，下同）、资本公积、盈余公积和未分配利润。

二、所有者权益的特征

相对于负债而言，所有者权益具有以下特征：

（1）所有者权益通常不像负债那样需要偿还。除非小企业发生减资、清算，否则小企业不需要将所有者权益返还给其投资者。

（2）小企业清算时，负债将优先偿还，而所有者权益只有在负债得到偿还后，才能得到返还。

（3）所有者权益能够分享利润，而负债通常不能参与利润的分配。因此，所有者权益是所有者对小企业资产的剩余索取权，既可反映所有者投入资本的保值增值情况，又体现了保护债权人权益的理念。

三、所有者权益的构成

（一）所有者投入的资本

所有者投入的资本是指所有者投入小企业的资本部分，它既包括构成小企业注册资本或者股本部分的金额，即实收资本；也包括投入资本超过注册资本或者股本部分的溢价金额，即资本公积。

（二）留存收益

留存收益是小企业历年实现的净利润留存于小企业的部分，包括盈余公积和未分配利润。

四、所有者权益的确认条件

所有者权益的确认、计量主要取决于资产、负债、收入、费用等其他会计要素的确认和计量。所有者权益即为小企业的净资产，是小企业资产总额中扣除债权人权益后的净额，反映所有者（股东）财富的净增加额。通常小企业收入增加时，会导致资产的增加，相应地会增加所有者权益;小企业发生费用时,会导致负债增加,相应地会减少所有者权益。因此,小企业日常经营的好坏和资产负债的质量直接决定着小企业所有者权益的增减变化和资本的保值增值。

五、所涉及的会计科目

小企业应当根据规定,结合自身实际情况,设置“实收资本”、“资本公积”、“盈余公积”、“本年利润”和“利润分配”5个会计科目。

六、执行中应注意的问题

对于合伙制小企业,也应当执行小企业会计准则,按照准则的规定进行会计处理。

合伙企业是指自然人、法人和其他组织依照《中华人民共和国合伙企业法》在中国境内设立的普通合伙企业和有限合伙企业。其中,普通合伙企业由普通合伙人组成,合伙人对合伙企业债务承担无限连带责任。合伙企业的规模通常较小。

由于合伙企业与公司制企业在法人资格、投资者责任、投资者与管理者关系、权益设置及转让等方面都有不同,因此,合伙企业在所有者权益的核算上与公司制企业存在不同。合伙企业一般不设置“资本公积”科目和“盈余公积”科目,合伙企业实现的利润一般通过提款或追加投资方式全部分给合伙人。

第二节　实收资本的核算

一、实收资本的定义

实收资本,是指投资者按照合同协议约定或相关规定投入到小企业、构成小企业注册资本的部分。

二、实收资本的计量

实收资本的计量,取决于投资者的出资方式,应区分以下两种情况分别确定。

(一)以现金方式出资的计量

现金出资方式包括投入的人民币和各种外币。小企业收到投资者以外币投入资本的,应当按收到外币出资额当日的即期汇率折算为人民币。小企业收到投资者的货币出资,应当按照其在小企业注册资本或股本中所占的份额确认实收资本,实际收到或者存入小企业开户银行的金额超过实收资本的差额,确认为资本公积。

(二)以非货币性资产出资的计量

对于投资者以非货币性资产出资,小企业应当区别取得资产的计量和实收资本的计量分别加以确定。其中,取得的非货币性资产的金额根据公司法的要求,应采用评估价值确定;而实收资本的金额应根据投资合同协议或公司章程的约定按照投资者在其中所占份额来确定,超出部分应当计入资本公积。

三、所涉及的会计科目及核算内容

小企业应当根据本条规定，结合自身实际情况，设置"3001 实收资本"会计科目，核算小企业收到投资者按照合同协议约定或相关规定投入的、构成注册资本的部分。股份有限公司性质的小企业应将本科目的名称改为"3001 股本"科目。

小企业收到投资者出资超过其在注册资本中所占份额的部分，作为资本溢价，在"资本公积"科目核算，不在本科目核算。

"实收资本"科目应按照投资者进行明细核算。本科目期末贷方余额，反映小企业实收资本总额。

四、主要账务处理

小企业的实收资本应当相对固定不变。但在某些情况下，根据相关法律规定或投资者之间的约定，实收资本也可以发生增减变动。比如，根据公司法规定，有限责任公司增加股本，只要股东会议(但必须经过代表 2/3 以上表决权的股东通过)决议，并修改公司章程即可。

(一)实收资本增加的会计处理

通常，小企业增加资本的途径主要有三种：

(1)将资本公积转为实收资本。在账务处理上，借记"资本公积"科目，贷记"实收资本"科目。

(2)将盈余公积转为实收资本。在账务处理上，借记"盈余公积"科目，贷记"实收资本"科目。资本公积和盈余公积均属所有者权益，转为实收资本时，如为独资小企业，直接结转即可；如为有限责任公司，应按股东原持股份同比例增加各股东的股权，除非股东之间另有约定。

(3)所有者(包括小企业原所有者和新投资者)投入。小企业应在收到投资者投入的出资时，借记"银行存款"、"固定资产"、"原材料"等科目，贷记"实收资本"、"资本公积"等科目。

(二)实收资本减少的会计处理

一般情况下小企业的实收资本不能随意减少，尤其是法律禁止投资者在企业成立后，从企业抽逃出资。但是，个别情况下可以依法减资。小企业实收资本减少的原因主要有两种：①资本过剩；②小企业发生重大亏损，短期内无力弥补而需要减少实收资本。

资本减少应符合相关条件：

(1)减资应事先通知所有债权人，债权人无异议方允许减资；

(2)经股东会议同意，并经有关部门批准；

(3)公司减资后的注册资本不得低于法定注册资本的最低限额。

其账务处理为：借记"实收资本"、"资本公积"科目，贷记"库存现金"、"银行存款"等科目。

五、执行中应注意的问题

在实务中，中外合作经营的小企业根据合同规定在合作期间归还投资者的投资，实质上是一种减资行为，应当减少实收资本，但又不同时减少注册资本。考虑到我国实行注册资本制并且投资者各方通常都是按照各方在注册资本中所占份额享有所有者权益，因此，为了保持小企业的实收资本始终同注册资本相一致，本准则在"实收资本"科目下单独设置了"已归还投资"明细科目进行核算，并且在资产负债表中在"实收资本(或股本)"项目下增加"减：已归还投资"

项目单独列示，以清晰地反映小企业的注册资本和已归还投资的情况。在账务处理上，应当按照用利润实际归还投资的金额，借记“实收资本—已归还投资”科目，贷记“银行存款”等科目；同时，借记“利润分配—利润归还投资”科目，贷记“盈余公积—利润归还投资”科目。

六、应用举例

【例20-1】2×13年2月5日，为扩大经营规模，经批准，甲公司注册资本增加800万元，通过吸收新投资者实现。新的投资者投入现金600万元以及专用设备一台，设备经评估确定的价值为300万元，增值税进项税额为51万元。甲公司应编制如下会计分录：

借：银行存款	6 000 000	
固定资产	3 000 000	
应交税费—应交增值税(进项税额)	510 000	
贷：实收资本		8 000 000
资本公积		1 510 000

第三节　资本公积的核算

一、资本公积的定义

资本公积，是指小企业收到的投资者出资额超过其在注册资本或股本中所占份额的部分。

二、资本公积的来源

资本公积来源于投资者的投入。资本公积是由投资者投入但不构成实收资本的、所有者享有的资金。资本公积由小企业全体投资者共同享有，其形成有特定来源，仅来源于小企业投资者的投入，因此，与小企业的生产经营所得(净利润)无关，不是一个利润实现的过程，而是与实收资本共同反映了小企业与其投资者之间出资和资本投入的关系。

三、资本公积的用途

(1)小企业用资本公积转增资本，应当冲减资本公积。即减少资本公积的同时，增加实收资本或股本。

(2)资本公积不得用于弥补亏损。

四、所涉及的会计科目及核算内容

小企业应当根据本条规定，结合自身实际情况，设置“资本公积”会计科目，核算小企业收到投资者出资超出其在注册资本中所占份额的部分。

“资本公积”科目期末贷方余额，反映小企业资本公积总额。

五、主要账务处理

(1)小企业收到投资者的出资，借记“银行存款”、“其他应收款”、“固定资产”、“无形资产”等科目，按照其在注册资本中所占的份额，贷记“实收资本”科目，按照其差额，贷记“资本公积”。

（2）根据有关规定用资本公积转增资本，借记“资本公积”，贷记“实收资本”科目。

根据有关规定减少注册资本，借记“实收资本”、“资本公积”等科目，贷记“库存现金”、“银行存款”等科目。

六、执行中应注意的问题

（1）《小企业会计准则》资本公积的核算基本仅为资本溢价部分。取消了其他资本公积的准备类科目。

（2）小企业收到投资者以外币投入的资本，应当采用交易发生日的即期汇率折算，不得采用合同约定汇率和交易当期的平均汇率折算。

即外币投入资本与相应的货币性项目的记账本位币之间不产生外币资本折算差额。但是如果折算后金额超出其在注册资本或股本中所占份额，超过部分应当计人资本公积，但是在其他期间不会再产生由汇率不同而导致的折算差额。

（3）资本公积不得出现借方余额的情况，即资本公积的结转至零为止。

七、应用举例

【例 20-2】2×13 年 11 月 10 日，经批准，甲公司按原出资比例将资本公积 200 万元转增资本。甲公司应编制如下会计分录：

借：资本公积　　2 000 000

　贷：实收资本　　2 000 000

第四节　盈余公积的核算

一、盈余公积的定义

盈余公积，是指小企业按照法律规定在税后利润中提取的法定公积金和任意公积金。

二、盈余公积的来源

盈余公积来源于小企业实现的利润。盈余公积是小企业按照法律规定在税后利润中提取的法定公积金和任意公积金。相对于未分配利润而言，盈余公积可以理解为限定用途的利润，而未分配利润是未限定用途的利润。

（一）法定公积金的提取

《公司法》第一百六十七条对公司制小企业法定公积金提取作了规定，具体包括以下四层意思：

（1）提取法定公积金的基础：小企业当年实现的税后利润，即净利润。

（2）提取法定公积金的比例：10%。

（3）提取法定公积金的最低限额：法定公积金累计额达到公司注册资本的 50%以上时，可以不再提取。

(4)提取法定公积金的顺序:法定公积金不足以弥补以前年度亏损的,应当先用当年净利润弥补亏损后,如有余额,再按照上述规定提取法定公积金。

(二)任意公积金的提取

《公司法》第一百六十七条对公司制小企业任意公积金提取作了规定,具体包括以下五层意思:

(1)提取任意公积金的基础:小企业当年实现的税后利润,即净利润。

(2)提取任意公积金的比例:《公司法》没有规定提取的具体比例,而是根据公司自治的立法精神,由企业自行确定。

(3)提取任意公积金的最低限额:《公司法》没有规定任意公积金的提取的最低限额。

(4)提取任意公积金的顺序:提取法定公积金后,再提取任意公积金。

(5)有权决定提取任意公积金的机构:只能是由小企业的股东会或股东大会决议。

三、盈余公积的用途

小企业提取的盈余公积,根据《公司法》等法律的规定,主要用于以下三个方面:

(一)用于弥补亏损

小企业发生亏损时,根据《小企业所得税法》的规定,企业发生的亏损,准予向以后年度结转,用以后年度的所得弥补,但结转年限最长不得超过5年,国家税务总局公告2012年第40号规定了弥补期的例外情形;经过5年期间未能足额弥补的,未弥补亏损应由小企业税后利润弥补;此外,由公司制小企业股东会或股东大会批准后,还可以用盈余公积弥补亏损。

(二)转增资本

小企业将盈余公积转增资本时,必须经股东会或股东大会决议。在实际将盈余公积转增资本时,要按照股东原有持股比例进行结转,除非股东之间另有约定。

需要注意的是,用盈余公积转增资本时,转增后留存的法定公积金不得少于转增前公司注册资本的25%。

(三)扩大企业生产经营

盈余公积是小企业所有者权益的一个组成部分,也是小企业生产经营的一个重要资金来源。提取盈余公积并不是单独将这部分资金从小企业资金周转过程中抽出,它同小企业其他来源形成的资金一样循环周转,用于小企业的生产经营。在实务中,不需要进行专门的账务处理。

四、所涉及的会计科目及核算内容

小企业应当根据规定结合自身实际情况,设置"3101盈余公积"会计科目,核算小企业(公司制)按照《公司法》规定在税后利润中提取的法定公积金和任意公积金。小企业(外商投资)按照法律规定在税后利润中提取储备基金和企业发展基金也在本科目核算。

本科目应当分别"法定盈余公积"、"任意盈余公积"进行明细核算。小企业(外商投资)还应当分别"储备基金"、"企业发展基金"进行明细核算。

小企业(中外合作经营)根据合同规定在合作期间归还投资者的投资,应在本科目设置"利润归还投资"明细科目进行核算。

本科目期末贷方余额，反映小企业（公司制）的法定公积金和任意公积金总额，小企业（外商投资）的储备基金和企业发展基金总额。

五、盈余公积的主要账务处理

（1）小企业（公司制）按照《公司法》规定提取法定公积金和任意公积金，借记“利润分配—提取法定盈余公积、提取任意盈余公积”科目，贷记“盈余公积（法定盈余公积、任意盈余公积）”。

（2）用盈余公积弥补亏损，借记“盈余公积—盈余公积补亏”科目，贷记“利润分配—盈余公积补亏”科目。

（3）用盈余公积转增资本，借记“盈余公积—盈余公积转增资本”科目，贷记“实收资本”科目。

六、执行中应注意的问题

（1）外商投资小企业根据有关法律规定，在税后利润中提取的储备基金、企业发展基金也应作为盈余公积进行会计处理，在“盈余公积”科目单独设置“储备基金”和“企业发展基金”明细科目进行核算。其账务处理为：小企业（外商投资）按照规定提取的储备基金、企业发展基金，借记“利润分配—提取储备基金、提取企业发展基金”科目，贷记“盈余公积—储备基金、企业发展基金”科目。

（2）外商投资小企业根据有关法律规定，在税后利润中提取的职工奖励及福利基金不作为盈余公积进行会计处理，而作为应付职工薪酬。应在“应付职工薪酬”科目单独设置“职工奖励及福利基金”明细科目进行核算。其账务处理为：小企业（外商投资）按照规定提取的职工奖励及福利基金，借记“利润分配—提取职工奖励及福利基金”科目，贷记“应付职工薪酬—职工奖励及福利基金”科目。

（3）中外合作经营小企业依据有关法律，根据合同规定在合作期间归还投资者的投资，实质上为了保护外方投资者的权益向外方投资者单方面分配利润，但是根据法律上同股同权的原则，也应同时向中方投资者分配利润，但是并不直接进行支付，因此，同金额增加盈余公积，用于以后期间用于向投资者分配。应在“盈余公积’，科目单独设置“利润归还投资”明细科目进行核算。其账务处理为：小企业（中外合作经营）根据合同规定在合作期间归还投资者的投资，应按照实际归还投资的金额，借记“实收资本—已归还投资”科目，贷记“银行存款”等科目；同时，借记“利润分配—利润归还投资”科目，贷记“盈余公积—利润归还投资”科目。

（4）小企业的盈余公积不得出现借方余额的情况，即盈余公积的结转至零为止。

第五节　未分配利润的核算

一、未分配利润概述

（一）未分配利润的定义

未分配利润，是指小企业实现的净利润，经过弥补亏损、提取法定公积金和任意公积金、向投资者分配利润后,留存在本企业的、历年结存的利润。

未分配利润与盈余公积共同构成了小企业的留存收益,其实质上都来源于小企业实现的利润,是对实现利润的在企业内部的积累,为企业的生存和发展壮大提供资金和其他资源支持。

(二)未分配利润的构成及用途

未分配利润是年初未分配利润,加上本年实现的税后利润和其他转入,减去提取的各种盈余公积和分出利润后的余额。未分配利润有两层含义:一是留待以后年度使用的利润;二是未限定特定用途的利润。

(三)所涉及的会计科目及核算内容

小企业应当根据规定结合自身实际情况,设置“本年利润”和“利润分配”两个会计科目。

二、本年利润的核算

(一)本年利润的定义

“本年利润”科目核算小企业当期实现的净利润(或发生的净亏损)。

(二)本年利润的主要账务处理

(1) 期(月)末结转账务处理

期(月)末结转利润时,小企业可以将“主营业务收入”、“其他业务收入”、“营业外收入”科目的余额,转入本科目,借记“主营业务收入”、“其他业务收入”、“营业外收入”科目,贷记“本年利润”科目;将“主营业务成本”、“其他业务成本”、“营业税金及附加”、“销售费用”、“管理费用”、“财务费用”、“营业外支出”、“所得税费用”科目的余额,转入本科目,借记“本年利润”科目,贷记“主营业务成本”、“其他业务成本”、“营业税金及附加”、“销售费用”、“管理费用”、“财务费用”、“营业外支出”、“所得税费用”科目。将“投资收益”科目的贷方余额,转入本科目,借记“投资收益”科目,贷记 “本年利润”科目;如为借方余额,做相反的会计分录。结转后本科目的贷方余额为当期实现的净利润;借方余额为当期发生的净亏损。

(2)年度终了账务处理

年度终了,应当将本年收入和支出相抵后结出的本年实现的净利润,转入“利润分配”科目,借记“本年利润”科目,贷记“利润分配—未分配利润”科目;如为净亏损,做相反的会计分录。

结转后本科目应无余额。

【例 20-3】乙公司 2×13 年有关损益类科目的年末余额如下:主营业务收入 600 000 元,其他业务收入 70 000 元,投资收益 60 000 元,营业外收入 5 000 元,主营业务成本 400 000 元,其他业务成本 40 000 元,营业税金及附加 8 000 元,销售费用 50 000 元,管理费用 77 000 元,财务费用 20 000 元,营业外支出 25 000 元。

乙公司 2×13 年末未结转本年利润的会计分录如下:

(1)将各损益类科目年末余额结转入“本年利润”科目:

a.结转各项收入类科目:

借:主营业务收入	600 000
其他业务收入	70 000

投资收益　60 000
营业外收入　5 000
贷：本年利润　735 000

b. 结转各项费用、损失类科目

借：本年利润　620 000
贷：主营业务成本　400 000
其他业务成本　40 000
营业税金及附加　8 000
销售费用　50 000
管理费用　77 000
财务费用　20 000
营业外支出　25 000

(2)经过上述结转后，"本年利润"科目的贷方发生额合计 735 000 元减去借方发生额合计 620 000 元，即为税前会计利润 115 000 元。假设将该税前会计利润进行纳税调整后，应纳税所得额为 100 000 元，则应交所得税额＝100 000×25%＝25 000(元)。

a. 确认所得税费用：

借：所得税费用　25 000
贷：应交税费—应交所得费　25 000

b. 将所得税费用结转入"本年利润"科目：

借：本年利润　25 000
贷：所得税费用　25 000

c. 将"本年利润"科目年末余额 90 000 元转入"利润分配—未分配利润"科目：

借：本年利润　90 000
贷：利润分配—未分配利润　90 000

三、利润分配的核算

(一)利润分配的定义

"利润分配"科目核算小企业利润的分配(或亏损的弥补)和历年分配(或弥补)后的余额。本科目应按照"应付利润"、"未分配利润"等进行明细核算。本科目年末余额，反映小企业的未分配利润(或未弥补亏损)。

(二)利润分配的主要账务处理

1. 分配股利或利润

公司制小企业经股东大会或类似机构决议，根据有关规定分配给股东或投资者的现金股利或利润，借记"利润分配—应付利润"科目，贷记"应付股利"科目。公司制小企业经股东大会或类似机构决议，分配给股东的股票股利，应在办理增资手续后，借记"利润分配—转作股本的股利"科目，贷记"股本"科目。

2. 未分配利润弥补亏损

小企业在生产经营过程中既可能实现盈利，也有可能出现亏损。小企业在当年发生亏损的情况下,与实现利润的情况相同,应当将本年发生的亏损自“本年利润”科目转入“利润分配—未分配利润”科目,借记“利润分配—未分配利润”科目,贷记“本年利润”科目,结转后“利润分配”科目的借方余额,即为未弥补亏损的数额。然后通过“利润分配”科目核算有关亏损的弥补情况。

由于未弥补亏损形成的时间长短不同等原因,以前年度未弥补的亏损有的可以用当年实现的税前利润(即利润总额)弥补,有的则须用税后利润(即净利润)弥补。小企业用当年实现的利润弥补以前年度结转的未弥补亏损,不需要进行专门的账务处理。小企业应将当年实现的利润自“本年利润”科目转入“利润分配—未分配利润”科目的贷方,“利润分配—未分配利润”科目的贷方发生额与“利润分配—未分配利润”的借方余额自然抵补。无论是以税前利润还是以税后利润弥补亏损,其账务处理方法均相同。但是,两者在计算交纳所得税的处理是不同的。在以税前利润弥补亏损的情况下,其弥补的数额可以抵减企业当年的应纳税所得额,而以税后利润弥补的数额,则不能在计算应纳税所得额时作扣除处理。

3.年度终了结转

年度终了,小企业应当将本年实现的净利润,自“本年利润”科目转入“利润分配”科目,借记“本年利润”科目,贷记“利润分配—未分配利润”科目;为净亏损的,做相反的会计分录。同时,将“利润分配”科目所属明细科目(应付利润、盈余公积补亏)的余额转入“利润分配—未分配利润”科目,借记“利润分配—未分配利润 ”科目,贷记“利润分配—提取法定盈余公积 ”、“利润分配—提取任意盈余公积”、“利润分配—应付利润 ”。

结转后,“利润分配”科目除“未分配利润”明细科目外,其他明细科目应无余额。

(三)执行中应注意的问题

(1)用盈余公积弥补亏损,借记“盈余公积”科目,贷记“利润分配—盈余公积补亏”科目。

(2)小企业(中外合作经营)根据合同规定在合作期间归还投资者的投资,应按照实际归还投资的金额,借记“实收资本—已归还投资”科目,贷记“银行存款”等科目;同时,借记“利润分配—利润归还投资”科目,贷记“盈余公积—利润归还投资”科目。

(3)根据“关于印发《小企业执行〈小企业会计准则〉有关问题衔接规定》的通知 ”(财会〔2012〕20号)规定:转账时,应首先结转执行新准则前各项资产和负债所清查出的损益,经批准后,从“待处理财产损益”科目转入“利润分配—未分配利润”科目。同时,将相关资产减值准备科目的余额以及“待转资产价值”科目的余额转入“利润分配—未分配利润”科目,将小企业筹建期间内发生的尚未摊销完毕的开办费冲减“利润分配—未分配利润”科目 ,经上述调整后,“利润分配—未分配利润”科目如为借方余额,属于按规定取盈余公积的小企业或者“资本公积”科目有贷方余额的小企业,还应依次冲减盈余公积和资本公积。最后,应将“利润分配—未分配利润”科目的余额在进行相关调整后余额转至新账,也可沿用原账。

(四)应用举例

【例20-4】D股份有限公司年初未分配利润为0,本年实现净利润200 000元,本年提取法定盈余公积20 000元,宣告发放现金股利80 000元。假定不考虑其他因素,D股份有限公司会计处理如下:

a.结转本年利润:

借:本年利润 200 000

贷:利润分配—未分配利润		200 000

b.提取法定盈余公积、宣告发放现金股利

借:利润分配—提取法定盈余公积	20 000	
—应付利润	80 000	
贷:盈余公积		20 000
应付利润		80 000

同时:

借:利润分配—未分配利润	100 000	
贷:利润分配—提取法定盈余公积		20 000
—应付利润		80 000

第二十一章　收　入

第一节　收入概述

一、收入的定义

收入，是指小企业在日常活动中形成的、会导致所有者权益增加、与所有者投入资本无关的经济利益的总流入。包括：销售商品收入和提供劳务收入。

《小企业会计准则》从我国小企业实际出发，根据基本准则的要求，将收入作为小企业会计的一项要素，从收入的性质角度即与负债、所有者权益相区分的角度，对小企业的收入作出了定义。《小企业会计准则》关于收入的定义与企业所得税关于收入的界定有共同之处，也有不同的方面。两者相同之处在于都强调了收入能够给小企业带来经济利益，表现为货币形式或非货币形式的经济利益；两者不同的地方在于，分类基础或标准不同，从而出现了交叉或分离的情况，但是从对当期利润的影响来看，又是一致的。

在《小企业会计准则》中，除销售商品收入、提供劳务收入、租金收入（出租固定资产取得的租金收入）和特许权使用费收入以外《企业所得税法》所规定的收入不作为会计上的收入来认定，而是在其他章节中进行规定。例如，《企业所得税法》所规定的股息、红利等权益性投资收益，转让财产收入（转让股权、股票、债券取得的收入）以及利息收入（债券利息收入）不在本准则的本章予以规定，而是在第二章第八条、第十七条至第二十六条和第七章第六十七条予以规范。《企业所得税法》所规定的转让财产收入（转让固定资产、生物资产、无形资产等财产取得的收入）、租金收入（出租包装物和商品取得的租金收入）、接受捐赠收入和其他收入作为小企业非日常活动取得的收入在本准则第七章六十八条统一作为营业外收入进行会计处理。本准则做这种与企业所得税法在收入上不同的处理，主要原因在于，两者对收入的分类基础不同，《企业所得税法》按照收入的来源分类以体现税收政策待遇的不同，本准则按照收入的稳定性和经常性（或者说日常活动和非日常活动）分类以反映小企业盈利能力的稳定性和可持续性。

二、收入的特征

（一）收入是小企业在日常活动中形成的

日常活动是指小企业为完成其经营目标所从事的经常性活动以及与之相关的活动。例如，农业小企业生产和销售农产品，工业小企业制造和销售产品，建筑业小企业建筑房屋，零售业小企业销售商品，交通运输业小企业提供道路货物运输服务，仓储业小企业提供货物仓储服务，邮政业小企业提供小件物品的收集、运输和发送服务，住宿业小企业提供旅馆住宿服务，餐饮业小企业提供快餐服务，信息传输业小企业通过互联网为客户提供信息服务，软件和信息技术服务业小企业为客户提供计算机软件设计、程序编制、分析、测试、修改和咨询服务，房地产开发经营业小企业进行房屋建设并销售商品房，物业管理业小企业向业主提供物业服务，租赁业小企业开展建筑工程机械租赁业务，商务服务业小企业为某政府机关提供后勤服务等等，均属于小企业的日常活动。小企业的日常活动通常可以划分为生产、销售、管理、融资等活动。明确界定日常活动是为了将收入与营业外收入相区分，日常活动是确认收入的重要判断标准，凡是日常活动所形成的经济利益的流入（如销售商品取得现金或应收账款）应当确认收入，反之，非日常活动所形成的经济利益的流入不能确认为收入，而应当计入营业外收入。比如，小企业转让固定资产属于非日常活动，这是因为小企业持有固定资产的主要目的是通过使用生产产品而不是为了出售。因此，转让固定资产所形成的经济利益的流入就不应确认为收入，而应计入营业外收入。再如，小企业因某项固定资产暂时闲置而出租取得的租金收入属于小企业的日常活动所形成的，应当确认为收入。

（二）收入会导致所有者权益的增加

与收入相关的经济利益的流入应当会导致小企业所有者权益的增加，不会增加小企业所有者权益的经济利益的流入不符合收入的定义，不应确认为收入。例如，小企业向银行借入款项，尽管也导致了经济利益流入小企业，表现为增加了小企业的现金或银行存款，但该笔借款的取得并不会增加小企业的所有者权益，反而会使小企业承担了一项现时义务，表现为对银行的欠款。因此，不应将其确认为收入，而应当确认为一项负债。基于本特征，收入区别于负债。收入也不包括为第三方或客户代收的款项。如小企业代税务机关向客户收取的增值税（即销项税额）。这些代收的款项，一方面增加小企业的资产（如现金），一方面增加小企业的负债，而不是增加小企业的所有者权益，也不属于该小企业的经济利益，不能作为该小企业的收入。

（三）收入是与所有者投入资本无关的经济利益的总流入

收入的本质表现：一是导致经济利益流入了小企业，体现为增加了小企业的资产（如现金、银行存款、应收账款等）；二是总流入是一个全额而不是净额的概念，通俗来讲，是毛收入，即不需要扣除费用；三是收入不是小企业的投资者投入的资本，或者说，小企业投资者投入的资本不能作为小企业的收入。例如，小企业销售商品，应当在收到客户支付的现金或者在未来有权收到客户支付的现金，从而增加了小企业的资产，才表明该交易符合收入的定义。但是，小企业经济利益的增加有时是由其所有者投入资本所导致的，所有者投入资本的增加不应当确认为收入，应当将其直接确认为所有者权益。

三、收入的分类

根据不同的标准可以对收入进行不同的分类。

（一）按收入产生的来源分类

按收入产生的来源分类，收入分为销售商品收入、提供劳务收入和让渡资产使用权收入三类。本准则认为收入的来源能够充分涵盖小企业的各种收入。因此，采用了这个分类标准。同时，考虑到让渡资产使用权收入主要表现为金融企业对外贷款形成的利息收入和企业转让无形资产（如商标权、专利权、专营权、版权）等资产的使用权形成的使用费收入，而本准则不适用于金融企业。再者，目前，我国小企业无形资产种类较少，通常以自用为主，金额较小，在资产中所占比例较低。因此,本指南仅将收入分为销售商品收入和提供劳务收入两类,没有引入让渡资产使用权收入这一类。

(二)按经营业务的主次分类

按小企业经营业务的主次分类,收入分为主营业务收入和其他业务收入。主营业务,是指小企业日常活动中的主要活动,可以根据小企业营业执照上注明的主要业务范围来确定。例如,零售业小企业的主营业务是销售商品,交通运输业小企业的主营业务是提供道路货物运输和公路旅客运输。主营业务形成的收入就称为主营业务收入。其他业务,是指小企业除主营业务以外的其他日常活动,可以通过小企业营业执照上注明的兼营业务范围来确定。例如,工业小企业销售材料、提供非工业性劳务等。其他业务形成的收入,通常称作其他业务收入。

四、所涉及的会计科目

小企业应当根据规定,结合自身实际情况,设置"主营业务收入"和"其他业务收入"两个会计科目。

第二节 销售商品收入

一、销售商品收入的定义

销售商品收入,是指小企业销售商品(或产成品、材料,下同)取得的收入。

销售商品收入中所指的商品是一个宽泛的概念,不仅指批发业和零售业小企业销售的商品,还包括制造业小企业生产和销售的产成品、代制品、代修品以及小企业销售的其他构成存货的资产,如原材料、周转材料(包装物、低值易耗品)、消耗性生物资产。所称的销售商品收入与《企业所得税法》所规定的销售货物收入在构成上是一致的。

二、销售商品收入的确认

为便于小企业执行,减少纳税调整负担,满足汇算清缴的需要,《小企业会计准则》对销售商品收入的确认条件采用了与《税法》一致的原则,并使各种销售方式销售商品收入确认的时点实现了与《企业所得税法》规定相一致。

(一)销售商品收入的确认原则

通常,小企业应当在发出商品且收到货款或取得收款权利时,确认销售商品收入。

这一收入确认原则表明,确认销售商品收入有两个标志:一是物权的转移,表现为发出商品;二是收到货款或取得收款权利。这两个标志是经济利益能够流入小企业的最直接的标志,符合《小企业会计准则》第五十八条所规定的收入的定义。小企业销售商品同时满足这两个条件时,通常就应当确认收入。发出商品通常是指小企业将所售商品交付给购买方或购买方已提取所购商品,但是所售商品是否离开企业并不是发出商品的必要条件。如果小企业已经完成销售手续,如购买方直接采取交款提货方式,在发票已经开出,货款已经收到,提货单也已经交给购买方时,无论商品是否已被购货方提取,都应作为发出商品处理。因为此时商品所有权已经转移给购买方，购买方随时可以凭单提货，销售方此时只是起代购买方保管商品的作用。

（二）各种销售方式下销售商品收入确认的时点

（1）采用现金、支票、汇兑、信用证等方式销售商品，由于不存在购买方承付的问题，商品一经发出即收到货款或取得收款权利，因而在商品办完发出手续时即应确认收入。

在这种销售方式下，发出商品是确认收入的重要标志。

（2）托收承付销售商品，是指小企业根据合同发货后，委托银行向异地购买方收取款项，购买方根据合同验货后，向银行承诺付款的销售方式。在这种销售方式下，小企业发出商品且办妥托收手续时，通常表明小企业已经取得收款的权利。因此，可以确认收入。

在这种销售方式下，办妥托收手续是确认收入的重要标志。

（3）预收款销售商品，是指购买方在商品尚未收到前按合同或协议约定分期付款，销售方在收到最后一笔款项时才交货的销售方式。在这种销售方式下，小企业发出商品即意味着小企业作为销售方已经收到了购买方支付的最后一笔款项，应将收到的货款全部确认为收入，在此之前预收的货款应确认为负债，如确认为预收账款。

在这种销售方式下，收到最后一笔款项是确认收入的重要标志。

（4）分期收款销售商品，是指商品已经交付，但货款分期收回的销售方式。《企业所得税法》实施条例考虑到在整个回收期内企业确认的收入总额是一致的，同时考虑到与增值税政策的衔接，规定以分期收款方式销售货物的，按照合同约定的收款日期确认收入的实现。为了简化核算，便于小企业实务操作，本准则对分期收款销售商品的收入确认时点，采用了与《企业所得税法》实施条例相同的规定，但与《企业会计准则》的规定不同。《企业会计准则》要求在发出商品时确认收入，其理由在于《企业会计准则》认为按照合同约定的收款日期分期收回货款，强调的只是一个结算时点，与收入确认所强调的风险和报酬的转移没有关系。

在这种销售方式下，小企业按照合同约定开出销售发票是确认收入的重要标志。

（5）商品需要安装和检验的销售，是指售出的商品需要经过安装、检验等过程的销售方式。在这种销售方式下，所售商品的安装和检验工作是销售合同或协议的重要组成部分。在购买方接受交货以及安装和检验完毕前，销售方一般不应确认收入，只有在购买方接受商品以及安装和检验完毕时才能确认收入。但如果安装程序比较简单，可以在发出商品时确认收入。如某电梯生产企业销售电梯，电梯已发出，发票账单已交付购买方，购买方已预付部分贷款。但根据合同约定，销售方须负责安装且在销售方安装并经检验合格后，购买方才支付余款。在此例中，销售方发出电梯时不能确认收入，而应当在安装完毕并检验合格后才确认收入。

在这种销售方式下，完成安装和检验是确认收入的重要标志。

（6）采用支付手续费方式委托代销商品，是指委托方和受托方签订合同或协议，委托方根据代销商品数量和金额向受托方支付手续费的销售方式。在这种销售方式下，委托方发出商品时，并不知道受托方能否将商品销售出去，能够销售多少。因此，委托方在发出商品时通常不应确认收入，而在收到受托方开出的代销清单时，能够确定受托方销售商品的数量、金额。因此，可以确认收入。

在这种销售方式下，取得受托方开出的代销清单是确认收入的重要标志。

受托方应在所受托商品销售后，将按合同或协议的约定计算确定收取的手续费确认为收入。

（7）以旧换新销售商品，是指销售方在销售商品的同时回收与所售商品相同的旧商品或其他旧商品。在这种销售方式下,应将销售和回收分别进行会计处理:销售的商品作为商品销售进行处理确认收入,回收的商品作为购进商品处理,即作为存货采购处理。

在这种销售方式下,发出新商品和取得旧商品是确认收入的重要标志。

(8)产品分成,是指多家企业在合作进行生产经营的过程中,合作各方对合作生产出的产品按照约定进行分配,并以此作为生产经营收入。由于产品分成是以实物代替货币作为收入的,而产品的价格又随着市场供求关系而波动,因此,只有在分得产品之日按照产品的市场价格确认收入的实现,才能够体现生产经营的真实所得。但是,如果所分得的产品不存在市场价格或市场价格显失公允,则应当请专业评估机构对其价值进行评估确定。

在这种销售方式下,分得产品是确认收入的重要标志。

(三)执行中需要注意的问题

(1)附有销售退回条件的商品销售,即购买方依照有关合同或协议有权退货的销售方式。在这种销售方式下,如果小企业能够按照以往的经验对退货的可能性作出合理的估计,则可以在发出商品时,将估计不会发生退货的部分确认收入,估计可能发生退货的部分不确认销售收入也不结转销售成本,作为发出商品处理,仅表现商品库存的减少,单独设置"发出商品"科目进行核算;如果小企业不能合理地确定退货的可能性,则应当在售出商品退货期满时才确认收入。

(2)小企业发生非货币性资产交换、偿债,以及将货物用于捐赠、赞助、集资、广告、样品、职工福利和利润分配,应当视作小企业与外部发生交易,属于收入实现的过程,视同销售商品,按上述规定确认收入。《企业所得税法》实施条例采用与此相类似的规定。

(3)小企业在建工程、管理部门等内部部门领用所生产的产成品、原材料等,应当作为小企业内部发生的经济事项,属于小企业内部不同资产之间相互转换,不属于收入实现的过程,不应确认收入,应当按照成本进行结转。《企业所得税法》实施条例也采用了与此相类似的规定。

三、销售商品收入的计量

小企业会计准则关于销售商品收入金额的计量原则及计量销售商品收入金额时应考虑的因素与《企业所得税法》实施条例的规定相一致。

(一)销售商品收入金额的计量原则

《小企业会计准则》对小企业销售商品收入金额的计量做了原则性规定:应当按照从购买方已收或应收的合同或协议价款确定销售商品收入的金额。在我国社会主义市场经济条件下,小企业向购买方销售商品通常会根据《中华人民共和国合同法》(后文简称《合同法》)签订销售合同或协议,其中有关所售商品的价格、数量、规格和价款的约定是销售合同或协议的重要组成内容,并且是经过交易双方充分协商,按照公平交易原则达成的,充分体现了交易双方的意愿。因此,可以作为销售商品收入金额的确定依据。该价款收到与否不影响对其收入金额的确定。但是,如果销售商品的合同或协议价款中包含了不属于销售方的金额,如小企业作为增值税一般纳税人销售商品应向购买方收取的增值税销项税额,在计量收入金额时应当从价款中扣除。

(二)计量销售商品收入金额应考虑的因素

销售商品涉及现金折扣、商业折扣、销售退回、销售折让的处理。

(1)现金折扣,是指债权人为鼓励债务人在规定的期限内付款而向债务人提供的债务扣除。企业销售商品涉及现金折扣的，应当按照扣除现金折扣前的金额确定销售商品收入金额。现金折扣在实际发生时计入财务费用。

（2）商业折扣，是指企业为促进商品销售而在商品标价上给予的价格扣除。企业销售商品涉及商业折扣的，应当按照扣除商业折扣后的金额确定销售商品收入金额。

（3）销售退回，是指企业销售出的商品，由于质量、到货时间、品种等不符合要求的原因而发生的退货。对于已确认销售商品收入的售出商品发生销售退回的，不论此销售业务是发生在本年度还是以前年度，小企业均应当在该笔退货实际发生时冲减退货当期（通常为当月）的销售商品收入。

（4）销售折让，是指小企业因售出商品的质量不合格等原因而在售价上给予的减让。对于已确认销售商品收入的售出商品发生销售折让的，不论此销售业务是发生在本年度还是以前年度，小企业均应当在该笔折让实际发生时冲减当期（通常为当月）的销售商品收入。

（三）执行中应注意的问题

（1）按照《中华人民共和国合同法》第十条的规定，合同当事人订立的合同有书面形式、口头形式和其他形式。因此，如果小企业销售商品时仅与购买方达成了口头协议，而没有签订书面形式的合同或协议，在这种情况下，只要口头形式的合同或协议具有法律效力，也可以按照口头协议所达成的销售价款计量收入的金额。

（2）“合同或协议价款”不包括小企业作为增值税一般纳税人在销售商品时按照《中华人民共和国增值税暂行条例》的规定应向购买方收取的增值税销项税额。

（3）《小企业会计准则》所规定的销售退回和销售折让，其前提都是小企业已经确认了销售商品收入，销售已经完成。通俗地讲，就是小企业已经在“主营业务收入”或“其他业务收入”科目进行了登记，记账的时间可能是当月、当年，也可能是以前年度。其所解决的问题是对于已经登记入账的收入所对应的商品，发生退货或与购买方在价款上作出了减让情况下的会计处理。因此，所规定的销售退回和销售折让与仅是发出商品，但还没有登记收入账的退回或价格减让不同，后面这两种情况，从会计准则的角度来看，实际上销售并未完成，不涉及销售商品收入的会计处理，仅仅表现为商品库存的增减变动或交易价格的协商确定。

比如，对于未确认收入的售出商品发生销售退回的，小企业应按已记入“发出商品”科目的商品金额（即商品的实际成本或售价），借记“库存商品”科目，贷记“发出商品”科目。

（4）小企业发生销售退回时，对于已发生的现金折扣或商业折扣，应同时冲减销售退回当期的财务费用或主营业务收入。如果该项销售退回允许扣减增值税税额，应同时调整“应交税费—应交增值税（销项税额）”科目的相应金额。

（5）销售折让与现金折扣、商业折扣的区别和联系。这三者有“两同三不同”，“两同”是指：①影响的对象相同，三者都涉及销售商品收入金额的确定；②交易的对象相同，三者都是与购买方发生的。“三不同”是指：①发生的时间不同，销售折让和现金折扣都是在销售完成之后发生的，商业折扣在销售完成之前发生的；②发生的原因不同，销售折让是由于售出商品的质量不合格等原因在售价上给予购买方的减让，现金折扣是为了及时收回货款而向购买方（即债务人）提供的债务扣除（即在价款上予扣减让），商业折扣是为了促销商品而在售价上给予的价格优惠；③会计处理不同，销售折让发生时冲减当期销售商品收入，借记“主营业务收入”科目，贷记“应收账款”科目，其结果是减少了主营业务收入；现金折扣发生时增加当期财务费用，借记“财务费用”科目，贷记“应收账款”科目，其结果不影响主营业务收入，但增加了财务费用；商业折扣发生时，按照考虑商业折扣后的金额,借记“应收账款”或“银行存款”科目,贷记“主营业务收入”科目。

四、销售商品收入所涉及的会计科目

小企业应当根据规定,结合自身实际情况,设置“主营业务收入”、“其他业务收入”、“主营业务成本”、“其他业务成本”、“库存商品”、“发出商品”、“财务费用”等会计科目。小企业如果销售商品属于主营业务(如销售商品、产成品),则通过“主营业务收入”科目核算;如果销售商品属于兼营业务(如销售材料),则通过“其他业务收入”科目核算。小企业如果存在附有销售退回条件的商品销售的情况,小企业应在本准则所附会计科目的基础上增设“1406 发出商品”会计科目。本科目核算小企业未满足收入确认条件但已发出商品的实际成本或售价。采用支付手续费方式委托其他单位代销的商品,也可以单独设置“1409 委托代销商品”科目。本科目可按购货单位、商品类别和品种进行明细核算。

五、主要的账务处理

(一)主营业务收入

小企业销售商品或提供劳务实现的收入,应当按照实际收到或应收的金额,借记“银行存款”、“应收账款”等科目,按照《税法》规定应交纳的增值税额,贷记“应交税费—应交增值税(销项税额)”科目,按照确认的销售商品收入,贷记本科目。

月末,可将本科目的余额转入“本年利润”科目,结转后本科目应无余额。

(二)其他业务收入

其他业务收入科目核算小企业确认的除主营业务活动以外的其他日常生产经营活动实现的收入。包括出租固定资产、出租无形资产、销售材料等实现的收入。

小企业确认的其他业务收入,借记“银行存款”、“其他应收款”等科目,贷记本科目。涉及增值税销项税额的,还应进行相应的账务处理。

月末,可将本科目余额转入“本年利润”科目,结转后本科目应无余额。

(三)发出商品

对于未满足收入确认条件的发出商品,应按发出商品的实际成本或售价,借记本科目,贷记“库存商品”科目。

发出商品发生退回的,应按退回商品的实际成本或售价,借记“库存商品”科目,贷记本科目。

发出商品满足收入确认条件时,应结转销售成本,借记“主营业务成本”或“其他业务成本”科目,贷记本科目。采用售价核算的,还应结转应分摊的商品进销差价。

本科目期末借方余额,反映小企业发出商品的实际成本或售价。

(四)销售退回

发生销售退回时,借记“主营业务收入”、“应交税费—应交增值税(销项税额)”科目,贷记“银行存款(应收账款)”等科目,同时借记“库存商品”科目,贷记“主营业务成本(其他业务成本)”科目。

(五)销售折让

发生销售折让时,借记“主营业务收入”科目,贷记“银行存款(应收账款)” 等科目。

六、应用举例

【例 21-1】2×13 年 1 月 1 日，甲公司采用托收承付结算方式销售一批商品，开出的增值税专用发票上注明售价为 600 000 元，增值税税额为 102 000 元；商品已经发出，并已向银行办妥托收手续；该批商品的成本为 420 000 元。甲公司应编制如下会计分录：

借：应收账款	702 000	
贷：主营业务收入		600 000
应交税费—应交增值税（销项税额）		102 000
借：主营业务成本	420 000	
贷：库存商品		420 000

【例 21-2】2×13 年 4 月 5 日，甲公司与购货单位签订协议，采用预收款方式向购货单位销售一批商品。该批商品的实际成本为 600 000 元。协议约定，该批商品销售价格为 800 000 元，增值税税额为 136 000 元；购货单位应在协议签订时预付 60%的货款（按销售价格计算），剩余货款于 2 个月后支付。甲公司应编制如下会计分录：

a. 收到 60%货款时：

借：银行存款	480 000	
贷：预收账款		480 000

b. 收到剩余货款及增值税税款并交付商品时：

借：预收账款	480 000	
银行存款	456 000	
贷：主营业务收入		800 000
应交税费—应交增值税（销项税额）		136 000
借：主营业务成本	600 000	
贷：库存商品		600 000

【例 21-3】2×13 年 5 月 10 日，甲公司委托丙公司销售商品 200 件，商品已经发出，每件成本为 60 元。合同约定丙公司应按每件 100 元对外销售，甲公司按售价的 10%向丙公司支付手续费。当年，丙公司对外实际销售 100 件，开出的增值税专用发票上注明的销售价格为 10 000元，增值税税额为 1 700 元，款项已收到。12 月 30 日，甲公司收到丙公司开具的代销清单时，向丙公司开具一张相同金额的增值税专用发票。假定，甲公司发出商品时纳税义务尚未发生；甲公司采用实际成本核算，丙公司采用进价核算代销商品。

甲公司应编制如下会计分录：

a. 发出商品时：

借：委托代销商品	12 000	
贷：库存商品		12 000

b. 收到代销清单时：

借：应收账款	11 700	
贷：主营业务收入		10 000
应交税费—应交增值税（销项税额）		1 700
借：主营业务成本	6 000	

贷:委托代销商品 6 000

借:销售费用 1 000

贷:应收账款 1 000

c. 收到丙公司支付的货款时:

借:银行存款 10 700

贷:应收账款 10 700

丙公司应编制如下会计分录:

a. 收到商品时:

借:受托代销商品 20 000

贷:受托代销商品款 20 000

b. 对外销售时:

借:银行存款 11 700

贷:应付账款 10 000

应交税费—应交增值税(销项税额) 1 700

c. 收到增值税专用发票时:

借:应交税费—应交增值税(进项税额) 1 700

贷:应付账款 1 700

借:受托代销商品款 20 000

贷:受托代销商品 20 000

d. 支付货款并计算代销手续费时:

借:应付账款 11 700

贷:银行存款 10 700

其他业务收入 1 000

【例 21-4】 甲公司于 2×13 年 3 月 1 日销售商品 10 000 件,每件商品的标价为 20 元(不含增值税),每件商品的实际成本为 12 元,适用的增值税税率为 17%;由于是成批销售,甲公司给予购货方 10%的商业折扣,并在销售合同中规定现金折扣条件为 2/10,1/20,N/30;商品于 3 月 1 日发出,购货方于 3 月 9 日付款。假定计算现金折扣时考虑增值税。

本例涉及现金折扣和商业折扣问题,首先需要计算确定销售商品收入的金额。根据销售商品收入金额确定的有关规定,销售商品收入的金额应是未扣除现金折扣,但扣除商业折扣后的金额,现金折扣应在实际发生时计入当期财务费用。因此,甲公司应确认的销售商品收入金额为 180 000(20×10 000－20×10 000×10%)元,增值税销项税额为 30 600(180 000×17%)元。购货方于销售实现后的 10 日内付款,享有的现金折扣为 4 212[(180 000＋30 600)×2%]元。甲公司应编制如下会计分录:

a. 3 月 1 日销售实现时:

借:应收账款 210 600

贷:主营业务收入 180 000

应交税费—应交增值税(销项税额) 30 600

借:主营业务成本 120 000 (12×10 000)

贷:库存商品 120 000

b. 3 月 9 日收到货款时：

借：银行存款　206 388

　财务费用　4 212

　贷：应收账款　210 600

若购货方于 3 月 19 日付款，则享受的现金折扣为 2 106(210 600×1%)元，甲公司在收到货款时的会计分录为：

借：银行存款　208 494

　财务费用　2 106

　贷：应收账款　210 600

若购货方与 3 月 31 日付款，则应按全额付款。甲公司在收到货款时的会计分录为：

借：银行存款　210 600

　贷：应收账款　210 600

【例 21-5】甲公司于 2×13 年 2 月 20 日销售商品一批，增值税专用发票上注明售价为 350 000元，增值税税额是 59 500 元；该批商品成本为 182 000 元。该批商品于 2 月 20 日发出，购货方于 3 月 1 日付款。甲公司对该项销售确认了销售收入。3 月 15 日，该商品质量出现严重问题，购货方将该批商品全部退回给甲公司。甲公司同意退货，于退货当日支付了退货款，并按规定向购货方开具了增值税专用发票(红字)。甲公司应编制如下会计分录：

a. 销售实现时：

借：应收账款　409 500

　贷：主营业务收入　350 000

　　应交税费—应交增值税(销项税额)　59 500

借：主营业务成本　182 000

　贷：库存商品　182 000

b. 收到货款时：

借：银行存款　409 500

　贷：应收账款　409 500

c. 销售退回时：

借：主营业务收入　350 000

　应交税费—应交增值税(销项税额)　59 500

　贷：银行存款　409 500

借：库存商品　182 000

　贷：主营业务成本　182 000

【例 21-6】2×13 年 7 月 12 日，甲公司销售一批商品，开出的增值税专用发票上注明的售价为 100 000 元，增值税税额为 17 000 元。该批商品的成本为 70 000 元。购货方验货时发现商品质量不合格，要求在价格上给予 5%的折让。经确认，购货方提出的销售折让要求符合原合同的约定，甲公司同意并办妥了相关手续，开具了增值税专用发票(红字)。假定此前甲公司已确认该批商品的销售收入，销售款项尚未收到，发生的销售折让允许扣减当期增值税销项税额。甲公司应编制如下会计分录：

a. 销售实现时：

借:应收账款	117 000	
贷:主营业务收		100 000
应交税费—应交增值税(销项税额)		17 000
借:主营业务成本	70 000	
贷:库存商品		70 000

b. 发生销售折让时:

借:主营业务收入	5 000	
应交税费—应交增值税(销项税额)	850	
贷:应收账款		5 850

c. 实际收到款项时:

借:银行存款	111 150	
贷:应收账款		111 150

第三节　提供劳务收入

一、提供劳务收入的定义及范围

(一)提供劳务收入的定义

小企业提供劳务的收入,是指小企业从事建筑安装、修理修配、交通运输、仓储租赁、邮电通信、咨询经纪、文化体育、科学研究、技术服务、教育培训、餐饮住宿、中介代理、卫生保健、社区服务、旅游、娱乐、加工以及其他劳务服务活动取得的收入。

(二)劳务的范围

劳务是无形的商品,是指为他人提供服务的行为,包括体力和脑力劳动。这里列举的提供劳务收入所涉及的行业较为广泛,既包括工业,也包括第三产业等。具体包括建筑安装、修理修配、交通运输、仓储租赁、邮电通信、咨询经纪、文化体育、科学研究、技术服务、教育培训、餐饮住宿、中介代理、卫生保健、社区服务、旅游、娱乐、加工以及其他劳务服务活动等。

小企业出租固定资产取得的租金收入和出租专利权、商标权、著作权、非专利技术,以及其他特许权取得的特许权使用费收入也作为提供劳务收入予以确认,在“其他业务收入”科目核算。

小企业会计准则所称提供劳务收入不包括从事金融保险所取得的收入。

(三)各项劳务的具体内涵

(1)建筑安装。属于建筑业范畴,指建筑物主体工程竣工后,建筑物内各种设备的安装活动,以及施工中的线路敷设和管道安装。不包括工程收尾的装饰,如对墙面、地板、天花板、门窗等处理活动。

(2)修理修配。通常是指受托方对损伤和丧失功能的货物进行修复,使其恢复原状和功能的业务。所涉及的行业很多,例如:机动车、电子产品和日用产品修理,金属制品、机械和设备修理业等。

(3)交通运输。包括:①铁路运输业,指铁路客运、货运及相关的调度、信号、机车、车辆、检修、工务等活动;②道路运输业,包括公路旅客运输、道路货物运输、道路运输辅助活动等;③水上运输业,包括水上旅客运输、水上货物运输、水上运输辅助活动;④航空运输业,包括航空客货运输、通用航空服务、航空运输辅助活动;⑤管道运输业;⑥装卸搬运和运输代理业等。

(4)仓储租赁。包括仓储和租赁两部分。仓储指专门从事货物仓储、货物运输中转仓储,以及以仓储为主的物流送配活动。例如谷物、棉花等农产品仓储。租赁包括两类:一是机械设备租赁,指不配备操作人员的机械设备的租赁服务,包括汽车租赁、农业机械租赁、建筑工程机械与设备租赁、计算机及通讯设备租赁、其他机械与设备租赁等;二是文化及日用品出租,包括图书及音像制品出租、其他文化及日用品出租等。

(5)邮电通信。包括邮电和通信两部分。邮政业和交通运输、仓储列为一类,主要包括国家邮政,即国家邮政系统提供的邮政服务,以及其他寄递服务,即国家邮政系统以外的单位所提供的包裹、小件物品的收集、运输、发送服务。通信包括电信、广播电视和卫星传输服务,互联网和相关服务等。

(6)咨询经纪。咨询业包括会计、审计及税务服务、社会经济咨询以及其他专业咨询;经纪业是指商品经纪人等活动。

(7)文化体育。文化业包括新闻和出版业,广播、电视、电影和像视录音制作业,文化艺术业等,体育业包括体育组织、体育场馆及其他体育活动。

(8)科学研究。主要指为了增加知识(包括有关自然、工程、人类、文化和社会的知识),以及运用这些知识创造新的应用所进行的系统的、创造性的活动。该活动仅限于对新发现、新理论的研究,新技术、新产品、新工艺的研制。研究和试验发展包括基础研究、应用研究和试验发展,即自然科学研究和试验发展、工程和技术研究和试验发展、农业科学研究和试验发展、医学研究和试验发展、社会人文科学研究和试验发展等。

(9)技术服务。包括专业技术服务业和科技推广和应用服务业两类。前者包括气象服务、地震服务、海洋服务、测绘服务及技术监测、环境监测、工程技术与规划管理等;后者包括技术推广服务、科技中介服务和其他科技服务。

(10)教育培训。包括学前教育、初等教育、中等教育、高等教育以及其他教育(职业技能培训、特殊教育等)。

(11)餐饮住宿。餐饮业包括正餐服务、快餐服务、饮料及冷饮服务以及其他餐饮服务;住宿业包括旅游饭店、一般旅馆及其他住宿服务。

(12)中介代理。中介包括房地产中介服务、职业中介服务等,代理包括贸易、金融领域的代理等。

(13)卫生保健。包括医院、卫生院及社区医疗活动、门诊部医疗活动、计划生育技术服务活动、妇幼保健活动、专科疾病防治活动、疾病预防控制及防疫活动以及其他卫生保健活动。

(14)社区服务。主要包括居民服务业和其他服务业。

(15)旅游。包括旅行社服务业,指为社会各界提供商务、组团和散客旅游的服务。包括向顾客提供咨询、旅游计划和建议、日程安排、导游、食宿和交通等服务。

(16)娱乐。包括室内娱乐活动、游乐园、休闲健身娱乐活动及其他娱乐活动。

(17)加工。属于制造业的范畴,包括农副食品加工业,木材加工和木、竹、藤、棕、草制品业,石油加工、炼焦及核燃料加工业,黑色金属冶炼和压延加工业、有色金属冶炼和压延加工业,废弃资源综合利用业等。

二、提供劳务收入确认和计量

(一)不跨会计年度的劳务收入的确认原则

同一会计年度内开始并完成的劳务收入,应当在提供劳务交易完成且收到款项或取得收款权利时,确认提供劳务收入。这一确认原则包含了两个条件,并且应当同时具备:

(1)收入确认的前提是劳务已经完成。

(2)收到款项或取得收款的权利,表明收入金额能够可靠确定并且该经济利益能够流入小企业。

(二)不跨会计年度的劳务收入的计量原则

提供劳务收入的金额为从接受劳务方已收或应收的合同或协议价款。

(三)跨会计年度的劳务收入的确认原则

跨会计年度的劳务,通常是指小企业受托加工制造机械设备等,以及从事建筑、安装、装配工程业务或者提供劳务等,持续时间超过12个月。

劳务的开始和完成分属不同会计年度的,应当按照完工进度确认提供劳务收入。这实质上就是企业会计准则所规定的完工百分比法。完工百分比法,是指按照提供劳务交易的完工进度确认收入和费用的方法。在这种方法下,确认的提供劳务收入金额能够提供不同会计年度关于提供劳务交易及其业绩的有用信息。其关键是合理确定所提供劳务的完工进度。

小企业确定提供劳务交易的完工进度,可以选用下列方法:

(1)已完工工作量的测量,如完成的工程形象进度。比如某小企业负责为某社区盖居民活动中心大楼,一共3层,在18个月的时间内完成,第1年年底盖完了2层,则第1年完成的工程进度为66.7%。

(2)已经提供的劳务量占应提供劳务总量的比例,如已挖土石方量占总土石方量的比例。比如,某小企业负责为某工地挖地基,总土方石量为1 000立方米,时间为2×13年7月1日至2×14年6月30日,在2×13年12月31日,经测算共挖土石方量为600立方米,则2×13年完成的工程进度为60%。

(3)已经发生的成本占估计的提供劳务成本;总额的比例,比如,某工程概算成本为100万元,分3年完工,第1年实际发生的工程成本为30万元,则第1年完成的工程进度为30%。

(四)跨会计年度的劳务收入的计量原则

劳务的开始和完成分属不同会计年度的,在年度资产负债表日,按照提供劳务收入总额乘以完工进度扣除以前会计年度累计已确认提供劳务收入后的金额,确认本年度提供劳务收入;同时,按照估计的提供劳务成本总额乘以完工进度扣除以前会计年度累计已确认劳务成本后的金额,结转营业成本。本计量要求应从以下三个方面来把握:

(1)确认劳务收入和结转劳务成本的时点均为年度资产负债表日,也就是年末(12月31日)。

(2)规定了劳务收入金额的确定方法,按照提供劳务收入总额乘以完工进度扣除以前会计年度累计已确认提供劳务收入后的金额,确认本年度提供劳务收入。在按照该方法具体确定劳务收入金额时,把握两个关键点:一是完工进度;二是提供劳务收入总额。完工进度按照以上解释来应用。下面重点解释提供劳务收入总额的确定。

提供劳务收入总额一般根据交易双方签订的合同或协议注明的交易总金额确定。也就是说，提供劳务收入总额通常在合同或协议中规定了明确的金额，即合同金额。但是也不排除随着劳务的提供可能会根据实际情况增加或减少交易总金额。在这种情况下，小企业作为劳务提供方应当及时调整劳务收入总额并且区分不同情况进行会计处理，如果该调整金额相对原合同金额比例较小（如不超过10%），为简化核算，便于小企业实务操作，可以将该调整金额直接记入最后一个会计年度的收入之中，不需要在不同会计年度之间进行重新分配；反之，应当将该调整金额在调整所在会计年度和以后剩余的会计年度之间进行重新分配。

本年提供劳务收入金额可按照下列公式计算确定：

本年确认的提供劳务收入金额＝提供劳务收入总额×截至本年末劳务的完工程度－以前年度已确认的提供劳务收入累计金额

(3)规定了应结转提供劳务成本金额的确定方法，按照估计的提供劳务成本总额乘以完工进度扣除以前会计年度累计已确认营业成本后的金额，结转本年度营业成本。在按照该方法具体确定本年度提供劳务应结转的营业成本金额时，也需要把握两个关键点，一是完工进度；二是提供劳务成本总额。完工进度与确定提供劳务收入所使用的完工进度完全相同。下面重点解释提供劳务成本总额的确定。

提供劳务成本总额在劳务最终完成之前实际上是一个估计的金额，只有等到劳务最终完成时才能确定实际发生的劳务成本总额。由于这类劳务属于跨会计年度的劳务，按照完工百分比法确认提供劳务收入的同时，应当结转所提供劳务相应的营业成本。因此，就需要在劳务提供的过程中计算确定应结转的营业成本。在这种情况下，可行的做法只能是采用估计的提供劳务成本总额。基于此考虑，本条规定中采用“估计的提供劳务成本总额”这一概念。

提供劳务成本总额既然是一个估计金额，根据提供劳务的成本发生的不同特点，提供劳务成本总额可以采用两种方法进行估计：

①“完全估计法”，即在劳务开始提供之前，小企业根据有关因素确定的该劳务的概算成本。

②“实际发生＋部分估计法”，即按照至年度资产负债表日止已经实际发生的成本和完成劳务以后年度将要发生的成本来确定，其中“至年度资产负债表日止已经实际发生的成本”可以从“生产成本”或“劳务成本”科目的借方发生额分析取得。但是无论采用哪一种方法确定劳务成本总额，同样不排除随着劳务的提供可能会根据实际情况增加或减少劳务成本总额。在这种情况下，小企业作为劳务提供方应当及时调整劳务成本总额并且区分不同情况进行会计处理，如果该调整金额相对原劳务成本总额比例较小（如不超过10%），为简化核算，便于小企业实务操作，可以将该调整金额直接记入最后一个会计年度的营业成本之中，不需要在不同会计年度之间进行重新分摊；反之，应当将该调整金额在调整所在会计年度和以后剩余的会计年度之间进行重新分摊。

本年由提供劳务应结转营业成本的金额可按照下列公式计算确定：

本年结转的营业成本金额＝估计的提供劳务成本总额×截至本年末劳务的完工程度－以前年度已结转的营业成本累计金额

三、混合销售收入确认原则

小企业与其他企业签订的合同或协议包含销售商品和提供劳务时，销售商品部分和提供劳务部分能够区分且能够单独计量的，应当将销售商品的部分作为销售商品处理，将提供劳务的部分作为提供劳务处理。

销售商品部分和提供劳务部分不能够区分,或虽能区分但不能够单独计量的,应当作为销售商品处理。

可以从以下几个方面来理解:

(一)"能拆尽拆"原则

先应当考虑将销售商品和提供劳务尽可能分拆开,也就是做到"一个合同、两笔交易"分别确认销售商品收入和提供劳务收入。如果实在无法进行分拆,再作为"一笔交易"即将整个合同视为销售商品确认收入。

(二)"可计量"原则

在对混合销售进行分拆时,相对来讲,可以从交易形式或完成交易结果等方面比较容易地区分销售商品和提供劳务,但是在实际确定或分配其各自的交易金额时有时候是存在困难的,在这种情况下,只有单独计量销售商品的金额和提供劳务的金额时,才能按照"能拆尽拆"原则作为"两笔交易"分别确认收入。本条所称"单独计量",是指能够客观、合理、公正地确定相关金额。客观就是要尽可能避免人为干扰和操纵,合理就是要尽可能做到有理有据,符合交易实际情况,如实反映交易,公正就是要尽可能实现不偏不倚,既不夸大销售商品,也不贬低提供劳务,反之亦然。

(三)"简化"原则

为了简化核算,便于小企业实务操作,减少纳税调整负担,满足汇算清缴以及流转税的需要,销售商品部分和提供劳务部分实在分拆不开,一是不能区分;二是虽能区分但不能单独计量,应当将整个销售合同全部作为销售商品处理。

四、执行中应注意的问题

(1)为了简化核算,便于小企业实务操作,减少纳税调整负担,满足汇算清缴的需要,本准则仅要求小企业在年度资产负债表日对跨会计年度的劳务按照完工百分比法确定提供劳务的收入和应结转的营业成本。在一个会计年度中间的各个月份,允许小企业进行简化核算,可以按照当月收到的合同款项确认收入,记入"主营业务收入"或"其他业务收入"账户,当月发生的劳务成本记入"生产成本"或"劳务成本"账户,如果当月需要向税务机关报送财务报表,可以采用"表结法"或称"调表不调账"的做法,将当期实际发生的劳务成本,填入利润表的"营业成本"项目。这种做法保证了"劳务成本"科目统一归集小企业提供该劳务所发生的成本,能够全貌反映劳务成本,便于在年末使用完工百分比法计算确定本年度应结转的营业成本,即记入"主营业务成本"或"其他业务成本"科目的金额。但是,在编制年度利润表时,应当做到"账表一致",即"营业收入"项目中劳务收入的金额与"主营业务收入"(或"其他业务收入")科目的发生额相一致,"营业成本"项目中结转的劳务的营业成本金额与"主营业务成本"(或"其他业务成本")科目的发生额相一致。也就是说,从一个会计年度来看,"主营业务收入"(或"其他业务收入")科目记录的劳务收入金额与按照完工百分比法计算确定的金额完全相同,同样,"主营业务成本"(或"其他业务成本")科目记录的结转劳务营业成本的发生额与按照完工百分比法计算确定的金额完全相同。如果不同,应当按照完工百分比法计算确定的金额,对"主营业务收入"(或"其他业务收入")、"主营业务成本"(或"其他业务成本")、"生产成本"(或"劳务成本"科目的发生额进行调整，使其与按照完工百分比法计算确定的金额相一致。

(2)小企业在年度资产负债表日按照完工百分比法计算确定提供劳务的收入和应结转的营业成本时，所采用的完工进度的确定方法，应当在该劳务提供的过程中原则上保持一致，不得随意调整，除非该调整可以更加符合实际地反映其完工进度。在这种情况下，如果对完工进度进行了调整，应当在调整所在会计年度和以后会计年度按照调整后的方法确定完工进度，对原先已确认的收入和成本不再追溯调整，也就是采用企业会计准则所规定的未来适用法进行相应的会计处理。

(3)小企业从事建筑、安装、装配工程业务或提供劳务，如果持续时间超过12个月，属于本条所规定的跨会计年度的劳务，应当采用完工百分比法确认提供劳务收入的金额和应结转的营业成本。这类业务通常交易金额较大、完成所需时间较长，交易双方责任较重，通常具有两个显著的特征：一是交易双方通常会签订工程合同，按照合同开展相关工作；二是发包方通常需持续向承包方支付工程价款，就可能会出现工程施工和工程价款的结算是不相匹配的问题，小企业作为工程承包方既有为工程垫款的情况，也有向发包方预收工程价款的情况。本准则专门为小企业的该类业务设置了“工程施工”科目。“工程施工”科目核算小企业(建筑业)实际发生的各种工程成本。本准则还针对小企业(建筑业)及其内部独立核算的施工单位、机械站和运输队使用自有施工机械和运输设备进行机械作业(含机械化施工和运输作业等)所发生的各项费用专门设置了“机械作业”科目进行核算。

(4)小企业发生非货币性资产交换、偿债，以及将劳务用于捐赠、赞助、集资、广告、样品、职工福利和利润分配，应当视同提供劳务，按照以上规定确认提供劳务的收入和结转成本。

五、所涉及的会计科目

小企业应当根据规定，结合自身实际情况，设置“主营业务收入”、“其他业务收入”、“生产成本”、“工程施工”和“机械作业”等会计科目。小企业如果提供劳务属于主营业务(如专门从事建筑安装)，则通过“主营业务收入”科目核算；如果提供劳务属于兼营业务(如出租固定资产、出租无形资产)，则通过“其他业务收入”科目核算。小企业对外提供劳务发生的成本(即不同时进行产品生产)，可以将“生产成本”科目改为“劳务成本”科目，或单独设置“劳务成本”科目进行核算(即既进行产品生产又同时对外提供劳务)。建筑业的小企业在采用完工百分比法确认收入和结转成本时，还应单独设置“工程施工”和“机械作业”两个会计科目。

六、应用举例

【例21-7】2×13年12月1日，甲公司与丁公司签订一项为期6个月的非工业性劳务合同，合同总收入为400万元，当天预收劳务款100万元。至12月31日，实际发生劳务成本50万元(以银行存款支付)，估计为完成合同还将发生劳务成本150万元。假定甲公司按实际发生的成本占估计总成本的比例确定劳务的完工进度。甲公司应编制如下会计分录：

a.预收劳务款时：

借：银行存款	1 000 000	
贷：预收账款		1 000 000

b.实际发生劳务成本时：

借：劳务成本	500 000	

贷:银行存款 500 000

c.12 月 31 日确认提供劳务收入并结转劳务成本时:

借:预收账款 1 000 000

贷:其他业务收入 1 000 000

借:其他业务成本 500 000

贷:劳务成本 500 000

【例 21-8】2×13 年 12 月 1 日,甲公司与乙公司签订合同,向乙公司销售一部电梯并负责安装。甲公司开出的增值税专用发票上注明的价款合计为 1 000 000 元,其中电梯销售价格为 980 000 元,安装费为 20 000 元,增值税税额为 170 000 元。电梯的成本为 560 000 元;电梯安装过程中发生安装费 12 000 元,均为安装人员薪酬。假定电梯已经安装完成并经验收合格,款项尚未收到;安装工作是销售合同的重要组成部分。假设甲公司采用小企业会计准则核算,甲公司的账务处理如下:

a.发生安装费用 12 000 元时:

借:劳务成本 12 000

贷:应付职工薪酬 12 000

b.电梯销售实现确认收入 980 000 元并结转电梯成本 560 000 元时:

借:应收账款 1 146 600

贷:主营业务收入 980 000

应交税费—应交增值税(销项税额) 166 600

借:主营业务成本 560 000

贷:库存商品 560 000

c.确认安装费收入 20 000 元并结转安装成本 12 000 元时:

借:应收账款 23 400

贷:主营业务收入 20 000

应交税费—应交增值税(销项税额) 3 400

借:主营业务成本 12 000

贷:劳务成本 12 000

若电梯销售价格和安装费用无法区分。甲公司的账务处理如下:

a.发生安装费用 12 000 元时:

借:劳务成本 12 000

贷:应付职工薪酬 12 000

b.销售实现确认收入 1 000 000 元并结转成本 572 000 元时:

借:应收账款 1 170 000

贷:主营业务收入 1 000 000

应交税费—应交增值税(销项税额) 170 000

借:主营业务成本 572 000

贷:库存商品 560 000

劳务成本 12 000

第二十二章　成本和费用

第一节　成本的核算

成本是指为了达到特定目的所失去或放弃的资源。

成本具有以下特征：成本是经济资源的耗费，成本是以货币计量的耗费，成本是特地对象的耗费，成本是正常生产经营活动的耗费。

一、生产成本的核算

（一）基本概念及内容

本科目核算小企业进行工业性生产发生的各项生产成本，包括生产各种产品（产成品、自制半成品等）、自制材料、自制工具、自制设备等。

小企业对外提供劳务发生的成本，可将本科目改为“劳务成本”科目，或单独设置“劳务成本”进行核算。

本科目可按基本生产成本和辅助生产成本进行明细核算。

本科目期末借余额，反映小企业尚未加工完成的在产品成本。

（二）生产成本的主要账务处理

（1）小企业发生的各项直接生产成本，借记本科目（基本生产成本、辅助生产成本），贷记“原材料”、“库存现金”、“银行存款”、“应付职工薪酬”等科目。各生产车间应负担的制造费用，借记本科目（基本生产成本、辅助生产成本），贷记“制造费用”科目。

（2）辅助生产车间为基本生产车间、小企业管理部门和其他部门提供的劳务和产品，可在月度终了按照一定的分配标准分配给各受益对象，借记本科目（基本生产成本）、“销售费用”、“管理费用”、“其他业务支出”、“在建工程”等科目，贷记本科目（辅助生产成本）。也可在提供相关劳务和成本时，借记本科目、“销售费用”、“管理费用”、“其他业务成本”、“在建工程”等科目，贷记“原材料”、“库存现金”、“银行存款”、“应付职工薪酬”等科目。

（3）小企业已经生产完成并已验收入库的产成品以及入库的自制半成品，可于月度终了，借记“库存商品”等科目，贷记本科目（基本生产成本）。

二、制造费用的核算

（一）基本概念及内容

本科目核算小企业生产车间（部门）为生产产品和提供劳务而发生的各项间接费用。

小企业经过1年期以上的制造才能达到预定可销售状态的借款费用，也在本科目核算。

小企业行政管理部门为组织和管理生产经营活动而发生的管理费用，在“管理费用”科目核算。不在本科目核算。

本科目可按不同的生产车间、部门和费用项目进行明细核算。

除季节性的生产性小企业外，本科目期末应无余额。

(二)制造费用的主要账务处理

(1)生产车间发生的机物料消耗和固定资产修理费，借记本科目，贷记“原材料”、“银行存款”等科目。

(2)发生的生产车间管理人员的工资等职工薪酬，借记本科目，贷记“应付职工薪酬”科目。

(3)生产车间计提的固定资产折旧，借记本科目，贷记“累计折旧”科目。

(4)生产车间支付的办公费、水电费等，借记本科目，贷记“银行存款”“库存现金”等科目。

(5)发生季节性和修理期间的停工损失，借记本科目，贷记“原材料”、“应付职工薪酬”、“银行存款”等科目。

(6)小企业经过1年期以上的制造才能达到预定可销售状态的产品在制造完成之前发生的借款利息，在应付利息日根据借款合同利率计算确定的利息费用，借记本科目，贷记“应付利息”科目，制造完成之后发生的利息费用，借记“财务费用”科目，贷记“应付利息”科目。

(7)将制造费用分配计入有关的成本核算对象，借记“生产成本—基本生产成本、辅助生产成本”等科目，贷记本科目。

(8)季节性生产小企业制造费用全年实际发生额与分配额的差额，除其中属于为下一年开工生产做准备的可留待下一年分配外，其余部分实际发生额大于分配额的差额，借记“生产成本—基本生产成本”科目，贷记本科目；实际发生额小于分配额的差额，做相反的会计分录。

三、研发支出的核算

(一)基本概念及内容

本科目核算小企业进行研究和开发无形资产过程中发生的各项支出。

本科目应按照研究开发项目，分别“费用化支出”、“资本化支出”进行明细核算。

本科目期末借方余额，反映小企业正在进行的无形资产开发项目满足资本化条件的支出。

(二)研发支出的主要账务处理

(1)小企业自行研究开发无形资产发生的研发支出，不满足资本化条件的，借记本科目(费用化支出)，满足资本化条件的，借记本科目(资本化支出)，贷记“原材料”、“银行存款”、“应付职工薪酬”、“应付利息”等科目。

(2)研究开发项目达到预定用途形成无形资产的，应按本科目(资本化支出)的余额，借记“无形资产”科目，贷记本科目(资本化支出)。

月末，应将本科目归集的费用化支出金额转入“管理费用”科目，借记“管理费用”科目，贷记本科目(费用化支出)。

四、工程施工的核算

(一)基本概念及内容

本科目核算小企业(建筑业)实际发生的各种工程成本。

本科目可按建造合同,分别设置“合同成本”、“间接费用”。

本科目期末借方余额,反映小企业尚未完工的建造合同成本和合同毛利。

(二)工程施工的主要账务处理

(1)小企业进行合同建造发生的人工费、材料费、机械使用费以及施工现场材料的二次搬运费、生产工具和用具使用费、检验试验费、临设施折旧费等其他直接费用,借记本科目(合同成本),贷记“应付职工薪酬”、“原材料”等科目。

发生的施工、生产单位管理人员职工薪酬、财产保险费、工程保修费、固定资产折旧费等间接费用,借记本科目(间接费用),贷记“累计折旧”、“银行存款”等科目。

期(月)末,将间接费用分配计入有关合同成本,借记本科目(合同成本),贷记本科目(间接费用)。

(2)确认合同收入、合同费用,借记“应收账款”、“预收账款”等科目,贷记“主营业务收入”科目,按照应结转的合同成本,借记“主营业务成本”科目,贷记本科目。

五、机械作业的核算

(一)基本概念及内容

本科目核算小企业(建筑业)及其内部独立核算的施工单位、机械站和运输队使用自有施工机械和运输设备进行机械作业(包括机械化施工和运输作业等)所发生的各项费用。

小企业及其内部独立核算的施工单位,从外单位或本企业其他内部独立核算的机械站租入施工机械发生的机械租赁费,在“工程施工”科目核算。

(二)本科目可按施工机械或运输设备的种类等进行明细核算

小企业内部独立核算的机械施工、运输单位使用自有施工机械或运输设备进行机械作业所发生的各项费用,可按成本核算对象和成本项目进行归集。

成本项目一般分为:人工费、燃料及动力费、折旧及修理费、其他直接费用、间接费用(为组织和管理机械作业生产所发生的费用)。

本科目期末应无余额。

(三)机械作业的主要账务处理。

(1)小企业发生的机械作业支出,借记本科目,贷记“原材料”、“应付职工薪酬”、“累计折旧”等科目。

(2)期(月)末,小企业及其内部独立核算的施工单位、机械站和运输队为本单位承包的工程进行机械化施工和运输作业的成本,应转入承包工程的成本,借记“工程施工”科目,贷记本科目。

对外单位、专项工程等提供机械作业(包括运输设备)的成本,借记“劳务成本”科目,贷记本科目。

第二节 费用的核算

一、费用概述

费用，是指小企业在日常生产经营活动中发生的、会导致所有者权益减少、与向所有者分配利润无关的经济利益的总流出。

小企业的费用包括：营业成本、营业税金及附加、销售费用、管理费用、财务费用等。

(1)营业成本，是指小企业所销售商品的成本和所提供劳务的成本。

(2)营业税金及附加，是指小企业开展日常生产经营活动应负担的消费税、营业税、城市维护建设税、资源税、土地增值税、城镇土地使用税、房产税、车船税、印花税和教育费附加、地方教育费附加、矿产资源补偿费、排污费等。

(3)销售费用，是指小企业在销售商品或提供劳务过程中发生的各种费用。包括：销售人员的职工薪酬、商品维修费、运输费、装卸费、包装费、保险费、广告费、业务宣传费、展览费等费用。

小企业(批发业、零售业)在购买商品过程中发生的费用(包括：运输费、装卸费、包装费、保险费、运输途中的合理损耗和入库前的挑选整理费等)也构成销售费用。

(4)管理费用，是指小企业为组织和管理生产经营发生的其他费用。包括：小企业在筹建期间内发生的开办费、行政管理部门发生的费用(包括：固定资产折旧费、修理费、办公费、水电费、差旅费、管理人员的职工薪酬等)、业务招待费、研究费用、技术转让费、相关长期待摊费用摊销、财产保险费、聘请中介机构费、咨询费(含顾问费)、诉讼费等费用。

(5)财务费用，是指小企业为筹集生产经营所需资金发生的筹资费用。包括：利息费用(减利息收入)、汇兑损失、银行相关手续费、小企业给予的现金折扣(减享受的现金折扣)等费用。

通常，小企业的费用应当在发生时按照其发生额计入当期损益。

小企业销售商品收入和提供劳务收入已予确认的，应当将已销售商品和已提供劳务的成本作为营业成本结转至当期损益。

二、主营业务成本的概述

(一)基本概念及内容

本科目是指小企业确认的销售商品或提供劳务等主营业务的成本。

本科目可按主营业务的种类进行明细核算。

期末，应将本科目的余额转入“本年利润”科目，结转后本科目无余额。

(二)主营业务成本的主要账务处理

(1)期(月)末，企业应根据本期(月)销售各种商品、提供各种劳务等实际成本，计算应结转的主营业务成本，借记本科目，贷记“库存商品”、“生产成本”、“工程施工”等科目。

(2)本月发生的销售退回，可以直接从本月的销售数量中减去，得出本月销售的净数量，然后计算应结转的主营业务成本，也可以单独计算本月销售退回成本，借记“库存商品”等科目，贷记本科目。

【例 22-1】某公司 20×3 年 3 月 15 日售给乙公司 A 产品 500 件，开出的增值税专用发票上注明的商品售价为 50 000 元，增值税税额为 8 500 元，商品已发出，同时收到乙公司的转账支票并办妥进账手续。经计算，A 产品的单位成本为 60 元，则该公司结转已售 A 产品营业成本的会计分录为：

借：主营业务成本—A 产品　　30 000

　贷：库存商品—A 产品　　30 000

【例 22-2】沿用【例 22-1】，月末售出的 A 产品发生退货 100 件，原结转的营业成本为 6 000 元，退回的 A 产品已入库。则该公司应做如下分录：

借：库存商品—A 产品　　6 000

　贷：主营业务成本—A 产品　　6 000

三、其他业务成本的概算

（一）基本概念及内容

本科目是指小企业确认的除主营业务活动以外的其他经营活动所发生的支出。包括销售材料的成本、出租固定资产的折旧费、出租无形资产的摊销额等。

本科目可按其他业务成本的种类进行明细核算。

期末，应将本科目余额转入“本年利润”科目，结转后本科目无余额。

（二）主要原因账务处理

企业发生的其他业务成本，借记本科目，贷记“原材料”、“周转材料”、“累计折旧”、“累计摊销”、“银行存款”等科目。

【例 22-3】某公司 20×3 年 3 月对外销售辅助材料一批，实际成本为 100 000 元。则该公司结转已售材料营业成本的会计处理为：

借：其他业务成本—材料销售　　100 000

　贷：原材料—辅助材料　　100 000

【例 22-4】20×3 年 1 月，×公司出租其所有的一项专利技术，计提累计摊销 50 000 元。则该公司结转成本时的会计分录为：

借：其他业务成本　　50 000

　贷：累计摊销　　50 000

四、营业税金及附加的核算

（一）基本概念及内容

本科目是指小企业开展日常生产经营活动应负担的消费税、营业税、城市维护建设税、资源税、土地增值税、城镇土地使用税、房产税、车船税、印花税和教育费附加、矿产资源补偿费、排污费等。

（二）主要账务处理

企业按规定计算确定的与经营活动相关的税费，借记本科目，贷记“应交税费”科目。

收到的返还的营业税等原记入本科目的各种税金，应按实际收到的金额，借记“银行存款”

科目,贷记“营业外收入”科目。

期末,应将本科目余额转入“本年利润”科目,结转后本科目无余额。

(三)其主要账务处理为

【例 22-5】某公司对外零售消费品全部销售额为 46 800 元(含增值税)。增值税税率为 17%,应交增值税 6 800 元;消费税税率为 10%,应交消费税 4 000 元;城市维护建设税税率为 7%,应交城市维护建设税(6 800+4 000)×7%为 756 元;教育费附加的征收率为 3%,应交教育费附加 324 元,不考虑其他税费。销售收入已全部存入银行。则该公司应做如下会计处理:

a. 销售实现时:

借:银行存款	46 800	
贷:主营业务收入		40 000
应交税费—应交增值税(销项税额)		6 800

b. 计算相关税费时:

借:营业税金及附加	5 080	
贷:应交税费—应交消费税		4 000
—应交城市维护建设税		756
—应交教育费附加		324

c. 缴纳各项税费时:

借:应交税费—应交消费税	4 000	
—应交城市维护建设税	756	
—应交教育费附加	324	
贷:银行存款		5 080

d. 月末结账营业税金及附加时:

借:本年利润	5 080	
贷:营业税金及附加		5 080

【例 22-6】某服务公司 20×3 年 4 月取得营业收入 500 000 元,适用的营业税税率为 5%,教育费附加的征收率为 3%,城市维护建设税税率为 7%,不考虑其他税费。则该公司的会计处理为:

a. 计算营业收入应纳营业税:

借:营业税金及附加	25 000	
贷:应交税金—应交营业税		25 000

b. 计算城市维护建设税和教育费附加时:

借:营业税金及附加	2 500	
贷:应交税费—应交城市维护建设税		1 750
—应交教育费附加		750

c. 缴纳相关税费时:

借:应交税费—应交营业税	25 000	
—应交城市维护建设税	1 750	
—应交教育费附加	750	
贷:银行存款		27 500

d.期末结转本科目时：

借：本年利润　　27 500

　贷：营业税金及附加　　27 500

【例 22-7】某公司 20×3 年 10 月计算确定的应交房产税为 4 000 元、应交车船税为 3 600 元、应交城镇土地使用税为 5 300 元。则该公司的会计处理为：

借：营业税金及附加　　12 900

　贷：应交税费—应交房产税　　4 000

　　　　　　—应交车船税　　3 600

　　　　　　—应交城镇土地使用税　　5 300

五、销售费用的核算

（一）基本概念及内容

本科目是指小企业在销售商品或提供劳务过程中发生的各种费用，包括销售人员的职工薪酬、保险费、包装费、展览费和广告费、业务宣传费、商品维修费、运输费、装卸费等费用。

小企业（批发业、零售业）在购买商品过程中发生的费用（包括运输费、装卸费、包装费、保险费、运输途中的合理损耗和入库前的挑选整理费等）也构成销售费用。

本科目可按费用项目进行明细核算。

期末，应将本科目余额转入“本年利润”科目，结转后本科目无余额。

（二）主要账务处理

（1）小企业在销售商品或提供劳务过程中发生的销售人员的工资、商品维修费、包装费、保险费、展览费和广告费、业务宣传费、运输费、装卸费等费用，借记本科目，贷记“库存现金”、“银行存款”等科目。

（2）小企业（批发业、零售业）在购买商品过程中发生的运输费、装卸费、包装费、保险费、运输途中的合理损耗和入库前的挑选整理费等，借记本科目，贷记“应付账款”、“银行存款”、“库存现金”等科目。

【例 22-8】某公司销售一批产品，销售过程中发生装卸费 9 000 元，已以银行存款支付。则该公司会计处理为：

借：销售费用　　9 000

　贷：银行存款　　9 000

【例 22-9】某公司 2011 年、2012 年、2013 年度的销售收入分别为 900 万元、1 000 万元、1 100 万元，各年度广告费和业务宣传费实际支出额分别为 140 万元、155 万元、160 万元。则该公司的会计处理为：

2011 年：

借：销售费用　　1 400 000

　贷：银行存款　　1 400 000

2012 年、2013 年的会计分录同上。

六、管理费用的核算

(一)基本概念及内容

本科目是指小企业为组织和管理生产经营所发生的管理费用。包括小企业在筹建期间内发生的开办费、行政管理部门发生的费用(包括固定资产折旧费、修理费、办公费、水电费、差旅费、管理人员的职工薪酬等)、业务招待费、研究费用、技术转让费、相关长期待摊费用摊销、财产保险费、聘请中介机构费、咨询费(含顾问费)、诉讼费等费用。

本科目可按费用项目进行明细核算。

期末,应将本科目的余额转入"本年利润"科目。

(二)主要账务处理

(1)小企业在筹建期间内发生的开办费,包括相关人员的职工薪酬、办公费、培训费、差旅费、印刷费、注册登记费以及不计入固定资产成本的借款费用等,在实际发生时,借记本科目,贷记"银行存款"等科目。

(2)行政管理部门人员的职工薪酬,借记本科目,贷记"应付职工薪酬"科目。

(3)行政管理部门计提的固定资产折旧费和发生的修理费,借记本科目,贷记"累计折旧"、"银行存款"等科目。

(4)行政管理部门发生的办公费、水电费、差旅费,借记本科目,贷记"银行存款"等科目。

(5)小企业发生的业务招待费、相关长期待摊费用摊销、技术转让费、财产保险费、聘请中介机构费、咨询费(含顾问费)、诉讼费等,借记本科目,贷记"银行存款"、"长期待摊费用"等科目。

(6)小企业自行研究无形资产发生的研究费用,借记本科目,贷记"研发支出"科目。

【例 22-10】某公司行政管理部门 2×13 年 3 月共发生费用 275 000 元,其中:行政管理人员工资 250 000 元,办公设备折旧费 5 000 元,以银行存款支付办公费 12 000 元,水电费 8 000 元。则该公司的会计处理为:

借:管理费用	275 000	
贷:应付职工薪酬		250 000
累计折旧		5 000
银行存款		20 000

【例 22-11】某公司 2×13 年度用银行存款支付业务招待费 25 万元。则该公司的会计处理为:

借:管理费用	250 000	
贷:银行存款		250 000

七、财务费用的核算

(一)基本概念及内容

本科目是指小企业为筹集生产经营所需资金而发生的筹资费用,包括利息费用(减利息收入)、汇兑损失、银行相关手续费、小企业给予的现金折扣(减享受的现金折扣)等费用。

小企业为购建固定资产、无形资产和经过一年期以上的制造才能达到预定可销售状态的存货发生的借款费用，在“在建工程”、“制造费用”、“研发支出”等科目核算，不在本科目核算。

小企业发生的汇兑收益，在“营业外收入”科目核算，不在本科目核算。

本科目可按费用项目进行明细核算。

期末，应将本科目余额转入“本年利润”科目，结转后本科目无余额。

(二)管理费用的主要账务处理

(1)小企业发生的利息费用、汇兑损失、银行相关手续费、给予的现金折扣等，借记本科目，贷记“银行存款”科目。

(2)持未到期的商业汇票向银行贴现，应当按照实际收到的金额(即减去贴现息后的净额)，借记“银行存款”科目，按照贴现息，借记本科目，按照商业汇票的票面金额，贷记“应收票据”科目(银行无追索权情况下)或“短期借款”科目(银行有追索权情况下)。

(3)发生的应冲减财务费用的利息收入、享受的现金折扣等，借记“银行存款”，贷记本科目。

【例 22-12】某公司 2×13 年 1 月 10 日以银行存款支付银行手续费 500 元。则该公司的会计处理为：

借：财务费用	500	
贷：银行存款		500

【例 22-13】某公司 2×13 年 1 月 1 日向银行借入生产经营用短期借款 360 000 元，期限 6 个月，年利率 5%，该借款本金到期后一次归还，利息分月预提，按季支付。1 月 31 日预提短期借款利息。则该公司的会计处理为：

借：财务费用	1 500	
贷：应付利息		1 500

第二十三章　利润及利润分配

第一节　概述

利润是指小企业在一定会计期间的经营成果。包括：营业利润、利润总额和净利润。

营业利润是指营业收入减去营业成本、营业税金及附加、销售费用、管理费用、财务费用，加上投资收益（或减去投资损失）后的金额。

营业收入是指小企业销售商品和提供劳务实现的收入总额。投资收益，由小企业股权投资取得的现金股利（或利润）、债券投资取得的利息收入和处臵股权投资和债券投资取得的处臵价款扣除成本或账面余额、相关税费后的净额三部分构成。

利润总额，是指营业利润加上营业外收入，减去营业外支出后的金额。其计算公式为：利润总额＝营业利润＋营业外收入－营业外支出

净利润，是指利润总额减去所得税费用后的净额。其计算公式为：

净利润＝利润总额－所得税费用

营业外收入是指小企业非日常生产经营活动形成的、应当计入当期损益、会导致所有者权益增加、与所有者投入资本无关的经济利益的净流入。小企业的营业外收入包括：非流动资产处置净收益、政府补助、捐赠收益、盘盈收益、汇兑收益、出租包装物和商品的租金收入、逾期未退包装物押金收益、确实无法偿付的应付款项、已作坏账损失处理后又收回的应收款项、违约金收益等。通常，小企业的营业外收入应当在实现时按照其实现金额计入当期损益。

第二节　投资收益的核算

（一）基本概念及内容

本科目核算小企业确认的投资收益或投资损失。

本科目可按投资项目进行明细核算。

月末，可将本科目余额转入“本年利润”科目，本科目结转后应无余额。

（二）主要账务处理

（1）对于短期股票投资、短期基金投资和长期股权投资，小企业应当按照投资单位宣告发放的现金股利或利润中属于本企业的部分，借记“应收股利”科目，贷记本科目。

（2）在长期债券或短期债券持有期间，在债务人应付利息日，按照分期付息、一次还本的长

期债券投资或短期债券投资的票面利率计算的利息收入，借记“应收利息”科目，贷记本科目；按照一次还本付息的长期债券投资票面利率计算的利息收入，借记“长期债券投资—应计利息”科目，贷记本科目。

在债务人应付利息日，按照应分摊的债券溢折价金额，借记或贷记本科目，贷记或借记“长期债券投资—溢折价”科目。

(3)出售短期投资、处置长期股权投资和长期债券投资，应当按照实际收到的价款或收回的金额，借记“银行存款”或“库存现金”科目，按照其账面余额，贷记“短期投资”“长期股权投资”、“长期债券投资”科目，按照尚未领取的现金股利或利润，债券利息收入，贷记“应收股利”“应收利息”科目，按照其差额，贷记或借记本科目。

第三节　营业外收支的核算

一、营业外收入的核算

(一)基本概念及内容

本科目核算小企业实现的各项营业外收入。包括：非流动资产处置净收益、政府补助、捐赠收益、盘盈收益、汇兑收益、出租包装物和商品的租金收入、逾期未退包装物押金收益、确实无法偿付的应付款项、已作坏账损失处理后又收回的应收款项、违约金收益等。

政府补助，是指小企业从政府无偿取得货币性资产或非货币性资产，但不含政府作为小企业所有者投入的资本。

(1)小企业收到与资产相关的政府补助，应当确认为递延收益，并在相关资产的使用寿命内平均分配，计入营业外收入。

(2)收到的其他政府补助，用于补偿本企业以后期间的相关费用或亏损的，确认为递延收益，并在确认相关费用或发生亏损的期间，计入营业外收入；用于补偿本企业已发生的相关费用或亏损的，直接计入营业外收入。

(3)政府补助为货币性资产的，应当按照收到的金额计量。

政府补助为非货币性资产的，政府提供了有关凭据的，应当按照凭据上标明的金额计量；政府没有提供有关凭据的，应当按照同类或类似资产的市场价格或评估价值计量。

(4)小企业按照规定实行企业所得税、增值税、消费税、营业税等先征后返的，应当在实际收到返还的企业所得税、增值税(不含出口退税)、消费税、营业税时，计入营业外收入。

小企业收到出口产品或商品按照规定退回的增值税款，在“其他应收款”科目核算，不在本科目核算。

本科目应按照营业外收入项目进行明细核算。

月末，可将本科目余额转入“本年利润”科目，结转后本科目应无余额。

(二)主要账务处理

(1)小企业确认非流动资产处置净收益，比照“固定资产清理”、“无形资产”等科目的相关规定进行账务处理。

小企业发生的存货毁损,应当按照处置收入、可收回的责任人赔偿和保险赔款,扣除其成本、相关税费后的净额,计入营业外收入或营业外支出。

其中:非流动资产处置净收益包括固定资产处置净收益和无形资产出售净收益。固定资产处置净收益,指企业出售固定资产所取得价款或报废固定资产的材料价值和变价收入等,扣除处置固定资产的账面价值、清理费用、处置相关税费后的净收益;无形资产出售净收益,指企业出售无形资产所取得的价款,扣除无形资产的账面价值、出售相关税费后的净收益。

(2)确认的政府补助收入,借记"银行存款"或"递延收益"科目,贷记本科目。

(3)小企业按照规定实行企业所得税、增值税(不含出口退税)、消费税、营业税等先征后返的,应当在实际收到返还的企业所得税、增值税、消费税、营业税等时,借记"银行存款"科目,贷记本科目。

(4)确认的捐赠收益,借记"银行存款"、"固定资产"等科目,贷记本科目。捐赠收益,指企业接受捐赠产生的收益。

(5)确认的盘盈收益,借记"待处理财产损益—待处理流动资产损益、待处理非流动资产损益"科目,贷记本科目。

(6)确认的汇兑收益,借记有关科目,贷记本科目。

(7)确认的出租包装物和商品的租金收入、逾期未退包装物押金收益、确实无法偿付的应付款项、违约金收益等,借记"其他应收款"、"应付账款"、"其他应付款"等科目,贷记本科目。

(8)确认的已作坏账损失处理后又收回的应收款项,借记"银行存款"等科目,贷记本科目。

【例 23-1】某企业现有一台设备由于性能等原因决定提前报废,原价为 500 000 元,已计提折旧 450 000 元,未计提减值准备。

报废时的残值变价收入为 73 500 元,报废清理过程中发生的清理费用 3 500 元。有关收入、支出均通过银行存款办理结算,

不考虑相关的税费。该公司应编制的分录如下:

a. 将报废固定资产转入清理:

借:固定资产清理	50 000	
累计折旧	450 000	
贷:固定资产		500 000

b. 收回残值收入:

借:银行存款	73 500	
贷:固定资产清理		73 500

c. 支付清理费用:

借:固定资产清理	3 500	
贷:银行存款		3 500
借:固定资产清理	20 000	
贷:营业外收入		20 000

二、营业外支出的核算

(一)基本概念及内容

营业外支出,是指小企业非日常生产经营活动发生的、应当计入当期损益、会导致所有者

权益减少、与向所有者分配利润无关的经济利益的净流出。

本科目核算小企业发生的各项营业外支出。包括：存货的盘亏、毁损、报废损失，非流动资产处置净损失，坏账损失，无法收回的长期债券投资损失，无法收回的长期股权投资损失，自然灾害等不可抗力因素造成的损失，税收滞纳金，罚金，罚款，被没收财物的损失，捐赠支出，赞助支出等。

其中，非流动资产处置损失包括固定资产处置损失和无形资产出售损失。固定资产处置损失，指企业出售固定资产所取得价款或报废固定资产的材料价值和变价收入等，不足以抵补处置固定资产的账面价值、清理费用、处置相关税费所发生的净损失；无形资产出售损失，指企业出售无形资产所取得价款，不足以抵补出售无形资产的账面价值、出售相关税费后所发生的净损失。

公益性捐赠支出，指企业对外进行公益性捐赠发生的支出。

非常损失，指企业对于因客观因素（如自然灾害等）造成的损失，在扣除保险公司赔偿后应计入营业外支出的净损失。

本科目应按照支出项目进行明细核算。

通常，小企业的营业外支出应当在发生时按照其发生额计入当期损益。

月末，可将本科目余额转入“本年利润”科目，结转后本科目应无余额。

（二）主要账务处理

（1）小企业确认存货的盘亏、毁损、报废损失，非流动资产处置净损失，自然灾害等不可抗力因素造成的损失，借记本科目、“生产性生物资产累计折旧”、“累计摊销”等科目，贷记“待处理财产损益—待处理流动资产损益、待处理非流动资产损益”、“固定资产清理”、“生产性生物资产”、“无形资产”等科目。

（2）根据小企业会计准则规定确认实际发生的坏账损失、长期债券投资损失，应当按照可收回的金额，借记“银行存款”等科目，按照应收账款、预付账款、其他应收款、长期债券投资的账面余额，贷记“应收账款”、“预付账款”、“其他应收款”、“长期债券投资”等科目，按照其差额，借记本科目。

（3）根据小企业会计准则规定确认实际发生的长期股权投资损失，按照可收回的金额，借记“银行存款”等科目，按照长期股权投资的账面余额，贷记“长期股权投资”科目，按照其差额，借记本科目。

（4）支付的税收滞纳金、罚金、罚款，借记本科目，贷记“银行存款”等科目。

（5）确认被没收财物的损失、捐赠支出、赞助支出，借记本科目，贷记“银行存款”等科目。

【例 23-2】甲公司将其购买的某专利权转让给乙公司，该专利权的初始入账成本为 600 000 元，已摊销 220 000 元，应交营业税 25 000 元，实际取得的转让价款为 400 000 元，款项已存入银行。甲公司应做如下会计处理：

借：银行存款	400 000	
营业外支出—非流动资产处置净损失	5 000	
贷：无形资产		380 000
应交税费—应交营业税		25 000

【例 23-3】某公司 2×13 年 2 月以银行存款缴纳税收滞纳金 3 000 元；3 月通过符合条件的慈善组织向灾区捐款 100 000 元。则该公司的会计处理为：

a.10 月缴纳税收滞纳金时：

借:营业外支出 3 000

贷:银行存款 3 000

b.11 月向灾区捐款时：

借:营业外支出 100 000

贷:银行存款 100 000

第三节 所得税的核算

一、所得税费用的核算

(一)基本概念及内容

小企业应当按照《企业所得税法》规定计算的当期应纳税额，确认所得税费用。

小企业应当在利润总额的基础上，按照企业所得税法规定进行纳税调整，计算出当期应纳税所得额，按照应纳税所得额与适用所得税税率为基础计算确定当期应纳税额。

本科目核算小企业根据《企业所得税法》确定的应从当期利润总额中扣除的所得税费用。

小企业根据《企业所得税法》规定补交的所得税，也通过本科目核算。

小企业按照规定实行企业所得税先征后返的，实际收到返还的企业所得税，在“营业外收入”科目核算，不在本科目核算。

年度终了，应将本科目的余额转入“本年利润”科目，结转后本科目应无余额。

(二)主要账务处理

年度终了，小企业按照《企业所得税法》规定计算确定的当期应纳税税额，借记本科目，贷记“应交税费—应交企业所得税”科目。

【例 23-4】甲公司 2×10 年度按《企业会计准则》计算的税前会计利润为 19 800 000 元，所得税税率为 25%。甲公司全年实发工资为 2 000 000 元，职工福利费 300 000 元，工会经费 50 000元，职工教育经费 100 000 元；经查，甲公司当年营业外支出中有 120 000 元为税款滞纳罚金。假定甲公司全年无其他纳税调整因素。

本例中，按税法规定，企业在计算当期应纳税所得额时，可以扣除工资、薪金支出 2 000 000元，职工福利费支出 280 000(2 000 000×14%)元，职工教育经费支出 50 000 (2 000 000×2.5%)元，工会经费支出 40 000(2 000 000×2%)元。甲公司当期所得税的计算如下：

纳税调整数=(300 000－280 000)+(50 000－40 000)+(100 000－50 000)+120 000=200 000(元)

应纳税所得额=19 800 000+200 000=20 000 000(元)

当期应交所得税额=20 000 000×25%=5 000 000(元)

第四节　本年利润的结转和利润分配的核算

一、本年利润的核算

(一)基本概念及内容

本科目核算小企业当期实现的净利润(或发生的净亏损)。

(二)主要账务处理

具体解释见第四章

二、利润分配的核算

(一)基本概念及内容

本科目核算小企业利润的分配(或亏损的弥补)和历年分配(或弥补)后的余额。

本科目应按照"应付利润"、"未分配利润"等进行明细核算。

本科目年末余额,反映小企业的未分配利润(或未弥补亏损)。

结转后,本科目除"未分配利润"明细科目外,其他明细科目应无余额。

(二)主要账务处理

具体解释见第四章

第二十四章　外币业务

第一节　外币业务概述

一、小企业的外币业务构成

小企业的外币业务由外币交易和外币财务报表折算构成。

小企业发生的外币业务在实务中，可以分为两种类型：

(一)外币交易

外币交易，通俗地讲，就是小企业以外币开展的各种交易活动，如小企业向美国出口商品，按照国际贸易规则，要以美元结算该笔货款。这类交易就属于外币交易。当然，不是以货币来界定外币交易，而是以交易所使用的货币与本企业记账的货币是否相同来界定。

(二)外币财务报表折算

外币财务报表折算，通俗地讲，就是小企业取得了一份以美元、日元、欧元等计价的财务报表，如资产负债表、利润表、现金流量表，这种情况的出现可能有两个原因：

第一个原因是小企业在境外的子公司按照当地的货币记账并编制财务报表，对于这种情况，小企业会计准则不涉及，因为小企业会计准则第二条规定，如果小企业是企业集团的母公司，应当执行企业会计准则而不是小企业会计准则。

第二个原因是小企业在日常记账中采用人民币以外的其他货币记账，但是在年末，按照会计法和企业所得税法的规定，应当以人民币反映小企业的财务报表，以供商业银行、税务机关等方面使用，就涉及外币财务报表的折算问题或转换问题。小企业会计准则要解决的是这一种情况。

二、外币的定义

外币是指小企业记账本位币以外的货币。

外币是相对于记账本位币而不是一国的货币而言的，比如，我国的法定货币是人民币。

通常来讲，我国小企业日常采用人民币记账，因此，人民币以外的货币，就是外币。如甲小企业选定人民币作为记账本位币，则美元、日元、欧元、港币等就是外币；如果选定美元为记账本位币，则人民币、日元、欧元、港币等就是外币。因此，会计中的“外币”与日常生活中的外币在概念上有很大差别。

三、记账本位币的确定和变更

(一)记账本位币的定义

记账本位币,是指小企业经营所处的主要经济环境中的货币。

记账本位币通常是小企业主要收、支现金的经济环境中的货币。例如,我国企业一般以人民币作为记账本位币,也就是以人民币记账,包括对资产、负债、所有者权益、收入、费用和利润都按照人民币记账,也以人民币编制财务报表。

(二)记账本位币的确定

小企业记账本位币的确定应当遵循以下两个原则:

(1)基本原则:小企业应当选择人民币作为记账本位币。

本原则体现了《中国人民银行法》、《会计法》和《企业所得税法》的要求。

(2)例外原则:业务收支以人民币以外的货币为主的小企业,可以选定其中一种货币作为记账本位币,但编报的财务报表应当折算为人民币财务报表。

本原则体现了《会计法》的要求,即允许小企业选择非人民币作为记账本位币。

业务收支以人民币以外的货币为主的小企业,可以选定其中一种货币作为记账本位币。其中"业务收支以人民币以外的货币为主"的具体认定,应当主要考虑下列三个因素,这些因素与《企业会计准则第19号—外币折算》的规定相一致。

①该货币主要影响商品和劳务销售价格,通常以该货币进行商品和劳务销售价格的计价和结算。比如,国内甲公司为从事国际贸易的小企业,90%以上的商品销售收入以美元计价和结算。美元是主要影响甲公司商品和劳务销售价格的货币。

②该货币主要影响商品和劳务所需人工、材料和其他费用,通常以该货币进行上述费用的计价和结算。比如,国内乙公司为工业小企业,所需机器设备、厂房、人工以及原材料等在欧盟市场采购,以欧元计价和结算。欧元是主要影响商品和劳务所需人工、材料和其他费用的货币。

实务中,小企业选定记账本位币,通常应综合考虑上述两项因素,而不是仅考虑其中一项,因为小企业的经营活动往往是收支并存的。

③融资活动获得的资金以及保存从经营活动中收取款项时所使用的货币。

在有些情况下,小企业根据收支情况难以确定记账本位币,需要在收支基础上结合融资活动获得的资金或保存从经营活动中收取款项时所使用的货币,进行综合分析后作出判断。

例如,国内丙公司为外贸自营出口小企业,超过70%的营业收入来自向欧盟各国的出口,其商品销售价格主要受欧元的影响,以欧元计价,因此,从影响商品和劳务销售价格的角度看,丙公司应选择欧元作为记账本位币。如果丙公司除厂房设施、30%的人工成本在国内以人民币采购外,生产所需原材料、机器设备及70%以上的人工成本以欧元在欧盟市场采购,则可确定丙公司的记账本位币是欧元。但是,如果丙公司的人工成本、原材料及相应的厂房设施、机器设备等95%以上在国内采购并以人民币计价,则难以判定丙公司的记账本位币应选择欧元还是人民币,还需要结合第3个因素予以确定。如果丙公司取得的欧元营业收入在汇回国内时直接换成了人民币存款,丙公司可以确定其记账本位币为人民币。

又如,丁公司为国内一家配方奶粉加工小企业,其原材料牛奶全部来自澳大利亚,主要加工技术、机器设备及主要技术人员均由澳大利亚方面提供,生产的配方奶粉面向国内出售。小企业依据第1、2个因素难以确定记账本位币。需要考虑第3个因素。假定为满足采购原材料牛奶等所需澳元的需要,丁公司向澳大利亚某银行借款100万澳元,期限为5年,该借款是丁公司当期流动资金净额的4倍。由于原材料采购以澳元结算,且小企业经营所需要的营运资金,即融资获得的资金也使用澳元,因此,丁公司可以澳元作为记账本位币。

需要说明的是,在确定小企业的记账本位币时,上述因素的重要程度因小企业具体情况不同而不同,需要小企业根据实际情况进行判断,但是,这并不能说明小企业层可以根据需要随意选择记账本位币,而是根据实际情况确定的记账本位币只能有一种货币。

(三)记账本位币的变更

小企业记账本位币的变更也应当遵循以下两个原则:

(1)基本原则:小企业记账本位币一经确定,不得随意变更。也就是说,小企业的记账本位币应当保持稳定,这样既保证小企业会计账簿记录的稳定性和完整性,又方便小企业执行,减轻小企业会计核算的负担。

(2)例外原则:小企业经营所处的主要经济环境发生重大变化。主要经济环境发生重大变化,通常是指小企业主要产生和支出现金的环境发生重大变化,使用该环境中的货币最能反映小企业的主要交易业务的经济结果。这一例外原则,小企业应当极少情况下可能会用到。

(四)记账本位币变更的会计处理

本准则规定,小企业因经营所处的主要经济环境发生重大变化,确需变更记账本位币的,应当采用变更当日的即期汇率将所有项目折算为变更后的记账本位币。即期汇率,是指中国人民银行公布的当日人民币外汇牌价的中间价。

也就是说,小企业因经营所处的主要经济环境发生重大变化,确实需要变更记账本位币的;应当采用变更当日的即期汇率将所有项目折算为变更后的记账本位币,折算后的金额作为以新的记账本位币计量的历史成本,由于采用同一即期汇率进行折算,不会产生汇兑差额。

但是,小企业需要提供确凿的证据证明小企业经营所处的主要经济环境确实发生了重大变化,并应当在附注中披露变更的理由。

第二节 外币交易

一、外币交易的定义

外币交易,是指小企业以外币计价或者结算的交易。

需要注意的是,《小企业会计准则》所称外币与人民币以外的货币不是同一个概念,但是既有联系又有区别。如果小企业采用人民币记账,则小企业发生的所有以人民币以外的货币计价或结算的交易都是外币交易,在这一点上两者是相同的。但是,如果小企业采用人民币以外的货币记账,比如,美国企业在我国设立的独资企业可能采用美元记账,那么该企业发生的所有不是以美元计价或结算的交易,包括以人民币计价或结算的交易,对于该小企业来讲,都属于外币交易,在这一点上两者大相径庭。

二、外币交易的类型

小企业的外币交易的具体形式可能各不相同，但是归纳起来，主要包括三种类型：买入或者卖出以外币计价的商品或者劳务、借入或者借出外币资金和其他以外币计价或者结算的交易。

（一）买入或者卖出以外币计价的商品或者劳务

买入或者卖出以外币计价的商品或者劳务，通常情况下指以外币买卖商品，或者以外币结算劳务合同。需要注意的是，这里所说的商品可以是有实物形态的存货、固定资产等，也可以是无实物形态的无形资产等。比如，以人民币为记账本位币的国内甲小企业向国外乙公司出口商品，以美元结算货款。又如，小企业与银行发生货币兑换业务，包括与银行进行结汇或售汇，是将货币作为商品，以另一种货币等价来表示并以另一种货币结算，因此，也属于外币交易。

（二）借入或者借出外币资金

借入或者借出外币资金，是指小企业向银行或非银行金融机构借入以记账本位币以外的货币表示的资金。例如，以人民币为记账本位币的甲小企业从中国银行借入欧元、美元、日元等。

（三）其他以外币计价或者结算的交易

其他以外币计价或结算的交易，是指除上述（一）和（二）外，以记账本位币以外的货币计价或结算的其他交易。比如，小企业接受外币现金捐赠、接受投入的外币资本等。

三、外币交易会计处理的原则

小企业发生的外币交易，都应当将外币金额折算为记账本位币金额入账，记入相关资产或负债，不得只以外币直接记账。

四、外币交易初始确认和计量

外币交易在初始确认时，采用交易发生日的即期汇率将外币金额折算为记账本位币金额；也可以采用交易当期平均汇率折算。

（一）外币交易进行会计处理的时点

外币交易进行会计处理的时点为交易发生日。

外币交易的交易发生日，是指小企业外币交易的发生日或完成日。如取得外币借款的日期、以外币购入原材料、固定资产等的日期或者出口商品实现收入的日期。

（二）外币交易所采用的折算汇率

在外币交易进行折算时涉及折算汇率的选择。小企业会计准则规定了两种折算汇率，即交易发生日的即期汇率和交易当期平均汇率。

在对外币交易进行初始确认时，一般应采用交易发生日的即期汇率将外币金额折算为记账本位币金额；当汇率变动不大时，为简化核算，小企业也可以选择交易当期平均汇率进行折算。

1. 交易发生日的即期汇率

汇率，是指两种货币相兑换的比率，是一种货币单位用另一种货币单位所表示的价格。汇率有以下几种主要分类。

(1)直接汇率与间接汇率

根据表示方式的不同，汇率可以分为直接汇率和间接汇率，直接汇率是一定数量的其他货币单位折算为本国货币的金额，间接汇率是指一定数量的本国货币折算为其他货币的金额。通常情况下，人民币汇率是以直接汇率表示的。

(2)买入价、卖出价与中间价

在银行的汇率有三种表示方式：买入价、卖出价和中间价。买入价指银行买入其他货币的价格，卖出价指银行出售其他货币的价格，中间价是银行买入价与卖出价的平均价，银行的卖出价一般高于买入价，以获取其中的差价。中间价用公式表示如下：

中间价＝(买入价＋卖出价)÷2

(3)即期汇率与远期汇率

无论买入价还是卖出价，均是立即交付的结算价格，也就是即期汇率。即期汇率是相对于远期汇率而言的，远期汇率是在未来某一日交付时的结算价格。即期汇率，通常是指中国人民银行公布的当日人民币外汇牌价的中间价。

中国人民银行每日仅公布银行间外汇市场人民币兑美元、欧元、日元、港元的中间价。小企业发生的外币交易只涉及人民币与这四种货币之间折算的，可直接采用公布的人民币汇率的中间价作为即期汇率进行折算；小企业发生的外币交易涉及人民币与其他货币之间折算的，应以国家外汇管理局公布的各种货币对美元折算率采用套算的方法进行折算；小企业发生的外币交易涉及人民币以外的货币之间折算的，可直接采用国家外汇管理局公布的各种货币对美元折算率进行折算。

2. 交易当期平均汇率

交易当期平均汇率通常与交易发生日的即期汇率近似。为了简化核算，《小企业会计准则》所称交易当期平均汇率，是指外币交易当期的月初即期汇率与月末即期汇率的平均汇率，即中国人民银行公布的月初人民币汇率的中间价与其公布的月末人民币汇率的中间价的平均值。可用公式表示如下：

交易当期平均汇率＝(中国人民银行公布的月初人民币汇率的中间价＋中国人民银行公布的月末人民币汇率的中间价)÷2

比如，以美元兑人民币元的月平均汇率为例，假定美元兑人民币元 6 月 1 日的即期汇率为 6.60，6 月 30 日的即期汇率为 6.50，6 月份的平均汇率为(6.60＋6.50)÷2＝6.55。

无论采用交易日的即期汇率，还是采用交易当期的平均汇率，应当前后期保持一致。

五、小企业收到投资者外币资本的会计处理

(一)会计处理

小企业收到投资者以外币投入的资本，应当采用交易发生日的即期汇率折算，不得采用合同约定汇率和交易当期平均汇率折算。也就是说，外币投入资本与相应的货币性项目的记账本位币之间不产生外币资本折算差额。

（二）所涉及的会计科目

小企业应当根据规定，结合自身实际情况，设置“5603 财务费用”和“5301 营业外收入”等会计科目。

（三）执行中应注意的问题

小企业发生单纯的货币兑换交易时，仅用中间价不能反映货币买卖的损益，需要使用买入价或卖出价折算。

六、外币交易在资产负债表日的会计处理

（一）会计处理

小企业在资产负债表日，应当按照下列规定对外币货币性项目和外币非货币性项目进行会计处理：

（1）外币货币性项目，采用资产负债表日的即期汇率折算。因资产负债表日即期汇率与初始确认时或者前一资产负债表日即期汇率不同而产生的汇兑差额，计入当期损益。

（2）以历史成本计量的外币非货币性项目，仍采用交易发生日的即期汇率折算，不改变其记账本位币金额。

货币性资产包括：库存现金、银行存款、应收账款、其他应收款等；货币性负债包括：短期借款、应付账款、其他应付款、长期借款、长期应付款等。

非货币性项目，是指货币性项目以外的项目。包括：存货、长期股权投资、固定资产、无形资产等。

（二）所涉及的会计科目

小企业应当根据规定，结合自身实际情况，设置“5603 财务费用”和“5301 营业外收入”等会计科目。

（三）执行中应注意的问题

（1）应用的时点：资产负债表日，通常是月末。

（2）汇兑差额的处理

汇兑差额，是指对同样数量的外币金额采用不同的汇率折算为记账本位币金额所产生的差额。

因资产负债表日即期汇率与初始确认时的即期汇率（或交易当期平均汇率）或者前一资产负债表日即期汇率不同而产生的汇兑差额，计入当期损益，其中，属于汇兑收益，计入营业外收入；属于汇兑损失，计入财务费用。

（3）对于外币非货币性项目，仍采用交易发生日的即期汇率折算。即采用历史汇率进行折算。不会产生汇兑差额。这是因为，这些项目在取得时已按取得时的汇率进行了折算，从而构成这些项目的历史成本，如果再按资产负债表日的即期汇率进行折算，就会导致这些项目的价值处于不断变动之中，从而使这些项目的折旧费、摊销额随之不断变动。这与这些项目的实际情况不符。

比如，甲小企业的记账本位币为人民币。2×13 年 3 月 1 日进口机器 1 台，价款为 100 万美元，已经支付，当日的即期汇率为：1 美元＝6.30 人民币元。假定不考虑相关税费，该机器属

于小企业的固定资产，在购入时已按当日即期汇率折算为人民币 630 万元。2×13 年 3 月 31 日的即期汇率为：1 美元＝6.25 人民币元。由于固定资产属于非货币性项目，因此，2×13 年 3 月 31 日，不需要按当日的即期汇率进行调整，不会产生汇兑差额。

七、应用举例

【例 24-1】 甲公司以人民币作为记账本位币，其外币交易在初始确认时采用交易日即期汇率折算。2×13 年度甲公司发生的有关外币交易或事项如下：

a. 以人民币向银行买入 200 000 欧元。当日即期汇率为 1 欧元＝9.69 人民币元，当日银行卖出价为 1 欧元：9.75 人民币元。

b. 从国外购入一批原材料，总价款为 400 000 欧元。该原材料已验收入库，货款尚未支付。当日即期汇率为 1 欧元＝9.64 人民币元。另外，以银行存款支付该原材料的进口关税 644 000 人民币元，增值税 765 000 人民币元。

c. 出口销售一批商品，销售价款为 600 000 欧元，货款尚未收到。当日即期汇率为 1 欧元＝9.41 人民币元。假设不考虑相关税费。

d. 收到应收账款 300 000 欧元，款项已存入银行。当日即期汇率为 1 欧元：9.54 人民币元。

甲公司应编制如下会计分录：

a. 借：银行存款—××银行(欧元)　　(200 000×9.69)1 938 000
　　财务费用—汇兑差额　　12 000
　贷：银行存款—××银行(人民币元)　　(200 000×9.75)1 950 000

b. 借：原材料　　(400 000×9.64＋644 000)4 500 000
　　应交税费—应交增值税—进项税额　　765 000
　贷：应付账款—××单位(欧元)　　(400 000×9.64)3 856 000
　　银行存款—××银行(人民币元)　　1 409 000

c. 借：应收账款—××单位(欧元)　　(600 000×9.41)5 646 000
　贷：主营业务收入　　5646 000

d. 借：银行存款—××银行(欧元)　　(300 000×9.54)2 862 000
　贷：应收账款—××单位(欧元)　　(300 000×9.54)2 862 000

【例 24-2】某中外合资经营企业注册资本为 3 000 万美元，合同约定分两次投入，约定折算汇率为 1∶7.0。中、外投资者分别于 2010 年 1 月 1 日和 3 月 1 日投入 1 000 万美元和 2 000 万美元。2010 年 1 月 1 日、3 月 1 日、3 月 31 日和 12 月 31 日美元对人民币的汇率分别为 1∶6.20、1∶6.25、1∶6.24 和 1∶6.30。假定该企业采用人民币作为记账本位币，外币业务采用业务发生日的汇率折算。

请问：该企业 2010 年年末资产负债表中"实收资本"项目的金额是多少(计量单位：万元)？

【解析】

a. 判断该中外合资经营企业投资资本应采用的折算汇率：

企业收到投资者以外币投入的资本，应当采用交易发生日即期汇率折算，不得采用合同约定汇率和即期汇率的近似汇率折算。

该中外合资经营企业应该采用的折算汇率为：

2010 年 1 月 1 日　　　　1∶6.20

2010 年 3 月 1 日　　　　1∶6.25

b. 计算该企业 2010 年年末资产负债表中"实收资本"项目的金额：

1 000×6.2＋2 000×6.25＝ 18 700(万元)

【例 24-3】承【例 24-1】，2×13 年 12 月 31 日，即期汇率为 1 欧元＝9.61 人民币元。

甲公司计算期末产生的汇兑差额：

a. 银行存款欧元户余额＝200 000＋300 000＝500 000(欧元)

按当日即期汇率折算为人民币金额＝500 000×9.61＝4 805 000(人民币元)

汇兑差额＝4 805 000－(1 938 000＋2 862 000)＝5 000(人民币元)(汇兑收益)

b. 应收账款欧元户余额＝600 000－300 000＝300 000(欧元)

按当日即期汇率折算为人民币金额＝300 000×9.61＝2 883 000(人民币元)

汇兑差额＝2 883 000－(5 646 000－2 862 000)＝99 000(人民币元)(汇兑收益)

c. 应付账款欧元户余额＝400 000(欧元)

按当日即期汇率折算为人民币金额＝400 000×9.61＝3 844 000(人民币元)

汇兑差额＝3 844 000－3 856 000＝－12 000(人民币元)(汇兑收益)

d. 应计入当期损益的汇兑差额＝5 000＋99 000＋12 000＝116 000(人民币元)(汇兑收益)

借：银行存款—××银行(欧元)　　　　5 000

　　应收账款—××单位(欧元)　　　　99 000

　　应付账款—××单位(欧元)　　　　12 000

　贷：营业外收入—汇兑差额　　　　116 000

第三节　外币报表折算

一、外币财务报表折算会计处理

小企业对外币财务报表进行折算时，应当采用资产负债表日的即期汇率对外币资产负债表、利润表和现金流量表的所有项目进行折算。

二、执行中应注意的问题

(1)小企业不会产生外币财务报表折算差额，也减少了外币财务报表折算的工作量。

在资产负债表日，按照当日的即期汇率去乘外币资产负债表、利润表和现金流量表中所有项目的外币金额，从而将各项目的外币金额全部折算为人民币金额。即相当于对外币资产负债表、利润表和现金流量表的所有项目同时扩大相同的倍数，三张报表中合计额、总计额和差额也都会扩大相同的倍数，不会由于同一张报表的不同项目采用不同汇率折算和不同报表采用不同汇率折算所带来的报表折算差额问题。

小企业会计准则作这样的规定，一是考虑到外币财务报表折算对绝大多数小企业来说不是一项普遍业务，比较符合小企业的实际，二是可以大大减轻小企业的工作量，三是不会改变原来外币财务报表各项目之间的勾稽关系和财务指标的相对比例。

(2)小企业外币财务报表全部采用资产负债表日的即期汇率进行折算这一点与企业所得税法实施条例的规定相一致,但与《企业会计准则第 19 号——外币折算》的规定有很大差异。小企业对这一差异应引起注意。

(3)企业所得以人民币以外的货币计算的,预缴企业所得税时,应当按照月度或者季度最后一日的人民币汇率中间价,折合成人民币计算应纳税所得额。年度终了汇算清缴时,对已经按照月度或者季度预缴税款的,不再重新折合计算,只就该纳税年度内未缴纳企业所得税的部分,按照纳税年度最后一日的人民币汇率中间价,折合成人民币计算应纳税所得额。

经税务机关检查确认,企业少计或者多计前款规定的所得的,应当按照检查确认补税或者退税时的上一个月最后一日的人民币汇率中间价,将少计或者多计的所得折合成人民币计算应纳税所得额,再计算应补缴或者应退的税款。

第二十五章　财务报表

第一节　概述

一、财务报表的构成

财务报表，是指对小企业财务状况、经营成果和现金流量的结构性表述。小企业的财务报表至少应当包括下列组成部分：

(1)资产负债表；

(2)利润表；

(3)现金流量表；

(4)附注。

二、财务报表编制的基本要求

小企业应按照《小企业会计准则》的有关规定，对外提供真实、完整的财务报表。小企业不得违反规定，随意改变财务报表的编制基础、编制依据、编制原则和方法，不得随意改变《小企业会计准则》规定的财务报表有关数据的会计口径。

第二节　资产负债表

一、编制要求

资产负债表，是指反映小企业在某一特定日期的财务状况的报表。

(1)资产负债表中的资产类至少应当单独列示反映下列信息的项目：

①货币资金；

②应收及预付款项；

③存货；

④长期债券投资；

⑤长期股权投资；

⑥固定资产；

⑦生产性生物资产；

⑧无形资产；

⑨长期待摊费用。

(2)资产负债表中的负债类至少应当单独列示反映下列信息的项目：

①短期借款；

②应付及预收款项；

③应付职工薪酬；

④应交税费；

⑤应付利息；

⑥长期借款；

⑦长期应付款。

(3)资产负债表中的所有者权益类至少应当单独列示反映下列信息的项目：

①实收资本；

②资本公积；

③盈余公积；

④未分配利润。

(4)资产负债表中的资产类应当包括流动资产和非流动资产的合计项目；负债类应当包括流动负债、非流动负债和负债的合计项目；所有者权益类应当包括所有者权益的合计项目。

资产负债表应当列示资产总计项目，负债和所有者权益总计项目。

二、资产负债表的编制方法

我国小企业的资产负债表采用账户式结构，报表分为左右两方，左方列示资产各项目，反映全部资产的分布及存在形态；右方列示负债和所有者权益各项目，反映全部负债和所有者权益的内容及构成情况。资产负债表左右两方平衡，即资产总计等于负债和所有者权益总计。资产负债表中一般设有“期末余额”和“年初余额”两栏。编制资产负债表时，要填报“期末余额”和“年初余额”两栏数据。

(一)“年初余额”的编制方法

资产负债表“年初余额”栏内各项数字，应根据上年末资产负债表“期末余额”栏内所列数字填列。如果上年末资产负债表的项目名称和内容与本年末资产负债表不一致，应对上年末资产负债表的项目名称和数字按本年末资产负债表的规定进行调整，并填入“年初余额”栏。

(二)“期末余额”的编制方法

1.资产负债表“期末余额”的填列方法

资产负债表各项目的“期末余额”，一般根据资产、负债和所有者权益类科目的期末余额填列，具体区分为以下几种填列方法：

(1)根据总账科目余额直接填列。例如，“短期投资”、“应收票据”、“应收股利”、“应收利息”、“其他应收款”、“长期债券投资”、“长期股权投资”、“固定资产原价”、“累计折旧”、“在建工程”、“工程物资”、“固定资产清理”、“开发支出”、“长期待摊费用”、“短期借款”、“应付票据”、“应付职工薪酬”、“应交税费”、“应付利息”、“应付股利”、“其他应付款”、“实收资本(或股本)”、“资本公积”、“盈余公积”等项目，应根据有关总账科目的期末余额直接填列。

(2)根据总账科目余额计算填列。例如“货币资金”项目,根据“库存现金”、“银行存款”、“其他货币资金”科目的期末余额合计数计算填列。

(3)根据明细科目余额计算填列。例如“应收账款”项目,应根据“应收账款”和“预收账款”两个科目所属的相关明细科目的期末借方余额合计数填列;“应付账款”项目,应根据“应付账款”和“预付账款”两个科目所属的相关明细科目的期末贷方余额合计数填列;“未分配利润”项目,应根据“利润分配”科目中所属的“未分配利润”明细科目期末余额填列。

(4)根据总账科目和明细科目余额分析计算填列。例如“长期借款”项目,应根据“长期借款”总账科目余额扣除“长期借款”科目所属明细科目中将于一年内到期的部分填列。

(5)根据科目余额减去其备抵项目后的净额填列。例如“无形资产”项目,应根据“无形资产”科目的期末余额减去“累计摊销”科目的期末余额后的金额填列。

(6)综合运用上述方法分析填列。如“存货”项目,应根据“材料采购”、“在途物资”、“原材料”、“生产成本”、“库存商品”、“委托加工物资”、“周转材料”、“消耗性生物资产”等科目的期末余额合计填列,材料采用计划成本核算,以及库存商品采用计划成本核算或售价核算的小企业,还应按加或减“材料成本差异”、“商品进销差价”后的金额填列。

(7)根据有关项目的金额计算填列。如“流动资产合计”、“非流动资产合计”、“资产总计”、“流动负债合计”、“非流动负债合计”、“负债合计”、“所有者权益(或股东权益)合计”、“负债和所有者权益(或股东权益)总计”等项目,应根据表中的相关项目的合计额填列。“固定资产账面价值”项目则需根据“固定资产原价”项目金额减去“累计折旧”项目金额后的余额填列。

2.资产负债表项目的内容及填列说明

(1)“货币资金”项目,反映小企业库存现金、银行存款、其他货币资金的合计数。本项目应根据“库存现金”、“银行存款”和“其他货币资金”科目的期末余额合计填列。

(2)“短期投资”项目,反映小企业购入的能随时变现并且持有时间不准备超过 1 年的股票、债券和基金投资的余额。本项目应根据“短期投资”科目的期末余额填列。

(3)“应收票据”项目,反映小企业收到的未到期收款也未向银行贴现的应收票据(银行承兑汇票和商业承兑汇票)。本项目应根据“应收票据”科目的期末余额填列。

(4)“应收账款”项目,反映小企业因销售商品、提供劳务等日常生产经营活动应收取的款项。本项目应根据“应收账款”的期末余额分析填列。如“应收账款”科目期末为贷方余额,应当在“预收账款”项目列示。

(5)“预付账款”项目,反映小企业按照合同规定预付的款项。包括:根据合同规定预付的购货款、租金、工程款等。本项目应根据“预付账款”科目的期末借方余额填列,如“预付账款”科目期末为贷方余额,应当在“应付账款”项目列示。

属于超过 1 年期以上的预付账款的借方余额应当在“其他非流动资产”项目列示。

(6)“应收股利”项目,反映小企业应收取的现金股利或利润。本项目应根据“应收股利”科目的期末余额填列。

(7)“应收利息”项目,反映小企业债券投资应收取的利息。小企业购入一次还本付息债券应收的利息,不包括在本项目内。本项目应根据“应收利息”科目的期末余额填列。

(8)“其他应收款”项目,反映小企业除应收票据、应收账款、预付账款、应收股利、应收利息等以外的其他各种应收及暂付款项。包括:各种应收的赔款、应向职工收取的各种垫付款项等。本项目应根据“其他应收款”科目的期末余额填列。

(9)“存货”项目,反映小企业期末在库、在途和在加工中的各项存货的成本。包括:各种原材料、在产品、半成品、产成品、商品、周转材料(包装物、低值易耗品等)、消耗性生物资产等。本项目应根据“材料采购”、“在途物资”、“原材料”、“材料成本差异”、“生产成本”、“库存商品”、“商品进销差价”、“委托加工物资”、“周转材料”、“消耗性生物资产”等科目的期末余额分析填列。

(10)“其他流动资产”项目,反映小企业除以上流动资产项目外的其他流动资产(含1年内到期的非流动资产)。本项目应根据有关科目的期末余额分析填列。

(11)“长期债券投资”项目,反映小企业准备长期持有的债券投资的本息。本项目应根据“长期债券投资”科目的期末余额分析填列。

(12)“长期股权投资”项目,反映小企业准备长期持有的权益性投资的成本。本项目应根据“长期股权投资”科目的期末余额填列。

(13)“固定资产原价”和“累计折旧”项目,反映小企业固定资产的原价(成本)及累计折旧。这两个项目应根据“固定资产”科目和“累计折旧”科目的期末余额填列。

(14)“固定资产账面价值”项目,反映小企业固定资产原价扣除累计折旧后的余额。本项目应根据“固定资产”科目的期末余额减去“累计折旧”科目的期末余额后的金额填列。

(15)“在建工程”项目,反映小企业尚未完工或虽已完工,但尚未办理竣工决算的工程成本。本项目应根据“在建工程”科目的期末余额填列。

(16)“工程物资”项目,反映小企业为在建工程准备的各种物资的成本。本项目应根据“工程物资”科目的期末余额填列。

(17)“固定资产清理”项目,反映小企业因出售、报废、毁损、对外投资等原因处置固定资产所转出的固定资产账面价值以及在清理过程中发生的费用等。本项目应根据“固定资产清理”科目的期末借方余额填列;如“固定资产清理”科目期末为贷方余额,以“－”号填列。

(18)“生产性生物资产”项目,反映小企业生产性生物资产的账面价值。本项目应根据“生产性生物资产”科目的期末余额减去“生产性生物资产累计折旧”科目的期末余额后的金额填列。

(19)“无形资产”项目,反映小企业无形资产的账面价值。本项目应根据“无形资产”科目的期末余额减去“累计摊销”科目的期末余额后的金额填列。

(20)“开发支出”项目,反映小企业正在进行的无形资产研究开发项目满足资本化条件的支出。本项目应根据“研发支出”科目的期末余额填列。

(21)“长期待摊费用”项目,反映小企业尚未摊销完毕的已提足折旧的固定资产的改建支出、经营租入固定资产的改建支出、固定资产的大修理支出和其他长期待摊费用。本项目应根据“长期待摊费用”科目的期末余额分析填列。

(22)“其他非流动资产”项目,反映小企业除以上非流动资产以外的其他非流动资产。本项目应根据有关科目的期末余额分析填列。

(23)“短期借款”项目,反映小企业向银行或其他金融机构等借入的期限在1年内的、尚未偿还的各种借款本金。本项目应根据“短期借款”科目的期末余额填列。

(24)“应付票据”项目,反映小企业因购买材料、商品和接受劳务等日常生产经营活动开出、承兑的商业汇票(银行承兑汇票和商业承兑汇票)尚未到期的票面金额。本项目应根据“应付票据”科目的期末余额填列。

(25)“应付账款”项目，反映小企业因购买材料、商品和接受劳务等日常生产经营活动尚未支付的款项。本项目应根据“应付账款”科目的期末余额填列。如“应付账款”科目期末为借方余额，应当在“预付账款”项目列示。

(26)“预收账款”项目，反映小企业根据合同规定预收的款项。包括：预收的购货款、工程款等。本项目应根据“预收账款”科目的期末贷方余额填列；如“预收账款”科目期末为借方余额，应当在“应收账款”项目列示。

属于超过1年期以上的预收账款的贷方余额应当在“其他非流动负债”项目列示。

(27)“应付职工薪酬”项目，反映小企业应付未付的职工薪酬。本项目应根据“应付职工薪酬”科目期末余额填列。

(28)“应交税费”项目，反映小企业期末未交、多交或尚未抵扣的各种税费。本项目应根据“应交税费”科目的期末贷方余额填列；如“应交税费”科目期末为借方余额，以“－”号填列。

(29)“应付利息”项目，反映小企业尚未支付的利息费用。本项目应根据“应付利息”科目的期末余额填列。

(30)“应付利润”项目，反映小企业尚未向投资者支付的利润。本项目应根据“应付利润”科目的期末余额填列。

(31)“其他应付款”项目，反映小企业除应付账款、预收账款、应付职工薪酬、应交税费、应付利息、应付利润等以外的其他各项应付、暂收的款项。包括：应付租入固定资产和包装物的租金、存入保证金等。本项目应根据“其他应付款”科目的期末余额填列。

(32)“其他流动负债”项目，反映小企业除以上流动负债以外的其他流动负债(含1年内到期的非流动负债)。本项目应根据有关科目的期末余额填列。

(33)“长期借款”项目，反映小企业向银行或其他金融机构借入的期限在1年以上的、尚未偿还的各项借款本金。本项目应根据“长期借款”科目的期末余额分析填列。

(34)“长期应付款”项目，反映小企业除长期借款以外的其他各种应付未付的长期应付款项。包括：应付融资租入固定资产的租赁费、以分期付款方式购入固定资产发生的应付款项等。本项目应根据“长期应付款”科目的期末余额分析填列。

(35)“递延收益”项目，反映小企业收到的、应在以后期间计入损益的政府补助。本项目应根据“递延收益”科目的期末余额分析填列。

(36)“其他非流动负债”项目，反映小企业除以上非流动负债项目以外的其他非流动负债。本项目应根据有关科目的期末余额分析填列。

(37)“实收资本(或股本)”项目，反映小企业收到投资者按照合同协议约定或相关规定投入的、构成小企业注册资本的部分。本项目应根据“实收资本(或股本)”科目的期末余额分析填列。

(38)“资本公积”项目，反映小企业收到投资者投入资本超出其在注册资本中所占份额的部分。本项目应根据“资本公积”科目的期末余额填列。

(39)“盈余公积”项目，反映小企业(公司制)的法定公积金和任意公积金、小企业(外商投资)的储备基金和企业发展基金。本项目应根据“盈余公积”科目的期末余额填列。

(40)“未分配利润”项目，反映小企业尚未分配的历年结存的利润。本项目应根据“利润分配”科目的期末余额填列。未弥补的亏损，在本项目内以“－”号填列。

3.资产负债表中各项目之间的勾稽关系

资产负债表中各项目之间的勾稽关系为：

行 15＝行 1＋行 2＋行 3＋行 4＋行 5＋行 6＋行 7＋行 8＋行 9＋行 14；

行 9≥行 10＋行 11＋行 12＋行 13；

行 29＝行 16＋行 17＋行 20＋行 21＋行 22＋行 23＋行 24＋行 25＋行 26＋行 27＋行 28

行 20＝行 18－行 19；

行 30＝行 15＋行 29；

行 41＝行 31＋行 32＋行 33＋行 34＋行 35＋行 36＋行 37＋行 38＋行 39＋行 40；

行 46＝行 42＋行 43＋行 44＋行 45；

行 47＝行 41＋行 46；

行 52＝行 48＋行 49＋行 50＋行 51；

行 53＝行 47＋行 52＝行 30。

三、报表格式

资产负债表

会小企 01 表

编制单位　　　　　　年　月　日　　　　　　单位：元

资产	行次	期末余额	年初余额	负债和所有者权益	行次	期末余额	年初余额
流动资产：				流动负债：			
货币资金	1			短期借款	31		
短期投资	2			应付票据	32		
应收票据	3			应付账款	33		
应收账款	4			预收账款	34		
预付账款	5			应付职工薪酬	35		
应收股利	6			应交税费	36		
应收利息	7			应付利息	37		
其他应收款	8			应付利润	38		
存货	9			其他应付款	39		
其中：原材料	10			其他流动负债	40		
在产品	11			流动负债合计	41		
库存商品	12			非流动负债：			
周转材料	13			长期借款	42		
其他流动资产	14			长期应付款	43		
流动资产合计	15			递延收益	44		
非流动资产：				其他非流动负债	45		
长期债券投资	16			非流动负债合计	46		

续表

资产	行次	期末余额	年初余额	负债和所有者权益	行次	期末余额	年初余额
长期股权投资	17			负债合计	47		
固定资产原价	18						
减:累计折旧	19						
固定资产账面价值	20						
在建工程	21						
工程物资	22						
固定资产清理	23						
生产性生物资产	24			所有者权益(或股东权益)			
无形资产	25			实收资本(或股东)	48		
开发支出	26			资本公积	49		
长期待摊费用	27			盈余公积	50		
其他非流动资产	28			未分配利润	51		
非流动资产合计	29			所有者权益(或股东权益)合计	52		
资产总计	30			负债和所有者权益(或股东权益)总计	53		

第三节　利润表

一、编制要求

利润表,是指反映小企业在一定会计期间的经营成果的报表。

费用应当按照功能分类,分为营业成本、营业税金及附加、销售费用、管理费用和财务费用等。

利润表至少应当单独列示反映下列信息的项目:

(1)营业收入;

(2)营业成本;

(3)营业税金及附加;

(4)销售费用;

(5)管理费用;

(6)财务费用;

(7)所得税费用;

(8)净利润。

二、利润表的编制方法

利润表结构有单步式和多步式两种,我国小企业采取多步式利润表。利润表各项目分为“本年累计金额”和“本月金额”两栏。

(一)利润表项目的填列方法

“本年累计金额”栏反映各项目自年初起至报告期末(月末、季末、年末)止的累计实际发生额。本栏各项目金额应根据本期利润表“本月金额”加上期利润表“本年累计金额”栏的数字填列。

“本月金额”栏反映各项目的本月实际发生额,应根据本期各损益类科目的发生额分析填列。在编制季度利润表时,应将“本月金额”栏改为“上季度金额”栏,反映各项目本季度实际发生额。小企业编制年度利润表时,应将“本月金额”栏改为“上年金额”栏,填列上年全年实际发生额。如果上年度利润表的项目名称和内容与本年度利润表不一致,应对上年度利润表项目的名称和数字按本年度的规定进行调整,填入报表的“上年金额”栏。

(二)利润表项目的内容及其填列说明

(1)“营业收入”项目,反映小企业销售商品和提供劳务所实现的收入总额。本项目应根据“主营业务收入”科目和“其他业务收入”科目的发生额合计填列。

(2)“营业成本”项目,反映小企业所销售商品的成本和所提供劳务的成本。本项目应根据“主营业务成本”科目和“其他业务成本”科目的发生额合计填列。

(3)“营业税金及附加”项目,反映小企业开展日常生产活动应负担的消费税、营业税、城市维护建设税、资源税、土地增值税、城镇土地使用税、房产税、车船税、印花税和教育费附加、矿产资源补偿费、排污费等。本项目应根据“营业税金及附加”科目的发生额填列。

(4)“销售费用”项目,反映小企业销售商品或提供劳务过程中发生的费用。本项目应根据“销售费用”科目的发生额填列。

(5)“管理费用”项目,反映小企业为组织和管理生产经营发生的其他费用。本项目应根据“管理费用”科目的发生额填列。

(6)“财务费用”项目,反映小企业为筹集生产经营所需资金发生的筹资费用。本项目应根据“财务费用”科目的发生额填列。

(7)“投资收益”项目,反映小企业股权投资取得的现金股利(或利润),债券投资取得的利息收入,处置股权投资和债券投资取得的处置价款扣除成本或账面余额、相关税费后的净额。本项目应根据“投资收益”科目的发生额填列,如为投资损失,以“－”号填列。

(8)“营业利润”项目,反映小企业当期开展日常生产经营活动实现的利润。本项目应根据营业收入扣除营业成本、营业税金及附加、销售费用、管理费用和财务费用,加上投资收益后的金额填列。如为亏损,以“－”号填列。

(9)“营业外收入”项目,反映小企业实现的各项营业外收入金额。包括:非流动资产处置净收益、政府补助、捐赠收益、盘盈收益、汇兑收益、出租包装物和商品的租金收入、逾期未退包装物押金收益、确实无法偿付的应付款项、已做坏账损失处理后又收回的应收款项、违约金收益等。本项目应根据“营业外收入”科目的发生额填列。

(10)“营业外支出”项目，反映小企业发生的各项营业外支出金额。包括：存货的盘亏、毁损、报废损失，非流动资产处置净损失，坏账损失，无法收回的长期债券投资损失，无法收回的长期股权投资损失，自然灾害等不可抗力因素造成的损失，税收滞纳金，罚金，罚款，被没收财物的损失，捐赠支出，赞助支出等。本项目应根据“营业外支出”科目的发生额填列。

(11)“利润总额”项目，反映小企业当期实现的利润总额。本项目应根据营业利润加上营业外收入减去营业外支出后的金额填列。如为亏损总额，以“－”号填列。

(12)“所得税费用”项目，反映小企业根据企业所得税法确定的应从当期利润总额中扣除的所得税费用。本项目应根据“所得税费用”科目的发生额填列。

(13)“净利润”项目，反映小企业当期实现的净利润。本项目应根据利润总额扣除所得税费用后的金额填列。如为净亏损，以“－”号填列。

(三)利润表中各项目之间的勾稽关系

利润表中各项目之间的勾稽关系为：

行 21＝行 1－行 2－行 3－行 11－行 14－行 18＋行 20；

行 3≥行 4＋行 5＋行 6＋行 7＋行 8＋行 9＋行 10；

行 11≥行 12＋行 13；

行 14≥行 15＋行 16＋行 17；

行 18≥行 19；

行 30＝行 21＋行 22－行 24；

行 22≥行 23；

行 24≥行 25＋行 26＋行 27＋行 28＋行 29；

行 32＝行 30－行 31。

三、报表格式

利润表

会小企 02 表

编制单位　　　　　　年　月　日　　　　　　　　　　　　　　　　单位：元

项目	行次	本年累计金额	本月金额
一、营业收入	1		
减：营业成本	2		
营业税金及附加	3		
其中：消费税	4		
营业税	5		
城市维护建设税	6		
资源税	7		
土地增值税	8		
城镇土地使用税、房产税、车船税、印花税	9		

续表

项目	行次	本年累计金额	本月金额
教育费附加、矿产资源补偿费、排污费	10		
销售费用	11		
其中:商品维修费	12		
广告费和业务宣传费	13		
管理费用	14		
其中:开办费	15		
业务招待费	16		
研究费用	17		
财务费用	18		
其中:利息费用(收入以"—"号填列)	19		
加:投资收益(损失以"—"号填列)	20		
二、营业利润(亏损以"—"号填列)	21		
加:营业外收入	22		
其中:政府补助	23		
减:营业外支出	24		
其中:坏账损失	25		
无法收回的长期债券投资损失	26		
无法收回的长期股权投资损失	27		
自然灾害等不可抗力因素造成的损失	28		
税收滞纳金	29		
三、利润总额(亏损以"—"号填列)	30		
减:所得税费用	31		
四、净利润(亏损以"—"号填列)	32		

第四节 现金流量表

一、编制要求

现金流量表是指反映小企业在一定会计期间现金流入和流出情况的报表。

现金流量表应当分别经营活动、投资活动和筹资活动列报现金流量。现金流量应当分别按照现金流入和现金流出总额列报。所称现金,是指小企业的库存现金以及可以随时用于支付的存款和其他货币资金。

经营活动，是指小企业投资活动和筹资活动以外的所有交易和事项。

(1)小企业经营活动产生的现金流量应当单独列示反映下列信息的项目：

①销售产成品、商品、提供劳务收到的现金；

②购买原材料、商品、接受劳务支付的现金；

③支付的职工薪酬；

④支付的税费。

投资活动，是指小企业固定资产、无形资产、其他非流动资产的购建和短期投资、长期债券投资、长期股权投资及其处臵活动。

(2)小企业投资活动产生的现金流量应当单独列示反映下列信息的项目：

①收回短期投资、长期债券投资和长期股权投资收到的现金；

②取得投资收益收到的现金；

③处臵固定资产、无形资产和其他非流动资产收回的现金净额；

④短期投资、长期债券投资和长期股权投资支付的现金；

⑤购建固定资产、无形资产和其他非流动资产支付的现金。

筹资活动，是指导致小企业资本及债务规模和构成发生变化的活动。

(3)小企业筹资活动产生的现金流量应当单独列示反映下列信息的项目：

①取得借款收到的现金；

②吸收投资者投资收到的现金；

③偿还借款本金支付的现金；

④偿还借款利息支付的现金；

⑤分配利润支付的现金。

二、现金流量表的结构和编制基础

(一)现金流量表的结构

小企业现金流量表采用报告式结构，分类反映经营活动产生的现金流量、投资活动产生的现金流量和筹资活动产生的现金流量，最后汇总反映企业某一期间的现金净增加额。

(二)现金流量表编制基础

现金流量表以现金为基础编制，这里的现金，是指小企业的库存现金以及可以随时用于支付的存款和其他货币资金。具体包括：

(1)库存现金，是指企业持有可随时用于支付的现金，即与会计核算中“库存现金”科目所包括的内容一致。

(2)银行存款，是指企业在金融企业随时可以用于支付的存款，即与会计核算中“银行存款”科目所包括的内容基本一致，其区别在于：如果存在金融企业的款项中不能随时用于支付的存款，如不能随时支取的定期存款，不作为现金流量表中的现金，但提前通知金融企业便可支取的定期存款，则包括在现金流量表中的现金范围内。

(3)其他货币资金，是指企业存在金融企业有特定用途的资金，如外埠存款、银行汇票存款、银行本票存款、信用证保证金存款、信用卡存款等。

三、现金流量表的编制方法

现金流量表反映小企业一定会计期间内有关现金流入和流出的信息。现金流量表各项目分为“本年累计金额”和“本月金额”两栏。

(一)现金流量表“本年累计金额”的编制方法

现金流量表“本年累计金额”栏反映各项目自年初起至报告期末止的累计实际发生额。本栏各项目金额应根据本期现金流量表“本月金额”加上期现金流量表“本年累计金额”栏的数字填列。

(二)现金流量表“本月金额”各项目的内容及填列方法

现金流量表“本月金额”栏反映各项目的本月实际发生额;在编制年度财务报表时,应将“本月金额”栏改为“上年金额”栏,填列上年全年实际发生额。

现金流量表“本月金额”栏各项目的内容及填列方法如下:

1.经营活动产生的现金流量

(1)“销售产成品、商品,提供劳务收到的现金”项目,反映小企业本期销售产成品、商品,提供劳务收到的现金。本项目可以根据“库存现金”、“银行存款”和“主营业务收入”等科目的本期发生额分析填列。

(2)“收到其他与经营活动有关的现金”项目,反映小企业本期收到的其他与经营活动有关的现金。本项目可以根据“库存现金”和“银行存款”等科目的本期发生额分析填列。

(3)“购买原材料、商品,接受劳务支付的现金”项目,反映小企业本期购买原材料、商品,接受劳务支付的现金。本项目可以根据“库存现金”、“银行存款”、“其他货币资金”、“原材料”、“库存商品”等科目的本期发生额分析填列。

(4)“支付的职工薪酬”项目,反映小企业本期向职工支付的薪酬。本项目可以根据“库存现金”、“银行存款”、“应付职工薪酬”科目的本期发生额填列。

(5)“支付的税费”项目,反映小企业本期支付的税费。本项目可以根据“库存现金”、“银行存款”、“应交税费”等科目的本期发生额填列。

(6)“支付其他与经营活动有关的现金”项目,反映小企业本期支付的其他与经营活动有关的现金。本项目可以根据“库存现金”、“银行存款”等科目的本期发生额分析填列。

2.投资活动产生的现金流量

(1)“收回短期投资、长期债券投资和长期股权投资收到的现金”项目,反映小企业出售、转让或到期收回短期投资、长期股权投资而收到的现金,以及收回长期债券投资本金而收到的现金,不包括长期债券投资收回的利息。本项目可以根据“库存现金”、“银行存款”、“短期投资”、“长期股权投资”、“长期债券投资”等科目的本期发生额分析填列。

(2)“取得投资收益收到的现金”项目,反映小企业因权益性投资和债权性投资取得的现金股利或利润和利息收入。本项目可以根据“库存现金”、“银行存款”、“投资收益”等科目的本期发生额分析填列。

(3)“处置固定资产、无形资产和其他非流动资产收回的现金净额”项目,反映小企业处置固定资产、无形资产和其他非流动资产取得的现金,减去为处置这些资产而支付的有关税费等后的净额。本项目可以根据“库存现金”、“银行存款”、“固定资产清理”、“无形资产”、“生产性生物资产”等科目的本期发生额分析填列。

(4)“短期投资、长期债券投资和长期股权投资支付的现金”项目，反映小企业进行权益性投资和债权性投资支付的现金。包括：企业取得短期股票投资、短期债券投资、短期基金投资、长期债券投资、长期股权投资支付的现金。本项目可以根据“库存现金”、“银行存款”、“短期投资”、“长期债券投资”、“长期股权投资”等科目的本期发生额分析填列。

(5)“购建固定资产、无形资产和其他非流动资产支付的现金”项目，反映小企业购建固定资产、无形资产和其他非流动资产支付的现金。包括：购买机器设备、无形资产、生产性生物资产支付的现金、建造工程支付的现金等现金支出，不包括为购建固定资产、无形资产和其他非流动资产而发生的借款费用资本化部分和支付给在建工程和无形资产开发项目人员的薪酬。为购建固定资产、无形资产和其他非流动资产而发生借款费用资本化部分，在“偿还借款利息支付的现金”项目反映；支付给在建工程和无形资产开发项目人员的薪酬，在“支付的职工薪酬”项目反映。本项目可以根据“库存现金”、“银行存款”、“固定资产”、“在建工程”、“无形资产”、“研发支出”、“生产性生物资产”、“应付职工薪酬”等科目的本期发生额分析填列。

3.筹资活动产生的现金流量

(1)“取得借款收到的现金”项目，反映小企业举借各种短期、长期借款收到的现金。本项目可以根据“库存现金”、“银行存款”、“短期借款”、“长期借款”等科目的本期发生额分析填列。

(2)“吸收投资者投资收到的现金”项目，反映小企业收到的投资者作为资本投入的现金。本项目可以根据“库存现金”、“银行存款”、“实收资本”、“资本公积”等科目的本期发生额分析填列。

(3)“偿还借款本金支付的现金”项目，反映小企业以现金偿还各种短期、长期借款的本金。本项目可以根据“库存现金”、“银行存款”、“短期借款”、“长期借款”等科目的本期发生额分析填列。

(4)“偿还借款利息支付的现金”项目，反映小企业以现金偿还各种短期、长期借款的利息。本项目可以根据“库存现金”、“银行存款”、“应付利息”等科目的本期发生额分析填列。

(5)“分配利润支付的现金”项目，反映小企业向投资者实际支付的利润。本项目可以根据“库存现金”、“银行存款”、“应付利润”等科目的本期发生额分析填列。

(三)现金流量表中各项目之间的勾稽关系

现金流量表中各项目之间的勾稽关系为：

行7＝行1＋行2－行3－行4－行5－行6；

行13＝行8＋行9＋行10－行11－行12；

行19＝行14＋行15－行16－行17－行18；

行20＝行7＋行13＋行19；

行22＝行20＋行21。

此外，现金流量表的21行“期初现金余额”和22行“期末现金余额”的数额与资产负债表首行货币资金的“期初余额”和“期末余额”相等。

四、报表格式

现金流量表

会小企 03 表

编制单位　　　　　　　　年　月　日　　　　　　　　单位:元

项　目	行次	本年累计金额	本月金额
一、经营活动产生的现金流量:			
销售产成品、商品、提供劳务收到的现金	1		
收到其他与经营活动有关的现金	2		
购买原材料、商品、接受劳务支付的现金	3		
支付的职工薪酬	4		
支付的税费	5		
支付其他与经营活动有关的现金	6		
经营活动产生的现金流量净额	7		
二、投资活动产生的现金流量:			
收回短期投资、长期债券投资和长期股权投资收到的现金	8		
取得投资收益收到的现金	9		
处置固定资产、无形资产和其他非流动资产收回的现金净额	10		
短期投资、长期债券投资和长期股权投资支付的现金	11		
购建固定资产、无形资产和其他非流动资产支付的现金	12		
投资活动产生的现金流量净额	13		
三、筹资活动产生的现金流量:			
取得借款收到的现金	14		
吸收投资者投资收到的现金	15		
偿还借款本金支付的现金	16		
偿还借款利息支付的现金	17		
分配利润支付的现金	18		
筹资活动产生的现金流量净额	19		
四、现金净增加额	20		
加:期初现金余额	21		
五、期末现金余额	22		

第五节 附注

一、编制要求

附注，是指对在资产负债表、利润表和现金流量表等报表中列示项目的文字描述或明细资料，以及对未能在这些报表中列示项目的说明等。

附注应当按照下列顺序披露：

(1)遵循小企业会计准则的声明。

(2)短期投资、应收账款、存货、固定资产项目的说明。

(3)应付职工薪酬、应交税费项目的说明。

(4)利润分配的说明。

(5)用于对外担保的资产名称、账面余额及形成的原因；未决诉讼、未决仲裁以及对外提供担保所涉及的金额。

(6)发生严重亏损的，应当披露持续经营的计划、未来经营的方案。

(7)对已在资产负债表和利润表中列示项目与企业所得税法规定存在差异的纳税调整过程。

(8)其他需要在附注中说明的事项。

二、财务报表附注的作用

附注既是对财务报表的补充说明，也是财务报表不可缺少的内容。很多情况只有通过报表附注，才能对财务报表有全面、准确的理解，一些在报表中以表格形式难以表达的内容，也需要通过报表附注加以反映。附注在财务报表中发挥着越来越重要的作用。

三、财务报表附注的形式

会计实务中，财务报表附注一般采取以下方式：

(一)旁注

旁注是在财务报表的有关项目旁直接用括号加注说明。它是最简单的报表注释方法，且与表内已披露的信息为一体。如在“应收票据”项目旁加注“(其中×××元已向银行贴现)”。

(二)附表

附表是为了使财务报表简明易懂而对主表重要项目的构成及其增减变动原因与数额所做的详细、具体的反映。附表反映的内容，有些已直接包括在脚注之内，有些则附在报表和脚注之后，作为财务报表的一个单独组成部分。

(三)底注

底注是在财务报表主表后面用一定的文字和数字对那些不便于列入财务报表内的有关信息所做的补充说明。一般而言，报表附注指的就是报表的底注。

四、小企业财务报表附注的内容

小企业财务报表附注应当按照下列顺序披露相关内容：

(1)遵循小企业会计准则的声明；

(2)短期投资、应收账款、存货、固定资产项目的说明。

①短期投资的披露格式如下：

项目	期末账面余额	期末市价	期末余额与市价的差额
1.股票			
2.债券			
3.基金			
4.其他			
合计			

②应收账款按账龄结构披露的格式如下：

账龄结构	期末账面余额	年初账面余额
1年以内(含1年)		
1年至2年(含2年)		
2年至3年(含3年)		
3年以上		
合计		

③存货的披露格式如下：

存货种类	期末账面余额	期末市价	期末余额与市价的差额
1.原材料			
2.在产品			
3.库存商品			
4.周转材料			
5.消化性生物资产			
…			
合计			

④固定资产的披露格式如下：

项目	原价	累计折旧	期末账面价值
1.房屋、建筑物			
2.机器			
3.机械			
4.运输工具			
5.设备			
6.器具			
7.工具			
…			
合计			

(3)应付职工薪酬、应交税费项目的说明。

①应付职工薪酬的披露格式如下：

应付职工薪酬明细表

会小企 01 表附表 1

编制单位　　　　　　　　　年　月　　　　　　　　　单位：元

项目	期末账面余额	年初账面余额
1.职工工资		
2.奖金、津贴和补贴		
3.职工福利费		
4.社会保险费		
5.住房公积金		
6.工会经费		
7.职工教育经费		
8.非货币性福利		
9.辞退福利		
10.其他		
合计		

②应交税费的披露格式如下：

应交税费明细表

会小企 01 表附表 2

编制单位　　　　　　　　年　月　　　　　　　　单位:元

项目	期末账面余额	年初账面余额
1.增值税		
2.消费税		
3.营业税		
4.城市维护建设税		
5.企业所得税		
6.资源税		
7.土地增值税		
8.城镇土地使用税		
9.房产税		
10.车船税		
11.教育费附加		
12.地方教育费附加		
13.矿产资源补偿费		
14.排污费		
15.代扣代缴的个人所得税		
…		
合计		

(4)利润分配的说明。

利润分配表

会小企 01 表附表 3

编制单位　　　　　　年度　　　　　　　　单位:元

项目	行次	本年金额	上年金额
一、净利润	1		
加:本年未分配利润	2		
其他转入	3		
二、可供分配的利润	4		
减:提取法定盈余公积	5		
提取任意盈余公积	6		
提取职工奖励及福利基金 *	7		

续表

项目	行次	本年金额	上年金额
提取储备基金*	8		
提取企业发展基金*	9		
利润归还投资*	10		
三、可供投资者分配的利润	11		
减:应付利润	12		
四、未分配利润	13		

(5)用于对外担保的资产名称、账面余额及形成的原因;未决诉讼、未决仲裁以及对外提供担保所涉及的金额。

(6)发生严重亏损的,应当披露持续经营的计划、未来经营的方案。

(7)对已在资产负债表和利润表中列示项目与企业所得税法规定存在差异的纳税调整过程。

(8)其他需要在附注中说明的事项。

附录:会计相关法规文件

中华人民共和国会计法

(1985年1月21日第六届全国人民代表大会常务委员会第九次会议通过根据1993年12月29日第八届全国人民代表大会常务委员会第五次会议《关于修改〈中华人民共和国会计法〉的决定》修正1999年10月31日第九届全国人民代表大会常务委员会第十二次会议修订)

第一章　总　则

第一条　为了规范会计行为,保证会计资料真实、完整,加强经济管理和财务管理,提高经济效益,维护社会主义市场经济秩序,制定本法。

第二条　国家机关、社会团体、公司、企业、事业单位和其他组织(以下统称单位)必须依照本法办理会计事务。

第三条　各单位必须依法设置会计账簿,并保证其真实、完整。

第四条　单位负责人对本单位的会计工作和会计资料的真实性、完整性负责。

第五条　会计机构、会计人员依照本法规定进行会计核算,实行会计监督。

任何单位或者个人不得以任何方式授意、指使、强令会计机构、会计人员伪造、变造会计凭证、会计账簿和其他会计资料,提供虚假财务会计报告。

任何单位或者个人不得对依法履行职责、抵制违反本法规定行为的会计人员实行打击报复。

第六条　对认真执行本法,忠于职守,坚持原则,做出显著成绩的会计人员,给予精神的或者物质的奖励。

第七条 国务院财政部门主管全国的会计工作。

县级以上地方各级人民政府财政部门管理本行政区域内的会计工作。

第八条 国家实行统一的会计制度。国家统一的会计制度由国务院财政部门根据本法制定并公布。

国务院有关部门可以依照本法和国家统一的会计制度制定对会计核算和会计监督有特殊要求的行业实施国家统一的会计制度的具体办法或者补充规定，报国务院财政部门审核批准。

中国人民解放军总后勤部可以依照本法和国家统一的会计制度制定军队实施国家统一的会计制度的具体办法，报国务财政部门备案。

第二章 会计核算

第九条 各单位必须根据实际发生的经济业务事项进行会计核算，填制会计凭证，登记会计账簿，编制财务会计报告。

任何单位不得以虚假的经济业务事项或者资料进行会计核算。

第十条 下列经济业务事项，应当办理会计手续，进行会计核算：

（一）款项和有价证券的收付；

（二）财物的收发、增减和使用；

（三）债权债务的发生和结算；

（四）资本、基金的增减；

（五）收入、支出、费用、成本的计算；

（六）财务成果的计算和处理；

（七）需要办理会计手续、进行会计核算的其他事项。

第十一条 会计年度自公历 1 月 1 日起至 12 月 31 日止。

第十二条 会计核算以人民币为记账本位币。

业务收支以人民币以外的货币为主的单位，可以选定其中一种货币作为记账本位币，但是编报的财务会计报告应当折算为人民币。

第十三条 会计凭证、会计账簿、财务会计报告和其他会计资料，必须符合国家统一的会计制度的规定。使用电子计算机进行会计核算的，其软件及其生成的会计凭证、会计账簿、财务会计报告和其他会计资料，也必须符合国家统一的会计制度的规定。

任何单位和个人不得伪造、变造会计凭证、会计账簿及其他会计资料，不得提供虚假的财务会计报告。

第十四条 会计凭证包括原始凭证和记账凭证。

办理本法第十条所列的经济业务事项，必须填制或者取得原始凭证并及时送交会计机构。

会计机构、会计人员必须按照国家统一的会计制度的规定对原始凭证进行审核，对不真实、不合法的原始凭证有权不予接受，并向单位负责人报告；对记载不准确、不完整的原始凭证予以退回，并要求按照国家统一的会计制度的规定更正、补充。

原始凭证记载的各项内容均不得涂改；原始凭证有错误的，应当由出具单位重开或者更正，更正处应当加盖出具单位印章。原始凭证金额有错误的，应当由出具单位重开，不得在原始凭证上更正。

记账凭证应当根据经过审核的原始凭证及有关资料编制。

第十五条 会计账簿登记,必须以经过审核的会计凭证为依据,并符合有关法律、行政法规和国家统一的会计制度的规定。会计账簿包括总账、明细账、日记账和其他辅助性账簿。

会计账簿应当按照连续编号的页码顺序登记。会计账簿记录发生错误或者隔页、缺号、跳行的,应当按照国家统一的会计制度规定的方法更正,并由会计人员和会计机构负责人(会计主管人)在更正处盖章。

使用电子计算机进行核算的,其会计账簿的登记、更正,应当符合国家统一的会计制度的规定。

第十六条 各单位发生的各项经济业务事项应当在依法设置的会计账簿上统一登记核算,不得违反本法和国家统一的会计制度的规定私设会计账簿登记、核算。

第十七条 各单位应当定期将会计账簿记录与实物、款项及有关资料相互核对,保证会计账簿记录与实物及款项的实有数额相符、会计账簿记录与会计凭证的有关内容相符、会计账簿之间相对应的记录相符、会计账簿记录与会计报表的有关内容相符。

第十八条 各单位采用的会计处理方法,前后各期应当一致,不得随意变更;确有必要变更的,应当按照国家统一的会计制度的规定变更,并将变更的原因、情况及影响在财务会计报告中说明。

第十九条 单位提供的担保、未决诉讼等或有事项,应当按照国家统一的会计制度的规定,在财务会计报告中予以说明。

第二十条 财务会计报告应当根据经过审核的会计账簿记录和有关资料编制,并符合本法和国家统一的会计制度关于财务会计报告的编制要求、提供对象和提供期限的规定;其他法律、行政法规另有规定的,从其规定。

财务会计报告由会计报表、会计报表附注和财务情况说明书组成。向不同的会计资料使用者提供的财务会计报告,其编制依据应当一致。有关法律、行政法规规定会计报表、会计报表附注和财务情况说明书须经注册会计师审计的,注册会计师及其所在会计事务所出具的审计报告应当随同财务会计报告一并提供

第二十一条 财务会计报告应当由单位负责人和主管会计工作的负责人、会计机构负责人(会计主管人员)签名并盖章;设置总会计师的单位,还须由总会计师签名并盖章。单位负责人应当保证财务会计报告真实、完整。

第二十二条 会计记录的文字应当使用中文。在民族自治地方,会计记录可以同时使用当地通用的一种民族文字。在中华人民共和国境内的外商投资企业、外国企业和其外国组织的会计记录可以同时使用一种外国文字。

第二十三条 各单位对会计凭证、会计账簿、财务会计报告和其他会计资料应当建立档案,妥善保管,会计档案的保管期限和销毁办法,由国务院财政部门会同有关部门制定。

第三章 公司、企业会计核算的特别规定

第二十四条 公司、企业进行会计核算,除应当遵守本法第二章的规定外,还应当遵守本章规定。

第二十五条 公司、企业必须根据实际发生的经济业务事项,按照国家统一的会计制度的

规定确认、计量和记录资产、负债、所有者权益、收入、费用、成本和利润。

第二十六条 公司、企业进行会计核算不得有下列行为:

(一)随意改变资产、负债、所有者权益的确认标准或者计量方法,虚列、多列、不列或者少列资产、负债、所有者权益;

(二)虚列或者隐瞒收入,推迟或者提前确认收入;

(三)随意改变费用、成本的确认标准或者计量方法,虚列、多列、不列或者少列费用、成本;

(四)随意调整利润的计算、分配方法,编造虚假利润或者隐瞒利润;

(五)违反国家统一的会计制度规定的其他行为。

第四章 会计监督

第二十七条 各单位应当建立、健全本单位内部会计监督制度。单位内部会计监督制度应当符合下列要求:

(一)记账人员与经济业务事项和会计事项的审批人员,经办人员、财物保管人员的职责权限应当明确,并相互分离、相互制约;

(二)重大对外投资、资产处置、资金调度和其他重要经济业务事项的决策和执行的相互监督、相互制约程序应当明确;

(三)财产清查的范围、期限和组织程序应当明确;

(四)对会计资料定期进行内部审计的办法和程序应当明确。

第二十八条 单位负责人应当保证会计机构、会计人员依法履行职责,不得授意、指使、强令会计机构、会计人员违法办理会计事项。

会计机构、会计人员对违反本法和国家统一的会计制度规定的会计事项,有权拒绝办理或者按照职权予以纠正。

第二十九条 会计机构、会计人员发现会计账簿记录与实物、款项及有关资料不相符的,按照国家统一的会计制度的规定有权自行处理的,应当及时处理;无权处理的,应当立即向单位负责人报告,请求查明原因,作出处理。

第三十条 任何单位和个人对违反本法和国家统一的会计制度规定的行为,有权检举。收到检举的部门有权处理的,应当依法按照职责分工及时处理;无权处理的,应当及时移送有权处理的部门处理。收到检举的部门、负责处理的部门应当为检举人保密,不得将检举人姓名和检举材料转给检举单位和被检举人个人。

第三十一条 有关法律、行政法规规定,须经注册会计师进行审计的单位,应当向受委托的会计师事务所如实提供会计凭证、会计账簿、财务会计报告和其他会计资料以及有关情况。

任何单位或者个人不得以任何方式要求或者示意注册会计师及其所在的会计师事务所出具不实或者不当的审计报告。

财政部门有权对会计师事务所出具审计报告的程序和内容进行监督。

第三十二条 财政部门对各单位的下列情况实施监督:

(一)是否依法设置会计账簿;

(二)会计凭证、会计账簿、财务会计报告和其他会计资料是否真实、完整;

(三)会计核算是否符合本法和国家统一的会计制度的规定;

(四)从事会计工作的人员是否具备从业资格。

在对前款第(二)项所列事项实施监督,发现重大违法嫌疑时,国务院财政部门及其派出机构可以向与被监督单位有业务往来的单位和被监督单位开立账户的金融机构查询有关情况,有关单位和金融机构应当给予支持。

第三十三条 财政、审计、税务、人民银行、证券监管、保险监管等部门应当依照有关法律、行政法规规定的职责,对有关单位的会计资料实施监督检查。

前款所列监督检查部门对有关单位的会计资料依法实施监督检查后,应当出具检查结论。有关监督检查部门已经做出的检查结论能够满足其他检查部门履行本部门职责需要的,其他监督检查部门应当加以利用,避免重复查账。

第三十四条 依法对有关单位的会计资料实施监督检查的部门及其工作人员对在监督检查中知悉的国家秘密和商业秘密负有保密义务。

第三十五条 各单位必须依照有关法律、行政法规的规定,接受有关监督检查部门依法实施的监督检查,如实提供会计凭证、会计账簿、财务会计报告和其他会计资料以及有关情况,不得拒绝、隐匿、谎报。

第五章 会计机构和会计人员

第三十六条 各单位应当根据会计业务需要,设置会计机构,或者在有关机构中设置会计人员并指定会计主管人员;不具备条件的,应当委托经批准设立从事会计代理记账业务的中介机构代理记账。

国有的和国有资产占控股地位或者主导地位的大、中型企业必须设置总会计师。总会计师的任职资格、任免程序、职责权限由国务院规定。

第三十七条 会计机构内部应当建立稽核制度。出纳人员不得兼任稽核、会计档案保管和收入、支出、费用、债权债务账目的登记工作。

第三十八条 从事会计工作的人员,必须取得会计从业资格证书。担任单位会计机构负责人(会计主管人员)的,除取得会计从业资格证书外,还应当具备会计师以上专业技术职务资格或者从事会计工作三年以上经历。

会计人员从业资格管理办法由国务院财政部门规定。

第三十九条 会计人员应当遵守职业道德,提高业务素质。对会计人员的教育和培训应当加强。

第四十条 因有提供虚假财务会计报告,做假账,隐匿或者故意销毁会计凭证、会计账簿、财务会计报告,贪污,挪用公款,职务侵占等与会计职务有关的违法行为被依法追究刑事责任的人员,不得取得或者重新取得会计从业资格证书。

第四十一条 会计人员调动工作或者离职,必须与接管人员办清交接手续。一般会计人员办理交接手续,由会计机构负责人(会计主管人员)监交;会计机构负责人(会计主管人员)办理交接手续,由单位负责人监交,必要时主管单位可以派人会同监交。

第六章 法律责任

第四十二条 违反本法规定，有下列行为之一的，由县级以上人民政府财政部门责令限期改正，可以对单位并处三千元以上五万元以下的罚款；对其直接负责的主管人员和其他直接责任人员，可以处二千元以上二万元以下的罚款；属于国家工作人员的还应当由其所在单位或者有关单位依法给予行政处分：

（一）不依法设置会计账簿的；

（二）私设会计账簿的；

（三）未按照规定填制、取得原始凭证或者填制、取得的原始凭证不符合规定的；

（四）以未经审核的会计凭证为依据登记会计账簿或者登记会计账簿不符合规定的；

（五）随意变更会计处理方法的；

（六）向不同的会计资料使用者提供的财务会计报告编制依据不一致的；

（七）未按照规定使用会计记录文字或者记账本位币的；

（八）未按照规定保管会计资料，致使会计资料毁损、灭失的；

（九）未按照规定建立并实施单位内部会计监督制度或者拒绝依法实施的监督或者不如实提供有关会计资料及有关情况的；

（十）任用会计人员不符合本法规定的。

有前款所列行为之一，构成犯罪的，依法追究刑事责任。

会计人员有第一款所列行为之一，情节严重的，由县级以上人民政府财政部门吊销会计从业资格证书。有关法律对第一款所列行为的处罚另有规定的，依照有关法律的规定办理。

第四十三条 伪造、变造会计凭证、会计账簿，编制虚假财务会计报告，构成犯罪的，依法追究刑事责任。

有前款行为，尚不构成犯罪的，由县级以上人民政府财政部门予以通报，可以对单位处五千元以上十万元以下的罚款；对其直接负责的主管人员和其他直接责任人员，可以处三千元以上五万元以下的罚款；属于国家工作人员的，还应当由其所在单位或者有关单位依法给予撤职直至开除的行政处分；对其中的会计人员，并由县级以上人民政府财政部门吊销会计从业资格证书。

第四十四条 隐匿或者故意销毁依法应当保存的会计凭证、会计账簿、财务会计报告，构成犯罪的，依法追究刑事责任。

有前款行为，尚不构成犯罪的，由县级以下人民政府财政部门予以通报，可以对单位并处五千元以上十万元以下的罚款；对其直接负责的主管人员和其他直接责任人员，可以处三千元以上五万元以下的罚款；属于国家工作人员的，还应当由其所在单位或者有关单位依法给予撤职直至开除的行政处分；对其中的会计人员，并由县级以上人民政府财政部门吊销会计资格证书。

第四十五条 授意、指使、强令会计机构、会计人员及其他人员伪造、变造会计凭证、会计账簿，编制虚假财务会计报告或者隐匿、故意销毁依法应当保存的会计凭证、会计账簿，财务会计报告，构成犯罪的，依法追究刑事责任；尚不构成犯罪的，可以处五千元以上五万元以下的罚款；属于国家工作人员的，还应当由其所在单位或者有关单位依法给予降级、撤职、开除的行政处分。

第四十六条　单位负责人对依法履行职责、抵制违反本法规定行为的会计人员降级、撤职、调离工作岗位、解聘或者开除等方式实行打击报复，构成犯罪的，依法追究刑事责任；尚不构成犯罪的，由其所在单位或者有关单位依法给予行政处分。对受打击报复的会计人员，应当恢复其名誉和原有职务、级别。

第四十七条　财政部门及有关行政部门的工作人员在实施管理中滥用职权、玩忽职守、徇私舞弊或者泄露国家秘密、商业秘密，构成犯罪的，依法追究刑事责任；尚不构成犯罪的，依法给予行政处分。

第四十八条　违反本法第三十条规定，将检举人姓名和检举材料转给被检举单位和被检举人个人的，由所在单位或者有关单位依法给予行政处分。

第四十九条　违反本法规定，同时违反其他法律规定的，由有关部门在各自职权范围内依法进行处罚。

第七章　附　则

第五十条　本法下列用语的含义：

单位负责人，是指单位法定代表人或者法律、行政法规规定代表单位行使职权的主要负责人。

国家统一的会计制度，是指国务院财政部门根据本法制定的关于会计核算、会计监督、会计机构和会计人员以及会计工作管理的制度。

第五十一条　个体工商户会计管理的具体办法，由国务院财政部门根据本法的原则另行规定。

第五十二条　本法自 2000 年 7 月 1 起施行。

事业单位财务规则

（财政部令第 68 号）

第一章 总 则

第一条 为了进一步规范事业单位的财务行为，加强事业单位财务管理和监督，提高资金使用效益，保障事业单位健康发展，制定本规则。

第二条 本规则适用于各级各类事业单位（以下简称事业单位）的财务活动。

第三条 事业单位财务管理的基本原则是：执行国家有关法律、法规和财务规章制度；坚持勤俭办事业的方针；正确处理事业发展需要和资金供给的关系，社会效益和经济效益的关系，国家、单位和个人三者利益的关系。

第四条 事业单位财务管理的主要任务是：合理编制单位预算，严格预算执行，完整、准确编制单位决算，真实反映单位财务状况；依法组织收入，努力节约支出；建立健全财务制度，加强经济核算，实施绩效评价，提高资金使用效益；加强资产管理，合理配置和有效利用资产，防止资产流失；加强对单位经济活动的财务控制和监督，防范财务风险。

第五条 事业单位的财务活动在单位负责人的领导下，由单位财务部门统一管理。

第二章 单位预算管理

第六条 事业单位预算是指事业单位根据事业发展目标和计划编制的年度财务收支计划。

事业单位预算由收入预算和支出预算组成。

第七条 国家对事业单位实行核定收支、定额或者定项补助、超支不补、结转和结余按规定使用的预算管理办法。

定额或者定项补助根据国家有关政策和财力可能，结合事业特点、事业发展目标和计划、事业单位收支及资产状况等确定。定额或者定项补助可以为零。

非财政补助收入大于支出较多的事业单位，可以实行收入上缴办法。具体办法由财政部门会同有关主管部门制定。

第八条 事业单位参考以前年度预算执行情况，根据预算年度的收入增减因素和措施，以及以前年度结转和结余情况，测算编制收入预算；根据事业发展需要与财力可能，测算编制支出预算。

事业单位预算应当自求收支平衡，不得编制赤字预算。

第九条 事业单位根据年度事业发展目标和计划以及预算编制的规定，提出预算建议数，经主管部门审核汇总报财政部门（一级预算单位直接报财政部门，下同）。事业单位根据财政部门下达的预算控制数编制预算,由主管部门审核汇总报财政部门,经法定程序审核批复后执行。

第十条 事业单位应当严格执行批准的预算。预算执行中,国家对财政补助收入和财政专户管理资金的预算一般不予调整。上级下达的事业计划有较大调整,或者根据国家有关政策增加或者减少支出,对预算执行影响较大时,事业单位应当报主管部门审核后报财政部门调整预算;财政补助收入和财政专户管理资金以外部分的预算需要调增或者调减的,由单位自行调整并报主管部门和财政部门备案。

收入预算调整后,相应调增或者调减支出预算。

第十一条 事业单位决算是指事业单位根据预算执行结果编制的年度报告。

第十二条 事业单位应当按照规定编制年度决算,由主管部门审核汇总后报财政部门审批。

第十三条 事业单位应当加强决算审核和分析,保证决算数据的真实、准确,规范决算管理工作。

第三章 收入管理

第十四条 收入是指事业单位为开展业务及其他活动依法取得的非偿还性资金。

第十五条 事业单位收入包括:

(一)财政补助收入,即事业单位从同级财政部门取得的各类财政拨款。

(二)事业收入,即事业单位开展专业业务活动及其辅助活动取得的收入。其中:按照国家有关规定应当上缴国库或者财政专户的资金,不计入事业收入;从财政专户核拨给事业单位的资金和经核准不上缴国库或者财政专户的资金,计入事业收入。

(三)上级补助收入,即事业单位从主管部门和上级单位取得的非财政补助收入。

(四)附属单位上缴收入,即事业单位附属独立核算单位按照有关规定上缴的收入。

(五)经营收入,即事业单位在专业业务活动及其辅助活动之外开展非独立核算经营活动取得的收入。

(六)其他收入,即本条上述规定范围以外的各项收入,包括投资收益、利息收入、捐赠收入等。

第十六条 事业单位应当将各项收入全部纳入单位预算,统一核算,统一管理。

第十七条 事业单位对按照规定上缴国库或者财政专户的资金,应当按照国库集中收缴的有关规定及时足额上缴,不得隐瞒、滞留、截留、挪用和坐支。

第四章 支出管理

第十八条 支出是指事业单位开展业务及其他活动发生的资金耗费和损失。

第十九条 事业单位支出包括:

(一)事业支出,即事业单位开展专业业务活动及其辅助活动发生的基本支出和项目支出。基本支出是指事业单位为了保障其正常运转、完成日常工作任务而发生的人员支出和公用支出。项目支出是指事业单位为了完成特定工作任务和事业发展目标,在基本支出之外所发生的支出。

（二）经营支出，即事业单位在专业业务活动及其辅助活动之外开展非独立核算经营活动发生的支出。

（三）对附属单位补助支出，即事业单位用财政补助收入之外的收入对附属单位补助发生的支出。

（四）上缴上级支出，即事业单位按照财政部门和主管部门的规定上缴上级单位的支出。

（五）其他支出，即本条上述规定范围以外的各项支出，包括利息支出、捐赠支出等。

第二十条 事业单位应当将各项支出全部纳入单位预算，建立健全支出管理制度。

第二十一条 事业单位的支出应当严格执行国家有关财务规章制度规定的开支范围及开支标准；国家有关财务规章制度没有统一规定的，由事业单位规定，报主管部门和财政部门备案。事业单位的规定违反法律制度和国家政策的，主管部门和财政部门应当责令改正。

第二十二条 事业单位在开展非独立核算经营活动中，应当正确归集实际发生的各项费用数；不能归集的，应当按照规定的比例合理分摊。

经营支出应当与经营收入配比。

第二十三条 事业单位从财政部门和主管部门取得的有指定项目和用途的专项资金，应当专款专用、单独核算，并按照规定向财政部门或者主管部门报送专项资金使用情况；项目完成后，应当报送专项资金支出决算和使用效果的书面报告，接受财政部门或者主管部门的检查、验收。

第二十四条 事业单位应当加强经济核算，可以根据开展业务活动及其他活动的实际需要，实行内部成本核算办法。

第二十五条 事业单位应当严格执行国库集中支付制度和政府采购制度等有关规定。

第二十六条 事业单位应当加强支出的绩效管理，提高资金使用的有效性。

第二十七条 事业单位应当依法加强各类票据管理，确保票据来源合法、内容真实、使用正确，不得使用虚假票据。

第五章 结转和结余管理

第二十八条 结转和结余是指事业单位年度收入与支出相抵后的余额。

结转资金是指当年预算已执行但未完成，或者因故未执行，下一年度需要按照原用途继续使用的资金。结余资金是指当年预算工作目标已完成，或者因故终止，当年剩余的资金。

经营收支结转和结余应当单独反映。

第二十九条 财政拨款结转和结余的管理，应当按照同级财政部门的规定执行。

第三十条 非财政拨款结转按照规定结转下一年度继续使用。非财政拨款结余可以按照国家有关规定提取职工福利基金，剩余部分作为事业基金用于弥补以后年度单位收支差额；国家另有规定的，从其规定。

第三十一条 事业单位应当加强事业基金的管理，遵循收支平衡的原则，统筹安排、合理使用，支出不得超出基金规模。

第六章　专用基金管理

第三十二条　专用基金是指事业单位按照规定提取或者设置的有专门用途的资金。

专用基金管理应当遵循先提后用、收支平衡、专款专用的原则，支出不得超出基金规模。

第三十三条　专用基金包括：

(一)修购基金，即按照事业收入和经营收入的一定比例提取，并按照规定在相应的购置和修缮科目中列支(各列50%)，以及按照其他规定转入，用于事业单位固定资产维修和购置的资金。事业收入和经营收入较少的事业单位可以不提取修购基金，实行固定资产折旧的事业单位不提取修购基金。

(二)职工福利基金，即按照非财政拨款结余的一定比例提取以及按照其他规定提取转入，用于单位职工的集体福利设施、集体福利待遇等的资金。

(三)其他基金，即按照其他有关规定提取或者设置的专用资金。

第三十四条　各项基金的提取比例和管理办法，国家有统一规定的，按照统一规定执行；没有统一规定的，由主管部门会同同级财政部门确定。

第七章　资产管理

第三十五条　资产是指事业单位占有或者使用的能以货币计量的经济资源，包括各种财产、债权和其他权利。

第三十六条　事业单位的资产包括流动资产、固定资产、在建工程、无形资产和对外投资等。

第三十七条　事业单位应当建立健全单位资产管理制度，加强和规范资产配置、使用和处置管理，维护资产安全完整，保障事业健康发展。

第三十八条　事业单位应当按照科学规范、从严控制、保障事业发展需要的原则合理配置资产。

第三十九条　流动资产是指可以在一年以内变现或者耗用的资产，包括现金、各种存款、零余额账户用款额度、应收及预付款项、存货等。

前款所称存货是指事业单位在开展业务活动及其他活动中为耗用而储存的资产，包括材料、燃料、包装物和低值易耗品等。

事业单位应当建立健全现金及各种存款的内部管理制度，对存货进行定期或者不定期的清查盘点，保证账实相符。对存货盘盈、盘亏应当及时处理。

第四十条　固定资产是指使用期限超过一年，单位价值在1 000元以上(其中：专用设备单位价值在1 500元以上)，并在使用过程中基本保持原有物质形态的资产。单位价值虽未达到规定标准，但是耐用时间在一年以上的大批同类物资，作为固定资产管理。

固定资产一般分为六类：房屋及构筑物；专用设备；通用设备；文物和陈列品；图书、档案；家具、用具、装具及动植物。行业事业单位的固定资产明细目录由国务院主管部门制定，报国务院财政部门备案。

第四十一条　事业单位应当对固定资产进行定期或者不定期的清查盘点。年度终了前应当进行一次全面清查盘点,保证账实相符。

第四十二条 在建工程是指已经发生必要支出,但尚未达到交付使用状态的建设工程。

在建工程达到交付使用状态时,应当按照规定办理工程竣工财务决算和资产交付使用。

第四十三条 无形资产是指不具有实物形态而能为使用者提供某种权利的资产,包括专利权、商标权、著作权、土地使用权、非专利技术、商誉以及其他财产权利。

事业单位转让无形资产,应当按照有关规定进行资产评估,取得的收入按照国家有关规定处理。事业单位取得无形资产发生的支出,应当计入事业支出。

第四十四条 对外投资是指事业单位依法利用货币资金、实物、无形资产等方式向其他单位的投资。

事业单位应当严格控制对外投资。在保证单位正常运转和事业发展的前提下,按照国家有关规定可以对外投资的,应当履行相关审批程序。事业单位不得使用财政拨款及其结余进行对外投资,不得从事股票、期货、基金、企业债券等投资,国家另有规定的除外。

事业单位以非货币性资产对外投资的,应当按照国家有关规定进行资产评估,合理确定资产价值。

第四十五条 事业单位资产处置应当遵循公开、公平、公正和竞争、择优的原则,严格履行相关审批程序。

事业单位出租、出借资产,应当按照国家有关规定经主管部门审核同意后报同级财政部门审批。

第四十六条 事业单位应当提高资产使用效率,按照国家有关规定实行资产共享、共用。

第八章 负债管理

第四十七条 负债是指事业单位所承担的能以货币计量,需要以资产或者劳务偿还的债务。

第四十八条 事业单位的负债包括借入款项、应付款项、暂存款项、应缴款项等。

应缴款项包括事业单位收取的应当上缴国库或者财政专户的资金、应缴税费,以及其他按照国家有关规定应当上缴的款项。

第四十九条 事业单位应当对不同性质的负债分类管理,及时清理并按照规定办理结算,保证各项负债在规定期限内归还。

第五十条 事业单位应当建立健全财务风险控制机制,规范和加强借入款项管理,严格执行审批程序,不得违反规定举借债务和提供担保。

第九章 事业单位清算

第五十一条 事业单位发生划转、撤销、合并、分立时,应当进行清算。

第五十二条 事业单位清算,应当在主管部门和财政部门的监督指导下,对单位的财产、债权、债务等进行全面清理,编制财产目录和债权、债务清单,提出财产作价依据和债权、债务处理办法,做好资产的移交、接收、划转和管理工作,并妥善处理各项遗留问题。

第五十三条 事业单位清算结束后,经主管部门审核并报财政部门批准,其资产分别按照下列办法处理：

（一）因隶属关系改变，成建制划转的事业单位，全部资产无偿移交，并相应划转经费指标。

（二）转为企业管理的事业单位，全部资产扣除负债后，转作国家资本金。需要进行资产评估的，按照国家有关规定执行。

（三）撤销的事业单位，全部资产由主管部门和财政部门核准处理。

（四）合并的事业单位，全部资产移交接收单位或者新组建单位，合并后多余的资产由主管部门和财政部门核准处理。

（五）分立的事业单位，资产按照有关规定移交分立后的事业单位，并相应划转经费指标。

第十章　财务报告和财务分析

第五十四条　财务报告是反映事业单位一定时期财务状况和事业成果的总结性书面文件。

事业单位应当定期向主管部门和财政部门以及其他有关的报表使用者提供财务报告。

第五十五条　事业单位报送的年度财务报告包括资产负债表、收入支出表、财政拨款收入支出表、固定资产投资决算报表等主表，有关附表以及财务情况说明书等。

第五十六条　财务情况说明书，主要说明事业单位收入及其支出、结转、结余及其分配、资产负债变动、对外投资、资产出租出借、资产处置、固定资产投资、绩效考评的情况，对本期或者下期财务状况发生重大影响的事项，以及需要说明的其他事项。

第五十七条　财务分析的内容包括预算编制与执行、资产使用、收入支出状况等。

财务分析的指标包括预算收入和支出完成率、人员支出与公用支出分别占事业支出的比率、人均基本支出、资产负债率等。主管部门和事业单位可以根据本单位的业务特点增加财务分析指标。

第十一章　财务监督

第五十八条　事业单位财务监督主要包括对预算管理、收入管理、支出管理、结转和结余管理、专用基金管理、资产管理、负债管理等的监督。

第五十九条　事业单位财务监督应当实行事前监督、事中监督、事后监督相结合，日常监督与专项监督相结合。

第六十条　事业单位应当建立健全内部控制制度、经济责任制度、财务信息披露制度等监督制度，依法公开财务信息。

第六十一条　事业单位应当依法接受主管部门和财政、审计部门的监督。

第十二章　附　则

第六十二条　事业单位基本建设投资的财务管理，应当执行本规则，但国家基本建设投资财务管理制度另有规定的，从其规定。

第六十三条　参照公务员法管理的事业单位财务制度的适用，由国务院财政部门另行规定。

第六十四条　接受国家经常性资助的社会力量举办的公益服务性组织和社会团体，依照本规则执行；其他社会力量举办的公益服务性组织和社会团体，可以参照本规则执行。

第六十五条　下列事业单位或者事业单位特定项目，执行企业财务制度，不执行本规则：

（一）纳入企业财务管理体系的事业单位和事业单位附属独立核算的生产经营单位；

（二）事业单位经营的接受外单位要求投资回报的项目；

（三）经主管部门和财政部门批准的具备条件的其他事业单位。

第六十六条　行业特点突出，需要制定行业事业单位财务管理制度的，由国务院财政部门会同有关主管部门根据本规则制定。

部分行业根据成本核算和绩效管理的需要，可以在行业事业单位财务管理制度中引入权责发生制。

第六十七条　省、自治区、直辖市人民政府财政部门可以根据本规则结合本地区实际情况制定事业单位具体财务管理办法。

第六十八条　本规则自2012年4月1日起施行。

附件：事业单位财务分析指标

事业单位财务分析指标

1.预算收入和支出完成率，衡量事业单位收入和支出总预算及分项预算完成的程度。计算公式为：

预算收入完成率＝年终执行数÷（年初预算数±年中预算调整数）×100％

年终执行数不含上年结转和结余收入数

预算支出完成率＝年终执行数÷（年初预算数±年中预算调整数）×100％

年终执行数不含上年结转和结余支出数

2.人员支出、公用支出占事业支出的比率，衡量事业单位事业支出结构。计算公式为：

人员支出比率＝人员支出÷事业支出×100％

公用支出比率＝公用支出÷事业支出×100％

3.人均基本支出，衡量事业单位按照实际在编人数平均的基本支出水平。计算公式为：

人均基本支出＝（基本支出－离退休人员支出）÷实际在编人数

4.资产负债率，衡量事业单位利用债权人提供资金开展业务活动的能力，以及反映债权人提供资金的安全保障程度。计算公式为：

资产负债率＝负债总额÷资产总额×100％

事业单位会计准则

(财政部令第72号)

第一章 总 则

第一条 为了规范事业单位的会计核算,保证会计信息质量,促进公益事业健康发展,根据《中华人民共和国会计法》等有关法律、行政法规,制定本准则。

第二条 本准则适用于各级各类事业单位。

第三条 事业单位会计制度、行业事业单位会计制度(以下统称会计制度)等,由财政部根据本准则制定。

第四条 事业单位会计核算的目标是向会计信息使用者提供与事业单位财务状况、事业成果、预算执行等有关的会计信息,反映事业单位受托责任的履行情况,有助于会计信息使用者进行社会管理、做出经济决策。

事业单位会计信息使用者包括政府及其有关部门、举办(上级)单位、债权人、事业单位自身和其他利益相关者。

第五条 事业单位应当对其自身发生的经济业务或者事项进行会计核算。

第六条 事业单位会计核算应当以事业单位各项业务活动持续正常地进行为前提。

第七条 事业单位应当划分会计期间,分期结算账目和编制财务会计报告(又称财务报告,下同)。

会计期间至少分为年度和月度。会计年度、月度等会计期间的起讫日期采用公历日期。

第八条 事业单位会计核算应当以人民币作为记账本位币。发生外币业务时,应当将有关外币金额折算为人民币金额计量。

第九条 事业单位会计核算一般采用收付实现制;部分经济业务或者事项采用权责发生制核算的,由财政部在会计制度中具体规定。

行业事业单位的会计核算采用权责发生制的,由财政部在相关会计制度中规定。

第十条 事业单位会计要素包括资产、负债、净资产、收入、支出或者费用。

第十一条 事业单位应当采用借贷记账法记账。

第二章 会计信息质量要求

第十二条 事业单位应当以实际发生的经济业务或者事项为依据进行会计核算,如实反映各项会计要素的情况和结果,保证会计信息真实可靠。

第十三条 事业单位应当将发生的各项经济业务或者事项统一纳入会计核算,确保会计信息能够全面反映事业单位的财务状况、事业成果、预算执行等情况。

第十四条 事业单位对于已经发生的经济业务或者事项，应当及时进行会计核算，不得提前或者延后。

第十五条 事业单位提供的会计信息应当具有可比性。

同一事业单位不同时期发生的相同或者相似的经济业务或者事项，应当采用一致的会计政策，不得随意变更。确需变更的，应当将变更的内容、理由和对单位财务状况及事业成果的影响在附注中予以说明。

同类事业单位中不同单位发生的相同或者相似的经济业务或者事项，应当采用统一的会计政策，确保同类单位会计信息口径一致，相互可比。

第十六条 事业单位提供的会计信息应当与事业单位受托责任履行情况的反映、会计信息使用者的管理、决策需要相关，有助于会计信息使用者对事业单位过去、现在或者未来的情况做出评价或者预测。

第十七条 事业单位提供的会计信息应当清晰明了，便于会计信息使用者理解和使用。

第三章 资 产

第十八条 资产是指事业单位占有或者使用的能以货币计量的经济资源，包括各种财产、债权和其他权利。

第十九条 事业单位的资产按照流动性，分为流动资产和非流动资产。

流动资产是指预计在1年内(含1年)变现或者耗用的资产。

非流动资产是指流动资产以外的资产。

第二十条 事业单位的流动资产包括货币资金、短期投资、应收及预付款项、存货等。

货币资金包括库存现金、银行存款、零余额账户用款额度等。

短期投资是指事业单位依法取得的，持有时间不超过1年(含1年)的投资。

应收及预付款项是指事业单位在开展业务活动中形成的各项债权，包括财政应返还额度、应收票据、应收账款、其他应收款等应收款项和预付账款。

存货是指事业单位在开展业务活动及其他活动中为耗用而储存的资产，包括材料、燃料、包装物和低值易耗品等。

第二十一条 事业单位的非流动资产包括长期投资、在建工程、固定资产、无形资产等。

长期投资是指事业单位依法取得的，持有时间超过1年(不含1年)的各种股权和债权性质的投资。

在建工程是指事业单位已经发生必要支出，但尚未完工交付使用的各种建筑(包括新建、改建、扩建、修缮等)和设备安装工程。

固定资产是指事业单位持有的使用期限超过1年(不含1年)，单位价值在规定标准以上，并在使用过程中基本保持原有物质形态的资产，包括房屋及构筑物、专用设备、通用设备等。单位价值虽未达到规定标准，但是耐用时间超过1年(不含1年)的大批同类物资，应当作为固定资产核算。

无形资产是指事业单位持有的没有实物形态的可辨认非货币性资产，包括专利权、商标权、著作权、土地使用权、非专利技术等。

第二十二条 事业单位的资产应当按照取得时的实际成本进行计量。除国家另有规定外,事业单位不得自行调整其账面价值。

应收及预付款项应当按照实际发生额计量。

以支付对价方式取得的资产,应当按照取得资产时支付的现金或者现金等价物的金额,或者按照取得资产时所付出的非货币性资产的评估价值等金额计量。

取得资产时没有支付对价的,其计量金额应当按照有关凭据注明的金额加上相关税费、运输费等确定;没有相关凭据的,其计量金额比照同类或类似资产的市场价格加上相关税费、运输费等确定;没有相关凭据、同类或类似资产的市场价格也无法可靠取得的,所取得的资产应当按照名义金额入账。

第二十三条 事业单位对固定资产计提折旧、对无形资产进行摊销的,由财政部在相关财务会计制度中规定。

第四章 负 债

第二十四条 负债是指事业单位所承担的能以货币计量,需要以资产或者劳务偿还的债务。

第二十五条 事业单位的负债按照流动性,分为流动负债和非流动负债。

流动负债是指预计在1年内(含1年)偿还的负债。

非流动负债是指流动负债以外的负债。

第二十六条 事业单位的流动负债包括短期借款、应付及预收款项、应付职工薪酬、应缴款项等。

短期借款是指事业单位借入的期限在1年内(含1年)的各种借款。

应付及预收款项是指事业单位在开展业务活动中发生的各项债务,包括应付票据、应付账款、其他应付款等应付款项和预收账款。

应付职工薪酬是指事业单位应付未付的职工工资、津贴补贴等。

应缴款项是指事业单位应缴未缴的各种款项,包括应当上缴国库或者财政专户的款项、应缴税费,以及其他按照国家有关规定应当上缴的款项。

第二十七条 事业单位的非流动负债包括长期借款、长期应付款等。

长期借款是指事业单位借入的期限超过1年(不含1年)的各种借款。

长期应付款是指事业单位发生的偿还期限超过1年(不含1年)的应付款项,主要指事业单位融资租入固定资产发生的应付租赁款。

第二十八条 事业单位的负债应当按照合同金额或实际发生额进行计量。

第五章 净资产

第二十九条 净资产是指事业单位资产扣除负债后的余额。

第三十条 事业单位的净资产包括事业基金、非流动资产基金、专用基金、财政补助结转结余、非财政补助结转结余等。

事业基金是指事业单位拥有的非限定用途的净资产,其来源主要为非财政补助结余扣除结余分配后滚存的金额。

非流动资产基金是指事业单位非流动资产占用的金额。

专用基金是指事业单位按规定提取或者设置的具有专门用途的净资产。

财政补助结转结余是指事业单位各项财政补助收入与其相关支出相抵后剩余滚存的、须按规定管理和使用的结转和结余资金。

非财政补助结转结余是指事业单位除财政补助收支以外的各项收入与各项支出相抵后的余额。其中，非财政补助结转是指事业单位除财政补助收支以外的各专项资金收入与其相关支出相抵后剩余滚存的、须按规定用途使用的结转资金；非财政补助结余是指事业单位除财政补助收支以外的各非专项资金收入与各非专项资金支出相抵后的余额。

第三十一条 事业基金、非流动资产基金、专用基金、财政补助结转结余、非财政补助结转结余等净资产项目应当分项列入资产负债表。

第六章 收 入

第三十二条 收入是指事业单位开展业务及其他活动依法取得的非偿还性资金。

第三十三条 事业单位的收入包括财政补助收入、事业收入、上级补助收入、附属单位上缴收入、经营收入和其他收入等。

财政补助收入是指事业单位从同级财政部门取得的各类财政拨款，包括基本支出补助和项目支出补助。

事业收入是指事业单位开展专业业务活动及其辅助活动取得的收入。其中：按照国家有关规定应当上缴国库或者财政专户的资金，不计入事业收入；从财政专户核拨给事业单位的资金和经核准不上缴国库或者财政专户的资金，计入事业收入。

上级补助收入是指事业单位从主管部门和上级单位取得的非财政补助收入。

附属单位上缴收入是指事业单位附属独立核算单位按照有关规定上缴的收入。

经营收入是指事业单位在专业业务活动及其辅助活动之外开展非独立核算经营活动取得的收入。

其他收入是指财政补助收入、事业收入、上级补助收入、附属单位上缴收入和经营收入以外的各项收入，包括投资收益、利息收入、捐赠收入等。

第三十四条 事业单位的收入一般应当在收到款项时予以确认，并按照实际收到的金额进行计量。

采用权责发生制确认的收入，应当在提供服务或者发出存货，同时收讫价款或者取得索取价款的凭据时予以确认，并按照实际收到的金额或者有关凭据注明的金额进行计量。

第七章 支出或者费用

第三十五条 支出或者费用是指事业单位开展业务及其他活动发生的资金耗费和损失。

第三十六条 事业单位的支出或者费用包括事业支出、对附属单位补助支出、上缴上级支出、经营支出和其他支出等。

事业支出是指事业单位开展专业业务活动及其辅助活动发生的基本支出和项目支出。

对附属单位补助支出是指事业单位用财政补助收入之外的收入对附属单位补助发生的

支出。

上缴上级支出是指事业单位按照财政部门和主管部门的规定上缴上级单位的支出。

经营支出是指事业单位在专业业务活动及其辅助活动之外开展非独立核算经营活动发生的支出。

其他支出是指事业支出、对附属单位补助支出、上缴上级支出和经营支出以外的各项支出,包括利息支出、捐赠支出等。

第三十七条 事业单位开展非独立核算经营活动的,应当正确归集开展经营活动发生的各项费用数;无法直接归集的,应当按照规定的标准或比例合理分摊。

事业单位的经营支出与经营收入应当配比。

第三十八条 事业单位的支出一般应当在实际支付时予以确认,并按照实际支付金额进行计量。

采用权责发生制确认的支出或者费用,应当在其发生时予以确认,并按照实际发生额进行计量。

第八章 财务会计报告

第三十九条 财务会计报告是反映事业单位某一特定日期的财务状况和某一会计期间的事业成果、预算执行等会计信息的文件。

第四十条 事业单位的财务会计报告包括财务报表和其他应当在财务会计报告中披露的相关信息和资料。

第四十一条 财务报表是对事业单位财务状况、事业成果、预算执行情况等的结构性表述。财务报表由会计报表及其附注构成。

会计报表至少应当包括下列组成部分:

(一)资产负债表;

(二)收入支出表或者收入费用表;

(三)财政补助收入支出表。

第四十二条 资产负债表是指反映事业单位在某一特定日期的财务状况的报表。

资产负债表应当按照资产、负债和净资产分类列示。资产和负债应当分别流动资产和非流动资产、流动负债和非流动负债列示。

第四十三条 收入支出表或者收入费用表是指反映事业单位在某一会计期间的事业成果及其分配情况的报表。

收入支出表或者收入费用表应当按照收入、支出或者费用的构成和非财政补助结余分配情况分项列示。

第四十四条 财政补助收入支出表是指反映事业单位在某一会计期间财政补助收入、支出、结转及结余情况的报表。

第四十五条 附注是指对在会计报表中列示项目的文字描述或明细资料,以及对未能在会计报表中列示项目的说明等。

附注至少应当包括下列内容:

(一)遵循事业单位会计准则、事业单位会计制度(行业事业单位会计制度)的声明;

(二)会计报表中列示的重要项目的进一步说明,包括其主要构成、增减变动情况等;

(三)有助于理解和分析会计报表需要说明的其他事项。

第四十六条 事业单位财务报表应当根据登记完整、核对无误的账簿记录和其他有关资料编制,做到数字真实、计算准确、内容完整、报送及时。

第九章 附 则

第四十七条 纳入企业财务管理体系的事业单位执行企业会计准则或小企业会计准则。

第四十八条 参照公务员法管理的事业单位对本准则的适用,由财政部另行规定。

第四十九条 本准则自 2013 年 1 月 1 日起施行。1997 年 5 月 28 日财政部印发的《事业单位会计准则(试行)》(财预字〔1997〕286 号)同时废止。

关于修改重印《国有建设单位会计制度》的通知

(财会字〔1995〕45 号)

国务院有关部门、各省、自治区、直辖市、计划单列市财政厅(局):

我部(86)财会字第 75 号文印发的《国营建设单位会计制度——会计科目和会计表》,自 1987 年 1 月 1 日起施行以来,随着投资体制、财税体制和财务制度的变化,曾作了多次修改和补充,修改和补充的内容,有的已专门发过文件,有的已在历年基建决算计报表编报办法中作过规定。为了便于建设单位财会人员学习,更好地贯彻执行建设单位计制度,我部将 1986 年制定的建设单位会计制度作了统一的修改和补充,重新印发给你们,请转发所属建设单位,自 1996 年 1 月 1 日起施行。

附件:国有建设单位会计制度

财政部

1995 年 10 月 4 日

附件:

国有建设单位会计制度

一、总说明

1. 本制度适用于中华人民共和国境内的实行独立核算的国有建设单位,包括当年虽未安排基本建设投资,但有维护费拨款、基本建设结余资金和在建工程的停、缓建单位。

凡是符合规定条件,并报主管财政机关审核批准,建设单位财务会计与生产企业财务会计已经合并的,不再执行本制度,应执行相应行业的企业会计制度。

2. 各省、自治区、直辖市财政部门在符合本制度统一要求的原则下,可以结合本地区的具体情况,对本制度作必要的补充,并报财政部备案。国务院主管部门根据本制度,对其直属建设单位所作的补充规定,也应报财政部备案。

3. 建设单位应根据本制度规定和各省、自治区、直辖市财政部门、国务院主管部门的补充规定,设置和使用会计科目。

本制度规定的总账科目,建设单位在不违反概(预)算和财务制度等规定,不影响会计核算的要求和会计报表指标汇总的前提下,可以根据实际情况,作必要的增加、减少和合并。

对明细科目的设置,除本制度已有规定外,建设单位在不违反财务制度规定和会计核算要求的前提下,可以根据需要,自行规定。

本制度统一规定会计科目的编号,以便于编制会计凭证、登记账簿、查阅账目,实行会计电算化。各建设单位不要随意改变或打乱重编。在某些会计科目之间留有空号,供增设会计科目之用。

建设单位在填制会计凭证、登记账簿时,应填列会计科目的名称,或者同时填列会计科目的名称和编号,不能只填科目编号,不填科目名称。

4. 建设单位对外报送的财务会计报表的具体格式和编制说明,由本制度规定;建设单位内部管理需要的财务会计报表由建设单位自行规定。

基层建设单位会计报表的报送时间,由国务院各主管部门和各省、自治区、直辖市财政部门自行规定。

财务会计报表的填列以人民币"元"为金额单位,"元"以下填至"分"。

向外报出的财务会计报表应依次编定页数,加具封面,装订成册,加盖公章。封面上应注明:建设单位名称、地址、报表所属年度、月份、送出日期等。并由单位领导、总会计师(或代行总会计师职权的人员)和会计主管人员签名或盖章。

5. 建设单位的财务会计报表应报送当地财税机关、开户银行和主管部门。其他需要报送的单位,由各级财政部门或主管部门规定。

同时有中央和地方两级财政预算拨款的建设单位,应按项目隶属关系将会计报表主送上级主管部门,并同时抄送拨出款项的其他部门。

国内合资建设的基建项目,应按项目隶属关系将会计报表主送上级主管部门,同时抄送拨出款项的其他部门。各部门、各地区在汇编会计报表时,应分别汇总各自投资部分,所投资金完成的交付使用资产和各项投资支出以及各种结余资金,均按投资比例计算确定。

中央主管部门对地方项目的补助性投资,划转预算的,由地方项目统一编报会计报表;不划转预算的,仍应由中央主管部门编报会计报表。

6.本制度由中华人民共和国财政部负责解释,需要变更时,由财政部修订。

二、会计科目

(一)会计科目表

序号	编号	资金占用类科目
1	101	建筑安装工程投资
2	102	设备投资
3	103	待摊投资
4	104	其他投资
5	111	交付使用资产
6	121	应收生产单位投资借款
7	201	固定资产
8	202	累计折旧
9	203	固定资产清理
10	211	器材采购
11	212	采购保管费
12	213	库存设备
13	214	库存材料
14	218	材料成本差异
15	219	委托加工器材
16	231	限额存款
17	232	银行存款
18	233	现金
19	241	预付备料款
20	242	预付工程款
21	251	应收有偿调出器材及工程款
22	252	其他应收款
23	253	应收票据
24	261	拨付所属投资借款
25	271	待处理财产损失

续表

序号	编号	资金占用类科目
26	281	有价证券
27	301	基建拨款
28	302	联营拨款
29	303	企业债券资金
30	304	基建投资借款
31	305	上级拨入投资借款
32	306	其他借款
33	311	待冲基建支出
34	321	上级拨入资金
35	331	应付器材款
36	332	应付工程款
37	341	应付工资
38	342	应付福利费
39	351	应付有偿调入器材及工程款
40	352	其他应付款
41	353	应付票据
42	361	应交税金
43	362	应交基建包干节余
44	363	应交基建收入
45	364	其他应交款
46	401	留成收入

附注：

1. 上列会计科目，建设单位没有业务事项的，可以不设。

2. 建设单位可以根据实际需要，增删下列会计科目：

(1)个别大型自营建设单位，可以增设“221 工程施工”、“223 施工管理费”、“225 待摊费用”、“215 低值易耗品”、“216 周转材料”、“217 临时设施”等有关科目，并将“库存材料”科目按照主要材料、结构件、其他材料等类别设置总账科目进行核算。

(2)经批准的停、缓建单位，可在“基建拨款”科目下设置“本年维护费拨款”明细科目。实行停、缓建维护费贷款办法的停、缓建单位,可设置“307 停缓建维护费借款”科目。实行生产自立的缓建单位,可以增设“222 自立生产支出”、“402 自立生产收入”等科目,并在“其他借款”科目下,增设“自立生产借款”明细科目。

(3)采用实际成本进行材料日常核算的建设单位,可以不设“材料成本差异”科目。

(二)会计科目使用说明

第 101 号科目 建筑安装工程投资

1.本科目核算建设单位发生的构成基本建设实际支出的建筑工程和安装工程的实际成本。不包括被安装设备本身的价值及按照合同规定付给施工企业的预付备料款和预付工程款。

建筑工程包括:

(1)各种房屋(如厂房、仓库、办公室、住宅、商店、学校、俱乐部、食堂、车库、招待所等)和建筑物(如烟囱、水塔、水池等),包括列入房屋工程预算内的暖气、卫生、通风、照明、煤气、消防等设备的价值及其装设油饰工程,列入建筑工程预算内的各种管道(如蒸气、压缩空气、石油、给水及排水等管道)、电力、电讯、电缆导线的敷设工程。

(2)设备的基础、支柱、工作台、梯子等建筑工程,炼铁炉、炼焦炉、蒸气炉等各种窑炉的砌筑工程,金属结构工程。

(3) 为施工而进行的建筑场地布置,原有建筑物和障碍物的拆除,土地平整、设计中规定为施工而进行的工程地质勘探,以及工程完工后建筑场地的清理和绿化工作等。

(4)矿井开凿工程,露天矿剥离工程,石油、天然气钻井工程(不包括生产矿山用生产费用进行的矿井、坑道的整理延伸与探矿工程),以及铁路、公路、桥梁等工程。

(5)水利工程,如水库、堤坝、灌渠等工程。

(6)防空、地下建筑等特殊工程。

安装工程包括:

(1)生产、动力、起重、运输、传动和医疗、实验等各种需要安装设备的装配、装置工程,与设备相连的工作台、梯子、栏杆的装设工程,被安装设备的绝缘、防腐、保温、油漆等工程。

(2)为测定安装工程质量,对单体设备、系统设备进行单机试运行和系统联动无负荷试运行工作(投料试运行工作不包括在内)。

2.建设单位根据施工企业提出的“工程价款结算账单”承付的工程价款,借记本科目,贷记“应付工程款”科目;将预付的备料款和工程款扣减应付工程款,借记“应付工程款”科目,贷记“预付备料款”、“预付工程款”科目。上项业务,也可以合并为借记本科目,贷记“预付备料款”、“预付工程款”和“应付工程款”科目;施工企业列入“工程价款结算账单”随同工程价款一并结算的临时设施包干费和施工机构转移费等,不属于建筑安装工程投资的范围,应分别计入其他有关投资科目,不在本科目核算。

建设单位自行施工的小型工程,发生的各项支出,可以直接在本科目核算,借记本科目,贷记“库存材料”、“银行存款”、“限额存款”、“现金”、“应付工资”、“基建投资借款”等科目。发生需要分摊的施工管理费,可在本科目下设置“施工管理费明细科目进行核算,月终再分摊计入核算对象。

3.工程竣工,办妥竣工验收交接手续交付使用单位时,借记“交付使用资产”科目,贷记本科目。经批准的报废工程,借记“待摊投资”科目,贷记本科目。

建设单位按规定报经上级批准有偿移交给其他单位继续施工的未完成工程,借记“应收有偿调出器材及工程款”科目,贷记本科目。

4.本科目应设置“建设工程投资”和“安装工程投资”两个明细科目,并按单项工程和单位工程进行明细核算。有预收下年预算拨款的建设单位,用预收下年度预算拨款完成的建筑安装工程投资,应单独进行明细核算。

第102号科目 设备投资

1.本科目核算建设单位发生的构成基本建设实际支出的各种设备的实际成本,包括交付安装的需要安装设备、不需要安装设备和为生产准备的不够固定资产标准的工具、器具的实际成本。

需要安装设备是指必须将其整体或几个部位装配起来,安装在基础上或建筑物支架上才能使用的设备。如轧钢机、发电机、蒸气锅炉、变压器、各种机泵、机床等。有的虽不要基础,但必须进行组装工作,并在一定范围内使用的,如生产用电铲、塔式吊、门式吊、皮带运输机等也包括在内。

不需要安装设备,是指不必固定在一定位置或支架上就可以使用的各种设备,如电焊机、汽车、机车、飞机、船舶及生产上流动使用的空压机、泵等。

工具器具是指生产和维修用的各种工具,试验室、化验室用的计量、分析、保温、烘干用的各种仪器,机械厂翻砂用的模型、锻模、热处理箱、工具台等。

2.按照有关规定,需要安装设备必须符合以下三个条件,才能作为“正式开始安装”,计算基本建设实际支出:(1)设备的基础和支架已经完成;(2)安装设备所必需的图纸资料已经具备;(3)设备已经运到安装现场,开箱检验完毕,吊装就位,并继续进行安装。需要安装设备领用出库交付安装时,根据设备出库凭证,借记本科目,贷记“库存设备 ”科目。年终时,应对领用出库的设备进行清查,凡不符合上述三个条件的设备,应办理假退库手续,用红字借记本科目,贷记“库存设备”科目;下年度开始时,再用蓝字重作同样的分录,登记入账。

按照有关规定,不需要安装的设备和工具,器具到达建设单位仓库(或指定地点),并经验收合格,就可计算基本建设实际支出,根据设备入库凭证,按照设备的实际成本,借记本科目,贷记“器材采购”科目。如果购入的不需要安装设备和工具、器具直接交付使用单位时,也应通过本科目核算,视同入库,借记本科目,贷记“器材采购”科目;并同时办理出库手续,借记“交付使用资产”科目,贷记本科目。

需要安装的设备安装完毕,试车合格后,应办理竣工验收交接手续,交付使用单位,借记“交付使用资产”科目,贷记本科目。不需要安装设备和工具、器具交付使用时,根据设备出库凭证,借记“交付使用资产”科目,贷记本科目。上述两项业务,如用基建投资借款完成的,应同时借记“应收生产单位投资借款”科目,贷记“待冲基建支出”科目。

3.本科目应设置“在安装设备”、“不需要安装设备”和“工具及器具”三个明细科目,并按单项工程和设备、工具、器具的类别、品名、规格等进行明细核算。用预收下年度预算拨款完成的设备投资,应单独进行明细核算。

第103号 待摊投资

1.本科目核算建设单位发生的构成基本建设实际支出的、按照规定应当分摊计入交付使用资产成本的各项费用支出。

2.本科目应设置以下明细科目：

(1)建设单位管理费：核算经批准单独设置管理机构的建设单位所发生的管理费用。一般包括工作人员工资、工资附加费、劳保支出、办公费、差旅交通费、劳动保护费、工具用具使用费、固定资产使用费、零星固定资产购置费、招募生产工人费、技术图书资料、印花税和其他管理性质的开支。

(2)土地征用及迁移补偿费：核算通过划拨方式取得无限期的土地使用权而支付的土地补偿费、附着物和青苗补偿费、安置补偿费以及土地征收管理费等，以及行政事业单位的建设项目通过出让方式取得土地使用权而支付的出让金。非行政事业单位建设项目通过出让方式取得有限期的土地使用权而支付的出让金，作为无形资产在“其他投资”科目核算，不在本科目核算。

(3)勘察设计费：核算自行或委托勘察设计单位进行工程水文地质勘查、设计所发生的各项费用。

(4)研究试验费：核算为本建设项目提供或验证设计数据、资料进行必要的研究试验，按照设计规定在施工过程中必须进行试验所发生的费用。不包括应由科技三项费用开支的费用和应在间接费用列支的施工企业对建筑材料、构件和建筑物进行一般鉴定、检查所发生的费用及技术革新的研究试验费，以及应由勘察设计费、勘察设计单位的事业费或基本建设投资中开支的项目(费用)。

(5)可行性研究费：核算在建设前期所发生的按规定应计入交付使用资产成本的可行性研究费用。为进行可行性研究而购置的固定资产，应在“其他投资”科目中核算，不在本科目核算。

(6)临时设施费：核算按照规定拨付给施工企业的临时设施包干费，以及建设单位自行施工所发生的临时设施实际支出。临时设施费的内容按规定包括：临时设施的搭设、维修、拆除费或摊销费，以及施工期间专用公路养护费、维修费。

(7)设备检验费：核算按照规定付给商品检验部门的进口成套设备检验费。建设单位对进口成套设备自行组织检验所发生的费用，应列入采购保管费，不在本科目核算。

(8)延期付款利息：核算按规定对进口成套设备采取分期付款的办法所支付的利息。

(9)负荷联合试车费：核算单项工程(车间)在交工验收以前进行的负荷联合试车亏损(即全部试车费减去试车产品销售收入和其他收入后的差额)。单机试运或系统联动无负荷试运所发生的费用，应在“建筑安装工程投资”科目核算，不在本科目核算。

(10)包干节余：核算实行基本建设投资包干责任制的建设单位实现的按规定应计入交付使用资产价值的包干节余。

(11)坏账损失：核算建设单位按规定程序报经批准确实无法收回的预付及应收款项，报经批准后，应按批准数额，借记本科目，贷记“预付工程款”、“其他应收款”等科目。

(12)借款利息：核算建设单位借入的基建投资借款和周转借款所发生的按规定应计入交付使用资产价值的借款利息。使用部门统借统还基建基金借款发生的资金占用费也在本科目核算。

在建设期内发生的借款利息和资金占用费,借记本科目,贷记“基建投资借款”、“其他借款”等科目。建设期的借款利息,应按规定全部分摊计入交付使用资产价值。

建设项目建成投产后还款期间发生的利息,不在本科目核算,而应直接借记“应收生产单位投资借款”科目,贷记“基建投资借款”科目;接到生产单位偿还借款通知时,借记“基建投资借款”科目,贷记“应收生产单位投资借款”科目。

建设单位支用的借款未按规定用途使用,挤占挪用部分的罚息支出和不按期归还借款而加付的利息,按规定应由建设单位留成收入支付,不在本科目核算。

建设单位实现的贷转存利息收入,应冲减待摊投资,借记“银行存款”科目,贷记本科目。

(13)合同公证及工程质量监测费:核算建设单位按规定支付的合同公证费和工程质量监测费。

(14)企业债券利息:核算建设单位使用企业债券资金所发生的按规定应计入工程成本的债券利息。

按规定应计入工程成本的企业债券利息,借记本科目,贷记“企业债券资金”科目。建设单位将企业债券资金存入银行所取得的存款利息收入,按规定应冲减工程成本,借记“银行存款”科目,贷记本科目。

(15)土地使用税:核算建设单位在建设期间按规定交纳的土地使用税。按规定计算应交纳的土地使用税,借记本科目,贷记“应交税金”科目。

(16)汇兑损益:核算建设单位使用国外借款所发生的按规定应计入交付使用资产成本的各种汇兑损益。

建设单位发生外币业务时,应当将有关外币金额折合为人民币记账。所有外币账户,均采用业务发生时的市场汇价作为折合汇率,也可以采用业务发生当期期初的市场汇价作为折合汇率。

年度终了或在办理建设项目竣工决算时,建设单位应将各种外币账户的外币期末余额,按照期末市场汇价折合为人民币金额。按照期末市场汇价折合的人民币金额与原账面人民币金额之间的差额,作为汇兑损益,记入本科目。如为汇兑损失即借记本科目,贷记“基建投资借款”科目;如果是汇兑收益,作相反分录。

建设单位实际发生的汇兑损益,应在建设项目或单项工程竣工交付时,分摊计入交付使用资产价值,借记“交付使用资产”科目,贷记本科目。

(17)国外借款手续费及承诺费:核算建设单位使用国外借款所发生的按规定计入交付使用资产成本的国外借款手续费和承诺费等。

(18)施工机构转移费:核算按规定应付给施工企业因成建制地调来承担施工任务而发生的一次性搬迁费用。

(19)报废工程损失:核算由于自然灾害、管理不善、设计方案变更等原因造成工程报废所发生的扣除残值后的净损失。

经批准的报废工程损失,借记本科目,贷记“建筑安装工程投资”、“设备投资”等科目;报废工程回收的设备材料估价入账,借记“库存设备”、“库存材料”科目,贷记本科目。

(20)耕地占用税:核算建设单位按规定交纳的耕地占用税。按规定计算应交的耕地占用税,借记本科目,贷记“应交税金”科目。

(21)土地复垦及补偿费:核算建设单位在基本建设过程中发生的土地复垦费用和土地损

失补偿费用。

(22)投资方向调节税:核算建设单位按规定交纳的投资方向调节税。按规定计算应交的投资方向调节税,借记本科目,贷记“应交税金”科目。

(23)固定资产损失:核算清理固定资产的净损失以及经批准转账的固定资产的盘亏减盘盈后的净损失。固定资产清理后的净损失,借记本科目,贷记“固定资产清理”科目。盘亏的固定资产转账时,借记本科目,贷记“待处理财产损失”科目;盘盈的固定资产转账时,借记“待处理财产损失”科目,贷记本科目。

(24)器材处理亏损:核算处理积压器材所发生的亏损。处理器材时,将取得的价款收入,借记“银行存款”等科目,将发生的亏损,借记本科目,将器材的实际成本,贷记“库存设备”、“库存材料”科目,采用计划成本核算材料的建设单位,还应同时结转材料成本差异。自用积压物资的修理改制费用,也在本科目核算,发生时,借记本科目,贷记“限额存款”、“银行存款”、“基建投资借款”等科目。

(25)设备盘亏及毁损:核算建设单位发生的设备盘亏减盘盈后的净损失和设备毁损。发生的设备盘盈、盘亏及毁损,应先通过“待处理财产损失”科目核算,待报经批准后,盘亏及毁损的设备,借记本科目,贷记“待处理财产损失”科目;盘盈设备,借记“待处理财产损失”科目,贷记本科目。

(26)调整器材调拨价格折价:核算按规定调整器材调拨价格所发生的折价。发生折价时,借记本科目,贷记“库存设备”、“库存材料”科目,采用计划成本核算材料的建设单位,同时还应结转材料成本差异。调整器材调拨价格的溢价,借记“库存设备”、“材料成本差异”科目,贷记本科目。

(27)企业债券发行费用:核算筹措债券资金而发生的债券发行费用,包括支付给银行的代理发行手续费和债券的设计、印刷等费用。

建设单位支付给银行的代理发行手续费,应区别不同情况进行账务处理:如果发行手续费是由银行或企业从发行债券资金中直接扣收的,按实际收到的货币资金,借记“银行存款”科目,按扣收的手续费,借记本科目,按发行债券的实际数额,贷记“企业债券资金”科目;如果代理发行手续费是由建设单位直接支付的,建设单位在直接支付款项时,借记本科目,贷记“银行存款”科目。

建设单位支付的债券设计、印刷等费用,借记本科目,贷记“银行存款”科目。如果上述费用是由生产企业支付的,建设单位在接到生产企业转来的有关账单凭证时,借记本科目,贷记“企业债券资金”科目。

(28)其他待摊投资:核算建设单位发生的除上述各种待摊投资以外的其他应计入交付使用资产价值的待摊投资,如国外设计及技术资料费、出国联络费、外国技术人员费、编外人员生产费、停缓建维护费、商业网点费、供电贴费和发生的器材非常损失等。

3.建设单位发生上述各种费用性支出,借记本科目,贷记“限额存款”、“银行存款”、“现金”、“基建投资借款”等科目。上述各种待摊投资,应在工程竣工交付时,按照交付使用资产和在建工程的比例进行分摊,借记“交付使用资产”科目,贷记本科目。

4.本科目应按上述明细科目进行明细核算,其中有些费用(如建设单位管理费等),还应按费用项目进行明细核算。用预收下年度预算拨款完成的待摊投资,应单独进行明细核算。

第 104 号科目　其他投资

1. 本科目核算建设单位发生的构成基本建设实际支出的房屋购置和基本畜禽、林木等购置、饲养、培育支出以及取得各种无形资产和递延资产发生的支出。

役畜、新建单位办公生活用家具、器具购置以及为进行可行性研究而购置的固定资产，也在本科目内核算。

房屋购置，是指建设单位购置的在建设期间使用的办公用房屋和为生产使用部门购置的各种现成房屋。

农林建设单位的基本畜禽购置，是指新建农场外购的大牲畜（如种畜等）、各种禽类（如鸡群、鸭群等）。老农场自繁自养或外购补充的基本畜禽支出应按农业企业会计制度进行核算，不在本科目核算。

基本畜禽支出一般包括：

(1)基本畜禽购置费用；

(2)基本畜禽在移交生产单位前所发生的各种饲养费用。

农林建设单位的林木支出，是指各种经济林木的造林费用。一般包括：整地、种植和幼林抚育等支出。

无形资产是指建设单位取得的各种无形资产，包括经营性建设项目通过出让方式购置的土地使用权以及建设单位购买的专利权和专有技术等。

递延资产是指建设单位建设期间发生的不计入工程成本而应单独结转生产使用单位的各项递延费用，包括生产职工培训费、样品样机购置费、农业开荒费用等。

2. 发生上述各项投资支出，借记本科目，贷记“限额存款”、“银行存款”、“基建投资借款”等科目。房屋、基本畜禽、林木等各种财产以及无形资产、递延资产交付或结转生产、使用单位时，借记“交付使用资产”科目，贷记本科目。实行基本建设投资借款的建设单位，还应同时借记“应收生产单位投资借款”科目，贷记“待冲基建支出”科目。

3. 本科目应设置“房屋购置”、“基本畜禽支出”、“林木支出”、“办公生活用家具、器具购置”、“可行性研究固定资产购置”、“无形资产”和“递延资产”明细科目，并再按资产类别进行明细核算。用预收下年度预算拨款完成的其他投资，应单独进行明细核算。

第 111 号科目　交付使用资产

1. 本科目核算建设单位已经完成购置、建造过程，并已交付或结转给生产、使用单位的各项资产，包括固定资产、为生产准备的不够固定资产标准的工具、器具、家具等流动资产、无形资产和递延资产的实际成本。

建设单位用基建投资购建的在建设期间自用的固定资产，也通过本科目核算。

2. 工程竣工后，必须按照有关规定编制竣工决算，办妥竣工验收和资产交接手续，才能作为交付使用资产入账。建设单位在办理竣工验收和资产交接手续工作以前，必须根据“建筑安装工程投资”、“设备投资”、“其他投资”和“待摊投资”等科目的明细记录，计算交付使用资产的实际成本，编制交付使用资产明细表等竣工决算附件，经交接双方签证后，其中一份由使用单位作为资产入账依据，另一份由建设单位作为本科目的记账依据。

3. 交付使用资产成本，应按下列内容计算：

(1)房屋、建筑物、管道、线路等固定资产的成本，包括：建筑工程成本、应分摊的待摊投资。

(2)动力设备和生产设备等固定资产的成本,包括:需要安装设备的采购成本;安装工程成本;设备基础、支柱等建筑工程成本或砌筑锅炉及各种特殊炉的建筑工程成本;应分摊的待摊投资。

(3)运输设备及其他不需要安装设备、工具、器具、家具等固定资产和流动资产的成本,一般仅计算采购成本,不分摊待摊投资。

(4)无形资产和递延资产的成本,一般按取得或发生时的实际成本计算,不分摊待摊投资。

4.已经办理交接手续的交付使用资产,借记本科目,贷记"建筑安装工程投资"、"设备投资"、"其他投资"和"待摊投资"等科目。实行投资借款的建设单位,还应同时借记"应收生产单位投资借款"科目,贷记"待冲基建支出"科目,并通知生产单位转账。

5.实行财政贴息办法的建设单位,工程竣工经验收交付使用时,根据交付使用资产成本,借记本科目,贷记"建筑安装工程投资"、"设备投资"、"其他投资"和"待摊投资"科目;同时,应根据交付使用资产成本扣减财政贴息数后的差额,借记"应收生产单位投资借款"科目,贷记"待冲基建支出"科目(即结转的应收生产单位投资借款不应包括计入资产成本的财政贴息数,但转给生产单位的交付使用资产的价值为工程的全部成本,即包括银行计收的应由财政贴息的借款利息数)。

6.本科目应设置"固定资产"、"流动资产"、"无形资产"和"递延资产"明细科目,按资产类别和名称进行明细核算。用预收下年度预算拨款完成的交付使用资产,应单独进行明细核算。

7.本科目的年末余额应在下年年初建立新账时,全数冲转。使用基建拨款形成的交付使用资产,冲转"基建拨款——以前年度拨款"科目;使用联营拨款形成的交付使用资产,冲转"联营拨款"科目;使用投资借款形成的交付使用资产(实行财政贴息办法的建设单位,用投资借款形成的交付使用资产,还应扣减财政贴息数),冲转"待冲基建支出"科目;使用企业债券资金形成的交付使用资产,冲转"企业债券资金"科目。使用多种投资的建设单位完成的交付使用资产,能分清投资来源的,分别按上述方法进行冲转;分不清投资来源的,按实际投资比例计算结转。

第121号科目　应收生产单位投资借款

1.本科目是实行投资借款建设单位的专用科目,核算建设单位应向生产单位收回的用基建投资借款购建并交付使用的资产价值。

2.建设单位将购建完成的资产,交付生产单位使用时,借记本科目,贷记"待冲基建支出"科目,同时借记"交付使用资产"科目,贷记"建筑安装工程投资"、"设备投资"、"其他投资"、"待摊投资"科目。收到生产单位归还的基建投资借款通知,借记"基建投资借款"科目,贷记本科目。

3.建设单位用基建收入和投资包干节余偿还基建投资借款时,借记"基建投资借款"科目,贷记本科目;同时,借记"应交基建收入"、"应交基建包干节余"科目,贷记"银行存款"科目,并通知生产单位转账。

第201号科目　固定资产

1.本科目核算建设单位在建设过程中自用的各种固定资产原价。建设单位按基建计划用基建投资购建完成交付生产使用单位的已完工程(如宿舍、办公楼、汽车等),在未移交以前,因筹建工作需要,经批准暂时使用的,不作为建设单位的固定资产,不在本科目核算。

2. 建设单位用基建投资购建的自用固定资产,应通过“建筑安装工程投资”、“设备投资”、“其他投资”、“待摊投资”等科目核算。购建完成交付本单位使用时,借记“交付使用资产”科目,贷记“建筑安装工程投资”、“设备投资”、“其他投资”、“待摊投资”科目;同时,借记本科目,贷记“交付使用资产”科目。

建设单位用留成收入购建的自用固定资产,借记本科目,贷记“银行存款”科目。

主管部门或生产企业无偿调拨给建设单位的固定资产,借记本科目(调出单位账面原值),贷记“上级拨入资金”科目(净值)和“累计折旧”科目(调出单位已提折旧)。

盘盈的固定资产,借记本科目(重置完全价值),贷记“累计折旧”科目(估计折旧)和“待处理财产损失”科目(净值);按规定程序报经批准转账时,借记“待处理财产损失”科目,贷记“待摊投资——固定资产损失”科目。

3. 建设单位对于报废和毁损等原因减少的固定资产,应按减少的固定资产净值,借记“固定资产清理”科目,按累计折旧,借记“累计折旧”科目,按固定资产原价,贷记本科目。

盘亏的固定资产,借记“累计折旧”科目(已提折旧)和借记“待处理财产损失”科目(净值),贷记本科目(账面原值)。按规定程序报经批准转账时,借记“待摊投资——固定资产损失”科目,贷记“待处理财产损失”科目。

4. 本科目应按固定资产的类别和名称进行明细核算。

第 202 号科目　累计折旧

1. 本科目核算建设单位在建设期间自用固定资产的累计折旧。

2. 固定资产折旧,一般应根据核定的月折旧率和月初在用固定资产的账面原值,按月计算。月份内投入使用的固定资产当月不计折旧,从下月起计算折旧;月份内停止使用的固定资产,当月照计折旧,从下月起停止计提折旧。

固定资产提足折旧后,不管能否继续使用,均不再提取折旧;提前报废的固定资产不补提折旧,其净损失列作待摊投资。

3. 按月计提的固定资产折旧,借记“待摊投资——建设单位管理费”科目,贷记本科目。

4. 本科目应按固定资产的类别设置相应的明细科目。

第 203 号科目　固定资产清理

1. 本科目核算建设单位因报废、毁损等原因转入清理的固定资产净值及其在清理中所发生的清理费用和清理收入。

2. 报废和毁损的固定资产转入清理时,应按固定资产原价减去累计折旧后的差额,借记本科目,按已提折旧,借记“累计折旧”科目,按固定资产原价,贷记“固定资产”科目。

清理固定资产过程中发生的费用,借记本科目,贷记“银行存款”等科目;收回的残料价值和变价收入等,借记“银行存款”、“库存材料”等科目,贷记本科目;应由保险公司或过失人赔偿的损失,借记“其他应收款”、“银行存款”等科目,贷记本科目。

固定资产清理后的净收益,借记本科目,贷记“待摊投资—固定资产损失”科目;固定资产清理后的净损失,借记“待摊投资—固定资产损失”科目,贷记本科目。

3. 本科目应按被清理的固定资产设置明细账。

第211号科目　器材采购

1.本科目核算建设单位购入各种设备和材料的采购成本。

委托外单位加工的器材及其加工成本,直接在委托加工器材科目核算,不在本科目核算。

2.器材的采购成本一般由以下各项组成:

(1)买价,包括原价和代销部门手续费(进口成套设备为进口加成费用);

(2)运到工地仓库前(施工现场存放器材的地点)所发生的包装、运输、装卸等费用(进口成套设备还应包括保险费、手续费、关税、增值税等支出);

(3)采购保管费。

以上第1项支出应直接计入各种器材的采购成本;第2项支出,能分清对象的,直接计入各种器材的采购成本;分不清对象的,按器材的重量或买价等比例,分摊计入各种器材的采购成本;第3项支出,通过"采购保管费"科目分摊计入各种器材的采购成本。

3.本科目的账务处理:

(1)根据发票账单支付器材价款和运杂费,借记本科目,贷记"限额存款"、"银行存款"、"基建拨款—本年进口设备转账拨款"、"基建投资借款"、"其他借款"等科目。

(2)器材到达并已验收入库而发票账单尚未收到时,在月份内可暂不记账,待发票账单到达时,再按发票账单金额记账,借记本科目,贷记"限额存款"、"银行存款"、"基建投资借款"、"其他借款"、"基建拨款—本年进口设备转账拨款"等科目,月份终了,对于已经验收入库而发票账单尚未收到的器材,应按合同价格或预算价格暂估入账,借记"库存设备"、"库存材料"等科目,贷记"应付器材款"科目。下月初用红字作同样的记录予以冲回。下月发票账单到达,支付价款时,按正常程序记账,借记本科目,贷记"限额存款"、"银行存款"、"基建投资借款"、"其他借款"、"基建拨款—本年进口设备转账拨款"科目。

(3)建设单位根据有关规定预付的大型设备款,借记"应付器材款"科目,贷记"限额存款"、"银行存款"、"基建投资借款"等科目。设备到达验收入库后,再根据发票账单的应付金额转账,借记本科目,贷记"应付器材款"科目。

(4)向供应单位、运输机构等收取材料短缺或其他应冲减材料采购成本的赔偿款项,根据有关索赔凭证,借记"应付器材款"或"其他应收款"科目,贷记本科目。需要报请批准转销或尚待查明处理的途中损耗,以及由于意外事故造成的采购器材非常损失,借记"待处理财产损失"科目,贷记本科目。

(5)月份终了,分配应记入器材采购成本的采购保管费,借记本科目,贷记"采购保管费"科目。

(6)月份终了,将验收入库的器材登记入账。

验收入库的设备,按实际成本,借记"库存设备"、"设备投资"(不需要安装设备和工器具)科目,贷记本科目。验收入库的材料,按计划成本,借记"库存材料"科目,贷记本科目;同时,将实际成本大于计划成本的差额,借记"材料成本差异"科目,贷记本科目;将实际成本小于计划成本的差额,借记本科目,贷记"材料成本差异"科目。

(7)经过上述账务处理后,本科目的月末余额,即为货款已经支付但器材尚未到达或尚未验收入库的在途器材。

4.本科目应设置"设备采购"和"材料采购"两个明细科目,并按设备和材料的类别名称、型号设置采购明细账进行核算。

采用实际成本进行材料日常核算的建设单位，可以不设"材料成本差异"科目。收到材料时，根据发票账单、付款凭证等，借记本科目，贷记"限额存款"、"银行存款"、"基建投资借款"、"应付器材款"等科目。材料到达验收入库时，借记"库存材料"科目，贷记本科目。发出材料的实际成本，可根据实际情况，采用"加权平均"、"移动平均"或"先进先出"等方法进行核算。

第212号科目　采购保管费

1. 本科目核算建设单位为采购、验收、保管和收发设备材料所发生的各种费用，包括采购保管人员的工资、工资附加费、办公费、差旅及交通费，以及检验试验费、材料盘亏及毁损（盘盈冲减）等。

2. 发生各项采购保管费，借记本科目，贷记"限额存款"、"银行存款"、"现金"、"库存材料"、"基建投资借款"、"应付工资"等科目。

上述各项费用，能分清由购入设备或材料负担的，应直接记入本科目所属"设备"或"材料"明细科目，分不清的，月终按照当月购入设备和材料总额的比例进行分摊。

设备和材料的包装用品，应及时收回，作价入账，借记"库存材料"科目，贷记本科目。

3. 各项采购保管费，应于月份终了时，进行分配计入设备和材料的实际（采购）成本。

采用计划成本进行日常核算的材料，其采购保管费应全部分配转入"器材采购"科目。

设备和采用实际成本进行日常核算的材料，其采购保管费，可按下列公式进行计算分配转入"器材采购"科目：

（1）某项设备（或材料）应分配的采购保管费＝本月购入该项设备（或材料）的买价和运杂费×预定分配率

（2）预定分配率＝全年计划采购保管费÷全年计划采购设备（或材料）的买价和运杂费×100％

预定分配率也可以采用概（预）算中所确定的采购保管费率。

4. 本科目应设置"设备"和"材料"两个明细科目（有进口成套设备的建设单位，还应设置"进口设备"明细科目）并按费用项目进行明细核算。

5. 本科目的月末余额，为设备和采用实际成本进行日常核算的材料，按预定分配率分配的采购保管费与实际发生的采购保管费的差额。此项差额应于年度终了或竣工时进行调整，借记"建筑安装工程投资"、"设备投资"等科目，贷记本科目（实际发生数小于预定分配数的差额用红字）。

第213号科目　库存设备

1. 本科目核算建设单位库存的需要安装设备的实际成本。

有些设备在验收入库时尚未确定是否需要安装，可以先在本科目核算。

2. 购入、转账拨入并已验收入库的设备，借记本科目，贷记"器材采购"或"基建拨款—本年器材转账拨款"科目。

已经验收入库，但发票账单尚未到达，没有付款的设备，应于月份终了时，按合同价格或估计价格暂估入账，借记本科目，贷记"应付器材款"科目。下月初，用红字作相同的会计分录，予以冲回。

委托外单位加工完成验收入库的需要安装设备,按加工后的实际成本,借记本科目,贷记“委托加工器材”科目。

盘盈的设备,按估计价格入账,借记本科目,贷记“待处理财产损失”科目。

3.设备出库交付安装时,借记“设备投资”科目,贷记本科目。交付外单位委托加工的设备,借记“委托加工器材”科目,贷记本科目。年度终了,对已出库而不符合“正式开始安装”三个条件的设备,应办理假退库手续,用红字冲销原记录,下年度开始时,再重新入账。

4.转账拨出的设备,借记“基建拨款—本年器材转账拨款”科目,贷记本科目。

5.经批准对外销售不需要的设备,借记“银行存款”、“应收票据”等科目(设备销售价款),贷记本科目(设备实际成本),同时将销售设备的实际成本与售价的差额记入“待摊投资—器材处理亏损”科目的借方或贷方。

6.盘亏和毁损的设备,借记“待处理财产损失”科目,贷记本科目。

7.本科目应按设备的存放地点和设备的类别、名称、型号、规格等设置有数量有金额的明细账进行核算。

第214号科目　库存材料

1.本科目核算建设单位为进行基本建设所储备的各种材料的计划成本或实际成本。

材料的计划成本可以根据地区材料预算价格确定。如果某些材料没有预算价格,可以参照近似的同类材料预算价格或以第一次购进的材料实际成本确定。材料实际成本与计划成本的差异,在“材料成本差异”科目核算。

2.购入并已验收入库的材料,借记本科目,贷记“器材采购”科目,采用计划成本进行材料日常核算的建设单位,应同时结转材料成本差异,实际成本大于计划成本的差异,借记“材料成本差异”科目,贷记“器材采购”科目;实际成本小于计划成本的差异,做相反会计分录。

转账拨入并已验收入库的材料,借记本科目,贷记“基建拨款—本年器材转账拨款”科目,按计划成本核算的建设单位,还应结转材料成本差异。已经验收入库,但发票账单尚未到达,没有付款的材料,月终按计划成本暂估入账,借记本科目,贷记“应付器材款”科目。下月初,用红字作同样的分录予以冲回。

委托外单位加工完成的材料,验收入库时,借记本科目,贷记“委托加工器材”科目,按计划成本核算的建设单位,还应结转材料成本差异。

清查盘盈的材料,借记本科目,贷记“待处理财产损失”科目。

3.领用的材料,借记“建筑安装工程投资”、“待摊投资”、“采购保管费”、“委托加工器材”等科目,贷记本科目。

将材料拨给施工企业抵作预付备料款,按照结算价格,借记“预付备料款”科目,按照计划成本或实际成本,贷记本科目,结算价格与计划成本或实际成本的差额,借记或贷记“建筑安装工程投资”科目。按计划成本核算的建设单位,应同时结转材料成本差异,实际成本大于计划成本的,借记“建筑安装工程投资”科目,贷记“材料成本差异”科目;实际成本小于计划成本的,用红字登记。

在建设期间,根据有关合同或由于物资供应方式等原因,由建设单位负责供应一部分工程用材料的,拨付给施工企业的材料可直接作抵减应付工程款处理,按结算价格,借记“应付工程款”科目,按照计划成本或实际成本,贷记本科目,结算价格与计划成本或实际成本的差额,借记或贷记“建筑安装工程投资”科目。按计划成本核算的建设单位,应同时结转材料成本差异,实际成本大于计划成本的,借记“建筑安装工程投资”科目,贷记“材料成本差异”科目;实际成本小于计划成本的,用红字登记。

转账拨出的材料,借记“基建拨款—本年器材转账拨款”科目,贷记本科目,按计划成本核算的建设单位,还应结转材料成本差异。

销售积压和剩余的材料,借记“银行存款”、“应收票据”等科目(销售收入),贷记本科目,按计划成本核算的建设单位,还应结转材料成本差异。销售收入与材料实际成本的差额转入“待摊投资—器材处理亏损”科目的借方或贷方。

盘亏和毁损的材料,借记“待处理财产损失”科目,贷记本科目。

4.月份终了,计算各种发出材料应负担的成本差异,借记有关科目,贷记“材料成本差异”科目(实际成本小于计划成本的差异用红字)。

5.本科目应按材料的存放地点、类别、名称、规格设置有数量有金额的明细账进行核算。

第218号科目 材料成本差异

1.本科目核算建设单位各种库存材料的实际成本与计划成本的差异。

2.外购材料的成本差异,应从“器材采购”科目转入本科目。委托外单位加工完成材料的成本差异,应从“委托加工器材”科目转入本科目。调整提高或降低材料的计划成本,应将调整数自“库存材料”科目转入本科目:调整增加数记入本科目的贷方;调整减少数记入本科目的借方。

3.发出材料应负担的成本差异,可以按当月发出的材料的计划成本和材料成本差异率计算。材料成本差异率计算公式如下:

本月材料成本差异率=(月初结存材料的成本差异+本月收入材料的成本差异)÷(月初结存材料的计划成本+本月收入材料的计划成本)×100%

结转发出材料应负担的成本差异,借记“建筑安装工程投资”、“待摊投资”、“采购保管费”等科目,贷记本科目(实际成本小于计划成本的差异,用红字登记)。

4.本科目月末借方余额,为库存各类材料的实际成本大于计划成本的差异;贷方余额,为库存各类材料的实际成本小于计划成本的差异。

5.本科目应按材料的类别进行明细核算。国外进口材料的成本差异,应单独进行明细核算。

第219号科目 委托加工器材

1.本科目核算建设单位委托外单位加工的各种设备和材料的实际成本。

委托加工完成的设备和材料的实际成本,由以下各项组成:

(1)加工中耗用的设备和材料的实际成本;

(2)支付的加工费用;

(3)支付的加工设备和材料的往返运杂费。

2.发给外单位加工的设备,按实际成本,借记本科目,贷记“库存设备”科目。发给加工单位加工的材料,按计划成本或实际成本,借记本科目,贷记“库存材料”科目;并将应负担的材料成本差异,借记本科目,贷记“材料成本差异”科目(实际成本小于计划成本的差异,用红字登记);发生的加工费和往返运杂费,借记本科目,贷记"限额存款"、"银行存款"、"基建投资借款"、"其他应付款"等科目。

3. 加工完成并验收入库的设备,按实际成本,借记"库存设备"、"设备投资"(不需要安装设备)等科目,贷记本科目。加工完成并验收入库的材料,借记"库存材料"科目,贷记本科目,按计划成本核算的建设单位,同时结转材料成本差异。加工完成退回剩余的设备,按实际成本,借记"库存设备"科目,贷记本科目;退回剩余的材料,借记"库存材料"科目,贷记本科目,按计划成本进行材料日常核算的建设单位,同时结转材料成本差异,即实际成本与计划成本的差异,借记或贷记"材料成本差异"科目。

4. 本科目的月末余额,为委托外单位加工尚未完成的器材实际成本和发生的加工费及运杂费。

5. 本科目应按加工合同设置明细账,在明细账中应反映加工单位的名称,加工合同号数,发出加工设备和材料的名称、数量、实际成本、计划成本和材料成本差异,发生的加工费和运杂费,收回加工完成及退回剩余设备、材料的名称、数量、实际成本、计划成本和成本差异等详细资料。

第 231 号科目　限额存款

1. 本科目核算建设单位从上级拨入存在银行拨款账户内的基本建设投资拨款限额。

2. 收到上级拨入的拨款限额,借记本科目,贷记"基建拨款—本年预算拨款"、"基建拨款—本年基建基金拨款"科目;退回和年终注销的拨款限额,用红字作同样的分录。支用拨款限额,借记各有关科目,贷记本科目。

3. 建设单位应设置"限额存款日记账",根据拨款限额通知,以及收款凭证和付款凭证,按照业务发生的顺序,逐笔登记。在银行同时开设几个拨款户的建设单位,应按各拨款户分别设置日记账。

限额存款日记账的记录,应定期与银行核对清楚,至少每月核对一次。月份终了,账面结存数与银行对账单上结存数之间如有差额,必须逐笔查明原因。除了未达账项所发生的正常差额以外,属于银行对账单差错的,应立即通知银行查明更正;属于本单位错记漏记的,应作更正分录或补记入账。

4. 建设单位应指定专人签发银行支票,不得签发空头支票,不准签发远期支票,不准出租、出借支票或将支票转让给别的单位或个人使用,不准将支票交给供货单位代为签发。

5. 有预收下年度预算拨款的建设单位,应设置"预收下年度限额存款日记账"单独进行核算,并将年末余额于下半年年初建立新账时转入下年度的"限额存款日记账"。

第 232 号科目　银行存款

1. 本科目核算建设单位按照规定存在银行自筹资金户、待转自筹资金户、清理资金户、基建资金户和采购用款户的款项。

2. 建设单位将拨入的自筹资金存入银行待转自筹资金户,借记本科目,贷记"基建拨款—待转自筹资金拨款"科目。将销售器材所发生的销售收入存入清理资金户,借记本科目,贷记"库存设备"、"库存材料"等有关科目。从拨款户中将款项汇存外地基建资金户、采购用款户,借记本科目,贷记"限额存款"科目。

支用存款时，借记有关科目，贷记本科目；交回清理资金户的存款，借记“基建拨款—本年交回结余资金”科目，贷记本科目。年度终了，将汇存外地的基建资金户、采购用款户余额转回拨款户，借记“限额存款”科目，贷记本科目。

3. 建设单位应按存款户的户名设置“银行存款日记账”，由出纳人员根据收款凭证和付款凭证，按照业务发生的顺序逐笔登记。银行存款日记账的记录，应与银行对账单核对清楚，至少每月核对一次。月份终了，账面结存数与银行对账单上结存数之间如有差额，必须逐笔查明原因。除了未达账项所发生的正常差额以外，属于银行对账单差错的，应立即通知银行查明更正，属于本单位错记漏记的，应作更正分录或补记入账。

4. 以现金存入银行，应根据银行盖章退回的交款回单编制现金付款凭证、登记“现金日记账”和“银行存款日记账”，不再编制银行收款凭证；向银行提取现金，应根据支票存根编制银行付款凭证，登记“银行存款日记账”和“现金日记账”，不再编制现金收款凭证，以免重复记账。

按照规定收取的银行存款利息，如果是将基建拨款存入银行形成的，根据银行通知，借记本科目，贷记“基建拨款”科目及其有关明细科目；如果是将企业债券资金存入银行形成的以及贷转存形成的利息收入，应冲减工程成本，借记本科目，贷记“待摊投资—企业债券利息”或待摊投资—借款利息”科目。

5. 建设单位应指定专人签发银行支票，不得签发空头支票和远期支票，不准出租、出借支票或将支票转让给别的单位或个人使用，不准将支票交给供货单位代为签发。

第233号科目　现　金

1. 本科目核算建设单位库存的用以支付零星开支的现金。

2. 收入现金时，借记本科目，贷记“限额存款”、“银行存款”、“基建投资借款”科目；支出现金时，借记有关科目，贷记本科目。

3. 本科目应设置“现金日记账”，由出纳人员根据收、付款凭证，按照业务发生顺序，逐笔登记。

每日终了，应计算当日的现金收入合计数、现金支出合计数和结余数，并将结余数与实际库存数进行核对，做到账款相符。严禁以“白条”抵充库存现金。

每日现金结余数，不得超过核定的限额，超过部分应及时存入银行。

第241号科目　预付备料款

1. 本科目核算建设单位按照合同规定向承包工程的施工企业预付的备料款，以及拨给施工企业抵作预付备料款的各种材料。建设单位根据有关合同规定或由于物资供应方式等原因，负责供应一部分施工材料的，拨付材料的价款可直接在“应付工程款”科目核算。

2. 预付施工企业的备料款，借记本科目，贷记“限额存款”、“银行存款”、“基建投资借款”科目。以材料抵作预付备料款，按照结算价格，借记本科目，按照计划成本或实际成本，贷记“库存材料”科目，结算价格与计划成本或实际成本之间的差额，借记或贷记“建筑安装工程投资”科目。按计划成本核算的建设单位，还应结转应负担的材料成本差异，借记“建筑安装工程投资”科目，贷记“材料成本差异”科目（实际成本小于计划成本的差异用红字登记）。

3. 月终或工程竣工与施工企业结算工程价款时，根据合同规定，从应付工程款中扣回预付备料款，借记“应付工程款”科目，贷记本科目。

4.本科目应按收取备料款的施工企业进行明细核算。

第242号科目　预付工程款

1.本科目核算建设单位按照合同规定向承包工程的施工企业预付的工程进度款。

2.按照工程进度,每旬或月中向施工企业预付的工程款,借记本科目,贷记“限额存款”、“银行存款”、“基建投资借款”科目。月终或工程竣工与施工企业结算已完工程价款时,从应付工程款中扣回的预付工程款,借记“应付工程款”科目,贷记本科目。

3.本科目应按收取工程进度款的施工企业进行明细核算。

第251号科目　应收有偿调出器材及工程款

1.本科目核算建设单位按规定或经批准有偿调出器材及有偿转出未完工程的应收款项。

2.建设单位有偿调出的设备、材料,借记本科目,贷记“库存设备”、“库存材料”、“材料成本差异”科目;建设单位按规定报经上级批准有偿移交给其他单位继续施工的未完工程,借记本科目,贷记“建筑安装工程投资”、“设备投资”、“待摊投资”科目。收到调入单位归还的设备、材料或未完工程价款,借记“银行存款”科目,贷记本科目。

3.本科目应分别设置“调出设备”、“调出材料”和“转出未完工程”三个明细科目,并按调入单位名称设置明细账进行核算。

第252号科目　其他应收款

1.本科目核算建设单位除预付备料款、预付工程款、预付大型设备款以外的各种应收及暂付款项,包括应收取的各种赔款、罚金和存出保证金,以及其他各种应收、暂付款项。

2.应向有关单位或个人收取的各种应收、暂付款项,借记本科目,贷记有关科目。收回的应收、暂付款项,或有关单位、个人报销暂付款项时,借记有关科目,贷记本科目。

3.本科目应按单位和个人进行明细核算。

第253号科目　应收票据

1.本科目核算建设单位因销售处理不需用设备和积压材料物资而收到的商业汇票,包括商业承兑汇票和银行承兑汇票。

2.建设单位经批准对外销售不需用设备和积压的材料物资收到承兑的商业汇票时,借记本科目,贷记“库存设备”、“库存材料”、“材料成本差异”科目,销售收入与设备材料物资实际成本的差额转入“待摊投资—器材处理亏损”科目的借方或贷方。商业汇票到期收回款项时,借记“银行存款”科目,贷记本科目。如果到期的商业汇票因承兑人无力支付而被银行退回时,应借记“其他应收款”科目,贷记本科目。

3.建设单位因设置“应收票据备查簿”逐笔登记每一商业汇票的种类、号数、签发时期、票面金额、付款人、承兑人、背书人的姓名或单位名称、到期日、贴现日以及收款日期和收回金额等详细资料。商业汇票到期结清票款后,应在备查簿内逐笔注销。

第261号科目　拨付所属投资借款

1.本科目核算实行“统借统还”基建投资借款(不包括中央预算内基本建设经营性基金借

款）的主管部门，拨付给所属建设单位的基建投资借款和分摊给所属建设单位的投资借款利息。

2. 主管部门在核定的贷款指标额度内，按照借款合同的规定，统一向银行借入的基建投资借款，借记“银行存款”科目，贷记“基建投资借款”科目；拨付给所属建设单位投资借款时，借记本科目，贷记“银行存款”科目。如果上述投资借款，主管部门在统借时不是先存后拨，而是采取直接下拨方式，则应直接借记本科目，贷记“基建投资借款”科目。

主管部门接到银行转来的投资借款利息通知时，应按发生的借款利息，借记“待摊投资”科目，贷记“基建投资借款”科目；将发生的建设期内的基建投资借款利息，按转拨给各所属建设单位基建投资借款期末余额（主管部门可自定适应本系统情况的利息分配办法）分摊给所属建设单位，借记本科目，贷记“待摊投资”科目。

3. 主管部门收到所属建设单位交来的用于归还基建投资借款的基建收入和包干节余，借记“银行存款”科目，贷记本科目；归还投资借款时，借记“基建投资借款”科目，贷记“银行存款”科目。主管部门收到所属建设单位交来的存款利息，借记“银行存款”科目，贷记本科目；归还借款时，借记“基建投资借款”科目，贷记“银行存款”科目。

4. 主管部门根据所属建设单位转来的应收生产单位投资借款，借记“应收生产单位投资借款— ××单位”科目，贷记本科目。

5. 本科目应按所属建设单位名称设置明细科目进行核算。

第 271 号科目　待处理财产损失

1. 本科目核算建设单位在清查财产中查明的各种财产物资的盘亏毁损（不包括固定资产的毁损）。财产盘盈也在本科目核算。

2. 盘亏的固定资产，借记本科目（净值）和“累计折旧”科目（已提折旧），贷记“固定资产”科目（原值）。

盘盈的固定资产，借记“固定资产”科目（重置完全价值），贷记“累计折旧”科目（估计折旧）和本科目（净值）。

盘亏和毁损的库存设备，按实际成本，借记本科目，贷记“库存设备”科目。盘盈的设备估价入账，借记“库存设备”科目，贷记本科目。盘亏和毁损的库存材料，借记本科目，贷记“库存材料”科目，按计划成本核算的建设单位，还应同时结转盘亏和毁损材料的成本差异，借记本科目，贷记“材料成本差异”科目（实际成本小于计划成本的差异用红字）。盘盈的材料，借记“库存材料”科目，贷记本科目。毁损设备和材料的残料送交入库，借记“库存材料”科目，贷记本科目。

采购器材在运输途中的损失，除合理的途中耗损应计入材料采购成本外，能确定应由责任单位或过失人负责赔偿的应从“器材采购”科目转入“应付器材款”或“其他应收款”科目，尚待查明原因和需要报经批准才能转销的损失，应自“器材采购”科目转入本科目。

3. 列入本科目的各种财产盘亏和毁损，按规定程序报经批准后，进行转销。

固定资产的盘亏，借记“待摊投资—固定资产损失”科目，贷记本科目。

库存设备、材料的盘亏、报废和非常损失，以及采购器材在运输途中的短缺和非常损失，应分别下列情况进行处理：

（1）应由责任单位或过失人赔偿的款项，借记“其他应收款”或“应付器材款”科目，贷记本科目。

(2)属于无法收回的超定额损耗,报经批准后,借记“采购保管费”科目,贷记本科目。

(3)由于自然灾害等原因发生的器材非常损失,借记“待摊投资—其他待摊投资”科目,贷记本科目。

(4)盘亏和毁损的设备,按规定程序报经主管部门批准后,借记“待摊投资—设备盘亏及毁损”科目,贷记本科目。

4.各种盘盈的财产物资,按规定报经批准后转账。

固定资产的盘盈,借记本科目,贷记“待摊投资—固定资产损失”科目;设备的盘盈,借记本科目,贷记“待摊投资—设备盘亏及毁损”科目;材料的盘盈,借记本科目,贷记“采购保管费”科目。

5.本科目应设置以下明细科目:

(1)待处理固定资产损失;

(2)待处理设备损失;

(3)待处理材料损失。

第281号科目　有价证券

1.本科目核算建设单位购入的国库券、企业债券等有价证券。

2.建设单位购入的有价证券,应于交款时,借记本科目,贷记“银行存款”科目。收到归还的本金,借记“银行存款”科目,贷记本科目;收到实现的利息,借记“银行存款”科目,贷记“应交基建收入”科目。

3.本科目按有价证券的种类设置明细科目进行核算。

第301号科目　基建拨款

1.本科目核算建设单位各项基本建设拨款,包括中央和地方财政的预算拨款、地方主管部门和企业自筹资金拨款、进口设备转账拨款、器材转账拨款等。其他单位、团体或个人无偿捐赠用于基本建设的资金和物资也在本科目核算。

2.本科目应设置下列明细科目:

(1)以前年度拨款:核算以前年度拨入而尚未冲转的各项基本建设拨款,本科目应按各种不同拨款来源进行明细核算。

(2)本年预算拨款:核算本年内由地方预算拨入的基本建设拨款。

(3)本年基建基金拨款:核算本年内由中央预算拨入的基本建设基金拨款。

(4)本年进口设备转账拨款:核算本年内由主管部门转账拨入的进口成套设备的价款和有关费用。

(5)本年煤代油专用基金拨款:核算本年内由主管部门拨入用于完成压油任务而进行能源交通建设支出的煤代油基金拨款。

(6)本年自筹资金拨款:核算经批准从预存银行的自筹基建资金中转入本年使用的自筹基建资金拨款。

(7)待转自筹资金拨款:核算按规定预存银行待转使用的自筹基建资金拨款。

(8)本年器材转账拨款:核算本年内通过上级单位从本系统其他单位转账无偿拨入的设

备、材料价款。通过上级单位转账无偿拨给本系统其他单位的设备、材料价款，也在本科目核算。

系统内有偿调入、调出的设备、材料价款不在本科目核算。

(9)本年财政贴息资金拨款：核算本年由财政拨入的贴息资金拨款。

(10)本年其他拨款：核算本年内除以上各项拨款外的其他各种基本建设拨款，如其他单位、团体或个人无偿捐赠用于基本建设的资金或物资等。

(11)预收下年度预算拨款：核算建设单位本年内收到预算拨入的下年度基本建设拨款。

(12)本年交回结余资金：核算本年内按投资隶属关系上缴财政或主管部门、企业单位的基本建设结余资金。

3.收到以限额方式拨入的各种预算拨款，借记“限额存款”科目，贷记本科目；收到以货币资金拨入的各种基建拨款，借记“银行存款”科目，贷记本科目：收到进口设备转账拨款，借记“器材采购”科目，贷记本科目；收到器材转账拨款，借记“库存设备”、“库存材料”科目，贷记本科目，采用计划成本核算材料的建设单位，同时还应结转材料成本差异。

通过上级转账拨出的设备、材料价款，借记本科目，贷记“库存设备”、“库存材料”科目，采用计划成本核算材料的建设单位，同时还应结转材料成本差异。

交回财政、上级主管部门或企业单位的拨款结余资金，借记本科目(“本年交回结余资金”明细科目)，贷记“银行存款”科目。

4.下年年初建立新账时，各明细科目应做下列结转：

(1) 应将本科目所属“本年预算拨款”、“本年基建基金拨款”、“本年进口设备转账拨款”、“本年煤代油专用基金拨款”、“本年自筹资金拨款”、“本年器材转账拨款”、“本年财政贴息资金拨款”、“本年其他拨款”各明细科目的上年贷方余额全部转入“以前年度拨款”明细科目的贷方：上年结转的“本年器材转账拨款”明细科目如为借方余额，应转入“以前年度拨款”明细科目的借方。

(2)将本科目所属“待转自筹资金拨款”明细科目的上年贷方余额按批准数转入“本年自筹资金拨款”明细科目的贷方，未批准转入本年使用的部分仍保留在“待转自筹资金拨款”明细科目。

(3)将“预收下年度预算拨款”明细科目的贷方余额转入“本年预算拨款”明细科目的贷方。

(4)将“本年交回结余资金”明细科目的上年借方余额转入“以前年度拨款”明细科目的借方。

(5)在作上述转账后，还应将“交付使用资产”科目的上年借方余额(基建拨款部分)，转入本科目所属“以前年度拨款”明细科目的借方。

年度决算经财政部门审查批准后，批准数与冲销数如有差额，应按批准数进行调整。批准数大于冲销数的差额，借记本科目，贷记“交付使用资产”科目；批准数小于冲销数的差额，用红字登记。

5.本科目应按规定的明细科目进行核算。

第302号科目　联营拨款

1.本科目核算建设单位收到投资单位以参股等投资形式直接拨入的基本建设投资。

2.收到投资单位拨入的参股基建资金拨款时，借记“银行存款”科目，贷记本科目。支用时,借记“建筑安装工程投资”等科目,贷记“银行存款”科目。

建设单位用参股基建资金拨款完成的交付使用资产移交结转生产单位后,应于下年初建立新账时,进行相应的账务结转,借记本科目,贷记“交付使用资产”科目。

工程竣工,将参股基建资金拨款形成的结余资金移交生产单位时,借记本科目,贷记“银行存款”、“库存材料”等有关科目。项目全部竣工,有关账务结转后本科目应无余额。

3.本科目应按参股资金拨款单位设置明细科目进行明细核算。

第303号科目 企业债券资金

1.本科目核算建设单位收到生产企业拨入的用于基本建设的企业债券资金以及应付的债券利息。

2.建设单位收到生产企业拨入的企业债券资金,借记“银行存款”科目,贷记本科目。支用企业债券资金时,借记“建筑安装工程投资”、“设备投资”、“其他投资”、“待摊投资”等科目,贷记“银行存款”科目。

3.建设单位使用的企业债券资金属于计付利息的,其建设期利息应在工程竣工时分摊计入工程成本,具体分摊办法可由主管部门根据本部门的建设特点和债券还本付息要求自行规定。按规定应计入工程成本的利息,借记“待摊投资——企业债券利息”科目,贷记本科目。

4.建设单位将企业债券资金存入银行所取得的存款利息收入,按规定应冲减工程成本,借记“银行存款”科目,贷记“待摊投资—企业债券利息”科目。

5.建设单位使用企业债券资金进行的工程竣工后,应根据“建筑安装工程投资”、“设备投资”、“其他投资”和“待摊投资”等科目的明细记录,计算交付使用资产的实际成本,编制交付使用资产明细表等竣工决算资料,经交接双方签证后,一份由生产使用单位(即拨出债券资金的生产企业),作为资产入账的依据,一份作为建设单位交付使用资产的记账依据,借记“交付使用资产”科目,贷记“建筑安装工程投资”、“设备投资”、“其他投资”、“待摊投资”科目。

6.下年初建立新账时,应将上年度用企业债券资金完成的交付使用资产冲减企业债券资金,借记本科目,贷记“交付使用资产”科目,并通知生产单位转账。

7.工程全部竣工后,建设单位应对企业债券资金形成的结余物资及时进行清理,收回的资金交回拨出债券资金的生产企业,借记本科目,贷记“银行存款”科目。

8.本科目应分别设置“债券本金”和“债券利息”两个明细科目。

第304号科目 基建投资借款

1.本科目核算建设单位为完成基建计划按规定借入的各种基本建设投资借款,包括由国家预算安排的投资借款、向银行或其他金融机构借入的投资借款、向国外政府、国际金融组织等借入的国外借款以及其他投资借款。

建设单位按规定从银行借入的国内储备借款和周转借款,不在本科目核算。

基本建设投资借款指标的核定数和一定期间的支用合计数,应另设备查簿进行登记。

2.本科目应设置下列明细科目:

(1)拨改贷投资借款:核算建设单位借入的由地方预算安排的拨改贷投资借款。1988年以前借入的、尚未归还的中央预算安排的拨改贷投资借款也在本科目反映。

(2)国家开发银行投资借款:核算建设单位从国家开发银行借入的基本建设投资借款。国家开发银行用软贷款安排的投资借款和用硬贷款安排的投资借款,还应设置明细账进行明细核算。

(3)国家专业投资公司委托借款:核算建设单位从原国家专业投资公司借入的基本建设投资借款,包括国家专业投资公司安排的基建基金委托借款和其他委托借款。

(4)部门统借基建基金借款:核算建设单位向主管部门借入的由主管部门从财政统借的基建基金借款。

(5)部门基建基金借款:核算建设单位借入的由部门管理和安排的基建基金投资借款。

(6)特种拨改贷投资借款:核算建设单位为完成基本建设计划按规定从中国人民建设银行借入的特种拨改贷投资借款。

(7)建设银行投资借款:核算建设单位从中国人民建设银行借入的用存款发放的基本建设投资借款。

(8)煤代油投资借款:核算建设单位借入的煤代油投资借款。

(9)国外借款:核算建设单位从国外政府、国际金融组织以及国外金融机构借入的用于基本建设的投资借款。

(10)其他投资借款:核算建设单位借入的除上述投资借款以外的其他投资借款。

3.使用国外借款的建设单位,发生的国外借款业务,应当将有关外币金额折合为人民币记账,并登记外国货币金额和折合率。所有外币账户的增加、减少,均采用业务发生时的市场汇价作为折合率,也可以采用业务发生当期期初的市场汇价作为折合率,由建设单位自行选定。

年度终了或在办理建设项目竣工决算时,建设单位应将各种外币账户的外币期末余额,按照期末市场汇价折合为人民币金额。按照期末市场汇价折合人民币金额与原账面人民币之间的差额,作为汇兑损益,记入"待摊投资—汇兑损益"科目。

4.用投资借款支付的各项基本建设支出,借记有关科目,贷记本科目。如果建设单位的基建投资借款实行贷转存办法,收到借入的投资借款,借记"银行存款"科目,贷记本科目。

按规定应支付的建设期投资借款利息,借记"待摊投资—借款利息"科目,贷记本科目;建成投产后的利息,借记"应收生产单位投资借款"科目,贷记本科目。

建设单位支用的基建投资借款未按合同规定的用途使用,挤占挪用部分的罚息支出以及不按期归还借款而应付的利息,按规定应由单位留成收入支付,借记"留成收入"科目,贷记本科目。归还时,借记本科目,贷记"银行存款"科目。

5.建设单位在建设期间用基建收入偿还的基建投资借款,借记本科目,贷记"应收生产单位投资借款"科目;同时,借记"应交基建收入"科目,贷记"银行存款"科目,并通知生产单位转账。

建设单位按规定用实现的包干节余偿还的基建投资借款,借记本科目,贷记"应收生产单位投资借款"科目,同时,借记"应交基建包干节余"科目,贷记"银行存款"科目,并通知生产单位转账。

工程竣工后,建设单位用处理借款形成的结余物资回收的资金归还基建投资借款,借记本科目,贷记"银行存款"科目。

根据生产单位的还款通知结转偿还的基建投资借款,借记本科目,贷记"应收生产单位投资借款"科目。

6.经批准豁免归还部分或全部基建投资借款的建设项目,建设单位应根据财政部和国家计委豁免通知中豁免的借款数额,借记本科目,贷记“应收生产单位投资借款”科目。

7.本科目应按规定的明细科目进行核算。

第305号科目 上级拨入投资借款

1.本科目核算实行“统借统还”基建投资借款(不包括中央预算内基本建设经营性基金借款)的建设单位收到上级主管部门拨入的基建投资借款和分摊的基建投资借款利息。

2.建设单位收到上级主管部门拨入的基建投资借款,借记“银行存款”科目,贷记本科目;收到主管部门分配来的基建投资借款利息,借记“待摊投资”科目,贷记本科目。

建设单位用上级主管部门拨入的“统借统还”基建投资借款支付的各项基建支出,借记“建筑安装工程投资”等有关科目,贷记“银行存款”科目;工程竣工交付使用时,应将主管部门分配的基建借款利息,随同其他待摊投资费用一起,按交付使用资产和在建工程的比例进行分配,借记“交付使用资产”科目,贷记“待摊投资”科目。

3.建设单位将用于归还基建投资借款的基建收入和包干节余上交主管部门时,借记“应交基建包干节余”、“应交基建收入”科目,贷记“银行存款“科目;同时,借记本科目,贷记“应收生产单位投资借款”科目,并通知生产单位相应转账。

4.建设单位将上级拨入的投资借款存入银行获得的存款利息,应按规定上交上级主管部门用于归还投资借款并相应冲减待摊投资(借款利息)。接到银行转来的存款利息通知时,借记“银行存款”科目,贷记“待摊投资—借款利息”科目;将存款利息上交主管部门时,借记本科目,贷记“银行存款”科目。

5.下年初建立新账时,建设单位除应将“交付使用资产”科目余额与“待冲基建支出”科目余额相互冲销外,还应将本年发生的应收生产单位投资借款余额转给上级主管部门,借记本科目,贷记“应收生产单位投资借款”科目。

6.本科目应按上级主管部门拨入的投资借款种类进行明细核算。

第306号科目 其他借款

1.本科目核算建设单位按规定向银行借入的除基建投资借款以外的其他各种借款,如国内储备借款、周转借款等。

2.本科目应设置下列明细科目:

(1)国内储备借款:核算建设单位为以后年度储备设备或材料向银行借入的国内储备借款。

(2)周转借款:核算建设单位按规定向银行借入的临时周转借款。

3.建设单位按规定向银行借入国内储备借款购买设备或材料,借记“器材采购”、“应付器材款”科目,贷记本科目;根据银行通知支付储备借款利息,借记“采购保管费”科目,贷记本科目。归还国内储备借款,借记本科目,贷记“基建投资借款”、“银行存款”等科目。

实行投资包干责任制的建设单位按规定支用的临时周转借款,借记“应付工程款”等科目,贷记本科目;应付的临时周转借款利息,借记“待摊投资—借款利息”科目,贷记本科目;归还临时周转借款本金和利息时,借记本科目,贷记“基建投资借款”、“银行存款”等科目。

建设单位支用的国内储备借款和临时周转借款未按合同规定的用途使用,挤占挪用部分的罚息支出以及不按期归还借款而加付的利息,按规定应用单位留成收入支付。

4. 本科目应按借款种类进行明细核算。

第 311 号科目　待冲基建支出

1. 本科目是实行投资借款建设单位专用的备抵科目，核算待冲销的已转给生产单位的各项交付使用资产。

2. 已转给生产单位的交付使用资产，借记“应收生产单位投资借款”科目，贷记本科目；同时，借记“交付使用资产”科目，贷记“建筑安装工程投资”、“设备投资”、“其他投资”、“待摊投资”等科目。

3. 下年年初建立新账时，冲转用投资借款形成的交付使用资产(实行财政贴息办法的建设单位，用投资借款形成的交付使用资产，还应扣减财政贴息数)，借记本科目，贷记“交付使用资产”科目。

第 321 号科目　上级拨入资金

1. 本科目核算建设单位收到投资单位(主管部门或企业)拨入的供建设单位组织和管理基本建设活动使用的资金。

2. 建设单位收到上级拨入的固定资产，借记“固定资产”科目(调出单位账面原值)，贷记本科目(净值)和“累计折旧”科目(调出单位已提折旧)。建设单位收到上级拨入的流动资产，借记有关科目，贷记本科目。将上级拨入资金退回时，借记本科目，贷记“银行存款”等科目。

第 331 号科目　应付器材款

1. 本科目核算建设单位因购入器材所发生的应付供应单位款项。因接受劳务供应所发生的应付供应单位款项，以及按照规定预付给供应单位的大型设备款，也在本科目核算。

2. 购入设备、工具、器具和材料的应付款项，一般应在月份终了时，根据已经验收入库而尚未付款的入库凭证，分别设备、工具、器具和材料等类别，抄列清单，按预算或计划价格暂估入账，借记“设备投资”、“库存设备”、“库存材料”等科目，贷记本科目；下月开始时，用红字作同样分录，予以冲销，以便于下月付款时按正常程序记账。

3. 接受供应单位提供劳务的应付款项，应根据供应单位的发票账单，借记“待摊投资—建设单位管理费”、“采购保管费”等科目，贷记本科目。偿付时，借记本科目，贷记“限额存款”、“银行存款”“基建投资借款”等科目。

4. 按照规定预付给供应单位的大型成套设备款，借记本科目，贷记“限额存款”、“银行存款”、“基建投资借款”等科目。设备验收入库，根据发票账单的应付金额，借记“器材采购”科目，贷记本科目。补付的设备款，借记本科目，贷记“限额存款”、“银行存款”、“基建投资借款”等科目。

5. 本科目应按供应单位户名、合同号和经办的采购人员设置明细账。

第 332 号科目　应付工程款

1. 本科目核算建设单位按照基本建设工程价款结算办法和工程合同的有关规定，与工程承包单位办理工程价款结算，应付给承包单位的工程款。

2. 实行全部工程竣工后一次结算办法的建设项目，建设单位应在工程全部竣工时，根据经审查的承包单位提出的“工程价款结算账单”结算应付的工程款，借记“建筑安装工程投资”科目，贷记本科目。

实行单项工程竣工后结算办法的建设项目，建设单位应在单项工程竣工时，根据经审查的承包单位提出的“工程价款结算账单”结算应付的工程款，借记“建筑安装工程投资”科目，贷记本科目。

实行按工程形象进度分段结算办法的建设项目，建设单位在分段结算工程款时，借记“建筑安装工程投资”科目，贷记本科目。

实行分次结算办法的建设项目，建设单位应根据承包单位分次提出的“工程价款结算账单”所列应付的工程款，借记“建筑安装工程投资”科目，贷记本科目。

对于随同工程款一并承付的临时设施包干费，借记“待摊投资”科目，贷记本科目。

支付工程款和随同工程价款一并结算的各项支出，借记本科目，贷记“基建投资借款”、“银行存款”、“限额存款”科目。

实行工程竣工结算办法的建设单位以拨付给承包单位的工程用材料抵减的应付工程款，应按合同规定的结算价格，借记本科目，按照材料计划成本或实际成本，贷记“库存材料”科目，结算价格与计划成本或实际成本之间的差额，借记或贷记“建筑安装工程投资”科目。按计划成本核算的建设单位，应同时结转材料成本差异，实际成本大于计划成本的，借记“建筑安装工程投资”科目，贷记“材料成本差异“科目；实际成本小于计划成本的，用红字登记。

尚未实行工程竣工结算办法的建设单位，根据施工企业提出的工程价款结算账单结算应付的工程价款，借记“建筑安装工程投资”科目，贷记本科目；从应付的工程款中扣回预付的备料款和工程款，借记本科目，贷记“预付备料款”、“预付工程款”科目。

3. 建设单位不按合同规定而拖延结算期的罚款支出，按规定由自有资金支付，不在本科目核算。

4. 本科目应按承包单位户名进行明细核算。

第 341 号科目　应付工资

1. 本科目核算建设单位应付给职工的工资总额。包括在工资总额内的各种工资、奖金津贴等，不论是否当月支付，都应通过本科目核算。发给职工个人但不包括在工资总额之内的各种款项，如医药费、福利补助、退休金等，不通过本科目核算。

2. 建设单位应按照劳动工资制度的规定，根据考勤记录、工资标准、工资等级等编制“工资单”，计算各种工资。工资单的格式和内容，由建设单位根据实际情况自行规定。

3. 财会部门将“工资单”进行汇总，编制“工资汇总表”，按照规定手续向银行提取现金，借记“现金”科目，贷记“限额存款”、“银行存款”科目。

支付工资时，借记本科目，贷记“现金”科目。从应付工资中扣还的各种款项(如职工房租等)，借记本科目，贷记“其他应收款”等科目。职工在规定期限内未领取的工资，应由发放工资的人员及时交回财会部门，借记“现金”科目，贷记“其他应付款”科目。

月份终了，将应付的工资进行分配，借记“待摊投资”、“采购保管费”等有关科目，贷记本科目。

4. 本科目应按职工类别和工资的组成内容进行明细核算。

第 342 号科目　应付福利费

1. 本科目核算建设单位按规定提取的福利费。

2. 建设单位按规定提取的福利费,借记“待摊投资——建设单位管理费”、“应交基建收入”科目,贷记本科目。

支用福利费时,借记本科目,贷记有关科目。

3. 本科目期末余额反映建设单位的福利费结余。

第 351 号科目　应付有偿调入器材及工程款

1. 本科目核算建设单位收到有偿调入的设备、材料及有偿转入的未完工程的应付款项。

2. 建设单位收到有偿调入的设备、材料,借记“库存设备”、“库存材料”、“材料成本差异”科目,贷记本科目;收到其他单位有偿转入的未完工程,借记“建筑安装工程投资”、“设备投资”科目(为简化核算手续,随同未完工程一同转入的待摊投资可直接计入建筑安装工程投资或设备投资),贷记本科目;归还有偿调入设备材料及未完工程价款,借记本科目,贷记“基建投资借款”、银行存款”科目。

3. 本科目应分别设置“调入设备”、“调入材料”和“转入未完工程”三个明细科目,并按调出单位名称设置明细账进行明细核算。

第 352 号科目　其他应付款

1. 本科目核算建设单位应付、暂收其他单位和个人的款项,包括应付的各种赔款、罚款、职工未按期领取的工资、应付、暂收其他单位的款项等。

2. 发生各项应付、暂收款项,借记有关科目,贷记本科目;偿还、上交或转销各项应付、暂收款项,借记本科目,贷记有关科目。

3. 本科目应按单位和个人进行明细核算。

第 353 号科目　应付票据

1. 本科目核算建设单位因购买材料物资和结算已完出包工程价款等而开出、承兑的商业汇票,包括商业承兑汇票和银行承兑汇票

2. 建设单位因购买材料物资,结算应付已完工程价款等而开出、承兑的商业汇票,借记“器材采购”、“建筑安装工程投资”等有关科目,贷记本科目;建设单位开出、承兑用以抵付应付器材款、应付工程款等商业汇票,借记“应付器材款”、“应付工程款”等科目,贷记本科目。支付银行承兑汇票的手续费,借记“待摊投资—建设单位管理费”科目,贷记“银行存款”科目。收到银行支付到期票据的付款通知,借记本科目,贷记“银行存款”科目。

3. 建设单位应设置“应付票据备查簿”,详细登记每笔应付票据的种类、号数、签发日期、到期日、票据金额、合同交易额、收款人姓名或单位名称,以及付款日期和金额等详细资料。应付票据到期付清时,应在备查簿内逐笔注销。

第 361 号科目　应交税金

1. 本科目核算建设单位按规定应交纳的各种税金,如土地使用税、耕地占用税、投资方向调节税等。

2.按规定计算应交纳的各种税金,借记"待摊投资"科目所属有关明细科目,贷记本科目;预交或补交的税金,借记本科目,贷记"银行存款"等科目。

3.本科目应按税金的种类进行明细核算。

4.本科目月末借方余额,为预交的税金,贷方余额,为应交的税金。

第362号科目　应交基建包干节余

1.本科目核算实行基本建设项目投资包干责任制的建设单位实现的投资包干节余。

2.按规定计算实现的包干节余,借记"待摊投资"科目,贷记本科目,实行基建投资借款指标管理的建设单位,同时,借记"银行存款"科目,贷记"基建投资借款"科目。按规定结转留用的包干节余,借记本科目,贷记"留成收入"科目。按规定用实现的包干节余归还基建投资借款,借记本科目,贷记"银行存款"科目,同时,借记"基建投资借款"科目,贷记"应收生产单位投资借款"科目,并通知生产单位相应转账。

建设单位在建设期间经批准预提留用的包干节余,借记"其他应收款"科目,贷记本科目;将预提的包干节余结转使用时,借记本科目,贷记"留成收入"科目,实行基建投资借款指标管理的建设单位,同时,借记"银行存款"科目,贷记"基建投资借款"科目;工程竣工确定实现包干节余后,借记"待摊投资—包干节余"科目,贷记"其他应收款"科目和本科目。根据实现的包干节余和已预提留用的包干节余,按有关规定进行分配,并作相应的账务处理。如果未实现包干节余而在建设期间预提留用了包干节余,则应按规定由留成收入偿还,借记"留成收入"科目,贷记"其他应收款"科目,同时,借记"基建投资借款"科目,贷记"银行存款"科目。

建设单位按规定应上缴财政和主管部门的包干节余,借记本科目,贷记"银行存款"科目。

3.本科目一般应无余额,如有贷方余额,反映实现而尚未分配的包干节余。

第363号科目　应交基建收入

1.本科目核算建设单位在建设过程中发生和应上交的各项基建收入,如煤矿、矿山建设中的矿产品收入,油田钻井建设中的原油收入,森工建设中的路影材收入,电站建设中移交生产前的电费收入,为检验设备安装质量进行负荷试车的纯收入等。

2.发生的各项收入,借记"库存材料"、"银行存款"等有关科目,贷记本科目。按照规定上交基建收入,借记本科目,贷记"银行存款"等有关科目。按规定留用的基建收入,借记本科目,贷记"留成收入"科目。

实行投资借款的建设单位按照规定用基建收入偿还基建投资借款,借记本科目,贷记"银行存款"等科目;同时,借记"基建投资借款"科目,贷记"应收生产单位投资借款"科目,并通知生产单位转账。

3.本科目月末一般应无余额,如有贷方余额,为应交未交的基建收入。

第364号科目　其他应交款

1.本科目核算建设单位除应交税金以外的其他各种应上交的款项。

2.建设单位计算出应交纳的各种款项,借记"留成收入"等科目,贷记本科目;上交各种款项时,借记本科目,贷记"银行存款"科目。

3.本科目应按其他应交款的种类设置明细账。

4. 本科目期末借方余额，为多交的其他应交款；贷方余额，为未交的其他应交款。

第 401 号科目　留成收入

1. 本科目核算建设单位按规定从实现的基建收入和基建包干节余中提取的留归建设单位使用的各种留成收入。

2. 从基建收入中提取的留成收入，借记“应交基建收入”科目，贷记本科目。从基建包干节余中提取的留成收入，借记“应交基建包干节余”科目，贷记本科目。

按规定用途支用留成收入时，借记本科目，贷记“银行存款”科目。

3. 本科目月末贷方余额，为建设单位提取的尚未支用的留成收入。

三、会计报表

（二）会计报表编制说明

资金平衡表（会建 01 表）

1. 本表反映建设单位月份或年度终了时全部资金来源和资金占用情况。编制本表是为了综合反映建设单位各种资金来源和资金占用的增减变动情况及其相互对应关系；检查资金的构成是否合理；考核、分析基本建设资金的使用效果。

2. 本表有关项目“年初数”栏的数字，根据上年末本表“期末数”栏的数字填列。在上年度决算未经审查批复以前，应填列最后上报的数字；上年度决算已经审查批复后，应按审批意见进行修改后的数字填列。如果本年度资金平衡表规定的项目名称和内容与上年度资金平衡表不相一致时，应对上年年末资金平衡表各项目的名称和数字按照本年度的规定进行调整，口径一致，填入本表“年初数”栏内。

3. 本表资金占用方各项目的内容及“期末数”栏的填列方法：

（1）“交付使用资产”项目，反映建设单位期末已经完成购置、建造过程，并经验收合格交付或结转使用单位的各项资产的实际成本总额。包括各种固定资产、为生产准备的不够固定资产标准的工具、器具、家具等流动资产、无形资产和递延资产的实际成本。本项目应根据“交付使用资产”科目的期末余额填列。

（2）“固定资产”项目，反映建设单位期末已经完成建造、购置过程，并经验收合格交付使用单位的各项固定资产的实际成本。根据“交付使用资产”科目所属“固定资产”明细科目的期末余额填列。

（3）“流动资产”项目，反映建设单位期末已经完成购置并经验收合格交付使用单位的不够固定资产标准的工具、器具、家具等流动资产的实际成本。根据“交付使用资产”科目所属“流动资产”明细科目的期末余额填列。

（4）“无形资产”项目，反映建设单位期末已经完成购置过程并经验收合格单独交付使用单位的土地使用权、专利权、专有技术等无形资产的实际成本。根据“交付使用资产”科目所属“无形资产”明细科目的期末余额填列。

（5）“递延资产”项目，反映建设单位在建设期间发生的并已单独结转使用单位的各种递延资产的实际成本，如生产职工培训费、样品样机购置费、农业开荒费用等。根据“交付使用资产”科目所属“递延资产”明细科目的期末余额填列。

（6）“在建工程”项目，反映建设单位期末各种在建工程成本的余额。根据“建筑安装工程投资”、“设备投资”、“待摊投资”和“其他投资”四个项目的期末数合计填列。

(7)“建筑安装工程投资”项目,反映期末尚处于建设中的建筑安装工程投资支出,即没有竣工交付使用的工程投资。根据“建筑安装工程投资”科目的期末余额填列。

(8)“设备投资”项目,反映建设单位期末尚处于安装过程中的设备以及尚未交付使用的不需要安装设备和为生产准备的不够固定资产标准的工具、器具的实际成本。根据“设备投资”科目的期末余额填列。

(9)“待摊投资”项目,反映建设单位发生的期末尚未分配计入交付使用资产成本的费用性投资支出。根据“待摊投资”科目的期末余额填列。

(10)“其他投资”项目,反映建设单位期末尚未交付使用的房屋、办公及生活用家具、器具等购置投资支出;役畜、基本畜禽、林木的购置、饲养、培育等投资支出;为生产企业用基建投资购置的尚未交付的专利权、土地使用权等无形资产以及递延资产等支出。根据“其他投资”科目的期末余额填列。

(11)“应收生产单位投资借款”项目,反映实行基本建设投资借款的建设单位应向生产单位收取的基建投资借款。根据“应收生产单位投资借款”科目期末余额填列。

(12)“拨付所属投资借款”项目,反映主管部门拨付所属建设单位“统借统还”的投资借款。根据“拨付所属投资借款”科目的期末余额填列。主管部门编制汇总报表时,该项数字应与“上级拨入投资借款”项目数字相互抵消。

(13)“器材”项目,反映建设单位期末在库、在途和在加工中的设备和材料的实际成本,但不包括在库的不需要安装设备及工具、器具的实际成本(该部分成本在设备投资中反映)。本项目应根据“器材采购”、“采购保管费”、“库存材料”、“库存设备”、“材料成本差异”、“委托加工器材”、“待处理财产损失—待处理设备损失”和“待处理财产损失—待处理材料损失”等科目的期末余额合计填列。“待处理财产损失—待处理设备损失”和“待处理财产损失—待处理材料损失”的数额,还应在“其中:待处理器材损失”项目单独反映。

(14)“银行存款”项目,反映期末银行存款的余额,根据“银行存款”科目的期末余额填列。

(15)“现金”项目,反映建设单位期末的库存现金。根据“现金”科目的期末余额填列。

(16)“预付备料款”项目,反映按规定预付给施工企业的备料款。根据“预付备料款”科目期末余额填列。

(17)“预付工程款”项目,反映按规定预付给施工企业的工程款。根据“预付工程款”科目期末余额填列。

(18)“预付大型设备款”项目,反映按规定预付给供应单位的大型设备款。根据“应付器材款”科目所属有关明细科目的借方余额填列。

(19)“应收有偿调出器材及工程款”项目,反映有偿调出设备、材料及有偿转出未完工程的应收价款,根据“应收有偿调出器材及工程款”科目期末借方余额填列。

(20)“应收票据”项目,反映建设单位收到的未到期收款也未向银行贴现的应收票据。根据“应收票据”科目的期末余额填列。

(21)“其他应收款”项目,反映除上述预付款项和应收款项以外的其他各项应收及预付款项。根据“其他应收款”科目期末余额填列。

(22)“有价证券”项目,反映建设单位购买的国库券等有价证券。根据“有价证券”科目的期末余额填列。

(23)“固定资产原价”项目,反映建设单位自用的各种固定资产的原价。根据“固定资产”科目的期末余额填列。

(24)“累计折旧”项目,反映期末固定资产的累计折旧额,根据“累计折旧”科目的期末余额填列。

(25)“固定资产净值”项目,根据“固定资产原价”项目减“累计折旧”项目的余额填列。

(26)“固定资产清理”项目,反映建设单位毁损,报废等原因转入清理但尚未清理完毕的固定资产净值以及在清理过程中发生的清理费用和变价收入等各项金额的差额。根据“固定资产清理”科目的期末余额填列。如为贷方余额应以“—”号反映。

(27)“待处理固定资产损失”项目,反映建设单位在清查财产中发现的尚待批准处理的固定资产盘亏扣除盘盈后的净损失。根据“待处理财产损失”科目所属“待处理固定资产损失”明细科目的期末余额填列。

4.本表资金来源方各项目的内容及“期末数”的填列方法:

(1)“以前年度拨款”项目,反映以前年度拨入的到本年末尚未冲转的各种基本建设拨款。根据“基建拨款”科目所属“以前年度拨款”明细科目的期末余额填列。

(2)“本年预算拨款”项目,反映本年内由地方财政预算拨入的基本建设拨款。根据“基建拨款”科目所属“本年预算拨款”明细科目的期末余额减去本年预算限额存款期末余额后的差额填列。本年预算限额存款期末余额应在本项目的括号内单独反映。

(3)“本年基建基金拨款”项目,反映本年内由中央财政预算拨入的基本建设基金拨款。根据“基建拨款”科目所属“本年基建基金拨款”明细科目的期末余额减去本年基建基金限额存款期末余额后的差额填列。本年基建基金限额存款期末余额应在本项目的括号内单独反映。

(4)“本年进口设备转账拨款”项目,反映本年内由主管部门转账拨入的进口成套设备价款和有关费用。根据“基建拨款”科目所属“本年进口设备转账拨款”明细科目期末余额填列。

(5)“本年器材转账拨款”项目,反映本年内由上级主管部门从本系统其他建设单位转账拨入的设备、材料价款。转账拨出的设备、材料也在本项目内反映。根据“基建拨款”科目所属“本年器材转账拨款”明细科目期末余额填列。拨出数大于拨入数的差额,以“—”号表示。

(6)“本年煤代油专用基金拨款”项目,反映本年内由主管部门拨入的煤代油专用基金。根据“基建拨款”科目所属“本年煤代油专用基金拨款”明细科目的期末余额填列。

(7)“本年自筹资金拨款”项目,反映由主管部门、地方财政、企业生产单位等拨入并批准本年使用的自筹资金。根据“基建拨款”科目所属“本年自筹资金拨款”明细科目的期末余额填列。

(8)“本年财政贴息资金拨款”项目,反映本年内由财政拨入的贴息资金。根据“基建拨款”科目所属“本年财政贴息资金拨款”明细科目的期末余额填列。

(9)“本年其他拨款”项目,反映除上述拨款以外的其他各项拨款。根据“基建拨款”科目所属“本年其他拨款”明细科目的期末余额填列。

(10)“待转自筹资金拨款”项目,反映建设单位按规定预存建设银行待批准使用的自筹基建资金。根据“基建拨款”科目所属“待转自筹资金拨款”明细科目的期末余额填列。

(11)“预收下年度预算拨款”项目,反映建设单位本年收到的下年度预算拨款。根据“基建拨款”科目所属“预收下年度预算拨款”明细科目的期末余额减去预收下年度限额存款期末余额后的差额填列。预收下年度限额存款期末余额,应在本项目的括号内单独反映。

(12)“本年交回结余资金”项目,反映本年交回上级或交回财政的基建结余资金,根据“基建拨款”科目所属“本年交回结余资金”明细科目期末余额以“－”号填列。

(13)“联营拨款”项目,反映建设单位收到投资单位采用参股等投资形式拨入的联营投资拨款期末余额。本项目应根据“联营拨款”科目的期末余额填列。

(14)“基建投资借款”项目,反映建设单位借入的各种投资借款的期末余额。根据“基建投资借款”科目的期末余额填列。

(15)“其他借款”项目,反映建设单位向银行借入的除基建投资借款以外的其他各种借款期末余额。根据“其他借款”科目的期末余额填列。

(16)“上级拨入投资借款”项目,反映实行“统借统还”投资借款的建设单位收到上级主管部门拨入的基建投资借款,根据“上级拨入投资借款”科目的期末余额填列。主管部门编制汇总会计报表时,该项目数字应与“拨付所属投资借款”项目数字相互抵销。

(17)“企业债券资金”项目,反映建设单位收到的企业债券资金(包括债券本金和应计入工程成本的债券利息)期末余额。根据“企业债券资金”科目期末余额填列。

(18)“待冲基建支出”项目,反映实行投资借款的建设单位当年完成的所有待冲销的交付生产单位使用的资产价值。根据“待冲基建支出”科目的期末余额填列。

(19)“应付器材款”项目,反映因购入器材而应付给供应单位的款项。根据“应付器材款”科目所属有关明细科目的贷方期末余额合计填列。

(20)“应付工程款”项目,反映已经办理工程价款结算手续但尚未付给施工企业的工程价款。根据“应付工程款”科目的期末余额填列。

(21)“应付有偿调入器材及工程款”项目,反映有偿调入设备、材料及有偿转入未完工程的应付价款。根据“应付有偿调入器材及工程款”科目的期末余额填列。

(22)“应付票据”项目,反映建设单位为抵付货款和工程价款等而开出、承兑的尚未到期付款的应付票据。根据“应付票据”科目的期末余额填列。

(23)“应付福利费”项目,反映建设单位按规定提取尚未支用的福利费。根据“应付福利费”科目的期末余额填列。

(24)“其他应付款”项目,反映除上述各种应付款项以外的其他应付、暂收款项。根据“其他应付款”和“应付工资”科目的期末余额合计填列。

(25)“未交税金”项目,反映建设单位应交未交的各种税金。根据“应交税金”科目的期末余额填列。

(26)“未交基建收入”项目,反映建设单位应交未交的基建收入。根据“应交基建收入”科目的期末余额填列。

(27)“未交基建包干节余”项目,反映建设单位应交未交的基建包干节余。根据“应交基建包干节余”科目的期末余额填列。

(28)“其他未交款”项目,反映建设单位应交未交的除税金、基建收入、基建包干节余以外的其他款项。根据“其他应交款”科目的期末余额填列。

(29)“上级拨入资金”项目,反映建设单位收到投资单位(主管部门或企业)拨入的供建设单位组织和管理基本建设活动使用的资金。根据“上级拨入资金”科目的期末余额填列。

(30)“留成收入”项目,反映建设单位按规定从实现的基建收入和基建包干节余中提取的留归建设单位使用的各种收入。根据“留成收入”科目的期末余额填列。

基建投资表(会建 02 表)

1.本表反映从开始建设起到本年年末止累计拨入、借入的基本建设资金以及这些资金的使用情况。编制本表是为了检查项目概算执行情况,考核分析投资效果,并为编制竣工决算提供资料。

2.各省、自治区、直辖市汇总本表时,按列入国家计划的大中型项目逐项填列;中央各主管部门按列入国家计划的大中型项目逐项填列,小型项目汇总填列。

3.“工程及费用项目”栏,按设计概算或投资计划所列的工程和费用项目名称填列。分期建设的项目,只反映本期建设情况。

4.“开工日期”栏,填列实际开始施工的日期。

5.“概算数”,反映建设项目的投资概算数,根据批准的建设项目概算数填列。

6.“基建投资拨款及借款”栏所属“累计”栏,反映自开始建设起到本年年末止累计基建拨款、基建投资借款、企业债券资金、联营拨款的合计数,根据上年本表该栏数字和“基建拨款”、“基建投资借款”、“联营拨款”和“企业债券资金”科目的本年贷方累计发生额(扣除“以前年度拨款”、“待转自筹资金拨款”栏、“预收下年度预算拨款”数)合计填列。其中,“国家拨款”,反映自开始建设起到本年年末止累计由财政拨入的基本建设资金,根据上年本表该栏数字和“基建拨款”科目所属“本年预算拨款”、“本年基建基金拨款”、“本年进口设备转账拨款”、“本年财政贴息资金拨款”等明细科目的本年贷方发生额合计填列;“单位拨款”栏,反映自开始建设起到本年年末止累计由单位拨入的基本建设资金,根据上年本表该栏数字和“基建拨款”科目所属“本年自筹资金拨款”、“本年其他拨款”等明细科目的本年贷方发生额以及“联营拨款”科目的本年贷方发生额分析计算填列;“基建投资借款”栏,反映自开始建设起到本年年末止累计借入的各种投资借款,根据上年本表该栏数字和“基建投资借款”科目本年贷方发生额计算填列。“企业债券资金”栏,反映自开始建设起到本年年末止累计拨入的企业债券资金,根据上年本表该栏数字和“企业债券资金”科目本年贷方发生额填列。

7.“基建投资支出”栏所属“累计”栏,反映自开始建设起到本年年末止累计发生的基本建设支出,根据 9? 14 栏数字合计填列。“固定资产“、“流动资产”、“无形资产”和“递延资产”栏,分别反映自开始建设起到本年年末止累计已移交生产使用单位的固定资产、流动资产、无形资产和递延资产。分别根据上年本表该栏数字和“交付使用资产”科目的本年年末借方余额分析计算填列。“在建工程”栏,反映建设单位各种在建工程成本的年末余额。根据“建筑安装工程投资”、“设备投资”、“待摊投资”和“其他投资”科目的年末借方余额合计填列。

8.“其他基建支出”栏,反映自开始建设起至 1993 年 7 月 1 日以前发生的应核销投资、应核销其他支出和转出投资。根据上年本表该栏数字填列。

待摊投资明细表(会建 03 表)

1.本表反映建设单位本年度发生的各种待摊投资明细情况。编制本表是为了检查建设单位概预算和基建财务制度的执行情况。

2.本表各项目的填列方法:

(1)本表“贷转存利息收入”项目,反映实行投资借款的建设单位将贷款转入存款户后所实现的存款利息收入,本项目应根据“待摊投资—借款利息”科目的本年贷方发生额分析填列。

(2)本表“汇兑损益”、“固定资产损失”、“器材处理亏损”、“设备盘亏及毁损”和“调整器材调拨价格折价”项目，均反映建设单位当年发生的应计入交付使用资产价值的各项净损失，应分别根据“待摊投资”科目所属有关明细科目的本年借方或贷方发生额分析计算填列。

(3)本年其他各项目，分别根据“待摊投资”科目所属明细科目的本年借方发生额分析填列。

基建借款情况表(会建表04表)

1.本表反映建设单位各种基建借款的借入、归还及豁免情况。

2.本表各行反映的内容如下：

(1)“拨改贷投资借款”项目，反映建设单位借入的预算内拨改贷投资借款。

(2)“国家开发银行投资借款”项目，反映建设单位从国家开发银行借入的投资借款。

“用软贷款安排的投资借款”项目，反映建设单位从国家开发银行借入的用国家预算划拨的基金安排的基建投资借款。

(3)“国家专业投资公司委托借款”项目，反映建设单位从原国家专业投资公司借入的投资借款。

“基建基金委托借款”项目，反映原国家专业投资公司用国家预算拨入的基金安排的投资借款。

“其他委托借款”项目，反映原国家专业投资公司用发行建设债券筹措的资金安排的投资借款。

(4)“部门统借基建基金借款”项目，反映建设单位借入的由主管部门从财政统借的基建基金借款。

(5)“部门基建基金借款”项目，反映实行基金制的主管部门用部门管理的基建基金安排的投资借款。

(6)“特种拨改贷投资借款”项目，反映建设单位借入的用发行国家重点建设债券筹集的资金安排的投资借款。

(7)“建设银行投资借款”项目，反映建设单位借入的建设银行发放的基建投资借款。

(8)“煤代油投资借款”项目，反映建设单位借入的煤代油投资借款。

(9)“国外借款”项目，反映建设单位从国外政府、国际金融组织和国外金融机构借入的基建投资借款。

(10)“其他投资借款”项目，反映建设单位借入的除上述投资借款以外的其他投资借款。如建设单位从工商银行、农业银行和中国银行借入的基建投资借款。

(11)“国内储备借款”项目，反映建设单位为以后年度储备设备、材料而向建设银行借入的储备借款。

“中央基建储备借款”项目，反映中央级建设单位从建设银行总行借入的储备借款。

(12)“周转借款”项目，反映实行投资包干责任制的建设单位，由于建设单位进度提前，年度投资借款指标不足，而向银行借入的周转借款。

3.本表纵向各栏的填列方法：

(1)“年初借款余额”栏，反映建设单位年初各种基建借款的余额。根据上年本表“年末借款余额”数字分行填列。

(2)"本年实际借款数"栏所属"本金"和"利息"栏,反映建设单位自年初起到本年年末止支用的基本建设投资借款,国内储备借款、周转借款和生产自立借款本金及发生的利息或资金占用费,分别根据"基建投资借款"和"其他借款"科目本年贷方累计发生额分析填列。

(3)"本年还款数"栏所属"本金"和"利息"栏,反映建设单位本年累计归还的各种借款本金和利息或资金占用费,分别根据"基建投资借款"和"其他借款"科目本年借方累计发生额分析填列。

(4)"本年豁免数"栏所属"本金"和"利息"栏,反映建设单位本年内经批准豁免的基建借款本金及利息,根据"基建投资借款"科目本年借方有关发生额分析填列。

(5)"年末借方余额"栏,反映建设单位本年年末各种基建借款余额,根据"基建投资借款"、"其他借款"科目年末贷方余额填列。

投资包干情况表(会建05表)

1.本表反映实行基建概算投资包干责任制的建设单位基建包干节余的提取和分配情况。

主管部门汇总编制本表时,按所属实行概算投资包干责任制的建设单位逐行填列。

2.本表各栏的内容及填列方法:

(1)"建设项目概算包干数"栏,根据概算批准的包干合同(或协议)中确定的概算包干数填列。

(2)"已完单项工程概算数"栏,根据批准的基建概算中该单项工程概算数填列。

(3)"已完单项工程实际支出"栏,反映已竣工的单项工程实际支出数额。根据上年本表该栏数字和"交付使用资产"科目本年借方有关发生额分析填列。

(4)"已完单项工程概算节余数"栏,反映已完单项工程实现的包干节余,根据2栏数字减3栏数字后的余额填列。

(5)"预提留用包干节余数"栏,反映建设单位在建设期间按规定预提留用的包干节余,根据上年本表该栏数字和"应交基建包干节余"科目本年贷方累计发生额分析填列。

(6)"建设项目概算包干节余数"栏,反映实行包干的建设项目全部竣工实现的包干节余,根据"应交基建包干节余"科目本年贷方发生额分析填列。

(7)"应留用包干节余数"栏,反映建设单位按规定结转留用的包干节余。根据实现的包干节余按规定比例计算填列。

(8)"应归还基建借款包干节余数"栏,反映建设单位按规定应用于归还基建投资借款的包干节余,根据实现的包干节余按规定比例计算填列。

(9)"应付财政和主管部门包干节余数"栏,反映实行基建拨款办法的建设单位上缴财政和主管部门的包干节余。根据实现的包干节余和规定的上交比例计算填列。

(10)"已归还基建借款包干节余数"栏,反映已用于归还基建投资借款的包干节余,根据上年本表该栏数字和"应交基建包干节余"科目本年借方发生额分析填列。

(11)"已交财政和主管部门包干节余数"栏,反映建设单位实际已上缴财政和主管部门的包干节余,根据上年本表该栏数字和"应交基建包干节余"科目的本年借方发生额分析填列。

关于印发《会计基础工作规范》的通知

（财会字〔1996〕19号）

各省、自治区、直辖市、计划单列市财政厅(局)，国务院有关部、委、局、总公司财务司：

为了加强会计基础工作，建立规范的会计工作秩序，不断提高会计工作水平，我部制定了《会计基础工作规范》(以下简称《规范》)，现予以发布，请根据本地区、本部门会计基础工作的实际组织实施。实施中的有关要求如下：

一、要广泛宣传学习《规范》。《规范》是各单位和广大会计人员开展会计基础工作的基本标准，也是各级财政部门、业务主管部门检查会计基础工作情况的重要依据。因此，要结合《规范》的实施，广泛宣传加强会计基础工作的重要性和必要性，宣传会计基础工作各个方面的基本要求，统一各级领导和广大会计人员对会计基础工作的认识，使各单位的会计人员了解和掌握会计基础工作的各项要求，做好会计基础工作。

二、要把实施《规范》与整顿会计工作秩序、实现会计基础工作规范化结合起来。各级财政部门、业务主管部门要根据《国务院关于整顿会计工作秩序进一步提高会计工作质量的通知》精神，督促各单位按照《规范》的要求建账。同时，把贯彻《规范》的各项规定、促进会计基础工作规范化作为一项经常性工作，抓紧抓好。各单位的会计人员应当经常对照《规范》的要求进行自我检查和整改，以扎实、有序的会计基础工作，保证会计工作质量的提高和职能作用的有效发挥。

各地区、各部门在实施《规范》中有什么问题和意见，请及时向我部反映。

财政部

1996年6月12日

附件：

会计基础工作规范

第一章　总　则

第一条　为了加强会计基础工作，建立规范的会计工作秩序，提高会计工作水平，根据《中华人民共和国会计法》的有关规定，制定本规范。

第二条　国家机关、社会团体、企业、事业单位、个体工商户和其他组织的会计基础工作，应当符合本规范的规定。

第三条　各单位应当依据有关法律、法规和本规范的规定，加强会计基础工作，严格执行会计法规制度，保证会计工作依法有序地进行。

第四条　单位领导人对本单位的会计基础工作负有领导责任。

第五条　各省、自治区、直辖市财政厅（局）要加强对会计基础工作的管理和指导，通过政策引导、经验交流、监督检查等措施，促进基层单位加强会计基础工作，不断提高会计工作水平。

国务院各业务主管部门根据职责权限管理本部门的会计基础工作。

第二章　会计机构和会计人员

第一节　会计机构设置和会计人员配备

第六条　各单位应当根据会计业务的需要设置会计机构；不具备单独设置会计机构条件的，应当在有关机构中配备专职会计人员。

事业行政单位会计机构的设置和会计人员的配备，应当符合国家统一事业行政单位会计制度的规定。

设置会计机构，应当配备会计机构负责人；在有关机构中配备专职会计人员，应当在专职会计人员中指定会计主管人员。

会计机构负责人、会计主管人员的任免，应当符合《中华人民共和国会计法》和有关法律的规定。

第七条　会计机构负责人、会计主管人员应当具备下列基本条件：

（一）坚持原则，廉洁奉公；

（二）具有会计专业技术资格；

（三）主管一个单位或者单位内一个重要方面的财务会计工作时间不少于 2 年；

（四）熟悉国家财经法律、法规、规章和方针、政策，掌握本行业业务管理的有关知识；

（五）有较强的组织能力；

（六）身体状况能够适应本职工作的要求。

第八条　没有设置会计机构和配备会计人员的单位，应当根据《代理记账管理暂行办法》委托会计师事务所或者持有代理记账许可证书的其他代理记账机构进行代理记账。

第九条 大、中型企业、事业单位、业务主管部门应当根据法律和国家有关规定设置总会计师。总会计师由具有会计师以上专业技术资格的人员担任。

总会计师行使《总会计师条例》规定的职责、权限。

总会计师的任命(聘任)、免职(解聘)依照《总会计师条例》和有关法律的规定办理。

第十条 各单位应当根据会计业务需要配备持有会计证的会计人员。未取得会计证的人员,不得从事会计工作。

第十一条 各单位应当根据会计业务需要设置会计工作岗位。

会计工作岗位一般可分为:会计机构负责人或者会计主管人员,出纳,财产物资核算,工资核算,成本费用核算,财务成果核算,资金核算,往来结算,总账报表,稽核,档案管理等。开展会计电算化和管理会计的单位,可以根据需要设置相应工作岗位,也可以与其他工作岗位相结合。

第十二条 会计工作岗位,可以一人一岗、一人多岗或者一岗多人。但出纳人员不得兼管稽核、会计档案保管和收入、费用、债权债务账目的登记工作。

第十三条 会计人员的工作岗位应当有计划地进行轮换。

第十四条 会计人员应当具备必要的专业知识和专业技能,熟悉国家有关法律、法规、规章和国家统一会计制度,遵守职业道德。

会计人员应当按照国家有关规定参加会计业务的培训。各单位应当合理安排会计人员的培训,保证会计人员每年有一定时间用于学习和参加培训。

第十五条 各单位领导人应当支持会计机构、会计人员依法行使职权;对忠于职守,坚持原则,做出显著成绩的会计机构、会计人员,应当给予精神的和物质的奖励。

第十六条 国家机关、国有企业、事业单位任用会计人员应当实行回避制度。

单位领导人的直系亲属不得担任本单位的会计机构负责人、会计主管人员。会计机构负责人、会计主管人员的直系亲属不得在本单位会计机构中担任出纳工作。

需要回避的直系亲属为:夫妻关系、直系血亲关系、三代以内旁系血亲以及配偶亲关系。

第二节　会计人员职业道德

第十七条 会计人员在会计工作中应当遵守职业道德,树立良好的职业品质、严谨的工作作风,严守工作纪律,努力提高工作效率和工作质量。

第十八条 会计人员应当热爱本职工作,努力钻研业务,使自己的知识和技能适应所从事工作的要求。

第十九条 会计人员应当熟悉财经法律、法规、规章和国家统一会计制度,并结合会计工作进行广泛宣传。

第二十条 会计人员应当按照会计法规、法规和国家统一会计制度规定的程序和要求进行会计工作,保证所提供的会计信息合法、真实、准确、及时、完整。

第二十一条 会计人员办理会计事务应当实事求是、客观公正。

第二十二条 会计人员应当熟悉本单位的生产经营和业务管理情况,运用掌握的会计信息和会计方法,为改善单位内部管理、提高经济效益服务。

第二十三条 会计人员应当保守本单位的商业秘密。除法律规定和单位领导人同意外,不能私自向外界提供或者泄露单位的会计信息。

第二十四条 财政部门、业务主管部门和各单位应当定期检查会计人员遵守职业道德的情况,并作为会计人员晋升、晋级、聘任专业职务、表彰奖励的重要考核依据。

会计人员违反职业道德的,由所在单位进行处罚;情节严重的,由会计证发证机关吊销其会计证。

第三节 会计工作交接

第二十五条 会计人员工作调动或者因故离职,必须将本人所经管的会计工作全部移交给接替人员。没有办清交接手续的,不得调动或者离职。

第二十六条 接替人员应当认真接管移交工作,并继续办理移交的未了事项。

第二十七条 会计人员办理移交手续前,必须及时做好以下工作:

(一)已经受理的经济业务尚未填制会计凭证的,应当填制完毕。

(二)尚未登记的账目,应当登记完毕,并在最后一笔余额后加盖经办人员印章。

(三)整理应该移交的各项资料,对未了事项写出书面材料。

(四)编制移交清册,列明应当移交的会计凭证、会计账簿、会计报表、印章、现金、有价证券、支票簿、发票、文件、其他会计资料和物品等内容;实行会计电算化的单位,从事该项工作的移交人员还应当在移交清册中列明会计软件及密码、会计软件数据磁盘(磁带等)及有关资料、实物等内容。

第二十八条 会计人员办理交接手续,必须有监交人负责监交。一般会计人员交接,由单位会计机构负责人、会计主管人员负责监交;会计机构负责人、会计主管人员交接,由单位领导人负责监交,必要时可由上级主管部门派人会同监交。

第二十九条 移交人员在办理移交时,要按移交清册逐项移交;接替人员要逐项核对点收。

(一)现金、有价证券要根据会计账簿有关记录进行点交。库存现金、有价证券必须与会计账簿记录保持一致。不一致时,移交人员必须限期查清。

(二)会计凭证、会计账簿、会计报表和其他会计资料必须完整无缺。如有短缺,必须查清原因,并在移交清册中注明,由移交人员负责。

(三)银行存款账户余额要与银行对账单核对,如不一致,应当编制银行存款余额调节表调节相符,各种财产物资和债权债务的明细账户余额要与总账有关账户余额核对相符;必要时,要抽查个别账户的余额,与实物核对相符,或者与往来单位、个人核对清楚。

(四)移交人员经管的票据、印章和其他实物等,必须交接清楚;移交人员从事会计电算化工作的,要对有关电子数据在实际操作状态下进行交接。

第三十条 会计机构负责人、会计主管人员移交时,还必须将全部财务会计工作、重大财务收支和会计人员的情况等,向接替人员详细介绍。对需要移交的遗留问题,应当写出书面材料。

第三十一条 交接完毕后,交接双方和监交人员要在移交注册上签名或者盖章。并应在移交注册上注明:单位名称,交接日期,交接双方和监交人员的职务、姓名,移交清册页数以及需要说明的问题和意见等。

移交清册一般应当填制一式三份,交接双方各执一份,存档一份。

第三十二条 接替人员应当继续使用移交的会计账簿,不得自行另立新账,以保持会计记录的连续性。

第三十三条 会计人员临时离职或者因病不能工作且需要接替或者代理的，会计机构负责人、会计主管人员或者单位领导人必须指定有关人员接替或者代理，并办理交接手续。

临时离职或者因病不能工作的会计人员恢复工作的，应当与接替或者代理人员办理交接手续。

移交人员因病或者其他特殊原因不能亲自办理移交的，经单位领导人批准，可由移交人员委托他人代办移交，但委托人应当承担本规范第三十五条规定的责任。

第三十四条 单位撤销时，必须留有必要的会计人员，会同有关人员办理清理工作，编制决算。未移交前，不得离职。接收单位和移交日期由主管部门确定。

单位合并、分立的，其会计工作交接手续比照上述有关规定办理。

第三十五条 移交人员对所移交的会计凭证、会计账簿、会计报表和其他有关资料的合法性、真实性承担法律责任。

第三章 会计核算

第一节 会计核算一般要求

第三十六条 各单位应当按照《中华人民共和国会计法》和国家统一会计制度的规定建立会计账册，进行会计核算，及时提供合法、真实、准确、完整的会计信息。

第三十七条 各单位发生的下列事项，应当及时办理会计手续、进行会计核算：

(一)款项和有价证券的收付；

(二)财物的收发、增减和使用；

(三)债权债务的发生和结算；

(四)资本、基金的增减；

(五)收入、支出、费用、成本的计算；

(六)财务成果的计算和处理；

(七)其他需要办理会计手续、进行会计核算的事项。

第三十八条 各单位的会计核算应当以实际发生的经济业务为依据，按照规定的会计处理方法进行，保证会计指标的口径一致、相互可比和会计处理方法的前后各期相一致。

第三十九条 会计年度自公历1月1日起至12月31日止。

第四十条 会计核算以人民币为记账本位币。

收支业务以外国货币为主的单位，也可以选定某种外国货币作为记账本位币，但是编制的会计报表应当折算为人民币反映。

境外单位向国内有关部门编报的会计报表，应当折算为人民币反映。

第四十一条 各单位根据国家统一会计制度的要求，在不影响会计核算要求、会计报表指标汇总和对外统一会计报表的前提下，可以根据实际情况自行设置和使用会计科目。

事业行政单位会计科目的设置和使用，应当符合国家统一事业行政单位会计制度的规定。

第四十二条 会计凭证、会计账簿、会计报表和其他会计资料的内容和要求必须符合国家统一会计制度的规定，不得伪造、变造会计凭证和会计账簿，不得设置账外账，不得报送虚假会计报表。

第四十三条 各单位对外报送的会计报表格式由财政部统一规定。

第四十四条 实行会计电算化的单位，对使用的会计软件及其生成的会计凭证、会计账簿、会计报表和其他会计资料的要求，应当符合财政部关于会计电算化的有关规定。

第四十五条 各单位的会计凭证、会计账簿、会计报表和其他会计资料，应当建立档案，妥善保管。会计档案建档要求、保管期限、销毁办法等依据《会计档案管理办法》的规定进行。

实行会计电算化的单位，有关电子数据、会计软件资料等应当作为会计档案进行管理。

第四十六条 会计记录的文字应当使用中文，少数民族自治地区可以同时使用少数民族文字。中国境内的外商投资企业、外国企业和其他外国经济组织也可以同时使用某种外国文字。

第二节 填制会计凭证

第四十七条 各单位办理本规范第三十七条规定的事项，必须取得或者填制原始凭证，并及时送交会计机构。

第四十八条 原始凭证的基本要求是：

（一）原始凭证的内容必须具备：凭证的名称；填制凭证的日期；填制凭证单位名称或者填制人姓名；经办人员的签名或者盖章；接受凭证单位名称；经济业务内容；数量、单价和金额。

（二）从外单位取得的原始凭证，必须盖有填制单位的公章；从个人取得的原始凭证，必须有填制人员的签名或者盖章。自制原始凭证必须有经办单位领导人或者其指定的人员签名或者盖章。对外开出的原始凭证，必须加盖本单位公章。

（三）凡填有大写和小写金额的原始凭证，大写与小写金额必须相符。购买实物的原始凭证，必须有验收证明。支付款项的原始凭证，必须有收款单位和收款人的收款证明。

（四）一式几联的原始凭证，应当注明各联的用途，只能以一联作为报销凭证。

一式几联的发票和收据，必须用双面复写纸（发票和收据本身具备复写纸功能的除外）套写，并连续编号。作废时应当加盖“作废”戳记，连同存根一起保存，不得撕毁。

（五）发生销货退回的，除填制退货发票外，还必须有退货验收证明；退款时，必须取得对方的收款收据或者汇款银行的凭证，不得以退货发票代替收据。

（六）职工公出借款凭据，必须附在记账凭证之后。收回借款时，应当另开收据或者退还借据副本，不得退还原借款收据。

（七）经上级有关部门批准的经济业务，应当将批准文件作为原始凭证附件。如果批准文件需要单独归档的，应当在凭证上注明批准机关名称、日期和文件字号。

第四十九条 原始凭证不得涂改、挖补。发现原始凭证有错误的，应当由开出单位重开或者更正，更正处应当加盖开出单位的公章。

第五十条 会计机构、会计人员要根据审核无误的原始凭证填制记账凭证。

记账凭证可以分为收款凭证、付款凭证和转账凭证，也可以使用通用记账凭证。

第五十一条 记账凭证的基本要求是：

（一）记账凭证的内容必须具备：填制凭证的日期、凭证编号、经济业务摘要、会计科目、金额、所附原始凭证张数；填制凭证人员、稽核人员、记账人员、会计机构负责人、会计主管人员签名或者盖章。收款和付款记账凭证还应当由出纳人员签名或者盖章。

以自制的原始凭证或者原始凭证汇总表代替记账凭证的，也必须具备记账凭证应有的项目。

(二)填制记账凭证时,应当对记账凭证进行连续编号。一笔经济业务需要填制两张以上记账凭证的,可以采用分数编号法编号。

(三)记账凭证可以根据每一张原始凭证填制,或者根据若干张同类原始凭证汇总填制,也可以根据原始凭证汇总表填制。但不得将不同内容和类别的原始凭证汇总填制在一张记账凭证上。

(四)除结账和更正错误的记账凭证可以不附原始凭证外,其他记账凭证必须附有原始凭证。如果一张原始凭证涉及几张记账凭证,可以把原始凭证附在一张主要的记账凭证后面,并在其他记账凭证上注明附有该原始凭证的记账凭证的编号或者附原始凭证复印件。

一张原始凭证所列支出需要几个单位共同负担的,应当将其他单位负担的部分,开给对方原始凭证分割单,进行结算。原始凭证分割单必须具备原始凭证的基本内容:凭证名称、填制凭证日期、填制凭证单位名称或者填制人姓名、经办人的签名或者盖章、接受凭证单位名称、经济业务内容、数量、单价、金额和费用分摊情况等。

(五)如果在填制记账凭证时发生错误,应当重新填制。

已经登记入账的记账凭证,在当年内发现填写错误时,可以用红字填写一张与原内容相同的记账凭证,在摘要栏注明"注销某月某日某号凭证"字样,同时再用蓝字重新填制一张正确的记账凭证,注明"订正某月某日某号凭证"字样。如果会计科目没有错误,只是金额错误,也可以将正确数字与错误数字之间的差额,另编一张调整的记账凭证,调增金额用蓝字,调减金额用红字。发现以前年度记账凭证有错误的,应当用蓝字填制一张更正的记账凭证。

(六)记账凭证填制完经济业务事项后,如有空行,应当自金额栏最后一笔金额数字下的空行处至合计数上的空行处划线注销。

第五十二条 填制会计凭证,字迹必须清晰、工整,并符合下列要求:

(一)阿拉伯数字应当一个一个地写,不得连笔写。阿拉伯金额数字前面应当书写货币币种符号或者货币名称简写和币种符号。币种符号与阿拉伯金额数字之间不得留有空白。凡阿拉伯数字前写有币种符号的,数字后面不再写货币单位。

(二)所有以元为单位(其他货币种类为货币基本单位,下同)的阿拉伯数字,除表示单价等情况外,一律填写到角分;无角分的,角位和分位可写"00",或者符号"—";有角无分的,分位应当写"0",不得用符号"—"代替。

(三)汉字大写数字金额如零、壹、贰、叁、肆、伍、陆、柒、捌、玖、拾、佰、仟、万、亿等,一律用正楷或者行书体书写,不得用0、一、二、三、四、五、六、七、八、九、十等简化字代替,不得任意自造简化字。大写金额数字到元或者角为止的,在"元"或者"角"字之后应当写"整"字或者"正"字;大写金额数字有分的,分字后面不写"整"或者"正"字。

(四)大写金额数字前未印有货币名称的,应当加填货币名称,货币名称与金额数字之间不得留有空白。

(五)阿拉伯金额数字中间有"0"时,汉字大写金额要写"零"字;阿拉伯数字金额中间连续有几个"0"时,汉字大写金额中可以只写一个"零"字;阿拉伯金额数字元位是"0",或者数字中间连续有几个"0"、元位也是"0"但角位不是"0"时,汉字大写金额可以只写一个"零"字,也可以不写"零"字。

第五十三条 实行会计电算化的单位,对于机制记账凭证,要认真审核,做到会计科目使用正确,数字准确无误。打印出的机制记账凭证要加盖制单人员、审核人员、记账人员及会计机构负责人、会计主管人员印章或者签字。

第五十四条 各单位会计凭证的传递程序应当科学、合理,具体办法由各单位根据会计业务需要自行规定。

第五十五条 会计机构、会计人员要妥善保管会计凭证。

(一)会计凭证应当及时传递,不得积压。

(二)会计凭证登记完毕后,应当按照分类和编号顺序保管,不得散乱丢失。

(三)记账凭证应当连同所附的原始凭证或者原始凭证汇总表,按照编号顺序,折叠整齐,按期装订成册,并加具封面,注明单位名称、年度、月份和起讫日期、凭证种类、起讫号码,由装订人在装订线封签外签名或者盖章。

对于数量过多的原始凭证,可以单独装订保管,在封面上注明记账凭证日期、编号、种类,同时在记账凭证上注明"附件另订"和原始凭证名称及编号。

各种经济合同、存出保证金收据以及涉外文件等重要原始凭证,应当另编目录,单独登记保管,并在有关的记账凭证和原始凭证上相互注明日期和编号。

(四)原始凭证不得外借,其他单位如因特殊原因需要使用原始凭证时,经本单位会计机构负责人、会计主管人员批准,可以复制。向外单位提供的原始凭证复制件,应当在专设的登记簿上登记,并由提供人员和收取人员共同签名或者盖章。

(五)从外单位取得的原始凭证如有遗失,应当取得原开出单位盖有公章的证明,并注明原来凭证的号码、金额和内容等,由经办单位会计机构负责人、会计主管人员和单位领导人批准后,才能代作原始凭证。如果确实无法取得证明的,如火车、轮船、飞机票等凭证,由当事人写出详细情况,由经办单位会计机构负责人、会计主管人员和单位领导人批准后,代作原始凭证。

第三节 登记会计账簿

第五十六条 各单位应当按照国家统一会计制度的规定和会计业务的需要设置会计账簿。会计账簿包括总账、明细账、日记账和其他辅助性账簿。

第五十七条 现金日记账和银行存款日记账必须采用订本式账簿。不得用银行对账单或者其他方法代替日记账。

第五十八条 实行会计电算化的单位,用计算机打印的会计账簿必须连续编号,经审核无误后装订成册,并由记账人员和会计机构负责人、会计主管人员签字或者盖章。

第五十九条 启用会计账簿时,应当在账簿封面上写明单位名称和账簿名称。在账簿扉页上应当附启用表,内容包括:启用日期、账簿页数、记账人员和会计机构负责人、会计主管人员姓名,并加盖名章和单位公章。记账人员或者会计机构负责人、会计主管人员调动工作时,应当注明交接日期、接办人员或者监交人员姓名,并由交接双方人员签名或者盖章。

启用订本式账簿,应当从第一页到最后一页顺序编定页数,不得跳页、缺号。使用活页式账页,应当按账户顺序编号,并须定期装订成册。装订后再按实际使用的账页顺序编定页码。另加目录,记明每个账户的名称和页次。

第六十条 会计人员应当根据审核无误的会计凭证登记会计账簿。登记账簿的基本要求是:

(一)登记会计账簿时,应当将会计凭证日期、编号、业务内容摘要、金额和其他有关资料逐项记入账内，做到数字准确、摘要清楚、登记及时、字迹工整。

(二)登记完毕后，要在记账凭证上签名或者盖章，并注明已经登账的符号，表示已经记账。

(三)账簿中书写的文字和数字上面要留有适当空格，不要写满格；一般应占格距的二分之一。

(四)登记账簿要用蓝黑墨水或者碳素墨水书写，不得使用圆珠笔(银行的复写账簿除外)或者铅笔书写。

(五)下列情况，可以用红色墨水记账：

1.按照红字冲账的记账凭证，冲销错误记录；

2.在不设借贷等栏的多栏式账页中，登记减少数；

3.在三栏式账户的余额栏前，如未印明余额方向的，在余额栏内登记负数余额；

4.根据国家统一会计制度的规定可以用红字登记的其他会计记录。

(六)各种账簿按页次顺序连续登记，不得跳行、隔页。如果发生跳行、隔页，应当将空行、空页划线注销，或者注明"此行空白"、"此页空白"字样，并由记账人员签名或者盖章。

(七)凡需要结出余额的账户，结出余额后，应当在"借或贷"等栏内写明"借"或者"贷"等字样。没有余额的账户，应当在"借或贷"等栏内写"平"字，并在余额栏内用"0"表示。

现金日记账和银行存款日记账必须逐日结出余额。

(八)每一账页登记完毕结转下页时，应当结出本页合计数及余额，写在本页最后一行和下页第一行有关栏内，并在摘要栏内注明"过次页"和"承前页"字样；也可以将本页合计数及金额只写在下页第一行有关栏内，并在摘要栏内注明"承前页"字样。

对需要结计本月发生额的账户，结计"过次页"的本页合计数应当为自本月初起至本页末止的发生额合计数；对需要结计本年累计发生额的账户，结计"过次页"的本页合计数应当为自年初起至本页末止的累计数；对既不需要结计本月发生额也不需要结计本年累计发生额的账户，可以只将每页末的余额结转次页。

第六十一条 实行会计电算化的单位，总账和明细账应当定期打印。

发生收款和付款业务的，在输入收款凭证和付款凭证的当天必须打印出现金日记账和银行存款日记账，并与库存现金核对无误。

第六十二条 账簿记录发生错误，不准涂改、挖补、刮擦或者用药水消除字迹，不准重新抄写，必须按照下列方法进行更正：

(一)登记账簿时发生错误，应当将错误的文字或者数字划红线注销，但必须使原有字迹仍可辨认；然后在划线上方填写正确的文字或者数字，并由记账人员在更正处盖章。对于错误的数字，应当全部划红线更正，不得只更正其中的错误数字。对于文字错误，可只划去错误的部分。

(二)由于记账凭证错误而使账簿记录发生错误，应当按更正的记账凭证登记账簿。

第六十三条 各单位应当定期对会计账簿记录的有关数字与库存实物、货币资金、有价证券、往来单位或者个人等进行相互核对，保证账证相符、账账相符、账实相符。对账工作每年至少进行一次。

(一)账证核对。核对会计账簿记录与原始凭证、记账凭证的时间、凭证字号、内容、金额是否一致，记账方向是否相符。

(二)账账核对。核对不同会计账簿之间的账簿记录是否相符，包括：总账有关账户的余额核对,总账与明细账核对,总账与日记账核对,会计部门的财产物资明细账与财产物资保管和使用部门的有关明细账核对等。

(三)账实核对。核对会计账簿记录与财产等实有数额是否相符。包括:现金日记账账面余额与现金实际库存数相核对;银行存款日记账账面余额定期与银行对账单相核对;各种财物明细账账面余额与财物实存数额相核对;各种应收、应付款明细账账面余额与有关债务、债权单位或者个人核对等。

第六十四条 各单位应当按照规定定期结账。

(一)结账前,必须将本期内所发生的各项经济业务全部登记入账。

(二)结账时,应当结出每个账户的期末余额。需要结出当月发生额的,应当在摘要栏内注明"本月合计"字样,并在下面通栏划单红线。需要结出本年累计发生额的,应当在摘要栏内注明"本年累计"字样,并在下面通栏划单红线;12月末的"本年累计"就是全年累计发生额。全年累计发生额下面应当通栏划双红线。年度终了结账时,所有总账账户都应当结出全年发生额和年末余额。

(三)年度终了,要把各账户的余额结转到下一会计年度,并在摘要栏注明"结转下年"字样;在下一会计年度新建有关会计账簿的第一行余额栏内填写上年结转的余额,并在摘要栏注明"上年结转"字样。

第四节 编制财务报告

第六十五条 各单位必须按照国家统一会计制度的规定,定期编制财务报告。

财务报告包括会计报表及其说明。会计报表包括会计报表主表、会计报表附表、会计报表附注。

第六十六条 各单位对外报送的财务报告应当根据国家统一会计制度规定的格式和要求编制。

单位内部使用的财务报告,其格式和要求由各单位自行规定。

第六十七条 会计报表应当根据登记完整、核对无误的会计账簿记录和其他有关资料编制,做到数字真实、计算准确、内容完整、说明清楚。

任何人不得篡改或者授意、指使、强令他人篡改会计报表的有关数字。

第六十八条 会计报表之间、会计报表各项目之间,凡有对应关系的数字,应当相互一致。本期会计报表与上期会计报表之间有关的数字应当相互衔接。如果不同会计年度会计报表中各项目的内容和核算方法有变更的,应当在年度会计报表中加以说明。

第六十九条 各单位应当按照国家统一会计制度的规定认真编写会计报表附注及其说明,做到项目齐全,内容完整。

第七十条 各单位应当按照国家规定的期限对外报送财务报告。

对外报送的财务报告,应当依次编写页码,加具封面,装订成册,加盖公章。封面上应当注明:单位名称、单位地址、财务报告所属年度、季度、月度,送出日期,并由单位领导人、总会计师、会计机构负责人、会计主管人员签名或者盖章。

单位领导人对财务报告的合法性、真实性负法律责任。

第七十一条 根据法律和国家有关规定应当对财务报告进行审计的,财务报告编制单位应当先行委托注册会计师进行审计,并将注册会计师出具的审计报告随同财务报告按照规定的期限报送有关部门。

第七十二条 如果发现对外报送的财务报告有错误，应当及时办理更正手续。除更正本单位留存的财务报告外，应同时通知接受财务报告的单位更正。错误较多的，应当重新编报。

第四章 会计监督

第七十三条 各单位的会计机构、会计人员对本单位的经济活动进行会计监督。

第七十四条 会计机构、会计人员进行会计监督的依据是：

(一)财经法律、法规、规章；

(二)会计法律、法规和国家统一会计制度；

(三)各省、自治区、直辖市财政厅(局)和国务院业务主管部门根据《中华人民共和国会计法》和国家统一会计制度制定的具体实施办法或者补充规定；

(四)各单位根据《中华人民共和国会计法》和国家统一会计制度制定的单位内部会计管理制度；

(五)各单位内部的预算、财务计划、经济计划、业务计划等。

第七十五条 会计机构、会计人员应当对原始凭证进行审核和监督。

对不真实、不合法的原始凭证，不予受理。对弄虚作假、严重违法的原始凭证，在不予受理的同时，应当予以扣留，并及时向单位领导人报告，请求查明原因，追究当事人的责任。

对记载不准确、不完整的原始凭证，予以退回，要求经办人员更正、补充。

第七十六条 会计机构、会计人员对伪造、变造、故意毁灭会计账簿或者账外设账行为，应当制止和纠正；制止和纠正无效的，应当向上级主管单位报告，请求做出处理。

第七十七条 会计机构、会计人员应当对实物、款项进行监督，督促建立并严格执行财产清查制度。发现账簿记录与实物、款项不符时，应当按照国家有关规定进行处理。超出会计机构、会计人员职权范围的，应当立即向本单位领导报告，请求查明原因，做出处理。

第七十八条 会计机构、会计人员对指使、强令编造、篡改财务报告行为，应当制止和纠正；制止和纠正无效的，应当向上级主管单位报告，请求处理。

第七十九条 会计机构、会计人员应当对财务收支进行监督。

(一)对审批手续不全的财务收支，应当退回，要求补充、更正。

(二)对违反规定不纳入单位统一会计核算的财务收支，应当制止和纠正。

(三)对违反国家统一的财政、财务、会计制度规定的财务收支，不予办理。

(四)对认为是违反国家统一的财政、财务、会计制度规定的财务收支，应当制止和纠正；制止和纠正无效的，应当向单位领导人提出书面意见请求处理。

单位领导人应当在接到书面意见起十日内做出书面决定，并对决定承担责任。

(五)对违反国家统一的财政、财务、会计制度规定的财务收支，不予制止和纠正，又不向单位领导人提出书面意见的，也应当承担责任。

(六)对严重违反国家利益和社会公众利益的财务收支，应当向主管单位或者财政、审计、税务机关报告。

第八十条 会计机构、会计人员对违反单位内部会计管理制度的经济活动，应当制止和纠正；制止和纠正无效的，向单位领导人报告，请求处理。

第八十一条 会计机构、会计人员应当对单位制定的预算、财务计划、经济计划、业务计划的执行情况进行监督。

第八十二条 各单位必须依照法律和国家有关规定接受财政、审计、税务等机关的监督，如实提供会计凭证、会计账簿、会计报表和其他会计资料以及有关情况、不得拒绝、隐匿、谎报。

第八十三条 按照法律规定应当委托注册会计师进行审计的单位，应当委托注册会计师进行审计，并配合注册会计师的工作，如实提供会计凭证、会计账簿、会计报表和其他会计资料以及有关情况，不得拒绝、隐匿、谎报，不得示意注册会计师出具不当的审计报告。

第五章 内部会计管理制度

第八十四条 各单位应当根据《中华人民共和国会计法》和国家统一会计制度的规定，结合单位类型和内容管理的需要，建立健全相应的内部会计管理制度。

第八十五条 各单位制定内部会计管理制度应当遵循下列原则：

（一）应当执行法律、法规和国家统一的财务会计制度。

（二）应当体现本单位的生产经营、业务管理的特点和要求。

（三）应当全面规范本单位的各项会计工作，建立健全会计基础，保证会计工作的有序进行。

（四）应当科学、合理，便于操作和执行。

（五）应当定期检查执行情况。

（六）应当根据管理需要和执行中的问题不断完善。

第八十六条 各单位应当建立内部会计管理体系。主要内容包括：单位领导人、总会计师对会计工作的领导职责；会计部门及其会计机构负责人、会计主管人员的职责、权限；会计部门与其他职能部门的关系；会计核算的组织形式等。

第八十七条 各单位应当建立会计人员岗位责任制度。主要内容包括：会计人员的工作岗位设置；各会计工作岗位的职责和标准；各会计工作岗位的人员和具体分工；会计工作岗位轮换办法；对各会计工作岗位的考核办法。

第八十八条 各单位应当建立账务处理程序制度。主要内容包括：会计科目及其明细科目的设置和使用；会计凭证的格式、审核要求和传递程序；会计核算方法；会计账簿的设置；编制会计报表的种类和要求；单位会计指标体系。

第八十九条 各单位应当建立内部牵制制度。主要内容包括：内部牵制制度的原则；组织分工；出纳岗位的职责和限制条件；有关岗位的职责和权限。

第九十条 各单位应当建立稽核制度。主要内容包括：稽核工作的组织形式和具体分工；稽核工作的职责、权限；审核会计凭证和复核会计账簿、会计报表的方法。

第九十一条 各单位应当建立原始记录管理制度。主要内容包括：原始记录的内容和填制方法；原始记录的格式；原始记录的审核；原始记录填制人的责任；原始记录签署、传递、汇集要求。

第九十二条 各单位应当建立定额管理制度。主要内容包括：定额管理的范围；制定和修订定额的依据、程序和方法；定额的执行；定额考核和奖惩办法等。

第九十三条 各单位应当建立计量验收制度。主要内容包括：计量检测手段和方法；计量验收管理的要求;计量验收人员的责任和奖惩办法。

第九十四条 各单位应当建立财产清查制度。主要内容包括:财产清查的范围;财产清查的组织;财产清查的期限和方法;对财产清查中发现问题的处理办法;对财产管理人员的奖惩办法。

第九十五条 各单位应当建立财务收支审批制度。主要内容包括:财务收支审批人员和审批权限;财务收支审批程序;财务收支审批人员的责任。

第九十六条 实行成本核算的单位应当建立成本核算制度。主要内容包括:成本核算的对象;成本核算的方法和程序;成本分析等。

第九十七条 各单位应当建立财务会计分析制度。主要内容包括:财务会计分析的主要内容;财务会计分析的基本要求和组织程序;财务会计分析的具体方法;财务会计分析报告的编写要求等。

第六章 附 则

第九十八条 本规范所称国家统一会计制度,是指由财政部制定,或者财政部与国务院有关部门联合制定,或者经财政部审核批准的在全国范围内统一执行的会计规章、准则、办法等规范性文件。

本规范所称会计主管人员,是指不设置会计机构、只在其他机构中设置专职会计人员的单位行使会计机构负责人职权的人员。

本规范第三章第二节和第三节关于填制会计凭证、登记会计账簿的规定,除特别指出外,一般适用于手工记账。实行会计电算化的单位,填制会计凭证和登记会计账簿的有关要求,应当符合财政部关于会计电算化的有关规定。

第九十九条 各省、自治区、直辖市财政厅(局)、国务院各业务主管部门可以根据本规范的原则,结合本地区、本部门的具体情况,制定具体实施办法,报财政部备案。

第一百条 本规范由财政部负责解释、修改。

第一百零一条 本规范自公布之日起实施。1984 年 4 月 24 日财政部发布的《会计人员工作规则》同时废止。

财政部关于印发《国有建设单位会计制度补充规定》和《企业基建业务有关会计处理办法》的通知

(财会字〔1998〕17号)

国务院各部、委、局,各省、自治区、直辖市,计划单列市财政厅(局),新疆生产建设兵团:

为了适应投融资体制改革和企业制度改革的要求,根据《国务院关于固定资产投资项目试行资本金制度的通知》(国发〔1996〕35号)和我部《关于印发〈基本建设财务管理若干规定〉的通知》(财基字〔1998〕4号)的有关规定,我们对现行的《国有建设单位会计制度》和分行业的企业会计制度中,有关基本建设业务的会计处理作了补充规定,制定了《国有建设单位会计制度补充规定》和《企业基建业务有关会计处理办法》。《国有建设单位会计制度补充规定》适用于实行独立核算的国有建设单位,《企业基建业务有关会计处理办法》适用于企业未实行独立核算的经营性建设项目。现将《国有建设单位会计制度补充规定》和《企业基建业务有关会计处理办法》印发给你们,请布置所属建设单位或企业,自1998年1月1日起执行。执行中有何问题,请随时函告我部。

附件:1. 国有建设单位会计制度补充规定
　　2. 企业基建业务有关会计处理办法

财政部

1998年6月8日

附件 1:

国有建设单位会计制度补充规定

根据我部《关于印发〈基本建设财务管理若干规定〉的通知》(财基字〔1998〕4 号),现对国有建设单位有关会计处理补充如下:

一、会计科目

(一)将“联营拨款”科目改为“项目资本”科目,核算经营性项目收到投资者投入的项目资本。

收到投资者投入的项目资本时,借记“银行存款”科目,贷记“项目资本”科目。支用款项时,借记“建筑安装工程投资”等科目,贷记“银行存款”科目。工程完工交付使用时,借记“交付使用资产”科目,贷记“建筑安装工程投资”等科目。工程完工交付使用后,应于下年初建立新账时,借记“项目资本”科目,贷记“交付使用资产”科目。工程竣工,将结余资金移交生产企业时,借记“项目资本”等科目,贷记“银行存款”等科目。

“项目资本”科目应设置“国家资本”、“法人资本”、“个人资本”等明细科目,进行明细核算。

(二)增设“项目资本公积”科目,核算经营性项目取得的项目资本公积。包括投资者实际缴付的出资额超过其注册资本的差额、接受捐赠的财产等。

投资者投入的资金,按实际收到的款项,借记“银行存款”等科目,按合同规定的出资额,贷记“项目资本”科目,按实际缴付的出资额超过其注册资本的差额,贷记“项目资本公积”科目。

收到投资者捐赠的现金,借记“现金”、“银行存款”科目,贷记“项目资本公积”科目;收到投资者捐赠的材料物资,应按捐赠者提供的有关凭据或同类材料物资的市场价格,借记“库存材料”、“库存设备”、“设备投资”等科目,贷记“项目资本公积”科目。

项目完工交付使用后,应于下年初建立新账时,借记“项目资本公积”等科目,贷记“交付使用资产”科目。

“项目资本公积”科目应按形成类别设置明细账进行明细核算。

(三)增设“待核销基建支出”科目,核算非经营性项目发生的江河清障、航道清淤、飞播造林、补助群众造林、水土保持、城市绿化、取消项目的可行性研究费以及项目报废等不能形成资产部分的投资支出。形成资产部分的上述投资支出,不在本科目核算,应在“建筑安装工程投资”等科目核算。

非经营性项目发生的江河清障、航道清淤、飞播造林、补助群众造林、水土保持、城市绿化等支出,借记“待核销基建支出”科目,贷记“银行存款”等科目。取消的项目发生的可行性研究费,借记“待核销基建支出”科目,贷记“待摊投资—可行性研究费”科目。由于自然灾害等原因发生的项目整体报废所形成的净损失,报经批准后,借记“待核销基建支出”科目,贷记“建筑安装工程投资”等科目。

发生的待核销基建支出,应在下年初进行冲销,借记“基建拨款—以前年度拨款”等科目,贷记“待核销基建支出”科目。

本科目应按支出的类别设置明细账进行明细核算。

(四)在“建筑安装工程投资”科目中,增加下列核算内容:建设单位为项目配套而建造专用设施所发生的投资支出,专用设施包括专用铁路线、专用公路、专用通讯设施、送变电站、地下管道、专用码头等。

建造专用设施发生投资支出时,借记“建筑安装工程投资”科目,贷记“银行存款”、“库存材料”等科目,专用设施完工后,应分别下列情况进行处理:非经营性项目建造的产权不归属本单位的专用设施,计入转出投资,借记“转出投资”科目,贷记“建筑安装工程投资”科目,产权归属本单位的专用设施,作为固定资产交付,借记“交付使用资产—固定资产”科目,贷记“建筑安装工程投资”科目;经营性项目建造的产权不归属本单位的专用设施,作为无形资产交付,借记“交付使用资产—无形资产”科目,贷记“建筑安装工程投资”科目,产权归属本单位的专用设施,作为固定资产交付,借记“交付使用资产—固定资产”科目,贷记“建筑安装工程投资”科目。

(五)增设“转出投资”科目,核算非经营性项目为项目配套而建成的、产权不归属本单位的专用设施的实际成本。

非经营性项目建造的产权不归属本单位的专用设施,在完工时,借记“转出投资”科目,贷记“建筑安装工程投资”科目。

发生的转出投资应在下年初进行冲销,借记“基建拨款—以前年度拨款”等科目,贷记“转出投资”科目。

本科目应按转出投资的类别设置明细账进行明细核算。

(六)在“其他投资—无形资产”科目中,增加下列核算内容:经营性项目和非经营性项目为购置产权不归属本单位但拥有使用权的统建住房而拨付给统建单位的投资。产权归属本单位的,应视同出包工程,通过“预付工程款”、“建筑安装工程投资”、“应付工程款”等科目核算,不在本科目核算。

建设单位拨付统建单位投资时,借记“其他投资—无形资产”科目,贷记“银行存款”科目。工程完工交付使用时,借记“交付使用资产”科目,贷记“其他投资—无形资产”科目。

工程完工交付后,应于下年初进行冲销,借记“基建拨款—以前年度拨款”、“项目资本”、“待冲基建支出”等科目,贷记“交付使用资产”科目。

(七)取消“基建拨款—本年财政贴息资金拨款”科目。

建设单位收到财政拨入的贴息资金,原在“基建拨款——本年财政贴息资金拨款”科目核算,取消该科目后,收到财政拨入的贴息资金,通过“待摊投资—借款利息支出”科目核算。建设单位应先将本年度和以前年度已收到的财政贴息资金进行调账,即将“基建拨款—本年财政贴息资金拨款”和“基建拨款—以前年度拨款(财政贴息)”科目的余额,全部转入“待摊投资—借款利息支出”科目,借记“基建拨款—本年财政贴息资金拨款”、“基建拨款—以前年度拨款(财政贴息)”科目,贷记“待摊投资—借款利息支出”科目。以后收到财政贴息资金时,应冲减工程成本,借记“银行存款”科目,贷记“待摊投资—借款利息支出”科目。

二、会计报表

(一)资金平衡表

1. 在资金占用方“其他投资”项目下,增加“二、待核销基建支出”项目和“三、转出投资”项目,分别反映建设单位发生的尚未冲销的待核销基建支出和转出投资。分别根据“待核销基建支出”科目和“转出投资”科目的期末余额填列。

2. 在资金来源方,取消原“8、本年财政贴息资金拨款”项目;将原“二、联营拨款”项目改为“二、项目资本”项目,并在该项目下增加“三、项目资本公积”项目,分别反映建设单位收到投资者投入的项目资本和取得的资本公积金。分别根据“项目资本”科目和“项目资本公积”科目的期末余额填列。

本表中的其他有关项目序号顺延。

(二)基建投资表

1.在“基建投资拨款及借款”项目所属“单位拨款”栏后，增加“国家资本”栏和“法人资本”栏，分别反映自开始建设起至本年年末止累计由国家和法人投入的项目资本，分别根据上年本表该栏数字和“项目资本”科目的本年贷方发生额分析计算填列。

2.将“基建投资支出”项目所属“其他基建支出”栏改为“待核销基建支出”栏，并在本栏后增加“转出投资”栏，分别反映建设单位自开始建设起至本年年末止累计发生的待核销基建支出和转出投资，分别根据上年本表该栏数字和“待核销基建支出”及“转出投资”科目的本年借方发生额分析填列。

本表其他有关项目序号顺延。

(三)待摊投资明细表

将“贷转存利息收入”项目改为“存款利息收入”项目。“存款利息收入”项目反映建设单位本年实现的各项存款利息收入以及财政拨入的贴息资金，根据“待摊投资——借款利息支出”科目本年贷方发生额分析计算填列。

附件 2:

企业基建业务有关会计处理办法

为适应投融资体制改革的要求,加强企业基本建设业务的会计核算工作,现对企业未实行独立核算的经营性建设项目有关基建业务的会计处理补充如下:

一、会计科目

将企业会计制度中的“在建工程”科目(工业、运输、商品流通企业等会计制度中称为“在建工程”,房地产、外经企业会计制度中称为“固定资产购建支出”,施工企业会计制度中称为“专项工程支出”,下同),分设为“基建工程支出”、“更改工程支出”、“大修理工程支出”和“工程物资”四个一级科目。

对于基本建设业务不多或工程量不大的企业,仍可沿用“在建工程”科目,并在本科目下设置有关明细科目进行明细核算。

(一)“基建工程支出”科目

1. 本科目核算企业进行基本建设工程(包括新建、改建和扩建工程)发生的实际支出。基本建设期间根据项目概算购入不需要安装的固定资产、为生产准备的器具、购入的无形资产及发生的递延费用等,不通过本科目核算。

2. 在“基建工程支出“科目下,设置“建筑工程”、“安装工程”、“在安装设备”和“待摊基建支出”四个明细科目。

(1)“建筑工程”明细科目 本明细科目核算企业在基本建设期间为建造房屋、建筑物等土建工程所发生的支出,应按照单项工程和单位工程进行明细核算。主要包括以下内容:

各种房屋和建筑物以及列入房屋工程预算内的暖气、卫生、通风、照明、煤气、消防等设备的价值及其装设油饰工程,列入建筑工程预算内的各种管道、电力、电讯、电缆导线的敷设工程。

设备基础、支柱、工作台、梯子等建筑工程,各种窑炉的砌筑工程等。

为施工而进行的建筑场地布置,原有建筑物和障碍物的拆除、土地平整、设计中规定为施工而进行的地质勘探,以及工程完工后建筑场地的清理和绿化等。

矿井开凿工程,铁路、公路、桥梁等工程。

水利工程,如水库、堤坝、灌渠等工程。

防空、地下建筑等特殊工程。

(2)“安装工程”明细科目。本明细科目核算企业在基本建设期间进行设备安装等所发生的人工、材料、机械作业等费用。应按照单项工程和单位工程进行明细核算主要包括以下内容:

生产、动力、起重、运输、传动和实验、医疗等各种需要安装设备的装置、装配工程,与设备相连的工作台、梯子、栏杆的安装工程。被安装设备的绝缘、防腐、保温、油漆等工程。

为测定安装工程质量,对单体设备、系统设备进行单机试运行和系统联动无负荷试运行所发生的支出。

(3)“在安装设备”明细科目。本明细科目核算基建工程领出的正在安装的设备的实际成本。本明细科目应按单位工程设置明细账,并按设备品种和规格进行明细核算。

(4)“待摊基建支出”明细科目。本明细科目核算基本建设期间发生的按照规定应分摊计入有关固定资产成本的各项费用支出。具体包括以下内容：

工程管理费:包括基本建设工作人员工资、办公费、差旅费、基建用固定资产折旧费、工器具使用费、印花税及与工所关的其他管理性质的支出。

征地费:指通过划拨方式取得土地而支付的地上附着物和青苗补偿费、安置补偿费以及发生的土地复垦费等。不包括支付的土地使用权出让金。

可行性研究费:包括勘察设计费、研究试验费、可行性研究费等。

临时设施费:包括按照规定拨付给施工企业的临时设施包干费,以及企业自行施工发生的临时设施实际支出。

筹资费:包括应由基建项目负担的借款利息、债券利息、债券发行费用、汇兑损失等。

负荷联合试车费:指单项工程(车间)在交工验收以前,进行投料试车所发生的试车费用减试车收入后的差额。

合同公证费及工程监理费:指支付的合同公证费及工程监理费。

税金:包括耕地占用税、固定资产投资方向调节税等。

工程损失:由于自然灾害等原因造成的单项工程或单位工程报废损失、工程物资的盘亏及毁损等。

其他:指除上述以外的其他应计入工程成本的费用支出,如供电贴费、商业网点费等。

3.企业发包的基建工程,按合同规定向承包企业预付工程款、备料款时,借记本科目(建筑工程或安装工程—××工程),贷记“银行存款”科目。以拨付给承包企业的材料抵作预付备料款的,借记本科目(建筑工程或安装工程—××工程)贷记“工程物资”科目。将需要安装设备交付承包企业进行安装时,借记本科目(在安装设备),贷记“工程物资”科目。与承包企业办理工程价款结算时,补付的工程款,借记本科目(建筑工程或安装工程—××工程),贷记“银行存款”、“应付账款”科目。

4.企业自营的基建工程,领用工程用材料物资时,借记本科目(建筑工程或安装工程—××工程),贷记“工程物资”科目。基建工程领用本企业原材料时,借记本科目(建筑工程或安装工程—××工程),贷记“原材料”、“应交税金—应交增值税(进项税额转出)”科目,采用计划成本进行材料日常核算的企业,还应分配材料成本差异。基建工程领用本企业的产品时,借记本科目(建筑工程或安装工程—××工程),贷记“产成品”、“应交税金—应交增值税(销项税额)”科目。

领用需要安装设备时,借记本科目(在安装设备),贷记“工程物资”科目。

基建工程应负担的职工工资,借记本科目(建筑工程或安装工程—××工程),贷记“应付工资”科目。

企业的辅助生产部门为工程提供的水、电、设备安装、修理、运输等劳务,应按月根据实际成本,借记本科目(建筑工程或安装工程—××工程),贷记“生产成本—辅助生产成本”等科目。

5.基建工程发生的工程管理费、征地费、可行性研究费、临时设施费、公证费、监理费等,借记本科目(待摊基建支出),贷记“银行存款”等科目。

基建工程负担的税金,借记本科目(待摊基建支出),贷记“应交税金”、“银行存款”科目。

由于自然灾害等原因造成的单项工程或单位工程报废或毁损,扣除残料价值和过失人或保险公司等赔款后的净损失，报经批准后计入继续施工的工程成本，借记本科目（待摊基建支出），贷记本科目（建筑工程或安装工程—××工程）。

工程物资在建设期间发生的盘亏及毁损，报经批准后，借记本科目（待摊基建支出），贷记“工程物资”科目。盘盈的工程物资，作相反会计分录。

基建工程交付前进行负荷联合试车发生的费用，借记本科目（待摊基建支出），贷记“银行存款”、“原材料”等科目。取得的试车收入，作相反会计分录。

发生的基建工程借款利息，应根据应计利息，分别情况处理：属于固定资产尚未交付使用之前发生的，计入在建固定资产的成本，借记本科目（待摊基建支出），贷记“长期借款”、“应付债券”等科目；属于固定资产交付使用后发生的，计入当期损益，借记“财务费用”科目，贷记“长期借款”、“应付债券”等科目。

用外币借款进行的基建工程，因汇率变动发生的汇兑损失，属于固定资产尚未交付使用之前发生的，计入在建固定资产成本，借记本科目（待摊基建支出），贷记“长期借款”科目；固定资产交付使用后发生的，计入当期损益，借记“财务费用”科目，贷记“长期借款”科目。如发生汇兑收益，作相反会计分录。

6.基建工程完工后应进行清理，已领出的剩余材料应办理退库手续，借记“工程物资”等科目，贷记本科目。

基建工程完工交付使用时，企业应计算各项交付使用固定资产的成本，编制交付使用财产明细表。交付使用固定资产的成本，按下列内容计算：

（1）房屋、建筑物、线路等固定资产的成本，包括：建筑工程成本、应分摊的待摊基建支出。

（2）动力设备和生产设备等固定资产的成本，包括：需要安装设备的实际成本；安装工程成本；设备基础、支柱等建筑工程成本或砌筑锅炉及各种特殊炉的建筑工程成本；应分摊的待摊基建支出。

待摊基建支出的分配方法，可按下列公式计算：

（1）按实际分配率分配。适用于建设工期较短、整个项目的所有单项工程一次竣工的建设项目。

实际分配率＝待摊基建支出明细科目余额÷（建筑工程明细科目余额＋安装工程明细科目余额＋在安装设备明细科目余额）×100％

（2）按概算分配率分配。适用于建设工期长、单项工程分期分批建成投产的建设项目。

概算分配率＝（概算中各待摊基建支出项目的合计数－其中可直接分配部分）÷（概算中建筑工程、安装工程和需要安装设备投资合计）×100％

（3）某项固定资产应分配的待摊基建支出＝该项固定资产的建筑工程成本、安装工程成本和需要安装设备的成本合计×分配率

企业根据编制的交付使用财产明细表，结转基建工程成本，借记“固定资产”科目，贷记本科目。

7.本科目的期末余额，反映企业尚未完工的基建工程发生的各项实际支出。

（二）“更改工程支出”科目

1.本科目核算企业进行更新改造工程（包括技术改造、固定资产改良、装饰、装修等工程，下同）发生的实际支出。为更新改造工程准备的但尚未领用的工程材料、设备等，不在本科目核算，应通过“工程物资”科目核算。

2.企业进行更新改造工程领用的工程物资、发生的工程人员的工资、出包工程支付的工程价款、应由工程负担的借款利息、汇兑损失、税金以及其他有关费用支出,借记本科目,贷记“工程物资”、“应付工资”、“银行存款”、“长期借款”等科目。工程完工交付使用时,借记“固定资产”等科目,贷记本科目。

3.本科目应按单项工程和单位工程设置明细账,进行明细核算。

4.本科目的期末余额,反映尚未完工的更新改造工程发生的各项实际支出。

(三)“大修理工程支出”科目

1.本科目核算进行大修理工程发生的实际支出。为大修理工程准备的但尚未领用的材料物资,不在本科目核算,应通过“工程物资”科目核算。

2.企业发生的大修理工程支出,借记本科目,贷记“银行存款”、“工程物资”、“应付工资”等科目,大修理工程完工后,结转大修理工程支出,借记“待摊费用”、“递延资产”、“预提费用”科目,贷记本科目。

3.本科目应按大修理工程的种类设置明细账,进行明细核算。

4.本科目期末余额,反映尚未完工的大修理工程发生的实际支出。

(四)“工程物资”科目

1.本科目核算为基建工程、更改工程和大修理工程采购的材料,以及尚未交付安装的需要安装设备的实际成本。预付大型设备款和基本建设期间根据项目概算购入为生产准备的工具及器具,也在本科目核算。购入不需要安装的设备不在本科目核算,应通过“固定资产”科目核算。

2.本科目应设置“专用材料”、“专用设备”和“预付大型设备款”、“为生产准备的工具及器具”等明细科目。

3.购入工程物资时,借记本科目,贷记“银行存款”等科目。

预付大型设备款时,借记本科目(预付大型设备款),贷记“银行存款”科目,收到设备并补设备款时,借记本科目(专用设备),贷记本科目(预付大型设备款)和“银行存款”科目。

工程领用工程物资时,借记“基建工程支出”、“更改工程支出”、“大修理工程支出”科目,贷记本科目。工程完工后对领出的剩余材料应办理退库手续,作相反会计分录。

基建工程竣工,将为生产准备的工具及器具交付使用时,借记“低值易耗品”科目,贷记本科目。

工程竣工后剩余的工程物资,如转作本企业存货的,借记“原材料”、“应交税金—应交增值税(进项税额)”等科目,贷记本科目;如出售的,先结转工程物资的进项税额,借记“应交税金—应交增值税(进项税额)”科目,贷记本科目,出售时,作其他业务收支处理。

4.盘盈、盘亏、报废、毁损的工程物资,扣除保险公司、过失人赔偿部分,工程项目尚未完工的,计入或冲减所建工程项目的成本;工程已经完工的,计入营业外收支。

5.本科目的期末余额,反映企业为工程购入的但尚未领用的专用材料和需要安装设备的实际成本以及为生产准备但尚未交付的工具及器具的实际成本。

(五)“其他基建支出备查簿”

企业应设置“其他基建支出备查簿”,专门登记基建项目发生的构成项目概算内容但不通过“基建工程支出”科目核算的其他支出,包括按照建设项目概算内容购置的不需要安装设备、现成房屋、无形资产以及发生的递延费用等。企业在发生上述支出时,应通过“固定资产”、“无形资产"和"递延资产"科目核算,但同时应在"其他基建支出备查簿"中进行登记。

二、会计报表

修改会工(或会商等)01 表"资产负债表",并增加会工(或会商等)01 表附表 3"基建工程明细表"、会工(或会商等)01 表附表 4"基建投资情况表"和会工(或会商等)01 表附表 5"基建借款情况表"。

(一)资产负债表

取消本表原"在建工程"项目,增加"基建工程支出"、"更改工程支出"、"大修理工程支出"和"工程物资"四个项目,分别反映期末尚未完工的基建工程、更改工程、大修理工程的实际成本和尚未领用的工程物资的实际成本,应分别根据"基建工程支出"、"更改工程支出"、"大修理工程支出"和"工程物资"科目的期末余额填列。仍使用"在建工程"科目的企业,应根据有关明细科目的期末余额分析填列。

(二)基建工程明细表

本表反映企业基本建设工程的建设及完工情况,编制本表为了考核建设项目的建设进度及概算执行情况。

本表的填列方法如下:

1."单项工程和费用"栏,按照建设项目概算所列单项工程和费用分行填列。

2."开工日期"栏,根据工程实际开工日期填列。

3."概算数"栏,根据批准的项目概算数分别单项工程填列。

4."完工基建工程"栏,反映已完工并交付使用的基建工程的实际成本,根据"基建工程支出"科目贷方发生额分别单项工程逐行填列。

5."建筑工程"栏,反映尚未完工的建筑工程的实际成本。根据"基建工程支出"科目所属"建筑工程"明细科目的期末借方余额分别单项工程逐行分析填列。

6."安装工程"栏,反映尚未完工的安装工程的实际成本。根据"基建工程支出"科目所属"安装工程"明细科目的期末借方余额分别单项工程逐行分析填列。

7."在安装设备"栏,反映基建工程领出的、正在安装的设备的实际成本。根据"基建工程支出"科目所属"在安装设备"明细科目的期末借方余额分别单项工程逐行分析填列。

8."待摊基建支出"栏,反映基建工程在建设期间发生的应分摊计入交付使用资产价值的费用支出。本栏不分行填列,只填列一个总数,根据"基建工程支出"科目所属"待摊基建支出"明细科目的期末借方余额填列。

9."小计"栏,根据 4 至 7 栏的合计数计算填列。

10."工程物资"栏,反映为基建工程购入的但尚未领用的工程物资的实际成本。本栏不分行填列,只填列一个总数,根据"工程物资"科目期末余额(应扣除为生产准备的工具及器具的实际成本)分析填列。

11."合计"栏,反映尚未完工的基建工程的实际成本。根据 8 栏加 9 栏的合计数计算填列。

(三)基建投资情况表

本表总括反映企业基建项目的投资来源、基建项目的实际支出等情况。编制本表是为了考核建设项目年度投资计划及概算执行情况。

本表填列方法如下:

1."基建资金来源"类项目,反映企业用于建设项目的资金,根据"实收资本"、"长期借款"和"应付债券"等科目的有关记录分析填列。其中,"累计发生数"栏,根据上年本表该栏数字加"本年发生数"栏数字合计填列。

2."基建工程支出"类项目,反映企业基建工程的实际支出。根据"基建工程支出"科目及其有关明细科目的记录以及"工程物资"科目的有关记录分析填列。其中,"累计发生数"栏,根据上年本表该栏数字加"本年发生数"栏数字合计填列。

3."其他基建支出"类项目,反映企业在基本建设过程中发生的虽不通过"基建工程支出"科目核算、但构成建设项目概算内容的其他支出。根据"工程物资—为生产准备的工具及器具"科目和"其他基建支出备查簿"的有关记录,分别项目填列。

(四)基建借款情况表

本表反映企业按规定从各种渠道借入的用于基本建设的借款。本表根据"长期借款"和"短期借款"科目的有关记录分析计算填列。

关于印发《会计档案管理办法》的通知

（财会字〔1998〕32号）

各省、自治区、直辖市、计划单列市财政厅（局）、档案局，新疆建设兵团，国务院各部委、各直属机构，国务院机关事务管理局，中共中央直属机关事务管理局：

财政部、国家档案局发布的《会计档案管理办法》自1984年实施以来，对加强单位会计档案管理、促进会计工作为单位经济和国家经济建设服务等方面发挥了积极的作用。随着我国社会主义市场经济的发展，经济和会计工作中的新情况、新问题不断出现，原会计档案管理规定已不适应经济发展和会计改革的要求。为此，财政部和国家档案局在总结《会计档案管理办法》实施情况和充分调查研究的基础上，依据《会计法》和《档案法》的有关规定，对《会计档案管理办法》进行了修订，现予印发，自1999年1月1日起实行。1984年6月1日财政部、国家档案局发布的《会计档案管理办法》自新办法实施之日起同时废止。

请布置所属单位贯彻实施。

附件：会计档案管理办法

财政部　国家档案局

1998年8月21日

附件:

会计档案管理办法

第一条 为了加强会计档案管理,统一会计档案管理制度,更好地为发展社会主义市场经济服务,根据《中华人民共和国会计法》和《中华人民共和国档案法》的规定,制定本办法。

第二条 国家机关、社会团体、企业、事业单位、按规定应当建账的个体工商户和其他组织(以下简称各单位),应当依照本办法管理会计档案。

第三条 各级人民政府财政部门和档案行政管理部门共同负责会计档案工作的指导、监督和检查。

第四条 各单位必须加强对会计档案管理工作的领导,建立会计档案的立卷、归档、保管、查阅和销毁等管理制度,保证会计档案妥善保管、有序存放、方便查阅,严防毁损、散失和泄密。

第五条 会计档案是指会计凭证、会计账簿和财务报告等会计核算专业材料,是记录和反映单位经济业务的重要史料和证据。具体包括:

(一)会计凭证类:原始凭证,记账凭证,汇总凭证,其他会计凭证。

(二)会计账簿类:总账,明细账,日记账,固定资产卡片,辅助账簿,其他会计账簿。

(三)财务报告类:月度、季度、年度财务报告,包括会计报表、附表、附注及文字说明,其他财务报告。

(四)其他类:银行存款余额调节表,银行对账单,其他应当保存的会计核算专业资料,会计档案移交清册,会计档案保管清册,会计档案销毁清册。

第六条 各单位每年形成的会计档案,应当由会计机构按照归档要求,负责整理立卷,装订成册,编制会计档案保管清册。

当年形成的会计档案,在会计年度终了后,可暂由会计机构保管一年,期满之后,应当由会计机构编制移交清册,移交本单位档案机构统一保管;未设立档案机构的,应当在会计机构内部指定专人保管。出纳人员不得兼管会计档案。移交本单位档案机构保管的会计档案,原则上应当保持原卷册的封装。个别需要拆封重新整理的,档案机构应当会同会计机构和经办人员共同拆封整理,以分清责任。

第七条 各单位保存的会计档案不得借出。如有特殊需要,经本单位负责人批准,可以提供查阅或者复制,并办理登记手续。查阅或者复制会计档案的人员,严禁在会计档案上涂画、拆封和抽换。

各单位应当建立健全会计档案查阅、复制登记制度。

第八条 会计档案的保管期限分为永久、定期两类。定期保管期限分为3年、5年、10年、15年、25年五类。

会计档案的保管期限,从会计年度终了后的第一天算起。

第九条 本办法规定的会计档案保管期限为最低保管期限,各类会计档案的保管原则上应当按照本办法附表所列期限执行。

各单位会计档案的具体名称如有同本办法附表所列档案名称不相符的,可以比照类似档案的保管期限办理。

第十条 保管期满的会计档案,除本办法第十一条规定的情形外,可以按照以下程序

销毁:

(一)由本单位档案机构会同会计机构提出销毁意见,编制会计档案销毁清册,列明销毁会计档案的名称、卷号、册数、起止年度和档案编号、应保管期限、已保管期限、销毁时间等内容。

(二)单位负责人在会计档案销毁清册上签署意见。

(三)销毁会计档案时,应当由档案机构和会计机构共同派员监销。国家机关销毁会计档案时,应当由同级财政部门、审计部门派员参加监销。财政部门销毁会计档案时,应当由同级审计部门派员参加监销。

(四)监销人在销毁会计档案前,应当按照会计档案销毁清册所列内容清点核对所要销毁的会计档案;销毁后,应当在会计档案销毁清册上签名盖章,并将监销情况报告本单位负责人。

第十一条 保管期满但未结清的债权债务原始凭证和涉及其他未了事项的原始凭证,不得销毁,应当单独抽出立卷,保管到未了事项完结时为止。单独抽出立卷的会计档案,应当在会计档案销毁清册和会计档案保管清册中列明。

正在项目建设期间的建设单位,其保管期满的会计档案不得销毁。

第十二条 采用电子计算机进行会计核算的单位,应当保存打印出的纸质会计档案。

具备采用磁带、磁盘、光盘、微缩胶片等磁性介质保存会计档案条件的,由国务院业务主管部门统一规定,并报财政部、国家档案局备案。

第十三条 单位因撤销、解散、破产或者其他原因而终止的,在终止和办理注销登记手续之前形成的会计档案,应当由终止单位的业务主管部门或财产所有者代管或移交有关档案馆代管,法律、行政法规另有规定的,从其规定。

第十四条 单位分立后原单位存续的,其会计档案应当由分立后的存续方统一保管,其他方可查阅、复制与其业务相关的会计档案;单位分立后原单位解散的,其会计档案应当经各方协商后由其中一方代管或移交档案馆代管,各方可查阅、复制与其业务相关的会计档案。单位分立中未结清的会计事项所涉及的原始凭证,应当单独抽出由业务相关方保存,并按规定办理交接手续。

单位因业务移交其他单位办理所涉及的会计档案,应当由原单位保管,承接业务单位可查阅、复制与其业务相关的会计档案,对其中未结清的会计事项所涉及的原始凭证,应当单独抽出由业务承接单位保存,并按规定办理交接手续。

第十五条 单位合并后原各单位解散或一方存续其他方解散的,原各单位的会计档案应当由合并后的单位统一保管;单位合并后原各单位仍存续的,其会计档案仍应由原各单位保管。

第十六条 建设单位在项目建设期间形成的会计档案,应当在办理竣工决算后移交给建设项目的接受单位,并按规定办理交接手续。

第十七条 单位之间交接会计档案的,交接双方应当办理会计档案交接手续。

移交会计档案的单位,应当编制会计档案移交清册,列明应当移交的会计档案名称、卷号、册数、起止年度和档案编号、应保管期限、已保管期限等内容。

交接会计档案时,交接双方应当按照会计档案移交清册所列内容逐项交接,并由交接双方的单位负责人负责监交。交接完毕后,交接双方经办人和监交人应当在会计档案移交清册上签名或者盖章。

第十八条 我国境内所有单位的会计档案不得携带出境。驻外机构和境内单位在境外设立的企业(简称境外单位)的会计档案,应当按照本办法和国家有关规定进行管理。

第十九条 预算、计划、制度等文件材料,应当执行文书档案管理规定,不适用本办法。

第二十条 各省、自治区、直辖市人民政府财政部门、档案管理部门,国务院各业务主管部门,中国人民解放军总后勤部,可以根据本办法的规定,结合本地区、本部门的具体情况,制定实施办法,报财政部和国家档案局备案。

第二十一条 本办法由财政部负责解释,自1999年1月1日起执行。1984年6月1日财政部、国家档案局发布的《会计档案管理办法》自本办法执行之日起废止。

附表一:企业和其他组织会计档案保管期限表

附表二:财政总预算、行政单位、事业单位和税收会计档案保管期限表

附表一 企业和其他组织会计档案保管期限表

序号	档案名称	保管期限	备注
一	会计凭证类		
1	原始凭证	15年	
2	记账凭证	15年	
3	汇总凭证	15年	
二	会计账簿类		
4	总账	15年	包括日记总账
5	明细账	15年	
6	日记账	15年	现金和银行存款日记账保管25年
7	固定资产卡片		固定资产报废清理后保管5年
8	辅助账簿	15年	
三	财务报告类		包括各级主管部门汇总财务报告
9	月、季度财务报告	3年	包括文字分析
10	年度财务报告(决算)	永久	包括文字分析
四	其他类		
11	会计移交清册	15年	
12	会计档案保管清册	永久	
13	会计档案销毁清册	永久	
14	银行余额调节表	5年	
15	银行对账单	5年	

附表二　财政总预算、行政单位、事业单位和税收会计档案保管期限表

序号	档案名称	保管期限			备注
		财政总预算	行政单位事业单位	税收会计	
一	会计凭证类				
1	国家金库编送的各种报表及缴库退库凭证	10年		10年	
2	各收入机关编送的报表	10年			
3	行政单位和事业单位的各种会计凭证		15年		包括原始凭证、记账凭证和传票汇总表
4	各种完税凭证和缴、退库凭证			15年	缴款书存根联在销号后保管2年
5	财政总预算拨款凭证及其他会计凭证	15年			包括拨款凭证和其他会计凭证
6	农牧业税结算凭证			15年	
二	会计账簿类				
7	日记账		15年	15年	
8	总账	15年	15年	15年	
9	税收日记账(总账)和税收票证分类出纳账		25年		
10	明细分类、分户账或登记簿	15年	15年	15年	
11	现金出纳账、银行存款账		25年	25年	
12	行政单位和事业单位固定资产明细账(卡片)				行政单位和事业单位固定资产报废清理后保管5年
三	财务报告类				
13	财政总预算	永久			
14	行政单位和事业单位决算	10年	永久		
15	税收年报(决算)	10年		永久	
16	国家金库年报(决算)	10年			
17	基本建设拨、贷款年报(决算)	10年			
18	财政总预算会计旬报	3年			所属单位报送的保管2年
19	财政总预算会计月、季度报表	5年			所属单位报送的保管2年
20	行政单位和事业单位会计月、季度报表		5年		所属单位报送的保管2年
21	税收会计报表(包括票证报表)			10	电报保管1年,所属税务机关报送的保管3年
四	其他类				
22	会计移交清册	15年	15年	15年	
23	会计档案保管清册	永久	永久	永久	
24	会计档案销毁清册	永久	永久	永久	

注:税务机关的税务经费会计档案保管期限,按行政单位会计档案保管期限规定办理。

关于印发《事业单位会计制度》的通知

(财会〔2012〕22 号)

中共中央直属机关事务管理局,铁道部、国务院机关事务管理局,各省、自治区、直辖市、计划单列市财政厅(局),新疆生产建设兵团财务局:

为了进一步规范事业单位的会计核算,提高会计信息质量,根据《中华人民共和国会计法》、《事业单位会计准则》和《事业单位财务规则》,我部对《事业单位会计制度》(财预字〔1997〕288 号)进行了修订。现将修订后的《事业单位会计制度》印发给你们,自 2013 年 1 月 1 日起施行。执行中有何问题,请及时反馈我部。

附件:事业单位会计制度

财政部

2012 年 12 月 19 日

事业单位会计制度

目　录

第一部分　总说明

一、为了规范事业单位的会计核算,保证会计信息质量,根据《中华人民共和国会计法》、《事业单位会计准则》和《事业单位财务规则》,制定本制度。

二、本制度适用于各级各类事业单位,下列事业单位除外:

(一)按规定执行《医院会计制度》等行业事业单位会计制度的事业单位;

(二)纳入企业财务管理体系执行企业会计准则或小企业会计准则的事业单位。

参照公务员法管理的事业单位对本制度的适用,由财政部另行规定。

三、事业单位对基本建设投资的会计核算在执行本制度的同时,还应当按照国家有关基本建设会计核算的规定单独建账、单独核算。

四、事业单位会计核算一般采用收付实现制,但部分经济业务或者事项的核算应当按照本制度的规定采用权责发生制。

五、事业单位应当按照《事业单位财务规则》或相关财务制度的规定确定是否对固定资产计提折旧、对无形资产进行摊销。

对固定资产计提折旧、对无形资产进行摊销的,按照本制度规定处理。

不对固定资产计提折旧、不对无形资产进行摊销的,不设置本制度规定的"累计折旧"、"累计摊销"科目,在进行账务处理时不考虑本制度其他科目说明中涉及的"累计折旧"、"累计摊销"科目。

六、事业单位会计要素包括资产、负债、净资产、收入和支出。

七、事业单位应当按照下列规定运用会计科目:

(一)事业单位应当按照本制度的规定设置和使用会计科目。在不影响会计处理和编报财务报表的前提下,可以根据实际情况自行增设、减少或合并某些明细科目。

(二)本制度统一规定会计科目的编号,以便于填制会计凭证、登记账簿、查阅账目,实行会计信息化管理。事业单位不得打乱重编。

(三)事业单位在填制会计凭证、登记会计账簿时,应当填列会计科目的名称,或者同时填列会计科目的名称和编号,不得只填列科目编号、不填列科目名称。

八、事业单位应当按照下列规定编报财务报表：

(一)事业单位的财务报表由会计报表及其附注构成。会计报表包括资产负债表、收入支出表和财政补助收入支出表。

(二)事业单位的财务报表应当按照月度和年度编制。

(三)事业单位应当根据本制度规定编制并对外提供真实、完整的财务报表。事业单位不得违反本制度规定，随意改变财务报表的编制基础、编制依据、编制原则和方法，不得随意改变本制度规定的财务报表有关数据的会计口径。

(四)事业单位财务报表应当根据登记完整、核对无误的账簿记录和其他有关资料编制，做到数字真实、计算准确、内容完整、报送及时。

(五)事业单位财务报表应当由单位负责人和主管会计工作的负责人、会计机构负责人(会计主管人员)签名并盖章。

九、事业单位会计机构设置、会计人员配备、会计基础工作、会计档案管理、内部控制等，按照《中华人民共和国会计法》、《会计基础工作规范》、《会计档案管理办法》、《行政事业单位内部控制规范(试行)》等规定执行。开展会计信息化工作的事业单位，还应按照财政部制定的相关会计信息化工作规范执行。

十、本制度自2013年1月1日起施行。1997年7月17日财政部印发的《事业单位会计制度》(财预字〔1997〕288号)同时废止。

第二部分　会计科目名称和编号

序号	科目编号	科目名称
一、资产类		
1	1001	库存现金
2	1002	银行存款
3	1011	零余额账户用款额度
4	1101	短期投资
5	1201	财政应返还额度
	120101	财政直接支付
	120102	财政授权支付
6	1211	应收票据
7	1212	应收账款
8	1213	预付账款
9	1215	其他应收款
10	1301	存 货
11	1401	长期投资
12	1501	固定资产
13	1502	累计折旧
14	1511	在建工程
15	1601	无形资产
16	1602	累计摊销
17	1701	待处置资产损益
二、负债类		
18	2001	短期借款
19	2101	应缴税费
20	2102	应缴国库款
21	2103	应缴财政专户款
22	2201	应付职工薪酬
23	2301	应付票据
24	2302	应付账款
25	2303	预收账款
26	2305	其他应付款
27	2401	长期借款
28	2402	长期应付款

续表

三、净资产类		
29	3001	事业基金
30	3101	非流动资产基金
	310101	长期投资
	310102	固定资产
	310103	在建工程
	310104	无形资产
31	3201	专用基金
32	3301	财政补助结转
	330101	基本支出结转
	330102	项目支出结转
33	3302	财政补助结余
34	3401	非财政补助结转
35	3402	事业结余
36	3403	经营结余
37	3404	非财政补助结余分配
四、收入类		
38	4001	财政补助收入
39	4101	事业收入
40	4201	上级补助收入
41	4301	附属单位上缴收入
42	4401	经营收入
43	4501	其他收入
五、支出类		
44	5001	事业支出
45	5101	上缴上级支出
46	5201	对附属单位补助支出
47	5301	经营支出
48	5401	其他支出

第三部分　会计科目使用说明

一、资产类

1001　库存现金

一、本科目核算事业单位的库存现金。

二、事业单位应当严格按照国家有关现金管理的规定收支现金,并按照本制度规定核算现金的各项收支业务。

三、库存现金的主要账务处理如下:

(一)从银行等金融机构提取现金,按照实际提取的金额,借记本科目,贷记“银行存款”等科目;将现金存入银行等金融机构,按照实际存入的金额,借记“银行存款”等科目,贷记本科目。

(二)因内部职工出差等原因借出的现金,按照实际借出的现金金额,借记“其他应收款”科目,贷记本科目;出差人员报销差旅费时,按照应报销的金额,借记有关科目,按照实际借出的现金金额,贷记“其他应收款”科目,按其差额,借记或贷记本科目。

(三)因开展业务等其他事项收到现金,按照实际收到的金额,借记本科目,贷记有关科目;因购买服务或商品等其他事项支出现金,按照实际支出的金额,借记有关科目,贷记本科目。

四、事业单位应当设置“现金日记账”,由出纳人员根据收付款凭证,按照业务发生顺序逐笔登记。每日终了,应当计算当日的现金收入合计数、现金支出合计数和结余数,并将结余数与实际库存数核对,做到账款相符。

每日账款核对中发现现金溢余或短缺的,应当及时进行处理。

如发现现金溢余,属于应支付给有关人员或单位的部分,借记本科目,贷记“其他应付款”科目;属于无法查明原因的部分,借记本科目,贷记“其他收入”科目。如发现现金短缺,属于应由责任人赔偿的部分,借记“其他应收款”科目,贷记本科目;属于无法查明原因的部分,报经批准后,借记“其他支出”科目,贷记本科目。

现金收入业务较多、单独设有收款部门的事业单位,收款部门的收款员应当将每天所收现金连同收款凭据等一并交财务部门核收记账;或者将每天所收现金直接送存开户银行后,将收款凭据及向银行送存现金的凭证等一并交财务部门核收记账。

五、事业单位有外币现金的,应当分别按照人民币、各种外币设置“现金日记账”进行明细核算。有关外币现金业务的账务处理参见“银行存款”科目的相关规定。

六、本科目期末借方余额,反映事业单位实际持有的库存现金。

1002　银行存款

一、本科目核算事业单位存入银行或其他金融机构的各种存款。

二、事业单位应当严格按照国家有关支付结算办法的规定办理银行存款收支业务,并按照本制度规定核算银行存款的各项收支业务。

三、银行存款的主要账务处理如下:

(一)将款项存入银行或其他金融机构,借记本科目,贷记“库存现金”、“事业收入”、“经营收入”等有关科目。

(二)提取和支出存款时,借记有关科目,贷记本科目。

四、事业单位发生外币业务的,应当按照业务发生当日(或当期期初,下同)的即期汇率,将外币金额折算为人民币记账,并登记外币金额和汇率。

期末,各种外币账户的外币余额应当按照期末的即期汇率折算为人民币,作为外币账户期末人民币余额。调整后的各种外币账户人民币余额与原账面人民币余额的差额,作为汇兑损益计入相关支出。

(一)以外币购买物资、劳务等,按照购入当日的即期汇率将支付的外币或应支付的外币折算为人民币金额,借记有关科目,贷记本科目、"应付账款"等科目的外币账户。

(二)以外币收取相关款项等,按照收取款项或收入确认当日的即期汇率将收取的外币或应收取的外币折算为人民币金额,借记本科目、"应收账款"等科目的外币账户,贷记有关科目。

(三)期末,根据各外币账户按期末汇率调整后的人民币余额与原账面人民币余额的差额,作为汇兑损益,借记或贷记本科目、"应收账款"、"应付账款"等科目,贷记或借记"事业支出"、"经营支出"等科目。

五、事业单位应当按开户银行或其他金融机构、存款种类及币种等,分别设置"银行存款日记账",由出纳人员根据收付款凭证,按照业务的发生顺序逐笔登记,每日终了应结出余额。"银行存款日记账"应定期与"银行对账单"核对,至少每月核对一次。月度终了,事业单位银行存款账面余额与银行对账单余额之间如有差额,必须逐笔查明原因并进行处理,按月编制"银行存款余额调节表",调节相符。

六、本科目期末借方余额,反映事业单位实际存放在银行或其他金融机构的款项。

1011 零余额账户用款额度

一、本科目核算实行国库集中支付的事业单位根据财政部门批复的用款计划收到和支用的零余额账户用款额度。

二、零余额账户用款额度的主要账务处理如下:

(一)在财政授权支付方式下,收到代理银行盖章的"授权支付到账通知书"时,根据通知书所列数额,借记本科目,贷记"财政补助收入"科目。

(二)按规定支用额度时,借记有关科目,贷记本科目。

(三)从零余额账户提取现金时,借记"库存现金"科目,贷记本科目。

(四)因购货退回等发生国库授权支付额度退回的,属于以前年度支付的款项,按照退回金额,借记本科目,贷记"财政补助结转"、"财政补助结余"、"存货"等有关科目;属于本年度支付的款项,按照退回金额,借记本科目,贷记"事业支出"、"存货"等有关科目。

(五)年度终了,依据代理银行提供的对账单作注销额度的相关账务处理,借记"财政应返还额度—财政授权支付"科目,贷记本科目。事业单位本年度财政授权支付预算指标数大于零余额账户用款额度下达数的,根据未下达的用款额度,借记"财政应返还额度—财政授权支付"科目,贷记"财政补助收入"科目。

下年初,事业单位依据代理银行提供的额度恢复到账通知书作恢复额度的相关账务处理,借记本科目,贷记"财政应返还额度—财政授权支付"科目。事业单位收到财政部门批复的上年末未下达零余额账户用款额度的,借记本科目,贷记"财政应返还额度—财政授权支付"科目。

三、本科目期末借方余额，反映事业单位尚未支用的零余额账户用款额度。本科目年末应无余额。

1101 短期投资

一、本科目核算事业单位依法取得的，持有时间不超过1年（含1年）的投资，主要是国债投资。

二、事业单位应当严格遵守国家法律、行政法规以及财政部门、主管部门关于对外投资的有关规定。

三、本科目应当按照国债投资的种类等进行明细核算。

四、短期投资的主要账务处理如下：

（一）短期投资在取得时，应当按照其实际成本（包括购买价款以及税金、手续费等相关税费）作为投资成本，借记本科目，贷记“银行存款”等科目。

（二）短期投资持有期间收到利息时，按实际收到的金额，借记“银行存款”科目，贷记“其他收入—投资收益”科目。

（三）出售短期投资或到期收回短期国债本息，按照实际收到的金额，借记“银行存款”科目，按照出售或收回短期国债的成本，贷记本科目，按其差额，贷记或借记“其他收入—投资收益”科目。

五、本科目期末借方余额，反映事业单位持有的短期投资成本。

1201 财政应返还额度

一、本科目核算实行国库集中支付的事业单位应收财政返还的资金额度。

二、本科目应当设置“财政直接支付”、“财政授权支付”两个明细科目，进行明细核算。

三、财政应返还额度的主要账务处理如下：

（一）财政直接支付

年度终了，事业单位根据本年度财政直接支付预算指标数与当年财政直接支付实际支出数的差额，借记本科目（财政直接支付），贷记“财政补助收入”科目。

下年度恢复财政直接支付额度后，事业单位以财政直接支付方式发生实际支出时，借记有关科目，贷记本科目（财政直接支付）。

（二）财政授权支付

年度终了，事业单位依据代理银行提供的对账单作注销额度的相关账务处理，借记本科目（财政授权支付），贷记“零余额账户用款额度”科目。事业单位本年度财政授权支付预算指标数大于零余额账户用款额度下达数的，根据未下达的用款额度，借记本科目（财政授权支付），贷记“财政补助收入”科目。

下年初，事业单位依据代理银行提供的额度恢复到账通知书作恢复额度的相关账务处理，借记“零余额账户用款额度”科目，贷记本科目（财政授权支付）。事业单位收到财政部门批复的上年末未下达零余额账户用款额度时，借记“零余额账户用款额度”科目，贷记本科目（财政授权支付）。

四、本科目期末借方余额，反映事业单位应收财政返还的资金额度。

1211 应收票据

一、本科目核算事业单位因开展经营活动销售产品、提供有偿服务等而收到的商业汇票，包括银行承兑汇票和商业承兑汇票。

二、本科目应当按照开出、承兑商业汇票的单位等进行明细核算。

三、应收票据的主要账务处理如下：

(一)因销售产品、提供服务等收到商业汇票，按照商业汇票的票面金额，借记本科目，按照确认的收入金额，贷记“经营收入”等科目，按照应缴增值税金额，贷记“应缴税费—应缴增值税”科目。

(二)持未到期的商业汇票向银行贴现，按照实际收到的金额(即扣除贴现息后的净额)，借记“银行存款”科目，按照贴现息，借记“经营支出”等科目，按照商业汇票的票面金额，贷记本科目。

(三)将持有的商业汇票背书转让以取得所需物资时，按照取得物资的成本，借记有关科目，按照商业汇票的票面金额，贷记本科目，如有差额，借记或贷记“银行存款”等科目。

(四)商业汇票到期时，应当分别以下情况处理：

1.收回应收票据，按照实际收到的商业汇票票面金额，借记“银行存款”科目，贷记本科目。

2.因付款人无力支付票款，收到银行退回的商业承兑汇票、委托收款凭证、未付票款通知书或拒付款证明等，按照商业汇票的票面金额，借记“应收账款”科目，贷记本科目。

四、事业单位应当设置“应收票据备查簿”，逐笔登记每一应收票据的种类、号数、出票日期、到期日、票面金额、交易合同号和付款人、承兑人、背书人姓名或单位名称、背书转让日、贴现日期、贴现率和贴现净额、收款日期、收回金额和退票情况等资料。应收票据到期结清票款或退票后，应当在备查簿内逐笔注销。

五、本科目期末借方余额，反映事业单位持有的商业汇票票面金额。

1212 应收账款

一、本科目核算事业单位因开展经营活动销售产品、提供有偿服务等而应收取的款项。

二、本科目应当按照购货、接受劳务单位(或个人)进行明细核算。

三、应收账款的主要账务处理如下：

(一)发生应收账款时，按照应收未收金额，借记本科目，按照确认的收入金额，贷记“经营收入”等科目，按照应缴增值税金额，贷记“应缴税费—应缴增值税”科目。

(二)收回应收账款时，按照实际收到的金额，借记“银行存款”等科目，贷记本科目。

四、逾期三年或以上、有确凿证据表明确实无法收回的应收账款，按规定报经批准后予以核销。核销的应收账款应在备查簿中保留登记。

(一)转入待处置资产时，按照待核销的应收账款金额，借记“待处置资产损益”科目，贷记本科目。

(二)报经批准予以核销时，借记“其他支出”科目，贷记“待处置资产损益”科目。

(三)已核销应收账款在以后期间收回的，按照实际收回的金额，借记“银行存款”等科目，贷记“其他收入”科目。

五、本科目期末借方余额，反映事业单位尚未收回的应收账款。

1213 预付账款

一、本科目核算事业单位按照购货、劳务合同规定预付给供应单位的款项。

二、本科目应当按照供应单位(或个人)进行明细核算。

事业单位应当通过明细核算或辅助登记方式，登记预付账款的资金性质(区分财政补助资金、非财政专项资金和其他资金)。

三、预付账款的主要账务处理如下：

(一)发生预付账款时，按照实际预付的金额，借记本科目，贷记"零余额账户用款额度"、"财政补助收入"、"银行存款"等科目。

(二)收到所购物资或劳务，按照购入物资或劳务的成本，借记有关科目，按照相应预付账款金额，贷记本科目，按照补付的款项，贷记"零余额账户用款额度"、"财政补助收入"、"银行存款"等科目。

收到所购固定资产、无形资产的，按照确定的资产成本，借记"固定资产"、"无形资产"科目，贷记"非流动资产基金—固定资产、无形资产"科目；同时，按资产购置支出，借记"事业支出"、"经营支出"等科目，按照相应预付账款金额，贷记本科目，按照补付的款项，贷记"零余额账户用款额度"、"财政补助收入"、"银行存款"等科目。

四、逾期三年或以上、有确凿证据表明因供货单位破产、撤销等原因已无望再收到所购物资，且确实无法收回的预付账款，按规定报经批准后予以核销。核销的预付账款应在备查簿中保留登记。

(一)转入待处置资产时，按照待核销的预付账款金额，借记"待处置资产损益"科目，贷记本科目。

(二)报经批准予以核销时，借记"其他支出"科目，贷记"待处置资产损益"科目。

(三)已核销预付账款在以后期间收回的，按照实际收回的金额，借记"银行存款"等科目，贷记"其他收入"科目。

五、本科目期末借方余额，反映事业单位实际预付但尚未结算的款项。

1215 其他应收款

一、本科目核算事业单位除财政应返还额度、应收票据、应收账款、预付账款以外的其他各项应收及暂付款项，如职工预借的差旅费、拨付给内部有关部门的备用金、应向职工收取的各种垫付款项等。

二、本科目应当按照其他应收款的类别以及债务单位(或个人)进行明细核算。

三、其他应收款的主要账务处理如下：

(一)发生其他各种应收及暂付款项时，借记本科目，贷记"银行存款"、"库存现金"等科目。

(二)收回或转销其他各种应收及暂付款项时，借记"库存现金"、"银行存款"等科目，贷记本科目。

(三)事业单位内部实行备用金制度的，有关部门使用备用金以后应当及时到财务部门报销并补足备用金。财务部门核定并发放备用金时，借记本科目，贷记"库存现金"等科目。根据报销数用现金补足备用金定额时，借记有关科目，贷记"库存现金"等科目，报销数和拨补数都不再通过本科目核算。

四、逾期三年或以上、有确凿证据表明确实无法收回的其他应收款，按规定报经批准后予以核销。核销的其他应收款应在备查簿中保留登记。

(一)转入待处置资产时,按照待核销的其他应收款金额,借记“待处置资产损益”科目,贷记本科目。

(二)报经批准予以核销时,借记“其他支出”科目,贷记“待处置资产损益”科目。

(三)已核销其他应收款在以后期间收回的,按照实际收回的金额,借记“银行存款”等科目,贷记“其他收入”科目。

五、本科目期末借方余额,反映事业单位尚未收回的其他应收款。

1301 存 货

一、本科目核算事业单位在开展业务活动及其他活动中为耗用而储存的各种材料、燃料、包装物、低值易耗品及达不到固定资产标准的用具、装具、动植物等的实际成本。

事业单位随买随用的零星办公用品,可以在购进时直接列作支出,不通过本科目核算。

二、本科目应当按照存货的种类、规格、保管地点等进行明细核算。

事业单位应当通过明细核算或辅助登记方式,登记取得存货成本的资金来源(区分财政补助资金、非财政专项资金和其他资金)。

发生自行加工存货业务的事业单位,应当在本科目下设置“生产成本”明细科目,归集核算自行加工存货所发生的实际成本(包括耗用的直接材料费用、发生的直接人工费用和分配的间接费用)。

三、存货的主要账务处理如下:

(一)存货在取得时,应当按照其实际成本入账。

1.购入的存货,其成本包括购买价款、相关税费、运输费、装卸费、保险费以及其他使得存货达到目前场所和状态所发生的其他支出。事业单位按照税法规定属于增值税一般纳税人的,其购进非自用(如用于生产对外销售的产品)材料所支付的增值税款不计入材料成本。

购入的存货验收入库,按确定的成本,借记本科目,贷记“银行存款”、“应付账款”、“财政补助收入”、“零余额账户用款额度”等科目。

属于增值税一般纳税人的事业单位购入非自用材料的,按确定的成本(不含增值税进项税额),借记本科目,按增值税专用发票上注明的增值税额,借记“应缴税费—应缴增值税(进项税额)”科目,按实际支付或应付的金额,贷记“银行存款”、“应付账款”等科目。

2.自行加工的存货,其成本包括耗用的直接材料费用、发生的直接人工费用和按照一定方法分配的与存货加工有关的间接费用。

自行加工的存货在加工过程中发生各种费用时,借记本科目(生产成本),贷记本科目(领用材料相关的明细科目)、“应付职工薪酬”、“银行存款”等科目。

加工完成的存货验收入库,按照所发生的实际成本,借记本科目(相关明细科目),贷记本科目(生产成本)。

3.接受捐赠、无偿调入的存货,其成本按照有关凭据注明的金额加上相关税费、运输费等确定;没有相关凭据的,其成本比照同类或类似存货的市场价格加上相关税费、运输费等确定;没有相关凭据、同类或类似存货的市场价格也无法可靠取得的,该存货按照名义金额(即人民币1元,下同)入账。相关财务制度仅要求进行实物管理的除外。

接受捐赠、无偿调入的存货验收入库,按照确定的成本,借记本科目,按照发生的相关税费、运输费等，贷记“银行存款”等科目，按照其差额，贷记“其他收入”科目。

按照名义金额入账的情况下，按照名义金额，借记本科目，贷记“其他收入”科目；按照发生的相关税费、运输费等，借记“其他支出”科目，贷记“银行存款”等科目。

（二）存货在发出时，应当根据实际情况采用先进先出法、加权平均法或者个别计价法确定发出存货的实际成本。计价方法一经确定，不得随意变更。低值易耗品的成本于领用时一次摊销。

1.开展业务活动等领用、发出存货，按领用、发出存货的实际成本，借记“事业支出”、“经营支出”等科目，贷记本科目。

2.对外捐赠、无偿调出存货，转入待处置资产时，按照存货的账面余额，借记“待处置资产损益”科目，贷记本科目。

属于增值税一般纳税人的事业单位对外捐赠、无偿调出购进的非自用材料，转入待处置资产时，按照存货的账面余额与相关增值税进项税额转出金额的合计金额，借记“待处置资产损益”科目，按存货的账面余额，贷记本科目，按转出的增值税进项税额，贷记“应缴税费—应缴增值税（进项税额转出）”科目。

实际捐出、调出存货时，按照“待处置资产损益”科目的相应余额，借记“其他支出”科目，贷记“待处置资产损益”科目。

四、事业单位的存货应当定期进行清查盘点，每年至少盘点一次。对于发生的存货盘盈、盘亏或者报废、毁损，应当及时查明原因，按规定报经批准后进行账务处理。

（一）盘盈的存货，按照同类或类似存货的实际成本或市场价格确定入账价值；同类或类似存货的实际成本、市场价格均无法可靠取得的，按照名义金额入账。

盘盈的存货，按照确定的入账价值，借记本科目，贷记“其他收入”科目。

（二）盘亏或者毁损、报废的存货，转入待处置资产时，按照待处置存货的账面余额，借记“待处置资产损益”科目，贷记本科目。

属于增值税一般纳税人的事业单位购进的非自用材料发生盘亏或者毁损、报废的，转入待处置资产时，按照存货的账面余额与相关增值税进项税额转出金额的合计金额，借记“待处置资产损益”科目，按存货的账面余额，贷记本科目，按转出的增值税进项税额，贷记“应缴税费—应缴增值税（进项税额转出）”科目。

报经批准予以处置时，按照“待处置资产损益”科目的相应余额，借记“其他支出”科目，贷记“待处置资产损益”科目。

处置存货过程中所取得的收入、发生的费用，以及处置收入扣除相关处置费用后的净收入的账务处理，参见“待处置资产损益”科目。

五、本科目期末借方余额，反映事业单位存货的实际成本。

1401　长期投资

一、本科目核算事业单位依法取得的，持有时间超过1年（不含1年）的股权和债权性质的投资。

二、事业单位应当严格遵守国家法律、行政法规以及财政部门、主管部门有关事业单位对外投资的规定。

三、本科目应当按照长期投资的种类和被投资单位等进行明细核算。

四、长期投资的主要账务处理如下：

(一)长期股权投资

1. 长期股权投资在取得时，应当按照其实际成本作为投资成本。

(1)以货币资金取得的长期股权投资，按照实际支付的全部价款(包括购买价款以及税金、手续费等相关税费)作为投资成本，借记本科目，贷记“银行存款”等科目；同时，按照投资成本金额，借记“事业基金”科目，贷记“非流动资产基金—长期投资”科目。

(2)以固定资产取得的长期股权投资，按照评估价值加上相关税费作为投资成本，借记本科目，贷记“非流动资产基金—长期投资”科目，按发生的相关税费，借记“其他支出”科目，贷记“银行存款”、“应缴税费”等科目；同时，按照投出固定资产对应的非流动资产基金，借记“非流动资产基金—固定资产”科目，按照投出固定资产已计提折旧，借记“累计折旧”科目，按投出固定资产的账面余额，贷记“固定资产”科目。

(3)以已入账无形资产取得的长期股权投资，按照评估价值加上相关税费作为投资成本，借记本科目，贷记“非流动资产基金—长期投资”科目，按发生的相关税费，借记“其他支出”科目，

贷记“银行存款”、“应缴税费”等科目；同时，按照投出无形资产对应的非流动资产基金，借记“非流动资产基金—无形资产”科目，按照投出无形资产已计提摊销，借记“累计摊销”科目，按照投出无形资产的账面余额，贷记“无形资产”科目。

以未入账无形资产取得的长期股权投资，按照评估价值加上相关税费作为投资成本，借记本科目，贷记“非流动资产基金—长期投资”科目，按发生的相关税费，借记“其他支出”科目，贷记“银行存款”、“应缴税费”等科目。

2. 长期股权投资持有期间，收到利润等投资收益时，按照实际收到的金额，借记“银行存款”等科目，贷记“其他收入—投资收益”科目。

3. 转让长期股权投资，转入待处置资产时，按照待转让长期股权投资的账面余额，借记“待处置资产损益—处置资产价值”科目，贷记本科目。

实际转让时，按照所转让长期股权投资对应的非流动资产基金，借记“非流动资产基金—长期投资”科目，贷记“待处置资产损益—处置资产价值”科目。

转让长期股权投资过程中取得价款、发生相关税费，以及转让价款扣除相关税费后的净收入的账务处理，参见“待处置资产损益”科目。

4. 因被投资单位破产清算等原因，有确凿证据表明长期股权投资发生损失，按规定报经批准后予以核销。将待核销长期股权投资转入待处置资产时，按照待核销的长期股权投资账面余额，借记“待处置资产损益”科目，贷记本科目。

报经批准予以核销时，借记“非流动资产基金—长期投资”科目，贷记“待处置资产损益”科目。

(二)长期债券投资

1. 长期债券投资在取得时，应当按照其实际成本作为投资成本。

以货币资金购入的长期债券投资，按照实际支付的全部价款(包括购买价款以及税金、手续费等相关税费)作为投资成本，借记本科目，贷记“银行存款”等科目；同时，按照投资成本金额，借记“事业基金”科目，贷记“非流动资产基金—长期投资”科目。

2. 长期债券投资持有期间收到利息时，按照实际收到的金额，借记“银行存款”等科目，贷

记“其他收入—投资收益”科目。

3. 对外转让或到期收回长期债券投资本息，按照实际收到的金额，借记“银行存款”等科目，按照收回长期投资的成本，贷记本科目，按照其差额，贷记或借记“其他收入—投资收益”科目；同时，按照收回长期投资对应的非流动资产基金，借记“非流动资产基金—长期投资”科目，贷记“事业基金”科目。

五、本科目期末借方余额，反映事业单位持有的长期投资成本。

1501 固定资产

一、本科目核算事业单位固定资产的原价。

固定资产是指事业单位持有的使用期限超过 1 年（不含 1 年）、单位价值在规定标准以上，并在使用过程中基本保持原有物质形态的资产。单位价值虽未达到规定标准，但使用期限超过 1 年（不含 1 年）的大批同类物资，作为固定资产核算和管理。

二、事业单位的固定资产一般分为六类：房屋及构筑物；专用设备；通用设备；文物和陈列品；图书、档案；家具、用具、装具及动植物。有关说明如下：

1. 对于应用软件，如果其构成相关硬件不可缺少的组成部分，应当将该软件价值包括在所属硬件价值中，一并作为固定资产进行核算；如果其不构成相关硬件不可缺少的组成部分，应当将该软件作为无形资产核算。

2. 事业单位以经营租赁租入的固定资产，不作为固定资产核算，应当另设备查簿进行登记。

3. 购入需要安装的固定资产，应当先通过“在建工程”科目核算，安装完毕交付使用时再转入本科目核算。

三、事业单位应当根据固定资产定义，结合本单位的具体情况，制定适合于本单位的固定资产目录、具体分类方法，作为进行固定资产核算的依据。

事业单位应当设置“固定资产登记簿”和“固定资产卡片”，按照固定资产类别、项目和使用部门等进行明细核算。出租、出借的固定资产，应当设置备查簿进行登记。

四、固定资产的主要账务处理如下：

（一）固定资产在取得时，应当按照其实际成本入账。

1. 购入的固定资产，其成本包括购买价款、相关税费以及固定资产交付使用前所发生的可归属于该项资产的运输费、装卸费、安装调试费和专业人员服务费等。

以一笔款项购入多项没有单独标价的固定资产，按照各项固定资产同类或类似资产市场价格的比例对总成本进行分配，分别确定各项固定资产的入账成本。

购入不需安装的固定资产，按照确定的固定资产成本，借记本科目，贷记“非流动资产基金—固定资产”科目；同时，按照实际支付金额，借记“事业支出”、“经营支出”、“专用基金—修购基金”等科目，贷记“财政补助收入”、“零余额账户用款额度”、“银行存款”等科目。

购入需要安装的固定资产，先通过“在建工程”科目核算。安装完工交付使用时，借记本科目，贷记“非流动资产基金—固定资产”科目；同时，借记“非流动资产基金—在建工程”科目，贷记“在建工程”科目。

购入固定资产扣留质量保证金的，应当在取得固定资产时，按照确定的成本，借记本科目[不需安装]或“在建工程”科目[需要安装]，贷记“非流动资产基金—固定资产、在建工程”科目。同时取得固定资产全款发票的,应当同时按照构成资产成本的全部支出金额,借记“事业支出”、“经营支出”、“专用基金—修购基金”等科目,按照实际支付金额,贷记“财政补助收入”、“零余额账户用款额度”、“银行存款”等科目,按照扣留的质量保证金,贷记“其他应付款”[扣留期在1年以内(含1年)]或“长期应付款”[扣留期超过1年]科目;取得的发票金额不包括质量保证金的,应当同时按照不包括质量保证金的支出金额,借记“事业支出”、“经营支出”、“专用基金—修购基金”等科目,贷记“财政补助收入”、“零余额账户用款额度”、“银行存款”等科目。质保期满支付质量保证金时,借记“其他应付款”、“长期应付款”科目,或借记“事业支出”、“经营支出”、“专用基金—修购基金”等科目,贷记“财政补助收入”、“零余额账户用款额度”、“银行存款”等科目。

2.自行建造的固定资产,其成本包括建造该项资产至交付使用前所发生的全部必要支出。

工程完工交付使用时,按自行建造过程中发生的实际支出,借记本科目,贷记“非流动资产基金—固定资产”科目;同时,借记“非流动资产基金—在建工程”科目,贷记“在建工程”科目。已交付使用但尚未办理竣工决算手续的固定资产,按照估计价值入账,待确定实际成本后再进行调整。

3.在原有固定资产基础上进行改建、扩建、修缮后的固定资产,其成本按照原固定资产账面价值(“固定资产”科目账面余额减去“累计折旧”科目账面余额后的净值)加上改建、扩建、修缮发生的支出,再扣除固定资产拆除部分的账面价值后的金额确定。

本制度所称账面价值,是指某会计科目的账面余额减去相关备抵科目(如“累计折旧”、“累计摊销”科目)账面余额后的净值。本制度所称账面余额,是指某会计科目的账面实际余额。

将固定资产转入改建、扩建、修缮时,按固定资产的账面价值,借记“在建工程”科目,贷记“非流动资产基金—在建工程”科目;同时,按固定资产对应的非流动资产基金,借记“非流动资产基金—固定资产”科目,按固定资产已计提折旧,借记“累计折旧”科目,按固定资产的账面余额,贷记本科目。

工程完工交付使用时,借记本科目,贷记“非流动资产基金—固定资产”科目;同时,借记“非流动资产基金—在建工程”科目,贷记“在建工程”科目。

4.以融资租赁租入的固定资产,其成本按照租赁协议或者合同确定的租赁价款、相关税费以及固定资产交付使用前所发生的可归属于该项资产的运输费、途中保险费、安装调试费等确定。

融资租入的固定资产,按照确定的成本,借记本科目[不需安装]或“在建工程”科目[需安装],按照租赁协议或者合同确定的租赁价款,贷记“长期应付款”科目,按照其差额,贷记“非流动资产基金—固定资产、在建工程”科目。同时,按照实际支付的相关税费、运输费、途中保险费、安装调试费等,借记“事业支出”、“经营支出”等科目,贷记“财政补助收入”、“零余额账户用款额度”、“银行存款”等科目。

定期支付租金时,按照支付的租金金额,借记“事业支出”、“经营支出”等科目,贷记“财政补助收入”、“零余额账户用款额度”、“银行存款”等科目;同时,借记“长期应付款”科目,贷记“非流动资产基金—固定资产”科目。

跨年度分期付款购入固定资产的账务处理,参照融资租入固定资产。

5.接受捐赠、无偿调入的固定资产,其成本按照有关凭据注明的金额加上相关税费、运输费等确定;没有相关凭据的,其成本比照同类或类似固定资产的市场价格加上相关税费、运输费等确定；没有相关凭据、同类或类似固定资产的市场价格也无法可靠取得的，该固定资产按照名义金额入账。

接受捐赠、无偿调入的固定资产，按照确定的固定资产成本，借记本科目[不需安装]或"在建工程"科目[需安装]，贷记"非流动资产基金—固定资产、在建工程"科目；按照发生的相关税费、运输费等，借记"其他支出"科目，贷记"银行存款"等科目。

（二）按月计提固定资产折旧时，按照实际计提金额，借记"非流动资产基金—固定资产"科目，贷记"累计折旧"科目。

（三）与固定资产有关的后续支出，应分别以下情况处理：

1.为增加固定资产使用效能或延长其使用年限而发生的改建、扩建或修缮等后续支出，应当计入固定资产成本，通过"在建工程"科目核算，完工交付使用时转入本科目。有关账务处理参见"在建工程"科目。

2.为维护固定资产的正常使用而发生的日常修理等后续支出，应当计入当期支出但不计入固定资产成本，借记"事业支出"、"经营支出"等科目，贷记"财政补助收入"、"零余额账户用款额度"、"银行存款"等科目。

（四）报经批准出售、无偿调出、对外捐赠固定资产或以固定资产对外投资，应当分别以下情况处理：

1.出售、无偿调出、对外捐赠固定资产，转入待处置资产时，按照待处置固定资产的账面价值，借记"待处置资产损益"科目，按照已计提折旧，借记"累计折旧"科目，按照固定资产的账面余额，贷记本科目。

实际出售、调出、捐出时，按照处置固定资产对应的非流动资产基金，借记"非流动资产基金—固定资产"科目，贷记"待处置资产损益"科目。

出售固定资产过程中取得价款、发生相关税费，以及出售价款扣除相关税费后的净收入的账务处理，参见"待处置资产损益"科目。

2.以固定资产对外投资，按照评估价值加上相关税费作为投资成本，借记"长期投资"科目，贷记"非流动资产基金—长期投资"科目，按发生的相关税费，借记"其他支出"科目，贷记"银行存款"、"应缴税费"等科目；同时，按照投出固定资产对应的非流动资产基金，借记"非流动资产基金—固定资产"科目，按照投出固定资产已计提折旧，借记"累计折旧"科目，按照投出固定资产的账面余额，贷记本科目。

五、事业单位的固定资产应当定期进行清查盘点，每年至少盘点一次。对于发生的固定资产盘盈、盘亏或者报废、毁损，应当及时查明原因，按规定报经批准后进行账务处理。

（一）盘盈的固定资产，按照同类或类似固定资产的市场价格确定入账价值；同类或类似固定资产的市场价格无法可靠取得的，按照名义金额入账。

盘盈的固定资产，按照确定的入账价值，借记本科目，贷记"非流动资产基金—固定资产"科目。

（二）盘亏或者毁损、报废的固定资产，转入待处置资产时，按照待处置固定资产的账面价值，借记"待处置资产损益"科目，按照已计提折旧，借记"累计折旧"科目，按照固定资产的账面余额，贷记本科目。

报经批准予以处置时，按照处置固定资产对应的非流动资产基金，借记"非流动资产基金—固定资产"科目，贷记"待处置资产损益"科目。

处置毁损、报废固定资产过程中所取得的收入、发生的相关费用，以及处置收入扣除相关费用后的净收入的账务处理，参见“待处置资产损益”科目。

六、本科目期末借方余额，反映事业单位固定资产的原价。

1502 累计折旧

一、本科目核算事业单位固定资产计提的累计折旧。

二、本科目应当按照所对应固定资产的类别、项目等进行明细核算。

三、事业单位应当对除下列各项资产以外的其他固定资产计提折旧：

(一)文物和陈列品；

(二)动植物；

(三)图书、档案；

(四)以名义金额计量的固定资产。

四、折旧是指在固定资产使用寿命内，按照确定的方法对应折旧金额进行系统分摊。有关说明如下：

(一)事业单位应当根据固定资产的性质和实际使用情况，合理确定其折旧年限。省级以上财政部门、主管部门对事业单位固定资产折旧年限做出规定的，从其规定。

(二)事业单位一般应当采用年限平均法或工作量法计提固定资产折旧。

(三)事业单位固定资产的应折旧金额为其成本，计提固定资产折旧不考虑预计净残值。

(四)事业单位一般应当按月计提固定资产折旧。当月增加的固定资产，当月不提折旧，从下月起计提折旧；当月减少的固定资产，当月照提折旧，从下月起不提折旧。

(五)固定资产提足折旧后，无论能否继续使用，均不再计提折旧；提前报废的固定资产，也不再补提折旧。已提足折旧的固定资产，可以继续使用的，应当继续使用，规范管理。

(六)计提融资租入固定资产折旧时，应当采用与自有固定资产相一致的折旧政策。能够合理确定租赁期届满时将会取得租入固定资产所有权的，应当在租入固定资产尚可使用年限内计提折旧；无法合理确定租赁期届满时能够取得租入固定资产所有权的，应当在租赁期与租入固定资产尚可使用年限两者中较短的期间内计提折旧。

(七)固定资产因改建、扩建或修缮等原因而延长其使用年限的，应当按照重新确定的固定资产的成本以及重新确定的折旧年限，重新计算折旧额。

五、累计折旧的主要账务处理如下：

(一)按月计提固定资产折旧时，按照应计提折旧金额，借记“非流动资产基金—固定资产”科目，贷记本科目。

(二)固定资产处置时，按照所处置固定资产的账面价值，借记“待处置资产损益”科目，按照已计提折旧，借记本科目，按照固定资产的账面余额，贷记“固定资产”科目。

六、本科目期末贷方余额，反映事业单位计提的固定资产折旧累计数。

1511 在建工程

一、本科目核算事业单位已经发生必要支出，但尚未完工交付使用的各种建筑(包括新建、改建、扩建、修缮等)和设备安装工程的实际成本。

二、本科目应当按照工程性质和具体工程项目等进行明细核算。

三、事业单位的基本建设投资应当按照国家有关规定单独建账、单独核算,同时按照本制度的规定至少按月并入本科目及其他相关科目反映。

事业单位应当在本科目下设置“基建工程”明细科目,核算由基建账套并入的在建工程成本。有关基建并账的具体账务处理另行规定。

四、在建工程(非基本建设项目)的主要账务处理如下:

(一)建筑工程

1. 将固定资产转入改建、扩建或修缮等时,按照固定资产的账面价值,借记本科目,贷记“非流动资产基金—在建工程”科目;同时,按照固定资产对应的非流动资产基金,借记“非流动资产基金—固定资产”科目,按照已计提折旧,借记“累计折旧”科目,按照固定资产的账面余额,贷记“固定资产”科目。

2. 根据工程价款结算账单与施工企业结算工程价款时,按照实际支付的工程价款,借记本科目,贷记“非流动资产基金—在建工程”科目;同时,借记“事业支出”等科目,贷记“财政补助收入”、“零余额账户用款额度”、“银行存款”等科目。

3. 事业单位为建筑工程借入的专门借款的利息,属于建设期间发生的,计入在建工程成本,借记本科目,贷记“非流动资产基金—在建工程”科目;同时,借记“其他支出”科目,贷记“银行存款”科目。

4. 工程完工交付使用时,按照建筑工程所发生的实际成本,借记“固定资产”科目,贷记“非流动资产基金—固定资产”科目;同时,借记“非流动资产基金—在建工程”科目,贷记本科目。

(二)设备安装

1. 购入需要安装的设备,按照确定的成本,借记本科目,贷记“非流动资产基金—在建工程”科目;同时,按照实际支付金额,借记“事业支出”、“经营支出”等科目,贷记“财政补助收入”、“零余额账户用款额度”、“银行存款”等科目。

融资租入需要安装的设备,按照确定的成本,借记本科目,按照租赁协议或者合同确定的租赁价款,贷记“长期应付款”科目,按照其差额,贷记“非流动资产基金—在建工程”科目。同时,按照实际支付的相关税费、运输费、途中保险费等,借记“事业支出”、“经营支出”等科目,贷记“财政补助收入”、“零余额账户用款额度”、“银行存款”等科目。

2. 发生安装费用,借记本科目,贷记“非流动资产基金—在建工程”科目;同时,借记“事业支出”、“经营支出”等科目,贷记“财政补助收入”、“零余额账户用款额度”、“银行存款”等科目。

3. 设备安装完工交付使用时,借记“固定资产”科目,贷记“非流动资产基金—固定资产”科目;同时,借记“非流动资产基金—在建工程”科目,贷记本科目。

五、本科目期末借方余额,反映事业单位尚未完工的在建工程发生的实际成本。

1601 无形资产

一、本科目核算事业单位无形资产的原价。

无形资产是指事业单位持有的没有实物形态的可辨认非货币性资产,包括专利权、商标权、著作权、土地使用权、非专利技术等。

事业单位购入的不构成相关硬件不可缺少组成部分的应用软件,应当作为无形资产核算。

二、本科目应当按照无形资产的类别、项目等进行明细核算。

三、无形资产的主要账务处理如下:

(一)无形资产在取得时,应当按照其实际成本入账。

1.外购的无形资产,其成本包括购买价款、相关税费以及可归属于该项资产达到预定用途所发生的其他支出。

购入的无形资产,按照确定的无形资产成本,借记本科目,贷记“非流动资产基金—无形资产”科目;同时,按照实际支付金额,借记“事业支出”等科目,贷记“财政补助收入”、“零余额账户用款额度”、“银行存款”等科目。

2.委托软件公司开发软件视同外购无形资产进行处理。

支付软件开发费时,按照实际支付金额,借记“事业支出”等科目,贷记“财政补助收入”、“零余额账户用款额度”、“银行存款”等科目。软件开发完成交付使用时,按照软件开发费总额,借记本科目,贷记“非流动资产基金—无形资产”科目。

3.自行开发并按法律程序申请取得的无形资产,按照依法取得时发生的注册费、聘请律师费等费用,借记本科目,贷记“非流动资产基金—无形资产”科目;同时,借记“事业支出”等科目,贷记“财政补助收入”、“零余额账户用款额度”、“银行存款”等科目。

依法取得前所发生的研究开发支出,应于发生时直接计入当期支出,借记“事业支出”等科目,贷记“银行存款”等科目。

4.接受捐赠、无偿调入的无形资产,其成本按照有关凭据注明的金额加上相关税费等确定;没有相关凭据的,其成本比照同类或类似无形资产的市场价格加上相关税费等确定;没有相关凭据、同类或类似无形资产的市场价格也无法可靠取得的,该资产按照名义金额入账。

接受捐赠、无偿调入的无形资产,按照确定的无形资产成本,借记本科目,贷记“非流动资产基金—无形资产”科目;按照发生的相关税费等,借记“其他支出”科目,贷记“银行存款”等科目。

(二)按月计提无形资产摊销时,按照应计提摊销金额,借记“非流动资产基金—无形资产”科目,贷记“累计摊销”科目。

(三)与无形资产有关的后续支出,应分别以下情况处理:

1.为增加无形资产的使用效能而发生的后续支出,如对软件进行升级改造或扩展其功能等所发生的支出,应当计入无形资产的成本,借记本科目,贷记“非流动资产基金—无形资产”科目;同时,借记“事业支出”等科目,贷记“财政补助收入”、“零余额账户用款额度”、“银行存款”等科目。

2.为维护无形资产的正常使用而发生的后续支出,如对软件进行漏洞修补、技术维护等所发生的支出,应当计入当期支出但不计入无形资产成本,借记“事业支出”等科目,贷记“财政补助收入”、“零余额账户用款额度”、“银行存款”等科目。

(四)报经批准转让、无偿调出、对外捐赠无形资产或以无形资产对外投资,应当分别以下情况处理:

1.转让、无偿调出、对外捐赠无形资产,转入待处置资产时,按照待处置无形资产的账面价值,借记“待处置资产损益”科目,按照已计提摊销,借记“累计摊销”科目,按照无形资产的账面余额,贷记本科目。

实际转让、调出、捐出时,按照处置无形资产对应的非流动资产基金,借记“非流动资产基金—无形资产”科目,贷记“待处置资产损益”科目。

转让无形资产过程中取得价款、发生相关税费,以及出售价款扣除相关税费后的净收入的账务处理,参见"待处置资产损益"科目。

2.以已入账无形资产对外投资,按照评估价值加上相关税费作为投资成本,借记"长期投资"科目,贷记"非流动资产基金—长期投资"科目,按发生的相关税费,借记"其他支出"科目,贷记"银行存款"、"应缴税费"等科目;同时,按照投出无形资产对应的非流动资产基金,借记"非流动资产基金—无形资产"科目,按照投出无形资产已计提摊销,借记"累计摊销"科目,按照投出无形资产的账面余额,贷记本科目。

(五)无形资产预期不能为事业单位带来服务潜力或经济利益的,应当按规定报经批准后将该无形资产的账面价值予以核销。

转入待处置资产时,按照待核销无形资产的账面价值,借记"待处置资产损益"科目,按照已计提摊销,借记"累计摊销"科目,按照无形资产的账面余额,贷记本科目。

报经批准予以核销时,按照核销无形资产对应的非流动资产基金,借记"非流动资产基金—无形资产"科目,贷记"待处置资产损益"科目。

四、本科目期末借方余额,反映事业单位无形资产的原价。

1602 累计摊销

一、本科目核算事业单位无形资产计提的累计摊销。

二、本科目应当按照对应无形资产的类别、项目等进行明细核算。

三、事业单位应当对无形资产进行摊销,以名义金额计量的无形资产除外。

摊销是指在无形资产使用寿命内,按照确定的方法对应摊销金额进行系统分摊。有关说明如下:

(一)事业单位应当按照如下原则确定无形资产的摊销年限:法律规定了有效年限的,按照法律规定的有效年限作为摊销年限;法律没有规定有效年限的,按照相关合同或单位申请书中的受益年限作为摊销年限;法律没有规定有效年限、相关合同或单位申请书也没有规定受益年限的,按照不少于10年的期限摊销。

(二)事业单位应当采用年限平均法对无形资产进行摊销。

(三)事业单位无形资产的应摊销金额为其成本。

(四)事业单位应当自无形资产取得当月起,按月计提无形资产摊销。

(五)因发生后续支出而增加无形资产成本的,应当按照重新确定的无形资产成本,重新计算摊销额。

四、累计摊销的主要账务处理如下:

(一)按月计提无形资产摊销时,按照应计提摊销金额,借记"非流动资产基金—无形资产"科目,贷记本科目。

(二)无形资产处置时,按照所处置无形资产的账面价值,借记"待处置资产损益"科目,按照已计提摊销,借记本科目,按照无形资产的账面余额,贷记"无形资产"科目。

五、本科目期末贷方余额,反映事业单位计提的无形资产摊销累计数。

1701 待处置资产损益

一、本科目核算事业单位待处置资产的价值及处置损益。

事业单位资产处置包括资产的出售、出让、转让、对外捐赠、无偿调出、盘亏、报废、毁损以及货币性资产损失核销等。

二、本科目应当按照待处置资产项目进行明细核算;对于在处置过程中取得相关收入、发生相关费用的处置项目,还应设置“处置资产价值”、“处置净收入”明细科目,进行明细核算。

三、事业单位处置资产一般应当先记入本科目,按规定报经批准后及时进行账务处理。年度终了结账前一般应处理完毕。

四、待处置资产损益的主要账务处理如下:

(一)按规定报经批准予以核销的应收及预付款项、长期股权投资、无形资产

1.转入待处置资产时,借记本科目[核销无形资产的,还应借记“累计摊销”科目],贷记“应收账款”、“预付账款”、“其他应收款”、“长期投资”、“无形资产”等科目。

2.报经批准予以核销时,借记“其他支出”科目[应收及预付款项核销]或“非流动资产基金—长期投资、无形资产”科目[长期投资、无形资产核销],贷记本科目。

(二)盘亏或者毁损、报废的存货、固定资产

1.转入待处置资产时,借记本科目(处置资产价值)[处置固定资产的,还应借记“累计折旧”科目],贷记“存货”、“固定资产”等科目。

2.报经批准予以处置时,借记“其他支出”科目[处置存货]或“非流动资产基金—固定资产”科目[处置固定资产],贷记本科目(处置资产价值)。

3.处置毁损、报废存货、固定资产过程中收到残值变价收入、保险理赔和过失人赔偿等,借记“库存现金”、“银行存款”等科目,贷记本科目(处置净收入)。

4.处置毁损、报废存货、固定资产过程中发生相关费用,借记本科目(处置净收入),贷记“库存现金”、“银行存款”等科目。

5.处置完毕,按照处置收入扣除相关处置费用后的净收入,借记本科目(处置净收入),贷记“应缴国库款”等科目。

(三)对外捐赠、无偿调出存货、固定资产、无形资产

1.转入待处置资产时,借记本科目[捐赠、调出固定资产、无形资产的,还应借记“累计折旧”、“累计摊销”科目],贷记“存货”、“固定资产”、“无形资产”等科目。

2.实际捐出、调出时,借记“其他支出”科目[捐出、调出存货]或“非流动资产基金—固定资产、无形资产”科目[捐出、调出固定资产、无形资产],贷记本科目。

(四)转让(出售)长期股权投资、固定资产、无形资产

1.转入待处置资产时,借记本科目(处置资产价值)[转让固定资产、无形资产的,还应借记“累计折旧”、“累计摊销”科目],贷记“长期投资”、“固定资产”、“无形资产”等科目。

2.实际转让时,借记“非流动资产基金—长期投资、固定资产、无形资产”科目,贷记本科目(处置资产价值)。

3.转让过程中取得价款、发生相关税费,以及转让价款扣除相关税费后的净收入的账务处理,按照国家有关规定,比照本科目“四(二)”有关毁损、报废存货、固定资产进行处理。

五、本科目期末如为借方余额,反映尚未处置完毕的各种资产价值及净损失;期末如为贷方余额,反映尚未处置完毕的各种资产净溢余。年度终了报经批准处理后,本科目一般应无余额。

二、负债类

2001 短期借款

一、本科目核算事业单位借入的期限在1年内(含1年)的各种借款。

二、本科目应当按照贷款单位和贷款种类进行明细核算。

三、短期借款的主要账务处理如下：

(一)借入各种短期借款时，按照实际借入的金额，借记“银行存款”科目，贷记本科目。

(二)银行承兑汇票到期，本单位无力支付票款的，按照银行承兑汇票的票面金额，借记“应付票据”科目，贷记本科目。

(三)支付短期借款利息时，借记“其他支出”科目，贷记“银行存款”科目。

(四)归还短期借款时，借记本科目，贷记“银行存款”科目。

四、本科目期末贷方余额，反映事业单位尚未偿还的短期借款本金。

2101 应缴税费

一、本科目核算事业单位按照税法等规定计算应缴纳的各种税费，包括营业税、增值税、城市维护建设税、教育费附加、车船税、房产税、城镇土地使用税、企业所得税等。

事业单位代扣代缴的个人所得税，也通过本科目核算。

事业单位应缴纳的印花税不需要预提应缴税费，直接通过支出等有关科目核算，不在本科目核算。

二、本科目应当按照应缴纳的税费种类进行明细核算。属于增值税一般纳税人的事业单位，其应缴增值税明细账中应设置“进项税额”、“已交税金”、“销项税额”、“进项税额转出”等专栏。

三、应缴税费的主要账务处理如下：

(一)发生营业税、城市维护建设税、教育费附加纳税义务的，按税法规定计算的应缴税费金额，借记“待处置资产损益—处置净收入”科目[出售不动产应缴的税费]或有关支出科目，贷记本科目。实际缴纳时，借记本科目，贷记“银行存款”科目。

(二)属于增值税一般纳税人的事业单位购入非自用材料的，按确定的成本(不含增值税进项税额)，借记“存货”科目，按增值税专用发票上注明的增值税额，借记本科目(应缴增值税—进项税额)，按实际支付或应付的金额，贷记“银行存款”、“应付账款”等科目。

属于增值税一般纳税人的事业单位所购进的非自用材料发生盘亏、毁损、报废、对外捐赠、无偿调出等税法规定不得从增值税销项税额中抵扣进项税额的，将所购进的非自用材料转入待处置资产时，按照材料的账面余额与相关增值税进项税额转出金额的合计金额，借记“待处置资产损益”科目，按材料的账面余额，贷记“存货”科目，按转出的增值税进项税额，贷记本科目(应缴增值税—进项税额转出)。

属于增值税一般纳税人的事业单位销售应税产品或提供应税服务，按包含增值税的价款总额，借记“银行存款”、“应收账款”、“应收票据”等科目，按扣除增值税销项税额后的价款金额，贷记“经营收入”等科目，按增值税专用发票上注明的增值税金额，贷记本科目(应缴增值税—销项税额)。

属于增值税一般纳税人的事业单位实际缴纳增值税时，借记本科目(应缴增值税—已交税金)，贷记“银行存款”科目。

属于增值税小规模纳税人的事业单位销售应税产品或提供应税服务,按实际收到或应收的价款,借记“银行存款”、“应收账款”、“应收票据”等科目,按实际收到或应收价款扣除增值税额后的金额,贷记“经营收入”等科目,按应缴增值税金额,贷记本科目(应缴增值税)。实际缴纳增值税时,借记本科目(应缴增值税),贷记“银行存款”科目。

(三)发生房产税、城镇土地使用税、车船税纳税义务的,按税法规定计算的应缴税金数额,借记有关科目,贷记本科目。实际缴纳时,借记本科目,贷记“银行存款”科目。

(四)代扣代缴个人所得税的,按税法规定计算应代扣代缴的个人所得税金额,借记“应付职工薪酬”科目,贷记本科目。实际缴纳时,借记本科目,贷记“银行存款”科目。

(五)发生企业所得税纳税义务的,按税法规定计算的应缴税金数额,借记“非财政补助结余分配”科目,贷记本科目。实际缴纳时,借记本科目,贷记“银行存款”科目。

(六)发生其他纳税义务的,按照应缴纳的税费金额,借记有关科目,贷记本科目。实际缴纳时,借记本科目,贷记“银行存款”等科目。

四、本科目期末借方余额,反映事业单位多缴纳的税费金额;本科目期末贷方余额,反映事业单位应缴未缴的税费金额。

2102 应缴国库款

一、本科目核算事业单位按规定应缴入国库的款项(应缴税费除外)。

二、本科目应当按照应缴国库的各款项类别进行明细核算。

三、应缴国库款的主要账务处理如下:

(一)按规定计算确定或实际取得应缴国库的款项时,借记有关科目,贷记本科目。

(二)事业单位处置资产取得的应上缴国库的处置净收入的账务处理,参见“待处置资产损益”科目。

(三)上缴款项时,借记本科目,贷记“银行存款”等科目。

四、本科目期末贷方余额,反映事业单位应缴入国库但尚未缴纳的款项。

2103 应缴财政专户款

一、本科目核算事业单位按规定应缴入财政专户的款项。

二、本科目应当按照应缴财政专户的各款项类别进行明细核算。

三、应缴财政专户款的主要账务处理如下:

(一)取得应缴财政专户的款项时,借记有关科目,贷记本科目。

(二)上缴款项时,借记本科目,贷记“银行存款”等科目。

四、本科目期末贷方余额,反映事业单位应缴入财政专户但尚未缴纳的款项。

2201 应付职工薪酬

一、本科目核算事业单位按有关规定应付给职工及为职工支付的各种薪酬。包括基本工资、绩效工资、国家统一规定的津贴补贴、社会保险费、住房公积金等。

二、本科目应当根据国家有关规定按照“工资(离退休费)”、“地方(部门)津贴补贴”、“其他个人收入”以及“社会保险费”、“住房公积金”等进行明细核算。

三、应付职工薪酬的主要账务处理如下:

（一）计算当期应付职工薪酬，借记“事业支出”、“经营支出”等科目，贷记本科目。

（二）向职工支付工资、津贴补贴等薪酬，借记本科目，贷记“财政补助收入”、“零余额账户用款额度”、“银行存款”等科目。

（三）按税法规定代扣代缴个人所得税，借记本科目，贷记“应缴税费—应缴个人所得税”科目。

（四）按照国家有关规定缴纳职工社会保险费和住房公积金，借记本科目，贷记“财政补助收入”、“零余额账户用款额度”、“银行存款”等科目。

（五）从应付职工薪酬中支付其他款项，借记本科目，贷记“财政补助收入”、“零余额账户用款额度”、“银行存款”等科目。

四、本科目期末贷方余额，反映事业单位应付未付的职工薪酬。

2301 应付票据

一、本科目核算事业单位因购买材料、物资等而开出、承兑的商业汇票，包括银行承兑汇票和商业承兑汇票。

二、本科目应当按照债权单位进行明细核算。

三、应付票据的主要账务处理如下：

（一）开出、承兑商业汇票时，借记“存货”等科目，贷记本科目。

以承兑商业汇票抵付应付账款时，借记“应付账款”科目，贷记本科目。

（二）支付银行承兑汇票的手续费时，借记“事业支出”、“经营支出”等科目，贷记“银行存款”等科目。

（三）商业汇票到期时，应当分别以下情况处理：

1.收到银行支付到期票据的付款通知时，借记本科目，贷记“银行存款”科目。

2.银行承兑汇票到期，本单位无力支付票款的，按照汇票票面金额，借记本科目，贷记“短期借款”科目。

3.商业承兑汇票到期，本单位无力支付票款的，按照汇票票面金额，借记本科目，贷记“应付账款”科目。

四、事业单位应当设置“应付票据备查簿”，详细登记每一应付票据的种类、号数、出票日期、到期日、票面金额、交易合同号、收款人姓名或单位名称，以及付款日期和金额等资料。应付票据到期结清票款后，应当在备查簿内逐笔注销。

五、本科目期末贷方余额，反映事业单位开出、承兑的尚未到期的商业汇票票面金额。

2302 应付账款

一、本科目核算事业单位因购买材料、物资等而应付的款项。

二、本科目应当按照债权单位（或个人）进行明细核算。

三、应付账款的主要账务处理如下：

（一）购入材料、物资等已验收入库但货款尚未支付的，按照应付未付金额，借记“存货”等科目，贷记本科目。

（二）偿付应付账款时，按照实际支付的款项金额，借记本科目，贷记“银行存款”等科目。

（三）开出、承兑商业汇票抵付应付账款，借记本科目，贷记“应付票据”科目。

(四)无法偿付或债权人豁免偿还的应付账款,借记本科目,贷记"其他收入"科目。

四、本科目期末贷方余额,反映事业单位尚未支付的应付账款。

2303 预收账款

一、本科目核算事业单位按合同规定预收的款项。

二、本科目应当按照债权单位(或个人)进行明细核算。

三、预收账款的主要账务处理如下:

(一)从付款方预收款项时,按照实际预收的金额,借记"银行存款"等科目,贷记本科目。

(二)确认有关收入时,借记本科目,按照应确认的收入金额,贷记"经营收入"等科目,按照付款方补付或退回付款方的金额,借记或贷记"银行存款"等科目。

(三)无法偿付或债权人豁免偿还的预收账款,借记本科目,贷记"其他收入"科目。

四、本科目期末贷方余额,反映事业单位按合同规定预收但尚未实际结算的款项。

2305 其他应付款

一、本科目核算事业单位除应缴税费、应缴国库款、应缴财政专户款、应付职工薪酬、应付票据、应付账款、预收账款之外的其他各项偿还期限在1年内(含1年)的应付及暂收款项,如存入保证金等。

二、本科目应当按照其他应付款的类别以及债权单位(或个人)进行明细核算。

三、其他应付款的主要账务处理如下:

(一)发生其他各项应付及暂收款项时,借记"银行存款"等科目,贷记本科目。

(二)支付其他应付款项时,借记本科目,贷记"银行存款"等科目。

(三)无法偿付或债权人豁免偿还的其他应付款项,借记本科目,贷记"其他收入"科目。

四、本科目期末贷方余额,反映事业单位尚未支付的其他应付款。

2401 长期借款

一、本科目核算事业单位借入的期限超过1年(不含1年)的各种借款。

二、本科目应当按照贷款单位和贷款种类进行明细核算。对于基建项目借款,还应按具体项目进行明细核算。

三、长期借款的主要账务处理如下:

(一)借入各项长期借款时,按照实际借入的金额,借记"银行存款"科目,贷记本科目。

(二)为购建固定资产支付的专门借款利息,分别以下情况处理:

1.属于工程项目建设期间支付的,计入工程成本,按照支付的利息,借记"在建工程"科目,贷记"非流动资产基金—在建工程"科目;同时,借记"其他支出"科目,贷记"银行存款"科目。

2.属于工程项目完工交付使用后支付的,计入当期支出但不计入工程成本,按照支付的利息,借记"其他支出"科目,贷记"银行存款"科目。

(三)其他长期借款利息,按照支付的利息金额,借记"其他支出"科目,贷记"银行存款"科目。

(四)归还长期借款时,借记本科目,贷记"银行存款"科目。

四、本科目期末贷方余额,反映事业单位尚未偿还的长期借款本金。

2402 长期应付款

一、本科目核算事业单位发生的偿还期限超过1年(不含1年)的应付款项,如以融资租赁租入固定资产的租赁费、跨年度分期付款购入固定资产的价款等。

二、本科目应当按照长期应付款的类别以及债权单位(或个人)进行明细核算。

三、长期应付款的主要账务处理如下:

(一)发生长期应付款时,借记"固定资产"、"在建工程"等科目,贷记本科目、"非流动资产基金"等科目。

(二)支付长期应付款时,借记"事业支出"、"经营支出"等科目,贷记"银行存款"等科目;同时,借记本科目,贷记"非流动资产基金"科目。

(三)无法偿付或债权人豁免偿还的长期应付款,借记本科目,贷记"其他收入"科目。

四、本科目期末贷方余额,反映事业单位尚未支付的长期应付款。

三、净资产类

3001 事业基金

一、本科目核算事业单位拥有的非限定用途的净资产,主要为非财政补助结余扣除结余分配后滚存的金额。

二、事业基金的主要账务处理如下:

(一)年末,将"非财政补助结余分配"科目余额转入事业基金,借记或贷记"非财政补助结余分配"科目,贷记或借记本科目。

(二)年末,将留归本单位使用的非财政补助专项(项目已完成)剩余资金转入事业基金,借记"非财政补助结转—××项目"科目,贷记本科目。

(三)以货币资金取得长期股权投资、长期债券投资,按照实际支付的全部价款(包括购买价款以及税金、手续费等相关税费)作为投资成本,借记"长期投资"科目,贷记"银行存款"等科目;同时,按照投资成本金额,借记本科目,贷记"非流动资产基金—长期投资"科目。

(四)对外转让或到期收回长期债券投资本息,按照实际收到的金额,借记"银行存款"等科目,按照收回长期投资的成本,贷记"长期投资"科目,按照其差额,贷记或借记"其他收入—投资收益"科目;同时,按照收回长期投资对应的非流动资产基金,借记"非流动资产基金—长期投资"科目,贷记本科目。

三、事业单位发生需要调整以前年度非财政补助结余的事项,通过本科目核算。国家另有规定的,从其规定。

四、本科目期末贷方余额,反映事业单位历年积存的非限定用途净资产的金额。

3101 非流动资产基金

一、本科目核算事业单位长期投资、固定资产、在建工程、无形资产等非流动资产占用的金额。

二、本科目应当设置"长期投资"、"固定资产"、"在建工程"、"无形资产"等明细科目,进行明细核算。

三、非流动资产基金的主要账务处理如下:

(一)非流动资产基金应当在取得长期投资、固定资产、在建工程、无形资产等非流动资产或发生相关支出时予以确认。

取得相关资产或发生相关支出时,借记“长期投资”、“固定资产”、“在建工程”、“无形资产”等科目,贷记本科目等有关科目;同时或待以后发生相关支出时,借记“事业支出”等有关科目,贷记“财政补助收入”、“零余额账户用款额度”、“银行存款”等科目。

(二)计提固定资产折旧、无形资产摊销时,应当冲减非流动资产基金。

计提固定资产折旧、无形资产摊销时,按照计提的折旧、摊销金额,借记本科目(固定资产、无形资产),贷记“累计折旧”、“累计摊销”科目。

(三)处置长期投资、固定资产、无形资产,以及以固定资产、无形资产对外投资时,应当冲销该资产对应的非流动资产基金。

1.以固定资产、无形资产对外投资,按照评估价值加上相关税费作为投资成本,借记“长期投资”科目,贷记本科目(长期投资),按发生的相关税费,借记“其他支出”科目,贷记“银行存款”等科目;同时,按照投出固定资产、无形资产对应的非流动资产基金,借记本科目(固定资产、无形资产),按照投出资产已提折旧、摊销,借记“累计折旧”、“累计摊销”科目,按照投出资产的账面余额,贷记“固定资产”、“无形资产”科目。

2.出售或以其他方式处置长期投资、固定资产、无形资产,转入待处置资产时,借记“待处置资产损益”、“累计折旧”[处置固定资产]或“累计摊销”[处置无形资产]科目,贷记“长期投资”、“固定资产”、“无形资产”等科目。

实际处置时,借记本科目(有关资产明细科目),贷记“待处置资产损益”科目。

四、本科目期末贷方余额,反映事业单位非流动资产占用的金额。

3201 专用基金

一、本科目核算事业单位按规定提取或者设置的具有专门用途的净资产,主要包括修购基金、职工福利基金等。

二、本科目应当按照专用基金的类别进行明细核算。

三、专用基金的主要账务处理如下:

(一)提取修购基金

按规定提取修购基金的,按照提取金额,借记“事业支出”、“经营支出”科目,贷记本科目(修购基金)。

(二)提取职工福利基金

年末,按规定从本年度非财政补助结余中提取职工福利基金的,按照提取金额,借记“非财政补助结余分配”科目,贷记本科目(职工福利基金)。

(三)提取、设置其他专用基金

若有按规定提取的其他专用基金,按照提取金额,借记有关支出科目或“非财政补助结余分配”等科目,贷记本科目。

若有按规定设置的其他专用基金,按照实际收到的基金金额,借记“银行存款”等科目,贷记本科目。

(四)使用专用基金

按规定使用专用基金时,借记本科目,贷记“银行存款”等科目;使用专用基金形成固定资产的,还应借记“固定资产”科目,贷记“非流动资产基金—固定资产”科目。

四、本科目期末贷方余额,反映事业单位专用基金余额。

3301 财政补助结转

一、本科目核算事业单位滚存的财政补助结转资金,包括基本支出结转和项目支出结转。

二、本科目应当设置"基本支出结转"、"项目支出结转"两个明细科目,并在"基本支出结转"明细科目下按照"人员经费"、"日常公用经费"进行明细核算,在"项目支出结转"明细科目下按照具体项目进行明细核算;本科目还应按照《政府收支分类科目》中"支出功能分类科目"的相关科目进行明细核算。

三、财政补助结转的主要账务处理如下:

(一)期末,将财政补助收入本期发生额结转入本科目,借记"财政补助收入—基本支出、项目支出"科目,贷记本科目(基本支出结转、项目支出结转);将事业支出(财政补助支出)本期发生额结转入本科目,借记本科目(基本支出结转、项目支出结转),贷记"事业支出—财政补助支出(基本支出、项目支出)"或"事业支出—基本支出(财政补助支出)、项目支出(财政补助支出)"科目。

(二)年末,完成上述(一)结转后,应当对财政补助各明细项目执行情况进行分析,按照有关规定将符合财政补助结余性质的项目余额转入财政补助结余,借记或贷记本科目(项目支出结转—××项目),贷记或借记"财政补助结余"科目。

(三)按规定上缴财政补助结转资金或注销财政补助结转额度的,按照实际上缴资金数额或注销的资金额度数额,借记本科目,贷记"财政应返还额度"、"零余额账户用款额度"、"银行存款"等科目。取得主管部门归集调入财政补助结转资金或额度的,做相反会计分录。

四、事业单位发生需要调整以前年度财政补助结转的事项,通过本科目核算。

五、本科目期末贷方余额,反映事业单位财政补助结转资金数额。

3302 财政补助结余

一、本科目核算事业单位滚存的财政补助项目支出结余资金。

二、本科目应当按照《政府收支分类科目》中"支出功能分类科目"的相关科目进行明细核算。

三、财政补助结余的主要账务处理如下:

(一)年末,对财政补助各明细项目执行情况进行分析,按照有关规定将符合财政补助结余性质的项目余额转入财政补助结余,借记或贷记"财政补助结转—项目支出结转(××项目)"科目,贷记或借记本科目。

(二)按规定上缴财政补助结余资金或注销财政补助结余额度的,按照实际上缴资金数额或注销的资金额度数额,借记本科目,贷记"财政应返还额度"、"零余额账户用款额度"、"银行存款"等科目。取得主管部门归集调入财政补助结余资金或额度的,做相反会计分录。

四、事业单位发生需要调整以前年度财政补助结余的事项,通过本科目核算。

五、本科目期末贷方余额,反映事业单位财政补助结余资金数额。

3401 非财政补助结转

一、本科目核算事业单位除财政补助收支以外的各专项资金收入与其相关支出相抵后剩余滚存的、须按规定用途使用的结转资金。

二、本科目应当按照非财政专项资金的具体项目进行明细核算。

三、非财政补助结转的主要账务处理如下：

(一)期末，将事业收入、上级补助收入、附属单位上缴收入、其他收入本期发生额中的专项资金收入结转入本科目，借记“事业收入”、“上级补助收入”、“附属单位上缴收入”、“其他收入”科目下各专项资金收入明细科目，贷记本科目；将事业支出、其他支出本期发生额中的非财政专项资金支出结转入本科目，借记本科目，贷记“事业支出—非财政专项资金支出”或“事业支出—项目支出(非财政专项资金支出)”、“其他支出”科目下各专项资金支出明细科目。

(二)年末，完成上述(一)结转后，应当对非财政补助专项结转资金各项目情况进行分析，将已完成项目的项目剩余资金区分以下情况处理：缴回原专项资金拨入单位的，借记本科目(××项目)，贷记“银行存款”等科目；留归本单位使用的，借记本科目(××项目)，贷记“事业基金”科目。

四、事业单位发生需要调整以前年度非财政补助结转的事项，通过本科目核算。

五、本科目期末贷方余额，反映事业单位非财政补助专项结转资金数额。

3402 事业结余

一、本科目核算事业单位一定期间除财政补助收支、非财政专项资金收支和经营收支以外各项收支相抵后的余额。

二、事业结余的主要账务处理如下：

(一)期末，将事业收入、上级补助收入、附属单位上缴收入、其他收入本期发生额中的非专项资金收入结转入本科目，借记“事业收入”、“上级补助收入”、“附属单位上缴收入”、“其他收入”科目下各非专项资金收入明细科目，贷记本科目；将事业支出、其他支出本期发生额中的非财政、非专项资金支出，以及对附属单位补助支出、上缴上级支出的本期发生额结转入本科目，借记本科目，贷记“事业支出—其他资金支出”或“事业支出—基本支出(其他资金支出)、项目支出(其他资金支出)”科目、“其他支出”科目下各非专项资金支出明细科目、“对附属单位补助支出”、“上缴上级支出”科目。

(二)年末，完成上述(一)结转后，将本科目余额结转入“非财政补助结余分配”科目，借记或贷记本科目，贷记或借记“非财政补助结余分配”科目。

三、本科目期末如为贷方余额，反映事业单位自年初至报告期末累计实现的事业结余；如为借方余额，反映事业单位自年初至报告期末累计发生的事业亏损。年末结账后，本科目应无余额。

3403 经营结余

一、本科目核算事业单位一定期间各项经营收支相抵后余额弥补以前年度经营亏损后的余额。

二、经营结余的主要账务处理如下：

(一)期末，将经营收入本期发生额结转入本科目，借记“经营收入”科目，贷记本科目；将经营支出本期发生额结转入本科目，借记本科目，贷记“经营支出”科目。

(二)年末，完成上述(一)结转后，如本科目为贷方余额，将本科目余额结转入“非财政补助结余分配”科目，借记本科目，贷记“非财政补助结余分配”科目；如本科目为借方余额，为经营亏损，不予结转。

三、本科目期末如为贷方余额，反映事业单位自年初至报告期末累计实现的经营结余弥补以前年度经营亏损后的经营结余；如为借方余额，反映事业单位截至报告期末累计发生的经营亏损。

年末结账后，本科目一般无余额；如为借方结余，反映事业单位累计发生的经营亏损。

3404 非财政补助结余分配

一、本科目核算事业单位本年度非财政补助结余分配的情况和结果。

二、非财政补助结余分配的主要账务处理如下：

(一)年末，将“事业结余”科目余额结转入本科目，借记或贷记“事业结余”科目，贷记或借记本科目；将“经营结余”科目贷方余额结转入本科目，借记“经营结余”科目，贷记本科目。

(二)有企业所得税缴纳义务的事业单位计算出应缴纳的企业所得税，借记本科目，贷记“应缴税费—应缴企业所得税”科目。

(三)按照有关规定提取职工福利基金的，按提取的金额，借记本科目，贷记“专用基金—职工福利基金”科目。

(四)年末，按规定完成上述(一)至(三)处理后，将本科目余额结转入事业基金，借记或贷记本科目，贷记或借记“事业基金”科目。

三、年末结账后，本科目应无余额。

四、收入类

4001 财政补助收入

一、本科目核算事业单位从同级财政部门取得的各类财政拨款，包括基本支出补助和项目支出补助。

二、本科目应当设置“基本支出”和“项目支出”两个明细科目；两个明细科目下按照《政府收支分类科目》中“支出功能分类”的相关科目进行明细核算；同时在“基本支出”明细科目下按照“人员经费”和“日常公用经费”进行明细核算，在“项目支出”明细科目下按照具体项目进行明细核算。

三、财政补助收入的主要账务处理如下：

(一)财政直接支付方式下，对财政直接支付的支出，事业单位根据财政国库支付执行机构委托代理银行转来的《财政直接支付入账通知书》及原始凭证，按照通知书中的直接支付入账金额，借记有关科目，贷记本科目。

年度终了，根据本年度财政直接支付预算指标数与当年财政直接支付实际支出数的差额，借记“财政应返还额度—财政直接支付”科目，贷记本科目。

(二)财政授权支付方式下，事业单位根据代理银行转来的《授权支付到账通知书》，按照通知书中的授权支付额度，借记“零余额账户用款额度”科目，贷记本科目。

年度终了，事业单位本年度财政授权支付预算指标数大于零余额账户用款额度下达数的，根据未下达的用款额度，借记“财政应返还额度—财政授权支付”科目，贷记本科目。

(三)其他方式下，实际收到财政补助收入时，按照实际收到的金额，借记“银行存款”等科目，贷记本科目。

(四)因购货退回等发生国库直接支付款项退回的,属于以前年度支付的款项,按照退回金额,借记“财政应返还额度”科目,贷记“财政补助结转”、“财政补助结余”、“存货”等有关科目;属于本年度支付的款项,按照退回金额,借记本科目,贷记“事业支出”、“存货”等有关科目。

(五)期末,将本科目本期发生额转入财政补助结转,借记本科目,贷记“财政补助结转”科目。

四、期末结账后,本科目应无余额。

4101 事业收入

一、本科目核算事业单位开展专业业务活动及其辅助活动取得的收入。

二、本科目应当按照事业收入类别、项目、《政府收支分类科目》中“支出功能分类”相关科目等进行明细核算。事业收入中如有专项资金收入,还应按具体项目进行明细核算。

三、事业收入的主要账务处理如下:

(一)采用财政专户返还方式管理的事业收入

1.收到应上缴财政专户的事业收入时,按照收到的款项金额,借记“银行存款”、“库存现金”等科目,贷记“应缴财政专户款”科目。

2.向财政专户上缴款项时,按照实际上缴的款项金额,借记“应缴财政专户款”科目,贷记“银行存款”等科目。

3.收到从财政专户返还的事业收入时,按照实际收到的返还金额,借记“银行存款”等科目,贷记本科目。

(二)其他事业收入

收到事业收入时,按照收到的款项金额,借记“银行存款”、“库存现金”等科目,贷记本科目。

涉及增值税业务的,相关账务处理参照“经营收入”科目。

(三)期末,将本科目本期发生额中的专项资金收入结转入非财政补助结转,借记本科目下各专项资金收入明细科目,贷记“非财政补助结转”科目;将本科目本期发生额中的非专项资金收入结转入事业结余,借记本科目下各非专项资金收入明细科目,贷记“事业结余”科目。

四、期末结账后,本科目应无余额。

4201 上级补助收入

一、本科目核算事业单位从主管部门和上级单位取得的非财政补助收入。

二、本科目应当按照发放补助单位、补助项目、《政府收支分类科目》中“支出功能分类”相关科目等进行明细核算。上级补助收入中如有专项资金收入,还应按具体项目进行明细核算。

三、上级补助收入的主要账务处理如下:

(一)收到上级补助收入时,按照实际收到的金额,借记“银行存款”等科目,贷记本科目。

(二)期末,将本科目本期发生额中的专项资金收入结转入非财政补助结转,借记本科目下各专项资金收入明细科目,贷记“非财政补助结转”科目;将本科目本期发生额中的非专项资金收入结转入事业结余,借记本科目下各非专项资金收入明细科目,贷记“事业结余”科目。

四、期末结账后,本科目应无余额。

4301　附属单位上缴收入

一、本科目核算事业单位附属独立核算单位按照有关规定上缴的收入。

二、本科目应当按照附属单位、缴款项目、《政府收支分类科目》中“支出功能分类”相关科目等进行明细核算。附属单位上缴收入中如有专项资金收入,还应按具体项目进行明细核算。

三、附属单位上缴收入的主要账务处理如下:

(一)收到附属单位缴来款项时,按照实际收到金额,借记“银行存款”等科目,贷记本科目。

(二)期末,将本科目本期发生额中的专项资金收入结转入非财政补助结转,借记本科目下各专项资金收入明细科目,贷记“非财政补助结转”科目;将本科目本期发生额中的非专项资金收入结转入事业结余,借记本科目下各非专项资金收入明细科目,贷记“事业结余”科目。

四、期末结账后,本科目应无余额。

4401　经营收入

一、本科目核算事业单位在专业业务活动及其辅助活动之外开展非独立核算经营活动取得的收入。

二、本科目应当按照经营活动类别、项目、《政府收支分类科目》中“支出功能分类”相关科目等进行明细核算。

三、经营收入的主要账务处理如下:

(一)经营收入应当在提供服务或发出存货,同时收讫价款或者取得索取价款的凭据时,按照实际收到或应收的金额确认收入。

实现经营收入时,按照确定的收入金额,借记“银行存款”、“应收账款”、“应收票据”等科目,贷记本科目。

属于增值税小规模纳税人的事业单位实现经营收入,按实际出售价款,借记“银行存款”、“应收账款”、“应收票据”等科目,按出售价款扣除增值税额后的金额,贷记本科目,按应缴增值税金额,贷记“应缴税费—应缴增值税”科目。

属于增值税一般纳税人的事业单位实现经营收入,按包含增值税的价款总额,借记“银行存款”、“应收账款”、“应收票据”等科目,按扣除增值税销项税额后的价款金额,贷记本科目,按增值税专用发票上注明的增值税金额,贷记“应缴税费—应缴增值税(销项税额)”科目。

(二)期末,将本科目本期发生额转入经营结余,借记本科目,贷记“经营结余”科目。

四、期末结账后,本科目应无余额。

4501　其他收入

一、本科目核算事业单位除财政补助收入、事业收入、上级补助收入、附属单位上缴收入、经营收入以外的各项收入,包括投资收益、银行存款利息收入、租金收入、捐赠收入、现金盘盈收入、存货盘盈收入、收回已核销应收及预付款项、无法偿付的应付及预收款项等。

二、本科目应当按照其他收入的类别、《政府收支分类科目》中“支出功能分类”相关科目等进行明细核算。对于事业单位对外投资实现的投资净损益,应单设“投资收益”明细科目进行核算;其他收入中如有专项资金收入(如限定用途的捐赠收入),还应按具体项目进行明细核算。

三、其他收入的主要账务处理如下:

(一)投资收益

1.对外投资持有期间收到利息、利润等时,按实际收到的金额,借记“银行存款”等科目,贷记本科目(投资收益)。

2.出售或到期收回国债投资本息,按照实际收到的金额,借记“银行存款”等科目,按照出售或收回国债投资的成本,贷记“短期投资”、“长期投资”科目,按其差额,贷记或借记本科目(投资收益)。

(二)银行存款利息收入、租金收入

收到银行存款利息、资产承租人支付的租金,按照实际收到的金额,借记“银行存款”等科目,贷记本科目。

(三)捐赠收入

1.接受捐赠现金资产,按照实际收到的金额,借记“银行存款”等科目,贷记本科目。

2.接受捐赠的存货验收入库,按照确定的成本,借记“存货”科目,按照发生的相关税费、运输费等,贷记“银行存款”等科目,按照其差额,贷记本科目。

接受捐赠固定资产、无形资产等非流动资产,不通过本科目核算。

(四)现金盘盈收入

每日现金账款核对中如发现现金溢余,属于无法查明原因的部分,借记“库存现金”科目,贷记本科目。

(五)存货盘盈收入

盘盈的存货,按照确定的入账价值,借记“存货”科目,贷记本科目。

(六)收回已核销应收及预付款项

已核销应收账款、预付账款、其他应收款在以后期间收回的,按照实际收回的金额,借记“银行存款”等科目,贷记本科目。

(七)无法偿付的应付及预收款项

无法偿付或债权人豁免偿还的应付账款、预收账款、其他应付款及长期应付款,借记“应付账款”、“预收账款”、“其他应付款”、“长期应付款”等科目,贷记本科目。

(八)期末,将本科目本期发生额中的专项资金收入结转入非财政补助结转,借记本科目下各专项资金收入明细科目,贷记“非财政补助结转”科目;将本科目本期发生额中的非专项资金收入结转入事业结余,借记本科目下各非专项资金收入明细科目,贷记“事业结余”科目。

四、期末结账后,本科目应无余额。

五、支出类

5001 事业支出

一、本科目核算事业单位开展专业业务活动及其辅助活动发生的基本支出和项目支出。

二、本科目应当按照“基本支出”和“项目支出”,“财政补助支出”、“非财政专项资金支出”和“其他资金支出”等层级进行明细核算,并按照《政府收支分类科目》中“支出功能分类”相关科目进行明细核算;“基本支出”和“项目支出”明细科目下应当按照《政府收支分类科目》中“支出经济分类”的款级科目进行明细核算;同时在“项目支出”明细科目下按照具体项目进行明细核算。

三、事业支出的主要账务处理如下:

(一)为从事专业业务活动及其辅助活动人员计提的薪酬等,借记本科目,贷记“应付职工薪酬”等科目。

(二)开展专业业务活动及其辅助活动领用的存货,按领用存货的实际成本,借记本科目,贷记“存货”科目。

(三)开展专业业务活动及其辅助活动中发生的其他各项支出,借记本科目,贷记“库存现金”、“银行存款”、“零余额账户用款额度”、“财政补助收入”等科目。

(四)期末,将本科目(财政补助支出)本期发生额结转入“财政补助结转”科目,借记“财政补助结转—基本支出结转、项目支出结转”科目,贷记本科目(财政补助支出—基本支出、项目支出)或本科目(基本支出—财政补助支出、项目支出—财政补助支出);将本科目(非财政专项资金支出)本期发生额结转入“非财政补助结转”科目,借记“非财政补助结转”科目,贷记本科目(非财政专项资金支出)或本科目(项目支出—非财政专项资金支出);将本科目(其他资金支出)本期发生额结转入“事业结余”科目,借记“事业结余”科目,贷记本科目(其他资金支出)或本科目(基本支出—其他资金支出、项目支出—其他资金支出)。

四、期末结账后,本科目应无余额。

5101 上缴上级支出

一、本科目核算事业单位按照财政部门和主管部门的规定上缴上级单位的支出。

二、本科目应当按照收缴款项单位、缴款项目、《政府收支分类科目》中“支出功能分类”相关科目等进行明细核算。

三、上缴上级支出的主要账务处理如下:

(一)按规定将款项上缴上级单位的,按照实际上缴的金额,借记本科目,贷记“银行存款”等科目。

(二)期末,将本科目本期发生额转入事业结余,借记“事业结余”科目,贷记本科目。

四、期末结账后,本科目应无余额。

5201 对附属单位补助支出

一、本科目核算事业单位用财政补助收入之外的收入对附属单位补助发生的支出。

二、本科目应当按照接受补助单位、补助项目、《政府收支分类科目》中“支出功能分类”相关科目等进行明细核算。

三、对附属单位补助支出的主要账务处理如下:

(一)发生对附属单位补助支出的,按照实际支出的金额,借记本科目,贷记“银行存款”等科目。

(二)期末,将本科目本期发生额转入事业结余,借记“事业结余”科目,贷记本科目。

四、期末结账后,本科目应无余额。

5301 经营支出

一、本科目核算事业单位在专业业务活动及其辅助活动之外开展非独立核算经营活动发生的支出。

二、事业单位开展非独立核算经营活动的,应当正确归集开展经营活动发生的各项费用数;无法直接归集的,应当按照规定的标准或比例合理分摊。

事业单位的经营支出与经营收入应当配比。

三、本科目应当按照经营活动类别、项目、《政府收支分类科目》中“支出功能分类”相关科目等进行明细核算。

四、经营支出的主要账务处理如下：

(一)为在专业业务活动及其辅助活动之外开展非独立核算经营活动人员计提的薪酬等，借记本科目，贷记“应付职工薪酬”等科目。

(二)在专业业务活动及其辅助活动之外开展非独立核算经营活动领用、发出的存货，按领用、发出存货的实际成本，借记本科目，贷记“存货”科目。

(三)在专业业务活动及其辅助活动之外开展非独立核算经营活动中发生的其他各项支出，借记本科目，贷记“库存现金”、“银行存款”、“应缴税费”等科目。

(四)期末，将本科目本期发生额转入经营结余，借记“经营结余”科目，贷记本科目。

五、期末结账后，本科目应无余额。

5401 其他支出

一、本科目核算事业单位除事业支出、上缴上级支出、对附属单位补助支出、经营支出以外的各项支出，包括利息支出、捐赠支出、现金盘亏损失、资产处置损失、接受捐赠(调入)非流动资产发生的税费支出等。

二、本科目应当按照其他支出的类别、《政府收支分类科目》中“支出功能分类”相关科目等进行明细核算。其他支出中如有专项资金支出，还应按具体项目进行明细核算。

三、其他支出的主要账务处理如下：

(一)利息支出

支付银行借款利息时，借记本科目，贷记“银行存款”科目。

(二)捐赠支出

1.对外捐赠现金资产，借记本科目，贷记“银行存款”等科目。

2.对外捐出存货，借记本科目，贷记“待处置资产损益”科目。

对外捐赠固定资产、无形资产等非流动资产，不通过本科目核算。

(三)现金盘亏损失

每日现金账款核对中如发现现金短缺，属于无法查明原因的部分，报经批准后，借记本科目，贷记“库存现金”科目。

(四)资产处置损失

报经批准核销应收及预付款项、处置存货，借记本科目，贷记“待处置资产损益”科目。

(五)接受捐赠(调入)非流动资产发生的税费支出

接受捐赠、无偿调入非流动资产发生的相关税费、运输费等，借记本科目，贷记“银行存款”等科目。

以固定资产、无形资产取得长期股权投资，所发生的相关税费计入本科目。具体账务处理参见“长期投资”科目。

(六)期末，将本科目本期发生额中的专项资金支出结转入非财政补助结转，借记“非财政补助结转”科目，贷记本科目下各专项资金支出明细科目；将本科目本期发生额中的非专项资金支出结转入事业结余，借记“事业结余”科目，贷记本科目下各非专项资金支出明细科目。

四、期末结账后，本科目应无余额。

第四部分　会计报表格式

编号	财务报表名称	编制期
会事业 01 表	资产负债表	月度、年度
会事业 02 表	收入支出表	月度、年度
会事业 03 表	财政补助收入支出表	年度
	附　注	年度

资产负债表

会事业 01 表

编制单位:　　　　　　　　年　　月　　日　　　　　　　　单位:元

资产	期末余额	年初余额	负债和净资产	期末余额	年初余额
流动资产:			**流动负债:**		
货币资金			短期借款		
短期投资			应缴税费		
财政应返还额度			应缴国库款		
应收票据			应缴财政专户款		
应收账款			应付职工薪酬		
预付账款			应付票据		
其他应收款			应付账款		
存　货			预收账款		
其他流动资产			其他应付款		
流动资产合计			其他流动负债		
非流动资产:			流动负债合计		
长期投资			**非流动负债:**		
固定资产			长期借款		
固定资产原价			长期应付款		
减:累计折旧			非流动负债合计		

续表

资产	期末余额	年初余额	负债和净资产	期末余额	年初余额
在建工程			负债合计		
无形资产			**净资产：**		
无形资产原价			事业基金		
减：累计摊销			非流动资产基金		
待处置资产损益			专用基金		
非流动资产合计			财政补助结转		
			财政补助结余		
			非财政补助结转		
			非财政补助结余		
			1.事业结余		
			2.经营结余		
			净资产合计		
资产总计			负债和净资产总计		

收入支出表

会事业02表

编制单位： 年 月 单位：元

项 目	本月数	本年累计数
一、本期财政补助结转结余		
财政补助收入		
减：事业支出(财政补助支出)		
二、本期事业结转结余		
(一)事业类收入		
1.事业收入		
2.上级补助收入		
3.附属单位上缴收入		
4.其他收入		

续表

项　目	本月数	本年累计数
其中：捐赠收入		
减：(二)事业类支出		
1.事业支出(非财政补助支出)		
2.上缴上级支出		
3.对附属单位补助支出		
4.其他支出		
三、本期经营结余		
经营收入		
减：经营支出		
四、弥补以前年度亏损后的经营结余		
五、本年非财政补助结转结余		
减：非财政补助结转		
六、本年非财政补助结余		
减：应缴企业所得税		
减：提取专用基金		
七、转入事业基金		

财政补助收入支出表

会事业03表

编制单位：　　　　　　　　年度　　　　　　　　单位：元

项　目	本年数	上年数
一、年初财政补助结转结余		——
(一)基本支出结转		——
1.人员经费		——
2.日常公用经费		——
(二)项目支出结转		——
××项目		——
(三)项目支出结余		——

续表

项　目	本年数	上年数
二、调整年初财政补助结转结余		——
(一)基本支出结转		——
1.人员经费		——
2.日常公用经费		——
(二)项目支出结转		——
××项目		——
(三)项目支出结余		——
三、本年归集调入财政补助结转结余		
(一)基本支出结转		
1.人员经费		
2.日常公用经费		
(二)项目支出结转		
××项目		
(三)项目支出结余		
四、本年上缴财政补助结转结余		
(一)基本支出结转		
1.人员经费		
2.日常公用经费		
(二)项目支出结转		
××项目		
(三)项目支出结余		
五、本年财政补助收入		
(一)基本支出		
1.人员经费		
2.日常公用经费		
(二)项目支出		
××项目		

续表

项　目	本年数	上年数
六、本年财政补助支出		
(一)基本支出		
1.人员经费		
2.日常公用经费		
(二)项目支出		
××项目		
七、年末财政补助结转结余		——
(一)基本支出结转		——
1.人员经费		——
2.日常公用经费		——
(二)项目支出结转		——
××项目		——
(三)项目支出结余		——

第五部分　财务报表编制说明

一、资产负债表编制说明

(一)本表反映事业单位在某一特定日期全部资产、负债和净资产的情况。

(二)本表“年初余额”栏内各项数字，应当根据上年年末资产负债表“期末余额”栏内数字填列。如果本年度资产负债表规定的各个项目的名称和内容同上年度不相一致，应对上年年末资产负债表各项目的名称和数字按照本年度的规定进行调整，填入本表“年初余额”栏内。

(三)本表“期末余额”栏各项目的内容和填列方法：

1.资产类项目

(1)“货币资金”项目，反映事业单位期末库存现金、银行存款和零余额账户用款额度的合计数。本项目应当根据“库存现金”、“银行存款”、“零余额账户用款额度”科目的期末余额合计填列。

(2)“短期投资”项目，反映事业单位期末持有的短期投资成本。本项目应当根据“短期投资”科目的期末余额填列。

(3)“财政应返还额度”项目，反映事业单位期末财政应返还额度的金额。本项目应当根据“财政应返还额度”科目的期末余额填列。

(4)“应收票据”项目，反映事业单位期末持有的应收票据的票面金额。本项目应当根据“应收票据”科目的期末余额填列。

(5)“应收账款”项目,反映事业单位期末尚未收回的应收账款余额。本项目应当根据“应收账款”科目的期末余额填列。

(6)“预付账款”项目,反映事业单位预付给商品或者劳务供应单位的款项。本项目应当根据“预付账款”科目的期末余额填列。

(7)“其他应收款”项目,反映事业单位期末尚未收回的其他应收款余额。本项目应当根据“其他应收款”科目的期末余额填列。

(8)“存货”项目,反映事业单位期末为开展业务活动及其他活动耗用而储存的各种材料、燃料、包装物、低值易耗品及达不到固定资产标准的用具、装具、动植物等的实际成本。本项目应当根据“存货”科目的期末余额填列。

(9)“其他流动资产”项目,反映事业单位除上述各项之外的其他流动资产,如将在1年内(含1年)到期的长期债券投资。本项目应当根据“长期投资”等科目的期末余额分析填列。

(10)“长期投资”项目,反映事业单位持有时间超过1年(不含1年)的股权和债权性质的投资。本项目应当根据“长期投资”科目期末余额减去其中将于1年内(含1年)到期的长期债券投资余额后的金额填列。

(11)“固定资产”项目,反映事业单位期末各项固定资产的账面价值。本项目应当根据“固定资产”科目期末余额减去“累计折旧”科目期末余额后的金额填列。

“固定资产原价”项目,反映事业单位期末各项固定资产的原价。本项目应当根据“固定资产”科目的期末余额填列。

“累计折旧”项目,反映事业单位期末各项固定资产的累计折旧。本项目应当根据“累计折旧”科目的期末余额填列。

(12)“在建工程”项目,反映事业单位期末尚未完工交付使用的在建工程发生的实际成本。本项目应当根据“在建工程”科目的期末余额填列。

(13)“无形资产”项目,反映事业单位期末持有的各项无形资产的账面价值。本项目应当根据“无形资产”科目期末余额减去“累计摊销”科目期末余额后的金额填列。

“无形资产原价”项目,反映事业单位期末持有的各项无形资产的原价。本项目应当根据“无形资产”科目的期末余额填列。

“累计摊销”项目,反映事业单位期末各项无形资产的累计摊销。本项目应当根据“累计摊销”科目的期末余额填列。

(14)“待处置资产损益”项目,反映事业单位期末待处置资产的价值及处置损益。本项目应当根据“待处置资产损益”科目的期末借方余额填列;如“待处置资产损益”科目期末为贷方余额,则以“－”号填列。

(15)“非流动资产合计”项目,按照“长期投资”、“固定资产”、“在建工程”、“无形资产”、“待处置资产损益”项目金额的合计数填列。

2.负债类项目

(16)“短期借款”项目,反映事业单位借入的期限在1年内(含1年)的各种借款。本项目应当根据“短期借款”科目的期末余额填列。

(17)“应缴税费”项目,反映事业单位应交未交的各种税费。本项目应当根据“应缴税费”科目的期末贷方余额填列;如“应缴税费”科目期末为借方余额,则以“－”号填列。

(18)“应缴国库款”项目,反映事业单位按规定应缴入国库的款项(应缴税费除外)。本项目应当根据“应缴国库款”科目的期末余额填列。

(19)“应缴财政专户款”项目,反映事业单位按规定应缴入财政专户的款项。本项目应当根据“应缴财政专户款”科目的期末余额填列。

(20)“应付职工薪酬”项目,反映事业单位按有关规定应付给职工及为职工支付的各种薪酬。本项目应当根据“应付职工薪酬”科目的期末余额填列。

(21)“应付票据”项目,反映事业单位期末应付票据的金额。本项目应当根据“应付票据”科目的期末余额填列。

(22)“应付账款”项目,反映事业单位期末尚未支付的应付账款的金额。本项目应当根据“应付账款”科目的期末余额填列。

(23)“预收账款”项目,反映事业单位期末按合同规定预收但尚未实际结算的款项。本项目应当根据“预收账款”科目的期末余额填列。

(24)“其他应付款”项目,反映事业单位期末应付未付的其他各项应付及暂收款项。本项目应当根据“其他应付款”科目的期末余额填列。

(25)“其他流动负债”项目,反映事业单位除上述各项之外的其他流动负债,如承担的将于1年内(含1年)偿还的长期负债。本项目应当根据“长期借款”、“长期应付款”等科目的期末余额分析填列。

(26)“长期借款”项目,反映事业单位借入的期限超过1年(不含1年)的各项借款本金。本项目应当根据“长期借款”科目的期末余额减去其中将于1年内(含1年)到期的长期借款余额后的金额填列。

(27)“长期应付款”项目,反映事业单位发生的偿还期限超过1年(不含1年)的各种应付款项。本项目应当根据“长期应付款”科目的期末余额减去其中将于1年内(含1年)到期的长期应付款余额后的金额填列。

3.净资产类项目

(28)“事业基金”项目,反映事业单位期末拥有的非限定用途的净资产。本项目应当根据“事业基金”科目的期末余额填列。

(29)“非流动资产基金”项目,反映事业单位期末非流动资产占用的金额。本项目应当根据“非流动资产基金”科目的期末余额填列。

(30)“专用基金”项目,反映事业单位按规定设置或提取的具有专门用途的净资产。本项目应当根据“专用基金”科目的期末余额填列。

(31)“财政补助结转”项目,反映事业单位滚存的财政补助结转资金。本项目应当根据“财政补助结转”科目的期末余额填列。

(32)“财政补助结余”项目,反映事业单位滚存的财政补助项目支出结余资金。本项目应当根据“财政补助结余”科目的期末余额填列。

(33)“非财政补助结转”项目,反映事业单位滚存的非财政补助专项结转资金。本项目应当根据“非财政补助结转”科目的期末余额填列。

(34)“非财政补助结余”项目,反映事业单位自年初至报告期末累计实现的非财政补助结余弥补以前年度经营亏损后的余额。本项目应当根据“事业结余”、“经营结余”科目的期末余额合计填列;如“事业结余”、“经营结余”科目的期末余额合计为亏损数,则以“－”号填列。在编制年度资产负债表时,本项目金额一般应为“0”;若不为“0”,本项目金额应为“经营结余”科目的期末借方余额("－"号填列)。

"事业结余"项目,反映事业单位自年初至报告期末累计实现的事业结余。本项目应当根据"事业结余"科目的期末余额填列;如"事业结余"科目的期末余额为亏损数,则以"－"号填列。在编制年度资产负债表时,本项目金额应为"0"。

"经营结余"项目,反映事业单位自年初至报告期末累计实现的经营结余弥补以前年度经营亏损后的余额。本项目应当根据"经营结余"科目的期末余额填列;如"经营结余"科目的期末余额为亏损数,则以"－"号填列。在编制年度资产负债表时,本项目金额一般应为"0";若不为"0",本项目金额应为"经营结余"科目的期末借方余额("－"号填列)。

二、收入支出表编制说明

(一)本表反映事业单位在某一会计期间内各项收入、支出和结转结余情况,以及年末非财政补助结余的分配情况。

(二)本表"本月数"栏反映各项目的本月实际发生数。在编制年度收入支出表时,应当将本栏改为"上年数"栏,反映上年度各项目的实际发生数;如果本年度收入支出表规定的各个项目的名称和内容同上年度不一致,应对上年度收入支出表各项目的名称和数字按照本年度的规定进行调整,填入本年度收入支出表的"上年数"栏。

本表"本年累计数"栏反映各项目自年初起至报告期末止的累计实际发生数。编制年度收入支出表时,应当将本栏改为"本年数"。

(三)本表"本月数"栏各项目的内容和填列方法:

1.本期财政补助结转结余

(1)"本期财政补助结转结余"项目,反映事业单位本期财政补助收入与财政补助支出相抵后的余额。本项目应当按照本表中"财政补助收入"项目金额减去"事业支出(财政补助支出)"项目金额后的余额填列。

(2)"财政补助收入"项目,反映事业单位本期从同级财政部门取得的各类财政拨款。本项目应当根据"财政补助收入"科目的本期发生额填列。

(3)"事业支出(财政补助支出)"项目,反映事业单位本期使用财政补助发生的各项事业支出。本项目应当根据"事业支出—财政补助支出"科目的本期发生额填列,或者根据"事业支出—基本支出(财政补助支出)"、"事业支出—项目支出(财政补助支出)"科目的本期发生额合计填列。

2.本期事业结转结余

(4)"本期事业结转结余"项目,反映事业单位本期除财政补助收支、经营收支以外的各项收支相抵后的余额。本项目应当按照本表中"事业类收入"项目金额减去"事业类支出"项目金额后的余额填列;如为负数,以"－"号填列。

(5)"事业类收入"项目,反映事业单位本期事业收入、上级补助收入、附属单位上缴收入、其他收入的合计数。本项目应当按照本表中"事业收入"、"上级补助收入"、"附属单位上缴收入"、"其他收入"项目金额的合计数填列。

"事业收入"项目,反映事业单位开展专业业务活动及其辅助活动取得的收入。本项目应当根据"事业收入"科目的本期发生额填列。

"上级补助收入"项目,反映事业单位从主管部门和上级单位取得的非财政补助收入。本项目应当根据"上级补助收入"科目的本期发生额填列。

“附属单位上缴收入”项目,反映事业单位附属独立核算单位按照有关规定上缴的收入。本项目应当根据“附属单位上缴收入”科目的本期发生额填列。

“其他收入”项目,反映事业单位除财政补助收入、事业收入、上级补助收入、附属单位上缴收入、经营收入以外的其他收入。本项目应当根据“其他收入”科目的本期发生额填列。

“捐赠收入”项目,反映事业单位接受现金、存货捐赠取得的收入。本项目应当根据“其他收入”科目所属相关明细科目的本期发生额填列。

(6)“事业类支出”项目,反映事业单位本期事业支出(非财政补助支出)、上缴上级支出、对附属单位补助支出、其他支出的合计数。本项目应当按照本表中“事业支出(非财政补助支出)”、“上缴上级支出”、“对附属单位补助支出”、“其他支出”项目金额的合计数填列。

“事业支出(非财政补助支出)”项目,反映事业单位使用财政补助以外的资金发生的各项事业支出。本项目应当根据“事业支出—非财政专项资金支出”、“事业支出—其他资金支出”科目的本期发生额合计填列,或者根据“事业支出—基本支出(其他资金支出)”、“事业支出—项目支出(非财政专项资金支出、其他资金支出)”科目的本期发生额合计填列。

“上缴上级支出”项目,反映事业单位按照财政部门和主管部门的规定上缴上级单位的支出。本项目应当根据“上缴上级支出”科目的本期发生额填列。

“对附属单位补助支出”项目,反映事业单位用财政补助收入之外的收入对附属单位补助发生的支出。本项目应当根据“对附属单位补助支出”科目的本期发生额填列。

“其他支出”项目,反映事业单位除事业支出、上缴上级支出、对附属单位补助支出、经营支出以外的其他支出。本项目应当根据“其他支出”科目的本期发生额填列。

3.本期经营结余

(7)“本期经营结余”项目,反映事业单位本期经营收支相抵后的余额。本项目应当按照本表中“经营收入”项目金额减去“经营支出”项目金额后的余额填列;如为负数,以“-”号填列。

(8)“经营收入”项目,反映事业单位在专业业务活动及其辅助活动之外开展非独立核算经营活动取得的收入。本项目应当根据“经营收入”科目的本期发生额填列。

(9)“经营支出”项目,反映事业单位在专业业务活动及其辅助活动之外开展非独立核算经营活动发生的支出。本项目应当根据“经营支出”科目的本期发生额填列。

4.弥补以前年度亏损后的经营结余

(10)“弥补以前年度亏损后的经营结余”项目,反映事业单位本年度实现的经营结余扣除本年初未弥补经营亏损后的余额。本项目应当根据“经营结余”科目年末转入“非财政补助结余分配”科目前的余额填列;如该年末余额为借方余额,以“-”号填列。

5.本年非财政补助结转结余

(11)“本年非财政补助结转结余”项目,反映事业单位本年除财政补助结转结余之外的结转结余金额。如本表中“弥补以前年度亏损后的经营结余”项目为正数,本项目应当按照本表中“本期事业结转结余”、“弥补以前年度亏损后的经营结余”项目金额的合计数填列;如为负数,以“-”号填列。如本表中“弥补以前年度亏损后的经营结余”项目为负数,本项目应当按照本表中“本期事业结转结余”项目金额填列;如为负数,以“-”号填列。

(12)“非财政补助结转”项目,反映事业单位本年除财政补助收支外的各专项资金收入减去各专项资金支出后的余额。本项目应当根据“非财政补助结转”科目本年贷方发生额中专项资金收入转入金额合计数减去本年借方发生额中专项资金支出转入金额合计数后的余额填列。

6.本年非财政补助结余

(13)“本年非财政补助结余”项目,反映事业单位本年除财政补助之外的其他结余金额。本项目应当按照本表中“本年非财政补助结转结余”项目金额减去“非财政补助结转”项目金额后的金额填列;如为负数,以“－”号填列。

(14)“应缴企业所得税”项目,反映事业单位按照税法规定应缴纳的企业所得税金额。本项目应当根据“非财政补助结余分配”科目的本年发生额分析填列。

(15)“提取专用基金”项目,反映事业单位本年按规定提取的专用基金金额。本项目应当根据“非财政补助结余分配”科目的本年发生额分析填列。

7.转入事业基金

(16)“转入事业基金”项目,反映事业单位本年按规定转入事业基金的非财政补助结余资金。本项目应当按照本表中“本年非财政补助结余”项目金额减去“应缴企业所得税”、“提取专用基金”项目金额后的余额填列;如为负数,以“－”号填列。

上述(10)至(16)项目,只有在编制年度收入支出表时才填列;编制月度收入支出表时,可以不设置此7个项目。

三、财政补助收入支出表编制说明

(一)本表反映事业单位某一会计年度财政补助收入、支出、结转及结余情况。

(二)本表“上年数”栏内各项数字,应当根据上年度财政补助收入支出表“本年数”栏内数字填列。

(三)本表“本年数”栏各项目的内容和填列方法:

1.“年初财政补助结转结余”项目及其所属各明细项目,反映事业单位本年初财政补助结转和结余余额。各项目应当根据上年度财政补助收入支出表中“年末财政补助结转结余”项目及其所属各明细项目“本年数”栏的数字填列。

2.“调整年初财政补助结转结余”项目及其所属各明细项目,反映事业单位因本年发生需要调整以前年度财政补助结转结余的事项,而对年初财政补助结转结余的调整金额。各项目应当根据“财政补助结转”、“财政补助结余”科目及其所属明细科目的本年发生额分析填列。如调整减少年初财政补助结转结余,以“－”号填列。

3.“本年归集调入财政补助结转结余”项目及其所属各明细项目,反映事业单位本年度取得主管部门归集调入的财政补助结转结余资金或额度金额。各项目应当根据“财政补助结转”、“财政补助结余”科目及其所属明细科目的本年发生额分析填列。

4.“本年上缴财政补助结转结余”项目及其所属各明细项目,反映事业单位本年度按规定实际上缴的财政补助结转结余资金或额度金额。各项目应当根据“财政补助结转”、“财政补助结余”科目及其所属明细科目的本年发生额分析填列。

5.“本年财政补助收入”项目及其所属各明细项目,反映事业单位本年度从同级财政部门取得的各类财政拨款金额。各项目应当根据“财政补助收入”科目及其所属明细科目的本年发生额填列。

6.“本年财政补助支出”项目及其所属各明细项目,反映事业单位本年度发生的财政补助支出金额。各项目应当根据“事业支出”科目所属明细科目本年发生额中的财政补助支出数填列。

7.“年末财政补助结转结余”项目及其所属各明细项目，反映事业单位截至本年末的财政补助结转和结余余额。各项目应当根据“财政补助结转”、“财政补助结余”科目及其所属明细科目的年末余额填列。

四、附注

事业单位的会计报表附注至少应当披露下列内容：

（一）遵循《事业单位会计准则》、《事业单位会计制度》的声明；

（二）单位整体财务状况、业务活动情况的说明；

（三）会计报表中列示的重要项目的进一步说明，包括其主要构成、增减变动情况等；

（四）重要资产处置情况的说明；

（五）重大投资、借款活动的说明；

（六）以名义金额计量的资产名称、数量等情况，以及以名义金额计量理由的说明；

（七）以前年度结转结余调整情况的说明；

（八）有助于理解和分析会计报表需要说明的其他事项。

国家自然科学基金项目资助经费管理办法

(财教〔2002〕65号)

第一章　总　则

第一条　为加强国家自然科学基金项目资助经费(以下简称项目资助经费)的管理,根据《科学事业单位财务制度》、《国家自然科学基金财务管理办法》和《关于国家科研计划实施课题制管理的规定》等,结合国家自然科学基金(以下简称自然科学基金)管理工作的特点,制定本办法。

第二条　项目资助经费是指用于资助自然科学基础研究和部分应用研究,发现和培养科技人才等自然科学基金项目的专项资金。

第三条　自然科学基金项目的立项、审批和经费管理由国家自然科学基金委员会(以下简称自然科学基金委)负责。

第四条　自然科学基金项目包括面上项目、重点项目、重大项目、国际合作与交流项目、专项项目等。

第五条　项目资助经费的管理和使用,必须符合国家有关财政、财务制度和本办法的规定,同时要有利于开展科学研究工作。

第二章　预算管理

第六条　根据项目类型、规模以及管理工作的实际需要,自然科学基金项目实行成本补偿式和定额补助式两种资助方式。

对于重大项目实行成本补偿式资助方式。

对于除重大项目以外的其他项目实行定额补助式资助方式。

第七条　项目负责人应按照本办法规定,本着实事求是、精打细算的原则,编制切合实际的项目资助经费预算。项目依托单位应按照有关规定严格审核项目资助经费预算,签署意见后报自然科学基金委。

第八条　项目资助经费预算包括收入预算与支出预算。

收入预算包括用于项目研究的各种不同渠道的经费,具体包括从自然科学基金获得的资助、从项目依托单位获得的资助和从其他渠道获得的资助。

支出预算包括研究经费、国际合作与交流经费、劳务费和管理费。具体如下:

(一)研究经费是指直接用于科学研究的费用。包括:

1.科研业务费:测试、计算、分析费,动力、能源费,差旅费,调研和学术会议费,资料、论文版面费和印刷费,文献检索、入网等信息通讯费,学术刊物订阅费。

2. 实验材料费：原材料、试剂、药品等消耗品购置费，实验动物、植物的购置、种植、养殖费，标本、样品的采集加工费和包装运输费。

3. 仪器设备费：专用仪器设备购置、运输、安装费和修理费，自制专用仪器设备的材料、配件购置费和加工费。

4. 实验室改装费：为改善资助项目研究的实验条件，对实验室进行改装所开支的费用。不得用于实验室扩建、土建、房屋维修等费用的开支。

5. 协作费：外单位协作承担自然科学基金项目部分研究试验工作的费用。

（二）国际合作与交流经费是指用于与资助项目研究工作有直接关系的国际合作与交流费用，包括项目组人员出访及外国专家来访的部分费用，所需外汇额度由项目依托单位自行解决。其中：

1. 面上项目国际合作与交流经费不得超过自然科学基金资助经费的15%；

2. 重点项目、重大项目国际合作与交流经费不得超过自然科学基金资助经费的10%。

（三）劳务费是指用于直接参加项目研究的研究生、博士后人员的劳务费用。

1. 面上项目劳务费不得超过自然科学基金资助经费的15%；

2. 重点项目、重大项目及各类专项的劳务费不得超过自然科学基金资助经费的10%。

（四）管理费是指项目依托单位为组织和支持项目研究而支出的费用，包括项目执行中公用仪器设备、房屋占用费等。管理费不得超过自然科学基金资助经费的5%，协作单位不得重复提取。

第九条 自然科学基金委组织专家或择优遴选中介机构对项目资助研究经费预算进行评审或评估，资助额度依据自然科学基金各类项目经费情况和评审专家的意见，以及相关的财政、财务制度并按照规定的程序审核后确定。

第十条 项目负责人必须严格按照批准的项目资助经费预算核定的用途、范围和开支标准使用项目资助经费。

第十一条 经批准的项目资助预算一般不做调整。由于项目研究目标、重大技术路线或主要研究内容调整，以及不可抗力造成意外损失等原因，对项目资助经费预算造成较大影响时，必须按程序报自然科学基金委批准。

第十二条 项目资助经费不得用于支付各种罚款、捐款、赞助、投资等项支出，不得用于各种福利性支出，不得用于国家规定禁止列入的其他支出。

第十三条 项目依托单位应加强项目资助经费的管理。项目资助经费须专款专用，任何单位和个人不得以任何理由和方式截留、挤占和挪用。

第十四条 在研资助项目的年度结余经费，结转下一年度继续使用。结题项目的结余经费，仍用于项目依托单位的自然科学基础研究或部分应用研究工作。

第三章 拨款管理

第十五条 申请单位首次申请自然科学基金项目时，应按要求如实填写“申请单位信息表”，报自然科学基金委。项目依托单位的银行账户等信息发生变更，应及时函告自然科学基金委。

第十六条 项目资助经费拨至项目依托单位，接收拨款单位与项目依托单位必须一致。

第十七条 项目资助经费的拨款,按自然科学基金项目管理办法的规定执行;实行国库集中支付的,按财政部有关规定执行。

第十八条 资助项目的协作费由项目依托单位依据协作合同转拨。

第十九条 因故中止实施或撤销的资助项目停止拨款,项目依托单位应将已拨经费余额在接到通知三个月内退回自然科学基金委,对逾期不退回的,缓拨该单位其他项目的资助经费。

第四章 经费决算与监督管理

第二十条 自然科学基金项目(除重大项目外)研究结束后,项目负责人应会同项目依托单位财务部门清理账目,根据批准的资助项目经费预算,如实编报资助项目经费决算,由项目依托单位科研管理部门、财务部门审核签署意见后存档备查。

项目依托单位科研管理部门根据审核后的项目资助经费决算表,编报项目资助经费决算汇总表并签署审核意见后,于每年 3 月 31 日前报送自然科学基金委。

第二十一条 重大项目结束后,先由课题负责人编报经费决算表一式两份,经所在单位科研管理部门、财务部门审核并签署意见,一份存入课题结题档案,一份送项目负责人。项目负责人及项目依托单位编报项目资助经费决算汇总表并附加说明,于六个月内报送自然科学基金委。

第二十二条 经自然科学基金委批准中止和提前结题的资助项目,项目负责人和项目依托单位应及时清理账目,编制项目资助经费决算表,并列入项目依托单位项目资助经费决算汇总表。

第二十三条 项目资助经费的管理和使用应接受上级财政部门、国家审计机关和自然科学基金委的检查与监督。项目负责人和项目依托单位应积极配合并提供有关资料。

第二十四条 项目依托单位应对项目资助经费进行不定期审计或专项审计。

第二十五条 自然科学基金委对项目依托单位或个人违反本办法及自然科学基金项目管理办法规定的,视情节轻重分别采取缓拨项目资助经费、书面警告、通报批评、停止拨款、追回已拨经费、撤销资助项目等处理措施。项目依托单位应对情节严重的有关人员,追究其相应责任。

第二十六条 自然科学基金委会同财政部制定适合自然科学基金特点的绩效考评办法,对项目经费使用效益进行考评。

第二十七条 自然科学基金委建立自然科学基金项目库,并按规定进行管理。

第二十八条 项目资助经费购置的资产属于国有资产,其使用权和经营权归项目依托单位,必须纳入项目依托单位的固定资产账户进行核算与管理。资产的处置按国家的有关规定执行,防止国有资产的流失。

第五章 附 则

第二十九条 本办法自发布之日起施行。1992 年 12 月 7 日颁布的《国家自然科学基金资助项目财务管理办法》同时废止。

第三十条 本办法由财政部、自然科学基金委负责解释。

关于印发《中央级科学事业单位修缮购置专项资金管理办法》的通知

(财教〔2006〕118 号)

国务院有关部委、直属机构,高检院,有关人民团体:

为贯彻落实《国家中长期科学和技术发展规划纲要(2006—2020 年)》(以下简称《规划纲要》),切实改善中央级科学事业单位的科研基础条件,推进科技创新能力建设,特设立“中央级科学事业单位修缮购置专项资金”(以下简称修购专款)。为加强和规范修购专款的管理,根据中央财政项目资金管理的有关规定,我们制定了《中央级科学事业单位修缮购置专项资金管理办法》(以下简称《办法》),现予印发,请遵照执行。

为保证《办法》的顺利实施,请各有关单位根据“十一五”期间科学技术研究事业发展需要,围绕《规划纲要》,在摸清家底的情况下,实事求是地制订好 2006—2008 年修缮购置工作规划(参考格式见附件二),并于 2006 年 10 月 15 日前报经主管部门审核汇总后,由主管部门报送财政部备案。

请各有关部门在组织做好三年修缮购置工作规划的同时,尽快组织所属单位开展 2006 年修购项目(修购专款支持的项目简称修购项目)的申报工作,并于 2006 年 9 月底前将相关申报文件报送财政部,逾期不予受理。

附件:中央级科学事业单位修缮购置专项资金管理办法

财政部

2006 年 8 月 22 日

附件：

中央级科学事业单位修缮购置专项资金管理办法

第一条　为贯彻落实《国家中长期科学和技术发展规划纲要(2006—2020年)》(以下简称《规划纲要》),切实改善中央级科学事业单位的科研基础条件,推进科技创新能力建设,特设立"中央级科学事业单位修缮购置专项资金"(以下简称修购专款)。为规范和加强修购专款管理,提高使用效益,根据中央财政项目资金管理的有关规定,制定本办法。

第二条　本办法所指修购专款,是指中央财政在年度预算中安排的用于中央级科学事业单位(不包括已转制的科研院所,以下简称"项目单位")的房屋修缮、基础设施改造、仪器设备购置及升级改造的专项资金。

第三条　修购专款实行项目管理,主管部门应建立动态管理的项目库。

第四条　修购专款的安排使用原则:

(一)科学规划、突出重点的原则。修购专款安排使用要紧密围绕落实《规划纲要》任务和项目单位科学研究事业发展的合理需要,以提高项目单位科技创新能力为核心,解决科技基础条件"瓶颈"问题为重点,区分轻重缓急,进行科学规划。

(二)整合集成、效益优先的原则。主管部门和项目单位应在摸清家底的基础上,按照整合、共享、完善、提高的要求,激活存量资源,最大限度地发挥存量资源的使用效益,通过项目实施,有效调控增量资源。修购专款优先支持整合力度大、集成度高、能实现开放和共享、预期效益高的项目。项目实行追踪问效和绩效考评。

第五条　修购专款的支持范围包括:

(一)连续使用15年以上且已不能适应科研工作需要的房屋及科研辅助设施的维修改造;

(二)水、暖、电、气等基础设施的维修改造;

(三)直接为科学研究工作服务的科学仪器设备购置;

(四)利用成熟技术对尚有较好利用价值、直接服务于科学研究的仪器设备所进行的功能扩展、技术升级等工作。

第六条　修购专款开支的范围:项目单位在项目执行中所发生的材料费、设备购置费、劳务费、水电动力费、设计费、运输费、安装调试费以及其他在项目执行中所发生的必要费用。修购专款严禁用于本办法规定范围之外的支出。

第七条　项目的申报程序。

(一)项目单位根据主管部门审核的修购工作规划,按规定填写年度《中央级科学事业单位修缮购置项目申报书》(附1,以下简称《申报书》),并于当年3月底前报送主管部门。申报内容主要包括:项目单位基本情况,项目实施意义、目标,项目实施的保障条件等。

(二)主管部门按照项目单位修购工作规划,对项目单位所申报的年度项目进行审核,按轻重缓急进行排序后编制本部门年度《中央级科学事业单位修缮购置项目审核推荐表》(附2),并于当年5月底前连同《申报书》及申报文件报送财政部。

(三)财政部根据情况组织专家或委托中介机构对上报的项目进行评审或评估。

项目单位和主管部门要对申报和推荐的项目的真实性、合理性和可行性负责。

第八条 财政部结合主管部门和项目单位科学研究事业发展的需求,以及项目评审或评估结论,根据年度财政专项资金情况和项目轻重缓急程度确定并下达当年项目预算到主管部门。主管部门应按规定时间及时将项目预算批转所属项目单位。

第九条 主管部门应结合项目单位科学研究事业发展的需要和财政部批复的年度项目预算情况,对项目库进行调整。

第十条 项目单位应严格按照批复的项目预算执行,不得擅自变更项目预算内容。确因特殊情况需要进行调整的,应通过主管部门报经财政部批准。

第十一条 修购专款支出属于政府采购范围的,应按照《政府采购法》及政府采购的有关规定执行。

第十二条 修购项目的资金拨付,按照财政国库管理制度的有关规定执行。

第十三条 购置价值超过200万元以上的单台或成套仪器设备,应按照《中央级新购大型科学仪器设备联合评议工作管理办法》有关规定执行。

第十四条 项目单位和主管部门应加强对项目实施的管理,财政部对项目实施情况进行定期或不定期的检查或抽查。

主管部门应当加强对项目的监督管理,对已完项目应进行验收和总结,在项目实施周期终了后3个月内,及时将项目的实施情况、验收和总结材料报送财政部。对未能按期完成的项目,应逐项申明理由和提出后续工作措施。

第十五条 项目单位和主管部门在编制年度决算时,应对修购专款使用情况进行单独说明。

第十六条 项目结余资金按照财政部有关规定执行。

第十七条 使用修购专款形成的资产属国有资产,应按国家国有资产管理的有关规定加强管理。

第十八条 主管部门可按照财政部有关规定,并根据项目实施情况,组织专家或委托中介机构对修购项目进行绩效考评,考评结果报送财政部。

第十九条 有下列行为之一的,经财政部确认后,应对项目单位做出收回修购专款或在一定时期内不予核批修购项目的处罚,并建议按照有关规定对相关责任人给予相应处罚。

(一)未按批准的项目预算使用专项资金,擅自改变项目内容,变更项目资金使用范围的;

(二)未按规定实施政府采购的;

(三)未按规定上报项目验收总结报告的;

(四)项目管理不善、有违反财经纪律现象的。

第二十条 各有关主管部门可以依据本办法制定实施细则,并报财政部备案。

第二十一条 本办法由财政部负责解释。

第二十二条 本办法自发布之日起施行。此前颁布的有关科学事业单位修、购工作管理规定若与本办法相抵触的,均按本办法执行。

附:1.中央级科学事业单位修缮购置项目申报书(略)

2.中央级科学事业单位修缮购置项目审核推荐表(略)

公益性行业科研专项经费管理试行办法

财教〔2006〕219 号

第一章 总 则

第一条 为贯彻落实《国家中长期科学和技术发展规划纲要(2006—2020 年)》(以下简称《规划纲要》),支持开展公益性行业科研工作,根据《国务院办公厅转发财政部科技部关于改进和加强中央财政科技经费管理若干意见的通知》(国办发[2006]56 号),中央财政设立公益性行业科研专项经费(以下简称“专项经费”)。为规范和加强专项经费的管理,提高资金使用效益,制定本办法。

第二条 专项经费主要用于支持公益性科研任务较重的国务院所属行业主管部门(以下简称“行业主管部门”),围绕《规划纲要》重点领域和优先主题,组织开展本行业应急性、培育性、基础性科研工作。主要包括:

(一)行业应用基础研究;

(二)行业重大公益性技术前期预研;

(三)行业实用技术研究开发;

(四)国家标准和行业重要技术标准研究;

(五)计量、检验检测技术研究。

第三条 专项经费管理和使用的原则:

(一)明确目标,突出重点。专项经费支持的项目要有明确的绩效目标,充分体现行业科研的特点与重点,并且与国家科技计划支持的项目合理区分层次,做好与国家科技计划项目的衔接。专项下只设项目层次,项目不分解,避免专项经费分散使用。

(二)权责明确,规范管理。专项经费管理各方权责明确、各负其责,坚持政府决策与专家咨询相结合,实行决策、实施、监督相互独立、相互制约的管理机制。

(三)科学安排,整合协调。要严格按照项目的目标,科学合理地编制和安排预算,杜绝随意性。要加强科技资源的统筹协调和有效整合。

(四)专款专用,追踪问效。要严格按照国家有关财务制度的规定,将专项经费纳入单位财务统一管理,单独核算,确保专款专用,并建立面向结果的追踪问效机制。

第四条 根据专项经费项目类型特点,一般采取招标或者择优委托方式确定项目承担单位。项目承担单位一般为中国大陆境内具有独立法人资格的科研院所、高等院校和内资或内资控股企业等。

第五条 行业主管部门系统外的单位承担专项经费项目的财政资金应当占各行业专项经费的一定比例,具体比例由行业主管部门确定并报送财政部备案。

第二章　组织管理体系

第六条　行业主管部门应当在财政部、科技部的指导下，组织来自行业主管部门以外的相关部门的管理代表和来自行业协会、科研院所、高等院校等方面的科技、管理、经济等领域的专家，成立专项经费管理咨询委员会(以下简称“委员会”)。专项经费项目组成员和其他可能影响公正的人员，不得担任委员会成员。委员会下可以根据需要设立专家组。

委员会成员一般不少于9人，其中应当保证40%以上的本部门及直属单位以外的人员。委员会主任由行业主管部门领导担任。委员会成员名单报送财政部、科技部备案。

第七条　财政部和科技部的主要职责是：

(一)财政部会同科技部制定专项经费管理办法；

(二)科技部负责对行业主管部门报送的专项经费项目建议提出协调意见；

(三)财政部会同科技部组织专项经费项目预算评审评估；

(四)财政部负责核批专项经费项目总预算及年度预算；

(五)财政部会同科技部组织抽取项目进行项目实施情况年度检查和财务审计，逐步建立专项经费的绩效评价制度。

第八条　行业主管部门的主要职责是：

(一)制定本行业科技发展战略规划；

(二)负责委员会的组建和管理工作；

(三)审核委员会提出的项目建议，并提出项目预算及年度预算安排建议方案；

(四)确定项目承担单位，与项目承担单位签订项目任务书；

(五)组织项目实施方案的评审和协作攻关；

(六)协调处理项目执行中的重大问题，组织监督检查、财务审计、项目验收和对项目经费的绩效考评。

第九条　委员会的主要职责是：

(一)根据行业科技发展战略规划，向行业主管部门提出专项经费项目建议；

(二)提出项目承担单位选择方式建议；

(三)对项目执行的全过程发挥咨询评议作用。

第十条　项目承担单位的主要职责是：

(一)按照要求编制项目实施方案和项目预算；

(二)按照签订的项目任务书具体实施项目，按照规定管理和使 用项目经费，落实项目约定支付的自筹经费及其它配套条件；

(三)接受监督检查、验收和绩效考评。

第三章　项目及其预算审批程序

第十一条　行业主管部门结合《规划纲要》的目标和任务以及本行业科技发展的实际需要，在国家五年规划期第一年制定本行业科技发展战略规划，报送科技部和财政部备案。

第十二条　委员会根据行业科技发展战略规划，围绕确定的目标、任务和实际需求，提出

专项经费项目建议,由行业主管部门审核后于每年4月底前报送科技部、财政部。项目建议的要求是:

(一)具有明确的目标和考核指标;

(二)完成后能够直接投入应用或具有较强应用前景;

(三)与国家科技计划项目层次区分清楚,避免重复交叉。

第十三条 科技部对行业主管部门报送的项目建议进行审核,对于与国家科技计划项目的重复交叉和各行业主管部门项目之间的重复交叉提出协调意见,于每年5月底前反馈行业主管部门,同时抄送财政部。

第十四条 行业主管部门根据科技部的反馈意见,委托委员会对项目进行调整,并由委员会提出项目承担单位选择方式建议报送行业主管部门。

第十五条 行业主管部门根据委员会提出的项目承担单位选择方式建议,采取择优委托或者招投标方式确定项目承担单位,并组织项目承担单位编制项目实施方案和项目预算。

第十六条 项目实施方案的主要内容包括:

(一)项目总体目标、年度目标;

(二)项目研究任务、技术路线和组织实施方式;

(三)项目分年度实施方案;

(四)项目承担单位已有科研条件。

第十七条 项目预算编制的要求是:

(一)项目预算的编制应当根据项目任务的合理需要,坚持目标相关性、政策相符性和经济合理性原则。

(二)项目预算编制时应当同时编制来源预算与支出预算。

来源预算除申请专项经费外,有自筹经费来源的,应当提供出资证明及其他相关财务资料。自筹经费包括单位的自有货币资金、专项用于该项目研究的其他货币资金等。

支出预算应当按照经费开支范围确定的支出科目和不同经费来源编列,同一支出科目一般不得同时列支专项经费和自筹经费。支出预算应当对各项支出的主要用途和测算理由等进行详细说明。

(三)有多个单位共同承担一个项目的,要同时编制列示各单位承担的主要任务、经费预算等。

(四)项目预算由项目负责人协助项目承担单位财务部门共同编制。

(五)编制项目预算时,需要同时申明项目承担单位的现有组织实施条件和资源,以及从单位外部可能获得的共享服务,并针对项目实施可能形成的科技资源和成果,提出社会共享的方案。

第十八条 行业主管部门组织专家对项目实施方案进行评审。行业主管部门建立评审专家库,建立和完善评审专家的遴选、回避、信用和问责制度。

第十九条 行业主管部门根据评审结果,提出专项经费项目预算安排建议,按照优先顺序排序后于每年7月底前一并报送财政部。

第二十条 财政部会同科技部组织专家或委托中介机构进行项目预算评审评估。

第二十一条 财政部根据预算评审评估结果,批复项目总预算,并抄送科技部。

第二十二条 行业主管部门根据财政部批复的项目总预算,与项目承担单位签订项目任务书，下达项目总预算。批复预算的项目应当纳入全国科研项目预算管理数据库统一管理，分年度滚动安排。

第二十三条 行业主管部门根据财政部部门预算编制的要求和批复的项目总预算，在部门预算“一上”时报送年度项目预算。

第二十四条 财政部结合财力情况，核批年度项目预算。

第二十五条 实行招标投标管理的项目，按照国家招投标的有关规定执行。

第二十六条 专项经费预算安排可以探索实行“项目先启动、依据成果后补助”等方式。

第四章 项目经费开支范围

第二十七条 项目经费是指在项目组织实施过程中与研究开发活动直接相关的、由专项经费支付的各项费用。

第二十八条 项目经费的开支范围一般包括设备费、材料费、测试化验加工费、燃料动力费、差旅费、会议费、国际合作与交流费、出版/文献/信息传播/知识产权事务费、劳务费、专家咨询费、管理费等。

（一）设备费：是指在项目研究开发过程中购置或试制专用仪器设备，对现有仪器设备进行升级改造，以及租赁外单位仪器设备而发生的费用。专项经费要严格控制设备购置费支出。

（二）材料费：是指在项目研究开发过程中消耗的各种原材料、辅助材料等低值易耗品的采购及运输、装卸、整理等费用。

（三）测试化验加工费：是指在项目研究开发过程中支付给外单位（包括项目承担单位内部独立经济核算单位）的检验、测试、化验及加工等费用。

（四）燃料动力费：是指在项目研究开发过程中相关大型仪器设备、专用科学装置等运行发生的可以单独计量的水、电、气、燃料消耗费用等。

（五）差旅费：是指在项目研究开发过程中开展科学实验（试验）、科学考察、业务调研、学术交流等所发生的外埠差旅费、市内交通费用等。差旅费的开支标准应当按照国家有关规定执行。

（六）会议费：是指在项目研究开发过程中为组织开展学术研讨、咨询以及协调项目或项目等活动而发生的会议费用。项目承担单位应当按照国家有关规定，严格控制会议规模、会议数量、会议开支标准和会期。

（七）国际合作与交流费：是指在项目研究开发过程中项目研究人员出国及外国专家来华工作的费用。国际合作与交流费应当严格执行国家外事经费管理的有关规定。项目发生国际合作与交流费时，应当事先报经行业主管部门审核同意。

（八）出版/文献/信息传播/知识产权事务费：是指在项目研究开发过程中，需要支付的出版费、资料费、专用软件购买费、文献检索费、专业通信费、专利申请及其他知识产权事务等费用。

（九）劳务费：是指在项目研究开发过程中支付给项目组成员中没有工资性收入的相关人员（如在校研究生）和项目组临时聘用人员等的劳务性费用。

（十）专家咨询费：是指在项目研究开发过程中支付给临时聘请的咨询专家的费用。专家咨询费不得支付给参与专项经费及其项目管理相关的工作人员。

以会议形式组织的咨询,专家咨询费的开支一般参照高级专业技术职称人员500—800元/人天、其他专业技术人员300—500元/人天的标准执行。会期超过两天的,第三天及以后的咨询费标准参照高级专业技术职称人员300—400元/人天、其他专业技术人员200—300元/人天执行。

以通讯形式组织的咨询,专家咨询费的开支一般参照高级专业技术职称人员60—100元/人次、其他专业技术人员40—80元/人次的标准执行。

(十一)管理费:是指在项目研究开发过程中对使用本单位现有仪器设备及房屋,日常水、电、气、暖消耗,以及其他有关管理费用的补助支出。管理费按照项目专项经费预算分段超额累退比例法核定,核定比例如下:

项目经费预算在100万元及以下的部分按照8%的比例核定;

超过100万元至500万元的部分按照5%的比例核定;

超过500万元至1 000万元的部分按照2%的比例核定;

超过1 000万元的部分按照1%的比例核定。

管理费实行总额控制,由项目承担单位管理和使用。

第二十九条 项目在研究开发过程中发生的除上述费用之外的其他支出,应当在申请预算时单独列示,单独核定。

第五章 项目及其预算执行

第三十条 项目承担单位根据与行业主管部门签订的项目任务书开展项目研究开发工作。

第三十一条 项目执行过程中实行重大事项报告制度。在项目实施期间出现项目计划任务调整、项目负责人变更或调动单位、项目承担单位变更等重大事项,项目负责人和项目承担单位应当及时报行业主管部门批准。

第三十二条 项目执行的全过程中应当充分发挥委员会的咨询评议作用。

第三十三条 专项经费的拨付按照财政资金支付管理的有关规定执行。经费使用中涉及政府采购的,按照政府采购有关规定执行。

第三十四条 项目承担单位应当严格按照下达的项目预算执行,一般不予调整。确有必要调整时,应当按照以下程序审批:

(一)项目预算、项目年度预算总额的调整应当报经财政部批准。

(二)项目支出预算科目中劳务费、专家咨询费和管理费预算一般不予调整。其他支出科目,在不超过该科目核定预算10%,或超过10%但科目调整金额不超过5万元的,由项目承担单位根据研究需要调整执行;其他支出科目预算执行超过核定预算10%且金额在5万元以上的,由项目承担单位提出调整意见按程序报行业主管部门批准。

第三十五条 项目承担单位应当严格按照本办法的规定,制定内部管理办法,建立健全内部控制制度,加强对专项经费的监督和管理,对专项经费及其自筹经费分别进行单独核算。

第三十六条 项目承担单位应当严格按照本办法规定的经费开支范围和标准办理支出。严禁使用项目经费支付各种罚款、捐款、赞助、投资等,严禁以任何方式变相谋取私利。

第三十七条 项目承担单位应当按照规定编制项目经费年度专项决算。项目经费下达之日起至年度终了不满三个月的，当年可以不编报年度专项决算，其经费使用情况在下一年度的年度专项决算中反映。项目经费决算由项目承担单位财务部门编制，于每年的4月20日前将上年度专项决算报送行业主管部门，行业主管部门审核汇总后于每年的5月20日前报送财政部。

第三十八条 在研项目的年度结存经费，结转下一年度按规定继续使用。项目因故终止，项目承担单位财务部门应当及时清理账目与资产，编制财务报告及资产清单，按程序报送行业主管部门。行业主管部门组织进行清查处理，剩余经费（含处理已购物资、材料及仪器、设备的变价收入）收回行业主管部门，由行业主管部门按照财政部关于结余资金管理的有关规定执行。

第三十九条 专项经费形成的固定资产属国有资产，一般由项目承担单位进行管理和使用，国家有权调配用于相关科学研究开发。专项经费形成的知识产权等无形资产的管理，按照国家有关规定执行。

专项实施中所需的仪器设备应当尽量采取共享方式取得。专项经费形成的大型科学仪器设备、科学数据、自然科技资源等，按照国家有关规定开放共享，减少重复浪费，提高资源利用效率。

项目承担单位应当建立规范、健全的项目科学数据记录和报告制度，按照行业主管部门的要求及时上报项目有关数据。

第六章 监督检查与绩效考评

第四十条 财政部、科技部对专项经费拨付使用情况进行监督检查。

第四十一条 行业主管部门应当按照规定加强对项目实施的监督检查、验收和绩效考评。

第四十二条 项目完成后，项目承担单位应当及时向行业主管部门提出项目验收申请。项目验收分为财务验收和业务验收两个阶段，财务验收是进行业务验收的前提。

第四十三条 行业主管部门负责组织对项目进行财务审计与财务验收，财务审计是财务验收的重要依据。存在下列行为之一的，不得通过财务验收：

（一）编报虚假预算，套取国家财政资金；

（二）未对专项经费进行单独核算；

（三）截留、挤占、挪用专项经费；

（四）违反规定转拨、转移专项经费；

（五）提供虚假财务会计资料；

（六）未按规定执行和调整预算；

（七）虚假承诺、自筹经费不到位；

（八）其他违反国家财经纪律的行为。

第四十四条 财务验收完成后，行业主管部门组织业务验收。存在下列行为之一的，不得通过业务验收：

（一）项目、项目目标任务完成不到85%；

（二）所提供的验收文件、资料、数据不真实，存在弄虚作假；

（三）未经申请或批准，项目承担单位、项目负责人、项目目标、研究内容、技术路线等发生变更；

(四)超过下达的项目任务执行年限半年以上未完成，并且事先未做出说明。

第四十五条 项目通过验收后，项目承担单位应当在一个月内及时办理财务结账手续。项目经费如有结余，应当及时全额上缴行业主管部门，由行业主管部门按照财政部关于结余资金管理的有关规定执行。

第四十六条 行业主管部门应当结合财务验收和业务验收，逐步建立对项目经费的绩效考评制度。

第四十七条 行业主管部门负责制定对未通过验收以及其它违反相关管理规定的行为追究责任的规定。

第四十八条 财政部会同科技部组织抽取项目进行项目实施情况年度检查和财务审计，逐步建专项经费的绩效评价制度。

第四十九条 年度检查、财务审计和绩效评价的结果将作为调整分行业专项经费预算规模的重要依据。

第七章 附 则

第五十条 行业主管部门可以根据本办法制定相关具体办法，报财政部、科技部备案。

第五十一条 本办法由财政部、科技部负责解释。

第五十二条 本办法自发布之日起施行。

财政部、科技部关于印发《国家重点基础研究发展计划专项经费管理办法》(财教〔2006〕159号)、《国家科技支撑计划专项经费管理办法》(财教〔2006〕160号)、《国家高技术研究发展计划(863计划)专项经费管理办法》(财教〔2006〕163号)、《中央级公益性科研院所基本科研业务费专项资金管理办法》(财教〔2006〕288号)、《国家重点实验室专项管理办法》(财教〔2008〕531号)、《民口科技重大专项资金管理暂行办法》(财教〔2009〕218号)等文件的相关规定与本文基本相同，此处不再赘述。

关于印发《国家重大科学仪器设备开发专项资金管理办法(试行)》的通知

（财教〔2011〕352号）

各有关单位：

为贯彻落实《国家中长期科学和技术发展规划纲要(2006—2020年)》，支持重大科学仪器设备开发，中央财政设立国家重大科学仪器设备开发专项(以下简称专项)资金。为规范专项资金管理，财政部会同科技部制定了《国家重大科学仪器设备开发专项资金管理办法(试行)》。现予印发，请遵照执行。

附件：国家重大科学仪器设备开发专项资金管理办法(试行)

财政部　科技部

2011年8月25日

附件：

国家重大科学仪器设备开发专项资金管理办法(试行)

第一章 总 则

第一条 为贯彻落实《国家中长期科学和技术发展规划纲要(2006－2020年)》,中央财政设立国家重大科学仪器设备开发专项(以下简称专项)资金。为规范专项资金管理,依据《科学技术进步法》和国家有关科研管理、财务管理制度,制定本办法。

第二条 专项资金主要用于支持重大科学仪器设备的开发,以提高我国科学仪器设备的自主创新能力和自我装备水平,支撑科技创新,服务经济建设和社会发展。

第三条 专项资金的支持范围包括：

(一)基于新原理、新方法和新技术的重大科学仪器设备的开发；

(二)基于已有重大科学仪器设备(装置)创新成果的工程化开发；

(三)重要通用科学仪器设备(含核心基础器件)的开发；

(四)其它重要科学仪器设备的开发。

第四条 专项实施以需求为牵引,以应用为导向,推进政产学研用结合,明晰各方权责,突出管理创新,注重实施绩效。

第五条 专项以项目方式、分年度实施,项目周期一般不超过五年。

第六条 专项资金来源坚持多元化原则,包括中央财政资金、地方财政资金、单位自筹资金以及从其他渠道获得的资金。

本办法主要规范中央财政资金的使用和管理。其他来源的资金应当按照相关资金提供方对资金使用和管理的规定及要求,统筹安排和使用。

第七条 专项实行试点先行、稳步推开,充分发挥中央有关部门(机构)的组织管理作用。

第二章 管理体制与职责

第八条 科技部和国家自然科学基金委员会应当建立查重和协调机制。专项应当与国家自然科学基金委员会“重大科研仪器设备研制专项”和“科学仪器基础研究专款”有效衔接,并加强与相关国家科技计划等的衔接。

第九条 财政部的主要职责包括：

(一)会同科技部研究制定相关管理制度；

(二)会同科技部确定试点项目组织部门,并根据实施情况动态调整；

(三)批复项目预算(包括总预算和年度预算,下同)；

(四)会同科技部开展项目经费管理使用的监督检查。

第十条 科技部的主要职责包括:

(一)会同财政部研究制定相关管理制度;

(二)会同财政部确定试点项目组织部门,并根据实施情况动态调整;

(三)负责专项的总体协调,指导并监督项目组织部门的组织管理工作;

(四)负责批复项目立项、项目综合验收、项目成果汇总管理和项目后评估;

(五)负责组织项目预算评审评估,向财政部提出项目预算安排建议方案,会同财政部开展项目经费管理使用的监督检查;

(六)建立适合本专项特点的专家咨询评审机制。

第十一条 项目组织部门是指中央有关部门(机构),负责项目的组织管理工作。主要职责包括:

(一)根据本部门、本行业的实际情况,研究确定科学仪器设备创新和发展工作重点;

(二)组织本部门所属单位作为项目牵头单位的项目申报、实施方案评审论证,择优限项向科技部推荐项目;

(三)与项目牵头单位签订项目任务书并组织项目实施;

(四)成立项目监理组,监督检查项目的执行情况和经费管理使用情况,协调处理项目执行过程中出现的有关问题;

(五)按要求向科技部报告项目年度执行情况及项目执行过程中的重大事项;

(六)负责项目初步验收,负责本部门组织项目的成果管理;

(七)发挥市场机制的作用,负责项目成果的推广应用等。

第十二条 项目牵头单位是项目的具体实施单位,对项目的具体实施和总体目标的实现负责。主要职责包括:

(一)在用户、市场、技术及其他配套条件调研和分析基础上,负责开展项目的可行性分析,向组织部门提出项目建议,设计项目实施方案(含技术方案、应用和产业化方案、组织实施方式、经费预算等);

(二)联合优势单位共同组建项目团队,并与项目合作单位签订协议,明确各方权责;

(三)负责项目的具体实施工作,落实项目配套条件和措施,确保项目各项任务和总体目标的完成;

(四)建立激励和评价机制,调动项目团队成员积极性,促进项目有效实施;

(五)组织用户代表成立用户委员会,参与专项成果的应用方法开发、应用示范和推广应用等工作;

(六)负责项目经费的管理和使用;

(七)按要求编报项目年度执行情况和有关信息,及时向项目组织部门报告执行中出现的重大问题。

(八)接受科技部、财政部、项目组织部门、项目监理组等的监督、检查和指导。

第三章 立 项

第十三条 申请专项资金支持的项目应当具备以下条件:

(一)符合本办法第三条确定的支持范围;

(二)国内外需求迫切,且相关理论、方法或技术已取得重要突破,能形成具有自主知识产权和市场竞争力的产品;

(三)拥有本领域的核心关键人才,且具有相关理论研究、设计、工程工艺、系统集成、应用研究以及产业化研究等相关方面结构合理的人员队伍;

(四)项目设计的运行机制良好,目标明确具体,技术指标可考核,实施方案可行。产学研用结合紧密,具有明确的成果应用单位和良好的市场应用前景,推广应用和产业化措施明确可行。

第十四条 项目牵头单位应当具备以下条件:

(一)中国境内注册、具有独立法人资格的科研院所、高等院校、企业等;

(二)熟悉国内外相关行业领域发展趋势,具有长期积累和明显的技术与人才优势;

(三)具有良好的项目实施条件和较强的资源统筹协调能力,能充分调动国内外有关人力、物力和财力等资源开展相关工作;

(四)在前期相关的科学仪器设备自主创新方面已取得重要进展和突破,相关工作在国内外具有重要影响。

项目牵头单位的确定,涉及政府采购的,按照政府采购有关规定执行。

第十五条 科技部、财政部根据国家重大科学仪器设备开发的总体部署,并结合中央有关部门(机构)科学仪器设备开发的基础和能力,确定试点项目组织部门及其项目推荐数量。

第十六条 被确定为试点的项目组织部门组织项目申报工作。

项目牵头单位联合优势技术力量,研究提出符合我国科学技术发展的现实需求且具有广泛应用前景的项目,并编制实施方案,经过初步论证后,报项目组织部门。

项目组织部门组织专家对项目及实施方案进行评审论证,按照规定的项目推荐数量择优向科技部推荐项目(含实施方案)。项目组织部门在具备条件时,应当积极采取网络视频评审等方式,促进评审工作的公平、公正、公开。

第十七条 科技部将项目组织部门推荐的项目纳入备选项目库,并结合国家科技创新、经济建设和社会发展的需求,从备选项目库中择优遴选项目,形成年度立项项目初步意见,并通知项目组织部门。

第十八条 项目组织部门根据立项初步意见和预算编制要求,组织项目牵头单位编制项目预算申请书,审核后报科技部。

科技部组织项目预算评审评估,提出项目预算安排建议方案,按照部门预算管理有关规定报财政部。

第十九条 财政部批复项目预算;科技部批复项目立项;科技部根据财政部批复的预算,将项目预算下达至项目牵头单位,并抄送项目组织部门;项目组织部门根据批复组织起草项目任务书(含经费预算),经科技部审核后,与项目牵头单位签订任务书,组织项目实施。

项目实施起始时间以预算下达时间为准。

第四章 经费管理

第二十条 项目经费管理和使用遵循目标明确、突出重点,权责清晰、规范管理,专款专用、追踪问效的原则。

第二十一条 项目经费由直接费用和间接费用组成。

（一）直接费用是指在项目实施过程中发生的与之直接相关的费用。主要包括：设备费、材料费、测试化验加工费、燃料动力费、差旅费、会议费、国际合作与交流费、出版/文献/信息传播/知识产权事务费、劳务费、专家咨询费及其他费用等。

（二）间接费用是指项目牵头单位和合作单位在组织实施项目过程中发生的无法在直接费用中列支的相关费用。主要包括项目牵头单位和合作单位为项目实施提供的现有仪器设备及房屋，日常水、电、气、暖消耗，有关管理费用的补助支出，以及绩效支出等。其中绩效支出是指项目牵头单位和合作单位为提高科研工作的绩效安排的相关支出。

第二十二条 直接费用中的劳务费是指在项目实施过程中支付给项目团队成员中没有工资性收入的人员（如在校研究生）和临时聘用人员等的劳务性费用。劳务费预算应当结合单位实际和相关人员参与项目的全时工作时间，科学合理、实事求是地编制，

差旅费的开支标准应当按照国家有关规定执行；会议费的开支应当按照国家有关规定执行，严格控制会议规模、会议数量、会议开支标准和会期。

专家咨询费的开支标准为：以会议形式组织的咨询，专家咨询费的开支一般参照高级专业技术职称人员500－800元/人天、其他专业技术一般人员300－500元/人天的标准执行。会期超过两天的，第三天及以后的咨询费标准参照高级专业技术职称人员300－400元/人天、其他专业技术人员200－300元/人天执行。以通讯形式组织的专家咨询，专家咨询费的开支一般参照高级专业技术职称人员60－100元/人次、其他专业技术一般人员40－80元/人次的标准执行。

严格控制设备购置，项目经费原则上不列支设备购置费，鼓励共享、租赁专用仪器设备以及对现有仪器设备进行升级改造。确有必要购买的，应当对拟购置设备的必要性、现有同样设备的利用情况以及购置设备的开放共享方案等进行单独说明。

第二十三条 间接费用使用分段超额累退比例法计算并实行总额控制，按照不超过项目经费中直接费用扣除设备购置费后的一定比例核定，具体比例如下：

500万元及以下部分不超过20%；

超过500万元至1 000万元的部分不超过13%；

超过1 000万元的部分不超过10%。

间接费用中绩效支出不超过直接费用扣除设备购置费后的5%。

间接费用按项目统一核定，其中绩效支出，应当在对科研工作进行绩效考核的基础上，结合科研人员实绩，由所在单位根据国家有关规定统筹安排。间接费用由项目牵头单位和项目合作单位根据各自承担的研究任务和经费额度，协商提出分配方案，在项目任务书中明确，并分别纳入各自单位财务统一管理，统筹安排使用。项目牵头单位和合作单位不得在核定的间接费用以外再以任何名义在项目经费中重复提取、列支相关费用。

项目牵头单位和合作单位应当按照国家有关规定强化间接费用的管理，制定具体的管理办法。遵循公开、公平、公正的原则，合理统筹安排绩效支出，提升科研工作绩效水平。

第二十四条 项目预算编制的要求：

（一）根据项目任务的合理需要，坚持目标相关性、政策相符性和经济合理性原则。

（二）预算编制包括收入预算与支出预算。

收入预算包括中央财政资金和其他资金。其他资金包括地方财政资金、单位自筹资金以

及从其他渠道获得的资金。企业为项目牵头单位的项目,企业投入的资金应当不低于项目总预算的50%。

支出预算应当按照项目经费开支范围确定的支出科目和不同经费来源编列,同一支出一般不得同时列支中央财政资金和其他资金。支出预算应当对各项支出的主要用途和测算理由等进行详细说明。

(三)项目下设多个任务的,应当同时编制各任务经费预算。

(四)项目预算由项目牵头单位负责汇总编制。

第二十五条 项目牵头单位和合作单位应当严格按照下达的项目预算执行。项目预算总额一般不予调整,确有必要调整时,应当经项目组织部门审核后报经科技部、财政部批准后执行。

在目标与经费总额不变的情况下,直接费用中材料费、测试化验加工费、燃料动力费、出版/文献/信息传播/知识产权事务费和其他费用如需调整,由项目负责人根据实际情况提出申请,报项目总体组同意后,由项目牵头单位审批,科技部在中期财务检查或财务验收时予以确认。设备费、差旅费、会议费、国际合作与交流费、劳务费、专家咨询费一般不予调增,如需调减可按上述程序调剂用于项目其他方面支出。间接费用不得调整。

第二十六条 项目经费支付管理按照财政国库管理制度有关规定执行。

项目牵头单位应当及时按预算核拨合作单位经费,并加强对外拨经费的监督管理。项目牵头单位和合作单位不得层层转拨、变相转拨经费。

第二十七条 科技部、财政部定期对项目经费管理、使用情况进行监督检查和财务审计,逐步建立专项资金的绩效评价制度。

第二十八条 未完项目的年度结存经费,按规定结转下一年度继续使用。项目因故中止(含未通过综合验收),项目牵头单位财务部门应当及时清理账目与资产,编制财务报告及资产清单,报项目组织部门,由项目组织部门进行清查处理并报科技部备案,结余经费收回原渠道,并按照财政部关于财政拨款结转和结余资金管理的有关规定执行。

第五章 项目实施与监督

第二十九条 项目实施实行法人负责制。项目牵头单位对项目负责,合作单位对所承担的任务负责。

第三十条 项目牵头单位应当组建由本单位主要行政领导任组长,项目组织部门相关人员、合作单位相关管理人员、项目负责人及项目团队主要人员组成的项目总体组,具体负责项目和任务执行的协调工作、研究解决项目执行中出现的新情况、新问题。

第三十一条 项目牵头单位应当组建项目技术专家组和项目用户委员会,对项目的技术开发和成果应用提供咨询。

第三十二条 项目牵头单位和合作单位应当建立严格的质量控制体系,规范从图纸设计、材料选择、部件加工到工艺安装等各环节管理,形成完整齐全的技术文件。技术文件应当达到科学仪器设备成果能够复制、生产的要求。

第三十三条 项目组织部门建立由技术、财务、管理等领域专家和用户代表组成项目监理组,对项目的运行机制、保障条件、实施进度、经费使用、档案管理和成果应用等进行全过程监督,并定期向项目组织部门提交监理活动报告,如发现重大事项,应当及时向项目组织部门报告。项目牵头单位和合作单位应当按要求及时向项目监理组提供有关材料,积极配合项目监理组工作。

科技部根据管理需要,对项目实施情况进行抽查。

第三十四条 实行项目年度执行情况和重大事项报告制度。项目组织部门按年度向科技部报告项目执行情况。

第三十五条 项目在实施过程出现下列重大事项的,应当及时调整或撤销:

(一)技术、市场需求等情况发生重大变化,造成项目原定目标及技术路线需要修改;

(二)承诺的配套条件不能落实,影响项目正常实施;

(三)技术引进、国际合作等发生重大变化导致研究工作无法进行;

(四)项目技术骨干发生重大变化,致使研究工作无法正常进行;

(五)由于其他不可抗拒的因素,致使研究工作不能正常进行;

(六)其他导致不能完成项目有关目标和要求的情况。

第三十六条 涉及科技部立项批复确定的内容调整及项目撤销等重大事项,由项目牵头单位向项目组织部门提出申请,经项目组织部门审核并提出处理意见后报科技部审批。其它重大调整,由项目组织部门按程序审批。

第三十七条 项目组织部门、科技部对相关人员和单位在立项、项目执行、检查、评估和验收等各环节中信用状况进行客观记录,并作为项目管理与决策的重要依据。

第六章 验收和档案管理

第三十八条 项目完成后,项目组织部门组织开展项目初步验收工作。验收材料包括相关技术文件、用户使用报告、财务审计报告等。

鼓励项目组织部门在初步验收工作中增加科学仪器设备成果的质量评价环节。

第三十九条 项目完成6个月内,在项目初步验收基础上,项目牵头单位提出项目综合验收申请,经项目组织部门审核后,报请科技部综合验收。

第四十条 科技部组织专家组开展综合验收工作,综合验收工作包括财务验收和项目验收两个部分。根据项目的完成情况,综合验收结论分为通过验收和不通过验收。

项目目标和任务已按照要求完成,经费使用合理,为通过验收。凡具有下列情况之一的,不通过验收:

(一)项目目标完成不到85%;

(二)所提供的验收文件、资料、数据不真实,存在弄虚作假;

(三)研究过程及结果等存在纠纷尚未解决;

(四)经费使用存在严重问题;

(五)无正当理由且未经批准,超过规定的执行期限半年以上仍未完成项目任务。

第四十一条 在项目综合验收结束后一个月内,科技部将综合验收结果通知项目组织部门。

未通过综合验收的,项目组织部门应当在接到科技部通知的三个月内,组织项目牵头单位和合作单位针对存在的问题做出相应改进,并再次提出综合验收申请。仍未通过综合验收且无正当理由的,项目牵头单位应当依据相关规定和要求总结分析,项目负责人和承担单位三年内不得再承担本专项项目。

第四十二条 项目通过综合验收后,项目牵头单位应当在一个月内及时办理财务结账手续。项目经费如有结余,收回原渠道,并按照财政部关于财政拨款结转和结余资金管理的有关规定执行。

第四十三条 事业单位使用专项资金购置和试制的固定资产属于国有资产,其管理按照国家有关规定执行。企业使用专项资金购置和试制的固定资产,按照《企业财务通则》等相关规章制度执行。

第四十四条 项目组织部门对项目的组织管理情况及其所组织项目的执行情况,将作为科技部、财政部对试点项目组织部门进行动态调整的重要依据。

第四十五条 项目牵头单位应当建立科学、规范的档案管理制度,将项目实施过程中产生的具有保存价值的电子文档、文字资料、声像资料、照片、图表、数据信息等档案及时进行收集、整理和归档,并经项目组织部门及时报送科技部存档。属于保密项目的,严格遵守国家相关保密管理规定。

第四十六条 科技部建立统一的专项信息和成果管理平台,促进项目交流合作与成果共享。在遵守国家相关保密管理规定的前提下,对项目立项、项目成果等信息及时向社会公开,接受公众监督,促进成果共享与应用。

第七章 成果应用和知识产权管理

第四十七条 项目综合验收后,项目组织部门和项目牵头单位应当与应用单位和相关企业密切合作,按照市场化原则,加强成果的应用,提高市场占有率,推动成果转化或技术转移。成果应用推广或技术转移方案应当报科技部备案。

第四十八条 项目综合验收后三年内,项目牵头单位应当经项目组织部门向科技部报送项目成果使用年度报告,包括产业化、市场占有率、用户使用情况以及开放共享情况等。在此基础上,科技部对项目成果应用状况和效益开展综合评估,评估结果将作为后续立项和选择承担单位的依据之一。

第四十九条 项目形成的知识产权的归属、运用、保护和管理等,应当严格按照《科学技术进步法》和国家有关知识产权保护的法律法规及《关于国家科研计划项目研究成果知识产权管理的若干规定》(国办发[2002]30号)等法律法规的规定执行。

项目产生的核心技术、关键部件、工程工艺、应用方法和科学仪器设备整机等重要成果及其知识产权应当首先在境内使用,向境外的组织或者个人转让或者许可境外的组织或者个人独占实施的,应当经项目组织部门审核后报科技部批准。

第五十条 项目牵头单位应当与合作单位事先签署协议明确任务分工及知识产权归属、管理、运用及其利益分配。

第五十一条 项目执行过程中产生的科学仪器设备产品、专著、论文、软件、数据库、专利等,均应当标注“国家重大科学仪器设备开发专项资金资助”字样和项目批准号。

第八章 附 则

第五十二条 科技部、财政部适时选择工作基础好、示范性强的地区纳入专项试点范围。试点地区范围内,项目牵头单位是试点项目组织部门所属单位的,项目由试点项目组织部门推荐;项目牵头单位是地方单位(企业)的,项目由项目牵头单位所在省(直辖市、自治区、计划单列市)科技部门会同财政部门推荐。项目组织管理按照本办法相应规定执行。

第五十三条 本办法由财政部、科技部负责解释。

第五十四条 本办法自印发之日起施行。

财政部 科技部关于调整国家科技计划和公益性行业科研专项经费管理办法若干规定的通知

(财教〔2011〕434号)

国务院各部委、各直属机构,总装备部,新疆生产建设兵团,各省、自治区、直辖市、计划单列市财政厅(局)、科技厅(委、局),有关单位:

2006年,财政部、科技部共同制定了《国家重点基础研究发展计划专项经费管理办法》、《国家科技支撑计划专项经费管理办法》、《国家高技术研究发展计划(863计划)专项经费管理办法》和《公益性行业科研专项经费管理试行办法》(财教〔2006〕159号、160号、163号和219号,以下简称《经费管理办法》)。为进一步改革和加强科研经费管理,针对《经费管理办法》执行过程中存在的需要进一步明确和解决的问题,现就相关国家科技计划课题和公益性行业科研专项项目(以下统一简称课题)经费管理和使用的有关事项通知如下:

一、调整课题经费开支范围

为适应科研活动规律的需要,落实财政科学化、精细化管理要求,建立课题间接成本补偿机制,将课题经费分为直接费用和间接费用。

1.直接费用是指在课题研究开发过程中发生的与之直接相关的费用,主要包括设备费、材料费、测试化验加工费、燃料动力费、差旅费、会议费、国际合作与交流费、出版/文献/信息传播/知识产权事务费、劳务费、专家咨询费和其他支出等。

2.间接费用是指承担课题任务的单位在组织实施课题过程中发生的无法在直接费用中列支的相关费用。主要包括承担课题任务的单位为课题研究提供的现有仪器设备及房屋,水、电、气、暖消耗,有关管理费用的补助支出,以及绩效支出等。其中绩效支出是指承担课题任务的单位为提高科研工作绩效安排的相关支出。

间接费用使用分段超额累退比例法计算并实行总额控制,按照不超过课题经费中直接费用扣除设备购置费后的一定比例核定,具体比例如下:

500万元及以下部分不超过20%;

超过500万元至1 000万元的部分不超过13%;

超过1 000万元的部分不超过10%。

间接费用中绩效支出不超过直接费用扣除设备购置费后的5%。

间接费用按课题统一核定,由课题承担单位和课题合作单位根据各自承担的研究任务和经费额度,协商提出分配方案,在课题预算(书)中明确,并分别纳入各自单位财务统一管理,统筹安排使用。其中绩效支出,应当在对科研工作进行绩效考核的基础上,结合科研人员实绩,由所在单位根据国家有关规定统筹安排。课题承担单位和课题合作单位不得在核定的间接费用以外再以任何名义在课题经费中重复提取、列支相关费用。

二、强化预算编制和评估评审要求

课题申请单位应当在认真学习理解《经费管理办法》的基础上，根据课题研究开发任务的特点和实际需要，按照政策相符性、目标相关性和经济合理性的原则，科学、合理、真实地编制课题经费预算。课题直接费用各项支出不得简单按比例编列。其中，劳务费预算没有比例限制，课题申请单位应当结合单位实际和相关人员参与课题的全时工作时间，科学合理、实事求是地编制，并严格按照《经费管理办法》规定的开支范围使用；专家咨询费预算应当按照《经费管理办法》规定的标准据实编制；设备费预算编制中应当注意严格控制设备购置，鼓励共享、试制、租赁专用仪器设备以及对现有仪器设备进行升级改造，确有必要购买的，单位应当对拟购置设备的必要性、现有同样设备的利用情况以及购置设备的开放共享方案等进行单独说明。

课题经费预算评估评审中，有关中介机构和咨询专家应当科学合理地提出预算审核建议，不得简单化地按比例核减课题直接费用预算。建立健全课题经费预算评估评审的沟通反馈机制。

三、加强资金拨付和结存结余经费的管理

科技部、相关主管部门应当按照部门预算管理的规定，提前组织课题立项等相关工作，并按照部门预算编报的时间要求及时将预算安排建议报送财政部，提高年初预算到位率。财政部及时审核并通过部门预算下达课题经费预算。科技部、相关主管部门应当按照财政国库管理有关规定及时支付资金，财政部正式批复部门预算前可以从 1 月 1 日起按“二上”预算数的 1/4 支付资金。

课题承担单位应当根据课题年度实施的实际需要申请预算，本着勤俭节约的原则合理安排支出，最大限度地减少资金的结存结余，提高课题年度预算的执行效率。

课题结存结余经费的管理按照《经费管理办法》有关规定执行。课题结存经费是指未完成课题年度经费预算减去年度实际支出后的余额，课题在研期间，结存经费应当留由课题承担单位结转下一年度按规定继续使用。课题结余经费是指课题结束或因故终止时，课题经费总预算减去实际总支出后的余额，因故终止课题结余经费还应当包括处理已购物资、材料及仪器、设备的变价收入。课题结余经费应当按原渠道收回科技部或相关主管部门，由科技部或相关主管部门按照财政部关于财政拨款结转和结余资金管理的有关规定执行。

四、简化预算调整程序

1.课题预算总额调整，课题承担单位变更等应当按原程序报财政部批准。

2.相关国家科技计划课题总预算不变，课题合作单位之间以及增加或减少课题合作单位的预算调整，应当按原程序报科技部批准。

3. 课题总预算不变的情况下，直接费用中材料费、测试化验加工费、燃料动力费、出版/文献/信息传播/知识产权事务费、其他支出预算如需调整，课题组和课题负责人根据实施过程中科研活动的实际需要提出申请，由课题承担单位审批，科技部或相关主管部门在中期财务检查或财务验收时予以确认。设备费、差旅费、会议费、国际合作与交流费、劳务费、专家咨询费预算一般不予调增，如需调减可按上述程序调剂用于课题其他方面支出。间接费用不得调整。

五、强化课题承担单位和课题合作单位的职责

1.课题承担单位是课题经费使用和管理的责任主体，应当建立健全经费管理制度，完善内部控制和监督制约机制，严格课题预算调整审批程序，按时提出财务验收申请，配合做好财务审计、财务验收等工作，及时按规定办理财务结账手续，并采取有效措施切实保障科研、财务、行政等管理部门对课题实施的全面支撑,积极推动本单位现有仪器设备等科研条件对课题的开放共享。

课题合作单位应当按照《经费管理办法》的规定,对课题经费和自筹经费分别单独核算,自觉接受有关监督检查。

课题承担单位和课题合作单位应当严格执行国家关于政府采购、招投标、资产管理等的规定。行政事业单位使用课题经费形成的固定资产属于国有资产,一般由单位进行使用和管理,国家有权进行调配。企业使用课题经费形成的固定资产,按照《企业财务通则》等相关规章制度执行。

2.课题承担单位和课题合作单位应当按照国家有关规定强化间接费用的管理,制定具体的管理办法。遵循公开、公平、公正的原则,合理统筹安排绩效支出,提升科研人员工作绩效水平。

3.课题承担单位应当及时按预算核拨课题合作单位经费,并加强对外拨经费的监督管理。课题承担单位和课题合作单位不得层层转拨、变相转拨经费。

六、加强监督检查

1.财政部、科技部、相关主管部门按照《经费管理办法》规定的职责分工对课题经费通过专项审计、中期财务检查、财务验收、绩效评价等多种方式实施监督检查,严肃处理各类违法违规使用经费的行为,切实维护财经法规的严肃性。

2.建立健全信用管理机制。科技部、相关主管部门对课题承担单位和课题合作单位、课题负责人等科研人员、中介机构和咨询专家在经费管理使用、评估评审方面的信誉度进行评价和记录,作为今后参加国家科技计划和公益性行业科研专项科研和评估评审等活动的重要依据。

3.积极推进信息公开。科技部、相关主管部门应当及时对非涉密课题预算安排情况进行公示,接受社会监督;逐步探索建立课题绩效情况公示制度;积极推进对违规使用科研经费的行为进行公开。课题承担单位应当逐步建立课题信息公开制度,在单位内部对课题组人员构成、课题设备购置、预算调整、外拨经费、间接费用使用情况等进行公开。

本通知自发布之日起施行。经费管理的其他有关规定,仍按照《经费管理办法》执行,其中涉及相关国家科技计划的定位、承担单位资质、课题组织等方面与相关国家科技计划管理办法规定不一致的内容,以相关国家科技计划管理办法为准。对于2011年1月1日至通知发布期间批复总预算的课题,在批复预算总额不变的前提下,分科目预算可按本通知第一条规定相应调整。各有关部门和单位要按照本通知和《经费管理办法》的要求,加强专项经费管理,切实提高经费使用效益。执行中若有问题,请及时函告财政部、科技部。财政部、科技部将针对本通知及有关科技经费管理政策实施情况,选择有代表性的单位,进行跟踪、指导和推动政策落实,总结、评估政策实施效果。

财政部 科学技术部

2011年9月14日

关于事业单位提取专用基金比例问题的通知

（财教〔2012〕32 号）

党中央有关部门，国务院各部委、各直属机构，全国人大常委会办公厅，全国政协办公厅，高法院，高检院，有关人民团体，各省、自治区、直辖市、计划单列市财政厅（局），新疆生产建设兵团财务局：

为贯彻落实《事业单位财务规则》（财政部令第 68 号），加强事业单位专用基金管理，现将事业单位职工福利基金和修购基金的提取比例问题通知如下：

一、事业单位职工福利基金的提取比例，在单位年度非财政拨款结余的 40%以内确定。国家另有规定的，从其规定。

二、中央级事业单位职工福利基金的提取比例，由主管部门会同财政部在单位年度非财政拨款结余的 40%以内核定。国家另有规定的，从其规定。

中央级事业单位修购基金的提取比例，由主管部门根据单位收入状况和核算管理的需要，按照事业收入和经营收入的一定比例核定，报财政部备案。事业收入和经营收入较少的事业单位可以不提取修购基金，实行固定资产折旧的事业单位不提取修购基金。国家另有规定的，从其规定。

三、地方事业单位职工福利基金和修购基金的提取比例，由省级财政部门参照本通知的有关规定，结合本地实际确定。

四、本通知自 2012 年 4 月 1 日起施行。

财政部

2012 年 4 月 23 日

关于印发《事业单位及事业单位所办企业国有资产产权登记管理办法》的通知

(财教〔2012〕242 号)

党中央有关部门，国务院各部委、各直属机构，全国人大常委会办公厅，全国政协办公厅，高法院，高检院，有关人民团体，有关中央管理企业，各省、自治区、直辖市、计划单列市财政厅(局)，新疆生产建设兵团财务局：

为了进一步加强和规范事业单位及事业单位所办企业国有资产产权登记管理，根据《企业国有资产产权登记管理办法》(国务院令第 192 号)和《事业单位国有资产管理暂行办法》(财政部令第 36 号)等有关规定，特制定《事业单位及事业单位所办企业国有资产产权登记管理办法》，现予印发，请认真贯彻执行。

附件：事业单位及事业单位所办企业国有资产产权登记管理办法

财政部

2012 年 8 月 5 日

附件:

事业单位及事业单位所办企业国有资产产权登记管理办法

第一章 总 则

第一条 根据《企业国有资产产权登记管理办法》(国务院令第 192 号)和《事业单位国有资产管理暂行办法》(财政部令第 36 号)等有关规定,制定本办法。

第二条 事业单位国有资产产权登记(以下简称事业单位产权登记),是指国家对事业单位占有、使用的国有资产进行登记,依法确认国家对国有资产的所有权和事业单位对国有资产的占有、使用权的行为。

事业单位所办企业国有资产产权登记(以下简称事业单位所办企业产权登记),是指财政部门代表同级政府对占有国有资产的各级各类事业单位所办企业的资产、负债、所有者权益等产权状况进行登记,依法确认产权归属关系的行为。

第三条 占有、使用国有资产的各级各类事业单位及其所办企业,应当依照本办法的规定向其同级财政部门申报、办理国有资产产权登记。

第四条 各级财政部门核发的《中华人民共和国事业单位国有资产产权登记证(正本、副本)》(以下简称《事业单位产权登记证》),是国家对事业单位国有资产享有所有权,单位享有占有、使用权的法律凭证,也是事业单位编制部门预算、办理资产配置、资产使用、资产处置和办理其他资产管理事项的重要依据;各级财政部门核发的《中华人民共和国企业国有资产产权登记证(正本、副本)》(以下简称《企业产权登记证》)是依法确认事业单位所办企业产权归属关系的法律凭证和依法经营国有资本的基本依据。

各类产权登记表是办理各项产权登记事项应当提交的重要材料,各级财政部门根据经审定的产权登记表向事业单位或其所办企业核发、换发、收回《事业单位产权登记证》或《企业产权登记证》。

第五条 《事业单位产权登记证》、《企业产权登记证》和产权登记表由财政部统一设计印制。

第六条 事业单位及其所办企业产权登记按照“统一政策、分级管理”原则由各级财政部门负责组织实施。事业单位产权登记按照财务隶属关系组织实施;事业单位所办企业产权登记按照产权关系组织实施。

第二章 事业单位产权登记

第一节 一般规定

第七条 事业单位产权登记的主要内容包括:

(一)单位名称、地址 、法定代表人及成立日期;

(二)单位(性质)分类、主管部门、财务预算信息、管理级次、编制人数;

(三)单位资产总额、国有资产总额、固定资产总额、主要资产实物量及对外投资、资产出租出借情况；

(四)其他需要登记的事项。

第八条 财政部负责制定事业单位产权登记规章制度，负责组织实施中央级事业单位产权登记工作，指导下级财政部门的事业单位产权登记工作。

地方各级财政部门负责组织实施本级事业单位产权登记工作。

中央垂直管理部门所属事业单位的产权登记工作在主管部门审核的基础上，由财政部负责办理。

第九条 事业单位办理变动、注销产权登记或年度检查，单位改制，资产出租、出借，资产评估项目核准或备案等财政审批手续以及其他法律、法规规定的事项时应当向受理部门、单位出具《事业单位产权登记证》。如未按照规定出具《事业单位产权登记证》，受理部门、单位不予受理。

第二节 登记形式和内容

第十条 事业单位产权登记包括占有产权登记、变动产权登记和注销产权登记。

第十一条 占有产权登记适用于新设立和已经取得法人资格但尚未办理产权登记的事业单位。

第十二条 新设立事业单位应当在审批机关批准设立后六十日内，经主管部门审核同意后，由主管部门向同级财政部门申请办理占有产权登记。申请办理时，单位应当填报《事业单位国有资产产权登记表(占有登记)》，并提交下列文件、证件及有关资料：

(一)办理占有产权登记的申请；

(二)审批机关批准设立的文件；

(三)国有资产总额及来源证明；

(四)设置抵押、质押、留置或提供保证、定金以及资产被司法机关冻结的，应当提供相关文件和凭证；

(五)涉及土地、林地、海域、房屋、车辆等重要资产的，应当提供相关的产权证明材料；

(六)涉及对外投资的，应当提供财政部门、主管部门或事业单位的对外投资批复；

(七)涉及资产评估事项的，应当提交相关部门的核准或备案文件；

(八)财政部门要求提交的其他文件、证件及有关资料。

第十三条 已经取得法人资格但尚未办理产权登记的事业单位，在申请办理占有产权登记时应当填报《事业单位国有资产产权登记表(占有登记)》，除提交第十二条所列材料外，还应当提供以下文件、证件及有关资料：

(一)财政部门批复的上一年度财务报告；

(二)《事业单位法人证书》复印件；

(三)《中华人民共和国组织机构代码证》复印件。

第十四条 变动产权登记适用于事业单位发生分立、合并、部分改制，以及单位名称、单位(性质)分类、人员编制数、主管部门、管理级次、预算级次发生变化，以及国有资产金额一次或累计变动超过国有资产总额20%(含)的行为事项。发生上述变动事项的事业单位应当自财政部门、主管部门等审批机关批准变动之日起六十日内，经主管部门审核同意后，由主管部门向同级财政部门申请办理变动产权登记。申请办理时填报《事业单位国有资产产权登记表(变

动登记)》,并提交下列文件、证件及有关资料:

(一)办理变动产权登记的申请;

(二)单位决议或会议纪要,主管部门、财政部门等审批机关批准变动的批复文件;

(三)《事业单位产权登记证》副本;

(四)《事业单位法人证书》复印件;

(五)财政部门批复的上一年度财务报告;

(六)设置抵押、质押、留置或提供保证、定金以及资产被司法机关冻结的,应当提供相关文件和凭证;

(七)涉及资产评估事项的,应当提交相关部门的核准或备案文件;

(八)涉及土地、林地、海域、房屋、车辆等重要资产的,应当提供相关的产权证明材料;

(九)涉及资产处置的,应当提交财政部门、主管部门或事业单位的资产处置批复文件;

(十)涉及对外投资情况发生变动的,应当提供相关材料;

(十一)财政部门要求提交的其他文件、证件及有关资料。

第十五条 注销产权登记适用于因分立、合并、依法撤销或改制等原因被整体清算、注销和划转的事业单位。此类单位应当自财政部门、主管部门等审批机关批准上述行为之日起六十日内,经主管部门审核同意后,由主管部门向同级财政部门申请办理注销产权登记。申请办理时填报《事业单位国有资产产权登记表(注销登记)》,并提交下列文件、证件及有关资料:

(一)办理注销产权登记的申请;

(二)单位决议或会议纪要,主管部门、财政部门等审批机关批准注销的批复,以及同级政府机构编制管理机关注销备案公告;

(三)单位的清算报告;

(四)单位的资产清查报告,资产评估报告及相关部门的资产评估项目核准或备案文件;

(五)事业单位属于有偿转让或整体改制的,应当提交有偿转让的合同协议或经相关部门批复的转制方案;

(六)财政部门批复的上一年度财务报告;

(七)设置抵押、质押、留置或提供保证、定金以及资产被司法机关冻结的,应当提供相关文件和凭证;

(八)《事业单位产权登记证》正本、副本;

(九)财政部门、主管部门的资产处置批复文件;

(十)财政部门要求提交的其他文件、证件及有关资料。

第三节 登记程序

第十六条 申请办理产权登记的程序如下:

(一)事业单位按照规定填写相应的产权登记表,提交有关文件、证件及资料;

(二)报主管部门审核并出具意见;

(三)由主管部门报同级财政部门办理审定手续;

(四)财政部门依据审定合格的设立、变动、注销情况予以核发、换发或收回《事业单位产权登记证》,依据年度检查情况签署产权登记检查意见。

第十七条 事业单位占有、使用国有资产的状况以按照规定最近一次办理产权登记或年度检查时财政部门审定的数额为准。

第十八条 事业单位有下列行为之一的，财政部门应当要求其更正，拒不更正的，财政部门不予办理产权登记。

(一)填报的产权登记表内容或提交的文件、证件及有关资料违反法律、法规的规定或不符合本办法要求的；

(二)以实物或无形资产出资，未按照国家有关规定进行资产评估或依法折股，或者未按照规定办理资产评估项目核准或备案的；

(三)事业单位对外投资、出租出借、产权变动行为违反法律、法规和国家有关政策规定；

(四)其他违反法律法规情形的。

第十九条 未及时办理产权登记的事业单位在补办产权登记时，应当书面说明原因。

事业单位国有资产若设置抵押、质押、留置或提供保证、定金以及资产被司法机关冻结的，应当在申请办理产权登记时如实向财政部门、主管部门报告。

第二十条 未办理占有产权登记的事业单位依法被注销时，应当先补办占有产权登记，再按照本办法的规定申请办理注销产权登记。

第二十一条 产权归属关系不清楚、发生产权纠纷或资产被司法机关冻结的，应当暂缓办理产权登记，并在产权界定清楚、产权纠纷处理完毕或资产被司法机关解冻后，及时办理产权登记。

第二十二条 财政部门核准事业单位注销产权登记后，应当及时收回被注销事业单位的《事业单位产权登记证》正本、副本。

第四节 年度检查

第二十三条 事业单位产权登记实行年度检查制度。各级财政部门应当依据资产管理信息系统数据、单位财务数据和年度资产产权变动的资料、法定批复文件等，对事业单位国有资产产权登记实行年度检查。

第二十四条 事业单位应当于年度财务报告批复后一个月内，经主管部门审核同意后，由主管部门向同级财政部门申请办理产权登记年度检查。主要内容包括：

(一)按规定办理产权登记情况；

(二)单位国有资产存量的占有、使用情况；

(三)用于从事对外投资、出租出借的国有资产保值增值及收益使用情况；

(四)单位资产价值量、主要资产实物量及权属的增减变化情况；

(五)单位资产处置情况；

(六)财政部门规定的其他情况。

第二十五条 事业单位应当清查核实年末国有资产情况，准确申报国有资产数据，如实填报《事业单位国有资产产权登记表(年度检查)》，并提交《事业单位产权登记证》副本、财政部门批复的单位上一年度财务报告、国有资产增减变动审批文件及其他有关材料。

第二十六条 主管部门应当于本部门所属事业单位年度财务报告批复后四个月内，编制并向同级财政部门报送本部门事业单位产权登记和产权变动情况分析报告。

财政部门应当于向本级各部门批复决算后六个月内，编制并向同级政府和上级财政部门报送事业单位产权登记和产权变动情况分析报告。

第二十七条 事业单位应当按照财政部门的规定及时办理产权登记年度检查。财政部门在年度检查中发现未及时办理产权登记的，应当督促其按照本办法的规定补办产权登记。未补办产权登记的，其年度检查不予通过。

不按照规定办理年度检查或年度检查未通过的，应当限期办理或改正，逾期仍未办理或改正的，暂停办理其相关资产管理审批事项。

第三章 事业单位所办企业产权登记

第一节 一般规定

第二十八条 事业单位所办的国有独资企业、国有独资公司、国有控股公司和国有参股公司以及其他占有、使用国有资产的企业，应当依照本办法的规定办理事业单位所办企业产权登记。

第二十九条 各级财政部门是本级事业单位所办企业产权登记的主管部门，依法履行下列职责：

(一)依法确认企业产权归属，理顺企业产权关系；

(二)掌握企业国有资产占有、使用状况；

(三)监管企业的国有产权变动；

(四)检查企业国有资产经营状况；

(五)监督国有企业、国有独资公司、国有控股公司的出资行为；

(六)在汇总、分析基础上，编制并向同级政府和上级财政部门报送产权登记和产权变动状况的分析报告。

第三十条 财政部负责制定事业单位所办企业产权登记的规章制度，负责组织实施中央级事业单位所办企业产权登记工作，指导下级财政部门开展事业单位所办企业产权登记工作。

地方各级财政部门负责组织实施本级事业单位所办企业的产权登记工作。

中央垂直管理部门所属事业单位所办企业的产权登记工作在主管部门审核的基础上，由财政部负责办理。

第三十一条 由两个(含两个)以上国有资本出资人共同投资设立的企业，按照国有资本出资额最大的出资人产权归属关系确定企业产权登记管辖的部门。

国有资本出资额最大的出资人存在多个的，按照企业自行推举的出资人的产权归属关系确定企业产权登记的管辖部门，其余出资人出具产权登记委托书。

第三十二条 事业单位所办企业在进行资产重组、产权转让、改制上市、国有股权评估以及办理其他法律、法规规定的事项时应当出具《企业产权登记证》。

第二节 登记形式和内容

第三十三条 事业单位所办企业产权登记包括占有产权登记、变动产权登记和注销产权登记。

第三十四条 占有产权登记适用于申请取得法人资格的新设立企业和已取得法人资格但尚未办理产权登记的企业。

第三十五条 新设立企业应当于申请办理工商注册登记前六十日内，经主管部门审核同意后，由主管部门向同级财政部门申请办理占有产权登记，填报《企业国有资产产权登记表(占有登记)》，并提交下列文件、证件及有关资料：

(一)办理占有产权登记的申请；

(二)出资人母公司或上级单位批准设立的文件、投资协议书；事业单位直接投资设立企业的，应当提交《事业单位产权登记证》副本复印件及财政部门、主管部门或事业单位批准的对外投资批复文件；

(三)本企业章程；

(四)由企业出资的，应当提交各出资人的企业章程、《企业法人营业执照》复印件、经审计的企业上一年度财务报告，其中国有资本出资人还应当提交有关部门办理的《企业产权登记证》复印件；由事业单位出资的，应当提交《事业单位法人证书》和《事业单位产权登记证》副本的复印件；由自然人出资的，应当提交自然人有效的身份证件复印件；

(五)法定机构出具的验资报告，其中以货币投资的，还应当附银行进账单；以实物、无形资产投资的，还应当提交资产评估项目核准或备案文件；

(六)本企业的《企业名称预先核准通知书》；

(七)财政部门要求提交的其他文件、证件及有关资料。

第三十六条 已经取得法人资格但尚未办理占有产权登记的企业，应当填报《企业国有资产产权登记表(占有登记)》，并提交第三十五条第(一)款至第(五)款规定的材料，以及下列文件、证件及有关资料：

(一)本企业经审计的企业上一年度财务报告；

(二)本企业的《企业法人营业执照》复印件；

(三)设置抵押、质押、留置或提供保证、定金以及资产被司法机关冻结的，应当提交相关文件和凭证；

(四)财政部门要求提交的其他文件、证件及有关资料。

第三十七条 变动产权登记适用于企业发生企业名称、企业级次、企业组织形式改变，企业分立、合并或者经营形式改变，企业国有资本额、比例增减变动以及企业国有资本出资人变动的行为事项。发生上述变动事项的企业应当于审批机关核准变动登记后，或自企业股东大会、董事会做出决定之日起三十日内，经事业单位及主管部门审核同意后，由主管部门向同级财政部门申请办理变动产权登记，填报《企业国有资产产权登记表(变动登记)》，并提交下列文件、证件及有关资料：

(一)办理变动产权登记的申请；

(二)出资人母公司或上级单位的批准文件、企业股东大会或董事会做出的书面决定，事业单位追加投资的，应当提交《事业单位产权登记证》副本复印件及财政部门、主管部门或事业单位批准的对外投资批复文件；

(三)修改后的本企业章程；

(四)由企业出资的，应当提交各出资人的企业章程、《企业法人营业执照》复印件、经审计的企业上一年度财务报告，其中，国有资本出资人应还当提交有关部门办理的《企业产权登记证》复印件；由事业单位出资的，应当提交《事业单位法人证书》和《事业单位产权登记证》副本的复印件；由自然人出资的，应当提交自然人有效的身份证件复印件；

(五)本企业的《企业法人营业执照》复印件，经审计的企业上一年度财务报告；

（六）本企业的《企业产权登记证》副本；

（七）设置抵押、质押、留置或提供保证、定金以及资产被司法机关冻结的，应当提交相关文件和凭证；

（八）法定机构出具的验资报告，其中以货币投资的应当附银行进账单；以实物、无形资产投资的应当提交资产评估项目核准或备案文件；

（九）企业合并、分立、转让或减少注册资本的，应当提交企业债务处置或承继情况说明及相关文件；

（十）财政部门要求提交的其他文件、证件及有关资料。

第三十八条 注销产权登记适用于发生解散、依法撤销，转让全部国有产权（股权）或改制后不再设置国有股权的企业。此类企业应当自政府有关部门决定或财政部门、主管部门、事业单位或母公司批准之日起三十日内，经事业单位及主管部门审核同意后，由主管部门向同级财政部门申请办理注销产权登记；企业依法宣告破产的，应当自法院裁定之日起六十日内由企业破产清算机构向同级财政部门申请办理注销产权登记。填报《企业国有资产产权登记表（注销登记）》，并提交下列文件、证件及有关资料：

（一）办理注销产权登记的申请；

（二）出资人母公司获上级单位批准的文件，企业股东大会或董事会做出的书面决定，政府有关部门或财政部门、主管部门、事业单位的批复文件，工商行政管理机关责令关闭的文件或法院宣告企业破产的裁定书；

（三）经审计的企业上一年度财务报告；

（四）本企业的财产清查、清算报告、资产评估报告及相关部门的资产评估项目核准或备案文件；

（五）属于有偿转让或整体改制的，应当提交有偿转让或整体改制的协议或方案，以及受让企业的《企业法人营业执照》复印件、企业章程、经审计的年度财务报告和设置抵押、质押、留置或提供保证、定金以及资产被司法机关冻结等情况的相关证明文件；

（六）本企业的《企业产权登记证》正本、副本和《企业法人营业执照》复印件；

（七）设置抵押、质押、留置或提供保证、定金以及资产被司法机关冻结的，应当提交相关文件和凭证；

（八）企业债务处置或承继情况说明及有关文件；

（九）企业的资产处置情况说明及相关批复文件；

（十）企业改制、破产或撤销的职工安置情况；

（十一）财政部门要求提交的其他文件、证件及有关资料。

第三节 登记程序

第三十九条 事业单位所办企业申请办理产权登记，应当按照规定填写相应的产权登记表，并提交文件、证件及有关资料。

第四十条 事业单位直接出资的企业（一级企业）申请办理产权登记应当经事业单位及其主管部门出具审核意见，二级及二级以下企业申请办理产权登记应当经其上级企业、事业单位和主管部门出具审核意见。企业未按上述规定取得审核意见的，财政部门不予受理产权登记申请。

第四十一条 财政部门对审定合格的企业，办理产权登记事项，并依据审定的设立、变动、注销情况予以核发、换发或收回《企业产权登记证》，依据年度检查情况签署产权登记年度检查意见。

第四十二条 事业单位所办企业占有、使用国有资产状况以按照规定最近一次办理产权登记时财政部门审定的数额为准。

第四十三条 事业单位所办企业有下列行为之一的，财政部门应当要求其更正，拒不更正的，财政部门不予办理产权登记：

(一)填报产权登记表的内容或提交的文件、证件及有关资料违反法律、法规或不符合本办法要求的；

(二)以实物或无形资产出资，未按照国家有关规定进行资产评估或依法折股的，或者未按照规定办理资产评估项目核准或备案的；

(三)事业单位所办企业的对外投资、产权变动行为违反法律、法规和国家有关政策规定，使国有资产权益受到侵害的；

(四)其他违反法律法规情形的。

第四十四条 未及时办理产权登记的企业在补办产权登记时，应当书面说明原因和具体情况。

以事业单位所办企业的资产设置抵押、质押、留置或提供保证、定金以及资产被司法机关冻结的，应当在申请办理产权登记时如实向财政部门、主管部门、事业单位报告。

事业单位所办企业中，已设置抵押、质押、留置或提供保证、定金的资产用于投资或产权转让的，应当符合《中华人民共和国担保法》等有关法律、法规的规定，否则不予登记。

第四十五条 未办理占有产权登记的事业单位所办企业依法被注销时，应当先补办占有产权登记，再按照本办法的规定申请办理注销产权登记。

未办理占有产权登记的企业，补办占有产权登记时，应当提交企业设立和自企业设立至补办占有产权登记时发生的历次产权变动的文件、证件及有关资料。

第四十六条 产权归属关系不清楚、发生产权纠纷或资产被司法机关冻结的，应当暂缓办理产权登记，并在产权界定清楚、产权纠纷处理完毕或资产被司法机关解冻后，及时办理产权登记。

第四十七条 新设立的事业单位所办企业依据财政部门审定的产权登记表向工商行政管理部门申办企业法人登记后三十日内到财政部门领取《企业产权登记证》正本、副本，同时提交《企业法人营业执照》副本复印件。

财政部门核准事业单位所办企业注销产权登记后，应当及时收回被注销的《企业产权登记证》正本、副本。

第四节 年度检查

第四十八条 事业单位所办企业产权登记实行年度检查制度。各级财政部门应当在已办理相关产权登记的基础上，对事业单位所办企业产权登记实行年度检查。

第四十九条 事业单位所办企业应当于每个公历年度终了后四个月内，在办理工商年检登记之前，向同级财政部门申请办理产权登记年度检查。主要内容包括：

(一)出资人的资金实际到位情况；

（二）企业经营收益和国有出资人收益情况；

（三）企业对外投资收益情况；

（四）财政部门规定的其他情况。

第五十条 事业单位所办企业办理年度检查应当填报《企业国有资产产权登记表（年度检查）》，并提交下列文件、证件及有关资料：

（一）申办产权登记年度检查的申请；

（二）经审计的企业上一年度财务报告；

（三）企业的《企业产权登记证》副本和《企业法人营业执照》复印件；

（四）企业国有资产经营年度报告书；

（五）财政部门要求提交的其他文件、证件及有关资料。

第五十一条 企业国有资产经营年度报告书是反映企业在检查年度内国有资产经营状况和产权变动情况的书面文件。主要报告以下内容：

（一）企业国有资产保值增值情况；

（二）企业国有资本金实际到位和增减变动情况；

（三）企业及其所属各级子公司等发生产权变动，是否及时办理相应产权登记手续的情况；

（四）企业对外投资及投资收益情况；

（五）企业及其子公司提供保证、定金或设置抵押、质押、留置以及资产被司法机关冻结等产权或有变动情况；

（六）企业及其所属各级子公司等涉及国有产权分立、合并、改制上市等重大情况；

（七）其他需要说明的问题。

第五十二条 主管部门应当于每个公历年度终了后五个月内，编制并向同级财政部门报送事业单位所办企业产权登记和产权变动情况分析报告。

财政部门应当于每个公历年度终了后六个月内，编制并向同级政府和上级财政部门报送事业单位所办企业产权登记和产权变动情况分析报告。

第五十三条 事业单位所办企业应当按照财政部门的规定及时办理年度检查。财政部门在年度检查中发现未及时办理产权登记的，应当督促其按照本办法的规定补办产权登记。未补办产权登记的，其年度检查不予通过。

不按照规定办理年度检查或年度检查未通过的，应当限期办理或改正，逾期仍未办理或改正的，暂停办理其涉及资产管理的财政审批事项。

第五十四条 产权登记年度检查情况不作为确定企业国有产权归属的法律依据。企业不得以年度检查代替产权登记。

第四章 产权登记档案管理

第五十五条 财政部门、主管部门、事业单位及其所办企业应当妥善保管《事业单位产权登记证》、《企业产权登记证》和各类产权登记表，建立产权登记档案。

产权登记实行信息化管理。产权登记管理信息系统是产权登记档案管理的重要手段，是行政事业资产管理信息系统的重要组成部分。财政部门、主管部门、事业单位及其所办企业应当根据占有、变动、注销产权登记和年度检查情况及时更新产权登记管理信息系统，对产权登记实行动态管理。

第五十六条 《事业单位产权登记证》和《企业产权登记证》是产权登记的法律文件。事业单位及其所办企业应当妥善保管。任何单位和个人不得伪造、涂改、出租、出借，如有遗失或者毁坏的，要及时在主要媒体公告或出具经主管部门、事业单位认定的书面说明后，按照规定向同级财政部门申请补领。

第五十七条 事业单位及其所办企业申请办理产权登记时，应当将所提交的文件、证件及有关资料整理成卷，附加目录清单。未按要求提交规范文件、证件及有关资料的，财政部门不予受理。

第五十八条 因事业单位及其所办企业产权归属关系改变导致管理级次发生变更的，由原同级财政部门将该事业单位及其所办企业产权登记档案材料移交新的同级财政部门。

第五章 监督检查与法律责任

第五十九条 各级财政部门、主管部门应当加强对事业单位及其所办企业产权登记情况的监督检查。对不按照本办法申请办理产权登记和产权登记年度检查的，依照国家有关法律规定追究责任。

第六十条 各级财政部门、主管部门的工作人员在办理产权登记中玩忽职守、徇私舞弊、滥用职权、谋取私利，构成犯罪的，依法追究刑事责任；未构成犯罪的，依法给予行政处分。

第六十一条 事业单位及其所办企业发生国有产权变动而不及时办理产权登记手续或在办理产权登记事项时提供虚假信息等，导致《事业单位产权登记证》或《企业产权登记证》登录的信息与实际情况不符的，事业单位或企业应当承担相应的法律责任。

第六十二条 社会中介机构为企业出具虚假审计、验资报告或有关证明文件的，依照《中华人民共和国注册会计师法》等国家有关法律规定追究责任。

第六章 附 则

第六十三条 社会团体和民办非企业单位及其所办企业中占有、使用国有资产的，参照本办法执行。

参照公务员制度管理，并且执行事业单位财务、会计制度的事业单位和社会团体的产权登记，按照本办法执行。参照公务员制度管理，并且执行行政单位财务、会计制度的事业单位和社会团体的产权登记，按照国家关于行政单位国有资产管理的有关规定办理。

第六十四条 实行企业化管理并执行企业财务、会计制度的事业单位，按照本办法中事业单位所办企业产权登记管理的有关规定办理产权登记事项。执行事业单位财务、会计制度的企业所属事业单位产权登记，按照本办法中事业单位产权登记的有关规定办理。

第六十五条 境外事业单位及其所办企业产权登记办法，由财政部会同有关部门另行制定。

第六十六条 中国人民解放军、武装警察部队以及经国家批准的某些特定行业的事业单位及其所办企业占有、使用国有资产的产权登记管理办法，由解放军总后勤部、武装警察部队和有关主管部门会同财政部另行制定。

第六十七条 对涉及国家安全的事业单位及其所办企业产权登记工作，要按照国家有关保密制度规定，做好保密工作。

第六十八条 财政部门根据具体情况，可以委托有关部门或单位办理事业单位及其所办企业产权登记的部分事项，具体事项由财政部门与有关部门或单位商定。

第六十九条 各省(自治区、直辖市、计划单列市)财政部门可根据本办法，制定本地区事业单位及其所办企业产权登记实施细则，并报财政部备案。

第七十条 本办法由财政部负责解释。

第七十一条 本办法自2012年9月5日起施行。

附：1.中华人民共和国事业单位国有资产产权登记证(正本)(样本)
2.中华人民共和国事业单位国有资产产权登记证(副本)(样本)
3.事业单位国有资产产权登记表(占有登记)
4.事业单位国有资产产权登记表(变动登记)
5.事业单位国有资产产权登记表(注销登记)
6.事业单位国有资产产权登记表(年度检查)
7.事业单位国有资产产权登记表(证)填报说明
8.中华人民共和国企业国有资产产权登记证(正本)(样本)
9.中华人民共和国企业国有资产产权登记证(副本)(样本)
10.企业国有资产产权登记表(占有登记)
11.企业国有资产产权登记表(变动登记)
12.企业国有资产产权登记表(注销登记)
13.企业国有资产产权登记表(年度检查)
14.企业国有资产产权登记表(证)填报说明
(以上附件略)

关于印发《科学事业单位财务制度》的通知

(财教〔2012〕502号)

党中央有关部门、国务院各部委、各直属机构、各省(自治区、直辖市、计划单列市)财政厅(局)、科技厅(科委),新疆生产建设兵团财务局、科技局:

为进一步规范科学事业单位的财务行为,加强财务管理和监督,提高资金使用效益,促进科技事业健康发展,根据《事业单位财务规则》(财政部令第68号)和国家有关法律制度,财政部和科技部对《科学事业单位财务制度》进行了修订。现予印发,请遵照执行。

附件:科学事业单位财务制度

财政部　科技部

2012年12月28日

附件:

科学事业单位财务制度

第一章　总　则

第一条　为了进一步规范科学事业单位的财务行为,加强财务管理和监督,提高资金使用效益,促进科技事业健康发展,根据《事业单位财务规则》和国家有关法律制度,结合科学事业单位特点,制定本制度。

第二条　本制度适用于各级各类科学事业单位的财务活动。

第三条　科学事业单位财务管理的基本原则是:执行国家有关法律、法规和财务规章制度;坚持勤俭办事业的方针;正确处理事业发展需要与资金供给的关系,社会效益与经济效益的关系,国家、单位和个人三者利益的关系。

第四条　科学事业单位财务管理的主要任务是:合理编制单位预算,严格预算执行,完整、准确编制单位决算,真实反映单位财务状况;依法组织收入,努力节约支出,规范科研项目资金管理;建立健全财务制度,加强经济核算,实施绩效评价,提高资金使用效益;加强资产管理,合理配置和有效利用资产,防止资产流失;加强对单位经济活动的财务控制和监督,防范财务风险。

第五条　科学事业单位的财务活动在单位负责人的领导下,由单位财务部门统一管理。

第二章　单位预算管理

第六条　科学事业单位预算是指单位根据事业发展目标和计划编制的年度财务收支计划。

第七条　国家对科学事业单位实行核定收支、定额或者定项补助、超支不补、结转和结余按规定使用的预算管理办法。

定额或者定项补助根据国家有关政策和财力可能,科技事业发展目标和计划、科学事业单位特点、财务收支及资产状况等确定。定额或者定项补助可以为零。

第八条　非财政补助收入大于支出较多的科学事业单位,可以实行收入上缴办法。具体办法由财政部门会同财务主管部门制定。

第九条　科学事业单位预算由收入预算和支出预算组成。

收入预算包括财政补助收入、事业收入、上级补助收入、附属单位上缴收入、经营收入和其他收入的预算。支出预算包括事业支出、上缴上级支出、对附属单位补助支出、经营支出和其他支出的预算。

第十条　科学事业单位应当在单位负责人主持下,由财务部门会同其他有关业务部门,参考以前年度预算执行情况,根据预算年度收入增减因素和措施,以及以前年度结转和结余情况,测算编制收入预算;根据事业发展需要与财力可能,测算编制支出预算。

科学事业单位预算编制应当坚持以收定支、收支平衡、统筹兼顾、保证重点的原则,不得编制赤字预算。

第十一条 科学事业单位应当根据事业发展目标和计划以及预算编制的规定，提出预算建议数，经财务主管部门审核汇总报财政部门(一级预算单位直接报财政部门，下同)。单位根据财政部门下达的预算控制数编制单位预算，由财务主管部门审核汇总报财政部门，经法定程序审核批复后执行。

第十二条 科学事业单位应当严格执行批复的预算。预算执行中，国家对财政补助收入和财政专户管理资金的预算一般不予调整。当上级下达的事业发展计划有较大调整，或者根据国家有关政策增加或者减少支出，对预算执行影响较大时，单位应当报财务主管部门审核后报财政部门调整预算；财政补助收入和财政专户管理资金以外部分的预算需要调增或者调减的，由单位自行调整并报财务主管部门和财政部门备案。

单位收入预算调整后，相应调增或者调减支出预算。

第十三条 科学事业单位应当将批复的预算及时分解、落实，明确单位内部预算执行责任，加强预算执行管理，提高预算执行效率。

第十四条 科学事业单位决算是指单位根据预算执行结果编制的年度财务报告。

第十五条 科学事业单位应当按照规定编制年度决算，由财务主管部门审核汇总报财政部门审批。

第十六条 科学事业单位应当加强决算审核和分析，保证决算数据的真实、准确，规范决算管理工作。

第十七条 科学事业单位是单位承担的科研项目预算管理的责任主体，应当建立健全科研项目预算管理制度。

第十八条 科研项目预算应当由科研项目负责人协助单位财务部门，按照政策相符性、目标相关性和经济合理性的原则，根据研究开发任务的实际需要科学、合理、真实地编制。科研项目预算应当按照有关规定公开。

科研项目预算执行过程中需要调增或者调减的，应当按照有关规定办理。

第三章 收入管理

第十九条 收入是指科学事业单位为开展业务及其他活动依法取得的非偿还性资金。包括：

(一)财政补助收入，即科学事业单位从同级财政部门取得的各类财政拨款。

(二)事业收入，即科学事业单位开展专业业务活动及其辅助活动取得的收入。其中：按照国家有关规定应当上缴国库或者财政专户的资金，不计入事业收入；从财政专户核拨给科学事业单位的资金和经核准不上缴国库或者财政专户的资金，计入事业收入。

(三)上级补助收入，即科学事业单位从财务主管部门和上级单位取得的非财政补助收入。

(四)附属单位上缴收入，即科学事业单位附属独立核算的单位按照有关规定上缴的收入。

(五)经营收入，即科学事业单位在专业业务活动及其辅助活动之外开展非独立核算的经营活动取得的收入。

(六)其他收入，即本条上述规定范围以外的各项收入，包括投资收益、利息收入、捐赠收入等。

第二十条 科学事业单位的事业收入包括:

(一)科研收入,即科学事业单位承担科研项目取得的收入。

(二)技术收入,即科学事业单位对外提供技术咨询、技术服务等取得的收入。

(三)学术活动收入,即科学事业单位开展学术交流、学术期刊出版等活动取得的收入。

(四)科普活动收入,即科学事业单位开展科学知识宣传、讲座和科技展览等活动取得的收入。

(五)试制产品收入,即科学事业单位从事中间试验产品的试制取得的收入。

(六)教学活动收入,即科学事业单位开展教学及其辅助活动取得的收入。

以上各项收入不包括按照部门预算隶属关系从同级财政部门取得的财政拨款。

第二十一条 科学事业单位收入管理的要求主要包括:

(一)单位组织收入应当遵守国家政策规定,各项收入的来源应当合法。

(二)单位应当将各项收入全部纳入单位预算,统一核算,统一管理。

(三)单位应当执行国家规定的收费范围和标准。调整收费范围和标准,应当按照规定程序报经有关部门批准。

(四)单位应当按照规定使用财政、税务等部门统一印制的票据。

第二十二条 科学事业单位对按照规定上缴国库或者财政专户的资金,应当按照国库集中收缴的有关规定及时足额上缴,不得隐瞒、滞留、截留、挪用和坐支。

科学事业单位严禁设立小金库,严禁账外设账,严禁公款私存。

第四章 支出管理

第二十三条 支出是指科学事业单位开展业务及其他活动发生的资金耗费和损失。包括:

(一)事业支出,即科学事业单位开展专业业务活动及其辅助活动发生的基本支出和项目支出。

基本支出是指科学事业单位为了保障其正常运转、完成日常工作任务而发生的人员支出和公用支出。项目支出是指科学事业单位为了完成特定工作任务和事业发展目标,在基本支出之外所发生的支出。

(二)上缴上级支出,即科学事业单位按照财政部门和财务主管部门的规定上缴上级单位的支出。

(三)对附属单位补助支出,即科学事业单位用财政补助收入之外的收入对附属单位补助发生的支出。

(四)经营支出,即科学事业单位在专业业务活动及其辅助活动之外开展非独立核算经营活动发生的支出。

(五)其他支出,即本条上述规定范围以外的各项支出,包括利息支出、捐赠支出等。

第二十四条 科学事业单位应当将各项支出全部纳入单位预算,建立健全支出管理制度。

第二十五条 科学事业单位在开展非独立核算经营活动中,应当正确归集实际发生的各项费用;不能归集的,应当按照规定的比例合理分摊。

经营支出应当与经营收入配比。

第二十六条 科学事业单位应当严格执行国家有关财务规章制度规定的开支范围及开支标准;国家有关财务规章制度没有统一规定的,由单位规定,报财务主管部门和财政部门备案。单位的规定违反法律制度和国家政策的,财务主管部门和财政部门应当责令改正。

第二十七条 科学事业单位从财政部门、财务主管部门和其他相关部门取得的有指定项目和用途的专项资金,应当专款专用、单独核算,并按照规定向财政部门、财务主管部门和其他相关部门报送专项资金使用情况;项目完成后,应当报送专项资金支出决算和使用效果的书面报告,接受财政部门、财务主管部门和其他相关部门的检查、验收。

对于不同来源的科研项目资金,应当按照国家有关规定或者合同要求进行管理,不得截留、挤占、挪用和违反规定转拨资金,不得虚列支出,不得以任何形式谋取私利。

第二十八条 科学事业单位应当严格执行国库集中支付制度和政府采购制度等有关规定。

第二十九条 科学事业单位应当加强支出的绩效管理,提高资金使用的有效性。

第三十条 科学事业单位应当依法加强各类票据管理,确保票据来源合法、内容真实、使用正确,不得使用虚假票据。

第五章 结转和结余管理

第三十一条 结转和结余是指科学事业单位年度收入与支出相抵后的余额。

结转资金是指当年预算已执行但未完成,或者因故未执行,下一年度需要按照原用途继续使用的资金。结余资金是指当年预算工作目标已完成,或者因故终止,当年剩余的资金。

第三十二条 财政拨款结转和结余的管理,应当按照同级财政部门的规定执行。

第三十三条 非财政拨款结转按照规定结转下一年度继续使用。非财政拨款结余可以按照国家有关规定提取职工福利基金,剩余部分作为事业基金,用于弥补单位以后年度收支差额;国家另有规定的,从其规定。

经营收支结转和结余应当单独反映。经营收支结余先按照国家有关规定弥补以前年度经营收支发生的亏损,提取科技成果转化基金,其余部分并入单位的结余中进行分配。

第三十四条 科学事业单位应当加强事业基金的管理,遵循收支平衡的原则,统筹安排、合理使用,支出不得超出基金规模。

第三十五条 科研项目完成或者因故终止时,应当及时进行验收或者结算,并办理财务结账手续。

科研项目资金的结转和结余管理,按照国家有关规定或者合同的要求执行。

第六章 专用基金管理

第三十六条 专用基金是指科学事业单位按照规定提取或者设置的有专门用途的资金。

第三十七条 专用基金包括:

(一)职工福利基金,即按照非财政拨款结余的一定比例提取以及按照其他规定提取转入,用于单位职工的集体福利设施、集体福利待遇等的资金。

(二)科技成果转化基金,即单位从事业收入中提取,在事业支出的相关科目中列支,以及在经营收支结余中提取转入,用于科技成果转化的资金。事业收入和经营收支结余较少的单位可以不提取科技成果转化基金。

(三)其他基金,即按照其他有关规定提取或者设置的专用资金。

第三十八条 各项基金的提取比例和管理办法,国家有统一规定的,按照统一规定执行;没有统一规定的,由财务主管部门会同同级财政部门确定。

第三十九条 专用基金管理应当遵循先提后用、收支平衡、专款专用的原则,支出不得超出基金规模。

第七章 资产管理

第四十条 资产是指科学事业单位占有或者使用的能以货币计量的经济资源,包括各种财产、债权和其他权利。

第四十一条 科学事业单位的资产包括流动资产、固定资产、在建工程、无形资产和对外投资等。

第四十二条 科学事业单位应当建立健全单位资产管理制度,加强和规范资产配置、使用和处置管理,维护资产安全完整,保障事业健康发展。

第四十三条 科学事业单位应当按照科学规范、从严控制、保障事业发展需要的原则合理配置资产。

第四十四条 流动资产是指可以在一年以内变现或者耗用的资产,包括现金、各种存款、零余额账户用款额度、应收及预付款项、存货等。

前款所称存货是指科学事业单位在开展业务活动及其他活动中为耗用而储存的资产,包括各类材料、燃料、包装物和低值易耗品等。

单位应当加强流动资产的管理,建立健全现金及各种存款的内部管理制度;对应收及预付款项及时清理;对存货进行定期或者不定期清查盘点,保证账实相符。对存货盘盈、盘亏应当及时处理。

第四十五条 固定资产是指使用期限超过一年,单位价值在 1 000 元以上(其中:专用设备单位价值在 1 500 元以上),并在使用过程中基本保持原有物质形态的资产。单位价值虽未达到规定标准,但是耐用时间在一年以上的大批同类物资,作为固定资产管理。

固定资产一般分为六类:房屋及构筑物;专用设备;通用设备;文物和陈列品;图书、档案;家具、用具、装具及动植物。

第四十六条 科学事业单位应当对固定资产采用平均年限法或者工作量法计提折旧。文物、陈列品、图书、档案和动植物不计提折旧。固定资产折旧不计入单位支出。

第四十七条 科学事业单位应当指定专门机构或者专人对固定资产进行管理,年度终了前应当进行全面清查盘点,做到账账、账卡、账实相符,对于固定资产的盘盈、盘亏应当按照规定及时进行处理。

第四十八条 在建工程是指已发生必要支出,但尚未达到交付使用状态的建设工程。

在建工程达到交付使用状态时,应当按照规定办理工程竣工财务决算和资产交付使用。

第四十九条 无形资产是指不具有实物形态而能为使用者提供某种权利的资产,包括专利权、商标权、著作权、土地使用权、非专利技术以及其他财产权利。

第五十条 科学事业单位应当加强无形资产的管理。单位对于无形资产应当按照国家有关规定合理计价,及时入账。单位转让无形资产,应当按照规定进行资产评估,取得的收入按照国家有关规定处理。单位取得无形资产发生的支出,计入事业支出。

第五十一条 科学事业单位应当对无形资产在其使用期限内采用平均年限法进行摊销。对于使用期限不确定的无形资产,摊销办法执行国家有关规定。无形资产摊销不计入单位支出。

第五十二条 对外投资是指科学事业单位依法利用货币资金、实物、无形资产等方式向其他单位的投资。

科学事业单位应当严格控制对外投资。在保证单位正常运转和事业发展的前提下,按照国家有关规定可以对外投资的,应当履行相关审批程序。

科学事业单位不得使用财政拨款及其结余进行对外投资,不得从事股票、期货、基金、企业债券等投资,国家另有规定的除外。

科学事业单位以非货币性资产对外投资的,应当按照国家有关规定进行资产评估,合理确定资产价值。

第五十三条 科学事业单位出租、出借资产,应当按照国家有关规定经财务主管部门审核同意后报同级财政部门审批。

第五十四条 科学事业单位资产处置应当遵循公开、公平、公正和竞争、择优的原则,严格履行相关审批程序。

第五十五条 科学事业单位应当按照国家有关规定,建立健全科学仪器、设备等资产的共享使用制度,提高资产使用效率。

第八章 负债管理

第五十六条 负债是指科学事业单位所承担的能以货币计量,需要以资产或者劳务偿还的债务。包括:

(一)借入款项,即科学事业单位开展各项活动向银行等金融机构借入的款项。

(二)合同预收款项,即科学事业单位与国家有关部门及其他单位签订研究和试制合同以及其他经济合同后,按照合同规定预收的款项。包括政府专项合同款项、委托合同款项及其他合同款项等。

(三)应付款项,即科学事业单位按照规定和要求,应付而暂时未付的各种款项。

(四)暂存款项,即科学事业单位从其他单位或者个人收到的、代为保管或者暂时尚未确定性质的款项。

(五)应缴款项,即科学事业单位按照规定应当上缴国库或者财政专户的资金、应缴税费以及其他按照国家有关规定应当上缴的款项。

第五十七条 科学事业单位应当对不同性质和不同期限的负债进行分类管理。对借入款项应当按时清偿;对合同预收款项在合同完成或者阶段性完成后及时结转为收入;对应付款项,应当按时清付;对各项应缴税费,应当依据国家法律制度计缴。

第五十八条 科学事业单位应当建立健全财务风险控制机制,规范和加强借入款项管理,严格执行审批程序,不得违反规定举借债务和提供担保。

第九章 内部成本费用管理

第五十九条 成本费用是指科学事业单位为完成专业业务活动及其他活动而发生的资产耗费和损失，包括科研项目成本、非科研项目成本和期间费用。

第六十条 具备条件的科学事业单位应当按照财务主管部门和财政部门的要求或者根据业务发展需要，以科研项目为基本核算对象实施内部成本费用管理。

第六十一条 实施内部成本费用管理的科学事业单位，应当在支出管理的基础上，将效益仅与本会计年度相关的支出计入当期成本费用；将效益与两个或者两个以上会计年度相关的支出，按照有关规定以固定资产折旧、无形资产摊销等形式分期计入成本费用。

第六十二条 科研项目成本是指科学事业单位为完成科研项目而发生的资产耗费和损失，包括直接成本和间接成本。

（一）直接成本，即在实施科研项目过程中发生的，可以直接计入核算对象的各项费用，包括直接材料、直接人工及其他直接费用。

（二）间接成本，即在实施科研项目过程中发生的，不能直接计入核算对象，需要按照一定原则和标准分配计入的各项费用。

第六十三条 下列支出不应当计入科研项目成本：

（一）为购置和建造固定资产、无形资产和其他资产的资本性支出；

（二）上缴上级的支出和对附属单位的补助支出；

（三）对外投资的支出；

（四）各种罚款、赞助和捐赠支出；

（五）国家规定不得列入科研项目成本的其他支出。

第六十四条 非科研项目成本，是指科学事业单位为完成非科研项目活动而发生的资产耗费和损失。

第六十五条 期间费用，是指科学事业单位管理部门为组织管理科研项目、非科研项目以及其他活动而发生的资产耗费和损失。

第六十六条 实施内部成本费用管理的科学事业单位，应当合理区分科研项目成本、非科研项目成本和期间费用，真实、完整反映科研项目成本。单位应当按照有关要求，将科研项目成本及相关期间费用等信息报送财务主管部门或者科研项目主管部门。

第六十七条 实施内部成本费用管理的科学事业单位，应当建立成本费用与相关支出的核对机制，以及成本费用分析报告制度。

单位应当将科研项目成本信息在单位内公开。

第十章 财务清算

第六十八条 科学事业单位发生划转、撤销、合并、分立时，应当进行清算。

第六十九条 科学事业单位财务清算期间，应当在财务主管部门和财政部门的监督指导下成立财务清算机构。财务清算机构应当制定清算方案，对单位的财产、债权、债务等进行全面清理，编制财产目录和债权债务清单，提出财产作价依据和债权债务处理意见，做好资产的移交、接收、划转和管理工作。

第七十条 财务清算意见报经财务主管部门审核并报财政部门批准后，由财务清算机构妥善处理单位各项遗留问题。

第七十一条 科学事业单位清算结束后，经财务主管部门审核并报财政部门批准，其资产分别按照下列办法处理：

（一）因隶属关系改变，成建制划转的单位，全部资产无偿移交，并相应划转经费指标。

（二）转为企业管理的单位，其全部资产扣除负债后，转作国家资本金。需要进行资产评估的，应当按照国家有关规定执行。

（三）撤销的单位，全部资产由财务主管部门和财政部门核准处理。

（四）合并的单位，全部资产移交接收单位或者新组建单位，合并后多余的资产由财务主管部门和财政部门核准处理。

（五）分立的单位，资产按照有关规定移交分立后的单位，并相应划转经费指标。

第十一章　财务报告和财务分析

第七十二条 财务报告是科学事业单位一定时期财务状况和事业成果的总结性书面文件。财务报告集中、总括反映单位预算的执行、调整以及执行财务制度和财经纪律等情况，是国家制定科技政策的重要依据。

科学事业单位应当按照规定，定期向财务主管部门和财政部门以及其他有关的报表使用者提供财务报告。

第七十三条 科学事业单位的年度财务报告包括资产负债表、收入支出表、财政拨款收入支出表、固定资产投资决算报表等主表，有关附表以及财务情况说明书等。

财务情况说明书主要说明单位收入及其支出、结转、结余及其分配情况，资产负债变动、对外投资、资产出租出借、资产处置、固定资产投资、绩效评价的情况，对本期或者下期财务状况发生重大影响的事项，以及需要说明的其他事项。

单位应当定期按照财政部门和财务主管部门规定的统一格式和要求编制财务报告。

第七十四条 科学事业单位财务分析的内容包括预算编制与执行、资产使用、收入支出状况等。

财务分析的指标包括：预算收入和支出完成率、人员支出与公用支出分别占事业支出的比率、人均基本支出、资产负债率等。财务主管部门和单位可以根据本单位的业务特点和需要增加财务分析指标。

第十二章　财务监督

第七十五条 科学事业单位财务监督的主要内容包括：

（一）预算编制、财务报告的科学性、真实性、完整性和预算执行的有效性、均衡性；

（二）各项收入、支出的合法性、合规性；

（三）科研项目资金的管理、使用情况和内部成本费用核算的合规性；

（四）结转和结余资金、专用基金分配使用的合规性；

（五）资产管理的规范性和有效性；

（六）负债的合规性和风险性。

第七十六条 科学事业单位财务监督应当实行事前监督、事中监督、事后监督相结合，日常监督与专项监督相 结合。

第七十七条 科学事业单位应当建立健全内部控制制度、经济责任制度、财务信息披露制度等监督制度，依法公开财务信息。

第七十八条 科学事业单位应当依法接受财务主管部门和财政、审计部门的监督。

第十三章 附 则

第七十九条 科学事业单位基本建设投资的财务管理，应当执行本制度，但国家基本建设投资财务管理制度另有规定的，从其规定。

第八十条 参照公务员法管理的科学事业单位财务制度的适用，按照国务院财政部门的有关规定执行。

第八十一条 中国科学技术协会及地方科学技术协会所属的事业单位执行本制度。

接受国家经常性资助的社会力量举办的从事科学研究及相关活动的公益服务性组织和社会团体，依照本制度执行；其他社会力量举办的从事科学研究及相关活动的公益服务性组织和社会团体，可以参照本制度执行。

第八十二条 下列科学事业单位执行企业财务制度，不执行本制度：

(一)纳入企业财务管理体系的科学事业单位和科学事业单位附属独立核算的生产经营单位；

(二)经财务主管部门和财政部门批准的具备条件的其他科学事业单位。

第八十三条 军工科研单位财务制度另行制定，不执行本制度。

第八十四条 科学事业单位应当按照《事业单位财务规则》和本制度的规定，根据本单位的实际情况，制定内部财务管理办法，并报财务主管部门备案。

第八十五条 本制度自 2013 年 1 月 1 日起施行，以前规定凡与本制度规定不一致的，以本制度为准。

附:科学事业单位财务分析指标

1.预算收入和支出完成率，衡量科学事业单位收入和支出总预算及分项预算完成的程度。计算公式为：

预算收入完成率＝年终执行数÷(年初预算数±年中预算调整数)×100%

年终执行数不含上年结转和结余收入数

预算支出完成率＝年终执行数÷(年初预算数±年中预算调整数)×100%

年终执行数不含上年结转和结余支出数

2.人员支出、公用支出占事业支出的比率，衡量科学事业单位事业支出结构。计算公式为：

人员支出比率＝人员支出÷事业支出×100%

公用支出比率＝公用支出÷事业支出×100%

3.人均基本支出，衡量科学事业单位按照实际在编人数平均的基本支出水平。计算公式为：

人均基本支出=(基本支出－离退休人员支出)÷实际在编人数

4.资产负债率,衡量科学事业单位利用债权人提供资金开展业务活动的能力,以及反映债权人提供资金的安全保障程度。

计算公式为:

资产负债率=负债总额÷资产总额×100%

关于印发《行政事业单位资金往来结算票据使用管理暂行办法》的通知

（财综〔2010〕1号）

党中央有关部门，国务院各部委、各直属机构，全国人大常委会办公厅，全国政协办公厅，高法院，高检院，有关人民团体，各省、自治区、直辖市、计划单列市财政厅（局），新疆生产建设兵团财务局：

为进一步健全和完善财政票据管理制度，规范行政事业单位资金往来结算票据使用管理，加强行政事业单位财务管理监督，防治乱收费、乱罚款和各种摊派行为，根据国家有关财务会计和财政票据管理的法律制度规定，我们制定了《行政事业单位资金往来结算票据使用管理暂行办法》，现印发给你们，请遵照执行。

附件：行政事业单位资金往来结算票据使用管理暂行办法

财政部

2010年1月5日

附件：

行政事业单位资金往来结算票据使用管理暂行办法

第一章 总 则

第一条 为规范行政事业单位资金往来结算票据使用和管理，加强行政事业单位财务监督，防治乱收费、乱集资和各种摊派行为，维护财政经济秩序，根据国家有关财务会计和财政票据管理的法律制度规定，制定本办法。

第二条 本办法所称的行政事业单位资金往来结算票据(以下简称资金往来结算票据)，是指国家机关、事业单位、社会团体、经法律法规授权的具有管理公共事务职能的其他组织机构(以下简称行政事业单位)发生暂收、代收和单位内部资金往来结算等经济活动时开具的凭证。

第三条 资金往来结算票据是会计核算的原始凭证，是财政、税务、审计、监察等部门进行监督检查的依据。

第四条 资金往来结算票据的印制、领购、核发、使用、保管、核销、稽查等活动，适用本办法。

第五条 各级财政部门是资金往来结算票据的主管部门，按照职能分工和管理权限负责资金往来结算票据的印制、核发、保管、核销、稽查等工作。

第二章 资金往来结算票据的内容和适用范围

第六条 资金往来结算票据基本内容包括票据名称、票据编码、票据监制章、付款单位、开票日期、收款项目、数量、金额、收款单位、收款人以及联次。

资金往来结算票据一般应设置为三联，包括存根联、收据联和记账联，各联次以不同颜色加以区分。

第七条 下列行为，可以使用资金往来结算票据：

(一)行政事业单位暂收款项。由行政事业单位暂时收取，在经济活动结束后需退还原付款单位或个人，不构成本单位收入的款项，如押金、定金、保证金及其他暂时收取的各种款项等。

(二)行政事业单位代收款项。由行政事业单位代为收取，在经济活动结束后需付给其他收款单位或个人，不构成本单位收入的款项，如代收教材费、体检费、水电费、供暖费、电话费等。

(三)单位内部各部门之间、单位与个人之间发生的其他资金往来且不构成本单位收入的款项。

(四)财政部门认定的不作为行政事业单位收入的其他资金往来行为。

第八条 下列行为，不得使用资金往来结算票据：

(一)行政事业单位按照自愿有偿的原则提供下列服务,其收费属于经营服务性收费,应当依法使用税务发票,不得使用资金往来结算票据。

1. 信息咨询、技术咨询、技术开发、技术成果转让和技术服务收费;

2. 法律法规和国务院部门规章规定强制进行的培训业务以外,由有关单位和个人自愿参加培训、会议的收费;

3. 组织短期出国培训,为来华工作的外国人员提供境内服务等收取的国际交流服务费;

4. 组织展览、展销会收取的展位费等服务费;

5. 创办刊物、出版书籍并向订购单位和个人收取的费用;

6. 开展演出活动,提供录音录像服务收取的费用;

7. 复印费、打字费、资料费;

8. 其他经营服务性收费行为。

(二)行政事业性收费、政府性基金、国有资源有偿使用收入、国有资产有偿使用收入、国有资本经营收益、彩票公益金、罚没收入、以政府名义接受的捐赠收入、主管部门集中收入等政府非税收入,应当按照规定使用行政事业性收费票据、政府性基金票据、罚没票据、非税收入一般缴款书等相应的财政票据,不得使用资金往来结算票据。

(三)行政事业单位受政府非税收入执收单位的委托,代行收取政府非税收入,应当按照有关委托手续,使用委托单位领购的有关政府非税收入票据代收相应的政府非税收入,不得使用资金往来结算票据。

(四)社会团体收取会费收入,使用社会团体会费专用收据;公立医疗机构从事医疗服务取得收入,使用医疗票据;公益性单位接收捐赠收入,使用捐赠票据,均不得使用资金往来结算票据。

(五)行政事业单位取得的拨入经费、财政补助收入、上级补助收入等形成本单位收入,不得使用资金往来结算票据。

(六)财政部门认定的其他行为。

第三章　资金往来结算票据的印制、领购和核发

第九条　资金往来结算票据分别由财政部或省级财政部门统一印制,并套印全国统一式样的财政票据监制章。

第十条　资金往来结算票据原则上由独立核算、会计制度健全的行政事业单位向同级财政票据监管机构领购。

第十一条　资金往来结算票据实行凭证领购、分次限量、核旧购新的领购制度。

第十二条　行政事业单位首次申领资金往来结算票据时,应提供《财政票据领购证》和领购申请,在领购申请中需详细列明领购资金往来结算票据的使用范围和项目。

财政票据监管机构依照本办法,对行政事业单位提供的资金往来结算票据使用范围和项目进行审核,对符合资金往来结算票据适用范围的,予以核准;不符合资金往来结算票据适用范围的,不予核准,并向领购单位说明原因。

行政事业单位未取得《财政票据领购证》的,应按照规定程序先办理《财政票据领购证》。

第十三条　行政事业单位再次领购资金往来结算票据时,应当出示《财政票据领购证》,并

提交前次领购资金往来结算票据的使用情况及存根，经同级财政票据监管机构审验无误并核销后，方可继续领购。

第十四条 行政事业单位领购资金往来结算票据实行限量发放，每次领购数量一般不超过本单位6个月的需要量。

第十五条 行政事业单位在领购资金往来结算票据时，应按照省级(含)以上价格主管部门会同同级财政部门规定的收费标准，向财政票据监管机构支付财政票据工本费。

第四章 资金往来结算票据的使用与保管

第十六条 行政事业单位必须严格按照财政票据监管机构核准的使用范围开具资金往来结算票据，不得超范围使用资金往来结算票据。

行政事业单位不按规定使用资金往来结算票据的，付款单位和个人有权拒付款项，财务部门不得入账。

第十七条 行政事业单位应当按票据号段顺序使用资金往来结算票据，填写资金往来结算票据时做到字迹清楚，内容完整、真实，印章齐全，各联次内容和金额一致。填写错误的，应当另行填写。因填写错误等原因作废的票据，应当加盖作废戳记或者注明“作废”字样，并完整保存全部联次，不得私自销毁。

第十八条 资金往来结算票据的领用单位不得转让、出借、代开、买卖、销毁、涂改资金往来结算票据，不得将资金往来结算票据与其他财政票据、税务发票互相串用。

第十九条 行政事业单位应当建立资金往来结算票据管理制度，设置管理台账，由专人负责资金往来结算票据的领购、使用登记与保管，并按规定向同级财政票据管理机构报送资金往来结算票据的领购、使用、结存情况。

第二十条 行政事业单位领购资金往来结算票据时，应当检查是否有缺页、号码错误、毁损等情况，一经发现应当及时交回财政票据监管机构处理。

第二十一条 行政事业单位遗失资金往来结算票据的，应及时在县级以上新闻媒体上声明作废，并将遗失原因等有关情况，以书面形式报送原核发资金往来结算票据的财政票据监管机构备案。

第二十二条 行政事业单位应当妥善保管已开具的资金往来结算票据存根，票据存根保存期限一般为5年。

第二十三条 对保存期满需要销毁的资金往来结算票据存根和未使用的需要作废销毁的资金往来结算票据，由行政事业单位负责登记造册，报经同级财政票据监管机构核准后，由同级财政票据监管机构组织销毁。

第二十四条 撤销、改组、合并的行政事业单位，在办理《财政票据领购证》的变更或注销手续时，应对行政事业单位已使用的资金往来结算票据存根及尚未使用的资金往来结算票据登记造册，并交送同级财政票据监管机构统一销毁。

第二十五条 各省、自治区、直辖市财政部门印制的资金往来结算票据，一般应当在本行政区域内核发使用，不得跨行政区域核发使用，但本地区派驻其他省、自治区、直辖市的行政事业单位除外。

第五章 监督检查

第二十六条 各级财政部门应当根据实际情况和管理需要,对资金往来结算票据的领购、使用、保管等情况进行年度稽查,也可以定期或者不定期的专项检查。

第二十七条 行政事业单位应当自觉接受财政部门的监督检查,如实反映情况,提供有关资料,不得隐瞒情况、弄虚作假或者拒绝、阻碍监督检查。

第二十八条 违反本办法规定领购、使用、管理资金往来结算票据的,财政部门应当责令行政事业单位限期整改,整改期间暂停核发该单位的资金往来结算票据。同时,按照《财政违法行为处罚处分条例》(国务院令第 427 号)等规定进行处理、处罚,涉嫌犯罪的依法移送司法机关追究刑事责任。

第二十九条 各级财政部门对资金往来结算票据使用管理情况进行监督检查时,应当按照规定的程序和要求进行,不得滥用职权、徇私舞弊,不得向被查行政事业单位收取任何费用。

第六章 附 则

第三十条 各省、自治区、直辖市财政部门可根据本办法,结合本地区实际情况,制定具体实施办法,报财政部备案。

第三十一条 本办法自 2010 年 7 月 1 日起施行。

关于中央行政事业单位资金往来结算票据使用管理等有关问题的通知

(财综〔2010〕7号)

党中央有关部门,国务院各部委、各直属机构,全国人大常委会办公厅,全国政协办公厅,高法院,高检院,有关人民团体,有关中央管理企业:

根据财政部印发的《行政事业单位资金往来结算票据使用管理暂行办法》(财综〔2010〕1号)的规定,现就中央行政事业单位资金往来结算票据(以下简称资金往来结算票据)使用管理等有关事宜通知如下:

一、认真做好资金往来结算票据启用的各项准备工作

按照财综〔2010〕1号文件的规定,从2010年7月1日起,资金往来结算票据将正式启用,现行中央单位资金往来收据(以下简称资金往来收据)将同时废止并停止使用。

为使中央行政事业单位了解和掌握资金往来结算票据使用管理政策,中央行政事业单位要及时将财综〔2010〕1号文件转发至所属相关单位,组织所属相关单位的财会人员认真学习财综〔2010〕1号文件各项规定,准确把握财综〔2010〕1号文件适用范围,做好资金往来结算票据正式启用的各项准备工作。

与此同时,中央行政事业单位要做好资金往来收据的清理登记工作,在2010年7月1日—2010年12月31日期间,对尚未使用和已经使用的资金往来收据,要分别登记造册,认真填写《中央行政事业单位财政票据核销申请表》(附件),到财政部财政票据监管中心(以下简称财政部票据中心)办理相关核销手续。

二、严格执行资金往来结算票据的领购程序

中央行政事业单位可以从2010年4月1日起,到财政部票据中心领购资金往来结算票据,以确保2010年7月1日正式启用资金往来结算票据。中央行政事业单位要严格按照财综〔2010〕1号文件规定程序,办理资金往来结算票据领购手续。

中央行政事业单位首次领购资金往来结算票据,需持《财政票据领购证》,并提交有关领购使用资金往来结算票据的申请函,在申请函中详细列举本单位使用资金往来结算票据的具体项目和范围,由财政部票据中心按照财综〔2010〕1号文件规定进行审核,对符合资金往来结算票据适用范围的予以核准,方可领购资金往来结算票据;对不符合资金往来结算票据适用范围的不予核准,不得领购资金往来结算票据。中央行政事业单位未办理《财政票据领购证》的,应当按照规定的程序,先申请办理《财政票据领购证》。

中央行政事业单位再次领购资金往来结算票据,需持《财政票据领购证》,并提交前次领购使用的资金往来结算票据存根及基本情况,包括票据的册数、号段、使用项目及金额等,到财政部票据中心办理核销及领购手续。

中央行政事业单位领购资金往来结算票据实行定期限量制度,每次领购票据一般不得超过本单位 6 个月的使用数量。中央行政事业单位在具体办理资金往来结算票据领购手续时，应当按照国家发展改革委核定的收费标准，支付资金往来结算票据工本费。

中央垂直管理部门所属京外行政事业单位可由其主管部门统一到财政部票据中心办理领购手续。个别地处偏远、用票量很少的中央行政事业单位，前往财政部票据中心领购资金往来结算票据确有困难的，经财政部票据中心同意后，由所在地财政部门负责为其发放资金往来结算票据，并纳入所在地资金往来结算票据管理和监督检查范围。

三、规范资金往来结算票据的使用和管理

中央行政事业单位应当按照财综〔2010〕1 号文件规定的范围使用资金往来结算票据，将资金往来结算票据使用范围严格限定在行政事业单位暂收款项、代收款项，行政事业单位内部各部门之间、单位与个人之间发生的其他资金往来且不构成本单位收入的款项，以及财政部门认定的不作为行政事业单位收入的其他资金往来行为。

中央行政事业单位收取的经营服务性收费、政府非税收入（含行政事业性收费、政府性基金、国有资源有偿使用收入、国有资产有偿使用收入、国有资本经营收益、罚没收入、以政府名义接受的捐赠收入、主管部门集中收入等），社会团体收取会费收入，公立医疗机构从事医疗服务取得收入，中央行政事业单位取得的拨入经费、财政补助收入、上级补助收入等形成本单位收入，均不得使用资金往来结算票据。

中央行政事业单位要按照财政部票据中心核准的项目和范围，填开资金往来结算票据，列明资金往来结算业务事项，不得编造、虚列资金往来结算项目，不得擅自扩大资金往来结算票据使用范围，不得将资金往来结算票据用于收取经营服务性收费、政府非税收入、社会团体会费、拨入经费等款项。中央行政事业单位不得将资金往来结算票据与其他财政票据、税务发票互相串用。中央行政事业单位不按规定使用资金往来结算票据的，付款单位和个人有权拒付款项，财政部门不得入账。

中央行政事业单位要按照票据号码依次填开资金往来结算票据，完整填写付款单位、开票日期、收款项目、数量、金额、收款单位等信息，加盖收款单位财务章及收款人名章（或签字），保持票面整洁。如填写错误，应另行填开，不得涂改、挖补、撕毁票据。票据作废应加盖作废戳记，并完整保存各联次备查，不得自行销毁。如发现票据丢失，应立即在县级以上媒体申明作废，并查明原因，提出书面处理意见，及时报送财政部票据中心备案。

四、保障资金往来结算票据管理安全

中央行政事业单位应当建立健全资金往来结算票据管理制度，设置资金往来结算票据使用管理台账，由专人负责管理资金往来结算票据，做好资金往来结算票据的领购、使用、登记与保管工作，并按规定向财政部票据中心报送资金往来结算票据的领购、使用、结存情况。

中央行政事业单位应当妥善保管资金往来结算票据，做好票据存放库房（专柜）的防盗、防火、防潮、防蛀、防爆、防腐等工作，确保资金往来结算票据存放安全。已开具的资金往来结算票据存根，应当保存 5 年。

保存期满需要核销的资金往来结算票据，要登记造册，填写《中央行政事业单位财政票据核销申请表》，经财政部票据中心审查核准后，予以销毁。实行中央垂直管理的行政事业单位，可由其主管部门财务部门统一向财政部票据中心提出票据核销申请，由财政部票据中心统一组织实施资金往来结算票据的核销工作。

五、加强资金往来结算票据使用管理的监督检查

中央行政事业单位要加强本单位内部资金往来结算票据使用和管理情况的监督检查，督促本单位严格按照财综〔2010〕1号文件以及本通知规定领购、使用和管理资金往来结算票据，及时发现和纠正违反规定领购、使用和管理资金往来结算票据行为。

中央行政事业单位要严格执行财综〔2010〕1号文件规定，自觉接受财政、审计部门的监督检查，如实提供检查所需要的资金往来票据存根、使用管理台账、会计账簿等相关资料。

对于违反财综〔2010〕1号文件规定领购、使用、管理资金往来结算票据的，一经查出，要限期整改，整改期间暂停核发该单位的资金往来结算票据。同时，按照《财政违法行为处罚处分条例》(国务院令第427号)等规定进行处理、处罚，涉嫌犯罪的依法移交司法机关追究刑事责任。

财政部

2010年1月28日

财政部关于行政事业单位资金往来结算票据使用管理有关问题的补充通知

(财综〔2010〕111 号)

党中央有关部门,国务院各部委、各直属机构,全国人大常委会办公厅,全国政协办公厅,最高法院,高检院,有关人民团体,各省、自治区、直辖市、计划单列市财政厅(局),新疆生产建设兵团财务局:

《财政部关于印发〈行政事业单位资金往来结算票据管理使用暂行办法〉的通知》(财综〔2010〕1 号)发布后,有关中央部门和地方财政部门来电来函,询问行政事业单位取得的拨入经费、财政补助收入、上级补助收入等资金,应使用什么票据等问题。经研究,现将有关事宜补充通知如下:

一、行政事业单位取得财政部门拨付的资金,可凭银行结算凭证入账。其中,已实施国库集中支付改革的行政事业单位,按照《财政部关于印发〈财政国库管理制度试点会计核算暂行办法〉的通知》(财库〔2001〕54 号)规定,可凭《财政直接支付入账通知书》或《财政授权支付额度到账通知书》及相关银行结算凭证入账。

二、行政事业单位取得上级主管部门拨付的资金,形成本单位收入,不再向下级单位转拨的,可凭银行结算凭证入账;转拨下级单位的,属于暂收代收性质,可使用行政事业单位资金往来结算票据。

三、行政事业单位取得具有横向资金分配权部门(包括投资主管部门、科技主管部门、国家自然科学基金管理委员会、国家出版基金管理委员会等)拨付的基本建设投资、科研课题经费等,形成本单位收入的,可凭银行结算凭证入账;转拨下级单位或其他相关指定合作单位的,属于暂收代收性质,可使用行政事业单位资金往来结算票据。

四、没有财务隶属关系的行政单位之间发生的往来资金,应凭银行结算凭证入账。

五、没有财务隶属关系事业单位等之间发生的往来资金,如科研院所之间、高校之间、科研院所与高校之间发生的科研课题经费等,涉及应税的资金,应使用税务发票;不涉及应税的资金,应凭银行结算凭证入账。

财政部

2010 年 11 月 28 日

关于进一步加强行政事业单位资金往来结算票据使用管理的通知

(财综〔2013〕57 号)

党中央有关部门,国务院各部委、各直属机构,全国人大常委会办公厅,全国政协办公厅,高法院,高检院,有关人民团体,各省、自治区、直辖市、计划单列市财政厅(局),新疆生产建设兵团财务局:

2010 年,财政部先后印发了《财政部关于印发〈行政事业单位资金往来结算票据使用管理暂行办法〉的通知》(财综〔2010〕1 号)和《财政部关于行政事业单位资金往来结算票据使用管理有关问题的补充通知》(财综〔2010〕111 号),对行政事业单位资金往来结算票据(以下简称资金往来结算票据)的概念、使用对象、适用范围、管理要求、监督检查等做出了统一规定,从制度上规范了资金往来结算票据的使用管理,有效防治了乱收费、乱集资和各种摊派行为,为加强非税收入管理,规范单位资金往来结算发挥了积极作用。但在实施过程中,一些单位反映,针对非国库集中支付来源的财政性资金,付款单位往往需要收款单位提供票据。同时,也存在资金往来结算票据使用不规范的问题。为进一步完善财政票据管理制度,加强资金往来结算票据管理,现将有关事宜通知如下:

一、行政事业单位通过国库集中支付方式取得的财政性资金,按照财综〔2010〕111 号文件的规定,不开具资金往来结算票据,使用《财政直接支付入账通知书》或《财政授权支付额度到账通知书》及相关银行结算凭证入账。

二、行政事业单位取得非国库集中支付来源的财政性资金,暂可向付款单位开具资金往来结算票据。

三、各行政事业单位应严格按照财综〔2010〕1 号、财综〔2010〕111 号文件和本通知规定的范围使用资金往来结算票据,不得利用资金往来结算票据收取经营服务性收费、政府非税收入、会费收入、捐赠收入、医疗服务收入,也不得利用资金往来结算票据乱收费、乱集资和各种摊派。

四、各级财政部门可根据财综〔2010〕1 号、财综〔2010〕111 号文件和本通知规定,结合管理实际,进一步细化可否使用资金往来结算票据的行为,便于用票单位执行。要加大宣传和培训力度,提高对资金往来结算票据使用管理政策的认识和理解。要加强监督检查,坚决制止使用资金往来结算票据收取经营服务性收费和乱收滥支行为,切实规范资金往来结算票据的使用。

五、各级财政部门要按照《财政部关于印发〈关于推进财政票据电子化改革的方案〉的通知》(财综〔2012〕104 号)要求,积极推进财政票据电子化改革,将资金往来结算票据纳入财政票据电子化管理系统,实行票据印制、发放、使用、保管、检查核销、销毁的全程监管,切实改进资金往来结算票据管理手段,提高资金往来结算票据管理水平。各用票单位要协同配合,积极推进,充分利用电子化手段管好用好财政票据。

财政部

2013 年 5 月 14 日

财政部关于印发《中央行政单位通用办公设备家具购置费预算标准（试行）》的通知

（财行〔2011〕78 号）

党中央有关部门，国务院各部委，各直属机构，全国人大常委会办公厅，政协全国委员会办公厅，最高人民法院，最高人民检察院，有关人民团体，新疆生产建设兵团：

为加强中央行政单位通用办公设备家具购置管理，进一步推进部门预算管理制度改革，强化资产管理与预算管理的有机结合，提高预算编制的科学化、精细化水平，根据我部《中央本级项目支出定额标准体系建设实施方案》的总体部署，我们制定了《中央行政单位通用办公设备家具购置费预算标准（试行）》。现印发给你们，请遵照执行，执行中有何问题，请及时向我部反映。

附件：中央行政单位通用办公设备家具购置费预算标准（试行）

财政部

2011 年 4 月 13 日

附件：

中央行政单位通用办公设备家具购置费预算标准(试行)

本标准基于编制预算的需要，结合工作实际，规定了中央行政单位通用办公设备家具的实物量标准和预算标准，是中央预算标准体系的重要组成部分，是部门编制预算和财政部门审核预算的相关依据。

第一条 本标准适用于中共中央直属机关、国务院各部委、直属机构、办事机构机关，全国人大常委会办公厅机关，全国政协办公厅机关，最高人民法院机关，最高人民检察院机关，各民主党派中央等(以下统称中央行政单位)。

中央垂直管理系统行政单位主管部门可参照本标准对本垂管系统(不含中央本级)制定具体标准，报财政部批准后执行。

第二条 本标准所称通用办公设备家具，包括通用办公设备、办公家具等，不含特殊需要的专业类办公设备家具。

对未列入本通知的其他通用办公设备家具，应当按照与中央行政单位履行职能需要相适应的原则，从严控制购置。

第三条 中央行政单位通用办公设备家具购置费预算标准包括实物量标准、价格上限标准以及使用年限标准三部分。

第四条 实用标准实行双向控制：

(一)按工作人员级别和内设机构数量设置标准。部级以上领导，按需要配备。其他工作人员按照司机和处级以下两个级别进行划分。

(二)按单位编制内实有人数设置标准。单位编制数是指独立核算行政单位的行政编制数(含参照公务员法管理的事业编制数)。

第五条 实物量标准是在兼顾各种需要情况下，购置通用办公设备家具的最高数量限制标准，不是必须达到的标准。

购置具有日常办公功能的专业类办公设备家具的，应当相应减少通用办公设备家具的数量。

第六条 价格上限标准是购置通用办公设备家具的价格上限，应当在通用办公设备家具功能满足使用要求的前提下努力节约经费开支。

第七条 使用年限标准是通用办公设备家具的最低使用年限。已达到规定使用年限，但尚可继续使用的办公设备家具，应当继续使用，以充分发挥通用办公设备家具的使用效益。

第八条 通用办公设备家具满足下列条件之一，可以申请报废：

(一)已达到规定使用年限或规定技术指标无法使用的；

(二)因损坏无法修复或修复成本较大、无维修价值的；

(三)因设备老化、技术进步，使用成本过高，无继续使用价值的。

报废通用办公设备应当经单位内部有关技术部门鉴定。报废办公家具应当经单位内部资产管理部门鉴定。

报废通用办公设备家具，应当严格按照财政部资产处置有关规定办理审批(备案)手续。

第九条 中央行政单位购置通用办公设备家具，应当按照《中华人民共和国政府采购法》等国家有关规定执行。

第十条 中央行政单位购置通用办公设备家具，所需经费在部门（单位）公用经费等预算中列支。

新成立单位、新开展大型专项工作等特殊情况需要申请专项经费购置通用办公设备家具的，由财政部根据本标准审核后确定。

第十一条 本标准施行前已经超标购置且可以继续使用的资产，可继续使用。待正常报废到标准内时，方可按照本标准规定进行正常更新购置。

第十二条 违反本标准规定超标购置资产的，依照《财政违法行为处罚条例》（国务院令第427号）等国家有关规定追究法律责任。

第十三条 财政部将视经济社会发展水平、市场价格变化等因素，适时更新和调整此标准。

第十四条 按照公务员管理的事业单位和执行行政单位财务和会计制度的其他中央事业单位和社会团体购置办公设备家具的，依照本标准执行。

驻外机构办公设备家具购置费预算标准另行制定。

第十五条 本标准自印发之日起施行，此前发布的有关中央行政单位通用办公设备家具购置费预算标准，凡与本标准相抵触的，以本标准为准。

第十六条 本标准由财政部负责解释。

附：1. 通用办公设备家具购置费预算标准。

2. 办公家具购置费预算标准。

附1:通用办公设备购置费预算标准

<table>
<tr><th></th><th colspan="3">实物量标准</th><th>价格上限标准</th><th>使用年限标准</th></tr>
<tr><td>台式电脑</td><td colspan="2">1台/人(涉密电脑、外网电脑经批准另行配备)</td><td>单位台式电脑总数不得超过单位编制内实有人数的150%</td><td>6 000元/台</td><td>5年</td></tr>
<tr><td>笔记本电脑</td><td colspan="2">1台/司级岗位;其他2台/处(或1台/3人,不足3人按3人计算)</td><td>总数不超过编制内实有人数的150%
外勤单位可增加笔记本电脑数量,但应同时减少相应数量的台式电脑</td><td>10 000元/台</td><td>5年</td></tr>
<tr><td rowspan="3">打印机
(包括一体机)</td><td>A3</td><td>1台/处</td><td rowspan="3">单位根据需要可以选择配备A3、A4打印机,但A3打印机不得超过单位编制内实有人数的30%,打印机总数不得超过单位编制内实有人数的100%</td><td>10 000元/台</td><td>5年</td></tr>
<tr><td>A4</td><td>1台/司级岗位;其他2台/处(或1台/3人,不足3人按3人计算)</td><td>2 500元/台</td><td>5年</td></tr>
<tr><td>其他:票据打印机</td><td>按需要配备</td><td>3 000元/台</td><td>3 000元/台</td></tr>
<tr><td>中高速复印机</td><td colspan="2">1台/司</td><td>总数不得超过单位编制内实有人数的5%,单位不足20人的,按20人计算</td><td>35 000元/台</td><td>5年或复印30万张</td></tr>
<tr><td>传真机</td><td colspan="2">1台/司级岗位;1台/处</td><td>总数不得超过单位编制内实有人数的30%</td><td>10 000元/台</td><td>5年</td></tr>
<tr><td>扫描仪</td><td colspan="2">按需要配备</td><td></td><td>普通平板扫描仪2 000元/台、高速文档扫描仪4 000元/台</td><td>5年</td></tr>
<tr><td>电话机</td><td colspan="2">按需要配备</td><td></td><td>200元/台</td><td>长期</td></tr>
<tr><td>碎纸机</td><td colspan="2">1台/办公室</td><td>总数不得超过单位编制内实有人数的40%</td><td>2 000元/台</td><td>5年</td></tr>
</table>

注:1.单位实有人数超过单位编制人数的,按编制人数计算。

2.本表中所列通用办公设备不含特殊需要的专业类设备。

3.本表中所列"长期使用"是指使用年限为10年以上;已达到规定使用年限,但尚可继续使用的,应当继续使用。

附 2:办公家具购置费预算标准

	实物量标准	价格上限标准 (元/台、套、件)	使用年限标准
办公桌椅	1 套/人	司级:6 000 处级以下:3 000	长期使用
沙发 (含茶几)	1 组/司级办公室(包括一个三人沙发、两个单人沙发、一个大茶几,一个小茶几);1 组/处级以下办公室(包括两个单人沙发、一个小茶几)	司级:5 000 处级以下:2 500	长期使用
桌前椅	按需要配备,不分级别,总数不得超过单位编制内实有人数的 50%	600	长期使用
折叠椅	按需要配备,不分级别,总数不得超过单位编制内实有人数的 100%	120	长期使用
书柜	2 组/办公室	1 500	长期使用
文件柜	按需要配备,不分级别	1 000	长期使用
保密柜	按需要配备,不分级别	3 000	长期使用
更衣柜	1 组/办公室	1 000	长期使用
茶水柜	1 组/办公室	1 000	长期使用
会议桌	根据会议室大小配备	1 500/延米(超过 80 平方米的会议室,800/延米)	长期使用
会议椅	按需要配备	600	长期使用

注:本表中所列"长期使用"是指使用年限为 10 年以上;已达到规定使用年限,但尚可继续使用的,应当继续使用。

关于印发《在华举办国际会议费用开支标准和财务管理办法》的通知

(财行〔2012〕1号)

党中央有关部门,国务院各部委、各直属机构,全国人大常委会办公厅,全国政协办公厅,高法院,高检院,有关人民团体:

为了规范和加强在华举办国际会议的财务管理,提高资金使用效益,我们制定了《在华举办国际会议费用开支标准和财务管理办法》,现印发给你们,请认真遵照执行。

附件:在华举办国际会议费用开支标准和财务管理办法

财政部

2012年1月19日

附件:

在华举办国际会议费用开支标准和财务管理办法

第一章 总 则

第一条 为规范和加强在华举办国际会议的财务管理,提高资金使用效益,依据相关规章制度,制定本办法。

第二条 本办法适用于中央部门与外国有关组织、团体、机构共同在华举办或受其委托承办年会、例会及其他以国际问题为主要内容,且申请中央财政拨款的会议(以下称国际会议)。

第三条 按照会议正式代表(不含工作人员,下同)的人数,在华举办国际会议分为三类:会议正式代表在300人以上的,为大型国际会议;会议正式代表在100人以上、300人以下(含300人)的,为中型国际会议;会议正式代表在100人以下(含100人)的,为小型国际会议。

第四条 在华举办国际会议的财务管理应遵循以下原则:

(一)厉行节约,严格开支。会议承办单位应本着"勤俭办外事"的原则,科学、规范、合理地编制和申报国际会议预算,严格控制会议规格,努力压缩会议规模,认真执行各项费用开支标准,力求会风简朴,务实高效。

(二)参照惯例,规范管理。根据国际惯例,不为会议代表配备生活用品,不组织公款游览、参观等,不得借举办国际会议的名义向地方政府或企业强行摊派或变相摊派会议费用。

(三)单独核算,专款专用。国际会议经费应纳入单位财务统一管理,单独核算。举办大型国际会议应设有专门为会议服务的临时财务机构,举办中型、小型国际会议也应配备专职的财务人员。

第五条 凡需报请党中央、国务院批准在华举办的国际会议,会议报批文件须明确各项经费来源,如涉及申请中央财政拨款,应在商外交部同意后会签财政部,方可上报审批。

第六条 在华举办的国际会议,需申请中央财政拨款的,应按照部门预算管理程序,会议承办单位应在履行相关报批手续后编制详细的会议经费预算,报财政部审核。

第七条 在华举办国际会议经费由我方全额负担或由与会各方分担的,应按会议统一标准制定经费预算,我方负担的经费应纳入部门预算管理。各部门自行批准在华举办的国际会议所需经费,在部门预算中调剂解决,财政部不再另外安排经费预算。

第八条 除特殊情况报经批准外,国际会议工作人员人数控制在会议正式代表人数的10%以内,驻会工作人员不得超过会议工作人员的50%。

第二章 会议收入管理

第九条 在华举办国际会议的收入主要包括:

(一)会议注册费收入,指根据国际惯例,由会议承办单位向参会代表收取的用于会议支出的费用。

(二)国际组织专项资助,指国际组织拨付给会议承办单位的专项经费。会议承办单位应积极向国际组织申请专项资助。

(三)中央财政拨款,指在无会议注册费收入和国际组织专项资助,或者会议注册费收入和国际组织专项资助不足以弥补会议开支时,中央财政安排的对在华举办国际会议的补助经费。

(四)赞助收入,指境内外机构或部门、企业、个人出于自愿,无偿向国际会议提供资金或物资赞助形成的收入。

(五)其他收入,指召开国际会议时举办展览、展示、广告、旅游中介等收入。

第十条 在华举办国际会议取得的各项收入,必须统一纳入预算管理,单独核算。

第十一条 在华举办国际会议得到的赞助物资及会议期间购买的办公用品、消耗材料等应严格管理。财产物资的取得、保管、领用要有严格的报批程序,指派专人负责。

第十二条 在华举办国际会议购置或通过赞助取得的各项财产物资,应在会议结束后3个月内进行处理,具体处理方案报财政部审批,财产物资处置收入在扣除相关税费后上缴国库。以会养会的,财产物资处置收入可用于抵补会议相关支出。

第三章 会议支出管理

第十三条 在华举办国际会议应按国际惯例办事,不得承担额外的义务,要厉行节约、讲求实效,从严控制经费支出,努力做到以会养会。

第十四条 国际会议的支出项目和标准如下:

(一)场地租金。大型、中型、小型国际会议正式代表人均开支标准分别为每天100元(人民币,货币单位下同)、150元和200元。

(二)会议开幕式或闭幕式一次冷餐招待会(酒会)费用。会议正式代表人均开支标准为150元(含酒水及服务费用)。

(三)会议期间工作人员食宿费用开支标准为每人每天300元。

(四)会议期间志愿人员工作午餐费用及误餐补贴。志愿人员仅安排午餐或发放误餐补贴,开支标准为每人每天100元。志愿人员不安排住宿。

(五)同声传译人员劳务费及同声传译设备和办公设备租金。同声传译开支标准为口译每人每天5000元,笔译每千字200元;同声传译设备和办公设备租金,会议正式代表人均开支标准为每天50元。

(六)境外同声传译人员国际旅费。只承担同声传译人员乘坐经济舱的国际旅费,据实结算。

(七)交通费。租用车辆安排会议代表往返驻地与会场,租金开支标准为:大巴士(25座以上)每辆每天1500元,中巴士(25座及以下)每辆每天1000元,小轿车(5座及以下)每辆每天800元。

(八)其他会务费用。实行综合定额控制,会议正式代表人均开支标准为每天100元,开支范围包括:办公用品、消耗材料购置费用,会议文件印刷、会议代表及工作人员的制证费用等。上述各项费用之间可以调剂使用,在综合定额控制内据实报销。

(九)会议如有注册费收入,中方可承担国际组织官员及秘书处人员会议期间的食宿费用。

(十)其他经财政部批准的支出。

第十五条 会议代表往返国际国内旅费(包括往返机场的交通费)、食宿、医疗、参观游览、个人消费等费用,由个人承担。

第十六条 除劳务费及境外国际旅费外,同声传译人员的食宿、交通等各项费用,由个人承担。

第十七条 会议所有支出必须经会议承办单位财务主管签字同意方能报销。所有支出协议必须由会议承办单位财务主管签署。

第十八条 申请中央财政拨款的国际会议,未经财政部同意,一律不准购买设备。除会议场地、会议必要设备(不含消耗材料支出)外,承办单位不得擅自对外承诺提供任何免费服务。

第四章 会议经费的管理和监督

第十九条 国际会议承办单位要加强对国际会议经费的财务管理,严格执行会议预算开支项目、标准及金额,不得擅自改变会议资金用途,不得挪用、截留、侵占会议经费。要建立追踪问效机制,对于违反规定的开支项目和超过开支标准的费用,不予报销。

第二十条 大型国际会议结束后,承办单位应在3个月内编制会议经费决算报告,总结会议经费明细收支情况,经主管部门审核后报送财政部。编报决算要做到数字真实、计算准确、内容完整、说明清楚。

第二十一条 会议结束后,中央财政拨款经费如有结余,按照财政部结转和结余资金管理的有关规定执行。

第二十二条 对于编制虚假预算以及截留、挤占、挪用国际会议经费等行为,按照《财政违法行为处罚处分条例》和其他有关规定,追究违规单位和人员责任。

第五章 附 则

第二十三条 举办大型国际会议,承办单位应根据本办法制定具体的财务及物资管理办法,报财政部备案。

第二十四条 地方部门举办的国际会议参照本办法执行。

第二十五条 本办法由财政部负责解释。

第二十六条 本办法自发布之日起执行。财政部《关于在华召开国际会议财务管理办法的规定》(财外字〔1997〕543号)同时废止。

关于印发《中央和国家机关会议费管理办法》的通知

(财行〔2013〕286号)

党中央各部门,国务院各部委、各直属机构,全国人大常委会办公厅,全国政协办公厅,高法院,高检院,各人民团体,各民主党派办公厅,新疆生产建设兵团财务局:

为贯彻落实中央关于改进工作作风,密切联系群众八项规定及实施细则,推进厉行节约反对浪费制度建设,改进会风,精简会议,进一步加强和规范会议费管理,我们制定了《中央和国家机关会议费管理办法》。现印发给你们,从2014年1月1日起施行。执行中有何问题,请及时向我们反映。

附件:中央和国家机关会议费管理办法

财政部
国家机关事务管理局
中共中央直属机关事务管理局
2013年9月13日

附件:

中央和国家机关会议费管理办法

第一章 总 则

第一条 为进一步加强和规范中央和国家机关会议费管理,精简会议,改进会风,提高会议效率和质量,节约会议经费开支,制定本办法。

第二条 中央和国家机关会议的分类、审批和会议费管理等,适用本办法。

本办法所称中央和国家机关,是指党中央各部门,国务院各部委、各直属机构,全国人大常委会办公厅,全国政协办公厅,最高人民法院,最高人民检察院,各人民团体、各民主党派中央和全国工商联(以下简称“各单位”)。

第三条 各单位召开会议应当坚持厉行节约、反对浪费、规范简朴、务实高效的原则,严格控制会议数量,规范会议费管理。

第四条 各单位召开的会议实行分类管理、分级审批。

第五条 各单位应当严格会议费预算管理,控制会议费预算规模。会议费预算要细化到具体会议项目,执行中不得突破。会议费应纳入部门预算,并单独列示。

第二章 会议分类和审批

第六条 中央和国家机关会议分类如下:

一类会议。是以党中央和国务院名义召开的,要求省、自治区、直辖市、计划单列市或中央部门负责同志参加的会议。

二类会议。是党中央和国务院各部委、各直属机构召开的,要求本系统、各直属机构或省、自治区、直辖市、计划单列市有关厅(局)负责同志参加的会议。

三类会议。是党中央和国务院各部委、各直属机构,最高人民法院,最高人民检察院,各人民团体及其所属内设机构召开的,要求省、自治区、直辖市、计划单列市有关厅(局)或本系统机构有关人员参加的会议。

四类会议。是指除上述一、二、三类会议以外的其他业务性会议,包括小型研讨会、座谈会、评审会等。

第七条 中央和国家机关会议按以下程序和要求进行审批:

一类会议。应当报经党中央和国务院批准。会议总务、经费预算及费用结算等工作分别由中共中央直属机关事务管理局(以下简称中直管理局)和国家机关事务管理局(以下简称国管局)负责。

二类会议。各单位应当于每年11月底前,将下一年度会议计划(包括会议名称、召开的理由、主要内容、时间地点、代表人数、工作人员数、所需经费及列支渠道等)送财政部审核会签,按程序经中央办公厅、国务院办公厅审核后报批。各单位召开二类会议原则上每年不超过1次。

三类会议。各单位应当建立会议计划编报和审批制度,年度会议计划(包括会议数量、会议名称、召开的理由、主要内容、时间地点、代表人数、工作人员数、所需经费及列支渠道等)经单位领导办公会或党组(党委)会审批后执行。

四类会议。由单位分管领导审核并报主要领导批准后执行,并列入单位年度会议计划。

第八条 一类会议会期按照批准文件,根据工作需要从严控制;二、三、四类会议会期均不得超过2天;传达、布置类会议会期不得超过1天。

会议报到和离开时间,一、二、三类会议合计不得超过2天,四类会议合计不得超过1天。

第九条 各单位应当严格控制会议规模。

一类会议参会人员按照批准文件,根据会议性质和主要内容确定,严格限定会议代表和工作人员数量。

二类会议参会人员不得超过300人,其中,工作人员控制在会议代表人数的15%以内;不请省、自治区、直辖市和中央部门主要负责同志、分管负责同志出席。

三类会议参会人员不得超过150人,其中,工作人员控制在会议代表人数的10%以内。

四类会议参会人员视内容而定,一般不得超过50人。

第十条 全国人大常委会办公厅、全国政协办公厅、各民主党派中央和全国工商联的会议分类、审批事项、会期及参会人员等,由上述部门依据法律法规、章程规定,参照第六条至第九条做出规定,并报财政部备案。

第十一条 各单位召开会议应当改进会议形式,充分运用电视电话、网络视频等现代信息技术手段,降低会议成本,提高会议效率。

传达、布置类会议优先采取电视电话、网络视频会议方式召开。电视电话、网络视频会议的主会场和分会场应当控制规模,节约费用支出。

第十二条 不能够采用电视电话、网络视频召开的会议实行定点管理。各单位会议应当到定点饭店召开,按照协议价格结算费用。未纳入定点范围,价格低于会议综合定额标准的单位内部会议室、礼堂、宾馆、招待所、培训中心,可优先作为本单位或本系统会议场所。

二、三、四类会议应当在四星级以下(含四星)定点饭店召开。

参会人员在50人以内且无外地代表的会议,原则上在单位内部会议室召开,不安排住宿。

第十三条 参会人员以在京单位为主的会议不得到京外召开。各单位不得到党中央、国务院明令禁止的风景名胜区召开会议。

第三章 会议费开支范围、标准和报销支付

第十四条 会议费开支范围包括会议住宿费、伙食费、会议室租金、交通费、文件印刷费、医药费等。

前款所称交通费是指用于会议代表接送站,以及会议统一组织的代表考察、调研等发生的交通支出。

会议代表参加会议发生的城市间交通费,按照差旅费管理办法的规定回单位报销。

第十五条 会议费开支实行综合定额控制,各项费用之间可以调剂使用。

会议费综合定额标准如下:

单位:元/人天

会议类别	住宿费	伙食费	其他费用	合　计
一类会议	400	150	110	660
二类会议	300	150	100	550
三、四类会议	240	130	80	450

综合定额标准是会议费开支的上限,各单位应在综合定额标准以内结算报销。

第十六条　一类会议费在部门预算专项经费中列支,二、三、四类会议费原则上在部门预算公用经费中列支。

会议费由会议召开单位承担,不得向参会人员收取,不得以任何方式向下属机构、企事业单位、地方转嫁或摊派。

第十七条　各单位在会议结束后应当及时办理报销手续。会议费报销时应当提供会议审批文件、会议通知及实际参会人员签到表、定点饭店等会议服务单位提供的费用原始明细单据、电子结算单等凭证。财务部门要严格按规定审核会议费开支,对未列入年度会议计划,以及超范围、超标准开支的经费不予报销。

第十八条　各单位会议费支付,应当严格按照国库集中支付制度和公务卡管理制度的有关规定执行,以银行转账或公务卡方式结算,禁止以现金方式结算。具备条件的,会议费应由单位财务部门直接结算。

第四章　会议费公示和年度报告制度

第十九条　各单位应当将非涉密会议的名称、主要内容、参会人数、经费开支等情况在单位内部公示,具备条件的应向社会公开。

第二十条　一级预算单位应当于每年3月底前,将本级和下属预算单位上年度会议计划和执行情况(包括会议名称、主要内容、时间地点、代表人数、工作人员数、经费开支及列支渠道等)汇总后报财政部。党中央各部门同时抄送中直管理局,国务院各部门同时抄送国管局。

第二十一条　财政部对各单位报送的会议年度报告进行汇总分析,针对执行中存在的问题,及时完善相关制度。

第五章　管理职责

第二十二条　财政部的主要职责是:

(一)会同国管局、中直管理局等部门制定或修订中央本级会议费管理办法,并对执行情况进行监督检查;

(二)按规定对各单位报送的二类会议计划进行审核会签;

(三)对会议费支付结算实施动态监控;

(四)对各单位报送的会议年度报告进行汇总分析,提出加强管理的措施。

第二十三条　国管局的主要职责是:

(一)配合财政部制定或修订中央和国家机关会议费管理办法;

(二)负责国务院召开的一类会议的总务工作;

(三)配合财政部对国务院各部委、各直属机构会议费执行情况进行监督检查。

第二十四条 中直管理局的主要职责是:

(一)配合财政部制定或修订中央和国家机关会议费管理办法;

(二)负责党中央召开的一类会议的总务工作;

(三)配合财政部对中央各部门会议费执行情况进行监督检查。

第二十五条 各单位的主要职责是:

(一)负责制定本单位会议费管理的实施细则;

(二)负责单位年度会议计划编制和三类、四类会议的审批管理;

(三)负责安排会议预算并按规定管理、使用会议费,做好相应的财务管理和会计核算工作,对内部会议费报销进行审核把关,确保票据来源合法,内容真实、完整、合规;

(四)按规定报送会议年度报告,加强对本单位会议费使用的内控管理。

第六章 监督检查和责任追究

第二十六条 财政部、国管局、中直管理局会同有关部门对各单位会议费管理和使用情况进行监督检查。主要内容包括:

(一)会议计划的编报、审批是否符合规定;

(二)会议费开支范围和开支标准是否符合规定;

(三)会议费报销和支付是否符合规定;

(四)会议会期、规模是否符合规定,会议是否在规定的地点和场所召开;

(五)是否向下属机构、企事业单位或地方转嫁、摊派会议费;

(六)会议费管理和使用的其他情况。

第二十七条 严禁各单位借会议名义组织会餐或安排宴请;严禁套取会议费设立“小金库”;严禁在会议费中列支公务接待费。

各单位应严格执行会议用房标准,不得安排高档套房;会议用餐严格控制菜品种类、数量和份量,安排自助餐,严禁提供高档菜肴,不安排宴请,不上烟酒;会议会场一律不摆花草,不制作背景板,不提供水果。

不得使用会议费购置电脑、复印机、打印机、传真机等固定资产以及开支与本次会议无关的其他费用;不得组织会议代表旅游和与会议无关的参观;严禁组织高消费娱乐、健身活动;严禁以任何名义发放纪念品;不得额外配发洗漱用品。

第二十八条 违反本办法规定,有下列行为之一的,依法依规追究会议举办单位和相关人员的责任:

(一)计划外召开会议的;

(二)以虚报、冒领手段骗取会议费的;

(三)虚报会议人数、天数等进行报销的;

(四)违规扩大会议费开支范围,擅自提高会议费开支标准的;

(五)违规报销与会议无关费用的;

（六）其他违反本办法行为的。

有前款所列行为之一的，由财政部会同有关部门责令改正，追回资金，并经报批后予以通报。对直接负责的主管人员和相关负责人，报请其所在单位按规定给予行政处分。如行为涉嫌违法的，移交司法机关处理。

定点饭店或单位内部宾馆、招待所、培训中心有关工作人员违反规定的，按照财政部定点饭店管理的有关规定处理。

第七章　附　则

第二十九条　各单位应当按照本办法规定，结合本单位业务特点和工作需要，制定会议费管理具体规定。

第三十条　中央事业单位会议费管理参照本办法执行。

第三十一条　本办法由财政部负责解释，自 2014 年 1 月 1 日起施行。《中央国家机关会议费管理办法》（国管财〔2006〕426 号）、《中央国家机关会议费管理补充规定》（国管财〔2007〕217 号）、《国务院机关事务管理局　财政部关于调整中央国家机关会议费开支标准的通知》（国管财〔2008〕331 号）同时废止。

关于印发《中央和国家机关培训费管理办法》的通知

(财行〔2013〕523 号)

党中央各部门,国务院各部委、各直属机构,全国人大常委会办公厅,全国政协办公厅,高法院,高检院,各人民团体,各民主党派中央,全国工商联,新疆生产建设兵团财务局、组织部、公务员局:

根据中共中央政治局《关于改进工作作风、密切联系群众的八项规定》的要求和《党政机关厉行节约反对浪费条例》的精神,为加强和规范培训费管理,我们制定了《中央和国家机关培训费管理办法》。现印发给你们,从 2014 年 1 月 1 日起施行。执行中有何问题,请及时向我们反映。

附件:中央和国家机关培训费管理办法

财政部

中共中央组织部

国家公务员局

2013 年 12 月 29 日

附件:

中央和国家机关培训费管理办法

第一章 总 则

第一条 为规范中央和国家机关培训工作,提高培训效率和质量,加强培训费管理,节约培训费开支,制定本办法。

第二条 本办法所称培训,是指中央和国家机关及其所属机构根据《中华人民共和国公务员法》、《干部教育培训工作条例(试行)》、《公务员培训规定(试行)》,使用财政资金在境内举办的三个月以内的岗位培训、任职培训、专门业务培训、初任培训等。

第三条 本办法所称中央和国家机关,是指党中央各部门,国务院各部委、各直属机构,全国人大常委会办公厅,全国政协办公厅,最高人民法院,最高人民检察院,各人民团体,各民主党派中央和全国工商联(以下简称各单位)。

第四条 各单位举办培训应当坚持厉行节约、反对浪费的原则,实行单位内部统一管理,增强针对性和实效性,保证培训质量,节约培训资源,提高培训经费使用效益。

第二章 计划和备案管理

第五条 建立培训计划编报和审批制度。各单位培训部门制订的本单位年度培训计划(包括培训名称、对象、内容、时间、地点、参训人数、所需经费及列支渠道等),经单位财务部门审核后,报单位领导办公会议或党组(党委)会议批准后施行。

第六条 年度培训计划一经批准,原则上不得调整。因工作需要确需临时增加培训及调整预算的,报单位主要负责同志审批。

第七条 各单位年度培训计划于每年3月1日前同时报中央组织部、国家公务员局、财政部备案。

第三章 开支范围和标准

第八条 培训费是指各单位开展培训直接发生的各项费用支出,包括住宿费、伙食费、培训场地费、讲课费、培训资料费、交通费、其他费用。

(一)住宿费是指参训人员及工作人员培训期间发生的租住房间的费用。

(二)伙食费是指参训人员及工作人员培训期间发生的用餐费用。

(三)培训场地费是指用于培训的会议室或教室租金。

(四)讲课费是指聘请师资授课所支付的必要报酬。

(五)培训资料费是指培训期间必要的资料及办公用品费。

(六)交通费是指用于接送以及统一组织的与培训有关的考察、调研等发生的交通支出。

(七)其他费用是指现场教学费、文体活动费、医药费以及授课教师交通、食宿等支出。

第九条 培训费实行综合定额标准，分项核定、总额控制。综合定额标准如下：

单位：元/人天

住宿费	伙食费	场地费和讲课费	资料费、交通费和其他费用	合计
180	110	100	60	450

综合定额标准是培训费开支的上限，各项费用之间可以调剂使用。各单位应在综合定额标准以内结算报销。

15 天以内的培训按照综合定额标准控制；超过 15 天的培训，超过天数按照综合定额标准的 80%控制；超过 30 天的培训，超过天数按照综合定额标准的 70%控制。上述天数含报到撤离时间，报到和撤离时间分别不得超过 1 天。

第十条 讲课费执行以下标准(税后)：

(一)副高级技术职称专业人员每半天最高不超过 1000 元；

(二)正高级技术职称专业人员每半天最高不超过 2000 元；

(三)院士、全国知名专家每半天一般不超过 3000 元。

其他人员讲课参照上述标准执行。

第四章 培训组织

第十一条 培训实行中央和地方分级管理，各单位举办培训，原则上不得下延至市、县及以下。

第十二条 各单位开展培训应当在开支范围和标准内，择优选择党校、行政学院、干部学院、部门行业所属培训机构、高校培训基地以及组织人事部门认可的培训机构承担培训项目。

第十三条 组织培训的工作人员控制在参训人员数量的 5%以内，最多不超过 10 人。

第十四条 严禁借培训名义安排公款旅游；严禁借培训名义组织会餐或安排宴请；严禁组织高消费娱乐、健身活动；严禁使用培训费购置电脑、复印机、打印机、传真机等固定资产以及开支与培训无关的其他费用；严禁在培训费中列支公务接待费、会议费；严禁套取培训费设立“小金库”。

培训住宿不得安排高档套房，不得额外配发洗漱用品；培训用餐不得上高档菜肴，不得提供烟酒；7 日以内的培训不得组织调研、考察、参观。

第十五条 各单位组织培训应尽量利用网络、视频等信息化手段，大力推行干部选学、在职自学等方式，降低培训成本，提高培训效率。

第五章 报销结算

第十六条 报销培训费，应当提供培训通知、实际参训人员签到表、讲课费签收单以及培训机构出具的原始明细单据、电子结算单等凭证。

各单位财务部门应当严格按照规定审核培训费开支，对未履行审批备案程序的培训，以及超范围、超标准开支的费用不予报销。

第十七条 讲课费、小额零星开支以外的培训费用，应当按照国库集中支付和公务卡管理的有关制度执行，采用银行转账或公务卡方式结算，不得以现金方式支付。

第十八条 培训费由培训举办单位承担，纳入部门预算管理，在各单位日常公用经费或专项经费中列支。

第六章 监督检查

第十九条 各单位应当将培训的项目、内容、人数、经费等情况，以适当方式进行公开。

第二十条 各单位应当于每年3月底前将上年度培训计划执行情况(包括培训名称、主要内容、时间、地点、培训对象及人数、工作人员数、经费开支及列支渠道、培训成效等)报送中央组织部、国家公务员局、财政部。

第二十一条 中央组织部、国家公务员局、财政部、审计署等有关部门对各单位培训活动和培训费管理使用情况进行监督检查。主要内容包括：

(一) 培训计划的编报是否符合规定；

(二) 培训费开支范围和开支标准是否符合规定；

(三) 培训费报销和支付是否符合规定；

(四) 是否存在虚报培训费用的行为；

(五) 是否存在转嫁、摊派培训费用的行为；

(六) 是否存在向参训人员乱收费的行为；

(七) 是否存在其他违反本办法的行为。

第二十二条 对于检查中发现的违反本办法的行为，由中央组织部、国家公务员局、财政部、审计署等有关部门责令改正，追回资金，并予以通报；相关责任人员，所在单位按规定予以党纪政纪处分；涉嫌犯罪的，移送司法机关处理。

第七章 附 则

第二十三条 各单位可以按照本办法规定，结合本单位业务特点和工作实际，制定培训费管理具体规定。

第二十四条 中央组织部、国家公务员局组织的调训和统一培训，国家外专局组织的出国(境)培训以及商务部组织的援外培训，不适用本办法。

第二十五条 中央事业单位培训费管理参照本办法执行。

第二十六条 本办法由财政部会同中央组织部、国家公务员局负责解释。

第二十七条 本办法自2014年1月1日起施行。

关于印发《中央和国家机关差旅费管理办法》的通知

(财行〔2013〕531号)

党中央各部门,国务院各部委、各直属机构,全国人大常委会办公厅,全国政协办公厅,高法院,高检院,各人民团体,各民主党派办公厅,新疆生产建设兵团:

为贯彻落实中央关于改进工作作风,密切联系群众八项规定及其实施细则,推进厉行节约反对浪费制度建设,加强和规范中央和国家机关差旅费管理,根据《党政机关厉行节约反对浪费条例》,我们制定了《中央和国家机关差旅费管理办法》。现印发给你们,从2014年1月1日起施行。执行中有何问题,请及时向我们反映。

请各省、自治区、直辖市、计划单列市财政厅(局)参照本办法,结合实际情况,抓紧修订本地党政机关差旅费管理办法,并报财政部备案。

附件:中央和国家机关差旅费管理办法

财政部

2013年12月31日

附件：

中央和国家机关差旅费管理办法

第一章 总 则

第一条 为加强和规范中央和国家机关国内差旅费管理，推进厉行节约反对浪费，根据《党政机关厉行节约反对浪费条例》，制定本办法。

第二条 本办法适用于中央和国家机关，以及参照公务员法管理的事业单位（以下简称中央单位）。

本办法所称中央和国家机关，是指党中央各部门，国务院各部委、各直属机构，全国人大常委会办公厅，全国政协办公厅，最高人民法院，最高人民检察院，各人民团体、各民主党派中央和全国工商联。

第三条 差旅费是指工作人员临时到常驻地以外地区公务出差所发生的城市间交通费、住宿费、伙食补助费和市内交通费。

第四条 中央单位应当建立健全公务出差审批制度。出差必须按规定报经单位有关领导批准，从严控制出差人数和天数；严格差旅费预算管理，控制差旅费支出规模；严禁无实质内容、无明确公务目的的差旅活动，严禁以任何名义和方式变相旅游，严禁异地部门间无实质内容的学习交流和考察调研。

第五条 财政部按照分地区、分级别、分项目的原则制定差旅费标准，并根据经济社会发展水平、市场价格及消费水平变动情况适时调整。

第二章 城市间交通费

第六条 城市间交通费是指工作人员因公到常驻地以外地区出差乘坐火车、轮船、飞机等交通工具所发生的费用。

第七条 出差人员应当按规定等级乘坐交通工具。乘坐交通工具的等级见下表：

交通工具 级别	火车 （含高铁、动车、全列软席列车）	轮船 （不包括旅游船）	飞机	其他交通工具 （不包括出租小汽车）
部级及相当职务人员	火车软席（软座、软卧），高铁/动车商务座，全列软席列车一等软座	一等舱	头等舱	凭据报销
司局级及相当职务人员	火车软席（软座、软卧），高铁/动车一等座，全列软席列车一等软座	二等舱	经济舱	凭据报销
其余人员	火车硬席（硬座、硬卧），高铁/动车二等座、全列软席列车二等软座	三等舱	经济舱	凭据报销

部级及相当职务人员出差,因工作需要,随行一人可乘坐同等级交通工具。

未按规定等级乘坐交通工具的,超支部分由个人自理。

第八条 到出差目的地有多种交通工具可选择时,出差人员在不影响公务、确保安全的前提下,应当选乘经济便捷的交通工具。

第九条 乘坐飞机的,民航发展基金、燃油附加费可以凭据报销。

第十条 乘坐飞机、火车、轮船等交通工具的,每人次可以购买交通意外保险一份。所在单位统一购买交通意外保险的,不再重复购买。

第三章 住宿费

第十一条 住宿费是指工作人员因公出差期间入住宾馆(包括饭店、招待所,下同)发生的房租费用。

第十二条 财政部分地区制定住宿费限额标准。各省、自治区、直辖市和计划单列市财政厅(局)根据当地经济社会发展水平、市场价格、消费水平等因素,提出所在市(省会城市、直辖市、计划单列市,下同)的住宿费限额标准报财政部,经财政部统筹研究提出意见反馈地方审核确认后,由财政部统一发布作为中央单位工作人员到相关地区出差的住宿费限额标准。

对于住宿价格季节性变化明显的城市,住宿费限额标准在旺季可适当上浮一定比例,具体规定由财政部另行发布。

第十三条 部级及相当职务人员住普通套间,司局级及以下人员住单间或标准间。

第十四条 出差人员应当在职务级别对应的住宿费标准限额内,选择安全、经济、便捷的宾馆住宿。

第四章 伙食补助费

第十五条 伙食补助费是指对工作人员在因公出差期间给予的伙食补助费用。

第十六条 伙食补助费按出差自然(日历)天数计算,按规定标准包干使用。

第十七条 财政部分地区制定伙食补助费标准。各省、自治区、直辖市和计划单列市财政厅(局)负责根据当地经济社会发展水平、市场价格、消费水平等因素,参照所在市公务接待工作餐、会议用餐等标准提出伙食补助费标准报财政部,经财政部统筹研究提出意见反馈地方审核确认后,由财政部统一发布作为中央单位工作人员到相关地区出差的伙食补助费标准。

第十八条 出差人员应当自行用餐。凡由接待单位统一安排用餐的,应当向接待单位交纳伙食费。

第五章 市内交通费

第十九条 市内交通费是指工作人员因公出差期间发生的市内交通费用。

第二十条 市内交通费按出差自然(日历)天数计算,每人每天 80 元包干使用。

第二十一条 出差人员由接待单位或其他单位提供交通工具的,应向接待单位或其他单位交纳相关费用。

第六章　报销管理

第二十二条　出差人员应当严格按规定开支差旅费，费用由所在单位承担，不得向下级单位、企业或其他单位转嫁。

第二十三条　城市间交通费按乘坐交通工具的等级凭据报销，订票费、经批准发生的签转或退票费、交通意外保险费凭据报销。

住宿费在标准限额之内凭发票据实报销。

伙食补助费按出差目的地的标准报销，在途期间的伙食补助费按当天最后到达目的地的标准报销。

市内交通费按规定标准报销。

未按规定开支差旅费的，超支部分由个人自理。

第二十四条　工作人员出差结束后应当及时办理报销手续。差旅费报销时应当提供出差审批单、机票、车票、住宿费发票等凭证。

住宿费、机票支出等按规定用公务卡结算。

第二十五条　财务部门应当严格按规定审核差旅费开支，对未经批准出差以及超范围、超标准开支的费用不予报销。

实际发生住宿而无住宿费发票的，不得报销住宿费以及城市间交通费、伙食补助费和市内交通费。

第七章　监督问责

第二十六条　各单位应当加强对本单位工作人员出差活动和经费报销的内控管理，对本单位出差审批制度、差旅费预算及规模控制负责，相关领导、财务人员等对差旅费报销进行审核把关，确保票据来源合法，内容真实完整、合规。对未经批准擅自出差、不按规定开支和报销差旅费的人员进行严肃处理。

一级预算单位应当强化对所属预算单位的监督检查，发现问题及时处理，重大问题向财政部报告。

各单位应当自觉接受审计部门对出差活动及相关经费支出的审计监督。

第二十七条　财政部会同有关部门对中央单位差旅费管理和使用情况进行监督检查。主要内容包括：

（一）单位差旅审批制度是否健全，出差活动是否按规定履行审批手续；

（二）差旅费开支范围和标准是否符合规定；

（三）差旅费报销是否符合规定；

（四）是否向下级单位、企业或其他单位转嫁差旅费；

（五）差旅费管理和使用的其他情况。

第二十八条　出差人员不得向接待单位提出正常公务活动以外的要求，不得在出差期间接受违反规定用公款支付的宴请、游览和非工作需要的参观，不得接受礼品、礼金和土特产品等。

第二十九条 违反本办法规定，有下列行为之一的，依法依规追究相关单位和人员的责任：

(一)单位无出差审批制度或出差审批控制不严的；

(二)虚报冒领差旅费的；

(三)擅自扩大差旅费开支范围和提高开支标准的；

(四)不按规定报销差旅费的；

(五)转嫁差旅费的；

(六)其他违反本办法行为的。

有前款所列行为之一的，由财政部会同有关部门责令改正，违规资金应予追回，并视情况予以通报。对直接责任人和相关负责人，报请其所在单位按规定给予行政处分。涉嫌违法的，移送司法机关处理。

第八章 附 则

第三十条 工作人员外出参加会议、培训，举办单位统一安排食宿的，会议、培训期间的食宿费和市内交通费由会议、培训举办单位按规定统一开支；往返会议、培训地点的差旅费由所在单位按照规定报销。

第三十一条 不参照公务员法管理的事业单位参照本办法执行。

各单位应当根据本办法，结合本单位实际情况制定具体操作规定。

中国人民解放军和中国人民武装警察部队的差旅费管理办法参照本办法另行规定。

第三十二条 本办法由财政部负责解释。

第三十三条 本办法自2014年1月1日起施行。2006年11月13日发布的《财政部关于印发〈中央国家机关和事业单位差旅费管理办法〉的通知》(财行[2006]313号)同时废止，其他有关中央国家机关和事业单位差旅费管理规定与本办法不一致的，按照本办法执行。

财政部关于印发《中央部门财政拨款结转和结余资金管理办法》的通知

（财预〔2010〕7 号）

党中央有关部门，国务院各部委、各直属机构，总参谋部、总政治部、总后勤部、总装备部、武警总部，全国人大常委会办公厅，全国政协办公厅，高法院，高检院，有关人民团体，有关中央管理企业：

为了进一步加强中央部门财政拨款结转和结余资金的管理，优化财政资源配置，提高财政资金使用效益，特制定《中央部门财政拨款结转和结余资金管理办法》，现印发给你们，请遵照执行。

从编报 2009 年度中央部门预算财政拨款结转和结余资金情况时起，中央部门即按照本办法进行核算、统计。中央级事业单位基本支出当年未使用的财政拨款，不再提取职工福利基金和转入事业基金，统一按本办法关于基本支出结转资金的规定执行。对事业单位在实行国库管理制度改革后，已转入事业基金但尚未使用的财政拨款资金，也一并纳入本办法管理。在编报 2009 年度财政拨款结转和结余资金情况时，应按规定编报事业单位基本支出当年结转和累计结转资金情况。

附件：中央部门财政拨款结转和结余资金管理办法

财政部

2010 年 1 月 18 日

附件：

中央部门财政拨款结转和结余资金管理办法

第一章 总 则

第一条 为加强中央部门财政拨款结转和结余资金管理，优化财政资源配置，提高财政资金使用效益，根据《中华人民共和国预算法》、《中华人民共和国预算法实施条例》以及财政预算和国库管理制度等有关规定，制定本办法。

第二条 中央部门财政拨款结转和结余资金，是指与中央财政有缴拨款关系的中央级行政、事业单位(含企业化管理的事业单位)、社会团体及企业在预算年度内，按照财政部批复的本部门预算，当年未列支出的财政拨款资金。

第三条 财政拨款结转资金(以下简称结转资金)是指当年支出预算已执行但尚未完成，或因故未执行，下年需按原用途继续使用的财政拨款资金。

财政拨款结余资金(以下简称结余资金)是指支出预算工作目标已完成，或由于受政策变化、计划调整等因素影响工作终止，当年剩余的财政拨款资金。

第四条 中央部门应当对结转资金和结余资金分别进行明细核算和统计，并与单位会计账表相关数字核对一致。

第五条 按形成时间，中央部门结转资金分为当年结转资金和累计结转资金，结余资金分为当年结余资金和累计结余资金。当年结转和当年结余资金是指中央部门当年形成的财政拨款结转和结余资金；累计结转和累计结余资金是指中央部门截止到年底形成的历年累计财政拨款结转和结余资金。

第二章 结转资金的管理

第六条 中央部门结转资金包括部门预算基本支出结转资金和项目支出结转资金。其中基本支出结转资金包括人员经费结转资金和日常公用经费结转资金。

第七条 基本支出结转资金原则上结转下年继续使用，用于增人增编等人员经费和日常公用经费支出，但在人员经费和日常公用经费间不得挪用，不得用于提高人员经费开支标准。

项目支出结转资金结转下年按原用途继续使用。

第八条 结转资金原则上不得调整用途。在年度预算执行过程中，中央部门确需调整结转资金用途的，需报财政部审批。

第九条 中央部门在预算执行中因增人增编需增加基本支出的，应首先通过本部门基本支出结转资金安排，并将安排使用情况报财政部备案。

第十条 中央部门连续年度安排预算的延续项目，有结转资金的，在编制以后年度预算时，应根据项目结转资金情况和项目年度资金需求情况，统筹安排财政拨款预算。

第三章 结余资金的管理

第十一条 中央部门结余资金是指部门预算项目支出结余资金。

对某一预算年度安排的项目支出连续两年未使用、或者连续三年仍未使用完形成的剩余资金,视同结余资金管理。

第十二条 基本建设项目支出结余资金的确认按基本建设财务管理有关规定执行。

第十三条 对财政部核定的部门年度机动经费,当年未使用的资金按项目支出结余资金管理。

第十四条 中央部门在年度预算执行结束后,形成的项目支出结余资金,应全部统筹用于编制以后年度部门预算,按预算管理的有关规定,用于本部门相关支出。

第十五条 中央部门在编制本部门预算时,可以在部门本级和下级预算单位之间、下级不同预算单位之间、不同预算科目之间统筹安排使用结余资金。

第十六条 中央部门项目支出结余资金,在统筹用于编制以后年度部门预算之前,原则上不得动用。因特殊情况需在预算执行中动用项目支出结余资金安排必需支出的,应报财政部审批。

第十七条 中央部门基本建设项目竣工后,应及时按规定向项目主管部门或财政部报送项目竣工财务决算。中央部门根据项目主管部门或财政部批复的项目竣工财务决算中确认的结余资金数额,按基本建设财务管理有关规定,在项目主管部门或财政部批复竣工财务决算后30日内,将应上交中央国库的结余资金上交;中央部门及单位留用的结余资金需报财政部批准后方可动用。

第四章 减少结转和消化结余资金的措施

第十八条 中央部门在预算执行中,对当年执行进度缓慢、预计年底可能形成较多结转或结余资金的项目,应及时提出调减当年预算或调整用于本部门执行中新增的重要支出的建议,报财政部审批。对经财政部审核调减的部门预算资金,全部收回中央总预算。

第十九条 除特殊原因外,对当年结转和结余资金比上年增加较多,或常年累计结转和结余资金规模较大的中央部门,在编制部门预算时,财政部将视其结转和结余资金情况,适当压缩部门财政拨款预算总额。

第二十条 对以前年度部门预算安排的财政拨款资金,因特殊原因已无法支出或已不需要支出的,或因其他原因需要收回的,财政部可以商中央部门后通过调减部门预算等方式,将资金收回中央总预算。

第五章 预算编制阶段结转和结余资金的安排使用

第二十一条 预算编制阶段,中央部门结转和结余资金使用按以下程序办理:

(一)"一上"预算编制阶段。中央部门按照财政部关于编制部门预算的要求,结合本部门累计结转和结余资金情况以及当年部门预算执行进度,统筹安排提出部门"一上"预算申请。

对拟统筹使用本部门累计结转和结余资金安排下一年度支出预算情况，随部门“一上”预算报送财政部。

(二)“一下”控制数测算阶段。财政部结合中央部门累计结转和结余资金情况以及当年部门预算执行进度，对部门“一上”预算进行审核，提出“一下”预算控制数。将对部门动用结余资金计划的审核意见，随“一下”预算控制数下达中央部门。

(三)“二上”预算编制阶段。中央部门根据财政部下达的“一下”预算控制数和结余资金安排使用建议数，编制“二上”预算。同时，对当年年底结转资金情况作充分预计，随部门“二上”预算报送财政部。因结合部门预算执行进度，需对下年有关财政拨款预算数进行调整的，应商财政部同意并调整“一下”预算控制数后，调整编制“二上”预算。

(四)部门预算草案上报阶段。年度预算执行结束后，部门预算草案正式上报国务院并由国务院提交全国人大审议之前，财政部可结合中央部门的当年实际财政拨款结转和结余资金情况，商中央部门对有关项目财政拨款预算安排数及统筹使用结转和结余资金数进行调整。

第二十二条　中央部门的项目支出结余资金必须在年度预算执行结束、结余资金已实际形成后，才可在编制以后年度预算时统筹使用。对在年度预算执行中，因项目已完成或终止形成的剩余资金，未经财政部批准，不得直接在编制下年预算时安排使用。

第六章　结转和结余资金的报送及确认

第二十三条　预算年度结束后，中央部门应对本部门和所属预算单位的结转和结余资金情况逐级汇总，并对形成结转或结余资金的原因进行分析说明，于下年2月底前，将本部门《20××年度财政拨款结转和结余资金情况表》(格式及填制说明见附1、2)和有关说明文件报送财政部。

第二十四条　国库集中支付形成的年终预算结转和结余资金，中央部门还须按照财政部关于国库管理制度改革试点年终结转和结余资金管理有关规定，在下年1月20日之前报送相关报表。

第二十五条　财政部负责对中央部门结转和结余资金数额进行审核确认，并于3月底前将审核意见通知中央部门。财政部批复的部门预算中的结转资金数额与财政部审核确认的结转资金数额不一致的，以审核确认数为准。

第七章　附　则

第二十六条　中央部门在结转和结余资金管理中违反本办法规定的，财政部应当责成其进行纠正，并可以通过调减部门预算等方式将有关资金收回中央总预算。

第二十七条　中央部门可以依据本办法规定，结合部门实际情况，制定本部门结转和结余资金的具体管理办法。中国人民解放军、武警部队参照本办法的原则，另行制定管理规定。

第二十八条　对纳入预算管理的政府性基金项目支出结转和结余资金，按照有关政府性基金项目管理规定执行。

第二十九条　本办法由财政部负责解释。

第三十条　本办法自发布之日起施行，财政部2006年12月7日发布的《中央部门财政拨款结余资金管理办法》(财预〔2006〕489 号)同时废止。

附:1.《财政拨款结转和结余资金情况表》(略)
　　2.《财政拨款结转和结余资金情况表》填制说明(略)

财政部关于印发《基本建设财务管理规定》的通知

(财建〔2002〕394 号)

党中央有关部门,国务院各部委、各直属机构,全国人大常委会办公厅,全国政协办公厅,最高法院,高检院,各人民团体,中央管理企业,各省、自治区、直辖市、计划单列市财政厅(局),新疆生产建设兵团财务局:

为了适应新形势下基本建设财务管理的需要,有利于各部门、各地区及项目建设单位加强基本建设财务管理,有效节约建设资金,控制建设成本,提高投资效益,针对基本建设财务管理中反映出的问题,我部对《基本建设财务管理若干规定》(财基字〔1998〕4 号)的有关内容进行了修订。现印发你们,请认真贯彻执行。并结合各部门、各地区的实际情况,及时贯彻落实到建设单位。

附件:基本建设财务管理规定

财政部

2002 年 9 月 27 日

附件:

基本建设财务管理规定

第一条 为了适应社会主义市场经济体制和投融资体制改革的需要,规范基本建设投资行为,加强基本建设财务管理和监督,提高投资效益,根据《中华人民共和国预算法》、《会计法》和《政府采购法》等法律、行政法规、规章,制定本规定。

第二条 本规定适用于国有建设单位和使用财政性资金的非国有建设单位,包括当年安排基本建设投资、当年虽未安排投资但有在建工程、有停缓建项目和资产已交付使用但未办理竣工决算项目的建设单位。其他建设单位可参照执行。

实行基本建设财务和企业财务并轨的单位,不执行本规定。

第三条 基本建设财务管理的基本任务是:贯彻执行国家有关法律、行政法规、方针政策;依法、合理、及时筹集、使用建设资金;做好基本建设资金的预算编制、执行、控制、监督和考核工作,严格控制建设成本,减少资金损失和浪费,提高投资效益。

第四条 各级财政部门是主管基本建设财务的职能部门,对基本建设的财务活动实施财政财务管理和监督。

第五条 使用财政性资金的建设单位,在初步设计和工程概算获得批准后,其主管部门要及时向同级财政部门提交初步设计的批准文件和项目概算,并按照预算管理的要求,及时向同级财政部门报送项目年度预算,待财政部门审核确认后,作为安排项目年度预算的依据。

建设项目停建、缓建、迁移、合并、分立以及其他主要变更事项,应当在确立和办理变更手续之日起30日内,向同级财政部门提交有关文件、资料的复制件。

第六条 建设单位要做好基本建设财务管理的基础工作,按规定设置独立的财务管理机构或指定专人负责基本建设财务工作;严格按照批准的概预算建设内容,做好账务设置和账务管理,建立健全内部财务管理制度;对基本建设活动中的材料、设备采购、存货、各项财产物资及时做好原始记录;及时掌握工程进度,定期进行财产物资清查;按规定向财政部门报送基建财务报表。

主管部门应指导和督促所属的建设单位做好基本建设财务管理的基础工作。

第七条 经营性项目,应按照国家关于项目资本金制度的规定,在项目总投资(以经批准的动态投资计算)中筹集一定比例的非负债资金作为项目资本金。

本规定中有关经营性项目和非经营性项目划分,由财政部门根据国家有关规定确认。

第八条 经营性项目筹集的资本金,须聘请中国注册会计师验资并出具验资报告。投资者以实物、工业产权、非专利技术、土地使用权等非货币资产投入项目的资本金,必须经过有资格的资产评估机构依照法律、行政法规评估作价。

经营性项目筹集的资本金,在项目建设期间和生产经营期间,投资者除依法转让外,不得以任何方式抽走。

第九条 经营性项目收到投资者投入项目的资本金,要按照投资主体的不同,分别以国家资本金、法人资本金、个人资本金和外商资本金单独反映。项目建成交付使用并办理竣工财务决算后,相应转为生产经营企业的国家资本金、法人资本金、个人资本金、外商资本金。

第十条 凡使用国家财政投资的建设项目,应当执行财政部有关基本建设资金支付的程序,财政资金按批准的年度基本建设支出预算到位。

实行政府采购和国库集中支付的基本建设项目,应当根据政府采购和国库集中支付的有关规定办理资金支付。

第十一条 经营性项目对投资者实际缴付的出资额超出其资本金的差额(包括发行股票的溢价净收入)、接受捐赠的财产、外币资本折算差额等,在项目建设期间,作为资本公积金,项目建成交付使用并办理竣工财务决算后,相应转为生产经营企业的资本公积金。

第十二条 建设项目在建设期间的存款利息收入计入待摊投资,冲减工程成本。

第十三条 经营性项目在建设期间的财政贴息资金,作冲减工程成本处理。

第十四条 建设项目在编制竣工财务决算前要认真清理结余资金。应变价处理的库存设备、材料以及应处理的自用固定资产要公开变价处理,应收、应付款项要及时清理,清理出来的结余资金按下列情况进行财务处理:

经营性项目的结余资金,相应转入生产经营企业的有关资产。

非经营性项目的结余资金,首先用于归还项目贷款。如有结余,30%作为建设单位留成收入,主要用于项目配套设施建设、职工奖励和工程质量奖,70%按投资来源比例归还投资方。

第十五条 项目建设单位应当将应交财政的竣工结余资金在竣工财务决算批复后30日内上缴财政。

第十六条 建设成本包括建筑安装工程投资支出、设备投资支出、待摊投资支出和其他投资支出。

第十七条 建筑安装工程投资支出是指建设单位按项目概算内容发生的建筑工程和安装工程的实际成本,其中不包括被安装设备本身的价值以及按照合同规定支付给施工企业的预付备料款和预付工程款。

第十八条 设备投资支出是指建设单位按照项目概算内容发生的各种设备的实际成本,包括需要安装设备、不需要安装设备和为生产准备的不够固定资产标准的工具、器具的实际成本。

需要安装设备是指必须将其整体或几个部位装配起来,安装在基础上或建筑物支架上才能使用的设备;不需要安装设备是指不必固定在一定位置或支架上就可以使用的设备。

第十九条 待摊投资支出是指建设单位按项目概算内容发生的,按照规定应当分摊计入交付使用资产价值的各项费用支出,包括:建设单位管理费、土地征用及迁移补偿费、土地复垦及补偿费、勘察设计费、研究试验费、可行性研究费、临时设施费、设备检验费、负荷联合试车费、合同公证及工程质量监理费、(贷款)项目评估费、国外借款手续费及承诺费、社会中介机构审计(查)费、招投标费、经济合同仲裁费、诉讼费、律师代理费、土地使用税、耕地占用税、车船使用税、汇兑损益、报废工程损失、坏账损失、借款利息、固定资产损失、器材处理亏损、设备盘亏及毁损、调整器材调拨价格折价、企业债券发行费用、航道维护费、航标设施费、航测费、其他待摊投资等。

建设单位要严格按照规定的内容和标准控制待摊投资支出,不得将非法的收费、摊派等计入待摊投资支出。

第二十条 其他投资支出是指建设单位按项目概算内容发生的构成基本建设实际支出的房屋购置和基本畜禽、林木等购置、饲养、培育支出以及取得各种无形资产和递延资产发生的支出。

第二十一条 建设单位管理费是指建设单位从项目开工之日起至办理竣工财务决算之日止发生的管理性质的开支。包括:不在原单位发工资的工作人员工资、基本养老保险费、基本医疗保险费、失业保险费,办公费、差旅交通费、劳动保护费、工具用具使用费、固定资产使用费、零星购置费、招募生产工人费、技术图书资料费、印花税、业务招待费、施工现场津贴、竣工验收费和其他管理性质开支。

业务招待费支出不得超过建设单位管理费总额的10%。

施工现场津贴标准比照当地财政部门制定的差旅费标准执行。

第二十二条 建设单位管理费实行总额控制,分年度据实列支。

建设单位管理费的总额控制数以项目审批部门批准的项目投资总概算为基数,并按投资总概算的不同规模分档计算。具体计算方法见附1。

特殊情况确需超过上述开支标准的,须事前报同级财政部门审核批准。

第二十三条 建设单位发生单项工程报废,必须经有关部门鉴定。报废单项工程的净损失经财政部门批准后,作增加建设成本处理,计入待摊投资。

第二十四条 非经营性项目发生的江河清障、航道清淤、飞播造林、补助群众造林、退耕还林(草)、封山(沙)育林(草)、水土保持、城市绿化、取消项目可行性研究费、项目报废及其他经财政部门认可的不能形成资产部分的投资,作待核销处理。在财政部门批复竣工决算后,冲销相应的资金。形成资产部分的投资,计入交付使用资产价值。

第二十五条 非经营性项目为项目配套的专用设施投资,包括专用道路、专用通讯设施、送变电站、地下管道等,产权归属本单位的,计入交付使用资产价值;产权不归属本单位的,作转出投资处理,冲销相应的资金。

经营性项目为项目配套的专用设施投资,包括专用铁路线、专用公路、专用通讯设施、送变电站、地下管道、专用码头等,建设单位必须与有关部门明确界定投资来源和产权关系。由本单位负责投资但产权不归属本单位的,作无形资产处理;产权归属本单位的,计入交付使用资产价值。

第二十六条 建设项目隶属关系发生变化时,应及时进行财务关系划转,要认真做好各项资产和债权、债务清理交接工作,主要包括各项投资来源、已交付使用的资产、在建工程、结余资金、各项债权和债务等,由划转双方的主管部门报同级财政部门审批,并办理资产、财务划转手续。

第二十七条 基建收入是指在基本建设过程中形成的各项工程建设副产品变价净收入、负荷试车和试运行收入以及其他收入。

(一)工程建设副产品变价净收入包括:煤炭建设中的工程煤收入,矿山建设中的矿产品收入,油(汽)田钻井建设中的原油(汽)收入和森工建设中的路影材收入等。

(二)经营性项目为检验设备安装质量进行的负荷试车或按合同及国家规定进行试运行所实现的产品收入包括:水利、电力建设移交生产前的水、电、热费收入,原材料、机电轻纺、农林建设移交生产前的产品收入,铁路、交通临时运营收入等。

(三)其他收入包括:1.各类建设项目总体建设尚未完成和移交生产,但其中部分工程简易投产而发生的营业性收入等;2.工程建设期间各项索赔以及违约金等其他收入。

第二十八条 各类副产品和负荷试车产品基建收入按实际销售收入扣除销售过程中所发生的费用和税金确定。负荷试车费用计入建设成本。

试运行期间基建收入以产品实际销售收入减去销售费用及其他费用和销售税金后的纯收入确定。

第二十九条 试运行期按照以下规定确定:引进国外设备项目按建设合同中规定的试运行期执行;国内一般性建设项目试运行期原则上按照批准的设计文件所规定期限执行。个别行业的建设项目试运行期需要超过规定试运行期的，应报项目设计文件审批机关批准。

第三十条 建设项目按批准的设计文件所规定的内容建成，工业项目经负荷试车考核(引进国外设备项目合同规定试车考核期满)或试运行期能够正常生产合格产品，非工业项目符合设计要求，能够正常使用时，应及时组织验收，移交生产或使用。凡已超过批准的试运行期，并已符合验收条件但未及时办理竣工验收酥续的建设项目，视同项目已正式投产，其费用不得从基建投资中支付，所实现的收入作为生产经营收入，不再作为基建收入。试运行期一经确定，各建设单位应严格按规定执行，不得擅自缩短或延长。

第三十一条 各项索赔、违约金等收入，首先用于弥补工程损失，结余部分按本规定第三十二条处理。

第三十二条 基建收入应依法缴纳企业所得税，税后收入按以下规定处理：

经营性项目基建收入的税后收入，相应转为生产经营企业的盈余公积。

非经营性项目基建收入的税后收入，相应转入行政事业单位的其他收入。

第三十三条 试生产期间一律不得计提固定资产折旧。

第三十四条 建设单位应当严格执行工程价款结算的制度规定，坚持按照规范的工程价款结算程序支付资金。建设单位与施工单位签订的施工合同中确定的工程价款结算方式要符合财政支出预算管理的有关规定。工程建设期间，建设单位与施工单位进行工程价款结算，建设单位必须按工程价款结算总额的5%预留工程质量保证金，待工程竣工验收一年后再清算。

第三十五条 基本建设项目竣工时，应编制基本建设项目竣工财务决算。建设周期长、建设内容多的项目，单项工程竣工，具备交付使用条件的，可编制单项工程竣工财务决算。建设项目全部竣工后应编制竣工财务总决算。

第三十六条 基本建设项目竣工财务决算是正确核定新增固定资产价值，反映竣工项目建设成果的文件，是办理固定资产交付使用手续的依据。各编制单位要认真执行有关的财务核算办法，严肃财经纪律，实事求是地编制基本建设项目竣工财务决算，做到编报及时，数字准确，内容完整。

第三十七条 建设单位及其主管部门应加强对基本建设项目竣工财务决算的组织领导，组织专门人员，及时编制竣工财务决算。设计、施工、监理等单位应积极配合建设单位做好竣工财务决算编制工作。建设单位应在项目竣工后3个月内完成竣工财务决算的编制工作。在竣工财务决算未经批复之前，原机构不得撤销，项目负责人及财务主管人员不得调离。

第三十八条 基本建设项目竣工财务决算的依据，主要包括：可行性研究报告、初步设计、概算调整及其批准文件；招投标文件(书)；历年投资计划；经财政部门审核批准的项目预算；承包合同、工程结算等有关资料；有关的财务核算制度、办法；其他有关资料。

第三十九条 在编制基本建设项目竣工财务决算前，建设单位要认真做好各项清理工作。清理工作主要包括基本建设项目档案资料的归集整理、账务处理、财产物资的盘点核实及债权债务的清偿，做到账账、账证、账实、账表相符。各种材料、设备、工具、器具等，要逐项盘点核实，填列清单，妥善保管，或按照国家规定进行处理，不准任意侵占、挪用。

第四十条 基本建设项目竣工财务决算的内容，主要包括以下两个部分：

(一)基本建设项目竣工财务决算报表

主要有以下报表：

1.封面

2.基本建设项目概况表

3.基本建设项目竣工财务决算表

4.基本建设项目交付使用资产总表

5.基本建设项目交付使用资产明细表

（二）竣工财务决算说明书

主要包括以下内容：

1.基本建设项目概况

2.会计账务的处理、财产物资清理及债权债务的清偿情况

3.基建结余资金等分配情况

4.主要技术经济指标的分析、计算情况

5.基本建设项目管理及决算中存在的问题、建议

6.决算与概算的差异和原因分析

7.需说明的其他事项

第四十一条 基本建设项目的竣工财务决算，按下列要求报批：

（一）中央级项目

1.小型项目

属国家确定的重点项目，其竣工财务决算经主管部门审核后报财政部审批，或由财政部授权主管部门审批；其他项目竣工财务决算报主管部门审批。

2.大、中型项目

中央级大、中型基本建设项目竣工财务决算，经主管部门审核后报财政部审批。

（二）地方级项目 地方级基本建设项目竣工财务决算的报批，由各省、自治区、直辖市、计划单列市财政厅（局）确定。

第四十二条 财政部对中央级大中型项目、国家确定的重点小型项目竣工财务决算的审批实行“先审核、后审批”的办法，即先委托投资评审机构或经财政部认可的有资质的中介机构对项目单位编制的竣工财务决算进行审核，再按规定批复。对审核中审减的概算内投资，经财政部审核确认后，按投资来源比例归还投资方。

第四十三条 基本建设项目竣工财务决算大中小型划分标准。经营性项目投资额在5000万元（含5000万元）以上、非经营性项目投资额在3000万元（含3000万元）以上的为大中型项目。其他项目为小型项目。

第四十四条 已具备竣工验收条件的项目，3个月内不办理竣工验收和固定资产移交手续的，视同项目已正式投产，其费用不得从基建投资中支付，所实现的收入作为生产经营收入，不再作为基建收入管理。

第四十五条 各省、自治区、直辖市、计划单列市财政厅（局）可以根据本规定，结合本地区建设项目的实际，制定实施细则并报财政部备案。

第四十六条 本规定自发布之日起30日后施行。财政部1998年印发的《基本建设财务管理若干规定》（财基字〔1998〕4号文）同时废止。

附1：建设单位管理费总额控制数费率表

附2：基本建设项目竣工财务决算报表（略）

附 1:

建设单位管理费总额控制数费率表

单位:万元

工程总概算	费率(%)	算例	
		工程总概算	建设单位管理费
1000 及以下	1.5	1000	1000×1.5%=15
1001～5000	1.2	5000	15+(5000−1000)×1.2%=63
5001～10000	1.0	10000	63+(10000−5000) ×1%=113
10001～50000	0.8	50000	113+(50000−10000) ×0.8%=443
50001～100000	0.5	100000	433+(100000−50000)×0.5%=683
100001～200000	0.2	200000	683+(200000−100000)×0.2%=883
200000 以上	0.1	280000	883+(280000−200000)×0.1%=963

财政部 建设部关于印发《建设工程价款结算暂行办法》的通知

（财建〔2004〕369号）

党中央有关部门，国务院各部委、各直属机构，有关人民团体，各中央管理企业，各省、自治区、直辖市、计划单列市财政厅（局）、建设厅（委、局），新疆生产建设兵团财务局：

为了维护建设市场秩序，规范建设工程价款结算活动，按照国家有关法律、法规，我们制订了《建设工程价款结算暂行办法》。现印发给你们，请贯彻执行。

附件：建设工程价款结算暂行办法

财政部 建设部

2004年10月20日

附件：

建设工程价款结算暂行办法

第一章 总 则

第一条 为加强和规范建设工程价款结算，维护建设市场正常秩序，根据《中华人民共和国合同法》、《中华人民共和国建筑法》、《中华人民共和国招标投标法》、《中华人民共和国预算法》、《中华人民共和国政府采购法》、《中华人民共和国预算法实施条例》等有关法律、行政法规制订本办法。

第二条 凡在中华人民共和国境内的建设工程价款结算活动，均适用本办法。国家法律法规另有规定的，从其规定。

第三条 本办法所称建设工程价款结算(以下简称"工程价款结算")，是指对建设工程的发承包合同价款进行约定和依据合同约定进行工程预付款、工程进度款、工程竣工价款结算的活动。

第四条 国务院财政部门、各级地方政府财政部门和国务院建设行政主管部门、各级地方政府建设行政主管部门在各自职责范围内负责工程价款结算的监督管理。

第五条 从事工程价款结算活动，应当遵循合法、平等、诚信的原则，并符合国家有关法律、法规和政策。

第二章 工程合同价款的约定与调整

第六条 招标工程的合同价款应当在规定时间内，依据招标文件、中标人的投标文件，由发包人与承包人(以下简称"发、承包人")订立书面合同约定。

非招标工程的合同价款依据审定的工程预(概)算书由发、承包人在合同中约定。

合同价款在合同中约定后，任何一方不得擅自改变。

第七条 发包人、承包人应当在合同条款中对涉及工程价款结算的下列事项进行约定：

(一)预付工程款的数额、支付时限及抵扣方式；

(二)工程进度款的支付方式、数额及时限；

(三)工程施工中发生变更时，工程价款的调整方法、索赔方式、时限要求及金额支付方式；

(四)发生工程价款纠纷的解决方法；

(五)约定承担风险的范围及幅度以及超出约定范围和幅度的调整办法；

(六)工程竣工价款的结算与支付方式、数额及时限；

(七)工程质量保证(保修)金的数额、预扣方式及时限；

(八)安全措施和意外伤害保险费用；

(九)工期及工期提前或延后的奖惩办法；

(十)与履行合同、支付价款相关的担保事项。

第八条 发、承包人在签订合同时对于工程价款的约定，可选用下列一种约定方式：

(一)固定总价。合同工期较短且工程合同总价较低的工程,可以采用固定总价合同方式。

(二)固定单价。双方在合同中约定综合单价包含的风险范围和风险费用的计算方法,在约定的风险范围内综合单价不再调整。风险范围以外的综合单价调整方法,应当在合同中约定。

(三)可调价格。可调价格包括可调综合单价和措施费等,双方应在合同中约定综合单价和措施费的调整方法,调整因素包括:

1.法律、行政法规和国家有关政策变化影响合同价款;

2.工程造价管理机构的价格调整;

3.经批准的设计变更;

4.发包人更改经审定批准的施工组织设计(修正错误除外)造成费用增加;

5.双方约定的其他因素。

第九条 承包人应当在合同规定的调整情况发生后14天内,将调整原因、金额以书面形式通知发包人,发包人确认调整金额后将其作为追加合同价款,与工程进度款同期支付。发包人收到承包人通知后14天内不予确认也不提出修改意见,视为已经同意该项调整。

当合同规定的调整合同价款的调整情况发生后,承包人未在规定时间内通知发包人,或者未在规定时间内提出调整报告,发包人可以根据有关资料,决定是否调整和调整的金额,并书面通知承包人。

第十条 工程设计变更价款调整

(一)施工中发生工程变更,承包人按照经发包人认可的变更设计文件,进行变更施工,其中,政府投资项目重大变更,需按基本建设程序报批后方可施工。

(二)在工程设计变更确定后14天内,设计变更涉及工程价款调整的,由承包人向发包人提出,经发包人审核同意后调整合同价款。变更合同价款按下列方法进行:

1.合同中已有适用于变更工程的价格,按合同已有的价格变更合同价款;

2.合同中只有类似于变更工程的价格,可以参照类似价格变更合同价款;

3.合同中没有适用或类似于变更工程的价格,由承包人或发包人提出适当的变更价格,经对方确认后执行。如双方不能达成一致的,双方可提请工程所在地工程造价管理机构进行咨询或按合同约定的争议或纠纷解决程序办理。

(三)工程设计变更确定后14天内,如承包人未提出变更工程价款报告,则发包人可根据所掌握的资料决定是否调整合同价款和调整的具体金额。重大工程变更涉及工程价款变更报告和确认的时限由发承包双方协商确定。

收到变更工程价款报告一方,应在收到之日起14天内予以确认或提出协商意见,自变更工程价款报告送达之日起14天内,对方未确认也未提出协商意见时,视为变更工程价款报告已被确认。

确认增(减)的工程变更价款作为追加(减)合同价款与工程进度款同期支付。

第三章 工程价款结算

第十一条 工程价款结算应按合同约定办理,合同未作约定或约定不明的,发、承包双方应依照下列规定与文件协商处理:

(一)国家有关法律、法规和规章制度；

(二)国务院建设行政主管部门、省、自治区、直辖市或有关部门发布的工程造价计价标准、计价办法等有关规定；

(三)建设项目的合同、补充协议、变更签证和现场签证,以及经发、承包人认可的其他有效文件；

(四)其他可依据的材料。

第十二条 工程预付款结算应符合下列规定：

(一)包工包料工程的预付款按合同约定拨付,原则上预付比例不低于合同金额的10%,不高于合同金额的30%,对重大工程项目,按年度工程计划逐年预付。计价执行《建设工程工程量清单计价规范》(GB50500—2003)的工程,实体性消耗和非实体性消耗部分应在合同中分别约定预付款比例。

(二)在具备施工条件的前提下,发包人应在双方签订合同后的一个月内或不迟于约定的开工日期前的7天内预付工程款,发包人不按约定预付,承包人应在预付时间到期后10天内向发包人发出要求预付的通知,发包人收到通知后仍不按要求预付,承包人可在发出通知14天后停止施工,发包人应从约定应付之日起向承包人支付应付款的利息(利率按同期银行贷款利率计),并承担违约责任。

(三)预付的工程款必须在合同中约定抵扣方式,并在工程进度款中进行抵扣。

(四)凡是没有签订合同或不具备施工条件的工程,发包人不得预付工程款,不得以预付款为名转移资金。

第十三条 工程进度款结算与支付应当符合下列规定：

(一)工程进度款结算方式

1.按月结算与支付。即实行按月支付进度款,竣工后清算的办法。合同工期在两个年度以上的工程,在年终进行工程盘点,办理年度结算。

2.分段结算与支付。即当年开工、当年不能竣工的工程按照工程形象进度,划分不同阶段支付工程进度款。具体划分在合同中明确。

(二)工程量计算

1.承包人应当按照合同约定的方法和时间,向发包人提交已完工程量的报告。发包人接到报告后14天内核实已完工程量,并在核实前1天通知承包人,承包人应提供条件并派人参加核实,承包人收到通知后不参加核实,以发包人核实的工程量作为工程价款支付的依据。发包人不按约定时间通知承包人,致使承包人未能参加核实,核实结果无效。

2.发包人收到承包人报告后14天内未核实完工程量,从第15天起,承包人报告的工程量即视为被确认,作为工程价款支付的依据,双方合同另有约定的,按合同执行。

3.对承包人超出设计图纸(含设计变更)范围和因承包人原因造成返工的工程量,发包人不予计量。

(三)工程进度款支付

1.根据确定的工程计量结果,承包人向发包人提出支付工程进度款申请,14天内,发包人应按不低于工程价款的60%,不高于工程价款的90%向承包人支付工程进度款。按约定时间发包人应扣回的预付款,与工程进度款同期结算抵扣。

2.发包人超过约定的支付时间不支付工程进度款,承包人应及时向发包人发出要求付款的通知，发包人收到承包人通知后仍不能按要求付款，可与承包人协商签订延期付款协议，经承包人同意后可延期支付，协议应明确延期支付的时间和从工程计量结果确认后第15天起计算应付款的利息（利率按同期银行贷款利率计）。

3.发包人不按合同约定支付工程进度款，双方又未达成延期付款协议，导致施工无法进行，承包人可停止施工，由发包人承担违约责任。

第十四条 工程完工后，双方应按照约定的合同价款及合同价款调整内容以及索赔事项，进行工程竣工结算。

（一）工程竣工结算方式

工程竣工结算分为单位工程竣工结算、单项工程竣工结算和建设项目竣工总结算。

（二）工程竣工结算编审

1.单位工程竣工结算由承包人编制，发包人审查；实行总承包的工程，由具体承包人编制，在总包人审查的基础上，发包人审查。

2.单项工程竣工结算或建设项目竣工总结算由总（承）包人编制，发包人可直接进行审查，也可以委托具有相应资质的工程造价咨询机构进行审查。政府投资项目，由同级财政部门审查。单项工程竣工结算或建设项目竣工总结算经发、承包人签字盖章后有效。

承包人应在合同约定期限内完成项目竣工结算编制工作，未在规定期限内完成的并且提不出正当理由延期的，责任自负。

（三）工程竣工结算审查期限

单项工程竣工后，承包人应在提交竣工验收报告的同时，向发包人递交竣工结算报告及完整的结算资料，发包人应按以下规定时限进行核对（审查）并提出审查意见。

	工程竣工结算报告金额	审查时间
1	500万元以下	从接到竣工结算报告和完整的竣工结算资料之日起20天
2	500万～2000万元	从接到竣工结算报告和完整的竣工结算资料之日起30天
3	2000万～5000万元	从接到竣工结算报告和完整的竣工结算资料之日起45天
4	5000万元以上	从接到竣工结算报告和完整的竣工结算资料之日起60天

建设项目竣工总结算在最后一个单项工程竣工结算审查确认后15天内汇总，送发包人后30天内审查完成。

（四）工程竣工价款结算

发包人收到承包人递交的竣工结算报告及完整的结算资料后，应按本办法规定的期限（合同约定有期限的，从其约定）进行核实，给予确认或者提出修改意见。发包人根据确认的竣工结算报告向承包人支付工程竣工结算价款，保留5%左右的质量保证（保修）金，待工程交付使用一年质保期到期后清算（合同另有约定的，从其约定），质保期内如有返修，发生费用应在质量保证（保修）金内扣除。

（五）索赔价款结算

发承包人未能按合同约定履行自己的各项义务或发生错误，给另一方造成经济损失的，由受损方按合同约定提出索赔，索赔金额按合同约定支付。

（六）合同以外零星项目工程价款结算

发包人要求承包人完成合同以外零星项目，承包人应在接受发包人要求的7天内就用工数量和单价、机械台班数量和单价、使用材料和金额等向发包人提出施工签证，发包人签证后施工，如发包人未签证，承包人施工后发生争议的，责任由承包人自负。

第十五条 发包人和承包人要加强施工现场的造价控制，及时对工程合同外的事项如实纪录并履行书面手续。凡由发、承包双方授权的现场代表签字的现场签证以及发、承包双方协商确定的索赔等费用，应在工程竣工结算中如实办理，不得因发、承包双方现场代表的中途变更改变其有效性。

第十六条 发包人收到竣工结算报告及完整的结算资料后，在本办法规定或合同约定期限内，对结算报告及资料没有提出意见，则视同认可。

承包人如未在规定时间内提供完整的工程竣工结算资料，经发包人催促后14天内仍未提供或没有明确答复，发包人有权根据已有资料进行审查，责任由承包人自负。

根据确认的竣工结算报告，承包人向发包人申请支付工程竣工结算款。发包人应在收到申请后15天内支付结算款，到期没有支付的应承担违约责任。承包人可以催告发包人支付结算价款，如达成延期支付协议，承包人应按同期银行贷款利率支付拖欠工程价款的利息。如未达成延期支付协议，承包人可以与发包人协商将该工程折价，或申请人民法院将该工程依法拍卖，承包人就该工程折价或者拍卖的价款优先受偿。

第十七条 工程竣工结算以合同工期为准，实际施工工期比合同工期提前或延后，发、承包双方应按合同约定的奖惩办法执行。

第四章 工程价款结算争议处理

第十八条 工程造价咨询机构接受发包人或承包人委托，编审工程竣工结算，应按合同约定和实际履约事项认真办理，出具的竣工结算报告经发、承包双方签字后生效。当事人一方对报告有异议的，可对工程结算中有异议部分，向有关部门申请咨询后协商处理，若不能达成一致的，双方可按合同约定的争议或纠纷解决程序办理。

第十九条 发包人对工程质量有异议，已竣工验收或已竣工未验收但实际投入使用的工程，其质量争议按该工程保修合同执行；已竣工未验收且未实际投入使用的工程以及停工、停建工程的质量争议，应当就有争议部分的竣工结算暂缓办理，双方可就有争议的工程委托有资质的的检测鉴定机构进行检测，根据检测结果确定解决方案，或按工程质量监督机构的处理决定执行，其余部分的竣工结算依照约定办理。

第二十条 当事人对工程造价发生合同纠纷时，可通过下列办法解决：

(一)双方协商确定；

(二)按合同条款约定的办法提请调解；

(三)向有关仲裁机构申请仲裁或向人民法院起诉。

第五章 工程价款结算管理

第二十一条 工程竣工后，发、承包双方应及时办清工程竣工结算，否则，工程不得交付使用，有关部门不予办理权属登记。

第二十二条 发包人与中标的承包人不按照招标文件和中标的承包人的投标文件订立合同的，或者发包人、中标的承包人背离合同实质性内容另行订立协议，造成工程价款结算纠纷的，另行订立的协议无效，由建设行政主管部门责令改正，并按《中华人民共和国招标投标法》第五十九条进行处罚。

第二十三条 接受委托承接有关工程结算咨询业务的工程造价咨询机构应具有工程造价咨询单位资质，其出具的办理拨付工程价款和工程结算的文件，应当由造价工程师签字，并应加盖执业专用章和单位公章。

第六章 附 则

第二十四条 建设工程施工专业分包或劳务分包，总（承）包人与分包人必须依法订立专业分包或劳务分包合同，按照本办法的规定在合同中约定工程价款及其结算办法。

第二十五条 政府投资项目除执行本办法有关规定外，地方政府或地方政府财政部门对政府投资项目合同价款约定与调整、工程价款结算、工程价款结算争议处理等事项，如另有特殊规定的，从其规定。

第二十六条 凡实行监理的工程项目，工程价款结算过程中涉及监理工程师签证事项，应按工程监理合同约定执行。

第二十七条 有关主管部门、地方政府财政部门和地方政府建设行政主管部门可参照本办法，结合本部门、本地区实际情况，另行制订具体办法，并报财政部、建设部备案。

第二十八条 合同示范文本内容如与本办法不一致，以本办法为准。

第二十九条 本办法自公布之日起施行。

人事部　财政部
国务院机关事务管理局关于调整在京中央机关和事业单位工作人员福利费标准的通知

(人发〔1998〕106号)

国务院各部委、各直属机构：

为适当解决在京中央国家机关、事业单位福利费偏低问题，经研究，对在京中央国家机关、事业单位工作人员的福利费提取比例和标准进行调整，即：在京中央国家机关及事业单位工作人员的福利费按照全部工作人员基本工资(机关包括基础工资、职务工资、级别工资和工龄工资，事业单位包括职务〈岗位〉等级工资、国家规定比例的津贴、教龄、护龄津贴)的2.5%提取。以后福利费的提取标准随着工资水平的提高再作调整。

根据上述办法，在京中央国家机关、事业单位工作人员的福利费为每人每月12元，其中，中央国家机关按每人每月9元留用，其余3元由人事部统一调剂使用；事业单位按12元提取福利费，全部由单位按规定使用。福利费年终如有节余，可转入下年度继续使用。

驻京外地区的中央国家机关和事业单位工作人员的福利费，仍按所在地的规定执行。

本《通知》自1999年1月1日起实行，原劳动人事部、财政部、国务院机关事务管理局下发的《关于中央国家机关和事业单位工作人员福利费提取标准的通知》(劳人险〔1986〕12号)同时废止。

人事部
财政部
国务院机关事务管理局
1998年12月23日

关于印发《气象部门基本建设财务管理规定》的通知

（气发〔2003〕281 号）

各省、自治区、直辖市气象局，计划单列市气象局，各直属单位，中国气象局重点工程项目办公室：

为适应新形势下基本建设财务管理的需要，规范基本建设投资行为，加强气象部门基本建设财务管理和监督，控制建设成本，提高投资效益，根据《财政部关于印发〈基本建设财务管理规定〉的通知》(财建〔2002〕394 号)等文件的有关规定，结合气象部门实际，我局对《气象部门基本建设财务管理办法》(中气计发〔1999〕152 号)的有关内容进行了修订。现将新的《气象部门基本建设财务管理规定》印发你们，请认真贯彻执行。

执行中如有问题，请及时函告中国气象局计划财务司。

附件：气象部门基本建设财务管理规定

中国气象局

2003 年 12 月 8 日

附件:

气象部门基本建设财务管理规定

第一章 总 则

第一条 为了适应社会主义市场经济体制,规范基本建设投资行为,加强气象部门基本建设财务管理和监督,控制建设成本,提高投资效益,根据《财政部关于印发〈基本建设财务管理规定〉的通知》(财建〔2002〕394号)等有关文件规定,结合气象部门实际,制定本规定。

第二条 本规定适用于各级气象部门有基本建设投资项目的建设单位,包括当年安排基本建设投资、当年虽未安排投资但有在建工程、有停缓建项目和资产已交付使用但未办理竣工决算项目的建设单位。

第三条 基本建设财务管理的基本任务是:贯彻执行国家有关法律、行政法规、方针政策;依法、合理、及时筹集、使用建设资金;做好基本建设资金的预算编制、执行、控制、监督和考核工作,严格控制建设成本,减少资金损失和浪费,提高投资效益。

第四条 各级气象部门的财务部门是主管基本建设财务的职能部门,对基本建设的财务活动实施财务管理和监督。

第五条 各建设单位要做好基本建设财务管理的基础工作,按规定设置独立的财务管理机构或指定有从业资格的专业人员专人负责基本建设财务工作,按规定单独设账用于核算基本建设成本;严格按照批准的(概)预算以及建设内容,做好账簿设置和会计账务处理;建立健全内部财务管理制度;对基本建设活动中的材料、设备采购、存货、各项财产物资及时做好原始记录;及时掌握工程进度,定期进行财产物资清查;按规定及时、准确向上一级主管部门报送各类基本建设会计报表。

第六条 在基本建设财务管理工作中,各建设单位应根据批准的项目概(预)算、基本建设投资计划和财政性基本建设支出预算,做好基本建设资金的筹集、分配和供应工作,有计划地、及时地满足基本建设工程项目的需要。

第七条 各建设单位要严格按照《国有建设单位会计制度》、《国有建设单位会计制度补充规定》和《气象部门财政国库管理制度改革试点会计核算暂行办法》等规定,认真做好基本建设项目会计核算等工作。

第二章 基本建设财政资金的申请

第八条 气象部门基本建设财政资金的支付实行财政直接支付和财政授权支付两种方式。基本建设财政资金实行财政直接支付和财政授权支付的范围以中国气象局下达的文件为准。

第九条 分月用款计划是办理气象部门基本建设财政资金支付的重要依据,建设单位依据分月用款计划办理财政直接支付和财政授权支付手续。基本建设项目的分月用款计划按照项目实施进度编制。

第十条 实行财政直接支付的建设单位，应依据下达的年度基本建设计划、分月用款计划、工程进度和有关支付凭证，填写中央基层预算单位财政直接支付申请书，逐级报主管部门审核后，报送财政部驻所在地财政监察专员办事处审核并签署意见后，报中国气象局；财政部国库支付执行机构审核中国气象局报送的财政直接支付申请无误后，通知代理银行及时将资金支付到收款单位或用款单位。

第十一条 财政授权支付适用于除财政直接支付范围之外的所有的基本建设项目。实行财政授权支付的建设单位，根据财政部审核批复的用款额度支用资金，当月未支付的额度在年度内可以累加使用。

第十二条 年度终了，代理银行将零余额账户财政直接支付和财政授权支付额度余额全部注销。下年度，根据财政部确认的结转数，视同增加预算指标，按规定重新申请使用。

第十三条 基本建设财政资金国库集中支付的具体要求按照《气象部门财政国库管理制度改革试点资金支付管理办法实施细则》执行。

第三章 建设成本的管理

第十四条 建设成本包括建筑安装工程投资支出、设备投资支出、待摊投资支出、其他投资支出。

第十五条 建筑安装工程投资支出是指建设单位按项目概算内容发生的建筑工程和安装工程的实际成本，其中不包括被安装设备本身的价值以及按照合同规定支付给施工企业的预付备料款和预付工程款。

第十六条 设备投资支出是指建设单位按照项目概算内容发生的各种设备的实际成本，包括需要安装设备、不需要安装设备和为生产准备的不够固定资产标准的工具、器具的实际成本。

需要安装设备是指必须将其整体或几个部位装配起来，安装在基础上或建筑物支架上才能使用的设备；不需要安装设备是指不必固定在一定位置或支架上就可以使用的设备。

第十七条 待摊投资支出是指建设单位按项目概算内容发生的，按照规定应当分摊计入交付使用资产价值的各项费用支出，包括：建设单位管理费、土地征用及迁移补偿费、土地复垦及补偿费、勘察设计费、研究试验费、可行性研究费、临时设施费、设备检验费、负荷联合试车费、合同公证及工程质量监理费、(贷款)项目评估费、国外借款手续费及承诺费、社会中介机构审计(查)费、招投标费、经济合同仲裁费、诉讼费、律师代理费、土地使用税、耕地占用税、车船使用税、汇兑损益、报废工程损失、坏账损失、借款利息、固定资产损失、器材处理亏损、设备盘亏及毁损、调整器材调拨价格折价、其他待摊投资等。

建设单位要严格按照规定的内容和标准控制待摊投资支出，不得将非法的收费、摊派等计入待摊投资支出。

第十八条 其他投资支出是指建设单位按项目概算内容发生的构成基本建设实际支出的房屋购置和基本畜禽、林木等购置、饲养、培育支出以及取得各种无形资产和递延资产发生的支出。

第十九条 建设单位管理费是指建设单位从项目开工之日起至办理竣工财务决算之日止发生的管理性质的开支。包括：不在原单位发工资的工作人员工资、基本养老保险费、基本医疗保险费、失业保险费,办公费、差旅交通费、劳动保护费、工具用具使用费、固定资产使用费、零星购置费、招募生产工人费、技术图书资料费、印花税、业务招待费、施工现场津贴、竣工验收费和其他管理性质开支。

业务招待费支出不得超过建设单位管理费总额的10%。

施工现场津贴标准比照当地财政部门制定的差旅费标准执行。

第二十条 建设单位管理费实行总额控制,分年度据实列支。

建设单位管理费的总额控制数以项目审批部门批准的项目投资总概算为基数,并按投资总概算的不同规模分档计算。具体计算方法见附表1。

第二十一条 建设单位发生单项工程报废,必须经有关部门鉴定。报废单项工程的净损失经财政部门批准后,作增加建设成本处理,计入待摊投资。

第二十二条 非经营性项目发生的江河清障、航道清淤、飞播造林、补助群众造林、退耕还林(草)、封山(沙)育林(草)、水土保持、城市绿化、取消可行性研究费、项目报废及其他经财政部门认可的不能形成资产部分的投资,作待核销处理。在财政部门批复竣工决算后,冲销相应的资金。形成资产部分的投资,计入交付使用资产价值。

第二十三条 非经营性项目为项目配套的专用设施投资,包括专用道路、专用通讯设施、送变电站、地下管道等,产权归属本单位的,计入交付使用资产价值;产权不归属本单位的,作转出投资处理,冲销相应的资金。

第二十四条 建设单位在建设期间的存款利息收入计入待摊投资,冲减工程成本。

第二十五条 建设项目隶属关系发生变化时,应及时进行财务关系划转,要认真做好各项资产和债权、债务清理交接工作,主要包括各项投资来源、已交付使用的资产、在建工程、结余资金、各项债权和债务等,由划转双方的主管部门报同级财政部门审批,并办理资产、财务划转手续。

第二十六条 建设单位应当严格执行工程价款结算的制度规定,坚持按照规范的工程价款结算程序支付资金。建设单位与施工单位签订的施工合同中确定的工程价款结算方式要符合财政支出预算管理的有关规定。工程建设期间,建设单位与施工单位进行工程价款结算,建设单位必须按工程结算价款总额的5%预留工程质量保证金,待保修期满后再清算。

第四章 竣工财务决算的编制

第二十七条 基本建设项目竣工时,应编制基本建设项目竣工财务决算。建设周期长、建设内容多的项目,单项工程竣工,对具备交付使用条件的,可编制单项工程竣工财务决算。建设项目全部竣工后应编制竣工财务总决算。

第二十八条 基本建设项目竣工财务决算是正确核定新增固定资产价值、反映竣工项目建设成果的文件,是办理固定资产交付使用手续的依据。各编制单位要认真执行有关的财务核算办法,严肃财经纪律,实事求是地编制基本建设项目竣工财务决算,做到编报及时,数字准确,内容完整。

第二十九条 建设单位及其主管部门应加强对基本建设项目竣工财务决算的组织领导,组织专门人员,及时编制竣工财务决算。设计、施工、监理等单位应积极配合建设单位做好竣工财务决算编制工作。建设单位应在项目竣工后3个月内完成竣工财务决算的编制工作,如

3个月内编出确有困难的，报经负责审批该竣工财务决算的主管部门同意后，可适当延期，但最迟不得超过6个月。在竣工财务决算未经批复之前，原机构不得撤销，项目负责人及财务主管人员不得调离。

第三十条 在编制基本建设项目竣工财务决算前，建设单位要认真做好各项清理工作。清理工作主要包括基本建设项目档案资料的归集整理、账务处理、财产物资的盘点核实及债权债务的清偿，做到账账、账证、账实、账表相符。各种材料、设备、工具、器具等，要逐项盘点核实，填列清单，妥善保管，或按照国家规定进行处理，不准任意侵占、挪用。

第三十一条 基本建设项目竣工财务决算的依据，主要包括：项目建议书、可行性研究报告、初步设计、概算调整及其批准的文件；招投标文件（书）；历年投资计划；经审核批准的项目预算；合同、工程结算书等有关资料；有关的财务核算制度、办法；其他有关资料。

第三十二条 基本建设项目竣工财务决算的内容，主要包括以下两个部分：

（一）基本建设项目竣工财务决算报表

主要有以下报表（表式见附表2）：

1.封面

2.基本建设项目概况表

3.基本建设项目竣工财务决算表

4.基本建设项目交付使用资产总表

5.基本建设项目交付使用资产明细表

（二）竣工财务决算说明书

主要包括以下内容：

1.基本建设项目概况

2.会计账务的处理、财产物资清理及债权债务的清偿情况

3.基建结余资金等分配情况

4.主要技术经济指标的分析、计算情况

5.基本建设项目管理及决算中存在的问题、建议

6.决算与概算的差异和原因分析

7.需说明的其他事项

第三十三条 基本建设项目竣工财务决算大中小型划分标准。项目投资额在3 000万元（含3 000万元）以上的为大中型项目，其他项目为小型项目。

第三十四条 基本建设项目的竣工财务决算，按下列要求报批：

（一）中央级项目

1.小型项目

属国家确定的重点项目，其竣工财务决算经中国气象局审核后报财政部审批。

中央级小型基本建设项目总投资超过1 000万元（含1 000万元）的竣工项目，报中国气象局审批；中央级小型基本建设项目总投资低于1 000万元的竣工项目，由各省、自治区、直辖市气象局，计划单列市气象局根据自身情况自行确定批复权限范围。局各直属单位的基本建设项目的竣工财务决算报中国气象局审批。

2.大、中型项目

中央级大、中型基本建设项目竣工财务决算审核后报财政部审批。

(二)地方级项目

地方级基本建设项目竣工财务决算的报批,执行地方财政部门的规定。

第三十五条 财政部对中央级大中型项目、国家确定的重点小型项目竣工财务决算的审批实行“先审核、后审批”的办法。即先委托投资评审机构或经财政部认可的有资质的中介机构对项目单位编制的竣工财务决算进行审核,再按规定批复。对审核中审减的概算内投资,经财政部审核确认后,按投资来源比例归还投资方。

第三十六条 气象部门小型基本建设项目总投资超过100万元(含100万元)竣工财务决算的审批实行“先审核、后审批”的办法,即由各级财务部门委托有资质的中介机构或内审机构对建设单位编制的竣工财务决算进行审核后,审批单位再按规定进行审批。其中,建设单位项目总投资超过1 000万元(含1 000万元)的项目的竣工财务决算须连同审核报告逐级上报中国气象局审批。

中国气象局局各直属单位的所有基本建设项目的竣工财务决算的审批实行“先审核、后审批”的办法,即由局各直属单位的财务部门委托有资质的中介机构或内审机构对竣工财务决算进行审核后连同审核报告一并上报中国气象局审批。

第三十七条 已批复竣工决算的项目,应在决算批复后90日内,办理固定资产移交手续,同时进行相应的账务处理。

第五章 结余资金分配

第三十八条 建设项目在编制竣工财务决算前要认真清理结余资金。应变价处理的库存设备、材料以及应处理的自用固定资产要公开变价处理,应收、应付款项要及时清理,清理出来的结余资金,30%作为建设单位的留成收入,主要用于项目配套设施建设、职工奖励和工程质量奖,70%按投资来源比例归还投资方。

第三十九条 项目建设单位应当将应交财政的竣工结余资金在竣工财务决算批复后30日内上缴财政。

第六章 会计报表的编制

第四十条 建设单位会计报表是综合反映建设单位资金来源、资金使用和财务状况的会计报表。建设单位会计报表所提供的会计信息,是监督基本建设投资的合理使用、分析概预算执行情况、考核投资效果的重要依据,各单位应加强对建设单位会计报表编制工作,做到编报及时、数字准确、内容完整。

第四十一条 建设单位会计报表按现行规定有两种类型:即基本建设支出预算执行情况季度报表和国有建设单位决算报表。

第四十二条 基本建设支出预算执行情况季度报表是按季反映建设单位基本建设资金的到位、使用和投资完成情况的综合报表,是向上级主管部门和投资决策提供及时、准确、真实、有效的信息,因此,各单位要严格按照有关规定认真填报基本建设支出预算执行情况季度报表,并于季后10日内报送中国气象局计划财务司。

第四十三条 建设单位在建设过程中每个年度终了都要编制年度财务决算,年度财务决算是综合反映一定时期建设单位资金来源、资金使用和财务状况的会计报表，是检查资金使用、基建投资计划执行情况和投资效果的主要依据。年度财务决算报表必须要做到数据真实可靠、内容全面完整、编报及时、财务说明清楚。

年度财务决算的编报要求、报送时间、方式等，由中国气象局每年根据财政部规定具体布置。

第四十四条 建设单位在编制年度财务决算报表时必须编写财务情况说明，其主要内容包括：概算完成情况分析、在建工程情况分析、交付使用资产分析，转出投资及其他待摊投资的说明。财务情况说明必须简明扼要，条理清楚，有情况、有说明、有分析、有建议。

第四十五条 基本建设年度财务决算实行逐级批复。经财政部审核批复后，由中国气象局、省局逐级对建设单位的财务决算进行批复。

建设单位对主管部门的年度基本建设财务决算批复，必须认真执行，并做好相应的账务处理。

第七章 财务档案的管理

第四十六条 基本建设财务档案包括基本建设会计凭证、会计账簿、会计报表、竣工财务决算及其他资料：如项目建议书、项目可行性研究报告、初步设计、总概算及批复文件，经批准的施工图预(决)算、合同、工程结算书等有关资料，历年投资计划、批复文件等有价值的资料均应立卷归档，以备后查。

第四十七条 各单位的基本建设财务档案及建设项目有关资料，必须存放有序，妥善保管。

第四十八条 基本建设财务档案的保管年限按照《会计档管理办法》(财会字〔1998〕32号)规定执行。

第八章 附 则

第四十九条 各省、自治区、直辖市气象局，计划单列市气象局，局各直属单位可根据本规定，制定具体实施细则并报中国气象局计划财务司备案。

第五十条 本规定由中国气象局计划财务司负责解释。

第五十一条 中国气象局计划财务司下发的《关于加强基本建设项目竣工财务决算工作的函》(气计函〔2003〕106号中如有与本规定不一致的，以本规定为准。

第五十二条 本规定自下发之日起执行。中国气象局1999年印发的《气象部门基本建设财务管理办法》(中气计发〔1999〕152号)同时废止。

附表：1. 建设单位管理费总额控制数费率表

2. 基本建设项目竣工财务决算报表

附表 1：

建设单位管理费总额控制数费率表

单位：万元

工程总概算	费率(%)	算例	
		工程总概算	建设单位管理费
1000 以下	1.5	1000	1000×1.5%=15
1001—5000	1.2	5000	15+(5000—1000)×1.2%=63
5001—10000	1	10000	63+(10000—5000) ×1%=113
10001—50000	0.8	50000	113+(50000—10000) ×0.8%=443
50001—100000	0.5	100000	433+(100000—50000)×0.5%=683
100001—200000	0.2	200000	683+(200000—100000)×0.2%=883
200000 以上	0.1	280000	883+(280000—200000)×0.1%=963

附表 2：

建设单位：　　　　建设项目名称：

主管部门：　　　　建设性质：

基本建设项目竣工财务决算报表

建设单位负责人：　　　　建设单位财务负责人：

编报日期：　　年　　月　　日

基本建设项目概况表

建竣决01表

<table>
<tr><td>建设项目（单项工程）名称</td><td colspan="3"></td><td>建设地址</td><td colspan="2">北京市海淀区中关村南大街46号</td></tr>
<tr><td>主要设计单位</td><td colspan="3"></td><td>主要施工企业</td><td></td><td></td></tr>
<tr><td rowspan="2">占地面积</td><td>设计</td><td>实际</td><td rowspan="2">总投资（万元）</td><td colspan="2">设计</td><td>实际</td></tr>
<tr><td></td><td></td><td colspan="2"></td><td></td></tr>
<tr><td rowspan="2">新增生产能力</td><td colspan="3">能力（效益）名称</td><td colspan="2">设计</td><td>实际</td></tr>
<tr><td colspan="3"></td><td colspan="2"></td><td></td></tr>
<tr><td rowspan="2">建设起止时间</td><td>设计</td><td colspan="5">从 年 月 日开工 至 年 月 日竣工</td></tr>
<tr><td>实际</td><td colspan="5">从 年 月 日开工 至 年 月 日竣工</td></tr>
</table>

<table>
<tr><td rowspan="9">基建支出</td><td>项目</td><td>概算（元）</td><td>实际（元）</td><td>备注</td></tr>
<tr><td>建筑安装工程</td><td></td><td></td><td></td></tr>
<tr><td>设备、工具、器具</td><td></td><td></td><td></td></tr>
<tr><td>待摊投资</td><td></td><td></td><td></td></tr>
<tr><td>其中：建设单位管理费</td><td></td><td></td><td></td></tr>
<tr><td>其他投资</td><td></td><td></td><td></td></tr>
<tr><td>待核销基建支出</td><td></td><td></td><td></td></tr>
<tr><td>非经营项目转出投资</td><td></td><td></td><td></td></tr>
<tr><td>合计</td><td></td><td></td><td></td></tr>
</table>

<table>
<tr><td>设计概算批准文号</td><td colspan="4"></td></tr>
<tr><td rowspan="3">完成主要工程量</td><td colspan="2">建设规模</td><td colspan="2">设备（台、套、吨）</td></tr>
<tr><td>设计</td><td>实际</td><td>设计</td><td>实际</td></tr>
<tr><td></td><td></td><td></td><td></td></tr>
<tr><td rowspan="6">收尾工程</td><td>工程项目、内容</td><td>已完成投资额</td><td>尚需投资额</td><td>完成时间</td></tr>
<tr><td></td><td></td><td></td><td></td></tr>
<tr><td></td><td></td><td></td><td></td></tr>
<tr><td></td><td></td><td></td><td></td></tr>
<tr><td></td><td></td><td></td><td></td></tr>
<tr><td>小计</td><td></td><td></td><td></td></tr>
</table>

基本建设项目竣工财务决算表

建竣决02表　　　　单位：元

资金来源	金　额	资金占用	金　额
一、基建拨款		一、基本建设支出	
1. 预算拨款		1. 交付使用财产	
2. 基建基金拨款		2. 在建工程	
其中：国债专项资金拨款		3. 待核销基建支出	
3. 专项基建基金拨款		4. 非经营项目转出投资	
4. 进口设备转账拨款		二、应收生产单位投资借款	
5. 器材转账拨款		三、拨付所属投资借款	
6. 煤代油专用基金拨款		四、器材	
7. 自筹资金拨款		其中：待处理器材损失	
8. 其他拨款		五、货币资金	
二、项目资本		六、预付及应收款	
1. 国家资本		七、有价证券	
2. 法人资本		八、固定资产	
3. 个人资本		固定资产原价	
4. 外商资本		减：累计	
三、项目资本公积金		固定资产净值	
四、基建借款		固定资产清理	
其中：国债转贷		待处理固定资产损失	
五、上级拨入投资借款			
六、企业债券			
七、待冲基建支出			
八、应付款			
九、未交款			
1. 未交税金			
2. 其他未交款			
十、上级拨入资金			
十一、留成收入			
合　计		合　计	

补充资料：基建投资借款期末余额：

应收生产单位投资借款期末数

基建结余资金

基本建设项目交付使用资产总表

建竣决03表　　　　单位：元

序号	单项工程项目名称	总计	固定资产				流动资产	无形资产	递延资产
			合计	建安工程	设备	其他			

交付单位：　　负责人：　　接收单位：　　负责人：

盖　章　　年　月　日　　盖　章　　年　月　日

基本建设项目交付使用资产明细表

建竣决04表

单项工程名称	建筑工程			设备 工具 器具 家具						流动资产		无形资产		递延资产	
	结构	面积（㎡）	价值（元）	名称	规格型号	单位	数量	价值（元）	设备安装费（元）	名称	价值（元）	名称	价值（元）	名称	价值（元）
							0		0.00		0.00		0.00		

交付单位：　　　　　　　　　　　　　　　　接收单位：

盖　章　　　　年　　月　　日　　　　　　　盖章　　　　年　　月　　日

中国气象局关于印发气象部门国有资产使用和处置管理两个暂行办法的通知

（气发〔2010〕6号）

各省（区、市）气象局，计划单列市气象局，各直属单位，办公室、老干办：

为进一步加强气象部门各级预算单位国有资产的使用和处置管理，提高资产使用效益，规范处置行为，防止国有资产流失，根据财政部《中央级事业单位国有资产使用管理暂行办法》（财教〔2009〕192号）和《中央级事业单位国有资产处置管理暂行办法》（财教〔2008〕495号）的有关规定，结合气象部门实际，中国气象局制定了《气象部门国有资产使用管理暂行办法》和《气象部门国有资产处置管理暂行办法》，现印发给你们，请遵照执行。

附件：1. 气象部门国有资产使用管理暂行办法
2. 气象部门国有资产处置管理暂行办法

中国气象局
2010年1月12日

附件 1:

气象部门国有资产使用管理暂行办法

第一章　总　则

第一条　为规范和加强气象部门国有资产使用管理,提高资产使用效益,防止国有资产及经营收益流失,根据财政部《中央级事业单位国有资产使用管理暂行办法》(财教〔2009〕192号)的有关规定,结合气象部门实际,制定本办法。

第二条　本办法适用于纳入中央部门预算编制范围的气象部门各级预算单位(以下简称各单位)。

第三条　本办法所称的国有资产使用包括单位自用、对外投资和出租、出借等。国有资产使用应首先保证单位正常运转和事业发展的需要。

第四条　国有资产使用实行分级管理。计划财务部门按照规定权限对国有资产配置、对外投资和出租、出借等事项进行审批(审核)或备案。各单位负责本单位国有资产使用的具体管理。

第五条　国有资产的使用应遵循以下原则:

(一)权属清晰:各单位对外投资和出租、出借的国有资产的权属应当清晰。权属关系不明确或存在权属纠纷的资产不得用于对外投资和出租、出借。

(二)安全完整:各单位要定期对自用和出租、出借的实物资产、对外投资、借出资金进行清查,确保国有资产的安全完整。

(三)风险控制:各单位应对本单位对外投资和出租、出借资产实行专项管理,并在单位财务会计报告中对相关信息进行披露。

(四)注重绩效:各单位对外投资取得的投资收益和出租、出借取得的租金、利息等要全部纳入预算,统一核算,统一管理。鼓励实行国有资产共享共用,提高国有资产的使用效益。

第六条　各单位应按照国有资产管理信息化的要求,及时将资产变动信息录入管理信息系统,对本单位国有资产实行动态管理。

第二章　资产自用

第七条　各单位国有资产自用管理应本着实物量和价值量并重的原则,定期清查实物资产,完善资产管理账表及有关资料,做到账账、账卡、账实相符,并对资产丢失、毁损等情况实行责任追究制度。

第八条　各单位要建立健全自用资产的验收、领用、使用、保管和维护等管理流程,并加强监督检查和绩效考评。

第九条　各单位实物资产管理部门对购置、接受捐赠、无偿划拨等方式获得的资产应及时办理验收入库手续;自建资产应及时办理竣工验收、竣工财务决算,并按要求办理资产移交、产权登记。

各单位财务部门应根据资产的相关凭证或文件及时进行账务处理。对购置的资产,如无实物资产管理部门出具的验收入库单,财务部门不予报销。

第十条 各单位应当建立资产领用交回制度。资产领用应经主管领导批准,资产出库应及时办理出库手续。办公家具、微机(包括台式和便携式)、相机、摄像机、传真机、打印机、复印机、电话机等资产要落实到使用人,其中多人共同使用同一资产的要指定一名使用代表人。配备或领用以上资产,应当由资产使用人或使用代表人对配备和领用的资产品牌、规格、型号、数量进行核对后签收。使用人员离职或其他原因需要交回配备和领用的以上资产,应当及时交回,并且由实物资产管理部门对交回的资产进行核对后签收。

第十一条 各单位应当做好自用资产的使用管理,定期检查并改善资产使用状况,减少资产的非正常消耗,做到高效节约、物尽其用。

第十二条 各单位应当加强对无形资产的管理和保护,并结合国家知识产权战略的实施,促进科技成果转化。

第十三条 各单位应当建立资产统计报告制度,定期向单位领导报送资产统计报告,及时反映本单位资产使用以及变动情况。

第三章 对外投资

第十四条 对外投资是指各单位利用货币性资金和实物资产等国有资产投资并取得相应收益的行为。各单位应当在保证单位正常运转和事业发展的前提下,严格控制货币性资金对外投资,不得利用财政拨款和财政拨款结余资金对外投资。

第十五条 各单位对外投资在800万元(含)以上的(实物资产指单项或批量价值的账面原值,下同),经中国气象局审核后报财政部审批;中国气象局直属事业单位、各省(区、市)和计划单列市气象局及其直属单位,对外投资在800万元以下的,由中国气象局审批;各省(区、市)和计划单列市气象局所属地、县级气象局对外投资在800万元以下的,由中国气象局授权各省(区、市)和计划单列市气象局审批。各单位于批复之日起7个工作日内将审批文件(一式四份)报中国气象局备案,中国气象局于5个工作日内报财政部备案。

第十六条 各单位应当在科学论证、公开决策的基础上提出对外投资申请,附相关材料,报上级单位。上级单位应对所报材料的完整性、决策过程的合规性、拟投资项目资金和实物资产来源的合理性等进行审查,并且按审批权限审批。

各单位对外投资效益情况是审核新增对外投资事项时的重要参考依据,审批单位要严格控制对外投资效益低的单位的对外投资行为。

第十七条 各单位申请利用国有资产对外投资,应当提供以下材料,并对材料的真实性、有效性、准确性负责:

(一)对外投资事项的书面申请;

(二)拟对外投资资产的价值凭证及权属证明,如购货发票或收据、工程决算副本、国有土地使用权证、房屋所有权证、股权证等凭据的复印件(加盖单位公章);

(三)对外投资的可行性分析报告;

(四)拟同意利用国有资产对外投资的会议决议或会议纪要复印件;

(五)单位法人证书复印件、拟合作方法人证书复印件或企业营业执照复印件、个人身份证复印件等；

(六)拟创办经济实体的章程和工商行政管理部门下发的企业名称预先核准通知书；

(七)与拟合作方签订的合作意向书、协议草案或合同草案；

(八)上年度财务报表；

(九)经中介机构审计的拟合作方上年财务报表；

(十)其他材料。

第十八条 各单位出售、出让、转让、减持对外投资形成的股权，以及注销投资所办企业，按照《气象部门国有资产处置管理暂行办法》的有关规定办理。

第十九条 各单位经批准利用国有资产进行对外投资的，应当聘请具有相应资质的中介机构，对拟投资资产进行资产评估。资产评估事项按规定履行备案或核准手续。

第二十条 各单位不得从事以下对外投资事项：

(一)买卖期货、股票；

(二)购买各种企业债券、各类投资基金和其他任何形式的金融衍生品或进行任何形式的金融风险投资；

(三)在各种债务尚未清偿前，利用借入资金和贷款形成的资产对外投资；

(四)其他违反法律、行政法规规定的。

第二十一条 各单位应当加强无形资产对外投资的管理，防止国有资产流失。

第二十二条 各单位应当按照国家有关法律法规，依法履行出资人的职能，加强对外投资形成的股权管理和对所投资全资企业、控股企业的监督管理。

第二十三条 各单位利用国有资产对外投资，应当按照事业单位财务和会计制度的有关规定记入单位“对外投资”，取得的收益，应当记入单位“投资收益”，并纳入单位预算，统一核算，统一管理，不得用“投资收益”冲减“对外投资”。

第二十四条 上级主管部门应当加强事业单位国有资产对外投资的考核。事业单位应当建立和完善国有资产内控机制和保值增值机制，确保国有资产的安全完整，实现国有资产的保值增值。

第四章 出租、出借

第二十五条 出租、出借是指各单位将国有实物资产出租、出借并取得相应收益的行为。

第二十六条 各单位出租、出借的资产，单项或批量价值在800万元(含)以上且出租、出借时间超过六个月(不含)的，经中国气象局审核后报财政部审批；中国气象局直属事业单位、各省(区、市)和计划单列市气象局及其直属单位，出租、出借的资产单项或批量价值在800万元以下，或出租、出借的资产单项或批量价值虽然超过800万元，但出租、出借时间不到六个月的，由中国气象局审批；各省(区、市)和计划单列市气象局所属地、县级气象局，出租、出借的资产单项或批量价值在800万元以下，或出租、出借的资产单项或批量价值虽然超过800万元，但出租、出借时间不到六个月的，由中国气象局授权各省(区、市)和计划单列市气象局审批，各单位于批复之日起7个工作日内将审批文件(一式四份)报中国气象局备案，中国气象局于5个工作日内报财政部备案。

第二十七条 各单位应当在严格论证的基础上提出国有资产出租、出借申请，附相关材料,报上级单位。上级单位应当对所报材料的完整性、决策过程的合规性进行审核,并且按审批权限审批。

第二十八条 各单位申请出租、出借国有资产,应当提供如下材料,并且对材料的真实性、有效性、准确性负责:

(一)拟出租、出借事项的书面申请;

(二)拟出租、出借资产的价值凭证及权属证明,如购货发票或收据、工程决算副本、国有土地使用权证、房屋所有权证、股权证等凭据的复印件(加盖单位公章);

(三)进行出租、出借的可行性分析报告;

(四)单位同意利用国有资产出租、出借的内部决议或会议纪要复印件;

(五)单位法人证书复印件、拟出租出借方的事业单位法人证书复印件或企业营业执照复印件、个人身份证复印件等;

(六)其他材料。

第二十九条 各单位国有资产有下列情形之一的,不得出租、出借:

(一)已被依法查封、冻结的;

(二)未取得其他共有人同意的;

(三)产权有争议的;

(四)其他违反法律、行政法规规定的。

第三十条 各单位国有资产出租,原则上应当采取公开招租的形式确定出租的价格,必要时可采取评审或者资产评估的办法确定出租的价格。各单位利用国有资产出租、出借的,期限一般不得超过五年。

第三十一条 各单位国有资产出租、出借取得的收入,应当按照预算管理及事业单位财务和会计制度的有关规定纳入单位预算,统一核算、统一管理。其中单位将国有资产委托出租、出借的,受托方应当将取得的收入在扣除有关税费后全额上缴委托方,委托方不得在受托方以抵顶上缴收入等方式列支应由其承担的支出。

第五章 对外投资或出租、出借的程序

第三十二条 各单位对外投资或出租、出借按以下程序办理:

(一)单位申报。各单位申请利用国有资产对外投资或出租、出借,必须按要求附相关材料,以正式文件逐级申报;

(二)上级单位审核。上级单位对下级单位申报的对外投资或出租、出借材料进行审核后,报审批单位;

(三)审批单位审批。审批单位按审批权限对报送的对外投资或出租、出借事项进行审核批复。对数量较大的对外投资或出租、出借,可就有关情况进行实地核查。

(四)评估备案与核准。各单位根据审批单位的批复,委托具有资产评估资质的评估机构对国有资产进行评估,评估结果报审批单位备案。评估结果按照财政部"财企〔2001〕801 号"规定须经核准的,报财政部核准。

(五)进行对外投资或出租、出借。各单位依照批准文件,进行商务谈判,签订合同,办理有关对外投资或出租、出借事宜。

第六章 监督管理

第三十三条 各级主管部门应当加强单位国有资产使用行为及其收入的日常监管和专项检查。

各单位国有资产使用情况应接受财政部及财政部驻各地财政监察专员办事处(以下简称专员办)的监督检查。

第三十四条 对资产单项或批量价值在800万元以下的对外投资和出租、出借,中国气象局直属事业单位和各省(区、市)和计划单列市气象局收到中国气象局的批复文件后,应将复印件报当地专员办备案。各省(区、市)和计划单列市气象局在批复所属地县级气象局对外投资和出租、出借后,应将复印件送当地专员办备案。

第三十五条 各单位在国有资产使用过程中不得有下列行为:

(一)未按规定程序申报,擅自对规定限额以上的国有资产进行对外投资和出租、出借;

(二)对不符合规定的对外投资和出租、出借事项予以审批;

(三)串通作弊、暗箱操作,违规利用国有资产对外投资和出租、出借;

(四)其他违反国家有关规定造成单位资产损失的行为。

第三十六条 单位和个人违反本办法规定的,应根据《财政违法行为处罚处分条例》(国务院令第427号)等国家有关规定追究法律责任。

第三十七条 各单位应当于每个会计年度终了后,按照财政部规定的部门决算报表格式、内容和要求,对其国有资产的使用情况做出报告,报中国气象局,由中国气象局汇总后报财政部。中国气象局直属事业单位、各省(区、市)和计划单列市气象局的国有资产使用汇总情况,应当同时送当地专员办备案。

第七章 附 则

第三十八条 各单位气象学会涉及国有资产对外投资和出租、出借的,参照本办法执行。

第三十九条 地方机构编制部门批准的地方气象事业机构,其国有资产使用、对外投资和出租、出借管理按照当地有关部门规定执行。

当地没有规定的,参照本办法的原则执行。其中对外投资、出租和出借的有关审批,由各省(区、市)和计划单列市气象局自行审批或授权审批,并于每个会计年度终了后,将地方气象事业机构的国有资产使用、对外投资、出租和出借情况抄送中国气象局。

第四十条 各省(区、市)气象局和计划单列市气象局,可根据本办法的规定,结合本地气象部门实际情况制定实施细则,并报中国气象局备案。

第四十一条 对涉及国家安全和秘密的国有资产使用管理活动,应当按照国家有关保密制度的规定,做好保密工作,防止失密和泄密。

第四十二条 本办法由中国气象局计划财务司负责解释。

第四十三条 本办法自下发之日起施行。此前有关规定与本办法不一致的,以本办法为准。

附件 2:

气象部门国有资产处置管理暂行办法

第一章 总 则

第一条 为规范气象部门国有资产处置行为,维护国有资产的安全和完整,防止国有资产流失,根据《中央级事业单位国有资产处置管理暂行办法》(财教〔2008〕495 号)的有关规定,结合气象部门实际,特制定本办法。

第二条 本办法适用于纳入中央部门预算编制范围的气象部门各级预算单位(以下简称各单位)。

第三条 本办法所称的国有资产处置,是指各单位对其占有的国有资产进行产权转让或注销产权的行为。

第四条 国有资产处置实行分级管理。计划财务部门按照规定权限对国有资产处置事项进行审批(审核)或备案。各单位负责按照国有资产处置的批复办理产权变动、注销和进行账务处理。

第五条 国有资产的处置应遵循公开、公正、公平和竞争、择优的原则,严格履行审批手续,未经批准不得擅自处置。国有资产处置事项的批复,以及按规定处置国有资产报上级主管部门备案的文件,是各单位资产配置预算项目的参考依据。各单位应当依据其办理产权变动和进行账务处理。账务处理按照现行事业单位财务和会计制度的有关规定执行。

第六条 各单位拟处置的国有资产权属应当清晰。权属关系不明确或者存在权属纠纷的资产,须待权属界定明确后予以处置;被设置为担保物的国有资产处置,应当符合《中华人民共和国担保法》、《中华人民共和国物权法》等法律的有关规定。

第二章 处置范围和基本程序

第七条 气象部门国有资产处置的范围包括:闲置资产,报废、淘汰资产,产权转移的资产,盘亏、呆账及非正常损失的资产,以及依照国家有关规定需要处置的其他资产。按资产性质分为流动资产、固定资产、无形资产、对外投资等。

处置方式包括无偿调拨(划转)、对外捐赠、出售、转让、置换、报废报损、货币性资产损失核销等。

第八条 各单位一次性处置单位价值或批量价值(账面原值,下同)在 800 万元(含)以上的国有资产,经中国气象局审核后报财政部审批。一次性处置单位价值或批量价值在 800 万元以下的国有资产,由中国气象局审批。其中以下情况由中国气象局授权各省(区、市)和计划单列市气象局、中国气象局直属事业单位审批:

(一)除土地使用权(含随土地使用权一并处置的地面建筑物)、重大自然灾害导致的资产报废报损处置外,各单位一次性处置单位价值或批量价值在 200 万元(不含)以下的国有资产;

(二)重大自然灾害导致的资产报废、报损,一次性处置单位价值或批量价值在 800 万元以下的；

(三)中国气象局重点工程建设项目中，一次性无偿调拨价值或批量价值在800万元(不含)以下的国有资产；

(四)气象部门内部各单位之间价值或批量价值在800万元(不含)以下的捐赠。

中国气象局授权各单位处置的资产，各单位应于批复之日起7个工作日内将审批文件(一式四份)报中国气象局备案，中国气象局于5个工作日内报财政部备案。

第九条 各单位处置国有资产，应当按以下程序办理：

(一)单位申报。各单位处置国有资产，须填写《气象部门国有资产处置申请表》，并附相关材料，以正式文件向上级主管部门申报。

(二)上级主管部门审核。上级主管部门对单位的申报处置材料进行合规性、真实性等审核后，按照审批权限审批或上报。在审核过程中，上级主管部门认为如有必要，可对拟处置的资产有关情况进行实地核查。

(三)审批单位审批。审批单位按照审批权限对所属单位报送的国有资产处置事项进行审核批复。一次性处置单位价值或批量价值在800万元及以上的国有资产，经中国气象局审核后报财政部审批。

(四)评估备案与核准。单位价值在50万元(含)以上的资产处置，各单位根据审批单位的批复，委托具有资产评估资质的评估机构对拟处置的国有资产进行评估(气象专用设备应当经过中国气象局业务职能司审核或授权审核)，评估结果报上级主管部门备案。评估结果按照国家有关规定须经核准的，报财政部核准。

(五)公开处置。单位对申报处置的国有资产进行公开处置。

第三章 无偿调拨(划转)和对外捐赠

第十条 无偿调拨(划转)是指在不改变国有资产性质的前提下，以无偿转让的方式变更国有资产占有、使用权的行为。

第十一条 无偿调拨(划转)的资产包括：

(一)长期闲置不用、低效运转、超标准配置的资产；

(二)因单位撤销、合并、分立而移交的资产；

(三)隶属关系改变，上划、下划的资产；

(四)其他需调拨(划转)的资产。

第十二条 无偿调拨(划转)应当按以下程序办理：

(一)气象部门内部各单位之间的国有资产无偿调拨(划转)，由划出单位提出申请，上级主管部门按本办法第八条规定的权限审批。

(二)中国气象局重点工程建设项目和统一布局建设项目中涉及资产无偿调拨的，其各主要建设单位(项目办公室)应将资产调拨单于实物资产调拨后10个工作日内下发至调入单位。资产调拨单应当一式二联(调出方、调入方各执一联)，资产调拨单内容应当包括项目名称、资产名称、资产数量、资产型号、资产价格、调拨日期等内容，并加盖调入单位和调出单位公章(或财务章)。

(三)各单位将所属国有资产无偿调拨(划转)到气象部门外其他中央单位和地方单位的，

划出单位应与接收方协调一致,并提出申请逐级报中国气象局审核后送财政部审批。

(四)地方单位将国有资产无偿调拨(划转)给各单位的,各单位应将接收资产的有关情况逐级上报中国气象局备案。中国气象局在15个工作日内报财政部备案。

第十三条 各单位申请国有资产无偿调拨(划转),应提交以下材料:

(一)无偿调拨(划转)申请文件;

(二)《气象部门国有资产处置申请表》;

(三)资产价值凭证及产权证明,如购货发票或收据、工程决算副本、国有土地使用权证、房屋所有权证、股权证等凭据的复印件(加盖单位公章);

(四)因单位撤销、合并、分立而移交资产的,需提供撤销、合并、分立的批文;

(五)拟无偿调拨(划转)国有资产的名称、数量、规格、单价等清单;

(六)将所属国有资产无偿调拨(划转)到气象部门外其他中央单位的,提供双方意向性协议,以及接收方主管部门同意无偿调拨(划转)的有关文件;

(七)将所属国有资产无偿调拨(划转)到地方单位的,提供省(区、市)和计划单列市气象局同意划出的相关文件,以及接收方省级财政厅(局)同意接收的相关文件。

(八)其他相关材料。

第十四条 对外捐赠是指各单位依照《中华人民共和国公益事业捐赠法》,自愿无偿将其有权处分的合法财产捐赠给合法的受赠人的行为,包括实物资产捐赠、无形资产捐赠和货币性资产捐赠等。

第十五条 各单位国有资产对外捐赠,应提交以下材料:

(一)对外捐赠申请文件;

(二)《气象部门国有资产处置申请表》;

(三)捐赠报告,包括:捐赠事由、途径、方式、责任人、资产构成及其数额、交接程序等;

(四)捐赠单位出具的捐赠事项对本单位财务状况和业务活动影响的分析报告,使用货币资金对外捐赠的,应提供货币资金的来源说明等;

(五)捐赠单位决定捐赠事项的有关文件;

(六)能够证明捐赠资产价值的有效凭证,如购货发票或收据、工程决算副本、记账凭证、固定资产卡片及产权证明等凭据的复印件(加盖单位公章);

(七)其他相关材料。

第十六条 实际发生的对外捐赠,应当依据受赠方出具的同级财政部门统一印(监)制的捐赠收据或者捐赠资产交接清单确认;对无法索取同级财政部门统一印(监)制的捐赠收据的,应当依据受赠方所在地城镇街道、乡镇等基层政府组织出具的证明确认。

第十七条 各单位无偿调拨(划转)或接受捐赠的国有资产,应及时办理入账手续,并逐级上报中国气象局备案。

第四章 出售、出让、转让和置换

第十八条 出售、出让、转让是指变更单位国有资产所有权或占有、使用权并取得相应收益的行为。

第十九条 各单位国有资产出售、出让、转让,应当通过产权交易机构、证券交易系统、协议方式以及国家法律、行政法规规定的其他方式进行。单位国有资产出售、出让、转让应当严格控制产权交易机构和证券交易系统之外的直接协议方式。

第二十条 各单位国有资产出售、出让、转让,以上级主管部门备案或核准的资产评估报告所确认的评估价值作为市场竞价的参考依据,意向交易价格低于评估结果90%的,应当按规定权限报上级主管部门重新确认后交易。

第二十一条 各单位申请出售、出让、转让国有资产,应提交以下材料:

(一)出售、转让申请文件;

(二)《气象部门国有资产处置申请表》;

(三)资产价值凭证及产权证明,如购货发票或收据、工程决算副本、国有土地使用权证、房屋所有权证、股权证等凭据的复印件(加盖单位公章);

(四)出售、转让方案,包括资产的基本情况,处置的原因、方式等;

(五)出售、转让合同草案,属于股权转让的,还应提交股权转让可行性报告;

(六)其他相关材料。

第二十二条 置换是指各单位与其他单位以非货币性资产为主进行的交换。这种交换不涉及或只涉及少量的货币性资产(即补价)。

第二十三条 各单位申请国有资产置换,应提交以下材料:

(一)置换申请文件;

(二)《气象部门国有资产处置申请表》;

(三)资产价值凭证及产权证明,如购货发票或收据、工程决算副本、国有土地使用权证、房屋所有权证、股权证等凭据的复印件(加盖单位公章);

(四)对方单位拟用于置换资产的基本情况说明、是否已被设置为担保物等;

(五)双方草签的置换协议;

(六)对方单位的法人证书或营业执照的复印件(加盖单位公章);

(七)单位近期的财务报告;

(八)其他相关材料。

第五章 报废、报损和核销

第二十四条 报废是指按有关规定或经有关部门、专家鉴定,对已不能继续使用的资产进行产权注销的资产处置行为。

第二十五条 报损是指由于发生呆账损失、非正常损失等原因,按有关规定对资产损失进行产权注销的资产处置行为。

第二十六条 各单位申请国有资产报废、报损,应提交以下材料:

(一)报废、报损申请文件;

(二)《气象部门国有资产处置申请表》;

(三)能够证明盘亏、毁损以及非正常损失资产价值的有效凭证。如购货发票或收据、工程决算副本、记账凭证、固定资产卡片、盘点表及产权证明等凭据的复印件(加盖单位公章);

(四)报废、报损价值清单;

(五)非正常损失责任事故的鉴定文件及对责任者的处理文件;

（六）因房屋拆除等原因需办理资产核销手续的，提交相关职能部门的房屋拆除批复文件、建设项目拆建立项文件、双方签订的房屋拆迁补偿协议；

（七）其他相关材料。

第二十七条 各单位国有资产对外投资、担保（抵押）发生损失申请损失处置的，应提交以下材料：

（一）对外投资、担保（抵押）损失处置申请文件；

（二）《气象部门国有资产处置申请表》；

（三）被投资单位的清算审计报告及注销文件；

（四）债权或股权凭证、形成呆坏账的情况说明和具有法定依据的证明材料；

（五）申请仲裁或提起诉讼的，提交相关法律文书；

（六）其他相关材料。

第二十八条 核销是指各单位按现行财务与会计制度，对确认形成损失的货币性资产（现金、银行存款、应收账款、应收票据等）进行核销的行为。

第二十九条 各单位申请货币性资产损失核销，应提交以下材料：

（一）货币性资产损失核销申请文件；

（二）《气象部门国有资产处置申请表》；

（三）债务人已被依法宣告破产、撤销、关闭，用债务人清算财产清偿后仍不能弥补损失的，提供宣告破产的民事裁定书以及财产清算报告、注销工商登记或吊销营业执照的证明、政府有关部门决定关闭的文件；

（四）债务人死亡或者依法被宣告失踪、死亡的，提供其财产或遗产不足清偿的法律文件；

（五）涉及诉讼的，提供判决裁定申报单位败诉的人民法院生效判决书或裁定书，或虽胜诉但因无法执行被裁定终止执行的法律文件。

第六章 处置收入和支出管理

第三十条 处置收入是指在出售、出让、转让、置换、报废、报损等处置国有资产过程中获得的收入，包括出售实物资产和无形资产的收入、置换差价收入、报废报损残值变价收入、保险理赔收入、转让土地使用权收益等。

第三十一条 各单位国有资产处置收入，在扣除相关税金、评估费、拍卖佣金等费用后，按照政府非税收入管理和财政国库收缴管理的规定上缴中央国库，实行“收支两条线”管理。

土地使用权转让收益，按照《财政部关于将中央单位土地收益纳入预算管理的通知》（财综〔2006〕63 号）规定，上缴中央国库，实行“收支两条线”管理。

出售实物资产和无形资产收入、置换差价收入、报废报损残值变价收入、保险理赔收入等上缴中央国库，实行“收支两条线”管理。

科技成果转化（转让）收入，按照《国务院办公厅转发科技部等部门关于促进科技成果转化若干规定的通知》（国办发〔1999〕29 号）的有关规定，在扣除奖励资金后上缴中央国库。

国家另有规定的，从其规定。

第三十二条 各单位利用国有资产对外投资形成的股权（权益）的出售、出让、转让收入，按以下规定办理：

(一)利用现金对外投资形成的股权(权益)的出售、出让、转让,属于单位收回对外投资,股权(权益)出售、出让、转让收入纳入单位预算,统一核算,统一管理;

(二)利用实物资产、无形资产对外投资形成的股权(权益)的出售、出让、转让收入,按以下情形分别处理:

1.收入形式为现金的,扣除投资收益,以及税金、评估费等相关费用后,上缴中央国库,实行“收支两条线”管理;投资收益纳入单位预算,统一核算,统一管理。

2.收入形式为资产和现金的,现金部分扣除投资收益,以及税金、评估费等相关费用后,上缴中央国库,实行“收支两条线”管理;

(三)利用现金、实物资产、无形资产混合对外投资形成的股权(权益)的出售、出让、转让收入,按照本条第(一)、(二)项的有关规定分别管理。

第三十三条 各单位应上缴的国有资产处置收入和应上缴的利用国有资产对外投资形成的股权(权益)的出售(出让、转让)收入,根据实际情况,按以下方式上缴:

(一)已开设中央财政汇缴专户的单位,按照财政部非税收入收缴制度有关规定,在取得处置收入后2个工作日内,全额缴入中央财政汇缴专户。

(二)未开设中央财政汇缴专户的单位,应按下列不同情况上缴国有资产处置收入:

1.中国气象局。由财政部为中国气象局开设中央财政汇缴专户,中国气象局在取得处置收入后2个工作日内,全额缴入其中央财政汇缴专户。

2.中国气象局在京直属事业单位。由财政部为中国气象局开设中央财政汇缴专户,中国气象局在京直属事业单位在取得处置收入后2个工作日内,全额直接缴入中国气象局的中央财政汇缴专户。

3.省(区、市)和计划单列市气象局。由财政部为其开设中央财政汇缴专户,省(区、市)和计划单列市气象局及其所属地、县气象局在取得处置收入后2个工作日内,全额直接缴入省(区、市)和计划单列市气象局的中央财政汇缴专户。

第三十四条 各单位上缴的国有资产处置收入,纳入预算管理。单位因事业发展产生的资产配置需求,在编制部门预算时由中国气象局根据有关资产配置标准及中央财力情况统筹安排。

第七章 监督检查和法律责任

第三十五条 中国气象局对二级预算单位在授权范围内审批的国有资产处置情况进行监督,可定期或不定期对国有资产处置情况开展监督检查。

第三十六条 各单位在国有资产处置过程中不得有下列行为:

(一)未按规定程序申报,擅自越权对规定限额以上的国有资产进行处置;

(二)对不符合规定的申报处置材料予以审批;

(三)串通作弊、暗箱操作,压价处置国有资产;

(四)截留资产处置收入;

(五)其他造成单位资产损失的行为。

第三十七条 各单位和个人违反本办法规定的,应根据《财政违法行为处罚处分条例》(国务院令第427号)等国家有关规定追究法律责任。

第八章 附 则

第三十八条 执行《民间非营利组织会计制度》的气象学会涉及国有资产处置的，参照本办法执行。

第三十九条 地方机构编制部门批准的地方气象事业机构，其国有资产的处置按照当地有关部门规定执行。

当地没有规定的，参照本办法的原则执行。由各省（区、市）和计划单列市气象局自行审批或授权审批，并于每个会计年度终了后，将地方气象事业机构的资产处置情况抄送中国气象局。

第四十条 各单位所办全资企业及控股企业的国有资产处置，按照《企业财务通则》（财政部令第41号）、《企业国有资本与财务管理暂行办法》（财企〔2001〕325号）、《企业国有产权转让管理暂行办法》（国资委 财政部令第3号）等有关规定，由财政部实施监督管理。

第四十一条 各省（区、市）和计划单列市气象局可根据本办法的规定，结合本地气象部门实际情况制定实施细则，并报中国气象局备案。制定本地气象部门国有资产处置管理实施细则，可以根据实际工作需要，授权所属事业单位一定限额的国有资产处置权限。

第四十二条 对涉及国家安全和秘密的国有资产处置，应当按照国家有关保密制度的规定，做好保密工作，防止失密和泄密。

第四十三条 本办法自下发之日起施行。此前颁布的有关规定与本办法不一致的，以本办法为准。

关于印发《气象部门公务卡管理实施办法》的通知

(气发〔2012〕59 号)

各省、自治区、直辖市气象局,计划单列市气象局,各直属单位,各内设机构:

为进一步深化气象部门国库集中支付制度改革,规范预算单位支付业务,减少现金支付结算,根据财政部和中国人民银行《中央预算单位公务卡管理暂行办法》和财政部《关于实施中央预算单位公务卡强制结算目录的通知》等有关规定,结合气象部门实际情况,中国气象局对《气象部门公务卡管理实施办法》(气发〔2008〕418 号)进行了修订。现将修订后的《气象部门公务卡管理实施办法》印发给你们,请认真遵照执行。

附件:气象部门公务卡管理实施办法

中国气象局

2012 年 7 月 26 日

附件:

气象部门公务卡管理实施办法

第一章 总 则

第一条 为进一步深化气象部门国库集中支付制度改革,规范预算单位支付业务,减少现金支付结算,提高资金支付透明度,根据财政部和中国人民银行《中央预算单位公务卡管理暂行办法》、财政部《关于实施中央预算单位公务卡强制结算目录的通知》等有关规定,结合气象部门实际情况,制定本实施办法。

第二条 本办法所称公务卡,是指预算单位工作人员持有的,主要用于日常公务支出和财务报销业务的银联标准信用卡(银行贷记卡)。公务卡实行实名制管理,凭密码消费,仅限办理人民币消费业务。

第三条 公务卡的发卡银行(以下简称发卡行)应与预算单位零余额账户的开户行一致。

第四条 公务卡管理涉及到的有关信息维护、财务报销、银行划款和动态监控等业务,通过发卡行提供的公务卡支持系统和双向转账财务 POS(销售终端,下同)系统辅助办理。

第五条 预算单位应与发卡行签订公务卡服务、网上银行服务和双向转账财务 POS 设备使用等协议。预算单位的财务核算工作由财务核算中心代管的,预算单位还应与财务核算中心签订相应的授权使用协议。

第六条 本办法涉及的部分名词遵从如下定义:

“持卡人”指向发卡行申请公务卡并获得卡片核发的气象部门所属预算单位在职工作人员。

“信用额度”指发卡行根据持卡人的资信情况等为其核定的、持卡人在卡片有效期内使用的最高授信限额。

“交易日”指持卡人实际用卡消费、取现或转账的日期。

“账单日”指发卡行每月对持卡人的累计未还消费交易本金、取现交易本金、费用等进行汇总,结计利息,并计算出持卡人当期应还款额的日期。

“到期还款日”指发卡行规定的持卡人应该偿还其全部应还款额或最低还款额的最后日期。

“还款日”指持卡人实际向发卡行偿还其欠款的日期。

“免息还款期”指在持卡人于到期还款日(含)前偿还全部应还款额的前提下,可享受免息待遇的消费交易的银行记账日至还款日之间的时间。

“罚息”是指借款人没有在发卡行的规定时间内偿还贷款本息的,发卡行按中国人民银行有关规定以日为单位计算的利息。

“滞纳金”指当持卡人未在到期还款日(含)前还款或还款金额不足最低还款额时,按规定应向发卡行支付的费用。

第二章 公务卡日常管理

第七条 预算单位所有在编在职工作人员必须办理公务卡。借调、挂职和聘用等非在编人员,可根据实际情况,经单位人事部门审核并报单位领导批准后,可予办理公务卡。

第八条 预算单位新增工作人员时,应及时按程序办理公务卡;预算单位现有工作人员因调出或退休等原因离职时,应在及时清理公务卡项下的债权债务后,办理公务卡的停止使用手续。同时,预算单位财务部门应通知发卡行及时维护公务卡支持系统。

第九条 公务卡由预算单位统一组织符合办卡条件的工作人员向发卡行申办。

第十条 气象部门公务卡账单日统一确定为每月 7 日。预算单位在办理公务卡时,应向发卡行予以明确。

第十一条 公务卡免息还款期最短为 20 日,最长为 50 日。凡当月 7 日(含)前公务卡发生的支出,免息还款期截止日为当月 27 日;凡当月 8 日(含)后公务卡发生的支出,免息还款期截止日为下月 27 日。

第十二条 公务卡的信用额度,由预算单位与发卡行协商确定。根据持卡人的资信情况,原则上每张公务卡信用额度不少于 2 万元,不高于 5 万元。持卡人在规定的信用额度和免息还款期内先支付,后还款。

第十三条 公务卡主要用于公务支出的支付结算,也可用于个人支付结算业务。公务支出发生后,由持卡人及时向所在单位财务部门申请办理报销手续;个人支出发生后,由持卡人自行办理还款,不得办理财务报销手续,预算单位不承担个人消费行为引致的一切责任。

第十四条 持卡人应妥善保管公务卡和密码。公务卡遗失或损毁后的挂失和补办等事项由持卡人及时到发卡行办理,并通过所在单位财务部门及时通知发卡行维护公务卡支持系统。

第三章 公务卡支付管理

第十五条 气象部门实施公务卡制度改革的预算单位,都必须严格执行《气象部门公务卡强制结算目录》(见附表)。

第十六条 目录中规定的公务项目支出,下列情况可不使用公务卡结算:

(一)在县级以下(不包括县级)地区发生的公务支出;

(二)在县级及县级以上地区不具备刷卡条件的场所发生的单笔消费在 200 元以下的公务支出;

(三)按规定支付给个人的支出;

(四)签证费、快递费、过桥过路费、出租车费用等目前必须使用现金结算的支出。

第十七条 凡目录中涉及的公务支出项目,除上述第十六条规定的情况外,原则上不再使用现金结算;原使用转账方式结算的,可继续使用转账方式;除此之外的支出,必须按规定使用公务卡进行结算。

第十八条 持卡人应优先在有刷卡条件的商户进行消费。确因特殊情况不能使用公务卡而使用现金结算的,报销人应提供收款方不能使用公务卡结算的证明材料(加盖收款方印章)或在发票背面注明不能使用公务卡结算的原因(加盖收款方印章),经单位财务审批人签字批准后方可报销。

无法取得如上述证明材料的，报销人应在发票背面注明不能使用公务卡结算的原因，并经单位负责人签字批准后方可报销。

第十九条　持卡人在使用公务卡消费时，应取得发票等财务报销凭证，以及公务卡消费凭条(持卡人存根联)等单据。

第二十条　持卡人使用公务卡进行公务消费时，在信用额度范围内，原则上不再设定单笔消费的上限。

第二十一条　持卡人在使用公务卡进行5000元(含)以上大额消费前，应事前告知所在单位财务部门。预算单位有事前审批规定的，持卡人还应依照相关规定事先履行相关审批手续。

第二十二条　特殊情况下公务卡信用额度不能满足公务消费需要时，持卡人可通过单位财务部门提前向发卡行申请临时增加信用额度。增加的额度和使用期限等具体事项，按照发卡行有关规定执行。

第二十三条　持卡人原则上不允许通过公务卡提取现金。确有特殊需要，应当事前经过所在单位财务部门批准；未经批准的提现业务，手续费由持卡人自行承担。

第四章　公务卡财务报销管理

第二十四条　实行公务卡制度后，预算单位原有报销审批程序不变。报销人凭发票、公务卡消费凭条(持卡人存根联)等单据填制报销审批凭证，并按本单位报销程序审批。

第二十五条　持卡人网上消费可使用公务卡直接进行网银支付，不得使用第三方支付工具。持卡人因网上消费无法取得消费凭条或消费凭条丢失时，对于已出账单的支出，可依据持卡人提供的对账单交易明细进行报账；对于未出账单的支出，可依据持卡人提供载有公务卡卡号(或持卡人姓名)、消费日期和消费金额等要素的纸质交易明细进行报账。

第二十六条　持卡人使用公务卡进行公务消费后，必须在发生公务消费次日(非工作日顺延)至规定的免息还款期截止前5个工作日期间内，到所在单位财务部门报销。

第二十七条　持卡人使用公务卡进行公务消费后，没有在第二十六条规定时间内持有效凭证到财务部门报销的，由此产生的罚息、滞纳金等相关费用以及由此带来的对个人资信造成的不良影响，由持卡人承担。

因持卡人所在单位报销不及时造成的利息等费用，以及由此带来的对个人资信影响等责任，由单位承担。

第二十八条　持卡人因特殊情况(如长期在外地出差)，不能在第二十六条规定时间内办理报销手续的，可由持卡人或其所在单位相关人员向单位财务部门提供持卡人姓名、交易日期和每笔交易金额的明细信息，办理相关借款手续，经财务部门审核批准，于免息还款期之前，先将资金存入公务卡，持卡人返回单位后按财务部门规定时间补办报销手续。

持卡人也可先行偿还欠款再按正常程序申请报销，经单位财务部门审核后确认报销的金额将转入该公务卡账户后，持卡人即可将垫付资金取出。

第二十九条　因向供应商退货等原因导致已报销资金退回公务卡的，持卡人应及时将相应款项退回所在单位财务部门。单位财务部门应区分资金性质将款项及时退回零余额账户或基本账户，并依据相关退款凭证和有关规定进行账务处理。

第三十条 预算单位财务部门对于批准报销的公务卡消费支出,应当区分资金性质进行财务报销和款项划拨工作。

(一)应从单位零余额账户列支的经费,财务部门凭核准的报销审批凭证及报销单据,登陆公务卡支持系统,根据持卡人提供的姓名、交易日期和消费金额等信息,查询核对公务消费的真实性,审核确认后报销,并及时签发财政授权支付指令,通知发卡行向指定的公务卡还款。具体程序按财政部和中国人民银行《中央预算单位公务卡管理暂行办法》等相关规定执行。

(二)应从单位基本账户列支的经费,财务部门依托双向转账财务 POS 系统,通过单位卡办理向公务卡的资金还款手续(有关单位卡的具体规定见第三十一条)。程序如下:

1.财务人员凭核准的报销审批凭证及报销单据,通过双向转账财务 POS 系统将报销金额从单位卡划转到持卡人公务卡上。

2.持卡人当场确认并在双向财务转账 POS 打印的凭条上签字。财务人员应将持卡人存根联交持卡人保存。

3.财务人员根据经签字确认的凭条(商户存根联)、报销审批凭证及报销单据登记入账。

第三十一条 单位卡是指预算单位持有的,专门用于公务卡支出中应从单位基本账户列支款项的财务报销和转账业务的银行卡。单位卡应符合以下规定:

(一)单位卡的发卡银行应与预算单位零余额账户的开户行一致。预算单位只能办理一张单位卡主卡,不得办理附属卡。

(二)预算单位应由单位法人书面指定单位卡持卡人,并应指定单位卡持卡人以外的专人妥善保管单位卡密码,并应严格保密。上述人员发生变动时,应办理相关交接手续,并及时变更密码或重新办理单位卡。

(三)单位卡的资金一律从预算单位基本账户转账存入,不得交存现金或将其他存款账户资金存入。

(四)单位卡最高存款额度由预算单位根据日常现金报销业务量自行确定,原则上不得超过基本账户 10 个工作日平均现金使用量。预算单位从基本账户向单位卡划拨资金应履行正常的审批手续。

(五)单位卡仅限用于公务卡支出中应从单位基本账户列支的款项的报销转账业务,不得直接进行购物消费或其他转账业务。

(六)单位卡向公务卡划转资金应通过双向转账财务 POS 系统进行。单位卡单日转出金额上限为 20 万元,转到单张公务卡的上限为 5 万元。

(七)预算单位开立单位卡、使用发卡行设备而产生的相关费用,由预算单位负担。

(八)单位卡的变更、遗失补办和停用等业务应按代理银行的相关规定办理。

第三十二条 预算单位办理公务卡报销等业务的账务处理,按照中国气象局相关财务规定执行。

第五章 公务卡管理职责

第三十三条 中国气象局在公务卡管理工作中的主要职责是:

(一)组织制定公务卡管理的有关制度规定,组织管理气象部门预算单位公务卡实施工作。

(二)督促和协调发卡行按照双方签署的协议,做好公务卡实施的系统建设、信息传递和资金还款等工作。

（三）协调财政部、中国人民银行等有关部门，解决公务卡实施中的有关政策衔接问题。

（四）通过国库动态监控系统，对预算单位公务卡项下的公务消费支出和报销事项进行监控管理，对重大问题进行调研或组织核查。

第三十四条 预算单位在公务卡管理工作中的主要职责是：

（一）加强财务管理，制定本单位公务卡报销管理细则。

（二）认真做好对本单位持卡人的宣传培训等工作。

（三）与发卡行签订相关服务协议。

（四）财务、人事等各有关部门加强沟通协调，组织本单位工作人员统一办理公务卡，做好新增、调动、退休等人员的公务卡管理工作。

（五）负责单位卡的保管及使用，以及相关设备的维护保养工作。

（六）督促本单位持卡人及时办理公务卡项下公务消费支出的财务报销手续。

（七）协助发卡行向本单位有逾期欠款的持卡人催收欠款。

（八）审核本单位持卡人提请报销的公务卡消费信息，及时办理公务卡报销还款的资金退回等业务，及时下载保存报销还款信息，做好相关账务处理工作，并按月与发卡行就公务卡报销还款情况进行对账。

（九）配合中国气象局做好公务卡监督管理等有关工作。

财务核算工作由财务核算中心代管的预算单位，财务部门承担的相关工作由财务核算中心统一负责。

第三十五条 持卡人的主要职责是：

（一）按规定申请办理公务卡，妥善保管卡片和密码，并承担因个人保管不善等原因引起的相关费用。

（二）执行公务所需支出，应使用公务卡结算和报销，并接受财政部门和所在单位财务部门监控管理。

（三）及时归还公务卡项下银行欠款。

（四）因离职、退休等原因离开所在单位，应按要求清理公务卡项下债权债务，停止公务卡的使用。

（五）公务卡只能由持卡人本人使用，因出租、转让或转借公务卡而导致的经济责任及产生的风险损失由持卡人承担。

（六）持卡人应在发卡行认可的安全网络环境下使用公务卡在互联网上进行交易。

（七）遵守国家关于银行卡使用管理的法律法规。

第三十六条 公务卡的使用和管理将作为评定各单位会计基础工作的重要内容。

第三十七条 监察、审计部门依据本办法对公务卡使用管理及账务处理进行监督、检查。

第六章 附 则

第三十八条 预算单位财务部门应根据本办法规定，结合单位财务内部控制规范，制定本单位公务卡报销管理细则，加强财务管理，并认真做好对本单位持卡人的宣传培训等工作。

第三十九条 本办法未尽事宜，按照财政部、中国人民银行相关规定执行。

第四十条 本办法由中国气象局计划财务司负责解释。

第四十一条 本办法自公布之日起施行。《气象部门公务卡管理实施办法》(气发〔2008〕418号)同时废止。

附表:气象部门公务卡强制结算目录

序号	公务卡 结算项目	备注
1	办公费	指单位购买按财务会计制度规定不符合固定资产确认标准的日常办公用品、书报杂志等支出。
2	印刷费	指单位的印刷费、版面费支出。
3	咨询费	指实际付款对象是非个人的专家咨询、评审方面的支出。
4	手续费	指单位支付的手续费支出。
5	水电费	指单位支付的水电费、污水处理费等支出。
6	邮电费	指单位开支的电话费、电报费、传真费、网络通讯费等支出。
7	物业管理费	指单位开支的办公用房、职工及离退休人员宿舍的物业管理费,包括综合治理、绿化、卫生等方面的支出。
8	差旅费	指单位工作人员因出差支付的住宿费、购买机票等支出。
9	维修(护)费	指单位日常开支的固定资产(不包括车船等交通工具)修理和维护费用,网络信息系统运行与维护费用。
10	租赁费	指租赁办公用房、宿舍、专用通讯网以及其他设备方面的费用。
11	会议费	指会议中规定开支的房租费、伙食补助费以及文件资料的印刷费、会议场地租用等。
12	培训费	指各类培训支出。包括培训场地租用费、培训教材购置费等。
13	公务接待费	指单位按规定开支的各类公务接待(含外宾接待)费用。

续表

序号	公务卡 结算项目	备注
14	专用材料费	指单位购买日常专用材料的支出。具体包括气象专用材料费,实验室用品,专用工具和仪器,材料等方面的支出。气象专用材料费包括:天气雷达业务材料购置费(天气雷达的专用消耗性材料支出,如磁控管等)、高空探测业务材料购置费(高空气象探测业务含小球测风的专用消耗性材料支出,如探空雷达零配件、探空仪、回答器、氢气、气球等)、地面业务材料购置费(地面观测气象业务的专用消耗性材料支出,如温度计、湿度计等)、其他材料购置费(除上述气象专用材料以外的专用消耗性材料支出,如天气图等)。
15	公务用车 运行维护费	指公务用车的燃料费、维修维护费、保险费、租用费等支出。
16	其他交通费用	指单位除公务用车运行维护费以外的其他交通费用。如:飞机、船舶等的燃料费、维修维护费、保险费、租用费等。

中国气象局关于印发《气象专用及办公设备购置费管理办法》的通知

(气发〔2012〕98号)

各省(区、市)气象局,计划单列市气象局,各直属单位,各内设机构:

现将《气象专用及办公设备购置费管理办法》印发给你们,请遵照执行。

附件:气象专用及办公设备购置费管理办法

中国气象局

2012年12月6日

附件:

气象专用及办公设备购置费管理办法

第一条 为了加强专用及办公设备购置费(以下简称设备购置费)管理,提高资金使用效益,根据《中央本级项目支出预算管理办法》等有关规定,制定本办法。

第二条 本办法所称设备购置费是指中央财政在中国气象局部门预算中安排的,用于气象部门购置专用及办公设备的专项经费。

第三条 本办法所称专用设备是指非基本建设投资安排的各类气象观测设备,以及气象业务、服务所需的服务器、工作站、磁盘阵列等。办公设备是指复印机、计算机、打印机、扫描仪、投影仪、传真机、网络设备、正版软件等设备以及批量购置的办公家具等。

第四条 各省(含自治区、直辖市和计划单列市,下同)气象局、中国气象局各直属单位分别按照部门预算编制要求,编制本单位设备购置费"一上"预算报送中国气象局计划财务司。中国气象局各内设机构(不含离退休干部办公室)需求由办公室统一汇总报送,离退休干部办公室单独报送。

第五条 中国气象局计划财务司提出设备购置费预算建议数,随年度部门预算"一上"报送财政部。

第六条 中国气象局计划财务司统筹考虑各省气象局、中国气象局办公室、中国气象局离退休干部办公室和各直属单位的专用及办公设备需求,在财政部下达的设备购置费"一下"预算控制数内,提出分解方案,随部门预算"一下"下达。

第七条 设备购置费的开支内容包括:

(一)购置费:用于购置专用及办公设备的支出;

(二)运输/邮寄费:用于运输或邮寄专用及办公设备发生的支出;

(三)安装调试费:用于安装和调试专用及办公设备发生的支出。

第八条 设备购置费不得用于超过国家规定资产配置标准的设备购置,不得用于应由日常公用经费开支的零星设备购置,不得用于应由部门预算中其他项目资金开支的设备购置。

第九条 使用设备购置费新增的单项设备价值超过财政部规定限额的,应在部门预算中编报新增资产配置预算报财政部审批。

第十条 各省气象局、中国气象局办公室、中国气象局离退休干部办公室和各直属单位负责实施本单位专用及办公设备的采购工作。各省气象局统一购置专用及办公设备后,可以实物方式配发各下级单位。

第十一条 设备购置费支付按照财政国库管理有关规定执行,属于政府采购范围的,应执行政府采购有关规定。

第十二条 设备购置费应单独核算、专款专用,任何单位和个人不得截留、挤占和挪用。

第十三条 各单位应加强对设备购置费使用管理的监督检查,积极配合审计、监察等部门做好相关工作。

第十四条 对在设备购置费申请、分配、使用过程中的违法违规行为,依照《财政违法行为处罚处分条例》(国务院令第427号)等有关规定追究法律责任。

第十五条 本办法由中国气象局计划财务司负责解释。

第十六条 本办法自2013年1月1日起施行。

中国气象局关于印发《气象部门基本建设项目竣工财务决算管理办法》的通知

(气发〔2013〕70 号)

各省、自治区、直辖市气象局,计划单列市气象局,各直属单位,办公室、老干办:

现将《气象部门基本建设项目竣工财务决算管理办法》印发给你们,请认真遵照执行。执行中如有问题,请及时向中国气象局计划财务司反映。

附件:气象部门基本建设项目竣工财务决算管理办法

中国气象局

2013 年 8 月 6 日

附件:

气象部门基本建设项目竣工财务决算管理办法

第一章 总 则

第一条 为了加强气象部门基本建设项目竣工财务决算管理,规范基本建设项目竣工财务决算编制、审计工作,保证资产及时准确移交,提高投资效益,根据《基本建设财务管理规定》(财建〔2002〕394 号)和《财政部关于进一步加强中央基本建设项目竣工财务决算工作的通知》(财办建〔2003〕91 号)等规章、制度制定本办法。

第二条 本办法适用气象部门有基本建设投资项目的建设单位。投资来源包括:中央和地方财政性资金、单位自筹资金、基建借款和其他资金。

第三条 基本建设项目竣工时,应编制项目竣工财务决算。建设周期长、建设内容多的大中型建设项目和中国气象局重点工程项目,单项工程竣工具备交付使用条件的,可编制单项工程竣工财务决算。建设项目全部竣工后应编制竣工财务总决算。

第四条 各建设单位应按规定设置独立的财务管理机构或指定专人负责基本建设财务工作,严格按照批准的概预算建设内容,做好账务设置和财务管理,在项目竣工后三个月内完成竣工财务决算的编制工作。项目竣工财务决算未经批复之前,原机构不得撤销,项目负责人及财务主管人员不得调离。对于大中型建设项目和中国气象局重点工程项目不得在项目建设周期内调整会计核算人员。

第二章 决算编制

第五条 基本建设项目竣工财务决算编制先决条件:项目竣工、通过业务验收(新建或改扩建项目要经过有资质的质检部门出具工程验收意见及合格证,业务项目要经过业务主管部门组织的业务验收)、涉及调整的项目要按照有关规定完成可行性研究报告或初步设计调整。

第六条 基本建设项目竣工财务决算编制前需要做的清理工作,主要包括以下内容:

(一)基本建设项目档案的归集整理。建设单位在项目建设过程中必须有专人管理项目档案,防止项目建设资料遗失或缺失。项目竣工后要对项目档案资料进行整理归档,项目建设档案保存时限应长于建设项目成果的留存时限。

(二)财产物资的盘点。建设单位要对项目建设产生的各项材料、设备、工具、器具、房屋建筑物等,逐项盘点核实,并保证账实一致。

(三)清偿债权债务。截止竣工决算日,建设单位应对项目的债权债务进行清理,原则上除按规定保留的工程尾款、质保金外,不应再有其他债权债务。

(四)账务处理清晰。建设单位应按《国有建设单位会计制度》建立会计账簿、设置会计科目,会计核算符合基本建设财务管理有关规定,保证账账、账证、账表、账实相符。

(五)待核销基本建设支出符合规定支出范围和认定标准。

(六)转出投资手续完备。根据规定产权不归属本单位且做转出投资处理的资产,需要产权单位开具接收证明。

(七)清理结余资金。经营性项目的结余资金,转入生产经营企业的有关资产;非经营性项目的结余资金,首先用于归还项目贷款,如有结余,30%作为建设单位留成收入,主要用于项目配套设施建设、其他工程建设等,70%按投资来源比例归还投资者,其中财政资金缴回同级财政部门。

第七条 基本建设项目竣工财务决算编制依据,具体包括:国家有关法律、法规及制度;经批准的项目建议书、可行性研究报告、初步设计(含概算)、概算调整及其批准文件;历年下达的投资计划、经财政部门(或上级财务管理部门)审核批准的项目预算;项目实施方案;会计核算及财务管理资料;招投标及政府采购文件、项目合同(协议)、工程结算等其他有关资料。

第八条 基本建设项目竣工财务决算编制组织管理。建设单位应加强对基本建设项目竣工财务决算的组织领导,组织专门人员,及时编制竣工财务决算。建设单位应协调设计、施工、监理等单位(主要指土建项目)配合做好项目竣工财务决算编制工作。对于不涉及土建的小型基本建设项目(含业务项目),项目管理部门及项目执行部门(单位)要积极配合财务管理部门做好项目竣工财务决算编制工作。

第九条 基本建设项目竣工财务决算编制内容,主要包括以下三部分:

(一)基本建设项目竣工财务决算报表(见附表1)

1.封面

2.建竣决01表:基本建设项目概况表

3.建竣决02表:基本建设项目竣工财务决算表

4.建竣决03表:基本建设项目交付使用资产总表

5.建竣决04表:基本建设项目交付使用资产明细表

6.建竣决05表:待摊投资明细表

7.建竣决06表:转出投资明细表

8.建竣决07表:待摊投资分配明细表

9.建竣决08表:基本建设工程决算审核汇总表

建竣决07、08表只需总投资1000万元(含1000万元)以上的项目填写。

(二)竣工财务决算说明书

竣工财务决算说明书主要包括以下内容:

1.基本建设项目概况:要说明项目立项审批的文件依据,项目建设的总体情况;

2.会计账务处理、财产物资清理及债权债务的清偿情况;

3.基本建设支出预算、投资计划和资金到位情况;

4.待摊投资分摊原则及分摊情况;

5.转出投资情况;

6.基建结余资金形成等情况;

7.前期工作经费使用及摊销情况;

8.项目概算、预算执行情况及分析,主要分析决算与概预算的差异及原因;

9.尾工工程及预留费用情况;

10.历次审计、核查、稽查及整改情况;

11.主要技术经济指标的分析、计算情况;

12. 基本建设项目管理经验、问题和建议；

13. 预备费动用情况（重点工程项目）；

14. 招投标情况、政府采购情况、合同（协议）履行情况；

15. 征地拆迁补偿情况、移民安置情况；

16. 需要说明的其他事项；

17. 编表说明，主要是对报表各项指标填写的说明。

小型基本建设项目上述内容可根据情况适当合并简化，大中型项目及中国气象局重点工程项目上述内容必须完整。

（三）随报表应附的相关材料

1. 项目立项、可研及初步设计批复文件（复印件）；

2. 项目历年投资计划及中央财政预算文件（复印件）；

3. 业务验收报告（土建项目需附项目质检报告）；

4. 档案归档验收表（详见附表 2）；

5. 项目竣工财务决算审计报告（项目总投资在 200 万元以上的基本建设项目竣工财务决算需附中介机构出具的审计报告，土建设项目还需附工程结算审核报告）；

6. 按批复的投资概算编制的投资送审表（详见附表 3，只需总投资 3000 万元以上项目填报）；

7. 其他与项目决算相关的资料，如转出投资证明等。

第十条 基本建设项目竣工财务决算的编制口径。基本建设项目竣工后，为体现项目的完整性，要对项目所有来源资金（包括中央、地方财政资金和自筹资金等）编制项目竣工财务决算。

第三章 决算审计

第十一条 基本建设项目竣工财务决算审计，按照《气象部门基本建设审计办法》（气发〔2002〕315 号）执行。其中项目办或牵头建设单位汇总上报的重点工程项目，由项目办或牵头建设单位向中国气象局审计室（以下简称“审计室”）出具委托函，审计室按照政府采购的相关规定选定会计师事务所开展项目汇总竣工财务决算审计工作。审计进场前召开由审计室、计划财务司、项目办或牵头建设单位与会计师事务所参加的工作协调会，对项目汇总竣工财务决算审计工作提出要求。审计过程中，遇有重大事项，审计室及时与计划财务司沟通。

建设单位在接到审计单位出具的审计报告后 10 个工作日内，根据情况对竣工财务决算进行调整，并在竣工财务决算说明中报告审计意见落实情况。

第十二条 基本建设项目竣工财务决算审计报告主要内容：项目概况、审核依据、原则及方法、审计结论（含项目投资计划、资金来源到位情况、概算与执行情况对比、项目支出审计情况、未完工程及预留费用审计情况、工程结算审核情况、交付使用资产及转出投资审计情况、工程损失、损毁情况、工程尾款及结余资金审计情况、竣工财务决算（送审稿）审计情况、工程物资设备招投标及政府采购审计情况等）、有关事项说明（待摊费用分摊、存款利息冲抵成本情况及其他需要说明的事项）、对项目的总体评价、审计报告附表等。

第四章 决算审核和批复

第十三条 基本建设项目竣工财务决算审核要求：

（一）气象部门省级单位所属小型基本建设项目竣工财务决算审批实行“先审核、后审批”的办法，即由省级财务部门负责审核建设单位编制的项目竣工财务决算。

（二）中国气象局各直属单位基本建设项目竣工财务决算审批实行“先审核、后审批”的办法，即由计划财务司负责审核项目竣工财务决算。

（三）大中型项目、国家确定的重点小型项目（含中国气象局重点工程项目）竣工财务决算实行“先审核、再复核、后上报”的办法。即先由省级单位负责对建设单位编制的竣工财务决算进行审核，再由中国气象局计财司进行复核。

（四）基本建设项目竣工财务决算审核的重点内容是：项目是否按规定程序和权限进行立项、可研和初步设计报批工作；项目建设是否超标准、超规模、超概算投资；项目竣工财务决算金额的正确性审核；项目竣工财务决算资料的完整性审核；项目建设过程中存在主要问题整改情况审核。

（五）审核及复核单位对上报资料不全的，应在接到竣工财务决算 10 个工作日内通知建设单位补报材料；对竣工财务决算有关指标与以往基本建设资料不一致的，通知建设单位做出书面说明或退回重新修改；对竣工财务决算有关指标与审计报告不一致及审计意见落实不到位的，退回建设单位重新修改决算并限时上报；对审计报告不准确、内容不完整的，退回委托审计的部门，进行补充审计或重新审计。

第十四条 建设单位项目竣工财务决算由批准基本建设项目可行性研究报告的单位或部门审批。具体如下：

（一）省、自治区、直辖市气象局和计划单列市气象局审批本单位及所属单位总投资 1000 万元以下的基本建设项目；

（二）中国气象局审批省、自治区、直辖市气象局和计划单列市气象局总投资 1000（含 1000 万元）万元至 3000 万元基本建设项目和中国气象局直属单位 3000 万元以下基本建设项目；

（三）气象部门 3000 万元以上（含 3000 万元）基本建设项目，由中国气象局复核后报财政部审批。

（四）由地方政府批复的资金来源单一的基本建设项目，按地方规定履行竣工财务决算审批手续。

（五）审批单位对上报资料齐全，审计意见全部整改落实到位的项目竣工财务决算，应在收到上报的项目竣工财务决算后 60 个工作日内批复项目决算。

第五章 备案和资产移交

第十五条 气象部门基本建设项目竣工财务决算实行备案制度。每年 3 月 31 日前，各省、自治区、直辖市气象局、计划单列市气象局和各直属单位根据上年度本单位及所属单位基本建设项目竣工财务决算完成情况填写竣工财务决算备案表（详见附表 4）报中国气象局备案。

第十六条 建设单位应根据批复的竣工财务决算，填制固定资产移交清单，办理固定资产财务入账及资产登记手续。工程规模较大且竣工财务决算审批时间较长的项目，可根据需要，在决算批复前先行移交固定资产实物并按决算价暂估入固定资产台账。待决算批复下达后再正式办理固定资产财务入账手续，并按决算批复资产价值对已登记固定资产台账的固定资产指标进行相应调整。

第十七条 基本建设项目竣工财务决算归档要求：

（一）建设单位应建立健全基本建设项目档案资料管理制度，及时收集、整理、归档从项目筹划到工程竣工验收各环节的文件资料，并在建设项目竣工验收后，移交档案管理部门。

（二）项目的档案资料收集整理工作要与项目建设进程同步。项目申请立项时，即应开始进行文件材料的积累、整理、审查工作；项目竣工验收时，完成文件材料的归档和验收工作。

（三）基本建设项目文件材料归档范围和保管期限，一般可根据《基本建设项目档案资料管理暂行规定》（国档发〔1998〕4 号）、《气象部门基本建设档案管理办法》（中气办发〔1997〕10 号）和《气象部门重点工程项目档案管理暂行办法》（气发〔2004〕7 号）执行。特殊专业的项目建设单位可参照制定补充细则。

（四）基本建设项目财务档案包括会计凭证、会计账簿、会计报表、竣工财务决算及其他资料，如项目建议书、项目可行性研究报告、初步设计、总概算及批复文件，经批准的施工图预（决）算、招投标和政府采购文件、合同、工程变更洽商、结算书等有关资料。财务档案的保管期限按照《会计档案管理办法》（财会字〔1998〕32 号）规定执行。

（五）小型基本建设项目在竣工财务决算批复后 30 个工作日内，大中型项目、国家确定的重点小型项目在竣工财务决算上报后 30 个工作日内，负责基本建设项目管理的部门或机构及财务核算部门，应将全部基本建设项目档案按档案管理要求移交本单位档案管理部门。

第六章 附 则

第十八条 本办法由中国气象局负责解释。

第十九条 本办法自下发之日起施行。

附表：1. 基本建设项目竣工财务决算报表表式（略）
2. 基本建设项目档案归档验收表（略）
3. 基本建设项目投资送审表（略）
4. 年度基本建设项目竣工财务决算备案表（略）

中国气象局关于印发《气象部门企业财务管理办法》的通知

(气发〔2013〕126号)

各省、自治区、直辖市气象局,计划单列市气象局,各直属单位,各内设机构:

现将《气象部门企业财务管理办法》印发给你们,请认真遵照执行。执行中如有问题,请及时向中国气象局计划财务司反映。

附件:气象部门企业财务管理办法

中国气象局

2013年12月28日

附件:

气象部门企业财务管理办法

第一章　总　则

第一条　为了加强气象部门所属企业的财务管理,提高资金效益,规范财务行为,促进统筹集约,明确经济责任,促进气象部门企业的健康发展,根据《公司法》、《企业国有资产法》、《企业财务通则》、《企业内部控制基本规范》等制订本办法。

第二条　各级气象事业单位(包括地方机构编制部门批准的事业单位和自收自支事业单位,以下简称单位)和民间非营利组织及社会团体设立的全资、控股或实际控制的企业(以下简称企业)适用本办法。

第三条　气象部门企业财务管理遵循以下原则:

(一)统一管理。企业管理应以投资者为主体。经营者对投资人负责,企业遵循自主经营的原则,但资金、资产、投资、担保、利润分配等重大事项,经营者应定期向投资者报告。

(二)统筹集约。企业应充分利用各类资源,形成资金和资产的良性循环和集约管理。

(三)经济效益。企业应在发挥社会效益的同时注重营利性,提高整体实力和市场竞争力,确保国有资产保值增值。

(四)风险控制。企业应对实收资本增减,资金筹集,资本运营,资产处置,对外担保,利润分配,企业撤并重组等经营管理事项进行内部风险评估控制。

第四条　无论个人是否参与分红,单位不得以个人集资入股方式设立企业。单位党政领导干部和参公单位人员不得担任企业法定代表人,也不得在企业兼职并领取报酬。

第二章　管理职责

第五条　投资者以对企业投资占企业实收资本的比例或按《公司法》规定的其他方式确定对企业的管理权限。投资者财务管理职责主要包括:

(一)理顺投资关系,建立现代企业制度,对企业承担有限责任。

(二)审议企业章程、企业发展规划、经营战略,审批企业年度财务预算。

(三)决定企业购建、处置重大资产(如房屋、土地、车辆、大型仪器设备)、筹资、投资、担保、捐赠、重组、经营者报酬、利润分配等重大财务事项。

(四)决定企业聘请或者解聘会计师事务所、资产评估机构等中介机构事项。

(五)检查企业财务报告和资产评估报告,对经营成果和财务运行状况、财务会计信息质量进行监督。

(六)评价企业效益,考核经营者经营业绩。

(七)视情况向投资规模较大企业委派或推荐财务总监。规模较大企业指年营业额10000万元及以上或投资在3 000万元及以上的全资或者控股企业。

第六条　投资者应当通过股东会、董事会或者其他形式的机构履行对企业的财务监管职责,也可以通过企业章程、内部制度、合同约定等方式将部分财务监管职责授予经营者。

第七条 经营者财务管理职责主要包括:

(一)依法开展独立经营,负责国有资产保值增值,加强企业内部管理等。

(二)拟订企业各项管理制度、发展规划、经营战略,编制年度财务计划。

(三)组织实施企业发展规划、经营战略和年度财务计划等。

(四)执行国家有关职工劳动报酬和劳动保护的规定,依法缴纳社会保险费、住房公积金等,保障职工合法权益。

(五)组织财务预测和财务分析,实施财务控制。

(六)编制并提供企业财务会计报告,如实反映财务信息等情况。

(七)配合有关机构进行依法审计、评估、检查等工作。

第三章 运营管理

第八条 企业应遵循《企业会计准则》,符合《中小企业划型标准规定》的企业遵循《小企业会计准则》。企业应合理选择会计政策。企业会计政策一经选定不得随意变更。因政策环境等因素发生变化确实需要变更的,应报投资者委托的管理机构或董事会批准,同时报当地税务主管部门备案。

第九条 企业应根据国家有关内部控制规范和部门规章,制定并实施财务人员内部牵制制度、审批报销制度、合同管理制度、资产管理制度、存货管理制度以及会计档案管理制度等内部控制制度。

第十条 企业应加强应收款项管理,评估客户信用风险,跟踪客户履约情况,落实收账责任,减少坏账、呆账损失。

第十一条 企业对外投资应进行可行性研究,按照审批权限的规定履行批准程序。企业对外投资应签订书面合同,明确企业投资权益,实施财务监管。依据合同支付投资款项,应按照企业内部审批制度执行。

第十二条 企业合并、分立、转让、公司制改建等,应当在做好可行性研究的基础上,对各项资产进行全面清查,编制清查日资产负债表、财产清册和债权债务清单,与债权银行依法订立债务保全协议,制定包括职工安置、债权债务承继、转让价款结算、企业重整等内容的方案。

第十三条 企业实行公司制改建,母体企业或者存续企业必须与公司制企业实行人、财、物和经营业务分开,防止国有资产流失。子公司实行公司制改建时,对没有纳入改建范围的国有资本,应当划转给母公司或者母公司其他全资子公司持有。

第十四条 企业应加强采购管理,建立完善有效的采购管理制度,达到限额标准的采购事项要在采购活动中严格遵守《中华人民共和国招标投标法》。

第十五条 企业对外担保应根据被担保单位的资信及偿债能力,按照内部审批制度采取相应的风险控制措施,并设立备查账簿登记,实行跟踪监督。

第十六条 企业对外捐赠应制定实施方案,明确捐赠范围和条件,落实执行责任,严格办理捐赠资产交接手续。

第十七条 企业从事期货、期权、证券、外汇交易等业务或者委托其他机构理财,应按规定审批权限报批,并建立交易报告制度。

第十八条 企业发生关联交易的，应按照独立企业之间的交易计价结算。投资者或者经营者不得利用关联交易非法转移企业经济利益或者操纵关联企业的利润。

第四章 资产管理

第十九条 企业应按照《企业国有资产监督管理条例》进行资产管理。

第二十条 企业应当制定存货管理制度，建立健全采购、验收、存储、发货等各个环节的内部控制制度。

（一）采购。企业应加强采购管理，建立完善有效的采购管理制度。企业应当建立合同的财务审核制度，明确业务流程和审批权限，实行财务监控。

（二）验收。由独立于采购人员、材料保管人员的验收人员对采购的材料进行验收入库，并签发材料入库单。采购人员凭采购材料的合法原始凭证和材料入库单到单位财务部门核销相关支出，财务部门对有关原始凭证与采购合同核对一致后予以核销，并按规格、型号等登记材料明细账。

（三）存储。材料保管人员应定期对库存材料进行盘点，并将库存材料盘点表与财务部门材料明细账核对。核对不一致的应当及时查明原因并做相应处置。

（四）发货。销售产品时应编制材料出库单送单位财务部门审核，并相应核销材料明细账；材料保管人员根据财务部门审核后的出库单发货。

第二十一条 企业通过自创、购买、接受投资等方式取得的无形资产，应依法明确权属，落实有关经营、管理财务责任。无形资产出现转让、租赁、质押、授权经营、连锁经营、对外投资等情形时，企业履行相关报批手续后，签订书面合同，明确权利义务，合理确定交易价格。

第二十二条 企业将产权属于自己的资产委托其他单位进行经营的，必须与受托方签订委托经营协议。企业应根据备案的合同定期对资产出租、出借有关单位收取的租金情况等进行检查。

第二十三条 企业在建工程项目交付使用后，应在交付后三个月内办理项目工程结算和竣工财务决算。

第二十四条 企业应建立各项资产损失或者减值准备管理制度。对可收回或者继续使用以及无证据证明实际损失的资产，企业不得核销。

第二十五条 企业发生的资产损失，应及时予以核实、查清责任，追偿损失，按照规定程序处理。

企业重组中清查出的资产损失，经批准后依次冲减未分配利润、盈余公积、资本公积和实收资本。

第二十六条 企业应建立固定资产购建、使用、处置制度。

企业所使用的固定资产要纳入企业财务和资产管理部门统一管理，并建立固定资产台账。对资产的报废、处置、出租、转让、调拨等应按照《企业国有资本与财务管理暂行办法》、《企业国有产权转让管理暂行办法》、《国资委 财政部关于企业国有产权转让有关事项的通知》等有关规定执行。

第五章　收入管理

第二十七条　企业应建立健全财务收支计划(预算)审批制度。企业应于每年年底或下年年初编制下一年度的收入、支出、成本、费用、税金、利润等计划(预算),报出资人审批,或由出资人委托董事会(股东会、其他形式机构)审批。

第二十八条　投资者、经营者及其他职工履行本企业职务或者以企业名义开展业务所得的收入,包括销售收入以及对方给予的销售折扣、折让、佣金、手续费、劳务费、提成、返利、业务奖励等收入,全部属于企业收入。

第二十九条　企业要制定相应的内部管理制度,确保收入的完整性。

第三十条　涉及某些科技服务收入的企业应当按照物价部门核定的收费项目和标准组织实施。

第三十一条　企业应建立发票管理制度和领取、使用、缴销管理办法,严禁向服务对象出具空白发票。

第三十二条　企业取得的收入必须及时、足额缴纳到财务部门,严禁私设“小金库”或“账外账”。

第三十三条　企业应遵守银行账户管理的有关规定,由财务部门统一办理银行账户开立、变更等手续,并由财务部门统一负责所有银行账户的使用和管理。

第六章　成本费用管理

第三十四条　企业应建立成本控制系统,强化成本预算约束,推行质量成本控制办法,实行成本定额管理、全员管理和全过程控制。

第三十五条　企业实行费用归口、分级管理和预算控制,建立必要的费用开支范围、标准和报销审批制度。

第三十六条　企业技术研发和科技成果转化项目所需经费,可通过建立研发准备金筹措,据实列入相关资产成本或者当期费用。

第三十七条　企业应严格按照国家和部门规定的成本费用开支范围、开支标准,以及内部成本费用管理制度规定,从严控制成本费用支出、准确核算成本费用。企业成本费用包括产品成本和期间费用。

(一)产品成本是指企业在生产产品过程中所发生的材料费用、职工薪酬等,以及不能直接计入而按一定标准分配计入的各种间接费用。具体包括:直接用于主营业务的材料消耗、人员工资及福利、劳务费、燃料和动力费、固定资产折旧、信息资源费、信息产品加工费、资料费、协作费、制作费、研发费、技术服务费、资产占用费、办公费、取暖费、水电费、物业费、通讯费、差旅费、车辆维持费、交通费、会议费、租赁费、运输费、仓储费等各项费用和应缴纳的各项税费。

(二)期间费用是指不计入产品成本的生产经营成本,包括营业费用、管理费用和财务费用。期间费用应当直接计入当期损益。

营业费用包括企业经营过程中发生的运输费、装卸费、包装费、保险费、展览费和广告费,以及为销售本企业商品发生的营销人员工资及福利费、类似工资性质的费用、业务费等。

管理费用包括企业的董事会和行政管理部门在企业的经营管理中发生的,或者应当由企业统一负担的公司经费,包括企业行政管理部门职工工资、修理费、物料消耗、低值易耗品摊销、办公费、差旅费、工会经费、待业保险费、劳动保险费、董事会费、聘请中介机构费、咨询费(含顾问费)、诉讼费、业务招待费、房产税、车船使用税、土地使用税、印花税、技术转让费、无形资产摊销、职工教育经费、研究与开发费、排污费、存货盘亏或盘盈(不包括应计入营业外支出的存货损失)、计提的坏账准备和存货跌价准备等。

财务费用包括应当作为期间费用的利息支出(减利息收入)、汇兑损失(减汇兑收益)以及相关的手续费等。

第三十八条 企业发生销售折扣、折让以及支付必要的佣金、手续费、劳务费、提成、返利、业务奖励等支出的,应依据国家相关管理规定,签订相关合同,履行审批手续。

第三十九条 企业成本核算应严格按照《企业产品成本核算制度(试行)》(财会〔2013〕17号)规定执行。

第四十条 企业应按照劳动合同及国家、部门有关规定支付职工报酬,对经营者和技术骨干可实行与其他职工不同的薪酬办法。

第四十一条 企业应依法为职工支付基本医疗、基本养老、失业、工伤等社会保险费,所需费用直接作为成本(费用)列支。具有持续盈利能力和支付能力的,可以为职工建立补充医疗保险和补充养老保险,所需费用按照省级以上人民政府规定的比例从成本(费用)中提取,超出规定比例的部分,由税后利润支付或由职工个人负担。企业应为从事高危作业的职工缴纳团体人身意外伤害保险费,所需费用按规定直接作为成本(费用)列支。不得为非从事高危作业的职工缴纳商业保险。

第四十二条 企业为职工缴纳住房公积金以及职工住房货币化分配的财务处理,按照国家有关规定执行。职工教育经费按照国家规定的比例列支,专项用于企业职工职业教育和职业培训。工会经费按照国家规定比例提取并拨缴工会。有条件的企业可以为职工支付企业年金。

第四十三条 企业不得承担属于个人的下列支出:

(一)娱乐、健身、旅游、招待、购物、馈赠等支出。

(二)购买商业保险、证券、股权、收藏品等支出。

(三)个人行为导致的罚款、赔偿等支出。

(四)购买住房、支付物业管理费等支出。

(五)应由个人承担的其他支出。

第七章 收益分配

第四十四条 企业出售股权投资,应在获得批准之后按照规定的程序和方式进行。股权投资出售底价,参照资产评估或公允价值结果确定,并按照合同约定收取所得价款。在履行交割时,对尚未收款部分的股权投资,应按照合同约定结算,取得受让方提供的有效担保。

第四十五条 企业发生的年度经营亏损,依照税法的规定弥补。税法规定年限内的税前利润不足弥补的,用以后年度的税后利润弥补,或者经投资者审议后用盈余公积弥补。

第四十六条 企业年度净利润,除法律、行政法规另有规定外,按照以下顺序分配:

(一)弥补以前年度亏损。

(二)提取10%法定公积金。法定公积金累计额达到注册资本50%以后,可以不再提取。

(三)提取任意盈余公积金。任意盈余公积金提取比例由投资者决议。

(四)向投资者分配利润。企业以前年度未分配的利润,并入本年度利润,企业统筹考虑自身发展情况、任务完成情况、投资者资金需求情况等各方面因素后向投资者分配。

第四十七条 企业弥补以前年度亏损和提取盈余公积后,当年没有可供分配的利润时,不得向投资者分配利润,但法律、行政法规另有规定的除外。

第四十八条 企业其他国有资本收益,包括国有产权转让收入、企业清算收入、其他国有资本收益,由企业或者省级以下(含省级)国有资产管理部门授权的机构,据实向上级主管部门申报。

第八章 监督管理

第四十九条 全资企业及控股企业的会计账簿应实现财务电算化,各单位要充分利用财务信息平台,促进企业财务管理从核算型向管理型转化,进一步加强对所属企业财务统一监督与管理。

第五十条 全资企业及控股企业的会计核算应全部纳入各级财务部门或企业集团。控股但不参与经营的企业,会计核算可不纳入,但需报上级主管部门备案。

第五十一条 企业财务管理部门和财务会计人员不履行职责,导致财务管理混乱,造成损失的,应追究其责任,并按相关规定处罚。财务人员涉嫌违纪或犯罪的,应移送纪检监察部门或司法机关处理。经营者授意财务会计人员不按国家、部门规定处理财务会计业务的,按照有关规定追究领导责任和财务管理部门领导及有关会计人员的责任。

经营者决策失误造成重大损失的,应追究领导决策失误责任。

第五十二条 企业应当完善各项内部财务控制制度和民主决策制度。重大支出事项必须集体研究决定。

第五十三条 企业财务情况必须定期公开,接受上级主管部门和群众监督。

第五十四条 加强对企业财务的监督。加强财务信息情况的动态管理,建立财务报告制度。中国气象局不定期对各企业的财务管理进行抽查;各省、自治区、直辖市和计划单列市气象局对所属企业财务信息至少每两年检查一次,不断规范气象部门企业财务管理。对检查中发现的问题,单位应及时整改。对涉嫌违纪或犯罪的,应移送纪检监察部门或司法机关处理,并视问题性质和情节轻重,按照有关规定追究单位领导的责任。

第九章 附 则

第五十五条 各省、自治区、直辖市气象局以及计划单列市气象局可按照本办法,结合实际情况制订实施细则。

第五十六条 气象部门实行企业化管理的事业单位参照本办法执行。

第五十七条 本办法自2014年1月1日起施行,原《气象部门企业财务管理暂行办法》(气办发〔2011〕53号)同时废止。

中国气象局关于印发《气象部门事业单位科技服务财务管理办法》的通知

（气发〔2013〕127 号）

各省、自治区、直辖市气象局，计划单列市气象局，各直属单位，各内设机构：

现将《气象部门事业单位科技服务财务管理办法》印发给你们，请认真遵照执行。执行中如有问题，请及时向中国气象局计划财务司反映。

附件：气象部门事业单位科技服务财务管理办法

中国气象局

2013 年 12 月 28 日

附件:

气象部门事业单位科技服务财务管理办法

第一章 总 则

第一条 为加强气象部门科技服务财务管理,根据国家有关规定和中国气象局《关于印发〈气象科技服务管理暂行办法〉的通知》(气发〔2007〕268 号)的有关精神,结合气象部门财务管理工作实际情况,制定本办法。

第二条 气象科技服务,是指利用气象业务服务产品、科研成果和资产等国有资源,在确保公益性气象服务的前提下,根据经济社会发展和市场需求,依照国家有关政策和法规开展的各类服务。

第三条 各级气象事业单位(包括地方机构编制部门批准的事业单位和自收自支事业单位,以下简称单位),开展气象科技服务(以下简称科技服务)的财务管理活动,应当遵守此办法。

第四条 各级气象主管机构的计划财务管理部门负责对科技服务进行财务管理和监督。科技服务资金必须纳入单位财务部门统一管理,统一核算。

第五条 各单位主要负责人是科技服务财务管理的第一责任人,对本单位科技服务管理制度的建立健全和有效实施负责。

第二章 预算管理

第六条 单位直接从事科技服务取得的各项收入,附属单位和企业上缴给单位的收入,以及发生的相关支出,应当按照中央部门预算管理规定、中央政府非税收入管理等规定全部纳入本单位部门预算,任何单位(或部门)不得以任何名义将科技服务资金截留在部门预算以外。在编制部门预算时,应按照综合预算的原则统筹考虑财政资金、气象科技服务资金和其他资金情况编制。未纳入部门预算的一律不得支出。

第七条 实行气象科技服务资金目标管理的单位,下达的目标应充分考虑事业发展的需求以及创收的可行性,并与预算编制相结合。

第八条 按本办法第六条规定纳入单位部门预算管理的科技服务收入和支出,应根据年度部门预算编制的要求编制预算。

(一)收入预算。单位从事科技服务取得的各项收入应根据收入性质分别在“事业收入”、“经营收入”和“其他收入”科目中编列;附属单位和企业上缴的收入在“附属单位上缴收入”科目中编列;取得上级单位对本单位的补助经费在“上级补助收入”科目中编列。

(二)支出预算。单位从事科技服务发生的各项支出,凡属于单位自身使用的部分,应视具体支出性质分别在“基本支出”、“项目支出”、“经营支出”中编列,“经营支出”应与“经营收入”配比。其中基本支出预算按照气象部门基本支出综合定额编制,项目支出预算按照批准的项目内容和建设标准编制。不属于单位自身使用的部分,应在“上缴上级支出”或“对附属单位补助支出”中编列。

第三章　投资管理

第九条　单位使用科技服务资金对外投资应按《气象部门国有资产使用管理暂行办法》的规定履行审批程序。

第十条　单位不得利用科技服务资金从事股票、期货、基金、企业债券等投资。

第十一条　单位以非货币性资产进行对外投资的,要按照《国有资产评估管理办法》(国务院令第 91 号)、《国有资产评估管理若干问题的规定》(财政部令第 14 号)、《事业单位国有资产管理暂行办法》(财政部令第 36 号)等有关规定,选择具有相应资质的中介机构进行资产评估。

第十二条　单位对外投资,应当视情况分别记入单位“短期投资”或“长期投资”科目,不得记入“其他应收款”等往来科目。对外投资取得的收益,应当记入单位“其他收入—投资收益”科目,不得直接冲减“短期投资”、“长期投资”科目或“其他应收款”等往来科目。

第四章　收入管理

第十三条　气象科技服务收入是指各级气象部门以气象科学技术为依托,在为国民经济各行业、各部门、各类社会经济组织及公民个人提供服务时取得的收入。具体包括:“专业气象服务收入”、“电视信息广告收入”、“‘12121’固定和移动电话收入”、“手机短信收入”、“防雷装置设计技术评价收入”、“雷电灾害风险评估收入”、“气候可行性论证收入”、“防雷装置检测(含新建防雷装置施工跟踪检测)收入”、“气象仪器计量检定收入”、“资产出租出借收入”等。

第十四条　单位应当按照物价部门核定的收费项目和标准组织科技服务收入;对属于市场行为,物价部门没有核定收费标准的科技服务收入项目,其收费标准由单位与服务对象自行协商确定,并在签订的科技服务合同中明确列示收费金额。

第十五条　单位向服务对象按标准收取费用时,需要减免的,应按照有关规定由服务对象出具减免批准文件或减免审批单,并按规定程序办理。

第十六条　单位在向服务对象收取费用时,应按照有关规定使用财政票据或税务部门统一印制的发票,由财务部门统一出具。特殊情况需要科技服务人员出具的,由科技服务人员提出申请,经单位负责人批准后方可领取整本票据或发票,并指定专人负责。单位应建立票据和发票管理制度,规范票据和发票的领用、缴销。严禁向服务对象出具空白票据或发票。

第十七条　单位开展科技服务取得的各项收入,必须按照国家有关税收法规规定,依法纳税。

第十八条　单位取得的科技服务收入必须及时、足额缴纳到单位财务部门,严禁私设“小金库”或“账外账”。以现金方式收取的气象科技服务收入,应在当天交财务部门,特殊情况下经批准后可适当延长,但最多不超过 3 个工作日。单位财务部门在入账时,应核对以下资料:

(一)所缴的现金或转账支票金额与所开具的票据或发票金额是否一致。

(二)所缴的现金或转账支票金额与物价部门核定的收费项目和标准所计算的应收金额是否一致,如涉及收费减免的,应提供收费减免批准文件或减免审批单。

(三)所缴的现金或转账支票金额与科技服务合同中明确列示的收费金额是否一致。

(四)服务对象以实物或服务抵扣费用的,应按合同执行,合同未明确的必须经批准,并以所开具的票据或发票金额确认收入,同时核对相关实物或服务内容。如服务对象暂未提供相关实物或服务的,应在“应收账款”中反映,并在提供相关实物或服务时相应冲抵“应收账款”。

(五)单位开出发票暂未收到服务对象资金的,科技服务人员应及时将发票记账联交单位财务人员入账,在“应收账款”科目反映。单位应定期对科技服务收入“应收账款”进行催收,避免长时间形成呆账。

第十九条 有条件的单位,应当实行科技服务收入收缴分离的办法。应当完善科技服务各项内部控制制度并严格执行。

第二十条 单位不得以任何名义将本单位资金违规转移到企业作为企业收入。

第二十一条 单位应遵守银行账户管理的有关规定,由财务部门统一办理银行账户开立、变更等手续,并由财务部门统一负责所有银行账户的使用和管理。

第二十二条 单位应完善收入内部控制机制。服务、开票、收费等不得由同一人员担任。对外提供的各类服务报告要统一印制、统一编号,报告应注明被服务对象的详细地址,服务内容,收费依据、标准等,其中收费合同一式四联,服务对象、服务部门、财务部门各一联,管理部门备案一联。单位应不定期对各类收入情况进行检查。

科技服务收入应及时上交财务部门。财务部门收到服务部门交来的款项后,应根据收费标准和相关报告及合同注明的事项,计算应收取的费用,并与实际收到资金、开具发票金额进行核对。实际收到的资金与应收取的费用不一致的,服务部门应书面说明原因。属于减免检测费的,应提供减免文件或其他依据;属于对方欠缴的,服务部门应书面说明原因。相关报告结论页、发票、服务部门的书面说明、减免文件或依据等应作为财务部门入账的原始凭证。

第二十三条 资产出租出借收入及管理

单位将资产委托下属单位进行出租出借的,受托方取得的资产出租出借收入,应记入受托方“其他应付款”等往来科目,在扣除相关税费后,必须全额上缴委托方;委托方单位收到上缴款后,应记入“其他收入”等收入类科目,不得在“其他应付款”等往来类科目列收列支。受托方不得在受托经营资产取得的收入中开支其自身的支出,委托方不得以抵顶上缴收入等方式在受托方开支有关支出。

单位或受托方出租出借资产时,应与承租方或借入方签订资产租赁(借出)合同。合同应由单位统一编号,一式四份,承租方或借入方、单位或受托方资产经营部门、财务部门各一份,向资产出租出借审批单位备案一份。

资产经营部门收取租金等应及时交财务部门。财务部门收到承租方、借入方或资产经营单位交来的租金后,应核对合同约定租金、实际收到租金、开具发票金额三者的一致性。实际收到的租金与合同约定的租金不一致的,资产经营单位应书面说明原因。属于承租方、借入方欠缴的,承租方、借入方应出具欠条;属于合同变更的,应提供变更后的合同。合同(包括变更后的合同)、发票、资产经营单位的书面说明、承租方或借入方出具的欠条等应作为财务部门入账的原始凭证。

第五章 成本管理

第二十四条 科技服务成本是指单位为开展科技服务而发生的直接物化成本、工资、劳务成本及其他成本费用支出。具体包括:直接用于开展科技服务的材料消耗、固定资产折旧;支付给从事科技服务人员的工资及劳务支出;支付给从事公益气象事业单位和上级管理部门的信息资源费、资料费、协作费;发生的各项税费;开展科技服务所发生的办公费、取暖费、水电费、通讯费、差旅费、车辆维持费、交通费、会议费、招待费、租赁费、信息费、劳务费、广告费等各项费用。

第二十五条 单位科技服务成本核算,应按照收入与费用配比原则进行。

第二十六条 固定资产折旧按照规定的折旧方法足额计提,已列入事业支出的固定资产购置成本,其计提的折旧不允许再列入经营支出;发生的取暖费、水电费、通讯费、差旅费、车辆维持费、交通费、会议费、房屋租赁费等按照实际发生数如实计入成本,如与单位发生的相关费用无法分清的,按照分摊的原则计算分摊金额计入成本。

第二十七条 单位支付气象信息资源使用费的具体金额应根据客观量化的依据,和有关单位协商确定。支付气象信息资源使用费等有关资金,必须以单位与其他单位签订的合同为依据,不得以现金形式支付,不得将资金直接返回给个人或其他单位。

第二十八条 单位未从事科技服务的人员,其人员支出和其他支出不得挤占单位科技服务成本;应在企业成本中列支的支出不得挤占单位的支出。

第二十九条 严格控制科技服务活动中的现金使用。从事科技服务人员的工资和劳务应以银行卡形式发放;按要求使用公务卡和转账支票,严格控制零星现金支出。

第六章 资产和材料管理

第三十条 单位开展科技服务所使用的固定资产要纳入单位财务和资产管理部门统一管理,并建立固定资产台账。对资产的报废、处置、出租、转让、调拨等应按照《气象部门国有资产处置管理暂行办法》和《气象部门国有资产使用管理暂行办法》执行。

第三十一条 单位将产权属于自己的资产委托其他单位进行经营的,必须与受托方签订委托经营协议。资产出租出借审批单位应根据备案的合同定期对资产出租、出借有关单位收取的租金情况等进行检查。

第三十二条 因工作需要借用的备用金,应定期结账。备用金借用额度和时间由单位统一规定。

第三十三条 建立健全材料采购、验收、存储、发货等各个环节的内部控制制度。

(一)采购。材料的采购程序参照政府采购有关程序执行,并与供货方签订采购合同,有关采购合同应送财务部门备案。

(二)验收。由独立于采购人员、材料保管人员的验收人员对采购的材料进行验收入库,并签发材料入库单。采购人员凭采购材料的合法原始凭证和材料入库单到单位财务部门核销相关支出,财务部门对有关原始凭证与采购合同核对一致后予以核销,并按规格、型号等登记材料明细账。

(三)存储。材料保管人员应定期对库存材料进行盘点,并将库存材料盘点表与财务部门材料明细账核对。核对不一致的应当及时查明原因并做相应处置。

(四)发货。根据与服务对象签订的科技服务合同及施工图纸等材料,应编制材料出库单送单位财务部门审核,并相应核销材料明细账;材料保管人员根据财务部门审核后的出库单发货。

第七章 科技服务净收入的使用

第三十四条 单位科技服务净收入是指单位从事科技服务收入扣除相关成本、税费后的净结余。

第三十五条 科技服务净收入的分配,应当兼顾国家、集体和个人三方面利益。应当从气象事业发展、科技服务自身发展、职工激励机制等各方面统筹考虑科技服务净收入的使用。各气象主管部门要加强气象科技服务收入的统筹管理,并制定具体办法统筹使用。

第三十六条 单位科技服务净收入具体用途包括:弥补以前年度科技服务亏损;科技服务自身发展;人才引进和培训,职工补贴津贴及有关福利、奖励等基本支出;气象业务现代化建设,气象科研和技术开发,气象台站基础设施建设等项目支出。其中用于职工补贴津贴的部分必须严格执行国家补贴津贴有关规定。

第八章 监督检查

第三十七条 单位应当完善科技服务的各项内部财务控制制度和民主决策制度。重大支出事项必须集体研究决定。

第三十八条 科技服务财务情况必须定期公开,接受上级主管部门和群众监督。单位应将科技服务创收和支出的明细项目定期在内部公开。各级财务管理部门应将科技服务收入和支出情况作为局务公开的重要内容,分别在一定范围内公开。

第三十九条 单位应加强对科技服务财务收支情况的动态管理,建立科技服务财务报告制度。中国气象局计划财务司不定期组织对各单位的科技服务财务管理进行抽查;各省、自治区、直辖市和计划单列市气象局对所属单位科技服务资金至少每两年检查一次,不断规范气象科技服务财务管理。对检查中发现的问题,单位应及时整改。对涉嫌违纪的,应移送纪检监察部门处理,对涉嫌违法的,应移交司法机关处理,并视问题性质和情节轻重,按照有关规定追究单位领导的责任。

第四十条 财务管理部门和财务人员不履行职责,导致科技服务财务管理混乱,造成损失的,按照有关规定追究其责任。财务人员涉嫌违纪或违法的,应分别移送纪检监察部门或司法机关处理,并视问题性质和情节轻重,按照有关规定追究财务管理部门领导的责任。

第九章 附 则

第四十一条 各省、自治区、直辖市气象局以及计划单列市气象局可按照本办法,结合实际情况,制定科技服务财务管理实施细则,报中国气象局备案。

第四十二条 气象部门民间非营利组织和社会团体参照本办法执行。

第四十三条 本办法由中国气象局负责解释。

第四十四条 本办法自2014年1月1日起执行。原《气象科技服务财务管理暂行办法》(气发〔2007〕302号)和《气象科技服务管理补充规定》(气发〔2010〕15号)同时废止。

中国气象局关于印发《气象部门会议费管理办法》的通知

（气发〔2013〕130 号）

各省、自治区、直辖市气象局，计划单列市气象局，各直属单位，各内设机构：

为了加强气象部门会议费的管理，规范会议的审批和组织，提高会议的质量和效率，根据财政部《关于印发〈中央和国家机关会议费管理办法〉的通知》（财行〔2013〕286 号），制定了《气象部门会议费管理办法》，现印发给你们，请认真贯彻执行。

附件：气象部门会议费管理办法

中国气象局

2013 年 12 月 31 日

附件:

气象部门会议费管理办法

第一章　总　则

第一条　为进一步加强和规范气象部门会议费管理,精简会议,改进会风,提高会议效率和质量,节约会议经费开支,根据《关于印发＜中央和国家机关会议费管理办法＞的通知》(财行〔2013〕286 号)制定本办法。

第二条　气象部门会议的分类、审批和会议费管理等,适用本办法。

本办法适用于气象部门各级行政、事业单位,以下简称“各单位”。

第三条　各单位召开会议应当坚持厉行节约、反对浪费、规范简朴、务实高效的原则,严格控制会议数量,规范会议费管理。

第四条　各单位召开的会议实行分类管理、分级审批。

第五条　各单位应当严格会议费预算管理,控制会议费预算规模。会议费预算要细化到具体会议项目,执行中不得突破。会议费应纳入部门预算,并单独列示。

第二章　会议分类和审批

第六条　气象部门会议分类如下:

一类会议是指以党中央和国务院名义召开的,要求省、自治区、直辖市、计划单列市或中央部门负责同志参加的会议。

二类会议是指中国气象局召开的,要求各内设机构、各直属单位和省、自治区、直辖市、计划单列市气象局负责同志参加的会议。

三类会议是指中国气象局及其所属内设机构召开的,要求省、自治区、直辖市、计划单列市气象局、各直属单位和内设机构有关人员参加的会议以及省、自治区、直辖市、计划单列市召开的要求各地(州、盟)、县(旗)气象局负责同志参加的会议。气象部门三类会议主要包括全国性业务工作会议、各省气象工作会议等。

四类会议是指除上述一、二、三类会议以外的其他业务性会议,包括小型研讨会、座谈会、评审会等。

第七条　气象部门会议按以下程序和要求进行审批:

一类会议。应当报经党中央和国务院批准。会议总务、经费预算及费用结算等工作分别由中共中央直属机关事务管理局(以下简称中直管理局)和国家机关事务管理局(以下简称国管局)负责。

二类会议。中国气象局办公室(以下简称办公室)应当于每年 10 月底前,将下一年度会议计划(包括会议名称、召开的理由、主要内容、时间地点、代表人数、工作人员数、所需经费及列支渠道等)报中国气象局审议,审议通过后由中国气象局计划财务司(以下简称计财司)送财政部审核会签,按程序经中央办公厅、国务院办公厅审核。气象部门召开二类会议原则上每年不超过 1 次。

三类会议。中国气象局机关各内设机构应于每年 11 月底前将下一年度会议计划(包括会议数量、会议名称、召开的理由、主要内容、时间地点、代表人数、工作人员数、所需经费及列支渠道等)报局办公室审核,局办公室将审核结果报中国气象局审议后批复执行。

各省、自治区、直辖市、计划单列市气象局应当建立会议计划编报和审批制度,年度会议计划(包括会议数量、会议名称、召开的理由、主要内容、时间地点、代表人数、工作人员数、所需经费及列支渠道等)需经单位领导班子集体研究后执行。

四类会议。由单位分管领导审核并报主要领导批准后执行,并列入单位年度会议计划。

第八条 一类会议会期按照批准文件,根据工作需要从严控制;二、三、四类会议会期均不得超过 2 天;传达、布置类会议会期不得超过 1 天。

会议报到和离开时间,一、二、三类会议合计不得超过 2 天,四类会议合计不得超过 1 天。

第九条 各单位应当严格控制会议规模。

一类会议参会人员按照批准文件,根据会议性质和主要内容确定,严格限定会议代表和工作人员数量。

二类会议参会人员不得超过 300 人,其中,工作人员控制在会议代表人数的 15%以内;不请省、自治区、直辖市和中央部门主要负责同志、分管负责同志出席。

三类会议参会人员不得超过 150 人,其中,工作人员控制在会议代表人数的 10%以内。

四类会议参会人员视内容而定,一般不得超过 50 人。

第十条 各单位召开会议应当改进会议形式,充分运用电视电话、网络视频等现代信息技术手段,降低会议成本,提高会议效率。

传达、布置类会议优先采取电视电话、网络视频会议方式召开。电视电话、网络视频会议的主会场和分会场应当控制规模,节约费用支出。

第十一条 不能够采用电视电话、网络视频召开的会议实行定点管理。各单位会议应当到定点饭店召开,按照协议价格结算费用。未纳入定点范围,价格低于会议综合定额标准的单位内部会议室、礼堂、宾馆、招待所、培训中心,可优先作为本单位或本系统会议场所。

二、三、四类会议应当在四星级以下(含四星)定点饭店召开。

参会人员在 50 人以内且无外地代表的会议,原则上在单位内部会议室召开,不安排住宿。

第十二条 参会人员以在京单位为主的会议不得到京外召开。各单位不得到党中央、国务院明令禁止的风景名胜区召开会议。

第三章 会议费开支范围、标准和报销支付

第十三条 会议费开支范围包括会议住宿费、伙食费、会议室租金、交通费、文件印刷费、医药费等。

前款所称交通费是指用于会议代表接送站,以及会议统一组织的代表考察、调研等发生的交通支出。

会议代表参加会议发生的城市间交通费,按照差旅费管理办法的规定回单位报销。

第十四条 会议费开支实行综合定额控制,各项费用之间可以调剂使用。

会议费综合定额标准如下:

单位:元/人天

会议类别	住宿费	伙食费	其他费用	合　计
一类会议	400	150	110	660
二类会议	300	150	100	550
三、四类会议	240	130	80	450

综合定额标准是会议费开支的上限,各单位应在综合定额标准以内结算报销。

第十五条　一类会议费在部门预算专项经费中列支,二、三、四类会议费原则上在各单位部门预算公用经费中列支。

会议费由会议召开单位承担,不得向参会人员收取,不得以任何方式向下属机构、企事业单位转嫁或摊派。

第十六条　各单位在会议结束后应当及时办理报销手续。会议费报销时应当提供会议审批文件、会议经费预算表、会议通知及实际参会人员签到表、会议费结算表、定点饭店等会议服务单位提供的费用原始明细单据、电子结算单等凭证。财务部门要严格按规定审核会议费开支,对未列入年度会议计划,以及超范围、超标准开支的经费不予报销。

第十七条　各单位会议费支付,应当严格按照国库集中支付制度和公务卡管理制度的有关规定执行,以银行转账或公务卡方式结算,禁止以现金方式结算。

具备条件的,会议费应由单位财务部门直接结算。

第四章　会议费公示和年度报告制度

第十八条　各单位应当将非涉密会议的名称、主要内容、参会人数、经费开支等情况在单位内部公示,具备条件的应向社会公开。

第十九条　各二级预算单位应当于每年2月底前,将本单位及下属预算单位上年度会议计划和执行情况(包括会议名称、主要内容、时间地点、代表人数、工作人员数、经费开支及列支渠道等)汇总后报中国气象局。

第二十条　中国气象局应当于每年3月底前,将本级和下属预算单位上年度会议计划和执行情况(包括会议名称、主要内容、时间地点、代表人数、工作人员数、经费开支及列支渠道等)汇总后报财政部,同时抄送国管局。

第二十一条　中国气象局对各单位报送的会议年度报告进行汇总分析,针对执行中存在的问题,及时提出加强监管的措施。

第五章　管理职责

第二十二条　计财司会议费管理的主要职责是:

(一)会同办公室制定或修订会议费管理办法,并对执行情况进行监督检查;

(二)负责向财政部报送经中国气象局审议同意的二类会议年度计划;

(三)对各单位报送的会议年度报告进行汇总分析,提出加强管理的措施;

（四）按规定向财政部和国管局报送会议年度报告，加强对本单位会议费使用的内控管理。

第二十三条 办公室会议费管理的主要职责是：

（一）配合计财司制定或修订中央和国家机关会议费管理办法；

（二）负责中国气象局机关年度会议计划编制，向中国气象局报送中国气象局机关三类会议年度计划，管理机关四类会议；

（三）负责提出气象部门二类会议年度计划，报送中国气象局审议；

（四）负责中国气象局召开的二类会议的总务工作；

（五）配合计财司对会议费执行情况进行监督检查。

第二十四条 各单位会议费管理的主要职责是：

（一）负责制定本单位会议费管理的实施细则；

（二）各省、自治区、直辖市、计划单列市气象局负责单位年度会议计划的编制和三类、四类会议的审批管理；

（三）各直属事业单位负责单位年度会议计划的编制，和四类会议的审批管理；

（四）负责安排会议预算并按规定管理、使用会议费，做好相应的财务管理和会计核算工作，对内部会议费报销进行审核把关，确保票据来源合法，内容真实、完整、合规；

（五）按规定报送会议年度报告，加强对本单位会议费使用的内控管理。

第六章 监督检查和责任追究

第二十五条 计财司、办公室和审计室对各单位会议费管理和使用情况进行监督检查。主要内容包括：

（一）会议计划的编报、审批是否符合规定；

（二）会议费开支范围和开支标准是否符合规定；

（三）会议费报销和支付是否符合规定；

（四）会议会期、规模是否符合规定，会议是否在规定的地点和场所召开；

（五）是否向下属机构、企事业单位转嫁、摊派会议费；

（六）会议费管理和使用的其他情况。

第二十六条 严禁各单位借会议名义组织会餐或安排宴请；严禁套取会议费设立“小金库”；严禁在会议费中列支公务接待费。

各单位应严格执行会议用房标准，不得安排高档套房；会议用餐严格控制菜品种类、数量和分量，安排自助餐，严禁提供高档菜肴，不安排宴请，不上烟酒；会议会场一律不摆花草，不制作背景板，不提供水果。

不得使用会议费购置电脑、复印机、打印机、传真机等固定资产以及开支与本次会议无关的其他费用；不得组织会议代表旅游和与会议无关的参观；严禁组织高消费娱乐、健身活动；严禁以任何名义发放纪念品；不得额外配发洗漱用品。

第二十七条 违反本办法规定，有下列行为之一的，依照本规定追究会议举办单位和相关人员的责任：

（一）计划外召开会议的；

（二）以虚报、冒领手段骗取会议费的；

(三)虚报会议人数、天数等进行报销的;

(四)违规扩大会议费开支范围,擅自提高会议费开支标准的;

(五)违规报销与会议无关费用的;

(六)其他违反本办法行为的。

有前款所列行为之一的,由计财司会同有关部门责令改正,追回资金,并经报批后予以通报。同时,通知其上级主管单位,按照有关规定对直接负责的主管人员和相关负责人予以责任追究。涉嫌违法的,移交司法机关处理。

内部宾馆、招待所、培训中心有关工作人员违反规定的,按照财政部定点饭店管理的有关规定处理。

第七章　附　则

第二十八条　各单位应当按照本办法规定,结合本单位业务特点和工作需要,制定会议费管理具体实施细则。

第二十九条　气象部门民间非营利组织和下属企业会议费管理参照本办法执行。

第三十条　本办法由中国气象局负责解释,自 2014 年 1 月 1 日起施行。原《中国气象局全国性会议管理办法》(气发〔2007〕78 号)同时废止。

中国气象局关于印发《气象部门差旅费管理办法》的通知

（气发〔2014〕31 号）

各省、自治区、直辖市气象局，计划单列市气象局，各直属单位，各内设机构：

现将《气象部门差旅费管理办法》印发给你们，请认真遵照执行。执行中如有问题，请及时向中国气象局计划财务司反映。

附件：气象部门差旅费管理办法

中国气象局

2014 年 4 月 21 日

附件：

气象部门差旅费管理办法

第一章　总　则

第一条　为加强和规范气象部门国内差旅费管理，推进厉行节约反对浪费，根据《党政机关厉行节约反对浪费条例》和《中央和国家机关差旅费管理办法》，制定本办法。

第二条　本办法适用于气象部门各级行政、事业单位，以下简称"各单位"。

第三条　差旅费是指工作人员临时到常驻地以外地区公务出差所发生的城市间交通费、住宿费、伙食补助费和市内交通费。

第四条　各单位应当建立健全公务出差审批制度。出差必须按规定报经单位有关领导批准，填写出差审批单，从严控制出差人数和天数；严格差旅费预算管理，控制差旅费支出规模；严禁无实质内容、无明确公务目的的差旅活动，严禁以任何名义和方式变相旅游，严禁异地单位间无实质内容的学习交流和考察调研。

第五条　财政部按照分地区、分级别、分项目的原则制定差旅费标准，并根据经济社会发展水平、市场价格及消费水平变动情况适时调整。气象部门各单位按照该标准执行。

第二章　城市间交通费

第六条　城市间交通费是指工作人员因公到常驻地以外地区出差乘坐火车、轮船、飞机等交通工具所发生的费用。

第七条　出差人员应当按规定等级乘坐交通工具。乘坐交通工具的等级见下表：

交通工具 级　别	火车 （含高铁、动车、全列软席列车）	轮船 （不包括旅游船）	飞机	其他交通工具 （不包括出租小汽车）
部级及相当职务人员	火车软席（软座、软卧），高铁/动车商务座，全列软席列车一等软座	一等舱	头等舱	凭据报销
司局级及相当职务人员	火车软席（软座、软卧），高铁/动车一等座，全列软席列车一等软座	二等舱	经济舱	凭据报销
其余人员	火车硬席（硬座、硬卧），高铁/动车二等座、全列软席列车二等软座	三等舱	经济舱	凭据报销

部级及相当职务人员出差，因工作需要，随行一人可乘坐同等级交通工具。

未按规定等级乘坐交通工具的，超支部分由个人自理。

第八条　到出差目的地有多种交通工具可选择时，出差人员在不影响公务、确保安全的前提下，应当选乘经济便捷的交通工具。

第九条　乘坐飞机的，民航发展基金、燃油附加费可以凭据报销。

第十条 乘坐飞机、火车、轮船等交通工具的，每人次可以购买交通意外保险一份。所在单位统一购买交通意外保险的，不再重复购买。

第三章 住宿费

第十一条 住宿费是指工作人员因公出差期间入住宾馆（包括饭店、招待所，下同）发生的房租费用。

第十二条 财政部分地区制定住宿费限额标准，作为各单位工作人员到相关地区出差的住宿费限额标准。气象部门各单位按该标准执行（详见附表1）。

对于住宿价格季节性变化明显的城市，住宿费限额标准在旺季会上浮一定比例，具体标准按财政部发布执行。

第十三条 部级及相当职务人员住普通套间，司局级及以下人员住单间或标准间。

第十四条 出差人员应当在职务级别对应的住宿费标准限额内，选择安全、经济、便捷的宾馆住宿。

第四章 伙食补助费

第十五条 伙食补助费是指对工作人员在因公出差期间给予的伙食补助费用。

第十六条 伙食补助费按出差自然（日历）天数计算（出差天数以出差审批单批准的天数为准），按规定标准包干使用。

第十七条 财政部分地区制定伙食补助费标准（详见附表1），作为各单位工作人员到相关地区出差的伙食补助费标准。气象部门各单位按照该标准执行。

第十八条 出差人员应当自行用餐。接待单位统一安排用餐，应尽量安排在单位内部食堂。凡由接待单位统一安排用餐的，应当向接待单位交纳伙食费。

第五章 市内交通费

第十九条 市内交通费是指工作人员因公出差期间发生的市内交通费用。

第二十条 市内交通费按出差自然（日历）天数计算（出差天数以出差审批单批准的天数为准），每人每天80元包干使用。

第二十一条 出差人员由接待单位或其他单位提供交通工具的，应向接待单位或其他单位交纳相关费用。

第六章 报销管理

第二十二条 出差人员应当严格按规定开支差旅费，费用由所在单位承担，不得向下级单位、企业或其他单位转嫁。

第二十三条 城市间交通费按乘坐交通工具的等级凭据报销，订票费、经批准发生的签转或退票费、交通意外保险费凭据报销。

住宿费在标准限额之内凭发票据实报销。

伙食补助费按出差目的地的标准报销,在途期间的伙食补助费按当天最后到达目的地的标准报销。

市内交通费按规定标准报销。

未按规定开支差旅费的,超支部分由个人自理。

第二十四条 工作人员出差结束后应当及时办理报销手续。差旅费报销时应当提供出差审批单(参考附表2)、机票、车票、住宿费发票等凭证。

差旅费报销时出差人员应当据实填报是否由接待单位统一安排用餐,是否由接待单位提供交通工具,是否交纳相关费用,接待事项的真实性由出差人员负责。

接待单位统一安排用餐,出差人员已交纳相关费用,或接待单位未安排用餐的,伙食补助费按照标准报销;接待单位统一安排用餐,出差人员未交纳相关费用的,不报销伙食补助费。

接待单位提供交通工具,出差人员已交纳相关费用,或接待单位未提供交通工具的,市内交通费按标准报销;接待单位提供交通工具,出差人员未交纳相关费用的,不报销市内交通费。

在途期间的伙食补助费和市内交通费按规定标准报销。

住宿费、机票支出等按规定用公务卡结算,具体要求按照《气象部门公务卡管理实施办法》执行。

各单位临时聘请其他部门专家或人员开展咨询、评审、调研、试验等工作发生差旅事项,报销时应附邀请函,从事咨询、评审的专家或人员按规定标准报销住宿费和城市间交通费,从事调研、试验的专家或人员按规定标准报销差旅费。

第二十五条 财务部门应当严格按规定审核差旅费开支,对未经批准出差以及超范围、超标准开支的费用不予报销。

实际发生住宿而无住宿费发票的,不得报销住宿费以及城市间交通费、伙食补助费和市内交通费。其中:气象部门挂职、交流、锻炼、异地任职和借调的干部到原工作地点出差的,无住宿费发票可以按规定标准报销除住宿费外的差旅费;气象部门工作人员开展野外观测实验,住宿在台站或其他无法开具住宿费发票的地方,可以按规定标准报销差旅费;当天往返未发生住宿的或乘坐夕发朝至城际列车没有住宿费发票的,可以报销当天或路程期间的城市间交通费、伙食补助费和市内交通费。自带交通工具的,自带交通工具期间不能报销市内交通费。

第七章 监督问责

第二十六条 各单位应当加强对本单位工作人员出差活动和经费报销的内控管理,对本单位出差审批制度、差旅费预算及规模控制负责,相关领导、财务人员等对差旅费报销进行审核把关,确保票据来源合法,内容真实完整、合规。对未经批准擅自出差、不按规定开支和报销差旅费的人员进行严肃处理。

各单位应当强化对所属预算单位的监督检查,发现问题及时处理,重大问题向中国气象局报告。

各单位应当自觉接受审计部门对出差活动及相关经费支出的审计监督。

第二十七条 计财司会同审计室对各单位差旅费管理和使用情况进行监督检查。主要内容包括:

（一）单位差旅审批制度是否健全，出差活动是否按规定履行审批手续；

（二）差旅费开支范围和标准是否符合规定；

（三）差旅费报销是否符合规定；

（四）是否向下级单位、企业或其他单位转嫁差旅费；

（五）差旅费管理和使用的其他情况。

第二十八条 出差人员不得向接待单位提出正常公务活动以外的要求，不得在出差期间接受违反规定用公款支付的宴请、游览和非工作需要的参观，不得接受礼品、礼金和土特产品等。

第二十九条 违反本办法规定，有下列行为之一的，依法依规追究相关单位和人员的责任：

（一）单位无出差审批制度或出差审批控制不严的；

（二）虚报冒领差旅费的；

（三）擅自扩大差旅费开支范围和提高开支标准的；

（四）不按规定报销差旅费的；

（五）转嫁差旅费的；

（六）其他违反本办法行为的。

有前款所列行为之一的，由计财司会同审计室责令改正，违规资金应予追回，并视情况予以通报。对直接责任人和相关负责人，报请其所在单位按规定给予行政处分。涉嫌违法的，移送司法机关处理。

第八章 附 则

第三十条 工作人员外出参加会议、培训，举办单位统一安排食宿的，会议、培训期间的食宿费和市内交通费由会议、培训举办单位按规定统一开支，往返会议、培训地点的差旅费由所在单位按照规定报销。

举办单位统一安排食宿，但要求参加会议人员承担住宿费或伙食费的，会议期间的食宿费可以按规定标准报销，不报销市内交通费；往返会议地点的差旅费由所在单位按照规定报销。

举办单位统一安排食宿，但要求参加培训人员承担住宿费或伙食费的，培训期间的住宿费按规定报销，15 天以内的培训伙食补助费按规定标准报销，超过 15 天的培训，超过天数伙食补助费按规定标准的 80%报销，超过 30 天的培训，超过天数按规定标准的 70%报销；不报销市内交通费；往返培训地点的差旅费由所在单位按照规定报销。

第三十一条 各单位因公临时赴香港、澳门、台湾地区的差旅费，适用《因公临时出国经费管理办法》。

第三十二条 气象部门民间非营利组织参照本办法执行。各单位可以根据本办法，结合本地区、本单位实际情况制定具体操作规定。

第三十三条 本办法由中国气象局负责解释。

第三十四条 本办法自发布之日起施行，其他有关气象部门差旅费管理规定与本办法不一致的，按照本办法执行。

附表 1:中央和国家机关差旅住宿费和伙食补助费标准表
附表 2:出差审批单(参考格式)

附表 1 中央国家机关差旅住宿费和伙食补助费标准表

单位:元

省份	住宿费标准			伙食补助费标准
	部级(普通套间)	司局级(单间或标准间)	其他人员(单间或标准间)	
北京	800	500	350	100
天津	800	450	320	100
河北	800	450	310	100
山西	800	480	310	100
内蒙古	800	460	320	100
辽宁	800	480	330	100
大连	800	490	340	100
吉林	800	450	310	100
黑龙江	800	450	310	100
上海	800	500	350	100
江苏	800	490	340	100
浙江	800	490	340	100
宁波	800	450	330	100
安徽	800	460	310	100
福建	800	480	330	100
厦门	800	490	340	100
江西	800	470	320	100
山东	800	480	330	100
青岛	800	490	340	100
河南	800	480	330	100
湖北	800	480	320	100
湖南	800	450	330	100

续表

省份	住宿费标准			伙食补助费标准
	部级（普通套间）	司局级（单间或标准间）	其他人员（单间或标准间）	
广东	800	490	340	100
深圳	800	500	350	100
广西	800	470	330	100
海南	800	500	350	100
重庆	800	480	330	100
四川	800	470	320	100
贵州	800	470	320	100
云南	800	480	330	100
西藏	800	500	350	120
陕西	800	460	320	100
甘肃	800	470	330	100
青海	800	500	350	120
宁夏	800	470	330	100
新疆	800	480	340	120

附表 2　出差审批单

<table>
<tr><td>姓名</td><td></td><td>单位</td><td colspan="3"></td></tr>
<tr><td>出差时间</td><td colspan="3">年　月　日至　月　日</td><td>职务</td><td></td></tr>
<tr><td>出差地区和单位</td><td colspan="5"></td></tr>
<tr><td>出差人员身份</td><td colspan="5">1. 气象部门挂职、交流、锻炼、异地任职或借调人员
2. 其他部门专家或人员
3. 其他</td></tr>
<tr><td>同行人员
姓名职务</td><td colspan="5"></td></tr>
<tr><td>出差事由</td><td colspan="5">1. 调研、检查、慰问等公务活动
2. 参加会议、培训
3. 开展野外试验、观测
4. 其他事项</td></tr>
<tr><td>职能处室
审批意见</td><td colspan="5"></td></tr>
<tr><td>分管领导
审批意见</td><td colspan="5"></td></tr>
<tr><td>单位负责人
审批意见</td><td colspan="5"></td></tr>
</table>

注：此附件为参考附件，各单位可根据本单位的出差审批制度制定本单位的出差审批单；本单据提供事项为基本事项，各单位自行制定的出差审批单不能减少事项。网上办理请假手续的人员，网上出差审批单等同于本审批单。

中国气象局关于印发《气象部门培训费管理办法》的通知

（气发〔2014〕33号）

各省、自治区、直辖市气象局，计划单列市气象局，各直属单位，各内设机构：

现将《气象部门培训费管理办法》印发给你们，请认真遵照执行。执行中如有问题，请及时向中国气象局计划财务司反映。

附件：气象部门培训费管理办法

中国气象局

2014年4月21日

附件:

气象部门培训费管理办法

第一章 总 则

第一条 为加强气象部门培训费管理,节约培训费开支,根据《中央和国家机关培训费管理办法》等有关规定,制定本办法。

第二条 本办法所称培训,是指气象部门各级单位根据《中华人民共和国公务员法》、《干部教育培训工作条例(试行)》、《公务员培训规定(试行)》等,在境内举办的三个月以内的岗位培训、任职培训、专门业务培训、初任培训等各项培训。

第三条 本办法适用于气象部门各级行政、事业单位、民间非营利组织,以下简称"各单位"。

第四条 各单位举办培训应当坚持厉行节约、反对浪费的原则,实行单位内部统一管理,增强针对性和实效性,保证培训质量,统筹和节约培训资源,提高培训经费使用效益。

第二章 计划和备案管理

第五条 建立培训计划编报和审批制度。气象部门培训计划实行分级编制、审批。

中国气象局重点培训计划编审。中国气象局各内设机构每年 7 月 15 日前向中国气象局人事司(以下简称人事司)提出下年度重点培训需求,人事司根据各内设机构提出的需求和气象培训工作的总体安排编制下年度中国气象局重点培训计划,适时报中国气象局局长办公会或党组会批准后施行。

中国气象局其他全国性业务技术培训计划编审。中国气象局气象干部培训学院根据气象事业发展和各业务领域的需求编制下年度中国气象局其他全国性业务技术培训计划,于每年 7 月 15 日前报人事司、计财司批准后施行。

各单位的培训计划编审。各单位人事部门根据下年度业务需求编制年度培训计划,经单位财务部门审核后,报本单位领导办公会或党委会批准后施行。

各单位应于每年 12 月 15 日前将下年度培训计划报上级单位人事部门备案;各二级预算单位人事部门应于 12 月 15 日前将本级下年度培训计划报人事司备案。各单位年度培训计划包括培训名称、对象、内容、时间、地点、参训人数、所需经费及列支渠道等。

第六条 年度培训计划一经批准,原则上不得调整。因工作需要确需临时增加培训及调整预算的,应当按原培训计划申报渠道批准后执行。

第七条 气象部门年度重点培训计划由人事司根据有关规定报中央组织部、人力资源和社会保障部(国家公务员局)、财政部备案。

第三章　开支范围和标准

第八条　培训费是指各单位开展培训直接发生的各项费用支出,包括住宿费、伙食费、培训场地费、讲课费、培训资料费、交通费、其他费用。

(一)住宿费是指参训人员及工作人员培训期间发生的租住房间的费用。

(二)伙食费是指参训人员及工作人员培训期间发生的用餐费用。

(三)培训场地费是指用于培训的会议室或教室租金。

(四)讲课费是指聘请师资授课所支付的必要报酬。

(五)培训资料费是指培训期间必要的资料及办公用品费。

(六)交通费是指用于接送以及统一组织的与培训有关的考察、调研等发生的交通支出。

(七)其他费用是指现场教学费、文体活动费、医药费以及授课教师交通、食宿等支出。

第九条　培训费实行综合定额标准,分项核定、总额控制。综合定额标准如下:

单位:元/人天

住宿费	伙食费	场地费和讲课费	资料费、交通费和其他费用	合计
180	110	100	60	450

综合定额标准是培训费开支的上限,各项费用之间可以调剂使用。各单位应在综合定额标准以内结算报销。

15 天以内的培训按照综合定额标准控制;超过 15 天的培训,超过天数按照综合定额标准的 80%控制;超过 30 天的培训,超过天数按照综合定额标准的 70%控制。上述天数含报到撤离时间,报到和撤离时间分别不得超过 1 天。

第十条　讲课费执行以下标准(税后):

(一)副高级技术职称专业人员每半天最高不超过 1000 元;

(二)正高级技术职称专业人员每半天最高不超过 2000 元;

(三)院士、全国知名专家每半天一般不超过 3000 元。

其他人员讲课参照并不得超过上述标准执行。

第四章　培训组织

第十一条　气象部门培训实行分级管理,中国气象局年度重点培训由人事司负责委托中国气象局气象干部培训学院及培训分院组织开展;干部学院牵头组织全国性业务技术培训;各单位开展的培训,由各单位人事部门和下属培训机构或相关业务部门负责组织开展。

第十二条　各单位开展培训应当在开支范围和标准内,优先选择气象部门所属培训机构承担培训项目;对于气象部门所属培训机构不能承担的培训择优选择党校、行政学院、干部学院、高校培训基地以及组织人事部门认可的培训机构承担培训项目。

第十三条　组织培训的工作人员控制在参加培训人员数量的 5%以内,最多不超过 10 人。

第十四条　严禁借培训名义安排公款旅游;严禁借培训名义组织会餐或安排宴请;严禁组

织高消费娱乐、健身活动;严禁使用培训费购置电脑、复印机、打印机、传真机等固定资产以及开支与培训无关的其他费用;严禁在培训费中列支公务接待费、会议费;严禁套取培训费设立“小金库”。

培训住宿不得安排高档套房,不得额外配发洗漱用品;培训用餐以自助餐为主,不得上高档菜肴,不得提供烟酒;7日以内的培训不得组织调研、考察、参观。

第十五条 各单位组织培训应尽量利用网络、视频等信息化手段,大力推行干部选学、在职自学等方式,降低培训成本,提高培训效率。

第五章 报销结算

第十六条 培训举办单位报销培训费,应当提供培训通知、实际参训人员签到表、讲课费签收单以及培训机构出具的原始明细单据、电子结算单等凭证。

各单位财务部门应当严格按照规定审核培训费开支,对未履行审批备案程序的培训,以及超范围、超标准开支的费用不予报销。

第十七条 讲课费、小额零星开支以外的培训费用,应当按照国库集中支付和公务卡管理的有关制度执行,采用银行转账或公务卡方式结算,不得以现金方式支付。

第十八条 培训费由培训举办单位承担,纳入部门预算管理,在各单位日常公用经费或专项经费中列支。

第十九条 中国气象局气象干部培训学院及培训分院承担中国气象局人事司安排的年度重点培训项目,列入中国气象局气象干部培训学院及各培训分院年度预算,根据中国气象局批准的培训计划组织开展统一安排食宿或食宿自理的培训。对于涉及使用电教室或远程直播教室的培训可以根据预算编制情况适当收取相关费用。

第二十条 中央财政在中国气象局部门预算中安排的、用于支持气象部门开展职业教育及培训的专项经费,按照《职业教育及培训经费管理办法》执行。

第六章 监督检查

第二十一条 各单位应当将培训的项目、内容、人数、经费等情况,以适当方式进行公开。

第二十二条 各二级预算单位应当于每年2月15日前,将本级上年度培训计划执行情况报送中国气象局。中国气象局人事司于每年3月底前将上年度中国气象局重点培训计划执行情况报送中央组织部、国家公务员局、财政部。培训计划执行情况包括培训名称、主要内容、时间、地点、培训对象及人数、工作人员数、经费开支及列支渠道、培训成效等。

第二十三条 人事司、计财司、审计室等有关部门对各单位培训活动和培训费管理使用情况进行监督检查。主要内容包括:

(一)培训计划的编报是否符合规定;

(二)培训费开支范围和开支标准是否符合规定;

(三)培训费报销和支付是否符合规定;

(四)是否存在虚报培训费用的行为;

(五)是否存在转嫁、摊派培训费用的行为;

（六）是否存在向参训人员乱收费的行为；

（七）是否存在其他违反本办法的行为。

第二十四条 对于检查中发现的违反本办法的行为，由人事司、计财司、审计室等有关部门根据各自职责责令改正，追回资金，并予以通报；相关责任人员，由所在单位按规定予以党纪政纪处分；涉嫌犯罪的，移交司法机关处理。

第七章 附 则

第二十五条 各单位参加中国气象局统一组织或外部门组织的培训，按照培训通知及相关规定报销培训费和差旅费。

第二十六条 气象部门切因业务发展和人才培养需要举办的时间超过三个月的培训按照本办法执行。

第二十七条 各单位可以按照本办法规定，结合本单位业务特点和工作实际，制定培训费管理具体实施细则。

第二十八条 本办法由中国气象局计财司会同人事司负责解释，自发布之日起实施。

关于解释《气象部门基本建设财务管理规定》执行中有关问题的函

（气计函〔2004〕49 号）

各省、自治区、直辖市气象局，计划单列市气象局，各直属单位：

2002 年年底财政部制定并下发了《基本建设财务管理规定》(财建〔2003〕394 号)，同时废止了 1998 年印发的《基本建设财务管理若干规定》(财基字〔1998〕4 号)。2003 年底，财政部下发《关于解释〈基本建设财务管理规定〉执行中有关问题的通知》(财建〔2003〕724 号，以下简称《通知》)文件，就新出台规定中的有关问题作了进一步的解释。根据《通知》和《气象部门基本建设财务管理规定》(气发〔2003〕281 号，以下简称《规定》)，现就有关问题说明如下：

1. 在建项目执行新旧财务制度如何衔接。凡在 2002 年 10 月后开工的在建项目按照新制度来执行，2002 年 10 月前开工的在建项目可继续执行原基建财务制度。但基本建设项目在《规定》下发后竣工的，其竣工财务决算的审批按《规定》执行。

2. 一个建设单位同时承建多个建设项目可否统一核算。根据基本建设有关规定，每个基本建设项目都必须单独建账、单独核算；同一个建设项目，不论其建设资金来源性质，原则上必须在同一账户核算和管理。

3. 项目存款利息的处理。项目存款是指建设项目的所有建设资金，包括财政拨款等，其产生的利息收入一律冲减建设工程成本。

4. 建设单位按规定留成的非经营性项目的结余资金，主要用于项目配套设施建设、职工奖励和工程质量奖，使用时需报同级财政部门审批。

基建财务制度已明确建设单位留成资金的使用范围，主管部门需对其使用情况进行监督，可不必再进行审批。

5. 建设单位管理费开支的起止时间和计算基数。基本建设财务制度明确建设单位管理费是指建设单位从项目开工之日起至办理竣工财务决算之日止发生的管理性质开支。考虑到不少建设项目前期筹建期间管理性开支没有渠道，财政部将建设单位管理费修改为：建设单位从筹建之日起至办理竣工财务决算之日止发生的管理性质开支，建设单位管理费以项目投资总概算为计算基数。

6. 建设单位单项工程报废处理。建设单位单项工程报废是指建设单位原因造成的报废，施工单位施工造成的单项工程报废由施工单位承担责任。单项工程报废净损失按项目财务隶属关系由同级财政部门批准后，计入待摊投资。

7. 基本建设项目年度财务决算与竣工财务决算审批的问题。

根据《通知》，财政部对部门基本建设项目年度财务决算不再审批，中国气象局也将从 2003 年起不再对年度财务决算进行审批；以每年年度财务决算汇审后上报的数据为准，结转下年度。项目竣工财务决算的审批仍按《规定》执行。

8. 建设项目收尾工程预留工程质量保证金如何确定。按规定，可根据项目工程价款结算总额的5%预留工程质量保证金。

9. 违反基本建设财务制度如何处理。对没有严格执行基本建设财务制度，或违反基本财务制度的行为，各级主管部门可根据国务院《关于违反财政法规处罚的暂行规定》，通过口头警告限期纠正、通报批评、停止拨款、收回拨款，撤销项目和对直接责任人行政处分等手段进行处罚。

中国气象局

2004年7月14日

关于《行政事业类项目竣工财务决算》编报及审批权限变动的通知

(气计函〔2010〕31号)

各省、自治区、直辖市气象局,计划单列市气象局,各直属单位,行政管理局,中国气象局办公室:

为加强气象支出项目管理,凡纳入项目库管理的由气象支出安排的除专项业务费以外的行政事业类项目(以下简称项目),应编制《行政事业类项目竣工财务决算》。现将有关编报及审批权限变动问题通知如下:

一、有关单位应在项目执行完毕后一个月内编制行政事业类项目竣工财务决算,连同编制说明、审计报告、项目批复文件报上级单位审批,并办理新增固定资产移交手续。竣工财务决算表式见附件。形成新增固定资产的标准,应按事业单位财务制度有关规定执行。

二、各省(区、市)气象局及计划单列市气象局所属预算单位金额不足1 000万元(不含)的项目,竣工财务决算由省(区、市)气象局及计划单列市气象局审批;各省(区、市)气象局及计划单列市气象局所属预算单位金额超过1 000万元的项目,以及中国气象局各直属单位、中国气象局办公室、中国气象局离退休干部办公室的项目,竣工财务决算由中国气象局计划财务司审批。

本文件下发之日起"关于做好《行政事业类项目竣工财务决算》编报及审批工作的通知"(气计函〔2004〕127号)废止。

特此通知。

附件:行政事业类项目竣工财务决算表式

中国气象局

2010年2月11日

附件:

行政事业类项目竣工财务决算

单位负责人:　　　　　　　　　　单位财务负责人:

附表一：

项目概况表

金额：万元

<table>
<tr><td>项目名称</td><td></td><td>建设地址</td><td></td></tr>
<tr><td>新建项目</td><td></td><td>续建项目</td><td></td></tr>
<tr><td>新建起止时间</td><td colspan="3"></td></tr>
<tr><td>项目预算</td><td colspan="3"></td></tr>
<tr><td>其中：财政拨款</td><td colspan="3"></td></tr>
<tr><td>预算外资金</td><td colspan="3"></td></tr>
<tr><td>其他资金</td><td colspan="3"></td></tr>
<tr><td colspan="2">项目支出预算明细</td><td colspan="2">项目实际支出明细</td></tr>
<tr><td>合计</td><td></td><td>合计</td><td></td></tr>
<tr><td>1</td><td></td><td>1</td><td></td></tr>
<tr><td>2</td><td></td><td>2</td><td></td></tr>
<tr><td>3</td><td></td><td>3</td><td></td></tr>
<tr><td></td><td></td><td></td><td></td></tr>
</table>

注：项目支出预算明细按项目申报书内容填列

单位名称：　　　　　　　　项目名称：

主管部门：　　　　　　　　建设性质：

附表二：

项目交付使用资产明细表

金额：元

<table>
<tr><th rowspan="2">单项资产名称</th><th colspan="3">建筑工程</th><th colspan="6">设备工器具</th><th colspan="2">无形资产</th><th rowspan="2">未形成资产的支出</th><th rowspan="2">支出总计</th></tr>
<tr><th>结构</th><th>面积</th><th>价值</th><th>名称</th><th>规格</th><th>型号</th><th>数量</th><th>价值</th><th>设备安装费</th><th>名称</th><th>价值</th></tr>
<tr><td>合计</td><td></td><td></td><td></td><td></td><td></td><td></td><td></td><td></td><td></td><td></td><td></td><td></td><td></td></tr>
<tr><td></td><td></td><td></td><td></td><td></td><td></td><td></td><td></td><td></td><td></td><td></td><td></td><td colspan="2" rowspan="4">备注：</td></tr>
<tr><td></td><td></td><td></td><td></td><td></td><td></td><td></td><td></td><td></td><td></td><td></td><td></td></tr>
<tr><td></td><td></td><td></td><td></td><td></td><td></td><td></td><td></td><td></td><td></td><td></td><td></td></tr>
<tr><td></td><td></td><td></td><td></td><td></td><td></td><td></td><td></td><td></td><td></td><td></td><td></td></tr>
</table>

接收单位：　　　　　　　　　　　　接收单位：

盖章　　年　月　日　　　　　　　　盖章　　年　月　日

计财司关于基建并账相关事项的通知

(气计函〔2013〕113号)

事业单位的基本建设投资应当按照国家有关规定单独建账、单独核算,同时按照《事业单位会计制度》的规定至少按月并入单位事业账。为了规范会计核算,避免并账过程中的重复或遗漏,现根据气象部门特点对基建并账相关事项通知如下:

一、基建并账范围

各单位在基本建设账套核算(以下简称基建账)的所有项目均应并入事业账,其中资金来源为中央发改委资金、地方发改委资金和借款的基本建设项目支出需按月并入单位事业账,资金来源为中央财政、地方财政和自筹资金项目支出按年细化单位事业账。

二、基本建设账套辅助核算要求

按照年度下达的会计科目体系,各单位基建账资金占用类科目必须严格进行资金来源和项目辅助核算。资金来源中的中央财政拨款和地方财政拨款仅指中央和地方发改委下达的资金;建设项目中含有的中央财政和地方财政资金在资金来源的其他资金下设明细科目区分。

三、发改委项目并账要求

中央发改委和地方发改委安排的基本建设项目支出,按规定在基建账核算,每月底根据基建账资金来源为中央财政拨款和地方财政拨款的各科目本期发生额分析转入事业账,气象部门事业科目体系中相关科目均设置了基建并账明细科目。具体两个账套科目对应转换关系如下表:

基建并账科目转换对照表

<table>
<tr><th colspan="2">基建账套</th><th colspan="2">事业账套</th><th rowspan="2">转换方式</th><th rowspan="2">备注</th></tr>
<tr><th>科目代码</th><th>科目名称</th><th>科目代码</th><th>科目名称</th></tr>
<tr><td colspan="2">占用类</td><td colspan="2"></td><td></td><td></td></tr>
<tr><td>100101</td><td>★建筑安装工程投资</td><td rowspan="12">12201
30203
5040210
5040206</td><td rowspan="12">同时记在建工程—基建工程科目，非流动资产基金—在建工程科目和事业支出—项目支出—基本建设支出相应明细科目(中央发改委资金)，事业支出—项目支出—其他资本性支出相应明细科目(地方发改委资金)</td><td rowspan="12">基建账套科目名称前标注★符号黑色的，基建账套科目以每月借方发生额转换到事业账套；标红色▲符号的科目以每月借贷方发生额相抵后的余额转换到事业账套</td><td rowspan="12">相应科目要根据基建账上不同资金来源(中央财政拨款和地方财政拨款)转入不同事业支出科目</td></tr>
<tr><td>100102</td><td>★设备投资</td></tr>
<tr><td>100103</td><td>★待摊投资</td></tr>
<tr><td>100104</td><td>★其他投资</td></tr>
<tr><td>100105</td><td>★待核销基建支出</td></tr>
<tr><td>100106</td><td>★转出投资</td></tr>
<tr><td>100107</td><td>★拨出基建款</td></tr>
<tr><td>100211</td><td>▲器材采购</td></tr>
<tr><td>100212</td><td>▲采购保管费</td></tr>
<tr><td>100213</td><td>▲库存设备</td></tr>
<tr><td>100214</td><td>▲库存材料</td></tr>
<tr><td>100218</td><td>▲材料成本差异</td></tr>
<tr><td>100232</td><td>银行存款</td><td>10203</td><td>基建存款</td><td rowspan="4">基建账套科目以每月借、贷方发生额转换到事业账套</td><td rowspan="4"></td></tr>
<tr><td>100233</td><td>现金</td><td>10103</td><td>基建现金</td></tr>
<tr><td>100234</td><td>零余额账户用款额度</td><td>10303</td><td>基建支出用款额度</td></tr>
<tr><td>100235</td><td>财政应返还额度</td><td>12503</td><td>基建财政应返还额度</td></tr>
<tr><td>100241</td><td>预付备料款</td><td rowspan="2">10802</td><td rowspan="2">基建预付账款</td><td rowspan="5">基建账套科目以每月借、贷方发生额相抵后的余额转换到事业账套</td><td rowspan="5"></td></tr>
<tr><td>100242</td><td>预付工程款</td></tr>
<tr><td>100251</td><td>应收有偿调出器材及工程款</td><td rowspan="2">11007</td><td>基建其他应收款</td></tr>
<tr><td>100252</td><td>其他应收款</td><td>基建应收票据</td></tr>
<tr><td>100253</td><td>应收票据</td><td>10502</td><td></td></tr>
<tr><td>20030103</td><td>本年基建基金拨款</td><td rowspan="2">40103</td><td rowspan="2">基建财政拨款</td><td rowspan="4">以基建账套科目贷方每月发生额转换到事业账套</td><td rowspan="4">基建账上收入每月并账只并中央和地方发改委安排的财政拨款以及借款</td></tr>
<tr><td>20030105</td><td>本年国债专款资金拨款</td></tr>
<tr><td>20030102</td><td>本年预算拨款</td><td>41314</td><td>基建其他收入</td></tr>
<tr><td>200304</td><td>基建投资借款</td><td>41314</td><td>基建其他收入</td></tr>
</table>

续表

基建账套		事业账套		转换方式	备注
科目代码	科目名称	科目代码	科目名称		
来源类					
200331	应付器材款	20302	基建应付账款	基建账套科目以每月借、贷方发生额相抵后的余额转换到事业账套	
200332	应付工程款				
200341	应付工资				
200342	应付福利费				
200351	应付有偿调入器材及工程款				
200353	应付票据	20202	基建应付票据		
200352	其他应付款	20711	基建其他应付款		
200361	应交税金				
200364	其他应交款				
200401	留成收入	41312	基建留成收入	同基建拨款科目转换方式	

如果地方发改委资金先拨至各单位事业账的基本账户，再转拨至基建专用账户，如果在事业账上已做收入、支出，并账参照自筹资金并账方式处理。

四、借款项目的并账核算要求

基本建设项目借款有基建投资借款、上级拨入投资借款和其他借款。每月底根据基建账套资金来源为借款的各科目本期发生额分析转入事业账，具体并账方式基本同第三条。

如果借款资金先拨至事业账的基本账户，再转拨至基建专用账户，如果在事业账上已做收入、支出，并账参照自筹资金并账方式处理。

五、自筹资金建设项目的并账核算要求

单位自筹资金建设项目，如果是小型业务项目且不是拼盘项目，直接在事业账“在建工程”、“事业支出”等科目下的明细科目核算；如果是大中型建设项目或者拼盘项目，相应的自筹资金必须由本单位事业账转拨到基建账核算，事业账根据转拨资金金额借记“事业支出—项目支出—结转自筹基建”科目，贷记“银行存款”科目，基建账借记“银行存款”科目，贷记“基建拨款—本年自筹资金拨款”科目。

每年末按基建账上相应项目资金来源为自有资金的实际支出科目转入事业账，借记“事业支出—项目支出—其他资本性支出” 明细科目，贷记“事业支出—项目支出—结转自筹基建”科目，同时借记“在建工程”科目，贷记“非流动资产基金—在建工程”科目，剩余资金借记“基本账户存款”或“基建存款”科目贷记“事业支出—项目支出—结转自筹基建”科目。基建账按照年末剩余资金借记“基建拨款—本年自筹资金拨款”，贷记“银行存款”科目。

六、财政资金建设项目的并账核算要求

财政和发改委同时安排资金的项目(例如卫星项目)，财政资金需要从事业账转到基建账上核算。

以财政资金实施国库集中支付为例，事业账根据额度到账通知借记“零余额用款额度”科目，贷记“财政补助收入”科目，根据转拨资金金额借记“事业支出—项目支出—结转财政基建”科目，贷记“零余额用款额度”科目，基建账借记“零余额用款额度”科目，贷记“基建拨款—本年其他拨款”科目。每年末按基建账上相应项目资金来源为其他资金下中央财政拨款和地方财政拨款的实际支出科目转入事业账，借记“事业支出—项目支出—其他资本性支出”明细科目，贷记“事业支出—项目支出—结转财政基建”科目，同时借记“在建工程”科目，贷记“非流动资产基金—在建工程”科目，剩余资金借记“零余额用款额度”科目，贷记“事业支出—项目支出—结转财政基建”科目。基建账按照年末剩余资金借记“基建拨款—本年其他拨款”，贷记“零余额用款额度”科目。

七、交付使用资产的并账原则

按照相关规定，基本建设项目竣工财务决算批复后，交付使用资产与基建拨款对冲，在事业账上记入固定资产，因此交付使用资产科目不需每月并入事业账。

对于期末已完工，且竣工财务决算已批复的基本建设项目，应将事业账套中的“在建工程”和“非流动资产基金－在建工程”科目进行结转，借记“非流动资产基金－在建工程”，贷记“在建工程”，同时借记“固定资产”，贷记“非流动资产基金－固定资产”。

请各单位严格按照要求进行并账处理。

中国气象局计财司

2013 年 7 月 2 日